Handbuch des englischen Sprachgebrauchs

Ein Ratgeber für Zweifelsfälle

von
John Stevens

Ernst Klett Verlag
Stuttgart Düsseldorf Leipzig

REFERENCE

Inhalt

Gedruckt auf Recyclingpapier, hergestellt aus 100 % Altpapier.

1. Auflage A 1 4 3 2 1 | 2001 2000 99 98

Alle Drucke dieser Auflage können im Unterricht nebeneinander benutzt werden, sie sind untereinander unverändert.
Die letzte Zahl bezeichnet das Jahr dieses Druckes.

Internetadresse: http://www.klett.de

Redaktion: Inge Schäfer

Umschlaggestaltung: Hanjo Schmidt, Stuttgart
Repro: Cannstatter Repro GmbH, Stuttgart
Druck: Mitteldeutsche Druckanstalt GmbH, Heidenau
Printed in Germany
ISBN 3-12-519630-2

Vorwort

Adressaten

Dieses Handbuch eignet sich für Englischlernende mit guten Sprachkenntnissen, z. B. in der Sekundarstufe II von Gymnasien, an Hochschulen und in sonstigen tertiären Bildungseinrichtungen. Ferner wendet es sich an die Unterrichtenden, aber auch an andere Berufsgruppen, die mit Englisch zu tun haben. Nicht zuletzt ist es für alle diejenigen gedacht, die sich aus privaten Gründen mit der englischen Sprache beschäftigen oder die einfach nur Spass an ihr haben.

Inhalt und Ziele

Dieses Buch ist an der Schnittstelle zwischen Grammatiken und Wörterbüchern anzusiedeln. Es befasst sich mit jenen Wörtern des Englischen, die im Vergleich zu ihren deutschen Entsprechungen Besonderheiten aufweisen, d. h. mit Wörtern, die in Bezug auf Form, Bedeutung und lexikalische oder grammatische Verbindungen auffällig sind und vor allem bei der Sprachproduktion Fehlerquellen sein können. Im Gegensatz zu den großen einsprachigen Handbüchern des Sprachgebrauchs (s. Bibliographie S. 783) richtet sich die Auswahl der Wörter und Hinweise im vorliegenden Werk an kontrastiven Gesichtspunkten aus: Das *Handbuch des englischen Sprachgebrauchs* konzentriert sich auf Besonderheiten, die speziell für Deutschsprachige relevant sind und weist auf für sie typische Fehlerquellen hin.
Die Stichwörter lassen sich grob in zwei Kategorien einteilen. Die eine Kategorie bilden „Strukturwörter“ wie Begleiter (*a, all, any* usw.), Konjunktionen (*that, if* usw.), Präpositionen (*at, in, on* usw.), modale und andere Hilfsverben (*can, may, might* usw., *do, have, be*), Pronomen *(something„ everybody, each, that* usw.) und wichtige Adverbien (z. B. *much, very*). Die andere Kategorie umfasst „Inhaltswörter": Typische Einträge dieser Kategorie sind „falsche Freunde" (z. B. *sensible* ≠ „sensibel"), leicht verwechselbare Wörter (z. B. *finally, at last, in the end, eventually*) und Wörter, die andere lexikalische oder grammatische Verbindungen eingehen als ihre deutschen Entsprechungen (z. B. *habit* + *of* + *-ing*-Form – "Gewohnheit" + Infinitiv).

Aufbau

Das *Handbuch des englischen Sprachgebrauchs* ist alphabetisch nach englischen Stichwörtern geordnet. In einigen Fällen werden mehrere Stichwörter unter einem gemeinsamen Eintrag behandelt (z. B. *abroad* und *overseas*). Querverweise in Form eines Pfeils geben an, unter welchem Eintrag das gesuchte Stichwort zu finden ist (z. B. *overseas* ⇨ *abroad*).
Die meisten Einträge sind in mehrere Unterpunkte gegliedert. Das Warndreieck ⚠ weist dabei auf besondere Fehlerquellen hin. Längere Einträge sind außerdem durch Zwischenüberschriften unterteilt. Zur rascheren Orientierung wird am oberen Seitenrand das jeweils behandelte Stichwort angegeben. Ein Rasterfeld am Rand der rechten Seiten zeigt die Anfangsbuchstaben der Stichwörter an.
Ein deutsch-englisches Register befindet sich auf S. 775, ein Verzeichnis der verwendeten Fachbegriffe auf S. 783.

Quellen

Ausgangsbasis für das Handbuch ist eine Liste von ca. 10.000 Wörtern, die aus diversen Quellen, insbesondere dem *Cambridge English Lexicon* (*s.* Bibliographie S. 781) und gängigen Sprachlehrwerken der deutschsprachigen Länder gewonnen wurde. Aus dieser Basisliste wurden diejenigen Wörter aufgenommen, die Besonderheiten im Gebrauch aufweisen. Die Hinweise in diesem Buch beruhen zum Teil auf Erfahrungen aus der Praxis, die in Gesprächen mit Lernenden und Unterrichtenden gesammelt wurden, zum Teil auf Informationen aus den in der Bibliographie genannten Werken. An dieser Stelle möchte der Autor dieses Buches die Leistungen der betreffenden Fachleute explizit würdigen.

a – an (ein, eine)

- Zum Unterschied zwischen *a(n)* und *one* s. **one**, Abschnitt 3

1 *an* vor Konsonanten, *a* vor Vokalen

- Der Gebrauch von *a/an* richtet sich nach der Aussprache eines Wortes, nicht nach dessen Schreibung. Deshalb steht *an* vor Wörtern und Abkürzungen, die mit einem Konsonanten geschrieben, aber mit einem Vokallaut gesprochen werden, *a* vor solchen mit der Lautkombination [ju:] am Anfang:
  ***an** heir/heiress* (Erbe/Erbin), ***an** honest man* , ***an** honour*
  ***an** MP,* ***an** NFL team,* ***an** RAF pilot,* ***an** HIV patient*
  ***a** university,* ***a** useful device,* ***a** utopian solution*
  ***a** US marshal,* ***a** UN peacekeeping force*

2 *a/an* im Englischen, abweichender Gebrauch im Deutschen

- In bestimmten Fällen wird *a/an* gebraucht, wo im Deutschen gar kein Artikel steht.
  – nach *be* bei Berufsangaben:
  *She's **a teacher**.*
  – nach *be*, um die Zugehörigkeit zu einer Nationalität, Religion oder politischen Gruppe auszudrücken:
  *He's **an Englishman / a Catholic / a Conservative**.*
  – nach *be* bei Dauerleiden und Gewohnheiten:
  *He's **a diabetic / an alcoholic / a teetotaller*** (Abstinenzler) ***/ a smoker / a jogger**.*
  – nach *be* vor *member/expert/millionaire/optimist/pessimist*:
  *He's **a member** of the club / **an expert** / **a millionaire** / **an optmist** / **a pessimist**.*
  – nach *as* (= „als"):
  ***As a** teacher you know all about that of course.*
  – in Ausrufen, die aus Begleiter + Nomen + *of* bestehen:
  *That **fool/idiot/darling of a** husband!* (Dieser Trottel / Dieser Idiot / Dieses Goldstück von [einem] Mann!)

- Im Gegensatz zum Deutschen steht *a/an* (NICHT: *the*) im Sinne von „pro" bei Zeit-, Mengen- und Entfernungsangaben:
  *I go there once **a week**.* (einmal die Woche)
  *That costs $10 **a kilo**.* (das Kilo)
  *The running costs of this car are 20 cents **a mile**.* (pro Meile)

3 Kein *a/an* bei nicht zählbaren Nomen

- *a/an* steht nicht vor Nomen, die nicht zählbar sind. Zu den Nomen, die im Englischen nicht zählbar sind, deren Entsprechungen im Deutschen aber zählbar sind oder in Ausrufen bzw. in Verbindung mit einem Adjektiv mit dem unbestimmten Artikel gebraucht werden können, gehören z. B.:

access (Zufahrt[en], -gang/ -gänge)
accommodation (Unterkunft/ -künfte)
advice (Rat[schlag/-schläge])
assistance (Hilfe[n] / Hilfeleistung[en])
behaviour (Benehmen)
bread (Brot[e])
chaos (Chaos)
cloth (Stoff[e])
credit (Kredit[e])
damage (Schaden/Schäden)
equipment (Ausrüstungsgegenstand/-gegenstände)
fun (Spaß)
handwriting (Handschrift[en])
health (Gesundheit)
help (Hilfe[n] / Hilfeleistung[en])
homework (Hausaufgabe[n])
housework (Hausarbeit[en])
information (Information[en])
laughter (Lachen/Gelächter)
lightning (Blitz[e])
luck (Glück)
news (Nachricht[en])
paper (Zettel / Blatt/Blätter Papier)
patience (Geduld)
praise (Lob)
progress (Fortschritt[e])
proof (Beweis/Beweise)
reception ([Hotel-/TV-]Empfang)
rubbish (Abfall/Abfälle)
soap (Seife)
spaghetti (Spaghetti[s])
stress (Stress)
stuff (Zeug/Sachen)
stupidity (Dummheit)
sunshine (Sonnenschein)
toast (Toast)
traffic (Verkehr)
unemployment (Arbeistlosigkeit)
wealth (Reichtum/Reichtümer)
weather (Wetter)
work (Arbeit[en])

There is ***access*** (*NICHT: an access*) *from the main road.* (eine Zufahrt / ein Zugang)
Let me give you some (*NICHT: an*) ***advice****.* (einen Rat)
I have some important ***information*** (*NICHT: an important information*) *for you.* (eine wichtige Information / wichtige Informationen)
We saw several flashes of ***lightning*** (*NICHT: several lightnings*). (Blitze)
It was such unexpected (*NICHT: such an*) *unexpected* ***news****.* (eine so unerwartete Nachricht)
Have you got a piece of ***paper*** (*NICHT: a paper*) *for me?* (ein [Blatt] Papier)
She received (a lot of) ***praise*** *for her work.* (Sie bekam ein [dickes] Lob ...)
Can I have another piece of ***toast*** (*NICHT: another toast*), *please.* (noch einen Toast)
What (*NICHT: What a*) *lovely* ***weather*** */ terrible* ***traffic****!* (Was für ein herrliches Wetter / ein furchtbarer Verkehr!)

⚠ Sprachennamen gehören zu den nicht zählbaren Nomen:
You speak very good (*NICHT: a very good*) ***German****.* ([ein] sehr gutes Deutsch)

⚠ Auch die Bezeichnungen vieler Krankheiten sind im Englischen nicht zählbar:
She had (*NICHT: had a/an*) ***pneumonia/appendicitis/hepatitis/flu****.* (eine Lungenentzündung/Blinddarmentzündung/Leberentzündung/Grippe)

able: be able to ➪ can, Abschnitt 1

➪ can, Abschnitt 1

about

1 *about* als Präposition

- *about* hat als Präposition mehrere Bedeutungen:
  *I know all **about** you.* (über)
  *Tell me **about** your parents.* (von/über)
  *We had an argument **about** the price.* (wegen)
  *Our friends arrived (at) **about** three o'clock.* (gegen)
  *They live **about** 50 miles from here.* (etwa/ungefähr)
  *I woke up suddenly because I heard someone moving **about*** (auch: *around*) *the living-room.* (in ... herum/umher)
  *There are several photos of Helen **about** the house.* ([verteilt] in)
  *What's good/interesting/special/unusual **about** this text?* (an)
  *I'm concerned/anxious/worried **about** her.* (um)
- Wenn man über das Thema eines Buches/Artikels/Vortrags usw. spricht, kann *about* oder *on* benutzt werden. *on* weist auf eine eher förmliche Situation oder eine ernsthafte, akademische Abhandlung hin:
  *He has written several books/articles **about** his childhood in Scotland.*
  *The speaker gave a lecture/talk/speech **on** international relations. She is the author of an important textbook/essay/work **on** the subject.*
  Bei *novel, story, play* kann nur *about* stehen:
  *The novel/story/play is **about** his childhood in Scotland.*
- Mit *how/what about* leitet man einen Vorschlag oder eine Rückfrage ein:
  ***How/What about going** to the zoo this afternoon?* (Wie wäre es, wenn ...?)
  ***How/What about** him/Jim tak**ing** the children to the zoo?*
  ***How/What about** you? Are you coming?* (Was ist mit dir?)

2 *about* als Adverb

- Als Adverb bedeutet *about* „umher/herum". Im AE steht oft *around:*
  *We were walking **about** for hours.*
  *You can't just sit **about** and wait for me to do the work for you.*

3 *be about to*

- *be about to do s.th.* entspricht „im Begriff sein, etwas zu tun", „etwas (gerade) tun wollen":
  *We **were about to** leave the house when Philip arrived.* (Wir wollten gerade das Haus verlassen, ...)
  *I **was about to** tell you why. Stop asking questions!* (Ich wollte dir gerade erzählen warum.)

above ⇨ over, Abschnitt 2

abroad (im/ins Ausland), overseas (in/nach Übersee / Übersee-)

- *abroad* und *overseas* sind Adverbien und werden ohne Artikel und als Antwort auf die Frage „wo(hin)?" ohne Präposition gebraucht, als Antwort auf die Frage „woher" jedoch mit *from:*
  *Janet lives **abroad/overseas** now.* (im Ausland / in Übersee)
  *Peter has gone **abroad/overseas.*** (ins Ausland / nach Übersee)
  *When she comes back **from abroad/overseas**, we're going to give her a big party.* (aus dem Ausland / aus Übersee)

⚠ *overseas*, aber nicht *abroad*, wird auch als Adjektiv gebraucht:
*There are several **overseas** markets for this product.* (Überseemärkte)

(to) abuse ⇨ (to) misuse

access ⇨ a, Abschnitt 3

accommodation (Unterkunft)

⚠ *accommodation* ist im BE nicht zählbar, d. h. es steht ohne *a/an* und nicht im Plural:
*We had (some) very nice **accommodation** on holiday.* (Wir hatten ... eine sehr schöne Unterkunft.)
*The **accommodation** in this town **is** very varied.* (Die Unterkünfte ... sind ...)

- Im AE findet sich *accommodation* auch im Plural:
  *The town has over 50 different tourist **accommodations**.*

according to (laut; [je] nach)

- *according to* entspricht „laut / (je) nach". Es kann nicht vor *me/us* stehen. Es wird benutzt, wenn eine andere Person oder Informationsquelle genannt wird:
  ***According to** the map we should soon be there.* (Laut Karte...)
  ***According to** Sonia's mother, there's no school on that day.* (Laut Sonias Mutter...)
  *Things don't always go **according to** plan.* (...nach Plan.)
  *People earn more or less **according to** their qualifications.* (...je nach Qualifikationen.)

⚠ *according to* kann nicht zusammen mit *opinion/view/idea(s)* gebraucht werden:
In (NICHT: *According to*) ***the headmaster's opinion/view** ...* (Nach Meinung/ Ansicht des Direktors ...)

account (Konto)

⚠ Präpositionen:
*I have an **account with** Lloyd's Bank.* (bei der Lloyds Bank)
*There's only $50 **in** my **account**.* (auf meinem Konto)
*I want to pay some money **into** my **account**, please.* (auf mein Konto)
*I've taken a lot **out of my account** recently.* (von meinem Konto)

(to) **accuse** (beschuldigen/vorwerfen)

- Auf *accuse* folgt kein *that*-Satz oder Infinitiv, sondern *of* + *-ing*:
  *She **accused me of** steal**ing** her book.* (Sie beschuldigte mich, ... gestohlen zu haben.)
  *His boss **accused** him **of** not proceed**ing** carefully enough.* (... warf ihm vor, dass er nicht vorsichtig genug vorgegangen sei.)

accustom(ed) to

- Es ist „sicherer", nach *be/grow/become/get accustomed to* die *-ing*-Form zu gebrauchen, auch wenn nach *be accustomed* manchmal ein Infinitiv stehen kann:
  *She **was accustomed to working/work** at night.* (Sie war gewohnt, nachts zu arbeiten.)
  *I'**m** not **accustomed to** be**ing** corrected.* (Ich bin es nicht gewohnt, korrigiert zu werden.)
  *I never **became/got/grew accustomed to** shak**ing** hands every morning.* (Ich habe mich nie daran gewöhnt, ... zu schütteln.)

ache – pain (Schmerz)

1 Der Unterschied zwischen *ache* und *pain*

- *ache* wird in der Regel mit den unter **2** genannten Körperteilen kombiniert. Wenn *ache* mit anderen Körperteilen verwendet wird, bezeichnet es einen eher dumpfen, andauernden Schmerz:
  *I've got an **ache** in my left shoulder.*
- *pain* bezeichnet einen eher kräftigen, auch stechenden, lokalen Schmerz:
  *I've got a **pain/pains** in my leg.*

Before the heart attack she felt ***a sharp / an acute pain*** *in her chest.* (einen stechenden/heftigen Schmerz)

- Nur *pain* erscheint in folgenden Wendungen:
  Before the operation she ***was in great/intense/severe pain****.* (Vor der Operation hatte sie große/sehr starke Schmerzen.)
  *She****'s out of pain*** *now.* (Sie hat keine Schmerzen mehr.)
  I can't move this finger, but I don't ***feel*** *any* ***pain****.* (... ich spüre/empfinde keinen Schmerz.)
  He shouted ***with pain****.* (... vor Schmerzen.)

⚠ Ich habe Halsschmerzen. = *I've got* ***a sore throat****.*
Er konnte sich unter großen Schmerzen umdrehen. = *He could turn over* ***but it was very painful****.*

2 backache, earache, headache, stomachache, toothache

- Wegen der Buchstabenfolge *achach* wird *stomachache* oft als zwei Wörter mit Bindestrich geschrieben: *stomach-ache*

⚠ *headache* ist immer zählbar, d. h. es steht immer mit *a*. Die anderen Kombinationen stehen im BE normalerweise ohne, im AE normalerweise mit *a(n)*:
I've got ***a*** *terrible* ***headache****.*
She had ***(a)*** *terrible* ***backache/earache/stomachache/toothache****.*

acoustics (Akustik)

- *acoustics* ist im Englischen ein Pluralnomen, nach dem ein Pluralverb steht, es sei denn das Fach(gebiet) ist gemeint:
  The ***acoustics*** *in this room* ***are*** *not very good.* (Die Akustik ist ...)
  Acoustics is *a specialist subject.* (Akustik ist ein Spezialgebiet.)

across ➪ **over** und **through**

(to) **act** ➪ (to) **play**

actual, actually (*nicht* aktuell)

1 *actual*

- *actual* entspricht nicht „aktuell", sondern „eigentlich/tatsächlich" oder „konkret/genau":
  The festival lasts two days but the ***actual*** *concert is on Sunday.* (... das eigentliche Konzert ...)

They discussed it for a long time but didn't formulate the ***actual*** *text of the resolution.* (... den genauen Text...)
There is an ***actual*** *place called Upper Slaughter.* (Es gibt tatsächlich einen Ort ...)

⚠ aktuelle Ereignisse in den USA = ***current*** *events in the USA*
ein aktueller Film, ein aktuelles Thema, eine aktuelle Frage (= von momentanem Interesse, jetzt wichtig) = *a* ***topical*** *film / a* ***topical*** *issue/question*
das aktuelle Problem (= gegenwärtig, vorliegend) = *the* ***present*** *problem*
Die Preise sind / Der Fahrplan ist nicht mehr aktuell (= gültig). = *The prices are / The timetable is no longer* ***up-to-date/valid.***

2 ***actually***

- *actually* wird zwar als „Inhaltswort" mit den in Wörterbüchern angegegebenen Bedeutungen benutzt, ist aber vor allem als ein Ausdruck mit interpersoneller Bedeutung anzusehen. *actually* ist eine Art Höflichkeitsformel, mit der Äußerungen abgeschwächt werden. Es wird auf zweierlei Weise gebraucht.

- *actually* wird als Entschuldigungsformel verwendet, um Aussagen des Gesprächspartners vorsichtig zu korrigieren oder ihnen behutsam zu widersprechen, um eine eigene Meinungsäußerung weniger „gewagt" oder „apodiktisch" erscheinen zu lassen, um eine für den Gesprächspartner schlechte Nachricht behutsam einzuleiten, um eine Bitte sanft abzuschlagen oder um einen eigenen Wunsch weniger „anmaßend" erscheinen zu lassen:
  ... and their son, Philip, is 12. - He's 11, ***actually.***
  It must have been very hot. - No, ***actually*** *it was quite cool.*
  Actually, *this all seems a waste of money to me.* (Wissen Sie ...)
  Actually *I don't agree, I'm afraid.* (Nein, ich bin leider anderer Meinung.)
  I'm so looking forward to seeing them again. - ***Actually,*** *they're not coming after all, I'm afraid.* (Es ist so, sie kommen leider doch nicht.)
  Why hasn't he replied to my letter? - ***Actually,*** *I'm afraid I forgot to post it.* (Nun, es ist so: ich habe leider vergessen ...)
  I'd like some of those commemorative stamps, please. - I'm afraid I haven't ***actually*** *got any at the moment.*
  What would you like to drink? - I'd like a sherry ***actually.***

- *actually* wird ferner gebraucht, um zu signalisieren, dass man etwas bewusst vorsichtig vorträgt. Der Sprecher kommentiert seine eigene Aussage in Bezug auf die Erwartungen, die er beim Gesprächspartner vermutet. Er sagt im Prinzip: „Das, was ich jetzt vortrage, widerspricht vermutlich Ihren Erwartungen", oder „Das, was ich jetzt erzähle, überrascht Sie vielleicht":
  We're moving. ***Actually,*** *we're being posted to Riga.*
  The festival lasts two days but the concert is ***actually*** *on Sunday.* (... eigentlich am Sonntag.)
  I was ***actually*** *very bad at English when I was at school.*
  A place called Upper Slaughter does ***actually*** *exist.* (... existiert tatsächlich.)

additional (zusätzlich), **in addition to** (außer / zusätzlich zu)

⚠ Vor *additional* + Zahlwort + Nomen steht der Artikel *an*:
I need ***an additional six weeks***. (weitere/zusätzliche sechs Wochen)
An additional seven people are *coming.* (weitere sieben Personen)

- *in addition to* ist eine Präposition. Ein zweites Verb folgt deshalb nicht als Infinitiv, sondern als *-ing*-Form. *to* ist Teil der Präposition:
  In addition to *reading the text, you also have to answer questions about it.*

(to) **admire** (bewundern / bewundernd anschauen)

- Nur in der Bedeutung „bewundernd anschauen" ist die Verlaufsform bei *admire* möglich:
  I ***was*** *just* ***admiring*** *your beautiful garden.*
  She was very brave. I ***admire*** (NICHT: *am admiring*) *her a lot now.*
- Auf *admire* folgt die Präposition *for*:
  I ***admire her for*** *her courage.* (wegen)

admission – admittance (Eintritt/Zutritt/Einlass)

- Nur *admission* bedeutet „Eintrittspreis":
  Admission *$10. Children $5.*
- In der Bedeutung „Zutritt/Einlass" ist *admission* das gebräuchlichere Wort. Es wird immer gebraucht, wenn der Zutritt zu Gebäuden/Räumen gemeint ist, die (z. B. innerhalb bestimmter Öffnungszeiten) allgemein zugänglich, also öffentlich, sind. *admittance* setzt voraus, dass eine Person oder Instanz die Autorität besitzt, den Zutritt zu gewähren bzw. zu verweigern. *admittance* ist förmlich:
  No admission *after 5.30 p.m.*
  Private. No ***admittance****.*
  No admittance *except on business.*
  seek/grant/gain/deny ***admittance*** (Einlass ersuchen/gewähren/finden/verweigern)
- *admission* hat auch die Bedeutungen „Aufnahme" und „Eingeständnis":
  admission to *a club/university/hospital* (Aufnahme in ...)
  an ***admission of*** *guilt/failure/weakness* (ein Eingeständnis der Schuld / des Scheiterns / der Schwäche)

(to) **admit** (zugeben/gestehen; aufnehmen/einliefern/ einlassen)

1 Konstruktionen mit und ohne *to* in der Bedeutung „zugeben"

- Ein indirektes Objekt nach *admit* wird immer mit *to* angeschlossen:
  *He **admitted** his mistake **to** a friend* (NICHT: *admitted his friend his mistake*).
  *He **admitted to** the police that he had stolen the silver.*
- Vor einem Ausdruck, der ein Verbrechen oder eine Missetat bezeichnet, steht wahlweise *admit* oder *admit to*. Dieses *to* ist eine Präposition, die ein präpositionales Objekt einleitet. Ein anderes Verb folgt als *-ing*-Form, nicht als Infinitiv:
  *He **admitted (to)** the crime/murder.*
  *He **admitted (to)** steal**ing** / **having** stolen the silver.* (Er gestand, das Silber gestohlen zu haben.)
  Wenn zusätzlich ein indirektes Objekt genannt wird, steht *to* nur vor dem indirekten Objekt:
  *He **admitted to** the police steal**ing** / **having** stolen the silver.*

2 Wortverbindungen mit *to* in der Bedeutung „einliefern/aufnehmen/ einlassen"

- *The man **was admitted to** hospital with a broken arm.* (... wurde ... in das Krankenhaus eingeliefert.)
  *They only **admit** people **to** the club who they know.* (Sie nehmen ... in den Verein auf.)
  *They refused to **admit** me **(in)to** the building.* (... mich ins Gebäude einzulassen.)

admittance ➪ admission

(to) **adore** (lieben/schwärmen für)

- *adore* steht in der Regel nicht in der Verlaufsform (vgl. **love**).
- Ein anderes Verb folgt als *-ing*-Form, nicht als Infinitiv:
  *I absolutely **adore** go**ing*** (NICHT: *to go*) *to the theatre.*

advantage (Vorteil)

- Auf *advantage* (und *disadvantage*) kann *of/in/to* + Nomen oder *-ing*-Form folgen, aber kein Infinitiv oder *that-Satz*:
  *What is **the advantage of/in** pay**ing*** (NICHT: *to pay*) *now?* (Worin besteht der Vorteil, jetzt zu zahlen?)

*The **advantage of/in us/our** pay**ing** (NICHT: to pay / that we pay) now is that ...* (Der Vorteil, wenn wir jetzt zahlen, liegt darin, dass ...)
***There is an advantage in** pay**ing** (NICHT: of paying / to pay / that we pay) now.* [*advantage in doing s.th.* = Vorteil, den eine bestimmte Handlungsweise bietet]
***There are** several **advantages to** this approach / **to** study**ing** abroad.* [*advantage to (doing) s.th.* = inhärenter Vorteil einer Sache]
Im folgenden Satz ist der *to*-Infinitiv nicht von *advantage* abhängig, sondern ein nachgestelltes Subjekt, das durch „leeres" *it* angekündigt wird:
***It**'s an advantage **to** speak French. = **To** speak French **is** an advantage.*

- Wendungen mit *advantage* (und *disadvantage*):
  *If you sit with your back to the window, **you will be at an advantage.*** (... werden Sie im Vorteil sein.) [persönliches Subjekt + *be at an advantage*]
  *If you sit with your back to the window, **it will be to your advantage.*** (... wird sich das zu Ihrem Vorteil auswirken.) [Sachsubjekt (meist *it / the fact that ...*) + *be to s.o.'s advantage*]

advertisement – announcement (Annonce/Anzeige)

- *advertisement* bezeichnet eine werbende Anzeige z. B. für einen Verkaufsgegenstand / eine Arbeitsstelle / eine Veranstaltung usw. Persönliche und offizielle Anzeigen sind *announcements*:
  *There's an **advertisement** for a 1957 VW Beetle / a job in Oxford / next week's festival in the paper.*
  *Janet Smith has died. There's an **announcement** in the newspaper.*
- Aussprache von *advertisement*: BE [əd'vɜːtɪsmənt], AE [ædvər'taɪzmənt]
- Gängige Abkürzungen für *advertisement*: BE *advert* ['ædvɜːt], *ad*; AE *ad*

advice (Rat/Ratschlag), (to) **advise** (raten)

1 Das Nomen *advice*

- Schreibweise: mit *c*; Aussprache: [əd'vaɪs]

⚠ *advice* ist nicht zählbar, d. h. es steht ohne *a/an* und nie im Plural. Stattdessen verwendet man *a piece of / some*:
*He gave me **advice** / a good **piece of advice**.* (...einen Rat / einen guten Rat[schlag.])
*He gave me **some** good **advice**.* (...einen guten Rat / gute Ratschläge.)

- Präpositionen:
  *He gave me **advice about/on** what to do.* (...darüber, was ich tun könnte/sollte.)
  *She did it **on/against** my **advice**.* (...auf meinen Rat hin / gegen meinen Rat.)

2 Das Verb *(to) advise*

- Schreibweise: mit *s*; Aussprache: [əd'vaɪz]
- Präpositionen:
*She's **advising** the government **on/about** economic policy.* (Sie berät die Regierung in Wirtschaftsfragen.)
*I strongly **advise against** it.* (Ich rate dringend davon ab.)
Aber: Ich rate dazu. = *I **advise** doing it / you to do it.*

⚠ Auf *advise* folgt die *-ing*-Form, wenn kein Personenobjekt genannt wird, ansonsten Personenobjekt + *to* + Infinitiv:
*I **advise** going* (NICHT: *to go*) *by car.* (Ich rate dazu, ... zu fahren.)
*I **advise not** going by train.* (Ich rate, nicht mit dem Zug zu fahren.)
*We **advised them (not) to** go by plane.* (Wir rieten ihnen, [nicht] zu fliegen.)

- *advise* ist ein normales transitives Verb, also auch im Passiv mit persönlichem Subjekt möglich:
***I was advised** to wait.* (Mir wurde geraten, zu warten.)

(to) **affect** (beeinflussen/betreffen) – **effect** (Wirkung) – (to) **effect** (bewirken)

- *affect* (beeinflussen) und *effect* (Einfluss/Wirkung) gehören als Verb und Nomen zusammen:
*The new technology **is affecting** (= **is having an effect on**) the work of millions of people.* (... beeinflusst ...)
*Their decision **doesn't affect** (= **doesn't have an effect on**) me.* (... beeinflusst/betrifft mich nicht.)

⚠ Das Nomen *effect* wird durch *of* + *-ing*-Form ergänzt, nicht durch einen *to*-Infinitiv:
*The new policy **is having the effect of** encouraging* (NICHT: *to encourage*) *firms to invest.* (Die neue Politik hat die Wirkung, dass Firmen ermuntert werden zu investieren.)

- Das Verb *effect* ist ein selten gebrauchtes, förmliches Wort und bedeutet „bewirken“:
*The delegation was unable **to effect** any changes.*

affection (Zuneigung) – **affectation** (Heuchelei/Affektiertheit)

- *affection* entspricht „Zuneigung“, *affectation* aber „Affektiertheit“:
*He showed great **affection for/towards** his younger cousin.* (Zuneigung zu)
*Although he's very famous he's a person without **affectation**.* (Affektiertheit)

(to) **afford** (sich leisten)

- *afford* = „sich leisten" steht fast immer nur mit *can/could/be able to*. Es ist kein reflexives Verb. Auf *afford* folgt ein (Pro-)Nomen oder ein *to*-Infinitiv: *I **can't afford** another mistake / the time now.* (Ich kann mir ... nicht leisten.) *We **couldn't afford to** go* (NICHT: *going*) *on holiday last year.*

⚠ Wir leisten uns manchmal mitten in der Woche einen freien Tag. = *We sometimes **treat ourselves to** a day off in the middle of the week.*

afloat ➪ **float**

afraid (verängstigt)

1 Der Unterschied zwischen *afraid* und *frightened*

- *afraid* kann nur prädikativ, d. h. nach Kopulaverben wie *be/feel* usw. verwendet werden, während *frightened* auch attributiv, d. h. vor Nomen gebraucht werden kann:
  *The children **were afraid/frightened**.* (... waren verängstigt / hatten Angst.)
  *The children turned their **frightened faces** towards me.* (... wandten mir ihre verängstigten Gesichter zu.)
- *afraid* wird meist durch *very much* ergänzt; *frightened* kann nur durch *very* (oder ein anderes Adverb) ergänzt werden:
  *He was **very much afraid**.* (Er hatte sehr große Angst.)
  *They were **very*** (NICHT: *very much*) ***/ awfully / terribly / extremely frightened**.* (Sie hatten große/schreckliche/entsetzliche Angst.)
- *be afraid/frightened* + *that*-Satz können beide auszudrücken, dass man Angst vor etwas hat, das in der Zukunft passieren könnte:
  ***I'm afraid/frightened (that)** she will hit me.*
  Nur *be afraid* + *that*-Satz wird in Bezug auf etwas Unangenehmes, aber nicht Beängstigendes gebraucht:
  ***I'm afraid (that)** the weather may not be so good tomorrow.*

2 Der Unterschied zwischen *afraid of doing* und *afraid to do*

- In vielen Kontexten kann *afraid* durch *of* + *-ing* oder durch einen *to*-Infinitiv ergänzt werden, obwohl gewisse Bedeutungsunterschiede bestehen:
  *I'm **afraid of going out / to go out** alone at night.*
- Mit *be afraid of doing s.th.* wird lediglich ausgedrückt, dass etwas jemandem Sorgen bereitet oder Angst macht. *be afraid* + *to*-Infinitiv drückt immer aus, dass jemand etwas nicht unternehmen oder machen will, weil er etwas Unangenehmes oder Gefährliches befürchtet und dieses vermeiden will:

*Every time I go there, **I'm afraid of** meet**ing** her with her new partner.*
*Is $5 enough? **I'm afraid of** not giv**ing** enough.*
***I'm afraid to** tell my friend that I've lost his camera.*
***I'm afraid to** take the lid off because I'm sure it will explode.*

- *be afraid + to*-Infinitiv hat also mit aktivem Agieren und Nichtwollen zu tun. Deshalb ist nur *afraid of + ing* möglich, wenn man von Ereignissen oder möglichen Ereignissen spricht, die einem unwillentlich zustoßen können:
  ***I'm afraid of** mak**ing** a mistake.*
  *He's a good actor but he**'s** always **afraid of not** remember**ing** his lines.*
  ***I'm afraid of** something fall**ing** on him and injur**ing** him.*
  *He**'s afraid of** the firm downsiz**ing** and los**ing** his job.* (Er hat Angst, dass die Firma Rationalisierungsmaßnahmen durchführt und dass er seinen Arbeitsplatz verliert.)

3 *I'm afraid* (+ *that*-Satz) als Entschuldigung

- In dieser Bedeutung entspricht *I'm afraid* „leider / ich fürchte". Es wird gebraucht, um sich zu entschuldigen – z. B. für etwas, das man versäumt hat, aber auch für etwas, das man gemacht hat und wegen dessen man sich schuldig fühlt:
  ***I'm afraid** (that) I won't be able to come to your party.*
  ***I'm afraid** (that) I've forgotten to bring your CD with me.*
  *It was gorgeous, but terribly expensive. **I'm afraid** I bought it. I just couldn't resist it.*

⚠ „Leider ja" und „Leider nein" werden durch *I'm afraid so* (***NICHT:*** *yes*) bzw. *I'm afraid not* (***NICHT:*** *no*) wiedergegeben:
*Have they already left? – **I'm afraid so**.*
*Can you come to the meeting next week? – **I'm afraid not**.*

after – afterwards – after that – after all

1 *after* als Präposition

- *after* = „nach"
  ***after** breakfast / soon **after** 2 o'clock / **after** the holidays*
  It's (nur AE:) *ten **after** nine by my watch.* [AE auch und BE immer: *ten past nine*]

⚠ Für „nach (Ablauf von)" + Zeitraum in Bezug auf ein früheres Ereignis (d. h. im Sinn von soundso lange später) benutzt man im Englischen normalerweise nicht *after ...*, sondern *... later:*
Ann wanderte in die USA aus. Nach zwei Jahren (= Zwei Jahre später) kehrte sie zu einem kurzen Besuch nach England zurück. = *Ann emigrated to the USA. Two years **later** she returned to England for a short visit.*

Wir fingen um drei mit dem Tapezieren an. Nach zwei Stunden hatten wir die Hälfte des Zimmers geschafft. = *We started wallpapering at three. Two hours **later** we had done half the room.*
Der Gebrauch von *after* + Zeitspanne ist jedoch möglich, wenn gemeint ist: „nach Abwarten von [Zeitspanne]" oder: „nach Verstreichen von [Zeitraum] und aufgrund der Erfahrungen, die darin gemacht werden":
*Ann emigrated to the USA, but **after** two years decided it wasn't the country for her and returned to England for good.* [= nachdem sie zwei Jahre in den USA gelebt hatte]
***After** two hours we had worked out the best way of doing the job.* [= nach zwei Stunden Arbeit]
***After** ten minutes turn the oven down.* [= nach10 Minuten Garzeit]
Vgl. auch den Gebrauch von *after* in Verbindung mit zukünftigem Geschehen:
Nach (= In) zwei Stunden treffen wir uns wieder hier am Eingang, OK? = *We'll meet again here at the entrance **in** two hours, OK?*
***After** an hour most of the children will be ready for a break in the cafeteria.*

- *after* = „hinter (...her)"
  *She **was after/behind*** (aber nur: *stood/sat/*usw. *behind*) *me in the queue.*
  *In a question we put the subject **after*** (NICHT: *behind*) *the auxiliary verb.*
  *She **called/stared/went/drove/ran/... after** him.* (hinter ... her)
  *Watch out! The dogs **are after** you.* (hinter ... her)
  ***I'm after** a really nice old clock.* (Ich bin hinter ... her. = Ich suche ...)
  *I always have to **clean/tidy up after** them.* (hinter ... her)

- Nomen + *after* + Nomen = „ein ... nach dem andern":
  It's a terrible job. You do the same thing day **after** day / week **after** week. (tagein tagaus / Woche für Woche)
  *We drove through town **after** town.* (eine Stadt nach der anderen)

⚠ nach (= laut) der Bibel = ***according to** the Bible*

2 *after* als Konjunktion

- Nach *after* kann das Verb im *simple present* oder *present perfect* bzw. *simple past* oder *past perfect* stehen:
  ***After** it **stops / has stopped** raining, we'll have a game of tennis.* (Wenn ...)
  ***After** it **stopped / had stopped** raining we had a game of tennis.* (Als/Nachdem ...)

- Statt eines Vollverbs kann nach *after* auch eine Konstruktion mit *-ing* stehen, aber nur wenn das Subjekt des Nebensatzes mit dem des Hauptsatzes identisch ist:
  ***After** listen**ing** / **having** listen**ed** to the weather forecast, we decided tota-ke an umbrella with us.* (= *After we [had] listened ...*)
  ***After being told / having been told** the news, she opened a bottle of-champagne.* (= *After she was / had been told ...*)
  Aber nur: ***After** he **left/ had left,** we went out.* [*After leaving ...* würde bedeuten: *After we left ... .*]

(Die Konstruktion *after* + *-ing*-Form kann als Konjunktion + *present participle* aber auch als Präposition + *gerund* ausgelegt werden.)

⚠ Nachdem (= Weil) sie nun ihr Geld vergessen hat, werde ich für sie bezahlen müssen. = ***Now that / As/Since*** *she has forgotten her money ...*

3 Die Adverbien *after, afterwards* und *after that*

- Der Gebrauch von *after* als Adverb im Sinn von „danach" ist selten und auf Kombinationen mit bestimmten anderen Adverbien beschränkt z. B. *soon / shortly / not long / a long time + after*. Sonst werden für „danach" die Adverbien *afterwards* oder *after that* gebraucht:
The sky darkened and ***soon / shortly / not long after*** *it started to rain.* (bald/kurz danach)
We went to the cinema then ***afterwards / after that*** *we had an ice-cream.* (danach/hinterher)

- Wird eine Zeitspanne genannt („zwei Wochen / drei Stunden danach/später"), so steht *after that* oder *later:*
I arrived at 7 and Jane came five minutes ***after that / later***.

4 *after all*

⚠ *after all* entspricht nicht „nach allem" oder „endlich", sondern „schließlich", „doch", „schließlich doch" oder „immerhin". Mit *after all* kann zweierlei ausgedrückt werden: entweder „trotz allem, was gesagt, geplant, erwartet oder vermutet wurde" oder „man sollte bedenken, dass ...". *After all* steht am Satzanfang oder -ende:
Philip said he couldn't come to the meeting but then he came ***after all.*** (... doch.)
I know you don't want to see them, but perhaps we should go ***after all.*** (... doch .)
I've decided Taunton is not a bad place ***after all.*** (... doch ...)
I think we should say 'no', don't you? ***After all*** *they never helped us.* (Schließlich ...)
Why isn't Philip here? ***After all*** *it was his idea.* (Schließlich/Immerhin ...)

⚠ „schließlich / endlich / zum Schluss" wird mit *finally* oder *at last* wiedergegeben: s. **finally**.

afternoon (Nachmittag)

- *in* wird mit *afternoon* gebraucht, wenn keine nähere Bestimmung dabeisteht:
The cafe in the park is open ***in the afternoon(s)***. ([regelmäßig] am Nachmittag / nachmittags)
She finishes work at 4 o'clock ***in the afternoon***. (um 4 Uhr nachmittags)
I went to see him ***in the afternoon***. (am Nachmittag / nachmittags)

- *on* wird gebraucht, wenn *afternoon* (z. B. durch ein Adjektiv oder eine *of*-Fügung) näher bestimmt wird:
  We visited Powderham Castle ***on the first/last/second/... afternoon of*** *our holiday.* (... am ... Nachmittag ...)
  We want to go ***on the afternoon of*** *1st July.* (... am Nachmittag ...)
  We went there ***on a beautiful afternoon in July / on a beautiful July afternoon.*** (... an einem schönen Nachmittag im Juli / Julinachmittag ...)
  We used to go there ***on Saturday afternoon(s).*** (... [regelmäßig] am Samstagnachmittag .)
  on ist bei folgenden Wortverbindungen weglassbar:
  (On) the next/following afternoon *it rained again.* (Am Nachmittag des nächsten Tages ...)
  (On) the afternoon before / the previous afternoon *it had been fine.* (Am Nachmittag des Vortags ...)
- *afternoon* wird bei *last/next* + Wochentag und in diversen anderen Verbindungen ohne *the* und ohne Präposition gebraucht:
  We went ***last*** *Satur****day afternoon*** / *We'll go* ***next*** *Satur****day afternoon.*** ([am] letzten/nächsten Samstagnachmittag)
  this afternoon / yesterday afternoon / tomorrow afternoon (heute/gestern/morgen Nachmittag)
  That afternoon *there was a storm.* (an jenem Nachmittag)
  I haven't seen them ***all (the) afternoon.*** (den ganzen Nachmittag)
  I go swimming ***most afternoons.*** (an den meisten Nachmittagen)
  One (January/Wednesday) afternoon *I met Alan on the bus.* (Eines [Januar-/Mittwoch-]Nachmittags ...)

against (gegen; an)

- Anwendungsbeispiele:
  Becker played ***against*** *Stich in the first round.*
  She was ***against*** *pay****ing*** *more than $50 for it.* (dagegen, ... zu zahlen)
  There are still people who are ***against*** *a woman becom****ing*** *Prime Minister.* (...die dagegen sind, dass eine Frau Premierministerin wird.)
  That's ***against the law.*** (gegen das Gesetz / rechtswidrig)
  Jim is the man leaning ***against*** *the wall.* (...der an der Wand lehnt.)
  Put it over there ***against*** *the fence.* (...an den Zaun.)

⚠ Wir treffen uns gegen zehn. = *We're meeting* ***about/around*** *ten.*
Er fuhr/lief/schleuderte/krachte gegen die Mauer. = *He drove/ran/skidded/crashed* ***into*** *the wall.*
Die Ärztin gab mir Pillen/Medizin gegen meinen hohen Blutdruck. = *The doctor gave me some pills/medicine* ***for*** *my high blood pressure.*
Sie haben noch immer kein Heilmittel gegen Krebs. = *They still haven't got a cure* ***for*** *cancer.*
Halt es gegen das Licht. = *Hold it* ***up to*** *the light.*
Ich tauschte den Pullover gegen einen anderen aus. = *I exchanged the pullover* ***for*** *another one.*

age (Alter), **aged** [eɪdʒd] (im Alter von) / ['eɪdʒɪd] (betagt)

- Altersangaben zu einer einzelnen Person mit *age/aged*:
What (NICHT: *Which*) ***age are** you?* (Wie alt sind Sie?)
*She's 9 years old / 9 years **of age*** (NICHT: *9 years*).
***at the age of** twenty* (im Alter von zwanzig / mit zwanzig)
*a woman **of thirty / aged*** [eɪdʒd] ***thirty*** (auch: *a thirty-year-old woman*) (eine Frau im Alter von dreißig Jahren / eine dreißigjährige Frau)
*People **above/over/below/under the age of** twenty ...*
***before / after / from the age of** 2* (vor/nach/ab dem Alter von zwei Jahren)
at my age (in meinem Alter) – Aber: *people **of my age*** (Menschen in meinem Alter) [Nomen + *of* + Possessivbegleiter + *age*]
Vgl. auch: ***at sixteen*** (mit sechzehn) – Aber: *girls **of sixteen*** (Mädchen im Alter von 16) [Nomen + *of* + Zahl]

- Altersangaben zu mehreren Personen:
*They have a girl of/**aged** eight, and a boy of/**aged** ten.*
*They have two children **aged** eight and ten. / They have two children, eight and ten **years of age.***
*This size is suitable for children **aged** four to six / children **between the ages of** four and six.* (... Kinder im Alter von 4 bis 6 Jahren.)

- Ausdruck von Gleichaltrigkeit bzw. Altersvergleich:
*We **are the same age.*** (Wir sind gleichaltrig.)
*She **is my age**. When I **was your age** ...* (Sie ist in meinem Alter. Als ich in deinem Alter war, ...)

- Über das Altsein sprechen:
***With age** people usually forget more.* (Mit dem Alter ...)
*He **lived to a great age*** (Er erreichte ein hohes Alter.) – Aber: ein Mann hohen Alters = *a **very old** man*
***Old age** is often a time of ill health.* (Das Alter ...)
Aber: Im Alter ist man öfter krank. = ***When you get old / are old / are getting old** you get ill more often.*
*an **aged*** ['eɪdʒɪd] *great-uncle* (ein betagter Großonkel)
the aged ['eɪdʒɪd] (die alten Menschen)

- Wendungen mit *age*:
*You can't go into that pub. You're **under age**.* (minderjährig)
*You won't be able to buy one of those Twen 25 tickets, you're **over age / over the age limit**.* (über der Altersgrenze)
*When do people in this country **become of age?** At 18?* (volljährig werden)
***in the age of** the computer* (im Zeitalter des Computers)
in this/our** (day and) **age (in der heutigen Zeit)
*the Bronze/Iron **Age*** (die Bronze-/Eisenzeit)
*I haven't seen them **for ages**.* (seit einer Ewigkeit / schon ewig)
***It's an age since** I saw you last.* (Es ist eine Ewigkeit her, dass ...)

⚠ Kinder und Menschen im jüngeren Alter / jüngeren Alters = *children and people **in their / of younger years***

ago (vor)

- *ago* steht immer hinter dem zugehörigen Zeitausdruck, auch in Fragen:
  I visited Paris ***a short time ago****.* (vor kurzem)
  How long ago *was the wedding?* (Wie lange ist die Hochzeit her?)

⚠ *ago* wird mit einem Verb im *past tense* gebraucht. Es kann nicht mit dem *past perfect* benutzt werden, da mit *ago* nur ein Zeitpunkt genannt werden darf, den man von der Gegenwart aus zurückrechnet:
A few months ***ago I was*** *in Edinburgh for the second time.*
I ***had been*** *there twenty years* ***before/previously/earlier*** *when I was a child.* (Ich war 20 Jahre zuvor dort gewesen)

- *ago* kann in Verbindung mit *since* oder dem *future perfect* auch mit Perfektformen gebraucht werden:
  I ***haven't seen*** *him* ***since*** *over a year* ***ago****.* (seit vor über einem Jahr)
  There's no point in phoning now. He ***will have left*** *half an hour* ***ago****.*

(to) **agree**

1 Welche Präposition nach *(to) agree*?

- *agree* ohne Präposition:
  Let's ask Philip. Do you ***agree****?* (Bist du einverstanden?)
  – Yes, I ***agree****.* (Ja, ich bin einverstanden.)
  I think we are wasting our time.
  – I ***agree****.* (Ich bin der gleichen Meinung.)
  They wanted to have the meeting at my house and I ***agreed****.*
  (... ich erklärte mich einverstanden/bereit.)
- *agree + with* = mit einer Person übereinstimmen; eine Sache für gut halten:
  I (totally/entirely) ***agree with*** *Jack.*
  I ***agree with*** *the writer's opinion/analysis/explanation.*
  I ***agree with*** *what the government is doing.*
  agree + with wird auch benutzt, wenn man von zwei Darstellungen/ Berichten usw. spricht, die sich entsprechen:
  His version of the accident ***agrees with*** *that of the other driver.* (... stimmt mit ... überein.)
  Im Zusammenhang mit Speisen und Getränken bedeutet *agree with* „(gesundheitlich) bekommen“:
  Onions don't ***agree with*** *me.* (Zwiebeln bekommen mir nicht.)
- *agree + about/on* = über ein Thema / in einer Frage gleicher Meinung sein:
  Fortunately we always ***agree about/on*** *where to go on holiday.*
  I don't ***agree*** *with you* ***about/on*** *this question.*
- *agree + on* = sich in einer Sache einigen, die entschieden werden muss:
  We ***agreed on*** *the next steps that should be taken.*
  We ***agreed on*** *writing a formal letter of complaint.*

- *agree + to* = bereit sein, einen Plan/Vorschlag usw. zu akzeptieren bzw. auf eine Bitte usw. einzugehen:
  *I **agreed to** the new proposal that he made this morning.*
  *Her professor **agreed to** her request for another six weeks.*

2 Konstruktionen mit *(to) agree*

- *agree* wird in der Regel nicht in der Verlaufsform gebraucht. Diese ist jedoch möglich, wenn gemeint ist, dass eine Zustimmung gerade zum Ausdruck gebracht wird:
  *There were long arguments at first, but they all **agree** now.*
  *You realize that **I am agreeing** to your proposal.*
  *They **were** all **agreeing** with what the stupid man was saying.*
- Auf *agree* kann ein *to*-Infinitiv folgen. Wenn *to* als Teil eines präpositionalen Objekts gebraucht wird (*agree to s.th.* – s. letzten Unterpunkt in Abschnitt 1), folgt ein weiteres Verb jedoch als *-ing*-Form:
  *We **agreed to sign** the contract after the changes were made.* (Wir erklärten uns bereit, den Vertrag zu unterschreiben ...)
  *The committee members **agreed to** extend**ing** the contract for another two years.* (... stimmten der Vertragsverlängerung ... zu ...)
- Passivsätze mit unpersönlichem *it* als Subjekt sind möglich:
  ***It was agreed** to sign the contract ...* (Es wurde vereinbart ...zu ...)
  ***It is agreed** that the contract should be signed.* (Es herrscht Übereinstimmung darüber, dass ...)
  be agreed mit persönlichem Subjekt hat eine andere Bedeutung, nämlich „sich einig sein / gleicher Meinung sein":
  *OK, we **are agreed about/on** the price. We **are agreed that** it should be under $25 at first.*

ahead of ⇨ before

aim (Ziel)

⚠ Auf *with the aim* folgt *of* + *-ing*-Form, kein Infinitiv:
*We are planning the programme **with the aim of** attracting* (*NICHT: with the aim to attract*) *as many young people as possible.* (... mit dem Ziel, so viele junge Menschen wie möglich anzuziehen.)

- *aim* verbindet sich mit *achieve*, aber nicht mit *reach:*
  *Did she **achieve** (NICHT: reach) her **aims**?* (Hat sie ihre Ziele erreicht?)

aircraft (Flugzeug)

- Der Plural von *aircraft* heißt *aircraft*, nicht *aircrafts*:
  ***This aircraft is / These aircraft are** very safe.*

airforce ➪ army

alcoholic (alkoholisch/Alkoholiker)

- *alcoholic* ist sowohl Adjektiv als auch Nomen. Als Nomen steht es nach *be* mit dem unbestimmten Artikel:
  *I don't want an **alcoholic** drink, thank you.)*
  *He **is an alcoholic**.* (Er ist Alkoholiker.)

⚠ Alkoholika = *alcoholic drinks*
antialkoholisch = *non-alcoholic*

alight (an [Feuer, Licht]/in Brand), alike (ähnlich)

- *alight* und *alike* (wie auch *afloat* und *asleep*) können nur nach einem Kopulaverb stehen, aber nie vor einem Nomen. Sie werden durch *very much*, nicht durch *very* ergänzt:
  *The fire is still **alight**.* (Das Feuer brennt noch.)
  *There was an explosion then the whole house was **alight**. **Burning** (NICHT: Alight) pieces of wood from the windows flew through the air.*
  *You two look **very much alike**.* (Ihr beide seht euch sehr ähnlich.)
  *You always wear **similar** (NICHT: alike) clothes.* (ähnliche Kleidung)
  burning und *similar* können attributiv (vor einem Nomen) und prädikativ (nach einem Kopulaverb) gebraucht werden.

alive – living – live

- *alive* kann nur prädikativ (nach einem Kopulaverb) und nicht attributiv (vor einem Nomen) gebraucht werden. Es wird durch *very much*, nicht durch *very* ergänzt:
  ***Is** she still **alive**? I thought she died two years ago. (NICHT: Does she still live?)* (Lebt sie noch?)
  *She**'s very much alive**.* (Sie ist sehr lebendig.)
- *living* und *live* in der Bedeutung „lebend" werden nur attributiv, nicht prädikativ gebraucht. *living* entspricht „lebend" im Gegensatz zu „tot"; *live* bedeutet „lebend" im Sinne von „echt/leibhaftig":

She's one of our greatest ***living*** (NICHT: *alive/live*) *novelists.* (... eine unserer größten lebenden Romanautorinnen.)
He keeps a ***live*** (NICHT: *alive/living*) *snake in his bathroom.*
I met a real ***live*** *newsreader at Adrian's party.*

- *live* in der Bedeutung „live" kann atributiv oder prädikativ gebraucht werden:
  Live music *is planned. The music will* ***be live****, not recorded.*

all

- **all right**: s. getrennten Eintrag (vor Eintrag *almost*)
- **at all**: s. getrennten Eintrag (vor Eintrag *athletics*)

1 Besonderheiten der Wortstellung mit *all*

- Wenn *all* zum Subjekt gehört und nachgestellt wird, ist die Wortstellung von *all* wie die eines Adverbs:
  The stories ***are all*** *very interesting.* [= nach dem Verb *be*]
  Our teachers ***all work*** *very hard.* [= vor einem Vollverb]
  We ***will all*** *be glad when the holidays start.* [= nach dem ersten Hilfsverb]

⚠ *all* kann als Teil des Objekts einem Pronomen, aber nicht einem Nomen nachgestellt werden:
She has read ***them all****.*
Aber: *She has read* ***all*** *the books* (NICHT: *the books all*). (Sie hat die Bücher alle gelesen.)

2 Der Unterschied zwischen *all (the)* und *the whole* = „der/die/das ganze"

- Als Faustregel für den Gebrauch von *all the* und *the whole* gilt:
  - Nicht zählbare Nomen: *all the*
    We've used up ***all the*** *white paper.* (... das ganze weiße Papier ...)
    Ausnahmen:
    I walked ***the whole / all the way*** *to the station this morning.*
    It rained ***the whole / all the time****.*
    He didn't tell me ***the whole truth****.*
  - Zählbare Nomen im Singular: *the whole* oder *the whole of the/my/this* usw.
    Philip translated ***the whole (of the)*** *text for me.* (... den ganzen Text ...)
    Ausnahme: *all* bedeutet „jedes Mitglied von":
    All the *team /* ***The whole (of the)*** *team knew.*
  - Zählbare Nomen im Plural: *all the*
    All the *children were shouting.* (Die ganzen / Alle Kinder...)
- Vor Ortsnamen kann *all, all of* oder *the whole of* stehen:
  All / All of / The whole of London/England *was excited.* (Ganz England/London ...)

all over + Ortsname („in ganz“) ist eine feste Wortverbindung:
***All over** England there were parties .* (In ganz England / Überall in England ...)
*The firm has offices **all over** the world.* (auf der ganzen Welt)

- Vor Tages- und Jahreszeiten sowie *day/week/weekend/year* wird wahlweise *all* (ohne: *the*!) oder *the whole* gebraucht. *the whole* ist emphatischer:
*I'm staying **all / the whole** morning/summer/day/week/weekend/year.* (den ganzen Morgen/Sommer/...)
Vor Monatsnamen und den Wochentagen steht *all (of)* oder *the whole of*:
*I'm staying **all (of) / the whole of** September/Saturday.*
Vor *hour/month/century* steht nur *the whole*:
*They stood there (for) **the whole** hour/month/century before someone moved them.*

3 Der Unterschied zwischen *all, all the* und *all of*

- *all* steht in Aussagen allgemeiner Natur:
***All** water is wet.*
***All** houses have a roof.*
- *all the* wird benutzt, wenn bestimmte Sachen oder Personen gemeint sind:
***All the** water in the bath is cold now.*
***All the** houses in our street have got big gardens.*
- *of* ist zwingend, wenn *all* unmittelbar vor einem Personalpronomen steht. *of* steht wahlweise zwischen *all* und nachfolgendem Artikel, Possessiv- oder Demonstrativbegleiter bzw. -pronomen:
*Come here now, **all of you**.*
*He invited **all of us** to his party.* [Auch möglich, vgl. Abschnitt 1: *us all*]
***All (of) the/my/these** stamps are valuable.*
***All (of) his/those** are British stamps.*

4 Der Unterschied zwischen *all, everything* und *anything* = „alles“

- *all* wird für „alles“ normalerweise nur in Verbindung mit einem nachfolgenden Relativsatz gebraucht. Die Bedeutung ist entweder „alle Dinge“ oder „das Einzige“. Als Relativpronomen ist nur *that*, nicht *which* möglich, oft wird aber gar kein Relativpronomen benutzt:
*My trainer taught me **all (that)** I know.* (alles [= alle Dinge], was ich weiß/kann)
***All (that)** I know is when the meeting starts. I don't know where it is or who is coming.* (Alles [= Das Einzige], was ich weiß ...)
all als Pronomen findet sich ohne nachfolgenden Relativsatz in den Redewendungen *above all* (vor allem), *all or nothing* und *all's well that ends well.* (Ende gut, alles gut).
all findet sich ferner vor *about* in Wortverbindungen wie *tell s.o. all about, explain all about, know all about*:
***Tell me all about** your new hobby.*

Vor *about* hat *all* jedoch in anderen Wortverbindungen die Bedeutung „ganz/völlig/komplett" – vgl. Abschnitt 6.

- *everything* entspricht „alles" in der Bedeutung „alle Dinge" oder „das Ganze":
  He told me ***everything****.*
  He unpacked the food, but ***everything*** *was mouldy.* (... alles war verschimmelt.)
- *anything* entspricht „alles" in den Bedeutungen „alles mögliche" und „irgendetwas":
  When you're on holiday, ***anything*** *can happen.* (alles [mögliche])
  They could have told me ***anything*** *and I would have believed them.* (alles = irgendetwas)

5 Der Unterschied zwischen *all (those), everyone/everybody* und *all of them* = „alle"

- *all* wird für „alle" im Sinne von „alle Personen" nur mit nachfolgendem Relativsatz gebraucht. Üblicher ist jedoch *all those*:
  All / All those who *know him respect him.* (Alle / Alle diejenigen ...)
- In anderen Fällen ist das Pronomen *everyone/everybody* üblich:
  It was a great party. ***Everyone*** *enjoyed themselves.* (Alle amüsierten sich.)
- *all of them* wird im Rückbezug auf ein bereits genanntes Nomen gebraucht. Dieses Nomen kann Personen oder Sachen bezeichnen. *all* ohne *of them* ist im Rückbezug unüblich:
  She rang all her friends. ***All of them*** *were busy.* (Alle ...)
  There were six cars in the drive (Einfahrt). ***All of them*** *were new.*

6 *all* zur Emphase

- *all* wird als Adverb in der Bedeutung „ganz/völlig/komplett/endgültig" vor bestimmten Adjektiven, Adverbien und Präpositionen gebraucht:
  The house was ***all dark.*** (... ganz dunkel.)
  The party is ***all over*** *now.* (... endgültig vorbei.)
  Pam likes the idea but I'm ***all against*** *it.* (... ganz dagegen.)
  I forgot ***all about*** *it.* (Ich habe es ganz vergessen.)

7 Weitere Fehlerquellen

⚠ Das Brot ist alle. = *The bread is* ***all gone/finished****. / There's* ***no*** *bread* ***left****.*
ganz am Anfang = ***right*** *at the beginning / at the* ***very*** *beginning*
ganz am Ende = ***right*** *at the end / at the* ***very*** *end*
die allerbeste/-letzte/-erste/-neueste/-schlimmste = *the* ***very*** *best/last/first/latest/worst*
die allerjüngste/-teuerste = *the youngest* ***of all*** */ most expensive* ***of all***
im Großen und Ganzen = *on the whole / by and large*

(to) **allow** – (to) **permit** (erlauben)

⚠ Auf *allow* und (förmlicher:) *permit* kann kein *that*-Satz folgen. Stattdessen wird ein *to*-Infinitiv gebraucht. Vor dem Infinitiv muss ein (Pro-)Nomen als Personenobjekt stehen:
Er erlaubte, dass wir rauchen. = *He **allowed/permitted us to** smoke.*
(NICHT: *allowed/permitted that we smoked*; NICHT: *allowed/permitted to smoke*)
allow + *that*-Satz ist aber in der Bedeutung „einräumen" möglich:
*His employer **allowed that** people had been under a lot of stress.*
(räumte ein, dass)

- *allow* und *permit* können eine *-ing*-Form als (einziges) Objekt oder als Subjekt haben:
*We don't **allow/permit** walk**ing** on the grass.*
*Walk**ing** on the grass **is not allowed/permitted**.*
- Passivsätze mit persönlichem Subjekt sind bei beiden Verben möglich, solche mit unpersönlichem *it* als Subjekt aber nur bei *permit*:
***You are not allowed/permitted to** walk on the grass.*
It is not permitted (NICHT: *It is not allowed*) ***to** walk on the grass.*
- Nur *permit*, nicht *allow* ist möglich in folgenden Redewendungen:
***If time permits,** we'll visit Venice, too.* (Wenn die Zeit es erlaubt)
***Weather/Circumstances permitting**, there will be a party on 23rd.*
(Wenn das Wetter / die Umstände es zulassen, ...)
- Das zu *allow* und *permit* gehörige Nomen heißt *permission*, nicht *allowance*. *allowance* bedeutet „(finanzielle) Zuwendung":
*Will you give me **permission** to go?* (Erlaubnis)
*He gets an **allowance** of $300 from his parents.* (Zuwendung/Beihilfe)

all right

- Alternative Schreibweise: *alright*
- *all right* = „gesund"
*Your face is all white. Are you (feeling) **all right**?* (Fühlen Sie sich nicht gut?)
*After a few days in bed I was **all right** again.* (... wieder gesund.)
- *all right* = „heil/sicher" (Adverb und Adjektiv)
*It was a very bad journey but we got home **all right**.* (... wir kamen heil nach Hause.)
*Jill still hasn't arrived. I hope she's **all right**.* (Ich hoffe, es ist ihr nichts zugestoßen.)
- *all right* = „in Ordnung". In dieser Bedeutung kann *all right* je nach Betonung und Intonation „völlig zufriedenstellend", oder aber „annehmbar, aber eigentlich nicht sehr gut" bedeuten:

*Was your holiday flat OK? – Yes it was **all right**. It was very comfortable.* (= völlig zufriedenstellend)
*The food was **all right**, but it wasn't exactly exciting.* (= annehmbar)

- *All right.* =„Gut/Einverstanden/OK":
  *Will you show me how to do it? – **All right**. First, you have to ...*
  *Can I borrow your bike, please? – **All right**.*
- *(All) Right* = „Gut" als Signal, um den Beginn oder das Ende von etwas anzukündigen:
  ***All right**. Get your books out and turn to page 50, please.*
  ***All right**. Can you put those books away now?*
- *That's all right.* = „Keine Ursache", „Kein Problem":
  *Thanks for all your help. – **That's all right**. It was a pleasure.*
  *I'm sorry I forgot. – **That's/It's all right**. It wasn't important.*
- *it's all right* = „es ist in Ordnung"
  *Can I borrow the camera? – **It's all right by/with** me.* (Von mir aus ist es in Ordnung.)
  ***Is it all right if** I don't come with you?* (Ist es in Ordnung, wenn ...?)
  ***Is it all right for me to** stay at home?* (Ist es in Ordnung, wenn/dass ich zu Hause bleibe?)
  ***Is it all right that** I've washed it rather than had it cleaned?* (Ist es in Ordnung, dass ...?)

almost – nearly

1 Verneinung mit *almost/nearly* oder (formal) bejahter Satz mit *hardly*?

- Ein verneinter Satz mit *not* und *almost/nearly* wird nur gebraucht, wenn von etwas die Rede ist, das effektiv geschieht, obwohl es unwahrscheinlich erschien:
  *The weather was so bad, we **almost/nearly didn't** come.* (... wir wären fast nicht gekommen [aber wir kamen doch].)
- Vor *never/no/nobody/nothing/none/nowhere* kann *almost,* aber nicht *nearly* stehen. Meist wird aber eine Formulierung mit *hardly* bevorzugt:
  *I **hardly ever** /* [sehr emphatisch:] ***almost never*** (NICHT: *nearly never*) *have time to read the whole newspaper.*
  *There's **hardly anything** / **almost nothing*** (NICHT: *nearly nothing*) *left.* (Es ist fast nichts übrig.)

⚠ Nur *hardly* kann gebraucht werden, wenn „fast nicht" soviel wie „nur ein wenig" bedeutet:
*But I **hardly** know her.* (NICHT: *I almost/nearly don't know her.*) (Aber ich kenne sie kaum/fast nicht.)

2 Weitere Gebrauchsbesonderheiten von *almost* und *nearly*

- In vielen konkreten Situationen sind *almost* und *nearly* austauschbar:
  *It's **almost/nearly** 10 o'clock.*
  *We are **almost/nearly** there.*
  *We saw **almost/nearly** all our old friends again.*
- *almost,* nicht *nearly,* wird gebraucht, wenn von etwas die Rede ist, das unmöglich sein kann oder unmöglich eintreten kann (also den Tatsachen widerspricht):
  *When I think about next month's holiday I can **almost** taste the sea air already. [but I can't]*
  *I **almost** wish I had another chance. [but I haven't]*
  *I met Ann last night. We talked for hours. It was **almost as if/though** she had never been away. [but she had]*
- Vor Adjektiven mit negativer Bedeutung steht in der Regel *almost*:
  *The group is **almost unknown** outside Germany.*
  *That would be **almost impossible** in this country.*
- In der Regel steht *almost* vor *-ly*-Adverbien (damit die Doppelung des *-ly* von *nearly* vermieden wird):
  *They accepted it **almost** willing**ly**.* (... fast bereitwillig ...)
- *nearly*, aber nicht *almost* kann mit *very* oder *so* gebraucht werden:
  *When I said "no", he **very nearly** got up and left.*
- *not nearly* bedeutet „nicht annähernd". *almost* kann nicht so gebraucht werden:
  *The room is **not nearly** as big as I thought.* (... nicht annähernd so groß, wie ich dachte.)
- Für den deutschen Konjunktiv in Sätzen mit „fast/beinahe" gibt es im Englischen keine Entsprechung:
  Er hätte den Hund beinahe überfahren. = *He almost/nearly ran over the dog.*

3 Die Wortstellung mit *almost/nearly*

- Wenn sich *almost/nearly* auf ein Verb bezieht, steht es
  a) vor einem Vollverb und dem Hilfsverb *do*:
     *I **almost/nearly finished** the work yesterday.* (Ich habe/hätte die Arbeit gestern fast beendet.)
     *I **almost/nearly didn't see** them.* (Fast habe/hätte ich sie nicht gesehen.)
  b) nach *be:*
     *It **is almost** ten o'clock.*
  c) nach einem alleinstehenden Hilfsverb außer *do*:
     *I **will almost/nearly finish** this book today.* (Ich werde dieses Buch heute fast auslesen)
     *The work **was almost/nearly completed** yesterday.*

Bei mehreren Hilfsverben kann mehr als eine Stellung möglich sein:
It will have been ***almost*** *completed by next week.*
It will have ***almost*** *been completed.*
It will ***almost*** *have been completed.*

alone (allein)

1 *alone* = Adjektiv

- Das Adjektiv *alone* wird nur nach einem Kopulaverb wie *be/feel* gebraucht, es kann nicht vor einem Nomen stehen:
The man ***was alone*** *in the room.* (NICHT: *There was an alone man in the room.*)
The ***only/sole*** *reason for saying "no" is that I have no time.* (Der alleinige Grund ...)
Vgl. auch folgende Entsprechungen für „einzeln/alleinstehend":
There was an ***isolated*** *tree/house on the horizon.* (... ein einzelner Baum / ein einzelnes Haus.)
Mr Smith is a ***single*** *man.* (alleinstehend, d. h. ledig)

⚠ *alone* wird mit *all* oder *very much* verstärkt:
We were ***all alone / very much alone*** (NICHT: *very alone*). (ganz allein / sehr allein)

2 *alone* = Adverb

⚠ *alone* steht als Adverb im Sinne von „nur", „schon" immer nach dem Satzteil, auf den es sich bezieht:
The thought ***alone*** *makes me angry.* (Schon der Gedanke ...)
In the first year ***alone*** *they made a profit of $10 million.* (Allein im ersten Jahr ...)
Mr Barker ***alone*** *knows the code number of that computer.*
(Nur Mr Barker ...)

⚠ Wenn betont werden soll, dass eine Tat oder Leistung allein, d. h. ohne fremde Hilfe vollbracht wurde, wird nicht *alone*, sondern *(all) on my/his/... own* oder *(all) by -self* gebraucht:
He was very proud that he had built the house ***(all) on his own / (all) by himself****.* ([ganz] allein)
I decided to try and do it ***(all) on my own / (all) by myself****.*

- In der Bedeutung „ohne die Anwesenheit anderer" besteht zwischen *alone, on ... own* und *by ... self* kaum ein Unterschied:
We spent the rest of the evening ***alone / on our own / by ourselves****.*

aloud / out loud – loudly (laut)

- Zum Unterschied zwischen *loud* und *noisy* (= Adjektiv) s. **loud**
- *aloud* oder *out loud* bedeutet das Gegenteil von „still / für sich / in Gedanken". *loudly* bedeutet „mit großer Lautstärke":
  *Think **aloud / out loud** for a moment, please, so that we can all follow your logic.* (Denk mal ... laut ...)
  *Read the letter **aloud / out loud**, please, so that we can all hear what she says.*
  *When the new teacher entered the room everyone was talking **loudly**.*
- Der Komparativ von *loudly* heißt in der Regel *louder*:
  *Can you speak a bit **louder**, please?*

already – yet (schon)

- Zum Gebrauch von *(not) yet* in der Bedeutung „noch (nicht)" s. **yet** und **still**.

1 Der Unterschied zwischen *already* und *yet* = „schon"

- Grundsätzlich steht *already* in Aussagesätzen und *yet* in Fragen:
  *I've read that book **already**.*
  *Have you read that book **yet**?*
- *already* wird jedoch in Fragen gebraucht, wenn die Antwort *yes* erwartet oder erhofft wird:
  *I'm sorry I'm so late. Have you **already** eaten?*
  *It's Ann's birthday tomorrow, isn't it? Have you **already** bought something?*
- Fragen mit *already* sind oft rhetorische Fragen, d. h. Fragen, auf die keine Antwort erwartet wird, und drücken Überraschung aus, dass etwas früher als erwartet geschehen ist. *Already* steht dann am Satzende und ist betont:
  *Have you finished this book **already**? You only started it this afternoon!* ([jetzt] schon)
  *You haven't finished that book **already**, have you?*

2 Die Satzstellung mit *already* und *yet* = „schon"

- *already* steht in der Satzmitte oder am Satzende:
  *Jim **is already** here.* [Satzmitte nach *be*]
  *Jim **already knows** Janet.* [Satzmitte vor einem Vollverb]
  *Jim **has already been introduced** to Janet.* [Satzmitte nach dem ersten Hilfsverb]
  *Jim is here / knows Janet / has been introduced to Janet **already**.* [Satzende]

⚠ *already* kann in der Regel nicht unmittelbar vor einer anderen Zeitbestimmung stehen:
Schon gestern hatte er sein ganzes Taschengeld für diese Woche ausgegeben. = *He had **already** spent all this week's pocket money **yesterday*** (NICHT: *Already yesterday ...).*
s. auch Abschnitt 4.

- *yet* steht am Satzende:
*Have you done your homework **yet**?*

3 *Present perfect* und *past tense* mit *already/yet* = „schon"

- Um auszudrücken, dass etwas bereits, d. h. vor dem jetzigen Zeitpunkt geschehen ist, werden *already/yet* im BE nur mit dem *present perfect* gebraucht. Im AE ist auch das *past tense* möglich:
***Have** you **decided** to go to that concert **yet**? /* (AE:) ***Did you decide** to go to that concert **yet**?*
*Yes, in fact I**'ve already bought** the tickets.* / (AE:) *Yes, **I already bought** the tickets.*

⚠ *yet* kann nicht in Fragen mit Bezug auf die Vergangenheit stehen. Es wird durch *already* ersetzt oder einfach weggelassen:
*Did you **(already)** know his wife when you met her at that party?*
(Kannten Sie seine Frau schon ...?)

4 Andere Entsprechungen für deutsch „schon"

- „schon" + zweite Zeitbestimmung wird ganz unterschiedlich wiedergegeben. Oft gibt es keine Entsprechung dafür:
Schon gestern waren die Karten ausverkauft. = *The tickets were **already** sold out **yesterday**.* (vgl. Abschnitt 2, ⚠.)
Schon vor 1000 Jahren gab es Menschen auf dieser Insel. = *There were people on this island **as early as** 1000 years ago / **as long ago as** the year ... / the ...th century.*
Hat er immer noch nicht mit seinen Hausaufgaben angefangen? Ich habe ihm schon vor zwei Stunden gesagt, dass er sie machen soll. = *I told him to do them **at least** two hours ago.*
Das weiß er doch schon seit letzter Woche. = *But he's known that since last week **(at least)**.*
Schon als er anfing, wusste ich, dass es eine lange Rede werden würde. = ***As soon as** he started I knew it would be a long speech.*
Schon bald werden wir Ergebnisse sehen. = *We shall see results **very soon**.*
Schon nach wenigen Monaten fangen Babies an, die ersten Laute nachzuahmen. = *Babies start imitating the first sounds **after only** a few months.*
Hat sie sich schon einmal bedankt? = *Has she **ever** said thank you?*
Hat es schon einmal im Juli geschneit? = *Has it **(ever)** snowed in July **before**?*

Schon bevor ich ihn kennen lernte, wusste ich, dass ich mit ihm gut auskommen könnte. = ***Even*** *before I met him I knew I would be able to get on with him.*
Schon damals hatte er keine Haare. = ***Even then*** *he was bald.*
Rauchst du schon wieder? = *Are you smoking* ***(yet) again****?*

also – too (auch)

1 Unterschiede zwischen *also* und *too*

- *also* ist eher schriftsprachlich, *too* wird eher in der gesprochenen Sprache gebraucht. Der Hauptunterschied liegt jedoch in der Wortstellung.
- *also* steht in der Satzmitte:
  We were tired but I ***was also*** *very happy.* [nach dem Verb *be*]
  The weather was wet on Wednesday. It ***also rained*** *on Friday.* [vor dem Vollverb]
  *I'**ve also phoned** the hotel.* — *I've written the letter to Peter. I'****ve also phoned*** *the hotel.* [nach dem ersten Hilfsverb]
  Wenn *also* im Sinne von „außerdem" gebraucht wird, um Sätze zu verbinden, steht es (meist mit Komma) am Satzanfang:
  We didn't have enough money. ***Also****, time was very short.*
- *too* kann nicht am Satzanfang stehen. Es steht in aller Regel am Satzende (oft durch Komma abgetrennt):
  I had a great time in Paris and improved my French, ***too****.*
  Philip, are you coming ***too****?*
  Wenn *too* gelegentlich (durch Kommata abgetrennt) weiter vorne im Satz steht, folgt es dennoch immer dem Satzteil, auf den es sich bezieht:
  Auch Philip ist eingeladen. = *Philip,* ***too****, is invited.*
  Auch die Bücher sind sehr wertvoll. = *The books,* ***too****, are very valuable.*
- In Befehlssätzen und Kurzantworten der Stellungnahme (s. auch Abschnitt 2) steht in der Regel *too*, nicht *also*:
  Show *him the other letter,* ***too****.*
  I love France. – I ***do too****.*
  In Kurzantworten der Stellungnahme ohne Verb steht ebenfalls *too* (in Verbindung mit einem <u>Objekt</u>pronomen!):
  I'm dying for a drink. – ***Me, too!*** (Ich auch.)

2 Weitere Fehlerquellen

- *also/too* wird normalerweise nicht in verneinten Sätzen gebraucht:
  *I don't speak Italian. I do**n't** speak Spanish* ***either****.* (Ich spreche auch kein Spanisch.)
  Vgl. aber:
  *Did**n't** Ann go to the meeting* ***either****? I didn't realize that nobody from our department went.* (Ist Ann auch nicht ... gegangen?)

*Did**n't** Ann go to the meeting, **too**? She went with you, didn't she?* (Ist Ann nicht auch ... gegangen? = Ann ist doch auch hingegangen, oder?)

- *too/also* wird nicht in verneinten Kurzsätzen der Stellungnahme mit Hilfsverb gebraucht:
  He doesn't play a musical instrument. ***Neither/Nor do I.*** (Ich auch nicht. / Ich spiele auch keins.) [s. auch **neither, nor**]
  I don't speak Italian, ***neither/nor do I speak*** *Spanish.* (... noch spreche ich Spanisch.)
  Vgl. dagegen bejahte Kurzsätze:
  I love France and Karen ***does too****.*
  I love France and ***so does*** *Karen.* (... und Karen auch.) [s. auch **so**]

⚠ Auch wenn es regnet, findet die Party wie geplant statt. = ***Even if*** *it rains the party will take place as planned.*
Auch als es anfing zu regnen, spielte die Band weiter. = ***Even when*** *it started to rain, the band carried on playing.*

alternative, alternate

1 Das Nomen *alternative*

- Auf *alternative* folgt *to + -ing*, nicht *to* + Infinitiv:
  The ***alternative to*** *wait**ing** for the bus is walking.* (Die Alternative dazu, auf den Bus zu warten, ist zu Fuß zu gehen.)
  There is no ***alternative to*** *learn**ing** these irregular verbs by heart.* (Es gibt keine Alternative dazu, diese unregelmäßigen Verben auswendig zu lernen.)
- Auf *alternative* kann ein *to*-Infinitiv jedoch anstelle eines Relativsatzes folgen. Der aktive, nicht der passive Infinitiv steht in Sätzen wie dem folgenden:
  There are several ***alternatives to choose from*** (NICHT: *to be chosen from*). (= *alternatives from which we can choose*)

2 Die Adjektive/Adverbien *alternative(ly)* und *alternate(ly)*

- *Is there an* ***alternative*** *answer?* (... eine alternative [= andere] Lösung?)
  alternative *energy* (alternative Energie)
  Alternate *units start on a left-hand page.* (Jede zweite Unit beginnt auf einer linken Seite.)
  In ***alternate*** *years we spend Christmas with my mother's parents and my father's parents.* (Abwechselnd jedes zweite Jahr ...)
- *You can pay now, or* ***alternatively*** *when you leave.* (... alternativ/ersatzweise/wahlweise...)
  Will Philip be able to help us? ***Alternatively*** *I could ask John.* (Falls nicht/Sonst ...)
  The weather was ***alternately*** *hot and cold.* (... abwechselnd ...)

although (obwohl) – **though** (obwohl/trotzdem) – **even though** (auch wenn)

1 Die Konjunktionen *although, though* und *even though*

- *although* und *though* bedeuten „obwohl", *even though* „auch wenn". Der Nebensatz, der durch *although* usw. eingeleitet wird, wird in der Regel durch ein Komma abgetrennt:
  We enjoyed ourselves a lot, ***although/though/even though*** *it rained all the time.*
  Although/Though/Even though *the sun was shining, he wouldn't take off his big winter coat.*
- Wenn das Subjekt des Nebensatzes mit dem des Hauptsatzes identisch ist, kann im Nebensatz statt eines Vollverbs ein Partizip gebraucht werden:
  Although/Though/Even though *wishing to remain anonymous, the man let the reporter take a photo.* (= *Although the man wished to remain anonymous, he ...*)
  Although/Though/Even though *asked politely, the woman refused to help.* (= *Although the woman was asked politely, she ...*)
  Aber nur, wegen unterschiedlicher Subjekte: *Although the woman refused politely* (NICHT: *Although refusing politely*)*, the reporter insisted on taking her photo.*
- *though*, aber nicht *although/even though*, kann einem Adjektiv, einem Adverb oder einem Adjektiv + Nomen nachgestellt werden:
  Tired though *he was, he couldn't sleep.* (Obwohl er müde war, konnte er nicht schlafen.) (= *Although he was tired ...*)
  Hard though *he tried, he couldn't solve the problem.* (So sehr er sich auch bemühte, konnte er das Problem doch nicht lösen.) (= *Although he tried hard ...*)
  Experienced teacher though *she was, she didn't know what to do.* (Sie war zwar eine erfahrene Lehrerin, aber sie wusste doch nicht, was sie tun sollte.) (= *Although she was an experienced teacher*)

2 Das Adverb *though* = „aber/trotzdem"

- Das Adverb *though* mit der Bedeutung „aber/trotzdem" steht in der Satzmitte oder am Satzende, nie dagegen am Anfang, weil es sonst als „obwohl" verstanden würde. Die Abtrennung durch Komma(ta) ist die Regel:
  It was difficult. Slowly, ***though****, we started to make progress.*
  It's a difficult problem. We've got lots of time, ***though****.*

altitude ⇨ height

altogether – all together

- *altogether* bedeutet „insgesamt/völlig/ganz/alles in allem“:
  *Two pizzas, two salads and two cokes. That's $25.40 **altogether**.*
  (... insgesamt ...)
  *By 12 o'clock the rain had stopped **altogether**.* (... hatte der Regen völlig/ganz aufgehört.)
  *I've found a new job, a new boyfriend and a new flat. **Altogether** it has been a good year.* (Insgesamt/Alles in allem ...)
- *all together* bedeutet „alle zusammen“:
  *The last time when we were **all together** was at that family party.*

always (immer)

- *always* steht normalerweise in der Satzmitte, zusammen mit einem Imperativ auch am Satzanfang:
  *He **is always** late.* [nach *be*]
  *She **always reads** the newspaper on the train.* [vor dem Vollverb]
  ***Always remember** to shut the windows before you go home.*
  [vor dem Vollverb, hier Imperativ]
  *She **has always wanted** to visit America.* [nach dem ersten Hilfsverb]
  ***Don't always expect** me to wake you up in the morning.* [nach dem ersten Hilfsverb, hier Teil des Imperativs]
- *always* gilt als Signalwort für den Gebrauch des *simple present.* Es wird aber genausogut mit anderen Zeiten (*simple past, present perfect, past perfect* usw.) gebraucht.
  In der Bedeutung „ständig/andauernd“ wird es mit der Verlaufsform gebraucht. Damit wird ausgedrückt, dass etwas häufiger als erwartet geschieht. Es kann damit Ungeduld („zu oft“) – manchmal auch Belustigung („so oft“), Verwunderung („überraschend oft“) o.ä. – ausgedrückt werden:
  *He is **always asking** me for money. Why can't he ask someone else?*
  *They **were always saying** they would buy a house in the country but they never did.*
  *We **were always meeting** each other on the train.*

⚠ Von da an waren sie für immer Freunde. = *From then on they were friends **forever**.*
Es war für immer verloren. = *It was lost **for good**.*
wer/wo/was/wann/warum (auch) immer =
*who**ever**/wher**ever**/what**ever**/when**ever**/why **ever***
immer schneller = *fast**er and** fast**er**;* immer öfter = ***more and more** often*
Während sie arbeitete, dachte sie immer (= die ganze Zeit) an das Kind.
= *While she worked she **kept** think**ing** of the child.*

a.m., p.m. (Uhr morgens/vormittags, Uhr nachmittags/abends)

⚠ *a.m.* und *p.m.* (oft auch ohne Punkt: *am, pm*) können nicht zusammen mit *o'clock* verwendet werden:
It's 6 ***a.m.*** */ 6* ***p.m.*** Oder: *It's 6* ***o'clock***. (NICHT: *It's 6 o'clock a.m./p.m.)*

ambulance (Krankenwagen)

⚠ *ambulance* bezeichnet immer nur einen Krankenwagen, nie einen Teil eines Krankenhauses:
Four days after his operation he was taken home by ***ambulance***. (... mit dem Krankenwagen ...)
Ich habe mich verletzt und musste in der Ambulanz des örtlichen Krankenhauses behandelt werden. = *I injured myself and had to be treated in the* ***out-patients department*** *of the local hospital.*

among ⇨ **between**

amount (Menge/Betrag)

- *amount* wird mit nicht zählbaren Nomen gebraucht. Zur Angabe der Größe stehen vor *amount* die Adjektive *small* und *large*, nicht *little/low* oder *big/high*:
A small (NICHT: *little*) ***amount*** *of water* ***was*** *left.* (Eine geringe Menge Wasser ...)
Large (NICHT: *Big*) ***amounts*** *of bread* ***were*** *eaten.* (Große Mengen Brot ...)

⚠ Es wird allgemein als nicht korrekt angesehen, *amount* mit Personen oder Dingen im Plural zu gebrauchen:
There were ***a large number / a lot of*** *people at the meeting.* (... eine Menge Leute ...)
He has got ***a large number / a lot of*** *old Beatles recordings in his collection.* (... eine Menge alter Beatles-Aufnahmen ...)

(to) **amuse oneself** (sich die Zeit angenehm vertreiben)

⚠ *amuse o.s.* hat im Englischen nur die Bedeutung „sich die Zeit angenehm vertreiben":
The children ***amused themselves*** *quite happily without any help from their parents.* (... beschäftigten sich ...)
We ***amused ourselves*** *all afternoon.* (Wir ließen es uns den ganzen Nachmittag gut gehen.)

Amüsiert euch gut auf der Party! = ***Enjoy yourselves** at the party!*
Wir amüsierten uns über seine Witze. = *We **laughed at / smiled at** his jokes. / We **were amused by** his jokes.*

and (und)

- Zum Gebrauch von *and* + Verb anstelle eines *to*-Infinitivs nach *come/go/hurry up/run/stop/try/wait* s. die entsprechenden Verben. (Beispiel: *She **came and** visited us. / She **came to** visit us.*)
- Bei Auflistungen wird *and* in aller Regel vor dem letzten Bestandteil gebraucht. Wenn der letzte Teil lang ist, steht meist ein Komma davor, ansonsten nicht:
  *Everything was already on the table – bread, butter, cheese **and** jam.*
  *My reasons for accepting his offer now are our lack of money, the need to act quickly, **and** the hope that this will solve the problem very soon.*

⚠ Nicht *and*, sondern *or* steht in Aufzählungen in verneinten Sätzen:
*She hasn't got any time **or** money.* (Sie hat kein Geld und keine Zeit.)

- Die Konstruktionen Verb + *and* + Verb, und Nomen + *and* + Nomen werden zur Betonung von Dauer oder Menge gebraucht:
  *I **tried and tried** (again) but I couldn't lift it.* (Ich versuchte es immer wieder ...)
  *He **ran and ran** and didn't stop till he got home.* (Er lief immer weiter ...)
  *They **laughed and laughed**, and I couldn't stop them.* (Sie lachten unentwegt/ohne Unterbrechung ...)
  *I sat there for **hours and hours**.* (stundenlang)
  *They've lived here for **years and years**.* (jahrelang / seit vielen/langen Jahren)
  *The room was full of **piles and piles** of paper.* (... war vollgestopft mit Papier.)

anniversary (Jahrestag/Hochzeitstag/Gründungstag)

- *anniversary* kann ohne nähere Bezeichnung stehen, wenn aus dem Zusammenhang klar ist, um welches Ereignis es sich bei dem Jahrestag handelt:
  *There was a big party for all the employees **on** the firm's 200th **anniversary**.* (... zur 200-Jahr-Feier der Firma ...)
  *They both gave each other flowers on their (wedding) **anniversary**.* (... am Hochzeitstag ...)
  Happy anniversary! (Meist: Herzlichen Glückwunsch zum Hochzeitstag.)

(to) **announce** (ankündigen / bekannt geben), **announcement** (Durchsage/Bekanntgabe/Anzeige)

⚠ *announce* entspricht „ankündigen/bekannt geben". „Annoncieren" wird mit *advertise* wiedergegeben:
*The BBC **has announced** a new series of programmes.* (... hat ... angekündigt.)
Diese Firma in Oxford annonciert wieder in der Zeitung. = *That firm in Oxford **is advertising** again in the newspaper.*
Vgl. auch die entsprechenden Nomen:
*There was an **announcement** to say that the train was late.* (eine Durchsage)
*The **announcement** of the Prime Minister's resignation was made at ten o'clock.* (Die Bekanntgabe des Rücktritts des Premierministers erfolgte um 10 Uhr.)
*Janet Smith has had a baby. There's an **announcement** in the paper this morning.* (eine Anzeige)
Hast du die Annonce für den neuen Computer gesehen? = *Did you see the **advertisement** for the new computer?* (s. **advertisement**)

- Auf *announce* folgt ein indirektes Objekt immer mit *to*:
  *The teacher **didn't announce** the exact date **to** the class* (NICHT: *didn't announce the class the exact date*).
  Das indirekte Objekt (die Person) folgt in der Regel dem direkten Objekt (der Sache), außer wenn das direkte Objekt sehr lang (z. B. ein kompletter Nebensatz) oder betont ist:
  *The teacher **didn't announce** it **to** the class / **to** them.*
  *The teacher **announced to** the class that there would be a test soon.*

annoyed (verärgert/ärgerlich)

⚠ *annoyed* kann nur prädikativ nach einem Kopulaverb, nicht attributiv vor einem Nomen stehen:
*I had an **angry** / a **dissatisfied*** (NICHT: *an annoyed*) ***customer** this afternoon. He **was** very **annoyed**.*

- Präpositionen: *annoyed with* / (selten:) *at* + Person; *annoyed at/about* + Sache:
  *I felt **annoyed with/at** him when he refused to help.* (Ich ärgerte mich über ihn / war über ihn verärgert)
  *We were **annoyed at/about** the poor service.*
  Wenn *annoyed* als Partizip des Verbs *annoy* fungiert, wird der Agens (wie auch sonst in Passivsätzen) mit *by* angeschlossen:
  *I **was annoyed by** the children when I was trying to work this afternoon.* (Ich wurde von den Kindern gestört ...)

another – other – different

- Zum Gebrauch von *each other / one another* s. **each other**.

1 *another*

- *another* ist **ein** Wort: es kann nicht als zwei Wörter (*an other*) geschrieben werden.
- *another* bedeutet entweder „noch ein(e) [weitere(r/s)]" oder „ein(e) andere(r/s)":
  *I'd like **another** piece of chocolate cake.* (noch ein Stück Schokoladenkuchen)
  *I'd like to try **another** cake now – that one over there.* (einen anderen Kuchen)
  one other dagegen bedeutet „ein(e) einzige(r/s) weitere(r/s)/andere/r/s)". *one* wird betont:
  *I'd like **one other** piece of cake.* (ein [einziges] weiteres Stück)
  *I'd like to try **one other** cake, that one.* (einen [einzigen] anderen Kuchen)
- In der Verneinung steht *not another. no other* dagegen hat eine viel stärkere Aussage und bedeutet „kein(e) [einzige(r/s)] andere(r/s)". *no* wird betont:
  *I do**n't** have **another** pen, sorry.* (keinen anderen/weiteren ...)
  *You have **no other choice**.* (keine andere Wahl)
  *There is **no other** word for this in English. You can only use this.*
- Im Rückbezug auf etwas schon Erwähntes kann *another* [Pronomen] oder *another one* gebraucht werden:
  *I don't think the size is quite right. Have you got **another (one)**?*

⚠ *another* kann vor Nomen im Plural stehen, wenn ein Zahlwort oder *few* dazwischen steht:
*We stayed at the hotel **another four** days / **another few** days.* (... noch vier weitere Tage / noch ein paar Tage ...)

- *another thing* wird in der Bedeutung „noch etwas" gebraucht:
  *I think it's too big, and **another thing** is the price. $430 is too much.*

2 *other*

- *other* + Pluralnomen bedeutet „andere" im Sinne von „weitere", im Sinne von „restliche/übrige" oder im Sinne von „unterschiedliche(r/s)":
  *There are seven **other** people in the room.* (sieben weitere Personen)
  *The **other** people have left.* (die anderen/übrigen Personen)
  *I'd like to invite some **other** people for a change. We always seem to invite the same people.* (andere Leute)
- Im Rückbezug auf etwas schon Erwähntes kann *the other(s)* oder *the other one(s)* gebraucht werden:
  *Here's Jimmy's left shoe, but where is **the other / the other one**?* (der andere)
  *Here are Jimmy's brown shoes, but where are **the others / the other ones?***

⚠ Nach *someone/somebody/something/somewhere* und den entsprechenden Verbindungen mit *any-*, *no-* und *every-* steht nicht *other,* sondern *else* (s. **else**):
Someone else *rang up this afternoon.* (Jemand anders hat heute Nachmittag angerufen.)
Everywhere else *was booked up.*
Auf *any* allein (d. h. nicht in Verbindung mit *-thing, -body, -where*) folgt aber *other*:
Aren't there ***any other*** *places we can go?*

- *other than* wird im Sinne von „außer" gebraucht. *other than* wird oft mit *some, any, no, every* und deren Verbindungen verwendet:
  All rooms ***other than*** *those on the first floor have a view of the sea.* (Alle Zimmer außer denjenigen im ersten Stock ...)
  Some*body* ***other than*** *Janet will have to meet him at the station.* (Jemand anders als Janet ...)
  I don't have ***any*** *glasses* ***other than*** *these.*
  They started with ***nothing other than*** *their bare hands.* (... mit nichts außer / nichts anderem als ...)

- Wendungen mit *other*:
  He came to see us ***the other day/week / the other night****.* (neulich / vor ein paar Wochen / neulich abends)
  Aber: Er kam am anderen Tag. = *He came on the* ***next*** *day.*
  I go and see my grandmother ***every other day/week****.* (jeden zweiten Tag / alle zwei Wochen)
  There was a loud noise. ***Something or other*** *had fallen on the floor.* (Irgendetwas [ich weiß nicht was] war ...)

⚠ das andere Geschlecht = *the opposite sex*

3 *different*

- Oft sind *a different* und *another* austauschbar. Mit *a different* wird stärker ein Kontrast betont:
  I've tried the chocolate cake, so I'd like to try ***another / a different*** *cake now.* (einen anderen Kuchen)
  Saddam Hussein used to sleep in a ***different*** *house every night.* (in einem anderen Haus)
  Der Unterschied zwischen *other* und *different* ist ähnlich, d. h. mit *different* wird stärker ein Kontrast betont:
  You don't have to go by boat, there are ***different/other*** *ways of getting there.*

⚠ Nach einem Subjekt im Plural wird im Rückbezug oder im Sinne von „unterschiedlich" nur *different* gebraucht:
The prices *I was told were* ***different.*** (... waren andere.)
They *always arrive at* ***different*** *times.* (... zu anderen/unterschiedlichen Zeiten ...)

Vgl.: *I want to go to France this summer but Janet has* ***other/different*** *ideas.* (andere Vorstellungen)
We *have* ***different*** *ideas about where to spend our holidays.*

- Der Gebrauch der Präposition *from* nach *different* ist „sicher". Im AE findet sich auch *than*, im BE auch *to. to* wird von manchen Sprechern als nicht korrekt angesehen:
Wine glasses are ***different from*** / (AE:) ***different than*** / (BE:) *different to* (??) *whisky glasses.*
Vor Nomen oder *one/ones* + Relativsatz ist *than* jedoch sehr verbreitet und als korrekt anzusehen:
We need a ***different*** *approach for this advertising campaign* ***than/from*** *the one we used last time.* (... einen anderen Ansatz für diese Werbekampagne als den, den wir letztes Mal benutzt haben.)
- Das Adverb *differently* entspricht „anders":
What did he do ***differently*** *this time?* (Was hat er diesmal anders gemacht?)

antique (Antiquität) – antiquity (Antike)

⚠ *His house is full of valuable* ***antiques.*** (... voller wertvoller Antiquitäten.)
Babylon was one of the great cities of ***antiquity.*** (... der Antike.)

anxious (ängstlich / besorgt / bestrebt / darauf aus, dass ...)

- Präpositionen. *anxious about* bedeutet „besorgt um/wegen". *anxious for* wird dagegen bei etwas gebraucht, das man sich wünscht und auf das man ungeduldig wartet:
He's ***anxious about*** *Janet because she still hasn't arrived.*
I'm ***anxious about*** *the exam results. I'm afraid I didn't do very well.*
There were reports of a terrorist attack and we were ***anxious for*** *your safety/return.* (... besorgt um eure Sicherheit / [sichere] Rückkehr.)
I'm ***anxious for*** *some news. I haven't heard from them for six weeks.* (Ich warte ungeduldig auf Nachricht[en].)
- *be anxious (for s.o.) to do s.th.* und *be anxious that ... should* bedeuten, dass man etwas unbedingt tun will bzw. sich wünscht, dass etwas unbedingt geschieht, um eine unangenehme oder bedrohliche Situation zu beenden bzw. abzuwenden:
I'm anxious to *get the roof finished before the winter comes.* (Ich will das Dach unbedingt fertig haben ...)
They ***were anxious to*** *get home by nightfall.*
I'm anxious for my bill to *be paid soon. I need the money.* (Mir liegt viel daran, dass meine Rechnung schnell bezahlt wird.)
I'm ***anxious that*** *Janet* ***should*** *find a job soon.*

be anxious to do s.th. kann nicht verwendet werden, um eine positive Erwartungshaltung auszudrücken:
I've heard so much about her, I ***can't wait*** (NICHT: *am anxious*) ***to*** *meet her.*

any

- Zu Fällen, in denen nicht *any*, sondern *some* in Fragen gebraucht wird, s. **some**

1 *any* in verneinten und bejahten Aussagesätzen

- Die Grundregel besagt, dass *any* in verneinten Sätzen steht. Dies können auch Sätze mit indirekter Verneinung sein, z. B. Sätze mit verneinenden Adverbien oder Präpositionen oder Sätze mit nur implizierter Verneinung:
  I ***never/seldom/rarely/scarcely/hardly/barely*** *had* ***any*** *time.* (Ich hatte nie/selten/kaum Zeit.)
  She left ***without any*** *money or* ***any*** *clothes.* (Sie ging ohne Geld und ohne Kleidung fort.)
  I was ***too tired*** *to eat* ***any*** *food.* (= *I was so tired that I did****n't*** *eat* ***any*** *food.*)
  I ***failed*** *to find* ***any*** *evidence.* (Ich habe keine Beweise gefunden.)
  There were ***few*** *streets with* ***any*** *trees.*

- Nach *if* (= wenn/falls) steht *any*, wenn das Vorhandensein von etwas fraglich oder ungewiss ist:
  If *there is* ***any*** *time, we'll go and see Jim before we come home. But I expect it'll be too late.*
  any steht auch in implizierten *if*-Sätzen:
  Any *spare time we have, we'll spend at Jim's.* [= *If we have any spare time, we'll spend it at Jim's.*]
  Bring ***any*** *maps that might be useful.* [= *... if you find any / if there are any.*]

- *any* steht nach *if* oder *whether* (= ob) in indirekten Fragen – genauso wie in direkten Fragen:
  I asked ***if/whether*** *they had* ***any*** *chilled wine in the fridge.*

- *any* steht in bejahten Sätzen in der Bedeutung „jede(r/s) beliebige" oder „irgendein(e)/irgendwelche(r/s)". Zu den Unterschieden zwischen *any, each, every* und *either* in der Bedeutung „jede(r/s)" s. **every**:
  Give me a pencil, please. ***Any*** *colour will do.* (Jede Farbe ist recht.)
  It's a trick. ***Any*** *child can see that.* (Jedes Kind sieht das.)
  Verneint auch: *This is****n't*** *just* ***any*** *wine, it's a very special one!* (Dies ist nicht bloß irgendein Wein ...)

2 Weitere Besonderheiten

⚠ Vor einem Begleiter oder Pronomen steht *any + of*:
Is there **any** (NICHT: *anything*) **of the/that** *white wine left?* (Ist noch etwas von dem Weißwein übrig?)
Have you met **any** (NICHT: *anyone*) **of his** *friends* / **of them**? (Hast du jemanden von seinen Freunden / von ihnen kennen gelernt?)
In Verbindung mit *any of* + Plural(pro)nomen kann ein Verb im Singular oder Plural stehen:
Do/Does any of *the teachers know?*
If ***any of*** *you* ***needs/need*** *help, just ask me.*

- *any* kann als Pronomen gebraucht werden, jedoch nicht anstelle eines zählbaren Nomens im Singular:
I need some coriander/onions. Do you have ***any?***
Have you got a mountainbike? – No, I haven't got **one** (NICHT: *any*).

- In Fragen und verneinten Sätzen sowie in *if*-Sätzen wird *any* auch als Adverb gebraucht, und zwar vor einem Komparativ, vor *different* oder in idiomatischen Ausdrücken mit *good* und *use*:
Do you want ***any more*** *(tea)?* (Möchten Sie noch [Tee]?)
We ***don't*** *get* ***any younger****, the man said.* (Wir werden nicht jünger ...)
If *it gets* ***any colder****, we'll have to turn the heating on.* (Wenn es noch kälter wird ...)
The food ***didn't*** *seem to be* ***any different*** *from last time.* (... schien nicht anders zu sein als das letzte Mal.)
Is *this machine* ***any good/use****?* (Taugt diese Maschine etwas?)
any steht auch vor *the* + Komparativ in bestimmten Wortverbindungen, z. B.:
We've been investigating for months, but are we ***any the wiser?***

anybody/anyone (jemand, jeder[mann])

- Zwischen *anybody* und *anyone* besteht kein Unterschied in der Bedeutung oder im Gebrauch.

- *anybody/anyone* kann in Sätzen mit nur indirekter Verneinung in der Bedeutung „jemand" stehen (vgl. **any**):
I ***hardly*** *see* ***anyone*** *these days.*
Aunt Agatha was left ***without anybody*** *to drive her to the station.*

- *anybody/anyone* bedeutet in bejahten Sätzen „jeder (x-beliebige)" (s. auch **everyone,** Abschnitt 1):
Anybody/Anyone *can learn Spanish in three weeks with this new method.*

- Auf *anybody/anyone* folgt das Verb im Singular. Im Rückbezug werden aber oft Pluralformen mit Pluralpronomen und -begleitern gebraucht. Dadurch werden umständliche Formulierungen mit *he or she* vermieden:
Anybody/Anyone *can bring* ***their*** *children if* ***they*** *want to.* (Alle können ihre Kinder mitbringen, wenn sie wollen.)
Anyone/Anybody *could have thought of that, couldn't* ***they?***

⚠ *anybody/anyone* kann nicht vor *of* + Plural(pro)nomen stehen:
Hat jemand von euch Dennis gesehen? = *Has* ***one*** (NICHT: *anybody/anyone*) *of you seen Dennis?*

any more ⇨ more: no more

anything (etwas, alles)

- Zwischen *not anything* und *nothing* besteht kein Bedeutungsunterschied. Beide können in Objektposition alternativ gebraucht werden:
  *I have**n't** eaten **anything** all day. / I have eaten **nothing** all day.*
- Als Subjekt kann *anything* nach einem Negativwort wie *rarely* oder *hardly* gebraucht werden, aber nicht nach *not*:
  ***Rarely** does **anything** dramatic happen in this little village.*
  ***Hardly anything** needs to be done.*
  Nothing (NICHT: *Not anything*) *needs to be done.*
- *anything* kann in Sätzen mit indirekter Verneinung in der Bedeutung „etwas" gebraucht werden (vgl. **any**, Abschnitt 1):
  *It was so dark I could **hardly** see **anything**.*
  *I was left **without anything** decent to wear.*
- *anything* steht in bejahten Sätzen in der Bedeutung „irgendetwas", „alles (mögliche)" (s. auch **all**, Abschnitt 4, **everything**, Abschnitt 1):
  *Quick, get me a cup or a glass, or a bowl. **Anything** to catch this liquid.*
  ***Anything** will do.* (Irgendetwas ... Alles ...)
  ***Anything** can happen.* (Alles kann passieren.)
  *Please give **anything** you can spare.* (... alles, was Sie übrig haben.)

⚠ *anything* kann normalerweise nicht vor *of* + Begleiter/Pronomen stehen (vgl. **any**, Abschnitt 2, ⚠):
*Is there **any*** (NICHT: *anything*) ***of the** wine / **of it** left?*
Vgl. aber in idiomatischen Wendungen:
*Have you seen **anything of** Bill recently?* (Hast du Bill in letzter Zeit gesehen?)
*She's quite a well-known author. Have you read **anything of** hers?*
(Haben Sie etwas von ihr gelesen?)

anyway (trotzdem/sowieso/außerdem/jedenfalls/wie dem auch sei)

- *anyway* bedeutet meist „trotzdem", „sowieso" oder „außerdem":
  *He wasn't very polite but I helped him **anyway**.* (trotzdem)
  *You don't need to ring the bell – she's not at home **anyway**.* (sowieso)
  *I don't want to come to the cinema. I don't like horror films and, **anyway**, I haven't got any pocket money left.* (außerdem)

- Am Satzanfang, durch Komma abgetrennt, dient *anyway* als Signal dafür, dass ein Thema abgeschlossen wird, meist um ein neues Thema anzufangen oder um zu einem zuvor unterbrochenen (Haupt-)Thema zurückzukehren:
  ***Anyway**, that's the situation as I see it.* (Jedenfalls ...)
  ***Anyway**, let's move on to the next question.* (Wie dem auch sei ...)
  ***Anyway**, as I was saying before ...*
  Manchmal wird mit *anyway* ausgedrückt, dass das, was vorher gesagt wurde, unwichtig ist:
  *The price was $638 or $648. **Anyway**, it was a lot of money.* (Jedenfalls ...)

anywhere (irgendwo, überall)

- *anywhere* kann in Sätzen mit indirekter Verneinung in der Bedeutung „irgendwo(hin)" gebraucht werden (vgl. **any,** Abschnitt 1):
  *I've been **hardly anywhere** abroad.*
  *I'm **too tired** to go out **anywhere** tonight.*
- *anywhere* bedeutet in bejahten Sätzen „überall" im Sinne von „an jedem beliebigen Ort" (s. auch **everywhere**, Abschnitt 1):
  *The Beatles were so popular that you could buy their records almost **anywhere**.* (... fast überall ...)
  *If you have a mobile phone you can be contacted **anywhere** you go.* (... überall, wohin man geht ...)
- Im AE wird statt *anywhere* z.T. auch *anyplace* gebraucht.

(to) **apologize** (sich entschuldigen)

- Zum Unterschied zwischen *apologize* und *excuse* und den entsprechenden Nomen *apology* und *excuse* s. **excuse**.
- Alternative Schreibweise im BE: *apologise.*
- Die Person, bei der man sich entschuldigt, wird als indirektes Objekt immer mit *to* angeschlossen:
  *I **apologized to** everybody because I was late.* (Ich entschuldigte mich bei allen ...)

⚠ Auf *apologize* folgt *for + ing* und kein *that*-Satz
*I **apologized** to them **for** be**ing** late.* (Ich entschuldigte mich bei ihnen dafür, dass ich ...)
*I **apologized for not** arriv**ing** on time.* (... dafür, dass ich nicht pünktlich gekommen war.)
Möglich ist aber auch *apologize for the fact that:*
*I **apologized for the fact that** I didn't phone to tell them.*

(to) **appear** (scheinen/erscheinen)

- In den Bedeutungen „in Sicht kommen" (Gegenteil: *disappear*) und „verfügbar/veröffentlicht werden" kann *appear* in der Verlaufsform gebraucht werden. Im Sinne von „(er)scheinen / den Anschein haben", ist die Verlaufsform in aller Regel, wie bei *seem*, nicht möglich:
  The first rays of the morning sun ***were*** *slowly* ***appearing*** *on the horizon.* (Die ersten Strahlen der Morgensonne erschienen langsam am Horizont.)
  Her new book / The new model ***is appearing*** *next week.*
  It now ***appears*** (NICHT: *is now appearing*) *unlikely that the meeting will finish before midnight.* (Es erscheint jetzt unwahrscheinlich, dass ...)

⚠ Nach *appear* in letzterer Bedeutung steht ein Adjektiv, kein Adverb:
He ***appears unhappy*** (NICHT: *unhappily*). (Er scheint unglücklich zu sein.)

- Konstruktionen mit *appear*:
  There appears to *be a mistake somewhere.* (Irgendwo scheint ein Fehler zu sein.)
  It appears that *there is a mistake.* (Es scheint, dass ein Fehler vorliegt.)
  He appears to *have made a mistake.* (Er scheint einen Fehler begangen zu haben.)
  Has he arrived yet? – ***It appears so/not.*** (Es scheint so. / Anscheinend nicht.)
  He has arrived. – Yes, ***so it appears.*** (Ja, es scheint so.)

appetite

- Im Englischen gibt es keine Entsprechung für „Guten Appetit" zu Beginn einer Mahlzeit. Scherzhaft oder in affektierter Ausdrucksweise wird manchmal das französische „bon appetit", in Restaurants bisweilen *Enjoy your meal* gewünscht.

(to) **apply** (sich bewerben / beantragen / gelten)

- Präpositionen:
  She ***applied for*** *a place at Cambridge University.* (Sie bewarb sich um einen Studienplatz ...)
  I ***applied to*** *the consulate* ***for*** *a visa.* (Ich beantragte beim Konsulat ein Visum.)
  This rule only ***applies to*** *certain classes of verbs.* (Diese Regel gilt nur für bestimmte Verbklassen.)

(to) **appoint** (ernennen/anstellen/berufen)

- Konstruktionen:
  They ***appointed her professor.*** (Man ernannte sie zur Professorin.)
  She was appointed professor. (Sie wurde zur Professorin ernannt.)

The company ***appointed him as*** *their new sales manager in Europe.* (... stellte ihn als ... an/ein.)
She ***has been appointed to*** *a new position.* (Sie ist auf einen neuen Posten berufen worden.)

appointment (Termin) – **date** (Termin/Datum/Rendezvous)

- *make an appointment* bedeutet „einen offiziellen Termin (bei einer übergeordneten Person, z. B. Ärztin oder Manager) ausmachen/vereinbaren". *arrange/agree a date* bedeutet „einen Termin / ein Datum (unter Gleichrangigen) ausmachen/vereinbaren":
  Can I ***make an appointment*** *to see the specialist, please?* (einen Termin ausmachen/vereinbaren)
  Can we ***arrange/agree*** (auch: *fix* = festlegen) ***a date*** *for our next meeting?*
- *make/have a date* bedeutet „sich mit jdm. verabreden" / „ein Rendezvous haben":
  Donald ***made/had a date*** *with Julie last week.*

(to) **appreciate** (dankbar sein für / [zu] schätzen [wissen])

- Auf *appreciate* folgt in dieser Bedeutung eine *-ing*-Form, kein Infinitiv:
  I ***appreciate*** *hav**ing*** (NICHT: *to have*) *such helpful neighbours.* (Ich schätze es / weiß es zu schätzen, ... zu haben.)
  I ***appreciate your****/John**'s*** *meet**ing*** *my father at the airport.* (Ich bin Ihnen/John dankbar dafür, dass Sie/er ...)

⚠ Ein *that-*, *if-* oder *when-*Satz wird nicht direkt, sondern erst nach „leerem" *it* angeschlossen:
I really ***appreciate it that*** *everybody helped without asking any questions.* (Ich bin wirklich dankbar, dass ...)
*I'**d appreciate it if*** *you would tell my mother that.* (Ich wäre Ihnen dankbar, wenn Sie ...)

- In folgender Bedeutung kann ein *that*-Satz direkt angeschlossen werden:
  I ***appreciate that*** *he's new but he still shouldn't make mistakes like that.* (Ich lasse gelten / sehe ein / bin mir bewusst, dass ...)
- *appreciate* erscheint in den angegebenen Bedeutungen in der Regel nicht in der Verlaufsform.

(to) **approach** (sich nähern)

- Auf *approach* folgt ein einfaches direktes Objekt ohne Präposition:
  We ***were approaching*** *the border* (NICHT: *to the border*) *when we saw an accident.* (Wir näherten uns der Grenze ...)

(to) **approve (of)**

- Nur in der Bedeutung „(förmlich) genehmigen“ ist *approve* (mit direktem Objekt) in der Verlaufsform möglich:
  *The European Parliament **is approving** the new measures this week.* (... bestätigt/genehmigt ... die neuen Maßnahmen.)

⚠ In anderen Bedeutungen (Grundbedeutung: „eine gute Meinung [von jdm./etwas] haben“) ist die Verlaufsform nicht möglich. Ein Objekt wird in dieser Bedeutung immer mit *of* angeschlossen:
*My parents didn't **approve of** my new friend.* (... waren nicht mit ... einverstanden.)
*We (strongly/highly) **approve of** your decision.* (Wir billigen ... [sehr]. / Wir heißen ... gut. / Wir stimmen ... zu.)
*Do you agree with what he's doing? – I very much **approve.*** (Ich bin sehr einverstanden.)

(to) **arise** ⇨ (to) **raise**

arms (Waffen) – **weapon** (Waffe)

- *arms* bezeichnet Waffen, die speziell für den Krieg oder für Kampfhandlungen hergestellt wurden; *weapons* sind alle Gegenstände (auch *arms*), die als Waffen benutzt werden. Eine einzelne Waffe wird immer als *weapon* bezeichnet, da das Wort *arms* nur im Plural existiert:
  *Iraq bought **arms/weapons** from several European countries.*
  Rifles (Gewehre), *knives, iron bars* (Eisenstangen), *sticks and stones can all be used as **weapons / a weapon**.* (... als Waffe[n] ...)
- Feste Wortverbindungen:
  *The superpowers reduced the number of **nuclear weapons**.* (... Atomwaffen.)
  *The **arms industry** is a multi-million dollar business.* (Die Rüstungsindustrie ...)
  ***Arms control** in the 1980s helped to slow down **the arms race**.* (Rüstungskontrolle ... den Rüstungswettlauf ...)

army (Armee), **air force** (Luftwaffe), **navy** (Marine)

- Verben, Pronomen und Begleiter können nach diesen Nomen im Singular oder Plural stehen:
  *The **army is/are** reducing **its/their** number of weapons.* (Die Armee reduziert die Anzahl ihrer Waffen.)
- Der Präposition „bei (der Armee)“ entspricht im Englischen *in*:
  *My cousin was **in the army/air force/navy** for ten years.* (... bei der Armee/Luftwaffe/Marine.)

around – round (umher / [um] ... herum)

- Im BE wird *round* als Präposition („um ... herum") bevorzugt, wenn eine Kreisbewegung bzw. Anordnung im Kreis gemeint ist:
  *I walked **round** the building to the back door.*
  *The team stood in a circle **round** their trainer as they received his final instructions.*
- Als Adverb („umher/herum") und Präposition („um [... herum]") sind *round* und *around* sonst meist austauschbar. Im AE wird *around* bevorzugt, im BE bei *phrasal verbs* dagegen *round*:
  *They **travelled round/around** the world for two years.* (... um die Welt.)
  *There was broken glass **round/around** us everywhere.* (... um uns herum ...)
  *He walked nervously **round/around** the room.* (... im Zimmer herum.)
  *They **were** just **standing/sitting round/around** waiting.* (Sie standen/saßen einfach herum und warteten.)
  *They live **somewhere round/around here**.* (... irgendwo hier in der Nähe.)
  ***Take/Pass** some drinks **round/around**, please.* (Reich ... herum.)
  *Why don't you **come round/around** one evening?* (Schauen Sie doch ... vorbei/herein.)
  *When I heard my name I **turned round/around**.* (... drehte ich mich um.)
- Als Präposition kann nur *around*, nicht *round* in der Bedeutung „ungefähr" gebraucht werden:
  *There were **around*** (auch: *about*) *fifty people in the room, I suppose.*

(to) **arouse** ➪ (to) **raise**

(to) **arrest** (verhaften)

- Das Passiv wird oft mit *get* gebildet. Das Verbrechen, dessentwegen eine Verhaftung erfolgt, wird mit der Präposition *for* („wegen") angeschlossen:
  *In that country you can **be/get arrested for** speeding.* (... kann man wegen zu schnellen Fahrens verhaftet werden.)

as – like

1 Der Unterschied zwischen *as* und *like* in der Bedeutung „wie"

- *like* ist eine Präposition und steht vor einem Nomen, einem Pronomen oder einer *-ing*-Form:
  *She talks **like** her brother.*
  ***Like** most people I enjoy eating and sleeping.* (Wie die meisten Leute ...)
  *People say my sister looks **like me*** (NICHT: *like I*). (... dass meine Schwester aussieht wie ich.) [*like* ist Präposition, deshalb Objektpronomen]

*Learning a language is **like** learning to walk.* (Eine Sprache lernen ist wie laufen lernen.)
*There were lots of magazines **like*** (auch möglich: *such as,* ABER NICHT: *as*) Time *and* Newsweek. (... wie [z. B.] *Time* und *Newsweek.*)

- *as* ist eine Konjunktion, d. h. es leitet einen Nebensatz ein:
  *You write the word "dog" **as** you say it.* (... wie man es ausspricht.)
  ***As** you know, this is only a short test.* (Wie Sie wissen ...)
  *Use your Micropen **as follows**.* (... wie folgt.)
  Nach einem Hilfsverb im *as*-Satz wird kein *it* als Objekt im Rückbezug auf den Hauptsatz gebraucht:
  *He is good at languages, **as** his brother was* (NICHT: *was it*) / (förmlich auch mit Inversion:) ***as** was his brother.* (... wie sein Bruder [es war].)
  *I went up the Empire State Building, **as** all tourists do* (NICHT: *do it*) / (förmlich auch:) ***as** do all tourists.* (... wie alle Touristen es tun.)

- *like* wird auch als Konjunktion gebraucht. Dieser Gebrauch ist verbreitet, gilt aber nicht bei allen Sprechern als akzeptabel:
  *It rained every day of our holiday **as/like** it did last year.* (... wie [es] letztes Jahr [der Fall war].)
  *You'll learn about that in school **as/like** everyone else will.* (... wie alle anderen [es lernen werden].)
  In den vorstehenden Sätzen steht im *as/like*-Satz ein Hilfsverb. Der Gebrauch von *like* in solchen Fällen wird allgemein eher akzeptiert, als wenn ein Vollverb im *as/like*-Satz steht:
  She speaks French like she speaks Italian – with a terrible accent.

- *as* steht in der Bedeutung „wie" auch vor Präpositionen und einigen adverbialen Bestimmungen:
  ***As with** most things people learn, you'll have to practise regularly.*
  ***As in** many countries, women are still under-privileged here.*
  ***As usual / so often / always / in the past**, we arrived late.* (Wie gewöhnlich / so oft / immer / in der Vergangenheit ...)

⚠ Ich fühle mich wieder wie 20. = *I feel **as if I am/were** 20 again* (NICHT: *I feel as/like 20*). – s. auch 2.2 unten

2 Weitere Bedeutungen von *as*

2.1 *as ... as* = „so ... wie"

- *as ... as* wird in Vergleichen gebraucht:
  *I'm **as** old **as him** / **as he is*** / (förmlich, altmodisch:) ***as he.***
  *But I'm **not as*** (auch: *so*) *big **as** him.*
  *Take **as** much time **as** necessary / **as** you want.*
  *I spent **half / twice / three times as** much **as** Philip (did).* (Ich gab halb/doppelt/dreimal so viel aus wie Philip.)
  *It was **as** expensive a holiday **as** we have had.* (Es war ein Urlaub, wie wir ihn so teuer noch nicht gehabt haben.) [*as* + Adjektiv + *a/an* + Nomen + *as*]

⚠ Nicht *as*, sondern *than* wird zusammen mit Komparativformen gebraucht. Näheres s. **than**:
*She is rich**er than me**.* (Sie ist reicher als ich.)

2.2 *as* = „als"

- *as* entspricht „als" in der Bedeutung „in der Rolle/Funktion von". In dieser Bedeutung steht *as* vor einem Nomen mit dem Artikel *a/an*, es sei denn, die genannte Person oder Sache ist einmalig:
  *While she was a student she worked **as a** waitress.* (... als Kellnerin.)
  *I'm here **as** president/guide/interpreter today.* (... als [einzige(r)] Vorsitzende[r]/Führer[in]/Dolmetscher[in] ...)
  Vgl. *as* („als") und *like* („wie") in folgenden Beispielen:
  ***As a foreigner** I don't really feel at home here.* (Als Ausländer[in] ...) [Ich bin Ausländer(in).]
  ***Like a foreigner** I don't really feel at home here.* (Wie ein[e] Ausländer[in] ...) [Ich bin kein(e) Ausländer(in), fühle mich aber wie einer/eine.]
  ***As a professional cook** she had no problems organizing the party.* [Sie ist Berufsköchin.]
  *She organized the party **like a professional cook**.* [Sie ist keine Berufsköchin.]
- Nach bestimmten Verben leitet *as* eine Subjekt- oder Objektergänzung ein:
  *Cambridge **is regarded as** one of the best universities for science subjects.*
  *She **described** Alan **as** someone who couldn't say "no".*

⚠ *as* ist in der Bedeutung „als" eine Präposition und kann keinen Nebensatz einleiten. Stattdessen muss *as if* („als ob") gebraucht werden:
Er benimmt sich, als gehörte ihm der ganze Laden. = *He behaves **as if** (NICHT: as) the whole place belonged to him.*

2.3 *as* = „als/während/wenn"

- In dieser Bedeutung wird *as* gebraucht, um zwei gleichzeitig stattfindende Handlungen oder zwei sich gleichzeitig entwickelnde Situationen zu beschreiben:
  *I listened **as** she played the piano.*
  *(Just) **as** I was starting lunch, the telephone rang.*
  ***As** you get older you need less sleep.*

⚠ *as* kann aber nicht gebraucht werden, wenn im Hauptsatz ein bereits bestehender Zustand beschrieben wird:
***When** (NICHT: As) I arrived in London, I didn't know where to go.*
***When** (NICHT: As) I started lunch, it was raining outside.*

2.4 *as* = „da"

- *as* leitet in dieser Bedeutung oft eine Information ein, die bereits bekannt ist:
  ***As** we have no money, we won't be going on holiday this year.* (Da wir ...)

2.5 *as* = „so ... auch (= obwohl)" / „... wie"

- *Hungry **as** she was (= Although she was hungry), she ate nothing.* (So hungrig sie auch war, aß sie nichts.)
  *Poor **as** they were (= Although they were poor), they still managed to go away on holiday.* (So arm sie auch waren, schafften sie es trotzdem, in Urlaub zu fahren.)
  Vgl. dagegen:
  *Hungry **as** she was (= As she was hungry), she ate three platefuls.* (Hungrig wie sie war, aß sie drei Teller voll.)
  *Poor **as** they were (= As they were poor), they couldn't afford a holiday.* (Arm wie sie waren, konnten sie sich keinen Urlaub leisten.)

3 *as long as* (solange/sofern)

- *as long as* entspricht „solange" sowohl im zeitlichen Sinn als auch in der Bedeutung „sofern / vorausgesetzt dass":
  *You can keep it **as long as** you like.* (... solange du willst.)
  ***As long as** the job is done quickly, I don't mind how much it costs.* (Solange / Vorausgesetzt dass ...)

⚠ Im zeitlichen Sinn kann *as long as* nicht in der Bedeutung „während (der ganzen Zeit, in der)" gebraucht werden:
***While** (NICHT: As long as) I lived in America I always spent my holidays back home in Europe.* (Solange [= während] ich in Amerika lebte, verbrachte ich meine Ferien immer zu Hause in Europa.)

4 as well – as well as

- *may/might as well*: s. **may**, Abschnitt 4

4.1 *as well* = „auch"

- *as well* hat wie *also* und *too* die Bedeutung „auch". Es wird vornehmlich in der gesprochenen Sprache gebraucht. Es steht am Satzende, wird aber nicht, wie häufig *too*, durch ein Komma abgetrennt:
  *I'm British but I've got German nationality **as well**.* (... ich habe auch die deutsche Staatsbürgerschaft.)
  *Jim wants his pocket-money, and Jenny wants hers **as well**.*

4.2 as well as

- *as well as* bedeutet „ebenso wie / und auch / wie auch / aber auch", „nicht nur ... sondern auch / sowohl ... als auch". Das Wort (Adjektiv, Adverb, Nomen, Pronomen) vor *as well as* hat die Hauptbetonung, weil es neue Information darstellt:
  *You know her father is English. But her mother is German so she's got **a German as well as a British passport**.*
  *That all costs **time as well as money**.*
  Die neue Information kann normalerweise nicht nachgestellt werden. Nicht möglich wäre z. B. **You know her father is English. But her mother is German so she's got a British as well as a German passport.*

- *as well as* kann auch zwei Infinitive oder Partizipien verbinden, die von ein und demselben Hilfsverb abhängig sind:
  *I'**ll iron** the shirt for you **as well as wash** it.* (Ich werde dir das Hemd nicht nur waschen, sondern auch bügeln.)
  *I'**ve laid** the table **as well as made** the tea.* (Ich habe den Tee gekocht und auch den Tisch gedeckt.)
  *She **could write as well as read** at the age of three.* (Sie konnte im Alter von drei Jahren lesen und auch schreiben.)

- Auch Vollverben ohne Hilfsverb können mit *as well as* verbunden werden, wenn sie keine oder dieselbe Ergänzung haben. Haben sie unterschiedliche Ergänzungen, so steht das Verb nach *as well as* in der *-ing*-Form. *as well as + -ing*-Form kann am Satzanfang oder -ende stehen:
  *They **write as well as sing** all their songs.*
  *On the trip to Rome he **drove as well as navigated.*** (… fuhr er und navigierte auch.)
  ***As well as** cost**ing** more, that model uses more electricity.* (Dieses Modell kostet nicht nur mehr, sondern es verbraucht auch mehr Strom.)
  *He worked as a waiter in the evenings, **as well as** be**ing** a shop assistant during the daytime.* (Er war tagsüber Verkäufer und arbeitete abends auch noch als Kellner.)

<u>4.3 *it's as well*</u>

- *It's as well to* bedeutet „man tut gut daran / es ist ratsam, zu …"; *it's (just) as well that* entspricht „es ist gut, dass …"
  ***It's as well to** wear a safety helmet even if you are only cycling across the park.* (Man tut gut daran / Es ist ratsam, … zu tragen …)
  ***It's (just) as well (that)** she didn't come this afternoon because I wasn't here.* (Es ist gut, dass …)

5 Weitere Bedeutungen von *like*

- Mit *what's … like?* wird nach ständigen Eigenschaften gefragt, mit *how* dagegen nach einem vorübergehenden Befinden:
  ***What is** the new teacher **like**? Is she nice?* (Wie ist die neue Lehrerin?) [= Welche Charaktereigenschaften hat sie? Wie verhält sie sich?]
  ***How is** Mrs Barnes today? – A bit grumpy.* [= Wie ist ihre Laune / ihr Befinden?]
  What is it like (NICHT: *How is it*) *be**ing** / **to** be a farmer?* (Wie ist es, … zu sein?)
  what … like? wird auch mit Verben der Sinneswahrnehmung gebraucht:
  ***What does** it **sound/smell/look/feel like**?* (Wie klingt es / riecht es / sieht es aus / fühlt es sich an?)
  Vgl.:
  ***What** does it **look like**? Is it big or small, blue or green?* (Wie sieht es aus?) [= Welche Eigenschaften hat es?)
  ***How** do I **look**? Is this suit OK for me to wear at the interview?* (Wie sehe ich aus?) [= Wie findest du mich?)

- Nach Verben wie *look, seem* usw. kann *like* in der Bedeutung „als ob" gebraucht werden:
  *It **looks/seems/sounds/feels like** it's going to be a hot day.*
  Im Zusammenhang mit anderen Verben (z. B. **He talks like he was permanently drunk.*) gilt dieser Gebrauch als nicht akzeptabel.
- *like* entspricht auch „ähnlich":
  *He's **very like** him/his brother.* (Er ist ihm/seinem Bruder sehr ähnlich.)
  *He's **not anything like / nothing like** his sister. / He's **not like** his sister **at all.*** (Er ist seiner Schwester überhaupt nicht ähnlich.)
- *like this/that* entspricht „so / auf diese Art und Weise":
  *Do it **like this**, not **like that.** Watch me.*

ashamed: (to) **be/feel ashamed** (sich schämen)

⚠ *ashamed* kann nicht (attributiv) vor einem Nomen stehen, sondern nur (prädikativ) nach einem Kopulaverb wie *be* oder *feel*:
*I **feel ashamed** because of what I said.*

- Präpositionen und Konstruktionen:
  ***I'm ashamed of** you.* (Ich schäme mich deiner.)
  ***I'm ashamed of/about** losing / **having** lost my temper.* (Ich schäme mich, dass ich die Geduld verloren habe.)
  (Aber: *My **shame at** losing my temper made me stay at home.*)
  ***I'm ashamed to** say that you're right.* (Ich schäme mich, sagen zu müssen, dass …)

(to) **ask** (fragen, bitten)

1 *(to) ask* mit Objekt, aber ohne Präposition

- Auf *ask* können einige wenige Nomen direkt, d. h. ohne Präposition, als Objekt folgen:
  *They **asked** my **name / age / date of birth / opinion**.* (Sie fragten nach meinem Namen/Alter/Geburtsdatum / meiner Meinung.)
  *He **asked the time/price/way**.* (Er fragte nach der Uhrzeit / dem Preis / dem Weg.)
  *Can I **ask a favour?*** (Kann ich Sie um einen Gefallen bitten?)
  *You should **ask (for) permission** first.* (… um Erlaubnis bitten.)
  *I **asked a question**.* (Ich stellte eine Frage.)
  Auch ein Geldbetrag kann direktes Objekt von *ask* (= „verlangen") sein:
  *They**'re asking $1000** a month. – **How much are** they **asking**?*

⚠ Ein indirektes Objekt (d. h. die Person, die gefragt wird) steht zwischen *ask* und dem direkten Objekt, auch wenn es sehr lang ist. Gelegentlich finden sich Beispiele, in denen das indirekte Objekt mit *to* nachgestellt ist; dies ist jedoch als nicht korrekt anzusehen:
*She asked **me** the way.*

The teacher asked ***every single person in the class who had failed the test we did last week*** *the same question.* [?*asked the same question to every single person ...*]
Die Konstruktion *ask* + direktes Objekt + *of* + Person ist jedoch möglich:
The teacher ***asked the same question of*** *every single ...*

- Das indirekte Objekt (= die Person) kann zum Subjekt eines Passivsatzes werden:
  I was asked *my name / my opinion / the time / the way.* (Ich wurde nach ... gefragt.)
  Everyone in the class was asked *a question.* (Jedem in der Klasse wurde eine Frage gestellt.)
  Eine Sache kann normalerweise nicht Subjekt eines Passivsatzes werden. Nicht möglich wäre z. B. **My name/opinion was asked.* Zwei Ausnahmen bilden die Nomen *question* und *favour* (= „Gefallen"), vorausgesetzt, dass kein indirektes Objekt vorhanden ist:
  A lot of ***questions were asked.*** *(**NICHT:** A lot of questions were asked* ***us.***)
  Several ***favours were asked (of*** *me). (**NICHT:** ... were asked me.)*

2 *(to) ask* in der indirekten Rede

- *ask* + Infinitiv:
  I ***asked to*** *discuss it with her alone.* (← *"Can we discuss this alone, please?"*) (Ich bat darum, es mit ihr allein besprechen zu können/dürfen.)
  Dennis ***was asked to*** *leave.* (← *"Can you leave now, Dennis, please?"*) (Dennis wurde gebeten zu gehen.)
  I ***asked to be*** *inform**ed** about further developments.* (← *"Please inform me about further developments."*) (Ich bat darum, über weitere Entwicklungen informiert zu werden.)
- *ask* + *(for)* + (Pro-)Nomen + Infinitiv:
  I ***asked Dennis to*** *leave.* (← *"Can you leave now, Dennis, please?"*) (Ich bat Dennis zu gehen.)
  I ***asked her not to*** *tell anyone else.* (← *"Please don't tell anyone else."*) (Ich bat sie, es niemand anderem zu sagen.)
  I ***asked for Jim to be*** *informed.* (← *"Please inform Jim."*) (Ich bat [darum], dass Jim informiert wurde.)
- *ask* + *wh*-Satz (Infinitivkonstruktion oder finiter Nebensatz):
  I ***asked what to*** *wear at the party.* (Ich fragte, was ich ... anziehen sollte.)
  I ***asked Jim when*** *he was arriving.*
- *ask* + *if/whether* + finiter Nebensatz – *ask* + *whether* + Infinitiv:
  I ***asked*** *(him)* ***if/whether*** *I should take a bottle to the party.*
  I ***asked*** *(him)* ***whether to*** (**NICHT:** *if to*) *take a bottle.*
- *ask* + *that* + *should*:
  The patient ***asked that they shouldn't*** *bring any more flowers.*
  (Der Patient bat darum, dass sie keine Blumen mehr brachten.)

Parents ***asked that children should not*** *be allowed to take penknives to the kindergarten.* (Eltern baten darum, dass den Kindern nicht erlaubt wurde, Taschenmesser in den Kindergarten mitzubringen.)

(to) **be asleep** – (to) **sleep** (schlafen) – **sleep** (Schlaf)

⚠ Nicht das Verb *sleep,* sondern *be asleep* wird normalerweise gebraucht, um auszudrücken, dass jemand im Zustand des Schlafens ist:
Where's Janet? – ***She's asleep****. She felt tired and wanted to rest.* (Sie schläft.)
Were you asleep *when I phoned last night?* (Hast du geschlafen ...?)
When I looked into the children's room they were all ***fast/sound asleep****.* (... schliefen sie alle fest/tief.)

- Das Verb *sleep,* nicht *be asleep* wird jedoch gebraucht, um Schlafgewohnheiten oder Schlafdauer zu beschreiben, oder die Art, wie jemand gerade schläft:
Some people ***sleep*** *for half an hour after lunch.*
We ***slept*** *till 4 o'clock, then got up and started our journey.*
*He****'s sleeping*** *very restlessly tonight.* (Er schläft heute Nacht sehr unruhig.)

- *asleep* kann nur nach einem Kopulaverb (wie *be* oder *fall*) stehen. Vor einem Nomen wird *sleeping* als Adjektiv gebraucht:
A ***sleeping*** *baby is lovely to look at.*

- Wendungen mit *asleep* und *sleep*:
I was so tired that I ***fell asleep / went to sleep*** *in front of the television.* (... dass ich ... einschlief.)
Please turn the television down, I'm trying to ***get to sleep****.* (... ich versuche einzuschlafen / zu schlafen.)
He's just ***having*** (NICHT: *making/doing*) ***a*** *little* ***sleep****.* (Er macht gerade ein Schläfchen.)
On Sundays we ***sleep in*** (häufiger aber: *have a lie-in*). (Sonntags schlafen wir lange.)
Have *you* ***had a good sleep****? /* ***Are*** *you* ***rested?*** (Hast/Bist du ausgeschlafen?)
I ***haven't had enough sleep****.* (Ich habe/bin nicht ausgeschlafen.)
I woke up at 4 o'clock and couldn't ***get back to sleep****.* (... und konnte nicht wieder einschlafen.)
I don't want to decide today, I'll ***sleep on*** *it.* (... ich werde darüber schlafen.)
The professor's monotonous voice ***sent*** *half the students* ***to sleep****.* (... brachte die Hälfte der Studenten zum Einschlafen.)

⚠ Gehen wir schlafen. = *Let's go* ***to bed.***
Sie hat einen tiefen/leichten Schlaf. = *She****'s a heavy/light sleeper.***

(to) **assist** (behilflich sein), **assistance** Hilfe[leistung]), **assistant** (Assistent[in])

- Auf *assist* (einem förmlichen Wort) folgt *with* + Nomen oder *in* + *-ing*-Form, aber nie ein Infinitiv:
  The sales manager ***assisted*** *(him)* ***with*** *the financial forecasts for the next year.* (Die Verkaufsleiterin war [ihm] bei den finanziellen Vorausberechnungen behilflich.)
  She ***assisted*** *(him)* ***in*** *mak****ing*** *the forecasts.* (Sie war [ihm] dabei behilflich, die Vorausberechnungen zu erstellen.)
- *assistance* ist nicht zählbar, d. h. es wird nicht mit *an* oder im Plural gebraucht:
  What sort of ***assistance*** (NICHT: *assistances*) *does your organization offer?* (Welche Art von Hilfeleistungen ...?)
- Eine nähere Bestimmung zu *assistant* wird mit *to* angeschlossen:
  He works as ***assistant to*** *the chairwoman.* (... als Assistent der Vorsitzenden.)

(to) **assume** (annehmen / unterstellen / davon ausgehen)

- In der Bedeutung „davon ausgehen" im Sinne von „als Grundlage/Ausgangspunkt für einen Plan bzw. eine Überlegung benutzen" wird *assume* oft in der Verlaufsform gebraucht:
  I ***am assuming*** *that the product will be ready by June, which would mean that the sales camapign could start before the summer holiday period.*
  We ***were assuming*** *you'd be bringing your caravan.*
  In der Bedeutung „annehmen/unterstellen" im Sinne von „aufgrund bisheriger Kenntnisse/Erfahrungen schließen" ist die einfache Form üblich:
  I ***assume*** *David knows who to ask. He has good contacts.*
  We ***assumed*** *you'd bring your caravan. You did before.*
- Nach *assume* ist der Gebrauch eines *that*-Satzes (mit oder ohne *that*) „sicher". Das Verb *be* (gelegentlich auch andere Verben, z. B. *know*) kann auch als Infinitiv folgen:
  *I'****m assuming (that)*** *Janet wants to decide the time and place.*
  We ***assumed (that)*** *our neighbours were in France /* ***assumed*** *our neighbours* ***to be*** *in France.*
  assume kann ein Passiv mit Personensubjekt bilden. In diesem Fall folgt ein einfacher Infinitiv (meist *be*) oder ein Perfektinfinitiv:
  The burglars ***were assumed to have*** *enter****ed*** *the building before the doors were locked. (= It was assumed that the burglars had ...)* (Es wurde angenommen, dass die Einbrecher ...)

⚠ *Are they coming? – I* ***assume so*** (NICHT: *I assume it*)*.* ***/ I assume not.*** (Ich nehme es an. / Ich nehme es nicht an.)

(to) **assure** (versichern)

- *assure* entspricht „versichern" im übertragenen Sinne. Das richtige Verb, wenn man ein Haus/Auto/usw gegen Brand/Diebstahl/usw. versichert, heißt *insure*. Das Nomen dazu lautet *insurance* (Versicherung).
- *assure* kann nicht (wie „versichern" im Deutschen) ohne Personenobjekt stehen:
  *He **assured us (that)** (NICHT: He assured that) there was no danger.* (Er versicherte [uns], dass ...)
- *assure* kann ein Passiv mit Personensubjekt bilden:
  ***We were assured** that financial support would be maintained.* (Es wurde uns versichert, dass die finanzielle Unterstützung aufrechterhalten würde.)

astronomic – astronomical (astronomisch)

- *astronomic* wird in der Regel nur im übertragenen Sinne gebraucht, *astronomical* sowohl im wörtlichen als auch im übertragenen Sinne:
  The astronomy [ə'strɒnəmɪ] *department of the university has its own **astronomical** telescope.*
  *Their firm made an **astronomic/astronomical** loss last year of about $10 million.*

at

1 *at – on – in* mit Ortsbestimmungen

- *at* wird gebraucht:
  - bei Orten, die als Punkt im Raum, d. h. ohne Ausdehnung, empfunden werden:
    ***at** a point, **at** the corner, **at** the North Pole, **at** the beginning/end (of), **at** the top/bottom/front/back (of)*
  - bei Wörtern, die weniger einen geografischen Ort als eine Einrichtung bezeichnen, die einen bestimmten Zweck hat bzw. in der man etwas Bestimmtes verrichten kann:
    ***at** the cinema* [man sieht dort Filme]
    ***at** the airport* [man beginnt oder beendet dort eine Reise]
    ***at** the baker's shop* [man kauft dort Brot]
    ***at** the office* [man arbeitet dort]
    ***at** school* [man lernt dort]
  - bei Orten, wo jemand wohnt:
    ***at** my uncle's (house), **at** number 17, **at** 12 Green Street, **at** this address*
  - bei Veranstaltungen:
    ***at** a concert, **at** a meeting, **at** a wedding, **at** a funeral* (Beerdigung), ***at** a lecture/talk*

- in der Bedeutung „direkt neben / direkt vor“:
  at *the door,* ***at*** *the edge* (am Rand), ***at*** *the window,* ***at*** *the side of*
- bei Positionsbestimmungen:
  at *an angle (to s.th.),* (schräg / im Winkel [zu etw.]), ***at*** *a distance of 20 miles*

- *in* bedeutet „in“ im Sinne von „umgeben/umschlossen von“, „in einem dreidimensionalen Raum“:
  in *a room,* ***in*** *Germany,* ***in*** *a building,* ***in*** *the cinema (building),*
  in *the airport (building)*
  Vgl.:
  We stopped/arrived ***at*** *Oxford on the way.* [= Der Ort wird als Punkt auf einer Reiseroute gesehen.]
  We stopped/arrived ***in*** *Oxford and stayed the night there.* [= Wir haben uns dort aufgehalten und waren von dem Ort umgeben.]
  We were ***at the cinema*** *last night.* [= um einen Film zu sehen]
  We were ***in the cinema*** *when the thunderstorm broke.* [= im Kinogebäude]
  We met ***at the hotel.*** [= als Ort, wo man essen / übernachten / sich verabreden kann]
  There were soldiers everywhere, even ***in the hotel.*** [= im Hotelgebäude]

- Mit *on* wird eine Stelle genannt:
  - auf einer (Ober-)Fläche:
    on *a table,* ***on*** *a wall* (an einer Wand), ***on*** *the beach* (am Strand),
    on *the ceiling* (an der Zimmerdecke), ***on*** *the first floor* (im ersten Stock),
    on *a hill(side)/mountain(side)* (an einem Hang),
    on *the earth* (aber: ***in*** *the world*)
    Vgl.: *He was standing* ***at*** *the door* [= Punkt] *reading the notice* ***on*** *it.* [= Fläche]
  - auf/an etwas Langgezogenem:
    on *a river* (auf/an einem Fluss), ***on*** *a border* (an/auf einer Grenze),
    on *a road* (an einer Straße), ***on*** *the coast* (an der Küste)

1.1 at in Ortsbestimmungen: nähere Einzelheiten

- Einrichtungen/Orte, die einem bestimmten Zweck dienen bzw. in denen man etwas Bestimmtes verrichten kann und die mit *at* verbunden werden, sind z. B.:
  at *the shop/supermarket,* ***at*** *Marks and Spencer,* ***at*** *the factory,*
  at *Siemens* („bei“ + Firmenname), ***at*** *the market,* ***at*** *a hotel,*
  at *the police station,* ***at*** *the consulate,* ***at*** *reception / the reception desk,*
  at *the doctor('s)/dentist('s),* ***at*** *the zoo*
  Vgl.:
  Jim's ***in hospital.*** (im Krankenhaus = zur Behandlung als stationärer Patient)
  Janet's ***at the hospital.*** *She's visiting Jim.* (im Krankenhaus = an dem Ort, wo Kranke behandelt werden)

- *church/school/university* werden mit *at* und ohne Artikel gebraucht, wenn die Einrichtung gemeint ist, wo man am Gottesdienst teilnimmt / lernt / studiert. Vgl.:

In England children stay ***at school*** *till they are 15 or 16.* (AE dagegen: ***in*** *school,* ***in*** *university*)
There was a fire ***at the school*** *in Green Street last week.* (Es hat ... in der Schule ... gebrannt.)
at + Eigenname wird bei Schulen und Universitätsstädten gebraucht und bedeutet, dass jemand dort zur Schule/Universität geht:
He was ***at*** *Wycombe Grammar School when I was.*
She's in her third year ***at*** *Cambridge (= at Cambridge University).*
Besonderheiten s. Einträge **church, school, university**.

1.2 *in* bei Ortsbestimmungen: nähere Einzelheiten

- Bestimmte Räume, die im Deutschen als Fläche empfunden und daher mit *auf* verbunden werden (vgl. **on**), werden im Englischen als dreidimensional empfunden:
  in the country (auf dem Lande), ***in the world*** (auf der Welt)
  in a photo/picture (auf einem Foto/Bild), ***in the street*** (auf der Straße)
  in a car park (auf einem Parkplatz)
  in a meadow/field (auf einer Wiese / einem Feld – aber: *on the sports field* = auf dem Sportplatz)
  in the sky (am Himmel – aber: *in heaven* = im Himmel)
  He carried the baby ***in his arms****.* (auf den Armen)
- *in bed/church/hospital/prison/school* werden ohne Artikel gebraucht, wenn der Ort gemeint ist, wo man liegt oder schläft / am Gottesdienst teilnimmt / als Kranke[r] behandelt wird / als Gefangene[r] einsitzt / als Schüler[in] lernt oder als Lehrer[in] unterrichtet. Vgl. dazu die einzelnen Einträge:
  in bed *asleep,* ***in church*** *on Sunday morning,*
  in hospital *for an operation,* ***in prison*** *for a bank robbery,*
  in school *during the English lesson*

⚠ Waren Sie schon mal in New York? = *Have you ever been* ***to*** *New York?*
in der ganzen Stadt/Welt = ***all over*** *the town/world*

1.3 *on* bei Ortsbestimmungen: nähere Einzelheiten

- Die Haut bzw. der Stoff von Kleidung wird als Fläche empfunden:
  He had some blood ***on his arm/face/nose****.* (am Arm / im Gesicht / an der Nase)
  You've got some mud ***on your coat/sleeve/shoes****.* (am Mantel/Ärmel / an den Schuhen)
  She touched/hit me ***on*** *the arm.* (am Arm)
- Vgl. den unterschiedlichen Gebrauch von *on* (= an etwas Langgezogenem) und *in* bei *road* und *street*:
  The hospital is ***on*** *the road to Amersham.* (an der Straße nach)
  Aber: *It's a building* ***in*** *Amersham Road /* ***in*** *Green Street /* (AE:) **on** Green Street. (in der ...straße)

- Analog zu *on a river* im Sinne von „am Ufer eines Flusses“ wird *on* auch in Verbindung mit *lake* verwendet, obwohl es sich hier eher um eine Fläche als um etwas Langgezogenes handelt:
  Lindau is ***on*** *Lake Constance.* (liegt am [= am Ufer vom] Bodensee.)
  Aber: *Brighton is* ***by*** *the sea.*

2 *at* in Zeitbestimmungen

- Uhrzeit:
  at *ten o'clock,* ***at*** *five past two*
- Mahlzeiten (als Zeitpunkt):
  at *breakfast/lunch/dinner* (zur Frühstückszeit usw.),
  at *tea time / lunchtime*
- Tageszeiten / Zeiten in der Woche:
  at *night,* ***at*** *noon/midnight* (mittags / um Mitternacht),
  at *dawn/sunrise/sunset* (bei Tagesanbruch/Sonnenaufgang/-untergang),
  at *the weekend,* ***at*** *the start of the week*
  Aber:
  in *the morning/afternoon/evening*
  on *the morning of 1st July*
- Feste:
  at *Christmas / Easter / Thanksgiving / New Year* (zu Weihnachten/Ostern/Thanksgiving/Neujahr)
  Aber:
  on *Christmas Day / Easter Day / New Year's Day,*
  on *my birthday / our anniversary*
- Altersangaben:
  at *the age of 27* (im Alter von 27)
- mit „Zeit“-Wörtern:
  at *this/that/the same time* (zu dieser / zur selben Zeit),
  at *the moment* (im Augenblick), ***at*** *present* (gegenwärtig)

3 *at*: sonstige Anwendungen

- Nach Adjektiven, die einen Fertigkeitsgrad bezeichnen:
  good/bad/quick/slow ***at*** *mathematics/drawing/...* (gut/schlecht in ...)
- Bei Tätigkeiten, die auf ein Ziel gerichtet sind:
  point/aim (zielen)*/throw/shoot/shout/protest* ***at*** *s.b./s.th.,*
  laugh/smile/stare/frown (stirnrunzelnd ansehen)*/wave* (winken)*/*
  look ***at*** *s.b./s.th.,*
  guess/grasp/grab/pull ***at*** *s.b./s.th.*
- Bei Tätigkeiten, die mit Ausdauer betrieben werden:
  work (away) / chop (away) (hacken) / *hammer (away)* ***at*** *s.th.*

- Nach Adjektiven, Nomen und Verben, die eine Reaktion auf etwas bezeichnen:
  be amazed (erstaunt)/*appalled* (entsetzt)/*astonished* (erstaunt)/*disappointed/surprised* ***at*** *s.th.* (über)
  joy/sadness/(dis)pleasure ***at*** *s.th.* (über)
  recoil (zurückschrecken) /*shudder* (schaudern) ***at*** *s.th.* (vor)

- Bei Preis-, Geschwindigkeits- und Höhenangaben:
  I bought them ***at*** *$50 a ton.* (zu)
  He drove ***at*** *80 miles an hour.* (mit [einer Geschwindigkeit von] 80 Meilen in der Stunde)
  This town lies ***at a height of*** *600 metres above sea level.* (in einer Höhe von)
  We are now flying ***at an altitude*** *of 8000 feet.*
  Auch: ***at*** *a high/low level* (auf hohem/niedrigem Stand)

4 Wendungen mit *at*

- *at all* s. nächsten Haupteintrag
  at all costs (um jeden Preis)
  at all events (auf alle Fälle)
  at best/worst (besten-/schlimmstenfalls)
  at ease (ruhig/entspannt)
  at s.b.'s expense (auf jds. Kosten)
  be at fault (schuld sein)
  at first s. **first**, Abschnitt 2
  at first sight (auf den ersten Blick)
  at hand (zur Hand)
  at intervals (in Intervallen)
  at last s. **finally**, Abschnitte 1 und 2
  at least s. **least**
  at leisure (in aller Ruhe)
  at length (ausführlich)
  be at a loss for (in Verlegenheit sein um)
  sell at a loss/profit (mit Verlust/Gewinn verkaufen)
  at most (höchstens)
  at once (sofort)
  at peace/war (in Frieden / im Krieg)
  at play (im Spiel / beim Spielen)
  at any rate (jedenfalls)
  at s.b.'s request (auf jds. Bitte hin)
  at sea (auf See)
  at table (bei/zu Tisch)
  one at a time (einzeln / jeweils nur einer)
  at times (zeitweise)
  be at one's best / its highest /... (in Höchstform / auf dem Höchststand / ... sein)

at all – not at all

- Zum Gebrauch von *at all* in Verbindung mit *hardly* (*hardly at all*) s. **hardly**

- *at all* wird in höflichen Anfragen oder Angeboten gebraucht. Es kann z. T. mit „irgendwie" wiedergegeben werden, hat aber oft keine direkte Entsprechung im Deutschen:
  Do you work ***at all*** *at weekends?* (Arbeiten Sie am Wochenende?)
  Do you know that area of France ***at all****?* (Kennen Sie diese Gegend von Frankreich?)
  Is it too hot ***at all*** *for you? I'll open a window if you like.* (Ist es Ihnen zu heiß?)
  Please just tell me if you need help ***at all****. I'm in the next room.* (... wenn Sie Hilfe brauchen.)

- Wird *all* betont, so entspricht *at all* „überhaupt“:
  *You always look bored. Are you interested in this subject **at all**? Is there anything **at all** that you like?*
- *not at all* bedeutet „überhaupt nicht / ganz und gar nicht“ und steht in der Regel am Satzende:
  *He doesn't like fish **at all**.* (Er mag Fisch überhaupt nicht.)
  at all kann vor oder nach einem Adjektiv/Adverb stehen:
  *She did**n't** look **tired at all / at all tired**.*
  *The new system does**n't** work **well at all / at all well**.*
- *not at all* entspricht auch „Keine Ursache / Gern geschehen“ als höfliche Reaktion auf Danksagungen:
  *You've been very helpful. Thank you for everything. – **Not at all**.*
  *Thank you for a lovely evening. – **Not at all**. I'm glad you could come.*

athletics (Leichtathletik) – **athletic** (athletisch)

- *athletic* ist ein Adjektiv. Dem deutschen Nomen „Leichtathletik“ entspricht *athletics* im Englischen:
  *She's a very **athletic** person with plenty of energy.* (Sie ist ein sehr athletischer Mensch ...)
  *I like **athletics**.* (... Leichtathletik.)
- *athletics* wird mit einem Verb im Singular gebraucht:
  ***Athletics is** not my favourite sport.* (Die Leichtathletik ...)
  *It's sports day tomorrow. The **athletics is** / The **athletics events are** at the beginning.* (Die Leichtathletik[wettbewerbe] ...)

(to) **attempt** (versuchen), **attempt** (Versuch)

- *attempt* ist ein förmliches Wort. Im Gegensatz zum Verb *try* drückt das Verb *attempt* oft aus, dass etwas schwierig ist, oder dass etwas versucht wird und misslingt. Deshalb steht *attempt* im Gegensatz zu *try* selten mit nachfolgender *-ing*-Form, sondern meist mit dem Infinitiv (zum Unterschied zwischen *try to do* und *try doing* s. **try**):
  *The test was so difficult that I decided not to **attempt** it.*
  *They **attempted to** cross the Sahara on foot but had to give up.*
- *attempt*, nicht *try*, ist die übliche Entsprechung für das Nomen „Versuch“:
  *My **attempt** failed.* (Mein Versuch scheiterte.)
  Das Nomen *attempt* kann mit einem *to*-Infinitiv und mit *at* + *-ing* gebraucht werden:
  *His unsuccessful **attempt to** walk / **at** walk**ing** after the operation made him feel very helpless.* (Sein misslungener Versuch ... zu gehen ...)

Aber nur: *We **made** several **attempts to** stop him, but he wouldn't listen.* (Wir unternahmen mehrere Versuche ... zu ...)
attempt + at darf nicht verwechselt werden mit *at ... attempt* = „beim ... Versuch":
*The athlete jumped 2 metres 40 **at the/his second attempt**.*

(to) **attend** ➪ **(to) visit**

attention

⚠ Außer in Militärkontexten (*Attention!* = „Achtung, stillgestanden!") und in der Rundfunkansage *Attention all shipping* („Achtung alle Schiffe") am Anfang des Seewetterberichts wird „Achtung" nicht durch *attention*, sondern durch Wendungen wie *Watch out! / Careful! / Note (that) / Notice (that)* wiedergegeben:
Achtung, da fährt ein LKW raus. = ***Careful / Watch out,** there's a lorry coming out.*
Achtung: die Sitzung am Freitag beginnt eine halbe Stunde früher als sonst. = ***Note that** the meeting on Friday ...*

audience (Zuhörer/Zuschauer/Publikum) – **spectators** – **onlookers** – **viewers** (Zuschauer)

- *audience* ist die Gruppe von Menschen, denen etwas vorgespielt oder vorgetragen wird bzw. für die etwas aufgeführt wird.
  audience bezeichnet also eine Zuhörerschaft oder die Gesamtgruppe der Zuschauer(innen), z. B. bei einer Theateraufführung oder Fernsehsendung:
  *She had a large **audience** last week at her concert/lecture/speech in Los Angeles.*
  *It's a TV programme that has an **audience** of millions every week.*
  *Some of the actors came off the stage and started talking to the **audience**.*
- *audience* wird mit einem Verb im Singular und den Formen *it/its/which* (= Relativpronomen) gebraucht, wenn man an die Gruppe als eine Einheit denkt. Es wird mit einem Verb im Plural und *they/their/who* verbunden, wenn eher die Menschen gemeint sind, aus denen die Gruppe besteht:
  *The audience, **which was** very big, got **its** money's worth.* (Die Zuschauer, die sehr zahlreich waren, kamen auf ihre Kosten.)
  *The audience, **who were** nearly all young people, stamped **their** feet.*

- *spectators* sind die Zuschauer(innen) bei einem Sportereignis oder einer sonstigen Veranstaltung:
  *20,000 **spectators** saw Mark Philips shoot two goals for United.*
- *onlookers* sind Personen, die als Nichtbetroffene unbeteiligt etwas miterleben (oft z. B. einen Unfall oder Brand):
  *A crowd of **onlookers** gathered round the fire engines and police cars at the scene of the fire.*
  *A fierce argument developed, and soon there were several **onlookers**.*
- *viewers* bezeichnet (wie *audience*, s.o.) die Zuschauer(innen) beim Fernsehen. Nur *viewers* kann gebraucht werden, wenn ein Pluralnomen erforderlich ist:
  *Hundreds of **viewers*** (NICHT: *Hundreds of audience*) *rang up after the programme to complain.*
  audience kann zwar ebenfalls im Plural gebraucht werden. Gemeint sind aber dann immer mehrere Gesamtgruppen von Zuschauer(inne)n:
  *The show had **audiences** of between 3 and 5 million **viewers**.*

author (Autor/Autorin) – **authoress** (Autorin)

- *author*, nicht *authoress*, ist die heute übliche Bezeichnung für eine Autorin:
  *She's the **author** of a famous book on the subject.*
  *No, it's written by a female **author**, not a male author.*

autumn

1 Gebrauch des bestimmten Artikels mit den Namen der Jahreszeiten

- Mit oder ohne *the*:
  ***(The) Autumn** is my favourite season.* (Der Herbst ist meine Lieblingsjahreszeit.)
  ***(The) Autumn** came early that year.*
  *The first/last day of **(the) autumn** is 21st September / 20th December.*
  ***In/During (the) autumn** leaves turn brown.* [= regelmäßig im Herbst / während des Herbstes]
  *I'd like to see New England **in (the) autumn**.* [= im Herbst eines beliebigen Jahres]
- In Verbindung mit einer Präposition (*in, during* usw.) wird in der Regel *the* gebraucht, wenn die Jahreszeit eines bestimmten Jahres gemeint ist:
  *Our friends had just bought a house in Edinburgh when we visited them **in the autumn**.* [= im Herbst des besagten Jahres]
  *I didn't see her once during **the autumn**.* [= während des Herbstes des besagten Jahres]
  Vor einer *of*-Fügung ist *the* zwingend:
  *We visited them in **the autumn of** 1990 / that year.*

- Kein *the* bei *next* („im nächsten / der nächste"), *last* („im letzten / der letzte"), *all* („den ganzen"):
  Next autumn *we want to go to New England.* [= im Herbst dieses/nächsten Jahres]
  Aber: *We visited them in 1990 and decided to visit them again* ***(in) the next autumn****.* [= im Herbst des darauffolgenden Jahres]
  Last autumn *was very wet.* [= der Herbst des vergangenen Jahres]
  Aber: *They didn't enjoy* ***the last autumn*** *of their years in Sweden very much.* (... den letzten Herbst ihrer Jahre in Schweden ...)
  It rained ***all autumn****.* (... den ganzen Herbst.)

2 ***autumn – the fall***

- Im AE wird der Herbst als *the fall* (immer mit Artikel) bezeichnet.

available (verfügbar)

- *available* kann vor oder nach einem Namen stehen:
  I want to book all ***the rooms available****.* (= all the rooms that are available)
  I want to book all ***the available rooms****.*

average (Durchschnitt/durchschnittlich), (to) **average**

- *average* wird ['ævrɪdʒ], nicht ['ævəreɪdʒ] ausgesprochen.
- *average* ist zugleich Nomen („Durchschnitt"), Adjektiv („durchschnittlich/Durchschnitts-") und Verb (keine direkte Entsprechung im Deutschen):
  We have ***an average*** *of 12 weeks holiday a year.* (Wir haben im Durchschnitt / durchschnittlich ...) [Nomen]
  The ***average*** *age in this class is 18.* (Das Durchschnittsalter / Das durchschnittliche Alter ...) [Adjektiv]
  We ***averaged*** *50 miles a day on our cycling holiday.* (Wir schafften im Durchschnitt ...) [Verb]
  We ***average*** *2 pounds of coffee a week in this office.* (Wir verbrauchen im Durchschnitt ...) [Verb]

⚠ Vor *of* + Maßeinheit muss *the average* mit einem Nomen wie *number/amount/sum* gebraucht werden:
The ***average number of*** *working hours* (NICHT: *The average of working hours*) *is 36.8. a week.* (Der Durchschnitt an Arbeitsstunden ...)

- „im Durchschnitt/durchschnittlich" (Adverb) wird durch *on average* oder Verb + *an average of* (= direktes Objekt) wiedergegeben:
  It costs $100 a week ***on average. / It costs an average of*** *$100 a week.* (Es kostet im Durchschnitt / durchschnittlich $100 pro Woche.)
  Patients come ***on average*** *once a week /* ***come an average of*** *once a week.*

- Weitere Wendungen mit *average*:
  Sixty hours a week is ***about (the) average***. (… ist etwa der Durchschnitt.)
  Sixty hours a week is ***above/below*** (ohne: *the*) ***average***. (… über/unter dem Durchschnitt / über-/unterdurchschnittlich.)

(to) **avoid** (vermeiden)

- Auf *avoid* folgt eine *-ing*-Form und kein Infinitiv oder *that*-Satz:
  We ***avoided*** *travell****ing*** *at the weekend because of the traffic.* (Wir vermieden es …, am Wochenende zu reisen.)
  Aunt Jemima ***avoids Jack*** *driving her because she thinks he drives too fast.* (Tante Jemima vermeidet es, dass Jack sie fährt …)
  She ***avoids*** *hav****ing*** *to be a passenger in his car.*

⚠ *avoid* nicht mit *can't help + -ing* („nicht vermeiden können / nicht umhin können") verwechseln:
I was standing so close that I ***couldn't help*** *hear****ing*** *what she was telling him.* (Ich stand so dicht daneben, dass ich es nicht vermeiden / nicht umhin konnte zu hören, was sie ihm sagte.)

awake (wach)

- *awake* ist das Gegenteil von *asleep. awake* kann nicht vor einem Nomen stehen, sondern nur nach einem Kopulaverb:
  I was/lay/stayed ***awake*** *for over an hour.*

⚠ *very* kann mit *awake* nicht gebraucht werden:
The alarm clock rang and she was immediately ***wide awake***. (hellwach)
I'm not ***really awake / very alert*** *yet.* (Ich bin noch nicht richtig/sehr wach.)

- „wach" im Sinne von „aufgeweckt/geistig rege" wird nicht durch *awake* wiedergegeben:
  Janet is a very ***alert/bright/clever*** *child.*

aware (bewusst) – **conscious** (bewusst / bei Bewusstsein)

- Nur *conscious* kann im Sinne von „bei Bewusstsein" gebraucht werden:
  It was a bad accident but he was still ***conscious***. (… er war noch bei Bewusstsein.)
- *be/become aware* und *be/become conscious* sind beide in der Bedeutung „sich einer Sache/Person bewusst sein" bzw. „etw./jdn. bemerken" möglich:
  He ***was*** *very* ***aware/conscious of*** *the problems we had.* (Er war sich der Probleme … sehr bewusst.)

I ***became aware/conscious of*** *something moving in the darkness.* (Ich spürte/bemerkte, dass sich etwas in der Dunkelheit bewegte.)

- Nur *conscious,* nicht *aware,* wird in der Bedeutung „bewusst/wissentlich/absichtlich" gebraucht:
  We ***made a conscious decision*** *to help them.* (Wir trafen die bewusste Entscheidung ...)
  aware kann nur prädikativ (nach einem Verb), nicht attributiv (vor einem Nomen) gebraucht werden.

away (weg)

- *away* entspricht in der Regel dem deutschen „weg/fort". Bei bestimmten Verben kann es bedeuten, dass etwas verschwindet bzw. sich auflöst (die deutsche Entsprechung ist oft ein Verb mit der Vorsilbe „ver-"):
  As we left the building, the sound of the music and voices slowly ***died away***. (... verklangen die Musik und die Stimmen.)
  Over the years the colour in the picture ***has faded away***. (... ist ... verblasst.)
  Bei anderen Verben drückt *away* aus, dass etwas sehr intensiv betrieben wird:
  When I saw them, they ***were working away like mad.*** (... arbeiteten sie wie wild.)
  The children ***were hammering away*** *on their drums.* (... hämmerten wild auf ihre Trommeln ein.)
- Weitere Wendungen mit *away*:
  She's ***away from*** *school this week with the flu.* (Sie ist ... wegen Grippe nicht in der Schule.)
  I'm going to be ***away from*** *the office for five weeks.* (... nicht im Büro.)
  I'll ***be away*** *in Italy.* (Ich werde ... verreist sein.)
  Christmas is only ***three weeks away*** *now.* (Bis Weihnachten sind es jetzt nur noch drei Wochen.)
  When we saw the accident we called the ambulance ***right away / straight away / straightaway***. (sofort)

⚠ Ich suchte meinen Geldbeutel, aber er war weg. = *It was* ***gone.***
Hände weg! = *Hands* ***off!***

baby (Baby)

⚠ Dem deutschen „ein Baby bekommen" entspricht im Englischen *have* oder *expect a baby:*
Angela ***is expecting a baby.*** (Angela bekommt/erwartet ein Baby.)
When is she going to ***have the baby****?* (Wann bekommt sie das Baby?)
Angela ***has had a baby.*** (Angela hat ein Baby bekommen.)

back (Rücken / hinterer Teil / Rückseite / rückwärtiger Teil)

- Als Nomen entspricht *back* „Rücken / hinterer Teil / Rückseite / rückwärtiger Teil“:
  *The front of the house is light and sunny but **the back** is rather dark.* (... der rückwärtige Teil ...)
  *It's difficult to see **the back** of your head in a mirror.* (... seinen Hinterkopf ...)
  *You can see **the back** (NICHT: the back side) of the cinema building from here.* (... die Rückseite des Kinogebäudes ...)

⚠ „Rückseite“ kann nicht mit *back side* wiedergegeben werden.
backside entspricht „Hintern“:
*He had such a big **backside** that no chair was big enough for him.*

- *back* wird mit verschiedenen Präpositionen gebraucht (vgl. **at**, Abschnitt 1):
  *There's a small garden at the front of the house and a big garden **at the back** / (AE:) **in back.*** (... an der Rückseite / hinten ...)
  *She always sat **at the back of** the class.* (... hinten in der Klasse.)
  *I wrote my address **on the back** of an envelope / the photograph.* (... auf die Rückseite eines Umschlags / des Fotos.)
  *The children sat **in the back of** / (AE:) **in back of** Uncle Sam's car.* (... hinten in Onkel Sams Auto.)
  *Put it **on the back of** the lorry.* (... hinten auf den Lastwagen.)
- Zum Unterschied zwischen *at the back (of)* und *behind* s. **behind.**

bad, badly (schlecht)

- *bad* und *badly* haben die Grundbedeutung „schlecht/schlimm“.
  Je nach Wortverbindung kann aber ein anderes deutsches Wort die richtige Entsprechung sein:
  *I had a **bad cold** and couldn't go out.* (... eine schwere/schlimme Erkältung ...)
  *lose **badly*** (hoch verlieren)
  ***badly** injured/wounded* (schwer verletzt)
  *be **badly** mistaken* (sich schwer täuschen)
  ***badly** damaged* (schwer beschädigt)
  ***badly** worn* (stark abgenutzt)
- *badly* bedeutet im Zusammenhang mit Wörtern wie *want* und *need* „dringend“. Es steht entweder davor oder am Satzende:
  *We **badly need** more money.*
  *Little Jimmie **wants** that toy helicopter **badly**.*
  *She had been under a lot of stress before she took a **badly needed** holiday.*
  *She was **badly in need of** a holiday.*

⚠ Deutsch „schlecht" wird z. B. in folgenden Wortverbindungen nicht mit *bad/badly* wiedergegeben:
schlechte Zeiten = ***hard** times*
schlechte Luft = ***stale** air*
jmdm. ist schlecht vor Angst = *s.o. **is ill with** fear*
schlecht beraten = ***ill**-advised*
schlecht gelaunt = ***ill**-tempered*
schlecht informiert = ***ill**-informed*
von jdm. schlecht reden = *speak **ill** of s.b.*

- Konstruktionen und Wendungen mit *bad*:
  *I'm **bad at** (playing) chess.* (Ich bin schlecht im Schach[spielen].)
  *The news is **bad enough to** want to cry.* (... so schlecht, dass man weinen möchte.)
  *Don't eat that food. It **has gone bad*** (auch: *off*). (Es ist schlecht geworden.)
  The bad thing (NICHT: *The bad*) ***about** the plan is that it leaves us so little time.* (Das Schlechte an dem Plan ...)
  *This is my new CD-player, **not bad**, eh?* (... nicht schlecht, was?)

(to) **bake** ⇨ (to) **cook**

baker (Bäcker[in], Bäckerei)

- Bei Ladenbezeichnungen wie *baker, butcher, chemist, dry cleaner* sowie bei *doctor* und *dentist* kann die Form mit oder ohne *'s* gebraucht werden, wenn das Geschäft bzw. die Praxis gemeint ist:
  *I need to go to **the baker('s)** and the **butcher('s)**.*
  *I met Alice at **the baker('s)** this morning, then again at the **chemist('s)**.*

bar (Theke, Schankraum, Bar)

⚠ Im BE bezeichnet *bar* die Theke oder den Schankraum einer Wirtschaft, eines Hotels oder Restaurants bzw. eine Wirtschaft/Kneipe/Bar im Ausland:
*In an English pub you pay for your drinks **at the bar**.* (an der Theke)
*When I went to the pub/hotel this evening there were a lot of people **in the bar**.*
*Waiter: Would you like to wait **in the bar** until your table is ready?*
*A German sailor was killed last night **in one of the bars** down by the harbour.*

- Im AE bezeichnet *bar* eine Wirtschaft/Kneipe:
  *They stopped for a drink **in a bar** on 42nd street before going back to Brooklyn.*
- Eine „Bar" im Sinne von „Nachtlokal" wird in Großbritannien als *(night) club* bezeichnet:
  *All the pubs are closed but we could still go to a **(night) club**.*

barely ➪ hardly

barracks (Kaserne, *nicht* Barracke)

⚠ *barracks* bezeichnet eine „Kaserne" („Barracke" = *hut*). Das Verb kann im Singular oder Plural stehen. *a barracks* und *barracks* können beide ein oder mehrere Kasernengebäude bezeichnen:
***There is a barracks / There are barracks** down this road with 600 soldiers.* (... ist eine Kaserne / sind Kasernen ...)

barrier ➪ border

base – basis

- Der Plural beider Wörter heißt *bases*, die Aussprache ist jedoch unterschiedlich: *one base* [beɪs] – *two bases* ['beɪsɪz]; *the basis* ['beɪsɪs] – *the bases* ['beɪsiːz]
- *base* bezeichnet in der Grundbedeutung einen konkreten physischen Ort:
  *There's a UN military **base** on Cyprus.* (... ein Militärstützpunkt ...)
  *The company is planning to establish a **base** in Eastern Europe.*
  (Die Firma plant, einen Stützpunkt ... zu errichten.)
  *We are going to use Exeter as a **base** for touring the West Country.*
  (... als Ausgangspunkt, von dem aus wir das West Country bereisen.)
  *The date is engraved on the **base** of the statue.* (... ist im Fuß der Statue eingraviert.)
- *basis* bezeichnet eine Basis oder Grundlage im übertragenen Sinne:
  *The **basis** of our discussion is last week's opinion poll.*
  ***On the basis of** past experience, this advertising campaign is going to be a success.* (Auf der Basis früherer Erfahrungen ...)
  *Two computers and an office are no **basis for** start**ing** a company.*
  *She works for them **on a** freelance **basis**.* (... auf freiberuflicher Basis.)
- Auch *base* wird in der Bedeutung „Basis/Grundlage" gebraucht, besonders als Bestandteil von zusammengesetzten Nomen neueren Ursprungs:
  *This product is ecologically very good as it has a **water base**.* (... da es auf Wasserbasis hergestellt wird.)
  *Thatcher's **power base** was small at the beginning.* (Machtbasis)
  *The government's economic policy has made so many firms go bankrupt that it has destroyed the country's **manufacturing base**.* (industrielle Basis [in der verarbeitenden Industrie])
  *We need to broaden our appeal to the market. Our **customer base** is too narrow.* (Kundenstamm)

⚠ *basis* wird nicht als Adjektiv benutzt:
Basiskenntnisse = ***basic** knowledge*

bath, (to) bath – bathe, (to) bathe

- Beide Wörter können „Bad" und „baden" bedeuten, die Aussprache ist aber unterschiedlich:
  bath, bathing, bathed = [bɑ:θ, 'bɑ:θɪŋ, bɑ:θt]
  bathe, bathing, bathed = [beɪð, 'beɪðɪŋ, beɪðd]
- *bath* hat etwas mit einer Badewanne zu tun. Das Nomen *bath* wird – vorwiegend im BE – auch als Bezeichnung für „Badewanne" verwendet:
  I hate it when Jeremy tries to sing in the (BE:) ***bath*** / (AE:) ***(bath)tub***. (... in der Badewanne ...)
  Not many people (BE:) **have a bath** / (BE/AE:) ***take a bath*** / (BE förmlich:) ***bath** in the morning.* (... nehmen morgens eine Bad / baden morgens.)
  We (BE:) ***bathed*** [bɑ:θt] *little Johnnie / **gave** little Johnnie **a bath** early this evening.* (Wir badeten ...)
- *bathe* hat im BE mit Schwimmen zu tun. *Swim* ist jedoch das gebräuchlichere Wort:
  *They **went for a / had a swim/bathe** before lunch.*
  *I don't like to **swim/bathe** when the water is not clear.*
- Im AE, gelegentlich auch im BE, entspricht das Verb *bathe* „(in der Badewanne) baden".
  (AE:) *I prefer to **bathe** rather than take a shower.*
  (AE:) *It's too late to **bathe** the baby now.*
  (AE/BE:) *The actress **bathes** in milk for an hour every morning.*
  BE *bathe in milk* hat mit *bathe* im Sinne von „schwimmen" den Gedanken gemeinsam „sich in Flüssigkeit entspannen", im Gegensatz zu „sich waschen, um Schmutz zu entfernen".
- *bathe* bedeutet im BE und AE außerdem „(Wunden) auswaschen" oder „waschen, um Schmerz zu lindern":
  *Her mother **bathed*** [beɪðd] *the cut/wound on her arm.*
  *My foot is hot and swollen. I think I'll go upstairs and **bathe** it.*
- Nur *bathe* wird in Verbindung mit Sonnenbaden verwendet:
  *I **sunbathe / have a sunbathe / go sunbathing*** ['sʌnbeɪðɪŋ] *in the morning and go sightseeing in the afternoon.*

(to) be

- *be about to* s. **about**
  be accustomed to s. **accustomed**
  be born s. **born**
  be bound to s. **bound**
  be used to s. **use**

1 Die Verlaufsform von *be*

- Die Verlaufsform von *be* wird mit bestimmten Adjektiven und Nomen gebraucht, um eine momentane Verhaltensweise zu beschreiben. Mit der Verlaufsform wird oft ausgedrückt, dass sich jemand bewusst schlecht benimmt:
  *I think you**'re being** very unfair.* (Ich finde, du verhältst dich [gerade] sehr unfair.)
  *He**'s being** very difficult, but she**'s being** very patient about the whole thing.* (Er ist zur Zeit sehr schwierig, aber sie zeigt sich in der ganzen Sache sehr geduldig.)
  *He**'s being** a baby.* (Er benimmt sich wie ein Baby.)

⚠ Adjektive, die Gefühle, körperliche und seelische Zustände oder Aussehen bezeichnen (z. B. *sad, happy, tired*), können nicht mit der Verlaufsform von *be* gebraucht werden. Nicht möglich wäre z. B. **She's being very tired at the moment.*

2 Der Gebrauch von *were* nach *I/he/she/it*

- *were* kann nach *I/he/she/it* gebraucht werden, um gegenwärtige oder auf die Zukunft bezogene Wünsche oder Bedingungen auszudrücken, die unmöglich erfüllt werden können. *was* ist aber ebenfalls möglich:
  *If I **were/was** English, I wouldn't have to learn English at school.*
  *Anne's in Paris; I so wish she **were/was** here now.*
- *if I were you* („an Ihrer Stelle") ist als feste Wendung anzusehen.
  *Of course, I'm not in your shoes. But **if I were you**, I'd stay here.* (... ich an Ihrer Stelle ...)

3 Der Unterschied zwischen *have been* und *have gone*

- *have been* bedeutet „weggewesen und wieder zurückgekehrt sein", *have gone* „weggegangen und noch weg sein":
  *Oh Janet, there you are. Where **have** you **been**? – To the shops.*
  *Where's Janet? – She**'s gone** to the shops but she'll be back soon.*
- *have been to* wird in der Bedeutung „besucht haben" gebraucht. *have gone to* ist in dieser Bedeutung in der Regel nicht möglich:
  *I**'ve been** (NICHT: gone) **to** Australia before. It's lovely here / It was lovely there.*
  *We**'ve been to** the Picasso exhibition, but we **haven't been to** any of the other exhibitions.*
- *have been* und *have gone* sind austauschbar in der Bedeutung „eine Reiseerfahrung gemacht haben / etw. erlebt haben" (oft im Zusammenhang mit *ever/never*):
  ***Have** you ever **been/gone** on a package tour?* (Haben Sie je eine Pauschalreise unternommen?)
  ***Have** you **been/gone** through the Channel Tunnel yet?* (Sind Sie schon durch ... gefahren? [= Haben Sie erlebt, wie es ist, dort durchzufahren?])

4 ***(to) be to*** **und** ***(to) be supposed to*** (sollen)

4.1 Pläne und Vereinbarungen

- *be to* wird gebraucht, um (oft offizielle) Pläne und Vereinbarungen für die Zukunft auszudrücken. *be supposed to* hat ähnliche Bedeutung, drückt aber insgesamt weniger Sicherheit/Überzeugung aus:
  *The President **is to meet** the British Prime Minister for consultations tomorrow.*
  *The club has monthly meetings. We **are to** meet again next Wednesday.*
  *We **are supposed to** meet next Wednesday, but I'm not sure if the meeting will take place now.*
  *The delivery **is to** arrive sometime next week, they told me when I rang a few days ago.* (Die Lieferung soll irgendwann nächste Woche ankommen ...)
  *The delivery **is supposed to** arrive sometime next week, but they've been so unreliable with their promises in the past ...*

4.2 Befehle, persönliche Erwartungen, Verbote

- *be to* wird gebraucht, um Befehle, persönliche Erwartungen und Verbote auszudrücken. Auch hier ist *be supposed to* weniger stark in der Aussage; es drückt eher eine Erwartung als einen Befehl aus:
  *He says I **am to** learn all these words by tomorrow.* [= Das ist seine Anordnung.]
  *I **am supposed to** learn all these words by tomorrow, but I don't know if I'll manage it.*
  *You **are to** phone if you're going to be late. Do I make myself clear, young lady?!* [= Das ist ein Befehl.]
  *You**'re supposed to** phone home if you're late. Have you forgotten? Please don't do it again.*
  *John **is not to** leave the house until I have checked his homework.* (John darf ... nicht ...)
  *John **is not supposed to** leave the house until his parents have checked his homework, but he often does.*
  (Schild an Notausgang:) *This door **is to** be kept clear at all times.* (... ist jederzeit freizuhalten.)
  Vgl. auch *be to* und *be supposed to* in Fragen nach Erwartungen/Befehlen (manchmal in der Form von rhetorischen Fragen als Ausdruck der Entrüstung):
  ***Are we (supposed) to** wait here? Do you know?* (Sollen wir hier warten?)
  ***Am I (supposed) to** carry all this on my own?* (Soll ich das alles etwa allein tragen?)

4.3 Hilf- und Ratlosigkeit

- *be to* wird in *wh*-Fragen gebraucht, um Hilf- oder Ratlosigkeit auszudrücken:
  *The hotels are all full. **Where are we to** sleep?*
  ***What is to** be done?*

4.4 Unverständnis

- *be supposed to* wird in Fragen nach einer Intention gebraucht, die man nicht erkennt oder versteht:
  I haven't got my glasses with me: what's this black blob ***supposed to*** *be?*
  What's this ***supposed to*** *mean, this sentence here?*
  Where's this plan ***supposed to*** *get us? I can't see any sense in it.*

4.5 *be supposed to* = „es wird gesagt"

- *be supposed to* – aber nicht *be to* – wird in der Bedeutung „sollen" gebraucht, um auszudrücken, was allgemein gesagt oder geglaubt wird:
  The exam ***is*** *not* ***supposed to*** *be very hard.* [Auch *be said to* wäre möglich.]
  Just look how expensive they are! Tomatoes ***are supposed to*** *be cheaper in the summer, I always thought.*

4.6 Die Vergangenheitsformen *was/were (supposed) to*

- Die Vergangenheitsform *was/were to* entspricht „sollte(n)" und drückt entweder aus, dass etwas geplant war, oder aber, dass sich etwas im Laufe der Zeit (quasi als Schicksal) ergeben sollte:
  I was looking forward to meeting Ann. She ***was to*** *arrive the next day.*
  Neither of us knew at the time, but many years later we ***were to*** *work for the same firm.*
- *was/were (supposed) to have* + Partizip Perfekt entspricht ebenfalls „sollte(n)", drückt aber aus, dass etwas geplant war, jedoch nicht eingetreten ist. Als Alternative ist auch *should have* + Partizip Perfekt möglich:
  Philip ***was (supposed) to have / should have*** *phon****ed*** *at six o'clock. I wonder why he hasn't rung.*

beach – bank – coast – coastline – seaside – shore

- *beach* (nicht verwechseln mit *beech* [tree] = „Buche"!) entspricht dem Strand am Meer bzw. an einem großen See:
  On the beach *children were playing in the sand and people were swimming.*
- *bank* bezeichnet das Ufer an einem Fluss oder Kanal:
  We went for a walk ***along/on the bank*** *of the River Thames.*
- *coast* entspricht „Küste" und bezeichnet das Land am Meer:
  A lot of day-trippers took advantage of the public holiday and went down to the ***coast*** *for the day.* (Viele Tagesausflügler nutzten den Feiertag und fuhren an die Küste.)
  In good weather you can see the ***coast*** *of France from Dover.*
  The towns ***by/on the coast*** *are dependent on tourism.* (Die Städte an der Küste sind auf Tourismus angewiesen.)

- *coastline* wird gebraucht, wenn man über die geografische Beschaffenheit einer Küste spricht:
  *Look at the map. The **coastline** in this area is flat but rocky.* (Die Küste ...)
- Bei *seaside* („Meer/[die] See") denkt man immer an einen Ort des Vergnügens bzw. einen Ort, wo man Urlaub macht:
  *Let's go down **to the seaside** this weekend.* (ans Meer)
  *When we were small children, we always had **a seaside holiday** in summer.* (Ferien am Meer)
  *I remember playing in the sand **at the seaside** when I was a child.*
  *Many **seaside towns** (= towns **by the seaside**) were badly hit by the economic recession.* (Viele Urlaubsorte am Meer wurden von der Wirtschaftsrezession schwer getroffen.)
- *shore* entspricht „Ufer", „Strand" oder „Küste" und bezeichnet den Bereich unmittelbar an der Trennlinie zwischen Land und Wasser am Meer bzw. an einem See:
  *I went down to the **shore** and put my feet in the water.*
  *Don't swim too far from the **shore**.*
  *All **along the shore** the seaweed* (Seetang) *was mixed up with plastic bottles and other rubbish.*
  *She stood **on/by the shore**, waving until the boat was out of sight.*
  Im AE wird *shore* wie *seaside* gebraucht:
  *What shall we do today? – We could visit the **shore**.*

bear: can't bear (nicht ertragen können)

- Zum Gebrauch von *bear* (bejaht) in der Bedeutung „tragen/ertragen" s. (to) **carry**

⚠ Auf *can't bear* folgt als Objekt ein Nomen/Pronomen, eine *-ing*-Form oder ein *to*-Infinitiv, aber kein *that*-Satz. Vor *that* muss ein Nomen wie *thought/ idea* stehen:
*She thinks he's awful. She **can't bear him**.*
*She **couldn't bear** work**ing** in the same office as him.* (Sie konnte es nicht ertragen, im gleichen Büro wie er zu arbeiten.)
*She **couldn't bear to** work in the same office.*
*She **couldn't bear him/his** sitt**ing** next to her.* (Sie konnte es nicht ertragen, dass er neben ihr saß.)
*I **can't bear him to** treat his cat like that.* (Ich kann es nicht ertragen, dass er seine Katze so behandelt.)
*I couldn't **bear the thought that** I would never see her again.*

(to) **beat** ⇨ (to) **hit**

beautiful – good-looking – handsome – pretty

- Als *beautiful* („schön") können Frauen und Kinder, normalerweise aber keine Männer bezeichnet werden:
  *She was a **beautiful** child/girl/woman.*
- Als *good-looking* („gutaussehend") bezeichnet man Männer und Frauen, normalerweise aber keine Kinder:
  *He/She was a very **good-looking** (young) man/woman.*
- *handsome* („gutaussehend") wird vorwiegend gebraucht, um Männer zu beschreiben. Auch Frauen, die elegant und stattlich sind, können als *handsome* bezeichnet werden:
  (Wahrsagerin:) *I see a tall, dark, **handsome** stranger.*
  *At the age of 60, Mrs Baines was still a **handsome** woman.*
- *pretty* („hübsch") kann Frauen, Mädchen, Babies und kleine Jungen beschreiben, in der Regel aber keine größeren Jungen oder Männer:
  *Janet was a **pretty** little baby/girl / woman.*
  *James was a **pretty** little boy when he used to sing in the boys' choir.*

because (weil) – **as** (da) – **since** (da) – **for** (denn) – **because of** (wegen)

- *because, as, since* und *for* sind Konjunktionen des Grundes. *because* ist das Universalwort, steht aber in der Regel nicht am Satzanfang.
  as (s. auch **as**, Abschnitt 2.4) und *since* sind eher schriftsprachlich und stehen oft am Satzanfang. *for* wird heute kaum noch gebraucht: Es wirkt altmodisch hölzern oder literarisch. *for* kann nicht am Satzanfang stehen:
  *I don't know when she's coming **because** she didn't tell me.* (... weil sie es mir nicht gesagt hat.)
  ***As/Since** the goverment's policy in this issue is clearly not working, it should be abandoned.* (Da die Politik der Regierung in dieser Frage offensichtlich nicht funktioniert, sollte sie aufgegeben werden.)
  *We retired to our hotel **for** it was late in the day.* (... denn es war schon spät.)
- *because of* ist eine Präposition und entspricht „wegen":
  *I couldn't come by train **because of** the rail strike.* (... wegen des Eisenbahnstreiks ...)

(to) **become** – (to) **get** – (to) **go** – (to) **grow** – (to) **turn** (werden)

1 *(to) become* und *(to) turn* vor Nomen

- Alle die o.g. Verben können vor Adjektiven stehen. Vor einem Nomen können jedoch nur *become* und *turn* stehen.

(to) become – (to) get – (to) go – (to) grow – (to) turn

- Anwendungsbeispiele mit *become*:
  Clinton officially ***became*** *President in January 1993.*
  Philip was the only one of Martha's children who ***became a doctor.***
  (... der Arzt wurde.) [mit *a/an* vor Berufsangaben]
  Going to bed late can quickly ***become a habit***. (... zur Gewohnheit werden.)

⚠ *become* kann wie andere Verben in der Verlaufsform gebraucht werden. Zur Beschreibung einer Entwicklung, die noch im Gange ist, muss es in der Verlaufsform stehen:
Crime ***is becoming*** (NICHT: *becomes*) *a problem in many areas of the country.*

- *turn* bezeichnet einen Berufswechsel oder einen Wandel der politischen Überzeugung bzw. des religiösen Glaubens. Auf *turn* folgt kein Artikel. *become* (mit unbestimmtem Artikel) ist in allen Fällen ebenfalls möglich und sogar gebräuchlicher:
  He worked as an engineer for several years before ***becoming a teacher / turning teacher***.
  The experience made such a deep impression on her that she ***became a Buddhist / turned Buddhist***.
  Some power-hungry politicians think nothing of changing their party. A Democrat may suddenly ***become a Republican*** *or a Republican* ***turn Democrat***, *if it suits them.*

⚠ Was willst du werden, wenn du groß bist? = *What do you want* ***to be*** *when you grow up?*
Aus ihr wird mal eine gute Schauspielerin. = *She'**ll make** a good actress.*
Er hatte große Pläne, aber es wurde nichts daraus. = *He had great plans but nothing* ***came of them***.

2 *(to) become, get, grow, go, turn* vor Adjektiven

- *become* vor Adjektiven wirkt oft förmlich. In der Umgangssprache ist *get* + Adjektiv üblich. Typische Wortverbindungen sind:

get bigger/smaller	*get well/better* (wieder gesund werden)	*get hot/cold/warm*
get dark/light		*get old*
get drunk	*get fat*	*get stronger/weaker*
get tired	*get ready* (sich fertig machen)	*get angry*
get seasick	*get rich*	*get excited*
get hungry/thirsty	*get wet*	

- *go* steht typischerweise vor Farbadjektiven und Adjektiven, die einen meist unumkehrbaren negativen Prozess bezeichnen. Dazu zählen z. B. geistiger/körperlicher Verfall und das Ungenießbarwerden von Lebensmitteln:

go grey/white [z. B. Haare] / *pale* (blass)
go red with anger / white/pale with fear / blue with cold
go mad/crazy/insane (verrückt, wahnsinnig)
go bankrupt
go blind/deaf
go bald (kahlköpfig)
go lame (lahm)
go limp/slack (schlaff)
go off/bad (schlecht [z. B. Fleisch/Fisch])
go sour (sauer [z. B. Milch])
go soft/hard (weich/hart [z. B. Schokolade/Brot])
go rotten (faul [z. B. Äpfel/Kartoffeln])

- *grow* ist eher schriftsprachlich und bezeichnet eine langsame, allmähliche Veränderung. Typische Wortverbindungen sind z. B.:
  grow old — *grow quiet*
  grow weak/strong — *grow pale*
  grow cold — *grow light/dark*

- *turn* ist eher förmlich und steht typischerweise vor Farbadjektiven (wie *go*) und Adjektiven, die eine Wetterveränderung (meist eine -verschlechterung) bezeichnen:
  turn red/white/blue/green/pale
  turn cold/cool/warm/hot
  turn foggy (neblig)/*wet/rainy/cloudy/windy/stormy/nasty* (häßlich)
  Aber: *turn* ***out*** */ become sunny*
  Wenn von Blättern oder Bäumen die Rede ist, steht *turn* manchmal ohne ein Farbadjektiv. In diesem Fall ist die Herbstfärbung gemeint:
  The leaves/trees are beginning to ***turn****.* (... beginnen sich zu verfärben.)

⚠ Philip wurde krank. = *Philip* ***fell*** *ill.*
Alle meine Träume wurden wahr. = *All my dreams* ***came*** *true.*
Das Wasser aus dem Wasserhahn wurde plötzlich kalt. = *The water from the tap suddenly* ***ran*** *cold.*

bed (Bett)

- *bed* steht ohne Artikel, wenn es im Sinnzusammenhang „schlafen" gebraucht wird, d. h. wenn etwas über den ureigensten Zweck eines Bettes ausgesagt wird:
  Philip was still ***in bed*** *when I phoned this morning.* (... war noch im Bett [= liegend oder schlafend] ...)
  I'll ***put*** (NICHT: *bring*) *the children* ***to bed*** *this evening.* (Ich bringe die Kinder ... ins Bett.)
  I hurt my foot when I ***got out of bed*** *this morning.* (... als ich aufstand. [= vom Schlafen])

before [Präposition] (vor/bevor) – **in front of** (vor) – **ahead of** (vor/voraus)

- Zu *before* als Adverb („vorher") s. **before – before that – beforehand**

1 *before* in Zeitbestimmungen und Nebensätzen der Zeit

- Als Präposition wird *before* vorwiegend in Zeitbestimmungen gebraucht:
  *The storm broke shortly **before six o'clock**.*
  *I'm sorry, but I can't do it **before next week**.*
  *It's our turn. We were here **before them**!*

- Als Konjunktion leitet *before* Nebensätze der Zeit ein:
  ***Before we leave** for France, we'll phone you.*

- Statt eines finiten Nebensatzes kann auf *before* auch eine *-ing*-Form folgen:
  *Please lock the door **before going** to bed.* (… bevor du ins Bett gehst.)
  ***Before being** hit by a sniper's bullet, the soldier blew up the bridge.*
  (Bevor er von der Kugel eines Heckenschützen getroffen wurde, sprengte der Soldat die Brücke.)
  (Die Konstruktion *before* + *-ing* kann entweder als Konjunktion + *present participle* oder als Präposition + *gerund* ausgelegt werden.)

2 *in front of* und *before* in Bestimmungen des Orts, der Reihenfolge usw.

2.1 *in front of*

- *in front of* entspricht „vor" im konkret räumlichen Sinne („in dem Raum vor"):
  I couldn't see the screen (Leinwand) *very well because there was a tall man sitting **in front of** me.*
  *Park your car **in front of** the garage.*
  Der Gebrauch von *before* in Ortsbestimmungen ist dagegen oft als Erweiterung des zeitlichen Gebrauchs anzusehen.

2.2 *before / in front of* in Wegbeschreibungen

- *before* entspricht „vor" in Wegbeschreibungen. *before* ist dabei das Gegenteil von *after/beyond* (deutsch „hinter"), während *in front of* das Gegenteil von *behind / at the back (of)* (ebenfalls „hinter") ist:
  *Go along here and the bank is on the left **before** the supermarket, just **after/beyond** the post office.* (… vor dem Supermarkt, kurz hinter der Post [= bevor man zum Supermarkt kommt und nachdem man an der Post vorbei ist].)
  *I'll wait for you **in front of** the cinema, not in the car park **behind / at the back**.* (… vor dem Kino [= in dem Raum zwischen Kino und Straße] … nicht … dahinter.)

2.3 *before / in front of* bei Reihenfolgen, Listen und Tabellen

- *before* oder *in front of* kann gebraucht werden, um eine Reihenfolge zu beschreiben, wenn diese zeitlich oder örtlich aufgefasst werden kann:

In Germany and other European countries people put the postcode (Postleitzahl) ***before / in front of*** *the name of the town.* [*They write it before they write the town* = zeitlicher Bezug; *they write it in front of the town* = rein räumlicher Bezug]
Alan was ***before / in front of*** *me in the queue.*

- *before,* nicht *in front of* wird bei der Beschreibung einer Position in einer Liste oder Tabelle gebraucht:
  L ***comes/is before*** *M in the alphabet.*
  Smith ***comes/is before*** *Smithson in the phone book.*
  Stellt die Liste aber eine Rangordnung dar, wird *above* gebraucht:
  Manchester United is (two places) ***above*** *Liverpool in the league table.* (... [zwei Plätze] vor Liverpool ...)
  Did you see that Janet is (two places) ***above*** *Ann in the list of exam results?* (... vor Ann ...)
  Wenn bei einer Rangordnung der Vorsprung in Punkten genannt wird, wird *in front of* oder *ahead of* gebraucht:
  Manchester United are two points ***in front of / ahead of*** *Liverpool now.*
  Vgl. auch den adverbialen Gebrauch:
  With 10 minutes of the match left, Manchester are two goals ***in front / ahead*** (NICHT: *above*). (... zwei Tore vorn.)

2.4 *come/put before* = „wichtiger sein / für wichtiger halten als"

- Wenn zwei Dinge bewertet werden und man ausdrücken will, dass das eine wichtiger ist, gebraucht man *before,* nicht *in front of* mit Verben wie *put* oder *come*:
  My family ***comes before*** *my work.*
  He always ***put*** *duty* ***before*** *pleasure.* (Er stellt die Pflicht immer vor das Vergnügen.)
  Age ***before*** *beauty.* (Alter vor Schönheit.)

2.5 *before* = „in Gegenwart von"

- *before* drückt auch aus, dass sich etwas in Gegenwart von jemandem (in der Regel einer Gruppe von wichtigen Personen, wie einem Kommittee, einem Gericht usw.) abspielt. Nur wenn auch ein konkreter Raum vor jdm./etwas gemeint sein kann, ist auch *in front of* möglich:
  He swore at the student ***before / in front of the whole class.***
  I am going to put/bring/take/place this matter ***before the committee.***
  Smith appeared ***before the court*** *wearing a dark blue suit.* (... erschien vor Gericht ...) [*in front of* würde eher als „vor dem Gerichtsgebäude" aufgefasst werden.]
  The bill ***before Parliament*** *has little chance of becoming law.*
  All men are equal ***before God.***
  The accident happened ***before / in front of our very eyes.*** (... vor unseren Augen.)

2.6 *lie/stand before*

- Bei Verben wie *lie* und *stand* kann *before* im konkreten räumlichen Sinne von *in front of* stehen. Dieser Sprachgebrauch erzeugt dramatische Wirkung und ist vorwiegend literarisch:
  *On the table **before her lay** the largest collection of diamonds Andrea had ever seen.*
  *I **stood before** one of the most remarkable monuments of the Ancient World.* (… vor einem der bemerkenswertesten Denkmäler der Antike.)
  *We climbed to the top and looked down to the other side. The whole valley with its network of fields and villages **lay before** us.*
  *Your future **lies before** you.*

3 *ahead of* in Zeit- und Ortsbestimmungen

- *ahead of* entspricht „vor" in Zeitbestimmungen:
  *We arrived ten minutes **ahead of / before** the others.* (… vor den anderen …)
  *Germany is one hour **ahead of*** (NICHT: *before*) *Britain and six hours **ahead of** New York.* (In Deutschland ist es eine Stunde später als in Großbritannien und sechs Stunden später als in New York.)
  Vgl. auch den adverbialen Gebrauch:
  *In the days/weeks/months/years **ahead** I'm sure we're going to see a lot of changes.*

- *ahead of* („vor/voraus") und *in front of* sind in Ortsbestimmungen manchmal austauschbar. *ahead of* kann aber nur gebraucht werden, wenn Blick und Bewegung nach vorne impliziert werden und eine räumliche Distanz gegeben ist. *ahead of* betont „weiter voraus":
  *As we got nearer I could see the outlines of a large building **ahead of / in front of** us.*
  *There **was** a tractor **ahead of / in front of** me on the road, but I managed to **get ahead of / in front of** it before we got to the hill.*
  *Manchester United **moved ahead of / in front of** Liverpool after beating Aston Villa last night.*
  *Philip was at least 200 metres **ahead of** us and getting further away all the time.* (… mindestens 200 Meter vor uns / uns … voraus …)
  *The children ran **ahead of** us.* (… liefen uns voraus.)
  *Janet walked just **in front of** us* (vor uns her) *but Jim walked **ahead of** us* (uns [weiter] voraus).

4 Andere Entsprechungen für deutsch „vor"

⚠ vor sechs Jahren = *six years **ago*** s. **ago**
vor der Tür = ***at** the door / **outside***
fünf Kilometer vor Cambridge = *five kilometres **outside** Cambridge / **before you get to** Cambridge*
vor Angst/Freude/Wut (zittern usw.) = *(tremble* etc.*) **with** fear/joy/anger*
Schutz vor dem Regen = *protection **from** the rain*
vor diesem Hintergrund = ***against** this background*
vor allem = ***above** all*

bis vor das Garagentor fahren = *drive (right)* ***up to*** *the garage door*
etwas vor sich hin sprechen/murmeln/usw. = *say/mumble*/usw. *something* ***to*** *oneself*
Aber: vor sich hinstarren = *stare* ***in front of*** *one*

before [Adverb] – **before that/then – beforehand** (vorher)

1 *before* = „vorher" in Verbindung mit *present perfect / simple past*

- *before* in Verbindung mit dem *present perfect* (oder *past perfect*) entspricht „vorher" in der Bedeutung „schon (früher) einmal"; *not before* entspricht „noch nie vorher". *before* steht am Satzende:
  *I'**ve** never **been** here **before**.* (Ich war noch nie [vorher] hier.)
  ***Have**n't we **seen** this programme **before**?* (... schon [früher] einmal ...)
  *I knew who he was because I had met him **before**.*
  Zum Unterschied zwischen *before* („schon [früher] einmal") und *ever* („überhaupt schon einmal") s. **ever** Abschnitt 2.
- *before* + *simple past* bedeutet „vorher" im Sinne von „früher = zu einem früheren Zeitpunkt". *before* steht am Satzende:
  *Tuesday's not possible? Why didn't you say so **before?***
  *They changed the date at the last minute. I was familiar with these tactics from **before**.*

⚠ *before* wird nicht für „vorher" im Sinne von „zuerst" gebraucht:
*I locked the office up, but **first** (NICHT: before) I checked that all the windows were shut.*

2 *before that/then*

- *before that* entspricht „vorher" in der Bedeutung „davor/zuvor"; es bezieht sich immer unmittelbar auf etwas bereits Genanntes:
  We got stuck in traffic for 20 minutes. We had had a puncture (eine Reifenpanne) ***before that*** *(NICHT: before), so we were really late.*
  *We went to the London Transport Museum in the afternoon, but **before that** we had something to eat.* (vorher [= vor dem Museumsbesuch])
  *I'm meeting Janet next Wednesday, but I won't see her **before that**.* (vorher [= vor dem Treffen am nächsten Mittwoch])
- In Vergleichen mit *as* steht jedoch *before*:
  *He had a heart attack last year, but he still works as hard **as before**.* (... wie zuvor/vorher.)
- *before then* („vorher/davor") bezieht sich wie *before that* auf etwas bereits Genanntes. Doch sind *before that* und *before then* nicht immer austauschbar. „Sicherer" ist der Gebrauch von *before that. before then* wird nur in Bezug auf die Zukunft gebraucht:
  *The inspection is next Wednesday. I want all this mess cleared up **before then/that**.*

3 *beforehand*

- *beforehand* entspricht „vorher" in der Bedeutung „im Voraus" und drückt aus, dass etwas im Hinblick auf eine spätere Handlung (absichtlich) vorher getan wird:
  We spent the whole afternoon in the London Transport Museum but we had something to eat ***beforehand.*** (vorher [= z. B. damit wir gestärkt waren und den Museumsbesuch überstehen konnten])
  We could pick up the tickets this afternoon, but we'll have to go to the bank ***beforehand.***

(to) **begin** – (to) **start** (beginnen/anfangen)

1 Bedeutungsunterschiede

- *begin* und *start* können in vielen Situationen beide ohne Bedeutungsunterschied gebraucht werden. *start* ist insgesamt etwas weniger förmlich:
  The concert ***begins/starts*** *at 8 o'clock.*
  I ***was beginning/starting*** *to feel cold.*
  They ***had begun/started*** *going there for their holidays over 20 years previously.*
- *start* hat einige Bedeutungen, die *begin* nicht hat:
  For some reason the ***car/engine/machine won't start****.* (... will ... nicht anspringen.)
  I tried to ***start the engine/car/machine*** *but nothing happened.* (Ich versuchte ... anzulassen / in Gang zu bringen ...)
  It was a long journey so we ***started*** *(out) early.* (... deshalb fuhren wir früh los.)
  The train ***started*** *ten minutes late.* (... fuhr ... ab.)
  After a short rest we ***started off/back*** *again.* (... gingen wir wieder los / begannen wir den Rückweg.)
  In the following year they ***started their own business / a hotel / a family****.* (... gründeten sie ...)
  Who ***started*** *this rumour?* (Wer hat dieses Gerücht in Umlauf gebracht?)
  It's a bit cold. I'm going to ***start a fire****.* (Ich zünde jetzt ein Feuer an.)
  The police still don't know who or what ***started the fire****.* (... wer das Feuer gelegt hat bzw. wodurch es entfacht wurde.)
  Who ***started the quarrel/fight****?* (Wer hat mit dem Streit/Kampf angefangen?)
  It's all your fault! ***You started it****.* (Du bist schuld! Du hast damit angefangen.)
  The starter fired a gun and ***started the race****.* (... startete das Rennen.)

⚠ Das Flugzeug startete. = *The plane* ***took off.***

2 Konstruktionen

- Auf *start* und *begin* kann in der Regel ohne Bedeutungsunterschied ein *to*-Infinitiv oder eine *-ing*-Form folgen:
  We ***began/started*** *see**ing** / **to** see them several times a week.*

Nach einer Verlaufsform (*be* + *beginning/starting*) wird aber eine weitere *-ing*-Form vermieden:
At six Jimmie ***was starting/beginning to*** *read* (NICHT: *was starting/beginning reading*) *on his own.*
Ein Zustandsverb steht nach *start/begin* in aller Regel im Infinitiv:
We ***started/began to*** *believe what they were saying.*
Wenn das Subjekt von *begin* keine Person ist, wird in der Regel nur ein Infinitiv gebraucht. Bei *start* kann auch eine *-ing*-Form folgen:
It ***began to*** *rain as soon as we got out of the car.* Aber: *It* ***started to*** *rain / rain****ing*** ...

- *start* + Personenobjekt + *-ing* entspricht „jdn. veranlassen, zu ... / jdn. zum ... bringen":
  That ***started me*** *think****ing*** ***/ him*** *talk****ing****.* (Das brachte mich zum Nachdenken / ihn zum Reden.)
  The teacher ***started the first group*** *work****ing*** *on the text while she went through the grammar exercises with the others.* (... ließ die erste Gruppe am Text arbeiten ...)
- *to begin/start with* bedeutet „anfangs/zunächst", drückt aber gleichzeitig aus, dass hinterher eine Veränderung eintritt:
  We liked the flat ***to begin/start with****. (But then we began to see its disadvantages.)*
  to begin/start with entspricht auch „erstens" und leitet eine Auflistung von Gründen ein:
  I don't think it's a good idea. ***To begin/start with*** *it'll cost too much. Then it will take an awful lot of time, and also ...*

beginning (Anfang)

⚠ Für „am Anfang" wird normalerweise *at the beginning* gebraucht.
in the beginning entspricht etwa „in der Anfangszeit" und wird meist gebraucht, wenn man vom Beginn einer langen Zeit oder Entwicklung spricht. Nur *at the beginning* steht vor *of*:
I've read that book you lent me. I didn't like it much ***at the beginning****, but after about 50 pages I couldn't put it down.*
I saw Philip ***at the beginning of*** *the week.* (... am Anfang der Woche.)
In the beginning *was the Word.* (Am Anfang war das Wort.) [Bibelzitat]
In the beginning*, the school had only 40 pupils, but over the years the school population grew to 900.*

- Wendungen mit *beginning*:
  She read the book ***from beginning to end*** *in six hours.* (... von Anfang bis Ende.)
  Can you read that again please, ***from the beginning****.* (... von Anfang an.)

behaviour (Benehmen)

⚠ *behaviour* ist ein nicht zählbares Nomen, d. h. es steht nicht mit *a/an* oder im Plural:
Das ist ein sehr schlechtes Benehmen. = *That's very* (NICHT: *a very*) *bad behaviour.*

behind – at the back of – beyond (hinter)

1 *behind*

- *behind* als Präposition entspricht „hinter" oder „hinter ... zurück":
I looked in the mirror and saw another car ***behind*** *us.* (... hinter uns.)
There's a park ***behind*** *this row of houses.*
London is an hour ***behind*** *Berlin.* (Die [Uhr-]Zeit in London ist eine Stunde hinter Berlin zurück.)
I'm ***behind*** *the others in my course now. I missed a week because of the flu.* (Ich bin ... hinter den anderen zurück.)

- Zusammen mit Verben der Bewegung entspricht *behind* „hinter ... her":
The path was narrow so I walked/ran/went ***behind*** *Jim.* (... hinter Jim her.)
Vgl. dagegen: *Jim forgot his money so I walked/ran/went* ***after*** *him.* (...ihm nach [= um ihn einzuholen].)

⚠ Nicht *behind*, sondern *after* wird gebraucht, wenn es um die Reihenfolge geht, in der etwas geschrieben oder gesprochen wird:
In a question we ***put*** *the subject* ***after*** *the verb.*

- *behind* kann auch als Adverb gebraucht werden, z. B. in idiomatischen Wortverbindungen wie *leave s.th. behind / stay behind / be behind*:
I wasn't in a hurry so I followed along ***behind***. (hinterher)
*Oh no, I'****ve left*** *my passport* ***behind***. (... ich habe ... liegen lassen.)
John didn't come with me. He ***stayed behind*** *to look after the children.* (Er ist zu Hause geblieben ...)
*I'****m*** *a bit* ***behind*** *with my letters. I wanted to write them all last week.* (Ich bin mit meinen Briefen etwas im Verzug.)

2 *at the back (of) – behind*

- Vgl. auch *at the front (of)* und *in front of:* s. **front**

- *behind* drückt immer ein Verhältnis zwischen zwei getrennten Gegenständen aus; *the back* bezeichnet den nach rückwärts gewandten Teil eines einzelnen Gegenstandes, *at the back of* entspricht also „hinter" im Sinne von „hinten an / an der Rückseite von":
They've got a swimming pool ***behind*** *the garage.* (... hinter der Garage.) [Garage und Schwimmbad werden als zwei Gegenstände gesehen]

They've got a swimming pool ***at the back of*** *the house.* (... hinter dem Haus.) [Haus, Grundstück und das, was darauf steht, werden als Einheit empfunden]
We stood ***behind*** *the crowd.* (... hinter der Menge.) [abgesetzt von der Menge, nicht als Teil davon]
We stood ***at the back of*** *the crowd.* (... hinten in der Menge.)

3 beyond

- *beyond* entspricht „hinter" im Sinne von „jenseits von":
Go along this road and the supermarket is just ***beyond*** *the church.*
(... kurz hinter der Kirche.)
Vgl. ... *the supermarket is just behind / at the back of the church.*
(... direkt hinter der Kirche. [= Die Kirche steht an dieser Straße, und der Supermarkt steht an der Rückseite davon.])
Beyond *these hills is Scotland.* (Hinter [= jenseits von] diesen Hügeln ...)
Beyond *Taunton the countryside becomes hilly.* (Hinter Taunton wird die Landschaft hügelig.)

- *beyond* hat folgende nicht räumliche Bedeutungen:
Beyond (auch: *Above/Over*) *the age of 30 sportsmen usually start to slow down.* (Jenseits von 30 ...)
Prices never went ***beyond*** (auch: *above/over*) *$50.* (... über $50 hinaus.)
We won't be working here ***beyond*** (auch: *after*) *the end of November.*
(... über Ende November hinaus / länger als bis Ende November ...)
All this new maths is ***beyond me****.* (... geht über meinen Verstand.)
Due to circumstances ***beyond our control*** *this building will remain closed today.* (Aufgrund von Umständen, die außerhalb unserer Kontrolle liegen ...)

(to) **believe** (glauben/denken/meinen)

- *believe* kann in aller Regel nicht in der Verlaufsform gebraucht werden:
I ***believe*** (*NICHT: am believing*) *you, but many wouldn't!*

- Die Präposition nach *believe* heißt *in*, auch dann wenn *believe* in der Bedeutung „viel halten von" gebraucht wird:
The children don't ***believe in*** *Father Christmas any more.* (... glauben nicht mehr an den Weihnachtsmann.)
At this school we ***believe in*** *lett****ing*** *the children choose the subjects they want to learn.* (... halten wir viel davon, dass man die Kinder wählen lässt, welche Fächer sie lernen wollen.)

- Folgende Passivkonstruktionen sind als förmlich-schriftsprachlich anzusehen:
It is believed that *he lives in London.* (Es wird angenommen, dass ...)
He is believed to *live in London now.* (Er soll jetzt [angeblich] in London wohnen.)
There are believed to be *over 800 different species of butterfly on the island.* (Es soll ... mehr als 800 Schmetterlingsarten geben.)

⚠ In Kurzantworten werden *so* und *not* in Verbindung mit *believe* gebraucht, nicht *yes* und *no*. Dieser Sprachgebrauch ist förmlich:
Has she discussed the project with the manager? – I ***believe so.*** */ I* ***don't believe so.*** */ I* ***believe not.*** (Ich glaube ja/nein.) [weniger förmlich: *I think / I don't think so.*]
She spent two years in Africa early in her career, didn't she? – ***So I believe.*** */ I* ***believe so.*** (Ich glaube ja.)

(to) **belong**

- *belong* wird nicht in der Verlaufsform gebraucht. Ein Objekt wird immer mit *to* angeschlossen. Ohne Objekt bedeutet *belong* „hingehören/dazugehören“:
Hey, that ***belongs*** (NICHT: *is belonging*) ***to*** *me now. I bought it off Emily this morning.*
Who does this bag ***belong to****?* (Wem gehört diese Tasche?)
Put your toys away in the cupboard where they ***belong****.* (... wo sie hingehören.)
He lived in Germany for 20 years but never felt that he really ***belonged****.*

below ⇨ under

beneath ⇨ under

beside (neben)

- *beside* (nicht mit *besides* verwechseln, s. nächsten Eintrag) entspricht „neben“ im örtlichen und „verglichen mit“ im übertragenen Sinne:
Come and sit ***beside*** *me.*
This year's results are not very good ***beside*** *last year's.*

besides – except – except for – but (außer)

1 *besides – except*

⚠ *besides* entspricht „außer“ im positiven Sinne von „und“, d. h. „zusätzlich zu / neben“; *except* entspricht „außer“ im negativen Sinne von „aber nicht“, d. h. „ausgenommen / mit Ausnahme von / bis auf“:
Take a blanket ***besides*** *your sleeping bag.* (außer / zusätzlich zu) [... und ...]
You can leave everything here ***except*** *your sleeping bag.* (außer / mit Ausnahme von) [... aber nicht ...]

***Besides** seven suitcases, the filmstar had 10 smaller bags and boxes.*
(Neben sieben Koffern ...)
*The hotel porters carried all the luggage **except** one handbag that she carried herself.* (... bis auf eine Handtasche ...)

- Auf *besides* folgt ein Verb, wie nach allen Präpositionen, als *-ing*-Form. Zum Gebrauch von *except* mit Verben s. Abschnitt 2:
*What is she going to do for the play **besides** help**ing** with the costumes?*
- *besides* ist auch ein Adverb mit der Bedeutung „außerdem". Wenn *besides* sich auf den ganzen Satz bezieht, wird es durch Kommata abgetrennt. *except* wird nicht als Adverb gebraucht:
*They will visit Athens and Olympus and a lot of other places **besides**.*
(... und außerdem ...)
*I don't want this model. It's smaller, and **besides**, it doesn't look nice.*

2 *except – except for*

- Vor einer zweiten Präposition, einer Konjunktion oder einem Infinitiv steht nur *except*, nicht *except for*:
*I don't ever wear this **except on** holiday.* [vor Präposition]
*This is a lovely place to be, **except when** it rains.* [vor Konjunktion]
*She didn't do much **except sit and read**.* [vor Infinitiv]
Je nach Satzzusammenhang kann ein Verb auch als Infinitiv mit *to* oder als *-ing*-Form erscheinen:
*They don't come into the village often **except to go** to church.* (... außer, um ... zu ...) [mit *to*, da der Infinitiv einen Zweck ausdrückt]
*I didn't promise anything **except to help** with the costumes.* (... außer, dass ich ... helfen würde.) [mit *to*, da abhängig von *promise*]
*I didn't know what to **suggest except** watch**ing** a video.* [*-ing*-Form, da abhängig von *suggest*]
- Vor einer Nominalgruppe sind *except* und *except for* oft austauschbar, *except for* hat jedoch den größeren Anwendungsbereich.
except und *except for* können beide nach einem indefiniten Begleiter oder Pronomen (*all, much, many, most, every-, any-, no-* usw.) und in Aussagen allgemeiner Art gebraucht werden. In anderen Fällen steht aber nur *except for*:
***Everyone** wants to visit the museum **except / except for** me.*
*I liked the trip **except for** (NICHT: except) the museum.* (... abgesehen vom Museum.)
*We didn't see **much/anything except / except for** the hotel where the conference took place.*
*It was a good conference **except for** (NICHT: except) the fact that we didn't have time to see the sights.* (... abgesehen von der Tatsache ...)
*Cars, **except / except for** electrically powered ones, are an environmental hazard.* [allgemeine Aussage, impliziert einen indefiniten Begleiter: *Cars = All cars*]
*The car is very eco-friendly **except for** (NICHT: except) the amount of plastic used inside.*

- Der Gebrauch von *except* und *except for* richtet sich auch nach der Satzstellung. Am Satzanfang steht vor einem (Pro-)Nomen oder einer *-ing*-Form nur *except for*:
  Except for (NICHT: *Except*) *Janet, everybody has paid now.* [*except for* trotz indefinitem Pronomen *everybody*]
  Except for (NICHT: *Except*) *water**ing** the plants and feed**ing** the cat, there is nothing you need to do.*

⚠ *except (for)* kann nicht als Konjunktion gebraucht werden:
Ich werde allein zur Party gehen, außer Jane entscheidet sich mitzugehen. = *I'll go to the party on my own **unless** Jane decides to go with me.*
except (for) kann auch nicht nach einem Fragewort gebraucht werden: s. Abschnitt 3.

3 ***but***

- Nach *all, any-, every-, no-* und *none* kann anstelle von *except* auch *but* stehen. Besonders geläufig ist die Verbindung *nothing but*:
  *He did **nothing except/but** sit around and smoke all evening.*

⚠ Nach einem Fragewort wie *who/what* kann nur *but*, nicht *except* verwendet werden:
Who but (NICHT: *except [for]*) *Anna would remember that it's the Queen's birthday today?* (Wer außer Anna ...)

(to) **bet** (wetten/setzen)

- *Past-tense*-Form und *past participle* lauten beide *bet* oder *betted*.

⚠ *bet* steht vor einem Sachobjekt oder vor einem Personen- und einem Sachobjekt. Das Personenobjekt wird, anders als im Deutschen, nicht mit einer Präposition angeschlossen und steht immer vor dem Sachobjekt:
*I **bet $20**.* (Ich wette um/setze $20.)
*I **bet you $20**.* (Ich wette mit dir um $20.)
Weitere Konstruktionen mit *bet*:
*I **bet $20 on** Bayern Munich.* (Ich setze $20 auf Bayern München.)
***I bet / I'll bet (you) (that)** he hasn't arrived yet.* (Ich wette [mit dir], dass er noch nicht angekommen ist.)
*I **bet** you **10 to 1** that he hasn't arrived.* (Ich wette mit dir zehn gegen eins)

- *bet* kann nur im wörtlichen Sinne („Geld setzen"), nicht im übertragenen Sinne („erwarten") in der Verlaufsform stehen:
  *The spectators **are betting** like mad.* (... setzen Wetten wie verrückt.)
  *I **bet*** (NICHT: *am betting*) *Jim won't come.*

better, had better

1 ***better***

- *better* ist die Komparativform des Adjektivs *good* und des Adverbs *well*:
  *Can't you give me a **better** answer?*
  *Little Johnnie reads well, but little Dora reads even **better**.*

- *better* entspricht auch „in besserem Gesundheitszustand" oder „wieder gesund" (Näheres s. **healthy**):
  *The patient **is** a little **better** today.* (Der Patientin geht es heute ein wenig besser.)
  *After another two weeks I was (completely/quite) **better**.* (... war ich wieder [ganz] gesund.)

⚠ Nicht *better*, sondern *rather* wird gebraucht, wenn man sich korrigiert:
*I've known Jim and Janet, **or rather** Janet, for twenty years.* (... oder besser gesagt Janet ...)

2 ***had better***

- In dem Ausdruck *had better (not) do s.th.* („etwas lieber [nicht] tun sollen") wird ein Infinitiv ohne *to* gebraucht:
  *You **had better not ask** for a holiday today. The boss is in a bad mood.* (Du solltest heute lieber nicht um Urlaub bitten.)
  *Do you think I should go to the bank first? – **You'd better*** (auch: ***You better had***). (Das solltest du [lieber] tun.)
  ***Hadn't** we **better** go? The last train leaves in half an hour.* (Sollten wir nicht lieber gehen?)

⚠ *had better* wird nur in Bezug auf eine konkrete vorliegende Situation gebraucht. Aussagen allgemeiner Art werden mit *it is better to* oder *ought to / should* gemacht:
When people choose wallpaper and curtains, it is better to do it / they ought to / should do it (NICHT: *they'd better do it*) *in daylight because of the colours.* (... sollten sie es [lieber] bei Tageslicht tun ...)

- In informeller Redeweise wird *'d/had* auch oft weggelassen:
  ***You better** not let the teacher find out that you haven't done your homework.*

between (zwischen) – among (unter)

- *between* bedeutet „zwischen", und zwar zwischen zwei (oder mehr) getrennten Bezugspunkten:
  *High Wycombe is a town **between** London and Oxford.*
  *We're away **between** 10th and 24th August.*
  *The members of the club don't meet often **between** weekly meetings.*
  (= *between the meeting in one week and the meeting in another week*)
  ***Between** you and me / **Between** ourselves, I don't think they'll win.*
  (Unter uns gesagt ...)

- *among* bedeutet „unter", und zwar unter einer als Einheit gesehenen Gruppe von Dingen:
  There was a small boy ***among*** *the crowd.*
  Among *the reasons the minister gave in his interview, cost was the most important.*
  Among *other things my uncle left me his monocle.* (Unter anderem ...)
- *between* und *among* sind beide möglich, wenn z. B. mehrere Personen als eine Gruppe oder als verschiedene Einzelpersonen aufgefasst werden können:
  They discussed the question ***among/between*** *themselves.* (... unter sich ...)
  We divided/shared the rest of the money ***among/between*** *three charities.* (Wir teilten ... unter/zwischen drei Wohltätigkeitsorganisationen auf.)
  In folgenden festen Wortverbindungen ist jedoch nur *between* möglich:
  There was little ***difference between*** *the four competitors.*
  I don't know which of these five pullovers to take – there's ***nothing to choose between them****.* (... es besteht kein Unterschied zwischen ihnen.)
- *between* + Pronomen bedeutet auch „zusammen":
  We organized the seminar ***between*** *us.* [= Wir teilten die Arbeit des Organisierens.]
  After the storm we had only one tent left ***between*** *us.* (... hatten wir zusammen nur ein Zelt übrig.)

beyond ⇨ behind

big – large – great – tall (groß)

1 *big – large* = „groß an physischem Umfang"

- *big* und *large* bedeuten „groß/ausgedehnt von der physischen Größe her, groß vom Umfang her" und beziehen sich in aller Regel auf Sachen, nicht auf Personen. *large* ist etwas förmlicher als *big*:
  Help! There's a ***big*** *spider in the bath!*
  When she entered the bathroom, she discovered a ***large*** *spider in the bath.*
  Typische Wortverbindungen sind z. B.:
  a ***big/large*** *house / bag / shoe / city / farm / company* (= Firma) / *sum of money*
- In folgenden Wendungen wird *big* im übertragenen Sinne gebraucht. *large* ist nicht möglich:
  Environment-friendly "green" products are ***big business*** *these days.* (... sind ...das große Geschäft.) ***Big money*** *can be made.* (Man kann damit das große Geld machen.)
  She's got a ***big brother*** *who's got a* ***big mouth****.* (... einen großen [= älteren] Bruder ... eine große Klappe ...)

2 *big – great* = „beträchtlich / bemerkenswert / von großer Tragweite"

- *big* und *great* bedeuten beide „beträchtlich / bemerkenswert / von großer Tragweite", z. B. in folgenden Wortverbindungen:
  *a **big/great** advantage/success/mistake/difference/day/adventure/plan/improvement/problem/danger/threat/risk/change/speech/loss/impression/surprise/effect/shock/influence*
  *a **big/great** majority* (Mehrheit); aber nur: *the **great** majority of (people) …*
- In Verbindung mit nicht zählbaren Nomen kann nur *great*, nicht *big* in obiger Bedeutung gebraucht werden. Diese Nomen bezeichnen oft etwas Abstraktes wie Eigenschaften oder Gefühle:
  ***great** patience/dislike/kindness/courage/love/heat/quality/pain/care/difficulty/importance/pleasure/sorrow/concentration/joy/beauty/sadness/fun/cost/pride/skill/speed*
- In folgenden Wortverbindungen können *great* oder *large*, aber nicht *big* in der Bedeutung „beträchtlich/bemerkenswert" gebraucht werden:
  *a **great/large** amount* (Menge)*/number/quantity*
  Aber nur: *a **great** deal* (viel), *a **great** deal of* (eine große Menge [von] / viel/viele)
  Und nur: *live to a **great** age* = ein hohes Alter erreichen

3 *great* = „berühmt/bedeutend" und „eifrig/begeistert"

- *great* bedeutet „berühmt/bedeutend":
  *a **great** writer/artist/nation/novel/politician/institution*
  *a **great** newspaper* (vgl. *a big newspaper* = mit großem Papierformat oder mit vielen Seiten)
  *a **great** city* (vgl. *a big city* = mit großer Bevölkerungszahl oder großer Ausdehnung)
- *great* wird informell in der Bedeutung „eifrig/begeistert" gebraucht:
  *He's a **great** bird watcher / gardener / film-goer.* (… ein begeisterter Vogelbeobachter/Gärtner/Kinogänger.)

4 *tall – big*

- *tall* entspricht „hoch" oder – bei Menschen – „groß" im Sinne von „hochgewachsen"; das Gegenteil ist *short*. *big* dagegen bedeutet „umfangreich an Statur":
  *Canary Wharf is the **tallest** building in Britain.* (… das höchste Gebäude …)
  *He's already **taller** than his father, although he's only 14.* (… größer als …)
  *She's very **tall**, over 1 metre 90.* (Sie ist sehr groß …)
  *He's a **big** man. He's 1 metre 90 tall and weighs 120 kg.* (… ein großer, starker Mann …)

5 „groß" im Deutschen: andere Entsprechung im Englischen

⚠ Wenn ich groß bin, will ich Ärztin werden. = *When I grow up I want to be a doctor.*

im Großen und Ganzen = *by and large / on the whole / generally speaking*
Was kann ich groß sagen? = *What can I say?*
im großen Stil = *in a **big way***
Die Wohnung ist 100 qm groß. = *The flat is 100 square metres.*
Sie sind gleich groß. = *They are **the same size**.*
zwei gleich große Stücke = *two pieces (of) the same size*
ein mittelgroßes Stück = *a **medium-sized** piece*
ein mittelgroßer Mensch = *a person **of medium height/build***
Großbuchstaben = ***capital** letters*
ein Wort großschreiben = *write a word **with a capital letter*** [= den ersten Buchstaben]
großen Durst/Hunger haben = *be **very** thirsty/hungry*
Die Großen schicken die Kleinen ins Bett. = *The **grown-ups** ...*

bike (Rad)

⚠ *I came **by bike / on a*** (NICHT: *by a*) ***bike / on*** (NICHT: *by*) ***Jim's bike**.* (... mit dem / mit einem / mit Jim's Rad.)

bill (Rechnung/Gesetzesvorlage; AE: Geldschein/ Gesetzesvorlage)

- Im BE bezeichnet *bill* eine Rechnung, im AE dagegen eine Banknote; die Rechnung heißt im AE *check*:
  (BE:) *In the post there was a **bill for** the house repairs.* (... eine Rechnung für die Reparaturen am Haus.)
  (AE:) *The waiter brought the **check** and I paid with a new fifty-dollar **bill**.*
  In beiden Ländern entspricht *bill* auch „Gesetzesvorlage“:
  *Parliament/Congress debated the new **bill** till late in the night.*

birth (Geburt)

- Präpositionen- und Artikelgebrauch:
  *She's British **by birth**, but her parents were born in Uganda.* (Sie ist gebürtige Britin ...)
  At birth (NICHT: *At the birth*) *the baby weighed seven pounds.* (Bei der Geburt ...)
  *The baby's parents were both present **at the/her birth**.* (... bei der/ihrer Geburt ...)
  *He's been blind **from/since birth**.* (... von Geburt an / seit seiner Geburt ...)

birthday (Geburtstag)

- Wendungen:
  On my birthday *I always wake up at 6 o'clock, the hour of my birth.* (An meinem Geburtstag ...)
  It's her birthday *today/soon/tomorrow.* (Sie hat ... Geburtstag.)
  It was her birthday */ She* ***had a birthday*** *sometime recently.* (Sie hatte irgendwann neulich Geburtstag.)
  It's her birthday */ She* ***has a birthday*** *sometime around about now / sometime soon.* (Sie hat jetzt irgendwann / irgendwann demnächst Geburtstag.)
  We gave her a book ***for her birthday****. She* ***had/got*** *lots of books* ***for her birthday****.* (... zum Geburtstag.)
  Happy birthday *(to you)! /* ***Many happy returns*** *(of the day)!* (Herzlichen Glückwunsch zum Geburtstag!)

bit, a bit of, a bit

1 Das Nomen *bit*

- *bit* ist ein Nomen mit der Bedeutung „Stück(chen)":
  Can you give me that ***bit*** *of wood over there, please.*
  If we cut it up into ***bits****, we can get it all in one plastic bag.*
- *a bit of ...* entspricht im konkreten Sinn „ein Stückchen [von] ..." oder im übertragenen Sinn „ein bisschen / etwas ...". *quite a bit of ...* entspricht „einiges an ... / ziemlich viel (von) ...":
  I'd like ***a bit of*** *that cheese, please.* (... ein Stückchen von dem Käse ...)
  I've got ***a bit of*** *time before the train goes.* (Wir haben noch etwas Zeit ...)
  We had ***quite a bit of*** *snow this morning.* (... einiges an / ziemlich viel Schnee.)
- *a bit of* steht vor *a* und bestimmten Nomen auch in der Bedeutung *rather* und kann – wie *rather* – je nach Kontext „ziemlich" oder „etwas" entsprechen. Die Übersetzung kann, da es sich oft um idiomatische Wendungen handelt, auch anders lauten:
  We've got ***a bit of a*** *problem.* (Wir haben ein ziemliches Problem.)
  He's ***a bit of a*** *bore.* (Er ist ein ziemlicher / ein ganz schöner Langweiler / ein bisschen langweilig.)
  We got ***a bit of a*** *surprise.* (Es war eine ziemliche / eine kleine Überraschung für uns.)
  It was ***a bit of a*** *shock for us.* (Es war ein ziemlicher / ein kleiner Schock für uns.)
  It was ***a bit of an*** *unusual thing to do.* (Es war ziemlich/etwas ungewöhnlich, das zu tun.)
  There was ***quite a bit of a*** *mess.* (Es herrschte eine ziemliche Unordnung.)

- Auf *do* kann *a bit of* + *-ing*-Form folgen:
  *I **did a bit of** windsurf**ing** when I was on holiday in Corsica.* (Ich habe ein bisschen Windsurfen getrieben ...)
  *We **did a bit of** shopp**ing** this morning.* (Wir haben ... ein bisschen [was] eingekauft.)
  *We're going to **do a bit of** record**ing** now.* (Wir nehmen jetzt ein bisschen was auf.)

2 Das Adverb *a bit*

- *a (little) bit* bedeutet „ein (kleines) bisschen / etwas". *not a bit* entspricht „kein bisschen", *quite a bit* „ziemlich viel":
  *We didn't get to bed till late so we're **a (little) bit** tired this morning.* (... ein [kleines] bisschen / etwas müde.)
  *Can you give me **a (little) bit** more time?* (... ein [kleines] bisschen / etwas mehr Zeit ...?)
  *We were late but he was**n't a bit** angry.* (... er war kein bisschen böse.)
  *The last time we met was over ten years ago, but you have**n't** changed **a bit**.* (... du hast dich kein bisschen verändert.)
  *It's been raining **quite a bit**.* (Es hat ziemlich viel geregnet.)

(to) **blame** (*nicht* blamieren, *sondern* die Schuld geben / Vorwürfe machen)

1 *blame* und die Entsprechungen von „blamieren"

- *blame* bedeutet nicht „blamieren", sondern „vorwerfen / Vorwürfe machen / die Schuld geben":
  *We missed the plane and Janet **blamed** me.* (... machte mir Vorwürfe / gab mir die Schuld.)

⚠ „blamieren" wird je nach Schwere des Fehlers unterschiedlich wiedergegeben:
Philip war betrunken und blamierte sich. = *Philip was drunk and **made a fool of himself**.* [= machte sich lächerlich]
Die kleine Anna blamierte ihre Eltern, als sie vor aller Welt über deren Streit erzählte. = *Little Anna **embarrassed** her parents when she told everyone about their argument.* [= brachte sie in Verlegenheit]
Der Lehrer blamierte sich, als er in den Prüfungsarbeiten Dinge korrigierte, die richtig waren. = *The teacher **disgraced himself** when he corrected things in the exam papers that were right.* [= gab sich eine Blöße]

2 Konstruktionen und Wendungen mit *(to) blame*

- *blame* kann mit Objekt, mit Objekt + *for* oder mit Objekt + *on* gebraucht werden:
  *I **blame** the government.*

*The father **blamed himself for** his daughter's accident.* (Der Vater gab sich die Schuld am Unfall / machte sich Vorwürfe wegen des Unfalls seiner Tochter.)
*He **blamed himself for** lett**ing** her ride on the busy road on her own.* (Er machte sich Vorwürfe, dass er sie… fahren ließ.)
*Delia **blamed** the mistake **on me**.* (Delia gab mir die Schuld an dem Fehler.)

- In Sätzen wie dem folgenden kann der aktive oder der passive Infinitiv stehen:
*Janet **is not to blame / to be blamed** for this.* (Janet ist nicht schuld.)
- Wendungen mit *can't/don't blame*:
*After what happened **you can't blame her for** say**ing** no.* (… kann man es ihr nicht übel nehmen, dass sie nein sagt.)
*Don is so unreliable, I'm going to ask Donna this time. – **I don't blame you**.* (Das verstehe ich gut. / Das kann man dir nicht übel nehmen.)

blank (*nicht* blank, *sondern* leer)

⚠ *blank* bedeutet „leer/inhaltslos/ausdruckslos"; „blank" entspricht *shiny*:
a blank cassette, a blank piece of paper, a blank space, a blank face, a blank look
ein blankes Stück Metall = *a **shiny** piece of metal*

(to) **boast** (angeben / sich rühmen / aufzuweisen haben)

- *boast* kann nur in der Grundbedeutung „angeben / sich rühmen" in der Verlaufsform gebraucht werden:
*I don't like him; he**'s** always boast**ing** about how rich he is.*
Aber: *The new hotel building **boasts*** (NICHT: *is boasting*, NICHT: *boasts about/of*) *several unusual attractions.* (… hat mehrere ungewöhnliche Attraktionen aufzuweisen.)

boat (Boot/Schiff) – **ship** (Schiff)

- *boat* bezeichnet (wie im Deutschen) ein kleines Segel-, Ruder- oder Motorboot für nur wenige Personen, aber (anders als im Deutschen) auch kleinere Passagier- und Frachtschiffe, die auf Binnengewässern und Flüssen fahren:
*We stood by the Rhine in Düsseldorf and watched the big and small **boats** on the river.*
*"Look", she said to the children, as they crossed the bridge, "can you see the **boats**?"* (… seht ihr die Schiffe?)
In the summer there's a regular passenger service (Liniendienst) *on the lake. The **boats** can take up to 200 passengers.* (Die Schiffe …)

- *ship* bezeichnet ein größeres Schiff, das auf dem Meer fährt (Ausnahmen s. nächsten Punkt):
  We stood on the harbour wall and watched the big ***ships****.*
  Ships *used to take weeks to cross the Atlantic.* (Schiffe brauchten früher Wochen ...)
  a merchant ship (Handelsschiff), *a warship/battleship* (Kriegsschiff/ Schlachtschiff), *a cruise ship* (Kreuzfahrtschiff)

⚠ In Verbindungen mit Fährschiffen auf dem Meer wird *boat*, nicht *ship*, verwendet, ebenso in der Wortverbindung *cargo boat* („Frachtschiff"):
We're getting the 10 o'clock ***boat*** (auch: *ferry* = Fähre) *from Dover to Calais. The (ferry)* ***boats*** *from Hamburg to Harwich are very comfortable.*
Some people prefer to go to England ***by boat*** *instead of by plane or through the tunnel.* (... mit dem Schiff ...)
From the plane we could see lots of ***cargo boats*** (auch: *freighters*) *in the English Channel.* (... sahen wir viele Frachtschiffe auf dem Ärmelkanal.)
In Verbindung mit *cross-channel* als Adjektiv steht in der Regel nicht *boat*, sondern *ferry*: *a cross-channel ferry* (= eine Kanalfähre)

- Schiffe und Boote werden oft als *she* bezeichnet:
  God bless this vessel and all who sail in ***her****.* (Gott schütze dieses Schiff und alle, die darauf fahren.) [Spruch beim Stapellauf]

(to) **boil** ⇨ (to) **cook**

boiler ⇨ **kettle**

border – boundary – frontier – limit (Grenze)

- *border* bezeichnet die Grenzlinie zwischen Staaten bzw. den Ort, wo man die Grenze überquert:
  We live near the German-Belgian ***border****.*
  Strasbourg is a city ***on the*** *French-German* ***border****.* (... an der Grenze [= Grenzlinie] zwischen ...)
  We didn't have to show our passports ***at the border*** *– the* ***border guard*** *waved us through.* (... an der Grenze [= am Grenzübergang] ... der Grenzbeamte ...)
  It's a town near the ***border with*** (NICHT: *to*) *Poland.*
  Germany ***has borders with*** *a lot of other countries.* (... grenzt an ...)
- *boundary* bezeichnet die Grenze eines Grundstücks, Parks, Feldes, eines kommunalen oder regionalen Verwaltungsbezirks:
  The tree is not on our neighbour's plot (Grundstück). *It's on our side of the* ***boundary****.*
  This is the ***boundary*** *of the Exmoor National Park.*

They live outside the town ***boundary****.* (... jenseits der Stadtgrenze.)
The county ***boundary*** *runs along the middle of this road.*
In den USA wird die Grenze eines Bundesstaats als *state boundary* bezeichnet. Die Grenze eines deutschen Bundeslands wird jedoch eher als *border* bezeichnet.

- *frontier* bezeichnet eine Grenze, die ein Ende oder ein Hindernis bzw. den weitest erreichbaren/erreichten Punkt darstellt. Das kann z. B. eine bewachte Grenze zwischen Ländern sein, die schwer zu passieren ist, oder – in Wortverbindungen mit z. B. *science/knowledge* – eine Grenze in übertragenem Sinn:
  The ***frontier*** *between Mexico and the USA is marked by a steel fence.*
  We reached the ***frontier*** *at six, and had to wait 10 hours before they let us through.*
  "This," she said, "marks the ***frontier*** *between civilisation and chaos".*
  The frontiers of knowledge/science *are being pushed back all the time.*

- *limit* bezeichnet die Grenze eines Sperrgebiets, wird aber meist im übertragenen Sinne gebraucht:
  Students had to live within a ten-mile ***limit*** *of the university.* (... innerhalb eines Umkreises von 10 Meilen ...)
  The government extended the ***limit*** *of the country's fishery protection zone to 50 miles.* (... erweiterte die Fischereischutzzone ... auf 50 Meilen.)
  Is there a price/time ***limit****?* (Besteht eine Preisgrenze/Zeitlimit?)
  The children were testing the ***limit(s)*** *of their teacher's patience.* (... die Grenzen der Geduld ihrer Lehrerin.)

born (geboren) – **borne** (er-/getragen)

⚠ *be born* entspricht „geboren sein". Werden Zeitpunkt oder Ort einer Geburt in der Vergangenheit genannt, so kann nur das *past tense* benutzt werden:
Where ***were*** *you* ***born****?* (Wo sind Sie geboren?)
I ***was*** (*NICHT: am, NICHT: have been*) ***born*** *in 1977.* (Ich bin 1977 geboren.)
In Bezug auf eine zukünftige Geburt wird eine Zukunftsform gebraucht:
When ***will*** *the baby / When* ***is*** *the baby* ***going to be born****? – Next March.* (Wann wird ... geboren?)

- *borne* ist das Partizip Perfekt von *bear* = „tragen/ertragen":
  All these difficulties ***were borne*** *with great patience.* (... wurden mit großer Geduld ertragen.)

⚠ Frau Günther, geborene Gulweid = *Mrs Günther, née Gulweid*
Sie ist eine geborene Gulweid. = *Her maiden name is Gulweid.*

(to) **borrow** – (to) **lend** (leihen)

- *borrow* ist das Gegenteil von *lend. borrow* bedeutet etwas nehmen, *lend* etwas geben:
  If you haven't got something, you can try and ***borrow*** *it from someone.*
  (... kann man versuchen, es sich von jemandem auszuleihen.)
  If you've got something that somebody else needs, you can ***lend*** *it to them.* (... kann man es ihm [aus]leihen.)

boss ⇨ **chef**

both (beide)

1 ***both – both of***

1.1 Der Gebrauch mit Nomen

- Vor einem Nomen können ohne Bedeutungsunterschied *both, both* + Begleiter oder *both of* + Begleiter stehen. Der Begleiter (*the/these/those* oder ein Possessivbegleiter wie *my/your* usw.) kann nur nach *both* stehen, nicht davor wie im Deutschen:
  I'll show you ***both flats / both the flats / both of the flats****.*
  Both roads / Both these roads / Both of these roads *take you to London.*
  Both sisters / Both his sisters / Both of his sisters *live abroad.*

- Wenn *both* zum Subjekt des Satzes gehört, kann *both* auch nach dem Nomen stehen. *both* steht dann vor (nicht hinter!) einem finiten Vollverb, aber nach *be* oder dem ersten Hilfsverb:
  Their children ***both wanted*** (NICHT: *wanted both*) *an ice-cream.*
  The runners ***were both*** *very thirsty.*
  Those flats ***have both been renovated****.*

1.2 Der Gebrauch mit oder als Pronomen

- Vor einem Pronomen kann nur *both of* stehen. *both* kann aber ohne *of* einem Pronomen nachgestellt werden:
  Both of us / We both *took the exam.* (Wir machten beide die Prüfung.)
  There were two pullovers I liked. I bought ***both of them / them both****.*

⚠ Nach *be* und als nachgestellte nähere Bestimmung des Subjekts kann nur *both of* + Pronomen gebraucht werden:
Who decided? – It ***was both of them*** (NICHT: *them both*).
They looked tired, ***both of them*** (NICHT: *them both*). [*both of them* bezieht sich auf das Subjekt *they*.]

⚠ Wenn *both* zu einem Pronomen als Subjekt gehört, gelten die gleichen Stellungsregeln wie oben unter 1.1. Hinzuzufügen ist, dass *both* in Kurzantworten jedoch <u>vor</u> dem Hilfsverb steht:
*We **both took** (NICHT: took both) the exam.* [vor einem finiten Vollverb]
*We **were both** anxious.* [nach *be*]
*We **have both passed**.* [nach dem ersten Hilfsverb]
*Did you both celebrate? – Yes, **we both did**.* (**Nicht:** *We did both.*) [vor dem Hilfsverb in Kurzantworten]

- *both* wird auch als eigenständiges Pronomen gebraucht. Es bezieht sich dann immer auf etwas bereits Genanntes. *both* entspricht „(alle) beide". Es wird nie mit *the* verwendet:
*There were two pullovers I liked. **Both** looked nice.*
*I bought **both**.*

2 *both – either – neither*

- *either* hat (neben anderen Bedeutungen) die Bedeutung „beide" im Sinne von „entweder das eine von zweien <u>oder</u> das andere". *both* hingegen bedeutet „das eine <u>und</u> das andere":
*You asked for a suitcase. Here are two. You can have **either**.* (Sie können beide haben. [= den einen oder den anderen, es spielt keine Rolle, welchen])
*Here are two. You can take **both** if you want.* (Sie können alle beide nehmen …)
*Light the firework at **either** end and then retire.* (… am einen oder anderen Ende …)
*Light the firework at **both** end**s** and then retire.* (… an beiden Enden …)

- *not either* bzw. *neither* entspricht „beide nicht" im Sinne von „weder das eine noch das andere":
*There are only two rolls left: you ca**n't** have **either** / you can have **neither**, I'm afraid.* (Du kannst sie beide nicht / keines von beiden haben.)
Vgl. dagegen:
*There are only two rolls left: you can have one but you ca**n't** have **both**.* (Du kannst eins haben, aber nicht alle beide.)

- *both* wird in der Regel nicht als Subjekt eines verneinten Satzes gebraucht. Stattdessen wird *neither* verwendet. Nach *neither* steht das Verb im Singular:
*I invited Janet and Jim but **neither** (of them) **is** coming.* (… beide kommen nicht.)
***Neither** museum / **Neither of the** museum**s** is very interesting.*
(Die Museen sind beide nicht sehr interessant.)
Vgl. aber:
***Neither** is expensive. Which shall we buy?* (Beide sind nicht teuer. [= weder das eine noch das andere])
***Both** are**n't** expensive. This one is but that one isn't.* (Nicht beide sind teuer. [= nur eines von beiden])

3 *both – the two*

- *both* bedeutet, dass zwei Personen/Dinge als zusammengehörig gesehen werden (A und B); mit *the two* wird eher beiläufig miterwähnt, dass es sich um zwei handelt. *both* ist betont, *the two* ist unbetont:
  ***Both** cars have a diesel engine.* (Beide Autos ...)
  *Do you see **the two** houses on the left?* (...die beiden Häuser ...)
- *both* entspricht immer nur „(alle) zwei von zweien", während *the two* „zwei von vielen" bedeuten kann:
  ***Both** books are in German. Which one would you like?*
  ***The two** books on the left are written in German. The rest are in English.*
- Begleiter stehen nach *both* aber vor *two*:
  ***Both the/these/my** children / **The/These/My two** children go to kindergarten.*
- *both* bezieht sich auf etwas, das bereits erwähnt wurde; *the two* kann sich auf etwas Neues, bisher nicht Erwähntes beziehen:
  *There's a maritime museum and a natural history museum. When I went to Axbridge I visited **both** museums.*
  *I went to Axbridge and spent a morning in **the two** interesting museums I found there.*
- In Fragen mit *which of* steht *the two*:
  *You can choose. **Which** of the two* (NICHT: *which of both*) *would you prefer?*

4 *both ... and*

- *both ... and* entspricht „sowohl ... als auch" und verbindet zwei Wörter derselben Wortart (Nomen, Pronomen, Verben, Adjektive, Adverbien oder Präpositionen):
  ***Both employers and employees** welcomed the agreement.* [zwei Nomen]
  *She asked **both them and us**.* [zwei Pronomen]
  *We **both cleaned** the carpets **and washed** the curtains.* [zwei Verben]
  *They looked **both cheap and nasty**.* [zwei Adjektive]
  *She speaks **both fluently and correctly**.* [zwei Adverbien]
  *I looked **both in and under** the box.* [zwei Präpositionen]
  Aber nicht, z. B., da unterschiedliche Wortkategorien:
  **I looked for it both thoroughly and under the carpet.*

(to) **bother** (sich die Mühe machen / sich befassen [mit] / sich kümmern [um])

- *bother* wird in der Regel nur in Fragen und verneinten Sätzen gebraucht:
  *I wo**n't bother** to go. Will you **bother?***
- Auf *bother* kann ohne wesentlichen Bedeutungsunterschied *-ing, about + -ing, with + -ing* oder ein *to*-Infinitiv folgen:
  *I won't **bother washing / about washing / with washing / to wash** my sport things now – they'll get dirty again this afternoon anyway.*

bottom (Grund) ➪ ground

bound: (to) be bound to (bestimmt [tun] / [tun] müssen)

- *be bound to do s.th.* entspricht „etwas bestimmt tun (werden) / tun müssen". Subjekt kann ein unpersönliches *it* oder *there*, eine Sache oder eine Person sein:
  *She's a pessimist. She says **it's bound to** rain on the day of the open-air concert.* (Sie sagt, es regnet ... bestimmt / wird ... bestimmt regnen.)
  *He's had an accident. **It was bound to happen** one day, the way he drives.* (Es musste ja eines Tages passieren, so wie er immer fährt.)
  ***There are bound to** be people who come late.* (Es wird bestimmt Leute geben, die ...)
  ***The tickets are bound to** be all sold out by now.* (Die Karten sind bestimmt schon ausverkauft.)
  *Jack won't be here, but **Philip is bound to** come.* (... Philip wird bestimmt kommen.)

boundary ➪ border

bowl ➪ plate

box – chest – crate – case

- *box* ist das Universalwort für ein rechteckiges Behältnis mit oder ohne Deckel, aus Holz, Pappe, Metall oder Plastik. Die Entsprechung kann „Kasten", „Kästchen", „Kiste", „Schachtel" oder „Karton" lauten oder auch ein anderes Nomen sein:
  a wooden/metal/plastic box; a cardboard box (Pappkarton)
  a box of matches/books/chocolates/cigars/eggs/groceries/tools
  a letterbox (AE: *mailbox*) (Briefkasten), *a (tele)phone/call box* (Telefonhäuschen), *a shoebox* (Schuhkarton), *the black box* [= Aufzeichnungsgerät im Flugzeug], *a window box* (Blumenkasten am Fenster), *the witness box* (Zeugenstand)
- *The box* wird umgangssprachlich für *television* verwendet („die Glotze"):
  *What's on **the box** this evening?* (Was gibt es heute Abend in der Glotze?)
- *chest* bezeichnet eine große, schwere Kiste, meist aus Holz, als Aufbewahrungsmöbel im Haushalt:
  a big wooden chest (eine große Holzkiste)
  a chest of drawers ist die Bezeichnung für eine Kommode.

- *crate* bezeichnet eine (Latten-)Kiste, aus Holz oder Plastik:
  a crate of beer/oranges/wine (Kasten/Kiste); *a milk crate* (Kiste für Milchflaschen)
  The machine was packed in a ***crate*** *for shipment to America.*

- *case* bezeichnet ein Behältnis mit Deckel als Aufbewahrungs- oder Transportgegenstand. Es ist außerdem der Ausdruck für eine komplette Kiste (z. B. 12 Flaschen) Champagner/Wein/Spirituosen:
  a spectacle case (Brillenetui), *a (suit)case* (Koffer), *an attaché case* (Aktentasche/-koffer)
  a case of champagne/wine (Kiste); *a packing case* (Packkiste)

boyfriend ➪ friend

brand – make (Marke)

- *brand* wird in Bezug auf kurzlebige Verbrauchsartikel wie z. B. Esswaren, Getränke, Rauchwaren und Putzmittel gebraucht, *make* in Bezug auf längerlebige Industrieerzeugnisse wie Autos, Maschinen und Geräte:
  What ***brand*** *of ketchup/tea/cigarette(s)/soap powder do you buy?*
  What ***make*** *of car / washing machine / CD-player / computer is this?*

brave (*nicht* brav, *sondern* mutig)

⚠ *brave* entspricht „mutig/tapfer"; „brav" wird mit *well-behaved* oder *honest/upright* wiedergegeben:
The dissidents were very ***brave*** *people.*
Emma ist ein braves Kind. = *Emma is a* ***well-behaved*** *child.*
Die braven Bürger von Nimmerland = *The* ***honest/upright*** *citizens of Neverland*

bread, sandwich (Brot)

⚠ *bread* ist nicht zählbar, d. h. es steht nicht mit *a/an* oder im Plural:
I went to the baker's and bought ***a loaf of bread*** (*NICHT: a bread*) */*
a white loaf (*NICHT: a white bread*). (ein[en] [Laib] Brot / ein Weißbrot)
For supper, I just had ***a slice of bread*** *and cheese.* (ein Brot mit Käse / eine Scheibe Brot mit Käse)

- Wendungen mit *bread* und *sandwich*:
  I had ***a slice of bread and*** (*NICHT: with*) ***butter***. (eine Scheibe Brot mit Butter)
  She took a ***sandwich / a bread-and-butter sandwich / a cheese sandwich*** *to school.* (ein belegtes Brot / ein [Klapp-]Brot nur mit Butter / ein Käsebrot)

break – pause (Pause)

- *break* bezeichnet eine Unterbrechung, die meist der Erholung dient:
  Break (NICHT: *The break*) *at this school is after the 3rd lesson in the morning.* (Die Pause ...)
  The children are usually out on the school playground ***during (the) break***. (... während der Pause ...)
  At this company we have a full hour's ***break for lunch***, *a* ***tea-break*** *in the morning and a* ***coffee-break*** *in the afternoon.*
  This hotel has a special offer for ***weekend breaks*** *during the winter.* (Wochenendreisen)
  Fly to London for a ***short break***. (... auf einen Kurzurlaub ...)
  I start my holiday next week. I'm really ***ready for a break.*** (Ich bin wirklich urlaubsreif.)
  It's time now to ***have/take a*** *short* ***break***.

- *break* kann auch einfach „Unterbrechung" bedeuten. Damit ist in der Regel ein Zeitraum von mindestens einigen Minuten gemeint.
  pause hingegen bezeichnet eine kurze Pause von einigen Sekunden.
  pause hat mit Erholung nichts zu tun:
  There was a short ***break*** *of about 5 minutes during her speech while the microphone was repaired.* (... eine kurze Unterbrechung von etwa 5 Minuten ...)
  We worked for 4 hours ***without a break***. (... ohne Unterbrechung.)
  There was a slight ***pause*** *because the speaker had got his papers mixed up.*
  When you say this sentence, don't make a ***pause*** *before the comma.*

- Die Verben *break* und *pause* werden ähnlich gebraucht:
  Right, let's ***break*** *there for lunch.*
  The speaker ***paused*** *to have a drink of water.*

breakfast (Frühstück)

- Präpositionen- und Artikelgebrauch bei *breakfast/lunch/dinner*:
  Breakfast *is at 8 o'clock.* (Das Frühstück ...)
  I read the paper ***before/after breakfast***. (... vor/nach dem Frühstück.)
  Who is going to ***get/make/prepare (the) breakfast*** *this morning?* (Wer macht ... das Frühstück?)
  At breakfast (time) *she said she was going to leave.* (Beim Frühstück ...)
  We always have our parties ***at breakfast time.*** (... zur Frühstückszeit.)
  I don't eat/have much ***for breakfast***. (... zum Frühstück.)
  On Sunday morning she often ***invites*** *some friends* ***to/for breakfast***. (... zum Frühstück.) [Näheres zum Gebrauch von *to* und *for*: s. **invite**]
  We ***had*** *over 40 people* ***to breakfast*** *that day.* (Wir luden ... über 40 Gäste zum Frühstück ein.) [*for* wäre ebenfalls möglich, birgt aber eine Zweideutigkeit in sich („verzehren"!). Diese würde jedoch mit der Verbindung *had ... round for breakfast* umgangen.]

breast – bust – chest – bosom (Brust/Busen)

- *breast* bezeichnet eine von zwei weiblichen Brüsten oder die Brustgegend eines Tieres, jedoch nur im literarischen/poetischen Stil die Brust eines Mannes (vgl. auch *bosom*):
  She sometimes felt a pain in her left ***breast*** *so went to see the doctor.*
  (... in der linken Brust ...)
  She didn't have much milk so she let the baby drink at both ***breasts.***
  His aunt had just died of ***breast cancer.***
  I think we'll have ***breast of lamb*** *for lunch on Sunday.*
  The king held his son to his ***breast*** *before bidding him farewell.*
  (... drückte ... an die Brust ...)
- *bust* (nur Singular) bezeichnet den Busen einer Frau, meist im Zusammenhang mit Kleidungsgröße:
  Which ***bust*** *size is this blouse?*
  She was a woman with a large ***bust.***
  bust entspricht auch „Büste“:
  There's a ***bust*** *of Shakespeare in the theatre foyer.*
- *chest* ist die übliche Bezeichnung für die Männerbrust:
  He was a man with a big hairy ***chest.***
  I'm not sure if we've got the pullover in that ***chest size****, sir.*
  Aber: *He wore a silk handkerchief in his* ***breast pocket.***
  In medizinischen Zusammenhängen bezeichnet *chest* den Körperbereich, wo sich Herz und Atmungsorgane befinden:
  Pains in the ***chest*** *can be a sign of an impending* (drohend) *heart attack.*
  She often has ***chest complaints****, coughs, bronchitis and so on.* (Bronchialbeschwerden)
- *bosom* ['bʊzəm] entspricht „Busen“, ist aber ein literarisches Wort:
  He/She clasped his/her old friend to his/her ***bosom*** *and wept with joy.*
  (... drückte ... an die Brust und weinte vor Freude.)

bride (Braut) – fiancée (Verlobte/Braut)

- *bride* ist die Bezeichnung für eine Frau kurz vor, während oder nach ihrer Hochzeitsfeier. *fiancée* (in den Medien auch oft *bride-to-be*) ist die Bezeichnung für eine Verlobte während der Verlobungszeit:
  The wedding guests waited patiently for the ***bride*** *to arrive.*
  The woman standing next to him is his ***fiancée****. They're getting married next year some time.*

brief – briefly – in brief – in short – shortly

- *brief* bedeutet „von kurzer Dauer“, das entsprechende Adverb der Art und Weise heißt *briefly*:

*Can you give us a **brief** report, Jim?* (... einen kurzen Bericht ...)
*I saw Jim **briefly** on Saturday afternoon.* (Ich sah Jim kurz ...)
*Please **be brief**.* (Auch: *Please keep it short.*) (Fassen Sie sich bitte kurz.)

- *briefly* ist auch ein kommentierendes Adverb und entspricht „kurz gesagt / mit kurzen Worten". Die gleiche Bedeutung haben *in brief* und *in short*:
  ***Briefly / In brief / In short** the problem is this: ...* (Kurz gesagt ...)
- *shortly* bedeutet nicht „kürzlich", sondern „in Kürze" = „bald":
  *The experiment was completed today; we'll have the results **shortly**.*
  (... wir werden die Ergebnisse in Kürze haben.)

⚠ Kürzlich/Vor kurzem traf ich eine alte Freundin. = *I met an old friend **recently**.*

briefcase (*nicht* Brieftasche, *sondern* Aktenkoffer)

- *briefcase* entspricht „Aktenkoffer/Aktentasche"; die Bezeichnung für „Brieftasche" ist *wallet* oder (nur AE:) *billfold/pocketbook* (s. auch **handbag – purse – wallet**):
  *She put all the correspondence and the contract into her **briefcase**.*
  *When the waiter brought the bill I suddenly discovered my **wallet /*** (AE:) ***billfold/pocketbook** was empty.*

(to) **bring** – (to) **take** – (to) **go and fetch/get**

- *bring* entspricht „(her)bringen" oder „mitbringen", *take* „(hin)bringen" oder „(weg)bringen". *bring* bezeichnet also in der Regel eine Bewegung her zum Sprecher. Die Bewegung kann aber auch eine Bewegung weg von Sprecher sein. Ausschlaggebend ist nicht immer der tatsächliche Aufenthaltsort des Sprechers, sondern wo er sich gedanklich befindet:
  *I was in the hall when I saw Smith **bring** a big sack into the house. He **took** it into his flat upstairs.*
  *When I come and visit you, is there anything I need to **bring**?* [Gedanklich: „Ich bin bei dir zu Hause.")
  *When I go and visit them, is there anything I need to **take**?* [Gedanklich: „Ich bin bei mir zu Hause.")
- Statt *bring* wird meist *go and fetch* oder *go and get* gebraucht, wenn gemeint ist, dass jmd. weggeht, etwas holt und zurückbringt:
  *Janet, be a good girl; **go and fetch/get** a spoon from the kitchen, please.*
  (... [geh und] bring/hol mir ...)

⚠ Wer bringt die Kinder heute ins Bett? = *Who's going to **put** the children to bed today?*
Wenn du nicht allein gehen willst, Jack bringt dich nach Hause. = *If you don't want to walk on your own, Jack will **take/see** you home.*
Der Autor bringt verschiedene Statistiken, um seine These zu beweisen. = *The author **quotes** various statistics to prove his thesis.*

bring up ➪ educate

Britain – the United Kingdom – the British Isles („England“)

- „England“ bezeichnet im Deutschen oft generell Großbritannien bzw. das Vereinigte Königreich. Auch Engländer/innen gebrauchen *England* so. Dieser Sprachgebrauch ist jedoch gegenüber Schotten, Walisern und Iren diskriminierend:
  (Great) Britain *consists of England, Wales and Scotland.*
  The United Kingdom (oft verkürzt: *The UK*) *consists of England, Wales, Scotland and Northern Ireland.*
  Britain and Ireland together make up ***the British Isles****.*

British – Briton

- *British* ist die offizielle Nationalitätsbezeichnung für Briten und Britinnen. Diese bezeichnen sich selber (außerhalb der Sprache von Formularen und dergleichen) meist jedoch als *English, Scots/Scottish, Welsh* oder *(Northern) Irish*:
  My nationality is ***British*** *but I always think of myself as* ***English/Scots/Scottish/Welsh/Irish****.*
- In den Medien werden Briten und Britinnen als *Briton(s)* bezeichnet, üblicher ist aber der Gebrauch von *British. British* ist ein Adjektiv und wird immer zusammen mit *person/man/woman/people* usw. gebraucht:
  (Zeitungsüberschrift:) *50-year-old* ***Briton*** *swims the Channel.*
  On the local bus to Timbuktu she met another ***British person/man/woman****.*
  There were several other ***British people*** *in our hotel.*
- Für das ganze Volk wird *British people* oder *the British* gebraucht:
  British people / The British *are proud of their sense of humour.*
- Umgangssprachlich bezeichnen Briten andere Briten als *Brits*:
  I met ***a Brit*** *on the plane from Sao Paolo to Rio.*

broad/broadly ➪ wide

broken – broken down – (to) not work

- *broken* bedeutet in erster Linie, dass etwas (wie z. B. eine Vase) physisch demoliert oder kaputt ist. Es wird auch in Bezug auf einfachere elektrische Geräte gebraucht, die außer Betrieb sind:
  The cassette recorder / electric toothbrush / toaster / video recorder ***is/was broken****.* (... ist/war kaputt. [= endgültig oder vorübergehend außer Betrieb])

broken wird als Adjektiv und Partizip gebraucht. Als Adjektiv beschreibt es den Zustand des Kaputtseins, als Partizip den Vorgang des Kaputtgehens:
My favourite vase ***is*** *broken /* ***has*** *broken.* (… ist kaputt / ist kaputtgegangen.)

- Bei komplizierteren und vor allem bei größeren Maschinen, die nicht mehr funktionieren, wird *broken down* verwendet. Mit *broken down* wird meist suggeriert, dass etwas reparierbar ist bzw. repariert wird:
The car / ship / train / crane / printing machine (Druckmaschine) */ traffic control system / computer* ***has broken down***. (… ist liegen geblieben / außer Betrieb / [vorübergehend] kaputt.)
a ***broken-down*** *car* (ein liegen gebliebenes Auto)

- Bei Maschinenteilen und kleineren Maschinen/Geräten wird *not work* gebraucht:
The brakes/heating/telephone/printer ***aren't/isn't working***. (… sind/ist kaputt. [= funktionieren/funktioniert vorübergehend nicht])
My electric drill (Bohrmaschine) *has got a fast gear and a slow gear, but the slow one* ***doesn't work*** *any more.* (… ist kaputt. [= funktioniert auf Dauer nicht mehr])

bureau (*nicht* Büro, *sondern* Sekretär/Kommode)

- *bureau* ['bjʊərəʊ], allein gebraucht, bezeichnet einen „Sekretär", d. h. einen (oft schönen, z. B. auch verzierten) Klapp-Schreibtisch:
When everyone had gone to bed, Janet sat down, opened her ***bureau*** *and got out her diary.*
Im AE bedeutet *bureau* „Kommode" (BE: *chest of drawers*).

- In zusammengesetzten Nomen kann *bureau* auch ein Amt bezeichnen, oder eine Stelle, an der eine Dienstleistung angeboten wird:
(AE:) *the weather* ***bureau*** (das Wetteramt), *the Federal* ***Bureau*** *of Investigation* (= FBI)
I rang the travel ***bureau*** (moderner: *travel agent/agent's/agency) to book my holiday.*
a missing-persons / a news / an information ***bureau***

(to) **burn**

- *Past-tense*-Form und Partizip Perfekt lauten beide (BE:) *burnt* oder (AE und BE:) *burned.*

- *burn* kann transitiv oder intransitiv gebraucht werden:
*Careful – the toast'****s burning****!* (… brennt an.)
Paper doesn't always ***burn*** *very well.* (… brennt … gut.)
He went home and ***burnt*** *all her old love letters.* (… verbrannte … Liebesbriefe.)

⚠ Schnell, das Gebäude brennt! = *Quick, the building**'s on fire**!*
Das Licht brennt. Wer hat es brennen lassen? = *The light **is on**. Who **left it on**?*

bus – coach (Bus)

- Im BE wird ein (Fern-)Reisebus in der Regel als *coach*, nicht als *bus* bezeichnet. *bus* (Plural *buses*, im AE auch *busses*) wird normalerweise nur für lokale Linienbusse verwendet:
  *Which **bus** takes me to Market Street? – The number nine.*
  *There's a good **coach** service from many towns and cities to Heathrow Airport.*
  *Geoff and Liz went on a **coach** tour of Northern Italy for this year's holiday.*
- Präpositionen und Artikelgebrauch:
  *Where did you **get on/off the bus/coach**?* (Wo sind Sie ... ein/ausgestiegen?) [*on/off* bei Feststellen des Beginns/Endes einer Fahrtroute]
  *Old people sometimes find it difficult to **get in / out of the coach/bus.***
  [*in / out of* betont den physischen Vorgang – Treppensteigen, sich setzen/erheben usw.]
  *How did you come – **by bus/coach / on the bus/coach?*** (... mit dem Bus?)
  *I came **on** (NICHT: by) **the** last/afternoon/school **bus**.* (... mit dem letzten/Nachmittags-/Schulbus.)

business (Geschäft/Geschäfte)

- In der abstrakten Bedeutung „Geschäftliches/Geschäfte" ist *business* nicht zählbar:
  ***Business is** (NICHT: Businesses are) very bad – it's the recession.* (Das Geschäft läuft / Die Geschäfte laufen schlecht ...)
  *He **does a lot of business** with Italy.* (Er macht viele Geschäfte ...)
  *I've got **some business** to finish before I go on holiday.* (Ich habe Geschäfte/Geschäftliches zu erledigen ...)
- *business* ist zählbar, wenn eine Firma gemeint ist:
  *A lot of **businesses are** going to go bankrupt.* (Viele Betriebe/Firmen ...)
  *There **are** a lot of **small businesses** in this town.*
- Wendungen mit *business*:
  *How long has that firm been **in business**?* (... im Geschäft?)
  *Were you in London **on business** or for pleasure?* (... geschäftlich oder zum Vergnügen ...?)
  *We'll leave them to **talk business**. Let's go and have a drink.* (Wir lassen sie über die Geschäfte reden.)

*She's in **a business meeting**.* (Sie ist in einer geschäftlichen Sitzung.)
*She's making **a business call**.* (Sie macht einen geschäftlichen Besuch / führt ein geschäftliches Telefongespräch.)

⚠ Das war ein gutes/schlechtes Geschäft. = *That was a good/bad **deal**.*

but

- *but* in der Bedeutung „außer", s. **besides**, Abschnitt 3
- Anwendungsbeispiele mit *but*:
  *I'm not cold, **but** hungry.* (sondern)
  *I'm **not only** cold, **but also** hungry.* (... sondern ich habe auch Hunger.)
  *They live in the **last/next but one** house / in the **last/next** house **but one**.* (...im vorletzten/übernächsten Haus.)
  *Janet was a great help. I would never have found the place **but for** her.* (... wenn sie nicht gewesen wäre.)
  *The conference is **all but** over.* (... so gut wie zu Ende.)
  *She **all but** collapsed when she heard the news.* (Sie wäre fast zusammengebrochen ...)
  I don't know if they'll help. We (förmlich:) ***can but** ask.* (Wir können nur fragen.)

butcher ⇨ baker

button (Knopf)

⚠ *button* entspricht „Knopf" und nur im AE dem deutschen „Button" im Sinne von „Anstecker":
*I've lost a **button** off my shirt.* (Ich habe einen Knopf an meinem Hemd verloren.)
The lapels (Revers) *of his jacket were covered with* (AE:) ***buttons*** / (BE:) ***badges** saying things like "I love warthogs".*

(to) buy (kaufen)

- Präpositionen:
  *You can **buy** the stuff **by** the pound/metre/ton.* (... pfund-/meter-/tonnenweise ...)
  *I didn't **buy** the one **for** $6, but the other one for $8.* (... zu $6 ... zu $8.)

by

- *by* im Sinne von „bis" (*by next Thursday/10 o'clock* usw) s. **until**

1 *by* = „von/durch", um den Urheber einer Tat oder Sache zu bezeichnen

- *by* wird in Passivsätzen gebraucht:
  The house has been bought ***by*** *a family from Scotland.*
  The car was hit ***by*** *a falling tree.*

- Auf Wörter wie *surprised, astonished, amazed, annoyed, frightened* kann *by* oder eine andere Präposition folgen. *by* wird verwendet, wenn das Wort als Partizip gebraucht wird und der Vorgang im Vordergrund steht („Vorgangspassiv"). *at/with* usw. wird verwendet, wenn das Wort als Adjektiv gebraucht wird und der Zustand der betroffenen Person im Vordergrund steht („Zustandspassiv"):
  I'm *always* ***surprised at*** *how good her English is.* (Ich bin immer überrascht …)
  The burglar ***was surprised by*** *one of the neighbours.* (… wurde … überrascht.)
  She ***is annoyed with*** *the children.* (Sie ist verärgert über …)
  She ***was annoyed by*** *his refusal to help.* (Sie war verärgert über …)
  I ***was*** *always* ***frightened of*** *their dog, he was so big and fierce.*
  I ***was frightened by*** *a dog. It just appeared from nowhere.*

- *by* steht auch nach Subjekt + *be* oder direkt nach einem Nomen, um den Urheber zu bezeichnen:
  This ***book / piece of music / poem / play / opera / painting*** *is* ***by*** (NICHT: *from/of*) *a famous Englishwoman.*
  A new world ***record by*** *Linford Christie delighted the crowd.*
  The ***bid by*** *Beijing to host the Olympic Games failed.*
  The ***announcement*** *of a tax increase* ***by*** *the government caused panic buying.*

2 *by* = „neben" in Ortsbestimmungen

- *by* bedeutet „(direkt) neben / an / an der Seite von":
  He stood (right) ***by*** *the phone, waiting for her to call.*
  They live ***by*** *the river/sea.*
  It's the shop down ***by*** *the bridge/church/hotel.*
  Their house is (right) ***by*** *the school.*

⚠ *by* kann nicht mit Ortsnamen gebraucht werden:
Sie wohnt bei London. = *She lives* ***near*** *London.*
Sie wuchs in einem kleinen Dorf bei Exeter auf. = *She grew up in a small village* ***near*** *Exeter.*

3 *by*, um einen Weg, eine Methode oder eine Art und Weise auszudrücken

- *You're much more likely to get their help* ***by*** *stay****ing*** *polite.* (… indem Sie höflich bleiben.)
  By *me/my refus****ing*** *to stop and ask the way, we got completely lost.* (Dadurch, dass ich mich weigerte, anzuhalten…)

- *We came* ***by*** *car.* (… mit dem Auto.)
  I wrote the letter ***by*** *hand.* (… handschriftlich.)

I paid **by** *cheque / credit card.* (... per Scheck/Kreditkarte.)
I ordered the tickets **by** *phone.* (... per Telefon.)
Send it **by** *post/mail.* (... per Post.)
We drove there **by** (auch: *via*) *the motorway.* (... über die Autobahn.)
Do you cook **by** (auch: *with*) *gas or electricity?* (... mit Gas oder Strom?)

4 *by*, um die Beziehung zu einer Messskala, einer Vorschrift oder einem Standard auszudrücken

- *My suitcase was too heavy* **by** *about 6 kilos.* (... um etwa sechs Kilo zu schwer.)
  Sales increased/decreased last year **by** *6%.* (... um 6%.)
  I was late **by** *a good two hours.* (Ich kam gut zwei Stunden zu spät.)
  Multiply/Divide that **by** *six.* (mit/durch)
  It's ten o'clock **by** *my watch.* (Nach meiner Uhr ...)
  That's ***OK/all right by*** *me.* (... von mir aus gesehen ...)
  We are paid **by** *the hour/day/week.* (... stunden-/tage-/wochenweise ...)
  You can buy this stuff **by** *the pound/metre/ton.* (... pfund-/meter-/tonnenweise ...)
  We paid **by** (auch: *in*) *instalments.* (... ratenweise.)
  This year's holiday was cheap ***by comparison.*** (... vergleichsweise ...)
  You aren't allowed to have a light switch in the bathroom ***by law.*** (... gesetzlich ...)
  You have to play **by** *the rules.* (... nach den Regeln ...)
  By *the standards of the time hers was a very liberally-minded school.* (Für die damalige Zeit / Für damalige Verhältnisse ...)
  What do you ***mean by*** *"soon"?* (Was meinen Sie mit „bald"?)
  What do you ***understand by*** *"exotic"?* (Was verstehen Sie unter „exotisch"?)
  She swore **by** *the Bible that it was true.* (... bei der Bibel ...)
  The table shows the population of England ***by age***. (... nach Alter.)
  A Golden Retriever is **by** *nature a good-tempered dog.* (... von Natur aus ...)
  He's a plumber **by** *trade / a teacher* **by** *profession.* (Er ist Klempner/ Lehrer von Beruf.)
  I know him ***by name*** *but not* ***by sight.*** (... dem Namen nach, aber nicht vom Sehen.)
  He's British ***by birth.*** (Er ist gebürtiger Brite.)
  She's my cousin ***by marriage.*** (... eine angeheiratete Kusine.)

5 *by*: sonstige Verwendungen

- *We did it day* **by** *day / bit* **by** *bit / step* **by** *step / little* **by** *little.* (... Tag für Tag / Stückchen für Stückchen / Schritt für Schritt / nach und nach.)
  She sat there all **by** *her****self****.* (Sie saß ganz allein da.)
  I did it all **by** *my****self****.* (Ich habe es ganz allein gemacht. [= ohne Hilfe])
  The rope must have come loose **by** *it****self****.* (Das Seil muss sich von allein gelöst haben.)

We ran/walked/drove ***by*** *the shop.* (… an dem Geschäft vorbei.) [Präposition]
She drove ***by*** *without stopping.* (Sie fuhr vorbei …) [Adverb]
Why don't you ***stop/drop by*** *one evening?* (Warum schauen Sie nicht … vorbei/herein?)
She took/led me ***by*** *the arm.* (… am Arm.)
He held the cassette up ***by*** *the broken tape.* (Er hielt die Kassette am kaputten Band.)
I caught the animal ***by*** *its tail.* (Ich erwischte das Tier am Schwanz.)
Our garden is 10 ***by*** *12 metres.* (… 10 mal 12 …)
David always ***stood/stuck by*** *me.* (… hat immer zu mir gehalten.)
We had supper that night ***by*** *candlelight.* (… bei Kerzenlicht.)

6 Feste (idiomatische) Wendungen mit *by*

- *by accident/chance* (per Zufall)
  by mistake (aus Versehen)
  by far (bei weitem)
  by force (mit Gewalt)
  by heart (auswendig)
  by all/no means s. Eintrag **means**
  by the way (übrigens)

7 „bei" im Deutschen, nicht *by* im Englischen

⚠ „bei" im Sinne von „wenn man … bedenkt/berücksichtigt" wird im Englischen meist mit *with* wiedergegeben:
bei so hohen Kosten = ***with*** *such high costs*
bei dieser Anzahl von Fehlern = ***with*** *this number of mistakes*
bei so viel Lärm = ***with*** *so much noise*

⚠ „bei" im Sinne von „bei einem bestimmten Anlass" wird mit *at* oder *in* wiedergegeben:
bei einer Mitgliederversammlung = ***at*** *a members' meeting*
bei einem Kampf / einem Streit / einer Auseinandersetzung = ***in*** *a fight/argument/quarrel*
bei einem Unfall = ***in*** *an accident*

⚠ bei Regen (= wenn es regnen sollte) = *if it rains*
bei nebligem Wetter = ***in*** *foggy weather*
bei der Firma X arbeiten = *work* ***for*** *X*
(un)beliebt bei = *(un)popular* ***with***
bei jdm. wohnen/bleiben/übernachten = *live/stay* ***with*** *sb.*
beim Metzger / bei meinem Freund / bei Anna = ***at*** *the butcher's /* ***at*** *my friend's (house) /* ***at*** *Anna's*
bei einer Tasse Kaffee / einem Glas Wein = ***over*** *a cup of coffee / a glass of wine*
bei sich haben = *have* ***on/with*** *you*
bei Tagesanbruch/Sonnenuntergang = ***at*** *dawn/sunset*
jdm. beim Putzen/Backen/… zuschauen = *watch sb. cleaning/baking/…*
bei Tisch = ***at*** *table*
Bei Kindern kann das oft passieren. = *That can often happen* ***with*** *children.*

(to) **call**

- *call* hat verschiedene Bedeutungen, z. B.:
  ***Call** me* (BE:) *on* / (AE:) *at 01273-529369. I'll be there all day.* (Rufen Sie mich unter der Nummer ... an ...)
  *Janet **called** (to me), "Jim, where are the matches?"* (... rief [mir zu] ...)
  *"Mr Smith" is so formal – just **call** me Bill.* (... nennen Sie mich einfach Bill.)
  What (NICHT: *How*) ***do you call** this in English?* / ***What is** this **called** in English?* (Wie nennt man das / Wie heißt das ...?) [Näheres s. **name**]
  *There's no shop in the village but the baker's van **calls** three times a week.* (... kommt ... vorbei.)
  *The train at platform 5 will **call** at Harlow and Audley End only.* (... macht nur ... Halt. / ... hält nur ...)
- In der Bedeutung „(zu)rufen" kann *call* zwei Objekte haben. Das Personenobjekt (= die Person, der etwas zugerufen wird) muss dann mit *to* angeschlossen werden:
  *I **called to Jim** as he was leaving, "Don't forget to bring your tennis racket".*
- Die Phrasal verbs *call for* und *call on* haben mehrere Bedeutungen:
  *This job is too difficult for me, it **calls for** an expert.* (... erfordert einen Experten.) / *An expert **is called for**.*
  *She **called for** the waiter.* (Sie verlangte / rief nach ...)
  *I'll **call for** you at six o'clock in the car.* (Ich werde dich ... abholen.)
  *We **called on** Jim last night, on our way home.* (Wir besuchten Jim / schauten ... bei Jim vorbei.)
  *The government **called on** employers to create more new jobs.* (... rief die Arbeitgeber dazu auf, ...)

can = Dose ➪ **tin**

can, could (können, konnte[n])

1 **Fähigkeit ausdrücken: *can, be able to, could, could(n't) have***

1.1 Gegenwärtige Fähigkeit

- *can* und *am/is/are able to* drücken eine gegenwärtige oder immer vorhandene Fähigkeit aus. *can* ist gebräuchlicher:
  ***I can / am able to** speak Italian, but I **can't / am not able to** speak Spanish.*
  Parrots (Papageien) ***can** sometimes talk, but dogs **can't** usually talk.*

⚠ In Passivsätzen steht *can*, nicht *be able to*:
Seats can (NICHT: *are able to*) *be booked by phoning 372 5001.*

- Im Zusammenhang mit Verben der Sinneswahrnehmung *(see/hear/feel/smell/touch/taste)* und bei den Verben *tell* („erkennen"), *remember* und *understand* ist der Gebrauch von *can* üblich, um eine momentane Sinnes- oder geistige Wahrnehmung auszudrücken. (Diese Verben können bekanntlich nicht in der Verlaufsform erscheinen.) Das Weglassen von *can* ist bei *understand* und *remember* gut möglich, bei den Verben der Sinneswahrnehmung dagegen ungewöhnlich, bei *tell* unmöglich:
  I ***(can) remember*** *his face, but I* ***can't/don't remember*** *his name.*
  I ***(can) understand*** *your reasons for saying no.*
  I ***can see/hear/smell*** *the sea.*
  I ***can tell*** *you don't like it by the look on your face.*

1.2 Zukünftige Fähigkeit

⚠ *can* und *will be able to* drücken eine zukünftige Fähigkeit aus. Nur *will be able to* ist möglich, wenn die notwendigen Voraussetzungen, z. B. die körperlichen oder geistigen Fähigkeiten nicht bereits jetzt vorhanden sind:
Gaby's German. She ***can / will be able to*** *help Ann with that project the teacher's given her.*
*It was a bad accident but she'****ll be able to*** (NICHT: *can*) *walk again soon.*
Little Jimmie ***will be able to*** (NICHT: *can*) *open the door in a few weeks' time.*
*I'****ll be able to*** (NICHT: *can*) *speak Russian fluently in 6 months' time.*

1.3 Vergangene Fähigkeit

- *could* und *was/were able to* drücken Fähigkeit in der Vergangenheit aus. *could* ist grundsätzlich in Fragen und verneinten Sätzen, bei Verben der Sinneswahrnehmung *(see/hear/feel/smell/touch)*, bei *tell, understand* und bei *remember* möglich:
  Could *you /* ***Were*** *you* ***able to*** *swim by the time you started school?*
  I ***couldn't / wasn't able to*** *find the shop you told me about.*
  We ***could see/hear/smell*** *the sea.*
  I ***could remember*** *what it was like when I played there as a child.*

⚠ Soll ausgedrückt werden, dass jemandem etwas in einer konkreten Einzelsituation gelang, so kann in bejahten Aussagesätzen nur *was/were able to* (bzw. *managed to* oder *succeeded in …ing*) gebraucht werden:
She was a genius. She ***could / was able to*** *do algebra by the time she was three.* [= generell]
The piano was very heavy but we ***were able to*** *lift it* (oder: *managed to lift it / succeeded in lifting it* – NICHT: *could lift it*) *between us.* [= konkrete Einzelsituation]
In Nebensätzen erscheint aber auch *could*:
It was good that he had a mobile phone and ***was able to / could*** *contact his wife.*

⚠ Wird von einer Fähigkeit gesprochen, die einmal bestand aber nicht mehr vorhanden ist, wird *used to be able to* und nicht *could* gebraucht:
I ***used to be able to*** *run there in 10 minutes, but I can't now.*

1.4 *could have* + Partizip Perfekt und *would have been able to* + Infinitiv

- Mit diesen Formen wird ausgedrückt, dass eine Fähigkeit in der Vergangenheit bestand, die hätte genutzt werden können:
  *Fifteen years ago I **could have run** / **would have been able to run** that distance easily.* (Vor 15 Jahren hätte ich diese Entfernung mit Leichtigkeit laufen können.)

- Meist wird impliziert, dass die Fähigkeit effektiv nicht genutzt wurde (z. B. weil jemand nicht wollte oder es nicht versuchte). *could have* + Partizip Perfekt ist in solchen Fällen üblich; der Gebrauch von *would have been able to* erfolgt in der Regel mit einem Konditionalsatz:
  *Perkins **could have** qualif**ied** for the national team. He was good enough [but he didn't try].* (Perkins hätte sich ... qualifizieren können ...)
  *I **could have** repl**ied** to their letter in Spanish [but I didn't try].* (Ich hätte ... beantworten können.)
  *Perkins **would have been able to** qualify for the national team **if** he had tried.*
  *I **would have been able to** reply to their letter in Spanish **if** I had made the effort.*
  Bei Übertreibungen, Vorwürfen und Aussagen mit Ausrufecharakter wird ebenfalls *could have*, nicht *would have been able to* gebraucht:
  *I **could have drunk** the place dry, I was so thirsty.*
  *You **could have** ask**ed** a bit more politely.*
  *They **couldn't have been** more helpful.*

- Mit den verneinten Form *couldn't have* + Partizip Perfekt und *wouldn't have been able to* wird ausgedrückt, dass eine Fähigkeit effektiv nicht vorhanden war:
  *I **couldn't have** argu**ed** / **wouldn't have been able to** argue with the manager in French, because I don't speak French.* (Ich hätte ...nicht ... streiten können ...)
  *I **couldn't have** lift**ed** / **wouldn't have been able to** lift the piano on my own – it was too heavy.*

2 Erlaubnis ausdrücken: *can, could, may, might, (to) be allowed to*

2.1 Um Erlaubnis bitten

- *can, may, could* und *might* sind in Fragen üblich, mit denen um Erlaubnis gebeten wird. *could* und *may* wirken höflicher/zurückhaltender als *can.* Noch zurückhaltender wirkt *might*:
  ***Can/May/Could I** open the window, please?*
  ***Can/May/Could/Might** I use the phone?*
  ***Might I** just perhaps ask a question?*

- Die Frage mit *be allowed to* ist eigentlich keine Bitte um Erlaubnis sondern eine Nachfrage, ob etwas von einer Autorität oder Instanz zugelassen wird oder nicht:
  ***Are we allowed to** take photographs here? – I don't know. I'll ask.*

2.2 Erlaubnis erteilen bzw. verweigern

- Erlaubnis wird mit *can* und *may* (aber nicht mit *could* oder *might*) erteilt und mit *can't, mustn't* (oder sehr förmlich: *may not*) verweigert.
  not be allowed to drückt meist aus, was von einer Instanz nicht zugelassen wird:
  You ***can/may*** *use a dictionary in this exam.* (Sie dürfen ...)
  You ***can't/mustn't*** *bring that in here.* (Sie dürfen ... nicht ...)
  On most airlines passengers ***are not allowed to*** *use electronic equipment.* (... dürfen ... keine elektronischen Geräte benutzen.)

2.3 Über Erlaubnis berichten

- Mit *can/can't* und mit *be allowed to* wird über Erlaubnis berichtet, die jetzt besteht bzw. nicht besteht:
  Janet ***can('t) / is(n't) allowed to*** *go to the party tomorrow, her parents say.*
- Über eine Erlaubnis, die in der Zukunft erst erteilt oder verweigert wird, wird mit *will/won't be allowed to* berichtet:
  *At the moment people can't use a dictionary in the exam, but when it's our turn perhaps we****'ll be allowed to****.* (... werden wir es vielleicht dürfen.)
  Derselbe Sachverhalt kann aber oft auch mit *can* oder *will be able to* ausgedrückt werden – auch wenn es gar nicht um Fähigkeit im eigentlichen Sinne geht:
  Perhaps we ***can / will be allowed to / will be able to*** *use a dictionary in the next test.*
  People ***can't / won't be allowed to / won't be able to*** *park here as from next week.*
- Wird über Erlaubnis berichtet, die in der Vergangenheit bestand oder nicht bestand, so sind *could/couldn't* oder *was/were (not) allowed to* möglich:
  Philip ***could(n't) / was(n't) allowed to*** *stay up till 10 o'clock when he was eleven.*

⚠ Wird über Erlaubnis berichtet, die in einer konkreten Einzelsituation in der Vergangenheit erteilt wurde, so kann in Fragen und bejahten Aussagesätzen nur *was/were allowed to* gebraucht werden:
Were you allowed to *watch the late night film last night? – Yes, I* ***was allowed to****.*
In der Verneinung ist *couldn't* jedoch möglich:
Were you allowed to *use a dictionary? – No, we* ***weren't allowed to / couldn't****.*

- In der indirekten Rede mit einem einleitenden Verb in einer Zeitform der Vergangenheit (*past tense* oder *past perfect*), verändern sich die in diesem Abschnitt genannten Verben wie folgt:
  can → could
  may → might
  may not → must not

could(n't) und *might* bleiben unverändert:
*"**Can/May** I use the phone?" → He asked if he **could/might** use the phone.*
*"You **can('t)/may** use the phone." → She said I **could(n't)/might** use the phone.*
*"Visitors **may not** take photographs." → The security guard said visitors **must not** take photographs.*
*"**Could/Might** I ask a question?" → She asked if she **could/might** ask a question.*

3-4 (Un-)Möglichkeit und (Un-)Gewissheit ausdrücken: ein Überblick

	Gegenwart/Zukunft **Vergangenheit**
Gewissheit	
1. Allgemein sagen, was immer sein kann bzw. konnte (unstrittige Fakten)	*can* *could*
2. Sagen, was in einem bestimmten Situationstyp geschehen kann bzw. konnte	*may* *might*
3. Schlussfolgern, wie ein Sachverhalt sein muss bzw. gewesen sein muss	*can only, must* *can only have, must have*
4. Sagen, was auf keinen Fall sein kann/könnte bzw. gewesen sein kann/könnte	*can't, couldn't* *can't have, couldn't have*
Ungewissheit	
1. Darüber spekulieren, was sein könnte bzw. gewesen sein könnte	*may, could, might* *may/could/might have*
2. Darüber spekulieren, was hätte sein können aber effektiv nicht so war	*could/might have*
3. Schlussfolgern, wie etwas sein könnte bzw. gewesen sein könnte	*may, could, might* *may/could/might have*
4. Sagen, was möglicherweise nicht der Fall ist bzw. war	*may not, might not* *may/might not have*
5. Sagen, was unter bestimmten Bedingungen evtl. geschehen wird	*may, could, might*
Sagen, was unter bestimmten Bedingungen evtl. geschehen würde	*could, might*
Sagen, was unter bestimmten Bedingungen evtl. geschehen wäre (aber effektiv nicht geschah)	*could/might have*

Fragen

1. Fragen, was konkret sein kann bzw. gewesen sein kann	*can* *can have*
2. Fragen, was evtl. sein könnte bzw. gewesen sein könnte	*could, might* *could/might have*

3 Gegenwärtige und zukünftige Möglichkeit ausdrücken: *can, could, may, might*

3.1 Über die Möglichkeit herrscht Gewissheit

- *can/can't* drückt eine allgemeine, immer oder nie bestehende Möglichkeit aus, über die Gewissheit besteht. Mit *can* wird ausgedrückt, was theoretisch immer möglich ist und als unstrittige Tatsache einfach existiert:
  It ***can*** *be very hot there in the summer.*
  That sort of mistake ***can*** *cost a lot of money.*
  Don't worry, it ***can*** *happen to anybody.*
  You ***can't*** *get milk from a bull.*
- *may (not)* kann ähnlich gebraucht werden. *may (not)* beschreibt eine Situation, die typisch ist, und drückt aus, dass etwas mit Gewissheit möglich ist, auch wenn es nicht immer eintreten muss:
  Embassy officials ***may*** *ask for proof of identification.*
  In a case like that doctors ***may*** *decide to send a patient to a specialist.*
  When the patient is poor, doctors ***may not*** *ask for a fee at all.*
  In den vorstehenden Sätzen wäre *can* gleichbedeutend mit *are able to* oder *are allowed to.*
  might kann in Bezug auf etwas Vergangenes gebraucht werden:
  Holidays abroad were unusual in the 1950s. Ordinary people ***might****, for example, spend a fortnight in Eastbourne, Blackpool or another coastal resort.*
- *can only* drückt eine Schlussfolgerung aus, über die Gewissheit besteht:
  Who's that singing in the shower? – It ***can only*** (= *must*) *be John.*

3.2 Über die Möglichkeit wird spekuliert

- *may, could* oder *might*, aber nicht *can*, werden in bejahten Aussagesätzen gebraucht, um über etwas zu spekulieren, das man aber nicht genau weiß. Dabei drückt *may* mehr Überzeugung als *could* oder *might* aus:
  The phone's ringing. It ***may/could/might*** (NICHT: *can*) *be Philip, I suppose.* (Es kann/könnte Philip sein …)
  I don't know who that woman is. She ***may/could/might*** *be Don's wife.* (Sie kann/könnte … sein.)
- In realen Bedingungssätzen kann eine Möglichkeit mit *could, may* oder *might* ausgedrückt werden, in irrealen Bedingungssätzen aber nur mit *could* oder *might*, nicht mit *may.* (Zum Unterschied zwischen realen und irrealen Bedingungssätzen s. **if**):

If the wind increases, the fog ***could/may/might*** *disappear.* (Wenn der Wind zunimmt, könnte der Nebel verschwinden.)
If the wind increased, the fog ***could/might*** (NICHT: *may*) *disappear.* (Wenn der Wind zunehmen würde, könnte der Nebel verschwinden.)

3.3 Nicht-Möglichkeit

- *may not* und *might not* (aber nicht *can't* oder *couldn't*) drücken aus, dass etwas möglicherweise nicht der Fall ist:
  I ***may/might not*** *come to the party. I haven't decided yet.* (Es kann sein, dass ich nicht zur Party komme.)
  They ***may/might not*** *agree to our suggestions. [I don't know if they will or not.]* (Es kann sein, dass sie unseren Vorschlägen nicht zustimmen.)
  We ***may/might not*** *know the results for a month. I don't know when they are due.* (Es kann sein, dass wir die Ergebnisse erst in einem Monat wissen.)
- *can't* drückt aus, dass etwas unmöglich der Fall sein kann. Das Gegenteil von *can't* ist in diesem Fall *must*, das absolute Gewissheit (aufgrund einer Schlussfolgerung) ausdrückt:
  The phone's ringing, but it ***can't*** *be Jim. He's already rung.* (... es kann nicht Jim sein.) [Gegenteil: *It must be Jim.*]
  That white stuff must be foam. It ***can't*** *be snow – the temperature is over 10 degrees.* (Es kann kein Schnee sein ...)
  But that's ridiculous! He ***can't*** *be serious, surely!*
- Auch mit *couldn't* kann man eine Möglichkeit zurückweisen, mit dem Unterschied, dass *couldn't* größere Zurückhaltung oder Unsicherheit ausdrückt als *can't*. *couldn't* statt *can't* wird auch benutzt, wenn ein irrealer Konditionalsatz impliziert wird:
  A ticket to Boston ***couldn't*** *cost more than $60, could it?* (Eine Fahrkarte nach Boston kann doch wohl/sicher nicht mehr als $ 60 kosten, oder?)
  That ***couldn't*** *happen in this country [if we got into the same situation].* (Das könnte hierzulande nicht passieren.)

3.4 Fragen nach einer Möglichkeit

- Die Frage nach einer Möglichkeit kann mit *can* oder – zurückhaltender und distanzierter – mit *could* bzw. *might* gestellt werden, jedoch nicht mit *may:*
  I've looked everywhere for her. Where ***can*** *she be?* (Wo kann/mag sie sein?)
  The phone's ringing. Who ***can*** *it be at this time of the day?* (Wer kann/mag es ... sein?)
  What ***could/might*** *be the reason?* ***Could/Might*** *Dennis know?* (Was könnte der Grund sein? Könnte Dennis es wissen?)
  The result seems so extraordinary. ***Could/Might*** *there be a mistake?* (Könnte da ein Fehler vorliegen?)
  In indirekten Fragen ist *may* jedoch möglich:
  I don't know what the reason ***may/can/might/could*** *be.*

3.5 Möglichkeit in der indirekten Rede

- In der indirekten Rede mit einleitendem Verb im *past tense* oder *past perfect* verändern sich die Verben *can('t)* und *may (not)* zu *could(n't)* und *might (not)*. *could(n't)* und *might (not)* verändern sich nicht:
  *"It **can/could** be very hot there in summer." → He said it **could** be very hot there in summer.*
  *"I **may/might** not come to the party." → She said she **might** not come to the party.*

4 Vergangene Möglichkeiten ausdrücken: ***could, might; can('t) / could(n't) / may (not) / might (not) have*** **+ Partizip Perfekt**

4.1 Über die vergangene Möglichkeit herrscht Gewissheit

- Mit *could/couldn't* wird eine allgemeine, immer oder nie bestehende Möglichkeit in der Vergangenheit ausgedrückt, über die Gewissheit besteht:
  *In those days it **could** be very difficult to find a Chinese restaurant.* (... konnte es schwierig sein ...)
  *It **could** be very hot there in the summer.* (Es konnte ... sehr heiß sein.)
  *An error like this **couldn't** ever happen in those days.* (... konnte damals nie passieren.)

4.2 Über die vergangene Möglichkeit wird spekuliert

- *may have, could have* und *might have* (in der Regel aber nicht *can have*) + Partizip Perfekt werden in bejahten Aussagesätzen gebraucht, um über etwas in der Vergangenheit zu spekulieren:
  *He **may/could/might have** taken the train to Edinburgh or London. We don't know.* (Er kann/könnte den Zug ... genommen haben.)
  *There **may/could/might have** been another reason. We shall have to try and find out.* (Es kann/könnte einen anderen Grund gegeben haben.)
- Wenn man weiß, dass sich die theoretische Möglichkeit, die in der Vergangenheit bestand, effektiv nicht erfüllte, so wird *could have* oder *might have*, aber nicht *may have*, gebraucht:
  *The accident **could/might have** (NICHT: may have) been much worse, but fortunately it wasn't.* (Der Unfall hätte viel schlimmer sein können ...)
  *I **could/might have** (NICHT: may have) ended up a doctor, I suppose, instead of an actor.*
- Auch in irrealen Bedingungssätzen wird eine Möglichkeit, die sich hätte erfüllen können, die aber effektiv nicht verwirklicht wurde, mit *could have* oder *might have*, aber nicht mit *may have* ausgedrückt:
  *We **could/might have** (NICHT: may have) won if Jack Williams hadn't been sent off by the referee.* (Wir hätten vielleicht gewonnen / gewinnen können, wenn Jack Williams nicht vom Schiedsrichter vom Platz gestellt worden wäre.)
  *If the wind had increased, the fog **could/might have** (NICHT: may have) disappeared, but it didn't. It stayed foggy all day.*

4.3 Zukünftige Möglichkeit aus der Perspektive der Vergangenheit; Vergangene Möglichkeit aus der Perspektive der Gegenwart/Zukunft

- Mit *might/could* wird eine aus der Perspektive der Vergangenheit zukünftige Möglichkeit ausgedrückt. Wenn die Möglichkeit jetzt immer noch in der Zukunft liegt, ist auch *may* möglich, sonst jedoch nicht:
  They decided to stay at home because the political situation in Iran ***might/could*** (NICHT: *may*) *get worse, which it did.* (sich verschlechtern könnte)
  They decided to stay at home because the political situation in Iran ***may/ might/could*** *get worse, which it probably will.*
  could wird jedoch zum Ausdruck einer Möglichkeit vermieden, wenn die Gefahr einer Fehlinterpretation besteht:
  Alan invited some friends round to dinner in the hope that they ***might*** *cheer Doris up.* (... in der Hoffnung, dass sie Doris vielleicht aufmuntern würden.) [= Möglichkeit]
  Alan invited some friends round to dinner in the hope that tehy ***could*** *cheer Doris up.* (... in der Hoffnung, dass es ihnen gelingen könnte, Doris aufzumuntern.) [= Fähigkeit]
- Mit *may/could/might have* + Partizip Perfekt kann eine aus der Perspektive der Gegenwart oder Zukunft vergangene Möglichkeit ausgedrückt werden:
  Don ***may/could/might have*** *arriv**ed** by now.* (Don ist jetzt vielleicht angekommen / könnte jetzt angekommen sein.)
  By this time next year, we ***may/could/might have*** *finished the project. We'll see.* (Bis nächstes Jahr um diese Zeit haben wir das Projekt vielleicht abgeschlossen / könnten wir ... abgeschlossen haben.)

4.5 Nicht-Möglichkeit in der Vergangenheit

- Mit den verneinten Formen *may/might not have* + Partizip Perfekt (jedoch nicht mit *can't have* oder *couldn't have*) kann ausgedrückt werden, dass etwas möglicherweise nicht der Fall war oder – in irrealen Bedingungssätzen – nicht der Fall gewesen wäre:
  Jim ***may/might not have*** *written a reply yesterday. I know he was very busy.* (Jim hat ... möglicherweise nicht beantwortet.)
  The computer ***may/might not have*** *cost so much in another shop. [But we don't know because we never tried to find out.]* (Der Computer hätte ... vielleicht nicht so viel gekostet.)
  That ***may/might not have*** *happened if they had had more time.* (Das wäre vielleicht nicht passiert ...)
- *can't have* + Partizip Perfekt drückt aus, dass etwas unmöglich der Fall sein konnte. Das Gegenteil von *can't have* ist in diesem Fall *must have. couldn't have* kann ähnlich gebraucht werden, drückt aber größere Zurückhaltung oder Unsicherheit aus (vgl. Abschnitt 3.3 oben):
  He ***can't have*** *taken the train to Aberdeen, he was too late for that.* (Er kann den Zug nach Aberdeen nicht genommen haben) [Gegenteil: *He must have taken*]

*They **couldn't have** found out from Jim, because he wasn't there.* (Sie können es wohl kaum von Jim erfahren haben / Sie haben es sicher nicht von Jim erfahren ...)
couldn't have kann aber auch eine irreale Bedingung implizieren:
*They **couldn't have** found out from Jim [if they had tried to], because he wasn't there.* (Sie hätten es ... nicht ... erfahren können ...)

- Der Unterschied zwischen *can't have* und *couldn't have* kann auch in der zeitlichen Perspektive liegen. Mit *can't have* wird z. B. das vergangene Ereignis vom Standpunkt der Gegenwart aus beurteilt, mit *couldn't have* von einem Standpunkt der Vergangenheit aus (z B. im Rahmen einer Erzählung):
  *The accident **can't have** been very bad, because he was back at the office the following week.* (Der Unfall kann nicht schlimm gewesen sein ...) [aus jetziger Sicht beurteilt]
  *The accident **couldn't have** been very bad, because he was back at the office the following week.* (Der Unfall konnte nicht schlimm gewesen sein ...) [aus damaliger Sicht, d. h. vom Erzählstandpunkt aus beurteit]

4.6 Fragen nach einer Möglichkeit in der Vergangenheit

- Die Frage nach einer Möglichkeit in der Vergangenheit kann mit *can have* oder – zurückhaltender und distanzierter – mit *could have / might have* gestellt werden, jedoch nicht mit *may have:*
  *Where **can*** (NICHT: *may*) *she **have** put the money?* (Wo kann/mag sie das Geld gelassen haben?)
  *He didn't go to Aberdeen or Glasgow. Where **could/might*** (NICHT: *may*) *he **have** gone?* (Wohin könnte er gefahren sein?)
  Oft jedoch werden andere Formulierungen gebraucht:
  *Where **do you think** she put the money?*
  *Where **do you think** he has gone?*

canal – channel (Kanal)

- Ein *canal* hat mit Wasser zu tun; es bezeichnet einen inländischen, konstruierten Wasserweg:
  *I always take my dog for a walk by the **canal**. It's quiet there even though it's not far from the city centre.*
- *channel* entspricht „Kanal" im Sinne eines Kommunikationswegs, speziell in der Unterhaltungsindustrie auch „Programm" oder „Sender":
  *You have to go through **the official/usual channels** to get permission.* (Man muss den Dienstweg gehen / sich an die üblichen Stellen wenden ...)
  Before we got a satellite dish (Satellitenantenne) *we could only receive four **channels** on our TV.* (... vier Programme/Kanäle ...)
  *Which **channel** has the most sport?* (Welcher Kanal/Sender / Welches Programm ...?)

- *channel* kann, wie *canal*, auch einen Wasserweg bezeichnen, bedeutet dann aber speziell eine Fahrrinne für den Schiffsverkehr oder eine Meeresenge:
  We sat on the harbour wall and watched the dredgers (Bagger) *digging sand from the* ***channel*** *that the big ships used to get in and out of the harbour.*
  In the past, you could only cross the (English) ***Channel*** *by boat or by plane.* (... den [Ärmel-]Kanal ...)

capable (fähig)

- Auf *able* folgt ein *to*-Infinitiv, auf *capable* dagegen *of* + *-ing*:
  He was ***capable of*** *ring****ing*** *friends up at two o'clock in the morning, but he wasn't* ***able to*** *understand that they might not appreciate it.*

car (Auto/Waggon) – **carriage** (Waggon)

1 *car* = "Auto"

- Präpositionen:
  I went to London ***by car****.* (mit dem Auto)
  Aber: *We came back from the party* ***in*** (NICHT: *with/by*) ***Jim's / our own car****.* (mit Jims / unserem eigenen Auto)
  The front wheel ***on the car*** *is damaged.* (am Auto)
- Eigene Autos werden manchmal liebevoll mit *she* bezeichnet:
  She's *a lovely old car. I'd never part with* ***her****.* (Ich würde mich nie von ihm trennen.)

2 *car – carriage*

- Im AE bedeutet *car* auch „Eisenbahn-Passagierwaggon". Im BE findet sich *car* im Sinne von „Waggon" nur in den Wortverbindungen *restaurant car / dining car / sleeping car*. Der schlichte Passagierwaggon heißt dagegen *carriage*:
  (BE:) *Mr Jones finished his meal in the* ***dining car*** *at 8.29, then returned to his seat in* ***carriage*** *no. 5.*
  (AE:) *This train has 12* ***cars****.*

car park – parking place/space – lay-by – picnic area (Parkplatz)

- Ein *car park* (AE: *parking lot*) ist der Ort, wo Autos gesammelt abgestellt werden. *parking place/space* bezeichnet den einzelnen Autoabstellplatz:

*The **car park** has a capacity of 2000 cars.* (Der Parkplatz fasst 2000 Autos.)
*I drove round the streets for 20 minutes before I found a **parking place/ space**.*
*You can't park there! That's my **parking place/space**.*

- Der Parkplatz außerorts, wo Reisende das Auto abstellen können, um sich auszuruhen oder eine Pause zu machen, heißt im BE *lay-by* (= Parkbucht, kleinerer Parkplatz direkt neben der Straße) oder (größer, als Rastplatz eingerichtet:) *picnic area*:
*At two o'clock in the morning I was so tired that I parked the car in a **lay-by** and slept for two hours.*
*On British motorways you don't find **picnic areas** in the country as in Germany, but only service areas with a petrol station, restaurants and shops.*

(to) **care (about/for),** (to) **take care (of)**

- *care (about)*:
*Is this important to you? – Oh yes, I **care** a lot.* (... es liegt mir viel daran / ich lege großen Wert darauf.)
*I really **care about** what happens to this old furniture.* (Es liegt mir sehr am Herzen ...)
*I **don't care about** shock**ing** people.* (Mir ist es egal, wenn/ob ich die Leute schockiere.)
*She said she **doesn't care if/whether** she never/ever sees me again.* (... es sei ihr egal, ob ...)
The Smiths' summerhouse (Gartenhäuschen) *has been broken into. – **Who cares?*** (Na und? / Wen kümmert's?)
*I **couldn't care less** what happens to their summerhouse.* (Es ist mir völlig egal/schnuppe ...)
For all (betont:) ***I care**, the burglars could have burned the damn thing down.* (Meinetwegen hätten ... niederbrennen können.)
*They've lost a couple of garden chairs. – **What do*** (betont:) ***I care**!* (Was geht mich das an!)

- *care for*:
*I **don't care for** sweet wines very much.* (Ich mache mir nichts aus ... / Ich mag ... nicht.)
***Would you care for** a drink?* (Möchten Sie ...?)
*She **cared for** her ageing parents for years.* (Sie sorgte ... für ... / Sie pflegte ...)

- *take care (of)*:
*Our neighbours **take care of** the dog when we go away.* (... sorgen für / kümmern sich um ...)
*They always **take good care of** him.* (... sorgen ... gut für ihn.)
*Janet will **take care of** the invitations.* (... kümmert sich um ...)
*Look what you've done. Why don't you **take care of** your things better?* (Warum passt du nicht besser auf deine Sachen auf?)

Take care *not* ***to*** *drop it /* ***that*** *you don't drop it.* (Pass auf, dass du es nicht fallen lässt.)
You'll have to ***take care*** (auch: *be careful [of]*) *what you say.* (Du musst aufpassen, was du sagst.)
See you tomorrow. ***Take care.*** (Tschüs. / Pass auf dich auf.)

careful (vorsichtig), **careless** (unvorsichtig)

- Präpositionen bei *careful/careless*:
  I was ***careful/careless with*** *the vase. It's worth over $2000.* (... vorsichtig/unvorsichtig mit ...)
  She was ***careful (about) / careless about*** *what she told him.* (Sie achtete [nicht] darauf, was ...)
  You have to be ***careful of*** *the traffic in this road.* (Man muss ... auf den Verkehr achtgeben.)
  He was a child ***careless of*** *danger.* (... gleichgültig gegen Gefahr / unbekümmert um Gefahr ...)

- *careful/careless* können in folgenden Konstruktionen gebraucht werden:
  Be careful *not* ***to*** *wake the children.* (Achte darauf, dass du nicht die Kinder weckst.)
  Be careful (that) *you don't wake the children.*
  He was careful to *note down the address before leaving.* (Er war so achtsam, ... zu notieren ...) [einzelne konkrete Situation: *be careful to*]
  We are *always* ***careful about*** *lock****ing*** *up /* ***to*** *lock up before we go out.* (Wir achten immer darauf, dass wir abschließen ...) [allgemeine Aussage: *be careful about -ing* oder *be careful to*]
  It was *very* ***careful of*** *him* ***to*** *check each individual child's work.* (Es war sehr sorgfältig von ihm ...) [Diese Konstruktion ist nicht möglich ohne *of* + Nomen/Pronomen.]
  We are careful that *the doors and windows* ***are*** *always /* ***should*** *always* ***be*** *locked.* (Wir achten darauf, dass die Türen ... geschlossen sind.)
  I was careful *wash****ing*** *up the valuable vase.* (Ich war vorsichtig beim Abwaschen der wertvollen Vase.)
  He was careless to *lose the piece of paper with the address.* (Es war nachlässig von ihm, den Zettel mit der Adresse zu verlieren.)
  It was careless *(****of*** *him) not* ***to*** *write down the address.* (Es war nachlässig [von ihm], die Adresse nicht aufzuschreiben.)
  We are *always* ***careless about*** *lock****ing*** *up before we go out.* (Wir sind immer nachlässig, was das Abschließen ... betrifft ...)
  She was careless *wash****ing*** *up the vase and cracked it.* (Sie war unvorsichtig beim Abwaschen der Vase...)
  It was careless *leav****ing*** *the car there.* (Es war unvorsichtig, das Auto dort abzustellen.)

carriage ⇨ car

(to) **carry** – (to) **bear** – (to) **support** – (to) **wear** (tragen)

- *carry* entspricht in seiner Grundbedeutung dem deutschen „tragen" im Sinne von „mitführen/befördern":
  The man ***was carrying*** *two heavy suitcases.*
  "I always ***carry*** *a gun* ***on*** *me," the policeman said.* (Ich trage immer eine Pistole bei mir)
  a train/plane/ship ***carrying*** *several hundred passengers ...* (... mit mehreren hundert Passagieren ...)

- *bear* kann in literarischen Texten ebenfalls in der Bedeutung „mitführen/ befördern" gebraucht werden, wird aber meist im übertragenen Sinne gebraucht:
  bear s.b.'s weight (jds. Gewicht tragen)
  bear the responsibility/blame/cost/expense/consequences (die Verantwortung/Schuld/Kosten/Folgen tragen)
  bear fruit (Früchte tragen)
  bear a burden / an illness / the pain / a loss (eine Last / eine Krankheit / die Schmerzen / einen Verlust [er]tragen)
  Zum Gebrauch von *can't bear* s. **bear: can't bear**

⚠ „tragen" im Sinne von „hochhalten" wird durch *support* wiedergegeben:
The bridge ***is supported*** *by six pillars.* (... wird von sechs Pfeilern getragen.)
Salt water ***supports*** *swimmers better than fresh water.*

- „tragen" im Sinne von „Kleidung/Schmuck/Haare/Haarteil/Brille/Hörgerät usw. direkt am Körper tragen" entspricht *wear*:
  He ***wears*** *a toupet and a hearing aid.* (Er trägt ein Toupet und ein Hörgerät.)
  She usually puts her hair up but sometimes she ***wears*** *it long.* (Sie steckt für gewöhnlich die Haare hoch, aber manchmal trägt sie sie lang.)
  Ein Körperteil oder Kleidungsstück wird nach *wear* mit der Präposition *on* angeschlossen:
  She ***wears*** *the Star of David* ***on*** *her arm/sleeve.* (... am Arm/Ärmel.)

case: in case

- *in case* (oder *just in case*) entspricht „falls" im Sinne von „für den [möglichen] Fall, dass", jedoch nicht im Sinne von „wenn / im Falle, dass" (außer gelegentlich im AE). *in case* wird gebraucht, wenn sich jemand vorsorglich auf etwas vorbereitet oder einstellt, das möglicherweise eintreten könnte. Für „falls" in Bedingungssätzen (= „wenn / im Falle dass) wird *if* verwendet:

*I'll take a book with me to the doctor's **in case** I (should) have to wait.* (... für den [möglichen] Fall, dass ich warten muss.)
*I'll read something **if** I have to wait.* (... im Falle, dass ich warten muss.)
*I'm taking an umbrella with me **in case** it starts / should start to rain later on.*
***If** it starts to rain I'll put up my umbrella.*

- *(just) in case*, als Adverb gebraucht, bedeutet „für alle Fälle / vorsichtshalber":
*The weather doesn't look very good. I think I'll take an umbrella with me when I go out, **(just) in case**.*
*I don't think the shop shuts for lunch, but I'll ring up to make sure, **just in case**.*

- *in case* ist also eine Konjunktion oder ein Adverb. In folgenden Wendungen ist *case* ein normales Nomen:
*We can't go to the Green Globe, it's shut on Mondays. – **In that case** let's go to the Crown.* (In diesem Fall ...)
***In the case of** a loss of pressure in the cabin, oxygen masks will fall automatically from the cabin ceiling.* (Im Falle eines Druckverlustes in der Kabine ...)
***In case of** fire break this glass.* (Im Falle eines Brandes ...) [Telegrammstil für *In the case of a fire*]

casualty ⇨ victim

Catholic – catholic

- *Catholic* (Betonung auf der ersten Silbe ['kæθ(ə)lɪk]) ist sowohl ein Nomen („Katholik[in]") als auch ein Adjektiv („katholisch"). Die Religionszugehörigkeit kann mit oder ohne Artikel ausgedrückt werden. Mit Artikel ist *Catholic* ein Nomen, ohne ein Adjektiv:
*She's **a Catholic**.* (Sie ist Katholikin.)
*Her husband isn't **Catholic**.* (... nicht katholisch.)

- *catholic*, kleingeschrieben, bedeutet „breit/umfassend/vielseitig" und verbindet sich mit Nomen wie *interests/tastes/opinions*. Ein Mensch, der *catholic interests/tastes/opinions* besitzt, ist tolerant, ohne Vorurteile:
*She's an educated woman with very **catholic** tastes.* (... mit sehr vielseitigen Neigungen.)

cattle (Vieh)

⚠ Auf *cattle* folgt ein Verb in der Pluralform. Pronomen und Begleiter, die sich auf *cattle* beziehen, stehen ebenfalls im Plural:
*The **cattle were** waiting, **their** heads in the air.* (Das Vieh wartete mit erhobenen Köpfen.)

(to) **cause** (verursachen, veranlassen)

- Auf *cause* kann ein Objekt plus *to*-Infinitiv folgen, aber kein *that*-Satz:
This sudden turn of events ***caused him to*** *reconsider his position.* (Diese plötzliche Wende in den Ereignissen veranlasste ihn, seine Position zu überdenken.)
The bomb scare ***caused airports and railway stations to*** *be closed* (NICHT: *caused that* ...). (Der Bombenalarm hatte zur Folge, dass Flughäfen und Bahnhöfe geschlossen wurden.)

caution (Vorsicht), (to) **caution** (warnen)

⚠ *caution* entspricht „Vorsicht", nicht „Kaution". „Kaution" wird mit *deposit* oder *bail* wiedergegeben:
We must proceed with ***caution****. It is a delicate matter.* (Wir müssen Vorsicht walten lassen. Es ist eine heikle Angelegenheit.)
drei Monatsmieten Kaution = *three months' rent* ***as a deposit***
Er wurde gegen Kaution freigelassen. = *He was set free* ***on bail.***

- Auf das Verb *caution* (förmlich = „warnen", „auf etw. hinweisen") können ein *that*-Satz oder *against* + *-ing*-Form folgen, beide mit oder ohne Personenobjekt. Vor *about* + *-ing*-Form bzw. vor einem *to*-Infinitiv muss aber ein Personenobjekt stehen. Dem deutschen „jdn. davor warnen etw. zu tun" entspricht im Englischen ein verneinter Infinitiv caution *s.o. not to do s.th.)*:
The teacher ***cautioned (them)*** *that the exam would not be easy.* (Die Lehrerin wies [sie] darauf hin, dass ...)
My friend ***cautioned (me) against going*** *to the meeting on my own.* (Mein Freund warnte [mich] davor, allein ... zu gehen.)
He ***cautioned me about going*** *on my own.*
I ***cautioned the children not to*** *throw* (NICHT: *I cautioned not to throw* UND NICHT: *I cautioned the children to throw) any more stones.* (Ich warnte die Kinder davor, weitere Steine zu werfen.)

(to) **cease** (aufhören)

- *cease* wird [siːs] ausgesprochen. Nicht verwechseln mit *seize* [siːz] = „ergreifen".
- *cease* ist ein förmliches Wort. Auf *cease* kann – im Gegensatz zu *stop* – ohne wesentlichen Bedeutungsunterschied ein *to*-Infinitiv oder eine *-ing*-Form folgen:
"We shall ***cease to have / cease having*** *any influence in the world," the politician warned.*

(to) **celebrate** (feiern)

- Das Objekt von *celebrate* kann als *-ing*-Form oder *the fact that* angeschlossen werden. Ein einfacher *that*-Satz ist jedoch nicht möglich:
  Anna wants to ***celebrate*** *winn**ing** the award by inviting us all out to dinner.* (Anna möchte feiern, dass sie den Preis gewonnen hat, indem sie uns alle zum Essen einlädt.)
  Anna wants to ***celebrate the fact that*** (NICHT: *celebrate that*) *she has won ...*

⚠ Das Nomen *party* kann nicht Objekt von *celebrate* sein:
Wir feiern eine Party. = *We're* ***having*** *a party.*

⚠ Der Gebrauch von *celebrate* setzt ein besonderes Ereignis voraus. „feiern" im Sinne von „gemütlich zusammensitzen", „spontan Spaß haben" wird anders ausgedrückt:
Philip kam gestern abend vorbei und wir haben ein bisschen gefeiert, einfach so. = *Philip came round yesterday evening and we* ***had a bit of a party,*** *just like that.*

certain – sure (sicher/gewiss)

1 Prädikativer Gebrauch nach einem Verb

- *certain* und *sure* werden in der Regel prädikativ, d. h.nach Kopulaverben wie *be/feel/look/seem/sound* gebraucht:
  Are you ***certain/sure?*** *– Yes, I feel* ***certain/sure.***
- Nach einem persönlichen Subjekt (z. B. *I, the woman, Anna*) sind mehrere Konstruktionen möglich:
  I'm certain/sure of/about *the date.* (Ich bin mir des Datums sicher.)
  You have to book early to ***be certain/sure of*** *gett**ing** a ticket.* (... um sicher zu sein, eine Karte zu bekommen)
  I'm certain/sure to *meet him this evening.* (Ich werde ihn sicher heute Abend treffen.)
  I'm certain/sure (that) *it will rain* (NICHT: *it rains*) later. (Ich bin [mir] sicher, dass es später regnet.)
  I'm not certain/sure whether to *wait or what I should do.* (Ich bin mir nicht sicher, ob ich warten soll oder was ich tun soll.)
  I'm not certain/sure whether/if *I'll be here tomorrow.* (Ich bin mir nicht sicher, ob ...)
- Nach unpersönlichem *it* sind folgende Konstruktionen möglich:
  It is certain (NICHT: *sure*) ***(that)*** *she will be at the party.* (Es ist sicher, dass ...)
  It is certain/sure to *rain.* (Es wird sicher regnen.)

- *certain/sure of doing* und *certain/sure to do* haben unterschiedliche Bedeutungen:
  She's certain/sure of winning. *She can't imagine that she could possibly lose.* (= Sie ist sich sicher, dass sie gewinnt.)
  She's certain/sure to win. *She's the best player in the world.* (= Ich, der Sprecher, bin mir sicher, dass sie gewinnen wird.)

2 Attributiver Gebrauch vor einem Nomen

- *certain* und *sure* können beide – in der Bedeutung „sicher" – vor einem Nomen stehen, sind aber in dieser Position nicht austauschbar, sondern an gewisse Wortverbindungen gebunden:
  a sure eye/hand/instinct/method/proof/sign/way (Methode)/*thing* [*sure* = zuverlässig, was Sicherheit garantiert]
  certain death/defeat/failure (Scheitern)/*victory* [*certain* = was mit Sicherheit eintreten wird]

⚠ Vor *certain* steht kein Artikel, wenn das Nomen nicht z. B. durch eine *of*-Fügung oder einen Relativsatz näher bestimmt wird:
Certain *death awaited them.* (Der sichere Tod ...)
The certain death that *awaited them /* ***of*** *the mutineers ...*

- *certain*, jedoch nicht *sure*, steht vor einem Nomen in der Bedeutung „gewiss":
  Certain *people would disagree with you.* (Gewisse Leute ...)
  a certain *Harry Blythe* (ein gewisser Harry Blythe)

⚠ *certain* („ein[e] gewiss[e/r] = etwas") kann nicht direkt vor einem nicht zählbaren Nomen stehen:
He had a ***certain amount of*** *success* (NICHT: *a certain success*) *at the beginning of his career.* (Er hatte ... einen gewissen Erfolg.)
You'll need a ***certain amount of*** *time* (NICHT: *a certain time*) *to get used to the job.* (... eine gewisse Zeit ...)

- Wendungen mit *certain/sure*:
  I ***know for certain/sure*** *(that) I locked the door when I left.* (Ich weiß ganz sicher ...)
  I ***made certain/sure*** *(that) the neighbours knew we were away.* (Ich habe sichergestellt / mich vergewissert, dass ...)

certainly (sicher[lich]) – **surely** (doch)

- Der Gebrauch von *certainly* und *surely* ist keineswegs identisch. *certainly* drückt die Überzeugung des Sprechers aus und entspricht „zweifellos / bestimmt / ganz sicher / auf jeden Fall":
  The Channel Tunnel ***certainly*** *cost a lot to build.*
  I'd ***certainly*** *like to see that film again one day.*
  "Do you agree?" – "I ***certainly*** *do."*
  It's ***certainly*** *colder than when we were here last year.*
  Im AE wird statt *certainly* auch *sure* gebraucht.

- *certainly* wird ferner als höfliche, bejahende Antwort auf eine Bitte gebraucht und ist dann gleichzusetzen mit *of course*. *certainly not* ist eine stark ablehnende Reaktion auf eine Bitte, eine Frage oder einen Vorwurf:
*Can you help me with this suitcase, please? – **Certainly**.* (Selbstverständlich/Natürlich.)
*May I borrow your car? – **Certainly not!*** (Auf keinen Fall!)
*Do you want to meet Mrs Barnet? – **Certainly not!** You know what I think of that dreadful woman.* (Auf keinen Fall!)
*It's all your fault. You left the window open. – **Certainly not!*** (Keineswegs!)

- *surely (not)* wird in rhetorischen Fragen verwendet. Es entspricht „(doch) bestimmt (nicht) / doch (nicht)" und ist gleichzusetzen mit der Frage „es ist doch (nicht) wahr, dass ...?". *surely* drückt Zweifel, Unglauben oder Überraschung aus und wird auch eingesetzt, um einen Gesprächspartner zu überzeugen:
***Surely** you do**n't** believe that?* (Das glaubst du doch nicht, oder?)
*They're **surely not** going to invite that awful man?* (Sie wollen doch nicht diesen schrecklichen Menschen einladen?)
*We'll be home by midnight, **surely**?* (Wir sind doch bestimmt bis Mitternacht zu Hause?)
***Surely** you need some help? Come on, I'll give you a hand.* (Sie brauchen bestimmt / doch sicher Hilfe?)

chance ⇨ possibility

change, (to) change

1 Das Nomen *change*

- *change* hat als Nomen verschiedene Bedeutungen, z. B. „Veränderung/Wechsel/Wechselgeld" (Näheres s. ein Wörterbuch).

- *change* wird in der Regel mit den Präpositionen *in* und *to* gebraucht:
*Have you seen any **change(s) in** her recently?*
*We have seen several **changes in** the way the benefits system is organized.*
*The government **has made** several **changes to** the system.*
*The **change to** decimal currency is a long time ago now.*
In folgenden Wortverbindungen wird *change* jedoch mit *of* und *for* gebraucht:
*Have you got **a change of clothes?*** (Kleidung zum Wechseln)
*What you need is a **change of climate/scene/air**.* [Aber: *a change in the weather* = „Wetterwechsel"]
*There's been a **change of plan.***
*After the election there was a **change of government**.*

*Can you give me **change for** a dollar?* (Können Sie einen Dollar [in Kleingeld] wechseln?)
*Haven't you got anything smaller? I haven't got **change for** $100.* (Ich kann auf $ 100 nicht herausgeben.)

- Die Redewendungen *make a change* und *for a change* werden gebraucht, wenn jemand eine Veränderung als etwas Positives empfindet:
*This is very nice. **It makes a change to** be driven / be**ing** driven instead of driving myself.* (Es ist mal etwas anderes, gefahren zu werden ...)
*It's nice to be driven **for a change**.* (... zur Abwechslung ...)

2 Das Verb *(to) change*

- *change* hat eine ganze Reihe von Entsprechungen im Deutschen: „(sich) ändern / (sich) verändern / wechseln / umsteigen / (sich) umziehen / umtauschen / (sich) verwandeln". Vgl. dazu ein Wörterbuch.
- Präpositionen:
*The frog **changed*** (auch: *turned*) ***into** a beautiful prince.* (... verwandelte sich in ...)
*I want to **change** this pullover **for** a larger size.* (... umtauschen gegen ...)
*When I come home from work I **change out of** my suit **into** a pair of old jeans.* (... tausche/wechsle ich meinen Anzug gegen ein Paar alte Jeans.)

⚠ Auf *change* folgt im Englischen oft ein Pluralnomen, wo im Deutschen der Singular steht:
*I told the hotel manager that I refused to sleep next to the lift and that I wanted to **change rooms**.* (... dass ich in ein anderes Zimmer umziehen wollte.)
*I **changed jobs** last year and we moved to Oxford. The children had to **change schools** of course.* (Ich habe ... die Arbeitsstelle gewechselt ... mussten ... die Schule wechseln.)
*I had to **change planes/trains** in London.* (Ich musste ... in ein anderes Flugzeug / einen anderen Zug umsteigen.)
*Janet wanted to sit by the window so we **changed places**.* (... also haben wir die Plätze getauscht.) [hier auch im Deutschen Plural]

channel ⇨ canal

chaos (Chaos)

- *chaos* ist im Englischen nicht zählbar, d. h. es kann nicht mit dem unbestimmten Artikel *a* gebraucht werden:
*We left in a hurry and left **chaos** behind us.* (Wir gingen in Eile weg und hinterließen ein Chaos.)
*What was the children's party like? – Absolute **chaos**.* (Ein absolutes Chaos.)

(to) **chase** ➪ (to) **hunt**

chef – boss – chief

⚠ *chef* bezeichnet einen (in der Regel männlichen) Berufskoch oder Küchenchef. Das deutsche „Chef" wird dagegen mit *boss* wiedergegeben:
*The **chef** at this restaurant is famous for his soufflés.* (Der Küchenchef ...)
*The **boss** came into our office and said we had won a big new order.* (Der Chef ...)
Zum Unterschied zwischen *chef* und *cook*, s. **cook**

- *chief* wird nur flapsig-humorig als Nomen in der Bedeutung „Chef" gebraucht:
  *The big white **chief** wants to see you, Jacko mate.*
  Als Adjektiv entspricht es „Chef-" in bestimmten Wortverbindungen, z. B.:
  *She's the new **chief engineer / chief designer / chief editor**.* (... Chefingenieurin/Chefdesignerin/Chefredakteurin.)

chemist ➪ baker

cheque (Scheck)

- Präpositionen:
  *I gave her **a cheque for** $100.* (... einen Scheck über $ 100.)
  *Are you **paying by cheque / by eurocheque**?*
- Im AE wird das Wort *check* geschrieben und bedeutet „Scheck" oder „Rechnung".

chief ➪ chef

chips (Pommes frites) – **crisps** (Kartoffelchips)

- *chips* entspricht im BE „Pommes frites". Im AE (und häufig in Hamburgerrestaurants in GB) heißen sie *french fries*. „(Kartoffel-)Chips" sind im BE *crisps*, im AE dagegen *potato chips*:
  (BE:) ***Chips / French fries** with ketchup, please.*
  He often sits in front of the TV with a packet of (BE:) **crisps** / (AE:) ***potato chips.***

(to) **choose** – (to) **elect** – (to) **vote** – (to) **select** (wählen/ auswählen)

1 Bedeutungsunterschiede

- *elect* und *vote* haben beide mit Wahlen und Abstimmungen zu tun und entsprechen „wählen" nur in diesem Sinn. *elect* bedeutet „eine Person durch Abstimmung für einen Posten wählen". *vote* bedeutet „seine Stimme abgeben". Weitere Einzelheiten s. die entsprechenden Einträge:
*She **was elected** President.* (Sie wurde zur Präsidentin gewählt.)
*In this country you can **vote** when you're 18.*

- *choose* ist die allgemein gebräuchliche Entsprechung für „(aus)wählen". *select* ist eine eher förmlichere Variante dafür. *select* impliziert außerdem sorgfältiges Auswählen – *selected* (= ausgewählt) als Adjektiv wird häufig in der Werbung gebraucht:
*You don't have to **choose** the colour now, you can choose later.*
*All our products **have been** carefully **selected** to meet your individual needs.* (... sind sorgfältig ausgesucht worden ...)
select kann im Gegensatz zu *choose* nur transitiv (mit direktem Objekt) gebraucht werden:
*Go on. You **choose**.* (Mach mal. Wähle du.)
***Select** your size and colour and enter them in the box below.*

2 Konstruktionen und Präpositionen mit *(to) choose*

- Auf *choose* kann ein Objekt + *to*-Infinitiv folgen:
*We **chose Ann to** be our team leader and **to** train us.*
*Ann **was chosen to** be our team leader and **to** train us.*
Die gleiche Konstruktion ist auch mit *select* möglich.

- *choose to do s.th.* bedeutet „es vorziehen, etwas zu tun" / „beschließen, etwas zu tun":
*He **chose to** ignore the danger.*
*She **chose not to** comment.*
elect (förmlich) kann mit der gleichen Bedeutung ebenso gebraucht werden.

- Präpositionen bei *choose*:
*You can **choose between** a Value ticket and a Flexi-ticket.* [*between* bei zwei Wahlmöglichkeiten]
*There are 22 different models you can **choose from*** (NICHT: *between*). [*choose from* bei mehr als zweien]

Christ (Christus) – **Christian** (Christ/christlich)

- *Christ* [kraɪst] entspricht „Christus", dem deutschen Wort „Christ(in)" entspricht *Christian*. Beide Wörter werden großgeschrieben. Nach *be/ become* wird *Christian* mit dem unbestimmten Artikel gebraucht:

The tradition dates back to the time before ***Christ****.* (... geht auf die Zeit vor Christus zurück.)
I'm ***a Christian****.* (Ich bin Christ[in].)

- *Christian* entspricht auch dem Adjektiv „christlich":
  The ***Christian*** *religion is 2000 years old.* (Die christliche Religion ...)

Christmas (Weihnachten)

- Präpositionen und Wendungen mit *Christmas* – ohne Artikel:
  this/last/next *Christmas* (diese/letzte/nächste Weihnachten)
  on *Christmas Eve / Christmas Day / Boxing Day* (am Heiligen Abend / am 1. Weihnachtstag / am 2. Weihnachtstag)
  on *Christmas morning/afternoon* (am Morgen/Nachmittag des 1. Weihnachtstags)
  at *Christmas /* ***at*** *Christmas time* (zu Weihnachten / zur Weihnachtszeit)
  in *Christmas week* (in der Weihnachtswoche)
  get/buy/give s.b. s.th. ***for*** *Christmas* (jdm. etw. zu Weihnachten besorgen/kaufen/schenken)
  go somewhere ***for/over*** *Christmas* (zu/über Weihnachten irgendwohin fahren)
  go to s.b. ***for*** *Christmas / visit s.b.* ***at*** *Christmas / spend Christmas* ***with*** *s.b.* (zu jdm. zu Weihnachten hinfahren / jdn. zu Weihnachten besuchen / Weihnachten mit jdm. verbringen)
  Happy/Merry Christmas*!* (Frohe/Fröhliche Weihnachten!)

church

- *church* steht ohne Artikel, wenn es im Sinn von „Gottesdienst" gebraucht wird, d. h.wenn etwas über den ureigensten Zweck einer Kirche ausgesagt wird:
  I go ***to church*** *every Sunday for the 11 o'clock service.* (Ich gehe ... in die Kirche. [= zu Gottesdienst])
  Most of the people in the village were ***at church*** *when the fire started.* (... waren in der Kirche ... [= im Gottesdienst])
  After church *the men traditionally went to the pub.* (Nach der Kirche ... [= nach dem Gottesdienst])
  Vgl. dagegen:
  I went ***to the church*** *because there were some interesting mosaics I wanted to see.* (... zur Kirche ... [= zum Kirchengebäude])
  I waited ***at/in the church****. That was the place where Ann and I had agreed to meet.* (... an/in der Kirche.)

cinema (Kino)

- *cinema* bezeichnet im BE die Einrichtung und das Gebäude; im AE wird zwischen *movies* und *movie house/theater* unterschieden:
  *Let's go **to the*** (BE:) ***cinema /*** (vorwiegend AE:) ***movies** this evening.* (... ins Kino.)
  The (BE:) ***cinema /*** (AE:) ***movie theater /*** (AE:) ***movie house** is next to the bank.* (Das Kino[gebäude] ...)
  Das im AE gebräuchliche Wort *movie* („Film") etabliert sich zunehmend auch im BE (statt *film*):
  *Let's just stay at home and watch a **movie**.*

citizen ⇨ nationality

city (Großstadt, *nicht* Stadtmitte)

⚠ *city* entspricht „Großstadt". Spricht man im Deutschen von der „City" im Sinne von „Stadtmitte", so entspricht dies *town centre / city centre* im BE, *downtown* im AE:
*London is the largest **city** in Britain.*
A lot of people work in the (BE:) ***town centre / in the city centre /*** (AE:) ***downtown**, but not many live there.*
Näheres zu *downtown*, s. eigenen Eintrag **downtown**

- Das Bankenviertel Londons heißt *the City of London* oder einfach *the City*:
  *John works for an investment bank in **the City**.*

class – form – grade ([Schul-]Klasse)

- *class* ist die allgemeine Bezeichnung für „Schulklasse". In Verbindung mit Zahlen, d. h. um eine Jahrgangsstufe zu bezeichnen ist jedoch im BE *form*, im AE *grade* gebräuchlich:
  *The German "Oberstufe" corresponds to the British **"sixth form"**.*
  *When I was in **7th grade** at high school, ...*
- *class* im Sinne von „Schulklasse" steht mit einem Verb im Singular und den Singularformen *it/its/which* (letzteres = Relativpronomen), wenn man die Klasse als Einheit meint. *class* wird mit einem Pluralverb und den Formen *they/their/who* gebraucht, wenn die einzelnen Personen gemeint sind:
  *We need room 10 for a meeting on Friday afternoon, so **Class** 5A, **which has its** French lesson there, **is** going to have to go somewhere else.*
  *The **class, who all** love **their** English teacher, **want** to give her a birthday party.*

⚠ *class* im Sinne von „Unterricht" steht nach den Präpositionen *to/in/ before/after* ohne Artikel:
*Janet **went to class** although she was feeling ill.* (... ging zum Unterricht ...)
*We **were in class** when the storm broke.* (Wir waren im Unterricht ...)
*I want a word with you **before/after class.*** (Ich will vor/nach dem Unterricht kurz mit dir sprechen.)

classic – classical (klassisch)

- *classical* entspricht „klassisch" in Verbindung mit Musik *(classical music)* und mit der römischen oder griechischen Antike. *classical* wird ferner in Bezug auf Theorien und Ideen angewandt, die allgemein verbreitet sind und als anerkannt gelten:
  *I like **classical music**, but I also like jazz.*
  ***Classical authors** such as Plato and Virgil are unknown to many people today.*
  ***classical** languages* (= Latin and Greek) / *(a) **classical** education* (klassische/humanistische Bildung) / ***classical** architecture* (= *Roman and Greek architecture*)
  ***Classical** scientific methods have proved to be useless in this case.* (Die klassischen wissenschaftlichen Methoden haben sich ... als nutzlos erwiesen.)
- Das Adjektiv *classic* (neben dem Nomen *classic* = „Klassiker") entspricht „klassisch" im Sinne von „in seiner Art hoch angesehen und von bleibendem Wert", „typisch" und, bei Kleidung, „zeitlos":
  *"Gone with the Wind" is a **classic** Hollywood film.*
  *That is **a classic case/example** of two many cooks spoiling the broth.*
  *She wore a simple, **classic** suit in dark blue.*

(to) **clean** – (to) **do the cleaning** (putzen)

- *clean* kann mit oder – in passivischer Bedeutung – ohne Objekt gebraucht werden:
  ***Clean** your shoes before you go in, please.*
  *This material **doesn't clean** very well.* (... lässt sich nicht gut putzen.)
  *My desk **needs cleaning**.* (... muss geputzt werden.)

⚠ „putzen" im Sinne von „die Putzarbeit (im Haushalt) verrichten" wird mit *do the cleaning* wiedergegeben:
*Who **is doing the cleaning** this week?* (Wer putzt diese Woche?)
***Have** you **done the cleaning** yet?* (Hast du schon geputzt?)

clear, clearly (klar)

- Vor *be clear* kann, im Gegensatz zum Deutschen, auch eine Person als Subjekt stehen, falls eine Präposition oder ein indirekter Fragesatz folgt:
  ***I'm clear** about what I have to do. = It's clear to me what I have to do.*
  ***He wasn't clear** (= certain/sure) whether he was expected. = It wasn't clear to him whether ...*
  Vor einem *that*-Satz ist jedoch nur die Konstruktion mit *it* möglich:
  ***It's clear** to all of us **that** he planned it like this from the start.*

⚠ *make it clear* bedeutet „klarstellen / klar und deutlich sagen". Dieser Ausdruck ist nur mit *it* + *that*-Satz (oder einem Ersatzausdruck wie *something / one thing*) möglich:
Ich möchte klarstellen, dass ich davon nichts gewusst habe. = *I would like to **make it clear** (NICHT: make clear) that ...*

- Das Adverb *clearly* entspricht „klar" oder „deutlich" als Adverb der Art und Weise:
  *I couldn't see very **clearly** because it was raining.*
  *You've got to speak **more clearly**, otherwise people at the back won't be able to hear you.*

- *clearly* wird aber auch im Sinne von „offensichtlich" benutzt. Es steht dann am Satzanfang oder in der Satzmitte (d. h.nach *be,* vor einem finiten Vollverb oder nach dem ersten Hilfsverb):
  ***Clearly** there is a need for more investment.*
  *They **had clearly forgotten** what we had discussed and agreed.*

- Auch *clear* wird als Adverb gebraucht – in der Wendung *loud and clear* („laut und deutlich") und, zusammen mit bestimmten Verben, in der Bedeutung „weg/fern":
  *Stand/Keep/Stay **clear**.* (Bleiben Sie fern.)
  Es kann auch eine präpositionale Fügung mit *of* angeschlossen werden:
  *Try to stand/keep/stay/get/jump **clear of** the doors.* (weg/fern von den Türen)

(to) **close** – (to) **shut**

- *close* und *shut* sind in der Bedeutung „zumachen / (sich) schließen / sich schließen lassen" meist austauschbar:
  *When do the shops open and **close/shut** in this country?*
  *Can you **close/shut** the door, please?*
  *This window doesn't **close/shut** very well.* (... lässt sich nicht sehr gut schließen.)

- In der Bedeutung „beenden / zum Abschluss bringen" ist jedoch nur *close* möglich:
  *She **closed** the speech/letter/account/meeting with a few meaningless platitudes.* (Sie beendete die Rede / den Brief / den Bericht / die Sitzung ...)

- Eine zeitweilige Sperrung oder endgültige Stilllegung sowie die Schließung eines Bankkontos kann nur mit *close* ausgedrückt werden:
  *The road / railway line / airport / border **has been closed**.* (… ist gesperrt/stillgelegt worden.)
  ***I've closed** my **account** at Lloyd's Bank.*
- Nur *shut* kann in der Bedeutung „einsperren" gebraucht werden:
  *We **shut*** (auch: *locked*) *the drunk in the next room till the police came.*
- Nur *closed*, nicht *shut*, kann als Adjektiv vor einem Nomen gebraucht werden:
  *The cold seemed to come in through the **closed** window.*

closet (*nicht* Klosett, *sondern* Schrank)

- *closet* ist im AE ein „Einbauschrank" (BE: *built-in wardrobe*):
  *She put the blue dress in the **closet**.*
  „Klosett/Klo" wird mit *toilet* wiedergegeben, umgangssprachlich auch mit (BE) *loo* oder (AE) *john*:
  *This room here is the **toilet**.*

cloth, clothes, clothing

- Aussprache: [klɒθ], [kləʊðz], [ˈkləʊðɪŋ]
- *cloth* ist zählbar in der Bedeutung „Tuch/Lappen", aber nicht zählbar in der Bedeutung „Stoff":
  *Quick, he's knocked his tea over. Get **a cloth**, can you? There are **two cloths*** [klɒθs] *in the kitchen.*
  *This shop sells **some** very fine **cloth**.* (… sehr schönen Stoff / schöne Stoffe.)
  In letzterer Bedeutung bezeichnet *cloth* in der Regel Woll- oder Baumwollstoff, aus dem Kleidung angefertigt wird. Die Begriffe *material* [nicht zählbar] und *fabric* [zählbar und nicht zählbar] (beide „Stoff") haben einen breiteren Anwendungsbereich:
  *I bought some **material/fabric** to make some new curtains.*
- *clothes* entspricht „Kleider/Kleidung" im Sinne konkreter Kleidungsstücke und wird nur im Plural gebraucht:
  *I need some new **clothes**. **These clothes are** so old.*
  *I want to **put** these **clothes on / take** these **clothes off / change** my **clothes**.* (… diese Kleidung anziehen/ausziehen / mich umziehen.)
- *clothing* entspricht „(Be-)Kleidung" im allgemeinen Sinne und ist nicht zählbar:
  *The **clothing** industry produces special protective **clothing** for certain types of jobs.*
  ***Articles/Pieces of clothing** left in the gym can be collected from the PE teacher.* (Kleidung[sstücke], die in der Turnhalle vergessen wurde[n] …)

cloud (Wolke/Bewölkung)

- *cloud* kann zählbar („Wolke“) und nicht zählbar („Bewölkung“) sein: *There **are** a lot of **clouds**. / There **is** a lot of **cloud**.*

coach ➪ **bus**

coast und **coastline** ➪ **beach**

colleague ([Arbeits-]Kollege/Kollegin)

⚠ Die Betonung ist auf der ersten Silbe. [ˈkɒliːg]

- *colleague* ist eher förmlich und wird im Gespräch oft umschrieben:
  *Can I introduce you to Barbara Stewart, my **colleague** from our Bonn office?* [förmliche Situation]
  *I would like to welcome Mr Myers as our new **colleague** in this department.* [förmliche Situation]
  ***Someone at work** told me that ...* (Ein Arbeitskollege / Eine Arbeitskollegin ...)
  ***The people I work with / The people at work** are all very friendly.* (Meine Arbeitskollegen/-kolleginnen ...)
  *You know **Colin, who I work with**, don't you, well ...* (Du kennst doch meinen Arbeitskollegen Colin ...)
  ***People (I know) at other firms** say the same.* (Kollegen/Kolleginnen in anderen Firmen ...)

⚠ Wir sind jetzt 50 Kollegen und Kolleginnen an der Schule. = *We are 50 **members of staff** at school now.*

college (College/Fach[hoch]schule/[Fach-]Hochschule)

- *college* wird (nur in Verbindung mit Lernenden) ohne *the* gebraucht, wenn nicht das konkrete Gebäude gemeint ist, sondern wenn man an den Zweck des Ortes (Lehranstalt) denkt:
  *Janet **goes to / starts / leaves college** next year.*
  ***College** starts again on 17th October.*
  *When I was **at college**, and also in the first two or three years **after college**, I worked as a waiter.*
  Aber: *Mr Giles is a lecturer/gardener **at the college**.*

colour (Farbe)

- „Welche Farbe hat ...?". entspricht *What colour is ...?* Der Gebrauch von *Which colour?* setzt voraus, dass aus einer eingeschränkten Menge von Farben ausgewählt wird (s. **which**):
  What colour is *their new car?*
  Which colour is *best – green, red or blue?*
- Adjektive, die mit *colour(s)* gebraucht werden können, sind z. B.:
  bright/light (hell)
  dark (dunkel)
  deep (tief)
  brilliant (leuchtend)
  gaudy (schreiend/grell)
  harsh (hart/grell)
  loud (schreiend)
  pale (blass)
  rich (voll/satt)
  soft (weich)
  vivid (lebhaft).

⚠ Die Farbe ist noch feucht. = *The* ***paint*** *is still wet.*

(to) **come** (kommen)

- *come* kann nur gebraucht werden, wenn eine Bewegung zum Sprecher hin gemeint ist, d. h.dorthin, wo er sich aufhält, aufgehalten hat oder aufhalten wird. Ein Wegbewegen wird mit *go*, ein richtungsneutrales Hingelangen oder Ankommen mit *get* ausgedrückt:
  I ***came home*** *at 10 o'clock.* [Der Sprecher ist jetzt zu Hause.]
  I ***went home*** *at 10 o'clock.* [Der Sprecher ist jetzt woanders, nicht zu Hause.]
  I ***got home*** *at 10 o'clock.* [Der Sprecher kann zu Hause sein oder auch woanders.]
  When we ***come*** *to see you next weekend, do you want us to bring the tent back?* [*come*, weil der Ort gemeint ist, wo sich der Sprecher aufhalten wird]
- *come* wird häufig zusammen mit der *-ing*-Form (= *gerund*) von Verben gebraucht, die eine aushäusige Tätigkeit bezeichnen:
  Would you like to ***come*** *fish**ing**/sail**ing**/shopp**ing**/ski**ing*** *with us this afternoon?*
  Would you like to ***come*** *swimm**ing**/walk**ing*** (auch: *for a swim/walk,* **ABER NICHT:** *for swimming/walking*)*?*
- *come* wird auch mit der *-ing*-Form (= *present participle*) von Verben gebraucht, die eine Fortbewegungsart bezeichnen, wie *run/walk/hurry*:
  She ***came running/riding/walking/hurrying*** *down the street towards me.* (Sie kam ... gerannt/gelaufen/...)
- *come and do s.th.* wird statt *come to do s.th.* in Befehlen und Aufforderungen gebraucht:
  Come and *sit down.*
  Come and *see us again.*

In Aussagesätzen findet sich ebenfalls *come and do s.th.* statt *come to do s.th.*, aber nicht, wenn *come* in der Verlaufsform steht:
*She always **comes and** asks if I need anything before she goes out.*
*He**'s coming to** see us next week.*

- Steht ein Adverb wie *here/there/back/up/down* am Satzanfang, folgt *come* und dann erst das Subjekt, wenn das Subjekt ein Nomen ist:
Here comes the band.
Aber normale Wortstellung bei Pronomen: ***Here it comes.***
- *come from* im Sinne von „herstammen von/aus" kann nicht in der Verlaufsform gebraucht werden:
*I **come*** (NICHT: *I am coming*) *from a town in Bavaria.*

⚠ Die Adresse kommt [= gehört] in die obere rechte Ecke. = *The address **goes** in the top right-hand corner.*
Die Tassen kommen in den Schrank da drüben. = *The cups **go** in that cupboard over there.*

comfort(s)

- *comfort* (Singular, mit *a* oder nicht zählbar) entspricht „Trost" oder „Komfort/Behaglichkeit", *in comfort* bedeutet „bequem":
*He said a few words of **comfort** to the widow, then left.* (... tröstende Worte ...)
*Her daughter was **a** great **comfort** to her.* (... ein großer Trost ...)
*The garden hut doesn't offer a lot of **comfort**.* (... viel Komfort.)
*Let's go in here. We can sit and talk **in comfort** here.* (... bequem sitzen und reden.)
- *comforts* (Plural) entspricht „Annehmlichkeiten/Komfort":
*It's nice to get back to **the comforts of modern civilization**.* (... zu den Annehmlichkeiten der modernen Zivilisation ...)
*The hotel rooms were equipped with **all modern comforts*** (auch: *conveniences*). (... mit allem modernen Komfort ...)

⚠ „Komfort-" in zusammengesetzten Nomen wird mit *luxury* wiedergegeben:
*Fifteen **luxury** apartments for sale.* (15 Komfort-/Luxuswohnungen)

comfortable (bequem)

- *comfortable* entspricht „bequem" im Sinne von „behaglich", „ein gutes Gefühl vermittelnd". Es bezieht sich in der Regel auf körperliches Wohlbefinden:

*This is a nice **comfortable** chair/pullover/room/ride.*
comfortable entspricht auch „finanziell gut abgesichert/situiert" oder „mehr als ausreichend / sicher":
*They've both got good jobs with good salaries so they're pretty **comfortable**.*
*Bayern Munich has a **comfortable** lead of three goals to one.* (... einen sicheren Vorsprung ...)

⚠ „bequem" im Sinne von „keine Anstrengungen oder Unannehmlichkeiten verursachend" oder „Anstrengungen oder Unannehmlichkeiten meidend" wird nicht mit *comfortable* wiedergegeben:
*It's very **convenient/easy** on a cold winter's morning for people who work at home. They don't have to go out into the cold.* (Leute, die zu Hause arbeiten, haben es ... sehr bequem.)
*You can get there **easily** in half an hour.* (... bequem in einer halben Stunde ...)
*We can fix the meeting for **a convenient time** in the early afternoon.* (... eine bequeme/angenehme Zeit ...)
*He chose it because it was **an easy / a convenient solution*** (eher abfällig auch: *a soft option*). (... eine bequeme Lösung ...)
He's (abfällig:) ***lazy /*** (eher positiv:) ***easy-going/laid-back***. [bei Menschen]

(to) **comment** (kommentieren), **comment – commentary** (Kommentar)

1 Objekte nach *(to) comment*

- Auf *comment* kann kein Nomen oder Pronomen als direktes Objekt folgen. Vor das Nomen oder Pronomen muss die Präposition *on* gestellt werden. Direktes Objekt kann aber ein *that*-Satz sein (ohne *on*):
  *He **commented on** her success with the words, "Anyone could have done it."* (Er kommentierte ihren Erfolg ...)
  *One of the journalists **commented that** the government didn't seem to know what it wanted.* (... bemerkte [= sagte], dass ...)

2 *comment – commentary*

- *commentary* entspricht „Kommentar" im Sinne eines erläuternden Berichts (z. B. bei Radio- und Fernsehsendungen) oder einer (oft akademischen) Sammlung von Anmerkungen (z. B. zu einem literarischen Werk). *comment* entspricht „Kommentar" im Sinne von „Bemerkung/Stellungnahme":
  *The **commentary** on a lot of televised football matches is terrible.*
  *She is the author of a well-known **commentary** on "Macbeth".*
  *I made several **comments on** their plan, but they didn't change anything.*
  No comment! (Kein Kommentar!)

common

- *common* hat als Adjektiv mehrere Bedeutungen:
  *That is a **common** mistake/name.* (… ein weit verbreiteter Fehler/Name.)
  *We have several **common** interests.* (… gemeinsame Interessen.)
  *He's a very **common** person with no manners.* (Er ist ein sehr ordinärer Mensch …)
- *common* hat als Steigerungsformen *commoner/commonest* oder *more common / most common.*
- Wendungen und Konstruktionen mit *common*:
  ***It is common for** British people **to** call each other by their first names* (NICHT: *It is common that British people …*). (Es ist bei Briten üblich …)
  *We **have** little/much **in common**.* (Wir haben wenig/viel gemeinsam.)
  ***In common with** many other people of my age, I believe …* (Gemeinsam mit …)
  *The unusual design **is common to** all Prince Hotels.* (… ist allen Prince Hotels gemeinsam.)
  *That's **common sense**.* (Das sagt der gesunde Menschenverstand.)
  *It's **common knowledge** that he was in prison once.* (Es ist allgemein bekannt …)

(to) **compare with/to** (vergleichen mit), **comparison** (Vergleich)

- Wenn man zwei Dinge vergleicht und sie gleichstellt, gebraucht man *compare* mit der Präposition *to*. Wenn man zwei Dinge vergleicht, um die Unterschiede und Gemeinsamkeiten festzustellen, wird *compare* üblicherweise mit der Präposition *with* gebraucht. Auch *compare + to* wird gebraucht, was aber von manchen Sprechern als nicht korrekt angesehen wird:
  *Shall I **compare** thee **to** a summer's day?* [Shakespeare-Gedicht]
  *Our teacher **compared** learning a language **to** learning how to swim.* (… verglich das Erlernen einer Sprache mit dem Schwimmenlernen.)
  *I want to **compare** the running costs* (Unterhaltungskosten) *of this model **with/to** the costs of that one.*
  ***Compared with/to** last year, this summer has been very good.*
- Weitere Wortverbindungen mit Präpositionen:
  *Her new book **doesn't compare very well with*** (NICHT: *to*) *her last one. That was much better.* (… schneidet beim Vergleich … nicht besonders gut ab / hält dem Vergleich … nicht stand.)
  *This year's results **compare** very favourably **with*** (NICHT: *to*) *last year's.* (… brauchen den Vergleich mit denen des vergangenen Jahres nicht zu scheuen.)

*He tried to **make/draw a comparison with** (NICHT: to) events last year.*
*He **made/drew a comparison between** events last year and this year.*
***In/By comparison**, computers are much cheaper nowadays than 10 years ago.* (... sind heutzutage vergleichsweise ...)
***In/By comparison with** today's prices, computers were very expensive ten years ago.* (Verglichen mit ...)

competent (kompetent)

⚠ *competent* entspricht „kompetent" nur im Sinne von „fähig/sachkundig", aber nicht im Sinne von „befugt" oder „verantwortlich":
*She's a very **competent** manager.* (Sie ist eine sehr fähige Managerin.)
*That was a very **competent** answer. He obviously knows a lot about the subject.*
Ich bin nicht kompetent. Fragen Sie Herrn X. = *I'm not **authorized*** (= befugt) ***to do this** / I'm not **responsible*** (= verantwortlich). *Ask Mr X.*

(to) **complain** (sich beschweren / klagen)

- Mögliche Präpositionen: *complain to s.b.* (sich bei jdm. beschweren), *complain about s.b./s.th.* (sich über jdn./etwas beschweren), *complain of s.th.* (NICHT: *of s.b.*) (über etwas klagen):
*I'm going to **complain to** the manager **about** the slow service in the restaurant.* (Ich werde mich bei der Geschäftsführung über ... beschweren.)
*He**'s** always **complaining about** his boss.*
*She often **complains of** headaches.* (Sie klagt oft über Kopfschmerzen.)

complement, complementary ➪ **compliment**

completion (Fertigstellung/Abschluss)

⚠ Artikelgebrauch:
***(The) Completion** of the project is expected in July next year.*
*The project is **close to** (NICHT: to the) **completion**.* (... kurz vor dem Abschluss.)
***After/On completion of** three years training you will be qualified to work as a teacher.* (Nach Absolvierung/Abschluss von ...)
***After/On completion of** the new road ...* (Nach Fertigstellung ...)

compliment, complimentary, (to) compliment – complement, complementary, (to) complement

- *compliment/complement* werden als Nomen ['kɒmplɪmənt] ausgesprochen, als Verb aber ['kɒmplɪment].
- Das Nomen und das Verb *compliment* haben mit dem deutschen „Kompliment" zu tun:
  *My English visitors **paid** me **a compliment on** my excellent English.* (... machten mir ein Kompliment wegen meines ausgezeichneten Englisch.)
  *They **complimented me on** my accent and I **complimented** them **for** being such perfect guests.* (Sie machten mir Komplimente wegen ..., und ich machte ihnen Komplimente, weil/dass sie ... waren.)
  complimentary entspricht „höflich/schmeichelhaft" oder auch „gratis", „Frei-":
  *She made some not very **complimentary** remarks about my figure.* (... nicht sehr höfliche/schmeichelhafte Bemerkungen ...)
  *They gave me a **complimentary** copy.* (... ein Freiexemplar.)
- Das Nomen und das Verb *complement* bedeuten „Ergänzung/ergänzen":
  *The verb "to be" has a **complement**, not an object.* (... eine Subjektergänzung ...)
  *His new qualification **complements** his original training nicely.*
  complementary entspricht „komplementär/ergänzend":
  *Blue and yellow are **complementary** colours.*

comprehensible (verständlich) – comprehensive (umfassend)

- *It's difficult for many scientists to make their ideas **comprehensible to** ordinary people.* (... verständlich für ...)
  *My friend Hartmut has a **comprehensive** knowledge of English grammar.* (... umfassende Kenntnisse ...)

(to) comprise ⇨ (to) consist of

(to) concentrate ([sich] konzentrieren)

- *concentrate* wird auf der ersten Silbe betont: ['kɒnsəntreɪt]

⚠ *concentrate* ist kein reflexives Verb:
*Don't disturb me, I'm trying to **concentrate**.* (... ich versuche mich zu konzentrieren.)

- *concentrated* kann nur attributiv (vor einem Nomen), aber nicht prädikativ (nach einem Kopulaverb wie *be/feel*) gebraucht werden:
  *She made a **concentrated** effort to finish the essay before she went to bed.*
  Sie ist immer sehr konzentriert. = *She always **concentrates** hard* (NICHT: *is always concentrated*).
  Vgl. auch den adverbialen Gebrauch:
  Sie arbeitet immer sehr konzentriert. = *She always work **with great concentration*** (NICHT: *concentratedly*).
- *concentrate* wird mit der Präposition *on* gebraucht. Ein weiteres Verb folgt daher als *-ing*-Form:
  *We **are concentrating on** finding a quick solution.* (Wir konzentrieren uns darauf, eine schnelle Lösung zu finden.)

concept (*nicht* Konzept, *sondern* Begriff)

- *concept* entspricht „Begriff/Idee"; „Konzept" entspricht *plan* oder *outline / draft (version)* (= geschriebener Entwurf):
  *The **concept** of "aspect", as opposed to "tense", is not well-known to many learners of English.*
  Wir haben noch kein Konzept für die Neuorganisation. = *We haven't got a **plan** for the reorganization yet.*
  Ich schrieb das Konzept gestern Nacht. = *I wrote **the outline / draft (version)** last night.*

(to) **concern, concerned, concerning**

1 *(to) concern concerned* und *concerning* in der Bedeutung "betreffen/ betreffend"

- In der Bedeutung „betreffen/angehen" kann *concern* normalerweise nicht in der Verlaufsform gebraucht werden:
  *... but all that **doesn't concern** you at the moment.* (... betrifft Sie im Moment nicht.)
- Das Adjektiv *concerned* („betreffend" oder „betroffen") wird einem Nomen oder Pronomen nach-, nicht vorangestellt:
  *The person **concerned** is called Arnold.* (Die betreffende/betroffene Person ...)
  *The customers **concerned** will all have to be contacted.* (Die betreffenden/betroffenen Kunden ...)
- *concerning* entspricht ebenfalls „betreffend", ist aber eine Präposition, kein Adjektiv:
  *The psychiatrist's statements **concerning** the mental state of the patient ...* (Die Aussagen des Psychiaters den Geisteszustand des Patienten betreffend ...)

- *as far as X is concerned* entspricht „was X betrifft“:
  ***As far as all of us were concerned** it didn't matter whether our trainer was there or not.*

2 ***(to) concern* und *concerned* in der Bedeutung "beunruhigen/beunruhigt"**

- Anwendungsbeispiele mit dem Verb *concern* und dem prädikativ gebrauchten Adjektiv *concerned*:
  *What **concerns** me most at the moment is that she went away without telling anyone.* (Was mich ... beunruhigt ...)
  *We are **concerned about** the effect of the new factory on the environment.* (Wir sind besorgt/beunruhigt wegen der Auswirkungen der neuen Fabrik auf die Umwelt.)
  *I'm **concerned for** her safety.* (Ich bin um ihre Sicherheit besorgt.)
  Zum Unterschied zwischen *concerned about* und *concerned for* vgl. **anxious**

- *concerned* in der Bedeutung „beunruhigt/besorgt“ kann auch attributiv vor einem Nomen stehen. Vgl.:
  *The TV station received phone calls from **concerned viewers.*** (... von besorgten Zuschauerinnen und Zuschauern.)
  *The **viewers concerned** were all older people.* (Die betreffenden/betroffenen Zuschauer[innen] ...)

3 ***(to) concern oneself with* und *be concerned with* in der Bedeutung "sich beschäftigen mit"**

- Anwendungsbeispiele:
  *Don **concerns** him**self** more **with** the production side while Donna looks after sales and marketing.*
  *Her latest book **is concerned with** children's rights.* (... beschäftigt sich mit den Rechten von Kindern.)
  be concerned with (***NICHT:** about*) wird gebraucht, wenn man ausdrücken will, von welchem Thema ein Buch, eine Sendung, Broschüre, Rede usw. handelt.

concurrence (*nicht* Konkurrenz, *sondern* Zusammentreffen/Übereinstimmung)

- *concurrence* ist ein selten gebrauchtes, förmliches Wort mit der Bedeutung „Zusammentreffen/Übereinstimmung“. „Konkurrenz“ wird mit *competition* wiedergegeben:
  *The fire at the theatre where they were putting on the play about the Great Fire of London was a strange **concurrence** of events.* (... ein seltsames Zusammentreffen der Ereignisse.)
  *There was **concurrence** between the parties about the costs and the time schedule.* (... Übereinstimmung über die Kosten und den Zeitplan.)
  Es gibt viel Konkurrenz in diesem Marktsektor. = *There's a lot of **competition** in this sector of the market.*
  Die Konkurrenz ist schwach. = *The **competition** is weak.*

condition (*nicht* Kondition, *sondern* Zustand/Bedingung)

- Außer in den nicht sehr häufigen Wendungen *in good condition / out of condition* entspricht *condition* nicht „Kondition" im Sinne von „körperliche Verfassung":
  *Most of the team are **in good shape / fit / in good condition**.*
  *I haven't done any sport for months – I'm completely **out of shape / unfit / out of condition**.*
  Ich habe keine Kondition.= *I'm **unfit / out of shape.***
  Sie hat eine unglaubliche Kondition. = *She's incredibly **fit**. / She's got incredible **stamina/endurance.*** (= Ausdauer)

⚠ Nicht *conditions,* sondern *terms* ist die übliche Entsprechung von „(geschäftliche) Konditionen":
Welche Konditionen bietet die andere Firma? = *What **terms** is the other company offering?*

- Anwendungsbeispiele mit *condition*:
  *Her **condition** improved after the operation.* (Ihr Zustand verbesserte sich nach der Operation.)
  *I will come, but **on one condition / on condition that** ....* (... unter einer Bedingung / unter der Bedingung, dass ...)
  *The **working conditions** in my new job are better.* (Die Arbeitsbedingungen ...)
  *The **living conditions / weather conditions** were bad.* (Die Wohnverhältnisse/Wetterverhältnisse ...)

conference (Konferenz/Sitzung/Tagung)

- *conference* entspricht „Konferenz/Sitzung/Tagung". „Konferenz" in schulischen Zusammenhängen wird aber anders ausgedrückt:
  Die Schulkonferenz/Lehrerkonferenz findet regelmäßig statt. = *The school **council** / The **staff meets** regularly.*

(to) **confess** (gestehen / zugeben / sich schuldig bekennen)

- *confess* kann ohne Objekt, mit einem oder mit zwei Objekten gebraucht werden:
  *The suspect **confessed** after six hours of interrogation.* (Der/Die Verdächtige gestand nach sechs Stunden Verhör.)
  *I ought not to **confess this**, but I love watching westerns.*
  *He **confessed his mistake to his wife**.*
- Das indirekte Objekt (= die Person, der gebeichtet wird – im letzten Satzbeispiel „his wife") muss immer mit *to* angeschlossen werden. (Nicht möglich wäre: **He confessed her his mistake.*). Verwirrenderweise wird aber auch ein (alleinstehendes) Sachobjekt nach *confess* oft mit *to* angeschlossen:

The suspect ***confessed to the crime.*** (... gestand das Verbrechen.)
Bei zwei Objekten kann *to* jedoch nur vor dem indirekten, d. h. dem Personenobjekt stehen:
The suspect ***confessed the crime to the police*** (NICHT: *confessed to the crime to the police*).

⚠ Auf *confess* folgt ein weiteres Verb als *-ing*-Form (mit oder ohne vorausgehendes *to*), nicht als Infinitiv:
The minister ***confessed (to)*** *hav**ing*** (NICHT: *to have*) *contacts with the IRA.* (Der Minister gestand, Kontakte zur IRA zu unterhalten.)
Ein *that*-Satz ist ebenfalls möglich:
I ***confessed (that)*** *I had never heard of the artist.*

confession (*nicht* Konfession, *sondern* Beichte/ Geständnis)

⚠ *confession* entspricht „Beichte/Geständnis"; „Konfession" wird mit *denomination* wiedergegeben:
The suspect has just made a ***confession*** *to the police.* (... hat der Polizei gegenüber ein Geständnis abgelegt.)
Alle Konfessionen (= Glaubensrichtungen) sind zu dem ökumenischen Gottesdienst eingeladen. = *All* ***denominations*** *are welcome at the ecumenical service.*

(to) **confide** ([sich an]vertrauen)

- *confide* wird oft mit zwei Objekten gebraucht. Das indirekte Objekt = die Person, der etwas anvertraut wird, muss mit *to* angeschlossen werden:
She ***confided her secret to nobody.*** (Sie vertraute niemandem ihr Geheimnis an.)
Nicht möglich wäre z. B. **She confided me her secret.*

confident (zuversichtlich) – **confidential** (vertraulich)

- *confident* entspricht „überzeugt/(selbst)sicher/zuversichtlich", *confidential* bedeutet „vertraulich":
Before the match they were feeling very ***confident.***
This briefcase contains ***confidential*** *papers with* ***confidential*** *information.*

⚠ Auf *confident* folgt *about/of* + *-ing*-Form, kein *to*-Infinitiv; ein *that*-Satz ist aber ebenfalls möglich:
I am ***confident of*** *complet**ing*** *this project next year.* (Ich bin zuversichtlich, dieses Projekt nächstes Jahr abzuschließen.)
I am ***confident that*** *I'll finish this project next year.*

confirmation (Bestätigung)

- Nach Verben wie *write/send* entspricht *for confirmation* „zur Bestätigung", *in confirmation* dagegen „als Bestätigung":
  *I am sending you our report of the meeting **for** (your) **confirmation**.*
  (zur Bestätigung = damit Sie prüfen können, dass alles richtig ist)
  *I am sending you our written order **in confirmation** of our phone call.*
  (als Bestätigung)

congratulations(Herzlichen Glückwunsch), (to) **congratulate** (gratulieren)

- *congratulations* steht immer im Plural, **a congratulation* gibt es nicht.

⚠ *congratulations* wird bei einmaligen Anlässen gebraucht (z. B. bestandene Prüfung, Verlobung, Baby, neues Haus), aber nicht bei einem jährlich wiederkehrenden Ereignis (Geburtstag, Hochzeitstag):
  *I hear you've passed your driving test. **Congratulations!***
  Aber:
  Herzlichen Glückwunsch zum Geburtstag! = *Many happy returns (of the day)! / Happy Birthday!*
  Herzlichen Glückwunsch zum Hochzeitstag! = *Happy anniversary!*
  (Aber: ***Congratulations** on your golden wedding.* [einmaliger Anlass])

- Beide Wörter, Nomen und Verb, lassen sich mit der Präposition *on* (= deutsch „zu") verbinden:
  ***Congratulations on** your exam results / **on** passing your exam!* (Herzlichen Glückwunsch zum Prüfungsergebnis / zum Bestehen der Prüfung!)
  *I **congratulated** both the actors **on** their excellent performances.* (Ich gratulierte beiden Schauspielern zu ihrer ausgezeichneten Leistung.)

Congress (der Kongress)

- *Congress* (= das aus Senat und Repräsentantenhaus bestehende US-Parlament) hat wie (das britische) *Parliament* den Status eines Eigennamens (mit großem Anfangsbuchstaben) und wird ohne Artikel gebraucht, es sei denn, es wird durch ein Adjektiv ergänzt:
  *The President made an important speech to **Congress** / **a** full **Congress** last week.* (... vor dem [vollen] Kongress ...)
  vgl. *The Prime Minister made an important speech to Parliament.*
  ***The American Congress** is made up of the Senate and the House of Representatives.*
  vgl. *The British parliament/Parliament consists of the House of Commons and the House of Lords.*

conscience, conscientious, conscious, consciousness

- *conscience* entspricht „Gewissen", *consciousness* „Bewusstsein":
  *I have **a bad/guilty conscience** because I forgot my wife's birthday.*
  (... ein schlechtes Gewissen ...)
  *After the accident she **lost consciousness*** (NICHT: *the consciousness*), *but soon after she **regained/recovered consciousness** again.* (... verlor sie das Bewusstsein ... erlangte sie das Bewusstsein wieder.)

- Das Adjektiv *conscientious* gehört zu *conscience* („Gewissen") und entspricht „gewissenhaft". *conscious* gehört zu *consciousness* („Bewusstsein") und entspricht „bewusst/bei Bewusstsein". Zum Unterschied zwischen *conscious* und *aware* s. **aware**:
  *She's a very **conscientious** student.* (Sie ist eine sehr gewissenhafte Studentin.)
  *I'm not **conscious of** any mistake.* (Ich bin mir keines Fehlers bewusst.)
  *The patient is **conscious*** (bei Bewusstsein) *but suffering from shock.*

consequence, consequent, consequently

- Das Nomen *consequence* entspricht „Konsequenz" nur im Sinne von „Folge/Auswirkung", aber nicht im Sinne von „Beharrlichkeit". Das zugehörige Adjektiv (*consequent*) und das Adverb (*consequently*) entsprechen demnach auch nur „folgend / sich ergebend / resultierend" bzw. „folglich", aber nicht „konsequent":
  *What are the **consequences** of this action?*
  *The sun came out and the **consequent** rise of temperature in the greenhouse made the plants go limp.* (... der darauf folgende Temperaturanstieg im Gewächshaus ließ die Pflanzen erschlaffen.)
  *There was an embargo. **Consequently** the price of certain items, notably fuel, doubled overnight.* (Als Folge ...)
  Ich war nicht immer so konsequent. = *I haven't always been so **persistent*** (beharrlich) / ***consistent*** (folgerichtig/gleichmäßig/unbeirrbar) / ***firm*** (bestimmt) / ***resolute*** (entschlossen/resolut) / ***uncompromising*** (entschieden/kompromisslos).
  Die Argumentation ist nicht sehr konsequent. = *The argumentation is not very **consistent**.*

conservative (konservativ/Konservative[r])

- Die Betonung liegt, im Gegensatz zum Deutschen, auf der zweiten Silbe: [kɒnˈsɜːvətɪv].

- Die Zugehörigkeit/Anhängerschaft zu der politischen Partei (*Conservative* – großgeschrieben) wird, im Gegensatz zum Deutschen, nach *be/become* mit dem unbestimmten Artikel ausgedrückt:
  *He**'s a Conservative.*** (Er ist Konservativer.)

C

(to) **consider**

1 ***(to) consider s.b./s.th. s.th.***

- Diese Konstruktion bedeutet „jdn./etw. für etw. halten" bzw. „jdn./etw. als etw. betrachten":
*I **considered it pointless** to continue.* (Ich hielt es für sinnlos, fortzufahren.)
*The little boy **considered his teacher old / an old woman**, although she was only 38.* (Der kleine Junge hielt seine Lehrerin für alt / für eine alte Frau ...)
- Auch das Passiv mit persönlichem Subjekt ist möglich:
*She **was considered old / an old woman**.* (Sie wurde für alt / für eine alte Frau gehalten ...)

2 ***(to) consider s.b./s.th. + to*-Infinitiv**

- Diese Konstruktion ist eine förmliche Alternative zu *consider that* und bedeutet „jdn./etw. für ... halten", „jdn./etw. als ... betrachten" oder „meinen / finden / der Meinung sein, dass ...". Sie ist mit dem Infinitiv von *be* und einigen wenigen anderen Verben (z. B. *need/want*) möglich:
*They **considered him to be** an expert.* (Sie hielten / Man hielt ihn für einen Experten.)
- Die Konstruktion kommt oft im Passiv vor:
***He is considered to be** an expert.* (Man hält ihn für einen Experten.)
***The situation is considered to want/need** immediate action.* (Man ist der Meinung, dass die Situation sofortiges Handeln erfordert.)
In Verbindung mit dem Perfektinfinitiv ist die Konstruktion mit vielen Verben möglich:
*The government **was considered to have** acted too late / **to have made** a mistake / **to have ignored** public opinion.*

3 ***(to) consider + that*-Satz**

- Diese Konstruktion bedeutet „meinen / finden / der Meinung sein, dass". Sie ist auch im Passiv mit unpersönlichem Subjekt möglich:
*The opposition **considered that** the measures were too late to have any effect.*
***It is considered that** the government acted too late.* (Es herrscht die Meinung, dass ...)

4 ***(to) consider* = "erwägen / sich überlegen (ob)"**

- In dieser Bedeutung kann als Objekt eine *-ing*-Form folgen (kein Infinitiv!):
*We **considered** asking* (NICHT: *to ask*) *for more information.* (Wir überlegten, ob wir um weitere Informationen bitten sollten.)

considering (wenn man bedenkt)

- *considering* ist eine Präposition oder Konjunktion. Die deutsche Entsprechung ist ein „wenn"-Satz:
  *The journey didn't take very long, **considering** the distance / **considering** how far it is.* (... wenn man die Entfernung bedenkt / wenn man bedenkt, wie weit es ist.)
  ***Considering that** she didn't start learning till six weeks ago / **Considering when** she started learning, she has done very well.* (Wenn man bedenkt, dass sie erst vor 6 Wochen angefangen hat zu lernen / Wenn man bedenkt, wann sie angefangen hat zu lernen ...)
- *considering* ist auch ein Satzadverb. Als solches kann es nur am Satzende stehen:
  *She has done very well, **considering**.* (... wenn man es richtig bedenkt / unter den Umständen ...)

(to) **consist of/in** – (to) **be composed of** – (to) **comprise** – (to) **constitute**

- Keines dieser Verben wird normalerweise in der Verlaufsform gebraucht.
- *consist of* entspricht „bestehen aus (Teilen)", *consist in* entspricht „bestehen in" im Sinne von „als Grundlage haben" oder „herrühren von":
  *The book **consists of** four main sections.*
  *The secret of being a good cook **consists in** know**ing** when to do what.*
- *be composed of* entspricht ebenfalls „aus (Teilen) bestehen / sich zusammensetzen aus":
  *The exhibition **is composed of** works by seven modern European artists.*
- *comprise* bedeutet sowohl „als Ganzes aus Teilen bestehen" (d. h."umfassen") als auch „aus Teilen ein Ganzes schaffen" (= „bilden"). Die Passivform *be comprised of* bedeutet „bestehen aus" (= „gebildet sein/werden aus"):
  *The exhibition **comprises** works by seven modern European artists.* (... umfasst ...)
  *Works by seven modern European artists **comprise** the content of the exhibition.* (... bilden ...)
  *The exhibition **is comprised of** works by seven modern European artists.*
- *constitute* entspricht „(aus Teilen) bilden/darstellen":
  *Works by seven modern European artists **constitute** the focus* (Schwerpunkt) *of the exhibition.*

constantly/continually (dauernd/ständig)

- *constantly* und *continually* werden mit der Verlaufsform gebraucht, wenn man Ärger über etwas ausdrücken will, das, wie man findet, zu oft geschieht. Oft ist damit ein Vorwurf verbunden. *constantly/continually* + Verlaufsform kann aber auch einfach ausdrücken, dass etwas als häufig und unerwartet (aber nicht als ärgerlich) empfunden wird:
  *These kids **are constantly/continually** spill**ing** something or other on the table.* (Diese Bälger verschütten dauernd irgendetwas ...)
  *For some reason or other, we **were constantly/continually** bump**ing** into each other.* (Aus irgendeinem Grund liefen wir uns ständig über den Weg.)

content, contented, contents

1 Die Adjektive ***content – contented*** („zufrieden")

- Das Adjektiv *content* („zufrieden", Aussprache: [kən'tent]) kann nicht vor einem Nomen stehen, sondern nur nach einem Kopulaverb wie *be/seem/feel/look/sound.* Das Adjektiv *contented* („zufrieden/glücklich") kann vor einem Nomen oder nach einem Kopulaverb gebraucht werden:
  *She is very **content/contented** nowadays.*
  *She is a very **contented** person nowadays.*

2 Die Nomen ***content – contents*** („Inhalt")

- Das Nomen *content* (Aussprache ['kɒntent]) entspricht „Gehalt" im Sinne von „enthaltener Anteil" oder „wesentlicher Kern" bzw. „(gedanklicher) Inhalt" (eines Buches/Films usw.). *contents* (Plural) bedeutet „Inhalt" im Sinne von „alles, was enthalten ist" bzw. „Inhaltsverzeichnis" (eines Buches):
  *What is the fat **content** of this joghurt?* (... der Fettgehalt ...)
  I don't like that pressure group (Interessengruppe). *The **content** of their central message is undemocratic in my opinion.* (Der Inhalt [= der wesentliche Kern] ihrer Botschaft ist m. E. undemokratisch.)
  *It's a beautiful film, rich in **content** and imagery.* (... inhaltsreich [= reich an gedanklicher Aussage] ...)
  *The police made him empty the **contents** of his pockets onto the desk.* (... den Inhalt seiner Taschen ...[= alles, was in den Taschen enthalten war])
  *If you want to know what the book is about, look at the **contents**, not at the back-cover blurb.* (... das Inhaltsverzeichnis ...)

- *contents* wird mit einem Pluralverb gebraucht; wenn es „Inhaltsverzeichnis" bedeutet, kann aber auch ein Singularverb in Analogie zu (Singular:) *table of contents* gebraucht werden:
  *What **are** the **contents** of this suitcase?* (Was ist der Inhalt dieses Koffers?)
  *The **contents is/are** on page 3.*

continual ➪ continuous; continually ➪ constantly

continual ➪ continuous; continually ➪ constantly

(to) **continue** (fortfahren/sich fortsetzen/weitermachen/ weiter-)

- Auf *continue* kann ohne Bedeutungsunterschied eine *-ing*-Form oder ein *to*-Infinitiv folgen. Nach einer Verlaufsform (z. B. *is/were continuing*) ist eine *-ing*-Form jedoch nicht üblich:
  *I **continued** press**ing** / **to** press the bell, but nobody came to open the door.*
  *They **are continuing to** meet every Thursday evening.*
  Wenn das Verb, das auf *continue* folgt, ein Zustandsverb ist, steht es in aller Regel im Infinitiv:
  *We **continued to** believe what they had told us.*

⚠ Auf *discontinue* („damit aufhören, etw. zu tun / etw. nicht mehr tun") kann nur eine *-ing*-Form folgen:
*They **discontinued** publish**ing** the results of experiments last year.*

continuous – continual

- *continuous* bedeutet „(zeitlich) ununterbrochen / ohne Unterbrechung". *continual* kann diese Bedeutung ebenfalls haben, wird aber meist im Sinne von „(zu) oft wiederholt" d. h."dauernd / ständig / immer wieder" gebraucht. Häufig bezeichnet man Dinge als *continual*, die ärgerlich oder nicht wünschenswert sind:
  *There was a **continuous** stream of visitors and well-wishers.*
  *Our guide was amazing. She poured out information in one **continuous** flow.*
  *The **continual** stress at the office was beginning to make him ill.* (Der ständige [unerwünschte] Stress ...)
  *They have made **continual** attempts to block our proposals.* (... ständige [unerwünschte] Versuche ...)
- *continuous* kann vor einem Nomen oder nach einem Kopulaverb stehen, *continual* nur vor einem Nomen:
  *There was **continuous / continual rain** all afternoon.*
  Aber nur: *The rain **was continuous**.*

contrary: on the contrary, contrary to

- Anwendungsbeispiele:
  *It wasn't cheap. **On the contrary**, it cost us a lot of money.* (Im Gegenteil ...)
  ***Contrary to** what we had been told, it was rather warm in Waizoona.* (Im Gegensatz zu dem, was man uns gesagt hatte ...)

Contrary to expectations, *we found the people there rather unfriendly.* (Wider Erwarten ...)
If I don't hear ***anything to the contrary,*** *I'll expect them at 7 o'clock.* (Wenn ich nichts Gegenteiliges höre ...)

contrast: in contrast to/with, by/in contrast

- Anwendungsbeispiele:
  In contrast to/with *many earlier attempts, this one proved successful.* (Im Gegensatz zu vielen früheren Versuchen, erwies sich dieser als erfolgreich.)
  The price was exorbitant but the size of the bottle, ***by/in contrast,*** *minuscule.* (Der Preis war unverschämt, die Größe der Flasche dagegen / im Gegensatz dazu aber winzig.)

(to) **control** (*nicht* kontrollieren, *sondern* beherrschen/ regeln)

- *control* hat zwei Hauptbedeutungen: 1. „beherrschen / die Kontrolle ausüben"; 2. „regeln/steuern/bestimmen":
  In the 19th century British ships ***controlled*** *trade in many parts of the world.* (... beherrschten ... den Handel.)
  Control *yourself, can't you!* (Beherrschen Sie sich doch!)
  The company was so powerful that it more or less ***controlled*** *the market.* (... beherrschte.)
  New measures are needed to ***control*** *the increasing flow of heavy lorries through our old historic towns.* (... um ... regeln.)
  This machine ***controls*** *the whole process from beginning to end.* (... steuert ...)

⚠ Niemand ist gekommen, um unsere Fahrkarten zu kontrollieren. = *Nobody came to* ***check/inspect/examine*** *our tickets.*
Können Sie kontrollieren, ob der Fahrstuhl wieder einwandfrei funktioniert? = *Can you* ***check*** *whether the lift is working properly again?*

⚠ Fehlerquellen beim Nomen *control*:
He lost ***control*** (NICHT: *the control*) ***of*** (NICHT: *over*) *his motorbike on a patch of ice and crashed.* (Er verlor die Kontrolle über ...)

(to) **convince** (überzeugen)

⚠ Im Gegensatz zum deutschen „überzeugen" kann *convince* nicht intransitiv, d. h.ohne Personenobjekt gebraucht werden:
Seine Rede überzeugte. = *His speech* ***was very convincing.***
Graf überzeugte wieder durch eine große Leistung. = *Graf again* ***put on a very convincing performance.***

cook (Koch/Köchin) – **chef** (Berufskoch/Küchenchef)

- Das Nomen *cook* bezeichnet einen „Koch" bzw. eine „Köchin" in der Familie, einer Kantine usw.:
  John is the ***cook*** *in our family.* (John kocht / ist der Koch ...)
  She worked as a ***cook*** *at the university.*
- Ein (in der Regel männlicher) Berufskoch oder Küchenchef wird als *chef* bezeichnet, wenn er Qualifikationen und Niveau besitzt. Ein Speiselokal, das etwas auf sich hält, würde sein Kochpersonal nie als *cooks*, sondern immer nur als *chefs* bezeichnen:
  Carter trained at several famous hotels abroad and is now one of the ***chefs*** *at the Metropole Hotel.*

(to) **cook** – (to) **boil** – (to) **fry** – (to) **roast** – (to) **bake**

1 (to) cook

- *cook / do the cooking* entspricht „kochen" im allgemeinen Sinn von „Lebensmittel vorbereiten und durch Erhitzen garen" und wird gebraucht, wenn es nicht relevant ist, auf welche Weise (in Wasser/Fett, auf der Herdplatte oder Gasflamme / im Backofen usw.) etwas gekocht wird:
  Shall I ***cook*** *the supper this evening?*
  Shall I ***do the cooking*** *this evening?*
  They ***haven't cooked*** *the meat very well.*
  How long do we have to ***cook*** *this meat?*
  How long does this meat have to ***cook?***

2 *(to) boil*

⚠ Nicht *cook*, sondern *boil* bezeichnet den Vorgang, wenn Wasser oder eine andere Flüssigkeit zum Siedepunkt gebracht wird:
Boil *some water and make some tea, please.*
The kettle/water ***is boiling***.
Would you like a ***boiled*** *egg?*
Bring *the liquid* ***to the boil*** (zum Kochen) *and keep it at* ***boiling point*** (Siedepunkt) *for 10 minutes.*

- *boil* ist das richtige Verb, wenn es relevant ist, dass etwas nicht einfach so, sondern in kochendem Wasser gekocht wird. Wenn die spezielle Kochart aber nicht im Vordergrund steht, kann oft auch *cook* verwendet werden:
  Do I ***boil*** *the vegetables or fry them?*
  The vegetables ***are boiling/cooking*** *nicely, so the meal will be ready in ten minutes.*

⚠ Tee/Kaffee kochen = ***make*** *tea/coffee*
Suppe kochen = ***make*** *soup*

3 ***(to) fry – (to) grill – (to) roast***

- *fry* bedeutet „(mit Fett in der Bratpfanne / im Topf auf der Herdplatte oder Gasflamme) braten/backen". *grill* bedeutet „(auf dem Rost direkt über oder unter einer starken Hitzequelle) braten/grillen". *roast* bedeutet „(mit Fett in einem Gefäß im Backofen) braten/backen". *roast* wird auch gebraucht, wenn ein großes Stück Fleisch oder ein ganzes Tier über einem offenen Feuer gebraten wird:
*I **fried** bacon, eggs, tomatoes and potatoes in the **frying pan** for breakfast.*
*I'm going to **grill** these steaks rather than fry them.*
*Put the meat in the oven and **roast** it for 2 hours.*
We had a big barbecue party (Grillparty) *and **roasted** half a pig.*

- Als Adjektiv wird *roast*, nicht *roasted* gebraucht:
*I'd like some **roast** chicken/potatoes/lamb/beef.*

⚠ Können wir das Brot rösten? = *Can we **toast** this bread?*

4 ***(to) bake***

- *bake* bezeichnet das Backen von Brot, Kuchen und sonstigen aus Mehl hergestellten Backwaren im Backofen. Das Wort findet sich aber eher als Fachbegriff in Kochrezepten und dergleichen. Normalerweise verbinden sich die Nomen *cake* und *bread* mit *make*:
*I'll **make** you **a** nice chocolate **cake** for your birthday.* (Ich backe dir ...)
*We**'ve been making** our own **bread** for several years now.* (Wir backen ...)
(Kochrezept:) *Place in a hot oven (250°C/gas mark 8) and **bake** for twenty minutes.*

cooker ➪ oven

cost(s) (Kosten), (to) cost (kosten)

1 Die Nomen ***cost – costs***

- Der Plural *costs* wird gebraucht, wenn die Gesamtsumme der anfallenden Kosten gemeint ist:
*This is the list of **costs** I had on this project.* (... die Liste der Unkosten ...)
*We have to reduce our production **costs**.* (... unsere Produktionskosten ...)
*The government is forcing hospitals to cut their **costs**.* (... zwingt die Krankenhäuser, ihre Kosten zu senken.)
Aber (feste Wortverbindungen):
*There has been a big increase in **the cost of living**.* (Lebenshaltungskosten)
*There have been **cost increases** at a level of 10%.* (Kostenerhöhungen)

- Der Singular *cost* wird gebraucht, wenn der Betrag gemeint ist, der bezahlt werden muss, um etwas zu kaufen oder zu tun:
  *The **cost** of electricity went up after privatisation.*
  *What's the **cost** of a three-minute call to the USA?*
  *We'll pay you $... to cover **the cost of postage/accommodation/...** .*
  *The **cost of** repair**ing** this machine is more than it's worth.* (Die Kosten für die Reparatur ...)

- Wendungen mit *cost*:
  *He learned the hard way, **at the cost of** a broken leg.* (... um den Preis eines gebrochenen Beins.)
  *The building was renovated **at a cost of** $10 million.* (... zu einem Preis von ...)
  Aber: *We must avoid this **at all costs.*** (... um jeden Preis ...)

⚠ Ich lasse die Arbeiten auf meine Kosten durchführen. = *I'm having the work done **at my (own) expense**.*
Die Reservierung ist kostenlos. = *The reservation is **free of charge**.*

2 *(to) cost*

- *cost* erscheint in der konkreten Bedeutung „der (Kauf-)Preis beträgt" nicht in der Verlaufsform:
  *How much **does** this **cost**, please?* (Wie viel kostet das bitte?)
  *The flight **costs** $540.*
  In anderen, übertragenen Bedeutungen ist die Verlaufsform jedoch möglich:
  *It **was costing** the climbers too much energy to continue climbing in the snowstorm, so they returned to base camp.* (Es kostete die Bergsteiger zu viel Kraft, ...)
  *It**'s costing** us an awful lot in travelling time and money, living here and working in Cambridge.* (Es kostet uns schrecklich viel an Reisezeit und Geld, dass ...)

⚠ Das alles kostet Zeit. = *That all **takes** time.*

costume

- *costume* entspricht „Kostüm" im Sinne von Theaterkleidung, sonst decken sich die Bedeutung von *costume* und „Kostüm" nicht:
  *The actor's **costume** included a long red gown* (Robe) *and a wig* (Perücke).
  *The dancers were all dressed in **national costume**.* (... in Landestracht ...)
  *Where's my (swimming) **costume?*** (Wo ist mein Badeanzug?)
  Sie kaufte ein grünes Kostüm für das Vorstellungsgespräch. = *She bought a green **suit** for the interview.*

could ➪ can

could ➪ can

council – counsel – (to) counsel– counselling – counsellor

- *council* bezeichnet eine Gruppe von (in der Regel gewählten) Personen, die Bestimmungen erlassen und Entscheidungen treffen. Ein Verb nach *council* kann im Singular oder Plural stehen:
  The Security ***Council meets/meet*** *today to discuss the crisis in southern Africa.* (Der Sicherheitsrat [der UN] trifft sich heute ...)
  The (town) ***council wants/want*** *to increase admission charges at the local museum.* (Der [Stadt-]Rat will die Eintrittspreise ... erhöhen.)
- *counsel* bezeichnet einen Anwalt / eine Anwältin, der/die jdn. vor Gericht vertritt, wird aber häufiger als Verb verwendet. Das Verb *counsel* bezeichnet die Tätigkeit einer Person, die im therapeutischen oder sozialen Bereich Menschen betreut und berät:
  The ***counsel*** *for the defence stared at the witness and then the jury before continuing with his questions.* (Der Verteidiger/Die Verteidigerin starrte den Zeugen und dann die Jury an ...)
  The organization ***counsels*** *families with AIDS victims.* (... betreut Familien ...)
- Die *-ing*-Form *counselling* ist weit verbreitet als Bezeichnung für „Therapie" oder „Beratung"; *counsellor* bezeichnet eine Person, die diese Tätigkeit ausführt:
  Nowadays there is ***counselling*** *available for all sorts of people: people who have lost their jobs, accident victims, people who have ...*
  She works as a ***marriage guidance counsellor****.* (... als Eheberaterin.)

country – countryside – scenery – landscape – land

1 *country*

- *country* ist zählbar, d. h.es kann im Singular (mit *a*) oder im Plural *(countries)* gebraucht werden, wenn eine politische Einheit gemeint ist. Es ist nicht zählbar, wenn das Land im Gegensatz zur Stadt oder ein Gebiet mit besonderen Eigenschaften gemeint ist:
  Ireland is ***a country*** *in Western Europe.* (... ein Land in Westeuropa.)
  I visited eight different ***countries*** *last year.* (... acht verschiedene Länder ...)
  Do you prefer living in the city or in the ***country****?* (... auf dem Land?)
  They want to move to the ***country****.*
  This area is (NICHT: *is a*) *fruit-growing* ***country*** */ not very good farming* ***country****.* (Diese Gegend ist ein Obstanbaugebiet / kein sehr gutes Anbaugebiet für die Landwirtschaft.)

2 *countryside*

- *countryside* entspricht „Land/Landschaft“ und wird gebraucht, wenn man an die Natur bzw. den Erholungswert einer Landschaft denkt. *countryside* ist nicht zählbar:
  *The **countryside** looks lovely at this time of year.*
  *There is still a lot of **countryside** in this area.*
  What (NICHT: *What a*) *peaceful **countryside**!* (Was für eine friedliche Landschaft!)

3 *scenery*

- *scenery* entspricht „Landschaft/Gegend“ als Anblick. *scenery* wird gebraucht, wenn das, was das Auge sieht, als schön empfunden wird. *scenery* ist wie *countryside* nicht zählbar:
  *The **scenery** is magnificent – soaring mountains, green valleys, streams and little villages.*
  What (NICHT: *What a*) *beautiful **scenery**!* (Was für eine schöne Landschaft!)

4 *landscape*

- *landscape* entspricht „Landschaft“ als Relief der Erdoberfläche. Es wird verwendet, wenn man an die sichtbare Gestalt eines weiten (meist ländlichen) Gebiets denkt. *landscape* wird in geografischen, touristischen und literarischen Zusammenhängen gebraucht und ist im Gegensatz zu *countryside* zählbar:
  *Steep hills and wooded valleys are characteristic of the **landscape** in that region.* (Die Landschaft ... ist gekennzeichnet durch ...)
  *As a **landscape painter*** (Landschaftsmalerin) *she loved this view and the way the **landscape** unfolds before the eye.* (... die Art und Weise, wie die Landschaft sich vor dem Auge entfaltet.)
  *Tuscany is an area with many different **landscapes**.* (Die Toskana ist eine Gegend mit vielen verschiedenen Landschaften.)

5 *land*

- *land* (zählbar) wird im Sinne von „Land“ = *country* (politische Einheit, zählbar) gebraucht, besonders wenn Gefühle und Emotionen ausgedrückt werden sollen:
  *People fled from many **lands** to seek freedom and a new life in America.*
  *They journeyed into a **land** of great beauty.*
  *Panama is the **land** of my dreams.*

- *land* (nicht zählbar) bedeutet „Grund und Boden“ und „Land“ im Gegensatz zu Wasser:
  *Get off my **land**!*
  *The family owns big stretches of **land** in several parts of the country.*
  *After six weeks at sea, they finally sighted **land**.*

couple ➪ pair

court (GerICht/Hof/Platz)

- *court* steht nach Präpositionen ohne Artikel, wenn es im Zusammenhang „Gerichtsverhandlungen" gebraucht wird:
  I was ***in court*** *last week, as a witness.* (Ich war ... vor Gericht ...)
  Silence ***in court****!* (Ruhe im Gerichtssaal!)
  *He****'s going to court****. He****'s taking*** *his neighbours* ***to court*** *in a libel action.* (Er geht vor Gericht. Er erhebt eine Verleumdungsklage gegen seinen Nachbarn.)
  His neighbour wants to ***settle*** *the matter* ***out of court****.* (Sein Nachbar will die Angelegenheit außergerichtlich regeln.)
- Das gleiche gilt, wenn *court* in der Bedeutung „(Königs-)Hof" oder „Platz" (Tennisplatz, Squashplatz etc.) gebraucht wird:
  She lived ***at court*** *for 11 months of the year.* (Sie wohnte ... bei/am Hof.)
  Stich is not ***on court*** *yet.* (... noch nicht auf dem Platz.)

crab (*nicht* Krabbe, *sondern* Krebs)

- *crab* entspricht „Krebs", „Krabbe" entspricht *prawn*:
  Jim howled with pain. A ***crab*** *had pinched his toes.* (Ein Krebs hatte ihn in die Zehen gezwickt.)
  We had ***prawn*** *cocktail as a starter.* (... Krabbencocktail ...)

⚠ Sie verstarb im Alter von 50 Jahren an Krebs. = *She died of* ***cancer*** *at the age of 50.*

(to) crash (zusammenstoßen)

- Das Zusammenstoßen von Personen und Fahrzeugen mit jemand/etwas anderem wird mit *crash into*, nicht *crash against* oder *crash with* ausgedrückt:
  The car did a somersault and ***crashed into*** *the wall.* (Das Auto überschlug sich und prallte gegen die Wand.)
  He drove round the corner too fast and ***crashed into*** (auch: *collided with*) *a bus coming the other way.* (... und stieß mit einem Bus zusammen ...)
  She raced down the corridor and ***crashed into*** *somebody coming out of Ann Williams' office.* (... und stieß mit jemandem zusammen ...)
- *crash against* ist möglich, wenn gemeint ist, dass etwas/jemand mit einer heftigen Bewegung seitlich gegen etwas/jemanden stößt:
  The rock ***crashed against*** *the side of the car and landed in the ditch.*

credit (Kredit)

⚠ *credit* ist, im Gegensatz zum deutschen „Kredit", nicht zählbar, kann also nicht mit dem unbestimmten Artikel gebraucht werden. Die Entsprechung zu „ein Kredit = ein Darlehen" ist *a loan*:
Ich habe einen Kredit aufgenommen. = *I took out a **loan**.*
Beispiele für den Gebrauch von *credit*:
*We will give you interest-free **credit*** (NICHT: *an interest-free* credit) for *12 months.* (... einen zinslosen Kredit ...)
*How much **credit** can you give me?*

crime (Kriminalität/Verbrechen) – **criminality** (Kriminalität)

- *crime* ist nicht zählbar, wenn die Kriminalität im Allgemeinen gemeint ist, und zählbar, wenn von einem einzelnen Verbrechen die Rede ist:
Crime has increased every year since 1980. (Die Kriminalität hat ... zugenommen.)
*There hasn't been **a** serious **crime** on the island for at least 10 years.* (... kein schweres Verbrechen ...)

⚠ *criminality* ist ein eher seltenes Fachwort und wird gebraucht, wenn die Kriminalität z. B. als soziologisches Phänomen diskutiert wird. Nicht *criminality*, sondern *crime* ist sonst die richtige Entsprechung für „Kriminalität":
*The professor's research was concerned with the links between family background and **criminality**.*
*There's a lot of **crime** in this area.* (In dieser Gegend gibt es viel Kriminalität.)

crisps ⇨ **chips**

critic (Kritiker[in]) – **criticism – review – critique** (Kritik); **critical** (kritisch)

1 ***critic – criticism – review – critique***

- *critic* bezeichnet eine Person („Kritiker[in]"), *criticism* die „Kritik". *criticism* kann als zählbares oder nicht zählbares Nomen gebraucht werden. Eine nähere Bestimmung wird mit *of* eingeleitet:
*The newspaper **critic** wrote some not very nice things.*
*Please don't misunderstand me. This is not **a criticism of** the way you handled the problem.* (Das ist keine Kritik an ...) [zählbar]
*I have several **criticisms**.* (... mehrere Kritikpunkte.)
*He cannot stand **criticism**.* (Er kann keine Kritik ertragen.) [nicht zählbar]

⚠ Die Kritik eines Films, Theaterstücks oder Buches in der Zeitung wird als *review* bezeichnet. Das Nomen *critique* ist ein förmliches Wort, das eine tiefergehende schriftliche Analyse z. B. einer Gesellschaft, Theorie, Politik oder Philosophie bezeichnet. Auch hier wird als Präposition *of* gebraucht:
The play didn't get a very good ***review*** *in the paper.* (Das Stück bekam keine sehr gute Kritik ...)
The book she has written can be seen as a ***critique*** *of modern American society.* (... als Kritik an / kritische Analyse der ... Gesellschaft ...)

2 *critical*

- *be critical of s.o./s.th.* entspricht „jdm./einer Sache kritisch gegenüberstehen" oder „sich kritisch zu jdm./etw.äußern":
  I'm critical of *the plan.* (Ich stehe dem Plan kritisch gegenüber.)
  In her speech she ***was*** *very* (auch: *sharply / severely / highly / extremely*) ***critical*** *of the government's present policy.* (... äußerte sie sich sehr kritisch zu der gegenwärtigen Politik der Regierung.)

cruise ⇨ journey

(to) **cry** – (to) **weep** (weinen)

- *cry* = „schreien" s. **shout**
- *cry* ist die übliche Entsprechung für „weinen". *weep* ist literarisch oder förmlich:
  Stop ***crying*** *and dry your eyes.*
  All who heard the news ***wept*** *with joy/grief.*
- Präpositionen:
  He ***was crying for*** *his lost friend.* (Er weinte um ...)
  What ***are*** *you* ***crying about/over****?* (Worüber/Weswegen weinst du?)

cupboard ⇨ wardrobe

culture – civilization (Kultur); **cultured** (kultiviert)

⚠ *culture* entspricht „Kultur" im Sinne von geistigen und künstlerischen Leistungen. „Kultur" im Sinne einer Gesellschaft bzw. eines Volks/Staats auf einer höheren Entwicklungsstufe wird dagegen mit *civilization* wiedergegeben:
New York is a great place to live if you're interested in ***culture***.

Europeans have often never heard of Third World writers and artists and have no respect for the ***cultures*** *of developing countries.*
China and Egypt both had highly developed ***civilizations*** *at a time when life in most of Europe was still quite primitive.*
Ancient/Western ***civilizations*** ... (Die Kulturen des Altertums/Abendlandes ...)

⚠ Das Nomen *culture* kann nicht gebraucht werden, wenn man von der Bildung oder feinen Lebensweise einer Person spricht. Stattdessen benutzt man Wendungen mit dem Adjektiv *cultured*:
Andrea ***is*** *a very* ***cultured*** *person – she reads widely, plays the violin and is very knowledgeable about painting.* (... ist sehr kultiviert / hat Kultur ...)
That man ***is*** *completely* ***uncultured*** *– just look at the way he eats.* (... ist völlig unkultiviert / hat überhaupt keine Kultur ...)

cure (Heilmittel), (to) **cure** – (to) **heal** (heilen)

- Das Nomen *cure* („Heilmittel") verbindet sich mit der Präposition *for*, das Verb *cure* („heilen") mit *of*:
Scientists still haven't found ***a cure for*** *cancer.* (... kein Heilmittel gegen Krebs gefunden.)
He ***is*** *now completely* ***cured of*** *alcoholism.* (Er ist jetzt völlig vom Alkoholismus geheilt.)

⚠ Nur im literarischen oder im übertragenen Sinne wird das Verb *heal* transitiv gebraucht:
The loss of his wife was a terrible shock. Only time will ***heal*** *the gaping wound in his life.*
Vgl.:
Which doctor ***cured*** *her?* (... heilte sie?) [transitiv]
The wound in my left leg took a long time to ***heal****.* (... bis sie heilte.) [intransitiv]

curious (neugierig/seltsam)

- Konstruktionen und Präpositionen:
I was *very* ***curious about*** *what /* ***as to*** *what /* ***to find out*** *what she would say.* (Ich war sehr neugierig/gespannt, was sie sagen würde.)
It's curious *see****ing*** */* ***to*** *see your own name on a gravestone.* (Es ist seltsam, den eigenen Namen auf einem Grabstein zu sehen.)
It's curious (that) *he forgot /* ***should*** *forget.* (Es ist seltsam, dass er es vergessen hat.)

current (Strom/Strömung / aktuell)

- *current* als Nomen bedeutet „(Wasser-, Luft-, elektrische[r]) Strom/ Strömung" (nicht zu verwechseln mit *currant* = „Rosine"):
  There's a very strong ***current*** *out there by the rocks.* (Strömung)
  The electric ***current*** *flows through this wire here, and then ...* (Strom)
- *current* ist auch ein Adjektiv mit der Bedeutung „aktuell/laufend". Weitere Entsprechungen zu „aktuell" s. **actual**:
  Current *events in the USA ...* (Die aktuellen Ereignisse in den USA ...)
  Current *methods are not very efficient.* (Die aktuellen Methoden ...)
  I'm interested in ***current affairs.*** (Ich interessiere mich für das aktuelle Geschehen / die Tagespolitik.)
  These are the figures for the ***current*** *year.* (Das sind die Zahlen für das laufende Jahr.)

(to) **curse** ➪ (to) **swear**

customs (der Zoll / die Zollbehörde)

- *customs* wird ohne Artikel gebraucht, wenn die Stelle am Flughafen/Hafen usw. gemeint ist, wo das Gepäck kontrolliert wird. Ein nachfolgendes Verb steht im Singular:
  I went through ***customs*** *then headed for the Underground station.* (... durch den Zoll ...)
  Customs is *over there.* (Der Zoll ist dort drüben.)
- *customs* wird mit Artikel gebraucht, wenn die Zollbehörde im Allgemeinen gemeint ist:
  He's in ***the customs.*** (Er ist beim Zoll [= bei der Zollbehörde].)
  The work of ***the customs*** *has changed a lot in recent years.* (Die Arbeit der Zollbehörde ...)

damage, (to) **damage**

1 ***damage*** (Schaden) – ***damages*** (Entschädigung)

- *damage* („Schaden/Schäden/Beschädigung") ist nicht zählbar, d. h. es kann nicht mit *a/an* oder im Plural gebraucht werden. *damages* (Plural) entspricht „(finanzielle) Entschädigung/Schadenersatz":
  The storm caused a lot of ***damage.*** (Der Sturm verursachte viele Schäden.)
  The ***damage*** *is estimated at several million dollars.* (Der Schaden wird / Die Schäden werden auf ... geschätzt.)
  The court awarded her $3000 (in) ***damages.*** (Das Gericht sprach ihr Schadenersatz in Höhe von $ 3000 zu.)

2 ***(to) damage*** (schaden/beschädigen)

- Objekt von *damage* kann eine Sache oder ein Körperteil sein, aber keine Person:
  Several ***buildings were damaged*** *by the storm.*
  I ***damaged*** *my* ***knee*** *playing squash.*
  The accident ***damaged his reputation*** (Ruf) *and* ***his health*** (Gesundheit) *but* ***he was not hurt/harmed.*** (... er wurde nicht verletzt / kam nicht zu Schaden.)
  The propaganda ***didn't harm him / didn't do/cause him any harm.*** (... schadete ihm nicht.)

danger (Gefahr)

- Präpositionen und Konstruktionen mit *danger*:
  She was ***in*** *serious* ***danger****, but she's* ***out of danger*** *now.*
  In case of danger (auch: *In an emergency* = Im Notfall) *pull red lever.* (Bei / Im Falle von Gefahr ...)
  That man is a ***danger to*** (auch: *a menace/threat to*) *everyone else on the road.* (... eine Gefahr für alle ...)
  There's ***a danger*** (auch: *risk*) ***of*** *icy roads this evening. / There's* ***a danger*** (auch: *a risk*) ***(that)*** *roads will be icy this evening.* (Es besteht die Gefahr, dass die Straßen ... vereist sind.)
  *He****'s in danger of*** *los****ing****.* (Er läuft Gefahr zu verlieren.)

⚠ Zugang für Besucher auf eigene Gefahr. = *Admittance for visitors* ***at their own risk.***
Auf die Gefahr hin, ausgelacht zu werden ... = ***At the risk of*** *be****ing*** *laughed at ...*

(to) **dare** (wagen / sich trauen)

1 Bedeutung

- *dare* wird hauptsächlich mit *not* (auch *nobody/none* usw.) gebraucht, um auszudrücken, dass jemand etwas nicht wagt. Um auszudrücken, dass jemand sich etwas traut (positive Aussage), oder um zu fragen, ob etwas gewagt wird, werden meist andere Ausdrücke gebraucht, z. B. *(not) be afraid to* oder *have the courage to* oder *be prepared/ready/willing to*:
  I ***didn't dare*** *to think what might have happened.* [Verneinter Satz]
  *She****'s not afraid to*** *say what she thinks.* (Sie traut sich ...) [Positive Aussage]
  Did he ***have the courage to*** *ask?* (Hat er es gewagt zu fragen?) [Frage]

D

- *I daresay* oder *I dare say* (nur mit *I* möglich) hat die Bedeutung „wohl“:
  I ***daresay*** *they've sold the house by now.* (Das Haus haben sie wohl inzwischen verkauft.)
- *Don't you dare ...!, How dare you/he/they ...!* und *You dare ...!* drücken Zorn und Empörung aus:
  Don't you dare / How dare you / You dare *talk to me like that!*
  How dare she/they *borrow the car without asking!*
  dare ist hier ein Modalverb – s. Abschnitt 2.

2 Konstruktionen als Modalverb und Vollverb

- *dare* kann grundsätzlich als Modalverb (ohne *do*-Umschreibung, ohne *s* in der 3. Person Singular, ohne *to* vor nachfolgendem Infinitiv) oder als Vollverb (mit *do*-Umschreibung, mit *s* in der 3. Person Singular, mit *to*-Infinitiv) gebraucht werden. *dare* als Vollverb kann aber auch mit einem Infinitiv ohne *to* gebraucht werden:
  I/He ***daren't*** (förmlich auch: ***dare not***) ***ask***. – ***Dare*** *you/he* ***ask****?* [Modalverb]
  I ***don't*** */ He* ***doesn't dare (to) ask****.* – ***Do*** *you /* ***Does*** *he* ***dare (to) ask****?* [Vollverb]
  In Fragen wird, sofern überhaupt *dare* gebraucht wird, das Vollverb bevorzugt.
- Im *past tense* wird das Vollverb ebenfalls bevorzugt:
  I/He ***didn't dare (to)*** *ask.* – ***Did*** *you/he* ***dare (to)*** *ask?* [Vollverb]
  I/He ***daredn't / daren't / dared not*** *ask.* – ***Dare(d)*** *you/he ask?* [Modalverb]

⚠ Im Rückbezug auf einen zuvor genannten Satz wird kein *it* gebraucht:
I wanted to tell him he was an idiot, ***but I didn't dare (to)*** (NICHT: *I didn't dare it*). (... aber ich habe es nicht gewagt.)

- *dare* (nur Vollverb) hat auch die Bedeutung „herausfordern“ und wird dann mit einem Personenobjekt + *to*-Infinitiv gebraucht:
  I ***dare you to*** *tell the teacher she's wrong.* (Wetten, dass du dich nicht traust, der Lehrerin zu sagen ... [= Ich fordere dich heraus es zu tun.])

data (Daten)

- *data* entspricht „Daten“ im Sinne von „Information(en) / (Computer-)Daten“. Es darf nicht mit *dates* = „(Kalender-)Daten“ verwechselt werden. *data* hatte früher Pluralbedeutung, wird aber heute weitgehend als nicht zählbares Nomen (d. h. mit Singularverb) verwendet, auch wenn manche Sprecher dies als nicht korrekt ansehen:
  Is this *the* ***data****?* ***How much data is*** *there? The* ***data*** *looks interesting.*
  Are these *the* ***data? How many data are*** *there? The* ***data look*** *interesting.*

day (Tag)

- Zum Gebrauch der Namen der Wochentage, s. **Friday**

1 Gebrauch der Präposition *on*

- Viele Wendungen mit *day* können mit oder ohne *on* gebraucht werden:
  (on) most days (an den meisten Tagen)
  (on) that day (an jenem Tag)
  (on) the day before yesterday / (on) the day after tomorrow (vorgestern/übermorgen)
  (on) the previous day / (on) the day before (am Vortag)
  (on) the following day / (on) the day after / (on) the next day (am folgenden/nächsten Tag)
- Wendungen nur mit *on*:
  ***on** a day in autumn / when...* [*on a day* + nähere Bestimmung]
  ***on** a nice/summer/... day* [*on a* + Adjektiv / adjektivisch gebrauchtes Nomen + *day*]
- Fest- und Wochentage werden mit *on* gebraucht:
  ***on** Christmas Day / **on** New Year's Day* (am 1. Weihnachtstag / an Neujahr)
  ***on** Thursday / **on** the Tuesday of that week* (am Donnerstag / am Dienstag jener Woche)
  In elliptischer Sprechweise wird *on* aber oft weggelassen. Das Gleiche gilt für *on the day* und *on the day when*:
  *I saw him **on the day** of the party.* [elliptisch auch ohne *on*]
  ***On the day when** I get my exam results ...* [elliptisch auch ohne *on*]

2 Weitere Konstruktionen und Wendungen mit *day*

- *Monday is **the day when*** (nur förmlich: *on which*) *I go to my French class.* (Montag ist der Tag, an dem ...)
  *It costs $10 **a day**.* (pro Tag)
  *I don't have time to surf the net **during the day / in the daytime**.* (am Tag [= im Laufe des Tages])
  *This animal sleeps **by day / in the day*** (auch: *in the daytime*) *and hunts by/at night.* (am Tag [= wenn es hell ist – gewohnheitsmäßiges Verhalten])
  *It rained **day after day / day in day out**.* (tagein, tagaus [= immer wieder])
  ***Day by day / From day to day** his health improved.* (täglich / Tag für Tag [= allmählich und kontinuierlich])
  *I waited **for days**.* (tagelang)
  In my day / In** Queen Victoria's **day (NICHT: *days*) ... (Zu meiner Zeit / Zu Königin Viktorias Zeit[en] ...)
  ***In the days of** the horse-drawn cab ...* (Im Zeitalter der Pferdedroschke ...)
  ***These days** you never know what will happen.* (Heutzutage ...)

In these days of *satellite communication ...* (Im [gegenwärtigen/ heutigen] Zeitalter der Satellitenkommunikation ...)
In those days *you never knew when you were going to get your next meal.* (Damals ...)
We'll know more ***in five days / in five days' time****.* (in fünf Tagen)
I'll phone again sometime ***in the next few days.*** (in den nächsten Tagen)
I saw Janet ***the other day****.* (neulich) [Nicht verwechseln mit „am anderen Tag" = *(on) the next day / the following day / the day after*]
To this day *I've never found out why he did it.* (Bis zum heutigen Tag ...)

⚠ Montag in acht/vierzehn Tagen = *Monday* ***week / two weeks*** *on Monday* (BE auch: *a fortnight (on) Monday*)
morgen in acht/vierzehn Tagen = *tomorrow* ***week / a week*** *tomorrow /* ***two weeks*** *tomorrow* (BE auch: *a fortnight tomorrow*)

dead (tot)

- Das Adjektiv *dead* kann als Nomen mit dem Artikel *the* gebraucht werden (Näheres s. **the**, Abschnitt 1.1):
  After the battle they buried ***the dead*** *and treated the wounded.*
  In anderen Fällen wird für das deutsche „Tote(r)" *dead* als Adjektiv mit nachfolgendem Nomen gebraucht:
  Aber: ***Dead people*** *cannot talk.* (Tote können nicht reden.)
- *dead* kann informell auch als Adverb gebraucht werden:
  be dead certain/sure (todsicher sein)
  be dead drunk (stockbetrunken sein)
  be dead lucky/unlucky (unheimliches Glück/Pech haben)
  be dead quiet [Hochsprache: *deadly/deathly quiet*] (totenstill sein)
  be dead right about s.th. (in einer Sache todrichtig liegen)
  be/go dead slow (sehr langsam fahren)
  a dead straight road [auch Hochsprache] (eine schnurgerade Straße)
  be dead tired [Hochsprache: *deadly tired*] (todmüde)

deadly – deathly – fatal – lethal (tödlich)

- Alle vier Adjektive entsprechen „tödlich/Tod-/toten-". Typische Wortverbindungen:
  a ***deadly*** *bite* (Biss) / *blow* (Schlag) / *enemy* (Feind) / *insult* (Beleidigung) / *poison* (Gift) / *sin* (Sünde) / *snake* (Schlange) / *spider* (Spinne) / *sting* (Stich) / *weapon* (Waffe)
  a ***deathly*** *silence/hush* (Stille)
  a ***fatal*** *accident* (Unfall) / *illness* (Krankheit) / *injury* (Verletzung) / *mistake* (Fehler) / *wound* (Verletzung)
  a ***lethal*** *dose* (Dosis) / *weapon* (Waffe)

- *deadly* ist auch ein Adverb. Typische Verbindungen:
  deadly *boring* (todlangweilig) / *cold* (bitterkalt) / *dull* (todlangweilig) / *serious* (todernst)

deal: a good/great deal (of) (viel)

⚠ *a good/great deal of* kann im Gegensatz zu *a lot of* nur mit nicht zählbaren Nomen verwendet werden. Ein abhängiges Verb steht immer im Singular:
*There'**s a good/great deal of work*** (NICHT z. B: *jobs*) *that we still have to do.*
A good/great deal of money (NICHT z. B: *hours*) *has been wasted.*
Statt eines nicht zählbaren Nomens kann auch eine *ing*-Form folgen:
A good/great deal of *buy**ing**, sell**ing** and bargain**ing** goes on at a flea market.*

- *a good/great deal* wird auch als adverbiale Bestimmung gebraucht:
  *She's **a good/great deal** older than her husband.*

death (Tod)

⚠ *death* steht ohne Artikel, wenn der Tod im Allgemeinen gemeint ist:
*Life and **death** belong together. **Death** comes to us all.*
(Aber: ***The death*** *of his mother was a big shock.*)

- Präpositionen und Wendungen mit *death*:
  At/On/After his death *all the money will go to his children.* (Bei/Nach seinem Tod ...)
  Deaths from *heart disease have increased.* (Die Anzahl der Todesfälle durch Herzkrankheiten ...)
  *The terrorists **were sentenced/put to death**.* (... wurden zum Tode verurteilt / hingerichtet.)
  *The man **burned/froze/bled to death**.* (... verbrannte/erfror/verblutete.)
  Death to *protestant imperialists!* (Tod den protestantischen Imperialisten!)
  *I'**m sick to death of** his constant complaints.* (Seine ständigen Klagen hängen mir zum Hals heraus.)

decent (*nicht* dezent, *sondern* anständig)

- *decent* entspricht „anständig"; „dezent" wird je nach Kontext mit *discreet(ly)/conservative(ly)/tasteful(ly)/subdued* wiedergeben:
  *He's a **decent** person. He'll sell you a **decent** car at a **decent** price.*
  Sie machte es / Sie beobachtete ihn sehr dezent. = *She did it / She observed him very **discreetly**.*

Er war immer dezent gekleidet. = *He was always **conservatively/ tastefully** dressed.*
Die Musik/Beleuchtung war sehr dezent. = *The music/lighting was very **subdued**.*

(to) **decide** (entscheiden), **decision** (Entscheidung)

- *decide* kann eine Person als Objekt haben:
  *What she said next **decided me**.* (Was sie als Nächstes sagte, entschied die Sache für mich / gab für mich den Ausschlag.)
- Präpositionen nach *decide*:
  *We **decided on/against** blue for our new curtains.* (Wir entschieden uns für/gegen blau ...)
  *They haven't **decided (on/about)** the price yet.* (Sie haben noch keine Entscheidung über den Preis getroffen.)
- Wendungen mit *decision*:
  *We soon **made/reached/took/came to/arrived at a decision**.* (Wir trafen bald eine Entscheidung / kamen bald zu einem Entschluss.)

(to) **declare** (erklären / verkünden / bekannt geben)

- Ein indirektes Objekt nach *declare* wird immer mit *to* angeschlossen und folgt dem direktem Objekt:
  *They **declared** the result **to** us* (NICHT: *They declared us the result*) *at four o'clock.* (Sie gaben uns das Ergebnis ... bekannt.)
- Weitere Konstruktionen/Besonderheiten:
  *He **was declared (to be) the winner/bankrupt**.* (Er wurde zum Sieger / für bankrott erklärt.)
  *I **declare*** (NICHT: *I am declaring*) *this fête open.* (Ich erkläre dieses Fest für eröffnet.)

(to) **dedicate** (widmen/weihen), **dedicated** (hingebungsvoll)

⚠ Auf *dedicate* und *be dedicated* folgt die Präposition *to*. Ein Verb steht danach in der *-ing*-Form, nicht im Infinitiv:
*He **has dedicated** a lot of time **to** look**ing*** (NICHT: *to look*) *after his ageing mother.* (Er hat viel Zeit der Versorgung seiner ... Mutter gewidmet.)
*The politician said her party **was dedicated to** reduc**ing** inflation.* (... dass sich Ihre Partei der Reduzierung der Inflation verschrieben habe.)

- *dedicated* kann auch attributiv (vor einem Nomen) in der Bedeutung „hingebungsvoll/engagiert" gebraucht werden:
  *She is a very **dedicated** teacher.* (Sie ist eine sehr engagierte Lehrerin.)

deep – deeply (tief/zutiefst)

- *deep (deeper, deepest)* wird als Adverb im wörtlichem Sinne, *deeply (more deeply, most deeply)* im übertragenen Sinne gebraucht:
  *We dug **deep**, till we couldn't dig any **deeper** because of the rocks.*
  *She looked **deep** into her glass.*
  *He swam **deeper** than ever before.*
  *If we dig **more deeply** into the subject, we find that there are several reasons for this historical development.* (Wenn wir ... tiefer erforschen ...)
  *I am **deeply** sorry.* (Es tut mir zutiefst Leid.)
  ***deeply** grateful* (außerordentlich dankbar), ***deeply** hurt* (schwer gekränkt), ***deeply** offended* (zutiefst beleidigt)

defect (Defekt), **defective** (defekt)

⚠ *defect* (Aussprache: ['di:fekt]) ist ein Nomen, aber kein Adjektiv.
Das zugehörige Adjektiv heißt *defective* (Aussprache: [dɪ'fektɪv]):
*This software has a **defect**. It's **defective**.* (Diese Software hat einen Defekt. Sie ist defekt.)

degree ⇨ **temperature**

(to) **delay** – (to) **postpone** (verschieben)

- *delay* entspricht „verschieben" im Sinne von „hinausschieben/verzögern"; *postpone* hingegen entspricht „verschieben" im Sinne von „absagen und auf ein späteres Datum verlegen":
  *He **delayed** the visit for as long as possible.*
  *Concerts, football matches and business meetings all had to **be postponed** because of the weather.*

⚠ Nach *delay* und *postpone* steht ein zweites Verb als *-ing*-Form, nicht als Infinitiv:
*I **delayed** writ**ing** to them for as long as possible.*
*We **postponed** meet**ing** them till the samples* (Proben) *were ready.*

- *be delayed* entspricht in Bezug auf Verkehrsmittel „sich verspäten":
  *The bus/train/plane/arrival/departure **was delayed** by fog for two hours.*
  (... verspätete sich wegen Nebels um zwei Stunden.)

- Das Passiv beider Verben wird oft mit *get* statt *be* gebildet:
  *My plane / I **got delayed** by the weather.*
  *Jenkins was ill, so the meeting **got postponed.***

delicate (zart) – **delicious** (köstlich)

- *delicate* entspricht „zart/zierlich/empfindlich/zerbrechlich", *delicious* „köstlich/delikat". *delicate* und „delikat" entsprechen sich in der Bedeutung „heikel":
  *She/This is a **delicate** child / colour / instrument / glass ornament.*
  *This dish/wine has a very **delicate** flavour.* (... einen sehr zarten Geschmack.)
  *What a **delicious** smell/meal!* (Was für ein köstlicher Geruch! / Was für ein köstliches/delikates Essen!)
  *It is a very **delicate** matter.* (Es ist eine sehr delikate/heikle Angelegenheit.)

delicacy (Delikatesse) – **delicatessen** (Feinkostgeschäft)

- *delicacy* entspricht „Delikatesse", *delicatessen* hingegen „Feinkostgeschäft":
  *She went to the **delicatessen** and bought all sorts of exotic, foreign **delicacies**.*

democracy (Demokratie), **democrat** (Demokrat[in]), **democratic** (demokratisch)

⚠ Die Aussprache/Betonung ist jeweils unterschiedlich:
[dɪˈmɒkrəsɪ], [ˈdeməkræt], [ˌdeməˈkrætɪk].

- *democracy* wird ohne Artikel verwendet, wenn die Demokratie im Allgemeinen gemeint ist:
  ***Democracy** is not valued in many countries.* (Die Demokratie wird ... nicht geschätzt.)
- *democrat* wird nach *be/become* mit dem unbestimmten Artikel gebraucht:
  *She's **a democrat**.* (Sie ist Demokratin.)

dentist ⇨ **baker**

(to) **deny** (abstreiten/verweigern)

1 *(to) deny* = "abstreiten"

- Auf *deny* (wie auf *dispute* – gleiche Bedeutung) folgt ein zweites Verb als *-ing*-Form, nicht als Infinitiv. Vorzeitigkeit kann durch die Perfektform (z. B. *having done*), aber auch durch die einfache *-ing*-Form (z. B. *doing*) ausgedrückt werden. Ein *that*-Satz ist ebenfalls möglich:
  The man hotly/strongly ***denies being / having been*** *near the scene of the crime.* (... streitet heftig ab, in der Nähe des Tatorts gewesen zu sein.)
  It cannot ***be denied that*** *we have been careless.* (Es lässt sich nicht abstreiten, dass ...)

2 *(to) deny* = "verweigern"

- In dieser Bedeutung wird *deny* meist mit zwei Objekten gebraucht:
  I ***denied him permission****. I* ***denied permission to*** *everyone who came and asked. I* ***denied it to*** *them all.*
- *deny s.b. s.th.* hat die gleiche Bedeutung wie *refuse s.b. s.th.*, aber nur *refuse* kann ohne Objekt in der Bedeutung „sich weigern“ gebraucht werden:
  I asked Jill to lend me some money, but she refused. (... sie weigerte sich.)

(to) **depend (on), depending on**

- *depend on* entspricht „abhängen / abhängig sein von“ oder „sich verlassen auf“:
  Germany's economy ***is depending*** *more and more* ***on*** *imports for its raw materials.* (... ist, was seine Rohstoffe betrifft, zunehmend von Importen abhängig.)
  You can ***depend on*** *Jim.* (Du kannst dich auf Jim verlassen.)
- Auf *depend on* + Objekt kann eine *-ing*-Form oder ein *to*-Infinitiv folgen:
  You can ***depend on Jim to*** *know /* ***on Jim*** *know****ing*** *their phone number.* (Du kannst dich darauf verlassen, dass Jim ... kennt.)
- *it depends* (***nie:*** *it is depending*) kann mit oder ohne *on* verwendet werden:
  Is Alec coming on Tuesday? – ***It depends*** *(on) whether his parents will let him.* (Es hängt davon ab, ob seine Eltern es zulassen.)
  Will you bring Janet to the party? – ***It/That (all) depends****.* (Je nachdem. / Das kommt darauf an.)
- *depending on* entspricht „je nach / je nachdem“:
  Depending on *the weather, we'll either go swimming or to the cinema.* (Je nach Wetter ...)
  Depending on *whether it rains or not, we'll either go swimming or to the cinema.* (Je nachdem, ob ...)

D

dependant (Angehörige[r]), – **dependent** (abhängig)

- *dependant* ist ein Nomen, das im förmlichen Sprachgebrauch „Angehörige(r)" bedeutet:
  *On the form you have to state the number of **dependants** you have.*
  Insbesondere im AE wird auch die Schreibweise *dependent* gebraucht. Diese Schreibweise ist im BE in der Regel dem Adjektiv mit der Bedeutung „abhängig" vorbehalten.

⚠ Auf das Adjektiv *dependent* folgt die Präposition *on*, auf *independent* aber *of*:
*Germany is heavily **dependent on** imports for its oil.* (... stark abhängig von ...)
*This organization is self-financing so we are **independent of** the government.* (... unabhängig von ...)

(to) **describe** (beschreiben)

- An *describe* wird ein indirektes Objekt immer mit *to* angeschlossen:
  *Can you **describe** this man **to** me* (NICHT: *describe me this man*)?

desert (Wüste) – (to) **desert** (verlassen, desertieren) – **dessert** (Dessert)

⚠ *desert* ist ein Nomen mit der Bedeutung „Wüste" (Aussprache: [ˈdezət]) und ein Verb mit der Bedeutung „verlassen" oder „abtrünnig/fahnenflüchtig werden" (Aussprache: [dɪˈzɜːt]). *dessert* (Aussprache ebenfalls [dɪˈzɜːt]) entspricht dem deutschen „Dessert" = „Nachspeise":
*the Sahara **Desert*** (die Wüste Sahara)
*The man **deserted** his wife and children to go and live with his lover.* (... verließ Frau und Kinder ...)
*He **deserted from** the army after only two months.*
*I'd like chocolate mousse **for dessert**.* (... zum Dessert.)

(to) **deserve** (verdienen)

- *deserve* wird in aller Regel nicht in der Verlaufsform gebraucht:
  *She **deserves*** (NICHT: *is deserving*) *her success now after all that work.*
- Auf *deserve* folgt ein zweites Verb als *to*-Infinitiv, im passivischen Sinn ist aber auch eine *-ing*-Form möglich:
  *He **deserved to** win.*
  *She knows a lot about the subject and **deserves to** be listened to / **deserves** listen**ing** to.*

(to) **despair** (verzweifeln/alle Hoffnung aufgeben)

⚠ Auf *despair* folgt kein Infinitiv, sondern *of* + *-ing*:
*He **despaired of** (their) ever see**ing** their home again.* (Er gab alle Hoffnung auf, jemals ... wiederzusehen.)
Auch ein nominales Objekt wird mit *of* angeschlossen:
*I **despair of** the human race.* (Ich verzweifele an der Menschheit.)

despite / in spite of (trotz) – **nevertheless** (trotzdem)

- *despite* und *in spite of* sind beide Präpositionen und stehen vor einem Nomen, einer *-ing*-Form oder *the fact that*. *despite* ist etwas förmlicher:
*__Despite__ / **In spite of** the weather, Jim('s) arriv**ing** late and **the fact that** the concert would soon be over, we decided to go.*
- *nevertheless* entspricht dem deutschen Adverb „trotzdem". Es steht in der Regel am Satzanfang oder -ende und wird oft durch ein Komma abgetrennt:
*It was very late; we went to the concert, **nevertheless***

dessert ⇨ **desert**

(to) **deter** (abhalten)

- Auf *deter* + Objekt folgt kein Infinitiv, sondern *from* + *-ing*:
*I don't want to **deter** you **from** join**ing** this theatre group, but I must tell you that you will have to work hard.* (Ich will Sie nicht davon abhalten, sich dieser Theatergruppe anzuschließen ...)

(to) **detest** (hassen)

- Auf *detest* folgt kein Infinitiv, sondern eine *-ing*-Form:
*I **detest** hav**ing** to ask permission for everything.* (Ich hasse es, wegen allem um Erlaubnis bitten zu müssen.)

(to) **develop** (entwickeln/sich entwickeln)

⚠ *-ing*-Form und *-ed*-Form werden mit <u>einem</u> *-p-* geschrieben. Die zugehörige Präposition heißt *into*, nicht *to*. *develop* ist kein reflexives Verb:
*She **developed** (NICHT: developped) **into** one of the most creative writers of her time.* (Sie entwickelte sich zu ...)

devoted (treu) – **devout** (fromm); (to) **devote** (widmen)

⚠ *devoted* [dɪ'vəʊtɪd] bedeutet „aufopfernd/ergeben/treu/eifrig/begeistert", *devout* [dɪ'vaʊt] entspricht „fromm": „devot" wird mit *servile/obsequious* wiedergegeben:
*He's a **devoted** father* (ein treuer Vater) *and husband. He's also a **devoted** fan* (ein begeisterter Anhänger) *of American jazz.*
*She's a very **devout** Christian.* (Sie ist eine sehr fromme Christin.)
Er schmeichelt seiner neuen Chefin dauernd und ist so devot – es ist schrecklich. = *He's constantly flattering his new boss and is so **servile/obsequious** – it's dreadful.*

- Auf *devoted* und *devote* („widmen") folgt die Präposition *to*. Ein Verb folgt diesem *to* deshalb als *-ing*-Form, nicht als Infinitiv:
*He's **devoted to** his family.* (Er liebt ... über alles.)
*She's **devoted to** her work.* (Sie widmet sich ganz ihrer Arbeit.)
*We shall **devote** the evening **to** plann**ing*** (*NICHT: to plan*) *the next production.* (Wir werden ... der Planung der nächsten Produktion widmen.)

- *devote* wird nur in der Konstruktion *devote oneself/something to s.o./s.th.* verwendet. Das indirekte Objekt wird also immer mit *to* angeschlossen und nachgestellt. Die Konstruktion **devote s.o. s.th.* ist nicht möglich:
*Ann's father is very ill and she **is devoting** all her time and energy **to** him* (*NICHT: she is devoting him all ...*). (... sie widmet ihm ihre ganze Zeit ...)

(to) **dictate** (diktieren)

- Wenn *dictate* in der Bedeutung „Briefe usw. diktieren" gebraucht wird, folgt ein indirektes Objekt dem direkten Objekt und wird mit *to* angeschlossen. Ist das indirekte Objekt ein Pronomen, kann es auch ohne *to* vor dem direkten Objekt stehen:
*The manager **dictated** 17 letters **to his new secretary** on her first morning. He also **dictated her** 8 memos.*

- Wird *dictate* im Sinne von „Vorschriften machen" gebraucht, so muss die Person, der etwas vorgeschrieben wird, immer mit *to* angeschlossen werden:
*Multi-national companies can often **dictate** policy **to** the governments of small countries. They certainly can often **dictate** economic policy **to** them.* (Multi-nationale Firmen können oft den Regierungen kleiner Länder ihre Politik vorschreiben.)
Eine Person kann Subjekt eines Passivsatzes sein:
*I am not going to **be dictated to** by a fool like that!* (Ich lasse mir ... keine Vorschriften machen!)

(to) **die** (sterben)

- Schreibweise der anderen Formen: *dies, dying, died.*
- Präpositionen:
  There are many causes of death. People can ***die of*** *hunger, thirst, old age, a broken heart,* ***die of/from*** *an illness, an injury or a wound; or you can* ***die of/from****, for example, eat****ing*** *poisonous fruit.*
  The film was so funny, we nearly ***died of/with laughter****.* (... vor Lachen.)
  But Janet said she nearly ***died of*** (NICHT: with) *boredom.* (... vor Langeweile ...)
- *be dying for s.th.* bzw. *be dying to do s.th.* bedeutet „etwas unbedingt wollen/brauchen" bzw. „sich danach sehnen / darauf brennen, etwas zu tun". *die* existiert in dieser Bedeutung nur in der Verlaufsform:
  *I'****m dying for*** *a sandwich / a cup of tea / a cigarette / a rest.* (Ich brauche unbedingt ...)
  *I'****m dying to*** *meet her.* (Ich kann es kaum abwarten / Ich brenne darauf, sie kennen zu lernen.)

diet (Diät)

- *be on a diet* entspricht „auf Diät sein"; *go on a diet* entspricht „eine Diät machen (d. h. beginnen)":
  *I'****m on a diet*** *at the moment.* (Ich bin gerade auf Diät.)
  *Janet'****s going on a diet*** *next week.* (Janet macht nächste Woche eine Diät.)

(to) **differ** (sich unterscheiden) – (to) **distinguish** (unterscheiden)

- *differ (from each other)* entspricht „sich (von einander) unterscheiden" und bezeichnet die Tatsache, dass zwei Dinge Unterschiede aufweisen. *distinguish* entspricht „unterscheiden" und bezeichnet die Fähigkeit, einen Unterschied zwischen zwei Dingen zu erkennen. Beide Verben werden in diesen Bedeutungen nicht in der Verlaufsform gebraucht:
  This model ***differs from*** *that one in size and in price.*
  People who are colour-blind cannot ***distinguish between*** *red and green.*
  They cannot ***distinguish*** *red* ***from*** *green.*

difference – distinction (Unterschied)

D

- Beide Wörter bezeichnen die Art und Weise, wie sich zwei (oder mehr) Dinge voneinander unterscheiden. *distinction* ist das seltenere und förmlichere Wort und bezeichnet einen auf der geistigen Ebene erkannten Unterschied:
  There's a big ***difference*** *between John and Amy: John is both a lot taller and a lot older.*
  The ***distinction*** *between religion and philosophy is important.*

- Beide Wörter treten in bestimmten eigenen Wendungen auf:
  a ***price difference,*** *an* ***age difference,*** *a* ***difference in*** *price/age*
  Can you ***tell the difference*** (NICHT: *tell the distinction*)*?* (Können Sie den Unterschied erkennen?)
  Can you ***see the difference/distinction?***
  What he said ***didn't make any difference / made no difference / made a big/great difference / made all the difference (to*** *me) after what he had done.* (... machte keinen Unterschied / einen großen Unterschied / machte alles anders für mich ...)
  He ***makes a difference between*** *his children and other children. He's much less tolerant towards his own children.* [= Er behandelt sie anders.]
  He ***makes/draws a distinction between*** *his policies and Thatcher's.* [= Er bewertet sie anders.]
  English ***makes/draws a distinction between*** *events that happened in the past and are still important for the present, and events that belong only to the past.* (... unterscheidet zwischen ...)

⚠ Dies gilt für euch alle, ohne Unterschied. = *This goes for all of you* ***without exception.***
Alle sind gleichberechtigt, ohne Unterschied des Glaubens, der politischen Anschauung und der Nationalität. = *All have equal rights,* ***regardless of*** *religion, political beliefs and nationality.*
Im Unterschied zu dir mag ich ihn. = ***Unlike you,*** *I like him.*

different ⇨ **another**, Abschnitt 3

difficult (schwierig), difficulty (Schwierigkeit)

1 ***difficult***

- Ein Infinitiv nach *difficult* kann aktivische oder passivische Bedeutung haben:
  It's difficult *(for us)* ***to*** *know what to buy for Jane's birthday.* (... schwer zu sagen/wissen ...)
  He's ***difficult to*** *please and his book is* ***difficult to*** *understand.* (Es ist schwierig, es ihm recht zu machen, und sein Buch ist schwierig zu verstehen.)

2 ***difficulty***

- *difficulty* kann zählbar und nicht zählbar sein:
  Let me know if you have any ***difficulty/difficulties.*** (Sagen Sie mir Bescheid, wenn es irgendwelche Schwierigkeiten gibt.)
  The firm is in ***difficulty/difficulties.***

- Ein Nomen als nähere Bestimmung wird mit der Präposition *with* angeschlossen:
  I had ***difficulty/difficulties with*** *the car this morning.*

⚠ Auf *difficulty* folgt kein Infinitiv, stattdessen wird die Konstruktion *difficulty* (nicht zählbar!) + (*in* +) *-ing*-Form gebraucht:
I ***had difficulty (in)*** *start****ing*** (NICHT: *to start*) *the car this morning.*
(... Schwierigkeiten, den Wagen anzulassen.)
We ***had*** *some/little* ***difficulty (in)*** *find****ing*** *a date that suited everybody.*
There was *little/great* ***difficulty (in)*** *gett****ing*** *the project approved.* (Es gab wenig/große Schwierigkeiten, das Projekt genehmigt zu bekommen.)

⚠ Das Wetter macht uns z.Zt. große Schwierigkeiten. = *The weather is* ***making things very difficult*** */ is* ***creating/causing*** (NICHT: *is making*) ***a lot of difficulty/difficulties*** *for us at the moment.*
Die wollen mich loswerden. Sie machen mir ständig Schwierigkeiten [= sie legen mir bewusst Hindernisse in den Weg]. = *They are constantly* ***making things difficult*** *for me /* ***making difficulties*** *for me.*
Pass auf, dass du keine Schwierigkeiten mit der Polizei bekommst. = *Be careful you don't* ***get into trouble*** *with the police.*
Wir werden mit den Nachbarn Schwierigkeiten bekommen. = *We'll* ***have problems/trouble*** */* ***We'll get into trouble*** *with the neighbours.*

dinner – lunch – supper – tea

- Im BE wird ein warmes Mittagessen im Umgang mit Kindern und in der Sprache „einfacher" Menschen meist als *dinner* bezeichnet. Die Mittagsmahlzeit, ob warm oder kalt, heißt sonst in der Regel *lunch.*
  Eine Mahlzeit abends heißt *tea, supper* oder *dinner*, wobei *dinner* in der Regel ein eher aufwendiges oder festliches Essen, z. B. auch mit Gästen, bezeichnet. Das Weihnachtsessen wird generell, ob mittags oder abends, als *Christmas dinner* bezeichnet, auch von Sprechern, die ihr Mittagessen sonst als *lunch* bezeichnen.
  Die wahrscheinlichsten (aber nicht ausschließlichen) Kombinationen, wenn jemand seine beiden Hauptmahlzeiten nennt, sind *dinner and tea, lunch and supper* oder *lunch and dinner.*

- Im AE wird das Mittagessen meist als *lunch*, das Abendessen und ein Festessen in der Regel als *dinner* bezeichnet.

- Zum Gebrauch des Artikels und der Präpositionen bei *dinner, lunch* und *supper* vgl. **breakfast**. Zusätzlich ist folgende Besonderheit zu beachten:
  *On Tuesday we **went out to dinner*** [= Essen] *in a restaurant.*
  *On Wednesday **we went out to a dinner*** [= Empfang] *at the golf club.*

direct – directly – right – straight (direkt)

1 *direct* als Adverb

- *direct* ist normalerweise ein Adjektiv. In bestimmten festen Wortverbindungen wird es aber auch als Adverb gebraucht, z. B.:
  *Can I **phone direct** or do I have to go through the operator?*
  ***Write direct** to the managing director.*
  *Can you **contact** me **direct**? This is the address.*
  *He **went/drove/walked direct** to the office.* [direkt = auf direktem Weg]
  *You can't **get/go to** Abingford **direct**, you have to change trains/buses/planes at Oxbrow.* [direkt = ohne Umsteigen]
  *I like to be able to **get/buy** food **direct** from the farmer.*

2 *directly – right – straight*

- Je nach nachfolgender Präposition werden bestimmte Adverbien bevorzugt.
  – Standort:
  *It's **directly/right/straight in front of** us.*
  *It's **directly/right behind** us.*
  *It's **directly/right/straight opposite** the shop.*
  *It's the star **directly/right/straight above** us.*
  *It's the room **directly below/under/over** the living-room.*
  *It's **right next to / by the side of** the church.*
  *It's **right in / on (top of)** the box.*
  – Bewegung zu etwas hin / von etwas her:
  ***Come/Go straight** here / there / **to** bed.*
  *She walked **directly/straight towards** me.*
  *Go **straight across/up/down** the road.*
  *I've come **straight/directly from** work.*
  – Zeitbestimmungen:
  *It happened **straight/directly/right after/before** breakfast*
  *I asked them **right*** (= ganz) */**straight*** (= sofort) ***at the beginning of** the meeting.*

direction (Richtung)

- Wendungen mit *direction*:
  ***(In) which direction** is Cambridge?* (In welcher Richtung liegt Cambridge?)
  *We walked **in the direction of** the hotel.* (in Richtung Hotel)
  *The station is **in the opposite direction (to** the hospital).* (... in der entgegengesetzten Richtung [zum Krankenhaus].)
  *I **gave** the man **directions to** Cambridge.* (Ich beschrieb dem Mann den Weg nach Cambridge.)

⚠ Ich möchte mit der Direktion sprechen. = *I'd like to speak to **the management**.*

disadvantage ➪ **advantage**

(to) **disapprove** (dagegen sein / missbilligen)

- *disapprove* wird ohne Objekt im Sinne von „dagegen sein" gebraucht. *disapprove of s.th.* entspricht „etwas missbilligen/ablehnen". *disapprove* mit direktem Objekt (also ohne *of*) bedeutet „offiziell ablehnen":
  *He wanted to marry an actress, 15 years older than he was, but his parents **disapproved**.* (... waren dagegen.)
  *I strongly/highly **disapprove of** his behaviour. I **disapprove of** him/his invit**ing** people without asking us.* (Ich missbillige sein Verhalten sehr. Ich missbillige, dass er... einlädt ...)
  *The authorities **disapproved** the plan.* (Die Behörde lehnte den Plan ab.)

(to) **discontinue** (unterbrechen/aussetzen/aufhören)

- Auf *continue* kann ein weiteres Verb als *-ing*-Form oder Infinitiv folgen, auf *discontinue* aber nur als *-ing*-Form:
  *They **continued** issu**ing / to** issue monthly information sheets all last year, but they **discontinued** issu**ing** them this January.* (... sie haben im Januar aufgehört, sie herauszugeben.)

(to) **discourage** (abbringen/abschrecken/abhalten), (to) **encourage** (ermutigen/ermuntern)

- Auf *discourage* folgt ein Objekt + *from* + *-ing*-Form, auf *encourage* ein Objekt + *to*-Infinitiv:
  *We must **discourage** people **from** smok**ing** and **encourage** them **to** do more sport.* (Wir müssen die Leute davon abbringen, zu rauchen und sie dazu ermuntern, mehr Sport zu treiben.)

(to) **discuss** (diskutieren / über ... sprechen / besprechen), **discussion** (Diskussion)

- *discuss* ist ein transitives Verb und hat immer ein direktes Objekt. Dieses kann ein Nomen, ein Fragewort + Infinitiv, ein Nebensatz mit *whether* (nicht *if*!) oder eine *-ing*-Form sein, aber kein *that*-Satz:
  *We **discussed** the question / **what** to do.*
  *We **discussed whether** we should accept.*
  *We **discussed** **going** to the theatre next week.* (... ob wir nächste Woche ... gehen sollten.)

⚠ Die Politikerin diskutierte mit der Klasse. = *The politician **had a discussion** (NICHT: discussed) **with** the class.*
Sie diskutierten lange über ein bestimmtes Thema. = *They **discussed** (NICHT: discussed about) **one particular topic** for a long time.*
Wir sprachen darüber, dass er geheime Kontakte mit der Firma Johnson unterhielt. = *We **discussed the fact that** (NICHT: We discussed that) he had secret contacts with Johnsons.*
Wir besprachen, dass er diese Kontakte offenlegen sollte. = *We **agreed that** he should disclose these contacts.*

- Wendungen mit *discussion*:
  *We **had a discussion about/on** this last week.*
  *The plans are still **under discussion**. Nothing has been decided yet.* (Die Pläne werden noch diskutiert.)

⚠ Es steht zur Diskussion, ob wir für diese Arbeit einen Experten anheuern. = *We **need to decide whether** ....*

disease ➪ **illness**

disinterested (objektiv) – **uninterested** (desinteressiert)

- *disinterested* entspricht „selbstlos/objektiv/unvoreingenommen“. Die Entsprechung zu „desinteressiert“ ist *uninterested*. Informell wird *disinterested* zwar in der Bedeutung „desinteressiert“ verwendet; dies wird aber meist als nicht korrekt angesehen:
  *As a **disinterested** party/observer, perhaps you can tell us which of us is right – Janet or me.* (Als Unbeteiligter/unvoreingenommener Beobachter ...)
  *The mother ape seemed completely **uninterested in** her baby.* (... desinteressiert an ...)

(to) **dislike** (nicht mögen), **dislike** (Abneigung)

- *dislike* erscheint normalerweise nicht in der Verlaufsform.

- Im Gegensatz zu *like* kann auf *dislike* nur eine *-ing*-Form folgen und kein Infinitiv:
  *I **dislike** arriv**ing*** (NICHT: *to arrive*) *late.* (Ich komme nicht gern zu spät.)
  *I **dislike people/them/their** arriv**ing** late.* (Ich mag es nicht, wenn Leute/sie zu spät kommen.)
- Präpositionen nach dem Nomen *dislike*:
  *I have a strong **dislike of/for** my neighbour, I'm afraid.* (... Abneigung gegen ...)
  *I **took** an immediate **dislike to** him as soon as he moved in.* (Ich empfand sofort Abneigung gegen ihn ...)

(to) **dispute** (abstreiten) ➪ (to) **deny,** Abschnitt 1

dissatisfaction, dissatisfied, dissatisfying ➪ satisfaction

distance (Entfernung), **distant** (entfernt)

- Wendungen und Artikelgebrauch mit *distance*:
  What's (NICHT: *How is / How big is*) ***the distance** from Wycombe to Exeter?*
  *I don't like travelling **long distances.*** (... weite Entfernungen ...)
  Aber: *It's **a long way*** (NICHT: distance) *from here to Exeter.*
  ***From/At this distance** everything looks very small, and **from/at a distance of** 10 miles even smaller.* (Aus dieser Entfernung ... aus einer Entfernung von 10 Meilen ...)
  ***From a distance / At a distance** you can't tell the difference between the two boys.* (Aus der Entfernung ...)
  ***At this distance of/in time** everything is so vague – I can't remember, I'm afraid.* (Aus dieser zeitlichen Entfernung ...)
  *We could hear the sound of the sea **in the distance.*** (... in der Ferne ...)
  *I live **within (easy) walking/driving/cycling distance of** the office.* (Ich kann das Büro von meiner Wohnung aus [bequem] zu Fuß / mit dem Auto/Fahrrad erreichen.)

⚠ *distant* („entfernt") kann nicht in Verbindung mit Maßangaben gebraucht werden:
Wie weit ist High Wycombe von London entfernt? = ***How far** is High Wycombe from London?*
Es ist 50 km von London entfernt / 50 km entfernt. = *It's **50 kilometres from** London / **50 kilometres away.***
Es ist eine Stunde per Zug entfernt. = *It's **an hour** by train.*
Es ist eine Autostunde von Oxford entfernt. = *It's **an hour's drive from** Oxford.*
Unser Haus ist ziemlich weit vom Bahnhof entfernt. = *Our house is **quite a way from / quite a long way (away) from** the station.*

distinct (verschieden/eindeutig) – **distinctive** (unverwechselbar) – **distinguished** (bedeutend)

- Wenn zwei Dinge/Personen/Ideen völlig unterschiedlich sind, kann man sie als *distinct* bezeichnen:
  *Men and women form two quite **distinct** groups of human beings.* (… zwei ganz verschiedene Gruppen …)
  *These two theories are quite **distinct from** each other.* (… unterscheiden sich deutlich voneinander.)
  Wenn etwas, z. B. ein Geräusch/Geruch/Gefühl sehr klar, deutlich, nicht zu übersehen ist, kann es ebenfalls als *distinct* beschrieben werden:
  *There's a **distinct** smell of cigarettes in this classroom – who's been smoking?* (… ein eindeutiger Geruch …)
  *I had the **distinct** feeling that someone was following me.* (… das deutliche Gefühl …)
  *There's a **distinct** possibility that someone in the team is going to have flu on Saturday.* (Es ist sehr gut möglich, dass …)
- Eine Eigenschaft wird als *distinctive* bezeichnet, wenn sie auffällig ist und die betreffende Person oder Sache von anderen zu unterscheiden vermag:
  *This wine has a **distinctive** flavour.* (Dieser Wein hat einen unverwechselbaren Geschmack.)
  *He has a very **distinctive** voice.* (Er hat eine sehr charakteristische Stimme.)
- *distinguished* bedeutet „bedeutend/berühmt“:
  *His wife is a very **distinguished** writer.*

distinction ➪ **difference**

(to) **distinguish** ➪ (to) **differ**

(to) **divorce** (sich scheiden lassen [von])

- Im Aktiv kann *divorce* mit einem Singularsubjekt nur transitiv (mit direktem Objekt), mit einem Pluralsubjekt nur intransitiv (ohne Objekt) gebraucht werden. In der Regel wird jedoch ein Passivsatz (meist mit *get*) bevorzugt. Bei einem Singularsubjekt ohne Objekt ist nur eine Passivkonstruktion möglich:
  *She **got divorced from** her husband / She **divorced** her husband and moved back to London.* (Sie ließ sich von ihrem Mann scheiden …)
  *They **got divorced** / They **were divorced** / They **divorced** last year.* (Sie ließen sich … scheiden.)
  *Toby **got divorced*** (NICHT: *Toby divorced*). (Toby ließ sich scheiden.)

- Statt des Verbs *divorce* kann auch die Wendung *get a divorce* gebraucht werden:
  She ***is getting a divorce (from*** *her husband).*

(to) **do**

1 *do* als Hilfsverb

1.1 *do* zur Bildung von Frage und Verneinung

- *do* verwendet man im *simple present* und *simple past* zur Bildung von Fragen, verneinten Sätzen, Kurzantworten und Frageanhängseln. Auch der verneinte Imperativ wird mit *do* gebildet:
  Do *you speak English? Yes, I* ***do.*** *I* ***don't*** *speak Italian. You speak French,* ***don't*** *you?* ***Don't*** *touch!*
- *do* wird nicht in Fragen mit *who/what/which* verwendet, wenn diese Wörter Subjekt des Satzes oder Teil des Subjekts sind:
  Who wants *to speak to me?* (Wer will mit mir sprechen?) [*who* ist Subjekt]
  Who do *you want to speak to?* (Wen wollen Sie sprechen?) [*who* ist Objekt]
  Which (model) costs *more – the green model or the blue model?* [*which* ist Subjekt / Teil des Subjekts]
  Which do *you want to buy?* [*which* ist Objekt]
- Wenn *only* oder adverbiale Ausdrücke mit negativer Bedeutung am Anfang eines Aussagesatztes im *simple present* oder *simple past* stehen, wird *do* gebraucht. Die Wortstellung dann ist wie in einer Frage. Zu diesen Ausdrücken gehören: *no sooner, barely, scarcely, hardly, seldom, rarely, never, at no time, on no account, under no circumstances, (not) only*:
  Only *then* ***did*** *I realize what he was trying to say.* (Erst dann erkannte ich, ...)
  On no account do *we pay now before they give us the tickets.* (Unter keinen Umständen zahlen wir jetzt ...)

1.2 *do* als Pro-Form

- *do* ersetzt ein anderes Verb (und seine Ergänzungen) im *simple present* und *simple past*, wenn dieses nicht wiederholt werden soll:
  I play tennis and Anne ***does*** *too.* (... und Anne auch)
  We decided not to go to the party and we ***didn't****.* (... und wir gingen auch nicht.)
- Ähnlich ist der Gebrauch von *do* mit *so / neither / nor / not either* im Sinne von „auch (nicht)“:
  I saw the film on TV last night. – ***So did I.*** (Ich auch.)
  I didn't like it. – ***Neither/Nor did I. / I didn't either.*** (Ich auch nicht.)
- *do* wird auch in Reaktionen auf Bitten um Erlaubnis verwendet:
  May/Shall I open the window? – (Yes,) ***please do.*** */ (No,)* ***please don't.***

1.3 *do* zur Emphase

- *do* wird in Aussagesätzen zur Verstärkung einer Aussage gebraucht:
  ***I do like** to have breakfast in bed on Sundays.* (Ich frühstücke … wirklich/so gern …)
  *Why didn't you phone? – **I did (phone),** but nobody answered.* (Ich habe doch angerufen …)
- *do* wird gebraucht, um jemanden (aus Höflichkeit/Ungeduld usw.) zu drängen, etwas zu tun. Die deutsche Entsprechung ist oft ein Satz mit „doch":
  ***Do come** and see us if you're ever in this area again.* (Besuchen Sie uns doch, wenn …)
  ***Do stop** calling me Mr Barnet, for goodness sake. I'm Jim, OK?* (Hören Sie / Hör doch auf, mich …)
- *do* wird zur Emphase auch in Ausrufesätzen (mit Umkehrung der Satzstellung) gebraucht:
  *It started to rain, and **did it rain!*** (… und wie es geregnet hat!)
  *She's a popular star. **Does she draw** the crowds!* (Sie zieht die Zuschauermassen an, und wie!)

2 *(to) do* als Vollverb

- Zum Unterschied zwischen *do* und *make* s. **make**.

2.1 Infinitivgebrauch

- In Spaltsätzen wird *do* gebraucht, um eine Handlung hervorzuheben. Das hervorgehobene Verb steht im Infinitiv – mit oder ohne *to*:
  ***What** you **do is (to)** take six eggs, …*
  ***What** we **did was (to)** make a list of the prices, then …*
- Der passive Infinitiv von *do* wird in folgender Wendung gebraucht:
  *What is **to be done**?* (Was ist zu tun?)
- Nach *do one's best* steht der *to*-Infinitiv, aber nicht *in order to*:
  I'm doing my best to (NICHT: *in order to*) *finish this job today.* (Ich tue mein Bestes, um diese Arbeit heute fertig zu stellen.)

2.2 Präpositionen

- *do s.th. to s.th.* entspricht „etwas mit etwas machen" im Sinne von „es verändern"; *do s.th. with s.th.* entspricht „etwas mit etwas machen" im Sinne von „es verwenden" oder „es irgendwo hintun":
  *What have the kids **done to** the contract? They've used it to make a paper dart* (Papierflieger)*!*
  *What have you **done with** the contract? Where is it now?*
- *do s.th. about s.th.* entspricht „etwas unternehmen (in Bezug auf etwas)":
  *What are we going to **do about** the tickets? Who is going to buy them?*

I'm sorry. There's nothing I can ***do about it*** (NICHT: *against it*) *now.* (Es gibt nichts, was ich jetzt dagegen tun kann.)

2.3 *do so*

- *do so* kann im Rückbezug auf ein Tätigkeitsverb und seine Ergänzungen anstelle von *do it* gebraucht werden, wenn dieselbe Handlung durch dieselbe Person gemeint ist:
  I haven't phoned Jim yet, but I'll ***do so*** *tomorrow.* (… ich mache es morgen.)
  I spoke to Ann about the problem yesterday, I don't know why I ***didn't do so*** *earlier.* (… warum ich es nicht schon vorher getan habe.)
  We went to see Janet in hospital yesterday. We ***should have done so*** *earlier.* (Wir hätten es schon früher tun sollen.)
  *"Show Don the figures." – I'****ve*** *already* ***done so.*** (Ich habe es schon getan.)
  *I forgot the keys. I'****ve*** *never* ***done so*** *before.* (Das ist mir bisher noch nie passiert.) [*forget* ist hier ein Tätigkeitsverb.]
- In den obigen Sätzen ist *do* ein Vollverb und entspricht „tun/machen/verrichten". In den folgenden Sätzen wird *do* als Hilfsverb (Pro-Form, nie mit *so*, vgl. Abschnitt 1.2) gebraucht:
  I enjoy their visits more now than I ***did*** (= *enjoyed their visits*) *in the past.* [keine Handlung]
  I applied when my colleague ***did*** (= *applied*). [Handlung durch zwei verschiedene Personen]
- Zur Emphase (vgl. 1.3 oben) wird nur *do*, nicht *do so* gebraucht:
  You didn't really call him a liar. – I ***did*** (NICHT: *did so*)*!*
  Does anybody want Alan and Mavis to come, because I ***don't*** (NICHT: *don't so*)*!*

doctor (Arzt, Doktor)

⚠ Der akademische Grad *Dr* (im BE heutzutage meist ohne, im AE meist noch mit Punkt geschrieben) wird nie zusammen mit *Mr/Mrs/Ms* verwendet:
Mr/Mrs/Ms Jackson oder *Dr Jackson*, **nicht z. B.**: *Mrs Dr Jackson*

- Zum Gebrauch von *doctor/doctor's* und *to/at* vgl. **baker**.

dollar ($)

- Das Dollarzeichen *$* steht – wie andere Währungssymbole – immer vor dem Geldbetrag, ohne Abstand zur darauffolgenden Zahl:
  $*56.75*

- Anwendungsbeispiele und idiomatische Wendungen:
  *How much did you pay? – Exactly **$10 / ten dollars**.*
  *They bought a **$10,000** share [= a ten thousand dollar* (NICHT: *dollars*) *share] in his business.* (... einen Anteil im Wert von $ 10.000 an seinem Geschäft.)
  *The prices are **from $75**.* (... von $ 75 aufwärts.)
  *They were selling cassettes **at $2 / at two dollars** each.* (... zu zwei Dollar pro Stück.)
  *The exchange rate was about one mark eighty **to the dollar**.* (... für einen / pro Dollar.)

door (Tür)

- Wendungen:
  *The **front door*** (Haustür) *was locked so I went round to the **back door*** (Hintereingang).
  *This is **the door (in)to** the living room / **the door leading to** the living room.*
  *She **went out (of) the** kitchen **door** and **came in through the** living-room **door**.* (Sie ging zur Küchentür hinaus und kam zur / durch die Wohnzimmertür herein.)
  *There is somebody **at the door**.* (... vor/an der Tür.)
  *He was standing **in the doorway**.* (... in der Tür.)
  *The umbrella stand is **by the door**.* (Der Schirmständer ist neben der Tür.)
  *They were arguing **with the door open/closed**.* (... bei offener/geschlossener Tür.)
  *Janet lives **next door / next door but one / three doors along*** (auch: *three doors up/down*). (... nebenan / zwei Häuser/Zimmer weiter / drei Häuser/Zimmer weiter.)
  *Do you like your **next-door** neighbour?* (Mögen Sie Ihre Nachbarin [nebenan]?)
  *The butcher's is right **next door to** the toy shop.* (... direkt neben dem Spielzeugladen.)
  *I like living in the centre of town – you've got everything **(right) on the doorstep**.* (... man hat alles [direkt] vor der Tür.)
  There's someone knocking at the door. (Es klopft.)
  *Can you **answer*** (auch: *open*) ***the door**, please?* (Kannst du bitte aufmachen?)
  The doorbell just rang. (Es hat gerade an der Tür geklingelt.)
  *She **shut/slammed the door in my face**.* (Sie machte/knallte mir die Tür vor der Nase zu.)
  *I'll just **put my head round the door** and see if he's here.* (Ich werde einfach mal den Kopf zur Tür hereinstecken ...)
  *This policy will **open the door to / shut the door on** economic growth.* (... den Weg für ... freimachen/versperren.)

double (doppelt) – **twice** (zweimal)

⚠ *double* und *twice* stehen in der Bedeutung „doppelt" vor, nicht hinter *the* oder einem Possessiv- oder Demonstrativbegleiter:
I need ***double/twice the*** *time for the same job.* (die doppelte Zeit)
She earns ***double/twice my*** *salary.* (das Doppelte meines Gehalts)
I need ***double/twice this*** *amount.* (doppelt so viel / das Doppelte [dieser Menge])

- *twice* kann in Vergleichen mit *as* gebraucht werden, *double* jedoch nicht. Auf *double* folgt ein Nomen + Relativsatz oder ein *what*-Satz:
  They get ***twice as much*** *holiday* ***as*** *me.* (doppelt/zweimal so viel Urlaub wie ich)
  They get ***double/twice the*** *holiday* ***(that)*** *I get.* (doppelt/zweimal so viel Urlaub wie ich)
  They get ***double/twice what*** *I get.* (das Doppelte von dem, was ich bekomme / zweimal so viel, wie ich bekomme)
- Im zeitlichen Sinne („zweimal" = „zwei Male") wird nur *twice* gebraucht. Auf *twice* in dieser Bedeutung kann *a/each/every/per* (= „pro") folgen:
  We go there ***twice a week.*** (zweimal in der Woche)

doubt

1 ***(to) doubt – have doubts – be doubtful – be in doubt*** (zweifeln)

⚠ Aussprache: das *b* wird nicht gesprochen: [daʊt]

- Das Verb *doubt* kann normalerweise nicht in der Verlaufsform verwendet werden:
  I ***doubt*** *now whether it will happen.* (Ich bezweifle jetzt ...)
- *doubt s.th.* bedeutet „etw. bezweifeln / an etw. zweifeln", d. h. nicht sicher sein, ob etwas wahr, richtig oder wahrscheinlich ist. Wenn das Objekt ein Nomen ist, wird *doubt* oft durch *have doubts about* oder *be doubtful about* ersetzt. *doubt* hat als Objekt eher einen Nebensatz mit *whether/if* oder *that*, oder ein *it*, das sich auf einen vorhergehenden Satz bezieht:
  I ***have doubts / am doubtful about*** *this house she claims to have in France.*
  I ***doubt whether/if/that*** *they'll arrive on time with all this snow.* (Ich bezweifle, dass ...)
  Do you think he'll win? – I ***doubt it.***
- Wenn *doubt* mit *not, no* oder einem sonstigen verneinten Wort gebraucht wird, folgt ein *that*-Satz und kein Satz mit *if/whether.*
  I don't doubt (that) ... bedeutet „ich bezweifle nicht, dass ...", was bedeutet, dass ich mir ganz sicher bin:
  I ***don't doubt that*** *you did your best.* (Ich bezweifle nicht, dass ...)
  Das Objekt kann auch ein Nomen sein:
  I ***don't doubt*** *his willingness to help.*

- *be in doubt about s.th.* bedeutet so viel wie „unsicher in Bezug auf etwas sein“:
  *If you**'re in doubt about** the full cost, why don't you ring up and check?*

2 ***no doubt, doubtless*** (sicher[lich]) – ***without doubt, undoubtedly*** (zweifellos)

- *no doubt* und *doubtless* entsprechen „sicherlich“ = „vermutlich“; *without doubt* und *undoubtedly* haben die viel stärkere Bedeutung „zweifellos / ohne Zweifel“ = „ganz sicher“:
  *They've **no doubt / doubtless** already booked their tickets.* (sicherlich)
  *He has **without doubt / undoubtedly** great talent.* (zweifellos)
  no doubt / doubtless / without doubt / undoubtedly können am Satzanfang (ohne Inversion der Verbgruppe) stehen, wenn sie nicht die normalen Position in der Verbgruppe einnehmen:
  ***No doubt** they've already booked their tickets.*

downtown (Stadtmitte)

- *downtown* ist AE und kann als Nomen („Stadtmitte“), Adverb („in die/der Stadtmitte“) oder Adjektiv („in der Stadtmitte befindlich“) gebraucht werden:
  *The city's **downtown** has some impressive buildings.*
  *Let's **go downtown**. Most **downtown** stores will be open.*

dozen (Dutzend)

⚠ *dozen* verhält sich wie die Zahlwörter *hundred, thousand* und *million.* Vor *dozen* (Singular) steht der unbestimmte Artikel *a;* nach einem Zahlwort (*three/five* etc.) steht *dozen,* nicht *dozens;* auf *dozens* („Dutzende“) muss *of* folgen:
*Can you buy **a dozen** eggs, please?*
*There were not more than **two dozen** people there, although **dozens of** people had been invited.*

(to) **dream** (träumen), **dream** (Traum)

- Die *past-tense*-Form und das Partizip Perfekt lauten im BE in der Regel *dreamt* [dremt], im AE *dreamed* [dri:md]
- Wenn man über den Inhalt eines im Schlaf erlebten Traums spricht, kann auf das Verb *dream* die Präposition *of* oder *about,* auf das Nomen *dream* aber nur *about* folgen:
  *I **dreamt of/about** Carl last night.*
  *I had **a dream about** Carl last night.*

- Wenn *dream* im Sinn von „wünschen“ oder „Wunschtraum“ benutzt wird, kann nur *of*, nicht *about* gebraucht werden:
  *I'**m dreaming of** a white Christmas.*
  *My **dream of** becom**ing** rich hasn't come true yet.*
- Wendungen mit *dream*:
  *After 14 years her **dream** finally **came true.*** (... erfüllte sich ihr Traum ...).
  *I **wouldn't dream of*** (NICHT: *about*) *invit**ing** that dreadful person to our party.* (Es würde mir nicht im Traum einfallen, diese schreckliche Person ... einzuladen.)

(to) **dress** – (to) **get dressed** – (to) **be dressed** – (to) **dress up**

1 *dress – get dressed*

- *dress* („sich anziehen“) wird im Englischen nur dann reflexiv gebraucht, wenn betont werden soll, dass jemand sich selber anzieht und nicht von anderen angezogen wird:
  *Little Glenn can **dress himself** now.* (Der kleine Glenn kann sich jetzt selbst anziehen.)
- *dress* wird meist transitiv (*dress s.o.* = „jdn. anziehen“) gebraucht. Narrativ ist auch der intransitive Gebrauch möglich („sich anziehen“). Die übliche Entsprechung für „sich anziehen“ ist jedoch *get dressed*:
  *Can you help me **dress the children,** please?*
  *He got up early, washed and **dressed** in a hurry and then left the house.*
  *When do you usually wake up and **get dressed**?*
- *dress* (NICHT: *get dressed*) wird verwendet, wenn man ausdrücken will, dass sich jemand auf eine bestimmte Art und Weise kleidet:
  *He **dresses** conservatively. She usually **dresses** in greens and blues.*

2 *be dressed*

- *be dressed* entspricht „angezogen sein“ oder „gekleidet sein“, *be dressed in* „anhaben“:
  ***Are** the children **dressed** yet?* (Sind die Kinder schon angezogen?)
  *He **is** always smartly **dressed.*** (Er ist immer schick gekleidet.)
  *She **was dressed in** a blue skirt and pullover / in blue.* (Sie hatte ... an. / Sie war in Blau gekleidet.)

3 *dress up*

- *dress up* entspricht „sich verkleiden“ oder „sich fein machen / sich schön anziehen“:
  *For the party she **dressed up** as a clown.*
  *Do we have to **dress up** for this reception, do you think?* (Müssen wir uns für diesen Empfang fein machen, was meinst du?)

(to) **drink** (trinken)

D

- Zum Gebrauch von *drunk* und *drunken* s. getrennten Eintrag.

⚠ Nicht das Verb *drink,* sondern ein anderer Ausdruck ist oft die richtige Entsprechung für deutsch „trinken“:
Would you like (to have) something to drink? (Möchten Sie etwas trinken?)
Let's ***have a drink / have something to drink.*** (Trinken wir etwas.)
Let's ***have another drink / another one.*** (Trinken wir noch einen.)
I'd rather ***not have anything to drink.*** (Ich möchte lieber nichts trinken.)
We ***had a cup of coffee*** *together last week.* (Wir haben ... eine Tasse Kaffee zusammen getrunken.)
I ***need a drink.*** (Ich brauche was zu trinken.)
Auch: *We must* ***have / go out for a drink*** *together some time.* (Wir müssen uns mal auf ein Bier / Glas Wein / ... treffen.)

- Präpositionen:
I like to ***drink*** *red wine, not white wine,* ***with*** *fish.* (Ich trinke gern ... zum Fisch.)
Let's ***drink to*** *the completion of the project.* (Trinken wir ein Glas auf den Abschluss des Projekts.)

(to) **drive** – (to) **go** – (to) **ride** – (to) **travel** (fahren)

1 *(to) drive*

- *drive* entspricht „fahren“ im Sinne von „Auto fahren“, „am Steuer (von Auto/Bus/Taxi/Zug) sitzen“ oder „jdn. (im Auto) fahren“:
I'm learning to ***drive.*** *Can/Do you* ***drive****?* (Ich lerne Auto fahren. Fahren Sie [Auto]?)
Who ***was driving*** *(the bus) when the accident happened?*
I'll ***drive*** *you home.*

- Wendungen mit *drive*:
He ***drove into*** (NICHT: *against*) *a wall.* (Er fuhr gegen eine Mauer.)
Let's ***go for*** (NICHT: *do/make*) ***a drive.*** (Machen wir eine Spazierfahrt.)

⚠ Wie lang fährt man nach X? = *How long* ***does it take to get to*** *X?*
Hier runter, und dann fährst du in die Yorck-Straße. = *Down here and then* ***turn into*** *Yorck Street.*

2 *go*

- *go* entspricht „fahren“, wenn das Verkehrsmittel unwichtig ist, d. h. wenn die Reise selbst, die Geschwindigkeit, das Vorankommen oder die Zeit/Häufigkeit von Verbindungen im Mittelpunkt steht:
Let's ***go*** *to London for the weekend.*
We ***were going*** *very fast.*
The car ***isn't going*** *very well today.*
When does the next train ***go****? Does the bus* ***go*** (auch: *run*) *every day?*

- Andererseits wird *go by/in/on* gebraucht, um das benutzte Verkehrsmittel zu spezifizieren:
  How did you get there? Did you ***go by bus/train/taxi/plane/car?***
  We ***went on the train / on the bus.*** *We* ***went in the car / in a taxi.***

3 ***ride***

- *ride* entspricht „fahren" bei Motorrädern, Fahrrädern, Rollern. Außerdem kann es gebraucht werden, wenn man als Fahrgast, nicht als Fahrer(in), in einem Auto/Bus/Taxi mitfährt:
  Can you ***ride*** *a* ***bike/motorbike****?*
  Jack ***rides*** *about* ***on*** *a big American* ***motorbike****.*
  She ***rode*** *home* ***on the bus / in a taxi /*** *with Alan.*

- Wendungen mit dem Nomen *ride*:
  Let's ***go for*** (NICHT: *do/make*) ***a ride*** *in John's new car.*
  Can I ***have a ride / go for a ride*** *on your bike?* (Kann ich mal mit deinem Rad fahren / eine Radtour mit deinem Rad machen?)
  It's only ***a short ride*** *(on the bus / by taxi) from here to the station.*
  A ***ten-minute ride*** *(by bus/taxi).*

4 ***travel***

- *travel* (abgeleitete Formen: *travelling/travelled*, AE aber *traveling/traveled)* entspricht „fahren" im Sinne von „reisen/unterwegs sein". Typische Wortverbindungen mit *travel* sind *travel to work, travel at a speed of, travel first/second class*:
  How do you ***travel*** *when you go on holiday?*
  I ***travel*** (auch: *go*) ***to work*** *by car. It takes me an hour to* ***travel*** (auch: *go/get*) *to work.*
  I usually ***travel*** (auch: *go*) ***first class.***
  The car was ***travelling*** (auch: *going*) ***at 80 miles an hour.***
  Aber: *This car can* ***do/go over 190 kmh.*** (... fährt über 190 Stundenkilometer [als Höchstgeschwindigkeit].)

driving licence (Führerschein)

- Im AE heißt der Führerschein *driver's license.*

⚠ *Jim* ***has a*** (NICHT: *the*) ***driving licence / driver's license*** *now.* (Jim hat jetzt den Führerschein.)
Sie macht ihren Führerschein [= nimmt Fahrstunden] bei der Fahrschule A–Z. = *She's* ***taking driving lessons*** *with the A–Z Driving School.*
Wann hast du deinen Führerschein [= die Fahrprüfung] gemacht?
= *When did you* ***take/pass your driving test****?*

(to) **drop** (fallen lassen)

- Nach *drop* wird vorzugsweise *on*, nicht *onto* gebraucht, wenn etwas unbeabsichtigt fallen gelassen wird. Bei einem absichtlichen Fallenlassen wird *on* oder *onto* verwendet:
  *He **dropped** the book **on** the floor without noticing.* (Er ließ das Buch auf den Boden fallen, ohne es zu merken.)
  *He deliberately **dropped** the book **on/onto** the floor.* (Er ließ das Buch absichtlich auf den Boden fallen.)

(to) **drown** (ertrinken/ertränken)

- *drown* wird sowohl intransitiv („ertrinken“) verwendet als auch transitiv („ertränken“). Das Passiv des transitiven Verbs *(be drowned)* wird im BE bedeutungsgleich mit dem Aktiv des intransitiven *(drown)* gebraucht:
  *A boat sank in the storm and two men **were drowned / drowned.***
  (... zwei Männer ertranken.)

drunk – drunken – drunkard

1 Die Adjektive *drunk – drunken* (betrunken)

- Nur *drunk*, nicht *drunken* kann prädikativ nach einem Kopulaverb gebraucht werden:
  *He **was/got** so **drunk*** (NICHT: *drunken*) *he couldn't open the door.* (Er war so betrunken ...)
- *drunk* wird nur vor Nomen gebraucht, die Personen bezeichnen. *drunken* wird selten in Bezug auf Menschen gebraucht, sondern steht in der Regel vor Nomen, die eine Aktivität oder ein Ereignis bezeichnen:
  *We saw two **drunk*** (selten: *drunken*) *students coming out of the door when we arrived.* (... zwei betrunkene Studenten ...)
  *The police stopped over 20 **drunk*** (selten: *drunken*) *drivers on New Year's Eve alone.* (... Autofahrer, die unter zu hohem Alkoholeinfluss fuhren.)
  *There was a **drunken** party* (eine feucht-fröhliche Party / eine Saufparty) *at Jim's place last night. When we arrived everyone was in a very **drunken** state.* (... in einem sehr betrunkenen Zustand.)

2 Die Nomen *drunk* (Betrunkene[r]) – ***drunkard*** (Trinker[in])

- Das Nomen *drunk* entspricht „Betrunkene(r)“; *drunk(en) man/woman* ist unüblich. *drunkard* bezeichnet jemanden, der regelmäßig trinkt („Trinker[in]/Säufer[in“]):
  *There were two **drunks*** (zwei Betrunkene) *in the park this morning when we went to school.*
  *She and her husband are both **drunkards*** (Trinker). *You should see what they consume!*

due to

- Anwendungsbeispiele mit *be due to* + (Pro-)Nomen:
  The money that ***is due to*** *you will be paid next week.* (Das Geld, das Ihnen zusteht ...)
  Special thanks ***are due to*** *my wife, without whose help this book would never have been written.* (Besonderer Dank gilt/gebührt meiner Frau ...)
  Their success ***was due to*** *excellent marketing.* (Ihr Erfolg war auf ... zurückzuführen.)

- Anwendungsbeispiele mit *be due to* + Verb:
  The train ***is due to*** *arrive at 11.37.* (Der Zug soll [laut Fahrplan] um 11.37 ankommen.)
  We ***were due to*** *meet this morning, but the meeting has been cancelled.* (Wir sollten uns [laut Plan/Absprache] heute Morgen treffen ...)

- Puristen behaupten, dass nicht *due to* („wegen") sondern nur *owing to* nach einem anderen Verb als *be* stehen darf. Dies entspricht jedoch nicht dem allgemeinen Sprachgebrauch:
  The match was cancelled ***due to*** *bad weather.* (... wurde wegen schlechten Wetters abgesagt.)
  I had to change my plans ***due to*** *illness.* (... wegen Krankheit ...)

during – while (während)

1 *during – while*

- *during* ist eine Präposition und steht vor einem Nomen.
  while ist eine Konjunktion und leitet einen Nebensatz ein:
  There was a power cut (Stromausfall) ***during*** *our English lesson.*
  There was a power cut ***while*** *we were having our English lesson.*

2 *during*

⚠ *during* bedeutet so viel wie „zwischen Beginn und Ende von". Ein Ausdruck mit *during* beantwortet die Frage „wann?", nicht die Frage „wie lange?". Wenn ausgedrückt werden soll, wie lange etwas andauert, wird *for* gebraucht:
During *the week I have little time to watch TV.*
It started to rain ***during*** *Graf's match.*
Während sechs Monaten [= Sechs Monate lang] sahen die Forscher keinen anderen Menschen. = ***For*** *six months the researchers saw no other human being.*

⚠ „während" + Zahlwort + Nomen im Sinne von „im Verlauf von" kann mit *during the course of*, aber nicht mit *during* allein wiedergegeben werden:
Während drei Monaten regnete es nur einmal. = ***During*** (auch: *In*) ***the course of*** *three months* (NICHT: *During three months*), *it rained only once.*

Der Gebrauch von *during* allein ist jedoch in der Konstruktion *during* + Begleiter + Zahlwort + Nomen möglich. Mit einer solchen Zeitbestimmung wird die Frage „wann?" beantwortet und ausgedrückt, dass etwas „zwischen Beginn und Ende" eines Zeitraums geschieht:
During the/those/our three weeks *in Brittany, it rained only once.*

⚠ „während" + „ganz" kann nicht mit *during the whole* oder *during all the* wiedergegeben werden, wenn etwas den ganzen Zeitraum über andauert (Frage: „wie lange?"):
Der Hund bellte während der ganzen Nacht. = *The dog barked* ***all night (long) / the whole night (long).***
Skifahren ist während des ganzen Jahres möglich. = *Skiing is possible* ***throughout the year / all year.***
during the whole ist jedoch möglich, wenn etwas irgendwann zwischen Beginn und Ende des Zeitraums geschieht (Frage: „wann?"):
During the whole *period / time / two weeks we spent there, it only rained once.*

3 *while*

- *while* kann einen verkürzten Nebensatz mit Partizip einleiten, oder auch eine adverbiale Bestimmung ganz ohne Verbelement. Subjekt von Haupt- und Nebensatz müssen dabei jedoch identisch sein, auch wenn sie nicht explizit genannt werden:
  While *sitting/seated (= While she was sitting/seated) at the piano, she seemed not to notice anyone else in the room.*
  *While she was sitting/seated (*NICHT: *While sitting/seated) at the piano, the audience remained quite silent.* [verschiedene Subjekte: *she* und *the audience*]
  He met his future wife ***while*** *a student (= while he was a student) in Oxford.*
- *while* kann auch, wie „während" im Deutschen, Nebensätze des Gegensatzes (Adversativsätze) einleiten. *whereas* ist ebenfalls möglich:
  While/Whereas *I accept much of what she says, I don't agree with everything.*
  I prefer Mozart ***while/whereas*** *Andrea prefers Haydn.*

dustbin – waste bin / waste bucket – litter bin – rubbish bin (Müll-/Abfalleimer)

- *dustbin* („Mülleimer") ist BE. Im AE wird *ashcan / garbage can / trash can* verwendet.
- *dustbin* bezeichnet den Mülleimer mit Deckel vor oder hinter dem Haus. Der Abfalleimer (mit Deckel) im Haus (in Küche, Bad oder Büro usw.) heißt *waste bin / waste bucket* (vgl. *wastepaper basket* = Papierkorb). Der öffentliche Abfallbehälter (im Park, Bahnhof, Kino usw.) heißt *litter bin:*

*The **waste bin** under the sink* (Spüle) *is full, can you go and empty it in the **dustbin**, please?*
*They've taken down all the **litter bins** in the park to try and make people take their rubbish home.*
Für alle drei (*dustbin, waste bin/bucket, litter bin*) kann auch *rubbish bin* gebraucht werden.

Dutch (holländisch/Holländisch) – **Dutchman / Dutchwoman / Dutch person** (Holländer[in])

- *Dutch* ist das zu *Holland / the Netherlands* gehörige Adjektiv und auch die Bezeichnung für die Sprache. Ein(e) Holländer(in) wird als *(a/the) Dutchman / Dutchwoman / Dutch person* bezeichnet. Die Holländer als Gruppe können als *the Dutch* bezeichnet werden oder – ohne Artikel – als *Dutch people* oder *Dutchmen*:
  ***Dutch people / Dutchmen / The Dutch** are good at learning languages.*
  *Few other people speak **Dutch** (= the Dutch language).*
  *We met **a Dutch person / a Dutchman / a Dutchwoman*** (NICHT: *a Dutch*) *in the pub.*
  The Dutch person (NICHT: *The Dutch*) *in our group has relatives in Chicago*

each (jede[r/s])

1 Der Unterschied zwischen *each* und *every*

- *each* bedeutet „jede(r/s) einzelne", *every* bedeutet „jede(r/s)" im Sinne von „alle":
  *The tickets don't cost $30 altogether. **Each** ticket costs $30!* [= jede einzelne Karte]
  *In the old days few students knew how to use a scanner; nowadays **every** student knows how to use one.* [= Alle können es.]
  Oft ist der Bedeutungsunterschied zwischen *each* und *every* unerheblich, so dass beide gebraucht werden können:
  ***Every/Each** lesson starts with a game.*
- *each*, aber nicht *every*, kann bei zwei Personen/Sachen gebraucht werden; *every* wird erst ab drei gebraucht. *each* wird meist bei einer kleineren, begrenzten Anzahl, *every* bei einer größeren Anzahl gebraucht:
  ***Each** parent carried a heavy rucksack, but Zoey and Amos ran free.*
  ***Every** child in the class knew the answer.*
- *every*, aber nicht *each*, kann nach *nearly/almost/practically/not* gebraucht werden:
  ***Nearly/Almost/Practically/Not every** room has a view of the sea.*

- *every*, aber nicht *each*, kann vor *single* („einzeln") stehen. *each* beinhaltet den Gedanken „einzeln" schon in sich:
  ***Every single** car had just one person sitting in it.*
- *each*, aber nicht *every*, kann als Pronomen gebraucht werden. Nach *every* muss *one* stehen:
  *There are four different models. **Each / Each one / Every one** has a two-year guarantee.*

2 Die Wortstellung bei *each*

- Die Stellung von *each* entspricht in vielem dem deutschen Sprachgebrauch bei „jede(r/s)". *each* steht direkt vor einem Nomen oder vor *of* + Pronomen bzw. *of* + Begleiter:
  ***Each day** makes us older.*
  ***Each of them / Each of my** teammates / **Each of the/these** players is an expert.*
- Wenn sich *each* auf das Subjekt bezieht, kann es diesem nachgestellt werden. *each* steht dann nach *be* (als Voll- und Hilfsverb), vor einem sonstigen Vollverb, nach dem ersten Hilfsverb. Das Verb steht im Plural:
  ***The children are each** responsible (= Each of the children is responsible) for a different job.*
  *In our class **we each learn** (= each of us learns) five new words for the next lesson.*
  ***We have each written** (= Each of us has written) a letter in English this week.*
  ***They will each have spent** (= Each of them will have spent) over $2000 when they return.*
- *each* kann einem direkten Objekt nachgestellt werden, wenn dieses durch Zusätze ergänzt wird:
  *I invited **them each to the party**. (= I invited each of them to the party.)*
  Aber nur: *I invited each of them.* [„nacktes" Objekt ohne Zusatz *to the party*]
  each kann jedoch einem nicht ergänztem direkten Objekt nachgestellt werden, wenn dieses eine Menge oder einen Betrag bezeichnet:
  *We usually eat **two rolls each**. (= We usually each eat … / Each of us usually eats …)*
  *The tickets cost **$12 each**. (= The tickets each cost / Each of the tickets costs …)*
- *each* kann einem indirekten Objekt nachgestellt werden, wenn auch ein direktes Objekt vorhanden ist:
  *They sent **us each** (= each of us) an invitation.* (jedem von uns)
  Aber nur: *He spoke **to each of us*** (NICHT: *spoke to us each*). [kein direktes Objekt vorhanden]

3 Rückbezug auf *each* mit *they/them*

- Wenn sich *each* auf Personen bezieht, deren Geschlecht nicht bekannt oder nicht spezifiziert ist, wird das Pluralpronomen *they* (+ Pluralverb) bzw. *them/their* im Rückbezug gebraucht:

***Each** member will have to pay $20 if **they** want to come on the trip.*
***Each** doctor, when you ask **them**, will agree that **their** workload is excessive.*

each other – one another (sich [gegenseitig] / einander)

- Zwischen *each other* und *one another* besteht im heutigen Sprachgebrauch praktisch kein Unterschied. *one another* ist etwas förmlicher. Beide Ausdrücke werden für zwei oder mehr Personen gebraucht:
*Ann and Ian looked at **each other / one another** and smiled.*
- Die Possessivform wird durch Anhängen von *'s* gebildet:
*We made a note of **each other's / one another's** address(es).* (Jeder von uns notierte die Adresse des/der anderen.)

⚠ Vgl.:
*Jim and Janet want to video **each other / one another**. Jim will video Janet, then she'll video him.* (... wollen eine Videoaufnahme voneinander machen. [= Jeder nimmt den anderen auf.])
*Jim and Janet want to video **themselves** with the help of a tripod and remote control.* (... wollen mit Hilfe von Stativ und Fernbedienung eine Videoaufnahme von sich machen. [= Sie nehmen sich beide gemeinsam auf.])

earache ⇨ **ache**

early (früh)

- Wendungen mit *early*:
*You**'re** ten minutes **early**.* (Du kommst 10 Minuten zu früh.)
*I **had** quite **an early breakfast/lunch** today.* (Ich habe heute ziemlich früh gefrühstückt / zu Mittag gegessen.)
***Early (on) in** the lesson, we had a powercut.* (Zu Beginn der Unterrichtsstunde fiel der Strom aus.)
*I met him **early (on) today / early this week / early this month**.* (... heute früh / zu Beginn der Woche / zu Beginn des Monats.)
*I met him **earlier (on) today / earlier this week / earlier this month**.* (... vor ein paar Stunden / dieser Tage / vor einiger Zeit.)
*I can finish the job **at the earliest** on Tuesday.* (... frühestens am Dienstag ...)

⚠ mein früherer (= voriger/ehemaliger) Arbeitgeber = *my **previous/former** employer* [s. Eintrag **former**]
in früheren Zeiten = *in the past* / (förmlich-hochtrabend:) *in **former** times*
in früheren Zeiten, als die Stadt noch klein war = ***in the past / in the days** when the town was still small ...*

Anna erfährt es immer am frühesten. = *Anna always hears it **first**.*
Wir fuhren früher immer mit dem Zug. = *We always **used to** go by train.* [s. **use**, Abschnitt 4]
Ich war früher einmal dort. = *I was there **once** (before).*

earth ➪ ground

east, eastern, easterly, eastbound ➪ north

Easter ➪ Christmas

easy, easily (leicht)

- *easy* + *to*-Infinitiv hat passivische Bedeutung: Das Wort, auf das sich *easy* bezieht, ist vom Sinn her nicht Subjekt, sondern Objekt des Infinitivs:
  *English is an **easy** language **to** learn.* (… eine leicht zu lernende Sprache.)
  *Donald will be **easy to** persuade.* (Donald wird leicht zu überzeugen sein.)
- Konstruktionen mit *it* (= formales oder „leeres" Subjekt):
  ***It's easy** (**for** him) **to** say "yes" when it doesn't cost him anything.*
  ***It's easy** say**ing** "yes" in a case like that.*
- Wendungen mit *easy*:
  *Jim wants to go out this evening, Janet wants to stay at home. **I'm** (quite) **easy** (about it).* (Mir ist alles recht.)
  *It was **as easy as pie / dead easy**.* (kinderleicht)
  *I **found** it **easy** to refuse their offer.* (Es fiel mir leicht …)
- *easily* ist das zu *easy* gehörige Adverb. In einigen wenigen Wendungen wird aber *easy* als Adverb gebraucht:
  *Put your feet up and **take it easy**.* (… entspann dich.)
  *The doctor says I've got to **take it easy** for a few weeks.* (… es … langsam angehen lassen.)
  ***Take it easy!** The interviewers aren't going to eat you!* (Immer mit der Ruhe / Keine Bange!)
  ***It's easier said than done**.* (Es ist leichter gesagt als getan.)
  ***Go easy on** the boy, he's having a difficult time.* (Geh sachte mit dem Jungen um …)

(to) **eat** (essen)

⚠ Nicht *eat*, sondern ein anderer Ausdruck ist oft die richtige Entsprechung für deutsch „essen" (vgl. **drink**):

*Would you like (to **have) something to eat?*** (Möchten Sie etwas essen?)
*Let's **have something to eat**.* (Essen wir etwas.)
*I'd rather **not have anything to eat.*** (Ich möchte lieber nichts essen.)
*Would you like to **have** some of this cake?* (Magst du von diesem Kuchen [essen]?)
*We **had a meal / had lunch** together last Tuesday.* (Wir haben … zusammen gegessen / zusammen zu Mittag gegessen.)
*We must **go out for a meal (together)** sometime.* (Wir müssen mal zusammen essen gehen.)
*On Sundays we **go out to eat.*** (Sonntags essen wir im Restaurant/ Gasthaus.)
*We **had** a salad **with** our steak.* (Wir aßen einen Salat zum Steak.)

economic – economical (wirtschaftlich)

- *economic* [ˌiːkəˈnɒmɪk] („Wirtschafts-/wirtschaftlich") wird gebraucht, wenn man von etwas spricht, das mit Wirtschaftslehre oder Wirtschaftspolitik zu tun hat:
  *The country has **economic** problems, low **economic** growth and the government has no convincing **economic** policy.* (… wirtschaftliche Probleme … Wirtschaftswachstum … Wirtschaftspolitik.)
- *economic* entspricht auch „wirtschaftlich" im Sinne von „rentabel":
  *The post office says it's not **economic** to keep all the little post offices in the villages open.*
- *economical* [ˌiːkəˈnɒmɪkl] entspricht „wirtschaftlich" im Sinne von „sparsam/günstig":
  *Buying the small packet isn't very **economical**.*
  *This sort of boiler is more **economical** than a gas one.*
  *My car is very **economical**. It uses less than 5 litres per 100 kilometres.*
  *We'**ve been** very **economical with** heating oil this winter. We've used much less than last year.*

economics (Wirtschaftslehre/Wirtschaftlichkeit)

- Auf *economics* [ˌiːkəˈnɒmɪks] folgt ein Verb im Singular, wenn das Fach Wirtschaftslehre gemeint ist, aber ein Verb im Plural, wenn die Wirtschaftlichkeit / die wirtschaftliche Seite eines Plans bzw. einer Maßnahme gemeint ist:
  ***Economics is** a subject I dislike.* (Wirtschaftslehre …)
  ***The economics** of this solution/industry/plan **are** difficult to assess.* (Die Wirtschaftlichkeit / Die wirtschaftliche Seite … ist schwierig einzuschätzen.)

(to) **educate** – (to) **bring up** (erziehen)

E

- *educate* bezieht sich auf die schulische, *bring up* auf die private/familiäre Erziehung. Beiden Verben werden oft im Passiv gebraucht. *be educated* entspricht dann etwa „eine Ausbildung erhalten", *be brought up* „erzogen werden":
  *She **was educated** at Wycombe High School and Bristol University.* (Sie erhielt ihre Ausbildung ...)
  *She **was brought up** strictly but kindly by ageing parents.* (Sie wurde ... streng, aber liebevoll erzogen.)
  *She was a **well-brought up** and **well-educated** young woman.* (Sie war eine wohlerzogene und gebildete / gut ausgebildete junge Frau.)

effect, (to) **effect** ⇨ (to) **affect**

effective (effektiv) – **efficient** (effizient); **effectively** (effektiv/praktisch)

1 ***effective – efficient***

- Etwas wird als *effective* bezeichnet, wenn es das erwünschte Ergebnis erzielt („effektiv/wirkungsvoll/wirksam"). Als *efficient* wird eine Person oder Sache bezeichnet, die gut, d. h. ohne Zeit- oder Energieverschwendung arbeitet („effizient/tüchtig/leistungsfähig"):
  *The party's advertising campaign wasn't very **effective**.* (wirkungsvoll) *People voted for the opposition.*
  *She's very **efficient*** (tüchtig), *and she runs a very **efficient** company.* (... eine sehr effiziente/leistungsfähige Firma.)

2 ***effectively***

⚠ *effectively* entspricht „effektiv" in den Bedeutungen „wirksam" und „praktisch/quasi", aber nicht in der Bedeutung „tatsächlich/wirklich":
*The new system operates very **effectively**.* (wirksam/wirkungsvoll)
*They refused my help and **effectively*** (auch: *in effect*) *excluded me from the planning.* (... und schlossen mich praktisch ... aus.)
Er sagte, er habe kein Geld, und er hatte effektiv keines. = *He said he had no money, and he **really** didn't have any / he **indeed** had none.*

either

- Zum Gebrauch von *not ... either* im Sinne von „auch nicht" s. **also**.
- Aussprache: im AE wird *either* ['iːðə] ausgesprochen, im BE ['aɪðə] oder ['iːðə].

1 *either – both – each*

- *both* impliziert „und", *either* impliziert „oder". *both* bedeutet „beide = das eine **und** das andere", *either* „das eine **oder** das andere von beiden":
  Light the firework at ***both*** *ends.* (... an beiden Enden ...)
  Light the firework at ***either*** *end.* (... an [irgend]einem der beiden Enden ...)
- *each* hat wie *both* die Grundbedeutung „und"; es bedeutet „jede(r/s) von zweien oder mehreren", d. h. das erste und das zweite und ... . *either* bedeutet „jede(r/s) von zweien" und entspricht oft dem deutschen „beide = das eine oder andere, egal welches":
  There are three maps we can choose from. ***Each*** *costs $7.95.* (Jede kostet ...)
  These two were updated last year, so ***either*** *of them will be OK.*
  (... deshalb sind beide O.K. [= Es ist egal, welche von beiden du kaufst.])

2 *either – either of*

- *either* wird als Begleiter direkt vor einem Nomen im Singular und als Pronomen mit Rückbezug auf ein Nomen gebraucht:
  Either *road will take you to the motorway.* (Jede der beiden / Beide Straßen ...)
  There are two roads going off to the right. ***Either*** *will take you to the motorway.*
- Vor einem Pronomen oder Begleiter *(the/these/my/her* usw.*)* muss *either* (= Pronomen) + *of* stehen:
  Which shall we buy then? – Oh, ***either of the*** *model****s*** *will do.* (... jedes der beiden Modelle ...)
  Either of these *door****s*** *leads you out of the building.* (Jede dieser beiden Türen ...)
  You can leave through ***either of them****.*

3 Singular- oder Pluralverb nach *either*; Pluralpronomen im Rückbezug auf *either*

- *either* bedeutet „das eine oder andere von beiden". Folgerichtig steht ein Verb im Singular, wenn *either* Subjekt bzw. Teil des Subjekts ist:
  Either *model* ***is*** *OK.*
  Either of *the model****s is*** *OK.*
  Z.T. wird aber auch ein Verb im Plural gebraucht, besonders wenn der Satz verneint ist. Dieser Sprachgebrauch wird jedoch nicht von allen Sprechern akzeptiert:
  What do we do if ***either*** *of them* ***is/are*** *ill?* (... wenn einer von den beiden krank ist?)
  Don't/Doesn't either *of the boys want to come?* (Will keiner von den beiden Jungen mitkommen?)
- Im Rückbezug auf *either* wird oft ein Pluralpronomen benutzt. Dieser Sprachgebrauch ist gängig:
  If ***either*** *of them wants to come with me,* ***they****'ll have to get up early.*

4 *not either – neither*

- *neither* entspricht „keine(r/s) von zweien": s. **neither.**
- *not … either* wird anstelle von *neither* gebraucht, wenn „beide nicht" besonders betont wird:
  *First Don called Ann, then I tried, but she did**n't** hear **either** of us.*
  (… keinen von uns beiden.)
  *I'm not going to invite Uncle Jim or Aunt Agatha. I'm not going to invite **either** (of them).* (Ich werde sie beide nicht einladen.)

5 *either … or*

- *either … or* („entweder … oder") sollte mit Wörtern der gleichen Wortkategorie und in parallelen Strukturen gebraucht werden. In der Praxis ist der Sprachgebrauch jedoch variabel:
  I'll give it either to Bill or Jean. [*either* + Präposition, *or* + Nomen]
  Besser: *I'll give it to **either** Bill **or** Jean / **either** to Bill **or** to Jane.*
  [*either* + Nomen, *or* + Nomen / *either* + Präposition, *or* + Präposition]
  She either gets ready now or I go without her.
  [*either* + Verb, *or* + Pronomen]
  Besser: ***Either** she gets ready now **or** I go without her.*
  [*either* + Pronomen, *or* + Pronomen]
- *either … or* sollte eigentlich nur zwei Dinge verbinden. Auch hier ist der tatsächliche Sprachgebrauch flexibler:
  *I don't want **either** your money **or** your time **or** anything else.*
  [zweimal *or*]
  Besser: *I don't want **either** your money **or** anything else.*

elder (ältere[r/s]), **eldest** (älteste[r/s])

- *elder* und *eldest* werden nur in Bezug auf Menschen, meistens Familienmitglieder, verwendet:
  *Janet and her **elder** sister went on the school trip. **The eldest** member of the group they went with was 14.*

⚠ *elder* kann nur vor einem Nomen stehen, aber nicht nach einem Kopulaverb wie *be/get/become. the elder/the eldest* kann aber in beiden Positionen stehen:
*She is his **elder** sister. She is **older*** (NICHT: *elder*).
*She is **the elder** (child). She is **the eldest** (child) in that family.*

⚠ *elder* kann nicht in Vergleichen mit *than* stehen:
*She is **older*** (NICHT: *elder*) ***than** her brother.*

elderly ➪ **old**

(to) **elect** ([durch Abstimmung] wählen)

- Zum grundsätzlichen Unterschied zwischen *choose, elect* und *select* s. ***choose***.
- Konstruktionen mit *elect*:
  *The Conservatives **were/got elected** again.*
  ***She was elected (as) leader** of the party in 1978.* (Sie wurde 1978 zur Parteivorsitzenden gewählt.)
  *This country didn't **elect** him **to** increase taxes.* (... hat ihn nicht gewählt, damit er die Steuern erhöht.)

electric – electrical (Elektro-/elektrisch)

- *electric* steht vor Nomen, die ein Gerät oder einen Gebrauchsgegenstand bezeichnen, und bedeutet „elektrisch betrieben/beheizt/beleuchtet" usw.:
  *an **electric** motor / toothbrush / guitar / stove* (Herd) */ blanket* (Heizdecke) */ light (bulb) / fire / toaster*
  electric beschreibt auch Dinge, die mit der Leitung von Strom zu tun haben, bzw. Wirkungen, die durch Strom erzeugt werden:
  *an **electric** cable / plug* (Stecker) */ socket* (Steckdose) */ switch* (Schalter) */ circuit* (Stromkreis) */ fence* (Elektrozaun) */ shock* (Elektroschock) */ wire*
- *electrical* wird eher allgemein gebraucht, um Dinge oder Personen zu beschreiben, die mit dem Stromverbrauch oder mit der Stromerzeugung zu tun haben:
  *The **electrical** industry is an industry that produces **electrical** appliances* (elektrische Geräte) */ equipment* (elektrische Apparaturen/Anlagen) */ components* (elektrische Bauelemente) */ fittings* (elektrisches Zubehör)
  *She's an **electrical** engineer.* (Sie ist Elektrotechnikerin/-ingenieurin.)

else (andere[r/s] / sonst [noch])

- *else* steht anstelle von *other* nach *someone/somebody/something/ somewhere* und den entsprechenden Verbindungen mit *no-, every-* und *any-* (vgl. Eintrag **another**). *something else* bedeutet entweder „etwas anderes" oder „noch etwas (Zusätzliches)":
  *I don't want to drink alcohol. I'd like **something else**.* (... etwas anderes.)
  *This thin blanket is not enough to keep him warm. He needs **something else**, too.* (Er braucht noch etwas anderes [= Zusätzliches].)

⚠ In Vergleichen mit *than* steht nicht *else*, sondern *other (someone other than* usw.):
  *I'm not the right person for that job. You should ask **someone other than** me.* (... jemand anderen als mich ...)
  *I want to go **somewhere other than** France this year.* (... irgendwo anders ... als ...)

Nach *any-* und *no-* ist auch *else but* möglich:
He was so tired, he wanted ***nothing else but*** *a nice soft chair and a hot cup of tea.* (... nichts als ...)

- *else* wird in der Bedeutung „sonst (noch)" nach Fragewörtern *(who/what/where* usw.*)* und *little* oder *much* gebraucht. *else* muss direkt nach dem entsprechenden Wort stehen:
  Who else *did you see* (NICHT: *Who did you see else*)*?* (Wen hast du sonst noch gesehen?)
  There was ***little / not much else*** *to do.* (Es gab sonst wenig / nicht viel zu tun.)
- *or else* leitet einen ganzen Hauptsatz ein und entspricht „oder (aber)" bzw. „sonst":
  We're often away, ***or else*** *we have visitors. Something's always on.* (..., oder wir haben Besuch.)
  Make a safety copy, ***or else*** *you'll lose all your data if the hard disc goes bust.* (..., sonst verlieren Sie ...)

(to) **encourage** ⇨ (to) **discourage**

end, (to) **end**

1 Das Nomen *end*

- Präpositionen und Wendungen mit *end*:
  At the end *of Williams' talk they all stood up.* (Am Ende / Zum Schluss der Rede ...)
  It happened ***right at the end / (right) at the very end*** *(of the film).* (... direkt/ganz am Ende [...].)
  I didn't know what to say and ***in the end*** *just put the telephone down.* (... schließlich ...) [näheres s. **finally** Abschnitte 1 und 3]
  After three years of hard work their search ***came to an end / was at an end.*** (... ging ihre Suche zu Ende / war ihre Suche beendet.)
  It snowed ***for*** *days* ***on end.*** (Es schneite tagelang.)
- Auf *end* folgt die Präposition *to*, nicht *of*, wenn gemeint ist, dass eine bestehende Situation oder Entwicklung aufhört, bzw. ihr ein Ende gesetzt wird:
  An ***end to*** *the present situation/development is not in sight.*
  Can't they ***put an end to*** *their constant quarrelling?* (Können sie nicht ihrem ständigen Zanken ein Ende setzen?)

2 Das Verb *(to) end*

- *end* wird meist intransitiv („enden / zu Ende gehen"), selten transitiv („beenden / zu Ende bringen") gebraucht. *finish* ist im transitiven Gebrauch viel häufiger:
  The concert/holidays/party ***ended*** *early.*
  How can we ***end*** *this letter/fight/war?*

- Das *phrasal verb end up* drückt aus, was schließlich mit jemandem/etwas geschieht. Die deutsche Entsprechung ist „enden/landen" oder wird durch ein anderes Verb und das Adverb „schließlich" ausgedrückt:
  After another two weeks we ***ended up*** *in Hong Kong.* (... landeten wir [schließlich] in Hongkong.)
  If you don't watch out, you'll ***end up*** *in prison.* (... wirst du noch im Gefängnis landen.)
  She ***ended up*** *marry****ing*** *him.* (Schließlich heiratete sie ihn.)
  She ***ended up (as)*** *Sales Manager.* (Sie wurde schließlich Verkaufsleiterin.)
- Präpositionen mit dem Verb *end*:
  The film ***ends with*** *them riding off into the sunset.* (Der Film geht damit zu Ende, dass sie auf den Sonnenuntergang zu reiten.)
  The verb ***ends in*** *an s.* (... endet auf s.)
  The party ***ended in*** *chaos/disaster.* (... endete in einem Chaos / einer Katastrophe.)
  The match ***ended in*** *a win/defeat/draw.* (... ging mit einem Sieg / einer Niederlage / unentschieden aus.)

energetic (aktiv / voller Energie)

⚠ *energetic* entspricht „aktiv / tatkräftig / voller Energie". „Energisch" im Sinne von „fest entschlossen / entschieden auftretend" wird dagegen mit *firm/resolute/determined/tough* wiedergegeben:
She leads an ***energetic*** *life – she's always doing something.* (... ein aktives Leben ...)
He was an ***energetic*** *supporter of the Labour Party.* (Er war ein tatkräftiger Anhänger ...)
Sie läßt sich nichts gefallen – sie ist eine sehr energische Person. = *She's a very* ***resolute/determined*** *person.*
Er vertrat sehr energisch den Standpunkt, dass ... . = *He argued very* ***firmly*** *that ... .*

engaged (verlobt)

- *get* (förmlich auch: *become*) *engaged* („sich verloben") und *be engaged* („verlobt sein") verbinden sich mit der Präposition *to*, nicht mit *with*:
  She ***got engaged to*** *an Italian opera singer last March.* (Sie verlobte sich ... mit ...)

engine ➪ **motor**

England ➪ Britain

English (Englisch / das Englische)

E

- *English* ist wie andere Sprachennamen nicht zählbar, d. h. es wird nicht mit *a/an* gebraucht:
  She speaks ***quite*** (NICHT: *quite a*) ***good English***. (Sie spricht ein ziemlich gutes Englisch.)
- Wortverbindungen mit *speak, think* und *dream*:
  She ***speaks English, thinks in English****, and sometimes* ***dreams in English***.

Englishman/Englishwoman (Engländer[in]) – the English – English people ([die] Engländer)

- *English people* oder *the English* ist der Plural von *Englishman/Englishwoman*, wenn die Engländer im Allgemeinen oder insgesamt gemeint sind:
  English people / The English *are proud of their traditions.* (Die Engländer sind stolz auf ihre Traditionen.)
- *Englishmen* [ˈɪŋglɪʃmən] / *Englishwomen* [ˈɪŋglɪʃˌwɪmɪn] wird gebraucht, wenn bestimmte Engländer(innen) gemeint sind:
  Six Englishmen (NICHT: *Six English*) *were arrested after the football match.* (Sechs Engländer wurden ... verhaftet.)
- Im Singular besteht dieser Unterschied zwischen allgemein und bestimmt nicht:
  An Englishman / An Englishwoman / An English person (NICHT: *an English*) *will expect you to say "thank you".* [generell jede(r) Engländer(in)]
  An Englishman / An Englishwoman / An English person *asked me the way.* [ein(e) bestimmte(r) Engländer(in)]
- *Englishman/Englishwoman* wird getrennt geschrieben, wenn das Geschlecht betont wird. Die Hauptbetonung liegt dann nicht auf *English,* sondern auf *man* bzw. *woman:*
  One ***English man*** [ˌɪŋglɪʃ ˈmæn] *spoke German, but none of the* ***English women*** [ˌɪŋglɪʃ ˈwɪmɪn] *spoke any German.*
  Vgl.:
  One ***Englishman*** [ˈɪŋglɪʃmən] *spoke German, but none of the Frenchmen did.* (Ein Engländer sprach Deutsch ...)
  One ***English man*** [ˌɪŋglɪʃ ˈmæn] *spoke German, but none of the other people did.* (Ein Engländer, ein Mann, sprach Deutsch ...)

(to) **enjoy** (genießen) – (to) **enjoy o.s.** (sich amüsieren)

- *enjoy* kann nicht ohne Objekt gebraucht werden. Das Objekt ist entweder ein Nomen, ein Reflexivpronomen oder eine *-ing*-Form (aber nie ein Infinitiv; ein *that*-Satz ist nur in Verbindungen wie *the fact/thought/prospect that,* also nach einem Nomen möglich):
  We ***enjoyed*** *the meal/holiday/trip.* (Wir genossen ...)
  We ***are*** *thoroughly* ***enjoying ourselves***. (Wir haben viel Spaß / amüsieren uns wirklich gut.)
  Enjoy yourselves *at the party!* (Viel Spaß / Amüsiert euch gut auf der Party!)
  We ***enjoyed*** *eat**ing** Japanese food and meeting new people.* (Wir genossen es, ... zu ...)

enough (genug)

1 Stellung

- *enough* steht vor einem Nomen, aber hinter einem Adjektiv oder Adverb:
  Have you got ***enough blankets?***
  Have you got a ***big enough*** *bag?* (... eine ausreichend große Tasche?)
  Will it happen ***soon enough?***
- Gelegentlich findet sich *enough* auch nach bestimmten Nomen. Dazu gehören *time, trouble, problems, room* (Platz):
  You've had ***time enough*** *to deal with this problem. Why haven't you done anything?*
- Wenn *enough* mit einem Adjektiv + Nomen verwendet wird, richtet sich die Position von *enough* danach, ob es sich auf das Adjektiv oder auf das Nomen bezieht:
  I haven't got ***enough influential friends.*** [= genug Freunde, die einflussreich sind]
  I haven't got ***influential enough friends.*** [= Freunde, die einflussreich genug sind]
- *enough of* steht vor Pronomen und vor Begleiter + Nomen:
  Have we got ***enough of the/this/their*** *special paper? Have we got* ***enough of it?***
  enough of kann auch vor *a/an* + Nomen gebraucht werden:
  There's ***enough of a*** *wind to keep it cool. = There is enough wind to keep it cool.*

2 Konstruktionen und Wendungen

- *enough* wird in diversen Infinitivstrukturen gebraucht. Ein *that*-Satz ist nicht möglich, wenn ausgedrückt wird, dass (nicht) genug von etwas vorhanden ist, um etwas zu erreichen:
  There's ***enough*** *money* ***to*** *pay* (NICHT: *that we can pay*) *for everything.* (Es gibt genug Geld, um alles zu bezahlen.)

*There's **enough** money **for** us **to** pay* (NICHT: *that we can pay*) *for everything.* (Es gibt genug Geld, so dass wir alles bezahlen können.)
*The tent is just **light enough for** a child **to** carry.* (Das Zelt ist gerade leicht genug, dass es von einem Kind getragen werden kann.)
*It's **a light enough tent for** a child **to** carry.*

E

- *enough* wird mit Satzadverbien wie *amazingly* gebraucht, ohne dass die Bedeutung des Adverbs sich dadurch wesentlich ändert:
  ***Amazingly enough**, they didn't ask to see our tickets.* (Erstaunlicherweise ...)
  curiously enough (merkwürdigerweise) / *funnily enough* (komischerweise) / *oddly enough* (seltsamerweise) / *strangely enough* (seltsamerweise) / *surprisingly enough* (erstaunlicherweise)
  Ähnlich ist der Gebrauch mit einigen Adjektiven:
  *I was **lucky enough** to meet some people I knew.* (Ich hatte das Glück, ...)
  *They were **good enough** to give me a lift home.* (Sie waren so freundlich, mich ... mitzunehmen.)

(to) **enquire, enquiries** ⇨ (to) **inquire**

(to) **enter** (betreten / eintreten [in])

- *enter* ist die förmliche Entsprechung zu *come/go into.* Ein Objekt wird direkt, d. h. ohne *into* angeschlossen, wenn das konkrete Hineingehen in ein Zimmer/Gebäude/usw. gemeint ist. *enter into* ist ein *phrasal verb* mit übertragener Bedeutung:
  *Soames **entered*** (= *came/went into*) *the room. Five minutes later Philips **entered*** (= *came/went in*), *too.*
  *The government **entered into** negotiations / discussions / an agreement with the telecommunications industry.* (... trat in Verhandlungen... / nahm die Diskussion(en) ... auf / schloss eine Vereinbarung ... ab.)
  *My wishes **don't enter into it**. We have to do what is best for the child.* (Meine Wünsche spielen dabei keine Rolle.)

(to) **entitle** (berechtigen)

⚠ *entitle* kann nicht ohne direktes Objekt gebraucht werden:
Diese Eintrittskarte berechtigt nur zum einmaligen Besuch. = *This ticket **entitles you** to one visit only.*

(to) **envy** (beneiden)

⚠ „jdn. um etwas beneiden" entspricht *envy s.o. s.th.* (keine Präposition):
*I **envy him all the free time** he seems to have.* (Ich beneide ihn um die viele freie Zeit ...)

- In Sätzen wie dem Folgenden steht – im Gegensatz zum Deutschen – der passive, nicht der aktive Infinitiv:
  *I wouldn't want to be in their situation now. They are not **to be envied**.* (Sie sind nicht zu beneiden.)
- *envy* kann normalerweise nicht in der Verlaufsform gebraucht werden:
  *At the moment I really **envy** (NICHT: am envying) her.*

equal, (to) **equal, equally** ⇨ **same**

equipment (Ausrüstung[sgegenstand/-gegenstände] / Gerät[e] / Apparatur)

- *equipment* ist ein nicht zählbares Nomen, d. h. es kann nicht mit *a/an* oder im Plural verwendet werden. Ein Verb nach *equipment* steht im Singular:
  *I have **some** new camping **equipment**.* (Ich habe eine neue Campingausrüstung / einige neue Campingausrüstungsgegenstände.)
  *For this job you need **a special piece of equipment**.* (... ein besonderes Gerät.)
  *All **the equipment** in this office **was** stolen – seven computers and six printers.* (Sämtliche Maschinen/Geräte ... wurden gestohlen ...)

error ⇨ **mistake**

(to) **escape** – (to) **flee** ([ent]fliehen)

1 Bedeutungsunterschied *(to) escape – (to) flee*

- *escape* entspricht „(ent)fliehen" im Sinne von „sich befreien und entkommen", *flee* „(ent)fliehen" im Sinne von „aus Angst vor etwas weggehen":
  *Twelve prisoners **escaped** from a maximum security jail last night.* (Zwölf Gefangene sind heute Nacht aus einem Hochsicherheitsgefängnis geflohen.)
  *People **fled** from their houses as the earthquake struck.* (... flohen aus ihren Häusern ...)

2 Konstruktionen mit *(to) escape*

- *escape* muss mit der nachfolgenden Präposition *from* verwendet werden, wenn das Verlassen eines konkreten Ortes gemeint ist.
  Im übertragenen Sinne kann es als transitives Verb gebraucht werden (d. h. mit direktem Objekt ohne *from*):
  *At the age of 20 she **escaped from** the small country town where she had grown up.*

- Neben *yesterday evening* und *tomorrow evening* werden in der Umgangssprache häufig *last night* und *tomorrow night* als Entsprechungen für „gestern abend" und „morgen abend" gebraucht. Näheres s. **night**, Abschnitt 2.

⚠ Er arbeitet von morgens bis abends. = *He works from morning to* ***night.***

E

eventually (*nicht* eventuell, *sondern* schließlich / mit der Zeit)

⚠ *eventually* entspricht „schließlich / mit der Zeit" (s. Eintrag **finally,** Abschnitte 1 und 3), nicht „eventuell". „eventuell" wird unterschiedlich wiedergegeben:
I didn't like the food in Morocco at first, but ***eventually*** *I got used to it.*
(… aber mit der Zeit / schließlich gewöhnte ich mich daran.)
Er kommt eventuell morgen. = *He'll* ***perhaps/possibly*** *come tomorrow. / He* ***may*** *come tomorrow.*
Den Preis würde ich eventuell reduzieren, damit wir es los werden. = ***If necessary*** *I would reduce the price so that we get rid of it.*
Eventuelle Besucher könnten hier parken. = ***Any*** *visitors could park here.*
Ich möchte eventuelle Rückfragen vermeiden. = *I'd like to avoid* ***any / possible / any possible*** *queries.*

ever (schon einmal / jemals)

1 *ever* mit dem *present perfect* und *simple past*

- *ever* wird mit dem *present perfect* im Sinne von „schon einmal (in der ganzen Zeit bis jetzt)" gebraucht. Zusammen mit dem *simple past* bedeutet *ever* „je(mals) in der damaligen Zeit":
Have you ***ever*** *read "The Ice-Cream War"?* (schon einmal)
Did you ***ever*** *visit Isle Abbots when you lived in Exeter?* (je)
ever erscheint in den genannten Bedeutungen nur in Fragen und verneinten Sätzen.

2 *ever* und *before* mit dem *present perfect*

- *ever + present perfect* und *before + present perfect* werden in sehr ähnlicher Bedeutung gebraucht. *ever* bedeutet soviel wie „überhaupt schon einmal", *before* „schon einmal vor diesem Mal", d. h. *before* wird nur auf eine konkrete, aktuelle Situation angewandt. Vgl.:
Have you ***ever*** *eaten sushi?* [= Kennen Sie Sushi?]
Have you eaten sushi ***before?*** [= z. B.: Hoffentlich schmeckt Ihnen das, was ich bestellt habe.]
I haven't ***ever*** *eaten Japanese food.* [= Ich kenne es nicht.]
I haven't eaten Japanese food ***before.*** [= Dies ist für mich das erste Mal, dass ich etwas Japanisches esse.]
In diesen Sätzen ist *before* betont, *ever* dagegen nicht.

- In bejahten Aussagesätzen wird *ever* + *present perfect* im Sinne von „schon einmal" nicht gebraucht (s.o.). Der Gedanke „überhaupt schon einmal" wird hier durch das Fehlen eines Adverbs ausgedrückt.
  Der Gebrauch von *before* ist jedoch möglich:
  I've been to Athens. [= Ich kenne Athen.]
  I've been to Athens ***before.*** [= z. B.: Lasst uns jetzt woanders hinfahren. / Folge mir, ich kenne den Weg zur Akropolis. / usw.]

3 Weitere Anwendungen von *ever*

- Anwendungsbeispiele:
  I ***hardly ever*** *see him nowadays.* (Ich sehe ihn heutzutage kaum / fast nie.)
  *I do****n't ever*** *see him at club meetings.* (Ich sehe ihn nie ...)
  It's colder ***than ever*** *today.* (... denn je.)
  I've ***only ever*** *played the game twice.* (Ich habe das Spiel [überhaupt] erst zweimal gespielt.)
  He has been ill ***ever since*** *he had that accident.* (Er ist [schon die ganze Zeit] krank, seitdem ...) [Konjunktion]
  I started a new job in June and have been very busy ***ever since.*** (... seitdem ...) [Adverb]
  I could have listened to her ***for ever / forever.*** (Ich hätte ihr ewig zuhören können.)
  I lost it and it's gone ***for ever / forever now.*** (... es ist für immer weg.)
  Zum Gebrauch von *forever* im Sinne von „ständig" s. getrennten Eintrag **forever**. *for ever* (auseinander geschrieben) kann nicht in der Bedeutung „ständig" gebraucht werden.

4 *ever so/such*

- *ever* wird in der Umgangssprache vor *so* + Adjektiv/Adverb bzw. vor *so* + Mengenangaben wie *much/many* zur Verstärkung einer Aussage gebraucht:
  The film is ***ever so*** *good.* (... unheimlich gut.)
  He talks ***ever so*** *quickly.* (... unheimlich schnell.)
  Thank you ***ever so*** *much.* (Tausend Dank. / Vielen, vielen Dank.)
  There were ***ever so*** *many people there.* (... unendlich/unheimlich viele ...)
- Vor Adjektiv + Nomen steht *ever such a* (bei zählbaren Singularnomen) oder *ever so/such* (bei zählbaren Nomen im Plural oder nicht zählbaren Nomen):
  It's ***ever such a*** *good film.* (Es ein unheimlich guter Film.)
  He's got some ***ever such/so*** *nice friends.*
  They've got some ***ever such/so*** *nice furniture.*

5 *how ever, who ever* usw.

- *ever* wird auch zur Verstärkung von Fragewörtern (außer *whose*) gebraucht:
  How ever (auch: *However*) *did they find out?* (Wie haben sie es nur herausgefunden?)

Who ever (auch: *Whoever*) *said that?* (Wer hat das nur gesagt?)
What ever *(Whatever) /* ***When ever*** *(Whenever) /* ***Where ever*** *(Wherever)* ...? (Was/Wann/Wo ... nur ...?)
Whichever (***nie:*** *Which ever*) *dictionary says that?* (In welchem Wörterbuch steht das nur?)
Why ever (***nie:*** *Whyever*) *did she do that?* (Warum hat sie das nur getan?)

- Zum weiteren Gebrauch von *however, whatever, whenever, wherever, whichever, whoever* s. die entsprechenden Einträge.

every (jede[r/s])

1 Bedeutungsunterschiede *every – any – each – either*

- *every* entspricht „jede(r/s)" im Sinne von „alle", *any* „jede(r/s)" im Sinne von „jede(r/s) beliebige / irgendein(e)", *each* „jede(r/s)" im Sinne von „jede(r/s) einzelne", *either* „jede(r/s)" im Sinne von „der/die/das eine oder andere von zweien". Näheres zum Unterschied *each – every,* s. **each**:
  Every *person in the room was smoking.* (Jeder im Zimmer rauchte. [= Alle rauchten.])
  Give me a pencil. ***Any*** *colour will do.* (Jede [beliebige] Farbe ist mir recht.)
  It's not $30 for the lot. ***Each*** *ticket costs $30!* (Jede [einzelne] Karte kostet $ 30!)
  Either *of these two roads will take you to the motorway.* (Jede [= die eine oder die andere] dieser beiden Straßen führt Sie zur Autobahn.)

2 Gebrauchsbesonderheiten von *every*

- Im Gegensatz zu *any, each* und *either* kann *every* nicht als Pronomen gebraucht werden. Das Stützwort *one* muss hinzugenommen werden:
  There are four different models. ***Every one*** *has a two-year guarantee.* (Jedes hat ...)
  Every one *of my friends is ill.* ***Every one*** *of them has got the flu.* (Jede meiner Freundinnen ... Jede von ihnen ...)
- Wenn sich *every* auf Personen bezieht, deren Geschlecht nicht spezifiziert wird (z. B. *every doctor, every teacher*), werden im Rückbezug die Pluralformen *they/them/their* (statt *he/him/his* oder *she/her*) verwendet:
  Every manager *will give you the same answer if you ask* ***them****.*
  Every teacher *would like* ***their*** *students to do well.*
- Wendungen mit *every*:
  every *few days /* ***every*** *three weeks* (alle paar Tage / alle drei Wochen)
  every *other month/day* (jeder zweite Monat/Tag)
  every *now and then /* ***every*** *now and again /* ***every*** *so often* (hin und wieder)

- *every* steht in der Regel vor zählbaren Nomen im Singular, wird aber gelegentlich im Sinne von „jede(r/s) mögliche“ oder „voll(ständig)“ auch vor gewissen nicht zählbaren abstrakten Nomen gebraucht:
  As a child he enjoyed ***every freedom****.* (Als Kind genoss er jede [mögliche] Freiheit.)
  We have ***every confidence*** *in your ability to deal with this situation.* (Wir haben volles Vertrauen in Ihre Fähigkeit, mit dieser Situation zurechtzukommen.)

everybody, everyone (alle/jeder[mann])

1 *everybody/everyone – every one – anybody/anyone*

- Zwischen *everybody* und *everyone* besteht kein Unterschied. *everyone* nicht mit *every one* (vgl. **every**) verwechseln:
  Everybody/Everyone *in my office watched the match.* (Alle in meinem Büro ...)
  Every *(single)* ***one*** *of us watched it.* (Jeder [Einzelne] von uns ...)
  Give me all 50 glasses. I need ***every one****.* (Ich brauche jedes.)
  Each and ***every one*** *of you will earn more, I promise you.* (Jeder [einzelne] von Ihnen ...)
- *everybody/everyone* bedeutet „jeder = alle“, *anybody/anyone* „jeder = jeder x-beliebige“:
  We all passed the test. ***Everybody*** *passed it.* (Jeder [= ohne Ausname] bestand.)
  It's not difficult to install the software. ***Anybody/Anyone*** *can do it.* (Jeder [= auch der Unerfahrenste] kann es [tun].)

2 Gebrauchsbesonderheiten von *everybody/everyone*

⚠ Nach *everybody/everyone* steht das Verb im Singular:
Everybody/Everyone *knows his name.* (Alle kennen seinen Namen.)

- *everyone/everybody* kann mit einem Imperativ, einem Adjektiv und mit *else* gebraucht werden:
  Everybody sit down*, please.* (Bitte alle setzen.)
  I need the names of ***everyone new*** *here.* (... von jedem, der hier neu ist.)
  Everyone else *was told, why wasn't I?* (Alle anderen wurden benachrichtigt ...)
- Im Rückbezug auf *everybody/everyone* werden meist die Pluralformen *them/their* und *they* (letzteres dann auch mit Pluralverb) gebraucht:
  Everyone *should take* ***their*** *passport with* ***them****.*
  Everybody *knows my address but* ***they*** *often* ***aren't*** *able to find the house.*
  Everyone *knows that,* ***don't they****?*

everyday (alltäglich)

- *everyday* (zusammengeschrieben) ist ein Adjektiv mit der Bedeutung „alltäglich“. Nicht mit *every day* („jeder Tag“) verwechseln:

Everyday *objects like knives and glasses and pens ...* (Alltägliche Gegenstände ...)
I go swimming nearly ***every day****.* (... fast jeden Tag ...)

E

everyone ➪ everybody

everything (alles)

1 *everything – every thing – anything*

- *everything* nicht mit *every thing* („jedes [einzelne] Ding") verwechseln:
Everything *I do seems to go wrong.* (Alles ... scheint schief zu gehen.)
When I opened the box of crockery (Geschirr) *I saw that* ***every*** *(single)* ***thing*** *in it was broken.* (... jedes Geschirrstück ...)
- *everything* bedeutet „alles (zusammen)", *anything* „alles (Mögliche) / irgendetwas":
On holiday ***everything*** *was perfect.* (Im Urlaub war alles ideal.)
I fell in love. ***Anything*** *can happen when you're on holiday.* (Alles [Mögliche] kann passieren ...)
Please give ***anything*** *you can spare.* (... alles, was Sie [irgend] erübrigen können.)

2 Gebrauchsbesonderheiten von *everything*

- *everything* kann vor einem Adjektiv oder *else* stehen:
I threw away ***everything old. Everything else*** *was kept.* (... alles, was alt war .... Alles andere wurde behalten.)

everywhere (überall)

1 *everywhere – anywhere*

- *everywhere* bedeutet „überall = an jedem Ort", *anywhere* „überall = an jedem beliebigen Ort":
We've been ***everywhere****!*
We can have the meeting in my room, your room, ***anywhere. Anywhere*** *will be OK.*

⚠ überall in London / in England / auf der Welt = ***all over*** *London / England / the world*

2 Gebrauchsbesonderheiten von *everywhere*

- *everywhere* kann vor einem Adjektiv oder *else* stehen:
Everywhere nice *is already booked up. And* ***everywhere else*** *is boring.* (Überall, wo es schön ist ... und sonst ist es überall langweilig.)

- Wenn ein Relativpronomen folgt, wird *that* bevorzugt:
  Everywhere (that) *you go you see these silly advertisements.* (Überall, wo man hinkommt ...)

evidence (Anzeichen/Beweis[e]) – **proof** (Beweis[e])

- Mit *proof* bezeichnet man Tatsachen, die einen Sachverhalt unmissverständlich beweisen, mit *evidence* hingegen Tatsachen, die den Schluss nahelegen, dass ein Sachverhalt so ist, wie man annimmt. *proof* wird oft in wissenschaftlichen Zusammenhängen verwendet; *evidence* ist das Fachwort, das in Bezug auf Polizeiermittlungen und Gerichtsverhandlungen gebraucht wird („Beweisstück/-mittel / Indizien"), entspricht aber auch einfach „(An-)Zeichen":
  There is clear/conclusive/definite/indisputable/positive ***proof*** *that the world is round and not flat.* (Es gibt klare/überzeugende/eindeutige/unstrittige/sichere Beweise dafür ...)
  The prosecution produced some important new ***evidence*** *in court today.* (Die Anklagevertreter brachten heute wichtige neue Beweise im Gerichtssaal vor.)
  There is some ***evidence*** *that the economic recession is coming to an end.* (Es gibt einige Anzeichen dafür ...)
- *evidence* und *proof* sind beide nicht zählbare Nomen, d. h. sie werden nicht mit *a/an* oder im Plural gebraucht:
  The police have found new ***evidence / some*** *new* ***evidence / a*** *new* ***piece of evidence*** (NICHT: *a new evidence*). (... neue Beweise / einen neuen Beweis.)
  The ***evidence is*** *very strong.* (Die Beweise sind sehr schlagkräftig/eindeutig.)
- Präpositionen, Konstruktionen und Wendungen:
  Have you got ***proof of*** *your acceptance as a student by the university* (... einen Nachweis für Ihre Zulassung ...) / ***proof that*** *you have been accepted as a student by the university?* (... einen Nachweis dafür, dass ...)
  There is ***evidence of*** *an economic recovery* (... Anzeichen für ...) / ***evidence that*** *an economic recovery has begun.* (... Anzeichen dafür, dass...)
  His employer ***gave evidence*** *at his trial.* (Sein Arbeitgeber sagte [als Zeuge] bei seinem Prozess aus.)
  Details of his financial transactions were produced ***in evidence*** *at the trial.* (... als Beweise ...)
  Computer-based learning systems ***were (much) in evidence*** *at the exhibition.* (... waren ... stark vertreten.)

exact, exactly (genau)

- *exact* entspricht dem deutschen „genau". Wenn jedoch von einem Gerät die Rede ist, wird *accurate* verwendet:
  What's the ***exact*** *time/temperature?*
  This clock/thermometer is not very ***accurate.*** [= Es zeigt nicht genau an.]

- *exactly* ist das zu *exact* gehörige Adverb. *not exactly* wird auch in der Bedeutung „nicht gerade / nicht direkt" gebraucht:
  *He did**n't exactly** say no, but he made it clear that he didn't want to help.* (Er hat nicht gerade/direkt nein gesagt ...)

⚠ genau in dem Moment = ***at that very** moment / **just at that** moment*
Es ist genau das, was ich suche. = *It's **just** what I'm looking for.*
genau genommen = ***strictly speaking***
genau am Anfang/Ende = ***right** at the beginning/end*
eine genaue (= sorgfältige) Untersuchung = *a **close/careful** examination*

exam, examination (Prüfung)

- Verben, die mit *exam(ination)* verbunden werden:
  *She's going to **take/sit/do** the **exam/examination** next week.* (Sie macht die Prüfung nächste Woche.)
  *At the moment she doesn't know if she will **pass (it)** or **fail (it)**.* (... ob sie [sie] bestehen wird oder nicht / oder durchfallen wird.)
  *She thinks she may **pass (the exam) in** some subjects and **fail (it) in** others.*

example (Beispiel)

⚠ Ich nenne Ihnen ein Beispiel für das, was ich meine. = *I'll **give** (NICHT: name) you an **example of** (NICHT: for) what I mean.*
Komponisten wie zum Beispiel Beethoven oder Liszt ... = *Composers **such as** Beethoven or Liszt ...*

except (for) ⇨ besides

exception (Ausnahme)

- Wendungen:
  ***With the exception of** Peter, I have spoken to everyone.* (Mit Ausnahme von ...)
  ***Without exception,** everyone has agreed to help.* (Alle ohne Ausnahme ...)
  *The restaurants in this part of France are very good, and "Le Cigogne" is **no exception**.* (... ist keine Ausnahme.)

excited

- „darauf gespannt sein, etwas Zukünftiges zu tun" wird mit *be excited about doing s.th.* wiedergegeben. *be excited* + Infinitiv ist in dieser

Bedeutung nur bei Verben wie *see / hear / find out* möglich, die die Grundbedeutung „erfahren/herausfinden" haben:
*I'm **excited about** go**ing*** (NICHT: *excited to go*) *to the USA next year.* (Ich bin darauf gespannt, ... zu gehen.)
*She's very **excited about** meet**ing*** (NICHT: *to meet*) *him.*
*I'm **excited to see / hear / find out / discover** what has happened.* (Ich bin gespannt, was geschehen ist.)
be excited + Infinitiv bedeutet sonst „aufgeregt sein, wenn/dass etwas der Fall ist":
*I'm always **excited to** find the first mushrooms of the year.*
*She **was excited to** be chosen to go to Warsaw as an English assistant for a year.*

excuse – apology (Entschuldigung); (to) **excuse** (entschuldigen)

1 *excuse – apology*

- Das Nomen *excuse* wird [ɪk'skjuːs] (mit stimmlosem s am Ende) ausgesprochen.
- *excuse* bezeichnet die Ausrede bzw. den Grund, der angegeben wird, wenn etwas nicht gemacht wird bzw. falsch gemacht wird. Mit *apology* bezeichnet man eine Entschuldigung, wenn jemand um Verzeihung bittet:
  *The **excuse** he made/offered for arriving late was that there had been an accident on the road.* (Die Ausrede/Entschuldigung, die er dafür an-brachte/anbot, dass er zu spät kam ...)
  *There is no **excuse** for not doing your homework.* (Es gibt keine Entschuldigung dafür ...)
  *Their **apology** for what was quite clearly their mistake was very late in coming.*
  *After his disgraceful drunken behaviour at the party, Jim was forced to send a letter of **apology**.* (... einen Entschuldigungsbrief ...)

2 *(to) **excuse***

- Das Verb *excuse* wird [ɪk'skjuːz] (mit stimmhaftem s am Ende) ausgesprochen.

⚠ *excuse* kann nicht ohne Objekt gebraucht werden:
Entschuldige bitte. = *Excuse **me/us**, please.*
Näheres zum Gebrauch von *Excuse me,* s. nächsten Eintrag.

⚠ *excuse oneself* und *apologize* nicht verwechseln (vgl. Abschnitt 1):
*Don **excused** him**self** and we continued the meeting without him.* (Don entschuldigte sich [und ging weg] ...)
*I forgot the meeting and didn't go. I **apologized** afterwards.*

E

- Anwendungsbeispiele mit *excuse* ohne *-self*-Pronomen:
  I have to leave now. Would you tell the others, please, and ***excuse*** *me?* (… und mich entschuldigen?)
  Please ***excuse*** *the handwriting. I'm writing this on a bus.* (Entschuldigen Sie bitte die Handschrift.) [*excuse* wird nur bei kleineren „Vergehen" gebraucht.]

⚠ Auf *excuse* folgt kein *that*-Satz:
Excuse me/my *ask****ing*** (NICHT: *Excuse that I ask*), *but did I see you in the theatre last night?* (Entschuldigen Sie die Frage / , dass ich frage …)
Please ***excuse the fact that*** (NICHT: *excuse that*) *the quality of the photocopies is not very good.*

- Weitere Konstruktionen und Wendungen mit *excuse*:
  His behaviour was awful and ***cannot be excused.*** (Sein Verhalten war schrecklich und ist nicht zu entschuldigen.)
  He ***can be excused for*** *not com****ing****. Someone should have told him that the time had been changed.* (Es ist verzeihlich, dass er nicht gekommen ist.)
  She ***was excused from*** *attend****ing*** *the meeting.* (Sie wurde von der Teilnahme an der Sitzung befreit/freigestellt.)

excuse me – (I'm) sorry – pardon

1 *excuse me – sorry*

- Im BE wird *excuse me* gebraucht, bevor man etwas tut, z. B. bevor man eine fremde Person (einschl. Bedienungspersonal) um etwas bittet, jemanden unterbricht oder an jemandem vorbeigeht; *I'm sorry* oder *Sorry* wird dagegen gebraucht, nachdem etwas geschehen ist.
  Im AE wird aber auch *Excuse me* gebraucht, wenn man sich hinterher für etwas entschuldigt:
  Excuse me*, is this your newspaper?*
  Excuse me. *Another espresso, please, and the bill.*
  Excuse me*, but I'd like to add something to what you just said.*
  Excuse me*, I need to get at that cupboard.*
  I'm sorry / Sorry*. Did I hurt you?* (Es tut mir Leid / Entschuldigung. Habe ich Ihnen wehgetan?)
  Wait a minute, that's my dictionary you're putting in your bag! – Oh, ***(I'm) sorry****.*
  I'm sorry / Sorry*, but I didn't hear what you said.*

- *Sorry?* (alleinstehend) wird als Frage in der Bedeutung „Wie bitte?" gebraucht:
  Sorry? *Can you say that again, please?* (Wie bitte?)

- *sorry* wird als Einschub in Aussagesätzen gebraucht, wenn man sich korrigiert:
  I spent $30 – ***sorry,*** *$35 – on lunch for the two of us.* (… $ 30 – Entschuldigung: $ 35 – …)

2 Konstruktionen mit *sorry*

- Mit *I'm sorry* + *about/for* + *-ing*-Form oder *I'm sorry* + Perfektinfinitiv entschuldigt man sich für etwas, das man in der Vergangenheit getan hat:
  ***I'm sorry about** phon**ing** / **for** phon**ing** / **to have** phon**ed** you so late yesterday evening.* (Es tut mir Leid, dass ich dich gestern Abend so spät angerufen habe.)
- Mit *I'm sorry* + *about* + *-ing*-Form oder *I'm sorry* + einfacher *to*-Infinitiv entschuldigt man sich für etwas, das man gerade getan hat, gerade tut oder gleich tun will:
  *I'**m sorry about** keep**ing** / **to** keep you waiting. (...* dass ich Sie habe warten lassen.)
  *I'**m sorry about** disturb**ing** / **to** disturb you, but could I borrow your dictionary for a moment? (... dass ich Sie störe ...)*
  Mit Verben des Berichtens wird jedoch nur der *to*-Infinitiv gebraucht:
  *I'**m sorry to tell** you this, but you'll have to work this weekend.*
- *be sorry about* wird auch ohne *-ing*-Form gebraucht:
  ***I'm sorry about** yesterday.* (Es tut mir Leid wegen gestern.)
- Um Bedauern über etwas auszusprechen, ohne eine Entschuldigung damit zu verbinden, gebraucht man *be/feel sorry* + Person, *be/feel sorry about* + Sache oder Sachverhalt, *be sorry* + *that*-Satz oder *be sorry* + *to*-Infinitiv:
  *I'**m / I feel sorry for** Eve. She doesn't deserve this.* (Eve tut mir Leid. Das hat sie nicht verdient.)
  *We **were/felt sorry about** what happened to your car. Have the police found it yet?*
  *They **are sorry (that)** they can't be here for your wedding.*
  *We **were sorry to** miss the final – was it a good match?*
  *I **was sorry to** hear that Dennis has been ill.*

3 *pardon*

- *I beg your pardon* ist im BE förmlich und weniger gebräuchlich, um sich zu entschuldigen. Im AE wird aber *pardon me* neben *excuse me* und *I'm sorry* gebraucht:
  (BE:) ***I beg your pardon**. I'm afraid I seem to have spelt your name wrongly.*
  (AE:) ***Pardon me / Excuse me**. Can you tell me the time, please?*
  (AE:) *That's my dictionary you've taken. – **Oh, pardon me / I'm sorry**.*
- *I beg your pardon* oder *Excuse me* wird gesagt, nachdem man etwas Unfeines (Aufstoßen/Niesen/Gähnen) getan hat.
- *Pardon?* alleinstehend als Frage (im AE auch *Pardon me?*, im BE auch [förmlich] *I beg your pardon?*) wird wie *Sorry?* im Sinne von „Wie bitte?" gebraucht:
  Pardon? / Sorry? / (AE:) ***Pardon me? /*** (BE förmlich:) ***I beg your pardon?*** *What did you say?*

- *I beg your pardon!* (Ausruf, *beg* betont) wird auch als Ausdruck des Staunens bzw. der Entrüstung verwendet:
  *Janet says you're a fool. – **I beg your pardon!***

E

exercise (Übung/Bewegung)

- *exercise* ist ein zählbares Nomen mit der Bedeutung „Übung" und ein nicht zählbares mit der Bedeutung „Bewegung":
  I do (NICHT: *make*) ***some exercises*** *in the morning when I get up.* (Ich mache ... Übungen.)
  I sit in an office all day long and don't get much ***exercise. Exercise*** *is important if you want to stay fit.* (... und habe wenig Bewegung. Bewegung ist wichtig ...)

exhausted (erschöpft) – **exhausting** (ermüdend) – **exhaustive** (erschöpfend)

- *exhausted* entspricht „erschöpft" und beschreibt, wie sich jemand nach großer Anstrengung fühlt. *exhausting* entspricht „sehr anstrengend/ermüdend"; *exhaustive* entspricht „erschöpfend" im Sinne von „sehr ausführlich":
  I felt ***exhausted*** *from working in the garden all day.* (Ich fühlte mich erschöpft, da ich den ganzen Tag im Garten gearbeitet hatte.)
  Travelling in hot, tropical countries is often ***exhausting***. (... ist oft sehr anstrengend/ermüdend.)
  She has made an ***exhaustive*** *study of butterflies in the Sudan.* (... eine erschöpfende Studie über Schmetterlinge ...)

(to) **exist** (existieren)

- *exist* kann nicht in der Verlaufsform stehen, es sei denn, es wird in der Bedeutung „leben / sich ernähren" gebraucht:
  Software now ***exists*** *that can solve this problem for us.* (Es gibt jetzt Software ...)
  As students at that time we ***were existing*** *on a few pounds a week / bread, jam and beer.* (Damals als Studenten lebten wir von ...)
- Als unpersönliches Subjekt wird *there,* nicht *it* gebraucht:
  There exists *an old method which has almost been forgotten now.* (Es existiert eine alte Methode ...)

existence (Existenz)

⚠ *existence* (Betonung [-'--]) entspricht „Existenz" im Sinne von „Vorhandensein/Dasein/Fortbestehen", aber nicht im Sinne von „Lebensunterhalt":
*The **existence** of black holes is something astronomers have known about for some time.*
*I cannot imagine the continued **existence** of this old system in years to come.*
Er baute sich eine unsichere Existenz als Fotograf auf. = *He built up an uncertain **livelihood/living** as a photographer.*

expanse (Fläche) – **expansion** (Ausdehnung)

- *expanse* bezeichnet eine weite Fläche, *expansion* den physikalischen Vorgang der Ausdehnung bzw. – allgemeiner – „Ausweitung/Expansion/Erweiterung":
*We could see a broad/wide **expanse*** (Fläche) *of blue sky / open countryside.*
Expansion (Ausdehnung) *is what happens when you heat metal.*
*The rapid **expansion*** (Expansion/Wachstum) *of the computer industry in the late 20th century changed the industrial world.*

(to) **expect**

1 ***(to) expect – (to) wait for – (to) look forward to***

- *expect s.th.* entspricht „etwas erwarten" im Sinne von „mit etwas rechnen". *wait for s.th.* entspricht „etwas erwarten" im Sinne von „(stehen/sitzen/usw. und) auf etwas warten". *expect* wird ohne Präposition gebraucht:
*Alan is coming to see me. **I'm expecting** him this evening. **I've been waiting for** him since 6 o'clock.* (Ich erwarte ihn heute Abend. Ich warte seit 6 Uhr auf ihn.)
***I'm expecting** a reply to my letter. Ann said she would send me one.*
***I'm waiting for** a reply to my letter. I sent it six weeks ago.*

⚠ Nicht *expect*, sondern *look forward to* wird gebraucht, um (z. B. am Briefende) höflich auszudrücken, dass man mit positiven Gefühlen etwas erwartet:
*We **are looking forward to** your visit on 31st January and remain ...*
(Wir erwarten Ihren Besuch ...)

2 **Konstruktionen mit *(to) expect***

- *expect* hat zwei verschiedene Grundbedeutungen, „erwarten / rechnen mit" und „annehmen/glauben/vermuten". In dieser zweiten Bedeutung wird *expect* in der Regel nicht in der Verlaufsform gebraucht:

*We're **expecting** Ann and Ian at six o'clock.* (Wir erwarten Ann und Ian um 6 Uhr.)
*I **expect** (NICHT: am expecting) they're somewhere near Oxford now.* (Ich nehme an, sie sind jetzt irgendwo in der Nähe von Oxford.)

E

- Konstruktionen und Wendungen in der Grundbedeutung „erwarten":
*That was only **to be expected** (NICHT: to expect).* (Das war ja zu erwarten.)
*I **expect / am expecting to** leave at 6 o'clock.* (Ich rechne damit, um 6 Uhr zu fahren.)
*We **expected / were expecting Janet to** ring this evening.* (Wir haben erwartet / damit gerechnet, dass Janet heute abend anruft.)
*I **expect you to** be home by ten at the latest.* (Ich erwarte, dass du spätestens bis 10 Uhr zu Hause bist.)
*Gore **was expected to** win.* (Man hat erwartet / damit gerechnet, dass Gore gewinnt.)
*You **are expected to** finish this work by tomorrow.* (Es wird von Ihnen erwartet, dass Sie ...)

- Konstruktionen in der Grundbedeutung „annehmen/glauben":
*I don't **expect (that)** I'll be away more than an hour.* (Ich glaube nicht, dass ...)
*Will it rain, do you think? – I **expect so** (NICHT: it/yes).* (Ich glaube ja/ schon.)
*Will the meeting be over by four? – I **don't expect so**.* (Ich glaube [es] nicht.)

3 *not unexpectedly – (to) expect*

- *not unexpectedly* wird als Satzadverb mit der Bedeutung „wie zu erwarten/vermuten war" gebraucht. Eine Infinitivkonstruktion wie im Deutschen ist ebenfalls möglich:
***Not unexpectedly,** they didn't want to accept the offer.* (Wie zu erwarten/vermuten war, wollten sie ...)
***As was to be expected** (NICHT: to expect), they didn't want to accept the offer.*
*The train, **not unexpectedly** in that weather, was late.* (Der Zug hatte Verspätung, was bei diesem Wetter zu erwarten war.)
*The train, **as was to be expected** in that weather, was late.*

⚠ Nur eine Infinitivkonstruktion, nicht *not unexpectedly*, ist in Bezug auf etwas Zukünftiges möglich:
*If they don't accept the offer, **as is to be expected**, we shall have to rethink.*

experience (Erfahrung/Erlebnis)

- *experiences* (Plural) sind Ereignisse (Dinge, die man erlebt oder erfahren hat): *experience* ist also in der Bedeutung „Erfahrung/Erlebnis" ein zählbares Nomen. *experience* bezeichnet auch die Kenntnisse, die man über die Zeit angesammelt hat („Erfahrung[en]"): in dieser Bedeutung ist *experience* nicht zählbar, d. h. es kann nicht mit *a/an* oder im Plural verwendet werden:

We had ***some wonderful experiences*** *when we were on holiday in the Pacific.* (... einige wunderbare Erlebnisse ...)
I ***had*** (*NICHT: made*) ***a new experience*** *today.* (Ich habe heute eine neue Erfahrung gemacht.)
A lot of ***experience*** *is needed if you want this job.* (Man braucht viel Erfahrung, wenn man ...)

- Wendungen mit *experience*:
  From experience (*NICHT: From the experience*) *I know that ...* (Aus [der] Erfahrung weiß ich, dass ...)
  From my own experience (*NICHT: From own experience*) *I would say ...* (Aus meiner eigenen / Aus eigener Erfahrung würde ich sagen ...)
  From personal experience ... (Aus persönlicher Erfahrung ...)
  What ***experience have*** *you* ***had*** *with this sort of system in your country?* (Welche Erfahrungen haben Sie mit ... gemacht?)
  Do *you* ***have*** *any* ***experience of*** *work****ing*** *abroad?* (Haben Sie im Ausland gearbeitet?)

⚠ Ich habe oft die Erfahrung gemacht, dass ... = *I have often* ***found*** *that ...*

expert

- *expert* ['ekspɜːt] ist sowohl ein Nomen („Experte/Expertin") als auch ein Adjektiv („erfahren/fachmännisch/geschickt"). Das Nomen wird, im Gegensatz zum Deutschen, nach *be/become* mit *a/an* gebraucht:
  *She****'s an expert****.* (Sie ist Expertin.) [Nomen]
  I met three ***expert*** *mountaineers.* (... drei erfahrene/sachkundige Bergsteiger[innen].) [Adjektiv]

- Präpositionen:
  He's ***an expert on*** *modern Chinese politics.* (Er ist Experte auf dem Gebiet der modernen chinesischen Politik.)
  She's ***an expert on*** *paint****ing****/teach****ing*** *literature.* (Sie ist Expertin auf dem Gebiet der Malerei / des Literaturunterrichts.)
  Janet is ***(an) expert at/in*** *solv****ing*** *problems like this.* (Janet ist Expertin/ geschickt darin, Probleme wie diese zu lösen.)

(to) **explain** (erklären/erläutern)

- Nach *explain* wird ein indirektes Objekt immer mit *to* angeschlossen:
  The rules ***were explained to*** *us before we started.*
  I'll ***explain to*** *you how we do this.*

- Eine Person kann in der Regel nicht Subjekt eines Passivsatzes werden. In der mündlichen Umgangssprache kommt dieser Sprachgebrauch zwar manchmal vor, er wird aber allgemein als nicht akzeptabel empfunden:

*The new system **was explained** to me.*
Normalerweise nicht akzeptabel: *I was explained the new system.*

⚠ Deutsch „erklären" im Sinne von „verkünden / bekannt geben" = *declare.* s. den entsprechenden Eintrag.

(to) **express** (ausdrücken)

- *express* kann nicht direkt mit einem *that*-Satz verbunden werden. Dazwischen muss ein Ausdruck wie *the fact* gesetzt werden:
*This tense **expresses the fact/idea that** something is planned for the future.* (Diese Zeitform drückt aus, dass ...)

⚠ um es einfach / offen / ganz offen / anders auszudrücken = *to **put it** simply / frankly / bluntly / another way*
anders ausgedrückt = ***put** differently*

extra (Extra-/Sonder-/zusätzlich/extra/besonders)

- Anwendungsbeispiele:
*We need some **extra** chairs. There are more people than expected.*
(... zusätzliche/weitere Stühle.)
*The book costs $22, but postage is **extra, $5 extra**.* (Porto kommt zusätzlich dazu / wird extra berechnet, $ 5 zusätzlich.)
*There are **extra** classes for immigrants.* (... zusätzliche/Extra-/Sonderklassen ...)
*Janet is a small person but she looks **extra small** in that big hat.*
(... besonders klein ...)
*There is **an extra charge** for a single room.* (... Zuschlag/Aufpreis ...)
*They **charge extra** for a single room.* (Sie berechnen einen Zuschlag/Aufpreis ...)

⚠ Deutsch „extra" im Sinne von „getrennt" entspricht *separately,* im Sinne von „absichtlich" *deliberately* oder *on purpose*:
Ich bezahle den Wein extra – nachher. = *I'll pay for the wine **separately** – later on.*
Das hat er nicht aus Versehen, das hat er extra gemacht. = *He didn't do that by mistake, he did it **deliberately / on purpose.***

- Vor *extra* + Zahlwort + Pluralnomen steht der unbestimmte Artikel *an.* Ein darauf folgendes Verb steht im Plural. Das Verb steht jedoch im Singular, wenn die genannte Summe als ein Zeitraum oder Betrag gesehen wird:
***An extra** 20 people **have** just arrived.* (Weitere/Zusätzliche 20 Leute ...)
***An extra** six weeks **are/is** needed to finish this project.* (Weitere/Zusätzliche sechs Wochen ...)
***An extra** $40 **is** needed.*

extravagant (verschwenderisch/extravagant)

⚠ *extravagant* [-'---] bedeutet „verschwenderisch", meist in Bezug auf Geld; „extravagant" im Sinne von „ungewöhnlich/ausgefallen" bezogen auf Kleidung und Aussehen wird mit *striking/unusual* oder – abwertend – mit *flashy* (= „auffallend und protzig") wiedergegeben:
He had a very ***extravagant*** *life-style and was always in debt.* (Er führte ein sehr verschwenderisches Leben und war immer verschuldet.)
Sie trug ein sehr extravagantes Kleid. = *She wore a very* ***striking/ unusual*** *dress.*
Er musste immer irgendein extravagantes Auto fahren. = *He always had to drive some* ***flashy*** *car.*

- Im übertragenen Sinne wird *extravagant* in Bezug auf Ideen und Benehmen gebraucht und entspricht hier dem deutschen „extravagant": ***extravagant*** *ideas / gestures / displays of sympathy* (extravagante Ideen/ Gesten/Mitleidsbekundungen)

extreme(ly) (extrem/äußerst)

⚠ *extreme* und *extremely* beziehen sich auf das äußerste Ende einer Bewertungsskala und können daher nur in Bezug auf einen Zustand, aber nicht in Bezug auf einen Vorgang gebraucht werden:
She was in ***extreme*** *danger. The temperatures are* ***extreme*** *at this time of year.*
It was ***extremely*** *cold.*
Wir sehen z.Zt. einen extremen Preisanstieg beim Öl. = *At the moment we are seeing a very* ***big/great/dramatic*** *rise in price of oil.*
Das ist eine extreme Verbesserung. = *That's a* ***great/enormous/dramatic*** *improvement.*
Sein Gesundheitszustand hat sich extrem verschlechtert. = *His health has deteriorated* ***very badly/dramatically.***

fabric ⇨ cloth

face, (to) face

1 ***face* = „Gesicht"**

⚠ Das Gesicht, wie die sonstige Hautfläche, wird als Fläche empfunden, deshalb verbindet sich *face* mit der Präposition *on* (s. Eintrag **at**):
He had jam / a grin ***on*** (NICHT: *in*) *his face.*
Aber bei Verben des Schlagens: *She* ***hit/slapped/boxed*** *me* ***in the*** *face.*

2 *can't face* = „nicht ertragen können"

- *can't face* + *-ing*-Form entspricht in etwa *can't bear/stand* + *-ing*-Form, bezieht sich aber auf etwas Zukünftiges:
*I **can't face** (the idea/thought/propect of) go**ing** to that office again.* (Ich kann [die Vorstellung / den Gedanken / die Aussicht] / [es] nicht ertragen, wieder auf dieses Amt zu gehen.)
*I **can't face** (the idea/... of) those awful bureaucrats ask**ing** me the same questions all over again.* (Ich kann [...] / [es] nicht ertragen, dass ... noch einmal dieselben Fragen stellen.)

fact: in fact

- Mit *in fact* kommentiert der Sprecher seine Aussage (vgl. **actually**). Er kann damit ausdrücken, dass seine eigenen vorherigen Erwartungen in Bezug auf das, was er berichtet, (evtl. überraschenderweise) erfüllt oder nicht erfüllt werden. Er kann damit auch Annahmen, die er bei seinem Gesprächspartner oder einer anderen Person vermutet, bestätigen oder ihnen widersprechen:
*I thought the journey would take about four hours, and **in fact** it did.* (Ich hatte mir vorgestellt, dass die Reise ... dauern würde, und das hat sie auch.) [= „Meine Erwartungen wurden erfüllt."]
*It was one of these big family parties and I wasn't really looking forward to it at all, but it was **in fact** a lovely day.* (... aber es war [dann doch] ein schöner Tag.) [= „Das, was ich erwartet hatte, trat nicht ein."]
*You've worked with Philip before, haven't you? – No, **in fact** I haven't.* [= „Ihre Annahme, dass ich mit ihm zusammengearbeitet habe, ist falsch."]
*The room rate was $65, but we didn't **in fact** pay that much.* [= „Du denkst vielleicht, wir haben so viel bezahlt, aber das stimmt nicht."]
*We've been talking about her a lot, but have you **in fact** ever met her?* (... hast du sie eigentlich jemals kennen gelernt?) [= „Ist meine Annahme, dass du sie kennengelernt hast, richtig?"]
- Mit *in fact* wird oft auch eine präzisierende, manchmal verstärkende Zusatzinformation eingeleitet:
*I arrived late, **in fact / as a matter of fact** over four hours late.* (Ich kam verspätet dort an, mit sogar über vier Stunden Verspätung.)
*Shall I help you? – No, it's OK, **in fact / as a matter of fact** I prefer to do this kind of job on my own.* (... eigentlich / um die Wahrheit zu sagen ...)
*It's a very good restaurant, **in fact / as a matter of fact** the best in town.* (... um es genau zu sagen / nämlich ...)

factory – mill – plant – works (Fabrik)

- Diese Begriffe bezeichnen alle einen Ort bzw. eine Anlage, wo etwas produziert oder verarbeitet wird.
  - *factory* ist der neutralste Ausdruck:
    a car/clothes/chemical(s)/chocolate/glass/furniture ***factory***
  - *mill* wird nur in Verbindung mit der Verarbeitung bestimmter Stoffe (Stahl, Eisen, Papier, Holz, Baumwolle) gebraucht:
    a(n) cotton/iron/paper/steel/textile ***mill***
  - *plant* bezeichnet immer eine große Produktionsanlage; es ist auch die Bezeichnung für ein Kraftwerk (neben dem Begriff *power station*):
    a (big) car/chemical(s) ***plant****; a nuclear/coal-fired* ***plant*** (Atom-/Kohlekraftwerk)
  - *works* weist als Fabrikbezeichnung auf eher derbe, grundlegende Produktionsvorgänge hin, wird aber in Wendungen wie *works canteen, works council* („Betriebsrat") ganz allgemein als Entsprechung für „Betriebs-" gebraucht:
    a(n) iron ***works*** / *sewage* ***works*** (Kläranlage) / *steel* ***works*** / *gas****works*** / *water****works***
    Auf *works* kann das Verb im Singular oder Plural folgen:
    The ***gasworks is/are*** *just down the road.*

(to) **fail**

- *fail* hat die Grundbedeutung „Misserfolg haben": die genaue Entsprechung kann ganz unterschiedlich sein (s. dazu ein Wörterbuch).

1 ***(to) fail*** in Verbindung mit Prüfungen

- In Verbindung mit Prüfungen kann *fail* transitiv (in zweierlei Bedeutung) und intransitiv gebraucht werden:
  I ***failed*** *the exam.* (Ich bestand die Prüfung nicht.) [transitiv]
  The examiners ***failed*** *me.* (Die Prüfer ließen mich durchfallen.) [transitiv]
  I ***failed****.* (Ich fiel durch.) [intransitiv]

2 ***fail to do s.th. – never/not fail to do s.th. – without fail***

- *fail to do s.th.* bedeutet, dass man etwas unterlässt, was erwartet wird oder nötig wäre. Die Entsprechung heißt, je nach Kontext, „etwas nicht tun / es versäumen, etwas zu tun / es nicht schaffen, etwas zu tun":
  We were expecting Alan, but he ***failed to*** *come.* (... aber er kam nicht.)
  Ann ***failed to*** *check with her boss before agreeing to the proposal.* (Ann hat es versäumt, mit ihrer Chefin Rücksprache zu halten, bevor sie dem Vorschlag zustimmte.)
  I ***failed to*** *get the necessary number of points in the oral test.* (Ich habe es nicht geschafft, die notwendige Punktzahl in dem mündlichen Test zu erreichen.)

- Die Verneinung *never/not fail to do s.th.* bedeutet, dass man etwas immer ohne Ausnahme oder ganz bestimmt tut:
  *They **never fail to** remember my birthday.* (Sie denken immer an meinen Geburtstag.)
  Vgl. auch:
  *She'll be there. She comes every week **without fail**. (...* jede Woche – darauf kann man sich verlassen.)
  *It always rains on my birthday, **without fail**.* (Es regnet ... garantiert immer.)
  *You must come to the meeting **without fail**.* (Sie müssen unbedingt zur Sitzung kommen.)

fairly (ziemlich)

- *fairly* entspricht „ziemlich/einigermaßen" und wird mit Adjektiven und Adverbien gebraucht, die eine wünschenswerte Eigenschaft bezeichnen (*fairly good / fairly well / fairly cheap*). Die Aussage *fairly good / fairly well / fairly cheap* ist aber nicht so positiv wie *quite good / quite well / quite cheap* (s. **quite**, Abschnitt 1); *fairly* suggeriert oft „eigentlich nicht so gut wie erwünscht":
  *We ate **fairly well** and the hotels were **fairly cheap**, so I suppose we shouldn't complain.* (... einigermaßen gut ... einigermaßen preiswert ...)
  *The weather was **fairly good** – for May – tho' it could have been better.* (Das Wetter war einigermaßen gut –für Mai –, obwohl es hätte besser sein können.)

(to) **fall** (fallen)

- *fall* muss nicht mit Präpositionen wie *into/onto* gebraucht werden, um eine Hinbewegung ausdrücken. Einfache Präpositionen wie *in/on* genügen in der Regel:
  *She slipped and **fell in/into** the river.*
  *The cup **fell on/onto** the floor.*

⚠ Die Entscheidung fiel gestern. = *The decision **was made** yesterday.*
Die Entscheidung fiel kurz vor Spielschluss. = *The decider **came** just before the end (of the match).*
Es fiel ein Schuss. = *A shot **rang out / was fired.***
Dein Name fiel in dem Gespräch. = *Your name **was mentioned** in the conversation.*
Die Wahl fiel auf eine Frau. = *A woman **was chosen.***

false ➪ **wrong**

familiar (*nicht* familiär, *sondern* vertraut/respektlos/ plump-vertraulich)

⚠ *familiar* entspricht „vertraut" oder „respektlos/plump-vertraulich", nicht „familiär":
Are you ***familiar with*** *the business customs in this country?* (Sind Sie vertraut mit...?)
The small figure with the big black dog was a ***familiar*** *sight* ***to*** *many people in the town.* (... war vielen Menschen in der Stadt ein vertrauter Anblick.)
After four glasses of wine the man started patting me on the shoulder and getting ***familiar****.* (... fing ... an, mich auf die Schulter zu klopfen und plump-vertraulich zu werden.)
aus familiären Gründen = *for* ***personal/family*** *reasons*
Die Stimmung war nicht förmlich, eher familiär. = *The atmosphere wasn't formal,* ***more free and easy / informal.***

family (Familie)

- *family* kann mit einem Verb im Singular oder Plural gebraucht werden:
The ***family who live / which lives*** *next door ...*

⚠ Familie Thomson wohnt nebenan. = ***The*** *Thomson family* (*NICHT*: [*The*] *Family Thomson*) *lives next-door.*
(Briefschluss:) Herzliche Grüße von Ihrer Familie Thomson. = *Best wishes from* ***the*** *Thomson Family.*
Wir sind sechs in unserer Familie. = ***There are six of us*** *in our family.*

famous (berühmt)

- Präpositionen:
This restaurant is ***famous for*** *its food and* ***for*** *hav****ing*** *some very unusual Asian wines.* (... berühmt wegen des Essens und weil es ... hat.)
It is also ***famous as*** *the place where P.E. Wodehouse used to eat.*

(to) **fancy**

- Auf *fancy* folgt eine *-ing*-Form, kein Infinitiv. *fancy doing s.th.* entspricht „Lust haben, etwas zu tun":
I ***fancy*** *go****ing*** *out for a meal this evening.* (Ich habe Lust, heute Abend essen zu gehen.)
- Die Imperativform wird mit der Bedeutung „Stell dir vor" gebraucht:
Fancy *him meet****ing*** *his wife with another man at the theatre!* (Stell dir vor, er begegnet im Theater seiner Frau mit einem anderen Mann!)

fantasy – imagination (Phantasie)

- Mit *fantasy* bezeichnet man ein Bild, das im Gehirn produziert wird, d. h. es entspricht „Phantasie" in der Bedeutung „Phantasiegebilde/ -vorstellung / Trugbild". Das nicht zählbare Nomen „Phantasie" mit der Bedeutung „Einbildungskraft/Vorstellung" wird mit *imagination* wiedergegeben. *imagination* bezeichnet die Fähigkeit, Gedankenbilder zu erzeugen, bzw. den Teil des Gehirns, wo dies geschieht:
  The house he said he owned in France was a ***fantasy.*** (… war ein Phantasiegebilde.) *He didn't have one there.*
  It existed only in his ***imagination.***
  He has a lot of ***imagination.***

F

far (weit)

- Zu *farther/further* s. getrennten Eintrag.

1 *far* in Fragen und verneinten Sätzen

- Wenn sich *far* auf die räumliche Entfernung bezieht, wird es meist nur in Fragen und verneinten Sätzen gebraucht. In bejahten Sätzen steht in der Regel *a long way (away)*:
  How ***far*** *is it from here? – It is****n't far.***
  It's ***a long way*** *from here to Aberdeen.*
  Aberdeen is ***a long way away.***
- *far* steht gewöhnlich nur dann in bejahten Sätzen, wenn es näher bestimmt wird, z. B. durch vorangestelltes *so/too/awfully/quite* oder nachfolgendes *above/across/away/below/beyond/off*:
  We can't walk. It's ***so/too/awfully/quite far.***
  I saw the village ***far across*** *the valley /* ***far above/below*** *us /* ***far beyond*** *the trees /* ***far away / far off.***

2 Sonstige Besonderheiten

⚠ *far* kann nicht in Entfernungsangaben mit Zahlen verwendet werden:
Man konnte die Flammen zehn Kilometer weit sehen. = *You could see the flames from 10 kilometres* ***away.***
Das Dorf liegt zwei Meilen weit von hier. = *The village is two miles* ***(away)*** *from here.*

- Wendungen mit *far*:
  They were ***far too*** *slow and took* ***far too much*** *time.* (… viel zu langsam … viel zu viel Zeit.)
  They work ***far too*** *slowly and take* ***far too many*** *breaks.* (… viel zu langsam … viel zu viele Pausen.)
  This exercise was ***far*** *easi****er*** *than the last one.* (… weit/viel einfacher …)
  This model is ***far and away*** *the most expensive /* ***(by) far the most*** *expensive.* (… bei weitem das teuerste.)

*I'm **far from** finished.* (Ich bin alles andere als / längst nicht fertig.)
*I'm **far from being** able to say when I'll finish.* (Ich bin weit davon entfernt, sagen zu können, wann ich fertig werde.)
*John was going to phone but we haven't heard from him **so far**.* (bis jetzt) [Signalwort für das *present perfect*]
***As far as I know/remember**, they live in Oxford now.* (Soviel / Soweit ich weiß / mich erinnere ...)
***As far as** I'm concerned, Dennis can leave now – I don't need him any more.* (Was mich betrifft ...)
***In so far as** people are willing to speak openly, it seems that many will vote for the other candidate.* (Insofern/Insoweit, als die Leute bereit sind, offen zu sprechen ...)
*Do you agree? – **Far from it!*** (Keineswegs!)
***So far so good**.* (So weit so gut.)
*He stood on the **far side** / at the **far end** of the room.* (... auf der anderen Seite / am anderen Ende ...)
*Look, this is her on the **far left/right** of the photo.* (... ganz links/rechts auf dem Foto.)
*They live in the **far north/east**.* (... im hohen Norden / in Fernost.) [*Far East* oft auch groß geschrieben]
*Scientists knew about it **as far back as** 1970.* (... schon im Jahre 1970.)
***I'd far rather** she didn't come.* (Mir wäre viel lieber, sie käme nicht.)
*We sat and talked **far** into the night.* (... bis weit in die Nacht hinein.)

⚠ Es ist weit nach Mitternacht. = *It is **long past** midnight.*
Es bleibt abgeschaltet bis weit in die nächste Woche hinein. = *It will stay switched of until **well into** next week.*
Das liegt weit zurück. = *That **was a long time ago / is a long time ago now**.*
weit über 80 Jahre alt = ***well over** 80 years old*

farther – further

- Beide Formen können sich auf räumliche Entfernung beziehen.
Nur *further* kann im übertragenen Sinne gebraucht werden:
*We walked **farther/further** than we had planned.*
*I need no **further** help, thank you.*

fascinating (faszinierend), fascinated (fasziniert)

⚠ *fascinating,* aber nicht *fascinated,* kann mit *very* verwendet werden:
*What she told us was really **very fascinating**.* (Was sie uns erzählte, war wirklich sehr faszinierend.)
*The children were **absolutely/completely fascinated**.* (... waren sehr/ganz/vollkommen fasziniert.)

fast – quick (schnell)

- *fast* (Steigerungsformen: *faster, fastest*) wird als Adjektiv und Adverb gebraucht. *quick* ist ein Adjektiv mit den Steigerungsformen *quicker, quickest.* Das Adverb und seine Steigerungsformen lauten *quickly, more quickly / quicker, most quickly / quickest.*
- *fast* bezieht sich auf schnelle Bewegung oder Bewegungsmöglichkeit, *quick* darauf, dass etwas in einer kurzen Zeit geschieht. Einige typische Wortverbindungen:
  *a **fast** car / train / runner / stream / river / tennis court*
  *a **fast** journey/road*
  ***fast** speech/music*
  *a **quick** decision / look / visit / drink / reply / movement / learner*
  Eher idiomatische Wendungen:
  fast food
  *the **fast** lane* (die Überholspur)

F

fat ➪ thick

fatal ➪ deadly

father-in-law (Schwiegervater)

- Plural und Genitiv von Begriffen mit *...-in-law* werden wie folgt gebildet:
  *Both our **fathers-in-law / father-in-laws** are called Ernest. My **father-in-law's** second name is Wilfred.*
- *in-laws* wird auch allein gebraucht:
  *Sonia's **in-laws** are very nice.* (Sonias Schwiegereltern / angeheiratete Verwandten ...)

fault ➪ mistake

(to) **favour** (dafür sein / es vorziehen)

⚠ Auf *favour* („dafür sein / es vorziehen“) folgt ein weiteres Verb als *-ing*-Form:
*I **favour** ask**ing** Jim if he can help us, not John.* (Ich ziehe es vor, Jim zu fragen / Ich bin dafür, dass wir Jim fragen ...)
Vgl. auch:
*I am/voted **in favour of** lower**ing** the membership fees in our club.* (Ich bin/stimmte dafür, die Mitgliedsbeiträge ... zu senken.)

favourite (Lieblings-)

- *favourite* kann nicht mit *most* verwendet werden, weil es schon implizit ein Superlativ ist. Das Gegenteil heißt aber *least favourite*:
*This is one of my **favourite / least favourite** meals.* (... eines meiner Lieblingsessen / eines der Essen, die ich am wenigsten mag.)

(to) **fear, fear**

1 *Das Verb (to) fear* = „sich fürchten vor / befürchten / Angst haben vor"

- *fear* kann in der Regel nicht in der Verlaufsform gebraucht werden.
- *fear* ist förmlich, der übliche Ausdruck ist *be afraid. fear* bezieht sich, wenn es gebraucht wird, meist auf potentielles oder zukünftiges Geschehen:
*I **fear** blindness as I grow old.* (Ich fürchte mich vor dem Blindsein / dem Erblinden ...)
*The people **fear** what will happen if the fighting doesn't stop soon.* (... haben Angst davor, was passieren wird ...)
- Konstruktionen und Wendungen mit *fear*:
***Are** you **afraid**?* (NICHT: *Do you fear?*) [*fear* wird immer nur transitiv gebraucht.]
*I **fear** meet**ing*** (NICHT: *to meet*) *him again.* (Ich fürchte mich / habe Angst davor, ihn wieder zu treffen.) [s. **afraid**, Abschnitt 2]
It is to be feared (NICHT: *It is to fear*) ***that** oil prices will rise sharply.* (Es ist zu befürchten, dass ...)
*The thieves **are feared to have sold** the paintings.* (Es wird befürchtet, dass die Diebe die Gemälde verkauft haben.)
***It is feared (that)** the thieves have now left the country.* (Es wird befürchtet, dass ...)
***There are feared to be** over 100 casualities.* (Es wird befürchtet, dass es über 100 Opfer gibt.)
*You think the situation will get worse? – I **fear so*** (NICHT: *yes*). [Weniger förmlich: *I'm afraid so.*]
*You don't think the situation will get better? – I **fear not*** (NICHT: *no*).

2 Das Nomen *fear* = „Angst"

- Auf *fear* folgt *of* + *-ing*-Form, und kein Infinitiv:
*His **fear of** los**ing*** (NICHT: *to lose*) *control of his firm (= His fear that he would ...) made him stay on as chairman till the age of 70.* (Seine Angst, die Kontrolle über seine Firma zu verlieren ...)
*She wouldn't go out into the town, **for fear of** meet**ing** the man again.* (... aus Angst, den Mann wieder zu treffen.)
*You think she might forget the party? **There's no fear of** that happen**ing**!* (Keine Angst, dass das passiert!)

⚠ Ich spürte/empfand Angst. = *I **felt afraid/frightened**.*

fed up: (to) **be/get fed up** (es satt haben)

- Auf *be/get fed up* folgt kein Infinitiv, sondern eine *-ing*-Form – normalerweise in Verbindung mit der Präposition *with*. *be fed up of doing s.th.* wird meist als nicht korrekt angesehen:
  I'm thoroughly/completely/totally ***fed up with*** *listen**ing*** (NICHT: *to listen*) *to the same old complaints.* (Ich habe es satt, ... anzuhören.)
  I got ***fed up (with)*** *meet**ing*** *the same people year in year out.*

F

(to) **feel**

1 ***(to) feel*** **= „sich fühlen"**

- *feel* ist im Gegensatz zur deutschen Entsprechung kein reflexives Verb:
  I ***feel*** *exhausted.* (Ich fühle mich erschöpft.)
- Die Verlaufsform ist möglich. Zwischen einfacher Form und Verlaufsform besteht kein nennenswerter Bedeutungsunterschied:
  I ***feel / am feeling*** *happy again now.* (Ich fühle mich jetzt wieder glücklich.)
- *feel* gehört zu den Kopulaverben, auf die ein Adjektiv (kein Adverb) folgt:
  She ***was feeling unhappy*** (NICHT: *unhappily*).
  Auch ein Nomen kann als Subjektergänzung folgen:
  He ***felt*** *a hero.* (Er fühlte sich / kam sich vor wie ein Held.)
  Im vorigen Satz könnte auch *like* stehen:
  He ***felt like*** *a hero.*
  Vgl. aber: Ich fühle mich wie zu Hause. = *I feel at home.*

2 ***(to) feel*** **= „(etwas mit den Sinnen) spüren/wahrnehmen"**

- In dieser Bedeutung wird *feel* nicht in der Verlaufsform verwendet.
  In der Gegenwart wird *can feel* gebraucht, wenn eine momentane Wahrnehmung bezeichnet wird. In der Vergangenheit steht *felt* oder *could feel*, aber nur *felt* bei einem plötzlich eintretenden Ereignis:
  I ***can feel*** *the warmth of the fire.*
  I ***felt/could feel*** *the blood rushing to my head.*
  I (suddenly) ***felt*** *a tremor.* (Ich spürte [plötzlich] ein Beben.)
- Auf *feel* in dieser Bedeutung kann ein Objekt + Infinitiv (ohne *to*!) oder ein Objekt + *-ing*-Form folgen. Oft sind beide möglich: Wenn es wichtig ist, auszudrücken, dass ein kompletter und abgeschlossener Vorgang wahrgenommen wird, oder wenn der Vorgang Teil einer Handlungskette ist, gebraucht man den Infinitiv. Im Gegensatz dazu drückt die *-ing*-Form aus, dass ein Vorgang mitten in seinem Verlauf oder dass etwas immer wieder wahrgenommen wird:
  I ***felt*** *the watch* ***fall*** *out of my pocket and drop onto the floor.* (Ich spürte, wie die Uhr mir aus der Tasche und zu Boden fiel.)
  I ***can feel*** *the water com**ing*** *up over the top of my boots and runn**ing*** *down inside.*

*I **felt** the ship rock**ing** from side to side.* (Ich fühlte, wie das Schiff von einer Seite zur anderen schaukelte.)
Das Passiv ist mit der *-ing*-Form, aber nicht mit dem Infinitiv möglich:
*She **felt** the airbed **being** carr**ied*** (NICHT: *be carried*) *out to sea by the wind.* (Sie spürte, wie die Luftmatratze vom Wind aufs offene Meer getragen wurde.)

3 ***(to) feel* = „sich anfühlen"**

- Die Verlaufsform ist in dieser Bedeutung meist nicht möglich, es sei denn, es wird eine vorübergehende Eigenschaft des befühlten Gegenstands genannt:
*This **feels*** (NICHT: *is feeling*) *like wool to* (NICHT: *for*) *me.*
*Glenn's face **feels / is feeling** very warm.*
- Auch in dieser Bedeutung wird ein nachfolgendes Adjektiv (kein Adverb) gebraucht (vgl. Abschnitt 1):
*This **feels soft*** (NICHT: *softly*).

4 ***(to) feel* = „befühlen"**

- In der Bedeutung „mit den Händen befühlen/betasten" ist die Verlaufsform möglich. *feel* kann durch ein Adverb näher bestimmt werden:
*I'**m just feeling** the radiator to see if it's warm.*
*He **felt** his pockets **carefully**.*

5 ***(to) feel* = „glauben / meinen / (emp)finden / das Gefühl haben"**

- In dieser Bedeutung wird *feel* nicht in der Verlaufsform gebraucht.
- Auf *feel* in dieser Bedeutung kann ein Satz mit *that* oder *as if/though* folgen:
*She doesn't want to give John the job. She **feels (that)** he is unreliable.* (Sie hat das Gefühl, dass er unzuverlässig ist.)
*I **felt as if/though** everybody was against me.* (Ich hatte das Gefühl, als ob alle gegen mich wären.)
- Passivsätze mit *it* sind möglich:
***It is felt (that)** he is unreliable.* (Man meint, er sei unzuverlässig.)
***It is felt (to be)** inappropriate to grant financial support in cases like this.* (Es wird als unangemessen empfunden, in solchen Fällen finanzielle Unterstützung zu gewähren.)
Vor einer Passivform mit nachfolgendem Perfektinfinitiv (*be felt to have done s.th.*) kann auch ein persönliches Subjekt stehen:
***He is felt to have** wast**ed** too many opportunities.* (Man meint, dass er zu viele Gelegenheiten vertan hat.)
Bei einigen Zustandsverben (z. B. *be / need / require / belong to / constitute / depend on / deserve*) kann die Passivkonstruktion mit persönlichem Subjekt auch mit dem einfachen Infinitiv gebraucht werden:
***He is felt to be** unreliable.*
***She was felt to deserve** a large increase in her salary.*

6 *(to) feel like* = „Lust haben (auf)"

⚠ Auf *feel like* folgt ein Nomen oder eine *-ing*-Form, aber kein Infinitiv:
*I **feel like** a walk/drink.* (Ich habe Lust auf einen Spaziergang/Drink.)
*We **didn't feel like** ask**ing** him for help again.* (Wir hatten keine Lust, ihn noch einmal um Hilfe zu bitten.)

F

feet ➪ foot

female – feminine (weiblich)

- *female* entspricht „weiblich" im Sinne von „weiblichen Geschlechts", *feminine* „weiblich" im Sinne von „feminin / wie eine (typische) Frau". *feminine* wird auch als grammatische Bezeichnung gebraucht:
  *There are fifteen male and thirteen **female** students in this class.*
  *She's one of the country's most well-known **female** politicians.*
  *The face/handwriting/movements look(s) very **feminine**.*
  *"She" and "her" are **feminine** pronouns.*
- *female* wird gebraucht, wenn es bei geschlechtsneutralen Begriffen (Berufsbezeichnungen usw.) wichtig ist, das Geschlecht anzugeben:
  *a **female** student/doctor/politician/manager/reader/viewer*
  Informell wird auch *woman* verwendet:
  *a **woman** driver, a **woman** doctor*
  Der Plural lautet *wom**e**n drivers, wom**e**n doctors.*
- *female* wird, als Adjektiv oder Nomen, auch in Bezug auf ein weibliches Tier gebraucht:
  *a **female** blackbird* (eine weibliche Amsel)
  ***The female** lays the egg.* (Das Weibchen ...)

(to) **fetch** ([ab]holen)

- *go* and *fetch*, s. **bring**, Abschnitt 1

⚠ *fetch* impliziert (wie *bring*) eine Bewegung her zum Sprecher. Deshalb verbindet sich *fetch* mit *from*:
*Can you **fetch*** (auch: *collect*) *Jim **from** the station, please?* (Können Sie Jim am/vom Bahnhof abholen?)
Aber: *Can you **meet** Jim **at** the station, please?*

fever – temperature (Fieber)

⚠ Im BE bezeichnet *fever* einen (gefährlichen) Fieberzustand mit allen entsprechenden Symptomen (hohe Temperatur, Schüttelfrost, Schwitzen,

Frieren, ggf. Fieberwahn). Wortverbindungen mit *temperature* werden gebraucht, wenn nur der Zustand des Krankseins gemeint ist. Nur *temperature* wird im Zusammenhang mit Thermometermessungen oder Bewegungen des Fiebers (Ansteigen/Fallen) gebraucht (auch im AE):
He lay in a tent in the middle of the Malaysian jungle, his body racked with ***fever****. (...* sein Körper wurde vom Fieber geschüttelt)
She ***has*** *(*NICHT*: is having)* ***a temperature*** *and I don't think she should go to school.*
*She****'s been running a temperature*** *for several days, doctor.*
I've been taking her temperature *regularly (*NICHT*: fever;* NICHT*: taking temperature;* NICHT*: taking the temperature)*. (Ich habe bei ihr ... Fieber gemessen.)
She ***has a temperature of*** *over 40* ***degrees****.*
Her temperature has risen/fallen *rapidly.*

few (wenige) – **a few** (ein paar / einige)

- Zum Unterschied zwischen *fewer* und *less* s. **less**.

1 *few*

- *few* (nur vor Pluralnomen) entspricht „wenige", d. h. „kaum welche". Es drückt oft (aber nicht immer) etwas Negatives aus, nämlich, dass die Menge geringer ist als gewünscht, erwartet oder erhofft, also „nicht genug":
He has ***few*** *friends and is rather lonely.*
Few *people who take up acting ever become famous.*
Aber, keine negative Aussage: ***Few*** *people nowadays have never been abroad.*
few ist eher förmlich; in der gesprochenen Sprache wird eher *not many* gebraucht:
*There are****n't many*** *old Beatles songs that Philip doesn't know.*
- Wendungen mit *few*:
The first/last/next few *days will be difficult.* (Die ersten/letzten/nächsten [paar] Tage ...)
Every few *weeks he rings up.* (Alle paar Wochen ...)

2 *a few*

- *a few* (ebenfalls nur vor Pluralnomen) entspricht „einige / ein paar" und sagt in der Regel etwas eher Positives aus. *quite a few* bedeutet so viel wie „ziemlich viel(e)"; *only a few* dagegen hat fast die gleiche Bedeutung wie *few*:
She left for America ***a few*** *days ago.*
I didn't have much time in London but I was able to visit ***a few*** *old friends.*
Quite a few *people seem to be interested.*
The audience at the concert was very small. ***Only a few*** *people came.*

⚠ „einige wenige" kann nicht mit *some few* wiedergegeben werden:
Einige wenige Hotels bieten diesen Service noch an. = ***Just/Only a few*** *hotels still offer this service.*

film – movie (Kinofilm)

- Im AE wird vorwiegend *movie*, nicht *film* gebraucht. *movie* hat sich inzwischen auch im BE etabliert, so dass es nicht mehr als spezifisch AE anzusehen ist. Wendungen mit *film/movie*:
  *What **film/movie is showing*** [aktiv!] *at the Odeon?* (Welcher Film wird … gezeigt?)
  *It's **a film/movie by*** (NICHT: *of*) *Steven Spielberg.*
  Zum Unterschied zwischen *a film on/about* s. Eintrag **about**.

F

finally – at last – in the end – eventually – last – lastly

- Diese Ausdrücke haben z.T. gemeinsame, z.T. unterschiedliche Bedeutungen. Unterschiede bestehen auch in den Stellungsmöglichkeiten.

⚠ *after all* gehört nicht in diese Gruppe von Adverbien, weil es nicht in zeitlicher Bedeutung gebraucht wird. Näheres s. **after**.

1 „schließlich/endlich": ***finally – in the end – eventually – at last***

- *finally, in the end, eventually* und *at last* können alle mit „schließlich/ endlich" übersetzt werden. Alle drücken aus, dass etwas nach einer gewissen Zeit oder nach einer Serie von Ereignissen, Zwischenfällen oder Verzögerungen eintritt. Die näheren Unterschiede werden unten (Abschnitte 2-4) erläutert:
  *The journey was long and difficult, but **finally / in the end / eventually / at last** we got there.*
  ***Finally / In the end / Eventually / At last**, after I had looked in all my other jackets, I found the money in my anorak.*

- Die Stellungsmöglichkeiten sind wie folgt:
  - finally steht am Satzanfang oder aber beim Verb (d. h. vor einem Vollverb, nach be, oder nach dem ersten Hilfsverb):
    *The journey was long and difficult but **finally** we **arrived** / but we **finally arrived**.*
    ***Finally** we **had arrived**. / We **had finally arrived**.*
  - *in the end* steht am Satzanfang oder -ende, aber nicht beim Verb:
    *The journey was long and difficult, but **in the end** we arrived / but we arrived **in the end**.*
  - *eventually* steht am Satzanfang oder -ende, oder aber beim Verb:
    *The journey was long and difficult, but **eventually** we arrived / but we arrived **eventually** / but we **eventually arrived**.*
  - *at last* steht normalerweise am Satzanfang oder -ende:
    ***At last** we arrived / We got there **at last**.*

2 *finally* und *at last*

- Mit *finally* wird meist betont, dass etwas erst nach längerer (Warte-)Zeit oder einer Verzögerung geschieht. Oft schwingt eine negative Beurteilung („nicht rechtzeitig", „später als erwartet/erwünscht/erhofft") mit:
  Our plane ***finally*** *took off at 9.30, two hours after the scheduled departure time.*

- Mit *at last* wird ebenfalls ausgedrückt, dass etwas – nach Meinung des Sprechers – schon lange hätte eintreten sollen. Hier schwingt oft ein positives Gefühl der Genugtuung oder Erleichterung mit:
  It's taken five years, but the house ***is finished at last.***

- *finally* hat eine weitere Bedeutung. Bei Aufzählungen entspricht es „zuletzt / zum Schluss", d. h. „als Letzte(r/s)". Es wird in Reden, Briefen, Ansprachen usw. als Signal gebraucht, dass man nun zum Ende kommt:
  I phoned Janet, then Peter and ***finally*** *David.*
  Finally*, I'd like to thank everyone who has helped here today.*
  lastly (s. Abschnitt 4) kann genauso gebraucht werden.

3 *in the end* und *eventually*

⚠ *in the end* und *eventually* werden nicht gebraucht, um eine aktuelle Entwicklung (z. B. in Verbindung mit dem *present perfect*) auszudrücken:
We've ***finally / at last*** (NICHT: *eventually / in the end*) *found a flat we can afford.*
The children are ***finally / at last*** (NICHT: *eventually / in the end*) *in bed.*

- Mit *in the end* und *eventually* wird oft die Allmählichkeit einer Entwicklung betont oder die Tatsache, dass sich etwas erst nach längerer Zeit einstellt:
  The day started badly, but ***eventually / in the end*** *the sun came out.*
  I didn't like her at first, but ***in the end / eventually*** *I came to respect her and to like her.* (... aber schließlich habe ich gelernt, sie zu respektieren und zu mögen.)
  I know you're worried about what will happen to the children if Jim and Sarah divorce, but it'll all work out OK ***eventually / in the end****, I'm sure.*

- Mit *in the end* und *eventually* wird ferner oft ausgedrückt, dass etwas „schließlich/irgendwann" als Ergebnis oder Folge eintritt. *finally* und *at last* können nicht so gebraucht werden; sie drücken lediglich aus, was am Ende (nicht als Folge) geschieht:
  He never bothered about servicing his car, and ***in the end / eventually*** *it broke down.* (Er hat sich nie um die Wartung seines Autos gekümmert und irgendwann blieb es stehen.) [d. h. als Folge des Nichtstuns]
  They weren't careful and ran out of money ***in the end / eventually.***
  (... und schließlich/irgendwann ging ihnen das Geld aus.) [d. h. als Folge ihrer unvorsichtigen Geldausgaben]

- *eventually* wird auch im Sinne von „irgendwann, ich weiß nicht wann" verwendet. *finally, at last* und *in the end* werden nicht so gebraucht:
  We want to move from here some time. Probably not next year, but ***eventually*** *we will.*

4 *last* und *lastly*

- *last* bedeutet „zuletzt" im Sinne von „als letzte(r/s) (in einer Reihe)" oder „zum letzten Mal". *last* steht in ersterer Bedeutung am Satzende, in letzterer oft in der Satzmitte (d. h. vor einem Vollverb, aber nach *be*):
  I got four letters this morning. One was from Anna. I saved it to the end because I wanted to read it ***last****.* (zuletzt [= als letzten Brief])
  We ***last met*** *at a conference in Exeter.* (zuletzt [= das letzte Mal])
  I ***was last*** *here in January.*

- *lastly* wird wie *finally* abschließend bei Auflistungen gebraucht und bedeutet „zuletzt" im Sinne von „zum Schluss":
  First(ly) ... Then ... Next ... ***Lastly*** *I'd like to thank Alan Smith who did all the electrical work.*

F

(to) **find**

1 Bedeutungen von *(to) find*

- *find* hat verschiedene Bedeutungen, z. B.:
  Where did you ***find*** *it? – Under the sofa.* (Wo hast du es entdeckt?)
  Later we ***found*** *that the same title was on sale elsewhere for 30% less.* (... fanden wir heraus / stellten wir fest ...)
  I ***have*** *always* ***found*** *that it's easier to go by train.* (Ich habe immer festgestellt / die Erfahrung gemacht, dass ...)
  I ***find*** *it very hot in here.* (Ich finde es sehr heiß hier drinnen.)

2 *(to) find* = „finden/entdecken"

⚠ Im Englischen wird der Passivinfinitiv (im Deutschen Aktivinfinitiv) gebraucht, um auszudrücken, dass etwas/jemand gefunden werden kann:
He was not ***to be found*** *(= could not be found).* (Er war nicht zu finden.)
Roman remains ***are to be found*** *(= can be found) all over the region.* (... sind überall ... zu finden.)
Aber Aktivinfinitiv nach Adjektiven:
The street is ***easy/difficult to find****.*

- Auf *find* kann ein Objekt + Partizip folgen:
  They ***found her*** *writ****ing*** *a letter.* (Sie fanden sie beim Schreiben eines Briefes.)
  We ***found the house*** *desert****ed****.* (Wir fanden das Haus verlassen vor.)

3 *(to) find* = „finden/feststellen/herausfinden"

- In dieser Bedeutung kann *find* in Passivsätzen mit persönlichem Subjekt und nachfolgendem einfachem Infinitiv (meist *be*) oder Perfektinfinitiv gebraucht werden:
  He was found to be *suffering from a form of malaria.* = ***It was found that*** *he was suffering ...*

She ***was found to have known*** *about the fraud for several months.*
= ***It was found that*** *she had known ...*
Eine Sache ist als Subjekt des Passivsatzes ebenfalls möglich:
Prices were found to be *higher than in the previous year.*
The furniture was found to have *been damaged during transit.*

- Obige Konstruktionen sind nur mit bestimmten Verben möglich. „Sicherer" ist in allen Fällen die Konstruktion mit unpersönlichem *it* als Subjekt (*it was found that ...*).

4 ***(to) find out***

⚠ *find out* wird, im Gegensatz zu dt. „herausfinden/erfahren", im Rückbezug ohne Objekt verwendet. Als Alternative bietet sich *find out about it*:
Donald has been suspended from school. As soon as his parents ***find out (about it)****, there will be terrible trouble.* (Sobald seine Eltern es herausfinden/erfahren ...)
I've lost one of the keys, but I don't want John to ***find out (about it)*** *– he'll just start to worry.*

fine (gut / in Ordnung)

- *be fine* hat verschiedene idiomatische Bedeutungen:
  *How are you? – I****'m fine****.* (Mir geht es gut.)
  *We'll be leaving in 10 minutes. Is that OK? – Yes, that****'s fine****.* (Ja, das ist in Ordnung.)
  *Would you like some more wine? – No, thanks. I****'m fine****.* (Danke, ich habe genug / es ist gut so.)
  Do you need some help with that suitcase? – No, ***I'm fine****, thanks.* (Danke, es geht schon.)

⚠ In den genannten Bedeutungen kann *fine* nicht mit *very* verstärkt werden. Stattdessen wird *just* gebraucht:
How are you? – ***Just fine****, thanks.*
When shall we go? Is tomorrow OK? – Yes, ***that's just fine****.*
*Would you like a cushion? – No, I****'m just fine****, thanks.*
Auch: *Are they getting on alright? – Yes, they****'re doing / getting on just fine****.*

(to) **fine** (zu einer Geldstrafe verurteilen)

- *fine* wird mit einem oder mit zwei Objekten gebraucht. Der Grund für die Geldstrafe kann mit *for* angeschlossen werden:
  The magistrate ***fined him****.* (Der Friedensrichter verurteilte ihn zu einer Geldstrafe.)
  They ***fined her $100****.*
  They ***fined her ($100) for*** *driving too fast.*

- Passivsätze mit persönlichem Subjekt sind möglich:
  *I **was fined** a lot of money.* (Ich wurde zu einer hohen Geldstrafe verurteilt.)

(to) **finish** (aufhören/[be]enden)

- Zum Unterschied zwischen *ready* und *finished* (beide „fertig") s. **ready**.
- Auf *finish* folgt ein zweites Verb als *-ing*-Form:
  *I **finished** read**ing** the paper and lit a cigarette.*

first – first of all – at first – firstly – in the first place

1 Das Adjektiv *first*

- Wendungen und Konstruktionen:
  *This is my **very first** genuine caviar.* (... mein allererster ...)
  *Apple was the **first** company **to** produce a computer with RISC technology.* (... produzierte als erste Firma ...)
  ***The first time (that)** I met him, he was out walking with his dog.* (Das erste Mal, als ...)
  *I'm doing this **for the first time**.* (... zum ersten Mal.)

⚠ Der Ausdruck *the first time* kann prinzipiell mit jeder Zeitform gebraucht werden. Die Wendung *it/this is the first time (that)* wird aber grundsätzlich mit dem *present perfect* gebraucht, nicht mit dem *present tense*:
***This is the first time I've worked** with them.* (Dies ist das erste Mal, dass ich mit ihnen zusammenarbeite.)
Diese Regel gilt auch für andere Ordinalzahlen und Nomen, die in der Konstruktion *it/this is the ... (that)* gebraucht werden:
***This is the third concert I've been** to this week.*

⚠ Das erste, was wir sahen, war ... = *The first **thing** that we saw was ...*
Philips wurde erster in dem Slalom. = *Philips **came first** in the slalom.*
In der ersten Zeit ... = ***At the beginning / At first / In the first few** days/weeks/months ...*

2 Die Adverbien *at first, first, first of all, firstly* und *in the first place*

2.1 *at first*

- *at first* (Position am Satzanfang oder -ende) entspricht „zuerst" im Sinne von „zunächst / zu Anfang":
  ***At first** I didn't notice the difference, but then ...*
  *Everything went well **at first**, but later ...*

2.2 *first, first of all*

- *first* entspricht „erst/zuerst", *first of all* „zuallererst", beide im zeitlichen Sinne von „als Erstes". Beide stehen am Satzanfang oder -ende:
  First (of all) *I went to the post office, then I bought the bread and went to the butcher's.*
  He had to ask his parents ***first (of all)****.*
  First (of all) *I'd like to welcome our special guest from Norway.*
- *first* und *first of all* können beide in der Bedeutung „erstens" bei Aufzählungen von Gründen, Plänen, Fragen, Anweisungen usw. gebraucht werden:
  There are three reasons why I don't want to buy this model. ***First (of all) / Firstly / In the first place*** *it costs more than the others, secondly/then ...*
- *first* bedeutet außerdem „zuerst" im Sinne von „das erste Mal / zum ersten Mal". In dieser Bedeutung steht *first* beim Verb (vor einem Vollverb, aber nach *be,* oder nach dem ersten Hilfsverb):
  I ***first*** *saw the play in London in 1993.* (Ich sah das Stück das erste Mal / zum ersten Mal im Jahre 1993 in London.)

2.3 *firstly* und *in the first place*

- *firstly* und *in the first place* können nie in zeitlicher Bedeutung gebraucht werden.
- *firstly* und *in the first place* können – wie *first (of all)* – in Aufzählungen gebraucht werden:
  There are three reasons why I don't want to buy it. ***First (of all) / Firstly / In the first place*** *it costs more than the others, secondly/then ...*
- *in the first place* wird ferner im Sinne von „sowieso/überhaupt" gebraucht, wenn der Sprecher Unmut äußern will:
  What are you doing with my computer? You've got no right to be using it. And you shouldn't be in this office ***in the first place****.* (Und Sie sollten sich sowieso nicht in diesem Büro aufhalten.)

2.4 „erst" im Deutschen

⚠ Ich sah ihn erst letzte Woche. = *I saw him* ***only*** *last week.*
Der Zug fährt erst um halb acht. = *The train does****n't*** *leave* ***until/till*** *half past seven.*
Wenn du dich erst einmal erholt hast, geht's dir besser. = ***When/Once*** *you've recovered, you'll feel better.*

fish (Fisch)

- *fish* wird als nicht zählbares und zählbares Nomen gebraucht. Der Plural heißt ebenfalls *fish. fishes* als Alternativform wird kaum noch gebraucht – außer z. B. in wissenschaftlichen Zusammenhängen:

***Fish** is an important source of protein.* [nicht zählbar]
*There are five **fish** (fishes) in the pond.* [zählbar]
*We know of five **fishes** (= types of fish) that live in these conditions.*

(to) **fit** – (to) **suit** – (to) **match** (passen)

F

1 Bedeutungsunterschiede und grammatische Besonderheiten

- *fit* bedeutet, dass etwas von der Größe her passt, *suit*, dass etwas jemandem vom Stil / von der Farbe her usw. steht, *match*, dass etwas zu etwas anderem (ebenfalls vom Stil / von der Farbe her) passt.
  Alle drei Verben haben ein einfaches direktes Objekt. Keines der drei Verben kann in dieser Bedeutung in der Verlaufsform verwendet werden:
  *The jacket **fitted*** (AE meist unregelmäßig: *fit*) *him perfectly.*
  *Green **suits** you. You should wear it more often.* (Grün steht dir.)
  *The shoes **match*** (NICHT: *match to*) *the dress very nicely.* (Die Schuhe passen sehr gut zum Kleid.)
- *fit* und *match* können auch intransitiv gebraucht werden:
  *The trousers **didn't fit** – they were too long.*
  *The shoes and the dress **match** nicely.* (... passen gut zusammen.)
- *fit* bedeutet auch, dass etwas in ein Loch oder an einen vorgesehenen Platz passt:
  *It's the wrong key. It **doesn't fit** (the lock).* (NICHT: *... fit into the lock.*) (Er passt nicht [ins Schloss].)
  *Do you think the bed **will fit** between the bookcase and the wall?*

2 Weitere Bedeutungen von *(to) suit*

- *suit* bedeutet außerdem auch „passen“ im Sinne von „geeignet sein“ und von „akzeptabel/recht sein“:
  *A job in which she'll be able to use her hands will **suit** her best.* (Ein Beruf, in dem sie handwerklich tätig sein kann, wird am besten für sie geeignet sein.)
  *Can we meet on Monday? Does that **suit** you?* (Passt Ihnen das? / Ist [Ihnen] das recht?)
  suit wird normalerweise nicht ohne Objekt gebraucht. Der elliptische Gebrauch ohne Objekt (*I could come on Tuesday. Does that suit?*) ist unüblich und wirkt meist etwas affektiert.

⚠ „nicht passen“ wird im Deutschen oft in einer viel stärkeren Bedeutung („unwillkommen sein“) gebraucht. *suit* ist hierfür nicht die richtige Entsprechung:
Diese Umstrukturierung passt mir (überhaupt) nicht. = ***I don't like** this reorganization (at all).*

flat – apartment (Wohnung)

- (BE:) *This **flat** is 75 m²*. (AE:) *My **apartment** costs 800 dollars a month.*
  I lived in a (BE:) ***block of flats*** / (AE:) ***apartment block/house/building***.
  (Wohnblock)
  These are all (BE:) ***owner-occupied flats*** / (AE:) ***condominiums/condos***.
  (Eigentumswohnungen)

flat (flach) – **flatly** (kategorisch/glatt)

- *flat* wird als Adverb im wörtlichen Sinne gebraucht:
  Lay** it down **flat (NICHT: *flatly*) *on the floor.* (Leg es bitte flach auf den Boden.)
  *She **fell flat** on her face in the mud.* (Sie fiel der Länge nach hin.)
- Das Adverb *flatly* entspricht „kategorisch/glatt", nicht „flach":
  *They **flatly refused** to help.* (Sie lehnten es kategorisch ab zu helfen.)
  *She **flatly denied** it.* (Sie hat es glatt dementiert.)
  *He **stated flatly** that the company would not pay one cent more.* (Sie erklärte schlichtweg ...)

(to) **flee** ⇨ (to) **escape**

flesh ⇨ **meat**

(to) **float** (schwimmen/treiben); **afloat** (über Wasser / flott) – **floating** (schwimmend)

- *float* entspricht „schwimmen/treiben" bezogen auf Gegenstände, die ohne eigenes Tun im Wasser liegen oder langsam vom Wasser bewegt werden:
  *A piece of wood / Some leaves / A dead body **was/were floating*** (NICHT: *swimming) on the surface of the water.*
  *We stopped rowing, lay back und let the boat **float** slowly down the river.* (... und ließen das Boot langsam den Fluss hinab / flussabwärts treiben.)

⚠ Das Adjektiv *afloat* kann wie „flott" nur nach einem Kopulaverb, nicht vor einem Nomen stehen. Vor einem Nomen wird es durch *floating* ersetzt:
*There was a lot of water in the boat but it **was** still **afloat**.* (... aber es war noch flott.)
*We had dinner last night in that new **floating** restaurant down by the bridge.* (... schwimmenden Restaurant ...)

flock ➪ herd

floor (Stock[werk]/Etage)

F

- Zum Gebrauch von *floor* in der Bedeutung „(Fuß-)Boden" s. **ground**.
- Präpositionen:
  *My office is **on** the third floor.* (... im 3. Stock.)
  *The lift is **at** the second floor now.* (... im 2. Stock.)
- Im BE und AE werden die Etagen unterschiedlich gezählt:
  Erdgeschoss = (BE:) *ground floor,* (AE:) *first floor*
  1. Stock = (BE:) *first floor,* (AE:) *second floor* usw.

flu (Grippe)

⚠ *flu* kann mit und ohne *the*, aber nicht mit *a* gebraucht werden, denn *flu* ist nicht zählbar:
*I had **(the) flu** (NICHT: a flu) last week and had to stay at home.*

fog – mist (Nebel)

- *fog* bezeichnet einen eher dichten, beständigen Nebel oder den schmutzigen Nebel in einer Stadt. *mist* bezeichnet einen eher leichten, feinen Nebel, z. B. morgens oder abends, bzw. den Nebel im Gebirge und in der Landschaft:
  (Wettervorhersage:) *There is **fog** over many parts of southern England this morning and it will be slow to clear.*
  *The **mist** came down as the climbers were making their way down from the mountain.*

⚠ Der Bauer brachte mir eine Fuhre Mist für den Garten. = *The farmer brought me a load of **manure** for the garden.*
Mist! Ich habe es zu Hause vergessen. = ***Damn/Blast it**. I've left it at home.*

(to) follow (folgen), following (folgend; im Anschluss an)

1 *(to) follow*

- *follow* („folgen") ist im Englischen ein normales transitives Verb mit einem direkten Objekt (ohne Präposition) und normaler Passivbildung:
  *Which preposition **follows the noun** "failure" in English?* (Welche Präposition folgt ... auf das Nomen „failure"?)
  *I **was followed** by this man in a grey coat.* (Dieser Mann ... ist mir gefolgt/nachgegangen.)

- *follow* hat auch die Bedeutung „nachvollziehen (können) / verstehen“: *This book is too difficult for me. I can't* ***follow*** *the plot.* (Ich kann der Handlung nicht folgen.)
  In dieser Bedeutung kann *follow* auch ohne Objekt gebraucht werden: *I don't/can't* ***follow*** *(you). Can you explain it another way, please?* (Ich kann Ihnen nicht folgen.)
  They were re-importing via France to get EU subsidies – do you ***follow*** *(me)?*

⚠ *follow* bedeutet auch „mit den Augen verfolgen“, „eine Entwicklung verfolgen“, aber nicht „verfolgen“ im Sinne von „zuschauen und miterleben“:
I ***followed*** *the movements of the lions through my binoculars.* (Ich verfolgte die Bewegungen der Löwen durch mein Fernglas.)
*I****'ve been following*** *the new developments in South Africa for several months.* (Ich verfolge seit ... die neuen Entwicklungen in Südafrika.)
Als es anfing zu regnen, verfolgte ich das Spiel vom Auto aus.
= *... I* ***watched*** (NICHT: *followed*) *the match from my car.*

2 *following*

⚠ Das Weglassen des Artikels vor dem Adjektiv *following*, wie es im Deutschen manchmal geschieht, ist in Sätzen wie den folgenden nicht möglich:
I have ***the following reason/reasons***. (Ich habe [den] folgenden Grund / [die] folgende[n] Gründe.)

- Als Nomen bezieht sich *the following* auf Personen oder Sachen:
  The following *are asked to be ready by 9 o'clock: Smith, Jones and Millett.* (Die Folgenden ...)
  The following *is true for most verbs in English.* (Das Folgende/ Folgendes ...)
- *following* ist auch eine Präposition mit der Bedeutung „im Anschluss an“:
  Prices rose ***following*** *a decision by OPEC members to stop production.*

fond: (to) **be fond of** (gern mögen / gern haben), **fondness** (Vorliebe)

- Auf *be fond* folgt die Präposition *of*, auf *fondness* dagegen *for*. Auf beide folgt ein (weiteres) Verb als *-ing*-Form:
  They ***were fond of*** *eat**ing** out at expensive restaurants.* (Sie aßen gern ...)
  Their ***fondness for*** *eat**ing** out at expensive restaurants meant that they had little money for other things.*

foolishly (dummerweise)

- *foolishly* entspricht „dumm/albern" im Sinne von „wie ein Dummkopf" oder „dummerweise" im Sinne von „es war dumm, das zu tun".
Die Stellung ist jeweils eine andere:
*The papers said she **behaved foolishly**, sending red roses to a man half her age for weeks.* (... dumm/albern ...)
*I **foolishly forgot** to bring any money with me.* (Dummerweise vergaß ich ...)

F

⚠ „Dummerweise" im Sinne von „unglücklicherweise" kann nicht mit *foolishly* wiedergegeben werden:
Dummerweise fährt der letzte Zug abends schon um 19.30 Uhr.
= ***Unfortunately** the last train in the evening leaves at 7.30.*

foot, feet (Fuß, Füße)

- In Maßangaben kann informell *foot* anstelle von *feet* gebraucht werden, wenn von der Größe einer Person bzw. der Höhe/Länge/Breite einer Sache gesprochen wird:
*He's six **foot/feet** (tall). I'm five **foot/feet** six (inches) (tall).*
*The wall is twelve **foot/feet high/long**.*
*The bedroom is 12 **foot/feet by** 6 **foot/feet**.* (... 12 mal 6 Fuß.)
Aber nur: *It's a twelve-**foot*** (NICHT: *feet*) *(high/long) wall.* [„Bindestrich-Adjektiv"]
*We are now flying at a height of 35000 **feet*** (NICHT: *foot*). (... in einer Höhe von 35000 Fuß.) [Höhenangabe]
*I was only a few **feet*** (NICHT: *foot*) *away from the Queen.* (... nur ein paar Schritte ...) [Entfernungsangabe]

- Präpositionen mit *foot* und *feet*:
*You can only get there **on*** (NICHT: *by*) ***foot**. You can't drive there.*
*I've got a bruise **on** my **foot**.* (Ich habe einen blauen Fleck am Fuß.)
*The dog came and lay down **at** my **feet**.* (... zu meinen Füßen ...)
*I first **set foot in** this house two years ago.* (Ich betrat ...)
*I **set foot on** English soil again some time later.*
*Americans were the first to **set foot on** the moon.*

for

1 Bedeutungen von *for* (1): Ziel einer Handlung oder eines Gefühls

- *for* = „auf" + Ziel einer Handlung bzw. einer Erwartung/Hoffnung, Ziel eines Gefühls des Hasses, Ziel eines Anspruchs:
*We **are aiming for** sales of 200,000 this month.* (Wir zielen auf ...)
*We **are hoping/waiting for** better weather.* (Wir hoffen/warten auf ...)

*The opposition **pressed for** immediate measures.* (… drängte auf sofortige Maßnahmen.)
*Her **hatred for** him grew from day to day.* (Ihr Hass auf ihn …) [vgl. auch *love for* = „Liebe zu"]
*You may have a **claim for** damages.* (… Anspruch auf Entschädigung.)
*They made a **demand for** more money.* (Sie erhoben Anspruch auf …)

- *for* = „gegen(über)" + Ziel einer Maßnahme gegen Krankheit, Ziel eines Gefühls der Abneigung:
  *They haven't yet found **a cure for** cancer or a **remedy for** the common cold.* (… kein Heilmittel gegen Krebs … gegen die gemeine Erkältung …)
  *He's always felt **dislike/disrespect/distaste/contempt/disregard for** his wife's relatives.*

- *for* = „nach" + Reiseziel, Ziel einer Such- oder Greifhandlung, Ziel von Gefühlen der Sehnsucht:
  *Is this the **train/coach/plane for*** (auch: *to*) *London?*
  *All **passengers for** Hamburg please come to the information desk.*
  *We **leave / set off for** Greece next week.* (Wir brechen … nach … auf.)
  *We **fished/searched/looked/hunted for** something to eat.* (Wir angelten/suchten/jagten/ nach etwas zu essen.)
  *I **reached for** a pair of scissors.* (Ich griff nach einer Schere.)
  *I **longed for** a change.* (Ich sehnte mich nach einer Veränderung.)
  *Their **desire for** a better life made them emigrate.* (Ihr Wunsch nach …)
  *I find this **nostalgia for** the 1960s a bit silly.* (… diese Nostalgie nach …)

- *for* = „um" + Ziel einer Bitte/Anfrage, Ziel von Gefühlen der Sorge, des Mitgefühls, der Trauer:
  *We **asked/begged for** a drink.* (Wir baten/flehten um etwas zu trinken.)
  *She made a **request for** more time.* (Sie bat um mehr Zeit.)
  *We**'re praying for** rain.* (Wir beten um Regen.)
  *He **applied for** a new job.* (Er bewarb sich um eine neue Stelle.)
  *Her **application for** a place at Cambridge was unsuccessful.* (Ihre Bewerbung um einen Studienplatz …)
  *I'm **anxious/concerned for** their safety.* (Ich bin besorgt um …)
  *I feel so **sorry for** her.* (Es tut mir so Leid um sie.)
  *They **cried/wept for** their lost child.* (Sie weinten um …)

- *for* = diverse Entsprechungen im Deutschen:
  *We**'re advertising for** a new sales manager.* (Wir suchen per Inserat …)
  *I **sent for** the doctor.* (Ich ließ den Arzt / die Ärztin kommen.)
  *The opposition **called for** immediate measures.* (… verlangte sofortige Maßnahmen.)
  *She**'s eager for** success.* (Sie will unbedingt Erfolg haben.)

2 Bedeutungen von *for* (2): zeitliche Bedeutungen

- *for* = Zeitspanne + „lang":
  *We stood watching the deer **for** at least ten minutes.* (… mindestens zehn Minuten lang …)
  *I was away **for three days**.* (Ich war drei Tage lang verreist.)

Bei Verben, die in sich schon das Andauern einer Tätigkeit über einen längeren Zeitraum beinhalten, kann *for* auch weggelassen werden:
*We **were/lived/stood/waited/worked/sat/lay** there **(for)** ten minutes.*
*How long **will** your mother **be staying (for)?***
for =„... lang" hat eine Parallele in der Bedeutung *for* = „... weit" bei räumlicher Entfernung: s. Abschnitt 3.

- *for* = „seit" + Zeitspanne: Wenn *for* „seit" entspricht, wird es mit Perfektformen gebraucht und beantwortet die Frage „wie lange (schon)?" (Nicht verwechseln mit *since* = „seit" + Zeitpunkt, welches die Frage „seit wann [schon]?" beantwortet.) Nach *for* = „seit" wird wie nach *for* = „... lang" eine Zeitspanne wie *two days, several years* genannt:
*I've **been waiting for** ages.* (Ich warte schon seit einer Ewigkeit.)
*I **have read / have been reading** the* Independent ***for** six years now.* (Ich lese den *Independent* [Zeitung] nunmehr seit sechs Jahren.)
*I **have** liv**ed** / **have been** liv**ing** here **for** six years now.*
*She **had** work**ed** / **had been** work**ing** there **for** 15 years when she died.*
Mit der Verlaufsform wird das ununterbrochene Andauern einer Handlung / eines Zustands unterstrichen bzw. die Tatsache, dass etwas immer wieder geschehen ist.
Auch hier kann *for* bei Verben, die in sich schon das Andauern einer Tätigkeit über einen längeren Zeitraum beinhalten, weggelassen werden:
*We **have been/lived/stood/waited/worked/sat/lain** here **(for)** ages.*

- *for* = „zu" + Zeitpunkt / Anlass / Ordnungszahl + „Mal":
*They're going away **for Christmas** this year.*
*We gave her a computer **for** her **birthday**.*
*Come **for lunch**.*
*What are we having **for breakfast** today?*
*They're going to Italy again this year, **for the 18th time**! We're going **for the first time**.*

- *for* = „auf/für":
*We're booked up **for** several weeks.* (... auf mehrere Wochen hinaus ...)
*The meeting is fixed **for** 7th June.* (... auf/für den 7. Juni ...)

3 Bedeutungen von *for* (3): weitere Bedeutungen

- *for* = „aus" + Grund:
*We did it **for fun**.* (... aus Spaß.)
*She didn't go into the room **for fear of** wak**ing** him up.* (... aus Angst, ihn aufzuwecken.)
*I did it **for a** very good **reason**.* (... aus einem sehr guten Grund.)
*The suspect was released **for lack of** evidence.* (Der Verdächtige wurde aus Mangel an Beweisen freigelassen.)
Vgl. auch:
*How **do** you **account for** his strange behaviour?* (Wir erklären Sie sich ...?)

- *for* = „wegen" + Grund:
*I did it **for** Alan**'s sake**.* (... Alans wegen / um Alans willen.)
*France is **famous for** its wines.* (... berühmt wegen ...)

*The man was **arrested, tried** and **punished for** his crimes.* (... wurde verhaftet, vor Gericht gestellt und wegen seiner Verbrechen bestraft.)
*She said she didn't do it **for** the reward.* (... wegen der Belohnung.)
*The **reason for** (our/us) apply**ing** now is as follows.* (Der Grund, weswegen wir jetzt einen Antrag stellen ...)
*I've driven 200 miles **for nothing**.* (... wegen nichts / umsonst ...)
*I'm having **treatment for rheumatism**.* (Ich bin in Behandlung wegen Rheuma.)

- *for* = „weit":
  *The line of cars stretched **(for) 20 miles**.* (... erstreckte sich über 20 Meilen / 20 Meilen weit.)
  *From the top of the mountain we could see **for miles**.* (... meilenweit ...)
- *for* = „auf", um ein Verhältnis auszudrücken:
  *There's only one doctor **for** 5000 people.* (Auf 5000 Einwohner kommt nur ein Arzt.)
- *for* = „bei" + Firma:
  *She **works for** Smith and Company.*
- *for* = „gegen":
  *I **(ex)changed** it **for** another one.* (Ich tauschte es gegen ein anderes aus.)
- *for* = „über":
  *I wrote a **cheque for** $500.* (Ich schrieb einen Scheck über $ 500 aus.)
- *for* = „zu":
  *The house **is for sale**.* (... steht zum Verkauf.)
  *We're going to stay at home **for a change**.* (... zur Abwechslung ...)
- *go/come for* + Nomen wird bei bestimmten körperlichen Aktivitäten gebraucht, wo im Deutschen ein Infinitiv steht:
  *They **went for a swim/walk/run**/...* (Sie gingen schwimmen/spazieren/laufen/...)
- *for* wird gelegentlich, fast ausschließlich in der Schriftsprache, als Konjunktion mit der Bedeutung „denn" gebraucht. In dieser Bedeutung kann *for* nicht am Anfang des Satzgefüges stehen:
  *I did not wish to see her again **for** she had lost all attraction for me.*

⚠ Ist das für Sie akzeptabel? = *Is that acceptable **to** you?*
Das war typisch für ihn. = *That was typical **of** him.*

4 *for + -ing*, um einen Zweck auszudrücken

- *for + -ing* beschreibt den Zweck, zu dem ein Gegenstand da ist. Es besteht eine Parallele zum Gebrauch von *for*, um ein Ziel zu nennen (vgl. Abschnitt 1):
  *A microscope is an instrument **for** enlarg**ing** very small objects.* (Ein Mikroskop ist ein Gerät, mit dem man ... vergrößern kann.)
  Diese Konstruktion wird oft zusammen mit einer nachgestellten Präposition gebraucht:
  *This book is **for** writ**ing** down the temperature **in** every day.*
  *This sponge is **for** wash**ing** the car **with**.*

⚠ *for + -ing* kann <u>nicht</u> gebraucht werden, um die Absicht oder den Grund zu nennen, aus der eine Person etwas unternimmt:
*I'm meeting him **to** discuss* (NICHT: *for discussing*) *next week's trip.*
*She ran into the kitchen **to** answer* (NICHT: *for answering*) *the phone.*

- Es kann aber die Konstruktion *for* + Nomen verwendet werden, um das Ziel einer Handlung (vgl. Abschnitt 1) zu nennen:
*I went to the cupboard **for** a pair of scissors.* [= um eine Schere zu holen]
*In some countries people work six hours **for** a loaf of bread.* [= um das Geld für ein Brot zu verdienen]

- *what ... for?* ist eine Frage nach dem Zweck/Grund:
***What** did he go to London **for?** (= Why did he go to London?)*
What** is this piece of paper **for? (Wofür ist / Wozu dient ...?)
What** do you need this **for? (Wofür/Wozu brauchen Sie das?)

5 *for* + (Pro-)Nomen + Infinitiv = Nebensatz im Deutschen

<u>5.1 Relativsatz oder „damit"-Satz im Deutschen</u>

- *We're printing a map **for people to use** when they come here the first time.* (... eine Karte, die Leute benutzen können, ...)
*They had left something/nothing **for us to** do.* (... etwas/nichts ..., das wir tun konnten.)
*Will there be somebody/anybody **for me to** play chess with?* (... jemand ..., mit dem ich Schach spielen kann?)
*Is there somewhere/anywhere **for us to** change?* (Gibt es irgendeinen Ort, wo wir uns umziehen können?)
*I put up a tent in **for the children to** play in.* (Ich stellte ein Zelt iauf, in dem die Kinder spielen konnten / damit die Kinder darin spielen konnten.)
***For the play to** be a success we need to rehearse at least three times a week.* (Damit das Stück ein Erfolg wird, müssen wir mindestens dreimal die Woche proben.)

<u>5.2 „(so/als) dass"-Satz im Deutschen</u>

- Nach einem Nomen:
*My **idea/suggestion is for Alan to** play the role of Hamlet.* (...ist, dass Alan ... spielt.)
*Their **plan for us to** meet in London is a good one.* (Ihr Plan, dass wir uns in London treffen ...)
*The teacher's departure was a **signal/sign for the class to** start talking.* (... war ein Signal für die Klasse, dass sie zu reden anfangen konnten.)

- Nach einem Adjektiv:
*It is **unusual for them to** expect payment in advance.* (Es ist ungewöhnlich, dass sie eine Vorauszahlung erwarten.)
*Is it **wrong for me to** want more free time?* (Ist es unrecht von mir, dass ich ... möchte?)
*It's **easier** to ask John **than for Philip to** come from London.* (Es ist leichter, John zu bitten, als dass Philip ... kommt.)

*I'm **anxious for a decision to** be reached soon.* (Mir liegt sehr daran, dass bald eine Entscheidung getroffen wird.)
*She **is happy for me to** answer the letter.* (Sie ist damit einverstanden, dass ich den Brief beantworte.)

- Nach *too/enough* + Adjektiv/Adverb:
  *The wine was **too** expensive **for us to** buy more than a few bottles.* (... war zu teuer, als dass wir ... kaufen konnten)
  *The train arrived early **enough for us to** do some shopping first.* (... kam so früh an, dass wir ... konnten.)

- Nach bestimmten Verben:
  ***I've asked for a taxi to** be called.* (Ich habe darum gebeten, dass ein Taxi gerufen wird.)
  ***I'm waiting for Jimmy to** call.* (Ich warte darauf, dass Jimmy anruft.)
  *I'll **arrange for you to** meet Mrs Barnes when you come.* (Ich werde es einrichten, dass Sie sich mit Mrs Barnes treffen können ...)
  Zu den weiteren Verben, die so gebraucht werden können, zählen z. B. *appeal, hope, long, pay, pray.*
  take („dauern") wird in ähnlicher Weise gebraucht, auch wenn die Entsprechung im Deutschen kein „dass"-Satz ist:
  ***It took** ten minutes **for the doctor to** arrive.* (Es dauerte 10 Minuten, bis ...)

5.3 „wenn"-Satz im Deutschen

- *They must have needed it badly **for someone to** break in and steal it.* (Sie müssen es dringend gebraucht haben, wenn jemand eingebrochen ist und es gestohlen hat.)
  *I'd hate **for Philip to** phone and **for nobody to** be here.* (Ich hätte es sehr ungern, wenn Philip anriefe und niemand hier wäre.)

(to) **forbid** (verbieten)

⚠ Auf *forbid* kann als Objekt eine *-ing*-Form oder ein (Pro-)Nomen + Infinitiv folgen, aber kein Infinitiv allein (vgl. auch das Gegenteil *allow*):
*Why should they **forbid** plant**ing** (NICHT: to plant) a tree?*
*I **forbid you to** use that word again! (NICHT: I forbid to use...)*

- *forbid* wird häufig im Passiv und eher selten im Aktiv gebraucht. Eine Person kann Subjekt eines Passivsatzes sein:
  ***Passengers are forbidden to** take things like that onto the plane in their hand luggage.* (Fluggästen ist es verboten ...)
  ***You are forbidden to** smoke here.*

⚠ Auf Schildern usw. wird statt eines Satzes mit *forbid* in der Regel *No* + *-ing* oder *No* + Nomen gebraucht:
No** park**ing**/smok**ing**/loiter**ing (Parken/Rauchen/Aufenthalt verboten)
***No** admittance / **No** entry* (Zutritt verboten / Betreten verboten)
Aber: Betreten des Rasens verboten. = ***Keep off** the grass.*

F

force – power – strength

1 *force*

- *force* (als Nomen) wird gebraucht, wenn große Gewaltanwendung gemeint ist:
  *the **force** of the wind/storm* (die Kraft/Wucht des Windes/Sturmes)
  *The **force** of the explosion broke windows a mile away.* (Die Wucht der Explosion ...)
  *The door has been opened **by** (NICHT: with) **force**.* (... mit Gewalt / gewaltsam ...)
  *The demonstration was broken up by **armed force / brute force**.* (Die Demonstration wurde mit Waffengewalt / roher Gewalt aufgelöst.)
- *force* bezeichnet auch eine Kraft, die etwas bewirkt oder in Bewegung bringt, oder eine Gruppe von Menschen:
  *Various **forces** have helped to shape modern society.* (Verschiedene Kräfte haben dazu beigetragen, die moderne Gesellschaft zu gestalten.)
  *The **work force** is now over 1000.* (Die Zahl der Beschäftigten ...)
  *the **police force*** (die Polizei) / *the **sales force*** (der Vertreterstab)
- *force* wird in folgenden festen Wortverbindungen gebraucht:
  ***The forces of nature** produce things like earthquakes and hurricanes.* (Die Naturkräfte ...)
  centrifugal force (Fliehkraft) / ***magnetic force*** (magnetische Kraft) / *the **force of gravity*** (die Schwerkraft)
  *the **armed forces*** (die Streitkräfte) / *a **peacekeeping force*** (eine Friedenstruppe) / *the **air force*** (die Luftwaffe)

2 *power*

- *power* bezeichnet politische oder militärische Macht bzw. eine Personengruppe oder Organisation, die politische oder militärische Macht besitzt:
  *The Conservatives were **in** (NICHT: in the) **power** for too long.* (... waren zu lange an der Macht.)
  *The party **came to** (NICHT: to the) **power** in 1995.* (... kam 1995 an die Macht.)
  *In Rwanda rebels **have seized power** (NICHT: the power).* (... haben ... die Macht ergriffen.)
  *a foreign **power*** (eine ausländische Macht) / *a **superpower*** (eine Supermacht) / *a military **power*** (eine Militärmacht) / *a **sea/naval power*** (eine Seemacht)
  *In the Gulf War the Americans had greater **air power**.* (... hatten ... Luftüberlegenheit.)
  *He exercises great **power** over the people who work for him.* (Er übt große Macht über die Menschen aus ...)
  *We were in his **power**.* (Wir waren in seiner Gewalt.)
  *That, I'm afraid **is not within my power**.* (Das steht leider nicht in meiner Macht.)

- *power* bezeichnet auch die Fähigkeit(en) eines Wesens oder einer Gruppe:
  healing powers / powers of healing (heilende Kräfte) / ***creative powers*** (schöpferische Kräfte) / ***mental powers*** (geistige Kräfte) / ***will-power*** (auch: *strength of will*) (Willenskraft)
  the ***power of speech*** (die Fähigkeit zu sprechen)
  bargaining power (Verhandlungsstärke) / ***purchasing power*** (Kaufkraft)

- *power* wird außerdem im Zusammenhang mit Energie (im physikalischen Sinn) gebraucht:
  atomic power (Atomkraft) / ***nuclear power*** (Kernkraft) / *a* ***power station*** (ein Kraftwerk)
  Turn the ***power*** *off.* (Schalten Sie den Strom ab.)
  water power (Wasserkraft) / ***horse power*** (Pferdestärke) / *the* ***power of an engine*** (die Kraft eines Motors) / ***engine power*** (Motorstärke)

3 *strength*

- *strength* bezieht sich auf körperliche oder innere Kraft eines Wesens, in übertragenem Sinne auf die Stärke/Kraft einer Währung, eines Plans, eines Arguments usw.:
  He has a lot of ***strength*** *in his legs.*
  When her husband and son died within a year of each other, she needed great ***strength*** *to carry on living.*
  He has great ***strength of will/character***. (... Willensstärke/Charakterstärke.)
  One of Mrs Thatcher's ***strengths*** *was her ability to sound absolutely convinced.* (Eine von Frau Thatchers Stärken war ihre Fähigkeit, ganz überzeugt zu klingen.)
  We are in a position of ***strength***. (Wir waren in einer Position der Stärke.)
  the ***strength*** *of the German Mark*
  the ***strength*** *of our plan / their argument*

(to) **foresee** (vorher-/voraussehen)

⚠ Der Passivinfinitiv wird gebraucht, wo im Deutschen der Aktivinfinitiv steht:
Certain problems arose, but that was ***to be foreseen***. (... das war vorherzusehen.)

- Auf *foresee* kann ein (Pro-)Nomen + *-ing*-Form folgen:
  Well, you know, I could ***foresee that*** *happen****ing***. *(...* das habe ich kommen sehen.)
  I can ***foresee Jeremy*** *say****ing*** *"no" and* ***not*** *want****ing*** *to do it.* (Ich sehe schon kommen, dass Jeremy „nein" sagt und es nicht machen will.)
  Ein *that*-Satz ist ebenfalls möglich.

forest ⇨ **wood(s)**

forever (ständig)

- *forever* ist in den Bedeutungen „ewig" und „für immer" eine Alternativschreibweise für *for ever* (s. Eintrag **ever**).
- *forever* (NICHT: *for ever*) bedeutet auch „ständig" und wird mit der Verlaufsform gebraucht, um auszudrücken, dass etwas häufiger als erwartet oder gewünscht geschieht. Oft (aber nicht immer) wird damit Ärger, Missfallen oder eine Kritik ausgedrückt:
  *My neighbour **is forever** park**ing** her car in front of my drive.* (Meine Nachbarin parkt ständig vor meiner Einfahrt.)
  *I **was forever** com**ing** across the name Irving Berlin, and I realized I didn't really know anything about him.*

F

(to) **forget** (vergessen)

1 Bedeutungsunterschied *(to) forget – (to) leave (behind)*

⚠ *forget* entspricht „vergessen" als Gegenteil von *remember*. „vergessen" im Sinne von „liegen lassen" wird dagegen mit *leave* wiedergegeben, wenn ein Ort genannt wird:
*We mustn't **forget** the umbrella when we get off.*
*We mustn't **leave** (NICHT: forget) the umbrella **in the car**. I'm sure we'll need it.*
leave behind kann als Alternative für *forget* oder *leave* gebraucht werden. *leave behind* kann bedeuten, dass man etwas absichtlich oder unabsichtlich liegen lässt:
*I**'ve forgotten** the car keys / I**'ve left** the car keys **behind**.*
*I**'ve left** them **(behind) in the office**.*
*I (deliberately) **left** everything **behind** in the office. I was determined to have a work-free weekend.*

2 *(to) forget to do – (to) forget doing*

⚠ *forget* + Infinitiv bezieht sich auf etwas Zukünftiges, das nicht vergessen werden darf/sollte. *forget* + *-ing*-Form bezieht sich auf etwas Vergangenes, an das man sich nicht mehr erinnert:
*I mustn't **forget to** phone Jim this evening before I go to bed.* (Ich darf nicht vergessen, ... Jim anzurufen.)
*Don't **forget to** bring the photos with you, please.* (Vergiss bitte nicht, die Fotos mitzubringen.)
*I**'ve** completely **forgotten** tell**ing** you that. When was it?* (Ich habe ganz vergessen, dass ich dir das erzählt habe.)
Die verneinten Formen *not/never forget ...-ing* beziehen sich auf Vergangenes, das nicht in Vergessenheit geraten ist:
*I'll **never forget** meet**ing** him the first time.* (Ich werde nie vergessen, wie ich ihm das erste Mal begegnet bin.)

- *forget* + Infinitiv kann auch ausdrücken, dass etwas in der Vergangenheit hätte getan werden sollen, aber vergessen, d. h. versäumt wurde:
  *I **forgot to** set my alarm clock and didn't wake up in time to catch the train.*

3 *(to) forget:* Weitere Besonderheiten

⚠ *Did you phone Jim? – Sorry, I **forgot (to)*** (NICHT: *forgot it*). (... ich habe es vergessen.)
*How much did it cost – I **forget / have forgotten*** (NICHT: *have forgotten it*). (Ich habe es vergessen.)

- *forget* kann (in der Bedeutung „nicht mehr daran denken") auch mit *about* gebraucht werden:
  *I'm sorry, I completely **forgot (about)** the meeting.*
  *On Friday evening I like to **forget (about)** the office completely.*
  *I **forgot about** ring**ing** Jim (= I forgot to ring) and went to bed.*
- *forget* kann normalerweise nicht in der Verlaufsform gebraucht werden. Die Verlaufsform ist jedoch möglich, wenn ein ausgedehnter Prozess gemeint ist:
  *He **is** slowly **forgetting** the terrible experiences he had as a hostage in Beirut.* (Langsam vergisst er die schrecklichen Erlebnisse, die er als Geisel in Beirut hatte.)

(to) **forgive** (vergeben/verzeihen)

- *forgive* kann mit einem oder zwei Objekten gebraucht werden. Hat es zwei Objekte, wird meist *forgive s.o. for s.th.* gebraucht:
  *Can you ever **forgive me**?*
  *Can you ever **forgive me for** what I said?* (Kannst du mir jemals verzeihen, was ich gesagt habe?)
  Ist das zweite Objekt ein (Pro-)Nomen oder eine *-ing*-Form, so kann *for* auch weggelassen werden:
  *Can you ever **forgive me (for)** the terrible things I said?*
  *Can you ever **forgive me (for)** say**ing** such terrible things?*

⚠ Auf *forgive* kann kein *that*-Satz als Objekt folgen:
Ich verzieh ihr, dass sie meinen Geburtstag vergessen hatte. = *I **forgave** her **for** forgett**ing** my birthday.*

- *forgive* kann in aller Regel nicht in der Verlaufsform gebraucht werden:
  *I was very angry but I **forgive** you now.*

form (Formular) – **formula** (Formel)

- *form* entspricht „Formular", *formula* „Formel". Der Plural von *formula* heißt *formulas* bzw. in der wissenschaftlichen Fachsprache *formulae* [ˈfɔːmjʊliː]:
  *Fill in the **form** and send it in by 30th November.* (Füllen Sie das Formular aus ...)
  *The chemical **formula** for water is H20.*
- *form* entspricht auch „(Schul-)Klasse" (s. Eintrag **class**) und „Form". Wendungen:
  *They gave me a prize **in the form of** (NICHT: in form of) two free tickets.*
  *The British sportswomen were **in** (good/bad) **form** /* (BE auch:) ***on form** today.*
  *The Americans were **off form**.* (... nicht in Form.)

format (*nicht* Format, *sondern* Konzept/Grundmuster/ Aufbau/Aufmachung)

- *format* entspricht nicht „Format" im Sinne von „Größe", sondern bezeichnet das Konzept oder Grundmuster, nach dem etwas gestaltet ist. „Format" wird mit *size* wiedergegeben:
  *The new owners changed the **format** of the newspaper – they reorganized the pages and the sort of stories covered, and introduced a new editorial policy.* (... änderten die Aufmachung der Zeitung ...)
  Das Format der Zeitung ist verkleinert worden. = *The **size** of the newspaper has been reduced.*

former (frühere[r/s], ehemalige[r/s]) – **previous** (frühere[r/s], vorhergehende[r/s])

- Nur *previous* kann in Zeitangaben mit *day/week/year* usw. gebraucht werden:
  *I had first met him **the previous day/week/year**.* (... am Tag / in der Woche / im Jahr zuvor ...)
- *former* und *previous* können beide „früher" im Sinne von „einstig" entsprechen, wenn sie mit dem unbestimmten Artikel gebraucht werden:
  ***A former/previous** owner of this building made it into a hotel.* (Ein früherer Besitzer ...)
- Wenn *previous* nach dem bestimmten Artikel gebraucht wird, entspricht es „vorhergehende(r/s)", d. h. „letzte(r/s)". *the former* entspricht „der/die/das ehemalige":
  *The **previous** programme in this television series was about Nigeria. This month's programme is about Rwanda.* (Die vorhergehende Sendung ...)

*The **previous** president of the United States* (Der vorhergehende [= zuvor amtierende] Präsident ...)
*The **former** president of the old USSR, Mikhail Gorbachev ...* (Der ehemalige Präsident ...)

- Der Gebrauch von *previous* setzt im Gegensatz zu *former* voraus, dass es auch eine gegenwärtige Person/Sache mit der gleichen Funktion gibt:
  *My **former** husband was from Vietnam.* [Die Sprecherin kann, muss aber nicht neu verheiratet sein.]
  *My **previous** husband was from Vietnam.* [Die Sprecherin hat auch jetzt einen Ehemann, ist also neu verheiratet.]
  *His **former** employer was Smith and Son.* [Er arbeitete früher dort, aber jetzt nicht mehr. Er ist wahrscheinlich im Ruhestand.]
  *His **previous** employer was Smith & Son.* [Er arbeitete zuvor dort. Jetzt arbeitet oder bewirbt er sich woanders.]

formula ➪ form

fortnight (vierzehn Tage)

- *fortnight* ist BE. Wendungen:
  *We're leaving for a **fortnight's** holiday tomorrow.* (Wir fahren morgen für vierzehn Tage in Urlaub.)
  in a fortnight's time (in vierzehn Tagen)
  *I'm meeting her again **a fortnight on** Monday.* (... am Montag in vierzehn Tagen ...)
  *We shall be away **a fortnight (as) from** Monday.* (... von Montag an vierzehn Tage [lang] ...)
  a fortnight (from) yesterday/today/tomorrow (gestern/heute/morgen in vierzehn Tagen)
  a fortnight ago yesterday / today / tomorrow / on Monday (gestern / heute / morgen / am Montag vor vierzehn Tagen)

forward (Vorwärts- / vorwärts / nach vorne) – forwards (vorwärts / nach vorne)

- Nur *forward* kann als Adjektiv gebraucht werden:
  *He was only just learning to drive. He put in one of the **forward** gears and the car made a sudden **forward** movement.* (... Vorwärtsgänge ... Vorwärtsbewegung.)
- *forward* und *forwards* können beide als Adverb gebraucht werden:
  *The crowd pushed **forward/forwards**.* (Die Menge drängte sich nach vorne.)
  *Take two steps **forward/forwards**.* (Machen Sie zwei Schritte nach vorn.)

fraction (*nicht* Fraktion, *sondern* Bruchzahl/Bruchteil)

⚠ *fraction* entspricht „Bruch(zahl)/Bruchteil"; „Fraktion" wird, wenn überhaupt, mit *party* oder *parliamentary group* wiedergegeben:
*1/4, 1/5 and 1/8 are **fractions**.*
*With the new technology, the job can now be done in a **fraction** of that time.*
Die SPD-Fraktion zog sich zu Beratungen zurück. = ***The SPD** withdrew for consultations.*
Diese Frage ist innerhalb der Fraktion lange diskutiert worden. = *This question has been discussed within the **party** for a long time.*
die CDU-Fraktion im Bundestag = *the CDU **parliamentary group** in the Federal Parliament*

F

frank(ly) – honest(ly) (ehrlich)

- *be frank* entspricht „ehrlich sein" nur im Sinne von „offen/ehrlich seine Meinung oder die Wahrheit sagen". *be honest* kann genauso verwendet werden, kann aber auch „ehrlich sein" im Sinne von „aufrichtig handeln" entsprechen. Beide Adjektive können (in der erstgenannten Bedeutung) in der Wendung *be frank/honest with s.o. about s.th.* gebraucht werden:
  *I want to **be** quite **frank/honest with** you **about** this: I disagree entirely.*
  *He**'s** very **honest**. If he found $100,000 he wouldn't keep it.*
- Das Adverb *frankly* entspricht „offen gestanden/gesagt" und steht als Satzadverb in der Regel am Satzanfang oder -ende:
  ***Frankly**, I disagree.*
- Das Adverb *honestly* kann als Adverb der Art und Weise („auf ehrliche Weise") verwendet werden oder als kommentierendes Adverb entweder zum Ausdruck der Entrüstung („also ehrlich!" / „(nein) (also) wirklich!") oder zur Beteuerung der Aufrichtigkeit des Sprechers („ehrlich" = „Ich lüge nicht."). In der letztgenannten Bedeutung ist die Stellung von *honestly* sehr variabel:
  *He can't have come by all that money **honestly**.* (... auf ehrliche Weise ...)
  ***Honestly**, you are a fool.* (Also ehrlich, du bist doch ein Trottel!)
  ***Honestly**! I've never heard such nonsense!* (Nein, also wirklich!)
  *You mean to say he kept all the money himself? **Honestly!***
  ***Honestly**, I don't know. / I **honestly** don't know. / I don't **honestly** know.*

free, freely (frei)

- Die Steigerungsformen von *free* werden *freer, freest* geschrieben.
- *free* hat, wie „frei" im Deutschen, diverse Bedeutungen, s. dazu ein Wörterbuch. Einige Wendungen:

You ***are free to*** *leave if you want to.* (Es steht Ihnen frei zu gehen.)
This service is ***free (of charge).*** (… kostenlos.)
Is he ***free from/of*** *pain now?* (… schmerzfrei?)
As a visitor to the country you can buy things ***free of*** *tax(es).* (… steuerfrei …)
I am glad to ***be free of*** *him at last.* (Ich bin froh, ihn endlich los zu sein.)

- *freely* und *free* werden beide als Adverb gebraucht, aber mit unteschiedlichen Bedeutungen:
  You can move and act, breathe and speak ***freely*** *now.* [= frei von Gefahr und Behinderung]
  As a visitor you cannot travel ***freely*** *in many countries of the world.* (… ungehindert …)
  He ***freely*** *admitted / admitted* ***freely*** *that it was all his fault.* (… offen/ bereitwillig …)
  I cut/got/pushed/pulled/shook/tore my arm ***free***. [frei = los]
  Children can travel ***free***. (… kostenlos …)

freedom (Freiheit)

- *freedom from* entspricht „Freiheit/Befreitsein von etwas Unangenehmem oder Unerwünschtem". *freedom of* drückt (wie *freedom* + *to*-Infinitiv) aus, dass etwas ohne Hinderung oder Einschränkung möglich ist:
  What I like about this job is the ***freedom from*** *interference.* (… das Freisein von Einmischung.)
  freedom from *pain / hunger / worry* (Sorge)
  Freedom of speech *is one of our basic rights. It means we have the* ***freedom to*** *say what we think.*
  freedom of religion/worship (Religionsfreiheit),
  freedom of movement (Bewegungsfreiheit), ***freedom of the press***

(to) **freeze**

- Konstruktionen mit *freeze*:
  It's cold here. ***I'm freezing*** (NICHT: *I freeze*) / ***I'm frozen***. (Ich friere. [= Mir ist (jetzt gerade) eiskalt.])
  When we visit Uncle Jack we always ***freeze*** */ we* ***are*** *always* ***frozen*** *because his house is so cold.* (Wenn wir … besuchen, frieren wir immer …)
  It's *always* ***freezing*** (NICHT: *It always freezes*) *at his house.* (Es ist immer eiskalt …)
  It freezes *every night at this time of the year.* (Es friert … [= Es gibt Frost.]) ***It froze*** *last night.*
  It was *already* ***freezing*** *when I looked at the thermometer at 10 o'clock.* (Es fror … [= Es war unter dem Gefrierpunkt.])
  It's *still* ***freezing*** *now.* (Es friert …[= Es ist unter dem Gefrierpunkt.])
  The water in the watering can ***has frozen***. (… ist gefroren.)

The cold weather ***has frozen*** *the water in the watering can.* (… hat das Wasser … gefrieren lassen.)
It's above/below freezing *(point).* (Es ist über/unter dem Gefrierpunkt.)
I'm freezing *these strawberries so that we have some in the winter.* (Ich friere diese Erdbeeren ein …)
A man ***froze to death*** *last night under the railway bridge.* (… ist … erfroren.)

F

French – Frenchman, Frenchwoman

- Diese Begriffe werden genauso verwendet wie *English, Englishman, Englishwoman.* s. Eintrag **Englishman/Englishwoman**.

fresh (frisch)

- Der Gebrauch von *fresh* in der Bedeutung „kühl/kalt" ist nur in Bezug auf das Wetter / die Temperatur möglich, aber nicht in Bezug auf die Temperaturempfindung von Menschen:
  It's a bit ***fresh*** *out there today.* (… bisschen frisch …)
  It's nice and ***fresh*** *in the garden in the early morning.* (… schön frisch/luftig …)
  Aber: *I'm feeling a bit* ***cool/cold*** (NICHT: *fresh*). (Mir ist etwas frisch.)
- *fresh* wird nicht mit *too* kombiniert:
  It's too ***cool/cold*** (NICHT: *fresh*) *to have supper on the terrace this evening.* (… zu frisch …)

⚠ Frisch gestrichen! = ***Wet paint!***
frische Wäsche anziehen = *put on* ***clean*** *underwear*
Das Hemd ist frisch gebügelt. = *That shirt* ***has just been*** *ironed.*
Du kannst nicht ohne Mantel hinaus, du bist frisch gebadet. = … *you****'ve (only) just had*** *a bath /* ***come out of*** *the bath.*

Friday (Freitag)

- Die Abkürzungen für die Wochentage lauten: *Mon, Tue(s), Wed, Thur(s), Fri, Sat, Sun.*
- Artikelgebrauch und Präpositionen mit den Wochentagen:
  Friday *is the best day of the working week.* (Der Freitag …)
  We'll deliver your order ***on Friday morning.*** (… am Freitagmorgen.) [elliptisch auch ohne *on*]
  I finish work early ***on Friday / on a Friday / on Fridays.*** (freitags)
  We arrived ***on the Friday*** *and met Mr Smythe* ***on the Saturday.*** (… am Freitag … am Samstag. [= an dem betreffenden Freitag/Samstag])

(On) that Friday *I was late for work.* (An diesem/jenem Freitag [damals] ...)
This Friday / (On) this coming Friday *I shall be in Edinburgh.* (Diesen [= nächsten] Freitag ...)
I shall be away ***from Friday to/till Tuesday.***
I work ***(from) Monday to Friday*** *like everyone else.*
I'll see you ***next Friday.***
I'll see you ***(on) Friday week / on Friday next week.*** (... am Freitag in einer Woche / am Freitag nächste Woche.)
We're meeting again (BE:) ***a fortnight on Friday.*** (... am Freitag in vierzehn Tagen.)
We're meeting again ***two/three/... weeks on Friday / on Friday in two/three/... weeks' time.*** (... am Freitag in zwei/drei/... Wochen.)
I saw him ***last Friday / last week on Friday / on Friday last week.*** (... letzten Freitag.)
We met ***the Friday before last.*** (... vorletzten Freitag.)
We met (BE:) ***a fortnight ago on Friday.*** (... am Freitag vor 14 Tagen.)
We met ***on Friday two/three/... weeks ago.***

- Die Wochentage können mit dem Genitiv-*s* gebraucht werden:
  I will see Janet at ***Friday's meeting.*** (... auf dem Treffen am Freitag.)
  Friday's *train* (auch: ***The Friday*** *train*) *is always very full.* (Der Freitagszug ...)

friend – boyfriend – girlfriend

- *friend* kann grundsätzlich einen Freund / eine Freundin desselben oder des anderen Geschlechts bezeichnen:
  David: Jack is ***a good friend of mine*** (NICHT: *of me*). *Dora is* ***a good friend****, too.*
  Sarah: Dora is ***my best friend****. Jack is* ***an old friend****, too.*
- *boyfriend/girlfriend* bezeichnet bei Heterosexuellen einen Freund / eine Freundin des anderen Geschlechts, mit der/dem man ausgeht, bzw. zu der/dem man eine romantische oder sexuelle Beziehung unterhält. *boyfriend/girlfriend* wird vorwiegend bei jüngeren Menschen gebraucht. Bei Menschen, die nicht mehr jung sind, wird nur *friend* verwendet – oder *partner*, wenn es sich um eine feste Beziehung handelt:
  My daughter spends hours on the phone to her ***boyfriend****.*
  Janet's son Alan is twelve but he's already got a ***girlfriend****.*
  Jody's husband died three years ago. That's her ***friend/partner*** *Donald.*

⚠ *boyfriend* kann nicht in Bezug auf den männlichen Freund eines Jungen oder Mannes gebraucht werden, es sei denn, es handelt sich um den Partner eines Homosexuellen. In diesem Fall gilt jedoch *boyfriend* als abfällig: *partner* ist der Ausdruck, der als „politically correct" gilt:
Philip and his ***friend*** (NICHT: *boyfriend*) *Jack are going camping with three other boys in their class.*
Alan and his ***(boy)friend/partner*** *Alistair are both active in the gay movement.* (Alan und sein Freund/Lebenspartner Alistair sind beide in der Schwulenbewegung aktiv.)

- *girlfriend* dagegen kann auch eine nicht-lesbische Freundin einer Frau oder eines Mädchens sein:
  *Angela has a **girlfriend** Sue who she often goes out with.*

friendly (freund[schaft]lich)

- *be friendly to/towards s.o.* entspricht „jdm. freundlich gesonnen sein", *be friendly with s.o.* „mit jdm. befreundet / gut Freund sein":
  *The man at the bank **was friendlier to/towards** me this morning.*
  *We haven't been living here long but we **are / have become friendly with** a couple who live in the next street.*
- *friendly* ist ein Adjektiv. Das Adverb heißt *in a friendly way,* nicht *friendlily*:
  The old people at number 10 always smile and nod (nicken) *at me **in a friendly way.***

⚠ Das ist sehr freundlich von Ihnen. = *That's very **kind** of you.*
Er war so freundlich, mich nach Hause zu fahren. = *He was **so kind as to** drive me home.*
Das Wetter ist nicht sehr freundlich. = *The weather is not very **nice/pleasant.***
Morgen ist es heiter und freundlich. = *Tomorrow will be **bright and sunny.***

frighted – frightening – frightful

- Zum Unterschied zwischen *frightened* und *afraid* sowie zwischen *be frightened to do s.th.* und *be frightened of doing s.th.* s. **afraid**.
- *frightening* entspricht „erschreckend/beängstigend", *frightful* „furchtbar/schrecklich":
  *The prospect of atomic weapons in the hands of terrorists is **frightening.***
  (… erschreckend/beängstigend.)
  *The people upstairs were making a **frightful** noise.* (… einen furchtbaren/schrecklichen/entsetzlichen Lärm.)

from – out of – off (von/aus)

1 ***from***

- *from* wird mit Ausdrücken gebraucht, die Ausgangspunkt, Ursprung, Quelle, Herkunft oder Ursache von etwas bezeichnen. Im Deutschen lautet die Entsprechung meist „aus":
  *The train **from** London arrives at about 8 o'clock.* (Der Zug aus London …)
  *The sound of music came **from** a window half way down the street.*
  (… aus einem Fenster …)

The millionaire built his trading empire ***from nothing****.* (... aus dem Nichts ...)
I'm ***from*** *Wales.* [Aber in Titeln: *He's the Prince of Wales.*]
You know who I mean – that man ***from*** *Oxford.* (... dieser Mann aus Oxford.)
From what she says*, I get the impression that she was very unhappy.* (Aus/Nach dem, was sie sagt ...)
Blood ***from*** *the cut/wound on his arm made a big red mark on his sleeve.* (Blut aus der Schnittwunde/Wunde ...)
The water ***from*** *his wet clothes has made the seat all wet.*
We obtain our information/material ***from*** *various sources.* (... aus verschiedenen Quellen.)
What ***conclusions*** *can we* ***draw from*** *all this?* (Welche Schlüsse können wir aus alledem ziehen?)
This ***speech*** (Rede) / ***quotation*** (Zitat) ***is from*** *Shakespeare's* Hamlet. (... ist/stammt aus ...)
Her name ***is derived from*** *French.* (... ist aus dem Französischen abgeleitet.)
He is ***descended from*** *an old Italian family.* (Er stammt von ... ab.)
Our friendship ***developed/resulted from*** *a meeting we had in Munich.* (... entwickelte/ergab sich aus ...)
From experience *I know how difficult that is.* (Aus Erfahrung ...)
Go and get the chair ***from*** *the kitchen, would you, please?* (... aus der Küche ...)
I found out about it ***from*** *the newspaper /* ***from*** *something she said.* (... aus der Zeitung / aus etwas, das sie gesagt hat.)
Translate *the text* ***from*** *English into German.* (... aus dem / vom Englischen ins Deutsche.)
The old house ***was transformed from*** *an ugly old building into a historic monument.* (... wurde aus einem hässlichen alten Gebäude in ... verwandelt.)
This ***is made from*** (NICHT: *is from*) *recycled paper.* (... aus Altpapier.) [s. auch Eintrag **made from**]
Please ***remove*** *all the chairs* ***from*** *the classroom.* (Bitte entfernen Sie ... aus ...)
When was he ***released from*** *prison?* (Wann wurde er aus dem Gefängnis entlassen?)
She ***died/suffered from*** *cancer.* (Sie starb/litt an Krebs.)

- *from* wird in Zeitbestimmungen gebraucht, um einen Anfangszeitpunkt zu nennen:
  (As) from *June this office will be closed on Wednesday afternoon.* (Von Juni an ...)
  I should be home ***from*** *six o'clock* ***(on).***
  From *the moment we arrived, the children started arguing.* (Von dem Augenblick an ...)
  From now on *we'll be able to see each other every week.* (Von nun an / Ab jetzt [= in Zukunft] ...)
  The train leaves half an hour ***from now*** (NICHT: *from now on*). (... in einer halben Stunde [= von jetzt an gerechnet])

- *from ... to* entspricht „von ... bis“ / „von ... zu“ in zeitlichem und nichtzeitlichem Sinne:
  *The outdoor swimming pool is open **from** May **to** September.*
  *Tickets are **from** $12 **to** $50.*
  *It gets easier **from** day **to** day.*
  *She ran **from** one end of the room **to** the other.*
- *from* entspricht „vor“ bei Verben, die mit Verstecken, Schützen und Retten zu tun haben, „an“ bei Verben, die mit Verhindern zu tun haben:
  *You'll have to **hide/conceal** the chocolate **from** the children.* (... vor den Kindern verstecken.)
  *We need something to **protect/shelter** us **from** the wind.* (...etwas, das uns vor dem Wind schützt.)
  *He **was saved/rescued from** drowning by a fisherboat.* (Er wurde ... vor dem Ertrinken gerettet.)
  *We must **prevent/stop** them **from** finding it out.* (Wir müssen sie daran hindern, es herauszufinden.)
- *from* wird mit Ausdrücken verwendet, die mit Unterscheiden zu tun haben:
  *The opening hours of shops in Germany are **different from** those in England.* (... anders als ...)
  *Can you **distinguish/tell** a real diamond **from** an artificial one?* (Können Sie einen echten Diamanten von einem künstlichen unterscheiden?)

⚠ *This is a book/novel/play/painting/picture **by*** (NICHT: *from*) *someone that I met once.* (... ein Buch/Roman/Stück/Gemälde/Bild von jemandem, den ich einmal kennen gelernt habe. [= Die betreffende Person hat das Werk geschaffen.])

2 *out of*

- *out of* ist das Gegenteil von *in/into* (vgl. **at – in – on**) und beschreibt eine Bewegung aus einem umschlossenen oder als dreidimensional empfundenen Raum heraus (vgl. *off* = zweidimensional):
  *The guests ran **out of** the hotel into the street.*
  *She looked/climbed/fell **out of** the window.*
  *He took a pistol **out of** his coat pocket.*
  *Lift the computer **out of** the box and put in on a firm surface.*
  *I **was** just **getting out of** the car.* [Auch: *out of / off the bus/train*; aber nur: *off a bicycle/plane* – Näheres s. ***get in(to)***.]
  *Be careful you don't fall **out of** bed!*
  *She's **out of** the office/room at the moment, I'm afraid.* (... nicht im Büro/Zimmer.)
  *Can't you take some money **out of** your account?* (... von deinem Konto ...) [Das Konto wird quasi als Schatulle oder Kasten = als umschlossener Raum empfunden.]
  *I cut the story **out of** the paper/magazine.*

- *out of* drückt das Verhältnis einer Teilmenge zur Gesamtmenge aus:
  90 ***out of*** *100 visitors come by car.* (90 von 100 Besuchern ...)
  Six ***out of*** *eight families take their holidays in July and August.* (Sechs von acht Familien ...)
- In Redewendungen entspricht *out of* oft „außer":
  out of breath (außer Atem)
  out of control (außer Kontrolle)
  out of danger (außer Gefahr)
  out of earshot (außer Hörweite)
  out of sight (außer Sicht)
  out of reach (außer Reichweite)
  out of order (außer Betrieb)
  out of practice (aus der Übung)
- Weitere Redewendungen mit *out of*:
  out of date (veraltet/altmodisch)
  out of debt (schuldenfrei)
  out of doors (draußen / im Freien)
  out of fashion (aus der Mode)
  out of favour (in Ungnade / nicht mehr gefragt)
  out of focus (unscharf)
  out of luck (glücklos)
  out of place (unangebracht / fehl am Platz)
  It's out of the question. (Es kommt nicht in Frage.) [Näheres s. **question**]
  out of season (außerhalb der Saison)
  out of stock (nicht vorrätig / nicht auf Lager)

3 *off*

- *off* ist das Gegenteil von *on* (vgl. **at,** Abschnitt 1). Mit *off* wird eine Bewegung weg oder herunter von einer Fläche ausgedrückt:
  Pictures of the dictator were taken ***off*** *walls all over the country when he died.* (Bilder ... wurden ... von der Wand abgenommen ...)
  He pulled the tablecloth with all the cups and saucers ***off*** *the table.* (Er zog die Tischdecke ... vom Tisch [herunter].)
  Did you manage to get the stain ***off*** *your shirt?* (... den Fleck aus Ihrem Hemd ...) [Kleidungsstoff = Fläche]
  Wash the dirt ***off*** *your hands.* (... von den Händen.) [Haut = Fläche]
  Eat ***off*** *your plate and not* ***off*** *the table!* [Teller- und Tischfläche sind zweidimensional.]
  They walked/rode ***off*** *the screen/stage and were not seen again.* (Sie gingen/ritten vom Bildschirm / von der Leinwand/Bühne [herunter] ...) [Bildschirm, Leinwand und Bühne = zweidimensionale Fläche]
  Cross that ***off*** *your list.* (Streichen Sie das von Ihrer Liste.) [zweidimensionales Papier]
  Cut a piece/slice ***off*** *that roll.* (Schneide ein Stück / eine Scheibe von ... ab.) [zweidimensionale Schnittfläche]
  He ***fell off*** *the back of the lorry /* ***off*** *the roof /* ***off*** *the window sill* (Fenstersims) / ***off*** *the step-ladder* (Stufenleiter). (Er fiel von ... herunter.)

- Weitere Anwendungen von *off*:
  *It's an island **off** the west coast of Scotland.* (… vor der Westküste …)
  *The hotel is in a small street just **off** Burlington **Street**.* (… in einer kleinen Nebenstraße der Burlington Street.)
  *It's a special offer. All items are being sold at 20% **off** the usual price.* (… mit 20 % Rabatt vom Normalpreis …)
  *I had a car accident and **was off work/school** for six months.* (… konnte … nicht zur Arbeit/Schule gehen.)
  *They **lived off** their savings and any part-time work they could find.* (Sie lebten von ihren Ersparnissen …)
  ***I've gone off** / **I'm off** that sort of music now.* (Ich mag diese Art Musik nicht mehr.)
  *You can **take** your jacket **off**.* (… ausziehen.)

- Redewendungen mit *off*:
  off duty (nicht im Dienst)
  off balance (aus dem Gleichgewicht)
  off form (nicht in Form)

front, in front of

1 *at the front – on the front – in the front*

- *front* (**nie:** *front side*) ist ein Nomen und entspricht „Vorderseite/Vorderteil". Das Gegenteil ist *back* (s. Eintrag **back**):
  ***The front** of the building is painted red.* (Die Vorderseite …)
  ***The front** of the bus is a more comfortable place to sit than the back.* (Der vordere Teil …)

- *front* wird mit verschiedenen Präpositionen gebraucht, die alle mit „vorn …" übersetzt werden können. Die Unterschiede zwischen *at the front*, *on the front* und *in the front* entsprechen denen zwischen *at* (= an einem Punkt), *on* (= auf einer Fläche) und *in* (= umgeben von) (vgl. **at,** Abschnitt 1):
  *If you can't see or hear very well you should sit **at the front of** the class.* (… vorne in der Klasse … [= an diesem Punkt im Klassenzimmer])
  *The title page is always **at the front of** a book.* (… vorne im Buch. [= an diesem Punkt])
  *I've got ketchup **on the front of** my shirt.* (… vorne an meinem Hemd …) [Kleidungsstoff = Fläche]
  *She had sunburn **on the front of** her legs.* (… vorne an den Beinen …) [Haut = Fläche]
  *There's a clock **on the front of** the house, just above the door.* (… vorne am Haus …) [Hauswand = Fläche]
  *Children are not allowed to sit **in the front of** the car.* (… vorne im Auto …) [Auto = umschlossener Raum]
  *It gets very warm **in the front** (part) **of** the house in summertime.* (… im vorderen Teil des Hauses …) [Haus = umschlossener Raum]

front wird auch mit *near* verwendet:
Let's try and get a seat ***near the front****.* (… weit vorne …)
I was ***near the front of*** *the queue when the official closed the office for lunch.* (… weit vorne in der Schlange …)

- Weil mit *at the front* ein Punkt im Raum gemeint ist, wird mit *at the front* oft „an vorderster Stelle / ganz vorne" ausgedrückt:
  We sat ***at the*** *(very)* ***front of*** *the coach in the (very) first row of seats.* (Wir saßen [ganz] vorne im Reisebus in der [aller-]ersten/vordersten Sitzreihe.)
  Hieraus erklärt sich auch der Gebrauch von *front* als Adjektiv in der Bedeutung „erste(r/s)":
  Did you see Ann's photo, on the ***front*** *page of the newspaper?*
  We sat in the ***front*** *row.*

2 *in front of* (Präposition)

- *in front of* entspricht „vor" und drückt ein Verhältnis zwischen zwei getrennten Gegenständen aus. *at/in the front of* bezieht sich dagegen auf einen einzelnen Gegenstand:
  A fox ran across the road ***in front of*** *us.* (… vor uns …)
  I was sitting ***in the front of*** *the car so I saw it.* (… vorne im Auto …)
  Bill was one of a group of five demonstrators marching ***in front of*** *the main crowd.* [= Eine kleine Gruppe von fünf Demonstranten ging ein paar Schritte vor der großen Menge her.]
  Bill was ***at the front of*** *the crowd of demonstrators.* [= Er war vorne in der Menge, aber noch ein Teil davon.]
  There's a big tree ***in front of*** *the house.* [Haus und Baum sind zwei verschiedene Dinge.]
  There's a small garden ***at the front of*** *the house.* (… vorne am Haus.) [Haus, Grundstück und alles, was darauf steht, bilden eine Einheit.]

- Zum Unterschied zwischen *in front of* und *before* bzw. *in front of* und *ahead of* s. **before**:
  Wait for me ***in front of*** *the hotel.*
  Go along here and the post office is on the left ***before*** *the hotel.*
  In Germany people put the postcode ***in front of / before*** *the name of the town.*
  There was a tractor ***in front of / ahead of*** *us on the road.*
  Philip was at least 200 metres ***ahead of*** *the other runners.*

⚠ „(draußen) vor (einem Gebäude)" wird normalerweise mit *outside* wiedergegeben:
Ein Auto parkte vor dem Haus. = *There was a car parked* ***outside*** *(the house).*
Es gibt eine Bushaltestelle direkt vor dem Hotel. = *There's a bus stop right* ***outside*** *the hotel.*

3 *in front* (Adverb)

- Das Adverb *in front* entspricht „vorne/voraus". Der Unterschied zwischen *in front* und *ahead* entspricht dem zwischen *in front of* und *ahead of* (s. **before – in front of – ahead**, Abschnitt 3):

Manchester United are now two goals ***in front/ahead***. (… zwei Tore vorne.)
Who is going to sit ***in front*** (NICHT: *ahead*)? (Wer sitzt vorne?)
I walked with June, and Alan walked a few yards ***in front***. (… weiter vorne.)
I walked with June, but Alan walked a long way ***ahead***. (… weiter vorne/voraus.)

fruit (Obst/Frucht)

- *fruit* ist in der Regel wie „Obst" nicht zählbar, d. h. es wird ohne *a/an* und nicht im Plural gebraucht. Es kann aber auch wie „Frucht" zählbar sein, wenn „Obst-/Fruchtsorte" gemeint ist oder wenn z. B. in botanischen oder kulinarischen Zusammenhängen von einzelnen Früchten einer Pflanze die Rede ist:
  I like to eat ***fruit***. ***Fruit*** *is good for you.*
  In this climate you can grow some quite unusual ***fruit / fruits / kinds of fruit / kinds of fruits***.
  This jam is made from ***three different kinds of fruit / three different fruits***.
  Is the tomato ***a fruit*** *or a vegetable?*
  The plant bears no more than ***five*** *very large* ***fruits***.
  For this pineapple cake recipe you need ***one*** *very ripe* ***fruit***.
- Im übertragenen Sinne wird je nach Wortverbindung *fruit* oder *fruits* gebraucht:
  Our efforts ***have*** *finally* ***borne fruit*** (NICHT: *fruits*). (Unsere Anstrengungen haben endlich Früchte getragen.)
  She never lived to ***enjoy the fruits*** (auch: ***fruit***) ***of*** *her* ***labour/work***.
  (… die Früchte ihrer Arbeit …)

(to) **fry** ➪ (to) **cook**

fully (völlig)

⚠ Im Gegensatz zu *completely* wird *fully* nicht mit Adjektiven gebraucht, die eine negative Bedeutung haben:
fully/completely *satisfied/organized/open/aware*
completely (NICHT: *fully*) *dissatisfied/disorganized/closed/unaware*

fun (Spaß)

- *fun* ist nicht zählbar, d. h. es wird nicht mit *a/an* oder im Plural gebraucht:
  That was ***great/such fun***. (Das war ein großer / ein solcher Spaß.)
  What fun *they had!* (Was für einen Spaß sie hatten!)

- „Viel Spaß!" wird in der Regel mit Wendungen wie *Have a nice/good time!* oder *Enjoy yourself/yourselves!* wiedergegeben. *Have fun!* ist möglich, aber eher salopp-scherzhaft.
- *be fun* = „lustig sein" im Sinne von „Spaß haben" nicht verwechseln mit *be funny* = „lustig sein" im Sinne von „zum Lachen bringen":
  *The circus **was** (NICHT: made) **fun.** The children really enjoyed themselves.* (... war lustig [= machte Spaß].)
  *The clowns **were funny.** The children laughed all through their performance.* (... waren lustig [= brachten die Kinder zum Lachen].)

fund (Fonds) – **funds** (Geldmittel)

- *fund* (Singular) bezeichnet einen „Fonds", d. h. eine Sammlung/Summe von Geld zu einem bestimmten Zweck. Dieses Wort hat eine Pluralform, *funds. funds* (Plural) entspricht auch „Geldmittel/Gelder", aber im Sinne von finanziellen Ressourcen. *funds* in diesem Sinne hat keine Singularform:
  *A **fund** has been set up for the victims of the earthquake in Pakistan.* (Ein [Hilfs-]Fond ist für die Opfer des Erdbebens in Pakistan eingerichtet worden.)
  *Several **funds** have already been set up.* (Mehrere Hilfsfonds ...)
  *Our **funds are** exhausted.* (Unsere Geldmittel sind erschöpft.)

furniture (Möbel)

- *furniture* ist nicht zählbar, d. h. es kann nicht mit *a/an* oder im Plural gebraucht werden:
  *When we move we'll need two or three new **pieces of furniture*** (NICHT: *furnitures*). (... zwei oder drei neue Möbel.)
  *We haven't got **much furniture**.* (Wir haben nicht viele Möbel.)

further ⇨ **farther**

future (Zukunft)

- *in future* entspricht „in Zukunft / künftig", d. h. „von nun an", und wird z. B. in Warnungen und Versprechen gebraucht:
  ***In future** you will have to pay for everything yourself.*
  *Little Jimmy has promised not to use words like that **in future**.*
- *in the future* bedeutet „in der Zukunft", d. h. in der Zeit, die vor uns liegt:
  ***In the future** people will be able to go for virtual reality trips to the end of the earth, while sitting in their armchair at home.*

game – match – play (Spiel)

1 ***game – match***

- Nicht *play*, sondern *game* und *match* sind die üblichen Entsprechungen für „Spiel". *game* ist die generelle Bezeichnung für ein Spiel; *match* bezeichnet einen förmlichen, meist offiziellen Wettkampf. Im AE wird jedoch von einem *baseball/football game* gesprochen, auch in offiziellen Zusammenhängen:
It's a lovely morning. What about ***a game of tennis****?*
We've got half an hour. Shall we have ***a game of cards****?*
The ***match*** *between Bayern Munich and Liverpool ended 0 – 0.*

- Eine Sportart wird in der Regel nach *a game of*, aber vor *match* genannt:
a game of tennis – a tennis match
a game of football – a football match
The game of cricket *is very popular in Britain.* (Kricket ist ... sehr beliebt.)
Aber: *Bridge is a popular* ***card game*** *in Britain.* (... ein beliebtes Kartenspiel.)

G

⚠ *We've trained enough now. Let's* ***have/play*** (NICHT: *make/do*) *a game.*

2 ***play***

⚠ *play* bedeutet als zählbares Nomen „Theaterstück". Nur als nicht zählbares Nomen und ohne bestimmten Artikel bedeutet es „Spiel":
We saw some excellent ***play*** *from Graf at the beginning of the match.*
(... ein ausgezeichnetes Spiel [= Spielweise] ...)
The ***start of play*** *was delayed because of rain,* ***play*** *was interrupted twice, so* ***play*** *didn't finish till after 6 o'clock.* (Der Spielbeginn ... das Spiel ... das Spiel ... [= die Spieltätigkeit])

garbage (Müll) ➪ **rubbish**

(to) **gather** (sammeln – schließen/entnehmen)

- *gather* entspricht in seiner Grundbedeutung „sammeln/einsammeln/sich versammeln", existiert aber auch als Zustandsverb mit der Bedeutung „schließen/folgern/entnehmen". In dieser Bedeutung wird *gather* meist in der ersten Person Singular gebraucht; *I gather (that)* bedeutet meist so viel wie „ich habe gehört, dass". Die Verlaufsform ist nicht möglich:
I ***am gathering*** *signatures against the by-pass plan.* (Ich sammle Unterschriften ...)
I gather *(that) there has been a change in the time of our meeting.* (Ich habe gehört, dass ...)
They're not coming till six. – ***So I gather****.* (Das habe ich gehört.)
From what you say ***I gather*** *you don't like him very much.* (Aus dem, was Sie sagen, schließe/entnehme ich ...)

gay (homosexuell/Homosexueller)

- *gay* wird heute in erster Linie als Adjektiv und Nomen mit der Bedeutung „homosexuell" oder „Homosexueller" gebraucht:
  ***Gays** tend to live in big cities.*
  *It is not only the **gay** community that is promoting **gay** rights.* (... die Homosexuellengemeinschaft ... die Rechte der Homosexuellen ...)
- *gay* wird auch weiterhin noch in seiner ursprünglichen Bedeutung („bunt/fröhlich") gebraucht, In dieser Bedeutung wird es jedoch oft vermieden, wenn es zu einem Missverständnis führen könnte:
  *The room was decorated in bright, **gay** colours.*
  *When I went in they were all chatting away **gaily**.*

generally, generally speaking, in general, as a general rule

- Alle vier Ausdrücke entsprechen „meistens/gewöhnlich/normalerweise" und „im Allgemeinen":
  ***Generally / Generally speaking / In general / As a general rule** it's not difficult to get tickets.* (Meistens ...)
  ***Generally / Generally speaking / In general / As a general rule** Europeans eat too much and don't get enough exercise.* (Im Allgemeinen ...)
- *in general* und *generally* (aber nicht *generally speaking* oder *as a general rule*) bedeuten auch „im Allgemeinen" im Sinne von „ohne die Details zu beachten":
  *He spoke about costs **in general / generally**, but didn't give any exact figure.*
- *generally* bedeutet ferner „allgemein", im Sinne von „von den meisten Leuten":
  *It is **generally** agreed/accepted that children learn languages more easily than older people.* (Es wird allgemein angenommen/akzeptiert, ...)

genial – genius – genie – ingenious – ingenuous

1 *genial*

⚠ *genial* ['dʒi:njəl] entspricht nicht „genial", sondern „freundlich/herzlich" in Bezug auf Personen und „wohltuend" in Bezug auf Dinge:
*I really liked her father. He was a warm, very **genial** character.*
*That part of the country has a very **genial** climate.*
Das ist eine geniale Idee. = *That's a **brilliant** idea.*
Sie war eine geniale Frau. = *She was a **brilliant** woman / a **very gifted** woman / **a genius** / a woman **of genius**.*

2 ***genius***

- *genius* ['dʒi:njəs] bezeichnet einen genialen Menschen („Genie") oder aber das, was ihn auszeichnet („große Begabung/Schöpferkraft"):
Einstein, Beethoven and Picasso were all ***geniuses***. (... Genies.)
Shakespeare's literary ***genius*** (... literarische Schöpferkraft)
Alan has a ***genius*** *for mathematics.* (Alan hat eine große Begabung für Mathematik.)

G

3 ***genie***

⚠ *genie* ['dʒi:nɪ] entspricht „dienstbarer Geist":
Aladdin waited for the ***genie*** *to appear.* (Aladdin wartete darauf, dass der Geist erschien.)

4 ***ingenious***

- *ingenious* [ɪn'dʒi:njəs] entspricht „erfinderisch/findig" in Bezug auf Menschen, „raffiniert = ausgeklügelt" in Bezug auf Sachen:
He's very ***ingenious*** *when it comes to thinking up excuses for not doing his homework.* (Er ist sehr erfinderisch, wenn es darauf ankommt, sich Ausreden auszudenken, warum er seine Hausaufgaben nicht machen konnte.)
What an ***ingenious*** *idea/gadget!* (Was für eine raffinierte Idee / ein raffinierter Apparat!)

5 ***ingenuous***

- *ingenuous* [ɪn'dʒenjʊəs] bedeutet (oft abwertend) „naiv/unbefangen":
She's so ***ingenuous*** *with her* ***ingenuous*** *smile. She didn't seem to understand that he was firing her.* (Sie ist so naiv mit ihrem naiven Lächeln. Sie schien nicht zu begreifen, dass er sie feuerte.)

(to) **get**

- Zum Gebrauch von *got* in der Verbindung *have got* s. **(to) have**

1 ***got – gotten***

- Im AE ist im mündlichen Sprachgebrauch *gotten* als Partizip Perfekt anstelle von *got* üblich. *gotten* kann aber nicht mit *have* („besitzen/haben") oder *have to* („müssen") gebraucht werden:
(AE:) *He****'s gotten*** *mighty sore about what you said about him.* (= BE: *He has got very angry about ...*)
(AE:) *We****'ve*** *just* ***gotten*** *the house painted.* (Wir haben gerade das Haus streichen lassen.)

2 Grundbedeutungen von *(to) get*

- *get* ist eines der am häufigsten gebrauchten Verben des Englischen und hat, vor allem in *phrasal verbs*, zahlreiche verschiedene Bedeutungen. Siehe dazu ein Wörterbuch. Hier einige Grundbedeutungen:
- „werden" (s. auch Eintrag **become**):
  *I **got** very angry when I heard the news.*
  *We**'re getting** older.*
- „gelangen/hinkommen":
  *I **got home** at 6 o'clock.*
  *How did it **get** up there on top of the cupboard?*
- „erhalten/bekommen":
  *I **got** this lovely pullover for my birthday.*
  *Who **got** the prize?*

⚠ *get* kann nicht in höflichen Bitten gebraucht werden:
Könnte ich noch ein Bier bekommen? = *Could I **have*** (*NICHT:* *get*) *another beer?*

- „besorgen/kaufen":
  *Can you **get** some bread and some milk on your way home, please?*
  *We shall have to **get** the right tools before we can start.*
- „(her-/ab-)holen":
  *Their train arrives in Marlow at 6. Can you go and **get** them?*
  *We'll have to **get** someone round who can repair it.*
- „machen/zubereiten":
  *Can you help me **get** the breakfast this morning, please?*
- „nehmen" (bei Transportmitteln):
  *Which bus/train will you **get**?* (Welchen Bus/Zug werden Sie nehmen?)
- „verstehen":
  *I'm afraid I didn't quite **get** what you were saying.*
  *Did you **get** the joke?*
- *get* wird auch in der Konstruktion *get* + Objekt + Adjektiv/Adverb gebraucht. Es gibt im Deutschen verschiedene Entsprechungen, z. B. „machen/(hin)kriegen/(hin)bekommen". Gemeinsam ist allen der Gedanke, dass das Subjekt etwas unternimmt und eine Änderung beim Objekt bewirkt oder das Objekt irgendwohin schafft:
  *She went for a walk and **got** her best shoes **dirty**.* (... machte ... schmutzig.)
  *Who **gets** the children **ready** for bed in your family?* (Wer macht ... fertig?)
  *We must **get** this room **nice and warm** before Grandma comes.* (... schön warm kriegen/machen ...)
  *I must **get** them **out of** the house before my parents come home.* (...aus dem Haus kriegen/bekommen ...)
  *I'll **get** the offer **to you** first thing in the morning.*
  *How did you **get** her **to the airport** in time?*
  *I'm looking forward to **getting** this rucksack **off** my back – it weighs a ton!*

3 *(to) get* als Hilfsverb im Passiv

- *get* kann statt *be* zur Bildung des Passivs gebraucht werden, wenn ein Ereignis beschrieben wird, das dem Subjekt ohne eigenes Tun oder Wollen zustößt, bzw. das anders als beabsichtigt abläuft:
  *I forgot to lock the car and it **got stolen**.*
  *It rained and all the May Day decorations **got ruined**.*
  *We asked for a wake-up call at six, but **got woken up** at four by mistake!*
  *Careful, or you'll **get hurt**!*

G

- *get,* aber nicht *be*, wird bei Handlungen gebraucht, die das Subjekt sich selbst antut. Im Deutschen steht meist ein reflexives Verb:
  *When are you planning to **get engaged** / **get married** / **get divorced**?*
  (... sich zu verloben / zu heiraten / sich scheiden zu lassen?)
  *We didn't have a map and **got lost**.* (... und verirrten uns.)
  *It's time to **get dressed**.* (Es ist Zeit sich anzuziehen.)

4 *(to) get something done*

- *get s.th. done* entspricht, wie *have s.th. done*, „etwas machen lassen = veranlassen, dass etwas gemacht wird":
  *When we go on holiday we **have/get** our post **sent on**.* (... lassen wir uns die Post nachsenden.)
  ***I'm having/getting** my hair **cut** tomorrow.* (Ich lasse mir morgen die Haare schneiden.)

- *get s.th. done* drückt – im Gegensatz zu *have s.th. done* – oft aus, dass das Subjekt sich verpflichtet, etwas aktiv zu unternehmen:
  *The clock's broken. We must **have/get** it **repaired** some time.*
  ***I'll get** it **repaired** this week, I promise.* (Ich lasse es diese Woche reparieren, ich verspreche es.) [= Ich verpflichte mich dazu. Ich werde dafür sorgen.]
  *I saw the maid in the corridor. We can probably **have/get** the room **tidied up** while we're at breakfast.*
  *When are you going to **get** this mess **cleaned up**?* (Wann kümmerst du dich darum, dass dieses Durcheinander aufgeräumt wird?)
  ***Get** those shoes **cleaned** – you look like a tramp!* (Sieh zu, dass du deine Schuhe geputzt kriegst ...)

- *get something done* kann auch ausdrücken, dass Schwierigkeiten überwunden werden müssen, bevor etwas geschafft wird. Die deutsche Entsprechung ist hier „es schaffen, dass etwas gemacht wird" oder – umgangssprachlich – „etwas getan bekommen":
  *We finally **got** the contracts **signed** last week.* (Wir haben es letzte Woche endlich geschafft, dass die Verträge unterschrieben wurden. / Wir haben ... endlich unterschrieben bekommen.)
  *Amnesty International **didn't get** the prisoner **released** for a long time despite all the effort they put in.*

- Der Gedanke „Schwierigkeiten überwinden" liegt dem Gebrauch von *get* + Reflexivpronomen + Partizip Perfekt zugrunde. Diese Konstruktion drückt aus, dass jemand etwas zu seinem eigenen Vorteil „hinkriegt":

*She **got** herself **invited** to the embassy party.* (Sie hat es geschafft, sich zu der Botschaftsparty einladen zu lassen.)
*He campaigned hard and **got** himself **elected**.* (... hat es geschafft, dass er gewählt wurde.)

- *get* + Objekt + Partizip Perfekt wird aber auch gebraucht, wenn jemandem z. B. ein Unfall oder etwas Ähnliches ungewollt und unbeabsichtigt zustößt (vgl. Gebrauch von *get* beim Passiv in Abschnitt 3):
*We **got*** (auch: *had*) *the radio **stolen** from our car last week.*
*We **got*** (auch: *had*) *all our May Day decorations **ruined** by the rain.*

- *get something done* kann auch „etwas erledigen" bedeuten:
*I still haven't written that letter to Caroline. I really must **get** it **done** today.* (Ich muss es unbedingt heute erledigen.)
*Give me ten minutes to **get** this ironing **done**.*
Vgl. auch: *I need about an hour to **get** this essay **finished**.*

5 *(to) get* + (Pro-)Nomen + *-ing*

- Mit *get* + Objekt + *-ing* wird ausgedrückt, dass man es schafft, dass eine Person oder Sache etwas tut, oder einfach, dass man einen Vorgang in Gang setzt:
*He was a very good teacher and **got** them all **talking** excellent English in just a few weeks.* (... und hat es geschafft / brachte sie alle dazu, dass ...)
*I finally **got** the engine **going** again.* (Schließlich brachte ich den Motor wieder in Gang.)
*Please don't **get** Uncle Bill **telling** all his old jokes again.* (Bring bitte Onkel Bill nicht dazu, wieder all seine alten Witze zu erzählen.)
*We mustn't **get** them **thinking** about all the extra money they'll have to pay.* (Wir dürfen ihnen keinen Anlass geben, an ... zu denken.)

- Dieselbe Konstruktion kann aber auch ausdrücken, dass man etwas Ungewolltes oder Unbeabsichtigtes erleben muss:
*We **get** people **ringing up** at all hours of the day and night.* (Die Leute rufen zu jeder Tages- und Nachtstunde bei uns an. [= Dadurch werden wir belästigt.])
*If you don't give them precise instructions you**'ll get** them **coming** and **asking** you hundreds of questions.*

6 *(to) get* + (Pro-)Nomen + *to*-Infinitiv

- Mit dieser Konstruktion wird – ähnlich wie mit *get* + (Pro-)Nomen + *-ing*-Form – ausgedrückt, dass man jemanden veranlasst bzw. überredet, etwas zu tun, oder es schafft oder „hinkriegt", dass jemand (oder auch eine Sache) etwas tut:
*Why don't you **get** them **to wait** for us outside the cinema?* (Warum lässt du sie nicht vor dem Kino auf uns warten?)
*I **got** them all **to give** me the money before I bought the tickets.*
*I'm having awful problems with my new computer system. It took me ages to **get** the printer **to work**.* (Es dauerte eine Ewigkeit, bis ich den Drucker zum Laufen kriegte.)

7 *(to) get* + *-ing*; *(to) get* + *to*-Infinitiv

- *get* + *-ing*-Form wird in einigen wenigen Wendungen gebraucht, um auszudrücken, dass mit etwas begonnen wird:
  *Let's **get going/moving**.* (Auf/Los geht's!)
  Vgl.: *Let's **get started**.*

- Mit *get* + *to*-Infinitiv wird ausgedrückt, dass man etwas (oft allmählich) schafft oder „hinkriegt“:
  *Will I ever **get to earn** as much as Pippa?*
  *We **didn't get to ask** any questions – the speaker ran out of time.*
  *I wonder when we**'ll get to meet** the new boss.*

(to) **get in(to) / on(to) / off / out of** (ein-/aufsteigen, aus-/absteigen)

- Je nach Verkehrsmittel werden bestimmte Präpositionen gebraucht:

Auto/Taxi	***get in(to)*** *and* ***out of*** *a car/taxi*
Bus	***get on(to)****and* ***off*** *a bus/coach*
Zug	***get on(to)****and* ***off*** *a train*
Flugzeug	***get on(to)****and* ***off*** *a plane*
Schiff	***get on(to)****and* ***off*** *a ship*
Kleines Boot	***get in(to)*** *and* ***out of*** *a small boat*
Fahrrad/Motorrad	***get on(to)****and* ***off*** *a bike/motorbike*

- Bei Bussen und Zügen können *get in(to)* und *get out of* gebraucht werden, wenn nicht der Beginn/das Ende einer Reise, sondern der physische Vorgang des Ein-/Austretens gemeint ist:
  *Old people sometimes find it difficult to **get into** the train/bus.*

(to) **get up** – (to) **stand up** (aufstehen)

- Beide Verben entsprechen „aufstehen/sich erheben“. *get up* hat den größeren Anwendungsbereich.

- Nur *get up* kann in der Bedeutung „aus dem Bett aufstehen“ gebraucht werden:
  *I'm so tired – I had to **get up** at 4.30 this morning.*

- *stand up* setzt in der Regel voraus, dass sich jemand aus einer sitzenden Position erhebt:
  *If you **stand up / get up** for a moment, we can move the table nearer the window.*
  Wird aber der Sitzplatz oder Stuhl ausdrücklich genannt, so ist nur *get up* möglich:
  *She **got up*** (NICHT: *stood up*) *from/out of her chair.*
  stand up wird nicht für das Aufstehen aus dem Sitzen gebraucht, wenn dies mit Schwierigkeiten oder Anstrengungen verbunden ist:
  *Let me help you **get up**, Grandma.*

- *stand up* wird jedoch gebraucht, wenn betont wird, dass jemand extra vom Sitz aufsteht:
  The audience were so enthusiastic that they ***stood up*** *to applaud.*
- Nur *standing up* kann als Entsprechung von „im Stehen" gebraucht werden:
  The audience applauded ***standing up****.* (... im Stehen.)

(to) **give** (geben)

- *give* gehört zu den Verben, die zwei Objekte haben können. Im Gegensatz zu vielen dieser Verben sind mehrere Möglichkeiten gegeben, wenn beide Objekte Pronomen sind und das direkte Objekt *it* heißt:
  Anna ***gave me this ticket****. She* ***gave tickets to everyone who had acted in the school play****.*
  Anna ***gave it to me****.*
  Aber auch: *Anna* ***gave me it.*** / *Anna* ***gave it me****.*
- Die Passivbildung mit persönlichem Subjekt und die Nachstellung des indirekten Objekts mit *to* sind grundsätzlich möglich, wenn *give* „überreichen" entspricht:
  I was given *the roses by a lady in the front row.*
  A lady in the front row ***gave*** *me the roses.*
  A lady in the front row ***gave*** *the roses* ***to me****.*
  Diese Konstruktionen sind auch bei folgenden Wendungen möglich:
  give (s.o.) advice ([jdm.] einen Rat/Ratschläge geben)
  give (s.o.) a description ([jdm.] eine Beschreibung geben/liefern)
  give (s.o.) an explanation ([jdm.] eine Erklärung geben)
  give (s.o.) information ([jdm.] Auskunft geben)
  give (s.o.) an interview ([jdm.] ein Interview geben)
  give (s.o.) a lecture ([vor jdm.] einen Vortrag halten)
  give (s.o.) lessons ([jdm.] Unterricht geben)
  give s.o. a lift (jdn. [im Auto] mitnehmen)
  give (s.o.) permission ([jdm.] die Erlaubnis geben)
  give (s.o.) a talk ([vor jdm.] einen Vortrag halten)
  give (s.o.) a warning ([jdn.] warnen)
  give (s.o.) a welcome (jdn. willkommen heißen)
- Bei folgenden Wendungen ist keine Nachstellung des indirekten Objekts mit *to* möglich:
  give s.o. a bath/wash (jdn. baden/waschen)
  give s.o. a call/ring (jdn. anrufen)
  give s.o. a shock (jdm. einen Schock versetzen)
  give s.o. a surprise (jdm. eine Überraschung bereiten)

⚠ Mr Smith gibt uns Englisch. = *Mr Smith* ***takes us for*** *English.*
Was gibt's heute Abend (im Fernsehen)? = ***What's on*** *tonight?*

glad (froh)

⚠ *glad* kann nur nach einem Kopulaverb wie *be*, nicht vor einem Nomen gebraucht werden:
Jack is ***glad*** *that you've come.* (... ist froh / freut sich, dass ...)
Jack is a ***cheerful/happy*** (NICHT: *glad*) *person.* (... ein froher Mensch.)

G

glass – jar (Glas)

- *glass* bezeichnet ein Trinkgefäß oder ein Trinkgefäß mit einem Getränk. Ein (verschlossenes) Aufbewahrungsgefäß aus Glas, Ton oder Stein wird als *jar* bezeichnet:
Bring me a big ***glass****. I want a* ***glass of*** *water.*
a ***jar*** *of honey/jam/olives* (ein Glas Honig/Marmelade/Oliven)
a glass ***jar*** (ein Glas[behälter] / *a jam* ***jar*** (ein Marmeladenglas) / *a stone* ***jar*** (ein Gefäß/Krug aus Stein)

glasses (Brille)

- *glasses* ist ein Pluralnomen und wird mit einem Verb im Plural gebraucht. Von einer einzelnen Brille kann man mit *a pair of glasses* sprechen:
Where ***are*** *my* ***glasses****? Have you seen* ***them****?* (Wo ist meine Brille?)
I've got ***two pairs of glasses. This pair of glasses is / These glasses are*** *for reading.*
Aber in Zusammensetzungen: *Have you seen my* ***glasses case*** (Brillenetui)*?* ***It was*** *here on the table.*

(to) **go**

- Zum Gebrauch von *go* im Sinne von „werden“ s. **become**.
- Zum Unterschied zwischen *have been* und *have gone* s. **be**, Abschnitt 3.

1 Bedeutung

- *go* wird ganz allgemein gebraucht, um auszudrücken, dass sich jemand/etwas bewegt, in Bewegung setzt oder eine Entfernung zurücklegt:
I'm just ***going*** *next door.* (Ich gehe nur mal nach nebenan.)
We ***went*** *to London yesterday.* (Wir fuhren gestern nach London.)
When does your train/bus/plane ***go*** (auch: *leave*)*?*
Im Gegensatz zur allgemeinen Aussage von *go* wird mit *walk* betont, dass eine Strecke zu Fuß zurückgelegt wird, mit *drive*, dass sie mit dem Auto gefahren wird:

*I **walked** to work this morning.*
*I **drove** to town this morning because it was raining.*
Näheres zum Unterschied zwischen *go, drive, ride, travel*, s. **drive**

- *go* entspricht „kommen" im Sinne von „hingehören":
  *The address **goes** in the top right-hand corner.* (... kommt in die rechte obere Ecke.)
  *The cups and saucers **go** in that cupboard there.*

⚠ Am 1. Weihnachtstag gehen keine Züge. = ***There are** no trains / No trains **run** on Christmas Day.*
Mein Drucker geht nicht. = *My printer **isn't working / won't work.***
Die Uhr geht (10 Minuten) vor/nach. = *The clock **is** (10 minutes) fast/slow.*
Wie ist es am Mittwoch? – Nein, das geht nicht. = *No, that**'s no good / that's not possible.***
Das geht dich nichts an. = *That**'s none of your business.***
Dieses neue Modell geht gut. = *This new model **is selling well.***

2 Konstruktionen mit *(to) go* (vgl. *come*)

2.1 *go + -ing*-Form

- *go* wird bei Verben, die eine (Freizeit-)Beschäftigung sportlicher Art bezeichnen, häufig mit nachfolgender *-ing*-Form (= *gerund*) verwendet. Die deutsche Entsprechung ist meist ein Infinitiv + „gehen":
  *Would you like to **go swimming/fishing/sailing/dancing/walking**?*
  (... schwimmen/angeln/... gehen?)
  Sofern es ein Nomen für die Beschäftigung gibt, ist auch *go for a* möglich:
  *Would you like to **go for a swim / a walk**?*

- *go* wird mit der *-ing*-Form (= *present participle*) von Verben gebraucht, die eine Fortberwegungsart bezeichnen, wie *run, ride, hurry* . Im Deutschen wird meist ein einfaches Verb benutzt:
  *She **went** runn**ing**/rid**ing**/hurry**ing** down the street towards him.* (Sie lief/radelte/eilte ...)

2.2 *go and do s.th.*

- *go and do s.th.* wird statt *go to do s.th.* in Befehlen und Aufforderungen gebraucht. In Aussagesätzen findet sich ebenfalls *go and do s.th.*, aber nicht, wenn *go* in der Verlaufsform steht:
  ***Go and** see who is at the door, please.*
  *Let's **go and** buy one.*
  *I must **go and** find that photo.*
  *Where's John going? – He**'s** just **going to** find that photo.*

2.3 *Here/There* usw.am Satzfang + *go*

- Steht *here/there/back/up/down* am Satzanfang, so folgt zuerst *go* und dann erst das Subjekt, wenn dieses ein Nomen ist:
  ***There goes Jack** on his new motorbike.*
  Aber normale Wortstellung bei Pronomen: ***There he goes.***

3 Futur mit *be going to*

- *be going to* drückt Zukünftiges aus, wenn sich jemand schon beschlossen hat, etwas zu tun, oder wenn etwas nach Meinung des Sprechers eintreten wird, weil die Ursache bereits vorliegt:
  *We've decided what to do. **I'm going to** write them a letter and complain.*
  *Fifty people have said they are coming to the meeting. This room **is going to** be too small.*

- *was/were going to* wird genauso gebraucht, bezieht sich aber auf ein zukünftiges Geschehen aus der Perspektive der Vergangenheit heraus. Es entspricht „wollte(n)", wenn sich jemand damals bereits zu etwas entschlossen hatte, „würde(n)", wenn nach Meinung des Erzählers etwas eintreten würde, weil die Ursache schon vorlag:
  *I **was going to** ask you yesterday but I forgot.* (Ich wollte Sie gestern fragen ...)
  *It was already over 20 degrees when we woke to a clear blue sky. It **was going to** be a hot day.* (Es würde ein heißer Tag werden.)

G

(to) **go on**

⚠ Auf *go on* kann eine *-ing*-Form oder ein *to*-Infinitiv folgen, jedoch im Gegensatz zu *continue* (s. dort) mit unterschiedlicher Bedeutung. *go on doing s.th.* entspricht „fortfahren, etwas zu tun"; *go on to do s.th.* „dazu übergehen / daraufhin anfangen, etwas zu tun". Im ersten Fall wird eine angefangene Tätigkeit fortgesetzt, im zweiten eine neue Tätigkeit angefangen:
*The teacher wanted to start the lesson but the kids just **went on** talk**ing**.*
(... redeten einfach weiter.)
*They did exercise 4 in their textbooks and then, when everybody was finished, **went on to** discuss their answers.* (... besprachen sie ihre Lösungen / machten sie sich daran, ihre Lösungen zu besprechen.)

gold – golden (golden)

- Als Faustregel kann gelten: *gold* ist das sachliche alltägliche Wort, *golden* ist gefühlsbetont.

⚠ *gold*, nicht *golden*, ist die übliche Entsprechung von „golden" in der Bedeutung „aus Gold":
*With the money she bought a **gold** ring, a **gold** watch, and **gold** earrings.*
gold ist ferner die übliche Entsprechung zu „goldfarben":
*Bring the yoghurt with the **gold** label.* (... mit dem goldenen Etikett.)
*Mine's a blazer, with **gold** buttons.*
*Our new curtains are a sort of **gold** colour.* (Unsere neuen Vorhänge haben eine Art Goldfarbe.)
Aber bei *hair: a girl with long **golden*** (NICHT: *gold*) *hair*

- *golden* wird in der Bedeutung „aus Gold" z. B. in Reiseberichten und literarischen Texten gebraucht, wenn Gefühle mit vermittelt werden sollen:
  *West Wycombe church has a tower topped with a beautiful **golden** ball.*
  *The fairy gave her a **golden** ring.*
  golden entspricht ferner „golden" im übertragenen Sinne in einigen festen Wortverbindungen:
  *This is a **golden opportunity.*** (Das ist eine goldene Gelegenheit.)
  *There are three **golden rules.*** (Es gibt drei goldene Regel.)
  *When's their **golden wedding?*** (Wann haben sie goldene Hochzeit?)

⚠ Sie haben goldige Kinder. = *They have some **lovely** children.*

good (gut)

1 *good – well*

- *well* ist das zu *good* gehörige Adverb, ist aber auch ein Adjektiv.
  Beispiele mit *good* und *well* als Adjektiv:
  *Alan **is** very **good**. He helps me whenever he can.* (Alan ist sehr gut. [= Er tut Gutes.])
  *How's Alan? – He**'s** very **well**.* (Ihm geht es sehr gut. [= Er ist gesund und wohlauf.])
  *You **look** very **good** in that green.* (Du siehst in dem Grün sehr gut aus. [= Es steht dir gut.])
  *You **look** very **well**. Have you been on holiday?* (Du siehst sehr gut aus. [= gesund, erholt])
  *It **feels good** to be back home.* (Es ist schön wieder zu Hause zu sein.)
  *Annette has gone home. She **wasn't feeling well**.* (Sie fühlte sich nicht gut/wohl.)
  Zum Unterschied zwischen *well, good for you* and *healthy* s. **health,** Abschnitt 2.

- *well* steht in zusammengesetzten Adjektiven wie den folgenden:
  well-behaved (wohl erzogen)
  well-chosen (gut gewählt)
  well-earned (wohl verdient)
  well-informed (gut informiert)
  well-meant (gut gemeint)
  well-preserved (gut erhalten)
  well-timed (zeitlich günstig / gut berechnet)

2 Wendungen und Konstruktionen mit *good*

- Wendungen mit *good*:
  ***It's a good** 10 miles to walk.* (Es sind gut zehn Meilen zu gehen.)
  *Angela is **good at** languages, but she's **not much / no / not good at** maths. (...* gut in Sprachen ... nicht [sehr] gut in Mathe.)

*Fruit and vegetables are **good for** you. They **do** (NICHT: make) **you good**.* (... sind gesund.) [Näheres s. **health**, Abschnitt 2]
*She's very **good with her hands / with children.*** (Sie ist handwerklich sehr geschickt / kann sehr gut mit Kindern umgehen.)
*They live in the South of France now. They've gone from here **for good**.* (Sie sind für immer von hier weggegangen.)

- Wendungen mit *no good / not much good / not any good / what good*:
  ***Is** this old radio **any good**? – No, it**'s not much / not any / no good**.* (Taugt dieses alte Radio [noch] etwas? – Nein es taugt nicht viel / nichts.)
  ***It's not much / not any / no good** ask**ing** John.* (Es hat wenig/keinen Zweck, John zu fragen.)
  ***What's the good of** ask**ing** John? / **What good is it** ask**ing / to** ask John?* (Welchen Zweck hat es ...)
  ***It doesn't do much good / It does no good / It doesn't do any good** sitt**ing** and wait**ing / to** sit and wait for news.* (Es bringt nicht viel / nichts, herumzusitzen und auf eine Nachricht zu warten.)

G

⚠ *good* kann wie andere Adjektive mit Einschränkungen als Nomen gebraucht werden. *good* bedeutet „das Gute (im Allgemeinen)":
*Children have to learn the difference between **good and evil**.* (... zwischen Gut und Böse ...)
***Good** (NICHT: The good) finally triumphs at the end of the film.* (Das Gute siegt schließlich ...)
Wenn aber von dem Guten an einer speziellen Person, Situation usw. gesprochen wird, muss *the good thing* gebraucht werden:
***The good thing about** Alan is that he is always prepared.* (Das Gute an Alan ...)
***The good thing about** this book is that it's really written for people who know nothing about computers.* (Das Gute an diesem Buch ...)
Nicht verwechseln mit *be a good thing* = „gut sein":
***It was a good thing (that)** we had an umbrella with us, or we'd have got soaked.* (Es war gut, dass wir einen Regenschirm mit hatten, sonst wären wir durchnässt worden.)

⚠ Es kann gut sein, dass Janet heute Abend nicht zur Probe kommt. = *Janet **may/might well not come** to rehearsal this evening.* [Näheres s. **may**, Abschnitt 4]

goods (Ware)

⚠ *goods* existiert nur im Plural und wird mit einem Verb im Plural gebraucht. Eine Singularform gibt es nicht:
*The **goods were** badly packed and **some of them were** damaged.* (Die Ware war schlecht verpackt und ein Teil davon war beschädigt.)

gotten ➪ (to) **get**, Abschnitt 1

government (Regierung)

- *government* (*-rnm-*!) kann mit einem Verb im Singular und den Formen *it/its which* oder mit einem Verb im Plural und *who/their/they* gebraucht werden:
  The ***government, which has*** *changed* ***its*** *policy dramatically in the last two months,* ***has*** *become very unpopular.*
  The ***government*** *clearly* ***think their*** *new policy will bring* ***them*** *more votes.*

graceful (graziös) – gracious (gnädig)

- Nicht *gracious*, sondern *graceful* ist die Entsprechung für „graziös". *graceful* bedeutet „graziös/anmutig/elegant". *gracious* entspricht „gnädig/wohlwollend/freundlich":
  The ballet dancers crossed the stage in one long, slow, ***graceful*** *movement.*
  The owner of the chateau was quite ***gracious*** *towards the tourists, even though they were intruding on his privacy.* (... war den Touristen gegenüber wohlwollend, obwohl sie in seine Privatsphäre eindrangen.)
- *gracious* entspricht auch „würdevoll", z. B. wenn sich jemand entschuldigt oder etwas Unangenehmes eingesteht oder akzeptiert:
  Her opponent accepted defeat ***graciously****. But Thatcher was never* ***gracious*** *in defeat.*

grade ⇨ class

graduate, (to) graduate

- Das Nomen wird ['grædʒʊət], das Verb ['grædʒʊeɪt] ausgesprochen.
- *graduate* bezeichnet im BE eine(n) Universitätsabsolvent(in), im AE auch eine(n) Schulabgänger(in) einer *high school*:
  (BE/AE:) *Many (university)* ***graduates*** *are out of work.*
  (AE:) *A week after leaving high school most* ***graduates*** *were on vacation somewhere far away.*
  Das Verb *graduate* wird entsprechend gebraucht:
  (BE/AE:) *His sister* ***graduated from*** (*NICHT: at*) *Cambridge last year.* (Seine Schwester schloss ihr Studium ... an der Universität Cambridge ab.)
  (AE:) *Denise* ***graduated from*** *Borland High School a month ago.* (... ging von ... ab / bestand ihre Abschlussprüfung an ...)

(to) grant (gewähren)

- *grant* gehört zu den Verben, die zwei Objekte haben können. Passivsätze mit einem persönlichen Subjekt sind möglich:
  We were granted *an extension.* (Uns wurde eine Verlängerung gewährt.)

gratification (*nicht* Gratifikation, *sondern* Befriedigung/ Genugtuung)

⚠ *gratification* entspricht „Befriedigung/Genugtuung“; „Gratifikation“ wird mit *bonus* wiedergegeben:
After all the hard work, it was with great ***gratification*** *that I heard the results, and that my party had won.* (… mit großer Genugtuung …)
Das Personal erhielt eine großzügige Weihnachtsgratifikation. = *The staff received a generous Christmas* ***bonus.***

great ➪ big

a great deal ➪ deal

greatly (sehr/höchst/außerordentlich)

⚠ *greatly* wird mit Partizipien verwendet, die die Funktion von Adjektiven haben, aber nicht mit normalen Adjektiven:
They all seemed ***greatly impressed.*** (… höchst beeindruckt.)
She said she felt both ***greatly honoured*** *and* ***greatly surprised.*** (… sehr geehrt und höchst überrascht.)
When I next visited him in hospital he was ***greatly improved.*** (… hatte sich sein Zustand sehr gebessert.)
Das ist sehr/höchst/außerordentlich ungewöhnlich/schwierig. = *That is* ***very/highly*** *unusual /* ***very/exceedingly/extremely*** *difficult.*

- *greatly* nicht mit *largely* („zum größten Teil“) verwechseln:
Siberia consists ***largely*** *of forest.*

green (grün)

- *green* kann in Bedeutungen, die mit Umwelterhaltung zu tun haben, als Adjektiv und (mit Großbuchstaben) als Nomen gebraucht werden:
a ***green*** *pressure group* (eine Interessengruppe der Grünen), *a* ***green*** *product* (ein umweltfreundliches Produkt / ein Ökoprodukt), *a* ***green*** *issue* (eine ökologische Frage)
Husband and wife are both ***Greens****. She's been* ***a Green*** *for a long time.*
- Daneben gibt es eine Reihe von neueren Wortprägungen, die den Begriff *green* enthalten, z. B.:
green-labelling (auch: *eco-labelling*) [= die Praxis, auf Produkten zu garantieren, dass sie in umweltschonender Weise hergestellt wurden]

greenism [= die politische Richtung der Grünen]
greening (z. B. *the greening of society*) [= der Prozess des Bewusstwerdens oder Bewusstmachens ökologischer Probleme]

(to) **greet** (grüßen)

⚠ *greet* ist im Gegensatz zu „grüßen" immer transitiv, d. h. es muss ein direktes Objekt haben:
Er grüßt nicht. = *He doesn't* ***greet us/you****. / He doesn't say hallo.*

grey (grau)

- *grey* kann als Adjektiv auch auf die Gruppe der Alten als politische Kraft angewandt werden. Im Gegensatz zu *green* (s.o.) wird aber *grey* nicht als Nomen gebraucht:
  The ***Grey*** *Panthers* (die Grauen Panther), ***grey*** *power* (die Macht der Alten), *the* ***grey*** *vote* (die Stimmen / das Stimmverhalten der Alten)

(to) **grill** – (to) **barbecue** (grillen); **grill** – **barbecue** (Grill)

- Mit *grill* (AE meist: *broil*) wird ein Kochvorgang im Haus bezeichnet. Der gleiche Kochvorgang draußen wird als *barbecue* bezeichnet:
  I'll stay in the kitchen and ***grill*** *the fish while you start with the salad.*
  It was a lovely evening so we ***barbecued*** *some meat outside.*
  barbecue hat auch die Bedeutung: „(draußen) am Spieß braten":
  At the midsummer party they ***barbecued*** (auch: *roasted*) *a whole sheep.*

⚠ „grillen" im Sinne von „eine Grillparty veranstalten" wird mit *have a barbecue* wiedergegeben:
Gestern Abend haben wir gegrillt. = *We* ***had a barbecue*** *last night.*

- Das Nomen *grill* (AE meist: *broiler*) bezeichnet das Kochgerät, in dem etwas im Haus gegrillt wird, oder einen Grillrost (drinnen und draußen). Ein Grillgerät draußen wird als *barbecue* bezeichnet:
  We can cook the sausages in/under the ***grill****.*
  Put the meat on the ***grill****.*
  In October I put the ***barbecue*** *away for the winter.*

ground – **earth** – **soil** – **floor** – **bottom** – **land** (Boden)

1 ***ground – earth – soil***

- Als Faustregel gilt: *ground* ist die allgemeine Bezeichnung, *earth* und *soil* sind spezifischer.
- Mit *ground* bezeichnet man die Erdoberfläche außerhalb eines Gebäudes:

The apples fell to the ***ground*** *and lay on the* ***ground*** *for weeks.*
Does this animal live ***above*** *or* ***below (the) ground****?*
ground wird auch verwendet, wenn man über eine dauerhafte oder vorübergehende Eigenschaft des Erdbodens ganz generell spricht:
There's lots of chalk and clay (Kalk und Lehm) *in the* ***ground*** *here.*
The ***ground*** *is very hard/dry/frozen at the moment.*
ground bezeichnet auch ganz generell die Erdoberfläche, auf der man etwas pflanzen kann:
Just put the seeds in the ***ground*** *and watch them grow.*

G

- Denkt man aber speziell an den Boden als Nährboden, wird *earth* oder *soil* gebraucht:
  The ***earth/soil*** *here is good for growing carrots, nice and sandy.*
  Loosen the ***earth/soil*** *well before planting.* (Lockern Sie die Erde vor dem Pflanzen gründlich.)
  soil wird ferner gebraucht, wenn es um die chemische oder physikalische Beschaffenheit des Erdbodens geht:
  We took ***soil*** *samples and analysed them.* (... Bodenproben ...)
  The ***soil*** *retains moisture well.* (Der Boden behält die Feuchtigkeit gut.)

- Erde, die man hin- und hertransportiert, kann nur als *earth/soil* bezeichnet werden:
  When they made the garden at their new house, they had 20 lorry loads of ***earth/soil*** *delivered.*

⚠ der Meeresboden = *the sea****bed***

2 *floor*

- *floor* bezeichnet den Fußboden drinnen:
  When I went into the room, everybody was sitting on the ***floor****.*
  Auch ein Talboden wird als *floor* bezeichnet:
  The ***floor of the valley*** */ The* ***valley floor*** *was covered with beautiful alpine flowers.*

3 *bottom*

- *bottom* entspricht „Boden", wenn der Boden eines Gefäßes gemeint ist:
  Put enough water in to cover the ***bottom*** *of the glass/tin/container.*
  They had hidden the hashish between the lining (Futter) *and the* ***bottom*** *of the suitcase.*

4 *land*

- *land* bezeichnet Grund und Boden, der als Besitz angesehen wird oder als Anbaufläche dient:
  How much ***land*** *does she own?*
  Land *prices are rocketing.* (Die Grundstückspreise schnellen hoch.)
  This is very good farming ***land****.*
  The peasants need more ***land****. They haven't got enough* ***land*** *to feed themselves.*

- *a piece of land* bezeichnet ein Stück Land als selbstständige, in sich abgeschlossene Einheit. *a piece of ground* dagegen ist ein kleines Stück Land, das Teil eines Grundstücks ist:
  They're planning to build a new shopping centre on that ***piece of land*** *between the old toy factory and the waterworks.*
  We could plant a tree / put a garden shed on that ***piece of ground*** *between the garage and the neighbours' fence.*

grounds (Basis/Grundlage/Begründung)

- *grounds* (nur Plural) wird in folgenden Wendungen in der Bedeutung „Basis/Grundlage/Gründe/Begründung" gebraucht:
  What grounds did *you* ***have for*** *think**ing** your superior would agree?* (Welchen Grund hatten Sie zu glauben, dass Ihr[e] Vorgesetzte[r] zustimmen würde?)
  I ***had good grounds for*** *assum**ing** that she would approve.* (Ich hatte gute Gründe anzunehmen, dass sie es gutheißen würde.)
  On what grounds *did she refuse to cooperate?* (Mit welcher Begründung hat sie sich geweigert zu kooperieren?)
  She refused ***on moral grounds / on (the) grounds of ill health / on the grounds that*** *it would cost too much.* (... aus moralischen Gründen / aus Gesundheitsgründen / mit der Begründung, dass es zu viel kosten würde ...)

(to) **ground** (*nicht* gründen, *sondern* auflaufen / Startverbot erteilen)

⚠ *ground* entspricht „auflaufen", „(ein Boot/Schiff) auflaufen lassen" oder „(einem Flugzeug) Startverbot erteilen". „gründen" wird mit *found* wiedergegeben:
The ship ***grounded*** */ The captain* ***grounded*** *his ship on a sandbank.*
All planes ***have been grounded*** *because of the fog.*
Die Universität wurde im 17. Jahrhundert gegründet. = *The university was* ***founded*** *in the 17th century.*

group (Gruppe)

- Auf *group* kann ein Verb grundsätzlich im Singular oder Plural folgen:
  A ***group*** *of tourists* ***were/was*** *just arriving with* ***their/its*** *luggage.*

(to) **grow** (wachsen/anbauen)

- *grow* im Sinne von „werden" s. Eintrag **become**.
- *grow* ist im Englischen intransitiv („wachsen") und transitiv („anbauen/wachsen lassen"):
  *The town **has grown** enormously since I was a boy. (...* ist ... gewachsen ...)
  *They've got a big garden and **grow all their own vegetables**.*(... bauen all ihr Gemüse selbst an.)
  *Alan **had grown a beard** since I last saw him.* (... hatte sich einen Bart wachsen lassen.)
- Wendungen mit *grow up*:
  *Andy was a listless teenager when I last saw him. He**'s grown up** a lot since then.* (Er ist seitdem viel erwachsener geworden.)
  *Their children **are** all **grown up** now.* (... sind jetzt alle erwachsen.)
  *When little Jimmie **grows up** he wants to be a professional footballer.* (Wenn Jimmy groß ist ...)

⚠ Die Leute heutzutage lassen ihre Kinder aufwachsen, ohne ihnen einen Sinn dafür zu geben, was richtig und was falsch ist. = *People **bring up** their children nowadays without giving them an idea of what is right and what is wrong.*
Diese Stadt ist kein guter Ort, um Kinder aufwachsen zu lassen. = *This town is not a good place **to bring up children** (in) / not a good place **for children to grow up** (in).*

guarantee (Garantie)

⚠ *The cylinder head has gone, but fortunately the car **is** still **under guarantee**.* (Der Zylinderkopf ist kaputtgegangen, aber glücklicherweise hat das Auto noch Garantie.)
Das hat er unter Garantie noch nicht gemacht. = ***I bet** he hasn't done that yet.*

(to) **guess** (raten/denken)

- Vor allem im AE hat *guess*, neben der Grundbedeutung „raten", in der gesprochenen Sprache auch die Bedeutung „denken/glauben". Die Verlaufsform ist nicht möglich. *I guess so/not* entspricht „ich glaube ja/nein":
  I guess (NICHT: *I'm guessing*) *you're feeling tired now after such a long trip.*
  *Has she decided not to come? – **I guess so/not**.* (Ich glaube ja/nein.)

guest (Gast), **guest room** (Gästezimmer), **guesthouse** (*nicht* Gasthaus, *sondern* Pension/Gästehaus)

1 *guest*

- *guest* bezeichnet jemanden, der eingeladen wird oder der in einem Hotel bzw. Privathaus übernachtet. In einem Restaurant kann jemand *guest* einer anderen Person sein, die ihn dorthin eingeladen hat, gegenüber dem Lokal ist er aber *customer*:
  We ***had guests*** (sehr oft aber auch: *visitors*) *last night/weekend.* (Wir hatten gestern Abend / letztes Wochenende Gäste.)
  Guests *are kindly requested to vacate rooms by 11 am on the day of their departure.* (Die Gäste werden gebeten, die Zimmer am Tag der Abreise bis 11 Uhr zu räumen.)
  Let's go to the Italian restaurant this evening – and, please, you're my ***guest*** *this time.*
  Customers *are respectfully reminded that this part of the restaurant is reserved for non-smokers.*

2 *guest room*

- „Gästezimmer" in einem Privathaus sind *spare (bed)rooms* oder *guest rooms*, in einer kommerziell betriebenen Unterkunft (Pension, Hotel usw.) aber einfach *(bed)rooms*:
  The new house is bigger and we've got a ***spare (bed)room*** */ a* ***guest room*** *now for people who come to stay.*
  The hotel is small with only 15 ***(bed)rooms****.*

3 *guesthouse*

⚠ *guesthouse* entspricht nicht „Gasthaus", sondern „Pension". „Gasthaus" wird mit *restaurant/pub/inn* wiedergegeben:
Guesthouse *owners at seaside resorts had a very bad time in the recession. People just didn't have the money for holidays.*
„Der goldene Löwe" ist eins der besten Gasthäuser hier im Umkreis. = *The Golden Lion is one of the best* ***restaurants/pubs/inns*** *in this area.*

guide ([Touristen-]Führer) – **leader** ([An-]Führer); (to) **guide** – (to) **lead** (führen)

1 *guide – leader*

- *guide* bezeichnet einen Touristenführer (Person oder Buch/Broschüre), ein Handbuch bzw. eine Anleitung oder jemanden, der einem den Weg zeigt. *leader* bezeichnet den/die Anführer(in) einer Gruppe oder Organisation:

*Our **guide** told us that the church was built in 1193.*
*I've just bought a new **guide to** London/**to** antique porcelain.*
*Blair became **leader** of the Labour Party when John Smith died.*

2 ***(to) guide – (to) lead***

- Der Unterschied zwischen den Verben *guide* und *lead* (Formen: *lead – led – led*) entspricht nur teilweise dem zwischen *guide* und *leader*. *guide* entspricht „führen" im Sinne von „begleiten und den Weg zeigen", während *lead* „führen" im Sinne von „vorausgehen und den Weg zeigen" verwendet wird:
  *I had never driven through Rome before but Alec had. He sat beside me and **guided** me through the city.*
  *I had never driven through Rome before but Alec had, so he went in front in his car and **led the way**.*
  *We just followed in our car as he **led** us through the city.*
  (Intransitiv:) *You **lead** and I'll follow.*

- *guide* wird im weiteren Sinne von „führen = lenken/leiten", *lead* im weiteren Sinne von „führen = anführen" gebraucht:
  ***Guide** the piece of wood with your right hand while keeping your left hand on the controls of the machine.*
  *Margaret Thatcher **led** the Conservative Party for 15 years, from 1975 – 1990.*

- Bei Straßen, Wegen usw. kann *lead to* („führen nach") gebraucht werden, wenn das genannte Ziel ein Gebäude (z. B. ein Schloss) oder ein Bestandteil der Landschaft ist (z. B. ein Fluss, See, Berggipfel). In Verbindung mit Ortsnamen wird dagegen *take s.o.* gebraucht:
  *This path/road **leads** (you)* (auch: ***takes you***) *to the castle/river/lake.*
  *This road **takes you to** Wycombe.*
  Aber (Sprichwort): *All roads **lead** to Rome.*

⚠ Nicht *lead* sondern *take* wird auch in der Wendung *take s.o. out* als Entsprechung von „jdn. ausführen" gebraucht:
*Alec **took** us **out** to a lovely Italian restaurant.* (Alec führte uns in ... aus.)

⚠ „leiten" im Sinne von „einer Organisation vorstehen" wird mit *head* oder *run* wiedergegeben:
Er hat die Firma 30 Jahre lang geleitet. = *He **headed/ran** the firm for thirty years.*

guilty (schuldig)

- *guilty (of)* entspricht „schuldig" im Sinne von „verantwortlich für ein Verbrechen oder für etwas moralisch/gesellschaftlich Verwerfliches". *feel guilty about* (NICHT: *of*) *something* entspricht dagegen „ein schlechtes Gewissen wegen etwas haben":

He was found ***guilty of*** *murder.* (Er wurde des Mordes für schuldig befunden.)
We ***are*** *all in some way* ***guilty of*** *damag****ing*** *the environment.* (Wir sind alle in irgendeiner Weise schuld an der Schädigung der Umwelt.)
I ***feel guilty about*** *go****ing*** *on holiday and leav****ing*** *you with all this work.*

⚠ Was bin ich Ihnen schuldig? = *What* ***do I owe*** *you?*
Sie sind uns eine Erklärung schuldig. = *You* ***owe*** *us an explanation.*

gym, gymnasium (*nicht* Gymnasium, *sondern* Turnhalle)

- *gymnasium* entspricht „Turnhalle". Die Kurzform *gym* ist auch die Kurzform für *gymnastics,* die Bezeichnung für den Turnunterricht in der Schule (s. hierzu auch nächsten Eintrag):
All runners should meet outside the ***gym(nasium)*** *at 3.15.* (... vor der Turnhalle ...)
My first lesson on Monday morning is ***gym(nastics)***. (Meine erste Stunde ... ist Turnen.)

⚠ Das Gebäude da drüben ist unser Gymnasium. = *That building over there is our* (BE:) ***grammar school*** (bei einer reinen Mädchenschule auch: ***[girls'] high school***) / (AE:) ***high school.***
Er geht aufs Gymnasium. = *He goes to grammar school* / (wenn ein spezifisches Gymnasium gemeint ist:) *the grammar school.*
ein städtisches Gymnasium = (BE:) *a local authority grammar school / (girls') high school*
ein staatliches Gymnasium = (BE:) *a state grammar school / (girls') high school*
Ich habe das Gymnasium 1994 beendet. = *I left* (BE:) *(grammar) school in 1994.*

gymnastics – exercises (Gymnastik)

- *gymnastics* entspricht „Gymnastik" im Sinne von speziellen Turnübungen, die man z. B. im Rahmen eines Sportwettbewerbs oder des Sportunterrichts und meist unter Verwendung von Turngeräten macht. „Gymnastik" im Sinne von Übungen, die man privat zu Hause macht, um fit zu bleiben, oder die Fußballspieler oder ähnliche Sportler als Auflockerungsübungen machen, wird dagegen mit *exercises* wiedergegeben. Auf *gymnastics* folgt ein Verb im Singular:
Gymnastics is *an Olympic discipline.*
When I get up in the mornings I usually ***do some exercises***. (... mache ich meistens etwas Gymnastik.)

habit (Gewohnheit)

- *habit* entspricht „Gewohnheit" – nicht mit *custom* („Sitte/Tradition") zu verwechseln.
- *habit* wird durch *of* + *-ing*-Form ergänzt, nicht durch einen Infinitiv:
  He ***has a/the*** *silly* ***habit of*** *arriv****ing*** *late at meetings.* (Er hat die dumme Angewohnheit, zu spät zu Sitzungen zu kommen.)
  He ***is in the habit of*** *arriv****ing*** *late at meetings.*
  The Queen ***is not in the habit of*** *giv****ing*** *interviews.* (... gibt gewöhnlich keine Interviews [= gibt ungern Interviews].)
  Der Infinitiv in Sätzen wie dem folgenden ist nicht von *habit* abhängig, sondern fungiert als nachgestelltes Subjekt, das durch „leeres" *it* vorweggenommen wird:
  It's a habit *of mine* ***to*** *read the daily newspaper in the evening just before I go to bed.*
  Vgl. *Read****ing*** *the daily newspaper ...* ***is a habit*** *of mine.*

H

had better ⇨ **better**

hair (Haar/Haare)

- Wenn alle Haare (auf dem Kopf / der Brust / dem Arm usw.) zusammen gemeint sind, ist *hair* nicht zählbar, d. h. es wird ohne Plural-*s* und mit einem Verb im Singular gebraucht. Wenn von einzelnen Haaren gesprochen wird, ist *hair* zählbar:
  He has black ***hair***. (Er hat schwarzes Haar / schwarze Haare.)
  I see you've got the first grey ***hairs*** *coming.*
- Wendungen:
  I'll be ready in a minute. I just need to ***do*** (*NICHT: make*) ***my hair***. (Ich muss mir nur noch die Haare zurechtmachen / mich nur noch frisieren.)
  She has ***shoulder-length*** (*NICHT: shoulder-long*) *blond* ***hair***. (Sie hat schulterlange blonde Haare.)

half (halb/Hälfte)

- Zu beachten beim Gebrauch von *half* ist zum einen die Stellung und zum anderen, wann *half of* statt *half* verwendet werden kann oder muss.

1 Die Stellung von *half*

- *half* steht vor, nicht nach einem Artikel, Possessivbegleiter oder Demonstrativbegleiter:
  The trip lasts ***half an*** *hour and takes you through* ***half a*** *mile of caves.* (... eine halbe Stunde ... eine halbe Meile ...)

We stood there waiting ***half the*** *time.* (... die halbe Zeit / die Hälfte der Zeit.)
In her new job she spends ***half her*** *time travelling.* (... ihre halbe Zeit / die Hälfte ihrer Zeit ...)
Half these *strawberries you've bought are rotten!* (Die Hälfte dieser Erdbeeren ...)
Wenn eine bestimmte Hälfte gemeint ist, steht *half* jedoch, wie im Deutschen, nach dem Begleiter, da es hier als Nomen gebraucht wird:
Can I have ***the half*** *with the sugar on?*

2 *half* oder *half of*?

- Vor einem Personalpronomen steht immer *half of*, nicht *half*. Vor *a/an* steht jedoch in der Regel *half*, nicht *half of*. Vor *the* oder vor einem Possessiv- oder Demonstrativbegleiter kann *half* oder *half of* stehen:
Half of them *have never heard of Robert Burns.* (Die Hälfte von ihnen ...)
Bring ***half a*** *pound of ham* (unüblich: *half of a pound of ham*), *please, if you pass the butcher's.*
Half (of) the/my/this *money is yours.* (Die Hälfte von dem/meinem/ diesem Geld ist deins.)

⚠ Vor *half of* steht kein *the*:
Half of *us were new.* (Die Hälfte von uns ...)
Half of *the/your/those books have never been read.* (Die Hälfte der/ deiner/dieser Bücher ...)

3 Weitere Besonderheiten

Let's have ***half each*** (NICHT: *the half each*). (... jeder die Hälfte ...)
The beach is ***one and a half / two and a half*** *kilometres away.*
We had ***half a bottle*** *of wine.* (eine halbe Flasche = die Hälfte des Inhalts einer Flasche)
We had ***a half bottle*** *of wine.* (eine halbe Flasche = eine Flasche, die halb so groß ist wie eine normale Weinflasche)
We had ***a half-hour break / a half hour's break / a break of half an hour.***
I saw the students/buildings, ***half of whom/which*** (NICHT: *half of that*) *were new.*

⚠ Sie blieb dort ein halbes Jahr. = *She stayed there* ***six months.***

4 *in half* und *not half*

- *in half* entspricht „entzwei / in zwei Hälften"
She cut/tore/broke the thing ***in half.*** (Sie schnitt/riss/brach das Ding entzwei / in zwei Hälften.)

- *not half* wird umgangssprachlich in der Bedeutung „ganz schön" = „ziemlich" gebraucht:
*He was****n't half angry.*** (Er war ganz schön böse.)
*It did****n't half*** *cost a lot.* (Es hat ganz schön viel gekostet.)

hall (*meist nicht* Halle, *sondern* Hausflur/Saal)

- *hall* bezeichnet 1. den Hausflur in einem Wohnhaus oder ein Gebäude (besonders im AE auch: *hallway*), 2. einen Saal, wo Sitzungen, öffentliche Veranstaltungen und dergleichen durchgeführt werden:
  Lovely to see you all. Hang your coats up in the ***hall(way)*** *as you go in.* (... im Flur ...)
  They are building a new ***village hall.*** (Gemeindehaus)
  The facilities include a large ***dance hall,*** ... (Tanzsaal)

⚠ Weder die Eingangshalle eines größeren Gebäudes, noch eine Halle, die zu gewerblichen Zwecken (Fabrik, Lager usw.) genutzt wird, noch eine Sporthalle wird als *hall* bezeichnet:
Wir treffen uns in der (Hotel-)Halle an der Rezeption. = *We'll meet in the (hotel)* ***lobby*** *at reception.*
Die Bank hat eine riesige (Eingangs-)Halle mit Marmorfußboden. = *The bank has a huge* ***entrance hall*** (*NICHT: a huge hall*) *with a marble floor.*
Ich wohne in einem Hochhaus. Damit du nicht extra hochkommen musst, warte ich unten in der Halle. = ... *I'll wait for you in the* ***entrance.***
Es wird ein Jugendzentrum in einer alten Fabrikhalle eingerichtet. = *A youth centre is being set up in an old* ***factory building.***
Sie finden den Manager drüben in der Halle. = *You'll find the manager over in that* ***building.***
Wo machen wir unser Tennisspiel heute? – In der Halle. = ***Indoors.***
eine große Tennishalle = *a big indoor tennis* ***centre*** */ a big* ***building*** *with indoor/covered tennis courts*
eine Sporthalle = *a gymnasium / sports* ***centre***

H

hand (Hand)

- Einige Wendungen mit Präpositionen und Adverbialpartikeln:
  The day is (close) ***at hand*** *when we shall learn the truth.* (Der Tag ist nahe ...)
  Jim is always ***at hand*** (zur Hand = nahe) / ***on hand*** (zur Hand = verfügbar) *when you need him.*
  Have you got a hammer ***to hand?*** (zur Hand = greifbar)
  I heard about Jim's experiences in Africa ***at first hand.*** (aus erster Hand = direkt/persönlich) *I met him last week.*
  Angela took her son ***by the hand.*** (an/bei der Hand)
  This letter was delivered ***by hand.*** (persönlich)
  Even today, they are still made ***by hand.*** (von Hand)
  She always has some tickets ***in hand*** (vorrätig/zur Verfügung) *for friends who want to come to her concerts at the last minute.*
  The preparations for the meeting are all ***in hand.*** (in Bearbeitung / im Gange = Es wird dafür gesorgt.)
  Hands off! (Hände weg!)
  On the one hand ... on the other (hand) ... (Einerseits ... andererseits ...)

handbag – purse – wallet

- *handbag* (BE) entspricht „Handtasche". Im AE sagt man hierfür *purse*. Im BE versteht man unter *purse* jedoch „Geldbeutel"; im AE bezeichnet man einen solchen als *money purse* oder *change purse*:
  (BE:) *She left her* ***handbag*** (Handtasche) *with her address book and her* ***purse*** (Geldbeutel) *on the bus.*
  (AE:) *I found a* ***purse*** (Handtasche) *but there was no address book in it, so I didn't know who it belonged to.*
  (AE:) *She took a 20-dollar bill out of her* ***money/change purse***. (Geldbeutel)
- Männer bezeichnen das Behältnis, in dem sie ihr Geld haben, normalerweise nicht als *purse*, sondern als *wallet* („Brieftasche"). Im *wallet* ist Platz für Banknoten, Kreditkarten usw. Münzen werden meist lose in der Hosentasche getragen. Im AE wird die Brieftasche bei einem Mann auch als *billfold*, bei einer Frau als *pocketbook* bezeichnet:
  When he opened his (BE nur:) ***wallet*** / (AE auch:) ***billfold***, *I counted six different credit cards.*
  She had her (AE:) ***pocketbook*** *stolen.*

handsome ⇨ beautiful

handwriting (Handschrift)

⚠ *handwriting* ist nicht zählbar, d. h. es kann nicht mit *a/an* oder im Plural verwendet werden:
He's got ***terrible*** (NICHT: *a terrible*) ***handwriting***. (... eine schreckliche Handschrift.)
In her book she examines the ***handwriting*** *of many famous people.* (... die Handschrift[en] ...)

handy (*nicht* Handy, *sondern* handlich / praktisch / leicht erreichbar)

- *handy* ist im Englischen keine Bezeichnung für ein tragbares Telefon, sondern nur ein Adjektiv:
  The Swiss Army knife is a very ***handy*** *little instrument.*
  It's very ***handy*** *having a son who is a computer expert.*
  The office is very ***handy for*** *the station.*
  The station is very ***handy***. *It's only five minutes' walk away.*
  Ein „Handy" wird als *mobile (phone)* bezeichnet:
  Jean has just bought herself a ***mobile (phone)***.

(to) **hang** (hängen/aufhängen/erhängen)

- Wenn *hang* in der Bedeutung „jdn. erhängen" gebraucht wird, ist es ein regelmäßiges Verb mit den Formen *hang – hanged – hanged.* In anderen Bedeutungen ist *hang* ein unregelmäßiges Verb mit den Formen *hang – hung – hung*:
*They **hanged** him for murder.* (Sie erhängten ihn wegen Mordes.)
*We **hung** some pictures on the wall.* (Wir hängten einige Bilder an die Wand.) [transitiv]
*The flag **hung** limply in the windless air.* (Die Flagge hing schlaff ...) [intransitiv]

H

(to) **happen**

1 *(to) happen* = „geschehen/passieren/zustoßen"

⚠ Es geschah etwas ganz Wunderbares. = *Something quite wonderful **happened.*** (NICHT: *There happened something* ...)
*Jack couldn't come because something **had happened to*** (NICHT: *with*) *his car.* (... weil etwas mit seinem Auto passiert ist.)
*They're two hours late, I hope nothing **has happened to** them.* (... ich hoffe, es ist ihnen nichts zugestoßen.)

2 *(to) happen to (do)* = „zufällig (tun)"

- *happen + to*-Infinitiv (*happen to do*) wird im Deutschen meist mit „zufällig" wiedergegeben („zufällig tun"). In dieser Bedeutung kann *happen* nicht in der Verlaufsform verwendet werden:
*She **happened to** meet him at the post office yesterday morning.* (Sie traf ihn ... zufällig ...)
*I **happen to** like Bordeaux.* (Zufällig mag ich Bordeaux.)
***Do** you **happen to** know how old Alan is?* (Wissen Sie zufällig ...?)
There (NICHT: *It*) ***happens to** be a very nice restaurant just next door.* (Es gibt zufällig ...)
- *as it happens* entspricht „zufällig(erweise) / wie es nun einmal so ist":
*You don't know Jack Lester, do you? – **As it happens**, I do.* (Zufälligerweise doch.)
Nicht verwechseln mit:
*There was a hold-up on the motorway, **as*** (NICHT: *as it*) *often **happens**.* (... wie es oft passiert.)

happy (glücklich/froh)

- Wendungen und Konstruktionen:
*Will you phone everybody and tell them? – Yes, I'm **happy to** do that / I'll **happily** do that.* (... ich bin gerne bereit, das zu tun.)

Little Jimmie is ***happy*** *play****ing / to*** *play in the sand.* (... ist glücklich, wenn er ... spielen kann.)
I'm ***happy with*** *my new computer.* (ich bin zufrieden mit ...)
Happy birthday / Christmas / Easter / New Year / anniversary! (Herzlichen Glückwunsch zum Geburtstag / Frohe Weihnachten / Frohe Ostern / Ein gutes neues Jahr / Herzlichen Glückwunsch zum Hochzeitstag!)

harbour – port (Hafen)

- *harbour* bezeichnet das Hafenbecken, *port* einen (See-)Hafen als Handelsplatz, bzw. eine größere Stadt, die einen solchen Hafen hat:
  The ship was just entering/leaving the ***harbour****.* (... lief gerade in den Hafen ein / aus dem Hafen aus.)
  We must keep lorry traffic to the ***port*** *out of the town centre and make it use the ring road.*
  Rotterdam is one of the most important ***ports*** *in Europe.*
- Besonderheiten des Artikel- und Präpositionengebrauchs:
  Hamburg ***harbour*** (NICHT: *The Hamburg harbour*) *is full of ships from all over the world.* (Der Hamburger Hafen ...)
  The port of *Southampton is on the south coast of England.*
  (Die Hafenstadt Southampton ...)

hard (hart)

- *hard* wird als Adjektiv und Adverb gebraucht. Nicht mit *hardly* (= „kaum") verwechseln (s. nächsten Eintrag).
- Als Adjektiv entspricht *hard* neben der Grundbedeutung „hart" auch „schwer/schwierig/kräftig/fest":
  hard *work, a* ***hard*** *stone/bed/cheese/life/winter/fight* (hart)
  hard *times* (schwere Zeiten)
  a ***hard*** *question* (eine schwierige Frage)
  That's ***hard*** *to believe/imagine.* (... schwer zu glauben / vorstellbar.)
  a ***hard*** *push/kick/blow* (ein kräftiger/fester Schubs/Tritt/Schlag)
- Als Adverb entspricht *hard* „hart/fleißig/kräftig/fest":
  He ***worked hard*** *and* ***studied hard****.* (... hart ... fleißig.)
  They ***punished*** *him* ***hard****.* (Sie haben ihn hart bestraft.)
  She ***pushed/kicked/pressed/hit*** *it* ***hard****.* (... kräftig/fest.)
  It ***rained/snowed hard****.* (... kräftig.)
  Auch:
  I ***listened hard*** *but couldn't hear anything.* (Ich hörte angestrengt zu ...)
  The car ***braked hard****.* (... bremste scharf.)
  She ***tried hard****, but it was no good.* (Sie gab sich große Mühe, aber es nutzte nichts.)

- Das Adverb *hard* kann nicht vor einem Partizip Perfekt stehen:
  He was ***punished hard*** */ he was* ***severely*** (NICHT: *hard*) ***punished.***
  Ausnahmen sind aber alle aus *hard* (Adverb) und Partizip Perfekt zusammengesetzten Adjektive:
  We'll be ***hard-pressed*** *to get to the airport on time.* (Wir werden große Schwierigkeiten haben ...)
  Ähnlich: *He was very* ***hard-hearted***. (... hartherzig.)

hardly/barely/scarcely (kaum)

H

1 *hardly/barely/scarcely + any... =* „fast" + Negativwort

- *hardly/barely/scarcely* werden mit *any* (nie mit *some*) und seinen Verbindungen (*anyone/anything/anywhere*) in den Bedeutungen „fast kein(e)/niemand/nichts/nirgendwo" gebraucht:
  There was ***hardly anyone*** *I knew at the party.*
  He ***hardly*** *goes* ***anywhere*** *without his mobile phone.*
- *hardly/barely/scarcely ... at all* bedeutet „fast gar nicht / fast gar kein":
  I eat ***hardly any*** *meat* ***at all.*** (Ich esse fast gar kein Fleisch.)
  I've ***hardly*** *seen them* ***at all*** *since they've been back.* (... fast gar nicht gesehen ...)
- *hardly/barely/scarcely ever* bedeutet „fast nie" (s. auch **almost**, Abschnitt 1):
  We ***hardly ever*** *get up before 10 o'clock on Sundays.* (... fast nie ...)

⚠ Das ist kaum zu glauben! = *That's* ***unbelievable****!*

2 Stellung

- *hardly/barely/scarcely* stehen nach *be* oder nach dem ersten Hilfsverb; sie stehen vor einem Vollverb (außer *be*) bzw. vor der Nominalgruppe, auf die sie sich beziehen:
  We ***are hardly*** *ready.*
  After all these years I ***can hardly*** *remember what she looks like.*
  Why have they invited us to their party? We ***hardly know*** *them.*
  The restaurant was very expensive. We ***hardly had*** *enough money / We had* ***hardly enough money*** *to pay the bill.*

3 Konstruktionen

- Nach Sätzen mit *hardly/barely/scarcely* werden in der Regel bejahte Frageanhängsel gebraucht:
  I suppose you ***hardly*** *remember them,* ***do you****?* (Du erinnerst dich wohl kaum an sie, oder?)

⚠ Auf einen Hauptsatz mit *hardly/barely/scarcely* kann ein Nebensatz mit *when*, aber nicht mit *than* (vgl. *no sooner ... than*) folgen:
The garden party had ***hardly*** *started* ***when*** (NICHT: *than*) *it began to rain.*

- Stehen *hardly/barely/scarcely* am Satzanfang, folgt danach erst ein Hilfsverb (*be, do, can, have* usw.) und dann das Subjekt. Dieser Sprachgebrauch ist schriftsprachlich:
  Hardly had she spoken *his name when he appeared in the doorway.*

harvest – crop (Ernte)

- *harvest* bezeichnet den Vorgang des Erntens, die Erntezeit oder die Erntemenge, die in einem Gebiet von den Landwirten eingebracht wird:
  When I was a boy I used to help the local farmer with the ***harvest*** */ during the* ***harvest****.*
  Farmers in this area had a poor wheat ***harvest*** *this year.*
- *crop* ist eher ein Fachbegriff. Es bezeichnet eine „Feldfrucht" (= angebautes Produkt) oder eine Erntemenge (aber nicht den Vorgang des Erntens oder die Erntezeit). In Bezug auf die Landwirtschaft kann man die Erntemenge als *harvest* oder *crop* bezeichnen, in Bezug auf privaten Gartenbau nur als *crop*:
  What ***crops*** *do you find most successful in this sort of climate?*
  This year has seen a bumper ***crop/harvest*** *of apples in south-west England.*
  We had a good ***crop*** *of potatoes in the garden this year.*

(to) hate (hassen / nicht gern haben/tun)

1 *(to) hate* in der Verlaufsform

- *hate* kann in der Regel nicht in der Verlaufsform gebraucht werden. Diese ist aber möglich, wenn ausgedrückt wird, dass ein momentaner Zustand als unangenehm empfunden wird:
  The party was enormous – lots of people, lots of noise. You should have seen her face. She ***was*** *clearly* ***hating*** */ She clearly* ***hated*** *every minute of it. She* ***hates*** *(NICHT: is hating) big parties.*
  I'm on a diet at the moment. ***I'm hating*** */ I* ***hate*** *it.*

2 *(to) hate doing – (to) hate to do*

- Auf *hate* kann meist ohne wesentlichen Bedeutungsunterschied ein *to*-Infinitiv oder eine *-ing*-Form folgen:
  I ***hate*** *just* ***to*** *lie /* ***lying*** *on the beach all the time.*
  Der subtile Unterschied liegt darin, dass mit *hate* + *to*-Infinitiv eine unangenehme Situation als möglich oder potentiell dargestellt wird, dass mit *hate* + *-ing*-Form dagegen die Situation als tatsächlich gegeben angesehen wird. Oder anders ausgedrückt: Mit *hate to do* wird gesagt, dass man in Situationen, bei denen man die Wahl hat oder hätte, etwas gerne lässt; mit *hate doing* wird gesagt, dass man etwas tut, dies aber ungern tut.

Dieser Unterschied ist in der Regel unerheblich, in den im nächsten Unterpunkt behandelten Fällen aber entscheidend.

- Die *-ing*-Form wird gebraucht, wenn man von effektiv bestehenden Zuständen oder gegebenen Umständen (z. B. einmaligen Situationen) spricht, die man ungern hat, die aber unvermeidlich sind und die man ertragen muss:
  How much longer till we're finished? I ***hate*** *buy**ing*** (NICHT: *to buy*) *Christmas presents.*
  I ***hate*** *stand**ing*** (NICHT: *to stand*) *here with this placard. This is the first and last time I'm doing it.*
  The reporter said she ***hated*** *mak**ing*** (NICHT: *to make*) *that report about the massacres in Rwanda.*
  Auch Entwicklungen, über die man keinen Einfluss hat, werden in aller Regel mit der *-ing*-Form ausgedrückt:
  He ***hates*** *be**ing*** *over 40 now.*
  She says she ***hates*** *hav**ing*** *a politician as a father.*
- In den Wendungen *hate to think/imagine* ist nur der Infinitiv möglich:
  I hate to think/imagine *what may happen / what might have happened.*
  (Ich mag gar nicht daran denken / mir gar nicht vorstellen, was ...)
- Infinitiv und *-ing*-Form können beide in Bezug auf etwas Unangenehmes gebraucht werden, das man gleich tun/sagen wird:
  I ***hate to*** *say / say**ing*** *this, but shouldn't we be going soon?*
  I ***hate to*** *disturb / disturb**ing*** *you, but could you please ...?*
- Nach *would hate* wird in Bezug auf eine spezifische Situation meist der Infinitiv gebraucht. Bei allgemeinen Aussagen ist grundsätzlich sowohl der Infinitiv als auch die *-ing*-Form möglich:
  I'd ***hate to*** *miss the concert this evening.*
  I'd hate to *live / liv**ing*** *in the country.*
- *hate doing, hate to do* und *would hate to do* können alle auch mit einem (Pro-)Nomen als eigenem Subjekt gebraucht werden:
  I ***hate him/his*** *arriv**ing*** *late all the time.*
  I ***hated her to*** *suffer like that.*
  I'd hate them to *think that.*

(to) **have** (haben)

- **have to** s. **must**

1 *have (got)* als Vollverb zum Ausdruck von Besitz

- Das Zustandsverb *have/have got* bedeutet „haben" im Sinne von „besitzen". Oft wird jedoch etwas anderes als nur „Besitz" ausgedrückt:
  They ***have (got)*** *a big house.* [Besitz]
  She ***has (got)*** *two older brothers.* [Bestehen einer persönlichen Beziehung]

*He **has (got)** very long arms. / This machine **has (got)** an automatic timer.* [Vorhandensein eines ständigen Merkmals]
*I **have (got)** time to see him now. / We **have (got)** a special offer at the moment.* [Tatsache, dass etwas zur Verfügung steht]
*He **has (got)** a dog / a cleaning lady.* [Halten von etwas/jdm., über das/den man Verfügungsgewalt hat]
*I **have (got)** little hope. / She **has (got)** a good knowledge of English.* [Vorhandensein von Gefühlen oder Wissen]
*She **has (got)** the flu.* [Bestehen von Krankheiten]
Nicht verwechseln: *She **has got** the flu.* = Diese Krankheit besteht jetzt. – *She often **has*** (NICHT: *has got*) *flu.* = Sie leidet oft an Grippe (vgl. Abschnitt 3).

⚠ Welche Farbe/Größe/Form/Höhe hat es? = *What colour/size/shape/height **is** it?*
Angst/Heimweh/Hunger haben = ***be** afraid/homesick/hungry*
Wer hat Schuld? = *Whose fault **is** it?*
Was hat er bloß? = *What on earth **is the matter** with him?*
Hab bitte Geduld. = *Please **be** patient.*

2 Der Unterschied zwischen *have* und *have got* zum Ausdruck von Besitz

- Im BE sind in der Umgangssprache Formen mit *got* (*have got* im Gegensatz zu einfachem *have*) gebräuchlich, im AE weniger. Doch nimmt auch im BE – wohl unter dem Einfluss des AE – der Gebrauch der Formen ohne *got* zu. In der förmlichen Schriftsprache ist *have* ohne *got* üblich.
- Frage, Verneinung, *past tense, will-future* und Infinitiv werden wie folgt gebildet:
  Frage: ***Do you have …? / Have you got …?***. (Selten und eher zu vermeiden:) *Have you …?*
  Verneinung: *I **don't have** … / I **haven't got** …* . (Selten und eher zu vermeiden:) *I haven't …*
  Past tense: *They **had** …* . (Selten: *had got*)
  Will-future: *I **will have** …* . (Sehr selten: *will have got*)
  Infinitiv: *She seems **to have** …* . (Selten: *to have got*)
- In der Regel wird für wiederholte Situationen nur *have*, nicht *have got* gebraucht:
  *I **have (got)** only $10 to spend. It's the end of the month!* [jetzt bestehende Situation]
  Aber: *I rarely **have** much money left at the end of the month.* [regelmäßig wiederkehrende Situation]
- *have got* kann nicht in der Verlaufsform verwendet werden. Bei Objekten, die mit *have* oder *have got* gebraucht werden können, findet sich *have* gelegentlich in der Verlaufsform. Es wird damit jedoch eher ein wiederholtes Geschehen als ein Zustand ausgedrückt:
  *She **has (got)** problems with her parents.*
  *She **is having** problems with her parents.* [= Bestimmte Anlässe verursachen immer wieder Probleme zwischen ihr und ihren Eltern.]

Donald ***has (got)*** *doubts.*
Donald ***is having*** *doubts.* [= Donald wird immer wieder von Zweifel befallen.]

3 *(to) have* (Vollverb) + Nomen zum Ausdruck einer Tätigkeit

- Beim Gebrauch von *have* (nie *have got*) als Tätigkeitsverb ist die Bildung von Frage und Verneinung in der Gegenwart und Vergangenheit nur mit *do/does/did* möglich. Die Verlaufsform ist grundsätzlich möglich. Kurzformen *('ve = have; 's = has)* sind nicht möglich:
Do you *often* ***have*** *a game of tennis? – I* ***didn't have*** *one last week, but I* ***have*** *one most weeks.*
I ***was having*** *a bath when the phone rang.* (Ich nahm gerade ein Bad / badete gerade / saß gerade in der Badewanne ...)
I ***have*** (**NIE:** *I've*) *a shower every morning.*

- Typische Wortverbindungen:
Essen und Trinken:
have *a meal / breakfast / lunch / dinner / a drink / something to eat / a glass of wine*
Körperpflege/Erholung:
have *a bath/shower/wash / a haircut / a massage / a shave / a rest / a sleep / a lie-down*
Tagesablauf und Freizeit:
have *a good day / a restless night / a nice time / a holiday / a break / a party / a picnic*
Versuch/Test:
have *a try / a go* (es [mal] versuchen) */ a look* ([mal] anschauen) / *a listen* ([mal] anhören) */ a guess* ([mal] raten)
Gespräch:
have *a conversation/talk/chat/discussion / a word with somebody*
Streit:
have *an argument / a disagreement/quarrel/fight*
Treffen:
have *a meeting/lesson/conference*
Sport/Körperliche Aktivität:
have *a game of tennis / a swim/walk/ride*
Krankheit/Unfall (vgl. auch Abschnitt 1 oben, bei gerade bestehenden Krankheiten):
have *the flu* (die Grippe bekommen) */ a nervous breakdown* (Nervenzusammenbruch) */ an accident*
Sonstiges:
have *a baby* (ein Baby bekommen)
have *an operation* (sich operieren lassen)
have *trouble* (Schwierigkeiten haben)
have *sex with someone*
have *a good laugh about something*
have *a think about something* (etwas überlegen)

- Wünsche als Zurufe werden oft mit dem Imperativ *have* ausgedrückt, wo im Deutschen meist gar kein Verb gebraucht wird:
  ***Have** a nice evening/weekend!* (Schönen Abend! / Schönes Wochenende!)
  ***Have** a good holiday/Christmas!* (Schönen Urlaub! / Ein schönes Weihnachtsfest!)
  ***Have** fun / a good time / a nice time!* (Viel Spaß!)
  ***Have** an enjoyable/pleasant evening!* (Angenehmen Abend!)
  ***Have** a successful trip!* (Ich wünsche Ihnen eine erfolgreiche Reise!)

4 *have something done*

- Zum Unterschied zwischen *have something done* und *get something done* s. **get**, Abschnitt 4.
- *have something done* entspricht „(sich) etwas machen lassen":
  *I**'m having my hair cut** this afternoon.* (Ich lasse mir ... die Haare schneiden.)
  *When we go on holiday we **have our post sent on**.* (... lassen wir uns die Post nachsenden.)
  *I**'m having little Jack looked at** by the doctor.*
  *We**'re having the children taken** to school by the au-pair.*
- *have* + (Pro-)Nomen + Partizip Perfekt kann ferner ausdrücken, dass ein Unfall oder etwas Ähnliches jemandem unbeabsichtigt und ungewollt zustößt:
  *We **had our car stolen** last week.*
  *We **had all our May Day decorations ruined** by the rain.*
  *She **had tomatoes thrown** at her by the angry crowd.*
  Das Ereignis, das einem zustößt, kann aber auch angenehm sein:
  *We **had flowers given** to us by a woman working in her garden.*
- Schließlich kann *have something done* das Ergebnis einer Tätigkeit ausdrücken, d. h. den fertigen Zustand, nachdem jemand (selbst) etwas gemacht hat:
  *I **had everything dealt with** in less than two hours.* (Alles war ... erledigt.)
  *Two days after moving in, they **had all the pictures hung** and **all the books unpacked**.*
- *I won't/can't have something done* drückt aus, dass man etwas nicht bereit ist zu dulden (vgl. *can't stand*):
  ***I won't/can't have my office used** as a store room!* (Ich lasse nicht zu, dass mein Büro als Lagerraum benutzt wird.)

5 *have (got) someone doing something*

- vgl. auch *get someone doing something* unter **get**, Abschnitt 5.
- Mit dieser Konstruktion wird ausgedrückt, dass man sein gewolltes/beabsichtigtes Ziel erreicht, dass jemand etwas tut:
  *The teacher **had (got) them practising** telephone language.*
  *She **has (got) the whole village looking** for the ring she lost.*

- Es kann dadurch aber auch einfach ausgedrückt werden, dass man sich in einer bestimmten Situation befindet:
We ***have (got) a Portuguese family living*** *next-door now.*
I ***have (got) a lot of work waiting*** *for me when I get back.*
We have (got) 30 people coming *to Alan's birthday party.*
We advertised our flat, and now we ***have (got) people ringing up*** *at all hours of the day and night.*
In diesen Beispielsätzen handelt es sich um das Verb *have (got)* zum Ausdruck von Besitz usw. (vgl. Abschnitt 1) + Objekt + Partizipialkonstruktion. Die Partizipialkonstruktion entspricht einem Relativsatz (*who are living, which is waiting, who are coming* usw.).

H

- *I won't/can't have someone doing something* drückt aus, dass man etwas nicht duldet (vgl. Abschnitt 4: *I won't have something done*):
I won't/can't have the children asking *the neighbours for money.* (Ich lasse nicht zu, dass ...)

6 *have someone do something*

- Im Gegensatz zu *get someone to do something,* wird in dieser Konstruktion der Infinitiv <u>ohne</u> *to* verwendet. Es wird ausgedrückt, dass man jemanden etwas tun lässt („lassen" im Sinn von „veranlassen/bitten/befehlen"; vgl. *have something done*):
Have Mr Wells come *in now, please.* (Lassen Sie jetzt Mr Wells hereinkommen / Mr Wells soll jetzt hereinkommen.)
The teacher ***had them practise*** *the language of telephoning.* (... ließ sie ... üben.)
*I'****ll have my secretary call*** *a taxi for you.*

- Vgl. den Unterschied zwischen *have someone doing something* und *have someone do something* in folgenden Beispielen:
The teacher ***had them practising*** *telephone language for several lessons / half an hour.* [wiederholt oder länger andauernd]
The teacher ***had them practise*** *telephone language, but then moved on to something else.* [abgeschlossenes, ganzes Ereignis]

- Mit *have someone do something* kann auch ausgedrückt werden, dass einem etwas Ungewolltes zustößt, das außerhalb der eigenen Kontrolle steht (vgl. Abschnitt 4 oben):
I ***had a brick fall*** *on my foot.*
We ***had visitors arrive*** *for the weekend quite unexpectedly.*

- Es kann damit aber auch – informell – ganz neutral eine Situation beschrieben werden, die man erlebt:
We ***had James ring up*** *yesterday. Hadn't heard from him for months.*

he – him

1 Subjekt- oder Objektpronomen?

- Die Hinweise in diesem Abschnitt gelten für alle Personalpronomenpaare (*I – me, he – him, she – her, we – us, they – them*).
- Kein Subjektpronomen, sondern ein Objektpronomen ist nach *be* gebräuchlich:
  *Is this Jim in this photo? – Yes, that**'s him**.* (Ja, das ist er.)
  *Did Alan break this lovely vase? – Yes, it **was him**, I'm afraid.* (Ja, er war es leider.)
  *Who told you? Was it Peter? – Yes, it **was him**.*
  *If I **were him**, I'd accept their offer.*
  Wenn auf *be* + Personalpronomen jedoch ein Relativsatz mit *who/that* folgt und *who/that* Subjekt des Relativsatzes ist, kann ein Subjekt- oder Objektpronomen gebraucht werden. Ein Objektpronomen gilt hier als umgangssprachlich und wird in der Schriftsprache vermieden:
  ***It was he/him who/that** suggested it.*
- In Vergleichssätzen ohne Verb steht immer ein Objektpronomen, nie ein Subjektpronomen:
  *I'm bigger **than him**.* (… als er.)
  *She's as old **as him**.*
  Aber mit Verb: *I'm bigger **than he is**. / She's as old **as he is**.*
- Dasselbe gilt für kurze Antwortsätze ohne Verb:
  *Who took the last piece of cake? – **Him*** (oft aber: ***He did***). (Er.)
  *She'll arrive late. – **Him**, too* (oft stattdessen: ***He will**, too*). (Er auch.)
  *Jack said he didn't want it. – Silly **him**.* (Dumm von ihm.)
  *Alan doesn't have to take the test. – Lucky **him**.* (Der Glückliche!)

⚠ Ich bin ein Freund von ihm. = *I'm a friend **of his**.*

2 *they* statt *he or she; they* nach *someone / anyone / everyone / no one*

- Der Gebrauch von *they* im Rückbezug auf Nomen wie *student, person, teacher, doctor,* die beide Geschlechter bezeichnen können, wird heute allgemein akzeptiert. Er wird besonders dann bevorzugt, wenn der Gebrauch von *he or she* umständlich wäre:
  *If **a student** feels uncertain, **they*** (oder: *he or she*) *can ask **their*** (bzw.: *his or her) teacher for help.*
  *The worst thing for **a doctor** is when **they** know **they** can do nothing to help.*
- Im Rückbezug auf *someone / everyone / anyone / no one* wird ebenfalls meist *they* gebraucht:
  *If **anyone** doesn't know **their** room number, **they** should ask me now.*

3 *he* bei Babys und Tieren

- *he*, nicht *it*, wird für männliche Babys sowie Tiere gebraucht, die als Wesen mit Persönlichkeit empfunden werden. Der Gebrauch von *she* ist ähnlich:

*The **baby**'s name is Jeremy. **He** weighed 3850 grams at birth.*
*Rufus is a lovely **dog** – **he**'s a real friend.*
*Just look at that **lion** – isn't **he** majestic?*

headache ➪ ache

headmaster/headmistress/principal, head teacher (Schuldirektor[in], Schulleiter[in])

H

- Der Leiter / Die Leiterin einer Schule wird im BE als *headmaster/headmistress*, im AE jedoch als *principal* bezeichnet. *principal* ist geschlechtsneutral. Der geschlechtsneutrale Ausdruck im BE lautet *head teacher*.

headquarters (Zentrale/Hauptsitz)

- *headquarters* kann ohne Bedeutungsunterschied im Singular oder Plural gebraucht werden:
  *Logan is/are a European company. **Its headquarters is / Their headquarters are** in Paris.*

health (Gesundheit), healthy – well – better – good for you (gesund)

1 *health*

⚠ *health* ist im Englischen nicht zählbar, d. h. es kann nicht mit *a/an* verwendet werden:
He always had very good (NICHT: *a very good*) ***health***. (Er hatte immer eine sehr gute Gesundheit.)

2 *healthy – well – better – good for you*

2.1 „gesund" – „krank"

- *healthy* entspricht „gesund" im Sinne von „in allgemein guter körperlicher Verfassung, kräftig, robust", während *well* „gesund" im Gegensatz zu „krank" bedeutet:
  *The army needs **healthy** young men like him.* (... gesunde junge Männer ...)
  *You need to be fit and **healthy** to go on an expedition like that.* (... fit und gesund ...)
  *Get **well** soon.* (Werde bald wieder gesund.)
  *Is she **well** again, now?* (Ist sie jetzt wieder gesund?)

*He's **not well**. He's got the flu.* (Er ist [vorübergehend] krank.)
*He's **not well**. He's had heart trouble for several years now.* (Er ist krank / nicht gesund [= allgemein in schlechter gesundheitlicher Verfassung].)

- *well* kann nur prädikativ nach einem Kopulaverb, nicht attributiv vor einem Nomen gebraucht werden. *healthy* kann attributiv und prädikativ gebraucht werden (s. auch die Beispiele oben):
*A **healthy*** (NICHT: *well*) *person wouldn't need all these pills.*

- *well again* und *better* können beide im Sinne von „wieder gesund = völlig genesen" verwendet werden; nur *better* wird in Bezug auf ein Zwischenstadium des Heilungsprozesses gebraucht:
*When you're **well again / better**, we'll go out for a meal together.*
*He's a little **better** today. His temperature has dropped to 39.*

2.2 „gesund" = „gesundheitsfördernd"

- *healthy* entspricht auch „gesund" im Sinne von „gesundheitsfördernd". Es kann in dieser Bedeutung ebenfalls attributiv und prädikativ gebraucht werden:
*This area has a **healthy** climate.*
*The climate here is very **healthy**.*

- Nach *be* steht jedoch nicht *healthy*, sondern *good for you*, wenn das Subjekt ein Nahrungsmittel oder eine sportliche Betätigung bezeichnet, d. h. etwas, das man willentlich zur Gesundheitsförderung zu sich nehmen bzw. unternehmen kann:
*Apples are **good for you**.* (Äpfel sind gesund.)
*A regular visit to the sauna **is good for you**.*

⚠ aus gesundheitlichen Gründen = *for **health*** (NICHT: *healthy*) *reasons*
der gesunde Menschenverstand = ***common** sense*

heap (Haufen) – **pile** (Haufen/Stoß) – **stack** (Stapel/Stoß)

- Diese drei Wörter stellen eine Skala von unordentlich *(heap)* bis ordentlich *(stack)* dar. Die Übergänge zwischen *heap* und *pile* einerseits und *pile* und *stack* andererseits sind jedoch fließend.
heap bezeichnet einen unordentlichen Haufen. *pile* bezeichnet einen meist ordentlichen und in der Regel aufgeschichteten Haufen/Stapel/Stoß von Sachen. *stack* ist ein ordentlicher Stapel von Sachen meist der gleichen Art und Größe sowie des gleichen Formats:
a heap/pile of sand; a pile/stack of magazines
*They just left their clothes in a **heap** on the floor.*
*When I opened the cupboard I found a shelf with two **piles** of new, unused shirts.*
*The videos are not on the shelf but in a **stack** on the floor.*

(to) **hear** (hören)

1 *(to) hear – (to) listen (to)*

- *hear* entspricht „hören" im Sinne von „wahrnehmen" und beschreibt den Vorgang, bei dem Schallwellen vom Ohr aufgenommen und vom Gehirn interpretiert werden. Über diesen Vorgang hat der/die Hörende keine Kontrolle. *listen (to)* dagegen bedeutet „(bewusst) hinhören/zuhören/horchen":
  *I **listened**, but I couldn't **hear** anything.*
  ***Listen**, there's that funny noise again. – I can't **hear** anything.*
- *listen to the radio* entspricht „Radio hören", *listen to music* „Musik hören"; *hear* ist nicht möglich:
  *She **was listening to the radio / to music***
  Dies gilt auch, wenn das Objekt ein Gerät oder eine Tonkonserve ist:
  *She **was listening to** her **walkman** / her new **CD/cassettes**.*
- Radiosendungen, öffentliche Vorträge und Reden verbinden sich jedoch grundsätzlich mit *hear* oder *listen to*. Soll jedoch ein momentaner Vorgang ausgedrückt werden, bei dem eine Verlaufsform nötig ist, so kann nur *listen to* verwendet werden:
  ***Did you hear/listen to** that programme about India last night?*
  *I always **hear/listen to** the weather forecast at five to eight.*
  *I'm going to **hear/listen to** Dr Jackson's lecture on Shakespeare.*
  *Be quiet. I**'m listening to** the news.*
  *I **was listening to** Dr Jackson's lecture when someone in the audience stood up and started to shout.*
- Bei öffentlichen Musikveranstaltungen wird *hear* im Sinne von „erleben" gebraucht:
  *I **heard** Sibelius' Violin Concerto at the Festival Hall last night.*
  *We**'re going to hear** the Berlin Philharmonic Orchestra tonight.*
  Auch: ***Have** you **heard** Madonna's latest CD?*
  Aber in der Verlaufsform: *We **were listening to** Sibelius' Violin Concerto when a fire broke out.*
- Wendungen mit *hear* und *listen (to)*:
  *Don't you ever say that again, **do you hear**?* (... hörst du?)
  *Philip has bought a new motorbike. – **So I hear/have heard**.* (Das habe ich gehört.)
  ***Listen to** me, young man.* (Hör mir gut zu, junger Mann.)
  *I've told them a hundred times, but the children just **won't listen**.* (... die Kinder hören einfach nicht.)
  *They refused to **listen to** my advice.* (Sie wollten nicht auf meinen Rat hören.)

2 *hear – can hear; heard – could hear*

- Anstelle von *hear* im *simple present* wird oft *can hear* gebraucht.
  can hear ist üblich, wenn eine bestimmte Situation beschrieben wird:

H

*I often **hear** strange noises at night.* [allgemeine Aussage]
*I **can hear** the phone ringing.* [bestimmte Situation]
Can (NICHT: *Do*) *you **hear** what they're saying?* (Hörst du, was sie sagen?)
*Say that again, please. I **can't*** (NICHT: *don't*) ***hear*** (NICHT: *understand*) *you very well.* (Ich höre Sie / verstehe Sie [akustisch] nicht gut.)

- Im *simple past* wird dieser Unterschied weitgehend aufgehoben. Grundsätzlich kann sowohl *heard* als auch *could hear* für eine bestimmte Situation verwendet werden:
  *I often **heard** strange noises at night.*
  *I **heard/could hear** the phone ringing.*
  ***Could/Did** you **hear** what they were saying?*
  *I asked him to say it again. I **couldn't/didn't hear** him very well.*
  Bei einer plötzlichen Wahrnehmung jedoch ist nur *heard* möglich:
  *We suddenly **heard** a shot.*

3 Die Verlaufsform von *(to) hear*

- Die Verlaufsform wird mit *hear* grundsätzlich nicht verwendet. Sie ist aber dann möglich, wenn gemeint ist, dass man zur Zeit Nachrichten/ Informationen erhält:
  *We**'re hearing** a lot about the Information Super-Highway these days.*
  *I**'ve been hearing** about your performance from Jack.*
  Aber:
  *I **hear** that Alan has got that new job.* (Ich habe gehört, dass ...)
  I've been hearing that Alan has got that new job wäre nur möglich, wenn gemeint ist, dass man diese Information wiederholt, aus mehreren Quellen erhalten hat. Es würde damit möglicherweise auch suggeriert, dass der Sprecher diese Nachricht nicht glaubt.

4 *(to) hear someone doing something – (to) hear someone do something*

- Bei kurzen Handlungen sind diese beiden Konstruktionen in der Regel austauschbar:
  *I **heard Alan shutting/shut** the door.*
- Mit der *-ing*-Form wird oft ausgedrückt, dass eine Handlung in ihrem Verlauf wahrgenommen wird, aber nur ein Ausschnitt davon, d. h. das Ende wird nicht wahrgenommen:
  *We could **hear the bells ringing** before we closed the window.*
  *I **heard them having** an argument but then one of them closed the door and I couldn't hear what they were saying any more.*
- Mit dem Infinitiv wird dagegen ausgedrückt, dass die ganze Handlung von Anfang bis Ende wahrgenommen wird:
  *I **heard a tractor go** past.*
  *I **heard someone climb** the stairs and **open** the bathroom door.*
- Wenn eine komplette Handlung wiederholt wahrgenommen wird, wird jedoch oft die *-ing*-Form verwendet:
  *As I lay in bed I **heard cars driving** past and **people walking**.*

- Auf *can hear* folgt eine *-ing*-Form, wenn es sich um eine momentane Situation handelt:
  *I **can hear** Dennis **snoring**. Can you?*
  Aber bei einem Dauerzustand:
  *If the hall door is shut we **can't** always **hear** the phone **ring**.*

- *hear* + *-ing*-Form und *hear* + Infinitiv können auch im Passiv gebraucht werden. In diesem Fall muss jedoch der Infinitiv mit *to* verwendet werden:
  *She **could be heard moving** about in the next room.*
  *She **was heard to open** a window.*

- Auch *listen to* kann in derselben Weise mit einem nachfolgenden (Pro-)Nomen + Infinitiv bzw. *-ing*-Form gebraucht werden. Die Konstruktion mit der *-ing*-Form ist häufiger, weil *listen* an sich schon eine andauernde Tätigkeit ausdrückt:
  *I **listened to him snoring** in the next room.*
  *I **listened to them shake, bang** and **hammer** the damn thing into place.*

- Auf *hear* kann auch ein (Pro-)Nomen + Partizip Perfekt oder direkt eine *-ing*-Form (ohne [Pro-]Nomen) folgen:
  *We **heard our names** call**ed**/mention**ed**.*
  *I **heard** talk**ing** in the next room.*

H

5 ***(to) hear of – (to) hear from – (to) hear about***

- *hear of, hear from, hear about* können alle mit „hören von" wiedergegeben werden:
  *Philip Bates? Who's that? I**'ve** never **heard of** him.* (Ich habe noch nie etwas von ihm gehört.)
  *I last had a letter from Jane three years ago. I **haven't heard from** her since then.* (Ich habe seitdem nichts mehr von ihr gehört.)
  ***Have** you **heard about** that terrible accident on the motorway?* (Haben Sie von diesem schrecklichen Unfall auf der Autobahn gehört?)

heaven (Himmel[reich]),**hell** (Hölle)

- *heaven* and *hell* werden ohne Artikel gebraucht:
  ***Heaven** and **hell** are two quite different places!* ([Der] Himmel und [die] Hölle ...)
  *When they die she'll **go to heaven** and he'll **go to hell**.* (... wird sie in den Himmel kommen und er in die Hölle.)
  *She'll be **in heaven** and he'll be **in hell**.* (... im Himmel ... in der Hölle.)
  *Life was **heaven** for her when he was away. Life was **hell** when he was at home.*
  *It must be **hell** to be married to someone like that.* (Es muss die Hölle sein, mit so jemandem verheiratet zu sein.)
  Vgl.: ***in** heaven* (im Himmel) – ***in** the sky* (am Himmel)

heavy, heavily

- *heavy/ heavily* entspricht „schwer" z. B. in folgenden Wortverbindungen:
  a ***heavy*** *suitcase/meal*
  a ***heavy*** *cold* (eine schwere Erkältung)
  heavy *fighting/losses* (schwere Kämpfe/Verluste)
  heavy *breathing* (schwere Atmung)
  heavy *soil* (schwerer Boden)
  to punish s.o. ***heavily*** (jdn. schwer bestrafen)
- *heavy/heavily* entspricht „stark" z. B. in folgenden Wortverbindungen:
  heavy *snow/rain/traffic* (starker Schneefall/Regen/Verkehr)
  a ***heavy*** *smoker/drinker* (ein starker Raucher/Trinker)
  to be ***heavily*** *dependent on* (stark abhängig sein von)
- Andere Entsprechungen von *heavy*:
  a ***heavy*** *fine* (eine hohe Geldstrafe) / *a* ***heavy*** (oder: *high*) *tax* (eine hohe Steuer)
  a ***heavy*** *silence* (eine drückende Stille)
  be a heavy sleeper (einen tiefen Schlaf haben)

⚠ Wie schwer sind Sie? = *How much* ***do you weigh****?*
Das Baby war 5 Kilo schwer. = *The baby* ***weighed*** *5 kilos.*
ein 6 kilo schweres Paket = *a parcel* ***weighing*** *6 kilos*
ein mittelschwerer Koffer = *a suitcase* ***weighing*** *quite a lot*
Wir sind gleich schwer. = *We're* ***the same weight****.*

⚠ ein schwerer Konflikt = *a* ***serious/violent*** *conflict*
eine schwere Krankheit/Verletzung = *a* ***serious*** *illness/injury*
schwer krank/verletzt = ***seriously/badly*** *ill/injured*
ein schwerer Unfall = *a* ***serious/bad*** *accident*
ein schweres Verbrechen = *a* ***serious*** *crime*
ein schwerer Fehler = *a* ***serious/bad*** *mistake*
schwer enttäuscht = ***badly*** *disappointed*

⚠ schwer arbeiten = *to work* ***hard***
eine schwere Arbeit = ***hard/difficult*** *work*
eine schwere Entscheidung = *a* ***hard/difficult*** *decision*
ein schwerer Tag / eine schwere Zeit = *a* ***bad/difficult*** *day/time*
ein schwerer Kampf = *a* ***hard*** *struggle*
Das ist schwer zu glauben / zu verstehen / vorstellbar. = *That's* ***hard/ difficult*** *to believe / to understand / to imagine.*
etwas schwer machen = *make s.th.* ***hard/difficult***
sich mit etwas schwer tun = *find s.th.* ***hard/difficult***
schwer fallen = *be* ***hard/difficult***

⚠ schweres Essen = ***rich*** *food* (aber: *a* ***heavy*** *meal,* vgl. oben)
ein schwerer Wein = ***strong*** *wine*
schwerreich = ***stinking*** *rich*

height (Höhe) – **altitude** (Höhe[nlage])

- *height* ist das allgemein gebräuchliche Wort, *altitude* das in technischen Zusammenhängen bevorzugte Wort:
  What (NICHT: *Which*) ***height*** (NICHT: *altitude*) ***is*** (NICHT: *has*) *that building over there?* (Welche Höhe hat das Gebäude ...?)
  Are you afraid of ***heights*** (NICHT: *altitudes*)*?* (Hast du Höhenangst?)
  We are now flying ***at*** (NICHT: *in*) ***a height / an altitude*** *of 11000 metres.*
  This type of vegetation is found only at ***low/high altitudes*** (NICHT: *heights*).
  Climbers need oxygen equipment at this sort of ***altitude****.* (Bergsteiger brauchen in Höhen wie dieser Sauerstoffausrüstung.)

H

hell ⇨ **heaven**

help (Hilfe[n]), (to) **help** (helfen)

1 Das Nomen *help*

- *help* ist – auch in der Bedeutung „Hilfestellung" – nicht zählbar, d. h. es kann nicht mit *a* oder im Plural verwendet werden:
  Ich gebe euch einige Hilfen/Hilfestellungen. = *I'll give you* ***some help*** (NICHT: *helps*).
  Ich gebe euch eine Hilfe(stellung) / eine kleine Hilfe(stellung). = *I'll give you* ***some help*** (NICHT: *a help*) / ***a bit of help****.*
  Vgl.: *I'll give you a little help.* [*a little* bedeutet hier „ein wenig Hilfe", nicht „eine kleine Hilfe".]
- Nach Kopulaverben wie *be/become* kann *help* jedoch, wie im Deutschen, mit *a* gebraucht werden:
  It would ***be a help*** *if you came early.*
  She ***became a big/great help*** *to him in his later years.*

2 Das Verb *(to) help*

- *help* ist ein normales transitives Verb mit normaler Passivbildung:
  We ***were helped*** *by a lot of different people.* (Uns wurde ... geholfen.)
- Auf *help* kann ein Infinitiv mit oder ohne *to* folgen:
  They ***helped*** *us* ***(to)*** *pack and unpack.*
  In einem Passivsatz ist aber nur der Infinitiv <u>mit</u> *to* möglich. Diese Konstruktion findet sich nur selten:
  I ***was helped to*** *get over the problem by a therapist that Angela recommended.*
  Nach *not* ist der Infinitiv <u>mit</u> *to* üblich:
  She ***helped*** *the children* ***not to*** *feel sad about losing their old friends.*

⚠ Was macht ihr Schlingel da? Ich werde euch helfen! = *What are you rascals doing? I'll* ***have*** *you!*
Das hier hilft gegen Bauchschmerzen. = *This* ***is good for*** *stomach aches.*
Sie weiß sich zu helfen. = *She can* ***look after / take care of herself****.*
Ich wusste mir (überhaupt) nicht mehr zu helfen. = *I* ***was at a*** *(complete)* ***loss*** (what to do).
Es hilft (alles) nichts – wir müssen verkaufen. = ***It's no good/use*** *– we'll have to sell.*
Da hilft kein Warten – wir müssen verkaufen. = ***It's no good/use*** *wait****ing*** *– we'll have to sell.*
Was hilft mir das, kannst du mir das verraten? = ***What good/use is*** *that to me, can you tell me that?*

3 *can't/couldn't help*

- *can't/couldn't help* entspricht „nicht vermeiden können / nicht verhindern können / nichts dafür können / nicht umhin können":
  He looks like a gorilla, but he ***can't help*** *it.* (... er kann nichts dafür.)
  He arrived late but he really ***couldn't help*** *it. There was an accident on the motorway.*
  Don't bring Alan with you if you ***can help*** *it.* (... wenn du es vermeiden kannst.)
- Auf *can't/couldn't help* folgt ein zweites Verb immer als *-ing*-Form:
  I ***can't help*** *think****ing*** *that there's a mistake here somewhere.* (Ich kann mir nicht helfen, aber ich glaube, dass ...)
  I ***couldn't help*** *laugh****ing****.* (Ich musste lachen.)

herd – flock (Herde)

- *a* ***herd*** *of cows/cattle/elephants/deer* (eine Herde Kühe/Vieh/Elefanten / ein Rudel Rehe)
  a ***flock*** *of sheep/goats* (eine Herde Schafe/Ziegen)
  Auch: *a* ***flock*** *of birds /tourists* (ein Schwarm Vögel / eine Schar Touristen)
- Einige andere Bezeichnungen für Tiergruppen:
  a ***brood*** *of hens/ducklings* (Entchen) / *young blackbirds* (Amseln)
  a ***colony*** *of ants* (Ameisen)
  a ***gaggle*** *of geese* (Gänse)
  a ***pack*** *of wolves* (Wölfe) / *hounds* (Jagdhunde)
  a ***pride*** *of lions* (Löwen)
  a ***school*** *of dolphins* (Delphine) / *whales* (Wale)
  a ***shoal*** *of fish/herring* (Fisch/Heringe)
  a ***swarm*** *of bees* (Bienen)

here (hier)

- *here,* nicht *there,* muss gebraucht werden, wenn der Ort gemeint ist, an dem sich der Sprecher aufhält:
  *I'm staying **here** until she apologizes!* (Ich bleibe da, bis sie sich entschuldigt.)
  *Can I speak to Ann, please? – Sorry, she's not **here**.* (… nicht da.)
- *here,* nicht *to here,* ist die Entsprechung für „hierher". *to here* ist nur in der Verbindung *up to here* möglich; *to* ist dann Teil des Ausdrucks *up to* („bis"):
  *We come **here** every year.* (Wir kommen jedes Jahr hierher.)
  *Can you see this mark underneath the window. The water came **up to here**.* (… bis hierher.)
  Mark is nearly as tall as me now. He comes (Sprecher zeigt z. B. auf seine Nase) ***up to here**.*
- *here is/are* entspricht „hier/da" + „haben", wenn etwas überreicht wird:
  ***Here's** your money.* (Hier/Da hast du dein Geld.)
  ***Here are** those magazines you asked for.*
  Vgl. auch: ***Here** you are.* (Hier, bitte.)
- Wenn *here* am Satzanfang steht, steht das nachfolgende Verb vor dem Subjekt, falls das Subjekt ein Nomen ist. Ist das Subjekt jedoch ein Personalpronomen, so gilt die normale Wortstellung:
  ***Here's** the house. **Here it** is.*
  ***Here comes** Jim. **Here he** comes.*
  In Sätzen wie dem vorigen steht das *simple present* (*comes*), nicht das *present progressive* (*is coming*).

H

heroin (Heroin) – heroine (Heldin)

- *heroine,* nicht *heroin,* ist die Entsprechung für „Heldin". *heroin* ist die Bezeichnung für die Droge „Heroin". *heroin* und *heroine* werden gleich ausgesprochen und beide auf der ersten Silbe betont.

herself (sich)

- Die hier gegebenen Hinweise gelten für alle Reflexivpronomen.
- Reflexivpronomen wie *herself* werden normalerweise nicht nach Präpositionen des Ortes gebraucht:
  *She saw the other climbers **above / below / behind / beside / in front of / near her*** (NICHT: *herself*). (… über/unter/… sich.)
  *She hadn't got a cent **on her**.* (… bei sich.)
  Sie werden auch nicht nach *with* gebraucht, wenn *with* im konkreten Sinne von „bei sich / mit sich führend" gebraucht wird:
  *She had brought some photos **with her**.* (Sie hatte … mitgebracht.)

- Nach den Präpositionen *as, including, like, except, than* und nach *or* werden manchmal Reflexivpronomen anstelle von Subjekt- oder Objektpronomen gebraucht:
  Anna noticed that Jack went swimming as often ***as her(self)***. (Anna merkte, dass Jack genauso oft schwimmen ging wie sie.)
  She poured drinks for everyone ***including her(self)***. (... einschließlich für sich selbst.)
- Bei bestimmten Verben wie *dress/wash*, die im Englischen in der Regel nicht reflexiv gebraucht werden, wird das Reflexivpronomen benutzt, um zu betonen, dass jemand etwas selbst macht, machen kann oder machen soll:
  Little Glenn can ***dress himself*** *now.*
  Go and ***wash yourself****!*

(to) **hesitate** (zögern), **hesitation** (Zögern)

- Auf *hesitate* folgt ein *to*-Infinitiv, auf *hesitation* aber *in* + *-ing*-Form:
  I ***hesitate to*** *say this, but ...*
  His ***hesitation in*** *accept****ing*** (NICHT: *to accept*) *made me suspicious.* (Sein Zögern zuzusagen machte mich misstrauisch.)
  We have no ***hesitation in*** *accept****ing*** *this offer.* (Wir nehmen dieses Angebot ohne zu zögern an.)

(to) **hide** ([sich] verstecken)

- *hide* wird oft in der Verlaufsform des *present* und *past tense* gebraucht, wo im Deutschen ein Perfekt oder Plusquamperfekt verwendet wird. Der Gebrauch eines Reflexivpronomens ist dabei nicht möglich:
  Where ***is*** *he* ***hiding*** (NICHT: *hiding himself*)*?* (Wo hat er sich versteckt?)
  She ***was hiding*** *behind the cupboard.* (Sie hatte sich ... versteckt.)
  Mit der Verlaufsform wird der Zustand des Versteckseins betont, während *present perfect* und *past perfect*-Formen (ggf. mit Reflexivpronomen, vgl. nächsten Unterpunkt) den Akt des Sichversteckens betonen:
  Has *he* ***hidden*** *(himself) yet?*
  Little Janet had gone into the bedroom and ***had hidden*** *(herself) behind the cupboard.*
- *hide* kann, muss aber nicht mit einem Reflexivpronomen verwendet werden, wenn betont wird, dass sich jemand bewusst versteckt:
  We ***hid (ourselves)*** *behind a bush and waited for them to go past.*
- *hide* wird mit der Präposition *from* gebraucht:
  The soldiers ***hid from*** *the enemy.* (... versteckten sich vor dem Feind.)

high – tall, it's high time, highly

1 Die Adjektive *high* und *tall*

- Viele Dinge können als *high* oder *tall* bezeichnet werden. Die Unterschiede werden in den folgenden Unterpunkten erläutert.
- *high* ist das Gegenteil von *low* und entspricht „hoch" im Sinne von:
  a) „hoch über dem Boden":
  The lamp is a bit ***high****, don't you think?*
  a ***high*** *shelf/ceiling*
  b) „weit/lang von oben nach unten":
  a ***high*** *fence/wall*

H

- *tall* dagegen entspricht:
  a) „groß" bei Menschen: s. Eintrag **big**. Das Gegenteil ist *small/short.*
  b) „groß" oder „hoch" bei Dingen, die in vertikaler Richtung überdurchschnittlich lang sind und länger (in der Höhe) als breit. Das Gegenteil ist *low*:
  a ***tall*** *tree/tower/chimney/skyscraper/building*
- *high* entspricht „hoch" auch in folgenden Wortverbindungen:
  high *cost(s)/expectations* (hohe Kosten/Erwartungen)
  a ***high*** *level* (ein hohes Niveau)
  a ***high*** *opinion* (eine hohe Meinung)
  a ***high*** *price* (ein hoher Preis)
  high *speed* (hohe Geschwindigkeit)
  a ***high*** *voice* (eine hohe Stimme)
  high hat jedoch in folgenden Wortverbindungen eine andere Entsprechung als „hoch" im Deutschen:
  a ***high*** *altitude* (eine große Höhe[nlage])
  a ***high*** (auch: *strong*) *wind* (ein starker Wind)

⚠ eine hohe Geldstrafe = *a* ***heavy*** *fine*
eine hohe Wahrscheinlichkeit = *a* ***strong*** *probability*
hoher Schnee = ***deep*** *snow*
Das Wasser stand zwei Meter hoch. = *The water was two meters* ***deep****.*
ein hohes Alter = *a* ***great*** *age*
hohen Alters = ***(very) old***
im hohen Norden = *in the* ***far*** *north*
hoher Seegang = *a* ***rough*** *sea*

2 *it's high time*

- Auf *it's high time* („es ist höchste Zeit") folgt das Verb im *past tense.* Die *past-tense*-Form wird hier – wie auch z. B. in Bedingungssätzen des Typs II und nach *wish* (s. entsprechenden Eintrag) – gebraucht, weil es sich um eine hypothetische, d. h. nicht tatsächlich existierende Situation handelt:
  It's high time *he start****ed*** *to learn some manners.*
  It's high time *they clos****ed*** *this road to through traffic.*

3 Die Adverbien *high* und *highly*

- *high* (Adverb) wird in der Regel als Ortsbestimmung gebraucht und entspricht „hoch". *highly* entspricht „höchst", „sehr" oder „hoch" im übertragenen Sinne:
  I looked down from ***high*** *above the city.*
  We camped ***high*** *up near the mountain top.*
  They threw the ball ***high*** *into the air.*
  She's a ***highly*** *respected person.*
  It's ***highly*** *unusual for them to ask for that.*
  That's a ***highly*** *recommended hotel.* (... ein sehr empfohlenes Hotel.)
  She has a ***highly*** *paid job with a computer company.* (Sie hat eine hoch bezahlte Stelle ...)

⚠ hoch gewinnen = *win* ***easily***
hoch verlieren = *lose* ***badly/heavily***

high school (*nicht* Hochschule, *sondern* Oberschule/Gymnasium)

- *high school* bezeichnet im AE eine Oberschule für Schüler(innen) bis zum Alter von etwa 18 Jahren. Im BE wird der Begriff *high school* gleichbedeutend mit *grammar school* verwendet und bezieht sich in aller Regel auf eine Mädchenschule. „Hochschule" wird mit *university* wiedergegeben.

(to) **hire** (mieten/vermieten/leihen) – (to) **rent** (mieten/vermieten/leihen) – (to) **let** (vermieten)

- Diese drei Verben haben alle mit dem Mieten und Vermieten von Eigentum zu tun:
  We ***hired*** (mieteten) *a car* ***from*** *a garage in Nice. The owner often* ***hires out*** (vermietet) *cars* ***to*** *holidaymakers.*
  We are ***renting*** (mieten) *this flat* ***from*** *a colleague of John's. She doesn't normally* ***rent (out)*** (vermieten) *the place* ***to*** *people she doesn't know.*
  Now that I've left home my parents ***are letting (out)*** (vermieten) *the upstairs rooms* ***to*** *students.*
  let ist ein unregelmäßiges Verb: *let – let – let.*

- Im BE wird in der Regel unterschieden zwischen *hire* = vorübergehendes Mieten/Vermieten/Leihen für kurze Zeit oder einen bestimmten Anlass, bei Zahlung eines einmaligen Betrags und *rent* = Mieten/Vermieten/Leihen auf längere Zeit oder Dauer und bei Zahlung von regelmäßigen Geldbeträgen. Im AE ist *rent* insgesamt gebräuchlicher:
  (BE:) *We could* ***hire*** *a conference room at the George Hotel for the afternoon.* [vorübergehendes Mieten]

(BE:) *I haven't got a dinner jacket* (Smoking) *so I'm going to **hire** one for Jackie's wedding.*
(BE:) *Let's **hire** a boat for half an hour.*
*Are we going to buy a telephone or **rent** one from Telecom?* [Dauerleihsituation]

- In Bezug auf das Mieten eines Autos sind beide Verben möglich:
  *Where can we **hire/rent a car**?*
  Aber nur: *The car is **for hire*** (NICHT: *for rent*). (Das Auto ist zu verleihen.)
- In Bezug auf das Mieten von Wohnraum, auch nur vorübergehend, ist nur *rent* möglich:
  *We **rent** this **house/flat**.* [Dauermietsituation]
  *What are you doing for your holiday this year? – We**'re renting** a house in France.* [*rent* auch bei vorübergehendem Mieten von Wohnraum]
  Aber: *The house next door is **to let*** (NICHT: *to rent*). (... ist zu vermieten.)
- *hire* wird auch in der Bedeutung „(Personen) anstellen" gebraucht. Im BE ist damit – im Gegensatz zum AE – immer nur eine befristete Anstellung zu einem bestimmten Zweck gemeint:
  (BE/AE:) *The firm **hired** a private detective to follow the lorry to France.*
  (Nur AE:) *When the economy improved, firms started **hiring** (people) again and the unemployment rate dropped.*

historic – historical (historisch/geschichtlich)

- *historic* bedeutet „historisch" im Sinne von „geschichtlich bedeutsam", d. h. einmalig/wichtig. *historical* bedeutet „geschichtlich" im Sinne von „aus der Geschichte / geschichtlich überliefert", d. h. echt, nicht erfunden:
  *It was a **historical** event when women were finally given the right to vote.*
  *The meeting between Livingstone and Stanley in the middle of Africa was a real **historic** event.*
  ***Historical** research can tell us a lot about how people lived at that period.*
  (Geschichtliche Forschungen ...)
- Romane, Theaterstücke usw., die sich mit echten oder aber auch erfundenen geschichtlichen Ereignissen befassen, werden ebenfalls als *historical* bezeichnet:
  ***historical** novels/plays/dramas/characters*

(to) **hit** – (to) **knock** – (to) **beat**

1 Bedeutungsunterschiede

- *hit* entspricht „(einmal) (kräftig) schlagen", *knock* „(leicht/kräftig) schlagen / (unabsichtlich) stoßen", *beat* „(mehrfach/wiederholt) schlagen / (ver)prügeln":

*The car left the road and **hit** a tree.* (... prallte/stieß/fuhr gegen einen Baum.)
*When the ball came, she **hit** it hard into the back left-hand corner.* (... schlug sie ihn kräftig ...)
*He was thrown off the horse and **hit** his head against a stone wall.*
*She **hit** her attacker hard in the stomach.*
The shutters (Fensterläden) *kept **knocking** against the wall in the wind.*
*Try and **knock** the nail in with this brick.*
*I **knocked** my knuckles* (Fingerknöchel) *on/against the garage wall as I got out of the car.*
*The car skidded out of control and **knocked** the wall over.*
*Her father went home and **beat** her savagely.* (... verprügelte sie brutal.)
*The blackbird **beat** its wings against the window trying to get out.* (Die Amsel schlug mit den Flügeln ...)
*My heart **was beating** fast.*
beat entspricht „schlagen" auch im Sinne von „gewinnen":
*England **beat** Ireland 3 – 0.*

2 Grammatische Besonderheiten

- *hit* und *beat* sind unregelmäßig: *hit – hit – hit; beat – beat – beaten. knock* ist regelmäßig.
- Alle drei Verben können das Passiv mit *get* bilden:
  *I **was/got hit** in the face.* (Ich bekam einen Schlag ins Gesicht.)
  *I **was/got knocked** on the head.*
  *England **were/got beaten** by Scotland.* (England wurde von Schottland geschlagen.)
- *hit* ist in der Bedeutung „schlagen" immer ein transitives Verb und wird mit einem direkten Objekt gebraucht:
  *That child **is** always **hitting someone*** (NICHT EINFACH: *hitting*). (Dieses Kind schlägt immer.)
  Das Objekt wird ohne Präposition angeschlossen:
  *The car **hit a tree**.* (... stieß/fuhr gegen einen Baum.)
- Präpositionen nach dem direkten Objekt:
  *She **hit** him **in** the face/eye/mouth/stomach/teeth.*
  *She **hit** him **on** the head/arm/ear/nose/cheek/lips/chin/leg/foot.*
  *I **hit/knocked** my foot **on/against** a stone.* (Ich stieß mit dem Fuß gegen einen Stein / mir den Fuß an einem Stein an.)

(to) **hold** – (to) **keep** (halten)

1 *(to) hold – (to) keep*: Grundbedeutungen

- Die Grundbedeutung von *hold* ist „körperlich in den Händen halten", die von *keep* „behalten/aufheben/aufbewahren". Vgl.:
  *Can you **hold** this magazine for me while I look for my keys?* (halten)

*Can you **keep** this magazine for me? There's an interesting article about snowboarding.* (aufheben)
***Hold** the two magnets apart.* (= mit den Händen auseinanderhalten)
***Keep** those two boys apart – they're always fighting.* (= voneinander fernhalten)
***Hold** the door open for Grandma.* (= mit der Hand physisch offen halten)
***Keep** the door open, then we'll hear when Alan comes back.* (= offen lassen)

⚠ Haltet den Dieb! = ***Stop** thief!*
Der Torwart hat gehalten. = *The goalkeeper **saved it / the shot**.*
Wie halten Sie es mit Gästen, die zu spät absagen? = ***What do you do about/with** guests who cancel too late?*

H

2 *(to) hold*: Weitere Verwendungen

- Weitere Verwendungen und typische Wortverbindungen mit *hold*:
*This tank **holds** 500 litres.* (... fasst 500 Liter.)
***Hold** your breath.* (Halte den Atem an.)
Aber: ***Keep** your **ears/eyes/mouth shut**.*
*She **held*** (auch: *gave*) *a **lecture/talk** on European integration.* (Sie hielt einen Vortrag ...)
Aber: ***give/make/deliver a speech*** (eine Rede halten); ***give/preach a sermon*** (eine Predigt halten)
*He **was held prisoner/hostage** in Beirut for three years.* (Er wurde ... gefangen gehalten / als Geisel gefangen gehalten.)
*I shall **hold** him **responsible** if something goes wrong.* (Ich werde ihn verantwortlich machen ...)
*They **held** their **conference/meeting** in Brighton last year.* (Sie hielten ... ab.)
Aber: *Did he **keep** his **appointment**?* (Hat er seine Verabredung eingehalten?)
*Who **holds** the **title** / the world **record**?* (Wer hat ... inne?)
*What **opinions/views** does she **hold** (= have)?* (Welche Meinungen/Ansichten hat sie?)
*Do you **hold** (= have) more than one **nationality**?*
*Can you **hold out** your hand?* (... ausstrecken?)
*Can you **hold** the picture **up** so that we can all see it.* (... hochhalten ...)
*We **were held up** by a demonstration.* (Wir wurden ... aufgehalten.)
Hold the line. (Bleiben Sie dran / am Telefon.)
***Hold on!** Not so fast.* (Moment mal! / Langsam!)
Hold tight! (Festhalten!)
*Do you think the weather will **hold**, or will it break before the weekend?* (... [sich] halten / anhalten ...)
*The police **held** the man (**for questioning**).* (... hielt den Mann [zur Vernehmung] in Haft.)
*The net was too weak and wouldn't **hold**.* (... hielt nicht [stand].)

3 *(to) keep*: Weitere Verwendungen

- Weitere Verwendungen und typische Wortverbindungen mit *keep*:
  She always ***keeps*** *her* ***promise/word****.* (Sie hält immer ihr Versprechen/Wort.)
  Can you ***keep a secret / keep*** *his name* ***secret****? (...* ein Geheimnis bewahren / seinen Namen geheim halten?)
  We tried to ***keep*** *him* ***alive/dry/quiet/warm*** *till the rescue helicopter came.* (Wir versuchten, ihn am Leben / trocken / ruhig / warm zu halten ...)
  Can you ***keep*** *the kids* ***quiet****, please?* (... ruhig halten?)
  Right now, ***keep*** *as* ***quiet*** *as possible, please.* (... bleibt ... still ...)
  Keep *calm! There's no need to panic!* (Bleiben Sie ruhig!)
  Keep away*, there's a danger of explosion.* (Bleiben Sie fern ...)
  Keep to the left/right/*the main road.* (Halten Sie sich links/rechts. / Bleiben Sie auf der Hauptstraße.)
  Keep out! (Betreten verboten!)
  Keep off the grass. (Betreten des Rasens verboten.)
  I'm trying to ***keep order*** *but the children just leave their toys anywhere.* (... Ordnung zu halten ...)
  We need to ***keep a balance*** *in the group between old and young.* (... das Gleichgewicht ... halten.)
  Can you ***keep*** *us two free spaces/seats?* (... freihalten?)
  My grandfather used to ***keep*** *a cow and a pig in the back garden.* (... hielt ...)
  Sorry I'm late, Alan ***kept*** *me* (auch: *held me up*). (... hat mich aufgehalten.)
  He ***kept*** *me* ***from*** *leav****ing*** *on time.* (Er hinderte mich daran / hielt mich davon ab, rechtzeitig loszufahren.)
  Fresh fish doesn't ***keep*** *long in this hot weather.* (... hält ... nicht lange [= bleibt nicht lange frisch].)
  Aber (bei Kleidung/Geräten/Vorräten): *These shoes / This toaster / Those chocolate biscuits didn't* ***last*** *long.* [= Sie waren bald abgenutzt/aufgebraucht.]
  Und: *The Prime Minister can't* ***last*** *much longer.* (... kann sich nicht viel länger halten.)
  Keep (auch: *Stick*) ***to the rules****.* (Halte dich an die Regeln.)
  Aber: *You must* ***obey the law.*** (Man muss sich an das Gesetz halten.)

- *keep* + *-ing*-Form:
  Keep *talk****ing****.* (Rede nur weiter.)
  He ***kept (on)*** *hitt****ing*** *the ball against the garage door.* (Er schlug den Ball immer weiter gegen das Garagentor.)
  They ***kept*** *the hotel* ***going*** *all through the war.* (Sie hielten ... in Gang / in Betrieb.)
  This one aim ***kept*** *him* ***going*** *through all his problems and difficulties.* (Dieses eine Ziel ließ ihn trotz ... weitermachen.)
  She ***kept*** *me* ***waiting*** *for over an hour.* (Sie ließ mich ... warten.)

holiday – holidays – vacation (Urlaub/Ferien)

- Wendungen mit *holiday* (Singular):
Next Monday is ***a (public/bank) holiday***. (... ein [offizieller] Feiertag.)
How much holiday *do you get a year in your new job?* (Wie viel Urlaub ...?)
I get ***three weeks' / three weeks holiday***.
She's (been/gone) ***on holiday***. (... in Urlaub.)
See you soon and ***have a nice holiday!*** (Bis bald, und schönen Urlaub!)
I think you need ***a holiday****, you've been working too much.*

- Wendungen mit *holiday* und *holidays*:
I ***spent my*** [Possessivbegleiter] ***holiday/holidays*** *in Rome last year.* (Ich verbrachte meinen Urlaub / meine Ferien ...)
Aber: *I* ***spent a holiday*** (NICHT: *holidays*) *in Venice last year.*
Vgl. auch: *I* ***spent some holidays*** *in Venice when I was a child.* (Ich verbrachte als Kind mehrmals die Ferien in Venedig.)
When did you ***get back / return from your*** [Possessivbegleiter] ***holiday/holidays****?*
Aber: *When did you* ***get back / return from holiday****?*
I went to Rome ***for my holiday/holidays*** (NICHT: *for holiday[s]*).
On the first day of the/our ***holiday/holidays*** *we visited Windsor Castle.*
We had a very nice (summer) ***holiday*** */ very nice (summer)* ***holidays*** *this year.*
In the ***school holidays*** *we went to France.*
Aber: ***How much school holiday*** (NICHT: *How many school holidays*) *do the children get at Easter in your country?*

- Manchmal bezeichnet *holiday* (Singular) eine eher kürzere, *holidays* (Plural) eine eher längere Urlaubszeit. Vgl.:
Traffic was quiet over ***the Christmas/Easter holiday***. (Der Verkehr war über die Weihnachtstage/Ostertage ruhig.)
We had two weeks' ***Christmas/Easter holidays***. (Wir hatten zwei Wochen Weihnachts-/Osterferien.)

- *vacation* ist das im AE übliche Wort für „Urlaub/Ferien". Im BE bedeutet *vacation* „Semesterferien (an der Universität)":
(AE:) *When do you usually take your* ***vacation****?*
(BE:) *Lots of students try to get a job in the* ***vacation***.

⚠ die großen (Schul-)Ferien = *the (long)* ***summer*** *holidays*

home (zu Hause / nach Hause / Zuhause)

- *home* wird ohne Präposition gebraucht, wenn der End- oder Anfangspunkt einer Bewegung gemeint ist:
They ***arrived home*** (NICHT: *at home*) *late.*
We ***arrived home*** *at Philip's house just before midnight.*
Have a nice evening. When do you think you will ***be home*** *(= arrive home)?*

*When did she **come/go/get/leave/return home**?*
*We were tired so we **took the bus home**.*
***Have** you **written home** yet?*
***I've** just **been** (= gone) **home** to fetch my swimming things.*

- *be/stay (at) home* können in der Bedeutung „zu Hause sein/bleiben" mit oder ohne Präposition gebraucht werden:
  *We **were/stayed (at) home** last night. We didn't go out.*
  home wird jedoch mit *at* gebraucht, wenn der Ort gemeint ist, wo etwas geschieht:
  *I work **at home** now.* (Ich arbeite zu Hause.)

- Besonderheiten des Artikelgebrauchs:
  *Who is going to give this animal **a home**? (...* ein Zuhause?)
  *She grew up in **a** happy / very religious **home**.* (... in einer ... Familie ...)
  *He was one of those men who think our place as women is in **the home** (= the house/family).* (... zu Hause.)
  ***Home** (NICHT: The home) is where people feel happiest.* (Das Zuhause ...)
  *I **stayed at the home** (= the house) of a friend.* (Ich wohnte bei einem Freund.)
  ***I've** only **been to** his **home** (= house) once.* (... bei ihm [zu Hause].)
  In den beiden letzten Sätzen ist die Präposition zwingend.

homework (Hausaufgabe[n]) – **housework** (Hausarbeit[en])

- *homework* entspricht „[schulische] Hausaufgabe(n)", *housework* „Haus[halts]arbeit(en)". Beide sind nicht zählbare Nomen, d. h. sie können nicht mit *a/an* oder im Plural verwendet werden. Beide verbinden sich mit *do*:
  *The teachers give us lots of different **homework** (NICHT: homeworks).*
  (... viele verschiedene Hausaufgaben.)
  *Cleaning the windows is **housework** (NICHT: a housework) that she quite enjoys.* (... eine Hausarbeit ...)
  *When do you **do** (NICHT: make) your **homework/housework**?*

⚠ Die Bauteile werden in Heimarbeit gefertigt. = *The components are assembled **by people working at home**.*

honest(ly) ➪ **frank(ly)**

honour (Ehre), **honourable** (ehrenwert/ehrenvoll) – **honorary** (Ehren-/ehrenamtlich)

- Die Schreibung von *honour* und *honourable* ist im AE *honor, honorable*.
- Da das *h* nicht ausgesprochen wird, steht vor *honour/honourable/honorary* nicht *a* und [ðə], sondern *an* und [ði:]:
  ***an honour, an honourable** man, **the [ði:] honorary** president*

⚠ Interferenzgefahr besteht bei folgenden Wendungen mit *honour*:
*It is an **honour for** (NICHT: to) me to be here today.*
Aber: *This girl and her achievements **are an honour to** the school.* (... machen der Schule Ehre.)
*I **had the honour of** meet**ing** (NICHT: to meet) your President last year.*
*They **did** (NICHT: made) **me the honour of** giv**ing** (NICHT: to give) me a seat in the very front row.* (Sie erwiesen mir die Ehre, mir einen Platz in der allerersten Reihe zu geben.)
*They arranged a special party **in her honour**.* (... ihr zu Ehren ...)

- *honourable* („ehrenwert/ehrenvoll") und *honorary* („Ehren-/ehrenamtlich") nicht verwechseln:
  *Richard von Weizsäcker was considered a very **honourable** man by many people outside Germany during his time as President.*
  *The famous writer was given an **honorary** doctorate by the University of Oxford.* (... Ehrendoktortitel ...)
  *Being president of this club is a purely **honorary** position. I am not paid anything.* (... eine rein ehrenamtliche Tätigkeit. ...)

H

hope (Hoffnung), (to) **hope** (hoffen)

1 Präpositionen

- Auf das Nomen *hope* folgt die Präposition *of* oder *for*, auf das Verb *hope* aber nur *for*:
  *Our **hope of/for** better weather at the weekend is optimistic.* (Unsere Hoffnung auf besseres Wetter ...) [*hope of/for* = Hoffnung auf]
  *After 10 hours of negotiations there is **hope of/for** an agreement.* (... Hoffnung auf eine Einigung.)
  *What are your **hopes for** the future?* (Hoffnungen für die Zukunft) [*hope for* = Hoffnung für]
  *We **hope for** better weather at the weekend.* (Wir hoffen auf ...)
  *They **hope for** an agreement soon.*
  *What do you **hope for** the future?* (Was erhoffen Sie sich für die Zukunft?)

2 *hope* + *-ing*-Form, *hope* + *to*-Infinitiv, *hope* + *that*-Satz

- Auf das Nomen *hope* kann *of* – aber nicht *for* – + *-ing*-Form folgen. Auch ein *that*-Satz ist möglich. Ein *to*-Infinitiv kann nicht gebraucht werden:
  *Have you got any **hope of** find**ing** them before dark?* (Haben Sie irgendwelche Hoffnung, sie vor Anbruch der Dunkelheit zu finden?)
  *Have you got any **hope that** you'll find them before dark?*
  *Is there any **hope of him/his** com**ing**?* (Besteht irgendwelche Hoffnung, dass er kommt?)
  *Is there any **hope that** he'll come?*
  *There's little **hope of** something like this happen**ing** again.* (Es besteht wenig/kaum Hoffnung, dass so etwas noch einmal passiert.)
  *There's little **hope that** something like this will happen again.*

- Auf das Verb *hope* kann ein *that*-Satz oder ein *to*-Infinitiv, jedoch nicht *for + -ing* folgen:
  *I **am hoping (that)** Dr Smith will pay for the meal.*
  *I **hope to** see Emma again next week.*
- Wenn sich eine gegenwärtige Hoffnung auf die Zukunft bezieht, kann im *that*-Satz nach *hope* das *will-future* oder das *simple present* verwendet werden. Im *that*-Satz nach dem Nomen *hope* ist nur das *will-future* möglich:
  *I **am hoping (that)** they **come / will come** to our party on Saturday.*
  *It **is hoped (that)** they **reach / will reach** an agreement soon.*
  *There is **hope (that)** they **will come*** (NICHT: *[that] they come*).
  *There is **hope (that)** they **will reach*** (NICHT: *[that] they reach*) *an agreement.*

⚠ Wir haben die Hoffnung, dass ... = *We **hope** (that) / We **are hopeful** (that) ...*

3 Weitere Besonderheiten des Gebrauchs von *hope*:

- *hope* gehört zu den wenigen Verben, die in gleicher Bedeutung in der einfachen oder Verlaufsform gebraucht werden können:
  *I **hope / am hoping** Dr Smith will pay.*
  *I **hope / am hoping** to see Emma next week.*
- Weitere Fehlerquellen:
  It is to be hoped (NICHT: *to hope*) *that the situation will improve.* (Es ist zu hoffen, dass ...)
  *I **hope** they **don't want** payment in advance.* (Ich hoffe nicht, dass sie Bezahlung im Voraus wollen.) [Nicht *hope*, sondern das Verb des Nebensatzes wird verneint. Also nicht: *I don't hope they want ...*]
  *Will they be coming? – I **hope so*** (NICHT: *I hope yes*). (Ich hoffe ja. / Hoffentlich.)
  *In the end they **gave up hope*** (NICHT: *the hope*). (Schließlich gaben sie die Hoffnung auf.)
  There's little/no hope (NICHT: *There are few/no hopes*) *of finding them alive now.*
  *I **pinned** (all) **my hopes on** be**ing** able to finish the job by August.* (Ich setzte alle Hoffnung[en] darauf, die Arbeit bis August abschließen zu können.)
  *We **had high hopes of** Andrew, but he has disappointed us.* (Wir setzten große Hoffnung[en] auf Andrew, aber er hat uns enttäuscht.)
  *They **haven't a hope / They have no hope of** winn**ing**.* (Sie haben nicht die geringste Chance zu gewinnen.)

hopeful (hoffnungsvoll), **hopeless** (hoffnungslos/miserabel)

- *hopeless* in der Bedeutung „hoffnungslos" bezieht sich auf Situationen, nicht auf Menschen. *hopeless* in Bezug auf Menschen entspricht „miserabel":
  *This is a **hopeless** situation. We cannot win.*
  *He's a **hopeless** tennis player.* (Er ist ein miserabler Tennisspieler.)
  *He is **a hopeless case**.* (Er ist ein hoffnungsloser Fall.) [Subjekt ist eine Person, *hopeless* bezieht sich aber auf *case*.]

- Konstruktionen mit *hopeful* und *hopeless*:
  I'm hopeful of *success.* (Ich hoffe auf Erfolg.)
  I'm hopeful about *the future.* (Ich bin hoffnungsvoll, was die Zukunft betrifft.)
  I'm hopeful about *winn**ing***. (Ich habe die Hoffnung, zu gewinnen.)
  I'm hopeful that *I'll win.*
  It's hopeless to *think / think**ing** they will accept.* (Es ist illusorisch, zu glauben, ...)
  He's hopeless at *play**ing** tennis.*

hopefully (hoffnungsvoll/hoffentlich)

H

- *hopefully* wird als Adverb der Art und Weise in der Bedeutung „hoffnungsvoll" und als Satzadverb in der Bedeutung „hoffentlich" gebraucht. Der letztgenannte Gebrauch hat sich inzwischen im Englischen etabliert, auch wenn er von manchen Sprechern und Sprecherinnen (noch) als nicht korrekt angesehen wird:
  He looked up ***hopefully*** *when she called his name.* (... hoffnungsvoll ...)
  Hopefully *everyone will have read the papers before the meeting.* (Hoffentlich ...)

⚠ Aber in kurzen Repliken nur:
Will she be coming, too? – I ***hope so. / I hope not.*** (Hoffentlich. / Hoffentlich nicht.)

hospital (Krankenhaus)

- Wenn von Menschen die Rede ist, die sich als stationäre Patienten in ein Krankenhaus begeben bzw. im Krankenhaus liegen, wird *hospital* ohne *the* gebraucht:
  Anthea had to go ***into hospital*** *recently. She's been* ***in hospital*** *for a week. She's coming* ***out of hospital*** *soon.*
  Im AE aber: *She's in* ***the hospital.***
  hospital wird jedoch mit *the* gebraucht, wenn es näher bestimmt wird:
  After the accident they were taken ***to the local hospital.***
  He is being treated ***at the Nuffield hospital.***
- Wenn von Menschen die Rede ist, die sich als Besucher, Angestellte oder auch als ambulante Patienten in einem Krankenhaus aufhalten, wird *hospital* mit Artikel verwendet:
  At the (NICHT: *in*) ***hospital*** *he was treated for cuts but then allowed to go home.* (Im Krankenhaus wurde er wegen Schnittwunden behandelt, dann aber nach Hause entlassen.)
  She works ***at the*** (NICHT: *in*) ***hospital.*** (... im Krankenhaus.)
  I've always wanted to work ***in a hospital.***

⚠ Hast du gehört? Jack liegt im Krankenhaus. = *Have you heard? Jack **is** (NICHT: is lying) in hospital.*
Aber: Ich lag im Krankenhaus und dachte über vieles nach. = *I **lay** in hospital and thought about a lot of things.*

hot (warm/heiß) – **warm** (warm)

- Nicht *warm*, sondern *hot* ist meist die passendere Entsprechung von „warm", wenn „warm" im Sinne von „zu/unangenehm warm" gebraucht wird:
*It's **hot** in here. Can I open the window?* ([sehr] warm)
Vgl.: *It's freezing outside, but it's nice and **warm*** (= angenehm warm) *in here.*
*The best time to visit the country is the spring or the autumn. The summer is often too **hot**.* (Der Sommer ist oft zu warm.)
Vgl.: *When it's still winter here, it's already **warm** on the Canaries.*
*I feel **hot** (NICHT: warm). I must take this pullover off.* (Mir ist [zu] warm.)
Vgl.: *I was really cold when I came in, but I feel **warm** again now after that bath.*
- *hot*, nicht *warm*, wird auch in Bezug auf Essen, Getränke und Wasser gebraucht:
*The homeless are given **a hot meal/lunch**, and advice if they want it.* (Die Obdachlosen erhalten eine warme Mahlzeit / ein warmes Mittagessen ...)
*The room has **hot** and cold **water**, but no shower.* (... Kalt- und Warmwasser ...)
*You can fill your **hot-water bottle*** (Wärmflasche) *from the **hot-water tap*** (Warmwasserhahn). *The water from that is **hot** enough.*

hour (Stunde)

- Wendungen mit *hour*:
*They pay **by the hour**.* (... stundenweise.)
*You can easily earn/get $80 **an** (NICHT: the) **hour** as a computer specialist.* (... $ 80 in der Stunde / die Stunde ...)
*Most people walk at about three **miles an** (NICHT: the) **hour**.* (... drei Meilen in der Stunde.)
*It took over **an/one hour**. It took **an/one hour and twelve minutes**. It took **one hour twelve minutes** (NICHT: an hour twelve minutes).*
*I had **an hour's wait** before the train went.* (... eine Wartezeit von einer Stunde ...)
*From ten to eleven is the **hour when*** (nur förmlich: *in which*) *the market is at its most colourful.*
*She works a **ten-hour** (NICHT: ten-hours) **day**.*
*The bus goes **every hour on the hour**.* (Der Bus verkehrt stündlich zur vollen Stunde.)

I'll see you ***in an hour / in an hour's time****.*
I'll see you ***in five hours / in five hours time / in five hours' time****.*
We'll get the result ***in the next few hours****.* (… in den nächsten Stunden.)

⚠ *hour* bezeichnet eine (Zeit-)Stunde. Eine (Unterrichts-)Stunde wird mit *lesson* wiedergegeben:
Ich nehme Stunden. = *I'm having/taking* ***lessons****.*
Wann ist deine Klavierstunde? = *When is your piano* ***lesson****?*

house (Haus)

⚠ Mr Smith arbeitet nicht mehr für unser Haus. = *Mr Smith doesn't work* ***for us*** *any more.*
Unsere Verkaufsleiterin ist momentan außer Haus / nicht im Haus. = *Our sales manager is* ***not in the office/building*** *at the moment / is* ***out (of the office)*** *at the moment.*
Warte auf mich vor dem Haus. = *Wait for me* ***outside****.*
Es steht jemand vor der Haustür. = *There's someone* ***outside*** */ someone* ***at the front-door****.*
Wir haben alle Geschäfte, die wir brauchen, vor der Haustür. = *We've got all the shops we* ***need on the doorstep****.*
Wer ist Ihr Hausarzt? = *Who's your* ***family*** *doctor?*

household – housekeeping (Haushalt[s-])

- Nicht *household*, sondern *housekeeping* ist die richtige Entsprechung für „Haushalt" in folgenden Wortverbindungen:
  Does her husband ***help with the housekeeping****?* (Hilft ihr Mann im Haushalt mit?)
  I hate ***doing the housekeeping****.* (Ich hasse es, den Haushalt zu machen.)
  We've spent all the ***housekeeping (money)****.* (… das ganze Haushaltsgeld …)
- *household* findet sich in folgenden Wortverbindungen:
  Our ***household expenses*** *are lower now that Ben has moved out and has his own flat.* (Haushaltsausgaben)
  Which ***household chores*** *does he do?* (Haus[halts]arbeiten)
  How many people live in your ***household****?* (Haushalt)

housemaster (*nicht* Hausmeister, *sondern* Internats-/Heimleiter)

- *housemaster* ist die Bezeichnung für einen Lehrer, der die Aufsicht über ein Internat oder über eines von mehreren Internatsgebäuden hat. „Hausmeister" entspricht im BE *caretaker*, im AE *janitor*.

The boarders (Internatsschüler) *have a good relationship with their* ***housemaster***. (Internats-/Heimleiter)
A school ***caretaker*** *is often a powerful figure, almost as powerful as the head teacher!* (Hausmeister)

housework ➪ homework

how (wie)

1 *how* – „wie"

- *how* entspricht weitgehend dem deutschen „wie". In der Bedeutung „so wie" und in Vergleichen ist jedoch *as* oder *like* die richtige Entsprechung von „wie" (s. Eintrag **as**):
  Sie spielte (so) wie ein Profi. = *She played* ***like*** *a professional.*
  Er wurde ins Internat geschickt, (so) wie sein Bruder (es wurde). = *He was sent to boarding school* ***like*** *his brother /* ***as/like*** *his brother was.*
  Er ist (nicht) so groß wie sein Bruder. = *He is (not) as big* ***as*** *his brother.*
  Es schreibt sich mit L, L wie London. = *... L* ***as in*** *London.*
- In folgenden Wendungen ist nicht *how*, sondern *what* die richtige Entsprechung von „wie":
  Wie heißt das auf Englisch? = ***What****'s that (called) in English?*
  Wie nennt man das auf Englisch? = ***What*** *do you call that in English?*
  Wie ist sein Name / seine Adresse? = ***What****'s his name / his address?*
  Wie lautet die Antwort? = ***What****'s the answer?*
  Wie ist die Temperatur jetzt? = ***What****'s the temperature now?*
  Wie ist der Stand der Dinge? = ***What*** *is the situation / present state of affairs?*
  Wie ist die Bevölkerungszahl von X? = ***What*** *is the population of X?*
  Wie schade! = ***What*** *a pity!*
  Wie wäre es, wenn ich dich abhole? = ***What*** *if I (were to) pick you up?*
  Wie? Ihr musstet bezahlen!? = ***What?*** *You had to pay!?*
- *how* wird – wie „wie" im Deutschen – in Ausrufen mit Adjektiven und Adverbien gebraucht. Die Wortstellung ist immer *how* + Adjektiv/Adverb + Subjekt + Verb:
  How old she looks (NICHT: *How old does she look*)*!* (Wie alt sie aussieht!)
  How nicely he said *that!* (Wie schön er das gesagt hat!)
- Auch in indirekten Fragen gilt – wie im Deutschen – die Wortstellung *how* (+ Adjektiv/Adverb) + Subjekt + Verb:
  She asked ***how old I was****.*
  She asked ***how I knew****.*
  Nach Verben wie *tell, ask, show* ist auch eine Infinitivstruktur möglich, wo im Deutschen ein Nebensatz steht:
  Tell me ***how to*** *do it. = Tell me* ***how*** *I should do it.* (Sag mir, wie ich es machen soll.)

- Gewisse direkte Fragen, bei denen im Deutschen „wie" + Infinitiv verwendet werden kann, müssen im Englischen mit einem Subjekt und einem finiten Verb ausgedrückt werden:
  Ich wollte nach Oxford. Aber wie hinkommen? = *But **how was I** to get there?*
  Wie entscheiden? Ich weiß es wirklich nicht. = ***How am I** to decide?*
- Bei Fragen mit *how* + Adjektiv sind zwei Konstruktionen möglich:
  How big** is **the city? [*how* + Adjektiv + Verb + Subjekt]
  How big a city** is **it? [*how* + Adjektiv + *a/an* + Nomen + Verb + Subjekt]

⚠ Die Art und Weise, wie er das sagte, machte mich rasend. = ***The way he** said that* (NICHT: *The way how he said that*) *made me mad.*
Wie lang er das auch studiert haben mag, ich weiß es besser. = ***However long** he may have studied it, I know better.* (s. Eintrag **however**)
Ich sah/hörte/fühlte/..., wie es sich veränderte. = *I saw/heard/felt/... **it change/changing.***
Berge, wie er sie noch nie gesehen hatte, ragten hoch vor ihm auf. = *Mountains **such as** he had never seen, towered up before him.*
... in der fünften Zeile. – In der wievielten? – *... in the fifth line. – **(In) Which one?***

2 ***How is it? – What's it like?***

- *how* wird verwendet, um nach dem Befinden zu fragen:
  ***How** are you? **How's** the family? **How** are things?*
- *how?* oder *what ... like?* werden gebraucht, wenn man um einen Bericht über etwas Aktuelles bittet:
  ***How** are things at work? / **What** are things **like** at work?* (Was macht die Arbeit? / Wie geht's mit der Arbeit?)
  ***How** was the party last night? / **What** was the party **like** last night?* (Wie war die Party?)
  ***How** is the weather? / **What**'s the weather **like**?* (Wie ist das Wetter?)
  ***How** was your holiday? / **What** was your holiday **like**?* (Wie war dein Urlaub?)
- Wenn nach der ständigen oder allgemeinen Beschaffenheit von etwas oder nach ständigen Charaktermerkmalen gefragt wird, kann nur *what ... like* und nicht *how* gebraucht werden:
  ***What** is your teacher **like**? Is she nice?* (Wie ist deine Lehrerin? [= Was für ein Mensch ist das?])
  ***What** is Chile **like**? Have you ever been there?* (Wie ist Chile? [= Was für ein Land ist das?])
  ***What** are New Zealand wines **like**? Have you ever drunk any?* (Wie sind neuseeländische Weine? [= Was für Weine sind das?])
  Vgl. folgende Satzpaare:
  ***How** is Alan? Is he better?* (Wie geht es Alan? Geht es ihm besser?)
  ***What** is Alan **like**? Is he a nice person?* (Wie ist Alan?)

I hear you have moved to Aylesbury. ***How*** *is it?* (= *How are you finding things there?)* [= Bitte sag mir, wie es dir dort geht.]
I hear you have moved to Aylesbury. ***What*** *is it* ***like****?* [= Bitte sag mir, was für ein Ort das ist.]

however

- In der Bedeutung „jedoch/dennoch/aber" wird *however* durch Kommata vom Rest des Satzes abgetrennt:
  I didn't agree with her. ***However****, I decided to support her.*
  The weather, ***however****, remained cold.*
- *however* (auch getrennt geschrieben: *how ever*) wird außerdem als Fragewort gebraucht, um Überraschung auszudrücken. Die deutsche Entsprechung ist etwa „wie denn nur/bloß":
  However/How ever *did he manage that?* (Wie hat er das denn nur/bloß geschafft?)
- *however* (nur zusammengeschrieben) wird auch in der Bedeutung „wie/so auch (immer)" oder „wenn auch noch so" gebraucht:
  However *I say it, she will take it as an insult.* (Wie ich es auch sage, sie wird es als Beleidigung auffassen.)
  He won't stop me ***however*** *hard he tries.* (Er wird mich nicht aufhalten, wie sehr er es auch versuchen mag.)
  However *slow the train is, it'll get you there in one piece.* (So langsam der Zug auch ist, er wird dich heil hinbringen.)
  I'm going to buy it ***however*** *much it costs.* (... wie viel es auch kostet.)

human (menschlich) – **humane** (human)

- *a human being* ist „ein Mensch". *human* bedeutet „menschlich", d. h. wie ein Mensch (im Gegensatz zum Tier). *humane* (Aussprache [hjuːˈmeɪn]) entspricht „human" und beschreibt ein besonders fürsorgliches Verhalten:
  It's part of ***human*** *nature to want to live as long as possible.*
  This is the most ***humane*** *way of killing the rabbits.*

hundred (hundert/Hundert)

1 *a hundred – one hundred*

- Der Gebrauch von *a* alternativ zu *one* vor *hundred* (und *thousand*) ist nur am Anfang, nicht in der Mitte einer Zahl möglich:
  100 = ***a/one hundred***
  101 = ***a/one hundred and one***

2100 = *two thousand* ***one*** (NICHT: *a*) ***hundred***
Auch: *two million* ***one*** (NICHT: *a*) *thousand*

- Zur Bezeichnung der Zahl 100 sind *one hundred* und *a hundred* austauschbar. *one hundred* wird aber immer dann gebraucht, wenn die Zahl „eins" betont werden soll (der Gebrauch bei *thousand* ist entsprechend):
  It cost ***one hundred****, not two hundred.*
  Das Menschenalter 100 wird immer mit *a hundred years old* ausgedrückt. Es besteht keine Notwendigkeit *one hundred* etwa im Kontrast zu *two hundred* zu betonen, weil Menschen nie 200 Jahre alt werden können:
  My grandfather will be ***a hundred*** *next year.* [Betonung auf *hundred*]

H

2 Sonstige Besonderheiten

- *hundred* und *hundreds* werden wie „hundert" und „Hunderte" im Deutschen gebraucht (der Gebrauch von *thousand* und *thousands* ist entsprechend):
  two ***hundred*** *people* (zweihundert Leute); ***hundreds*** *of people* (Hunderte von Menschen)
  They came ***in their hundreds****.* (... zu Hunderten.)
- Zwischen *hundred* und einer nachfolgenden Zahl muss im BE *and* gebraucht werden, im AE kann es entfallen:
  (BE:) *two* ***hundred and*** *twenty* (AE:) *two* ***hundred*** *(and) twenty*
  Der Gebrauch bei *thousand* ist entsprechend:
  (BE:) *two* ***thousand and*** *twenty* (AE:) *two* ***thousand*** *(and) twenty*
  Vor *hundred* (und vor *thousand*) steht jedoch weder im BE noch im AE *and*:
  two ***thousand*** *four hundred*
- Beim Aussprechen von Jahreszahlen wird *hundred and* meist weggelassen:
  (im Jahre) 765 = *in (the year) seven sixty-five*
  (im Jahre) 1995 = *in (the year) nineteen ninety-five*
  Bei runden Hundertzahlen wird *hundred* aber immer ausgesprochen, meist mit dem Zusatz *the year*:
  (im Jahre) 1900 = *in* ***(the year)*** *nineteen* ***hundred***
  Auch: (im Jahre) 2100 = *in* ***(the year)*** *two thousand one* ***hundred***

hungry (hungrig)

- Auf *be hungry* („Hunger haben") folgt die Präposition *for*:
  After two months in hospital he was ***hungry for*** *a nice big steak.* (... hatte er Hunger auf ...)

(to) **hunt** – (to) **chase** (jagen)

- *hunt* entspricht „jagen" im Sinne von „suchen/verfolgen mit dem Ziel einzufangen bzw. zu töten". *chase* entspricht „hinterherjagen":

After publication of his book he ***was hunted*** *by Islamic fundamentalists who wanted to kill him.* (Nach der Veröffentlichung seines Buches wurde er von islamischen Fundamentalisten gejagt ...)
I ***chased*** *the thief but he got away.* (Ich jagte dem Dieb hinterher, aber er entkam.)

- Im BE wird *hunting* zur Bezeichnung einer Sportart oder Freizeitbeschäftigung nur im Sinne des Verbs, d. h. im Sinne von „suchen/verfolgen" gebraucht. Die Jagd mit einem Gewehr, wie sie z. B. von einem Jäger in seinem Hochsitz ausgeübt wird, wird dagegen als *shooting* bezeichnet. Mit *hunting* ist meist die Fuchsjagd (mit Pferden und Hundemeute) gemeint.

(to) **hurry** – (to) **hurry up** (sich beeilen / eilen)

- In Aufforderungen wird *hurry up!* gebraucht, um die Aufforderung dringlicher zu machen:
  Hurry*, please!*
  Hurry up*, or we'll be late!*
- Auf *hurry* und *hurry up* folgt in Aufforderungen meist *and* + Verb:
  Hurry (up) and *finish your breakfast!*
  In Aussagesätzen ist nach *hurry* ein *to*-Infinitiv möglich, jedoch nicht nach *hurry up*:
  We ***hurried to*** *finish the work.* (Wir beeilten uns, die Arbeit zu beenden.)
  We ***hurried/hurried up and*** *finished the work.* (Wir beeilten uns und brachten die Arbeit zu Ende.)
  Nur *hurry* wird in der Regel mit einer Verlaufsform gebraucht, dann auch nur mit einem *to*-Infinitiv:
  We ***are hurrying to*** *finish the work.*

⚠ „In Eile" entspricht *in a hurry* (**NICHT:** *in hurry*):
I was ***in a hurry*** *and forgot my keys.*

(to) **hurt, hurt** – (to) **injure, injured**

- S. auch Eintrag **wound**, Abschnitt 2

1 ***(to) hurt – (to) injure***

- *hurt* kann – mit Bedeutungsunterschied – ein transitives oder intransitives Verb sein; *hurt* (Partizip) wird adjektivisch oder als Teil eines Passivsatzes gebraucht. Zum adjektivischen Gebrauch s. Abschnitt 2:
  Did he ***hurt*** *you?* (Hat er dir wehgetan / dich verletzt?) [transitiv]
  My arm ***hurts****.* (Mein Arm tut weh.) [intransitiv]
  Are you ***hurt****?* (Sind Sie verletzt?) [adjektivisch]
  His arm ***was hurt*** *in the fall.* (Sein Arm wurde bei dem Sturz verletzt.)

In der Bedeutung „verletzen" beschreibt *hurt* ein punktuelles Geschehen ohne Dauer und wird daher normalerweise nicht in der Verlaufsform gebraucht. In der Bedeutung „wehtun" ist die Verlaufsform möglich jedoch:
***Was** he hurt**ing** you?* (Hat er dir wehgetan?) [transitiv]
***Is** it hurt**ing** a lot?* (Tut es sehr weh?) [intransitiv]

- *injure* („verletzen") wird nur transitiv und normalerweise nicht in der Verlaufsform gebraucht; das Partizip kann, wie *hurt*, adjektivisch oder als Teil eines Passivsatzes gebraucht werden:
*A rock fell from above and **injured** him.*
*Are you **injured?***
*He **was injured** by a falling rock.*

H

- *injure* wird gebraucht, wenn eine ernsthafte Verletzung, z. B. nach einem Unfall, gemeint ist. *hurt* kann ganz allgemein im Sinne von „Schaden zufügen" gebraucht werden, auch im Zusammenhang mit Unfällen; es wird aber in der Regel in Bezug auf eher leichte Verletzungen verwendet, oder auch, wenn nur das Empfinden von Schmerz gemeint ist, ohne dass eine eigentliche Verletzung vorliegt:
*He had an accident playing squash and **injured** his knee / himself permanently.* [ernsthafte Verletzung]
*The bus left the road and plunged down the hillside. Miraculously nobody **was hurt/injured**.* (= Niemand kam zu Schaden.)
*It was terrible. A lot of people **were hurt/injured**.* (= Viele kamen zu Schaden.)
*Have you heard about the accident on the ring road? Do you know if anyone **was hurt/injured**?* (= Ist jemand zu Schaden gekommen?)
*I fell over and **hurt** my arm, but it wasn't serious and the arm's OK again now.* (= Die Verletzung war leicht.)

⚠ *hurt* und *injured* können nicht mit dem Adverb *very* (oder *a little*) näher bestimmt werden. Die entsprechenden Adverbien heißen z. B. *badly/ seriously* (Gegensatz: *slightly*):
*Five people were killed in the accident, and three were **badly hurt*** (NICHT: *seriously hurt*) */ were **badly/seriously injured**.*
*Seven people were **slightly hurt/injured**.* (... leicht verletzt.)

2 *injured – hurt*: Adjektivischer Gebrauch

- *injured* und *hurt* werden adjektivisch mit den gleichen Bedeutungsunterschieden wie oben beschrieben gebraucht.

⚠ *injured*, aber nicht *hurt*, kann zusammen mit *the* als Nomen gebraucht werden:
The injured (NICHT: *The hurt*) *were taken to hospital.* (Die Verletzten ...)

⚠ *injured*, aber nicht *hurt*, kann vor einem Nomen gebraucht werden:
*He has got **an injured knee*** (NICHT: *a hurt knee*).

- Im übertragenen Sinne kann *hurt* („gekränkt), entgegen dem oben Gesagten, auch vor einem Nomen stehen:
  She made no attempt to hide her ***hurt feelings***. (Sie machte keinen Versuch, ihre verletzten Gefühle zu verbergen.)
  A hurt boss *is often an angry one.*

I ⇨ he

idea (Idee/Gedanke/Plan)

- Als Ergänzung zu *idea* als Subjekt oder Objekt folgt *of* + *-ing*-Form:
  The idea of *mak**ing** and sell**ing*** (NICHT: *to make and sell*) *souvenirs was new.* (Die Idee, Souvenirs herzustellen und zu verkaufen, ...)
  Who ***had the idea of*** *mak**ing** and sell**ing*** (NICHT: *to make and sell*) *souvenirs?*
  Wenn *idea* als Subjekt ans Satzende gestellt und durch „leeres" *it* vorweggenommen wird, kann auch ein *to*-Infinitiv folgen:
  It *was/seemed a good idea* ***to*** *make and sell souvenirs.*
  It *was Jan's idea* ***to*** *make and sell souvenirs.*

if

- Zum Unterschied zwischen *if* und *in case* s. **case**

1 *if* in realen Bedingungssätzen

- Reale Bedingungssätze sagen etwas über Ereignisse und Zustände aus, die man als real, d. h. als Tatsache oder als wahrscheinlich darstellt. Dabei benutzt man im *if*-Satz das *simple present* sowohl für allgemeine, zeitlose Aussagen als auch für Vorhersagen (zu *will* im *if*-Satz s. Abschnitt 3):
  If *it rained, we used to celebrate indoors.*
  If *you heat ice, it turns to water.*
  If *the weather's nice, we'll go to the seaside tomorrow*
  Der Satz mit *if* kann am Satzanfang oder -ende stehen. Wenn er am Satzanfang steht, wird er in der Regel durch ein Komma abgetrennt.
- Grundsätzlich sind viele verschiedene Zeitkombinationen möglich:
  If *the engine* ***has stopped****, you* ***need*** *some petrol.*
  If *you* ***knew*** *the answer, why* ***didn't*** *you* ***say*** *so?*
  If *you* ***can see*** *those hills,* ***expect*** *rain. If you* ***can't see*** *them, it****'s*** *usually already* ***raining****.*
  *I****'m*** *pleased* ***if*** *you* ***enjoyed*** *yourself.*
  If *it* ***will cost*** *more by train, I****'m choosing*** *the plane!* [Vgl. Abschnitt 3.]

2 *if* in irrealen Bedingungssätzen

- Irreale Bedingungssätze sagen etwas über Ereignisse oder Zustände aus, die man als irreal, d. h. als nicht wirklich, unmöglich oder unwahrscheinlich darstellt. Im *if*-Satz wird das *past tense* gebraucht, um etwas über die Gegenwart oder die Zukunft auszusagen, das *past perfect*, um über die Vergangenheit zu sprechen:
  ***If** I **had** $1 million, I would/could/might buy an island in the Pacific.*
  [= Aber ich habe keine Million Dollar.]
  ***If** I **hadn't been** wear**ing** a seat-belt, I wouldn't be here today.* [= Aber ich war angeschnallt.]
  ***If** it **had** rain**ed**, they would/could/might have held the press conference indoors.* [= Aber es regnete nicht.]
- Dinge werden oft als irreal dargestellt, wenn jemand besonders vorsichtig oder höflich eine Bitte oder einen Vorschlag ausspricht:
  *Would it be convenient **if** I pick**ed** you up at 7?*
  *Would you mind **if** I borrow**ed** your notes?*

3 *if + will/would*

- *will* und *would* können als Modalverb in einem *if*-Satz stehen und drücken dabei Bereitschaft/Wollen aus:
  ***If** you **will** help, I'm sure he'll be very thankful.*
  ***If** you **would** help, I'm sure he'd be very thankful.*
  Dieser Gebrauch ist oft in höflichen Bitten und Vorschlägen zu finden (vgl. Abschnitt 2):
  ***If** you **will/would** sign here, I'll get your keys.*
- *will/would* wird auch im Sinne von „darauf bestehen" bzw. „müssen" im *if*-Satz gebraucht. *will/would* ist hier betont:
  ***If** they **will** go on expensive holidays three times a year, it's no wonder they haven't any money for other things.*
  ***If** she **would** talk all the time, it's not surprising that the teacher sent her out of the classroom.*
- Gelegentlich findet sich *will* im *if*-Satz aber auch als „reine" Zukunftsform. Solche Sätze lassen sich so umschreiben: „wenn es wahr ist, dass X geschehen wird, ...":
  ***If** it **will** get there tomorrow by normal post, I won't send it express.*
  ***If** the re-structuring **will** happen anyway, I'll just drop what I planned to do.*
  ***If** they **will** be leaving at six, I won't bother about plans for supper.*
  ***If** it **will** cost no more to pay later, we'll pay later.*

4 Der Unterschied zwischen *if not* and *unless*

- *unless* ist in vielen Situationen möglich, wo *if not* gebraucht wird, z. B.:
  *The programme won't be a success **if** they do**n't** get / **unless** they get a popular presenter.*

- *unless* bedeutet aber nicht einfach „wenn nicht", sondern „außer wenn":
  *You would never find the house **unless** someone went with you.*
  (... außer wenn jemand mitgehen würde.) = *You would **only** ever find the house **if** someone went with you.*
  *The party will take place on Saturday **unless** it rains.* = *The party will **only not** take place on Saturday **if** it rains.*
  Vgl.:
  *My wallet's gone. Alan can't have taken it, **unless** he's been home in the meanwhile.* (... außer wenn er inzwischen zu Hause gewesen ist.)
  *Alan never comes home during the day. He can't have taken the wallet **if** he has**n't** been home.* (... wenn er nicht zu Hause gewesen ist.)

⚠ Da *unless* „außer wenn" entspricht, kann es nicht anstelle von *if not* gebraucht werden, wenn lediglich ausgesagt wird, „wenn der Fall anders wäre, würde X geschehen":
*He'd be a good newsreader **if** he did**n't** have that awful accent* (NICHT: *unless he had ...*). (... wenn er nicht diesen schrecklichen Akzent hätte.)
*We'd spend Christmas at home this year **if** we had**n't** got* (NICHT: *unless we had got*) *this invitation from Ann's parents.* (... wenn wir nicht diese Einladung ... hätten.)
*I'd phone Dan **if** I had**n't** lost* (NICHT: *unless I had lost*) *his number.*
(... wenn ich die Nummer nicht verloren hätte.)

5 Der Unterschied zwischen *if* und *whether* in der Bedeutung „ob"

- Der Gebrauch von *if* in der Bedeutung „ob" ist eingeschränkter als der von *whether*.
- *if* und *whether* können beide zur Einleitung von indirekten Fragesätzen (auch nach Ausdrücken des Zweifelns) gebraucht werden:
  *He asked **if/whether** we knew.* [Direkte Frage: *Do you know?*]
  *I don't know **if/whether** he'll come this evening.* [Direkte Frage: *Will he come?*]
  *It's not certain **if/whether** they've heard.*
  *She doubted **if/whether** it was true.*
- *whether*, aber nicht *if*, kann nach Nomen + Präposition oder direkt nach einem Nomen stehen:
  *It's a question **of whether*** (NICHT: *of if*) *we need their help or not.*
  *Have you made a decision **as to whether** we should go?*
  *The **question whether** they would agree remained open.*
- *whether*, aber nicht *if*, kann vor einem Infinitiv stehen:
  *I'm not sure **whether to*** (NICHT: *if to*) *go.*
- *whether*, aber nicht *if*, kann benutzt werden, wenn der indirekte Fragesatz als Subjekt oder als Subjektergänzung fungiert:
  Whether (NICHT: *if*) ***they arrive before six*** [= Subjekt des Satzes] *doesn't seem important.*
  *The question is **whether they'll be here when the meeting starts.***
  [= Subjektergänzung nach *be*]

- Nach bestimmten Verben wie z. B. *discuss, choose, explain, prove* wird normalerweise *whether*, aber nicht *if*, gebraucht:
  Can you ***explain whether*** *it's more common to use first names?*
  I'd like to ***discuss whether*** *we should put our prices up.*
- *if ... or not* ist möglich, aber nur *whether* kann unmittelbar vor *or not* stehen:
  I shall go ***whether/if*** *it rains* ***or not****.*
  I shall go ***whether or not*** *it rains.*

⚠ Ob sie wohl kommen werden? = ***I wonder if/whether*** *they'll come.*

6 ***if only***

- Mit *if only* wird Bedauern oder ein starker Wunsch in Bezug auf etwas ausgedrückt, das nicht zutrifft. Es gelten die gleichen Gebrauchsbedingungen wie bei Sätzen mit *wish*. Näheres s. Eintrag **wish**:
  If only *we* ***could*** *see each other more often!* (Wenn wir uns nur öfter sehen könnten!)
  If only *Jack* ***would*** *stop smoking!* (Wenn Jack nur das Rauchen aufgeben würde!)
  If only *they* ***had*** *phon****ed*** *and asked me first!* (Wenn sie nur vorher hätten angerufen und mich gefragt!)
- *only* kann auch, wie viele andere Adverbien, getrennt von *if* in der Satzmitte stehen, d. h. nach *be*, vor einem sonstigen Vollverb oder nach dem ersten Hilfsverb:
  If he ***was only*** *aware of the problem!*
  If he ***only knew*** *the difference.*
  If he ***had only*** *wait****ed****.*

ill – sick (krank)

⚠ Komparativ und Superlativ von *ill* heißen *worse* und *worst* (NICHT: *iller/illest*).

- *ill* und *sick* entsprechen beide „krank“. Beide können (prädikativ) nach Verben wie *be* verwendet werden. Im BE wird *ill* (attributiv) vor einem Nomen in der Regel nur dann gebraucht, wenn vor *ill* noch ein Adverb steht; ansonsten wird im BE vor einem Nomen *sick* gebraucht. Im AE ist *sick* ohnehin sowohl prädikativ als auch attributiv üblich:
  The child is ***sick/ill****.*
  They have ***a sick*** (BE NICHT: *an ill*) ***child*** *and cannot come to the party.*
  A ***very ill patient*** *should not be moved.*
  Typische Adverbien, die mit *ill* verbunden werden, sind:
  mentally ill (geistig krank), *dangerously ill* (gefährlich krank), *seriously ill* (schwer krank), *gravely ill* (ernsthaft krank), *terminally ill* (unheilbar krank).
- Im übertragenen Sinne kann *ill* auch ohne Adverb vor einem Nomen stehen:
  an ill omen (ein böses Omen), *an ill wind* (ein ungünstiger Wind), *ill effects* (schlechte Auswirkungen), *ill luck/fortune* (Pech)

- Auch als Nomen (in Verbindung mit *the* zur Bezeichnung einer Gesamtheit – vgl. **the**, Abschnitt 1.1) wird *ill* nur in Verbindung mit einem vorausgehenden Adverb gebraucht. Sonst wird *the sick* verwendet:
  *Let us pray for **the sick*** (NICHT: *the ill*).
  ***The mentally ill** need more help.*

- *be sick* wird oft im Sinne von „sich erbrechen" verwendet. In der Verlaufsform hat es nur diese Bedeutung:
  *Mr Jones from the marketing department **is** always **sick/ill** it seems, after a long weekend.* (... ist ... immer krank.)
  *Jimmie **is** always **sick** after eating ice-cream and egg.* (... erbricht sich immer ...)
  *Where's Jack? – In the bathroom. He**'s being sick**.* (Er erbricht sich gerade.)

- Wendungen mit *ill/sick*:
  *Two days later he **fell ill /was taken ill** and died.* (... wurde er krank ...)
  ***I'm sick of** hear**ing** the same arguments again and again.* (Ich habe es satt, immer wieder die gleichen Argumente zu hören.)

illness – disease (Krankheit)

- *illness* und *disease* entsprechen beide „Krankheit/Erkrankung". Der Gebrauch überlappt sich. *illness* ist das Alltagswort und kann Krankheiten unterschiedlicher Dauer und Schwere bezeichnen:
  *She died after a short, sudden, not very serious, but for her fatal **illness**.*
  *Jack's **illness** was almost certainly caused by stress.*

- Mit *disease* (Aussprache: [dɪ'zi:z]) wird eine eher schwere Krankheit bezeichnet, die den Status eines medizinischen Phänomens hat, bestimmte Körperteile befällt und durch bestimmte Erreger hervorgerufen wird:
  *Smallpox, TB and hepatitis are three well-known **diseases**.*
  *She has a rare skin **disease**.* (... eine seltene Hautkrankheit.)
  Is measles an infectious (ansteckend) *or a contagious* (durch Berührung direkt übertragbar) ***disease**?*

- *illness* und *disease* können beide auch als nicht zählbare Nomen gebraucht werden:
  *There's a lot of **illness** around at this time of year.*
  ***Disease** and death are still everyday occurrences in many parts of the world.*

imagination (Phantasie), imaginative (einfallsreich), imaginable (vorstellbar), imaginary (imaginär)

- Zum Unterschied zwischen *imagination* und *fantasy* (beide „Vorstellung/Phantasie") s. **fantasy**.

- *imaginative, imaginable, imaginary* nicht verwechseln:
  *Anna has some very **imaginative** ideas. She's very **imaginative**.* (... einfallsreich.)

*What's the smallest **imaginable** size for a computer chip?* (Was ist die kleinste Größe, die für einen Computer-Chip vorstellbar ist?)
*Little Anna holds long conversations with an **imaginary** friend, called Boca.* (... mit einer imaginären Freundin ...)

- *imaginative, imaginable, imaginary* werden alle auf der zweiten Silbe *(-ma-)* betont, *imagination* dagegen auf der vierten *(-na-)*.

(to) **imagine**

1 *(to) imagine* = „sich vorstellen/einbilden"

- Auf *imagine* in dieser Bedeutung kann eine *-ing*-Form, aber kein *to*-Infinitiv folgen:
  *Can you **imagine** liv**ing** (NICHT: to live) in a foreign country?*
  *I can't **imagine** Jack/Jack's/him/his say**ing** "yes".*

- *imagine* kann nicht in der Verlaufsform gebraucht werden, außer in der Bedeutung „sich fälschlicherweise einbilden":
  Did you hear that noise? There's somebody upstairs in the bedroom!
  *– You**'re imagining** things.*

2 *(to) imagine* = „denken/glauben/vermuten/annehmen"

- Auf *imagine* in dieser Bedeutung folgt typischerweise ein *that*-Satz:
  *I **imagine (that)** they've already reached Dover by now.*
  *Somehow I **imagined (that)** he was her husband.*

- Anstelle eines *that*-Satzes kann bei Zustandsverben wie *be, like, have* auch eine Infinitivkonstruktion gebraucht werden:
  *Somehow I **imagined** him **to** be her husband.* (Irgendwie habe ich gedacht, er sei ihr Ehemann.)

- Passivsätze mit unpersönlichem Subjekt sind möglich:
  ***It was imagined** (that) they would find large deposits of oil there.*
  (Es wurde angenommen, dass man dort größere Ölvorkommen finden würde.)
  ***There were imagined to** be large deposits of oil there.*

- Bei der Verneinung wird in der Regel (aber nicht immer) *imagine* verneint und nicht das Verb des *that*-Satzes:
  *I **don't imagine** (that) he has read the report yet.* (Ich glaube nicht, dass er den Bericht schon gelesen hat.)

⚠ In Kurzrepliken wird *I (should) imagine so*, nicht *I (should) imagine yes* gebraucht:
*Do you think Brazil will win? – **I (should) imagine so**. / **I don't/shouldn't imagine so**.* (Ich glaube ja/nicht.)

immediately (sofort/direkt)

- *immediately* wird nicht nur im zeitlichen, sondern auch im räumlichen Sinne gebraucht:
  *I'll meet you **immediately** after the concert.* (... sofort/direkt nach ...) [zeitlich]
  *He lived in the flat **immediately above/below/over/under/opposite** me.* (... direkt über/unter mir / mir gegenüber.) [räumlich]
- *immediately* kann als Konjunktion in der Bedeutung „sobald" oder „sofort, wenn" gebraucht werden:
  ***Immediately** the train stops* (NICHT: *will stop*), *we'll open the door and run.*

⚠ Zeig mir dein neues Kleid. – Sofort. = ***Just a minute / In a minute.***
Frau Schwarz, Herr Weiß ist jetzt da. – Ja, sofort. = *(I'm)* ***Coming.***

impossible, impossibly (unmöglich)

- Konstruktionen mit *impossible*:
  ***It's impossible to** buy the book. It's sold-out everywhere.*
  *The other book **is impossible to** read. It's so theoretical.*
  Sätze wie der vorige haben passivische Bedeutung. Das Buch wird gelesen, es liest ja nicht selbst.

⚠ Das Adverb *impossibly* kann ein Adjektiv oder Adverb näher bestimmen, aber kein Verb:
*The book is **impossibly difficult.*** [+ Adjektiv]
*He talks **impossibly slowly.*** [+ Adverb]
Wir können unmöglich hier bleiben. = *We **can't possibly** stay here.*

improbable ⇨ **probable**

(to) **improve** ([sich] [ver]bessern)

- *improve* ist in aller Regel kein reflexives Verb. *improve oneself* hat die besondere Bedeutung „sich gesellschaftlich verbessern", d. h. „einen höheren sozialen Status erlangen":
  *He was a lazy boy who never did his homework. But he**'s improving**. He can work quite hard sometimes now.* (Aber er bessert sich.)
  *Jack was fed up working on a building site and fed up with spending his spare time in discos and snooker saloons. He wanted to **improve himself** so he went to night school and tried to get some qualifications.*
- *improve* und das Partizip *improved* werden durch *greatly* oder *very much*, nicht durch *very* näher bestimmt:
  *The situation **has improved greatly** / **very much**.* (Die Lage hat sich sehr gebessert.)
  *They are now offering a **greatly / very much improved** service.*

in

- Zum Gebrauch von *in* in Ortsbestimmungen s. **at**, Abschnitt 1.
- *in addition to* s. **additional**; *in case* s. **case**; *in front of* s. **front**; *in order to/that* s. **order**; *in spite of* s. **despite**

1 *in* bei Zeitbestimmungen

- *in* verbindet sich mit dem bestimmten Artikel + *morning, afternoon, evening* und *night*, wenn keine nähere Bestimmung vorangeht oder folgt. (Zum Unterschied zwischen *at night* und *in the night* s. **night**):
  I heard some planes ***in the morning/afternoon/evening/night***.
  (... am Morgen / am Nachmittag / am Abend / in der Nacht ...)
  In the morning(s)/afternoon(s)/evening(s) *I often heard planes.*
  (Morgens/Nachmittags/Abends ...)

- *morning, afternoon, evening* und *night* verbinden sich mit *on*, wenn sie durch ein Datum oder Adjektiv näher bestimmt sind:
  On the morning/afternoon/evening/night of *18th February ...*
  On a beautiful morning/afternoon/evening/night *a few weeks ago ...*
  Wenn aber *the early* oder *the late* vor diesen Nomen stehen, wird die Präposition *in* gebraucht:
  In the early/late morning/afternoon/evening *of 18th February ...*
- In Verbindung mit *this/that/next/last* und Nomen wie *morning, week, year, summer* usw. wird keine Präposition gebraucht:
  In diesem Jahr fahren wir nach Paris. = ***This year*** *we're going to Paris.*
- Wenn ein Zeitraum genannt wird, der von jetzt an gerechnet wird, wird *in* mit Ausdrücken wie *ten minutes, six days(') time* verwendet:
  I'll see you ***in ten minutes / in ten minutes(') time***.
  Je länger der Zeitraum ist, desto mehr wird der Ausdruck mit *time* bevorzugt:
  in a year's time, in two years(') time
  Das Apostroph kann weggelassen werden, wenn das Nomen im Plural steht:
  *in two days**(')** time,* aber nur: *in a/one day**'s** time*

⚠ heute in einer Woche / zwei Wochen / drei Wochen = ***a week / two weeks / three weeks (from) today / from now***
morgen in zehn Tagen / sechs Wochen = ***ten days / six weeks from tomorrow***
heute in einem Jahr = ***a year from now / this time next year***

- Weitere Zeitbestimmungen mit *in*:
  in *the day(time)* (am Tag – Gegenteil: *at night*)
  in *1910* ([im Jahre] 1910) [Jahreszahlen]
  in *June* (im Juni) [Monatsnamen]
  in *(the) spring/summer/autumn/winter* (im Frühling/Sommer/Herbst/Winter) [Jahreszeiten]
  *I have**n't** seen her* ***in years*** (oder: *for years*). (... seit Jahren ...)
  a man ***in his*** (NICHT: *the*) ***thirties*** (ein Mann in den Dreißigern)

⚠ in deinem Alter = ***at*** *your age*
einmal/zweimal/dreimal/... in der Woche = *once / twice / three times / ...* ***a*** *week*

2 *in*: sonstiger Gebrauch als Präposition

- *in* = „mit/in" bei Kleidungsstücken:
  a man ***in a black hat***
  a woman ***in a green dress***
- *in* = „von" in Verhältnisangaben, die aus Zahl + *in* + Zahl bestehen:
  Only ***one in ten*** *households owned a television at that time.* (... einer von zehn ...)
- *in* = „von ... her / was ... betrifft":
  The young ones are blue or green ***in colour****.*
  It was a good holiday ***in*** *price, if not* ***in comfort****.*
  Their feet are small ***in size****.*
- *in* = „an" oder ein anderer Ausdruck bei Veränderungen:
  We have seen a ***decline/decrease/fall/increase in*** *sales to Europe over the last six months.* (Rückgang/Zunahme an)
  She ***gained in*** *popularity from day to day.* (Sie gewann ... an Popularität.)
  There's been a ***change in*** *time/price/policy.* (... eine Terminverschiebung/ Preisänderung / eine Änderung der Politik ...)
  The workforce agreed to a ***cut in*** *wages.* (... stimmten einer Lohnkürzung zu.)
  There has been a marked ***improvement in*** *his school work.* (Er hat sich in der Schule deutlich gebessert.)
  We've seen an ***upsurge in*** *violence.* (... ein Aufflammen von Gewalt ...)
- *in* = „auf" bei Bankkonten
  How much money has he got ***in his account / in the bank****?*
- *in* = „vor" oder ein anderer Ausdruck in Verbindung mit Gefühlen:
  The children were jumping up and down ***in*** (auch: *with*) ***excitement****.* (... vor Aufregung ...)
  He threw up his arms ***in dismay / in disbelief / in horror****.* (Er warf bestürzt / ungläubig / voller Entsetzen die Arme hoch.)

⚠ *in* + Nomen = „in" + bestimmter Artikel + Nomen im Deutschen:
If you agree, then we're ***in business****.* (... im Geschäft.)
I saw the two of them ***in conversation*** *outside the door of his office.* (... im Gespräch ...)
The firm is ***in crisis****.* (... in der Krise.)
If we analyse the figures ***in detail****, ...* (... im Detail ...)
Have you ever seen an eagle ***in flight****?* (... im Flug ...)
In general *I agree with what she says.* (Im Allgemeinen ...)
She went into politics at the age of 24. She's still ***in politics*** *now.*
In practice *we rarely ask.* (In der Praxis ...)
In public *she never wore jeans.* (In der Öffentlichkeit ...)

*The astronauts stayed **in space** for twelve days.* (... im Weltall.)
*I was **in town** this morning.* (... in der Stadt.)
Aber mit Artikel im Englischen, ohne Artikel im Deutschen:
*in **a** hurry* (in Eile)

3 Feste Wortverbindungen mit *in* und bestimmten Nomen, Verben und Adjektiven

- ***In answer/reply to** your question, I would say ...* (Als Antwort auf ...)
*Mrs Myers **assisted** (me) **in** prepar**ing** the conference.* (... assistierte [mir] bei der Vorbereitung der Tagung. – s. **assist**)
*Do you **believe in** God?* (Glauben Sie an Gott?)
*Her **belief/faith in** her children's ability ...* (Ihr Glaube an ...)
***In the circumstances** it was the only thing we could do.* (Unter den Umständen ...)
*Mrs Myers **collaborated with** me **in** plann**ing** the conference.* (... arbeitete mit mir bei der Planung der Tagung zusammen.)
*My boots were **covered in** mud.* (... voller Schlamm / mit Schlamm bedeckt.)
*That firm **deals in** luxury leather goods.* (... handelt mit ...)
***In** his **defence** I have to say that ...* (Zu seiner Verteidigung ...)
*His **delight in** see**ing** us again ...* (Seine Freude uns wiederzusehen ...)
*He **failed in** his attempt to cross the Channel on a bicycle.* (Er scheiterte beim Versuch ...)
*Can you say that **in English**?* (... auf Englisch ...)
*She **cut/tore/broke** the thing **in half/two**.* (Sie [zer]schnitt/[zer]riss/[zer]brach das Ding in zwei Hälften / entzwei.)
*They gave a dinner **in honour of** the President.* (... zu Ehren des Präsidenten ...)
*Her **interest in** the theatre began when she was eight.* (Ihr Interesse am Theater ...)
***I'm** not **interested in** that.* (Dafür interessiere ich mich nicht.)
*Were you **involved in** that project?* (Waren Sie an ... beteiligt?)
*Please answer all questions **in ink/pencil/writing**.* (... mit Tinte/Bleistift / schriftlich.)
*We all **joined in** the fight.* (Wir beteiligten uns alle an dem Kampf.)
*You were not **justified in** ask**ing** for more money.* (... berechtigt, mehr Geld zu verlangen.)
*They planted a tree **in memory of** her father.* (... zur Erinnerung an ...)
***In** my **opinion**...* (Meiner Meinung nach ...)
*Letters were few **in number,** but there were a lot of phone calls.* (... an der Zahl ...)
***In other words** you don't agree.* (Mit anderen Worten ...)
*He **was in pain*** (NICHT: *pains*) *for several weeks.* (Er hatte ... Schmerzen.)
*How many will **take part in** the competition?* (... an ... teilnehmen?)
*Everything is **in place / in the right place**.* (... am Platz / am richtigen Platz.)
***In your place** I would never have agreed.* (An Ihrer Stelle ...)
*Their **pride in** their children was overwhelming.* (Ihr Stolz auf ...)
***In private** she often held quite different opinions.* (Privat ...)

In all probability *they will win.* (Aller Wahrscheinlichkeit nach ...)
He left ***in*** (NICHT: *in the*) ***search of*** *a pub.* (... auf der Suche nach ...)
My ***share in*** *the victory was small.* (Mein Anteil am Sieg ...)
Her ***skill in*** *manoeuvr****ing*** *the caravan into the small space left was considerable.* (Ihre Geschicklichkeit beim Manövrieren ...)
They ***specialise in*** *laptops.* (Sie haben sich auf Laptops spezialisiert.)
I'm sorry but we haven't got that model ***in stock****.* (... auf Lager.)
He ***succeeded in*** *break****ing*** *the world record.* (Er schaffte es, den Weltrekord zu brechen.)
I know it's all new now, but you'll get used to everything ***in time****.* (... mit der Zeit ...)
He spoke ***in a*** *loud/quiet* ***voice****.* (... mit lauter/leiser Stimme.)
In this/good weather ... (Bei diesem/gutem Wetter ...)

4 Idiomatische Wendungen mit *in*:

- ***In a way*** *I felt sorry for her, even though I didn't really like her.* (In gewisser Weise ...)
There were 70 of us ***in all****.* (... insgesamt ...)
I don't want to visit that museum. ***In any case*** *we're late and haven't got time.* (Wir sind sowieso verspätet ...)
In brief*, this is the situation.* (In [aller] Kürze ...)
Will you pay by cheque or ***in cash****?* (... bar?)
Let's go and sit down, have a drink, and discuss all this ***in comfort****.* (... in aller Ruhe ...)
He and she never ***had*** *much* ***in common****.* (... hatten nie viel gemeinsam / viele Gemeinsamkeiten.)
In common with *many other people of my age* ... (Gemeinsam mit ...)
The trip to Africa, ***in comparison****, was relatively easy.* (... vergleichsweise ...)
In conclusion *I would like to say* ... (Abschließend ...)
*He****'s*** *badly* ***in debt****. He owes over $300,000.* (Er ist schwer verschuldet.)
This model ***is*** *very much* ***in demand*** *at the moment.* (... ist ... sehr gefragt.)
We must analyse this problem ***in depth****.* (... eingehend ...)
I ***was in doubt*** *about / as to what I should do.* (Ich hatte Zweifel, was ich tun sollte. – s. **doubt**)
The big match ***is in doubt*** *after all this snow.* (... in Frage gestellt).
In the end *I agreed.* (Schließlich ... – s. **finally**)
In fact *we never met.* (Tatsächlich ... – s. **fact**)
They decided ***in favour of*** *the other candidate.* (... zugunsten des anderen Kanditaten.)
She paid (the amount) ***in full****.* (... den vollen Betrag.)
Write your name ***in full****.* (Schreiben Sie Ihren Namen aus.)
I called him an old donkey ***in fun****.* (... aus Spaß ... [d. h. ohne böse Absicht – s. **fun**])
She's ***in love*** (verliebt). *She* ***fell in love*** *as soon as she saw him.* (Sie verliebte sich ...)

I'll bring it ***in a minute***. (… gleich.)
I liked the food and drink and ***in particular*** *the wine.* (… insbesondere/ besonders …)
You have to go and collect it ***in person***. (… persönlich …)
The beautiful vase lay on the ground ***in pieces***. (… in Scherben …)
There was fog ***in places***. (… stellenweise …)
If you give me that T-shirt, I'll give you this sweatshirt ***in return***. (… dafür … [= als Gegenleistung])
Our house lay / Our plans were ***in ruins***. (Unser Haus lag in Trümmern. / Unsere Pläne waren zunichte.)
There was a thunderstorm and everything got wet. The people were wet, the chairs were wet, the sandwiches were wet. ***In short****, that was the end of the party.* (Kurz gesagt …)
I got there just ***in time***. (… gerade noch rechtzeitig …)
The teacher asked each of them ***in turn***. (… der Reihe nach.)
In view of *all the problems …* (Angesichts der ganzen Probleme …)
Why don't you do it ***(in) this way****?* (… so / auf diese Art und Weise.)

5 Die Konstruktionen *in/on + -ing*

- *in* + *-ing*-Form entspricht „indem" oder „dadurch, dass" + Nebensatz. *in doing so* entspricht „dabei/dadurch":
  In *agree****ing*** *to sell his house to a family of immigrants, he made enemies of his old neighbours.* (Indem / Dadurch, dass er … verkaufte …)
  He opened the cupboard door. ***In*** *do****ing*** *so, he knocked over a Chinese vase.* (Dabei stieß er … um.)
- *on* + *-ing*-Form dagegen entspricht „als" oder „nachdem" + Nebensatz. Diese Konstruktion ist schriftsprachlich:
  On *receiv****ing*** *his note, Bolton called the consulate.*
  On *read****ing*** *the newspaper report, I realized what had happened.*
- In beiden Fällen muss das (nicht explizit genannte) Subjekt der *-ing*-Form identisch mit dem Subjekt des Hauptsatzes sein. Nicht korrekt ist z. B. **In analysing the data various mistakes were found,* da das Subjekt *mistakes* nicht das Analysieren unternahm. Richtig wäre:
  When they/he/she/… analysed the data, various mistakes were found.
  Oder: *In analysing the data, he/she/they/… found various mistakes.*

6 Das Adverb *in*

- Als Adverb hat *in* verschiedene Bedeutungen. *in* wird auch als Adverbialpartikel in vielen *phrasal verbs* gebraucht:
  I'll be ***in*** *all afternoon.* (… zu Hause / im Büro …)
  We should have the new edition ***in*** *next week.* (… da / hier / im Geschäft …)
  The train was ***in*** *early/late.* (… war früh/verspätet da.)
  Come ***in*** */ Go* ***in*** */ Get* ***in*** */ Put it* ***in***. (… herein/hinein/ein/rein.)

(to) **include; included – including – inclusive**

1 *(to) include*

- *include* („einschließen") kann nicht in der Verlaufsform gebraucht werden, wenn es "umfassen / als Teil enthalten" bedeutet. *include* kann aber auch als Tätigkeitsverb mit der Bedeutung „aufnehmen / zu einem Teil machen" gebraucht werden. In dieser Bedeutung ist die Verlaufsform möglich:
  The price ***includes*** *(NICHT: is including) tax.*
  The trainer ***is including*** *two players who have never played in an international match before.*
  Den ersten Satz oben *(The price includes tax)* nicht verwechseln mit z. B. *The price is $50 including tax,* wo *including* eine Präposition („einschließlich") ist.

2 *including – included – inclusive*

- *including* ist eine Präposition; es kann einem (Pro-)Nomen nicht als Adjektiv nachgestellt werden; bei Nachstellung muss *included* verwendet werden:
  There are eleven of us ***including me****.* (... einschließlich meiner.)
  There are eleven of us, ***me included****.* (... mich eingeschlossen.)
- Nicht *included,* sondern *inclusive* wird einer Zahl, einem Betrag oder einem Datum nachgestellt:
  The price is ***$260 inclusive****.* (... $ 260 inklusive.)
  The museum is open ***from Monday to Saturday inclusive****.*
  (... einschließlich/inklusive ...)
  The office is closed ***from the 5th to the 23rd inclusive****.*
- *inclusive of* kann wie *including* als Präposition vor einem Nomen gebraucht werden:
  The price is ***$260 inclusive of / including heating and electricity****.*
  (... einschließlich/inklusive Heizung und Strom.)

(to) **increase** (zunehmen/erhöhen), **increase** (Zunahme/Erhöhung)

- Betonung: Das Verb wird auf der zweiten Silbe [ɪn'kri:s], das Nomen auf der ersten Silbe ['ɪnkri:s] betont.
- Präpositionen:
  They ***increased*** *the price* ***from $50 to $60****.* (Sie erhöhten den Preis von $ 50 auf $ 60.)
  The product ***has increased in*** *value.* (... ist im Wert gestiegen.)
  There has been an ***increase in*** *crime.* (... eine Zunahme an Kriminalität ...)

indeed – really (wirklich/tatsächlich)

1 *indeed – really* zur Verstärkung von Adjektiven, Adverbien und Begleitern

- *indeed* wird zur Verstärkung in der Konstruktion *very* + Adjektiv/Adverb + *indeed* verwendet, *really* in der Konstruktion *really* + *very* + Adjektiv/Adverb:
  *It was a **very good** holiday **indeed**.* (... ein wirklich sehr guter Urlaub.)
  *It was a **really very good** holiday.*
  *It was **very good indeed**.*
  *It was **really very good**.*
  *She sang **very well indeed**.* (Sie sang wirklich sehr gut.)
  *She sang **really very well**.*
  really kann auch vor dem Verb stehen: s. Abschnitt 2.

I

- *indeed* kann – im Gegensatz zu *really* – in der o.g. Konstruktion in aller Regel nicht ohne *very* gebraucht werden:
  *It was a **really good** holiday* (NICHT: *a good holiday indeed*). (... ein wirklich guter Urlaub.)
  *She sang **really well*** (NICHT: *well indeed*).
  In Kurzrepliken findet sich *indeed* jedoch gelegentlich ohne *very* vor einem Adjektiv – s. Abschnitt 3:
  *It's a strange name. – Yes, it is **indeed unusual**.*
- In Verbindung mit einem Begleiter wie *much/little* können *indeed* und *really* beide nur mit *very* gebraucht werden:
  *We had **very little** time **indeed*** (NICHT: *little time indeed*).
  *We had **really very little** time* (NICHT: *really little time*).
- *indeed* (aber nicht *really*) wird in Verbindung mit *very much* zur Verstärkung von Danksagungen verwendet. *Thank you very much indeed* entspricht etwa „Vielen/Ganz herzlichen Dank“:
  *You've been very helpful. **Thank you very much indeed**.*

2 Die Stellung von *really* in Verbindung mit Verben

- *really* steht wie andere Adverbien in aller Regel vor einem Vollverb:
  *She **really believes** him.*
  *We **really like** Jack.*
- Bei Hilfsverben steht *really* davor oder dahinter. Vor dem Hilfsverb ist *really* emphatischer:
  ***I've really** given up this time – no more cigarettes for me.*
  ***I really have** given up this time – no more cigarettes for me.*
  Vgl. auch die unterschiedlichen Stellungen mit *be*:
  *He **is really** an expert.*
  *He **really is** an expert.*
- In verneinten Sätzen führt die Stellung vor oder nach dem Hilfsverb zu ganz unterschiedlichen Bedeutungen. Vor dem verneinten Hilfsverb hat *really* verstärkende Bedeutung („wirklich nicht“), dahinter abschwächende („nicht so richtig“):

I could tell from her reaction that she ***didn't really*** *believe us.* (… dass sie uns nicht so richtig / eigentlich nicht glaubte.)
I was amazed. She ***really didn't*** *believe us, despite all the evidence.* (Sie glaubte uns doch tatsächlich nicht …)
I ***don't really*** *like raw fish.* (Ich mag eigentlich keinen rohen Fisch.)
I ***really don't*** *like raw fish.* (Ich mag rohen Fisch überhaupt nicht.)

4 Weitere Verwendungen von *indeed*

- *indeed* kann direkt nach einem Verb stehen. In solchen Fällen ist es aber ein eingeschobenes Satzadverb mit der Bedeutung „in der Tat / tatsächlich / allerdings / sogar". Es wird durch eine Sprechpause bzw. oft durch Kommata abgetrennt:
  It was, ***indeed,*** *a very good holiday.*
  She sang, ***indeed,*** *very well.*
  There was ***indeed*** *very little time.*
  That is ***indeed*** *very good news.* (Das ist in der Tat eine sehr gute Nachricht.)
- *indeed* wird zur Verstärkung einer Replik nach *be* oder einem Hilfsverb gebraucht:
  What a lovely morning! – It ***is indeed****.* (Ja, in der Tat.)
  You must have spent hours on that essay. – I ***have/did indeed.***
- *indeed* wird zur Präzisierung in ähnlicher Weise wie *in fact* verwendet. Dieser Gebrauch von *indeed* ist förmlich und wirkt oft aufgeblasen:
  He enjoyed his stay. ***Indeed,*** *he asked if he could come again.* (Er fragte sogar …)
  They said she was "unusual". And ***indeed,*** *I've never met anyone quite so strange.*
- *indeed* kann außerdem in der Bedeutung „ach, wirklich? / was Sie nicht sagen!" zum Ausdruck von Missbilligung oder Überraschung gebraucht werden:
  She said you would pay. – Did she ***indeed****? Does she think I own the Bank of England?* (Ach, wirklich?)

independence (Unabhängigkeit), **independent** (unabhängig)

- Auf *independence* folgt die Präposition *from*, auf *independent* dagegen *of*:
  The organization's ***independence from*** *government money means it is free to criticize government policy.* (Die Unabhängigkeit … von …)
  When did India win its ***independence from*** *Britain?*
  The organization is ***independent of*** *the state.* (… unabhängig vom Staat.)
  Auf das Gegenteil *dependent* folgt jedoch *on*:
  The country is heavily ***dependent on*** *imports.* (… stark von … abhängig.)

indifferent (gleichgültig)

⚠ Subjekt von *be indifferent* kann nur die Person sein, die Gleichgültigkeit empfindet, nicht die Person oder Sache, die Gleichgültigkeit auslöst, wie es beim deutschen „gleichgültig" möglich ist:
She doesn't want anything to do with him. She's completely ***indifferent to/towards*** *him and his advances.* (Sie ist ihm und seinen Annäherungsversuchen gegenüber völlig gleichgültig.)
„Er und seine Annäherungsversuche sind ihr völlig gleichgültig" kann nicht mit **He and his advances are completely indifferent to her* wiedergegeben werden.

- Auf *indifferent to* folgt ein Verb als *-ing*-Form, nicht als Infinitiv:
Jack was ***indifferent to*** *meeting* (auch: *about meeting) the singer Carla Cortez, as he knew nothing about opera.* (Jack war es gleichgültig, dass/ob er die Sängerin Carla Cortez kennen lernen würde,...)

I

individual ⇨ **single**

indoor (Haus-/Zimmer-/Hallen-), **indoors** ([nach] drinnen)

- *indoor* ist ein Adjektiv, *indoors* ein Adverb:
indoor *plants* (Zimmerpflanzen), *an* ***indoor*** *swimming-pool* (ein Hallenbad)
We ran ***indoors*** *and waited* ***indoors*** *till the rain stopped.* (... ins Haus ... im Haus ...)

industrial (industriell/Industrie-) – **industrious** (fleißig)

- *industrious* beschreibt eine Person, die sehr fleißig/emsig ist. *industrial* ist das zu *industry* gehörige Adjektiv:
She's a very ***industrious*** *student who always works very hard.* (fleißig)
There is a big ***industrial*** *complex to the south of the city.* (... Industriekomplex ...)
- Beide Adjektive werden, im Gegensatz zu *industry* ['---], auf der zweiten Silbe betont [-'---].

inedible – uneatable (ungenießbar/nicht essbar)

- *inedible* wird in Bezug auf Pflanzen/Beeren usw. gebraucht, die nicht als Nahrung geeignet sind, weil sie z. B. giftig sind. *uneatable* kann in dieser Bedeutung nicht verwendet werden. Sowohl *inedible* als auch *uneatable* können für Nahrung gebraucht werden, die geschmacklich so unangenehm ist, dass man sie nicht essen kann:

The deathly nightcap (Knollenblätterpilz) *is **inedible**.*
*The pizza was in the oven for over an hour and completely **inedible/ uneatable**. We had to throw it away.*

inevitable, inevitably (unvermeidlich/zwangsläufig)

- *inevitable* und *inevitably* werden in Bezug auf Entwicklungen gebraucht, die als negativ empfunden werden:
  *It seems **inevitable** that the economic situation will get worse before it improves again.*
  ***Inevitably** we were sad when our friends finally had to leave.*

⚠ Wird das deutsche „zwangsläufig" wertneutral oder auch positiv gebraucht, so kann es mit *automatic/automatically* wiedergegeben werden: Die Temperatur in diesem Gefäß erhöht sich dadurch zwangsläufig und der Gärungsprozess wird eingeleitet. = *The temperature in this container rises **automatically** as a result and the process of fermentation is initiated.*

inferior (minderwertig)

- *inferior* hat keine eigene Komparativform, sondern ist selbst gleichzeitig Grund- und Komparativform. Vergleiche („minderwertiger als") werden mit *inferior to* ausgedrückt:
  *This whisky is **inferior** / an **inferior** brand.* (... minderwertig / eine minderwertige Marke.)
  *This whisky is **inferior to** that one.* (... minderwertiger als ...)

inflammable – flammable (brennbar/leichtentzündlich)

- *inflammable* und *flammable* sind keine Gegensätze, sondern haben beide die gleiche Bedeutung. *flammable* ist fachsprachlich. Das Gegenteil von beiden Wörtern heißt *non-flammable*:
  There is strictly no smoking in here because these solvents (Lösungsmittel) *are highly **inflammable/flammable**.*
  *New regulations will ensure that only **non-flammable** materials are used in all new hospital buildings.* (... nicht entzündbare Stoffe ...)

influence (Einfluss)

- Präpositionen:
  *His mother had/exerted a strong **influence on/over/upon** his career.*
  (... hatte einen starken Einfluss auf seine Karriere / übte ... aus.)
  *Does he have any **influence with** the headmaster?* (... Einfluss beim Direktor?)

- Nicht *influence*, sondern *effect* wird verwendet, wenn gemeint ist, dass als Ergebnis einer Maßnahme eine/keine Veränderung bei jdm./etwas herbeigeführt wird:
  *I asked them several times to stop playing their music so loud, but it had no **effect**.* (... aber das hatte keinen Einfluss / keine Wirkung.)
  *Antibiotics have no **effect** on viruses.* (... haben keinen Einfluss / keine Wirkung ...)

(to) **inform** (informieren), **information** (Information[en])

1 *(to) inform*

⚠ *inform* ist förmlicher als das deutsche „informieren". „Informieren" wird oft durch andere Ausdrücke als *inform* wiedergegeben:
Das Spiel beginnt eine halbe Stunde später. Kannst du Dirk informieren? = *Can you **tell** Dirk / **let** Dirk **know**?*
Bist du informiert? Wir beginnen eine halbe Stunde später. = ***Have** you **heard**? / **Has someone told** you?*
Ich bin informiert. = *I **know**. / **Someone told** me.*
Ich kenne die Preise nicht, werde mich aber informieren. = *I don't know what the prices are, but I'll **find out*** (NICHT: *inform myself*).

2 *information*

- *information* ist nicht zählbar, d. h. es kann nicht mit *a/an* oder im Plural gebraucht werden:
  *I heard an interesting **piece of information*** (NICHT: *an interesting information*) / ***some** interesting **information*** (NICHT: *informations*) *on the radio this morning.* (... eine interessante Information / interessante Informationen ...)
- Präpositionen:
  *I need some **information about/on** Sri Lanka.* (... Informationen über...)
  *I'll send you a copy of the letter **for your information**.* (... zu Ihrer Information ...)
  *This memo is **just for information / for information only**.* (... nur zur Kenntnis.)

⚠ Zur besseren Information finden Sie hier alle Adressen und Telefonnummern. = ***So that you are fully/better/properly informed** here are all the addresses and telephone numbers.*

ingenious – ingenuous ⇨ **genial**

(to) **injure, injured** ⇨ (to) **hurt**

in-law ➪ father-in-law

inn (Gasthof)

- *inn* wird selten verwendet, außer als Teil eines Gasthofnamens. In aller Regel werden *pub, restaurant* oder *hotel* bevorzugt. Wenn jemand *inn* als normales Nomen gebraucht, so drückt er damit aus, dass der betreffende Gasthof Atmosphäre hat oder im positiven Sinne altmodisch ist:
*One of the best pubs/restaurants/hotels in town is the **Ploughman's Inn**.*
*There's an isolated old **inn** up on the moors.*

innocent (unschuldig)

- Auf *innocent* folgt die Präposition *of*:
*He was **innocent of** the crime.* (Er war an dem Verbrechen unschuldig.)
*He seems **innocent of** any involvement in the plot.* (... frei von jeder Beteiligung an dem Komplott ...)

(to) inquire ([nach-]fragen / sich erkundigen), inquiry (Nachfrage)

- Die Schreibweise *enquire/enquiry* ist seltener, besonders im AE. Im BE wird *enquire/enquiry* oft in Bezug auf eine kurze Nachfrage bei einer Auskunftsstelle gebraucht. Wenn von einer längeren, tiefergehenden Untersuchung gesprochen wird, ist die Schreibweise mit *i-* üblich.
- *inquire* ist ein eher förmliches Wort. Es kann normalerweise kein Nomen oder Pronomen als direktes Objekt haben. Mögliche Konstruktionen und Präpositionen:
*"Where do they live?" she **inquired.** She **inquired where** they lived / **whether** anyone knew their address.*
*I **inquired about** the times of the trains.* (Ich erkundigte mich nach den Zugzeiten.)
*The police **are inquiring into** the matter.* (Die Polizei untersucht die Angelegenheit.)
*I **inquired after** Karen's health.* (Ich erkundigte mich nach Karens Befinden.)
(Sehr förmlich:) *I shall **inquire of** them what they propose to do.* (Ich werde bei ihnen nachfragen ...)
- *inquiry* ist zählbar und nicht zählbar. *make inquiries* entspricht „sich erkundigen". *Enquiries* ist die „Auskunft":
*After a lot of **inquiry/inquiries**, we finally discovered the truth.* (Nach langer Nachfrage / vielen Nachfragen ...)

*I **made** some **inquiries** but nobody seems to know the firm.* (Ich erkundigte mich / holte Erkundigungen ein ...)
*I asked **at enquiries**.* (... bei der Auskunft.) *I got no information **from enquiries**.* (... von der / über die Auskunft.)

inside

- *inside* kann als Präposition, Adverb, Adjektiv oder Nomen gebraucht werden:
  *The old town is the area **inside** the town walls.* (... innerhalb der Stadtmauern.) [Präposition]
  *It's getting cold. Let's go **inside**.* (... nach drinnen.) [Adverb]
  *I felt sad **inside**.* (... innerlich / im Inneren ...) [Adverb]
  There's moisture (Feuchtigkeit) *on the **inside** wall.* (... an der Innenwand.) [Adjektiv]
  *The **inside** of the coat is lined with fur.* (Die Innenseite des Mantels ist mit Fell gefüttert.) [Nomen)
- *inside* (Adverb) kann mit der Präposition *from* verbunden werden, jedoch nicht mit *to*, da *inside* je nach Kontext an sich schon die Richtung „nach (dr)innen/hinein" ausdrückt:
  It was very cold, so we watched the eclipse (Sonnenfinsternis) ***from inside**.* (... von drinnen.)
  *It started to rain so we went **inside*** (NICHT: *to inside*).

(to) **insist** (beharren/bestehen [auf]), **insistence** (Beharren/Bestehen)

- Auf *insist* und *insistence* folgt die Präposition *on*. Ein (weiteres) Verb folgt als *-ing*-Form, nicht als Infinitiv:
  *He **insisted on** driv**ing** me* (NICHT: *insisted to drive me*) *to the station himself.* (Er bestand darauf, mich zum Bahnhof selbst zu fahren.)
  *The teacher's **insistence on** the students(') always be**ing** punctual made her unpopular but also brought her respect.* (Das Bestehen der Lehrerin darauf, dass die Schüler/innen immer pünktlich waren, ...)
  *She also **insisted on** complete silence.*
- Auf *insist* und *insistence* kann auch ein *that*-Satz folgen:
  *I **insist (that)** he **should come / comes / come*** [= Konjunktiv!] *at once.* (... dass er sofort kommt.)
  *I **insisted (that)** he **should come / came / come*** [= Konjunktiv] *at once.* (... dass er sofort kam.)

in spite of ➪ despite

instant, instantly ➪ moment, momentarily

instead (stattdessen), instead of ([an]statt)

- *instead* ist ein Adverb, *instead of* eine Präposition. *instead* (Adverb) steht in der Regel am Satzende oder -anfang und kann durch ein Komma abgetrennt werden. Auf *instead of* (= Präposition) folgt ein Verb als *-ing*-Form:
  If you don't want to go to the Greek restaurant, we can always go to the Italian one ***instead.***
  I think I'll have beer ***instead of*** *wine today.*
  Instead of *(you/your) ask**ing** Bill to do it, why don't you do it yourself?*

insult (Beleidigung), (to) insult (beleidigen)

- Das Nomen wird auf der ersten Silbe betont ['ɪnsʌlt], das Verb auf der zweiten [ɪn'sʌlt].
- Auf das Nomen *insult* folgt die Präposition *to*:
  His behaviour was an ***insult to*** *the whole class.* (... eine Beleidigung für ...)

(to) intend (beabsichtigen / die Absicht haben), intention (Absicht)

1 *(to) intend*

- Auf *intend* kann ohne wesentlichen Bedeutungsunterschied ein *to*-Infinitiv oder eine *-ing*-Form folgen:
  I ***intended to*** *visit / visit**ing** Ann and Ian when I was in London.*

2 *intention*

- Konstruktionen mit *intention*:
  I rang Elizabeth ***with the intention of*** *tell**ing*** (NICHT: *to tell*) *her my decision.* (mit der Absicht, ihr ... mitzuteilen)
  I ***have no intention of*** *stay**ing*** (NICHT: *to stay*) *here one moment longer.* (Ich habe nicht die Absicht, ... zu bleiben.)
  Aber *to*-Infinitiv nach *intention* + *be* oder *it* + *be* + *intention*:
  The/My ***intention was to*** *reach Cairo by the end of the month.*
  It was *the/my* ***intention to*** *reach Cairo by ...*

⚠ Er hat es mit Absicht gemacht. = *He did it* ***intentionally / on purpose.***
Er hat es ohne Absicht gemacht. = *He did it* ***unintentionally.*** */ He did**n't** do it* ***intentionally / on purpose.***

intense – intensive (intensiv)

- *intense* entspricht „intensiv“ im Sinne von „stark/heftig“; *intensive* entspricht „intensiv“ im Sinne von „gründlich/eingehend/konzentriert“:
  In the last week of July the ***heat*** *was* ***intense****.*
  We carried out an ***intensive search*** *but couldn't find it anywhere.*
  intense *longing* (Sehnsucht) / *joy* (Freude) / *pain / colours / light*
  intensive *courses/preparations*
  in intensive care / in the intensive care unit (auf der Intensivstation)

intention ➪ (to) intend

I

interest (Interesse, Zinsen)

- Wendungen und Präpositionen:
  She developed a deep/strong ***interest in*** (NICHT: *for*) *(collect**ing**) antique dolls.* (... ein starkes Interesse an/für ...)
  Over the years, however, she gradually ***lost interest*** (NICHT: *the interest*) *in her collection.* (... verlor sie allmählich das Interesse an ...)
  In the interests (NICHT: *interest* [Singular]) *of peace ...* (Im Interesse des Friedens ...)
  What's the ***interest*** (NICHT: *What are the interests*) ***on*** *this investment?* (Wie hoch sind die Zinsen bei dieser Investition?)

interested (interessiert)

- Zum Unterschied zwischen *disinterested* und *uninterested* s. **disinterested**.

1 Präpositionen

- Wenn *interested* adjektivisch gebraucht wird, verbindet es sich mit der Präposition *in*; wenn es als Partizip in einem Passivsatz steht, wird *by* angeschlossen:
  *I'****m interested in*** *any programme on Italy.* (Ich interessiere mich für jede Sendung über Italien.)
  I'd ***be interested in*** *see**ing** that film.* (Es würde mich interessieren, diesen Film zu sehen.)
  I ***was interested*** *most* ***by*** *what she said about their burial rituals.*

2 *interested in doing – interested to do*

<u>2.1 Gegenwart/Zukunft</u>

- Auf die Gegenwart oder Zukunft bezogen, drückt *be interested in doing s.th.* aus, dass man den Wunsch hat, etwas (aktiv) zu tun:
  *I'****m interested in*** *learn**ing** Japanese.*
  Are *you* ***interested in*** *com**ing** to the theatre with us next week?*

- Auf *interested* kann in bestimmten Fällen ein *to*-Infinitiv folgen. Dies ist z. B. der Fall bei Verben, die die Grundbedeutung „erfahren/erleben" haben (z. B. *see, hear, find out*). *be interested in* + *-ing*-Form ist aber ebenfalls möglich:
  *When I go over **I'll be interested to** see / **in** seeing if the house is still there.* (... wird es mich interessieren zu sehen, ob das Haus noch steht.)
  ***I'm interested to** hear / **in** hearing what she has to report.* (Es interessiert mich zu hören, was sie zu berichten hat.)

2.2 Vergangenheit

- Auf die Vergangenheit bezogen drückt *interested in* + *-ing*-Form aus, dass jemand den Wunsch hatte, etwas zu unternehmen, das aus der Vergangenheitsperspektive heraus in der Zukunft lag:
  *We **were interested in** visit**ing** the area west of the Rhine where we'd never been before.*
- *in* + *-ing*-Form wird auch für regelmäßige Handlungen in der Vergangenheit gebraucht:
  *As a child I **was** always **interested in** help**ing** on the farm.*
- Bei Verben des Erfahrens können beide Formen gebraucht werden. Es wird aber nur der *to*-Infinitiv gebraucht, wenn Ereignisse gemeint sind, die nicht nur vielleicht eintreten würden, sondern effektiv eingetreten sind:
  *I **was interested in** hear**ing** / **to** hear how he would explain the fact that he was late.* (Ich war gespannt, zu hören ...)
  *I **was interested to** see on the TV news last night that ...* (Ich sah ... mit Interesse ...)

into

1 *into – in – to*

- *into* entspricht in der Regel dem deutschen „in" + Akkusativ und drückt Bewegung in einen umschlossenen Raum aus:
  *He walked **into** the kitchen and put the kettle on.*
- Nach den Verben *drop, fall, jump, put, throw* kann in der Regel wahlweise *in* oder *into* gebraucht werden. Mit *into* wird eher die Bewegung, mit *in* der Endzustand betont:
  *Just drop the rubbish **in/into** the bin.*
- Bei Zimmern steht nach *go* oft *to*, nicht *into*, wenn die Bewegung in den Raum hinein nicht extra betont werden soll:
  *Where's Philip? – He's just gone **to** the bathroom/bedroom/kitchen/office/study.*

2 Wortverbindungen mit *into*

- *into* wird mit Verben gebraucht, die etwas mit Veränderung/Verwandlung zu tun haben, z. B.:

The former kindergarten building ***has been converted into*** *a youth club.* (... ist in einen Jugendklub umgebaut worden.)
So auch: *change into, develop into, grow into, make into, transform into* (verwandeln in), *turn into*

- *into* wird mit bestimmten Verben in der Konstruktion [Verb] *someone into (doing) something* gebraucht, um auszudrücken, dass jemand zu etwas überredet, gedrängt oder verleitet wird:
  They ***forced/talked me into*** *sign**ing*** *the contract.* (Sie zwangen/überredeten mich, den Vertrag zu unterschreiben.)
  Weitere Verben, die so gebraucht werden, sind z. B.:
  bully (drangsalieren) / *coax* (überreden/bewegen) / *deceive* (täuschen) / *frighten* / *mislead* (irreführen) / *pressurize* (drangsalieren) / *trick*

- *into* wird außerdem in folgenden Wortverbindungen gebraucht:
  The book ***has been translated into*** *20 different languages.*
  They ***divided*** *the cake* ***into*** *twelve equal portions.* (Sie teilten den Kuchen in zwölf gleiche Portionen auf.)
  The investor / The investor's plans ***ran into difficulties*** *when a subterranean lake was discovered.* (... geriet/gerieten in Schwierigkeiten ...)
  This situation will ***continue/last into*** *the next century.* (... wird bis ins ... hineindauern.)
  He ***drove/crashed/ran into*** *a wall.* (Er fuhr/stieß/lief gegen eine Mauer.)
  They carried out an ***investigation into*** *the company's export activities.* (Sie führten eine Untersuchung/Überprüfung der Exporttätigkeit der Firma durch.)
  The plants ***merge into*** *the green wall behind.* (... verschmelzen mit ...)

I

(to) **introduce** (vorstellen / bekannt machen / einführen), **introduction** (Einführung)

- Ein indirektes Objekt nach *introduce* im Sinne von „vorstellen / bekannt machen" kann nur mit *to* angeschlossen werden und kann nur nach dem direkten Objekt stehen:
  Can I ***introduce*** *you* ***to*** *my friend, Anthea.* (Darf ich Sie mit ... bekannt machen?)

- Präpositionen: Auf *introduction* folgt in aller Regel die Präposition *to*:
  That book is a good ***introduction to*** *the subject.* (... Einführung in das Thema.)
  In the ***introduction to*** *her talk she said ...* (In der Einführung zu ihrer Rede ...)
  into wird jedoch gebraucht, wenn der Vorgang des Einführens im Mittelpunkt steht:
  The ***introduction*** *of modern marketing techniques* ***into*** *the firm ...*
  Vgl. auch: *She* ***introduced*** *modern marketing techniques* ***into*** *the company.*

(to) **invade** (einmarschieren/eindringen [in])

- *invade* kann transitiv oder intransitiv verwendet werden. Ein Objekt wird direkt, d. h. ohne Präposition angeschlossen:
  Hitler's armies ***invaded*** *France.* (... fielen/drangen/marschierten in Frankreich ein.)
  After the match finished, the spectators ***invaded*** *the pitch.* (... stürzten ... auf das Spielfeld.)

invaluable (unschätzbar / von unschätzbarem Wert)

- *invaluable* ist nicht das Gegenteil von *valuable*, sondern entspricht einer Steigerung von *valuable* und bedeutet „unschätzbar", „unbezahlbar". Das Gegenteil von *valuable* ist *worthless*:
  Her help was ***invaluable****. I would have been lost without it.*
  After the period of massive inflation, our savings were ***worthless****.*

(to) **invite** (einladen)

- Präpositionen nach *invite*:
  They've ***invited*** *me* ***to*** *dinner.* (... zum Abendessen ... [d. h. zu sich nach Hause oder in ein Restaurant])
  They've ***invited*** *me* ***for*** *dinner.* (... zum Abendessen ... [d. h. zu sich nach Hause])
  They ***invited*** *me* ***on*** *Wednesday.* (... am Mittwoch ... [zweideutig: die Einladung wurde am Mittwoch ausgesprochen oder es wurde für Mittwoch eingeladen])
  They ***invited*** *me* ***for*** *Wednesday.* (... für Mittwoch ...)
- *invite someone again* heißt „jdn. wieder einladen", *invite someone back* heißt entweder „jdn. wieder einladen" oder „jdn. zu einem Gegenbesuch einladen":
  Let's ***invite*** *Jack and Alan to dinner* ***again****. They were such fun.*
  I'd like to ***invite*** *Janet* ***back****. Her last visit really did me good.*
  I don't want to accept Fiona's invitation. If we do, we'll have to ***invite*** *them* ***back****, and I can't stand her husband.*

(to) **involve, involved**

1 *(to) involve*

- *involve* hat drei Grundbedeutungen:
  (1) *The magician said he would like to* ***involve*** *everybody* ***in*** *his tricks.* (... an ... beteiligen / in ... hineinziehen/verwickeln.)
  (2) *Let them decide what they want. It doesn't* ***involve*** *me.* (Es geht mich nichts an / betrifft mich nicht. [vgl. **concern**, Abschnitt 1])
  (3) *His new job will* ***involve*** *new responsibilities and a lot of travelling.* (... mit sich bringen / erfordern / umfassen.)

2 *(to) involve*: semantische und grammatische Besonderheiten

- In der Grundbedeutung (1) kann nicht nur eine Person (s. Beispielsatz oben), sondern auch eine Situation oder ein Ereignis Subjekt von *involve* sein:
  The search ***involved*** *over 400 police officers from all over the country.* (An der Suche waren über 400 Polizisten ... beteiligt.)
  The accident ***involved*** *a motorcycle and a car.* (An dem Unfall waren ... beteiligt.)

- In der Grundbedeutung (1) kann *involve* in der Verlaufsform gebraucht werden, in den anderen Grundbedeutungen nicht:
  The school ***is involving*** *the parents* ***in*** *the discussions.* (... beteiligt die Eltern an ...)

- In der Grundbedeutung (1) kann *involve* mit *in* + *-ing*-Form gebraucht werden. In der Grundbedeutung (3) kann eine *-ing*-Form ohne *in* (aber kein Infinitiv oder *that*-Satz!) folgen:
  (1) *A good manager* ***involves*** *her staff* ***in*** *plann****ing*** *important changes.* (... beteiligt ihr Personal an der Planung ...)
  (3) *The job* ***will involve*** *work****ing*** (NICHT: *to work*) *two weekends a month.* (... wird erfordern, an zwei Wochenenden im Monat zu arbeiten.)
  The job ***will involve me/Ann*** *work****ing*** *two weekends a month* (NICHT: *involve that ... work[s]*). (... wird mit sich bringen / erfordern, dass ich/Ann ...)

I

3 *involved*

- *involved* wird in der Grundbedeutung (1) nach einem Verb wie *be/become/get/stay* gebraucht. Auf *involved* kann *in* oder *with* folgen:
  (1) *Who* ***was involved in*** *(plann****ing****) this project?* (Wer war an diesem Projekt / an der Planung dieses Projekts beteiligt?)
  How did she ***get involved with/in*** *that sect?* (Wie wurde sie in diese Sekte hineingezogen?)

- *involved* wird in den Grundbedeutungen (2) und (3) einem Nomen nachgestellt:
  (2) *All* ***the teachers involved*** *will have to be notified.* (Alle betroffenen Lehrer[innen] werden benachrichtigt werden müssen. [vgl. **concern**, Abschnitt 1])
  One of the history books has been criticised. This is ***the book involved****.* (Dies ist das betreffende/betroffene Buch.)
  (3) *There is a lot of* ***work involved****.* (Es ist viel Arbeit damit verbunden.)
  What are ***the risks involved****?* (Welche Risiken sind damit verbunden?)

- In der Grundbedeutung (3) kann *involved* in der Konstruktion Nomen + *involved in* + *-ing*-Form gebraucht werden, obwohl sonst (s. oben) auf *involve* in dieser Bedeutung nur eine *-ing*-Form <u>ohne</u> *in* möglich ist:
  What are ***the risks involved in*** *liv****ing*** *next to a nuclear power station?* (Welche Risiken sind damit verbunden, neben einem Kernkraftwerk zu wohnen?)

- *involved* wird auch, aber eher selten, in der Bedeutung „kompliziert/verworren" gebraucht. In dieser Bedeutung steht es vor einem Nomen:
  *... a long **involved** argument/discussion/explanation*

Irish (irisch), **the Irish** (die Iren), **Irishman/Irishwoman** (Ire/Irin)

- *Irish* ist das zu *Ireland* gehörige Adjektiv und auch die Bezeichnung für die Nationalität:
  *She's **Irish** and has an **Irish** accent.*
- *the Irish* oder ohne Artikel *Irishmen/Irishwomen/Irish people* wird als Bezeichnung für die Gruppe der Iren im Allgemeinen oder insgesamt verwendet. Einzelne Iren/Irinnen werden als *an Irishman/Irishwoman* oder *an Irish person* bezeichnet:
  ***The Irish** have / **Irish people / Irishmen / Irishwomen** have a reputation for being warm-hearted.*
  ***The Irishmen / The Irishwomen / The Irish people** I have met have always been warm-hearted.*
  *We met **an Irishman / an Irishwoman / an Irish person*** (NICHT: *an Irish*) *on the boat.*
  *There were **two Irishmen / two Irishwomen / two Irish people*** (NICHT: *two Irish*) *in our group.*

irrelevant ➪ **relevant**

(to) **irritate** (ärgern, *aber nicht* stören/verwirren/beunruhigen)

- *irritate* entspricht „irritieren" nur im Sinne von „ärgern", jedoch nicht im Sinne von „stören/verwirren/beunruhigen":
  *The way he talks to me as if I was a child **has** always **irritated** me.* (... hat mich schon immer geärgert.)
  Früher stand doch ein Wegweiser hier, oder? Das irritiert mich. = ***That's confusing. / I find that confusing. / I'm confused.***
  Es ist jetzt schon 20 Uhr, und sie haben sich immer noch nicht gemeldet. Das irritiert mich. Hoffentlich ist nichts passiert. = *That **bothers** me.*
- Präpositionen und Konstruktionen nach *be irritated*:
  *I was **irritated with** Janet **for** forgett**ing*** (auch: *because she forgot*) *to go to the bank.* (Ich war über Janet verärgert, weil sie vergessen hatte ...)
  *He **was irritated at** not be**ing** informed.* (Er war verärgert darüber, dass ...)
  *We **were irritated by** his suggestion that we should pay.* (Wir waren verärgert durch ...)

island, isle (Insel)

1 ***island***

- Bei größeren Inseln kann statt der üblichen Präposition *on* auch *in* gebraucht werden. Dies ist möglich, wenn die Insel ein größeres Gebiet mit kompletter Infrastruktur ist:
  He was born ***on a small island*** *off the west coast of Ireland.*
  The schools and hospitals ***on/in Corsica/Madagascar*** *...*
  Wenn eine Insel in erster Linie als ein Land, weniger als eine Insel, betrachtet wird, wird nur *in*, nicht *on*, verwendet:
  They lived ***in Iceland / Sri Lanka / Great Britain*** *for ten years.*

⚠ Wie bei den Nomen *village/town/city/county/country/continent* steht zwischen *the island* und einem nachfolgenden Eigennamen die Präposition *of*:
the island of *Madagascar*

I

2 ***isle***

- *isle* ist ein poetisches Wort, das in der Umgangssprache nicht gebraucht wird. *Isle* (großgeschrieben) ist aber ein häufiger Bestandteil britischer Inselnamen:
  the British Isles, the Isle of Wight, the Isle of Man
  the Isle/Island/island of Skye/Mull/Anglesey

(to) **isolate** – (to) **insulate** (isolieren), **isolation** – **insulation** (Isolierung)

- *isolate* und *isolation* beziehen sich auf eine räumliche Trennung. *insulate* und *insulation* beziehen sich auf das Dämmen / die Dämmung von Wärme, Schall, Strom:
  Lighthousemen (Leuchtturmwärter) *in the old days lived in* ***isolation*** *for weeks at a time.* (... lebten ... in Abgeschiedenheit.)
  If the child has measles (Masern), *he or she should* ***be isolated*** *from other children.*
  The ***insulation*** *in this house is very good, so we save on our heating bills.*

it – there

- Zum Gebrauch von *there* als Adverb s. Eintrag **there**.
- Zum Gebrauch von *it's (high) time* s. Eintrag **high**, Abschnitt 2.
- Zum Gebrauch von *it's worth* s. Eintrag **worth**.

1 ***it*** **als Personalpronomen**

- *it* wird im Rückbezug auf die Nomen *baby* und *child* sowie auf Tiere gebraucht, wenn der Sprecher keine persönliche Beziehung zu dem betreffenden Kind oder Tier hat oder starke Abneigung gegen es verspürt:

*The **baby** in the next flat is crying. **It** must be hungry.*
Aber: *This is my **baby**. Isn't **he/she** lovely?*
*A **child** needs **its** parents. **It** cannot look after **itself**.*
Aber: *John was a difficult **child**. **He** wouldn't sleep.*
***The dog** down the road was barking all night. I could have killed **it**!*
Aber: ***Our cat** doesn't like Kitekat. **She** will only eat Whiskas.*

- *it* wird als Personalpronomen in Kurzantworten und Frageanhängseln im Rückbezug auf *anything, everything, nothing, something, this* und *that* gebraucht:
  *Is **everything** ready? – Yes, **it** is.*
  ***This** is the one you wanted, isn't **it**?*

- *it's* wird gebraucht, um sich am Telefon zu melden:
  *Oh, hello. **It's** Jack Taylor (here/speaking). Is Ann there, please?* (Hier spricht Jack Taylor.)

⚠ Nach Verben wie *know, realize* und *guess* folgt im Rückbezug auf einen zuvor genannten Sachverhalt kein *it* als Objekt:
Sie kommt nicht. – Ich weiß es / hatte es erraten. = *I **know**. / I had **guessed**.*
Auch: Es geht nicht. – Ich sehe es ein. = *I **understand*** (NICHT: *understand it*).

2 *it's* und *its*

- *it's* ist die Verkürzung von *it is* oder *it has. its* ist ein Possessivpronomen wie *my, your* usw.:
  ***It's** very hot today.*
  *That letter you've been waiting for – **it's** arrived.*
  *Ann's pet mouse has lost **its** tail.*
  *The team has been encouraged by **its** recent success.*

3 *it* = „es" als „leeres" bzw. „formales" Subjekt (z. B. *It's hot. / It's better not to forget.*)

- *it* wird, wie „es" im Deutschen, als „leeres" oder „formales" Subjekt in Sätzen wie den folgenden verwendet:
  ***It**'s nice to see / seeing you again.*
  ***It's** unusual to have to / having to book.*
  ***It**'s raining.*
  ***It**'s Thursday today and **it's** nearly eight o'clock. Wake up!*
  ***It** struck me that he ate everything except the potatoes.* (Es fiel mir auf, dass …)
  ***It's a pity / a shame** that they couldn't come.* (Es ist schade, dass …)
  ***It's a nuisance** having to / to have to wait.* (Es ist lästig warten zu müssen.)
  ***It's no use** asking him.* (Es hat keinen Zweck ihn zu fragen.)
  ***It's a wonder** he hasn't been caught before.*

- Einige Besonderheiten:
  It's (NICHT: *They are* oder *There are*) *24 degree**s** already. It's going to be a hot day.* (Es sind schon 24 Grad.)
  ***It is** six month**s** since I saw him last.* (Es sind sechs Monate, seit …)
  ***It is** seventy kilometre**s** from here to Cologne.* (Es sind 70 km …)
  ***It says** in this brochure that …* (In dieser Broschüre steht, dass …)

It takes *me an hour by car.* (Ich brauche eine Stunde mit dem Auto.)
If it hadn't been for *Jack, I would never have finished.* (Wenn Jack nicht gewesen wäre, ...)

- *it* wird als formales Subjekt auch in sogenannten Spaltsätzen *(cleft sentences)* gebraucht. Nur ein Verb im Singular ist möglich, auch wenn danach ein (Pro-)Nomen im Plural folgt:
  It was *Angela who was singing not Janet.* (Es war Angela, die gesungen hat, nicht Janet.)
  It is *the friend**s** of his youth that he remembers best.* (Es sind seine Jugendfreunde, an die ...)
  Folgt auf *it is* im Spaltsatz ein Personalpronomen, so sind zwei Formen möglich:
  It is me *who/that* ***plays*** *the piano, not Ann.* [eher informell]
  It is I *who* ***play*** *the piano, not Ann.* [sehr förmlich]

I

⚠ Für Wendungen wie die folgenden, die im Deutschen „es" als formales Subjekt haben, gibt es im Englischen keine direkte Entsprechung. Sie werden in der Regel mit einer Konstruktion umschrieben, die aus Adjektiv + Infinitiv besteht:
Es sitzt/liegt/schläft sich gut auf diesem Sofa. = *This sofa is good/comfortable to sit/lie/sleep on.*
Es redet sich besser bei einem Glas Wein. = *It's nicer/easier to talk over a glass of wine.*
Es fährt sich schön in Anjas neuem Wagen. = *Anja's new car is nice to drive in / is a nice/comfortable ride.*

⚠ Sätze mit „es" als formalem Subjekt wie „Es raucht keiner in meiner Klasse", „Es wurden 50 Leute eingeladen, aber es kamen nur 20" werden im Englischen nicht mit *it* gebildet. S. hierzu Abschnitt **5** unten.

4 *it* als formales Objekt

- *it* erscheint auch als formales Objekt bzw. formale prädikative Ergänzung:
  I leave ***it*** *up to you. You decide.* (Ich überlasse es Ihnen.)
  That's ***it*** *for now.* (Das wär's für jetzt.)
  I take ***it*** *that you know the rules.* (Ich gehe davon aus / nehme an, dass Sie die Regeln kennen.)
  The personnel manager saw ***it*** *as a problem that Williams didn't speak German.*

⚠ In der Regel kann *it* als formales Objekt nicht nach Verben gebraucht werden, auf die eine *-ing*-Form oder ein Infinitiv folgt:
Ich mag/genieße es, abends am Kamin zu sitzen. = *I* ***like/enjoy*** *sitt**ing** by the fire in the evening.*
Ich habe es aufgegeben, ihn überreden zu wollen. = *I've* ***given up*** *try**ing** to persuade him.*
Ich ziehe es vor, früh morgens zu üben. = *I* ***prefer to*** *practise / practis**ing** early in the morning.*

Wenn aber auf eine bestimmte Situation Bezug genommen wird, die zuvor genannt, impliziert oder anschließend erläutert wird, ist *it* möglich:
Helen and the children are away at her parents'. ***I'm enjoying it,*** *be**ing** on my own for a few days.*
I ***prefer it*** *liv**ing** here. It's quieter, the people are friendly and the climate is milder.*

5 ***there*** **als formales Subjekt** (z. B. *There's a man standing outside.*)

- *there is/are* (bzw. *there* + eine andere Zeitform von *be*) wird gebraucht, um auszudrücken, dass etwas existiert oder vorhanden ist:
There is *another new hotel in Sea View Road.* ***There must be*** *over 20 there now.*
There are *several routes you can take.*
There used to be *trees here when I was a boy.*
Wenn ein Nomen nach *there is/are* durch eine Partizipialkonstruktion mit Relativsatzfunktion ergänzt wird, nimmt *there is/are* die Zeitform an, die dem Partizip entspricht. Vgl.:
There are *people* ***who have been*** *stand**ing** outside since last night.*
There have been *people stand**ing** and wait**ing** outside since last night.* (Es stehen schon seit gestern Abend Leute draußen und warten.)
There are *several books* ***that have been written*** *on this subject.*
There have been *several books* ***written*** *on this subject.* (Es sind verschiedene Bücher zu diesem Thema geschrieben worden.)

⚠ *there is/are* wird gebraucht, um ein zuvor nicht genanntes Subjekt einzuführen, wo im Deutschen ein einfacher Satz mit Subjekt + „sein" möglich ist:
Eine Frau ist am Apparat, die Ellen sprechen will. = ***There is*** *a woman on the phone who wants to talk to Ellen.*
In Alans Klasse waren zehn Kinder, die schon lesen konnten. = ***There were*** *10 children in Alan's class who could already read.*

- Außer *be* können auch einige andere Verben mit *there* verbunden werden. Dazu gehören vor allem *seem* und *appear*:
There seems/appears to be *a misunderstanding.* (Es scheint ein Missverständnis vorzuliegen.)
Vgl.: ***It*** *seems/appears* ***that*** *there is ...*
There happened to be *a vacancy for October, so we took it.* (Es war zufällig etwas für Oktober frei ...)
Vgl.: ***It so happened that*** *there was a vacancy ...*
There tend to be *several reasons in a case like this.* (Es gibt gewöhnlich ...)
There followed *a period in Van Gogh's life during which ...* (Es folgte ...)
There remains *one question we haven't discussed.* (Es bleibt ...)
Once upon a time ***there lived*** *a king ...* (Es lebte einmal ...)
There comes *a time in everyone's life when ...* (Es kommt ...)
On this spot ***there*** *once* ***stood*** *a big palace.* (An diesem Ort stand ...)
There began *a period during which ...* (Es begann ...)

- *there is* steht auch in einigen idiomatischen Wendungen:
  There's no need to *come and meet me at the airport.* (Es ist nicht nötig ...)
  There's no point/sense in *ring**ing** him, he's not there.* (Es hat keinen Zweck ...)
  There's no way (that) *she's going to agree to that.* (Es ist völlig ausgeschlossen, dass sie sich damit einverstanden erklären wird.)
  There's something/nothing wrong with *the television.* (Es stimmt etwas nicht / Es ist alles in Ordnung mit dem Fernseher.)
  There's no knowing *when he'll strike again.* (Man kann nie wissen, wann er wieder zuschlagen wird.)
  There's no denying/mistaking *the size of the problem.* (Die Größe des Problems lässt sich nicht leugnen / steht außer Frage.)

⚠ Es raucht niemand in meiner Klasse. = ***Nobody smokes*** / ***There is nobody who smokes*** *in my class.*
Es rauchten mehrere Leute, als ich in das Zimmer eintrat. = ***Several people were smoking / There were several people (who were) smoking*** *when I entered the room.*
Es rauchten alle, als ich eintrat. = ***Everyone was smoking / They were all smoking*** *when I entered.*
Es wurden 50 Leute eingeladen, aber es kamen nur 20. = ***Fifty people were invited*** *but* ***only 20 came****.* / ***There were 50 people (who were) invited*** *but* ***only twenty (who) came****.*
Es wurde gesungen und getanzt. = ***There was singing and dancing.***

6 *it* und *there* in Passivsätzen mit Verben des Sagens und des Meinens

(z. B. *It is said that ... / There are said to ...)*

- *it* und *there* können beide formales Subjekt von Passivsätzen mit Verben des Sagens und des Meinens sein. Dabei folgt auf *it* + Passivverb ein *that*-Satz, auf *there* + Passivverb der *to*-Infinitiv (meist *to be*):
  It is said that there is *a link between eating a lot of fish and longevity.*
  There is said to be *a link between eating a lot of fish and longevity.*
  Die deutsche Entsprechung kann verschieden lauten, z. B.: „Es soll ... bestehen. / Es wird behauptet, dass ... besteht. / Man sagt / Es heißt, dass ... besteht."
- Zu den Verben, die in den Konstruktionen *it* + Passivverb + *that*-Satz oder *there* + Passivverb + *to*-Infinitiv gebraucht werden können, gehören u.a. folgende Verben:
  acknowledge (zugeben/ einräumen)
  allege (behaupten)
  assume/presume (annehmen)
  believe (glauben/meinen/denken)
  consider/feel (finden/meinen)
  expect (erwarten)
  fear (befürchten)
  find (finden)
  know (wissen)
  prove (beweisen)
  report (berichten)
  say (sagen)
  show (zeigen)
  think (denken/meinen/glauben)
  understand (annehmen / als vereinbart gelten)

I

7 ***it* und *so* als Entsprechung von „es"** (z. B. *I hope so.*)

- Nach vielen Verben des Sagens und Meinens steht in kurzen Antworten *so* statt *it*. Im Deutschen stünde „es" oder „ja":
  Will they come? – I ***hope so***. (Ich hoffe es. / Ich hoffe ja.)
  Zu den weiteren Verben gehören:

assume	*expect*	*imagine*	*say*	*think*
believe	*fear*	*presume*	*suppose*	*understand*

  Auch: *I'm afraid so. / I told you so.*

- Nach *do* steht *so* oder *it*, wenn *do* als Ersatz für ein bereits genanntes Verb + Ergänzung steht und sich auf eine absichtliche Handlung bezieht (vgl. **do**, Abschnitt 2.3):
  Drivers who drive too fast in fog ***do so/it*** *at their own risk.* (... tun es auf eigenes Risiko.)

- In Kurzsätzen des Vergleichs wird eine Konstruktion mit *so* + Hilfsverb gebraucht, wo im Deutschen ein Kurzsatz mit „es" verwendet werden könnte:
  Flats in London are expensive, and ***so are houses***. (... und Häuser [sind es] auch.)
  Weitere Einzelheiten s. Eintrag **so**, Abschnitt 2.

jam – marmalade (Marmelade)

- Marmelade, die aus Zitrusfrüchten hergestellt wird, heißt *marmalade* (in der Mitte mit „a", nicht mit „e" geschrieben!). Alle anderen Marmeladensorten heißen *jam*:
  orange / lemon / lime (Limonen-) */ grapefruit* ***marmalade***
  raspberry (Himbeer-) / *strawberry* (Erdbeer-) / *gooseberry* (Stachelbeer-) / ... ***jam***

January

- Präpositionen und Artikelgebrauch bei den Monatsnamen:
  January *is usually colder than this.* (Der Januar ...)
  They always have their conference ***in January / in early/mid/late January***. (... im Januar / Anfang/Mitte/Ende Januar.)
  We moved into our new house ***in January*** *1993 /* ***in the January of*** *1993.*
  This/Next/Last January *the snow will be / was better.* (Diesen/Nächsten/Letzten Januar ...)
  We bought the house in 1992 and moved into it (in) ***the next January***.
  (... im nächsten [= darauffolgenden Januar] ...)
  The January of 1994 is ***the last January*** *I can remember when we had snow.*

- Die Abkürzungen der Monatsnamen lauten wie folgt:
  Jan./Feb./Mar./Apr./Aug./Sept./Oct./Nov./Dec.
  May, June und *July* werden nicht abgekürzt.

jar ➪ glass

jeans

⚠ *jeans* ist ein Pluralnomen:
These jeans are *my favourite one**s**/pair.*
*I bought **some** new **jeans** / **a** new **pair of jeans**.*
*I took only **one pair of jeans** with me.*

jewel (Juwel/Edelstein) – jewellery (AE: jewelry) (Schmuck/Juwelen)

- *jewel* bezeichnet einen einzelnen Edelstein. *jewels* (Plural) kann in der Bedeutung „Edelsteine" oder „Juwelen/Schmuck" verwendet werden. Letztere Bedeutung hat auch *jewellery*, das aber nicht zählbar ist. Die AE-Schreibweise *jewelry* entspricht eher der richtigen Aussprache, da *jewellery* nur drei, nicht vier Silben hat ['dʒu:əlrɪ]:
  *What's the **jewel** in this ring? Is it a sapphire?*
  *Thieves broke into her hotel room and stole her **jewels/jewellery*** (NICHT: *jewelleries*).
  *She spent all the money that her grandparents left her on **(some) jewellery** / on **a piece of jewellery**.*

job – work – position – post – profession – trade – occupation

1 *job – work*

- *job* entspricht „Beruf/Arbeit/Stelle" und bezeichnet eine bezahlte Arbeit bei einem Arbeitgeber oder aber eine Arbeit, die man außerhalb des Berufs, d. h. privat verrichtet:
  *I found **a job as** a toilet attendant / TV reporter.*
  *He got **a job** clean**ing** windows / interview**ing** for a market research company.*
  *If you live in an old house, there are always **jobs** to do / to be done.*

- Wendungen mit *job*:
  *What **job** do you **do*** (NICHT: *make*)*?* (Was sind Sie von Beruf?)
  *Will you please leave me alone. I've got lots of **jobs to do*** (NICHT: *make*) *this morning.*
  *They **did*** (NICHT: *made*) ***a good/bad job**.* (Sie haben gut/schlecht gearbeitet.)
  *They **made*** (NICHT: *did*) ***a good/bad job of it**.* (Sie haben es gut/schlecht gemacht.)

*We **had a** terrible **job / quite a job** last night gett**ing / to** get the children into bed.* (Es war gestern Abend schrecklich/ziemlich schwer, die Kinder ins Bett zu bekommen.)
***It's** not **my job to** clean his shoes.* (Es ist nicht meine Aufgabe ...)
***It was a good job (that)** we had some warm clothes with us.* (Es war ein Glück, dass ...)
***I was on a job** in Wycombe last week. This week I'm working in Windsor.* (Ich hatte ... eine Arbeit in Wycombe.)

⚠ Im Gegensatz zu *job* ist *work* nicht zählbar, d. h. es kann nicht mit *a* oder im Plural gebraucht werden:
Ich suche eine Arbeit. = *I'm looking for **work** / for **a job**.*
Es gibt mehrere Arbeiten, die wir delegieren können. = *There are several **jobs** we can delegate.*

- *job* wird in Bezug auf eine bestimmte Arbeit oder Stelle, *work* eher allgemein gebraucht:
  *In this **job** I get 22 days paid holiday and a company car.*
  *In this sort of **work** you meet a lot of people who have been abroad.*
  ***Work**, love and death are all part of our life.*

- Wendungen mit *work*:
  *What **work** do you **do*** (NICHT: *make*)?
  *Two dogs and three children **make** a lot of **work**.*
  *She**'s off work**. She's got the flu.* (Sie ist krankgeschrieben.)
  *She**'s out of work**. She lost her job six months ago.* (Sie ist arbeitslos.)
  [Das Gegenteil lautet *in work*: *Is she **in work** at the moment?* = Hat sie ... Arbeit?]
  Ohne Artikel sind auch folgende Ausdrücke:

go to work	*be at work*	*leave work*
start work	*stop work*	*finish work*

- Im Gespräch kann die Frage nach dem Beruf z. B. lauten *What do you do for a living?* oder (etwas direkt) *What's your job? / What job/work do you do?* Die Antwort darauf ist in angelsächsischen Ländern oft keine Berufsbezeichnung, sondern eine eher allgemeine Aussage:
  I'm in plastics / in the computer industry / in marketing.
  I work for a firm that makes ... . I'm on the production/marketing/sales/ administration side.

2 *position – post – profession – trade – occupation*

- *position* und *post* entsprechen beide „Stelle/Stellung", sind eher förmlich und werden besonders in Stellenanzeigen und Bewerbungsbriefen oder -gesprächen gebraucht:
  *For this **position/post** we are looking for someone with at least six years' experience.*

- *profession* bezeichnet einen angesehenen Beruf, für den man eine mehrjährige akademische Ausbildung benötigt. Es wird z. B. auf den Lehrer-, Rechtsanwalts- und Arztberuf angewandt:

*She's a surgeon by **profession**.* (Sie ist Chirurgin von Beruf.)
profession wird auch als Sammelbegriff für die in einem (akademischen) Beruf Beschäftigten gebraucht:
***The teaching/legal/medical profession is/are** protesting about the government's plans.*
Das Nomen *professional* wird ähnlich gebraucht:
*There are an increasing number of non-white **professionals** moving into areas where only well-off whites used to live.*

- *trade* entspricht „Handwerk" oder bezeichnet einen handwerklichen Beruf:
*He's a plumber by **trade**.* (Er ist Klempner/Installateur von Beruf.)
- *occupation* ist ein förmliches Wort für „Beruf", das z. B. von Behörden oder in Formularen gebraucht wird:
*In question 7 they want to know what my **occupation** is.*

J

journey – trip – travel(s) – drive – voyage – cruise – tour (Reise)

1 *journey – trip*

- *journey* (AE oft: *trip*) bezeichnet eine (meist längere) Reise oder Fahrt. Unter *journey* versteht man den Vorgang, von A nach B zu gelangen:
*Did you have a good **journey**? What was the traffic like?*
*It's a long **journey**. Make sure you start early enough.*
*My **journey** to work takes 50 minutes.*
Wendungen mit *journey*:
*Alan and Janet live a long way away now so we don't often **make** (NICHT: do) **the journey** to see them.* (... deshalb machen [= unternehmen] wir die Reise ... nicht oft.)
*We **did** (NICHT: made) **the journey** in three and a half hours.* (Wir schafften die Reise in ... [= Wir legten die Fahrstrecke in ... zurück.])
*The year after that he **went on** (NICHT: for) **a** long **journey** to India and China.*
***Have a good journey**!* (Gute Reise!)
- *trip* ist ein Wort mit einem breiten Anwendungsbereich. Es kann eine kurze oder lange Reise bezeichnen, meist eine, die zum Zweck des Vergnügens unternommen wird. *trip* kann, wie *journey*, nur die Reisezeit bzw. den Reiseweg (= ein Weg, oder hin und zurück) bezeichnen. Meist aber bezeichnet *trip* (im Gegensatz zu *journey*) die Reise hin und zurück sowie den Aufenthalt am Zielort bzw. an den verschiedenen Stationen der Reise:
*The **trip** takes six hours by car and seven by train, so the **round trip*** (Reise hin und zurück) *takes 12 or 14 hours.* [= Reisezeit/-weg, wie *journey*]
*It was a very good **trip** – the hotel and the food were great.*
[= Gesamtreise zum Vergnügen, einschl. Aufenthalt]
*Our neighbours have just come back from a three-month **trip** to Hawaii and other Pacific islands.* [= lange Reise]

On Saturday we went on a day ***trip*** *to the seaside.* [= kurze Reise]
They've just come back from a ***weekend trip*** *to Amsterdam.*
Wendungen mit *trip*:
We ***went on / took / made a trip*** *to London in March.*
We ***did the trip*** *in under 3 hours this time.*
Have a good trip!

⚠ Eine Geschäftsreise wird als *business trip* (feststehende Wortverbindung), die Fahrt zum Arbeitsplatz dagegen als *journey* bezeichnet:
Annette is away on a ***business trip*** *next week.*
The salary is better in my new job but the ***journey to work*** *is longer.*
(Arbeitskollege zu Arbeitskollege im Büro:) *How was your* ***journey*** (NICHT: *trip*) *this morning? Mine was awful – there was an accident on the motorway.*

2 *travel – travels*

- *travel* ist ein nicht zählbares Nomen, das nicht mit *a/an* oder im Plural gebraucht werden kann. Es entspricht „(das) Reisen" (= abstraktes Nomen) oder in Wortverbindungen „-reisen/-verkehr/-fahrt":
Travel *is supposed to make people more tolerant.* (Das Reisen soll die Leute toleranter machen.)
Foreign travel, *chess and tennis are my three main hobbies.* (Auslandsreisen, Schach und Tennis ...)
Air travel *is due to increase by another 10% in the near future.* (Die Luftfahrt / Der Luftverkehr ...)
Space travel *is expensive.* (Die Raumfahrt ...)

- *travel****s*** (nur Plural – **a travel* gibt es nicht) wird meist mit vorausgehendem Possessivbegleiter gebraucht (*my/your/his* etc. *travels*) und entspricht dem deutschen Plural „Reisen". Es bezeichnet das Reisen von Ort zu Ort über einen längeren Zeitraum, meist durch mehrere Länder:
She had lots of stories and adventures to tell about the places she visited and the people she met ***on her travels****.*

3 *drive – voyage – cruise – tour*

- *drive* bezeichnet eine Fahrt mit dem Auto, oft eine Vergnügungsfahrt:
It's a three-hour ***drive*** *from here to Manchester on the motorway.*
On Sunday afternoons we used to ***go for a drive*** *to one of the beauty spots* (Ausflugsziele) *in the area.*

- *voyage* bezeichnet eine weite Reise mit dem Schiff, *cruise* eine Kreuzfahrt:
The ***voyage*** *from Europe to Australia took several months in those days and conditions on board the ships were not very pleasant.*
For our holidays this year we're going on a two-week ***cruise*** *through the Norwegian fjords to the Arctic Circle.*

- *tour* entspricht „(Rund-)Reise/(Rund-)Fahrt/(Rund-)Gang/Führung" und bezeichnet eine Reise (meist eine Besichtigungsreise), bei der viele Orte in einer Stadt, einem Land usw. besucht werden:

We weren't in Paris for long so we decided to ***do / go on a tour of*** (NICHT: *through*) *the city by coach.*
We ***went on a tour of/round*** (NICHT: *through*) *Iceland for our summer holiday this year.*
Walking ***tours*** *are becoming more and more popular.*

(to) **judge** ([be]urteilen)

- *judge by/on s.th.* bedeutet „auf der Basis von etwas urteilen“; *judge by/from* bedeutet „aus den vorliegenden Tatsachen/Beweisen/Anzeichen schließen“:
  You shouldn't ***judge*** *people* ***by/on*** *their clothes.* (... nach [= auf der Basis von] ihrer Kleidung beurteilen)
  Judging by/from *what we saw, they must be terribly short of money.* (Nach dem zu urteilen [= Aus dem zu schließen], was wir gesehen haben, ...)
- Konstruktion mit *judge*:
  I ***judged him to be*** *nearly 2 metres tall.* (Ich schätzte ihn auf fast zwei Meter.)
  The plan ***was judged to be*** *impractical.* (Der Plan wurde als unpraktisch betrachtet.)

J

jug (Krug/Kanne/Kännchen) – **jar** (Krug)

- *jug* (AE: *pitcher*) bezeichnet ein Gefäß ohne Deckel zum Gießen:
  Where's the milk ***jug****? I want to make some cocoa.* (Wo ist der Milchkrug?)
  When you lay the table don't forget to put out a (small) ***jug of*** *cream.* (... ein Kännchen Sahne ...)
- Ein Krug als Aufbewahrungsgefäß, d. h. nicht zum Gießen, heißt *jar,* nicht *jug*:
  In her cellar there were stone ***jars*** *with pickled gherkins and pickled herrings.* (... Steinkrüge mit Essiggurken und Salzheringen.)
  Zum Gebrauch von *jar* im Sinne von „Glas“ s. **glass**.

⚠ Teekanne/Kaffeekanne = *tea****pot*** */ coffee* ***pot***
Ein Kännchen Kaffee, bitte. = *A* ***pot of*** *coffee, please.*
Thermoskanne = *thermos* ***flask***

junior (jünger/untergeordnet)

- Auf *junior* folgt die Präposition *to*:
  They work in the same department but he's ***junior to*** *her.* (... er ist ihr untergeordnet.)
- *junior* wird auch als Nomen gebraucht:
  His friend Peter is ***his junior*** *by two years.* (... zwei Jahre jünger als er.)

just

1 Bedeutungen von *just*

- „(jetzt) gerade / gerade (eben) / jetzt gleich" s. Abschnitt 2.
- „nur/bloß":
  *It was **just** a joke. I didn't want to hurt him.*
  *I won't keep you long, **just** a moment.*
  *I'll be with you in a moment. I **just** want to shut the window.*
  *He doesn't want to see anyone else, **just** you.*
- „einfach/geradezu" im verstärkenden Sinne:
  *I **just** don't understand why he did it.*
  *He **just** wouldn't accept the fact that a woman was more capable than he was.*
  *I think she's **just** wonderful!*
  *I **just** love ice-cream.*
- „gleich/knapp/direkt":
  *The post office is **just** round the corner, next to the video shop.*
  *It costs **just** over $11.*
  *They arrived **just** before/after me.*
- „genau/gerade":
  *You know, that's **just** how I see it, too.*
  *It's **just** the right thing for Andrea's birthday present, don't you think?*
  *He's **just** as scatterbrained as he always was.*
  ***Just** as I arrived, it started to rain.*
  ***Just** what is that supposed to mean?*
- „mal":
  ***Just** a moment! You can't park there.* (Einen Augenblick mal!)
  ***Just** think/imagine! We'll be able to go swimming in the sea every day.*
- *(only) just* = „kaum / gerade so/noch"
  *I **just** reached the airport in time.* (Ich habe den Flughafen gerade noch rechtzeitig erreicht.)
  *The suitcase was so heavy that I **only just** managed to lift it.* (... dass ich es kaum schaffte, ihn zu heben.)
- *just about* = „fast / beinahe / so gut wie":
  *We've **just about** finished. Give us another five minutes.* (Wir sind so gut wie fertig.)

2 Gebrauch der Zeiten mit *just*

- In zeitlicher Bedeutung entspricht *just* „(jetzt/damals) gerade", „(jetzt/damals) gleich" oder „gerade (eben)". *just* bezieht sich auf die jetzige oder damalige Gegenwart, ist aber nicht so genau: Mit *just* kann der Sprecher die unmittelbare (jetzige/damalige) Gegenwart meinen oder aber die sich an die Gegenwart unmittelbar anschließende Zukunft oder Vergangenheit. *just* kann demnach mit verschiedenen Zeitformen gebraucht werden.

2.1 *just* + Verlaufsform = „(jetzt/damals) gerade"; *just* + *going to*

- *just* wird mit Verlaufsformen gebraucht, um auszudrücken, dass eine Handlung gerade im Verlauf begriffen ist/war („gerade"):
*I'**m just** iron**ing** the last shirt. I'll be finished in a minute.*
*I **was just** lock**ing** the door when I heard the telephone ring.*

- Mit dem *present progressive* wird *just* auch gebraucht, um auszudrücken, dass etwas in der unmittelbaren Zukunft eintreten wird („gleich"). Normalerweise wird jedoch *going to* verwendet:
*Where's Philip? – He'**s just** com**ing**. He'll be here in a minute.* (Er kommt gleich.)
*It's **just going to** start raining.* (Es wird gleich anfangen zu regnen.)
In Bezug auf eine sich an einen vergangenen Zeitpunkt anschließende unmittelbare Zukunft ist nur *going to* möglich:
*We **were just going to** have supper when visitors arrived.* (Wir wollten gerade zu Abend essen, als ...)

J

2.2 *just* + *present perfect* und *past tense* = „gerade (eben)"

- *just* wird im BE in der Regel mit dem *present perfect* gebraucht, um auszudrücken, dass eine Handlung gerade abgeschlossen wurde. Im AE ist in solchen Sätzen das *simple past* üblich:
*He'**s just** arriv**ed**.*
*We'**ve** only **just** finish**ed** breakfast.*
*I'**ve just been** look**ing** at the photos you sent.*

- *just* kann aber auch im BE mit dem *simple past* gebraucht werden. Vgl.:
*We can start the meeting on time. Alan **has just arrived**. **I just saw** him arrive.*
Der Gebrauch des *present perfect* oder des *simple past* richtet sich danach, ob der Sprecher den Vorgang in Bezug zur Gegenwart setzt oder in der abgeschlossenen Vergangenheit ansiedelt. Im ersten Fall entspricht *just* der Vorstellung *immediately before now*, im zweiten Fall der Vorstellung *a very short time ago*.

- In Bezug auf die Zeit unmittelbar vor einem vergangenen Zeitpunkt wird *just* mit dem *past perfect* gebraucht:
*He'**d just arrived**.*
*He **had just said** that he thought it was too expensive.*

2.3 *just now* + *am/is/are* oder *present progressive* = „jetzt gerade";
just now + *simple past* = „gerade (eben)"

- *just now* kann in der Bedeutung „gerade in diesem Augenblick" mit *am/is/are* oder mit dem *present progressive* gebraucht werden, in der Bedeutung „gerade eben" mit dem *simple past* (nicht mit dem *present perfect*):
*He'**s** out of the office **just now**, but he should be back any moment.*
*They'**re just now** gett**ing** into their car. Shall I call them back?*
*Have you heard from Alan today? – Yes, in fact, he **rang just now**.*

justice (*nicht* Justiz, *sondern* Gerechtigkeit)

- *justice* entspricht „Gerechtigkeit". „Die Justiz" wird mit *the law* (= das Gesetz), *the judiciary* (= die Rechtsorgane) oder *the legal system* (= das Rechtssystem) wiedergegeben:
  All I'm asking for is a bit of ***justice****.*
  Er kam mehrmals mit der Justiz in Konflikt. = *He came into conflict with* ***the law*** *several times.*
  Die Justiz in diesem Land ist nicht unabhängig von der Regierung.
  = ***The judiciary*** *in that country ...*
  Die Justiz in diesem Land ist nach britischem Vorbild aufgebaut.
  = ***The legal system*** *...*

keen

- Mit *keen* wird jemand beschrieben, der den starken Wunsch oder große Lust empfindet, etwas zu tun. *be keen on doing s.th.* wird in Bezug auf ein allgemein bestehendes Interesse angewandt, *be keen to do s.th.* in Bezug auf etwas, das jemand in der Zukunft gern machen möchte:
  *She****'s*** *very* ***keen on*** *horse rid****ing****. She goes riding four times a week!*
  (Sie ist versessen aufs Reiten.)
  My wife ***is*** *not very* ***keen on me*** *play****ing*** *chess three times every week.*
  (Meine Frau ist nicht sehr scharf darauf, dass ich ... spiele.)
  *He's got a new girlfriend who's Italian. He****'s*** *(very)* ***keen to*** *learn Italian and is starting an evening class next week.* (Er will [unbedingt] Italienisch lernen ...)
  His girlfriend ***is*** *also very* ***keen for him to*** *learn her language.* (... will auch unbedingt, dass er ...)
  Statt eines Infinitivs ist auch ein *that*-Satz – meist mit *should* – möglich:
  She is ***keen that*** *he* ***should*** *be able to speak Italian when they go to Italy on holiday.* (Sie ist daran interessiert, dass er ... kann, ...)

(to) **keep** ➪ (to) **hold**

kettle – boiler (Kessel)

- *kettle* entspricht „Kessel" nur, wenn ein Kochgerät gemeint ist. Der Heizkessel zum Aufbereiten von Warmwasser heißt dagegen *boiler.*
  Let's put the ***kettle*** *on and make some tea.*
  The ***boiler*** *is in the cellar. It's oil-fired/gas-fired.*
- Der „Boiler" oder „Durchlauferhitzer" im Haushalt heißt wiederum *water heater* oder, wenn er gasbetrieben ist, im BE auch *geyser*. Ein größerer Tank mit einem fest installierten elektrischen Heizaggregat wird als *water heater* oder im BE auch als *immersion heater* bezeichnet:

This wash basin is not connected to the hot water system. The water is heated by this ***water heater / geyser*** *on the wall here.*
If you want to have a bath, you must remember to switch on the ***water heater / immersion heater*** *early enough.*

kilometre (AE: kilometer) (Kilometer)

- Wendungen und Konstruktionen mit *kilometre*. Das Wort *mile* wird ähnlich verwendet:
  120 ***kilometres is*** *a long way to travel to work every day.*
  It's (NICHT: *They/There are*) *50* ***kilometres*** *from here to Oxford.*
  Heart surgeons have to live ***within 5 kilometres of*** (NICHT: *from*) *the hospital.* (... in einem Umkreis von 5 Kilometern vom Krankenhaus ...)
  We went for ***a ten-kilometre*** (NICHT: *ten-kilometres*) ***walk***. (... einen zehn Kilometer langen Spaziergang.)
  Stay on / Take *that road* ***for 12 kilometres.*** (Bleiben/Fahren Sie 12 Kilometer auf dieser Straße.)
  This car ***does*** (NICHT: *drives*) ***200 kilometres an*** (NICHT: *the*) ***hour***. (Dieses Auto fährt [= hat eine Höchstgeschwindigkeit von] 200 km in der Stunde.)
  He ***was driving / It was flying / ... at 160 kilometres an hour***. (Er fuhr / Es flog / ... mit 160 Stundenkilometern.)
  This government has built 6000 ***kilometres of*** *new roads.* (... 6000 km neue Straßen ...)

K

kind (Art/Sorte; liebenswürdig/freundlich)

1 *kind* (Nomen) = „Art/Sorte"

- Als Nomen wird *kind* im Singular und Plural gebraucht, meist zusammen mit der Präposition *of*. *kind* und *kinds* können beide vor Nomen im Singular und Plural stehen. Grundsätzlich sind mehrere Kombinationen möglich:
  Dictionaries and guidebooks are two ***kinds of book/books***.
  I wrote ***a*** *different* ***kind of essay*** */ different* ***kinds of essays*** */ different* ***kinds of essay****, depending on who the teacher was.*
  What kind of place/places *do they go to?*
  What kind/kinds of books *does she read?*
  Vor einem Nomen im Singular steht in der Regel *kind of*, *kinds of* findet sich jedoch ebenfalls:
  The ***kind of restaurant*** *I like is ...*
  Various ***kinds of brush*** *are used to create this effect.* (Verschiedene Arten von Pinseln ...)
  Vor einem Pluralnomen steht in der Regel *kinds of*, *kind of* findet sich jedoch ebenfalls:
  There are different ***kinds of forms*** *for Germans and for foreigners.* (... Formulare verschiedener Art ...)
  The ***kind of hotels*** *you find in a place like this ...*

- Folgende Einschränkungen sind zu beachten:
  - Nach *a/this/that* muss *kind*, nach *all/many/several* usw. *kinds* gebraucht werden:
    *Gruyère is **a kind of** Swiss cheese.*
    *There were **all/many kinds** of people at the festival.* (... Menschen jeglicher Art / vielerlei Menschen ...)
    Auf *these/those* kann jedoch auch *kind of* folgen:
    ***These kind / kinds of** ants are quite common around here.*
  - Die Wendung *of ... kind* wird nur im Singular gebraucht. Sie wird einem Nomen nachgestellt:
    *I've never seen **an insect/insects of this kind** before.*

2 *kind* (Adjektiv) = „liebenswürdig/freundlich"

- Wendungen und Konstruktionen:
  *You've been very **kind to** me.*
  *They **were** very **kind to** let / lett**ing** us borrow their car.* (Es war sehr freundlich von ihnen ...)
  ***It was kind** (of them) **to** let / lett**ing** us have it for nothing* (umsonst).
  *Would you **be so kind as to / be kind enough to** inform us about your plans?* (Wären Sie so freundlich, uns ... mitzuteilen?)

kitchen – cuisine (Küche)

- *kitchen* bezeichnet den Raum „Küche", *cuisine* die Küche im Sinne von „Essen" oder „Kochkunst". *cuisine* ist ein nicht zählbares Nomen, das normalerweise ohne Artikel gebraucht wird:
  *French **cuisine** is world-famous.* (Die französische Küche ...)
  *I'm not very fond of Portuguese **cuisine**.*

(to) **knock** ⇨ (to) **hit**

(to) **know** (wissen/kennen)

- *know* wird nicht in der Verlaufsform gebraucht.

⚠ *know* wird ohne *it* (Objekt) gebraucht, wenn ein Sachverhalt gemeint ist:
*He wants to leave you. – **I know*** (NICHT: *know it*). (Ich weiß [es].)
*Where is he now? – **I don't know**.* (NICHT: *know it*). (Ich weiß [es] nicht.)
*Oh, **I know*** (NICHT: *know it*), *we could ask Tom.* (Ich weiß / Ich hab es, wir könnten Tom fragen.)
*He ought to **know*** (NICHT: *know it*) ***better***. (Er müsste es besser wissen.)
*How do you **know*** (NICHT: *know it*)*?* (Woher wissen Sie es/das?)

*I'll **let you know** (NICHT: know it) as soon as I hear anything.* (Ich lasse es dich wissen / Ich sage dir Bescheid ...)
Aber: *It's a fantastic **place**. – Yes, I **know it**.* (Ich kenne ihn.)

- Präpositionen:
  *Do you **know** anything **about** Bolivian history?* (Wissen Sie etwas über ...)
  *Do you **know (of)** anyone who might be able to help?* (Wissen Sie jemanden / von jemandem, der ...)
  *If I met him again I'd **know** (auch: recognize) him **by** his voice.* (... würde ich ihn an seiner Stimme erkennen.)
  *She **is known for** her sense of humour.* (Sie ist bekannt für ...)
- Infinitivstrukturen:
  *It's alright, he **knows how to** (NICHT: knows to) look after himself.* (... er weiß auf sich aufzupassen / sich zu helfen.)
  *I don't **know whether to** ask her or not.* (... ob ich sie fragen soll oder nicht.)
  ***I've known them (to)** spend $400 in one evening.* (Ich habe [es] erlebt, dass sie ...)
  *He **is/was known to** own a gun.* (Es ist/war bekannt, dass er eine Waffe besitzt/besaß.)
  *He **is known to have** owned a gun.* (Es ist bekannt, dass er eine Waffe besaß.)
  ***There are known to be** several viruses of this type.* (Man weiß, dass es verschiedene Viren dieses Typs gibt.)

⚠ *I've **known** (NICHT: I know) her since my schooldays.*

K

knowledge (Wissen/Kenntnis/Kenntnisse)

- *knowledge* hat keine Pluralform und entspricht sowohl „Kenntnis" als auch „Kenntnisse". Auf *knowledge* kann nur ein Verb im Singular folgen:
  *His **knowledge** of German **is** good.* (Seine Deutschkenntnisse sind gut.)
- *knowledge* wird wie ein nicht zählbares Nomen mit z. B. *some/any/much* gebraucht, kann aber in Verbindung mit Adjektiven wie ein zählbares Nomen mit *a/an* gebraucht werden:
  *Has he got **any** (NICHT: a) **knowledge of** the area?* (Kennt er die Gegend?)
  *She has **some** (NICHT: a) **knowledge of** the subject, but not much.* (Sie hat Kenntnisse in dem Fach, aber nicht viele.)
  *Alan has **a** basic/detailed/thorough/working **knowledge of** computers.* (... Grund-/ Detailkentnisse / gründliche / ausreichende praktische Kenntnisse im Umgang mit Computern.)
- Präpositionen und Wendungen:
  *His **knowledge of** (NICHT: in/on) the subject ...* (Seine Kenntnisse in dem Fach ...)
  *Have they ever met? – Not **to my knowledge**.* (Meines Wissens nicht.)
  *You mean you leat your friend my car **without my knowledge**?* (... ohne mein Wissen ...?)
  *It **has come to my knowledge** that ...* (Ich habe erfahren, dass ...)

lack, (to) **lack** – (to) **be short of** – (to) **be lacking** – (to) **be missing**

1 ***lack, (to) lack***

- *lack* wird als Nomen („Mangel") und Verb („fehlen") gebraucht. Auf das Nomen *lack* folgt die Präposition *of* („an"), auf das Verb aber keine Präposition, sondern ein direktes Objekt. Subjekt des Verbs ist die Person oder Sache, der etwas fehlt:
*The **lack of** drinking water in many parts of the country is a cause of great concern.* (Der Mangel an Trinkwasser ...)
*He **lacks*** (NICHT: *It lacks him* oder *He lacks of*) *the skills and personal qualities to be able to do this job.* (Ihm fehlt es an den Fertigkeiten und persönlichen Eigenschaften ...)

2 ***(to) lack – (to) be short of***

- Das Verb *lack* wird vor allem mit Objekten gebraucht, die abstrakte Begriffe wie z. B, Charaktereigenschaften bezeichnen. Das Objekt kann auch eine konkrete (größere oder wichtige) Sache sein: *be short of* wird jedoch in Bezug auf Dinge des alltäglichen Lebens gebraucht, die knapp sind:
*He **lacks** the courage to tell his boss that she's wrong.* (Ihm fehlt der Mut ...)
*This country **lacks** a sound economic policy.* (Diesem Land fehlt ...)
*What this house **lacks** is a decent cellar.* (Was an diesem Haus fehlt, ist ...)
*We**'re short of*** (NICHT: *We lack*) *bread/coffee/money/time.* (Wir sind knapp an ...)

3 ***be lacking – be lacking in***

- Das Subjekt von *be lacking* ist etwas, das fehlt; das Subjekt von *be lacking **in*** ist jedoch die Person oder Sache, der etwas fehlt:
*Nearly everything **is lacking**: there aren't enough roads, schools or hospitals, housing is poor and ...* (Es fehlt an fast allem ...)

4 ***(to) lack/be lacking – (to) be missing***

- *lack* und *be lacking in* entsprechen „fehlen" im Sinne von „nicht haben" oder „nicht genug haben". *be missing* entspricht „fehlen" im Sinne von „nicht anwesend sein":
*We can't go yet. Two people are still not here. – What this group **lacks / is lacking in** is discipline.*
*We can't go yet. Two people are still not here. – Who**'s missing**? Alan and Janet again?*

laid, lain ➪ (to) lay

lake (See)

- Als Teil eines Eigennamens wird *lake* großgeschrieben; der Artikel *the* wird nicht gebraucht:
  *We drove to **Lake Constance** last weekend.* (Wir fuhren ... zum Bodensee.)
  ***Lake Windermere** is in northwest England.*
  Aber: *the Great Lakes* (die Großen Seen [an der Grenze zwischen Kanada und den USA])
  Und: *The Chiemsee* (aber: *Lake Chiemsee*) *is Bavaria's biggest lake.*

land ➪ country und ground

landlady (nicht Landfrau, *sondern* [Haus-/Gast-]Wirtin)

L

- *landlady* ist die Bezeichnung für eine Haus- oder Gastwirtin. Eine „Landfrau" wird als *countrywoman* bezeichnet:
  *When I paid my rent, my **landlady** complained about the music I play.*
  *Not long after the pub opened, the **landlady** called the police.*
  *Emma moved to London when she married, but she was still a **countrywoman** at heart.*

landscape ➪ country

large ➪ big

largely

- *largely* („größtenteils/weitgehend/im Wesentlichen") nicht mit *greatly* („sehr/höchst/außerordentlich") verwechseln:
  *The very dry weather was **largely** responsible for the poor harvest.*
  (Im Wesentlichen war das sehr trockene Wetter für die schlechte Ernte verantwortlich.)
  *I was **greatly** surprised to hear that Alan's team had won.* (Ich war höchst überrascht ...)

last – latest

- *last* (= Adverb), *lastly, at last* s. **finally**
- *(to) last* s. nächsten Eintrag.

1 *last – latest*

- *last* bezeichnet etwas, das den Abschluss einer Reihe bildet und auf das nichts mehr folgt, *latest* etwas, das das neueste in einer noch nicht abgeschlossenen Reihe bildet:
  E.M. Forster died in 1970. What was the name of his ***last*** *novel?*
  On the radio this morning Margaret Atwood was interviewed about her ***latest*** *novel and her future plans.*
  The ***last*** *news I had from them was a letter at Christmas.* (Die letzte Nachricht ... [= Seitdem habe ich nichts mehr gehört.])
  The ***latest*** *news is that they are returning to England.* (Die neueste Nachricht ...)

2 *last*: Artikel- und Präpositionengebrauch

- *last* wird vor Zeitnomen wie *week, month, year* sowie vor den Namen von Wochentagen, Monaten, Jahreszeiten und Festtagen ohne Präposition und ohne Artikel gebraucht, wenn ein Zeitpunkt oder Zeitraum innerhalb der vergangenen Woche usw. gemeint ist:
  I rang him ***last week****. We first met* ***last summer****.*
  We visited our friends in London ***last January*** *and spent* ***last Easter*** *together in Holland.*
  last wird aber – wie im Deutschen – mit Artikel gebraucht, wenn nicht die vergangene Woche usw., sondern die letzte Woche usw. einer Reihe gemeint ist:
  The last week *of the holidays is always overshadowed* (überschattet) *by the end of them.*
  The/That last year/Christmas *she spent at home made her very impatient to leave.*
- *the* (oder *this*) wird – wie im Deutschen – mit *last week/month/year* gebraucht, wenn die Periode von sieben Tagen / vier Wochen / zwölf Monaten (im Gegensatz zur Kalenderwoche usw.) gemeint ist, die unmittelbar zurückliegt. *the last* wird in dieser Bedeutung meist mit dem *present perfect* gebraucht:
  The/This last week *in the office* ***has been*** *terrible.* ***I've had*** *so much work.*

⚠ Mit Artikel und mit Präposition werden *last century / decade* (= Jahrzehnt) / *fortnight* gebraucht:
It was discovered sometime ***in/during the last century/decade****.*
I haven't seen her ***in/during the last fortnight****.*

- *the last* wird auch als Nomen gebraucht:
  Can you use up ***the last*** *of the honey, then I can wash out the jar.*
  (... den letzten Rest des Honigs ...)
  We arrived late. In fact we were ***the last****.* (... die Letzten.)

3 *last*: Sonstige Besonderheiten

⚠ „in der letzten Zeit" wird nicht mit *in the last* oder *latest time*, sondern mit *recently/lately* wiedergegeben:
In der letzten Zeit hat es viel geregnet. = *It has rained a lot* ***recently/lately***.
Vgl. auch: Zeitungsberichte der letzten Zeit … = ***Recent*** *newspaper reports …*
In den letzten Wochen/Monaten/Jahren … = *In* ***recent*** */ In* ***the last few*** *weeks/months/years …*
In den letzten Tagen … = *In* ***the last few*** *days …*

- Vor Relativsätzen mit *see* oder *hear* kann *the last* oder *the last thing* im Sinne von „das Letzte" gebraucht werden. Sonst wird vor Relativsätzen nur *the last thing* gebraucht:
  The last (thing) *we heard/saw was a car driving away.* (Das Letzte, was wir hörten/sahen, …)
  The last thing *I did was to lock the door.* (Das Letzte, was ich tat, …)
  The last thing *we need is for Jack to find out.* (Das Letzte, was wir brauchen, ist, dass Jack es herausfindet.)
- Im Gegensatz zu *it's / this is the first time (that) …*, das mit dem *present perfect* gebraucht wird (s. **first**, Abschnitt 1), verwendet man *it's / this is the last time (that) …* mit dem *present tense* oder *will-future*:
  It's / This is the last time (that) I help / I am helping */* ***I'll help*** *him with his homework.*
- Weitere Gebrauchsbesonderheiten:
  He was ***the last*** *(person)* ***to*** *come.* (Er kam als Letzter.)
  That was the ***very last*** *time I'm going to lend him money.* (… das allerletzte Mal, dass …)
  Vgl. auch: *This is the* ***very latest*** *model.* (… das allerneueste Modell.)
  We went out ***last night*** (oder: *yesterday evening*). (… gestern Abend …)
  The last few *minutes/hours/days/… have been difficult.* (Die letzten Minuten/Stunden/Tage …)
  I saw him ***the day/week/month/year before last***. (… vorgestern / vorletzte Woche / vorletzten Monat / vorletztes Jahr.)
  Don's office is the ***last but one*** *down here on the left.* (… das vorletzte …)
  Philip ***came last*** *in the slalom.* (Philip wurde Letzter …)

(to) **last** – (to) **take** (dauern)

- *last* entspricht „dauern" im Sinne von „andauern/anhalten", *take* „dauern" im Sinne von „Zeit in Anspruch nehmen":
  The concert ***lasted*** *two and a half hours.*
  The journey to York will ***take*** *(you) three hours.*

late (spät/verspätet) – **lately** (neulich) – **too late** (zu spät)

- Zum Gebrauch von *latest* im Sinne von „neueste(r)“ s. **last**.

1 *late – lately*

- Das Adverb *late* bedeutet „spät / zu spät“, das Adverb *lately* dagegen „neulich / in letzter Zeit“:
  My train left ***late*** *and arrived* ***late****.*
  Have you spoken to Alan ***lately****?*

- Im Gegensatz zu *recently* bedeutet *lately* „neulich“ nur im Sinne von „in letzter Zeit / während der letzten Zeit“, aber nicht im Sinne von „kürzlich / vor kurzem“ – außer in der Wendung *until/till lately.* Daher kann *lately* (außer in Verbindung mit *until/till*) nicht mit dem *past tense,* sondern nur mit dem *present perfect* gebraucht werden:
  Lately I have been going *to bed earlier.*
  I've not seen *David* ***lately****.*
  Until lately/recently *we* ***played*** *squash every Thursday evening.*
  (Bis vor kurzem ...)
  Aber: *I* ***saw*** *Alan with Sonia* ***recently*** (NICHT: *lately*).

2 *late – too late*

- *late* wird ohne *too* gebraucht, wenn etwas nicht pünktlich, d. h. mit Verspätung geschieht, aber mit *too,* wenn etwas verpasst wird:
  Jack ***was/arrived late*** *for school this morning.* (Jack kam ... verspätet / zu spät zur Schule)
  He ***was/arrived late*** *for the first lesson.* (Er kam verspätet in die erste Stunde.)
  He ***was/arrived too late*** *for the film at the beginning of the lesson.*
  (Er [kam zu spät und] verpasste den Film am Anfang der Stunde.)

- Konstruktionen und Wendungen mit *late*:
  I ***was late (in)*** *giv****ing*** *my report.* (Ich erstattete meinen Bericht zu spät.)
  We ***were late (in)*** *leav****ing*** *and didn't get home till after midnight.* (Wir fuhren spät weg ...)
  I am seeing her again ***later today / later this evening/week/month/year****.*
  (... nachher / später am Abend / in der Woche / im Monat / im Jahr ...)
  Can he call back ***later (on)****?* (... nachher/später ...)
  We'll come back to that question ***at a later date****.* (... zu einem späteren Zeitpunkt ...)
  You must be home by 11 o'clock ***at the (very) latest****.*
  (... [aller-]spätestens ...)
  I had ***a very late night*** *last night. I didn't get to bed till 1 o'clock.*
  Late nights *don't agree with me.* (Ich kam heute Nacht sehr spät ins Bett. ... Sehr spät ins Bett zu gehen bekommt mir nicht.)

(to) **laugh** (lachen), **laugh** (Lachen) – **laughter** (Gelächter)

1 Das Verb *(to) laugh*

- *laugh at – laugh about*:
  Do you think people will understand the joke? Will they ***laugh at*** *it?*
  (... darüber lachen? [= mit Lachen darauf reagieren, es lustig finden])
  It's unkind to ***laugh at*** *someone just because they speak with an accent.*
  (... jemanden auslachen ... [= sich über jemand lustig machen])
  We ***laughed about*** *it afterwards but at the time it wasn't very pleasant.*
  (Wir lachten später darüber ...)

⚠ Sie hat uns freundlich angelacht. = *She* ***smiled*** (NICHT: *laughed*) *at us pleasantly.*
Ich musste lachen, als ich es hörte. = *I* ***couldn't help laughing*** *when I heard.*
Wir haben sofort losgelacht, als er die Bühne in diesem komischen Aufzug betrat. = *We* ***burst out laughing*** *(straightaway) when he ...*

2 Die Nomen *laugh – laughter*

- Das Nomen *laugh* ist zählbar, wird also im Singular mit *a/an* gebraucht. *laughs* (Plural) ist selten; mehrmaliges Lachen wird in der Regel mit *laughter* wiedergegeben, das – wie dt. „Gelächter" – nicht zählbar ist:
  Suddenly, in the silence, I heard ***a laugh****.*
  There was lots of ***laughter*** *coming from next door. They were having a party.*
  There was ***loud*** (NICHT: *a loud*) ***laughter*** *when the headmaster forgot his text.* (... [ein] lautes Gelächter ...)
- Wendungen mit *laugh*:
  We ***had a good laugh*** *about it afterwards.* (Wir haben hinterher herzlich darüber gelacht.)
  We've ***had some good laughs*** *in our time.* (Wir haben über die Jahre manches Mal herzlich lachen können.)
  I didn't want to hurt anyone. I was just doing it ***for a laugh****.* (... zum Spaß / aus Jux.)

law (Gesetz)

- *...-in-law* („Schwieger-") s. **father-in-law**
- Präpositionen:
  You mustn't do that. It's ***against the law****.*
  By law *you are obliged to register within thirty days.* (Nach dem Gesetz / Gesetzlich sind Sie verpflichtet ...)
  Aber bei näherer Bestimmung von *law*: ***Under this*** (NICHT: *By*) *new* ***law*** *people will have to apply for planning permission.* (Nach diesem neuen Gesetz wird man ... müssen.)
  In/Under (NICHT: *By*) ***German law*** *you are not allowed to ...* (Nach deutschem Recht ...)

L

The judge found that the company had been operating ***within the law****.* (Der Richter / Die Richterin befand, dass sich die Firma innerhalb des Gesetzes bewegt hatte.)
The managers of these international concerns seem to think they're ***above the law*** *and can do anything they want.* (... über das Gesetz erhaben ...)

lawn ⇨ meadow

(to) **lay** – (to) **lie**

1 *(to) lay* = „legen" – *(to) lie* = „liegen" – *(to) lie* = „lügen"

- *lay* hat die Formen *lay – laying – laid – laid* und bedeutet „legen":
Lay *the cloth on a flat surface to cut it. When you* ***have laid*** *it on the table* ... (Legen Sie den Stoff auf eine glatte Fläche, um ihn zu schneiden ...)

- *lay* ist auch die Vergangenheitsform von *lie* („liegen"). *lie* hat die Formen *lie – lying – lay – lain*:
She likes to ***lie*** *on the sofa. She****'s lying*** *there now. She* ***lay*** *there yesterday when I got home and* ***had lain*** *there all evening, so she said.*

- *lie* hat auch die Bedeutung „lügen". In dieser Bedeutung ist *lie* ein regelmäßiges Verb mit den Formen *lie – lying – lied – lied*:
He always ***lies*** *about his business trips. He* ***lied*** *when he went to Berlin with her last month. He* ***has*** *always* ***lied*** *to me.*
Die Person, die belogen wird, muss immer mit *to* angeschlossen werden:
He ***lies to*** *me.* (Er belügt mich / lügt mich an.)

2 *(to) lie – (to) lie down*

⚠ Bei Personen wird *lie* = „liegen" wegen der möglichen Verwechslung mit *lie* = „lügen" selten allein ohne Zusatz gebraucht:
Auf dem Foto ist Jack derjenige, der liegt. = *In the photo Jack is the one who****'s lying down / lying on the ground/floor*** (*NICHT EINFACH: lying*).
Manchmal schlafe ich, manchmal liege ich nur. = *Sometimes I sleep, sometimes I just* ***lie there****.*
Folgt jedoch noch ein zweites Verb, ist ein weiterer Zusatz meist nicht nötig:
In the photo Jack is the one ***lying (down)*** *and talking to Anna.*
I ***lie*** *and watch the clouds go by.* (Ich liege und sehe zu, wie die Wolken vorbeiziehen.)
Ein zweites Verb kann auch als Partizip folgen:
I ***lie*** *watch****ing*** *the clouds go by.*
Jack is the one ***lying*** *talk****ing*** *to Anna.*

- *lie down* entspricht „sich hinlegen", in der Verlaufsform aber „liegen" oder „sich (zum Ruhen/Schlafen) hingelegt haben":
She's very tired. She's just gone upstairs to ***lie down****.* (... um sich hinzulegen.)

*Jack is the one who **is lying down**.* (... derjenige, der liegt.)
*Where's Jill? – She**'s lying down**. She's very tired after that long journey.* (Sie hat sich hingelegt.)

- *lie down* wird nur bei Personen und Tieren, nicht bei Sachen verwendet:
  *What is that thing **lying*** (NICHT: *lying down*) *in the middle of the lawn?*

(to) **lead, leader** ⇨ **guide**

lead (Blei, Blei-) – **leaden** (bleiern) – **leaded** (verbleit)

- Das Nomen *lead* („Blei") wird oft einem anderen Nomen als Attribut vorangestellt. *lead* [led] entspricht „Blei- / aus Blei" im wörtlichen, *leaden* ['ledn] „bleiern" im übertragenen Sinne:
  *In old houses you still find **lead** pipes.* (... Bleirohre / Rohre aus Blei.)
  *It was an awful day with a **leaden** sky and Jack in a **leaden** mood.*
- *leaded* entspricht „verbleit" im Zusammenhang mit Kraftstoff, „bleigefasst" im Zusammenhang mit Fenstern:
  *There are still people who insist on buying **leaded** petrol for their cars.*
  *The house has some beautiful old **leaded** windows.*

L

(to) **learn** (lernen)

- *learn* hat die Formen *learn – learned* [lɜːnd] – *learned* oder (aber selten im AE) *learn – learnt* [lɜːnt] – *learnt.*
- *learn* kann intransitiv gebraucht werden, aber nicht im Sinne von „für die Schule (usw.) lernen" oder „Hausaufgaben machen":
  *She**'s learning** quickly.*
  *He'll never **learn**!* (Er wird es nie lernen!) [im Deutschen transitiv!]
  Wo ist Anja? – Sie lernt. Sie schreibt morgen eine Arbeit. = *She's **working**. She's doing a test tomorrow.*
  Ich muss für die Prüfung lernen. = *I've got to **do some work for** my exam.*
- Konstruktionen mit dem *to*-Infinitiv:
  *When did you **learn to** drive/swim?* [*learn to* = etwas zu Ende lernen und es dann können]
  *I'd like to **learn how to** make my own jewellery.* [*learn how to* = die notwendigen Fertigkeiten erlernen]
  *Over the years **I've learnt to** keep quiet and not to say anything when he's like this.* [*learn to* = aus Erfahrung lernen]
- Präpositionen:
  *I **have learned from** experience / **from** my mistakes.* (Ich habe aus der Erfahrung / aus meinen Fehlern gelernt.)

*I **have learned** a lot **from/by** watch**ing** them at work.* (Ich habe viel daraus/dadurch gelernt, dass ich ihnen bei der Arbeit zugeschaut habe.)
*In this course you will **learn about** different styles of painting.* (… etwas über … lernen.)
*She **learned of** her parents' accident from a friend of the family.* (Sie erfuhr … vom Unfall …)
*You should **learn** these verbs **by heart**.* (… auswendig lernen.)

least, at least

- *least* ist die Superlativform von *little* und wird als Begleiter, Pronomen und Adverb verwendet:
*We are all very busy people, and all of us have very little time to spare. But I think Jack's the one with **(the) least** free time.* (… mit der wenigsten Freizeit. [= Begleiter])
*I gave her a lift to the station – that was **the least** I could do.* (… das Mindeste, was ich tun konnte. [= Pronomen])
*She was **the least** popular politician of her generation.* (… die am wenigsten beliebte Politikerin … [= Adverb])
- *least* (Begleiter) wird oft vor zählbaren Nomen im Plural – anstelle von *fewest* (Superlativform von *few*) – gebraucht, obwohl dies als grammatisch nicht korrekt gilt:
*Which is the class with **the least** children in it?*
- *at least* und Wendungen mit *least*:
*Our holiday flat was on a main road facing a building site, but **at least** it was near the sea.* (… wenigstens/zumindest … [= bei dem vielen Negativen gab es dieses Positive])
*This time next week I'll be in New York – **at least** I should be.* (… wenigstens/zumindest … [= jedenfalls])
*There were **at least** 50 people there.* (… wenigstens/mindestens … [= nicht weniger als, wahrscheinlich mehr als])
*There were 50 people there **at the least / at the very least**.* (… wenigstens/mindestens / allerwenigstens …)
*I'm not **in the least** surprised.* (… nicht im Geringsten/Mindesten …)
*It wasn't very helpful, **to say the least**.* (… gelinde gesagt …)

⚠ *It's nice. It's warm, it's the right colour and – **last, but not least*** (mit *but*; NICHT: *last, not least*) *not too expensive.* (… nicht zuletzt / nicht zu vergessen …)

(to) leave

- *leave* wird transitiv und intransitiv gebraucht. Es hat verschiedene Entsprechungen im Deutschen. Eine Auswahl:
*He **left** at 5 o'clock. He had a long drive ahead of him.* (Er fuhr … ab/weg.)

He's gone to Scotland. He ***left for*** (NICHT: *to*) *Edinburgh at 5 o'clock.* (Er fuhr ... nach Edinburgh ab/los.)
He ***left*** (NICHT: *left from*) *London at 5.* (Er fuhr ... von London ab.)
We ***left*** *before the end of the meeting.* (Wir gingen ... [weg].)
I'll ***leave*** *him here if he's not ready on time.* (Ich lasse ihn hier ...)
Leave *him* ***(alone)****! He's not disturbing us.* (Lass ihn ([in Ruhe])!)
When she escaped to the west, she ***left*** *her family in Poland.* (... ließ sie ... zurück.)
She ***left*** *him* ***for*** *a younger man.* (Sie verließ ihn wegen eines Jüngeren.)
I ***left*** *my umbrella on the bus.* (Ich habe ... liegen lassen.)
We always ***leave*** *the car at the station.* (Wir lassen ... [stehen].)
I'm going to ***leave*** *this last cake for Jack.* (Ich lasse ... übrig.)
I ***left*** *a note with the phone number on the hall table.* (Ich hinterließ ...)
The dead man ***leaves*** *a wife and three children.* (... hinterlässt ...)
When she died she ***left*** *over $200,000.* (... hinterließ sie ...)
She ***left home/school*** *at the age of 16.* (Sie ging mit 16 von zu Hause weg / von der Schule ab.)

- *leave* gehört zu den Verben, die zwei Objekte haben können. In der Bedeutung „hinterlassen" = „vermachen/vererben" wird das indirekte Objekt mit *to* angeschlossen, in der Bedeutung „hinterlassen" = „für jemanden abgeben/liegen lassen" dagegen mit *for*:
  In her will she ***left*** *$100* ***to*** *each of her twenty-seven grandchildren.*
  (Passiv:) *I* ***was left*** *$100, too.*
  They ***left*** *a message* ***for*** *everyone who was invited to the meeting.*
  (Passiv:) *Did you know the meeting was cancelled? – Yes, I* ***was left*** *a message on my answering machine.*
- *leave* + (Pro-)Nomen + *to*-Infinitiv und entsprechende Passivkonstruktionen:
  He ***left it to me*** *to call the police.* (Er überließ es mir, ... zu ...)
  It was left to me to *call the police. /* ***I was left to*** *call the police.*
  They ***left him to*** *die.* (Sie gingen weg und überließen ihn dem Sterben.)
  He ***was left to*** *die.*
- *leave* + (Pro-)Nomen + Partizip:
  I ***left*** *him* ***sitting*** *on the doorstep.* (Ich ließ ihn auf der Treppe sitzend zurück.)
  I ***left*** *a note* ***stuck*** *to the door with Sellotape.* (Ich hinterließ einen Zettel, den ich mit Tesafilm an die Tür klebte.)

lecturer ➪ teacher

left

1 ***left*** **= „linke(r/s)/links"**

- Präpositionen und Wendungen:
  The post office is down here ***on the left*** / (nur AE:) ***at left.***

Have you seen the photo? Alec is the person ***on the far/extreme left****.* (... ganz links / links außen.)
He's ***on the far/extreme left of*** *the picture.* (Er ist ganz links auf dem Bild.)
He's standing ***on/to the left of*** (NICHT: *left of*) *the woman in the red hat.* (... links von ...)
He's ***on/to her left****.* (Er ist zu ihrer Linken.)
The Labour Party was always ***to*** (NICHT: *on*) ***the left of*** *the Liberal Democrats.* (... [politisch] links von ...)
The word "leash" is on page 48 ***at the top/bottom on the left****.* (... links oben/unten.)
Did you say ***top left / bottom left*** (NICHT: *left top / left bottom*)*?* (... links oben/unten?)
Turn left. / Turn to the left. / Take a left turn / (nur AE:) ***Take a left.*** (Biegen Sie (nach) links ab.)
It's the third ***turning on/to the left****.* (Es ist die dritte Straße links / die dritte Abbiegung nach links.)
The hotel is ***on the left-hand side*** (in der Regel nicht: *on the left side*). (... auf der linken Seite.)
The advertisement is ***on a left-hand page*** (in der Regel nicht: *on a left page*)*, I remember that.* (... auf einer linken Seite ...)
There is ***a*** *long* ***left-hand bend / left bend / bend to the left****.* (... Linkskurve / Kurve nach links.)

2 ***left*** **= „übrig[geblieben]"**

- *Is there* ***anything left*** *to eat?* (Ist noch etwas zu essen da/übrig?)
  There's ***no*** *pizza* ***left****. In fact there's* ***nothing much left*** *at all.* (Es ist keine Pizza mehr da/übrig. Es ist überhaupt nicht mehr viel da/übrig.)
  I'll eat what is ***left of*** *the children's lunch / what is* ***left over of/from*** *the children's lunch.*
  There were only five glasses ***left*** *unbrok****en****/unwash****ed****.* (Es waren nur noch fünf Gläser übrig, die nicht kaputt/gewaschen waren.) [*left* + Partizip Perfekt]
  We had five umbrellas ***left*** *uncollect****ed****.* (Wir hatten fünf Schirme da/übrig, die nicht abgeholt worden waren.)
  I ***was left with*** *just $2.* (Mir blieben nur $ 2 [übrig].)

legal – lawful

- *legal* entspricht „Rechts-/juristisch" und wird in Bezug auf die „Technik" des Gesetzes (Abläufe/Verfahren/Sprache/Berufe) angewandt:
  My ***legal advisor*** *says I should avoid* ***legal proceedings*** */ a* ***legal dispute****.* (Mein Rechtsberater ... ein Rechtsverfahren / einen Rechtsstreit ...)
  Legal language/terminology/publications *can often only be understood by people in a* ***legal profession****.* (Die Rechtssprache / Die juristische Terminologie / Juristische Publikationen ... mit einem juristischen Beruf ...)

You have to study for a long time to get a ***legal qualification***. (... eine juristische Qualifikation ...)
Aber: ***Law*** (NICHT: *Legal*) ***students*** *have to study a long time.* (Studenten der Rechtswissenschaften / Jurastudenten ...)

- *legal* und *lawful* bedeuten beide „gesetzlich/gesetzmäßig". *legal* ist der gebräuchlichere, *lawful* der förmlichere Ausdruck. Während *legal* einfach „legal" (d. h. vom Gesetz zugelassen) bedeutet, wird mit *lawful* oft suggeriert, dass etwas nicht nur vom Gesetz zugelassen, sondern auch moralisch/wertmäßig gebilligt wird:
Some traditionalists in the Church still regard marriages at a registry office (Standesamt) *as* ***legal*** *in the eyes of the law but not* ***lawful*** *in the eyes of God.*
Queen Elizabeth is our right and ***lawful*** *queen.*

(to) **lend** (leihen) ⇨ (to) **borrow**

length ⇨ long

L

less, lesser

1 *less – fewer* („weniger")

- Als grammatisch korrekt gilt der Gebrauch von *less* (Begleiter) nur vor nicht zählbaren Nomen. In der Praxis wird es jedoch auch (anstelle von *fewer*) vor zählbaren Nomen im Plural verwendet:
I have ***less time*** *this week.* [nicht zählbar]
There is ***less interest*** *in this film.* [nicht zählbar]
There are ***less/fewer tourists*** *than this time last year.* [zählbar]
Der Gebrauch des Pronomen *less* unterliegt keinen solchen Einschränkungen:
In ***less than*** *five years, the face of Europe changed completely.*

2 *less of*

- Vor anderen Begleitern (*a, the, my, this* usw.) und vor Pronomen wird *less of* gebraucht. Dies entspricht entweder dem Gebrauch von „weniger" + „von" oder – vor *a* – von „geringer" im Deutschen:
We saw ***less of the*** *city than we had hoped.* (Wir sahen weniger von der Stadt ...[= nicht so viel von ...])
It was ***less of a*** *surprise/shock/disappointment than I had expected.* (Es war eine geringere Überraschung/Enttäuschung als ... [= keine so große Überraschung/Enttäuschung wie ...])

less steht jedoch ohne *of*, wenn es als Adverb in der Bedeutung „nicht so sehr" verwendet wird:
*It was **less a** question of when to go than of where to go.* (Es war weniger eine Frage ... [= nicht so sehr eine Frage ...])
*Joining the tennis club was **less a** way to get some exercise than of being able to meet Janet regularly.* (... war weniger ein Mittel ... [= nicht so sehr ein Mittel ...])

3 *no less than – not less than*

- Mit *no less than* wird (z. B erstaunt) ausgedrückt, dass eine Zahl viel höher als erwartet ist, während mit *not less than* lediglich eine Mindestzahl genannt wird:
__No less than__ 42 motorbikes overtook me in those few kilometres. (Nicht weniger als 42 ...)
*I suppose there were 20–25 motorbikes parked outside, **not less than** 20 anyway. You see, it's a popular café with bikers.* (... jedenfalls nicht weniger als 20.)

4 *lesser*

- *lesser* ist ein Adjektiv mit der Bedeutung „geringere(r/s)"/"kleinere(r/s)". Es kann nur attributiv vor Nomen stehen:
*Which is the **lesser** evil?* (Welches ist das geringere/kleinere Übel?)
*There is a **lesser** risk of accidents like that happening now.* (... ein geringeres Risiko ...)
*This is still true, though to a **lesser** extent.* (... zu einem geringeren Grad.)
Nicht verwechseln mit: *The costs are **less*** (NICHT: *lesser*) ***than** expected.* (... geringer als erwartet.)

⚠ *lesser* kann nicht mit *than* gebraucht werden:
Es war keine Geringere als Lady Bracknell. = *It was **none other than / no less a person than** Lady Bracknell.*

lesson ([Unterrichts-]Stunde)

- Präpositionen: *in* wird bei Stunden gebraucht, die in der Schule als Teil des regulären Stundenplans stattfinden, *at* bei Stunden, die außerhalb der Schule stattfinden:
*We were **in the physics lesson** when the storm started.*
*I was **at my piano lesson** in town when the storm started.*

- *lessons* (Plural) entspricht in Verbindung mit *have/take/give* dem deutschen „Unterricht":
*I'**m having/taking** riding **lessons**.* (Ich nehme Reitstunden/Reitunterricht.)
*She's a very good ballet dancer, but unfortunately she doesn't **give lessons**.* (... leider erteilt sie keinen Unterricht.)

(to) **let** (lassen/zulassen/erlauben)

- Zum Gebrauch von *let* in der Bedeutung „vermieten" s. **rent**.

1 Besonderheiten beim Gebrauch von *(to) let*

- *let* entspricht „lassen" im Sinne von „zulassen/erlauben". Auf *let* folgt ein Infinitiv ohne *to*:
  *She **let** me **kiss** her.*
  *We never **let** the children **come** home from school on their own.*

⚠ *let* kann in der Bedeutung „zulassen/erlauben" nicht im Passiv verwendet werden: Man ließ ihn nicht einmal zu Hause anrufen. = *He was not allowed/ permitted* (NICHT: *let*) *even to phone home.*

- *let's* wird gebraucht, um Vorschläge zu machen. Die verneinte Form von *Let's ...* heißt *Let's not ...* oder *Don't let's... .* Das zu *let's* gehörige Frageanhängsel heißt *shall we* (NICHT: *will we*):
  ***Let's** go to the cinema.*
  ***Let's not / Don't let's** stay at home.*
  ***Let's** go and see that film with Dustin Hoffmann, **shall we**?*
  let's ist die Abkürzung für *let us*, es kann aber je nach Kontext auch nur der Sprecher (= „ich") damit gemeint sein:
  *Doctor: **Let's** put a plaster on there for you.* (Lassen Sie mich ein Pflaster ...)

- *let* wird im Imperativ gebraucht, um Angebote, Bitten oder Befehle auszudrücken:
  ***Let** me do that for you.* (Lass mich das für dich tun.) [Angebot]
  *OK, it's time for bed, children. – **Let** us* (NICHT: *Let's*) *finish watching this film, please.* (Lasst uns bitte noch den Film zu Ende schauen.) [Bitte]
  *God said "**Let** there be light."* (Gott sagte: „Es werde Licht.") [Befehl]
  *We've done enough. **Let** the others bother their heads about the rest.* (Die anderen sollen sich den Kopf wegen des Rests zerbrechen / Lass die anderen ...)

- Wendungen mit *let*:
  *How much will it cost? – **Let me see,** $55 for the train ticket, $12 entrance fees, ...* (Mal sehen ...)
  *I'll **let you know** soon.* (Ich sage/gebe dir bald Bescheid.)
  *She **let it be known** that she was getting divorced.* (Sie ließ wissen, dass ...)
  *The dog hung onto the stick. He just wouldn't **let go**.* (...loslassen.)
  *He can't read, **let alone** write.* (... geschweige denn schreiben.)
  *Alan **let fall/drop** that it was his birthday.* (Alan ließ die Bemerkung fallen / erwähnte, dass ...)
  *Davidson **let slip** that the new man would be paid more than us.* (... verriet [aus Versehen] ...)

2 Wiedergabe von „lassen"

⚠ Der Lehrer ließ die Schüler einen Aufsatz schreiben. = *The teacher **had** the children write / **got** the children **to** write an essay.* [s. **have/get**]

Vor der Freilassung ließen sie ihre Geisel ein Schuldbekenntnis unterschreiben. = *Before releasing their hostage they* ***made*** *him/her sign a confession of guilt.* [s. **make**]
Ich möchte diese Hose reinigen lassen. = *I'd like (****to have****) these trousers clean****ed****.* [s. **have**]
Lass dir das von Jim erklären. = ***Ask/Get*** *Jim* ***to*** *explain that to you.*
Anna lässt sagen/ausrichten, dass sie nicht kommen kann. = *Anna* ***asked me to say*** *that she can't come.*
Anna lässt grüßen. = *Anna* ***asks me to say hello / sends her best wishes****.*
Lass das! Du tust mir weh! = ***Stop that****. You're hurting me.*
Lass ihn! Er tut doch nichts. = ***Leave him****. He's not doing any harm.*
Lassen wir es dabei. = ***Let's leave it at that****.*
Sie ließ mich eine Stunde warten. = *She* ***kept me waiting*** *for an hour.*
Er ließ das Licht brennen. = *He* ***left*** *the light* ***on****.*
Ich ließ das Auto am Bahnhof [stehen]. = *I* ***left*** *the car at the station.* [s. **leave**]
Lass mir noch zwei Wochen Zeit. = ***Give*** *me two more weeks.*
Lassen Sie sich Zeit. = ***Take*** *your time.*
Lassen wir das, wenn es Probleme macht. = ***Let's forget about that*** *if it's going to cause problems.*
Ich habe mir sagen lassen, dass ... = ***I've heard/been told*** *that ...*
Sie ließ den Arzt kommen. = *She* ***sent for*** *the doctor.*
Wo hat er diese Broschüre bloß gelassen? = *Where on earth* ***has he put*** *that brochure?*
Lassen Sie sich wieder sehen! = ***Drop in / Come / Call in*** *again.*
Lassen Sie es sich schmecken! = ***Enjoy it / your meal****.*
Er kann das Lügen einfach nicht lassen. = *He just* ***can't stop/help*** *lying.*
Er lässt sich nicht so leicht überreden. = *He****'s not*** */ He* ***can't be*** *so easily persuad****ed****.*
Das Bild lässt sich leicht größer machen. = *The picture* ***can*** *easily* ***be made*** *bigger.*

letter (Buchstabe, Brief)

- Wendungen mit *letter* in der Bedeutung „Buchstabe":
  The boss sent my memo back with just one word on it: NO, ***(written) in capital letters****.* (... in Großbuchstaben.)
  The first time it's a bit of a shock to see your own name ***in big letters*** *on a poster.* (... in großer Schrift / in großen Buchstaben ...)
  The word "God" ***is*** *usually* ***written with a capital letter****.* (... wird normalerweise großgeschrieben. [= mit einem großen Anfangsbuchstaben])

- Wendungen mit *letter* in der Bedeutung „Brief":
  You can make a booking ***by letter*** *or by phone.* (... brieflich / per Brief ...)
  Thank you for your ***letter of 6th June****.* (... für Ihren Brief vom 6. Juni.)
  It says in the letter *that ...* (Im Brief steht, dass ...)

lettuce ⇨ salad

life ([das] Leben)

- *life* wird als allgemeiner Begriff ohne Artikel gebraucht:
  ***Life** is full of surprises.* (Das Leben ...)
  *What do you know about **life** in Shakespearean times?*
  Aber:
  *What do you know about **the life** of Shakespeare?*

⚠ *life* wird mit dem Possessivbegleiter verwendet, wenn das Leben bestimmter Personen gemeint ist. Wenn mehrere Personen gemeint sind, stehen Possessivbegleiter und *life* im Plural:
*He **risked his life** to rescue me from the fire. I **owe** him **my life**. (Er riskierte sein Leben ... Ich verdanke ihm mein Leben.)*
*Over 20 people **lost their lives** in the accident.* (... verloren ... das Leben.)

light

L

1 Die Adjektive *light – slight* = „leicht"

- *light* (Adjektiv) ist das Gegenteil von *dark* und von *heavy*. *slight* entspricht „leicht" im Sinne von „gering(fügig)"; es wird besonders bei abstrakten Nomen gebraucht:
  *dark blue – **light** blue; heavy snow/traffic – **light** snow/traffic*
  *a **slight** difficulty/improvement/change/hesitation*

2 *lighted – lit*

- Das Verb *light* („anzünden/beleuchten/leuchten") hat normalerweise die Formen *light – lit – lit*:
  *He **lit** a cigarette.* (Er zündete sich eine Zigarette an.)
  *For the party they**'ve lit** the whole garden with lanterns.* (Für die Party haben sie den ganzen Garten ... beleuchtet.)
- Als attributives Adjektiv (vor einem Nomen) wird *lighted* gebraucht – außer wenn ein Adverb vorangeht:
  *You can't go in there with a **lighted** (NICHT: lit) **cigarette**.*
  *Park the car in a **well lit** (NICHT: lighted) corner of the car park.*

lightning (Blitz)

- *lightning* ist nicht zählbar, d. h. es kann nicht mit *a/an* oder im Plural gebraucht werden:
  *There was a lot of **lightning**.* (Es blitzte viel.)
  *I counted over 50 **flashes of lightning** (NICHT: 50 lightnings).* (... 50 Blitze.)

like ➪ as

like ➪ as

(to) **like, would like**

1 *(to) like*

- *like* wird mit *very much*, nicht einfach mit *very*, verstärkt. Bei der Verneinung kann *very* jedoch entfallen. *very much* kann nicht zwischen *like* und dem Objekt stehen:
  *I **like** watching French thrillers **very much**. / I **very much like** watching French thrillers.* (NICHT: *I like very much watching ...*)
  *Janet does**n't like** them **(very) much**, so we don't often watch one.*
- *like* kann in der Regel nicht in der Verlaufsform gebraucht werden, auch nicht in Bezug auf einen momentanen Genuss. Die Verlaufsform kann aber in Bezug auf eine aktuelle neue Lebenssituation gebraucht werden:
  *Alan **likes*** (NICHT: *is liking*) *jazz. He **doesn't like*** (NICHT: *isn't liking*) *pop.*
  *Is the wine OK? **Do you like*** (NICHT: *Are you liking*) *it?*
  *How **is** Jack **liking** / How **does** Jack **like** his new job?* (Wie gefällt Jack seine neue Stelle?)
  *He**'s liking** every minute of it.* (Er genießt [gerade] jede Minute davon.)
- *like* kann in aller Regel nicht ohne Objekt gebraucht werden:
  *He doesn't **like it*** (NICHT EINFACH: *like*) *when people are late.* (Er mag [es] nicht, wenn ...)
  Aber wie im Deutschen:
  *I'll phone him for you **if you like**.* (... wenn du magst.)
  *Do **as you like**.* (Macht, was ihr wollt.)

2 *(to) like to do – (to) like doing*

- *like* entspricht in der Grundbedeutung „mögen / gern tun", d. h. „genießen". In dieser Bedeutung kann es grundsätzlich mit einem *to*-Infinitiv oder einer *-ing*-Form gebraucht werden:
  *I **like** read**ing** in bed. / I **like to** read in bed. It's one of the pleasures of life.*
  *I **like** gett**ing** up early. / I **like to** get up early. I like the quiet and the light in the early morning.*
- Der Gebrauch von *like to do s.th.* setzt voraus, dass eine Gewohnheit beschrieben oder eine allgemeine Aussage gemacht wird. *like* + *-ing*-Form kann mit Bezug auf eine Gewohnheit, aber auch mit Bezug auf eine Einzelsituation oder einen Zustand gebraucht werden:
  *I **like to** read in bed.* [= Ich tue es regelmäßig.]
  *I **like** read**ing** in bed.* [= Ich tue es regelmäßig.]
  *I **liked** hav**ing*** (NICHT: *to have*) *supper with Alan last week.* [spezifische Einzelsituation in der Vergangenheit]
  *I**'ll like** meet**ing*** (NICHT: *to meet*) *all those new people on the course next week, I'm sure.* [spezifische Einzelsituation in der Zukunft]
  *I **like** belong**ing*** (NICHT: *to belong*) *to that tennis club.* [Zustand]

- *like* hat neben der Bedeutung „mögen = genießen" auch die Bedeutung „vorzugsweise tun = es für richtig halten / sich dafür entscheiden, etw. zu tun". Das Objekt ist dabei oft etwas, das überhaupt keinen Spaß macht, sondern das man nur aus Pflicht- oder Vernunftgründen macht. In dieser Bedeutung kann *like* nur mit dem *to*-Infinitiv gebraucht werden:
  *We **like to** do our shopping and the housework on Thursday evening, so that we have the weekend free.* (Wir erledigen unsere Einkäufe und die Hausarbeit gern [= vorzugsweise] am Donnerstagabend, damit ...)
  *I **like to** redecorate* (renovieren) *the flat every three years. It's an awful job really, but it has to be done.*
  In dieser Bedeutung kann *like to* auch in Bezug auf eine Einzelsituation gebraucht werden (vgl. oben):
  *I **didn't like to** ask Philip for help again, so I did the job myself.* (Ich mochte Philip nicht schon wieder um Hilfe bitten ... [= Ich hielt es nicht für richtig, dies zu tun.])
- Die Tatsache, dass *like* + *to*-Infinitiv zwei verschiedene Bedeutungen haben kann, erklärt u. U. die Bevorzugung von *like* + *-ing* in der Bedeutung „genießen" im BE; *like* + *-ing*-Form ist immer eindeutig. Vgl.:
  *I **like to** get up / gett**ing** up early.* [= Ich tue es gern und regelmäßig.]
  *I **like to** get up early, so that I don't have to rush to get the bus.* [= Ich tue es nicht unbedingt gern, aber ich tue es, um nicht hetzen zu müssen.]
- Zwischen *like* und einem nachfolgenden *to*-Infinitiv oder einer *-ing*-Form kann auch ein Objekt stehen:
  *I **like the family to** stay in touch.* (Ich habe es gern, dass/wenn die Familie in Kontakt bleibt.)
  *I **don't like people** park**ing** on the grass in front of my house.* (Ich habe es nicht gern, wenn ...)

3 *would like (to)*

⚠ Auf *would like* folgt ein (Pro-)Nomen, ein *to*-Infinitiv oder ein (Pro-)Nomen + *to*-Infinitiv, aber nie ein *that*-Satz und auch keine *-ing*-Form:
*I'**d like** the steak, please.*
*I'**d like to** visit the Oktoberfest when we're in Munich.*
*I'**d like you to** phone* (NICHT: *that you phone*) *every evening so that I know you're alright.* (Ich möchte, dass du ... anrufst ...)
*I'**d like there to** be enough time for a visit to the museum.* (Ich möchte, dass genug Zeit ... bleibt.)

- *would like* kann – wie *like* – nicht ohne Objekt gebraucht werden. *to* fungiert oft als Objektersatz für einen *to*-Infinitiv und seine Ergänzungen:
  *Would you like some wine? – Yes, please. / Yes, I would. / **Yes, I'd like some**.* (NICHT: *Yes, I'd like. / Yes, I'd like it.*)
  *Shall we go to London tomorrow? **Would you like to** (= to go to London tomorrow)? – Yes, please. / Yes, I would. / **Yes, I'd like to**.* (NICHT: *Yes, I'd like / Yes, I'd like it.*)
  *I can phone him for you if you want. **Would you like me to?** – Yes, please. / Yes, I would. / **Yes, I'd like you to**.*

(to) like, would like

- *would like (to)* kann einen konkreten, realisierbaren Wunsch oder einen nur hypothetischen, vielleicht nie realisierbaren Wunsch ausdrücken:
  ***I'd like** the steak, please.* (Ich möchte ...)
  ***I'd like to** live in Australia if I ever got the chance.* (Ich würde gern in Australien leben, ...)
  Die Verneinung im ersten Fall (konkreter, realisierbarer Wunsch) lautet meist *not want (to)* anstelle von *wouldn't like (to)*:
  *I'd like the steak. I **don't want** the salmon.* (Ich möchte nicht den Lachs.)
  *I'd like to live in Australia. I **wouldn't like to** live in America if I had the choice.* (Ich würde ungern in Amerika leben ...)
  ***I'd like to** go to London tomorrow, but Felix **doesn't want to**.* (... aber Felix möchte/will nicht.)
  ***I'd like** to live in Australia if I ever got the chance, but Felix **wouldn't / wouldn't like to / wouldn't like it**.* (... aber Felix würde es nicht mögen.)
- *would like (to)* bezieht sich auf gegenwärtige und zukünftige Wünsche. Über vergangene Wünsche, die nicht in Erfüllung gingen, kann man mit *would have liked to* + Infinitiv, *would liked to have* + Partizip Perfekt, oder sogar *would have liked to have* + Partizip Perfekt sprechen:
  *I **would have liked to meet** him. It's a pity that it wasn't possible.* (Ich hätte ihn gern kennen gelernt.)
  *I **would liked to have met** him. It's a pity ...*
  *I **would have liked to have met** him. It's a pity ...*
- Auf *would like* kann auch ein Objekt + Partizip Perfekt folgen:
  ***I'd like** the salmon grill**ed**. = I'd like the salmon to be grilled.* (Ich möchte den Lachs gegrillt.)
  I'd like** this work (to be) finish**ed (NICHT: *I'd like that this work is finished*) *before we go on holiday.* (Ich möchte, dass diese Arbeit erledigt wird, bevor ...)
  ***I'd like** these trousers clean**ed**.* (Ich möchte diese Hose reinigen lassen.)

limit ➪ border

(to) **listen** ➪ (to) **hear**

little (klein) ➪ **small**

little (wenig) – **a little** (ein wenig)

1 *(a) little – (a) few*

- *little* und *a little* werden zusammen mit nicht zählbaren Nomen verwendet. Vor zählbaren Nomen im Plural steht *(a) few*: s. **few**:
  *There **was little** chance / There **were few** opportunitie**s** to go walking.*
  *We had **a little** time / **a few** hour**s** to ourselves.*

2 *little – a little* (Begleiter und Pronomen)

- *little* entspricht „wenig", d. h. „kaum welche(r/s)". Mit *little* wird meist etwas Negatives ausgedrückt, nämlich, dass die Menge geringer ist als gewünscht, erwartet oder erhofft, also nicht ausreichend.
  a little entspricht „ein wenig / etwas" und sagt in der Regel etwas eher Positives aus („[wider Erwarten] immerhin etwas"). *only a little* hat jedoch fast die gleiche Bedeutung wie *little*:
  *There was **little** time for relaxation. It was all very hard work.*
  *We had **a little** time left so we sat in a café for a while and watched the world go by.*
  *We had so **little** work because of the recession that we nearly went bankrupt.*
  *The company didn't do very well during the recession but it had **a little** work – enough to keep it going.*
  *We had **little / only a little** time before our flight went.*

- Im nicht-förmlichen Sprachgebrauch werden anstelle von *little* und *a little* eher *not much* und *a bit of* gebraucht:
  *We did**n't** have **much** / We had **a bit of** time for sightseeing.*

- Wenn *little* als Pronomen gebraucht wird, kann es z. B, durch einen Relativsatz mit *that* (nicht *which*) oder eine *of*-Fügung ergänzt werden:
  ***Little** that* (NICHT: *which*) *we saw / **Little** of what we saw was very interesting.* (Wenig, was wir sahen / Wenig von dem, was wir sahen ...)

3 *little* als Adverb

⚠ *little* (nicht-förmlich eher: *not much / hardly / only a bit*) wird als Adverb vor Komparativformen gebraucht, sonst normalerweise jedoch nicht vor einem Adjektiv oder einem anderen Adverb:
*The new government is **little** better* [Adjektiv] *than the last.* (... wenig besser als ...)
*His accent is still terrible. He speaks **little** better* [Adverb] *than two years ago.*
Das ist eine wenig erfreuliche Nachricht. = *That is **not very welcome*** (NICHT: *That is little welcome*) *news.*
Er hat wenig überzeugend argumentiert. = *He did**n't** argue **very persuasively**.* (NICHT: *He argued little persuasively.*)
Diese Einschränkung gilt nicht für *a little*.

- Wenn *little* ein Verb näher bestimmt, wird es meist durch ein weiteres Adverb wie *so/very/too* selbst näher bestimmt:
  It has rained ***so/too/very little*** *this summer.*
  little findet sich jedoch allein in Passivsätzen:
  This room is ***little*** *used / is used* ***little.***
  His works are ***little*** *read nowadays.* (Seine Werke werden heutzutage wenig gelesen.)
  little steht allein auch vor bestimmten Verben des Denkens und Wissens. *little* entspricht hier „kaum“:
  I ***little expected/thought*** *to see them together so openly at Alan's party.* (Ich hätte kaum erwartet / daran gedacht, ...)
  Auch: *I* ***little knew/suspected*** *what momentous events would follow.* (Ich hatte keine Ahnung, welch bedeutsame Ereignisse folgen würden.)
  Steht *little* in der Bedeutung „kaum“ am Satzanfang, so folgt (wie bei *barely/hardly/scarcely*) zuerst ein Hilfsverb, dann das Subjekt:
  Little did I *expect to meet Maud Blaxton there.*

(to) **live** (leben/wohnen)

- Zum Adjektiv *live* („lebend/lebendig/live“) s. **alive**.
- Das Verb *live* wird in der einfachen Form gebraucht, wenn man von einem festen, ständigen Wohnsitz spricht, in der Verlaufsform, wenn eine vorübergehende Bleibe gemeint ist:
  We ***live*** *at 27 Bolton Road. We have lived there for over 30 years.*
  They had a fire at their house and ***are living*** *with Janet's sister at the moment.*
  Eine Ehe wird als etwas Festes angesehen, deshalb wird, wenn ein Partner ausgezogen und bei jemandem anderen eingezogen ist, oft die Verlaufsform von *live* gebraucht, auch wenn eigentlich eine Dauersituation gemeint ist:
  Their marriage broke up nearly two years ago. Jack ***is now living / now lives*** *with the woman he had the affair with.*

⚠ Wenn ein vorübergehendes Wohnen als Gast gemeint ist, wird nicht *live*, sondern *stay* verwendet:
We ***stayed at*** *the Hotel Bortenschläger – do you know it?* (Wir wohnten im Hotel ...)
Will you need a hotel reservation? – No, I have relatives there and ***will be staying with*** *them.* (... und wohne bei ihnen.)

- Präpositionen:
  He is ***living with*** *his sister /* ***at*** *his sister****'s*** *during the building work.* (... bei seiner Schwester.)
  You can't ***live on*** *$200 a month.* (Man kann nicht von $ 200 im Monat leben.) [*on* + Geldbetrag]
  He ***lives off*** *what he gets from odd jobs.* (Er lebt von dem ...) [*off* + Einnahmequelle]

*They **live off/on** the money they got from the sale of their leather business.* [*the money* = Einnahmequelle oder Geldbetrag]
*Lions, tigers and other big cats **live on** meat.* (... ernähren sich von Fleisch.) [*on* + Nahrung]
*The house they **live in** is 200 years old.* (Das Haus, das sie bewohnen, ...)
*This building **isn't lived in** (= occupied) any more.* (Dieses Gebäude ist nicht mehr bewohnt.)
Aber: Die Insel ist nicht mehr bewohnt. = *The island is no longer **inhabited**.*

⚠ Das Tier lebte noch. = *The animal **was** still **alive*** (NICHT: *was still living*).

living (lebend, Lebensunterhalt)

- *living* ist ein Adjektiv mit der Bedeutung „lebend" und ein Nomen mit der Bedeutung „Lebensunterhalt":
*She is one of Canada's greatest **living** writers.*
*It's high time David started to **earn a living**.* (Es ist höchste Zeit, dass David sich seinen Lebensunterhalt verdient.)
*What do you **do for a living**?* (Was machen Sie beruflich?)
*She doesn't paint as a hobby, she paints **for a living**.* (... sie malt beruflich.)
*The **cost** (NICHT: costs) **of living** has increased.* (Die Lebenshaltungskosten sind gestiegen.)

L

(to) **loan** ([ver-/aus-]leihen), **loan** (Leihgabe/Anleihe)

- *loan* gehört zu den Verben, die zwei Objekte haben können:
*Can you **loan me your car**? **I've loaned mine to Jill**.*
***We were loaned waterproof jackets** by a local fisherman.* (Wir bekamen [= Uns wurden] von einem einheimischen Fischer wasserdichte Jacken geliehen.)
- Wendungen mit dem Nomen *loan* („Leihgabe/Anleihe"):
*The painting **is on loan to** the gallery from the Rijksmuseum in Holland.* (... eine Leihgabe des Rijksmuseums ... an die Galerie.)
*We **were offered / had / were given the loan of** their car.* (Sie boten uns ihr Auto leihweise an. / Sie überließen uns ihr Auto leihweise.)

long

- *a long way* s. **far**
- *no/not any longer* s. **more**, Abschnitt 3.

1 *long* (Adjektiv) – *length* (Nomen)

- Aussprache: *long* [lɒŋ], *longer* [ˈlɒŋgə], *longest* [ˈlɒŋgɪst], *length* [leŋθ].
- Wendungen mit dem Adjektiv *long* und dem Nomen *length*:
  ***How long is** the carpet?* (Wie lang ist der Teppich?)
  ***What** (NICHT: Which) **length is** (NICHT: has) the carpet?* (Wie lang ist / Welche Länge hat der Teppich?)
  *The room **is 10 foot/feet long.***
  *The ballroom **is** over 20 **metres long**. It **has a length of** over 20 metres.*
  [*have a length of* nur bei besonderer Länge]
  *These two pieces **are the same length**.* (... sind gleich lang.)
  *I need **a medium-length piece / a piece of medium length**.* (... ein mittellanges Stück.)
  *She has **shoulder-length** blond hair.* (Sie hat schulterlange blonde Haare.)

⚠ „längere(r/s)" im Sinne von „ziemlich lang" wird mit *fairly long / quite long* oder, im informellen Gebrauch, *longish* wiedergegeben;
„längere(r/s)" im Sinne von „sehr lang" mit *lengthy*:
Es ist ein längerer Film, über 2 Stunden. = *It's a **fairly long** / **quite** a **long** / a **longish** film.*
Das Buch enthält eine längere, ziemlich langweilige Beschreibung seiner Reise. = *The book contains a **lengthy**, rather boring description of his travels.*

2 *long – for long – a long time – for a long time*

2.1 Mit oder ohne *time*?

- Diese Ausdrücke werden alle als Adverbien in der Bedeutung „lang / lange [Zeit]" gebraucht. Als Faustregel gilt: in Fragen und verneinten Sätzen wird *(for) long* gebraucht, in bejahten Aussagesätzen *(for) a long time*:
  *Did they stay **(for) long**? – No, they did**n't** stay **(for) long**.*
  *We lived there **(for) a long time**.*
- In Verbindung mit *so / too / as ... as / enough* und den Konjunktionen *before/after/ago* steht *long* jedoch auch in bejahten Aussagesätzen allein, d. h. ohne *time*. Die Steigerungsformen *longer* und *(the) longest* („am längsten") können immer allein gebraucht werden:
  *You've been working **so/too long / long enough**.*
  *I had left Cambridge **long before** Donaldson went to study there.*
  *Alan stayed at the party **longer**, but Jim stayed **(the) longest**.*

2.2 Mit oder ohne *for*?

- Nach *be* kann *long / a long time* nur ohne *for* stehen, nach *be away/gone* dagegen mit oder ohne *for*:
  *I won't **be long*** (NICHT: *for long*). (Ich bin nicht lange weg. / Ich bin gleich wieder zurück.)
  *I won't **be away/gone (for) long**.*
  *Ann's gone to London. She'll **be a long time*** (NICHT: *for a long time*). *She'll **be away/gone (for) a long time**.*

2.3 *not (for) long* oder *not for a long time*?

- Zwischen *(for) long* und *for a long time* gibt es in verneinten Sätzen manchmal einen Bedeutungsunterschied:
  We didn't meet ***(for) long***. [= Das Treffen war kurz.]
  We didn't meet ***for a long time***. [= Es dauerte lange, bis wir uns das nächste Mal trafen.]
  We didn't talk ***(for) long***. [= Unser Gespräch war kurz.]
  I haven't talked to him ***for a long time***. (... seit langem ... [= Es ist lange her, seit ich ihn zuletzt sprach.])

(to) **long** (sich sehnen)

- Ohne Präposition wird das Verb *long* nur mit einem nachfolgenden *to*-Infinitiv gebraucht. Das *phrasal verb long for* hat ein Nomen, ein Pronomen oder einen Infinitiv mit eigenem Sinnsubjekt als Objekt. *long* und *long for* gehören zu den wenigen Verben, die ohne Bedeutungsunterschied in der einfachen oder Verlaufsform verwendet werden können:
  I ***long*** */ I* ***am longing to*** *meet her. I've heard so much about her.*
  I ***long / I am longing for*** *a bit of sunshine and warm weather*
  I ***long*** */ I* ***am longing for*** *Julian* ***to return***.

L

look – looks – appearance – sight

1 *look – looks*

1.1 „Blick", „Miene/Gesichtsausdruck": *look(s)*

- Das Nomen *look* hat (unter anderen) die Bedeutungen „Blick" und „Miene/Gesichtsausdruck". In diesen beiden Bedeutungen kann *look* im Singular oder Plural gebraucht werden:
  He gave me an unfriendly ***look*** (Blick).
  They all gave me unfriendly ***looks*** (Blicke).
  We ***had/took*** (NICHT: *threw*) ***a*** *quick* ***look*** *at the church, then drove on.* (Wir warfen schnell einen Blick in die Kirche ...)
  I looked at his face / their faces. His ***look*** */ Their* ***looks*** *told me everything.* (Sein / Ihr Gesichtsausdruck ...)

1.2 „Anblick/Aussehen/Image": *look*

- *look* (nur Singular, nie Plural) kann auch „Anblick/Aussehen" – oder im übertragenen Sinne „Image" – bedeuten, also den Gesamteindruck bezeichnen, den eine Person oder eine Sache vermittelt:
  She has the ***look*** *of someone who knows exactly what she wants.* (Sie hat das Aussehen von jemandem / sieht aus wie jemand, der genau weiß, was er will.)

He's tall, slim and broad-shouldered. He has the ***look*** *of a good swimmer.* (Er sieht aus, als sei er ein guter Schwimmer.)
The house ***has*** (NICHT: *makes*) *a very sad and deserted* ***look*** *about it nowadays.* (Das Haus macht heutzutage einen sehr traurigen und verlassenen Eindruck.)
Janet's going to see a fashion consultant (Modeberater/in) *because she thinks she needs* ***a new look****.*
Our product needs ***a new look*** *– it's been on the market for over 5 years now.*

1.3 „Gutes Aussehen": *looks*

- *looks* (nur Plural, nie Singular) bedeutet „Aussehen" unter dem Gesichtspunkt der Schönheit bewertet und wird meist im Sinne von „gutes Aussehen" gebraucht:
  Her ***looks*** *are nothing unusual, but she's a wonderful person.* (Ihr Aussehen hat nichts Ungewöhnliches an sich ...)
  She kept her ***(good) looks*** *all her life.* (... ihr gutes Aussehen ...)

1.4 *look* oder *looks*

- Trotz der Unterschiede zwischen *look* und *looks* gibt es bestimmte Wendungen, die wahlweise, d. h. ohne Bedeutungsunterschied, mit *look* oder *looks* möglich sind:
  *I do****n't like the look/looks of*** *that wall. It looks as though it could collapse any moment.* (Mir gefällt diese Mauer [= das Aussehen dieser Mauer] nicht. Sie sieht aus, als ob sie jeden Augenblick umstürzen könnte.)
  By the look/looks of *it, it will be a long meeting.* (So wie es aussieht / Allem Anschein nach ...)

2 *appearance*

- *appearance* entspricht „Aussehen" im Sinne von äußerer, physischer Erscheinung allgemein (Körperbau, Haarfarbe, Kleidung usw.). *appearance* ist ein eher förmliches Wort. Statt einer Formulierung mit *appearance* wird oft das Verb *look like* verwendet:
  His ***appearance*** *was always immaculate, not a hair out of place, not a speck of dust on his shoes.* (Sein Äußeres/Aussehen war immer makellos ...)
  She has the ***appearance*** *of / She* ***looks like*** *a French peasant somehow.*
  Can you describe ***her appearance*** */* ***what she looked like*** *when you last saw her, please?*

3 *sight*

- *sight* entspricht (in einer seiner Bedeutungen), wie *look*, dem deutschen „Anblick", wird aber mit anderen Verben verwendet als *look*: *sight* verbindet sich mit den Verben *be* und *look*, *look* dagegen mit dem Verb *have*:
  The house ***is/looks a*** *sad* ***sight*** *nowadays.*
  The house ***has a*** *sad* ***look about it*** *nowadays.*
  She ***is/looks an*** *imposing* ***sight****.*
  She ***has the look of*** *someone who knows how important they are.*

sight verbindet sich nicht mit *offer*:
Die Berge boten einen unvergesslichen Anblick. = *The mountains **were/looked** an unforgettable **sight** / **afforded** an unforgettable **view**.*

- Wenn *sight* (informell) ohne Adjektiv verwendet wird, ist meist ein unvorteilhafter Anblick gemeint:
  *After the party the living room was/looked **a sight**.* (... sah ... vielleicht aus! / ... sah ... verboten aus.)
  *She looked **a sight**. The dress was 3 sizes too big and in a colour that didn't suit her at all.*
- Zum Unterschied zwischen *sight, scene* und *view* s. **scene**.

(to) **look**

1 *(to) look – (to) look at – (to) watch – (to) see – (to) look to/and see*

1.1 *look (at)*

- *look* entspricht „(hin)schauen" und beschreibt ein bewusstes, von Aufmerksamkeit geprägtes Richten der Augen auf etwas:
  ***Look**, there's a fox!*
  *I **looked** but I couldn't see the fox.*
  *Don't **look** now, but that woman over there by the window is Jack's wife.*
  look hat auch folgende verwandte Bedeutungen:
  ***Look** what you're doing!* (Schau, was du da machst! [= Pass auf!])
  *Can I help you, madam? – I'**m just looking**, thanks.*
- Ein Objekt wird mit *at* angeschlossen. *look at* bedeutet „ansehen/anschauen":
  *Open your books and **look at** the text on page 48.*
  *They were all staring into a corner, but I couldn't see what they **were looking at**.*

1.2 *watch – see*

- *watch* entspricht „zuschauen" im Sinne von „eine Handlung (mit den Augen) verfolgen", oft als Zuschauer. Das Objekt von *watch* muss etwas Bewegtes oder Bewegliches sein:
  *I **watched** the crowd come down Market Street and gather outside the town hall.*
  *Are you going to **watch** the football match this evening?*
  *He'**s** just **watching** the news, can he phone you back?*
  *We **watched** a film at school today.*
  Aber, da unbewegtes Objekt: ***Look at** the picture and tell me what you can see.*
- *see* entspricht „sehen" im Sinne von „ohne bewusstes Zutun erblicken". In dieser Bedeutung wird *see* nicht in der Verlaufsform gebraucht:
  *I **saw** Jack's new car this morning.*
  *A fox crossed the road in front of us but I **didn't see** it.*
  see hat noch weitere Bedeutungen: s. dazu Eintrag **see**.

- Öffentliche Kino- und Theateraufführungen verbinden sich mit *see*, wenn man ausdrücken will, dass man ins Kino/Theater geht, um einen Film / ein Stück zu sehen:
  We're going to ***see*** *Steven Spielberg's new film at the Odeon tonight.*
  I ***saw*** *(Judy Dench in) "Othello" by the Royal Shakespeare Company when I was in England.*
  Soll aber etwas ausgedrückt werden, bei dem eine Verlaufsform nötig ist, wird *watch* gebraucht:
  We ***were watching*** *the new Spielberg film at the Odeon when the storm broke.*
- Sonstige Filmvorführungen (d. h. solche, die nicht im öffentlichen Kino stattfinden), Fernsehsendungen und Videovorführungen verbinden sich mit *see* oder *watch*, auch wenn allgemein nur von *watch* (NICHT: *see*) *television* gesprochen werden kann:
  In the next lesson we're going to ***see/watch a film*** *about pop culture.*
  Last night we ***watched television****. We* ***saw/watched a programme*** *about India.*
  I've got it on video so we can ***see/watch*** *it any time.*
  Auch hier ist nur *watch* möglich, wenn etwas ausgedrückt werden soll, das eine Verlaufsform erfordert.
- Wenn von Sport oder Sportveranstaltungen allgemein gesprochen wird, gebraucht man *watch*. Wenn es sich um ganz bestimmte Sportveranstaltungen handelt, sind *see* oder *watch* möglich:
  People ***are watching*** *more sport than ever before.*
  How often do you ***watch*** *a football match?*
  I ***saw/watched*** *Bayern Munich beat Liverpool. It was a great match.*

1.3 *see – look and see – look to see – have a look and see*

- *see, look and see* oder *look to see* (aber nicht *look*) entsprechen „nachsehen" im Sinne von „etwas überprüfen und herausfinden". Auch *have a look and see* ist möglich:
  I'll ***see / look and see / look to see / have a look and see*** *if they're finished.*
  Wenn das Herausfinden etwas betrifft, das man nicht mit den Augen sehen kann, ist nur *see* möglich:
  Can you ring up and ***see*** *if he's at home?*
  Die Entsprechungen für „nachsehen" nicht mit den Entsprechungen für „nach jemandem/etwas sehen" verwechseln:
  Ich sehe mal nach. = *I'll* ***see / look and see / look to see / have a look and see****.*
  Ich sah nach dem Baby, bevor ich in den Garten ging. = *I* ***had/took a look at*** *the baby before … / I* ***looked to see if*** *the baby* ***was OK*** *before …*

2 *(to) look* = „aussehen"

- Auf *look* in der Bedeutung „aussehen" folgt ein Adjektiv, kein Adverb:
  You ***look good*** *today.* (Du siehst heute gut aus.)
  She ***didn't look very well*** *when I saw her on Saturday.* [*well* = Adjektiv „gesund"!]
  He ***looks impatient****.* (Er sieht ungeduldig aus.)

Vgl. *He **looked impatiently** at the clock, waiting for the door to open.* (Er schaute ungeduldig auf die Uhr...)

- *look* kann, obwohl es ein Zustandsverb ist, auch in der Verlaufsform gebraucht werden, wenn das momentane Aussehen gemeint ist:
  *That castle **looks*** (NICHT: *is looking*) *old.*
  *He **looked / was looking** much older today. It must be the illness.*
  *You **look / are looking** very well* (gesund) *today.*

- Weitere Konstruktionen und Wendungen:
  ***What** does it **look like**? Is it big, small, green, blue?* (Wie sieht es aus? [= Was für Eigenschaften hat es?])
  ***How** do I **look**? Do you think this suit is OK for me to wear at the interview?* (Wie sehe ich aus? [= Wie findest du mich?])
  *It all **looks** OK **to** me. I can't see anything wrong.* (Ich finde, es sieht alles OK aus.)
  Näheres zum Gebrauch von *What is ... like?* vgl. **how**, Abschnitt 2.

3 *(to) look forward to*

⚠ Auf *look forward to* folgt ein weiteres Verb als *-ing*-Form. *to* ist eine Präposition, nicht Teil eines Infinitivs:
*I'm **looking forward to** meeting* (NICHT: *to meet*) *you.*

L

loose (locker), (to) **loosen** (lockern) – (to) **lose** (verlieren), **loss** (Verlust)

- *loose* ist ein Adjektiv mit der Bedeutung „locker". Das zugehörige Verb heißt *loosen. lose* entspricht „verlieren", *loss* ist das zugehörige Nomen:
  This bolt (Bolzen) *is **loose**. Someone **has** deliberately **loosened** it.*
  *What should you do if you **lose** your passport while on holiday? – Report the **loss** to the police.*

- Wendungen mit *loose* und mit *lose/loss*:
  *This is why your toaster doesn't work. This cable has **come loose*** (NICHT: *become loose*) . (... ist locker/lose geworden.)
  *The team **lost badly**.* (... hat hoch verloren.)
  Get lost! (Hau ab!)
  *We **made*** (NICHT: *did*) *a **loss** of $55,000 last year.*

lot

1 *a lot of, lots of – much, many*

- *a lot (of)* und insbesondere *lots (of)* gelten bei manchen Sprechern als zu umgangssprachlich, als dass sie in förmlichen Kontexten gebraucht werden sollten: Sie bevorzugen dort Ausdrücke wie *much / many / a great deal (of) / a great number (of) / a great amount (of).*

- Im nicht-förmlichen Sprachgebrauch werden in bejahten Aussagesätzen jedoch *a lot (of)* und *lots (of)* gegenüber *much* und *many* bevorzugt (vgl. die Einträge **many** und **much**). Nach *how, too, very, as* und *so* können *a lot (of) / lots (of)* jedoch nicht gebraucht werden:
How many were there? – Too many. / Very many. / As many as I've ever seen. / So many that I couldn't count them.

2 ***a lot of, lots of* als Begleiter**

- *a lot of* und *lots of* entsprechen beide sowohl „viel" als auch „viele", d. h. sie können vor nicht zählbaren Nomen oder vor zählbaren Nomen im Plural stehen:
*We've got **a lot of / lots of** time.* (... viel Zeit.)
*I met **a lot of / lots of** interesting people.* (... viele interessante Menschen.)
- Wenn *a lot of* und *lots of* Teil des Subjekts sind, können beide mit einem Verb im Singular oder Plural gebraucht werden. Das Verb richtet sich nach dem (Pro-)Nomen, mit dem *a lot of / lots of* verbunden ist:
***A lot of / Lots of** wine **was** drunk. **A lot of / Lots of it was** drunk before lunch. **A lot of / Lots of** restaurant**s were** closed. **A lot of / Lots of them are** closed on a Monday.*
- *a lot of* (aber nicht *lots of*) kann durch Adjektive wie *awful* verstärkt werden. *such a lot of* kann anstelle von *so much/many* stehen:
*There were **an awful lot of** people there.*
*I've never seen **such a lot of** people at a party.*

⚠ *a lot of / lots of* wird nicht in Verbindung mit Zeitbezeichnungen wie *week, months, years* gebraucht:
I haven't seen him for many (NICHT: *a lot of*) *years.*

3 ***a lot, lots* als Pronomen**

- *a lot* und *lots* werden auch als Pronomen gebraucht. Auch als Pronomen können sie, wenn sie Subjekt des Satzes sind, mit Singular- oder Pluralverb gebraucht werden, je nachdem, auf was sie Bezug nehmen (vgl. oben):
*We didn't use all the wine. **A lot / Lots is** left.*
*We didn't use up all the rolls. **A lot / Lots are** left over.*

4 ***a lot, lots* als Adverbien**

- *a lot*, manchmal auch *lots*, wird vor Komparativformen von Adjektiven und Adverbien sowie vor *more/less* (+ Nomen) gebraucht:
*The journey is **a lot** quick**er** / **a lot more** expensive by train.*
*I need **a lot more** time.*
- *a lot* wird verwendet, um ein Verb näher zu bestimmen. Auch *lots* wird gelegentlich so verwendet; dieser Gebrauch ist aber als nicht akzeptabel anzusehen:
*We walked **a lot** that weekend.* (... viel.)
*I use it **a lot**.*

loud – noisy (laut)

- Zum Unterschied zwischen den Adverbien *aloud, out loud* und *loudly* s. **aloud**.
- *loud* beschreibt Geräusche und bedeutet „mit großer Lautstärke"; *noisy* beschreibt eine Lärmquelle (Personen, Geräte) oder einen Ort, wo Lärm wahrgenommen wird:
  *She called my name in a **loud** voice.* (... mit lauter Stimme ...)
  *a **loud** explosion/noise/cry/sound/voice; **loud** music/laughter*
  *The children next door are so **noisy**. This is a really **noisy** flat.*
  ***noisy** children/people/workmen; a **noisy** motorbike / vacuum cleaner* (Staubsauger); *a **noisy** place/room/building/road/flat*

(to) **love** (lieben), **love** (Liebe)

1 *(to) love*

- *love* kann nur transitiv gebraucht werden:
  Er liebt. = *He**'s in love**.*
- In Kurzrepliken übernimmt *to* oft anstelle von *it* die Funktion des Objekts. In Verbindung mit *would love* im Sinne von „würde(n) liebend gern" kann nur *to* gebraucht werden:
  *Do you actually like getting up early? – Yes, I do. **I love to / I love it**.*
  *Would you like to come with us? – **I'd love to*** (NICHT: *it*).
- *love* wird durch *very much*, nicht durch *very* allein, verstärkt:
  *We **love** France **very much**.*
- *love* wird normalerweise nicht in der Verlaufsform gebraucht. Diese ist aber möglich, wenn *love* „eine Situation (gerade) sehr genießen" bedeutet:
  *How does she like being team captain this time? – She**'s loving** every minute of it.*

2 *(to) love to do – (to) love doing*

- Auf *love* kann ohne wesentlichen Bedeutungsunterschied ein *to*-Infinitiv oder eine *-ing*-Form folgen:
  *I **love** reading in bed. / I **love to** read in bed.*
  *I **love** getting up early. / I **love to** get up early.*
- Auf *would love* folgt grundsätzlich ein *to*-Infinitiv:
  *I **would love to** see them all again.* (Ich würde sie liebend gern alle wiedersehen.)

3 *love* als Nomen

- Als abstrakter Begriff wird *love* ohne Artikel gebraucht:
  ***Love** is one of the most valuable things in life.* (Die Liebe ...)

- *love* wird als Briefschluss und in Grußformeln im Sinne von „liebe Grüße / ein lieber Gruß“ gebraucht:
  Briefschluß: ***Love**, John / (With)* ***love*** *from John / Our* ***love*** *to you all, John*
  Ann ***sends her love***. (Ann lässt euch ganz lieb grüßen.)
  Give my love to *Wally!* (Grüß Wally [lieb] von mir! / Richte Wally einen lieben Gruß von mir aus!)

- Präpositionen und Wendungen mit *love*:
  His ***love for*** *her was very selfish.* (Seine Liebe zu ihr ...) [*love for* + Person]
  His ***love of*** *money was greater.* (Seine Liebe zum Geld ...)
  [*love of* + Sache]
  He ***was/fell*** *hopelessly* ***in love with*** *her.* (Er war hoffnungslos in sie verliebt / verliebte sich hoffnungslos in sie.)
  They ***made love*** *on the forest floor.* (Sie liebten sich / schliefen miteinander ...)

low (niedrig) – **lowly** (bescheiden)

- *low* wird als Adjektiv und Adverb mit der Bedeutung „niedrig“ verwendet. *lowly* ist kein zu *low* gehöriges Adverb, sondern ein Adjektiv mit der Bedeutung „bescheiden“. *lowly* hat die Steigerungsformen *lowly, lowlier, lowliest*:
  Low *prices are a sign of recession.* [*low* = Adjektiv]
  The clouds hung ***low*** *over the valley.* [*low* = Adverb]
  He was born in a ***lowly*** *cattle shed.* (... in einem bescheidenen Viehstall ...) [*lowly* = Adjektiv]

luck (Schicksal/Glück)

- *luck* = „Glück“, im Sinne von etwas Gutem, das einem zufällig ohne Absicht oder eigenes Tun geschieht, nicht mit *happiness* = „Glück“ im Sinne eines Zustands der Freude verwechseln. Vgl. Eintrag **happy**.

- *luck* ist ein nicht zählbares Nomen, d. h. es kann nicht mit *a/an* oder im Plural gebraucht werden:
  She won the top three prizes in the tombola. ***What luck! / Such luck!***
  (NICHT: *What a / Such a luck*) (Was für ein Glück! / So ein Glück!)

- In Verbindung mit *have* muss *luck* durch eine Mengenbezeichnung näher bestimmt sein:
  After months of searching I suddenly ***had some / a bit of / a stroke of luck.***

- Als allgemeiner Begriff wird *luck* ohne den bestimmten Artikel gebraucht:
  Luck *was with us.* (Das Glück war mit uns.)
  Luck *is something that cannot be made to happen.* (Das Glück ist etwas, das man nicht erzwingen kann.)

- Wendungen und Präpositionen:
  *I **was in luck / lucky**. The train was still there.* (Ich hatte Glück.)
  *I **was out of luck / unlucky**. They had just sold the last one.* (Ich hatte Pech.)
  ***It was luck (that)** they were at home.* (Es war ein Glück, dass sie ...)
  ***It was luck them** **being** at home.* (Es war ein Glück, dass sie ...)
  With luck (= *If we're lucky*) *we'll just get there on time.* (Mit etwas Glück / Wenn wir Glück haben ...)
  *I took Janet's ring with me to the exam, **for luck**.* (... als Glücksbringer.)
  *We found the place quite **by luck**.* (... nur durch einen glücklichen Zufall.)
  Good luck! (Viel Glück!)
  *I hope everything turns out satisfactorily. I **wish you (the best of) luck**.* (Ich wünsche Ihnen viel Glück.)
  ***As luck would have it**, she knew the address.* (Wie es der Zufall wollte / Zum Glück ...)

⚠ Zu meinem Glück war sie noch da. = ***Luckily/Fortunately for me**, she was still there.*

lucky

- Wendungen und Konstruktionen mit *lucky*:
  *We **were lucky enough to** find a hotel that was near the centre but not too expensive.* (Wir hatten das Glück, ... zu finden ...)
  *We **were lucky** find**ing** / **to** find a hotel like that.* (Wir hatten Glück, so ein Hotel zu finden.)
  ***It** was **lucky** find**ing** / **to** find a hotel like that.* (Es war Glück, so ein Hotel zu finden.)
  *I didn't have to take another test. – **Lucky for** you!* (Dein Glück!)
  *I've just won the first prize in a newspaper competition, a trip to India for two. – **You lucky thing!*** (Du Glückliche[r]!)
  The lucky thing (NICHT: *The lucky*) *was that Ann had her key with her, too.* (Das Gute daran war, dass ... / Zum Glück hatte Ann ...)
  *a **lucky** number* (eine Glückszahl)

⚠ *lucky* nicht mit *happy* verwechseln:
*I left my handbag on the bus, but I **was lucky** because somebody handed it in at the police station.* (... ich hatte Glück ...)
*When they told her she had got the job, she was very **happy** of course.* (... war sie natürlich sehr glücklich.)

lunch ⇨ breakfast [Artikel- und Präpositionengebrauch] und dinner [Unterschied zwischen *dinner* und *lunch*]

lung (Lungenflügel), **lungs** (Lunge)

- *lungs* (Plural) entspricht „Lunge“ (Singular), *lung* (Singular) dagegen „Lungenflügel“:
  He's got something wrong with his ***lungs****.* (Er hat etwas an der Lunge.)
  Smoking is harmful to the ***lungs****.* (... schädlich für die Lunge.)
  His right ***lung*** *was damaged in a shooting accident.* (Sein rechter Lungenflügel ...)
  Aber: ***Lung cancer*** (NICHT: *Lungs cancer*) *is usually a result of smoking.* (Lungenkrebs ...)

lust (*nicht* Lust, *sondern* Wollust)

- *lust* entspricht „Wollust“ oder – im übertragenen Sinne – „Gier“; „Lust“ im allgemeinen Sinne von „Verlangen“ wird mit *desire/inclination* und ähnlichen Begriffen wiedergegeben, oder es wird ein Satz mit *want (to)* gebraucht:
  The main figure in the film is driven by ***lust*** *and takes every opportunity to jump into bed with any available female.* (Die Hauptfigur des Films wird von Wollust getrieben ...)
  Thatcher like other politicians was driven by a ***lust for power****.* (... Machtgier ...)
  I have no ***desire/inclination*** */ I don't* ***want*** *to read that book again.* (Ich habe keine Lust ...)

luxurious (luxuriös) – **luxuriant** (üppig) – **luxury** (Luxus, Luxus-)

- *luxurious* entspricht „luxuriös“, *luxury* (in adjektivischer Funktion) „Luxus-“. *luxuriant* entspricht „üppig“, meist in Bezug auf Wachstum:
  She owns a ***luxurious*** *penthouse suite on 5th Avenue.* (... eine luxuriöse Penthouse-Wohnung ...)
  On their honeymoon they stayed in a ***luxury*** *hotel in Las Vegas.*
  The jungle is a place of ***luxuriant*** *growth.* (... ein Ort üppigen Wachstums.)

  Als Nomen kann *luxury* zählbar („Luxus[gegenstand]“) oder nicht zählbar sein:
  In the recession people saved on ***luxuries****, like holidays, restaurant meals and so on.* [zählbar]
  As a Saudi prince he lived in (NICHT: *in the*) ***luxury****.* (... im Luxus.)

machine (Maschine/Gerät), **machinery** (Maschinen)

- *machine* bezeichnet ein Gerät, das eine bestimmte Arbeit verrichtet, jedoch kein Flugzeug und auch nicht den Antriebsmotor eines Fahrzeugs, Schiffes oder Flugzeugs:
  *The two **machines** I could least do without are the dishwasher and the washing **machine.*** (Die zwei Geräte, auf die ich am wenigsten verzichten könnte, sind die Spülmaschine und die Waschmaschine.)
  Seine Maschine fliegt um 19.30. = *His **plane** goes at 7.30 p.m.*
  Das dumpfe Stampfen der Maschine aus dem Maschinenraum finde ich auf einem Schiff immer sehr beruhigend. = *I always find the muffled pounding of the **engine** from the **engine room** very soothing on a ship.*
  (s. **engine**)
- *machinery* ist ein Sammelbegriff für „Maschinen". *machinery* ist nicht zählbar, d. h. es kann nicht mit *a/an* oder im Plural gebraucht werden:
  *The farmer down the road has just bought **some** new **machinery / a** new **piece of machinery**.* (... neue Maschinen / eine neue Maschine ...)

made from – made of – made out of – made up of – made with – produced from

M

1 *made from – made (out) of*

- Es gibt keine genauen Abgrenzungen im Gebrauch zwischen *made from, made of* und *made out of.* Folgende Hinweise gelten als Leitlinien, nicht als feste Regeln.
- *made from* ist gebräuchlich, wenn Rohstoffe oder Zutaten bei der Herstellung von etwas stark verändert werden und im Endergebnis nicht mehr zu erkennen sind:
  *Paper is **made from** wood pulp.* *Butter is **made from** milk.*
- *made of* ist gebräuchlich, wenn ein Hauptrohstoff im Endprodukt noch erkennbar ist:
  *This dress is **made of** cotton.* *The rings are **made of** steel.*
- *made out of* kann oft anstelle von *made of* verwendet werden. Mit *made out of* wird der Veränderungsprozess bei der Herstellung betont oder es kann signalisiert werden, dass ein Material oder Gegenstand auf ungewöhnliche Weise zu einem anderen Zweck verarbeitet oder umfunktioniert wurde:
  *The anorak is **made (out) of** Goretex fibre.*
  *The children's shorts are **made out of** the old curtains we had in the living-room.*
  *At Glenn's kindergarten toys are **made out of** all sorts of things like yoghurt containers, toothpaste tubes and so on.*

2 ***made up of, made with, produced from***

- *made up of* entspricht „zusammengesetzt aus“:
  A honeycomb (Honigwabe) *is* ***made up of*** *thousands of six-sided cells.*
- *made with* entspricht „hergestellt unter Verwendung von“:
  It tastes better if it's ***made with*** *butter rather than margarine.*
- *produced* wird nur mit *from* gebraucht:
  Our components ***are produced from*** *over 20 different raw materials.*

majority (Mehrheit), **minority** (Minderheit)

- Auf *majority* und *minority* allein kann ein Verb im Singular oder im Plural folgen, auf *majority/minority of* + Pluralnomen aber nur ein Verb im Plural:
  The majority is/are *in favour of joining the new organisation.* (Die Mehrheit ist dafür, dass wir der neuen Organisation beitreten.)
  A minority is/are *against it.*
  The majority of *our* ***members are*** *in favour.*
  A minority of *our* ***members feel*** *it would not be a good idea.*
  Nach *majority/minority of* + Sammelbegriff, auf den ein Singular- oder Pluralverb folgen kann, steht das Verb im Singular oder Plural:
  A minority of the committee is/are *in favour.*

make (Marke) ⇨ **brand**

(to) **make** (machen)

- *made from / of / out of / up of / with* s. **made from**

1 ***(to) make – (to) do***

- Die Grundbedeutung von *make* ist „herstellen/erzeugen/schaffen“, von *do* „erledigen / verrichten / sich beschäftigen mit“:
  What ***are*** *you* ***making****? – A paper hat.*
  What ***are*** *you* ***doing****? – I'm watching TV.*
  The government ***makes*** *laws.*
  Why doesn't the government ***do*** *something?*

1.1 Wendungen mit *(to) make*

- Kommunikation, Sprechen, Geräusche:
  make an accusation (eine Beschuldigung äußern / Anklage erheben)
  make an agreement (eine Vereinbarung treffen)
  make an announcement (eine Ankündigung machen)
  make an apology (sich entschuldigen)
  make an appeal (appellieren)

make a claim (eine Forderung erheben)
make a comment/remark (eine Bemerkung machen)
make a complaint (eine Beschwerde vorbringen)
make a criticism (Kritik äußern)
make an excuse (eine Ausrede gebrauchen)
make (auch: *pull*) *a face* (ein Gesicht machen)
make a gesture (eine Geste machen)
make a guess (raten)
make an impact/impression (Eindruck machen)
make an inquiry/inquiries (Erkundigungen einziehen)
make a noise/sound (ein Geräusch machen)
make notes (Notizen machen)
make an offer (ein Angebot machen)
make a phone call (einen Anruf tätigen)
make a promise (ein Versprechen geben)
make a proposal/suggestion (einen Vorschlag machen)
make a protest (protestieren)
make a report (Bericht erstatten / einen Bericht geben)
make a speech (eine Rede halten)

- Veränderung, Differenzierung, Vergleich:
  make a change (eine Abwechslung sein/bedeuten, eine Veränderung vornehmen)
  make a choice (eine Wahl treffen)
  make a comparison (einen Vergleich anstellen)
  make a discovery (eine Entdeckung machen)
  make a difference (einen Unterschied machen)
  make (auch: *draw*) *a distinction* (einen Unterschied machen)
  make an exception (eine Ausnahme machen)
  make a habit of something (eine Gewohnheit aus etwas machen)
  make history (Geschichte machen)
  make progress (Fortschritte machen)
  make a recovery (sich erholen)

- Versuche
  make an attempt (einen Versuch machen)
  make the best of something (das Beste aus etwas machen)
  make an effort (Anstrengungen unternehmen)
  make an experiment (ein Experiment starten) – Aber: *do an experiment* (ein Experiment/einen Laborversuch durchführen)
  make a mistake (einen Fehler machen)
  make the most of something (das Beste aus einer Sache herausholen)
  make a success of something (einen Erfolg aus etwas machen)

- Pläne/Vorkehrungen, Beginn:
  make an appointment (einen Termin vereinbaren)
  make arrangements (Vorkehrungen treffen)
  make (auch: *take*) *a decision* (einen Beschluss fassen, eine Entscheidung treffen)
  make plans (Pläne machen)

make preparations (Vorbereitungen treffen) – Aber *do one's preparation* [Singular] (seine Vorbereitungsarbeit erledigen)
make room (Platz machen)
make a start (einen Anfang machen)
make a wish ([sich] etwas wünschen)

- Freundschaftliche/Feindselige Taten:
  make friends (Freundschaft schließen, Freunde gewinnen)
  make peace/war (Frieden schließen / Krieg führen)
  make trouble (Schwierigkeiten machen)
- Reisen:
  make a journey (eine Reise unternehmen)
  make a tour/trip (eine [Rund-]Reise / einen Ausflug machen)
  make (auch: *pay*) *a visit* (einen Besuch machen/abstatten)
- Geld:
  make a fortune (ein Vermögen erwerben)
  make a living (seinen Lebensunterhalt verdienen) –
  Aber: *What do you do for a living?* (Was machen Sie beruflich?)
  make money (Geld verdienen / gut verdienen)
  make a profit/loss (einen Gewinn/Verlust machen)
- Essen und Trinken:
  make breakfast (das Frühstück machen)
  make coffee/tea (Tee/Kaffee kochen)
- „sein/werden"
  *He will **make** a good reporter one day.* (Aus ihm wird eines Tages ein guter Reporter werden.)
  Vgl. *The army will **make** a man **of** him.* (Die Armee wird einen Mann aus ihm machen.)

1.2 Wendungen mit *(to) do*

- Körperliche Arbeit:
  do the housework (die Hausarbeit machen)
  do (= *clean/tidy up/arrange) the cupboards/bedrooms/flowers* –
  Aber: *make the beds*
  do the shopping/washing-up/cleaning/gardening (den Einkauf / den Abwasch / das Putzen / die Gartenarbeit erledigen)
  do a job / a good job (eine Arbeit ausführen / gute Arbeit leisten)
  do (auch: *work*) *overtime* (Überstunden machen)
- Kopfarbeit:
  do one's homework (seine Hausaufgaben machen)
  do a course/subject/French (einen Kurs / ein Fach / Französisch machen)
  do (auch: *take*) *an exam/a test* (eine Prüfung machen / eine [Klassen-] Arbeit schreiben)
  do a calculation (etwas [schnell] überschlagen)
  do a crossword (ein Kreuzworträtsel lösen)
  do a drawing (eine Zeichnung anfertigen)

do an exercise (eine Übung machen)
do an experiment (ein Experiment durchführen)
do research (Forschung betreiben)
do a sum/sums (rechnen)
do a translation (eine Übersetzung machen)
do the translating/typing/advertising (die Übersetzungsarbeiten/ Schreibarbeit/Werbung machen)

- Anderen etwas (Gutes/Schlechtes) antun:
  do someone a favour (jdm. einen Gefallen tun)
  do someone an injury (jdn. verletzen)
  do someone an injustice (jdm. ein Unrecht zufügen)
  do someone a service (jdm. einen Dienst erweisen)
  do someone a good turn (jdm. einen guten Dienst erweisen)
  do business with someone (mit jdm. Geschäfte machen)
  do damage to someone/something (jdm. / einer Sache Schaden zufügen / jdn./etw. beschädigen)
  do good/harm (Gutes tun / Schaden anrichten)

- Bemühen:
  do one's duty (seine Pflicht tun)
  do one's best (sein Bestes tun)

- Körperpflege:
  do one's hair (sich frisieren)
  do one's make-up (sich schminken)
  do one's teeth (sich die Zähne putzen)
  do one's nails (sich die Nägel schneiden/feilen/putzen)

- Freizeit:
  do a lot of / some / a little swimming/reading/sailing/...
  (... schwimmen/lesen/segeln/...)
  do (some) photography (fotografieren)

M

1.3 Deutsch „machen" = *have, take* etc.

⚠ eine Pause machen = ***have/take*** *a break*
ein Picknick machen = ***have*** *a picnic*
ein Spiel machen = ***have/play*** *a game*
Urlaub machen = ***have/take*** *a holiday/vacation*
Fotos machen = ***take*** *photos*
Schritte machen = ***take*** *steps*
einen Spaziergang machen = ***go for / take / have*** *a walk*
eine Diät machen = ***go/be on*** *a diet*
Mach schnell! = ***Be*** *quick!. / Get a move on!*
Was macht die Arbeit? = ***How is*** *work?*
Wir machen Überstunden. = *We're* ***working*** *overtime.*
Das Telefon machte „klingelingeling". = *The phone* **went** *ring, ring, ring.*
Es machte „puff". = *It* ***went*** *"pop".*
Ich mache mir nichts draus. = ***I'm not very keen on / fond of*** *that.*

2 Konstruktionen mit *(to) make*

- *make somebody something / something something* entspricht „jemanden/etwas zu etwas machen". Das Objekt kann Subjekt eines Passivsatzes werden:
  They ***made her president****.* (Man machte sie zur Präsidentin.)
  She was made president*.* (Sie wurde zur Präsidentin gemacht.)
- *make someone do something* entspricht „jemanden zwingen/ veranlassen, etwas zu tun" oder „bewirken, dass jemand etwas tut":
  The teacher ***made me write*** *the whole essay again.* (... ließ mich [= forderte mich auf]... schreiben.)
  The news ***made her delay*** *her departure.* (Die Nachricht veranlasste sie, ihre Abreise zu verschieben.)
  That hat ***makes you look*** *like a gangster.* (Mit diesem Hut siehst du wie ein Gangster aus. [= Der Hut bewirkt, dass ...])
  In Aktivsätzen wird der Infinitiv ohne *to*, in Passivsätzen aber mit *to* gebraucht:
  They ***made him resign****.* (Er wurde zum Rücktritt gezwungen.)

⚠ Auf *make* kann kein alleinstehendes Adjektiv folgen:
Milk ***makes you strong.*** (Milch macht stark.)
Hiking ***makes you tired.*** (Wandern macht müde.)

male – masculine (männlich) – manly (mannhaft)

- *male* entspricht „männlich" im biologischen Sinn, d. h. „männlichen Geschlechts". *masculine* bezieht sich auf Aussehen und Verhalten und entspricht „männlich" im Sinne von „maskulin / wie ein (typischer) Mann". *masculine* bezeichnet auch die grammatische Kategorie „männlich":
  Male *viewers watch more sport than female viewers.* (Männliche Fernsehzuschauer ...)
  Male *cows are called bulls.*
  Cigarette manufacturers often used very ***masculine****-looking men to advertise their products.*
  She was actually a very ***masculine*** *person with a deep voice, not very graceful movements and big shoulders.*
  The ***masculine*** *object pronoun is "him".*
- Berufsbezeichnungen wie *doctor/politician* oder Begriffe wie *viewer/ listener* können Personen männlichen oder weiblichen Geschlechts bezeichnen. Wenn es wichtig ist, das Geschlecht zu spezifizieren, werden die Adjektive *male* und *female* gebraucht:
  male *doctors and* ***female*** *doctors* (Ärzte und Ärztinnen)
  male *politicians and* ***female*** *politicians* (Politiker und Politikerinnen)
  Informell können auch *men* und *women* gebraucht werden:
  The choir has 40 ***women/female*** *singers but only 15* ***men/male*** *singers.*
  Men/Male *shoppers seem to spend more.*

- „männlich" nicht mit *manly* verwechseln! *manly* entspricht „mannhaft": *Running away was not a very **manly** thing to do.*

man (Mann / der Mensch)

- Die Genitivform von *men* (Plural) heißt *men's*, nicht *mens'*: ***Men's** clothes cost less.*
- In der Bedeutung „der Mensch" wird *man* ohne Artikel gebraucht. Gelegentlich findet sich in dieser Bedeutung auch die Pluralform *men* („die Menschen"). Der Gebrauch von *man/men* in dieser Bedeutung wird allerdings als sexistisch empfunden. Geschlechtsneutrale Alternativen sind *human beings / the human race / humankind / humanity*:
  ***Man** has developed ways to destroy the whole world.*
  *All **men** desire freedom.*
  ***Human beings** have / **The human race** has / **Humankind** has / **Humanity** has developed ways to destroy the whole world.*
- Aus ähnlichen Gründen werden anstelle von Nomen wie *chairman, policeman, newspaperman, weatherman* Ausdrücke wie *chairperson/ chair, police officer, newspaper reporter, weather forecaster* verwendet.

M

(to) **manage** (es schaffen)

⚠ Auf *manage* folgt ein *to*-Infinitiv. Ein *that*-Satz ist nicht möglich:
*She **managed to** finish her report by six o'clock.*
Sie schaffte es, dass die französische Firma die Bedingungen akzeptierte. = *She **managed to** get the French company to accept the conditions.*
Er hat es geschafft, dass die Eigentümer nichts erfuhren. = *He **managed to** stop/prevent the owners finding anything out.*

manly ⇨ **male**

manner (Art und Weise) – **manners** (Benehmen/Manieren)

- *manner* ist ein eher förmliches Wort mit der Bedeutung „Art" oder „Art und Weise"; *manners* entspricht dagegen „Manieren/Benehmen":
  *She has a very pleasant **manner**.* (Sie hat eine sehr angenehme Art.)
  *Her governess would speak of these things **in** a most unusual **manner**.* (... auf eine höchst ungewöhnliche Art und Weise ...)
  *He was well brought-up and had good **manners**.*
  ***It's bad / It's not good manners** putting / to put your elbows on the table.*

masculine ➪ male

many (viele)

1 *many – a lot (of), lots (of)* usw.

- *many* (bzw. *many of* vor *the/these/them* usw.) wird vorwiegend in Fragen und verneinten Sätzen gebraucht. In bejahten Aussagesätzen wird der Gebrauch von *many*, da er förmlich wirkt, oft vermieden und es werden stattdessen Ausdrücke wie *a lot/lots (of)*, *plenty (of)* usw. gebraucht:
  *How **many** people were at the meeting?*
  *I did**n't** meet **many** of their friends.*
  (eher förmlich:) ***Many** people feel that the law should be changed.*
  (weniger förmlich:) ***A lot of** people want the law changed.*

- In bejahten Aussagesätzen ist *many* aber nach *so / too / as /* (umgangssprachlich auch:) *that* und in Zeitangaben mit *for* notwendig. *a lot / lots (of)* sind nicht möglich. Nach *quite* („ziemlich") dagegen kann nur *a lot (of)* stehen (nicht *many* und auch nicht *lots [of]*):
  *There were **so many / far too many** people there.*
  *There were **that many** people there – I didn't have a chance to talk to the teacher.*
  *The centre has **as many** visitors as it can cope with.*
  *We have been expecting this to happen **for many weeks/months/years**.*
  *There are **quite a lot of** old cassettes and records.*

2 Weitere Besonderheiten

- Das Pronomen *many* wird in der Regel nur im Rückbezug auf ein zuvor genanntes Nomen gebraucht:
  *200 people were invited, but **many** didn't come.*
  *They had organized 200 chairs, but **many** weren't needed.*
  Ohne Rückbezug auf zuvor genannte Personen sollte *many people* gebraucht werden:
  *The church has problems. **Many people** nowadays no longer believe in God.* (Viele glauben heutzutage nicht mehr an Gott.)
  *The M25 couldn't cope with the traffic because **many people** used it for short local journeys.* (... weil viele sie für kurze Fahrten in der näheren Umgebung benutzten.)

- Wendungen:
  *I've bought **one** chair **too many**.* (... einen Stuhl zu viel ...)
  [Nicht *too much*, weil *chair* ein zählbares Nomen ist.]
  ***Many a** night I saw a light at his office window.* (Manche Nacht ...)

marine (*nicht* Marine, *sondern* Marineinfanterist)

- *marine* entspricht „Marineinfanterist". „Marine" wird dagegen mit *navy* wiedergegeben:
  *The **marine** sat down and lit a cigarette.*
  *Lord Nelson was a famous admiral in the British **navy**.*

mark – grade (Note)

- „Note" (= Leistungsbewertung in der Schule) wird im BE mit *mark*, im AE mit *grade* wiedergegeben. *grade* wird jedoch im BE für Noten in staatlichen Schulprüfungen verwendet, die auf Skalen von z. B. 1 – 6 oder A – F bewertet werden:
  (BE:) *She's very intelligent and always gets good **marks**.*
  (AE:) *I got good **grades** for English last semester.*
  (BE:) *In his A-levels he got two **grade** As and a **grade** B.*

⚠ *mark* nicht mit „Marke" (= Fabrikat) verwechseln. s. **brand**.

marmalade ⇨ jam

M

marriage – wedding

- *marriage* entspricht „Eheleben" (= Zustand des Verheiratetseins), „Ehe" (= Beziehung zwischen Mann und Frau) oder „Heirat/Eheschließung" (= formaler Akt des Sichverheiratens). In der ersten Bedeutung wird *marriage* ohne Artikel gebraucht. *wedding* entspricht „Hochzeit" (= Trauung und die damit verbundenen Feierlichkeiten):
  *"**Marriage** is boring", he said.* (Das Eheleben ...)
  *He has two children from a previous **marriage**.* (... Ehe[beziehung].)
  *His daughter's **marriage** to a farmer from the Midwest came as a surprise to everybody.* (Die Heirat/Eheschließung seiner Tochter mit ...)
  *For the **wedding** they hired a professional photographerl.*
  marriage und *wedding* können also beide das Hochzeitsereignis bezeichnen. Mit *marriage* wird der formale, juristische Akt, mit *wedding* der äußere Rahmen betont:
  *The **marriage** marked the beginning of a period of peace between the two countries.*
  *The **wedding** was watched by millions of people on television.*
- Präpositionen:
  *Jack's **marriage to*** (NICHT: *with*) *Gwendolen pleased everyone.* (Jacks Heirat/Eheschließung mit ...)
  *Ann is a cousin of mine **by marriage**.* (... eine angeheiratete Kusine.)
  *Who was **at the wedding**?* (Wer war auf der Hochzeit?)

⚠ *wedding day* (den Tag der Hochzeit) und *wedding anniversary* (den jährlich wiederkehrenden Hochzeitstag) nicht verwechseln:
*The bride looked lovely on her **wedding day**.*
*Twenty years later when she celebrated her twentieth **wedding anniversary**, she still looked lovely.*

⚠ *I've lost my **wedding ring*** (NICHT: *marriage ring*). (... Ehering ...)

(to) **marry** – (to) **be/get married**

1 ***(to) marry***

- *marry* („heiraten") kann ohne Objekt (intransitiv) oder mit Objekt (transitiv) gebraucht werden. Transitiv kann es auch im Sinne von „jdn. trauen/vermählen" gebraucht werden:
*More and more teenagers say they will never **marry**.* (... dass sie nie heiraten werden.) [intransitiv]
*She **married** a schoolfriend from her childhood.* (Sie heiratete einen Schulfreund ...) [transitiv]
*They **were married by** the vicar of Torquay who is an uncle of the bride.* (Sie wurden vom ... getraut ...) [transitiv]

2 ***(to) get married, (to) be married***

- *get married* („heiraten") ist weniger förmlich als *marry*. Es kann wie *marry* mit oder ohne Objekt gebraucht werden. Die Person, die geheiratet wird, ist jedoch in diesem Fall indirektes Objekt und wird mit *to* angeschlossen:
*When did they **get married**?*
*He eventually **got married to** someone he met at work.*
marry wird bevorzugt mit Objekt, *get married* ohne Objekt gebraucht. D. h. wenn die Person genannt werden soll, mit der sich jemand verheiratet, wird vorzugsweise *marry* verwendet.
- *be married* („getraut werden") und *get married* („heiraten") können beide – mit unterschiedlicher Bedeutung – in Bezug auf den Akt des Heiratens, d. h. das Ereignis, gebraucht werden. *be married (to s.o.)* bezeichnet aber in der Regel den Zustand des Verheiratetseins:
*They **were/got married** on April 20th 1947.* (Sie wurden am 20. April 1947 getraut. / Sie heirateten am ...)
*They **have been married** for a long time now.* (Sie sind jetzt schon lange verheiratet.)

⚠ *Their daughter **is married to*** (NICHT: *with*) *a Scotsman.*

massive (gewaltig/massig/wuchtig)

- *massive* entspricht „massiv" nur im Sinne von „gewaltig/massig/ wuchtig". Wenn das Material beschrieben wird, aus dem etwas besteht (z. B. Holz, Gold usw.), wird „massiv" mit *solid* wiedergegeben:
  *Totalitarian countries often have **massive** statues of their leaders all over the place.*
  *It's a **massive** building – you can easily get lost inside.*
  Der Schrank ist aus massiver Eiche. = *The cupboard is made of **solid** oak.*

match (Spiel) ⇨ **game**

(to) **match** ⇨ (to) **fit**

material ⇨ **cloth**

matter, (to) **matter**

M

1 ***matter* („Angelegenheit") – *matters* („die Sache") – *the matter (with)***

- *matter* als normales zählbares Nomen bedeutet „Angelegenheit/Sache":
  *That is **a matter** that doesn't concern you.* (Das ist eine Angelegenheit, die Sie nichts angeht.)
  *We have various **matters** to discuss.* (… verschiedene Angelegenheiten …)
- *matters* – Plural, ohne Artikel – wird in der Bedeutung „die Sache = „Situation/Sachlage" gebraucht:
  *That makes **matters** more difficult.* (Das macht die Sache schwieriger.)
  *If she says she's not coming that simplifies **matters**.* (Wenn sie sagt …, vereinfacht das die Sache.)
- *the matter (with)* wird nach *what/anything/something/nothing* und in der Konstruktion *something/nothing is the matter* wie ein Adjektiv mit der Bedeutung „los / nicht in Ordnung" verwendet:
  ***What's the matter** with Jim? He's so quiet.* (Was ist mit Jim los?)
  *Is **something/anything the matter**? – No, **nothing** is **the matter**.* (Ist etwas nicht in Ordnung? – Nein, es ist alles in Ordnung.)
  *There's **nothing / There isn't anything the matter** (with him).*
  ***Something** is **the matter**, but I don't know what.*
  the matter kann <u>nicht</u> unabhängig von den o.g. Wörtern etwa in der Bedeutung „das Problem" gebraucht werden:
  *The **problem/trouble** (NICHT: The matter) with Jim is that …* (Das Problem mit Jim ist, dass …)

2 ***no matter***

- *no matter* wird vor *who/what/when/where/how/which* in der Bedeutung „gleichgültig/egal" gebraucht:
  ***No matter what** happens, we must reach Oxford before 9.* (Egal, was passiert, ...)
  *Don't let anyone in, **no matter who** it is.*
  *I'll do any work there is, **no matter what**.*

- *no matter* kann nicht als Alternative zu *it doesn't matter* („es macht nichts") gebraucht werden:
  *I've forgotten to bring your map. – **It doesn't matter*** (NICHT: *No matter*).

3 ***(to) matter***

- *matter* kann nicht in der Verlaufsform gebraucht werden:
  *It **matters** a lot to me where I live.* (Es ist von großer Bedeutung für mich, wo ich wohne.)
  *Paper qualifications don't **matter**.* (... spielen keine Rolle.)

maximum (Maximum, höchste(r/s)/maximal)

- *maximum* ist ein Nomen oder Adjektiv. Es existiert auch ein förmliches Adjektiv *maximal*, das aber selten und nur in technischen Zusammenhängen verwendet wird. Es gibt keine Adverbform **maximally*:
  *The **maximum** is 50.* [Nomen]
  *The **maximum** number is 50.* [Adjektiv]
  Es gibt Plätze für maximal 50 Leute. [Adverb] = *There are seats for **a maximum of** 50 people / for 50 people **at (the) most**.*
  Wie viele Plätze gibt es maximal? [Adverb] = *What's the **maximum** number of seats? / How many seats are there **as a maximum / at (the) most**?*

may – might

- *may* und *might* werden gebraucht, um Erlaubnis zu erbitten und zu erteilen. s. **can**, Abschnitt 2.

- *may* und *might* werden gebraucht, um eine Möglichkeit auszudrücken. s. **can**, Abschnitte 3 und 4. Zum Gebrauch von *may/might well*, um Wahrscheinlichkeit auszudrücken, s. jedoch Abschnitt 4 unten.

1 ***may* und *might* in der indirekten Rede**

- In der indirekten Rede ist *might* als die *past-tense*-Form von *may* anzusehen:
  *"I **may** come," she said.*
  *She said she **might** come.*

2 *may/might* = „mögen"

- *may* und *might* werden in der Bedeutung „mögen" gebraucht, um etwas einzuräumen. *may/might* drücken hier eine Möglichkeit (ausführliche Behandlung s. **can**) oder Wahrscheinlichkeit aus (s. *may/might well* in Abschnitt 4 unten):
I know you don't like Gwendolen, so you ***may/might (well)*** *not want to hear this (= you probably don't want to hear this), but she and Jack are getting married.* (... deshalb mögen Sie dies vielleicht nicht gern hören wollen, aber ...)
Although it ***may/might (well)*** *sound hard to believe (= Although it probably sounds hard to believe), we are going to spend our summer holidays in Leverkusen.* (Obwohl es kaum glaubhaft klingen mag, ...)

- *may/might* werden in Verbindung mit *whoever/whatever* usw. gebraucht, um auszudrücken, dass etwas keinen Unterschied macht:
However hard she ***may/might*** *try, she'll never be good enough in the eyes of her father.* (Wie sehr sie sich auch anstrengen mag, ...)
I've decided I'm going to go, whatever it ***may/might*** *cost.* (... was es auch kosten mag.)

- *may*, aber nicht *might*, wird im Sinne von „mögen" gebraucht, um förmliche Wünsche auszudrücken:
May *our two countries live in peace and friendship for ever more!*
May *you have a long and happy retirement!*

M

3 *might* in Vorschlägen, Bitten, Befehlen, Kritikäußerungen

- *might*, aber nicht *may*, wird gebraucht, um höfliche Vorschläge oder als höfliche Vorschläge verschleierte Angebote, Bitten und Befehle auszudrücken:
It ***might*** *be a good idea to invite Jack, don't you think?* (Es wäre vielleicht doch eine gute Idee, Jack einzuladen.)
You ***might*** *like to try some of this chutney.* (Vielleicht möchten Sie ... probieren.)
You ***might*** *(like to) pick up my trousers from the dry cleaner's when you're in town.* [= *Please pick them up.*] (Du könntest doch vielleicht meine Hose von der Reinigung abholen ...)
You ***might*** *find it useful to read the new guidelines I've issued before you give me your report.* [= Befehl: *Read the guidelines first!*] (Sie finden es sicher nützlich, die neuen Leitlinien zu lesen, die ich herausgegeben habe, ehe Sie mir Ihren Bericht geben.)

- *might*, aber nicht *may*, wird gebraucht, um Kritik zu äußern:
He ***might*** *(at least) have phoned to say he was going to be late instead of keeping us waiting like this.* (Er hätte doch [wenigstens] anrufen können ...)
You ***might*** *(at least) ask before you borrow my camera.* (Du könntest doch [wenigstens] fragen ...)

4 *may/might well – may/might as well*

- *may/might well* – nicht mit *may/might as well* zu verwechseln (s. nächsten Unterpunkt) – drückt aus, dass etwas nicht nur möglich, sondern ziemlich wahrscheinlich ist:
  *The match **may/might well** not take place. The weather is so bad.* (Es ist gut möglich, dass das Spiel nicht stattfindet.)
  *It **may/might well** be cheaper to buy the computer in Hong Kong.* (Es ist gut möglich, dass es billiger wäre, den Computer in Hong Kong zu kaufen.)

- *may/might as well* oder *might* (nicht *may*) *just as well* wird für Vorschläge gebraucht, den man ohne besondere Begeisterung vorträgt:
  *We **may/might as well** tell her now. She'll find out sooner or later anyway.* (Wir könn[t]en es ihr eigentlich/genauso gut jetzt sagen.)
  *I **may/might as well** tell you now. I'm not coming on holiday with you next year.* (Ich kann es eigentlich/genauso gut jetzt sagen.)
  *You **may/might as well** go home. There's no point in both of us waiting.* (Du kannst/könntest eigentlich/genauso gut heimgehen. Es hat keinen Sinn, dass wir beide warten.)

- *might as well*, jedoch nicht *may as well*, wird gebraucht, um Unmut auszudrücken. Es wird eine vorstellbare, aber nicht wirklich mögliche Alternative zu einer unbefriedigenden Situation genannt. Weil die Alternative irreal ist, kann nicht *may*, sondern nur *might* gebraucht werden:
  *You're no help to me at all. You **might as well** not be here.* [*But you are here.*] (Du bist mir überhaupt keine Hilfe. Du könntest genauso gut nicht da sein.)
  *It's been a complete waste of time. We **might as well** have stayed at home.* [*But we didn't stay at home.*] (Wir hätten genauso gut zu Hause bleiben können.)

maybe ⇨ perhaps

meadow (Wiese) – lawn (Rasen)

- *meadow* bezeichnet eine Wiese in der Landschaft bzw. auf einem Bauernhof, nie eine kultivierte Grasfläche am Haus. Diese wird als *lawn* bezeichnet:
  *Alpine **meadows** look beautiful in the springtime.*
  *Our new house has a small back garden with a **lawn** and some flowerbeds.*

- Präpositionen:
  *Look at the horses **in that meadow**.* (... auf der Wiese dort.)
  *If it's a nice evening we can have the party **on the lawn**.*

(to) **mean, meaning**

1 Bedeutungen von *(to) mean*

- „bedeuten“:
*The word "ruler" **means** "Lineal".*
*She **means** a lot to me.* (Sie bedeutet mir viel.)

- „meinen“ = „im Sinn haben / sagen wollen“:
*I'm sure he doesn't **mean** it like that.* (Ich bin sicher, er meint es nicht so.)
*She **means** you, not Alan.* (Sie meint dich, nicht Alan.)
*What do you **mean** by* (NICHT: *with) that?* (Was meinst du damit?)

- „beabsichtigen / absichtlich tun“:
*I **mean to** finish the project next week.* (Ich beabsichtige / habe vor ...)
*I'm sorry I hurt you. I didn't **mean to**.* (Ich habe es nicht gewollt / absichtlich getan.)

⚠ Nicht *mean,* sondern *think/believe* entspricht „meinen“ im Sinne von „denken/glauben“:
Wir meinen alle, dass der Preis zu hoch ist. = *We all **think** the price is too high.*

2 Infinitiv und *-ing*-Form nach *(to) mean*

- In der Bedeutung „bedeuten“ = „zur Folge haben“ kann auf *mean* eine *-ing*-Form (oder ein *that*-Satz) folgen:
*If I don't travel on Friday evening but wait till Saturday morning, it will **mean** hav**ing** to get up very early (= that I will have to ...).* (... bedeutet dies, dass ich sehr früh aufstehen muss.)

- *mean* in der Bedeutung „beabsichtigen / absichtlich tun“ wird mit dem *to*-Infinitiv gebraucht:
*I **mean to** write tomorrow.* (Ich habe vor, morgen zu schreiben.)

3 *(to) be meant to/for*

- Die Passivform *be meant to* + Infinitiv entspricht „sollen“:
*It **was meant to** be a surprise.* (Es sollte eine Überraschung sein. [= Es war als Überraschung beabsichtigt.])
*We **are meant to** wait here and then they call us in.* (Wir sollen hier warten. [= Es ist beabsichtigt/vorgesehen, dass wir hier warten.])
*The train **was meant to** arrive in Taunton at 6.53.* (... sollte ... ankommen. [= Es ist lt. Fahrplan vorgesehen, dass ...])
Mit wenig Bedeutungsunterschied könnte hier auch *be supposed to* stehen.

- *be meant for* entspricht „vorgesehen/bestimmt sein für“:
*The third ticket **is meant for** Jane.* (Die dritte Eintrittskarte ist für Jane gedacht.)
*We **are meant for** each other, darling.* (Wir sind füreinander bestimmt, Liebling.)

M

4 ***meaning***

⚠ *meaning* entspricht „Bedeutung“, nicht „Meinung“:
What's the ***meaning*** *of the word "egocentric"?*
Was ist deine Meinung? = *What's your* ***opinion****?*
Meiner Meinung nach ... = ***In my opinion*** *...*
Er ist der Meinung, dass ... = *He is* ***of the opinion*** *that ...*

means (Mittel/Methode/Weg)

1 ***means*****: Singular und Plural**

- *means* ist ein zählbares Nomen, das im Singular und Plural gebraucht wird:
  This means *of transport* ***is*** *much more comfortable, don't you think?* (Dieses Verkehrsmittel ist ...)
  This ***means*** *of storing the data* ***is*** *now considered old-fashioned.* ***Several*** *other* ***means*** *of doing it* ***are*** *now available.*
- Auf *means* folgt *of + -ing*-Form, kein *to*-Infinitiv:
  Is/Are *there any* ***means of*** *find****ing*** *out* (NICHT: *to find out*) *their address?*

2 ***by all means – by any/whatever means – by no means***

- *by all means* bedeutet „natürlich/selbstverständlich“ als Antwort auf eine Bitte um Erlaubnis oder „durchaus / auf alle Fälle“. „Mit allen Mitteln“ wird durch *by any/whatever means* wiedergegeben:
  May I open the window? – ***By all means****.* (Aber natürlich.)
  You can try and persuade him ***by all means****, but I'm not sure you'll succeed.* (Sie können durchaus / auf alle Fälle versuchen, ...)
  Try to persuade him – ***by whatever means / by any means!*** (Versuche ihn zu überreden – mit allen Mitteln!)
- *by no means* ist nicht das Gegenteil von *by all means*, sondern entspricht „keineswegs“:
  I'm ***by no means*** *sure that she's coming.*

meantime (Zwischenzeit) – **meanwhile** (Zwischenzeit/inzwischen)

- *meantime* und *meanwhile* werden als Nomen in der Wendung *in the meantime/meanwhile* gebraucht. *meanwhile* (aber nicht *meantime*) wird auch als Adverb gebraucht:
  Ann put the children to bed. ***In the meantime / In the meanwhile / Meanwhile*** *I got the supper.*

measure (Maßnahme) – **measurement** (Maß); (to) **measure** (messen)

- *measure* entspricht „Maßnahme", *measurement* aber „Maß":
  *The government must take **measures** to reduce inflation.* (... Maßnahmen ergreifen ...)
  *What size are you, sir? I'll just take your **measurements*** (*NICHT: measurement*). (Ich nehme mal Maß / Ihre Maße.)
- Das Verb *measure* im transitiven Sinne von „vermessen/abmessen" ist ein Tätigkeitsverb und kann in der Verlaufsform gebraucht werden. *measure* im intransitiven Sinne von „messen / groß sein" ist ein Zustandsverb und die Verlaufsform ist nicht möglich:
  *They **are** just **measuring** Glenn's room so that we know what size the carpet has to be.*
  *His room **measures*** (*NICHT: is measuring*) *4 metres by 2.7 metres.*

meat – flesh (Fleisch)

M

- *meat* entspricht „Fleisch" im Sinne von Nahrung. *flesh* entspricht „Fleisch" im Sinne eines Körperbestandteils:
  beef (Rind[fleisch]), *lamb* (Lamm[fleisch]), *pork* (Schwein[efleisch]) *and veal* (Kalb[fleisch]) *are the most common sorts of **meat** that people in Europe eat.*
  After walking nearly 3000 miles, she had lost all surplus (überflüssig) ***flesh** – her body was just muscle, skin and bone.*
- *meat* ist in der Regel nicht zählbar:
  *This is very nice **meat** / **a** very nice **piece of meat**.*
  Aber: *Venison is **an** unfamiliar **meat** for most British people.*
  [*a meat = a sort of meat*]
  *Various cold **meats*** [*= sorts of cold meat*] *lay on the table.*

medieval (mittelalterlich) – **middle-aged** (mittleren Alters) – **the Middle Ages** (das Mittelalter) – **middle age** (das mittlere Alter)

- *medieval* („mittelalterlich" – auch *mediaeval* geschrieben) ist das zu *the Middle Ages* („das Mittelalter") gehörige Adjektiv. *middle-aged* hat mit *Middle Ages* nichts zu tun, sondern mit *middle age* („das mittlere Alter") und entspricht „mittleren Alters":
  *The old town has an old **medieval** castle.* (...eine mittelalterliche Burg.)
  *He's a **middle-aged** man now. His sporting career is finished.*
  (... ein Mann mittleren Alters.)

- *the Middle Ages* wird (wie im Deutschen) mit Artikel gebraucht, *middle age* aber ohne:
  ***Middle age** is a time of reorientation in a person's life.* (Das mittlere Alter ...)
  ***The Middle Ages** were a time of great injustice.*
  middle age und *the Middle Ages* haben die Hauptbetonung auf *age* bzw. *Ages*: [ˌmɪdl ˈeɪdʒ(ɪz)]. Das Adjektiv *middle-aged* hat dagegen, wenn es vor einem Nomen steht, die Hauptbetonung auf *middle*: [ˈmɪdleɪdʒd]
- *middle-aged* kann zusammen mit dem Artikel *the* als Nomen gebraucht werden. (Näheres s. **the**, Abschnitt 1.1).

medium (mittel-/mittlere[r/s])

- *medium* wird in Bezug auf physische Größe gebraucht, nicht in Bezug auf andere Größenverhältnisse:
  *a man/town of **medium** size* (ein Mann / eine Stadt mittlerer Größe)
  Sie bezieht ein mittleres Einkommen. = *She earns an **average** salary.*
- Anwendungsbeispiele zur Wiedergabe von „mittelgroß", „mittellang" und „mittelschwer":
  *It's a **medium-size(d)** (NICHT: middle-big/middle-large) town.* (Es ist eine mittelgroße/mittlere Stadt.)
  *It's a town **of medium size**.* (Es ist eine Stadt mittlerer Größe.)
  *He is a man **of medium height** (NICHT: a medium-tall/medium-big man).* (Er ist ein Mann mittlerer Größe.) [vertikale Körpergröße]
  *He is **of medium build**, too.* (Er ist auch vom Gewicht/Körperbau her durchschnittlich.)
  *Take a **medium-length** (NICHT: medium-long) piece of wire / a piece of wire **of medium length**.* (... ein mittellanges Stück Draht.)
  *She has **medium-length** (NICHT: medium-long) hair.*
  *a baby **of medium weight** (NICHT: a medium-heavy baby)* (ein mittelschweres Baby) [= verglichen mit der Norm]
  *a **moderately heavy** suitcase (NICHT: a medium-heavy suitcase)* (ein mittelschwerer Koffer) [= ziemlich, aber nicht übermäßig schwer]

(to) **meet** – (to) **meet with**

- *meet* hat neben den Bedeutungen „(sich) treffen/begegnen/kennen lernen" auch die Bedeutung „abholen/empfangen" und kann in dieser Bedeutung im Passiv gebraucht werden:
  *When you arrive you'll **be met** by one of our representatives.*
- *meet with s.o.* (statt *to meet s.o.*) wird im AE, teilweise auch im BE, in der Bedeutung „sich mit jdm. (zu einem zuvor vereinbarten Zeitpunkt/ Anlass) treffen" gebraucht:
  *I **meet with** the publicity managers every Tuesday.*

- *meet with s.th.* entspricht „etwas [meist Schlechtes] erleben/erfahren/erleiden“:
  *He **met with** a serious accident.*

member (Mitglied)

- *member* wird – im Gegensatz zu „Mitglied“ – nach *be* mit dem unbestimmten Artikel gebraucht:
  *How long have you been **a member** here?*
- Auf *member* folgt die Präposition *of*, nicht *in*:
  *How long have you been **a member of** this club?*

memory – souvenir – reminder (Erinnerung)

- *memories* („Erinnerungen“) sind Bilder, die man im Gedächtnis hat, *souvenirs* („Erinnerungsstücke/Andenken“) sind Gegenstände, die man z. B. von Reisen behält, *reminders* („Erinnerungen“) sind Ereignisse oder Gegenstände, die als Gedächtnisstütze oder Mahnung sicherstellen, dass man etwas nicht vergisst:
  *What **memories** have you got **of** your childhood? Can you remember what your room looked like?*
  *The statuette of Aphrodite was a **souvenir** from a holiday spent in Greece in his youth.*
  *Last week's accident is a **reminder** of how dangerous mountain climbing can be.*
  *Jack has a dentist appointment at 4.30. I'll leave him a note as a **reminder**.*
- *memory* bedeutet auch „Gedächtnis“:
  *Have you got a good **memory**?*

M

(to) **mention** (erwähnen)

- Ein indirektes Objekt nach *mention* (= die Person, der gegenüber etwas erwähnt wird) muss immer mit *to* angeschlossen werden:
  *Did he **mention** tomorrow's concert **to** you (NICHT: mention you tomorrow's concert)?*
- Auf *mention* kann eine *-ing*-Form (aber auch ein *that*-Satz) folgen. Einfache *-ing*-Form und Perfekt-*ing*-Form sind bedeutungsgleich:
  *He **mentioned** buy**ing** / hav**ing** bought / that he had bought some tickets for it .* (Er erwähnte, dass er ... gekauft hatte.)

⚠ Man braucht nicht extra zu erwähnen, dass ... = ***Needless to say***, ...

menu (Speisekarte/Menü)

- In Bezug auf Essen entspricht *menu* „Speisekarte"; „Menü" wird mit *set meal* oder *meal/dish of the day* wiedergegeben:
  I have forgotten my glasses – I'll have to ask you to read the ***menu*** *to me.* (... die Speisekarte ...)
  Chinese restaurants often have a different ***set meal / dish of the day*** *at lunchtime for each day of the week.* (... ein anderes Menü/Tagesgericht.)
- Bei Computerprogrammen entspricht „Menü" dem englischen *menu.*

meter (Messinstrument/Zähler) – metre (Meter)

- Im BE ist *meter* die Bezeichnung für ein Zähl- oder Messgerät, während *metre* der Maßeinheit „Meter" (= 100 cm) entspricht. Im AE werden beide *meter* geschrieben:
  a parking ***meter*** */ gas* ***meter*** */ electricity* ***meter*** (eine Parkuhr / ein Gaszähler / ein Stromzähler)
  100 centimetres (AE: *centimeters*) *is one* ***metre*** (AE: *meter*).
- Besonderheiten im Gebrauch von *metre* (AE: *meter*) (= Meter):
  The room is ***three by three metres*** [Plural]. (... 3 mal 3 Meter.)
  Twenty ***metres is*** *short for a public swimming pool.* (... sind kurz ...)
  They have a ***twenty-metre*** (NICHT: *a twenty-metres*) *swimming-pool in some hotels.*
  It is five metres *from here to the corner of that shed.* (Es sind 5 Meter ...)
  We went to ***within 50 metres of*** *the border fence.* (Wir gingen bis auf 50 Meter an den Grenzzaun heran.)
  They buy/sell it ***by the metre****.* (... meterweise.)
  At 200 metres *the target is just a dot in the landscape.* (Auf 200 Meter Entfernung ist die Zielscheibe nur ein Punkt in der Landschaft.)

middle (Mitte)

- *middle age(d), the Middle Ages* s. **medieval**
- *middle* wird in adverbialen Bestimmungen der Zeit mit Artikel und mit Präposition gebraucht:
  until ***the middle of*** *the 20th century* (bis Mitte des 20. Jahrhunderts)
  I'll be seeing him ***in the middle of*** *June.* (Ich treffe ihn Mitte Juni.)

might ➪ may

mile ➪ kilometre

military (Militär)

- *the military* („das Militär") verbindet sich mit einem Verb im Plural:
  The military have *taken over control of the airport.* (Das Militär hat ...)
  military wird auf der ersten Silbe betont.

milk (Milch)

⚠ *Is this cow**'s milk*** (NICHT: *cow milk*) *or goat**'s milk**?*
*I'd like some **evaporated milk** in my coffee and **condensed milk** on my strawberries.* [*evaporated milk* = ungesüßte Kondensmilch; *condensed milk* = sehr dickflüssige, gesüßte Kondensmilch]

million (Million)

- In Verbindung mit anderen Zahlen wird *million*, nicht *millions,* gebraucht:
  *How many years? – **Two million**. **Two million** years.*
  millions wird gebraucht, wenn keine andere Zahl vorausgeht und *of* + Nomen folgt:
  *For **millions of** years the earth ...* (Seit Millionen von Jahren ...)
- *a million* (statt *one million*) ist nur möglich, wenn keine Tausenderzahl folgt, sondern nur eine glatte Million genannt wird:
  *They've spent **a/one million** pounds already.*
  *It will cost **one million five (hundred) thousand** altogether.*

M

mind, (to) **mind**

1 Das Nomen *mind*

- Wendungen mit dem Nomen *mind*:
  *I've **made up my mind** to join the other group.* (Ich habe mich entschieden, ... zu ...)
  *What **have** you **got in mind*** (NICHT: *in the/your mind*)*?* (Was haben Sie im Sinn? / Was schwebt Ihnen vor?)
  *She**'s got** a lot **on her mind*** (NICHT: *on mind / on the mind*). (Sie hat viel auf dem Herzen.)
  *The only thing that **comes/springs to mind*** (NICHT: *to my mind*) *is ...* (Das einzige, was mir in den Sinn kommt, ist ...)
  ***To my mind** this all these committee meetings are quite unnecessary.* (Meiner Meinung nach ...) [förmlich]
  *He**'s out of his mind*** (NICHT: *out of [the] mind*). (Er ist nicht bei Verstand.)
  *They always try to **keep an open mind*** (NICHT: *open minds*). (Sie versuchen immer, unvoreingenommen zu bleiben.)

2 ***(to) mind***

- In der Bedeutung „achtgeben/aufpassen (auf)" ist die Verlaufsform möglich:
  *I **was minding** the neighbour's children yesterday afternoon when ...*
- Auf *not mind* in der Bedeutung „etwas macht jdm. nichts aus" folgt eine *-ing*-Form, kein Infinitiv. Die Verlaufsform hier nicht möglich:
  *I usually hate the heat, but at the moment I **don't mind** (NICHT: am not minding) it.*
  *I **don't mind** gett**ing** up (NICHT: to get up) early in the morning.*
  *Do you **mind him/his** borrow**ing** the car like that?*
- Im Rückbezug auf einen Sachverhalt wird *(not) mind* ohne *it* (= Objekt) gebraucht:
  *The weather was awful and she couldn't go swimming but she **didn't mind** (NICHT: didn't mind it).* (... aber es machte ihr nichts aus.)
  Vgl. aber: *Don hates the cold but I **don't mind it**.* [*it = the cold*]

3 ***never mind; mind you***

- *Theo won't be able to come. – **Never mind.*** (Macht nichts. / Schon gut.)
  *The other team won, (but) **mind you** they had an ex-professional playing for them.* (... allerdings / aber wohlgemerkt ...)

minority ⇨ majority

minus (minus)

- Bei Temperaturangaben kann *minus* nur vor der Gradzahl stehen:
  *Outside it was **minus 20 degrees** (NICHT: 20 degrees minus).*
  (... minus 20 Grad / 20 Grad minus.)
  Anstelle von *minus* kann aber *below zero / below freezing* der Gradzahl nachgestellt werden:
  *Outside it was **20 degrees below zero / below freezing**.*

minute (Minute)

- Wendungen mit *minute*:
  *In the mornings we have a **ten-minute** (NICHT: ten-minutes) coffee break.*
  *The plane will land **in one minute / in one minute's time**.*
  *The next will land **in two minutes / in two minutes time / in two minutes' time**.*
  *They arrived **at the last minute**.* (... in letzter Minute.)
  ***I'll** tell/help/show (NICHT: I tell/help/show) you **in a minute**.* (... gleich.)
  *I **won't be a minute**.* (Ich bin gleich so weit.)

It was all his fault. – ***Just a minute!*** *You can't say that.* (Moment mal!)
We've got the address here somewhere. ***Just a minute,*** *I'll see if I can find it.* (Einen Augenblick, ich sehe nach, ob ich sie finde.)
Stop that noise ***this minute!*** (… sofort …)
We'll phone you ***the minute (that)*** *we get there* (NICHT: *will get there*). (… sobald …)
The minute (that) *I met her, I knew we would never get on.* (Sobald …)
She charges $1 ***per/a minute***. (Sie verlangt $ 1 pro Minute.)

(to) **miss** (vermissen, entkommen/vermeiden)

- Auf *miss* kann in den genannten Bedeutungen eine *-ing*-Form, aber kein Infinitiv oder einfacher *that*-Satz folgen. Ein *that*-Satz ist nur in Verbindung mit *the fact that* möglich:
  She ***misses*** *see****ing*** *her grandchildren.*
  She ***misses the fact that*** (NICHT: *She misses that*) *her grandchildren don't come so often now.* (Sie vermisst es, dass …)
  We narrowly ***missed*** *hav****ing*** *an accident.* (Wir sind knapp einem Unfall entkommen.)

M

mist ➪ fog

mistake – error – fault – defect (Fehler)

1 ***mistake – error***

- *mistake* und *error* bezeichnen beide allgemein einen Fehler, den man macht, jedoch keine allgemeine Charakterschwäche oder Behinderung (beim Menschen) und keinen allgemeinen Fehler in einem System oder einen Defekt in einer Maschine (s. Abschnitt 2). *error* ist ein förmlicheres Wort als *mistake* und weniger gebräuchlich:
  That decision was ***a mistake / an error***.
  Your work is full of grammatical and spelling ***mistakes/errors***.
  You have made (NICHT: *have done*) ***a mistake / an error***.
- In bestimmten Wendungen kann nur *mistake* oder nur *error* gebraucht werden:
  She informed the wrong person ***by mistake / in error***. (… aus Versehen …)
  The book is full of ***printing mistakes / printer's errors***.
  It would be ***a big mistake*** *to think that …*
  There must be some mistake. (Es muss ein Irrtum vorliegen.)
  We all ***learn from (our) mistakes***. (Wir lernen alle aus [unseren] Fehlern.)
  We found out eventually ***by (a process of) trial and error***. (… durch [Herum-]Probieren …)

A small sample is, of course, always a ***source of error***. (Eine kleine Stichprobe ist natürlich immer eine Fehlerquelle.)
An ***error message*** *appears on the computer screen if you do something wrong.* (... Fehlermeldung ...)
That was a serious ***error of judgement***. (... Fehleinschätzung.)
The accident was the result of ***human error*** */ a* ***pilot error***. (Der Unfall war auf menschliches Versagen / einen Fehler des Piloten zurückzuführen.)

- In Verbindung mit dem Verb *make* wird *mistake* durch *of* + *-ing*-Form ergänzt, nicht durch einen Infinitiv:
  He made the ***mistake of*** *wait****ing*** (NICHT: *to wait*) *too long.* (Er machte den Fehler, zu lange zu warten.)
  In Sätzen wie dem folgenden ist der *to*-Infinitiv nicht von *mistake* abhängig, sondern ein nachgestelltes Subjekt, das durch „leeres" *it* angekündigt wird:
  It *was a mistake* ***to*** *wait so long. = To wait / Waiting so long was a mistake.*

2 ***fault – defect***

- Bei einem Menschen bezeichnet *fault* eine Charakterschwäche, *defect* eine physische oder geistige Schwäche:
  One of his ***faults*** *is that he cannot see other people's point of view / that he cannot delegate.*
  He has ***a hearing defect / a defect of memory***. (Er hat einen Hörfehler / eine Gedächtnisschwäche.)
- *fault* und *defect* bezeichnen auch einen Fehler bzw. eine Schwäche in einer Maschine oder einem System:
  The machine has developed a technical ***fault/defect***.
  There seems to be a ***fault/defect*** *in the system that we haven't noticed before.*
- Wendungen mit *fault*:
  Both of them seem to ***be at fault***. (Beide scheinen schuld zu sein / die Schuld zu tragen.)
  *It****'s my fault*** *that they weren't invited.* (Ich bin schuld, dass ...)

(to) **misuse** – (to) **abuse** (missbrauchen)

- *misuse* wird meist in Bezug auf Dinge, *abuse* in Bezug auf Menschen gebraucht:
  This knife ***has been misused*** *as a screwdriver* (Schraubenzieher).
  Her personal assistant ***abused*** *the trust she put in him and schemed* (intrigierte) *against her behind her back.*
  A 42-year-old man has been accused of sexually ***abusing*** *his neighbour's 12-year-old daughter.*
- *abuse* entspricht auch „beschimpfen":
  The cyclist ***abused*** *the motorist for parking on the cycle track.*

moment – instant (Augenblick); **momentarily** (flüchtig) – **instantly** (sofort)

1 ***moment – instant***

- *moment* und *instant* können beide einen ganz kurzen Augenblick bezeichnen; ein kurzer Zeitraum wird aber nur mit *moment* ausgedrückt:
  *For a brief **moment/instant** we saw the lightning light up the whole valley.*
  *We'll have to **wait a moment** while the kettle boils, but it won't take long.*

- Wendungen und Konstruktionen mit *moment/instant*:
  ***At the moment** we have no plans for a summer holiday.* (Im Augenblick / Zur Zeit ...)
  *Quick! She could come through that door **(at) any*** (NICHT: *every*) ***moment**.* (... jeden Augenblick ...)
  *The clock stopped **at that very moment/instant**.* (... genau in diesem Augenblick ...)
  *I'll be with you **in a moment / in an instant**.* (... augenblicklich/sofort ...)
  ***The moment/instant (that)** you hear* (NICHT: *will hear*) *the bell, press this switch.* [*the moment/instant* ist hier eine Konjunktion: „sobald".]

2 ***momentarily – instantly***

- Nur im AE entspricht *momentarily* „sofort / sehr bald". Im BE entspricht es „flüchtig/kurz" und *instantly* wird in der Bedeutung „sofort" gebraucht:
  BE: *He hesitated **momentarily**, then said "yes".*
  *She picked the baby up; **instantly** it stopped crying.*
  AE: *Dr Sanderson will be with you **momentarily**.* (... gleich ...)

M

month (Monat)

- Zum Gebrauch der Monatsnamen s. **January**.

- Wendungen mit *month*:
  *They've gone on **a two-month** holiday* (NICHT: a *two-months holiday / a holiday of two months*).
  *How much is a **month's salary*** (NICHT: *a salary of one month*) *for a teacher?* (... ein Monatsgehalt ...)
  *We'll see him again **in a month's time / in a month**.* (in einem Monat)
  *We'll see her again **in three months time / in three months' time / in three months**.*
  ***This month** we're very busy.* (Diesen Monat / In diesem Monat ...)
  ***That month** all went well.* (In jenem Monat ...)
  In the next few months (NICHT: *In the next months) I shan't see her very often.* (In den nächsten Monaten ...)
  *We always meet **in the month of** June.* (... im [Monat] Juni.)
  *We'll be there **all month**.* (... den ganzen Monat ...)
  *It's booked up **for months (ahead)**.* (... auf Monate [hinaus] ...)

***In the months ahead / In the coming months** we shall see big new developments.* (In den vor uns liegenden / kommenden Monaten ...)
*She earns more than $10,000 **a/per month**.* (... im Monat.)

moonlight – moonshine

⚠ „Mondschein" wird mit *moonlight,* nicht *moonshine* wiedergegeben. *moonshine* bedeutet „Unsinn" oder „illegal hergestellter Alkohol":
*It was a beautiful spring night. They kissed in the **moonlight**.*

moral (moralisch/Moral) – morals (Moral) – morale (Moral)

- *moral* (auf der ersten Silbe betont: [ˈmɒrəl]) ist ein Adjektiv mit der Bedeutung „moralisch" oder ein Nomen mit der Bedeutung „Moral" im Sinne der Lehre, die man aus etwas zieht:
  *Society cannot exist without **moral** values.* (Die Gesellschaft kann ohne moralische Werte nicht existieren.)
  *The **moral** of the story is that you should never trust grandmothers.*
- *morals* (Plural) entspricht ebenfalls „Moral". Es ist ein Sammelbegriff und bezeichnet die Gruppe der Grundsätze, nach denen Menschen handeln:
  *"Young people today," he thundered, "have no **morals**".*
- *morale* (Aussprache: [məˈrɑːl]) entspricht „Moral" im Sinne von „Stimmung":
  *The team's **morale** is very low after five defeats in a row.* (Die Stimmung in der Mannschaft ist nach fünf Niederlagen hintereinander sehr schlecht.)

more (mehr, weitere[r/s])

1 *more* als Begleiter

- Als Begleiter entspricht *more* „mehr" oder „weitere[r/s]":
  *We need a little **more** time.* (... etwas mehr Zeit.)
  *We looked at two **more** flats, but then gave up and went home.*
  (... zwei weitere Wohnungen ...)

2 *more* zur Bildung von Komparativformen

- Folgende Adjektiv- und Adverbienarten werden mit *more* gesteigert: einsilbige Adjektive auf *-ed*, zweisilbige Adjektive (außer – in der Regel – solche auf *-y*), alle mehr als zweisilbige Adjektive, die meisten Adverbien (Ausnahmen s. jeweils die weiteren Unterpunkte):
  *Who is **more bored** – you or me?*
  *It was **more unfair** not to tell her straightaway.*
  *This one is **more expensive**.*
  *She has started working **more thoroughly**.*

- Folgende einsilbige Adjektive können – entgegen der Grundregel – auch mit *more* gesteigert werden:
calm *free* *pale* *true*
clear *keen* *safe* *wise*
firm *kind* *sure*

- Folgende zweisilbige Adjektive können mit *more* oder mit *-er* gesteigert werden:
able *feeble* *narrow* *simple*
clever *gentle* *pleasant* *sincere*
common *handsome* *polite* *stupid*
cruel *happy* *shallow* *tired*
Auch zweisilbige Adjektive auf *-y* können zwei Formen haben, z. B. *hungrier* und *more hungry, tidier* und *more tidy.*
Bei den oben aufgelisteten Adjektiven sind auch dann beide Komparativformen möglich, wenn die Adjektive mit der Vorsilbe *in-* oder *un-* verneint sind, z. B. *insincerer* und *more insincere, unpleasanter* und *more unpleasant.*

- Folgende Adverbien bilden die Komparativform immer mit *-er*, nie mit *more*:
close *fast* *loud* *straight*
deep *hard* *low* *tight*
early *high* *quick* *wide*
far (farther/ further) *late* *slow*

M

- Besondere Komparativkonstruktionen mit *more*:
***The more** it rains, **the** soft**er** the ground becomes.* (Je ... desto ...)
*It was **more** boring **than** annoying.* (... eher ... als ...)

3 *no more – (not) any more/longer – no longer*

- *no more* kann nur in Bezug auf eine Menge, aber normalerweise nicht im zeitlichen Sinne gebraucht werden. Im zeitlichen Sinne wird *(not) any more, no longer* oder *(not) any longer* verwendet:
*There are **no more** cucumber sandwiches. They've all been eaten.*
*I do**n't** smoke **any more/longer**.*
*He **no longer** believes in God.* (Er glaubt nicht mehr an Gott.)

- Für die adverbialen Bestimmungen der Zeit gelten unterschiedliche Stellungsregeln: *no longer* steht in der Satzmitte, d. h. vor einem Vollverb, nach *be* bzw. nach dem ersten Hilfsverb; *any more* und *any longer* stehen am Satzende:
*They **no longer live** here.*
*They **are no longer** in this country.*
*You**'ll no longer** find them here.*
*They do**n't** live here **any more/any longer**.*
any more wird im AE manchmal als ein Wort *(anymore)* geschrieben.

morning (Morgen)

- Zum Gebrauch von *morning* (Artikel, Präpositionen) vgl. **afternoon**
- *in the morning* hat verschiedene Bedeutungen:
  I get up at 6 o'clock ***in the morning.*** (... morgens ...)
  I'm not going to phone her now. I'll do it ***in the morning.*** (... morgen früh.)
  He said he'd post it ***in the morning.*** (... am nächsten Morgen ...
  [=morgens am darauffolgenden Tag])

Moslem ⇨ Muslim

most (meiste[r/s])

1 ***most – most of the – the most*** **= „die meisten"**

- *most* wird ohne *the* vor einem Nomen gebraucht, wenn „die meisten überhaupt / der größte Teil überhaupt" gemeint ist:
  Most cars *have a petrol or diesel engine.* (Die meisten Autos ...)
  Most people *have a telephone nowadays.* (Die meisten Leute ...)
  Most English villages *have a pub.* (Die meisten englischen Dörfer ...)
  Most bread *is made from wheat.* (Das meiste Brot ...)
- *most + of + the* wird gebraucht, wenn nicht „die meisten / der größte Teil überhaupt", sondern „die meisten / der größte Teil einer bestimmten Menge" gemeint ist:
  Most of the cars *in our street are two to three years old.* (Die meisten Autos in ...)
  Most of the people *I know have a phone.* (Die meisten Leute, die ...)
  Most of the English villages *I've ever visited have a pub.* (Die meisten englischen Dörfer, die ...)
  Most of the bread *was not fresh, but at least a day old.* (Das meiste Brot [das wir gekauft hatten / das vorrätig war / ...]...)
  most ist hier ein Pronomen – vgl. Abschnitt 2
- *most of* (NICHT: *the most of*) steht auch vor einem Personalpronomen oder einem Demonstrativ- oder Possessivbegleiter oder -pronomen:
  Most of these *books are written in English.* (Die meisten dieser Bücher ...) [Demonstrativbegleiter]
  Most of those *are in German.* (Die meisten von diesen da ...) [Demonstrativpronomen]
  Most of them *are quite valuable.* (Die meisten von ihnen ...) [Personalpronomen]
  Most of my *friends are English.* (Die meisten meiner Freunde ...) [Possessivbegleiter]
  Most of hers *are American.* (Die meisten der ihrigen ...) [Possessivpronomen]
  most ist hier selbst ein Pronomen – vgl. Abschnitt 2.

- *most* wird vor einem Nomen mit *the* gebraucht, wenn es „die größte Anzahl oder Menge an ..." bedeutet und (explizit oder implizit) ein Vergleich gezogen wird:
  The most cars *were counted on a Monday morning, the fewest on Sunday morning.*
  The most people *we have had at one of these conferences is 350.*
  (Die meisten Personen ...)
  There was a competition to see who could photograph ***the most English village pubs*** *in 4 hours.* (... die meisten englischen Dorfkneipen ...)
  The people at table four ate ***the most bread***. (... das meiste Brot.)

2 *the most, most* als Pronomen und Adverb

- Als Pronomen entspricht *the most* etwa „die größte Menge/Anzahl/Summe überhaupt" und impliziert wie *the most* + Nomen einen Vergleich. *most* bedeutet dagegen „der größte Teil (von etwas vorher Erwähntem)":
  The most *I have ever spent in one evening was $400.* (Das meiste, was ...[= die größte Summe, die ...])
  He's not very popular. ***The most*** *I've seen at one of his lectures is twelve people.* [= die größte Anzahl an Hörern]
  You can find flats with a fully equipped kitchen, but ***most*** *(**NICHT:** the most) are without.* [= der größte Teil der Wohnungen]
  Some people arrived on time but ***most*** *(**NICHT:** the most) arrived late.*
- *most* oder *the most* können als Adverbien ein Verb näher bestimmen. Es besteht kein Bedeutungsunterschied:
  *Who sleeps (**the**)* ***most*** *in this class?* (Wer schläft ... am meisten?)
  *I sing (**the**)* ***most*** *when I'm feeling happy.*

3 *(the) most* zur Bildung von Superlativen

- *most* und *the most* werden zur Bildung der Superlativformen von Adjektiven und Adverbien gebraucht. (Näheres s. **more**):
  The most expensive *thing in this shop costs $100.*
  The most sophisticated *of all our models is this Japanese one.*
  Who is ***(the) most careful****?*
  Of all the girls in the class Ann works ***(the) most thoroughly****.*
  (... am gründlichsten.)

4 *most* = „höchst"

- *most* wird zusammen mit Adjektiven und Adverbien in der Bedeutung „höchst/äußerst" gebraucht:
  It is ***most encouraging*** *to hear that you have made some progress.*
  (... höchst ermutigend ...)
  You have planned ***most carefully***. (... äußerst sorgfältig ...)

motion – movement (Bewegung)

- Der Gebrauch dieser beiden Wörter überlappt sich, so dass keine scharfe Abgrenzung möglich ist. *motion* bezeichnet eher eine andauernde, fließende, von außen bestimmte Bewegung:
  *Astronomy is concerned, for example, with the **motion** of the planets.*
  *The slow rhythmic **motion** of the ship sent me to sleep.*
- *movement* bezeichnet eher eine bewusst gesteuerte physische Bewegung; eine Hand- oder Armbewegung als Geste wird jedoch mit *motion* wiedergegeben:
  *Out of the corner of my eye I saw a sudden **movement*** (NICHT: *motion*).
  *After his accident every **movement*** (NICHT: *motion*) *was painful.*
  *With a **motion** of his arm, he dismissed me.*
- Eine politische oder gesellschaftliche Bewegung wird als *movement* bezeichnet:
  *"Ms" is a form of address that evolved out of the women's **movement**.*
- Bestimmte Wendungen mit *motion*:
  *How do you **set/put** this thing **in motion**?* (Wie bringt/setzt man ... in Bewegung?)
  *I suddenly realized that the ship **was in motion**. The journey had started.*
  Aber bei Personen:
  *How do we **get** this committee **moving?*** (Wie können wir ... in Bewegung setzen?)
  *The children **are** always **on the go/move**. They're not still for a moment.* (... sind immer in Bewegung.)

⚠ Das Auto setzte sich/geriet plötzlich in Bewegung. = *The car suddenly **started to move**.*
Keine Bewegung! = ***Don't move!***

motor – engine (Motor)

⚠ *motor* bezeichnet in der Regel den Motor eines eher kleineren Geräts, das durch Strom angetrieben wird. *engine* ist die übliche Bezeichnung für den Motor einer größeren Maschine bzw. eines Gefährts (Auto, Bus, Flugzeug, Boot, Schiff), der durch Benzin, Diesel, Kohle usw. angetrieben wird:
*As a child he used the **motors** of old washing machines, vacuum cleaners, even electric toothbrushes and electric sewing machines to make things. Later he became an engineer.*
*My car won't start. There's something wrong with the **engine**.*
*Some people think planes with only two, instead of four **engines** are not safe.*
*Jake's fishing boat had an oily old **engine**, but it never let him down.*
*The machinery in this factory was powered by a steam **engine** in the old days.*

- Der Außenbordmotor eines Boots wird, auch wenn er mit Diesel/Benzin angetrieben wird, als *outboard motor* bezeichnet:
  The rowing boat has a small ***outboard motor*** *for emergencies.* (Das Ruderboot hat einen kleinen Außenbordmotor für Notfälle.)

mountain – hill – Mount (Berg)

- Ein *mountain* ist in der Regel höher als etwa 300 – 400 Meter, oben frei von Bäumen und felsig, außerdem nicht alleinstehend, sondern eine von mehreren solchen Erhebungen in einer bergigen Gegend.
  Wenn diese Voraussetzungen nicht erfüllt sind, ist in der Regel *hill*, und nicht *mountain*, die richtige Entsprechung für „Berg".
- *Mount* (mit großem Anfangsbuchstaben) ist weglassbarer Bestandteil von Eigennamen wie *(Mount) Everest, (Mount) Kilimanjaro, (Mount) Snowdon.* Solche Eigennamen werden ohne Artikel gebraucht:
  They set off to climb ***(Mount) Everest / (Mount) Kilimanjaro / (Mount) Snowdon****.*
  Auch *Mont Blanc* wird ohne Artikel gebraucht. Andere, Angelsachsen weniger bekannte Bergnamen werden nicht mit *Mount*, sondern mit dem bestimmten Artikel verbunden:
  She climbed ***Mont Blanc / the*** *Eiger* ***/ the*** *Jungfrau* ***/ the*** *Zugspitze* ***/ the*** *Großglockner.*

M

movie ⇨ film; movie house/theater ⇨ cinema

Mr – Mrs – Miss – Ms – Sir – Madam

1 *Mr – Mrs – Miss – Ms*

- Im BE ist der Gebrauch eines Punkts nach Abkürzungen wie *Mr* und *Dr* unüblich geworden; im AE wird in der Regel weiterhin ein Punkt *(Mr./Dr.)* gesetzt.

⚠ *Mr/Mrs/Miss/Ms* werden nicht zusammen mit anderen Titeln gebraucht:
Mr/Mrs/Miss/Ms Smith *oder* ***Dr Smith*** (NICHT *z. B.: Mrs Dr Smith*)

- *Mrs* bezeichnet immer eine verheiratete Frau, *Miss* immer eine unverheiratete (unabhängig vom Alter). *Ms* [mɪz/məz] ist eine aus der Frauenbewegung hervorgegangene Anredeformel, die gleichermaßen für verheiratete und unverheiratete Frauen verwendet werden kann. *Ms* hat sich im BE, auch im Sprachgebrauch von Frauen, nicht generell durchgesetzt und ist in der gesprochenen Sprache eher selten. Um nicht zwischen *Mrs, Miss* und *Ms* wählen zu müssen, weicht man oft auf den Gebrauch von Vor- und Nachname aus:
  And this is BG's European Marketing Manager, Sally Williams.

2 ***sir – Sir – madam – Madam***

- *sir* (kleingeschrieben) wird als respektvolle Anredeformel von Schüler(inne)n, Bedienungspersonal und Untergebenen gegenüber Lehrer(inne)n, Kund(inn)en und Vorgesetzten gebraucht. Im AE können auch Fremde allgemein mit *sir* angeredet werden:
  *I'm sorry, **sir**. It won't happen again.*
- *Sir* (großgeschrieben) ist im BE ein Adelstitel. Er wird immer zusammen mit dem Vornamen der betreffenden Person gebraucht:
  Sir Philip *oder* ***Sir Philip Drew*** (NICHT: *Sir Drew*)
- *Madam* (klein- oder großgeschrieben) wird als respektvolle Anredeformel von Bedienungspersonal usw. gegenüber fremden Frauen gebraucht:
  *Can I help you, **Madam**?*
  Im AE können auch fremde Frauen allgemein mit *Madam* angeredet werden.
- In Briefen werden *Dear Sir* und *Dear Madam* generell als Anredeformeln gegenüber einer einzelnen Person gebraucht, deren Namen man nicht kennt. Gängige Anredeformeln gegenüber einer Gruppe von Personen bzw. einer Organisation sind *Dear Sir(s)*, *Dear Sir or Madam* (beide BE), *Gentlemen* (AE).

much (viel/sehr)

1 ***much*** **als Begleiter und als Pronomen = Mengenbezeichnung**

- *much* wird als Begleiter vor Nomen vorwiegend in Fragen und verneinten Sätzen gebraucht. In bejahten Aussagesätzen steht es nach *so*, *too* und *as*. Es wird sonst in bejahten Sätzen oft vermieden, weil es förmlich wirkt; stattdessen werden Ausdrücke wie *a lot/lots of, plenty of* gebraucht:
  *How **much** time have we got?* [Frage]
  *We **don't** watch **much** television.* [verneinter Satz]
  *There was **so much** / far **too much** rain.*
  *They were given **as much** help as they wanted.*
  ***Much** time was spent on discussion of the subject, but with little result.* [förmlich]
  ***A lot of** time was spent discussing things, but we didn't get very far.*
- Als Pronomen ist *much* als Subjekt von bejahten Aussagesätzen ebenfalls eher förmlich, dies gilt aber noch mehr für den Gebrauch des Pronomens *much* als Objekt:
  ***Much** has been written about this city.* [Subjekt]
  ***Much** that he said / **Much** of what he said wasn't new at all.* [Subjekt]
  *I have seen **much** that I find encouraging, but also **much** that gives cause for concern.* [Objekt]
  Als Objekt eines bejahten Kurzsatzes wird *much* nicht gebraucht:
  *Did you have time to spare? – Yes, we had **a lot*** (NICHT: *much*).

- Vor *the, it* sowie vor Possessiv-und Demonstrativbegleitern oder -pronomen steht *much of*. Die Entsprechung lautet „viel von" oder „ein Großteil (von)":
  They didn't eat ***much of the/this/your*** *fruit salad. They didn't eat* ***much of it*** *at all.*
  For ***much of the*** *year it is too dark to do a lot outside.*
  Much of our *time is taken up with administration.*

- Mit *how much is/are* usw. wird nach Preisen gefragt:
  How much is *this pullover? – It's $68.* (Was kostet ...? – Er kostet ...)
  How much were *the strawberries? – $2.95.*

⚠ Die Konstruktion Zahlwort + zählbares Nomen + „zu viel" wird mit Zahlwort + zählbares Nomen + *too many*, nicht *too much* wiedergegeben:
I've brought ***one*** *chair* ***too many****.* (... einen Stuhl zu viel ...)

2 Der Unterschied zwischen *much* und *very* als verstärkende Adverbien = „sehr/viel"

- *much* und *very* werden beide als verstärkende Adverbien gebraucht. *very* bestimmt ein Adjektiv oder Adverb in der Grundform näher (1 und 2), *much* einen Komparativ (3 und 4) oder ein Verb (5–7). Allerdings ist der Gebrauch von *much* bei Verben eingeschränkt (s. Abschnitt 3.1). *much* entspricht „sehr", „viel" oder „oft":
  (1) *It's* ***very*** *nice.*
  (2) *We did the job* ***very*** *quickly.*
  (3) *This one is* ***much*** *cheaper.* (... viel billiger.)
  (4) *She did this work* ***much*** *more thoroughly.* (... viel gründlicher.)
  (5) *I don't enjoy plane journeys* ***much****.* (...nicht sehr.)
  (6) *Do you help him* ***much****?* (... viel?)
  (7) *He shouldn't ring up* ***so much****.* (... nicht so viel / so oft ...)
  Das Adverb *much* selbst wird wie andere Adverbien durch *very* verstärkt:
  I like it ***very much****.* (... sehr.)

M

2.1 *much* und *very* vor Perfektpartizipien

- Eine besondere Schwierigkeit stellen Perfektpartizipien dar, weil sie Verbformen, aber auch Adjektive sein können. Als Faustregel kann gelten:
  - Vor „echten" Adjektiven wird *very* gebraucht:
    I was ***very interested*** *in stamp collecting when I was a child.*
    We weren't ***very surprised*** *at all.*
  - In Passivsätzen, in denen das Partizip als Teil des Verbs gebraucht wird, steht *much*:
    Your kindness will be ***much appreciated****.* (... wird sehr geschätzt werden.)
    Her thinking was ***much influenced*** *by the German philosophers of her time.* (... wurde stark ... beeinflusst.)
  - Vor Partizip + Nomen ist der Gebrauch entsprechend:
    We had a ***very interested group*** *from Wigan here last week.*
    There was a ***very surprised look*** *on his face.*

*This is a **much improved version** of the original model.* (… eine stark verbesserte Version … [= eine Version, die stark verbessert worden ist])
*In a **much misunderstood speech** he said that …* (In einer vielfach missverstandenen Rede … [= einer Rede, die vielfach missverstanden wurde])

2.2 Sonstiges

- Bei einigen wenigen Adjektiven, die nur prädikativ gebraucht werden können, wird *very much* verwendet, nicht *very* oder *much* allein. Hierzu zählen: *alive, alike, alone, awake:*
*In his childhood he was **very much alone**.*
*The lion was still **very much alive**.*
Vor *afraid* und *ashamed* kann *very* oder *very much* stehen:
*We felt **very (much) afraid/ashamed**.*
- Vor adverbialen Nebensätzen des Vergleichs steht *much* oder *very much*, nicht *very* allein. „Sicherer“ ist der Gebrauch von *very much*:
*She reacted **(very) much as** we had expected.* (… fast so, wie wir erwartet hatten.)
*It looked **very much as if** she was going to refuse.* (Es sah ganz so aus, als ob …)
Auch in Wortgruppen (z. B. mit einleitender Präposition), die als adverbiale Bestimmungen fungieren, steht *(very) much* und nicht *very*:
*The two cousins grew up **in (very) much the same way**.* (… wuchsen ganz ähnlich / ziemlich gleich auf.)
*The company operates **very much on a lean-management basis**.*
***(Very) Much to my surprise**, they agreed.*
- Nach Kopulaverben wie *be, feel* steht vor einem Ausdruck mit Präposition ebenfalls *(very) much*:
*I felt **(very) much in need of** a rest.*
*He was **very much on edge**.*
*I always feel **(very) much at ease** in his presence.*

3 Einzelheiten des Gebrauchs von *much* als verstärkendes Adverb

3.1 *much* in bejahten Sätzen, verneinten Sätzen und Fragen

- Das Adverb *much* wird, wie der Begleiter *much*, hauptsächlich in verneinten Sätzen und Fragen gebraucht:
*We do**n't** like them **much**.*
*Did you go there **much** when you were a child**?***
Nur in bestimmten Fällen kann *much* in bejahten Aussagesätzen allein stehen:
  - nach *so/too/as* und auch nach *very* (wie beim Begleiter *much*):
  *I miss them **so/very much**.*
  *You involve yourself **too much** in things that don't concern you.*
  *The teachers liked her **as much** as the other children did.*

- bei den Verben *admire, appreciate, enjoy, prefer, regret*:
  *We **much admired/appreciated/enjoyed/preferred/regretted** the fact that ... .*
- in der Wendung *I would much rather/sooner*:
  *I **would much rather/sooner** stay at home.* (Ich würde viel lieber zu Hause bleiben.)

3.2 Stellungsregeln

- *much* steht in der Regel in Endposition:
  *We don't go there **much** nowadays.*
  *I enjoyed the concert **very much**.*
- Bei den in Abschnitt 3.1 genannten Verben steht *much* ausnahmsweise vor dem Verb:
  *I **much appreciate** the help you've given me.*
- Bei einer anderen kleinen Gruppe von Verben kann *very much* (nicht *much*) wahlweise vor dem Verb stehen. Hierzu zählen *agree / doubt / fear / hope / like / want*:
  *I **very much doubt/fear/hope** he'll come back and do it again.*

3.3 Sonstiges

⚠ Nicht *much*, sondern *far* steht vor *too many / too few / fewer*:
*There were **far too many / far too few / far fewer** people at yesterday's meeting.* (... viel zu viele / viel zu wenige / viel weniger Leute ...)

M

- Vor einer Nominalgruppe kann *very much* in der Bedeutung „ganz" stehen:
  *He was **very much a child** of his time.* (Er war ganz ein Kind seiner Zeit.)
  *The mother is **very much the boss** in that family.* (... ganz der Boss ...)
- *much* wird vor Superlativen in der Bedeutung „bei weitem / weitaus" gebraucht:
  *That model is **much** the most expensive.* (... bei weitem / weitaus das teuerste.)
- Weitere Besonderheiten:
  ***Much as** I'd like to go to the concert, I don't think I can afford it.* (So gern ich in das Konzert gehen würde, ...)
  *He's **not so much** a music teacher **as** a musician.* (Er ist nicht so sehr ein Musiklehrer als ein Musiker.)
  *He's **not so much** a music teacher, **more** a musician.* (Er ist nicht so sehr ein Musiklehrer, eher ein Musiker.)
  ***It's not so much that** I don't want to come, **as that / but that** I haven't got time.* (Es ist weniger, dass ich nicht kommen will, als/sondern dass ich keine Zeit habe.)
  *She did**n't so much as** glance at me!* (Sie hat mich noch nicht einmal eines Blickes gewürdigt!)
  ***If you so much as** lift a finger to help him, I shall be very angry.* (Wenn du auch nur einen Finger rührst ...)

*Little has changed in this sleepy old Somerset village. Life is still **much the same**.* (Das Leben ist ziemlich gleich geblieben / weitgehend unverändert.)
*He's **much in demand** these days as a TV chat show personality.* (Er ist ... sehr gefragt.)

(to) **multiply** (multiplizieren)

⚠ *If you **multiply** 105 **by** (NICHT: with) eight, you get 840.*
*105 **multiplied by** eight **is/equals** (NICHT: makes) 840.*

mundane (*nicht* mondän, *sondern* prosaisch/banal)

- *mundane* entspricht „prosaisch/banal"; „mondän" in Bezug auf Äußeres wird mit *elegant / fashionable / chic* [ʃiːk], in Bezug auf Kultiviertheit mit *sophisticated* wiedergegeben:
  *A lot of housework is very **mundane** work.*
  *The owner of the gallery is a very **elegant/fashionable/chic/ sophisticated** 40-year-old Frenchwoman.* (... eine sehr mondäne 40-jährige Französin.)
  *The gallery is in a very **elegant/fashionable/chic** penthouse suite on 5th Avenue.* (... in einer sehr mondänen Penthouse-Suite ...)

murder (Mord) – **murderer** (Mörder[in])

- *murder* bezeichnet die Tat („Mord"), *murderer* die Person, die diese Tat verübt („Mörder[in]"):
  *The newspapers are always full of **murders** and other crimes.*
  *In Agatha Christie thrillers you never find out who the **murderer** is till the end of the book.*

muscle (Muskel/Muskulatur)

- *muscle* kann sowohl zählbar („Muskel") als auch nicht zählbar („Muskulatur/Muskeln") sein:
  *There **are** several hundred **muscles** in the human body.*
  *There **is** a lot of **muscle** in this part of the body.*
  Aussprache: [ˈmʌsl] (Das *c* wird nicht gesprochen.)

mushrooms – toadstools – fungi (Pilze)

- In der Sprache des Normalbürgers bezeichnet *mushroom* einen essbaren Pilz, meist einen (Wiesen-)Champignon, *toadstool* einen nicht essbaren oder giftigen Pilz. Der lateinische Begriff *fungi* ['fʌngaɪ] (Plural von *fungus*) ist der wissenschaftliche Sammelbegriff für Pilze generell, wird aber von Pilzkennern – mit oder ohne den Zusatz *edible* (*edible fungi*) – oft speziell als Bezeichnung für essbare Waldpilze gebraucht.

⚠ „Pilze sammeln" wird mit *pick* (NICHT: *collect*) *mushrooms/fungi* wiedergegeben:
On Saturday afternoon we went out to ***pick mushrooms****.*

music (Musik/Musik-), **musical** (Musik-/musikalisch)

- *music* ist ein nicht zählbares Nomen, d. h. es kann nicht mit *a/an* oder im Plural gebraucht werden:
What/Such (NICHT: *What/Such a*) *glorious* ***music****!* (Was für / Solch eine herrliche Musik!)
- Der Urheber eines Musikstücks wird mit *by*, nicht mit *from*, angegeben:
This piece of ***music*** *is* ***by*** *Beethoven.* (... von Beethoven.)
- *music* und *musical* werden beide vor Nomen gebraucht. Einige typische Verbindungen:
a musical person (ein musikalischer Mensch [= für Musik begabt / an Musik interessiert])
a musical voice (eine melodische Stimme)
a musical instrument (ein Musikinstrument)
a musical career (eine Musikerkarriere)
a musical event (eine Musikveranstaltung)
a music festival (ein Musikfestival)
a music lesson (eine Musikstunde)
a music teacher/student
a music room/shop/department

M

Muslim (Moslem, moslemisch)

- *Muslim* wird als Nomen und Adjektiv gebraucht. Als Nomen wird es nach einem Kopulaverb wie *be* oder *become* mit dem unbestimmten Artikel verwendet, wenn die Zugehörigkeit zur moslemischen Religion(sgemeinschaft) ausgedrückt werden soll:
The boxer Cassius Clay ***became a Muslim*** *and changed his name to Mohammed Ali.* (... wurde Moslem)

Nach *be* kann die Religionszugehörigkeit aber auch mit dem Adjektiv *Muslim* ausgedrückt werden:
*His parents are **Muslims*** [Nomen = „Moslems"] / *are **Muslim*** [Adjektiv = „moslemisch"].
Muslim wird auch als Adjektiv großgeschrieben. Eine Alternativschreibweise ist *Moslem*.

must (müssen)

1 *must* in der indirekten Rede

- Als Modalverb ist *must* unveränderlich. Für die fehlende *past*-Form werden Ersatzverben gebraucht, z. B. *had to. must* wird jedoch in der indirekten Rede (nach einem einleitenden Verb im *past* oder *past perfect*) mit Vergangenheitsbezug gebraucht:
  *My teacher always **said** I **must** work harder – but I never did.*
  [*must* = Notwendigkeit, s. Abschnitt 2]
  *My parents always **said** I **mustn't** stay out longer than 10.30.*
  [*mustn't* = Verbot, s. Abschnitt 3]
  *I **thought** it **must** be a trick.* [*must* = Schlussfolgerung, s. Abschnitt 4]

2 *must, have to* und *have got to* zum Ausdruck von Notwendigkeit

2.1 Ausdruck gegenwärtiger Notwendigkeit: *must – have to – have got to*

- Mit *must* drückt der Sprecher aus, dass er etwas als verbindliche Verpflichtung oder zwingende Notwendigkeit empfindet, und zwar unabhängig davon, ob er die Autorität hat, ein bestimmtes Verhalten zu verlangen. Oft spricht man mit *must* aber tatsächlich aus eigener Vollmacht ein Gebot aus (auch sich selbst gegenüber):
  ***The government must** act now. They cannot allow this state of affairs to continue.*
  *The patient needs rest. I'm sorry, but **you must** go now.*
  ***I** really **must** try and give up smoking.*

- Mit *have to* (und *have got to*) drückt der Sprecher aus, dass eine Notwendigkeit durch äußere Umstände besteht, die nicht zu ändern sind, oder durch die Anordnung einer Instanz oder dritten Person:
  *You sometimes **have to** wait to be served. It depends how many customers there are.*
  *I **have to** take this medicine three times a day. It tastes awful, but **the doctor says I must** take it.*

- *have got to* kann im BE verwendet werden, wenn eine konkrete Einzelsituation bzw. ein konkreter neuer Dauerzustand beschrieben wird. *have to* ist ebenfalls möglich und ist im AE üblich:
  *I**'ve got to** finish this essay by tomorrow morning.*
  *From now on, we**'ve got to** get permission before we order anything worth more than 100 US dollars.*

⚠ *have got to* kann nicht in allgemeinen Aussagen bzw. in Bezug auf eine bereits bestehende, regelmäßig wiederkehrende Notwendigkeit gebraucht werden:
*I **have to** (NICHT: have got to) wake him nearly every morning.*
*We always **have to** (NICHT: have got to) get permission before we order anything worth more than $100. That has been a rule for years.*

- Eine etwas andere Verwendung von *must* liegt vor, wenn der Sprecher jemanden zu etwas drängt, z. B. in überspitzt formulierten Einladungen. Hierbei handelt es sich nicht um eine Verpflichtung/Notwendigkeit im eigentlichen Sinne, die der Sprecher als zwingend empfindet, deshalb sind neben *must* auch *have to* (besonders AE) / *have got to* (besonders BE) möglich, wenn auch weniger üblich:
*You really **must** / You really **have to** / You **have** really **got to** go and see the new Spielberg film. It's fantastic.*
*You **must / have to / have got to** try this caviar. It's heavenly.*
*You **must / have to / have got to** come again. It was such a lovely weekend.*

2.2 <u>Ausdruck zukünftiger Notwendigkeit mit *will have to* und *must*</u>

- *must* wird oft gebraucht, um eine gegenwärtige Notwendigkeit zur zukünftigen Handlung auszudrücken:
*We've run out of paper. We **must** get some more as soon as the shops reopen.*
*This is urgent. I **must** phone her first thing tomorrow morning.*
In diesen Sätzen wäre *will have to* ebenfalls möglich; damit würde eine zukünftige Notwendigkeit zur Handlung ausgedrückt werden.

- *must* wird auch gebraucht, um auszudrücken, was notwendig sein wird, wenn bestimmte Voraussetzungen geschaffen oder Bedingungen erfüllt worden sind:
*Once/When the snow stops, I **must / will have to** go out and clear the path.*
*If Don decides to come too, we **must / will have to** book a table for five, not for four.*

⚠ Nur *will have to* ist möglich, wenn die zukünftige Notwendigkeit durch äußere Umstände bzw. von Dritten erzwungen wird (vgl. Unterschied *must – have to* in 2.1):
*I haven't booked, so we**'ll have to** (NICHT: must) wait to get a table, I expect.* (... deshalb müssen wir wahrscheinlich warten ...)

2.3 <u>Fragen nach Notwendigkeit</u>

- Die Frage nach einer Verpflichtung oder Notwendigkeit wird in der Regel mit *do ... have to?* oder (mit den in 2.1 beschriebenen Einschränkungen) mit *have ... got to?* gestellt:
***Does Alan have to** go away on business trips often?*
***Do I have to / Have I got to** be here by six o'clock, too?*

- Fragen mit *must* sind möglich (aber nicht zwingend), wenn der Fragende annimmt, dass der Befragte die Autorität besitzt, zu entscheiden, ob

M

etwas gemacht werden muss oder nicht. Oft schwingt jedoch in der Frage mit *must* mit, dass der Sprecher die Antwort „nein“ wünscht, weil er etwas eigentlich nicht tun will. Die Frage mit *must* kann verschiedene Emotionen beinhalten – von Resignation über Unzufriedenheit bis hin zu Unmut und Empörung:
***Must** I give Auntie Amy a kiss? She's such a slobbery old lady.*
***Must** she treat us like children all the time?*

⚠ Fragen mit *have to* sollten grundsätzlich mit *do/does ... have to?*, nicht mit *Have/Has ... to?* gebildet werden, auch wenn im informellen Sprachgebrauch gelegentlich Fragen wie *Have we to bring anything with us?* anzutreffen sind.

2.4 Ausdruck vergangener Notwendigkeit

- Eine Verpflichtung oder Notwendigkeit, die in der Vergangenheit bestand, wird in der Regel mit einer Form von *have to* ausgedrückt:
*I **had to** agree. There was no other choice.* [*simple past*]
*I **have had to** do this many times.* [*present perfect*]
Gelegentlich findet sich *had got to* als *past*-Form in Bezug auf ein aus der Perspektive der Vergangenheit zukünftiges Ereignis:
*I left early for the station as I **had got to / had to** go to the bank first.*

- Eine Verpflichtung oder Notwendigkeit, die in der Vergangenheit nicht beachtet wurde, wird nicht mit *must* oder *have to*, sondern mit *should have* + Partizip Perfekt oder *ought to have* + Partizip Perfekt ausgedrückt:
*He **should /ought to have** stay**ed** and finish**ed** the job, but he just went home.* (Er hätte bleiben und die Arbeit zu Ende machen müssen ...)
*You **should / ought to have** known that.* (Das hättest du [aber] wissen müssen.)

- In Hauptsätzen zu irrealen Bedingungssätzen, die wie die beiden vorangehenden Beispiele einen Tatbestand beschreiben, der nicht eingetreten ist, steht *would have had to*:
*I **would have had to** accept their offer if I hadn't had another one.* (Ich hätte ihr Angebot annehmen müssen, wenn ich nicht noch ein anderes gehabt hätte.)

3 Ausdruck von Verboten und fehlender Notwendigkeit: *mustn't, needn't, don't need to, don't have to, haven't got to*

3.1 *Present-tense*-Formen

- Bei den verneinten Formen *mustn't/needn't/*usw. müssen wir zwischen zwei Aussagen unterscheiden:
1. „Es ist notwendig, dass X nicht geschieht“ = „X darf nicht geschehen“
2. „Es ist nicht notwendig, dass X geschieht“ = „X ist nicht nötig, X braucht nicht zu geschehen“.
Im ersten Fall wird *mustn't* gebraucht, typischerweise beim Aussprechen von Verboten; im zweiten Fall wird *needn't, don't need to* (Näheres s. **need**), *don't have to* oder *haven't got to* (s. Einschränkungen oben) gebraucht:

I ***mustn't*** *be late. It's a very important meeting.* (Ich darf nicht zu spät kommen.)
I've got plenty of time. I ***needn't / don't need to / don't have to / haven't got to*** *be there before 10.* (Ich muss nicht vor 10 dort sein / brauche nicht ... dort zu sein.)

- *mustn't* entspricht also „nicht dürfen", nicht „nicht müssen", und drückt ein Verbot, auch ein selbst auferlegtes, aus:
  You ***mustn't*** *borrow my car without asking me first.*
  I ***mustn't*** *give in this time, I really must resist.*
  Anstatt mit *not*, kann *must* auch z. B. mit *never* verneint werden:
  We ***must never*** *forget.* (Wir dürfen es nie vergessen.)
  In offiziellen Verboten (Anweisungen, Bestimmungen usw.) wird oft die Vollform *must not* gebraucht:
  Drivers ***must not*** *leave their vehicles.*

3.2 *Past-tense*-Formen

- *don't need to, don't have to* und *haven't got to* werden im *past tense* zu *didn't need to, didn't have to* und *hadn't got to*:
  I ***didn't need to / didn't have to / hadn't got to*** *be there before 10, so I had a leisurely breakfast before leaving home.*
  Die Perfektformen werden entsprechend gebildet:
  I ***haven't needed to / haven't had to*** *show my passport before. Why do you want to see it now?* (Bisher habe ich meinen Pass noch nie zeigen müssen.)
- Im Hauptsatz zu irrealen Bedingungsssätzen steht *wouldn't have needed to / wouldn't have had to*:
  I ***wouldn't have needed to / wouldn't have had to*** *leave so early if the roads hadn't been so icy.* (Ich hätte nicht so früh wegzufahren brauchen / wegfahren müssen, wenn ...)
- Es gibt keine *past-tense*-Form, die der *present-tense*-Form *mustn't* entspricht. Wenn über ein Verbot in der Vergangenheit gesprochen wird, gebraucht man Ersatzformen wie *wasn't/weren't to* (s. *be to* beim Eintrag **be**) oder *wasn't/weren't allowed to*:
  He ***wasn't to*** *make firm offers without consulting his boss first. That was the rule.* (Er sollte keine verbindlichen Angebote machen, ohne ...)
  We ***were not allowed to*** *come into the room until father had finished decorating the tree.* (Wir durften nicht ...)
- Auch *needn't* hat keine direkte *past*-Form, sondern es wird die *past*-Form des Vollverbs *need* (mit *to*-Infinitiv!) gebraucht:
  I ***didn't need to leave*** *early, so I had a leisurely breakfast first.* (Ich musste nicht so früh gehen / brauchte nicht ... zu gehen ...)
  Die Form *needn't have* + Partizip Perfekt drückt dagegen aus, dass etwas unnötigerweise getan wurde:
  I ***needn't have left*** *home so early, but I did.* (Ich hätte das Haus nicht so früh verlassen müssen / zu verlassen brauchen, aber ich tat es.)

Mit *didn't have to* und *didn't need to* (*have/need* betont) wird ausgedrückt, dass etwas nicht unbedingt nötig war:
*I **didn't have to / didn't need to leave** home so early, but I did.*
(Ich musste nicht so früh wegfahren, aber ich habe es getan.)

4 *must* zum Ausdruck von Annahmen und Schlussfolgerungen

4.1 Gegenwart und Vergangenheit

- *must* wird (wie „müssen" im Deutschen) gebraucht, um Annahmen auszudrücken bzw. um Schlussfolgerungen zu ziehen, die der Sprecher aufgrund vorliegender Tatsachen als zwingend ansieht:
  *You **must** be thirsty after all that hard work.*
  *There's the phone. It **must** be Jim. He said he'd ring at seven.*
  *They **must spend** hours discussing market trends. I see them every day.*
- Zu beachten ist, dass auf *must* bei Tätigkeitsverben die Verlaufsform des Infinitivs gebraucht werden muss, wenn ein entsprechender Vorgang (vorübergehend / nicht abgeschlossen / im Verlauf begriffen) beschrieben wird:
  *Jack's not in his office. He **must be talking** to his boss.*
- Auch einige Verben (z. B. *cost, need, sound, think* und Verben der Wahrnehmung), die normalerweise nicht in der Verlaufsform gebraucht werden können, können es nach *must*, wenn der momentane Charakter eines Zustands betont werden soll:
  *You **must think / be thinking** that I've gone mad. But it's true. I really want to go and live in Greenland.*
  *She's commuting from York to London every day. That **must cost / be costing** a lot of money.*
  Aber nur, z. B.:
  *Don's car is still there. That **must mean*** (NICHT: *be meaning*) *it's one of his days off today.*
- Auch *have to* wird manchmal gebraucht, um Annahmen und Schlussfolgerungen auszudrücken, besonders im AE, jedoch zunehmend auch im BE:
  *He **has to** be crazy to say something like that.*
  *This **has to** be the right place. I've checked. There isn't another Green Street here.*
- Annahmen und Schlussfolgerungen über die Vergangenheit werden mit *must + have +* Partizip Perfekt ausgedrückt:
  *Here's a note from Janet. She **must have been** here while we were out.*
  *You **must have met** a lot of interesting people on your travels.*

4.2 Fragen

- Fragen nach möglichen Schlussfolgerungen werden normalerweise mit *can* gestellt (weil nach Möglichkeiten gefragt wird – s. **can**). Manchmal kann *must* gebraucht werden, wenn der Sprecher impliziert, dass er die Antwort weiß. D. h. *must* findet sich in rhetorischen Fragen mit Ausrufcharakter. *must* ist hier betont:

*What **must** she think of me?* [= *I am convinced that she must think very badly of me.*]
*Why **must** they be having an affair? You don't know, and it's absurd to say so.* [= *I am convinced that what you see as "evidence" proves nothing of the sort.*]

- *must* wird in verneinten Fragen (und verneinten Frageanhängseln) gebraucht. Auch hier handelt es sich im Prinzip um rhetorische Fragen; der Sprecher suggeriert, dass er die Antwort weiß:
  ***Mustn't** it be very expensive to fly?*
  *It must be very expensive to fly, **mustn't it**?*

4.3 Verneinung

- Bei der Verneinung müssen wir (wie in Abschnitt 3.1 oben) zwischen zwei Aussagen unterscheiden:
  1. „Es muss der Fall sein, dass X *nicht* die richtige Schlussfolgerung/ Erklärung ist" = „X kommt als Schlussfolgerung/Erklärung nicht in Frage".
  2. „Es muss nicht sein, dass *X* [= betont] die richtige Schlussfolgerung/Erklärung ist" = „X ist nicht die einzig mögliche Schlussfolgerung/Erklärung".

  Im ersten Fall wird *can't*, im zweiten Fall *needn't / don't have to / hasn't got to* gebraucht:
  *There's the phone. But it **can't** be Jim because he can't have arrived yet.* (Es kann nicht Jim sein ...)
  *The thief **needn't / doesn't need to / doesn't have to / hasn't got to*** (NICHT: *mustn't*) *be Jim, even if a lot of the evidence suggests that it was him. It could still be someone else.* (Jim muss nicht der Dieb sein ...)

- Bei Schlussfolgerungen, die die Vergangenheit betreffen, verwendet man *can't have* + Partizip Perfekt im ersten Fall und *needn't have* + Partizip Perfekt im zweiten. *don't have to have* ... wäre als Alternative zu *needn't have* ... möglich, wird aber wegen der verwirrenden Form vermieden. Als weitere Alternative zu *needn't have* ... (wegen der möglichen Verwechslung mit *needn't have* = „hätte nicht müssen", s. Abschnitt 2) bietet sich eine Umschreibung z. B. mit *The fact that ... doesn't necessarily mean that ...*:
  *Where's Angela? She **can't have forgotten** that we've got this meeting. I reminded her this morning.* (Sie kann nicht vergessen haben...)
  *She **needn't have forgotten**. Maybe she's just got held up in the traffic.* (Sie muss es nicht vergessen haben.)
  ***The fact that** she's not here **doesn't necessarily mean that** she's forgotten.* [Umschreibung]

5 Sonstige Interferenzprobleme mit *must*

- „müssen" im Sinne von „unwillkürlich tun", „nicht umhin können" wird mit *can't help + -ing*-Form ausgedrückt:

Ich muss daran denken, wie sie sich das letzte Mal verabschiedete. = *I* ***can't help*** *think**ing**/remember**ing** how she said goodbye the last time.*
Ich musste lachen. = *I* ***couldn't help*** *laugh**ing**.*

- „müssen/sollen" in indirekten Fragen wird meist mit einem *to*-Infinitiv wiedergegeben:
  Ich weiß nicht, wie man einen Erzbischof anreden muss/soll. = *I don't know* ***how to address*** *an archbishop.*
  Er wusste nicht, wo er hingehen musste/sollte. = *He didn't know* ***where to go****.*

(to) **name** – (to) **call** (nennen), **named – called** (genannt), **name** (Name)

1 ***(to) name – (to) call***

- *name* und *call* werden beide im Sinne von „einen Namen erstmalig verleihen" gebraucht:
  The baby was big and strong so they ***named/called*** *him Hercules.*
  They ***named/called*** *the place New Amsterdam.*
- Die Frage nach der Namengebung kann jedoch nur mit *call*, nicht mit *name* gestellt werden:
  What *are you going to* ***call*** (NICHT: *name*) *your baby?* (Wie werden Sie Ihr Baby nennen?)
  Möglich ist aber auch der Gebrauch des Nomens *name*:
  What *is the* ***name*** *of the baby to be?* (Wie soll der Name ... lauten?)
- *call* hat die weitere Bedeutung „nennen" im Sinne von „ein bestimmtes Wort als Namen verwenden". Das Verb *name* kann nicht so gebraucht werden:
  We ***call*** (NICHT: *name*) *a* Schachfigur *a "chess piece" in English.*
  What *do you* ***call*** *this in English?* (Wie heißt / Wie nennt man das auf Englisch?)
- *name* hat die weitere Bedeutung „nennen" im Sinne von „aufsagen/erwähnen/anführen":
  Can you ***name*** *three famous Norwegians?*

2 ***(is) named – (is) called***

- *named* und *called* („mit dem Namen / namens") können beide einem Nomen direkt nachgestellt werden, wobei der Gebrauch von *named* eingeschränkt ist. *named* ist eher schriftsprachlich und wird in der Regel nur in Bezug auf Personen gebraucht:
  He had a boss ***called/named*** *Willoughby for a time.* (... einen Chef namens Willoughby.)
  Have you ever heard of a place ***called*** *Simonsbath / a product* ***called*** *"Glitzy"?*

- *named* und *called* können beide auch nach *be* stehen, jedoch gelten auch hier Restriktionen für *named*. Nur *be called* entspricht „heißen":
  *Their elder son **is named** (BE:) **after** / (AE:) **for** Alice's grandfather.*
  (... ist nach ... genannt worden.)
  *His boss **is called** (NICHT: named) Willoughby.* (... heißt [= hat den Namen] ...)
  *What **is** this thing **called** in English?* (Wie heißt ...? [= Welcher Name wird verwendet?])

3 Das Nomen *name*

- Wendungen mit Präpositionen:
  *He formed a new company **under the name of** Architex.* (Er gründete eine neue Firma unter dem Namen Architex.)
  *I met an English artist **by the name of** Jack Sebastian /an English artist, Jack Sebastian **by name**.* (... namens Jack Sebastian.)
  *She wasn't mentioned **by name**, but everyone knew who was meant.* (Sie wurde nicht namentlich erwähnt ...)
  *Thank them please **in** both **our names**.* (... in unserer beider Namen.)

namely (nämlich / und zwar)

N

- *namely* entspricht „nämlich" nur im präzisierenden Sinne von „und zwar":
  *There are three people who know the code, **namely** Jack Simmons, Alan Booth and Sue Thompson.*
  *We are still missing one important piece of information, **namely** the price.*

⚠ „nämlich" wird in anderen Fällen nicht durch *namely* wiedergegeben, oft hat „nämlich" überhaupt keine Entsprechung:
Er ist sehr reich. Er hat nämlich viel geerbt. [= begründend, die Ursache nennend] = *He's very rich. (You see) He inherited a lot.*
Ich mag ihn nicht. Es ist nämlich so – er hat mir einmal gesagt ...
[= begründend, die Ursache nennend] = *I don't like him. You see, he once told me ...*
Er ist sehr reich. Er besitzt nämlich vier Häuser und 20 Autos.
[= erläuternd, verstärkend, am Beispiel aufzeigend] = *He's very rich. (In fact / As a matter of fact) He owns four houses and 20 cars.*

narrow (eng/schmal)

- Die Steigerungsformen von *narrow* lauten *narrower, narrowest* oder *more narrow, most narrow.*
- *narrow* ist das Gegenteil von *wide/broad* und bedeutet, dass der Raum zwischen zwei sich gegenüberliegenden Abgrenzungen klein ist. *narrow* entspricht nicht „eng anliegend/anschließend":

*a **narrow** road, a **narrow** path*
Im übertragenen Sinne:
*That's a very **narrow** view of her achievements.* (... eine sehr enge Ansicht ihrer Leistungen.)
*He's very **narrow-minded**.* (... engstirnig.)
Aber:
eine enge Hose = *a **tight(-fitting)** pair of trousers*
Die Schuhe sind zu eng. = *The shoes are too **tight**.*
(Im übertragenen Sinne:) ein enger Freund = *a **close** friend*

⚠ „schmal" im Sinne von „(zu) dünn" entspricht *thin*:
Sie ist sehr schmal. = *She's very **thin**.*
ein schmales Büchlein = *a **thin** little book*
ein schmales Gesicht = *a **thin** face / a **narrow** face* (*narrow* = der Raum zwischen den seitlichen Abgrenzungen des Gesichts ist gering)

nationality (Nationalität/Staatsbürgerschaft), **citizen** (Staatsbürger[in])

- Bei Staatsangehörigkeitsangaben wird *have ... nationality* ohne, *be a ... citizen* dagegen mit Artikel gebraucht. Der deutsche Sprachgebrauch ist genau umgekehrt:
  *He **has British nationality**.* (Er hat die britische Staatsangehörigkeit.)
  *He **is a British citizen**.* (Er ist britischer Staatsbürger.)
- Wortverbindungen (*have ... nationality*, aber *What nationality is ...?*):
  *He **has** British **nationality**. **What*** (NICHT: *Which*) ***nationality is*** (NICHT: *has*) *his wife?*

nature (Natur)

- *nature* gehört zu den allgemeinen Begriffen, die im Englischen ohne Artikel gebraucht werden:
  *When land is not farmed, **nature** soon takes it over.* (... die Natur ...)

⚠ Nicht *nature*, sondern *the open air / the country / the countryside* ist die richtige Entsprechung, wenn „die freie Natur" gemeint ist:
Es ist schön, in der freien Natur zu sein. = *It's nice to be out in **the open air / the country(side)**.*

- Präpositionen:
  *These animals are timid **by nature**.* (... von Natur aus scheu.)
  ***By its** very **nature**, a problem like this cannot be solved in 24 hours.* (Es liegt in der ureigenen Natur eines solchen Problems, dass ...)
  *It is **in their nature** to hide from human beings.* (Es liegt in ihrer Natur ...)
  It is in the nature of things [Plural!] *that parties are loud and noisy.* (Es liegt in der Natur der Sache ...)

navy ➪ army

near, nearby

- *near* kann Präposition, Adjektiv und Adverb sein, *nearby* Adjektiv und Adverb. *nearby* kann aber nicht als Präposition gebraucht werden:
  The hotel is ***near*** (NICHT: *nearby*) *the station.* [Präposition]
  I'll see them again in the ***near*** *future.* [Adjektiv]
  I sat ***near*** *enough to hear everything they said.* [Adverb]
  We went for a walk in a ***nearby*** *park.* [Adjektiv]
  They lived in one of the streets ***nearby***. [Adverb]
  Den Ausdruck **in the near (of)* gibt es nicht!

1 *near (to)* als Präposition

- Als Präposition wird neben *near* auch *near to* gebraucht, besonders z. B. in Verbindung mit der Komparativ- und Superlativform (*nearer, nearest*):
  We are ***near (to)*** *the airport.*
  Who was sitting ***nearer/nearest (to)*** *the door?*
  We're very ***near (to)*** *the end of the school year now.*
- *near (to)* kann neben der Grundbedeutung „örtlich/zeitlich nicht weit entfernt von" auch im übertragenen Sinne gebraucht werden. *near to* ist hier üblicher als *near*:
  We were ***near to*** *tears.*
  He was ***near to*** *fulfilling his life's ambition when he died.*
  She was the only person who was really ***near to*** *him.* (… die ihm wirklich nahe stand.)

N

2 *near* und *nearby* als Adjektive

- Als Adjektiv kann *near* in der Regel nicht vor einem Nomen stehen. Stattdessen wird *nearby* gebraucht:
  We had lunch in a ***nearby*** *restaurant.*
  Ausnahmen:
  a) *near* in der Superlativform *nearest*:
     Where is the ***nearest*** *post office?*
  b) *near* in der Bedeutung „der/die/das nähere von zweien":
     The ball hit the ***near*** *goalpost and went into the net.*
  c) *near* im übertragenen Sinne von „annähernd, Beinah-" und in festen Wortverbindungen:
     I found her in a state of ***near*** *despair.* (… in einem Zustand, der an Verzweiflung grenzte.)
     It was a ***near disaster/miss***. (Es war beinahe eine Katastrophe / ein Beinahzusammenstoß.)
     in the near future (in naher Zukunft / in der nahen Zukunft)
     a near (häufiger: *close*) ***relative*** (ein[e] enge[r] Verwandte[r])
     It was a near thing. (Es ist gerade noch einmal gut gegangen.)

3 *near* und *nearby* als Adverbien

- Als Adverb wird *near* eher selten gebraucht, z. B. in der Verbindung *far and near*, in Verbindung mit *too* und *enough*, in der Komparativ- und Superlativform *nearer* und *nearest*, sowie in der Bedeutung „in die Nähe". In der Bedeutung „in der Nähe" wird in der Regel *nearby* oder eine Fügung mit der Präposition *near* gebraucht:
  *People from **far and near** came to see them.*
  *We sat **near enough / too near** to enjoy it properly.*
  *Who lives **nearer/nearest**?*
  *The lion came **near** but then went away again.* (… kam in die Nähe …)
  *The towns **nearby / near here*** (*NICHT: near*) *have a lot of interesting old buildings.* (Die Städte in der Nähe …)
  *If you can find the university, you're almost there. I live **nearby / near it.***
  (Ich wohne in der/ihrer Nähe.)

nearly ⇨ almost

nearly ⇨ almost

neck (Hals) – throat (Kehle, Rachen) – back of the neck (Nacken)

- *neck* bezeichnet den Körperteil, der Rumpf und Kopf verbindet. *throat* bezeichnet die Vorderseite oder das Innere des Halses. „Nacken" wird nicht mit *neck*, sondern mit *back of the neck* wiedergegeben:
  Ostriches (Straußvögel) *have a very long **neck**.*
  *The bandits cut his **throat** from ear to ear.*
  *Doctor: Your **throat** is very red, the tonsils* (Mandeln) *are swollen …*
  The pirate's hair was tied up in a pigtail (Zopf) ***at the back of his neck**.*

(to) need

1 Das Vollverb *(to) need*

- Als Vollverb hat *need* alle typischen Merkmale eines Vollverbs (*-s* in der dritten Person Singular des *simple present*, Frage und Verneinung mit *do*, *past-tense*-Form, Infinitiv, Partizipien):
  *She **needs** time. – **Does** she **need** money?*
  *She**'ll need** money soon.*
  ***To need** more time is not unusual.*

- *need* ist ein Zustandsverb, d. h. es kann normalerweise nicht in der Verlaufsform gebraucht werden:
  *I **need** help now.*

- Als Objekt kann das Vollverb *need* einen *to*-Infinitiv (auch mit eigenem „Sinnsubjekt") oder eine *-ing*-Form haben, aber keinen *that*-Satz:
  *I **need to** phone Jack.*
  *The explorers **need the weather to** improve before they try again.* (Die Forscher sind darauf angewiesen, dass sich das Wetter bessert, ...)
  *I **need Jack to** come and unlock the door.* (Ich brauche Jack, um die Tür zu öffnen.)
  *This door **needs** repair**ing** (= needs to be repaired).*
  *Angela **needs** push**ing** (= needs to be pushed), otherwise she won't work.*
- *need* nicht mit *use* verwechseln:
  *Do you **need** help?* (Brauchen Sie Hilfe?)
  *How often do you **use** your washing machine?* (Wie oft [ge]brauchen Sie Ihre Waschmaschine?)

⚠ „brauchen" im Sinne von „Zeit brauchen" wird mit *take* wiedergegeben:
Ich brauche jeden Tag zwei Stunden für die Fahrt zur Arbeit. = *The journey to work **takes me** two hours every day.*
Die Bestellungen brauchen viel zu lange. = *The orders **are taking** much too long.*

2 Das Modalverb *need*

- Als Modalverb hat *need* kein *-s* in der dritten Person, keine *past-tense*-Form, keinen Infinitiv und keine Partizipien. Als Objekt ist nur ein Infinitiv ohne *to* möglich.
- Als Modalverb wird *need* am ehesten in der verneinten Form *needn't* gebraucht:
  *I **needn't** phone Jack till later.*
  Daneben ist auch das Vollverb möglich: *I **don't need to** phone Jack till later.*
  Zum Gebrauch von *needn't, don't need to, didn't need to* und *needn't have* + Partizip Perfekt s. **must**, Abschnitte 3 und 4.
- Das Modalverb *need* kann in Fragen gebraucht werden, das Vollverb ist aber viel häufiger. Fragen mit dem Modalverb beziehen sich oft auf eine spezifische gegenwärtige Situation. Oft hofft oder erwartet der Sprecher, dass die befragte Person mit „nein" antwortet:
  ***Do you need to** phone Jack now? / **Need you** phone Jack now?*
  ***Need we invite** Alan and May? I really don't like them.*
  ***Need I remind** you what happened the last time you made the arrangements? (= I hope it's not necessary.)*
  Auf Fragen mit dem Modalverb können verneinte Kurzantworten mit *needn't*, jedoch keine bejahten Kurzantworten mit *need* allein (d. h. ohne *to*) folgen:
  Need we invite them? – ***No, we needn't / don't need to / don't have to.***
  – ***Yes, we need to / must / have to.***
- Das Modalverb kann auch in Sätzen verwendet werden, die ein verneinendes oder einschränkendes Wort wie *nobody, never, hardly* enthalten, außerdem in Objektsätzen, die von einem verneinten Verb oder einem Verb des Fragens oder Zweifelns abhängen:

N

Nobody need *be afraid.*
They ***need never*** *find out.*
All / The only thing *you* ***need*** *do is copy what I've written. (= You need do nothing else.)*
I ***hardly need*** *include their name on the list.*
I ***don't suppose*** *we* ***need*** *consult the map now.*
I ***wonder/doubt*** *if I* ***need*** *invite Bill.*
In allen Fällen ist auch das Vollverb *need* + *to*-Infinitiv möglich.

- Das Modalverb *need* kann mit Bezug auf die Zukunft gebraucht werden, in der indirekten Rede auch mit Bezug auf die Vergangenheit:
  Need *I be here before six this evening?* [gegenwärtige Frage nach zukünftiger Notwendigkeit]
  He said I needn't *come till eleven the next day.* [*need* als *past-tense*-Form: nur in der indirekten Rede]

negligent (nachlässig/fahrlässig) – **negligible** (unbedeutend)

- *negligent* ist das zu *neglect* („Nachlässigkeit") gehörige Adjektiv. *negligible* = ['neglɪdʒəbl] entspricht „unbedeutend/geringfügig/nebensächlich" (wörtlich: „was vernachlässigt werden kann"):
  The company was ***negligent*** *in not making sure that the usual safety procedures were followed.* (Das Unternehmen war fahrlässig, indem sie nicht sicherstellte, dass die üblichen Sicherheitsmaßnahmen befolgt wurden.)
  There's a little aluminium left, but a ***negligible*** *amount.* (... eine unwesentliche/geringfügige Menge.)

neither

1 Bedeutungsunterschiede zwischen *neither – none – no*

- *neither* entspricht „keine(r/s) von zweien", *none* und *no* „keine(r/s) von mehreren".
  Neither *(town) is very interesting. I've visited them both.*
  None *(of the towns) in that area is very interesting. I've visited them all.*
  No *town in that area is very interesting. I've visited them all.*

2 Singular- oder Pluralverb nach *neither*?

- Als Begleiter wird *neither* vor einem zählbaren Nomen im Singular gebraucht. Das Verb steht im Singular:
  Neither *team* ***is*** *very good.*

- Wenn *neither* als Pronomen gebraucht wird, kann das Verb auch im Plural stehen:
  Neither *of the/these teams* ***is/are*** *playing very well at the moment.*
  Neither *(of them)* ***has/have*** *won a match recently.*

3 *neither ... nor* („weder ... noch")

- *neither* und *nor* sollten immer direkt vor den Satzelementen stehen, auf die sie sich beziehen – auch wenn Muttersprachler dies nicht immer beachten:
  I invited ***neither Jack nor Julian.*** (NICHT: *I neither invited Jack nor Julian.*)
  I ***neither invited*** *Jack* ***nor told*** *him that Anna would be there.*

- Wenn *neither ... nor* vor zwei Nomen stehen, die beide Subjekt sind, richtet sich die Form des Verbs (Singular oder Plural und Personalform) manchmal nach dem Nomen, das dem Verb am nächsten steht, manchmal wird aber die Pluralform gebraucht, unabhängig davon, ob ein Nomen im Singular oder Plural davor steht:
  Neither the boss nor his secretary is/are *German.*
  Neither the employees nor the boss is/are *in a strong position.*
  Neither the boss nor the employees are *in a strong position.*
  Neither Jack nor I are *very keen on the idea.* [*am* wäre sehr ungewöhnlich]

- In Kurzrepliken entspricht *neither* allein „weder noch" / „keine(r/s) von beiden":
  Is he a friend or a colleague? – ***Neither****. He's her husband!*

N

4 *neither do I*

- *neither* wird als Adverb in der Bedeutung „auch nicht" gebraucht, und zwar in der Konstruktion *neither* + Hilfsverb + Subjekt (+ Vollverb) (s. auch **nor**):
  He doesn't read much, ***neither do*** *I.* (... und ich auch nicht.)
  I can't go, ***neither can*** *Alan.* (... und Alan auch nicht.)
  I haven't ever met her, ***neither do I*** *want to.* (... und ich will es auch nicht.)
  We won't have time for sightseeing, ***neither will we*** *be able to visit our friends.* (... und wir werden auch unsere Freunde nicht besuchen können.)
  I never listen to sport on the radio, ***neither do I*** *watch it on TV.* (... und ich sehe ihn auch nicht im Fernsehen an.)

- Informell wird *neither* in der Bedeutung „auch nicht" auch ohne Verb gebraucht:
  I don't want to see that film. – Me (NICHT: *I*) ***neither****.* (Ich auch nicht.) [Objektpronomen + *neither*]
  Vgl. dagegen den Gebrauch mit *nor*:
  I don't want to see that film. – ***Nor I/me****.* [*nor* + Subjekt- oder Objektpronomen]

nervous (nervös/ängstlich/aufgeregt)

- Präpositionen:
  I'm ***nervous about*** *meeting all those new people tomorrow.* [*about* bei bevorstehendem Ereignis]
  I'm ***nervous of*** *big dogs.* [*of* bei einer generellen Neigung]

⚠ *nervous* bedeutet „nervös" im Sinne von „ängstlich/aufgeregt (wegen mangelndem Selbstvertrauen)". „nervös" im Sinne von „besorgt, dass etwas Schlimmes passiert (ist)" und von „verärgert" muss aber anders wiedergegeben werden:
Er kam und kam nicht. Ich wurde langsam nervös (= besorgt um ihn), weil die Straßen auch so vereist waren. = *I was slowly getting* ***anxious*** *...*
Er macht mich nervös (= Er ärgert mich) mit seinen ewigen Fragen.
= *He* ***gets/is getting on my nerves*** *with his constant questions.*
Mach mich nicht nervös! = *You're* ***getting on my nerves****. Stop it. / Stop* ***getting on my nerves*** *(, will you).*

never (nie)

1 *never + any* (nicht *some*) und bejahte Frageanhängsel

- *never* beinhaltet Verneinung, deshalb wird es mit *any* und seinen Verbindungen (*anyone/anything* usw.), nicht mit *some/someone* usw. und auch nicht mit *no / no one* usw. gebraucht:
  I ***never*** *drink* ***any*** *alcohol.*
  I ***never*** *see* ***anyone*** *these days.*
  I ***never*** *go* ***anywhere****.*
- Frageanhängsel nach *never* sind bejaht, nicht verneint:
  *You****'ve never*** *read any of my books,* ***have you****?*
- *never* wird nicht zusammen mit *don't/doesn't/didn't* gebraucht, da dies eine doppelte Verneinung wäre. *do/did* zur Emphase ist jedoch möglich:
  The truth has finally come out. I ***never did believe*** *them.*

2 Die Stellung von *never*

- Die Normalstellung von *never* ist wie folgt:
  I ***never drink*** *coffee.* [= vor einem Vollverb, auch als Imperativ: ***Never say*** *that again!*]
  *He****'s never*** *ill.* [= nach *be*]
  I ***was never told****.* [= nach dem (ersten) Hilfsverb]
  She ***never did*** *like me.* [= vor *do/did* bei Emphase]
  I don't like fish. I ***never have****.* [= vor einem alleinstehenden Hilfsverb]
  I told him ***never to*** *do it again.* [= vor einem Infinitiv]
- Steht *never* zur Emphase am Satzanfang, so folgt zunächst ein Hilfsverb, dann erst das Subjekt:
  Never had I *seen such beautiful roses!*

3 Welche Zeitform bei *never before?*

- Das *present perfect* wird gebraucht, wenn *never* zusammen mit Adverbien wie *before / up to now / so far* verwendet wird, die die Grundbedeutung „bis zur Gegenwart" haben.
  Mit *before* wird aber gelegentlich auch das *simple past* gebraucht, weil *before* auch „zu einem früheren Zeitpunkt (in der Vergangenheit)" bedeuten kann:
  *I(**'ve) never** really **noticed** it **before.***
  *We(**'ve) never had** problems with it **before.***

4 almost never – hardly ever

- „fast nie" wird normalerweise durch *hardly ever*, gelegentlich auch durch *almost never* (aber NICHT: *nearly never*) wiedergegeben.
  almost never hat die Aussagekraft von „so gut wie überhaupt nicht":
  *I **hardly ever** see him nowadays.*
  *It **almost never** snows in that part of Italy.*

new (neu), **newest – latest** (neueste[r/s])

- *new* ist das Gegenteil von *old*, *newest* also das Gegenteil von *oldest*.
  „neueste(r/s)" im Sinne von „letzte(r/s) in einer noch nicht abgeschlossenen Reihe" wird dagegen normalerweise mit *latest* wiedergegeben:
  *There are six Ford Escorts in our street. Our neighbours own the **newest** one. But it's not the **latest** model. A new model was launched* (auf den Markt gebracht) *at the beginning of March.*
  *This is the **oldest** book in the library. It's 140 years old.*
  *Is this the **latest** edition* (Ausgabe)*? I want an encyclopaedia that's got all the **latest** information and is really up to date.*
  *Have you heard the **latest** news?*
- *new* wird mit der Präposition *to* gebraucht:
  *We are **new to** this area.* (Wir sind neu in dieser Gegend.)
  *He is **new to** this branch.* (Er ist neu in dieser Branche.)
  *It was all **new to** me.* (Es war alles neu für mich.)

N

news (Nachricht/Nachrichten)

- *news* ist (trotz der Pluralform) nicht zählbar, d. h. es kann nicht mit *a/an* oder als Plural gebraucht werden:
  ***The news is** good.*
  ***Some news is** good, but **this news is** bad.*
  ***The news is** at 9 o'clock. Do you want to watch it?*
  *There was **an** interesting **bit/piece/item of news / an** interesting **news item** on the radio this morning.*
  *I have several **bits/pieces of news** for you.*

⚠ Sie gab mir eine Nachricht für dich. = *She gave me a **message** for you.* Auf deinem Schreibtisch liegt eine Nachricht für dich. = *There's a **message** on your desk for you.*

- Präpositionen:
  *The Prime Minister was interviewed **on the** TV **news** last night.* (... in den Fernsehnachrichten ...)
  *The headmaster **has been** very much **in the news** ever since he tried to ban kissing in the school playground.* (Von dem Direktor ist in der Öffentlichkeit viel die Rede gewesen, seit er ...)

next (nächste[r/s])

- *next (door) to* s. nächsten Eintrag

1 *next – nearest*

- *next* bedeutet „zeitlich/räumlich nächstfolgend", *nearest* „räumlich am nächsten":
  *Where's the **nearest** bank?*
  *Turn left at the **next** crossroads and it's on your right.*
  *The **next** hotel down here is also the **nearest** good one.*
- *next* kann bei einigen Nomen auch „(direkt) nebenan" bedeuten:
  *the person in the **next** room / office / flat / house / seat / bed / compartment* (Abteil).
- *nearest* kann auch „verwandtschaftlich am nächsten" oder „am ähnlichsten" bedeuten:
  *Who is his **nearest*** (auch: *closest*) *relative?*
  [aber nur: *closest* (NICHT: *nearest*) *friend*]
  *You wanted olive green, but this is the **nearest** (green) I could get.*

2 Artikelgebrauch und Präpositionen bei *next* in Zeitbestimmungen

2.1 *next week/month/... – the next week/month/...*

- In Zeitbestimmungen wird *next* (wie *last*) vor Nomen wie *week/weekend/month/year* sowie vor den Namen der Wochentage, Monate, Jahreszeiten und Festtage ohne Präposition und ohne Artikel gebraucht, wenn die jetzt nächstfolgende, d. h. die kommende Woche usw. gemeint ist:
  *I'm seeing him **next week/month/summer**.*
  *The wedding is **next April/Easter**.*
  Mit Präposition und mit Artikel werden aber *fortnight / decade* (Jahrzehnt) / *century* gebraucht:
  *It won't happen **in/during the next fortnight/decade/century**.*
- Vor *week* usw. wird der Artikel gebraucht, wenn nicht die „jetzt nächstfolgende/kommende", sondern die nächste Woche usw. in einer früheren oder zukunftigen Abfolge gemeint ist:

The next (auch: ***following***) ***week*** *after that will be our last here in London.* (Die Woche danach ...)
The/That next (auch: ***following***) ***Christmas*** *was the one when everybody had the flu.*
day und *morning* können aber mit *next* auch ohne *the* gebraucht werden:
(The) Next day/morning *we got up very early.*
[*the following day/morning* aber immer mit *the*]

- *the next week/month/year* kann auch die Periode von sieben Tagen / vier Wochen / zwölf Monaten bezeichnen, die unmittelbar bevorsteht. In diesem Fall wird der Artikel und die Präposition *in* gebraucht. Vgl.:
I am expecting an answer from them sometime ***in the next week.***
(= *sometime in the next 7 days*)
I am expecting an answer from them sometime ***next week.***
(= *between next Monday and Friday*)

- „die nächsten Tage/Wochen/Monate" (Plural) wird im BE mit *the next few days/weeks/months* wiedergegeben:
I'll be seeing her sometime in ***the next few days.***

2.2 *(the) next time* = Konjunktion

- Als Konjunktion entspricht *(the) next time* „nächstes Mal / das nächste Mal, wenn/dass". Der Ausdruck kann mit oder ohne Artikel gebraucht werden:
(The) Next time *this happens, I'll have to call the police.*

⚠ *the next time* ist nicht gleichbedeutend mit „die nächste Zeit":
Die nächste Zeit wird schwierig. = ***The next few days/weeks/months/years*** *will be difficult.*
Ich sehe sie in der nächsten / in nächster Zeit wieder. = *I'll be seeing her again* ***soon / in the next few days/weeks ... / in the near future.***
In der nächsten Zeit erwarten wir viele Veränderungen. = *We're expecting a lot of changes* ***in the near future.***

N

3 Weitere Verwendungen von *next*

- ***The next person*** (NICHT EINFACH: *The next*) *you ask may say something quite different.* (Der Nächste, den man fragt, sagt ...)
The next thing (NICHT EINFACH: *The next*) *we should do is ...* (Das Nächste, was wir tun sollten, ist ...)
What did they do ***next?*** (Was taten sie als Nächstes?) [*next* = Adverb]
First pick up the phone, ***next*** *put your card in, then dial.* (... als Nächstes ...)
*Who****'s the next / next****, please?* (Wer ist der Nächste / als Nächster dran?)
Who ***is the next*** */ Who* ***is next*** *on your list?* (Wer ist der Nächste / als Nächstes auf Ihrer Liste?)
Who ***comes next*** *on your list?* (Wer steht als Nächstes auf Ihrer Liste?)
Wait a minute. I ***was the next*** */ I* ***was next!***
It was my turn first and Ann ***was/came next.*** (... war/kam als Nächste dran.)
They live in ***the next*** *house* ***but one*** */ in* ***the next but one*** *house.* (... im übernächsten Haus.)
The ***very next*** *day I saw him again.* (Gleich am nächsten Tag ...)

next to, next door (to) ([direkt] neben)

- *next to* ist eine Präposition mit der Bedeutung „(direkt) neben". Mit Bezug auf Zimmer, Gebäude und Wohnungen kann auch *next door to* verwendet werden:
  Come and sit ***next to*** *me.*
  Sugar is in the cupboard ***next to*** *the fridge.*
  The bank is ***next (door) to*** *the post office.*
  Her office is ***next (door) to*** *mine.*
  There's a golf course right ***next (door) to*** *the hotel.*
- *next door* wird als Adverb mit der Bedeutung „nebenan" verwendet und – mit Bindestrich – als Adjektiv. Der Gebrauch von *next-door* als Adjektiv ist sehr eingeschränkt:
  Alan and Janet live ***next door****.* (... nebenan.)
  They're our ***next-door*** *neighbours.*
  The room/flat/house/building next door *is very small.*
  (KAUM: *The next-door room/flat/house/building ...*)

nice (nett/schön)

- *nice* kann mit *and* und einem zweiten Adjektiv in Wendungen wie *nice and cool/early/colourful/bright/warm* gebraucht werden. Diese Wendungen können prädikativ (d. h. nach *be/feel/seem* usw.), aber nicht attributiv (d. h. vor einem Nomen) gebraucht werden:
  *It****'s nice and cool*** *under the trees.*
  The room ***was nice and colourful****.* (ABER NICHT: *It was a nice and colourful room.*)
- *nice* wird mit dem Imperativ *have* gebraucht, um jemandem etwas zu wünschen, wo im Deutschen kein Verb verwendet werden muss:
  Have a nice evening/weekend/holiday! (Schönen Abend! / Schönes Wochenende! / Schönen Urlaub!)
  Have a nice time! (Viel Spaß! / Amüsieren Sie sich gut!)
- *nice* kann mit der Verlaufsform von *be* gebraucht werden, um auszudrücken, dass sich jemand gerade nett verhält:
  I ***was being nice*** *to him because I wanted him to feel relaxed and at home.*
- Sonstige Wendungen und Konstruktionen mit *nice*:
  That was very ***nice of*** *him.* (Das war sehr nett von ihm.)
  This cheese ***tastes nice****.* (... schmeckt gut.)
  It was ***nice to*** *see / see****ing*** *them again.*
  It's ***nice (that)*** *such an important person still remembers /* ***should*** *still remember his old schoolfriends.*

night

1 ***last night, tomorrow night, tonight***

- In Verbindungen wie *last night / tomorrow night / Saturday night* kann *night* „Nacht" oder „Abend" entsprechen:
  I met him in the pub ***last night / the night before last****.* (... gestern Abend / vorgestern Abend ...)
  I'll be seeing him ***tomorrow night.***
  I saw him ***last Saturday night / (on) Saturday night.***
  I usually see her ***(on) Thursday night(s)*** *at the club.*

- „gestern Abend" (*yesterday evening*) kann mit *last night* ausgedrückt werden, jedoch nicht mit *yesterday night*:
  I saw him ***last night / yesterday evening*** (NICHT: *yesterday night*) *at the theatre.*
  „heute Nacht" wird mit *last night* ausgedrückt, wenn die vergangene Nacht, mit *tonight*, wenn die kommende Nacht gemeint ist:
  Did you hear the storm ***last night****?* (... heute/letzte Nacht ...)
  I'll be staying in Oxford ***tonight****.* (... heute Nacht ...)

2 ***at night – in/during the night – by night***

- *at night* entspricht „nachts", wenn die Nacht als das Gegenteil vom Tag gemeint ist. *in/during the night* entspricht „nachts / in der Nacht", wenn an die Nacht als einen längeren Zeitraum für sich gedacht wird. *by night* ist eine eher seltene, schriftsprachliche Variante für *at night*:
  Most people work in the day and sleep ***at night.***
  Did you hear the wind ***in/during the night****?*
  Owls hunt ***at/by night*** *and sleep in the / by day.*

3 **Sonstiger Präpositionen- und Artikelgebrauch, Redewendungen**

- *The accident happened* ***on Friday night****.* [elliptisch auch ohne *on*]
  He was arrested ***on the night of*** *7th October.* (... in der Nacht vom 7. Oktober ...) [*on* = an jenem Datum, die Nacht wird als Zeitpunkt betrachtet]
  It snowed again ***in/during the night of*** *20th January.* (... in/während der Nacht vom/zum 20. Januar ...) [*in/during* = während der Dunkelheit, die Nacht wird als Zeitraum betrachtet]
  "I need a hotel room for ***the night of the 6th to the 7th*** *of March."* (... für die Nacht vom 6. auf den 7. März.)
  Night after night *she stayed up studying.* (Nächtelang ...)
  We didn't stop work till ***11 o'clock at night****.* (... 11 Uhr nachts ...)
  Aber: *We didn't stop work till* ***2 o'clock in the morning****.* (... zwei Uhr nachts/morgens ...) [Uhrzeiten nach Mitternacht meist mit Zusatz *in the morning*]
  Jack ***is working nights*** *this week.* (Jack arbeitet diese Woche nachts [= in der Nachtschicht].)
  I ***stayed the night*** *with friends.* (Ich übernachtete bei Freunden.)
  Did you watch that programme about New Zealand ***the other night****?* (... neulich abends ...)

N

nil – nought – oh – zero (null)

- *nil* wird im BE bei Sportergebnissen gebraucht; im AE wird *zero* oder *nothing* verwendet:
  Bayern Munich and Dortmund drew (BE:) ***nil – nil.*** (... spielten unentschieden, null – null.)
  England's cricketers lost the series by three games to (BE:) ***nil.***
  Beim Tennis, Tischtennis und Squash wird „null" aber mit *love* wiedergegeben:
  Becker led (by) three games to love / led three love in the third set. (Becker führte im dritten Satz mit drei zu null.)

- Im BE bezeichnet *nought* die mathematische Zahl 0. Im AE wird *zero* gebraucht:
  The answer to this sum (Rechenaufgabe) *is* (BE:) ***nought.***
  Did he say (BE:) ***nought*** *point seven (= 0.7)?*

- Nicht *nought*, sondern *oh* bzw (meist AE:) *zero* wird beim Aufsagen von Telefonnummern und Kontonummern gebraucht:
  My phone number is ***oh/zero*** *one three* ***oh/zero*** *four, five seven three* ***oh/zero*** *nine (= 01304 – 57309).*
  My account number is four ***oh/zero*** *six three five seven nine (= 4063579).*
  Bei Jahreszahlen und Uhrzeiten mit Minutenangaben wird nur *oh* gebraucht:
  What happened in the year eighteen ***oh*** *five (= 1805)?*
  The train leaves at ten ***oh*** *four (= 10.04).*

- *zero* entspricht sowohl im BE als auch im AE „null" bei Temperaturangaben und wissenschaftlichen Maßangaben:
  The average daytime temperature is ***thirty-five degrees below*** (NICHT: *under*) ***zero*** *(= – 35°) at this time of year.*
  Freezing point is defined as ***zero degrees*** [Plural!] *Celsius.*

no

- **no more** s. **more**

1 ***no – not any / not one / not a* = „kein(e/r/s)"**

- *no* in der Bedeutung „kein(e)" kann als Begleiter vor einem Nomen stehen, jedoch nicht als alleinstehendes Pronomen gebraucht werden. Als Pronomen kommt nur *(not) any, (not) one* oder *none* in Frage:
  I had ***no*** *time. / I did****n't*** *have* ***any*** *time.* [Begleiter]
  *Janet had plenty of time but I did****n't*** *have* ***any*** */ I had* ***none.*** (... aber ich hatte keine.) [Pronomen]
  *I had keys for all the other doors, but there was****n't one / was none*** *for the garage.* (... aber es gab keinen für die Garage.) [Pronomen]
  Der Begleiter *no* ist im Gegensatz zu *not any/a* meist förmlicher.

- *no* wird gegenüber *not a/any* bevorzugt, wenn „kein(e)" im Sinne von „grundsätzlich/überhaupt/durchaus kein(e)" betont werden soll:
  There are ***no*** *exceptions to this rule.* [keine = grundsätzlich keine]
  They had ***no*** *tickets under $80, it's ridiculous.* [keine = grundsätzlich keine]
  I'm sorry, I have ***no*** *time for that today. My diary is completely full up.* [keine = überhaupt keine]
  It was ***no*** *surprise that they lost the election.* [keine = überhaupt/durchaus keine]
  He is ***no*** *newcomer to politics.* (Er ist kein Neuling in der Politik.) [kein = durchaus kein]

- *no* findet sich häufig auf Verbotsschildern:
  No *smoking/parking.*
  No *admittance/entry.* (Zugang verboten)

- *no* und *not a* haben in Sätzen wie den folgenden eine unterschiedliche Bedeutung:
  He's ***not a*** *tennis player, but he does play squash.* [= einfache Feststellung: Er spielt kein Tennis.]
  He's ***no*** *tennis player.* [= Ihm fehlt die Begabung, ein guter Tennisspieler zu sein, er spielt nicht gut.]
  He's ***not a*** *manager, he's just one of the sales staff.* [= einfache Feststellung: Er ist kein Manager.]
  He's ***no*** *manager.* [= Ihm fehlen die notwendigen Fähigkeiten, um eine Führungsposition zu übernehmen.]

- Am Satzanfang kann nur *no*, nicht *not any/a* stehen:
  No *blacks were allowed in white schools.*
  No *item costs more than $10.*

N

2 *no* = „nicht"

- *no* kann anstelle von *not* vor Adjektiven und Adverbien in der Komparativform gebraucht werden. Mit *not* wird einfach ein Sachverhalt verneint, mit *no* wird betont, dass nicht der geringste Unterschied besteht:
  It's ***no/not*** *quick****er*** *by train.*
  It was ***no/not*** *warm****er*** *in the other room.*
  She worked ***no*** *fast****er*** *and* ***no more*** *thoroughly / She did****n't*** *work fast****er*** *or* ***more*** *thoroughly than all her predecessors.*
  not more than + Zahlwort betont stärker als *no more than*, dass eine Anzahl geringer als erwartet ist:
  We were lucky. We were passed by ***no / not more*** *than ten cars before someone stopped.*
  Aber nur: *We tried to phone her* ***no fewer*** (NICHT: *not fewer*) *than ten times.*
  different – ein Adjektiv, das nicht gesteigert werden kann – kann ebenfalls mit *no* gebraucht werden:
  This new system is ***no different*** *from the old one.* (… nicht anders als …)

- Nur *not*, nicht *no*, kann nach *if*, nach *be afraid / fear*, nach *hope*, nach Verben des Anscheins sowie nach Verben des Vermutens, Glaubens, Meinens, Erwartens gebraucht werden:
  *They'll help, and **if not** we'll do it on our own.* (... und wenn nicht/nein ...)
  ***I'm afraid** / **I fear not**.* (Ich fürchte nein.)
  *I **hope not**.*
  *Have they arrived? – **It seems/appears not**.* (Anscheinend nicht/nein.)
  *I **think/expect/believe/imagine/guess/presume/suspect/suppose not**.*

3 *no* + Inversion

- Nach adverbialen Bestimmungen mit *no* am Satzanfang folgt erst ein Hilfsverb, dann das Subjekt:
  ***No sooner had I** got to the front of the queue than* (NICHT: *when*) *they closed for lunch.* (Kaum war ich vorne in der Warteschlange angekommen, als sie Mittagspause machten.)
  ***Under no circumstances can I** accept these terms.* (Unter keinen Umständen kann ich diese Bedingungen annehmen.)
  ***At no time was there** any risk to passengers.*
- Anders verhält es sich bei *no wonder, no matte* und *no doubt*. Hier wird die normale Reihenfolge (Subjekt + Verb) beibehalten:
  ***No wonder he didn't** hear us. (= It's no wonder that ...)*
  ***No matter how hard you train**, it will be very difficult.* (Egal wie hart du trainierst, ...)

noble

⚠ *noble* entspricht „nobel" im Sinne von „selbstlos/gütig", jedoch nicht im Sinne von „teuer/üppig/großzügig":
*It's very **noble** of you to drive us all this way home so late at night.*
Sie führten uns in ein sehr nobles Restaurant. = *They took us to a very **posh** restaurant.*
Er machte/gab immer ganz noble Geschenke/Trinkgelder. = *He always gave very **lavish** presents/tips.*

nobody, no one (niemand)

- Zwischen *nobody* und *no one* (auch mit Bindestrich geschrieben: *no-one*) besteht kein Bedeutungsunterschied. Auch zu *not ... anybody / not ... anyone* besteht kein Bedeutungsunterschied.
- *nobody / no one* und *not ... anybody* können alternativ als Objekt gebraucht werden. Als Subjekt kann aber *not ... anybody* nicht verwendet werden. Nach verneinenden Adverbien wie *hardly* usw. ist jedoch als Subjekt nur *anybody* oder *anyone* möglich:

*I have seen **nobody / no one** all day. / I have**n't** seen **anybody** all day.* [Objekt]
Nobody / No one (*NICHT: Not anybody*) *had arrived when I got there.* [Subjekt]
Hardly anyone *had arrived when I got there.* [Subjekt]

⚠ *nobody / no one* kann nicht vor *of* + (Pro-)Nomen stehen, es sei denn, *of* + Nomen dient als Attribut zu *nobody / no one* (d. h. es könnte z. B. durch einen Relativsatz ersetzt werden):
Niemand von uns hat ihn gesehen. = ***None of*** *us has seen him.*
Niemand von den Männern wollte den neuen Chorleiter. = ***None of*** *the men wanted the new choirmaster.*
Aber: Niemand von seiner Größe könnte da durchsteigen. = ***Nobody / No one of*** *his size* (= *Nobody / no one who is his size*) *could climb through there.*

- Nach *nobody / no one* als Subjekt steht das unmittelbar folgende Verb im Singular. Im Rückbezug werden aber Pluralformen (auch *they, them* und *their*) gebraucht:
  Nobody / No one *listen**s**, **do they**?*
  Nobody / No one *should leave **their** windows open when **they go** on holiday.*

- Auf *nobody / no one* kann ein *to*-Infinitiv mit der Funktion eines Relativsatzes folgen. Der Infinitiv kann aktivischen oder passivischen Sinn haben:
  *There's **nobody / no one to look after** the dog while we're away.* (Es gibt niemanden, der sich ... kümmert/kümmern wird ...)
  *There's **nobody / no one to ask**.* (Es ist niemand da, den man fragen kann/könnte.)

N

noisy ➪ loud

no more ➪ more

none (keine[r/s])

1 Der Unterschied zwischen *none (of)*, *no* und *neither (of)*

- *none* und *no* bedeuten „keine(r/s) von mehreren", im Gegensatz zu *neither*, das „keine(r/s) von zweien" entspricht:
  None *of the towns /* ***No*** *town in that area is very interesting. I've visited them all.* (Keine der Städte / Keine Stadt ...)
  Neither *of the towns in that area is very interesting. I've visited them both.* (Keine der beiden Städte ...)

- Im Gegensatz zu *no*, das nur als Begleiter vor einem Nomen stehen kann, ist *none* ein Pronomen. *none* kann allein im Satz stehen (mit Rückbezug auf ein Nomen) oder vor *of* + Begleiter (Artikel, Possessivbegleiter oder Demonstrativbegleiter) + Nomen bzw. vor *of* + Pronomen:
  No ticket *costs more than $80.* (Keine Karte kostet ...)
  None (of them) *costs more than $80.* (Keine kostet ...)
  None of the/our/these tickets *costs ...* (Keine von den/unseren/diesen Karten kostet ...)

2 *none – nobody – nothing*

- *none* hat eine ähnliche Bedeutung wie *nobody* und *nothing*:
  They invited 20 people but ***nobody/none*** *came.* (... niemand kam / es kamen keine.)
  I bought lots of mineral water but there's ***nothing/none*** *left.* (... nichts/keins ist übrig geblieben.)

⚠ Nur *none*, nicht *nobody* oder *nothing* kann vor *of* stehen:
None of *the people came.* (Keiner/Niemand von den Leuten kam.)
None of *them came.* (Keiner/Niemand von ihnen kam.)
None of *the water is left.* (Nichts von dem Wasser ist übrig.)
None of *it is left.* (Nichts davon ist übrig.)
None of us *can speak French.* (... keiner/niemand von uns ...)
None of this *is true.* (Nichts von alledem ist wahr.)
nobody und *nothing* können nur dann vor *of* + Nominalgruppe stehen, wenn dieses *of* + Nominalgruppe als Attribut dient (d. h. wenn es z. B. durch einen Relativsatz ersetzt werden könnte):
Nobody of *his size* (= *Nobody who is his size*) *could get through that window.*
Nothing of *importance* (= *Nothing that was important*) *was said.*

- *none* (NICHT: *no one / nobody*) wird zusammen mit *other than* in der Bedeutung „kein(e) andere(r) als / niemand anders als" gebraucht:
  She was ***none other than*** *his long lost half-sister Maria.*

3 *none* + Verb im Singular/Plural

- Wenn *none* in Bezug auf ein Nomen im Plural gebraucht wird, kann das Verb im Singular oder Plural stehen:
  None of the trains was/were *on time.*
  The trains were all late. ***None was/were*** *on time.*

4 *none* als Adverb

- *none* wird auch als Adverb („keineswegs / kein bisschen") gebraucht, und zwar vor *too* + Adjektiv/Adverb oder vor *the* + Komparativform:
  We arrived ***none too*** *early/soon.* (Wir kamen kein bisschen zu früh an.)
  I'm ***none the wiser***. (Ich bin um nichts klüger.)
  He's ***none the worse*** *for his night on the mountain.* (Es geht ihm wegen ... kein bisschen schlechter.)

nonsense (Unsinn)

- *nonsense* ist nicht zählbar, kann aber informell im Sinne von „Durcheinander" mit *a* gebraucht werden:
  What (NICHT: *What a*) ***nonsense** he talked!* (Was für einen Unsinn ...)
  *He talked **absolute nonsense**.* (... einen absoluten Unsinn.)
  *I've got all the cables muddled up. Oh **what a nonsense**!* (Was für ein Durcheinander!)
  *The travel agent **made a (real) nonsense** of our holiday bookings – they booked the wrong flight, wrong hotel, wrong dates, everything wrong!*

nor

- Zum Gebrauch von *neither ... nor* s. **neither**.
- Wie *neither* kann *nor* in der Bedeutung „auch nicht" gebraucht werden, und zwar in der Konstruktion *nor* + Hilfsverb + Subjekt (+ Vollverb):
  *He doesn't read much and **nor** do I.* (... und ich auch nicht.)
  *I can't swim but **nor** can David.* (... aber David auch nicht.)
  *I haven't met him and **nor** do I want to.* (... und ich will es auch nicht.)
  *I never listen to sport on the radio, **nor** do I ever watch it on TV.*
  (... und ich schaue ihn auch nie im Fernsehen an.)
- Informell kann *nor* auch ohne Verb gebraucht werden:
  *I don't want to watch this programme. – **Nor I/me**.* [*nor* + Subjekt- oder Objektpronomen]
  Vgl. dagegen den Gebrauch mit *neither*:
  *I don't want to watch that film. – **Me*** (NICHT: *I*) ***neither**.*

N

north, northern, northerly, northbound

1 Groß- und Kleinschreibung

- Die folgenden Hinweise gelten auch für *east, south* und *west* und die entsprechenden Ableitungen (*eastern, easterly* usw.).
  north und *northern* werden als Teil eines Eigennamens *(North America, the North Pole, the North Sea, Northern Ireland)* großgeschrieben. Als Bezeichnung eines geographischen Gebiets werden sie groß- oder kleingeschrieben *(the north/North of England, northern/Northern Italy)*. Großschreibung wird bevorzugt, je mehr das betreffende Gebiet als eine allgemein anerkannte Region für sich angesehen wird. Als allgemeine Richtungsbezeichnungen werden *north* und *northern* kleingeschrieben *(north of New York, in the northern part of Italy)*.

2 *north – northern*

- Der nördliche Teil eines Landes wird in der Regel mit *the north/North of* + Ländername oder *northern/Northern* + Ländername beschrieben.

Im BE haben sich bestimmte Wortverbindungen vor allem in Bezug auf einheimische Regionen etabliert:
*He grew up in **the north of** / in **northern** Brazil.*
*The company has relocated to **the North of England /*** (seltener:) ***northern England.***
*In **the North of Scotland /*** (seltener:) ***northern Scotland** the days are very long in June.*
***The north of Canada / Northern Canada** is a cold place in the middle of January.*
north steht aber auch manchmal allein (ohne *the*, ohne *of*):
*He lives now in **North*** (auch: *northern/the North of*) *Germany.*
***North** Wales /* (selten:) ***northern Wales**.*

- Bei Bundesstaaten und Bundesländern ist der Gebrauch ähnlich:
  *They live in a town in **the north of** / in **northern** Wisconsin.*
  *I come from **the north of / northern / north** Bavaria.*
  Im BE wird bei einheimischen Grafschaften *North* bevorzugt:
  *It's a village in **North** Kent.*

- Bei Städtenamen kann der nördliche Teil als *the north of / the northern part of* bezeichnet werden:
  *They've got a house in **the north of / in the northern part of** Hamburg.*
  (... im Norden / im nördlichen Teil von Hamburg.)
  *That's an area in **the north of / in the northern part of** New York.*
  (... im Norden von New York.)
  north (ohne *the* und ohne *of*) ist ebenfalls möglich und wird im BE in Bezug auf einheimische Großstädte bevorzugt:
  *They live in **north London**.*

⚠ Bei Begriffen wie *town/city/county/state* (im Gegensatz zu den Eigennamen solcher Gebiete) kann nur *in the northern part of* gebraucht werden:
Das Stadium liegt im Norden der Stadt. = *The stadium is **in the northern part of the town/city**.*

- Weitere Wendungen mit *north* und *northern*:
  *The stadium is **to the north of** the town.* (... liegt nördlich der Stadt.)
  *The countryside **to the north*** [mit Artikel!] *is very beautiful.* (Die Landschaft nach [dem] Norden [zu] ...)
  *There's a cold wind **from the north*** [mit Artikel!]. (... von Norden.)
  *The room **faces north**.* (... liegt nach Norden.)
  *We drove **north**.* (Wir fuhren nach Norden.)
  *The countryside in **the far north** is very barren.* (... im hohen Norden ...)

3 *northerly, northbound*

- *northerly* entspricht „nördlich" im Sinne von „in nördliche(r) / aus nördlicher Richtung". *northbound* entspricht ebenfalls „in nördliche(r) Richtung" (aber nicht „aus nördlicher Richtung"!) und wird in Bezug auf Verkehrsmittel gebraucht:
  *There's a cold **northerly** wind today.* (... Nordwind / Wind aus dem Norden.)
  Vgl.: *There's a cold **north wind** today.*

*The **most northerly** islands have been rarely visited.*
*We walked **in a northerly direction**.* (… in nördliche Richtung.)
*There are no **northbound** trains today because of the snow.* (… Züge in Richtung Norden …)
*The **northbound** carriageway was blocked by an accident.* (Die Fahrbahn nach Norden …)

not

1 *not* vor Infinitiv, *gerund* und Partizip

- *not* steht vor einem *to*-Infinitiv, *gerund* oder Partizip:
  *The decision **not to** invite him was unanimous.*
  *Tell her **not to** come before six.*
  *I cycle to work **not to** keep fit but because it's actually quicker.*
  ***Not** hav**ing** to get up so early is very nice.*
  *I suggested **not** rent**ing** it but buying it.* (Ich schlug vor, es nicht zu mieten, sondern zu kaufen.)
  ***Not** hav**ing** visited the place before, I was really quite surprised.* (Da ich den Ort noch nie besucht hatte, war ich … überrascht.)
  ***"Not needed"** was the verdict.* („Wird nicht benötigt" lautete das Urteil.)

2 „nicht" bei Verben des Denkens, Vermutens, Glaubens, Erwartens und des Anscheins

- In Kurzrepliken können Aussagen wie „Ich glaube nicht" auf zweierlei Art wiedergegeben werden: *I don't think so* oder *I think not*. Letztere Form ist eher förmlich/schriftsprachlich:
  *Will they be coming to the meeting? – I do**n't think/expect/suppose/ imagine so**.*
- „Es scheint nicht so / Anscheinend nicht" wird informell mit *it doesn't seem like it*, schriftsprachlich mit *it seems not* wiedergegeben:
  *Will they be coming? – It does**n't seem like it**.*
- Dagegen ist nur *not* möglich bei *guess* (AE: „denken/glauben"), *hope* und *be afraid*:
  *Will they be coming? – I **guess / hope / am afraid not**.*

note – notice [Nomen]

- Zu den Verben *note, notice* s. nächsten Eintrag.
- Das Nomen *note* entspricht „Notiz, Zettel, (Geld-)Schein, (Musik-)Note/ Ton", jedoch nicht „Schulnote". „Schulnote" wird mit *mark* oder *grade* wiedergegeben – s. **mark**:
  *I listened carefully and made/took (some) **notes**.* (Notizen)
  *Anne left me a **note** to say she would be home late.* (Zettel)

N

*He had $1000 in new **notes**. Most of them were $50 **notes**.* (Scheine)
*This **note** here is a C not a D. Play the song again.* (Note)
*As you get older it's more difficult to sing high **notes**.* (Töne)
„(Musik-)Noten" (Plural) im Sinne von Papier, auf dem ein Musikstück in Notenform geschrieben ist (Partitur), wird mit *music* wiedergegeben:
*The piano teacher wasn't very pleased because I'd left my **music** at home.*

- *notice* bezeichnet ein Schild, einen Zettel oder Anschlag an einem öffentlichen Ort, der Informationen und Anweisungen enthält:
  *There was a handwritten **notice** on the door saying that the German class had been cancelled because the teacher was ill.*
  *I spent the time reading all the **notices** on the notice board.*
  *At the entrance to the park there was a big **notice** saying that dogs were not allowed in.*

- Wendungen mit *notice*:
  *That made him **sit up and take notice**, I can tell you.* (Das ließ ihn aufhorchen ...)
  *She **took no notice** / did**n't take any notice of** me.* (Sie beachtete mich nicht.)
  *I've got a new job. **I'm handing in / giving in my notice** tomorrow.* (Ich reiche meine Kündigung morgen ein.)

(to) **note** – (to) **notice** – (to) **realize**

1 Bedeutungsunterschiede

- *note* entspricht „bemerken und sich merken" im Sinne von „mit den Sinnen wahrnehmen und bewusst im Gedächtnis verankern". *notice* entspricht „bemerken" im Sinne von „entdecken/wahrnehmen":
  *When we viewed the house, I **noted** (= made a mental note of) all the things I wanted to ask the agent about afterwards.*
  *Suddenly I **noticed** that he was crying.*
  *Did you **notice** his funny shoes?*

- *note* und *notice* können beide in der Bedeutung „beachten (= zur Kenntnis nehmen)" gebraucht werden, aber nur *note* in der Bedeutung „beachten und daran denken":
  ***Note/Notice** the way she reveals her love in this short piece of dialogue.*
  *Please **note** (NICHT: notice): no dictionaries may be used in tomorrow's test.*

- *note* hat noch folgende weitere Bedeutungen:
  - „erwähnen/zur Kenntnis bringen": *In his speech, the headmaster **noted** that the school swimming team had taken part successfully in a national competition.*
  - „(schriftlich) notieren": *I **noted** (down) the number plate on a piece of paper after the car drove off.*

- *realize* entspricht „merken" im Sinne von „sich geistig (nicht mit den Sinnen) bewusst werden" (Näheres s. **realize**):
  *It was only later that I **realized** I didn't know the address.*
  *Do you **realize?** Little Jamie has just spoken his first three-word sentence.*

2 Konstruktionen mit *(to) notice* (Konstruktionen mit *realize* s. **realize**)

- *notice* wird nicht in der Verlaufsform gebraucht:
  *I **noticed** (NICHT: was noticing) the clock.*

⚠ Auf *notice* kann ein (Pro-)Nomen + *-ing*-Form oder ein (Pro-)Nomen + Infinitiv ohne *to* folgen (zum Unterschied vgl. **hear** Abschnitt 4).
Zu beachten ist aber, dass (im Gegensatz zu *hear) notice* + *-ing*/Infinitiv nicht im Passiv gebraucht werden kann:
*I **noticed the bells ringing**.*
*I **noticed a car go past**.*
Sie wurde gehört, als sie die Tür aufmachte. = *She **was heard opening / to open** the door.*
Sie wurde bemerkt, als sie die Tür aufmachte. = *She **was noticed as she opened** the door (NICHT: was noticed opening/to open the door).*

nothing (nichts)

⚠ *nothing* kann nicht vor *of* + (Pro-)Nomen stehen, es sei denn, die *of*-Fügung dient als Attribut (d. h. sie könnte z. B. durch einen Relativsatz ersetzt werden):
Nichts davon ist wahr. = ***None of** it is true.*
Nichts von dem Wein ist übrig geblieben. = ***None of** the wine is left.*
Nichts von Bedeutung ist gesagt worden. = ***Nothing of** importance (= Nothing that was important) was said.*

- Im Rückbezug auf *nothing* wird in Kurzantworten *it*, als Relativpronomen *that* gebraucht:
  ***Nothing** can go wrong, can **it**?*
  ***Nothing that** (NICHT: which/what) I've heard today makes me want to change my mind.*

- Auf *nothing* kann ein (aktiver) *to*-Infinitiv in Relativsatzfunktion folgen:
  *There's **nothing to** read.* (... nichts zu lesen.)
  *There's **nothing to** listen to.* (... nichts, das man sich anhören könnte.)
  Bei dem Verb *do* kann ein aktiver und passiver Infinitiv mit unterschiedlicher Bedeutung gebraucht werden:
  *It's so boring here. There's **nothing to do**.* (Es gibt nichts zu tun.)
  *We can't get out of the house. But there's **nothing to be done** (about it). We'll just have to wait till the snow stops.* (Da kann man nichts machen. / Man kann nichts dagegen tun.)

- Wendungen:
  ***There's nothing like** a nice glass of wine to finish off the evening.*
  (Es geht nichts über ...)

N

There's ***nothing to it****. Any child can do it.* (Da ist nichts dabei. / Das ist ganz einfach.)
The plan sounded great. But many investors soon discovered that there was ***nothing to it****.* (... dass nichts daran war.)
This pizza is ***nothing like as*** *good* ***as*** *the one they do at Mario's.* (... längst nicht so gut wie ...)
We'll have to eat spaghetti and honey. There's ***nothing else****.* (Es gibt nichts anderes /sonst nichts.)
There's ***nothing*** *in the flat now* ***but*** *a few books /* ***other than*** *a few books.* (... nichts ... außer/als ...)
We did ***nothing but / nothing other than*** *sleep for the first two days.*
Vgl. dagegen die Wiedergabe von „nichts anderes als", wenn „als" einen Infinitiv einleitet:
Wenn sie ihm die Miete so drastisch erhöhen, ist das nichts anderes als ihn auf die Straße zu setzen. = *If they raise his rent so drastically, it's* ***the same as*** */ it's* ***no different than*** */ it's* ***no different from*** *throwing him out on the street.*

⚠ Ich mache mir nichts aus Pizza. = ***I'm not very fond of / keen on*** *pizza*

nought ⇨ nil

novel (*nicht* Novelle, *sondern* Roman)

- *novel* entspricht „Roman"; „Novelle" wird mit *short novel* oder *short story*, gelegentlich auch mit *novella* wiedergegeben:
  She only ever wrote ***short stories / short novels****, she never wrote a really long* ***novel****.*

now (nun, jetzt)

- Einige Wendungen:
  We're having a lot of rain ***just/right now****.* (... gerade / im Moment ...)
  Where's Jim gone? He was here ***just now****.* (Er war eben noch hier.)
  From now on *we'll be able to see each other every week.*
  (Von nun an [= in Zukunft] ...)
  The train leaves (in) ***an hour from now*** (NICHT: *from now on*).
  (... in einer Stunde [= von jetzt an gerechnet] ...)
  They should have been here ***by now****.* (Sie hätten schon längst hier sein müssen.)
  *I haven't seen him for over a week (****now****).*
  (Every) Now and then / (Every) Now and again *we have a clear-out and throw out all the old newspapers and magazines.* (Hin und wieder ...)
  I'm expecting to hear from them ***any minute / any day / any time (now)****.*
  Now (that) *summer's coming, the children are playing outside more.*
  (Jetzt wo ...)

nowadays (heutzutage, *nicht* heutig)

- *nowadays* ist ein Adverb mit der Bedeutung „heutzutage".
  „heutig" wird mit *today's* wiedergegeben:
  ***Nowadays** tourists come and spend more money but don't stay as long.*
  (Heutzutage kommen die Touristen ...)
  ***Today's** tourists come and spend more money but don't stay as long.*
  (Die heutigen Touristen ...)

nowhere (nirgends/nirgendwo)

- Wenn *nowhere* am Satzanfang steht, folgt ein Hilfsverb, dann erst das Subjekt:
  ***Nowhere have I** heard such nonsense!*
  ***Nowhere does it** seem to rain so often on a Sunday!*
- Im Rückbezug auf *nowhere* werden die Pronomen *it* und, im Relativsatz, *that* (nicht *which*) verwendet:
  ***Nowhere** would be a better place for the photo than here, would **it**?*
  *It's **nowhere (that)** I know.*

number (Zahl, Anzahl)

N

- Auf *a number of* und *numbers of* folgt ein Verb im Plural, auf *the number of* aber im Singular:
  ***A number of** people **have** said they will not be coming.* (Eine Anzahl von Personen hat / Mehrere Personen haben gesagt ...)
  ***A number /** Large **numbers of** houses **are** without water and electricity.*
  ***The number of** cars on our roads **is** increasing all the time.*
- Sonstige Besonderheiten und Wendungen:
  *A **large/small** (NICHT: big/little) **number** of tickets are left.*
  *Foreign students are relatively few **in** (NICHT: in the) **number**.*

⚠ Haben Sie Vergleichszahlen? = *Have you got any comparative **figures**?*

obedience(Gehorsam), obedient (gehorsam), (to) obey (gehorchen)

- Auf *obedience* und *obedient* folgt die Präposition *to*, auf das Verb *obey* dagegen ein normales direktes Objekt. *obey* ist deshalb auch im Passiv mit persönlichem Objekt möglich:
  *Their **obedience to** their leader was frightening.* (Ihr Gehorsam ihrem Anführer gegenüber ...)
  *They were **obedient to** him whatever he told them to do.*
  *They **obeyed him. He was** always **obeyed**.* (Ihm wurde immer gehorcht.)

(to) **object** (etwas dagegen haben / protestieren / einwenden)

- Auf *object* kann *to* + *-ing*-Form, aber kein *to*-Infinitiv folgen. *to* ist eine Präposition, deshalb ist der Infinitiv nicht möglich:
  *She **objected to** work**ing** on Saturday evening.* (Sie hatte etwas dagegen, ... zu arbeiten.)
  *He **objected to me/my** be**ing** paid more.* (Er protestierte dagegen, dass mir mehr bezahlt wird/wurde.)
- In der Bedeutung „etwas dagegen haben / dagegen protestieren" kann ein *that*-Satz an *object* nur in einer Verbindung mit einem Ausdruck wie *the fact* angeschlossen werden. In der Bedeutung „einwenden (= einen Einwand äußern)" kann ein *that*-Satz direkt auf *object* folgen:
  *He **objected to the fact that** I was paid more,*
  *When he talked to the manager, he **objected that** his qualification was just as good as mine.*

obvious (offenkundig)

- Auf *obvious* folgt als Präposition nur *to*, nicht *for*:
  *It was **obvious to** everybody that ...* (Es war für alle offensichtlich ...)

occasion ⇨ **possibility**

occupation ⇨ **job**

of

- Zum Gebrauch von *of* in Verbindung mit *all, half, both* und *own* s. die entsprechenden Einträge.

1 *of* zum Ausdruck von Besitz und Zugehörigkeit

- *of* wird gebraucht, um Besitz oder Zugehörigkeit bei Dingen auszudrücken:
  *What's the name **of** the hotel?*
  *The front wall **of** the house is covered with roses.*
- Neben dem *s*-Genitiv wird *of* auch zum Ausdruck von Besitz und Zugehörigkeit bei Menschen verwendet. Es lassen sich nur schwer genaue Regeln hierfür aufstellen (allgemeine Richtlinien s. jede gute Grammatik). In den nachfolgenden zwei Abschnitten werden zwei Details herausgegriffen.

- Bei Adjektiven, die als Nomen gebraucht werden, wird *of*, nicht *s'*, gebraucht, um Besitz/Zugehörigkeit auszudrücken:
  *This is the fate **of the unemployed*** (NICHT: *the unemployeds' fate*). (... das Schicksal der Arbeitslosen.)
  *The names **of the injured*** (NICHT: *The injureds' names*) *have been withheld.* (Die Namen der Verletzten sind verschwiegen worden.)
- *of* + Nomen oder *of* + Pronomen im Objektfall (z. B. *of me* oder *of Ann*) kann nicht gebraucht werden, um Besitz/Zugehörigkeit bei Menschen auszudrücken. Stattdessen folgt auf *of* ein Possessivpronomen *(of mine)* oder ein *s*-Genitiv *(of Ann's)*:
  *That new car **of yours*** (NICHT: *of you*) *– how much did it cost?*
  *She's a neighbour **of Ann's*** (NICHT: *of Ann*) / ***of my sister's*** (NICHT: *of my sister*).
  Die Konstruktion *of* + Possessivpronomen/Genitiv kann nicht nach bestimmtem Artikel + Nomen stehen:
  Der Bruder von ihm ist derjenige, der das Restaurant besitzt. = ***His brother*** (NICHT: *The brother of his*) *is the one who runs the restaurant.*
  Hast du das neue Auto von Bernd gesehen? = *Have you seen **Bernd's new car*** (NICHT: *the new car of Bernd's*)*?*

2 *of*, um etwas näher zu bestimmen

- *of* steht zwischen zwei Nomen, von denen das erste eine Mengen- oder Maßeinheit bezeichnet. Im Deutschen steht keine Präposition dazwischen:

*a pound **of** beef*	*a glass **of** wine*	*a piece **of** paper*
*a litre **of** diesel*	*a drop **of** water*	*a group **of** students*

  Aber ohne *of*: *a dozen eggs*

O

- *of* wird gebraucht, um einen Betrag, eine Zahl oder eine Altersangabe zu präzisieren:

*a sum **of** $55 000*	*at a cost **of** $6000* (zum Preis von $ 6000)
a donation (Spende) ***of** $50*	*at the age **of** 19*

⚠ *of* wird zwischen eine allgemeine Ortsbezeichnung wie *city* und *island* und einen Eigennamen eingeschoben:
*the city **of** Boston* (die Stadt Boston)
*the island **of** Madagascar* (die Insel Madagaskar)
*the village **of** Hazlemere* (das Dorf Hazlemere)
of wird vor Ortsnamen auch in der Verbindung *battle of* + Eigennamen gebraucht:
*the **Battle of** Hastings* (die Schlacht von/bei/zu Hastings)

- *of* wird in der Verbindung *the month of* + Monatsname verwendet. Auch beim Nennen des Datums wird *of* + Monatsname benutzt:
  *the **month of** June* (der Monat Juni)
  *"It's the sixth **of** June today."* [Geschriebene Form ohne *the* und *of*: *It's 6th June today.*]
- *of* wird in Verbindung mit diversen Nomen gebraucht, um sie näher zu bestimmen, wo im Deutschen ein Kompositum oder aber eine andere Präposition gebraucht wird. Hier eine Auswahl:

a letter of application/thanks (ein Bewerbungs-/Dankschreiben)
a book ***of*** *crosswords* (ein Buch mit Kreuzworträtseln)
a list ***of*** *names* (eine Namensliste)
a change of direction (ein Richtungswechsel)
a ***make of*** *car* (eine Automarke)
a ***shout of*** *joy* (ein Freudenschrei)
the ***defeat of*** *Troy* (der Sieg über Troja)
a ***member of*** *a club* (ein Mitglied in einem Verein)
a ***mixture of*** *oil and petrol* (eine Mischung aus ...)
a ***tour of*** *Berlin* (eine Rundfahrt durch Berlin)
He made me ***a present of*** *his old camera.* (Er machte mir seine alte Kamera zum Geschenk.)

⚠ eine der schönen alten Städte Südenglands = *one of the nice old towns* ***in*** *Southern England* [Ländernamen mit *in*]
die größte Stadt Europas / der Welt = *the biggest city* ***in*** *Europe /* ***in*** *the world* [Superlativ + *in* + Gebiet]
ein Buch/Film/Theaterstück/Gemälde/Musikstück von jdm. = *a book/film/play/painting/piece of music* ***by*** *s.o.*
(Aber: die gesammelten Werke von Shakespeare = *the complete works* ***of*** *Shakespeare*)

3 Adjektiv + *of*, Verb + *of*

- *of* steht in Verbindung mit einigen prädikativ gebrauchten Adjektiven, z. B.:
be afraid/frightened/scared of s.th. (Angst vor etwas haben)
be ashamed of s.th. (sich wegen etwas schämen)
be (un)aware of s.th. (sich einer Sache [nicht] bewusst sein)
be (in)capable of s.th. ([un-]fähig zu etwas sein)
be (un)certain/(un)sure of s.th. (sich einer Sache [un]sicher sein)
be (un)conscious of s.th. (sich einer Sache [nicht] bewusst sein)
be (un)critical of s.th. ([un]kritisch gegenüber einer Sache sein)
be envious/jealous of s.o. (eifersüchtig auf jdn. sein)
be fond of s.o. (jdn. mögen)
be free of s.th. (frei von etwas sein)
be full of s.th. (voll von etwas sein)
be guilty of murder/... (des Mordes/... schuldig sein)
be ignorant of s.th. (einer Sache unkundig sein)
be independent of s.th. (von etwas unabhängig sein)
be nervous of s.th. (wegen etwas nervös sein)
be proud of s.o. (stolz auf jdn. sein)
be sceptical of s.th. (einer Sache gegenüber skeptisch sein)
be scornful of s.o. (jdn. verspotten)
be short of s.th. (knapp an etwas sein)
be (in)tolerant of s.o. (jdm. gegenüber [in]tolerant sein)
be typical of s.o. (typisch für jdn. sein)
be wary of s.o. (sich vor jdm. hüten)
be weary of s.th. (einer Sache müde sein)

- *of* wird in Verbindung mit bestimmten Verben gebraucht:
  accuse s.o. of s.th. (jdn. wegen etwas anklagen / jdn. einer Sache beschuldigen)
  (dis)approve of s.th. (etwas [miss]billigen)
  assure s.o. of s.th. (jdn. einer Sache versichern)
  boast of s.th. (sich einer Sache rühmen / wegen etwas prahlen)
  cheat s.o. (out) of s.th. (jdn. um etwas betrügen)
  complain of s.th. (sich wegen etwas beschweren)
  consist of s.th. (aus etwas bestehen)
  convince s.o. of s.th. (jdn. von etwas überzeugen)
  cure s.o. of s.th. (jdn. von etwas heilen)
  deprive s.o. of s.th. (jdm. etwas vorenthalten / jd. einer Sache berauben)
  despair of doing s.th. (die Hoffnung verlieren, etwas zu tun)
  die of s.th. (an etwas sterben)
  dream of s.th. (von etwas träumen)
  hear of s.th. (von etwas hören)
  inform s.o. of s.th. (jdn. über etwas informieren / wegen etwas verständigen)
  learn of s.th. (von etwas erfahren)
  notify s.o. of s.th. (jdm. etwas mitteilen)
  remind s.o. of s.th. (jdn. an etwas erinnern)
  smell of s.th. (nach etwas riechen)
  speak of s.o./s.th. (von jdm./etwas sprechen)
  taste of s.th. (nach etwas schmecken)
  think of s.o./s.th. (an jdm./etwas denken / sich eine Sache überlegen)
  warn s.o. of s.th. (jdn. vor etwas warnen)

O

off ⇨ from

offensive (meist *nicht* „offensiv“, *sondern* „beleidigend/anstößig“)

- *offensive* wird meist in der Bedeutung „beleidigend/anstößig“ verwendet:
  *His remarks about Blacks were extremely **offensive**.*
  *Some people think the way Madonna behaved was crude and **offensive**.*
  offensive kann auch in der Bedeutung „Angriffs-/offensiv“ gebraucht werden (z. B. *offensive weapons* = „Angriffswaffen“), wird aber wegen der Doppeldeutigkeit in der Regel nur auf kriegerische Zusammenhänge angewandt:
  *The army took up **offensive** positions.* (... Angriffsstellungen ...)
  *The advertising campaign was conducted **aggressively**.* (Die Werbekampagne wurde offensiv geführt.)

(to) **offer**(anbieten), **offer** (Angebot)

1 ***(to) offer***

- *offer* gehört zu den Verben, die zwei Objekte haben können:
  She was cold so I ***offered her my coat.***
  I offered it (to) her / offered her it.
  Passivsätze mit persönlichem Subjekt sind möglich:
  I've been offered *the job.* (Mir ist die Stelle angeboten worden.)

⚠ Auf *offer* kann ein *to*-Infinitiv folgen, aber nicht zusammen mit einem indirekten Objekt. Ein *that*-Satz kann nicht folgen:
Er bot uns an, Anna vom Bahnhof abzuholen. = *He* ***offered*** (*NICHT: He offered us*) **to** *meet Anna at the station.*
Er bietet (uns) an, dass er Anna vom Bahnhof abholt. = *He****'s offering to*** *meet Anna at the station.*

2 Das Nomen ***offer***

- Präposition:
  What's ***on offer*** *this week? (...* im Angebot?)

⚠ „Angebot" im Sinne der Waren/Dienstleistungen, die zum Kauf angeboten werden, kann nicht mit *offer* wiedergegeben werden:
Das Angebot in den Geschäften dort ist schlecht. = ***What's on offer / The range of goods (on offer) / The selection of goods (on offer)*** *in the shops there ...*

office (Büro)

- Der Gebrauch der Präpositionen *at* und *in* bei *office* richtet sich danach, ob mit Büro der Arbeitsplatz *(at the office = at work)* oder ein bestimmtes Zimmer gemeint ist:
  I was ***at the office*** *when the explosion took place.* (... im Büro ... [= am Arbeitsplatz])
  I was ***in the*** *upstairs* ***office*** *when the explosion took place.* (... im oberen Büro ... [= in jenem Raum])
- „nicht im Büro" im Sinne von „außer Haus" kann jedoch mit *not at* oder *not in the office* ausgedrückt werden:
  I'm ***not at/in the office*** *tomorrow / I'm* ***out of the office*** *tomorrow.*
  (... nicht im Büro. [= außer Haus])
  „außer Haus" kann nicht mit *out of the house* ausgedrückt werden.

old – elderly – aged (alt)

- Zum Gebrauch von **elder, eldest** s. entsprechenden Eintrag.
- *old* ist das allgemein gebräuchliche Wort für „alt", klingt aber in Bezug auf Menschen oft etwas plump. *elderly* („ältere[r/s]") oder *aged* („alt/

ältere[r/s]") ist höflicher. *aged* ist recht förmlich; es wird (in dieser Bedeutung) als zwei Silben ausgesprochen ['eɪdʒɪd]:
*Jackie's father is, er, quite an **elderly** man, isn't he, Jackie?*
*Jenkinson had an **aged*** ['eɪdʒɪd] *mother, whom he visited every Sunday afternoon.*
the old, the elderly und *the aged* (zwei Silben) können alle als Nomen gebraucht werden. Weitere Einzelheiten vgl. **the,** Abschnitt 1:
*They organize special holidays for **the old/elderly/aged**.*

- Wendungen mit *old*:
  *a fifty-year-**old** man* [zwei Bindestriche; *year* Einzahl, nicht *years*]
  ***Old age** is when many people feel very lonely.* (Das [hohe] Alter ...)
  in the old days (früher)
  in (the) olden days** / **in olden times (in alten Zeiten)
  *I need a container of some kind. **Any old** cup or glass **will do**.* (Irgendeine Tasse oder irgendein Glas genügt.)

⚠ Sie sind gleich alt. = *They're **the same age**.*

oldtimer (*nicht* Oldtimer, *sondern* alter Knabe/Mann)

- *oldtimer* kann im Englischen nur einen Menschen bezeichnen. Das deutsche Wort „Oldtimer" entspricht *veteran/vintage car*.
  *We met an **oldtimer** who lived in a log cabin up in the hills.* (... einen alten Knaben/Mann ...)
  *It's an expensive hobby to own a **veteran/vintage car**.* (... einen Oldtimer ...)

O

(to) **omit** (unterlassen)

- Auf *omit* kann ohne wesentlichen Bedeutungsunterschied ein *to*-Infinitiv oder eine *-ing*-Form folgen:
  *I'm afraid I **omitted to** inform / inform**ing** them of the meeting.*

on

- *on* in Ortsbestimmungen s. **at**, Abschnitt 1.

1 *on* in Zeitbestimmungen

<u>1.1 *on* = „an/zu"</u>

- *on* wird in Verbindung mit folgenden Zeitbestimmungen gebraucht:
  – Datum: ***on** 6th June* (gesprochen: ***on** the sixth of June*)
  – Wochentage: ***on** Tuesday, **on** Tuesdays, **on** Tuesday morning/afternoon/evening, **on** Tuesday 6th June*

- näher bestimmte Tageszeit: ***on** the morning of 17th June, **on** that afternoon, **on** the following day, **on** the next evening* (aber nicht näher bestimmt: ***in** the morning/afternoon/evening*)
- Fest- und Feiertage: ***on** Alan's birthday, **on** their wedding anniversary, **on** Christmas Day* (aber: ***at** Christmas*), ***on** Easter Monday* (aber: ***at** Easter*)

- *on* kann nicht in Verbindung mit *this, next* and *last* gebraucht werden: *We meet/met **this/next/last Tuesday.*** (... an diesem / am nächsten / am letzten Dienstag.)

1.2 *on = after*

- *on* + *-ing*-Form wird wie *after* + *-ing*-Form verwendet. Es kann die einfache *-ing*-Form oder Perfekt-*ing*-Form gebraucht werden:
  ***On**/After find**ing** out, we decided to take legal action.* (Als wir es herausfanden, entschlossen wir uns, rechtliche Schritte zu unternehmen.)
  ***On**/After **having heard** the news, I decided to phone Jack's parents.*
  [s. auch **in,** Abschnitt 5]

- Auch zusammen mit bestimmten Nomen wird *on* in der Grundbedeutung *after* gebraucht:
  ***On** my **arrival/departure/return** I found she had changed.* (Bei/Nach meiner Ankunft/Abreise/Rückkehr ...)
  ***On the death of** her father she sold the house.* (Nach dem Tod ...)
  ***On completion of** the project ...* (Bei Abschluss/Beendigung des Projekts ...)
  ***On presentation of** their results, the two scientists were invited to take part in a discussion on TV.* (Bei/Nach Vorstellung ihrer Ergebnisse ...)

2 Andere Grundbedeutungen von *on*

2.1 *on* = „über"

- *I think she has written **a book on** the subject.* (... ein Buch über das Thema ...)
  *There's **a long article on** the history of the region.* (Es gibt einen ... Artikel über ...)
  *She is going to **lecture on** Roman history.* (Sie wird einen Vortrag/Vorträge über ... halten.)
  *I sat and **meditated/reflected on** the strange things that had happened to me.* (... und dachte über ... nach ...)
  *She **reported on** the conflict in Bosnia.* (Sie berichtete über ...)
  *She **speculated on** the significance of this change in his routine.* (Sie dachte über ... nach.)
  Zum Unterschied zwischen *on* und *about*, wenn über das Thema eines Buchs/Artikels/Vortrags usw. gesprochen wird, s. **about**.

2.2 *on* drückt ein Abhängigkeitsverhältnis aus

- *on* wird gebraucht, um auszudrücken, dass jemand oder etwas eine Sache benötigt, um zu überleben oder zu funktionieren, oder dass etwas regelmäßig konsumiert wird oder als Einkommensquelle dient:
  *His family is **dependent on** the money he sends home each month.* (... abhängig von ...)

*We **lived/fed on** nuts and berries.* (Wir ernährten uns von ...)
*We **survived on** nuts and berries.* (Wir überlebten mit ...)
*This machine **runs on** electricity.* (... läuft mit Strom.)
***I'm on a diet**.* (Ich mache Diät.)
*He**'s on drugs**.* (Er ist rauschgiftsüchtig. / Er nimmt Medikamente.)
*She's **on the dole / on unemployment benefit**.* (Sie lebt von Arbeitslosengeld/Arbeitslosenhilfe.)
*People **on a big salary** and workers **on low wages** lead very different lives.*
*Janet **is on a scholarship**.* (Janet hat ein Stipendium.)

2.3 *on* bei Medien

- *on* wird in Verbindung mit Medien gebraucht, um auszudrücken, dass jemand die Kommunikationsmöglichkeiten nutzt, oder aber dass etwas in dem Medium geboten wird oder gespeichert ist:
  *Jack's **on the telephone**.*
  *Are you **on the Internet**?* (Hast du Zugang zum Internet?)
  *Which computer **network** are you **on**?*
  *What's **on this disc/CD/cassette**?*
  *What's **on (the) TV / the radio** this evening?*

2.4 *on* bei Verkehrsmitteln

- *on* wird in Verbindung mit Verkehrsmitteln (v.a. öffentlichen) gebraucht (s. auch Eintrag **get in**):
  *I was **on the train/plane/bus/ship** when I suddenly had an idea.*
  *I went there **on foot / on horseback / on the train / on the bus / on my bike**.*
  *She wasn't **on the flight**.*
  *Which **train** is she coming **on**?*
  *Have you ever been **on Concorde / the ICE / a cruise ship**?*
  Aber: *Have you ever been **in a helicopter**?*
  *I **was** just **getting on the bus/train/plane/ship** when ...*
  Aber: *I was just **getting in the car/taxi/van** when ...*

2.5 *on*, um die Teilnahme an etwas auszudrücken

- *on* wird in Verbindung mit Reisen, Besuchen und Kursen gebraucht, die man unternimmt bzw. an denen man teilnimmt:
  *I was/went **on a trip / journey / flight / voyage / expedition / cruise*** (Kreuzfahrt) ***/ visit** to Hong Kong some years ago.*
  *We went **on a long walk / run / drive**.*
  *She's **on a** three-year **course** to retrain as a nurse.*

2.6 *on* bei Verletzungen

- *on* wird in Verbindung mit Verben des Verletzens auf zweierlei Weise gebraucht. *on* kann den verletzten Körperteil oder aber den Gegenstand einleiten, an dem jemand sich verletzt:
  *I **cut / hurt / injured / bashed myself on the nose**.* (... an der Nase.)
  *I **cut / hurt / injured / bashed myself on the door handle**.* (... am Türgriff.)

O

2.7 *on*, um Mitgliedschaft usw. auszudrücken

- *on* wird mit bestimmten Nomen gebraucht, um auszudrücken, dass jemand Mitglied in einer Gruppe oder Organisation ist:
  *She's **on the staff** at the new hospital / school / the big insurance company / Lloyd's Bank.* (Sie arbeitet in/bei ...)
  *He's (a reporter) **on the Times**.* (... bei der Times.)
  AE: *I was **on the** hockey **team** when I was at highschool.* [BE: *in the hockey team*]

3 Das Adverb *on*

- *on* wird – oft in Verbindung mit Verben – im Sinne von „weiter/voran" gebraucht:
  *I'll see you **later on**.*
  *... shoes and boots **and so on**.*
  *They just **carried/kept on** smok**ing**.* (Sie rauchten einfach weiter.)
  *How **are** you **getting on** with that letter?* (Wie kommen Sie ... voran?)
  *She **lived on** in the old house alone.*
  *We decided to **walk/drive/fly/move on**.*

- *on* hat nach *be* diverse Bedeutungen, z. B.:
  *What**'s on**?* (Was kommt [= im Fernsehen/Radio/Kino]?)
  *The TV **was on** from morning to night.* (Der Fernseher lief ...)
  *The lights/brakes **were on**.* (... waren an/angezogen.)
  *The Frankfurt Book Fair **is on** this week.* (... findet ... statt.)

4 *on* in Verbindung mit bestimmten Nomen, Verben und Adjektiven

4.1 *on* + Nomen

on average (im Durchschnitt)
on business (geschäftlich)
on condition that (unter der Bedingung, dass)
on the contrary (im Gegenteil)
be on display (ausgestellt sein)
be on duty (Dienst haben / im Dienst sein)
be on fire (in Brand sein / brennen)
be on guard (Wache haben)
on hand (zur Hand)
on the one hand ... on the other hand ... (einerseits ... andererseits...)
on holiday / on leave (in Urlaub)
be on the increase/decrease (zu-/abnehmen)
be on (special) offer (im Angebot sein)
on principle (aus Prinzip / grundsätzlich)
on purpose (absichtlich)
on request (auf Anfrage/Wunsch)
be on sale (zum Verkauf angeboten werden)
on strike (im Streik)
on time (rechtzeitig)
on the whole (im Großen und Ganzen)

4.2 Nomen + *on*

advice on [what to do] (Rat/Ratschläge [was man tun soll])
agreement on (Vereinbarung über/zu)
attack on (Angriff auf)
ban/boycott/embargo on ([Import- usw.]Verbot für / Boykott gegen / Embargo für)
effect on (Wirkung auf)
emphasis on (Betonung auf)
improvement on [yesterday] (Verbesserung gegenüber [gestern])
information on (Auskünfte/Informationen über/zu)
judgement/verdict on (Urteil über)
limit/restriction on (Beschränkung für)
opinion on (auch: *about*) (Meinung zu)
outlook on [life] (Einstellung zu[m Leben])
remark/report on (auch: *about*) (Bemerkung/Bericht über)

4.3 Adjektiv + *on*

(un)fair on (auch: *to*) ([un]fair zu)
be hard on s.o. (jdn. hart/ungerecht behandeln)
be intent on (fest entschlossen sein zu)
(not) be keen on s.th. (sich nichts aus etwas machen / scharf/erpicht auf etwas sein)

4.4 Verb + *on* (Präposition)

act on [advice] ([einen Rat] befolgen)
advise s.o. on s.th. (jdn. bei etwas beraten)
agree on (sich einigen auf)
bank on s.th. (sich auf etwas verlassen)
base s.th. on s.th. (etwas auf etwas aufbauen)
bet/gamble on (wetten auf)
blame s.th. on s.o. (jdm. die Schuld an etwas geben)
build on s.th. (auf etwas aufbauen)
check (up) on s.o./s.th. (jdn./etwas kontrollieren)
comment on s.th. (etwas kommentieren)
concentrate on (sich konzentrieren auf)
compliment s.o. on s.th. (jdm. Komplimente wegen etwas machen)
count on s.o. (to do s.th.) (sich auf jdn. verlassen / sich darauf verlassen, dass jd. etwas tut)
congratulate s.o. on s.th. (jdm. zu etwas gratulieren)
decide/settle on s.th. (sich für etwas entscheiden)
depend on (abhängen von)
economize/save on [electricity] (bei[m Stromverbrauch] sparen / sich bei[m Stromverbrauch] einschränken)
expand on [what s.o. is saying] ([das, was jd. sagt] etwas weiter ausführen)
force s.th. on s.o. (jdm. etwas aufdrängen)
improve on [yesterday] ([sich] gegenüber [gestern] verbessern)
impose a fine on s.o. (jdn. mit einer Geldstrafe belegen)
inflict s.th. on s.o. (jdm. etwas aufdrängen/antun)

insist on (bestehen auf)
model oneself on s.o. (jdn. zum Vorbild nehmen)
plan on doing s.th. (planen etwas zu tun)
reckon on s.th. (mit etwas rechnen)
rely on (sich verlassen auf)
spend time/money on s.th. (Zeit/Geld für etwas ausgeben/aufbringen)
stumble on s.th. (über etwas stolpern [= zufällig entdecken])
switch/turn on (einschalten)
vote on s.th. (über etwas abstimmen)
work on s.th. (an etwas arbeiten)

4.5 Verb + *on* (Adverb)

- *What's* ***going on*** *here?* (Was geht hier vor sich?)
  Hold on*, what did you say?* (Moment mal, was haben Sie gesagt?)
  Hold on (= *Hold the line*), *I'll just see if he's here.* (Bleiben Sie am Apparat ...)
  Hold on *to my arm.* (Halte dich an meinem Arm fest.)
  She ***put/tried on*** *her coat.* (Sie zog/probierte ... an.)
  We ***put the clock on*** *one hour in the spring.* (Wir stellen ... vor.)

4.6 Einige idiomatische Wendungen mit *on*

- ***On no account*** *must the two of them see each other.* (Auf keinen Fall dürfen ...)
  What on earth *do you mean?* (Was um alles in der Welt ...?)
  On second thoughts *I don't think I'll go after all.* (Wenn ich mir das nochmal [so richtig] überlege ...)
  I ***have*** *a lot* ***on my mind*** *at the moment.* (Mir geht zur Zeit viel im Kopf herum.)
  The trains to Oxford leave every hour ***on the hour****.* (... zur vollen Stunde.)
  I did it ***on my own.*** (... alleine.)

once

1 *once* (Adverb) = „einmal / früher einmal"

- *once* bedeutet „einmal" im Sinne von „ein (einziges) Mal" und im Sinne von „früher (irgendwann) einmal":
  The teacher only explained it ***once****.* (... nur einmal [= ein einziges Mal].)
  I ***once*** *spent a weekend there.* (... [früher] einmal ...)
  once im Sinne von „ein (einziges) Mal" steht in der Regel am Satzende, im Sinne von „früher einmal" dagegen in der Satzmitte (d. h. nach *be*, vor einem anderen Vollverb, nach dem ersten Hilfsverb):
  I've only ever met him ***once****.*
  I ***was once*** *in Jerusalem / I* ***once visited*** *Jerusalem / I* ***had once visited*** *Jerusalem with my uncle.*

- *one time* ist in der Regel als Alternative zu *once* nicht möglich:
  Listen carefully, because I'm only going to say this ***once*** (NICHT: *one time*).
  Once (NICHT: *One time*) *several years ago I had a holiday in Chile.*
  In folgenden Fällen ist *one time* (neben *once*) jedoch möglich:
  I'll say it ***one more time***. [in Verbindung mit *more*]
  I'm going to say this ***one time only***. [in Verbindung mit nachgestelltem *only*]
  He was often still having his breakfast when I called for him. ***One time*** *he was still in bed.* [in der Bedeutung „zu einer bestimmten von vielen Gelegenheiten in der Vergangenheit"]
- Nicht *once*, sondern *some time / sometime / one day* benutzt man für „einmal" im Sinne von „irgendwann einmal in der Zukunft":
  I'd like to go and visit China ***some time*** ['-'-] ***/ sometime*** ['--] ***/ one day***.
- Wendungen mit *once*:
  Please come ***at once***. (... sofort.)
  Don't all talk ***at once***. (... auf einmal.)
  Just sit down and listen ***for once***. (... und hör einmal zu.)
  I was lucky. ***For once*** *I didn't have to wait hours at the border.* (Ausnahmsweise einmal musste ich nicht ...)
  Once in a while *I buy a French or Italian newspaper, just for fun.* (Hin und wieder / Von Zeit zu Zeit ...)

⚠ Er hat sich nicht einmal bedankt. = *He* ***didn't even*** *say thank you.* [s. **even**]

2 *once* (Konjunktion) = „sobald"

- Die Konjunktion *once* wird wie *after* gebraucht. Es wird mit dem *present* bzw. *past perfect* oder mit einem Partizip verwendet:
  Once *I have spoken* (NICHT: *will have spoken*) *to Alan about the price, I'll let you know.*
  Once *repaired it will be as good as new again.* (Sobald es repariert ist / Wenn es erst einmal repariert ist, ...)

one

1 *one* = „man"

- Der Gebrauch von *one* in der Bedeutung „man" ist förmlich. Im normalen Gespräch wird *you, people* oder *they* verwendet:
  One *doesn't expect that sort of service nowadays.*
  You *have to be careful who* ***you*** *give* ***your*** *address to these days.* (Man muss heutzutage vorsichtig sein, wem man seine Adresse gibt.)
  It is still common there for ***people*** *to have servants.* (Es ist dort noch üblich, dass man Diener hat. [*people* = die Menschen dort allgemein]
  They *say she met him on a safari in Africa.* (Man sagt, ...) [*they* = „sie", bewusst vage]
  Auch eine Passivformulierung wird oft gebraucht:
  That just ***isn't done***. (Das tut man einfach nicht.)

- *one* hat als weitere Formen *one's* (Possessivform) und *oneself.*
  Im AE kann im Rückbezug auch *he/him/himself* gebraucht werden:
  BE: ***One*** *doesn't tell strangers* ***one's*** *address.*
  AE: ***One*** *doesn't tell strangers* ***one's/his*** *address.*

⚠ *one* kann nicht für deutsch „eine(r)" im Sinne von „jemand" gebraucht werden:
Einer erzählte mir mal, dass er bei der Fremdenlegion gewesen sei.
= ***Somebody*** *once told me he'd been in the Foreign Legion.*

2 *one* als Stützwort

- *one* wird als Stützwort anstelle eines zählbaren Nomens gebraucht, das zuvor genannt wurde. Nach einem Adjektiv (außer als Superlativ), nach *the* und nach *every* muss es gebraucht werden, wenn das Nomen nicht wiederholt wird:
  I need an envelope, ***a big one.*** (… einen großen.)
  Just two potatoes, please, if they're ***big ones***. (… große …)
  I'd like ***a smaller one***.
  This is ***the smallest (one)*** *we've got.* [*one* ist nach Superlativadjektiv optional.]
  Have you seen the new film at the Odeon? – You mean ***the one*** *with Hugh Grant.* (… den mit Hugh Grant?)
  Did you see those shoes – ***the ones*** *that cost $500.* (… diejenigen, die …)
  [*that/those which* ist sehr förmlich.]
  The flats are quite nice. ***Every one*** *has a balcony.*
- *one* kann nicht mit nicht zählbaren Nomen gebraucht werden:
  He gave me advice, ***some*** *important* ***advice*** (NICHT: *an important one*).
  (… einen Rat, einen wichtigen.)
  I need paper. – Take ***this*** (NICHT: *this one*). (Nimm dieses.)
- Der unbestimmte Artikel *a/an* wird mit *one* nur dann gebraucht, wenn ein Adjektiv vorhanden ist:
  I need a knife, ***a big one.*** (Ich brauche ein Messer, ein großes.)
  Have you got a knife? I need ***one*** (NICHT: *a one*). (Hast du ein Messer? Ich brauche eines.)
- *ones* kann nicht nach *some* stehen, es sei denn, danach folgen noch weitere Details, die die betreffenden Personen/Gegenstände näher bestimmen:
  I've got wine glasses, I'll lend you ***some*** (NICHT: *some ones*). (… welche.)
  I want to buy bathroom tiles (Fliesen). *You had* ***some / some ones*** *with a dark green tree pattern on them.*
- *one(s)* kann nicht zur Wiedergabe von „der/die/das von" + Eigennamen gebraucht werden:
  My flat is small. ***Philippa's*** (NICHT: *The one of Philippa['s]*) *is much bigger.*
  (Meine Wohnung klein. Die von Philippa ist viel größer.)
  This guitar sounds better than ***Anton's***. (Diese Gitarre klingt besser als die von Anton.)

3 *one – a*

- Zum Gebrauch von *one/a* in Verbindung mit *hundred, thousand* und *million s.* die entsprechenden Einträge
- *one* wird anstelle von *a/an* gebraucht, wenn die Zahl „eins" betont werden soll, z. B. auch wenn zwei Dinge kontrastiert werden:
  *There's only **one** train I can take.*
  *They spent over $10000 in **one** evening.*
  *Give me **one** half and Jack the other.*
  *Put **one** hand here and use the other to reach up for the next branch.*
- *one* und *a* sind bei Maßangaben in der Regel austauschbar. *one,* nicht *a/an,* wird jedoch gebraucht, wenn zwei Maßangaben aufeinander folgen:
  *I'd like **a/one** pound of steak, please.*
  *It's **a/one** mile from the pub.*
  one (NICHT: *a*) *pound seven ounces*
  one (NICHT: *a*) *foot six inches*

4 *one* = „einzige(r/s)"

- *That's the **one** thing I've forgotten.* (... das Einzige, was ...)
  *He was the **one** person who would know.* (... der Einzige, der ...)
  Not one *of the letters was written.* (Kein einziger Brief ...)

only (nur/erst/einzige[r/s])

O

1 Bedeutungen von *only*

- *only* hat drei Hauptbedeutungen:
  *There were **only** 25 people at the concert.* (... nur 25 ...) [Adverb]
  *An agreement was reached **only** yesterday / **only** after long negotations.*
  *It has **only just** been reached.* (... erst gestern / erst nach ... gerade erst ...) [Adverb]
  *Jim was their **only** son.* (... ihr einziger Sohn.) [Adjektiv]

2 Satzstellung mit *only* (Adverb)

- Wenn sich *only* („nur") auf das Subjekt bezieht, steht es davor:
  Only Janet *can answer that question.*
- Sonst steht *only* („nur") meist in der Satzmitte, auch wenn das zu Zweideutigkeit führen kann:
  *He **only drank** tea with honey.* [vor einem Vollverb, außer *be*]
  *We **were only** twenty people altogether.* [nach *be*]
  *We**'ve only been invited** because we know the ambassador.* [nach dem ersten Hilfsverb]
  Der erste Satz kann zweierlei bedeuten:
  Er trank nur Tee mit Honig, aber keine anderen Getränke.
  Er trank Tee nur mit Honig, aber nicht z. B. mit Zucker.

In der gesprochenen Sprache zeigt die Betonung, auf was sich *only* bezieht. (Die Hauptbetonung liegt auf dem betreffenden Satzteil.) In der geschriebenen Sprache kann *only,* um Missverständnisse zu vermeiden, auch vor den Satzteil gestellt werden, auf den es sich bezieht:
He drank ***only tea*** *with honey* [*but not any other drinks*].
He drank tea ***only with honey*** [*but not with sugar*].
Zur besonderen Emphase kann *only* dem hervorgehobenen Satzteil z.T. auch nachgestellt werden:
During that whole period I saw her ***once only.***

- Wenn *only* als Teil einer adverbialen Bestimmung am Satzanfang steht, folgt zunächst ein Hilfsverb, dann das Subjekt:
Only after/when *I met them* ***did I*** *realize who they were.* (Erst nachdem/als ich sie kennen lernte, wurde mir klar ...)
Only then/later did he *agree to be interviewed.* (Erst dann/später erklärte er sich bereit ...)
Only recently have they *started to accept applications from women.* (Erst in letzter Zeit ...)
Only with *the help of another driver* ***was I*** *able to move the branch that blocked the road.* (Nur mit Hilfe von ... schaffte ich es ...)
Not only won't they *turn the music down, they won't close the windows either.* (Sie wollen nicht nur die Musik nicht leiser drehen, sondern sie wollen auch die Fenster nicht schließen.)
Wenn *only* am Satzanfang nicht Teil einer adverbialen Bestimmung ist, sondern sich auf das Subjekt bezieht, bleibt die Satzstellung normal (vgl. oben):
Only Janet can *answer that question.*

3 ***only* in der Bedeutung „einzige(r/s)"**

- *only* kann nicht allein stehen. Auf *only* muss immer ein Nomen wie *person* bzw. *thing* oder das Stützwort *one(s)* folgen:
The only thing *we're missing is the key.* (Das Einzige, was uns fehlt, ist der Schlüssel.)
The only person/one *who didn't come was Janet.* (Die Einzige, die nicht kam, war Janet.)
- Auf *the only* kann ein *to*-Infinitiv in relativsatzähnlicher Funktion folgen:
Janet was ***the only one*** *not* ***to*** *come.* (... die Einzige, die nicht kam.)

onto

- Nach den Verben *drop, fall, jump, push, put, throw* kann in der Regel wahlweise *on* oder *onto* gebraucht werden:
He ***threw*** *his bag* ***on/onto*** *the floor and cursed loudly.*

(to) **open** (öffnen/aufmachen), **open** (offen)

- Als Verb wird *open* transitiv und intransitiv gebraucht. Wenn eine Person Subjekt des Verbs ist, kann *open* aber nicht, wie im Deutschen, ohne Objekt verwendet werden:
  Can you ***open*** *the window, please.* (... das Fenster aufmachen ...) [im Englischen und im Deutschen transitiv]
  The post office ***opens*** *at 9 o'clock.* (... macht um 9 Uhr auf.) [im Englischen und im Deutschen intransitiv]
  I went to the door and ***opened it****.* (... und machte auf.) [persönliches Subjekt: mit Objekt im Englischen, ohne Objekt im Deutschen]
  Folgender intransitiver Gebrauch im Englischen wird im Deutschen mit „sich öffnen lassen" wiedergegeben:
  This window ***doesn't open*** *very easily.* (... lässt sich nicht besonders leicht öffnen.)

⚠ Nur *open*, nicht *opened*, kann als Adjektiv verwendet werden.
D. h. *opened* ist nur als Teil des Verbs möglich:
The envelope was ***open*** (NICHT: *opened*). *I don't know who* ***had opened*** *it.* (... war offen/geöffnet ... wer ihn geöffnet hatte.)
The safe ***is open*** *now. It* ***is opened*** *automatically at 8.30.*
The bank is ***open*** *now.* (... ist/hat jetzt geöffnet.)
Vgl. dagegen *closed* und *shut*, die beide als Adjektiv gebraucht werden können.

(to) **operate** (operieren), **operation** (Operation)

O

- Wenn *operate* nicht intransitiv gebraucht wird, muss die Person oder der Körperteil, die/der operiert wird, mit *on* angeschlossen werden:
  The doctors decided to ***operate.*** [intransitiv]
  The doctors decided to ***operate on*** *the patient /* ***on*** *the patient's stomach.* (... beschlossen, den Patienten zu operieren / den Patienten am Magen zu operieren.)
  The doctors decided that the patient / the patient's stomach would have ***to be operated on****.*
- Wortverbindungen mit *operation*:
  I decided to ***have*** / (förmlich:) ***undergo an operation.*** (Ich beschloss, mich operieren zu lassen / mich einer Operation zu unterziehen.)

opinion (Meinung)

- *opinion* wird nach *in* gebraucht und kann nicht nach *according to* verwendet werden:
  In Alan's opinion / According to Alan (NICHT: *According to Alan's opinion*) *all these programmes are a waste of money.* (Nach Alans Meinung ...)

- Auf *opinion* folgt *of* vor Personen, *of* oder *about* vor Sachen:
  *What's your **opinion of** your teacher?*
  *What's your **opinion of/about** this whole procedure?*

opportunity ⇨ possibility

(to) **oppose** – (to) **be opposed** (dagegen sein / sich entgegenstellen); **opposition** (Opposition/Widerstand)

- Auf *oppose* folgt ein direktes Objekt. Ein weiteres Verb folgt nicht als Infinitiv, sondern als *-ing*-Form (ohne Präposition). Auf *be opposed* folgt die Präposition *to* + *-ing*-Form (oder *to* + [Pro-]Nomen):
  *The people of this country **oppose** military action. They **oppose** send**ing** troops.* (Die Bevölkerung dieses Landes stellt sich / ist gegen militärisches Eingreifen. Sie ist dagegen, Truppen zu entsenden.)
  *We **are** strictly/violently **opposed to** send**ing** troops / **to** military action.* (Wir sind strikt/vehement dagegen, Truppen zu entsenden. / Wir sind strikt gegen militärisches Eingreifen.)
- Auf das Nomen *opposition* folgt ebenfalls die Präposition *to*:
  *There was a lot of **opposition to** mov**ing** the government to Berlin / **to** the move.* (... Widerstand dagegen, dass ... / Widerstand gegen den Umzug.)

opposite

- *opposite* kann Präposition, Adverb, Adjektiv oder Nomen sein:
  *The hotel is **opposite** the station.* (... gegenüber dem Bahnhof.) [Präposition]
  *My sister lives **opposite**, in that house over there.* (... wohnt gegenüber ...) [Adverb]
  *They travel to work in **opposite** directions.* (... in entgegengesetzten Richtungen ...) [Adjektiv]
  *What's the **opposite** of "big"?* (... das Gegenteil von ...) [Nomen]
- In *the house opposite* kann *opposite* als Adverb („das Haus gegenüber") oder aber als nachgestelltes Adjektiv („das gegenüberliegende Haus") aufgefasst werden.
  Das Adjektiv *opposite* steht nämlich in der Bedeutung „gegenüberliegend" nach dem Nomen, auf das es sich bezieht; in der Bedeutung „entgegengesetzt" steht es in der Normalstellung, d. h. vor dem Nomen:
  *Tina works in **the building opposite**.* (... im gegenüberliegenden Gebäude / im Gebäude gegenüber.)
  *He and I have **opposite points of view**.* (... entgegengesetzte Meinungen.)
  opposite („gegenüberliegend") steht aber immer vor dem Nomen *side*:

She works in the building on ***the opposite side*** *of the street.* (... auf der gegenüberliegenden Straßenseite.)

- Wendungen mit *opposite*:
  the ***opposite sex*** (das andere Geschlecht)
  the ***opposite team*** (die andere Mannschaft)
  He's ***the very opposite of*** *a good teacher.* (... das genaue Gegenteil von ...)

(to) **oppress** – (to) **suppress** (unterdrücken)

- *oppress* entspricht „unterdrücken" im Sinne von „tyrannisieren", *suppress* dagegen im Sinne von „abstellen / einer Sache ein Ende machen / verhindern" (z. B. eine eigene Körperreaktion wie Lachen, Husten, Gähnen):
  The ***oppressed*** *people of the world ...* (Die unterdrückten Völker)
  I just managed to ***suppress*** *a laugh.*
- Zum Gebrauch von *oppressed* als Nomen (*the oppressed* = die Unterdrückten, *an oppressed person* = ein[e] Unterdrückte[r]) vgl. **the,** Abschnitt 1.

optimist (Optimist) / **pessimist** (Pessimist), **optimistic** (optimistisch) / **pessimistic** (pessimistisch)

- Zwischen *be* und *optimist/pessimist* steht im Englischen der unbestimmte Artikel:
  *He****'s an optimist / a pessimist***. (Er ist Optimist/Pessimist.)
- Auf *optimistic/pessimistic* folgt die Präposition *about*:
  I'm ***optimistic/pessimistic about*** *our chances.* (Ich bin optimistisch/ pessimistisch in Bezug auf unsere Chancen.)
  I'm ***optimistic about*** *winn****ing*** *(= that we'll win).* (Ich bin zuversichtlich, dass wir gewinnen.)

O

order, (to) **order**

1 *in order to, in order that*

- Beim bejahten Infinitiv können der reine *to*-Infinitiv und *in order* + *to*-Infinitiv alternativ gebraucht werden. *in order to* ist etwas förmlicher. Beim verneinten Infinitiv kann *in order* nicht weggelassen werden. Er lautet *in order not to ...*:
  I phoned him ***to / in order to*** *fix a date for the meeting.*
  In order not to (NICHT: *In order to not*) *forget the date I made a note in my diary.*
- Auf *in order* kann auch ein *that*-Satz mit eigenem Subjekt folgen. Er enthält in der Regel ein modales Hilfsverb. Diese Konstruktion ist förmlich (umgangssprachlich bevorzugt man einen Nebensatz mit *so that*):

We will write to all the branch managers ***in order that*** *nobody can/may say they weren't informed.*
We wrote to all the branch managers ***in order that*** *nobody should/might/could say they weren't informed.*

2 Wiedergabe von „in Ordnung"

- *in order* als Wiedergabe von „in Ordnung" ist förmlich-steif. Normalerweise werden andere Formulierungen gebraucht:
Es ist alles in Ordnung. = *Everything is* ***OK****.* / *There's* ***nothing wrong / the matter****.*
Ist etwas nicht in Ordnung? = *Is there something/anything* ***wrong / the matter****?*
Ist es in Ordnung, wenn ich meine Freundin mitbringe? = *Is it* ***all right / OK*** *if I bring my girlfriend?*
Ist es in Ordnung, meine Freundin mitzubringen? = *Is it* ***all right / OK*** *to bring my girlfriend?*

3 Das Verb *(to) order*

- Das Objekt von *order* in der Bedeutung „bestellen" ist in der Regel eine Ware. Auch ein Taxi kann das Objekt sein, nicht jedoch eine (Fahr-)Karte, ein Zimmer, ein Tisch oder eine Person:
I've ***ordered*** (auch: *booked*) *a taxi for tomorrow morning.* (Ich habe ein Taxi für morgen früh bestellt.)
I've ***booked/reserved*** *seats / tickets / rooms / a table.* (Ich habe Plätze / Tickets / Zimmer / einen Tisch bestellt.)
I've ***asked for*** *a technician (to be sent) / I've* ***arranged for*** *a technician* ***to come / to be sent****.* (Ich habe einen Techniker bestellt.)

- In der Bedeutung „bestellen" kann order zwei Objekte haben:
I ***ordered her a coffee / a coffee for her****.*
I ***ordered her one / one for her****.*

- Konstruktionen in der Bedeutung „befehlen":
She ***ordered me to*** *leave.*
I was ordered to *leave.* (Mir wurde befohlen zu gehen.)
He ***ordered the sign to be*** *taken down.* (Er befahl, das Schild abzubauen.)
The authorities ***ordered the building (to be) evacuated****.* [Bei einem Subjekt wie *the authorities/government* kann ein Partizip Perfekt auch ohne *to be* angeschlossen werden.]
The manager ***ordered that*** *he* ***leave*** [= Konjunktiv!] / ***should leave*** *immediately.*
They ***ordered us out of*** *the room /* ***onto*** *the ship /* ***upstairs****.* (Sie befahlen uns, das Zimmer zu verlassen / an Bord zu gehen / nach oben zu gehen.)

ordinary (*nicht* ordinär, *sondern* normal/gewöhnlich/durchschnittlich)

- *ordinary* (Betonung auf der ersten Silbe: [ˈɔːdənrɪ]) entspricht „normal/gewöhnlich/durchschnittlich". „ordinär" wird mit *vulgar* oder *common* wiedergegeben:

It was an ***ordinary*** *day, nothing special happened.*
Ordinary *people can't afford caviar or champagne for breakfast.*
They're nouveaux riches (Neureiche) *you know, really* ***vulgar/common****.*

other ➪ another, Abschnitt 2

ought to – should (sollte/müsste)

1 *ought to* und *should* = „sollte"

- Mit *ought to / ought not to* und *should / should not* wird ausgedrückt, was richtig oder ratsam wäre. Die deutsche Entsprechung ist „sollte":
  You ***ought not to / shouldn't*** *leave the children on their own.* (Du solltest die Kinder nicht allein lassen.)
  We ***ought to / should*** *ring up and apologize.* (Wir sollten anrufen und uns entschuldigen.)

- In vielen Situationen können *ought to* und *should* alternativ gebraucht werden.Mit *should* wird jedoch eher eine persönliche Meinung ausgedrückt bzw. eine sachliche Empfehlung gegeben. Mit *ought to* wird eher ausgedrückt, dass eine moralische Pflicht durch ein höheres Gesetz oder nach Meinung des Sprechers besteht:
  If you want my opinion I think you ***should*** *refuse.* [persönlicher Rat]
  The machine ***should*** *be disconnected from the electricity supply before repair work is undertaken.* [sachliche Empfehlung]
  We ***ought to*** *help, I know, but we just haven't got the time.* [moralische Pflicht durch höheres Gesetz]
  More ***ought to*** *be done to help AIDS victims.* [moralische Pflicht nach Meinung des Sprechers]

- Außer in der indirekten Rede und außer in Verbindung mit dem Perfektinfinitiv (s. Abschnitt 3) werden *ought to* und *should* nicht mit Vergangenheitsbezug gebraucht:
  He told me I ***ought to / should*** *write a letter and thank them, so I did.* [indirekte Rede]
  Aber: Ich sollte als Kind nach meinem Geburtstag immer Dankesbriefe schreiben. = *As a child I* ***was always supposed to*** *write thank-you letters ...*

2 *ought to* und *should* = „müsste/dürfte"

- Mit *ought to* und *should* werden auch Vermutungen ausgedrückt. Der Sprecher sagt, was wahrscheinlich geschehen wird bzw. geschehen ist, wenn alles normal nach Plan verläuft und gut geht. Die deutsche Entsprechung ist „müsste" oder „dürfte":
  We ***ought to / should*** *be in London by six o'clock.* (Wir müssten/dürften bis 6 Uhr in London sein.)
  Judy ***ought to / should*** *have my letter now.* (Judy müsste/dürfte meinen Brief jetzt haben.)

O

3 ***ought to / should have done***

- Wie *ought to / should* + einfacher Infinitiv hat auch *ought to / should* + *have* + Partizip Perfekt zweierlei Bedeutung:
  We ***ought to / should have rung*** *up and apologized.* (Wir hätten anrufen und uns entschuldigen sollen.)
  Judy ***ought to / should have received*** *my letter by now.* (Judy müsste meinen Brief jetzt bekommen haben.)
  Im ersten Fall wird ausgedrückt, dass etwas, was richtig gewesen wäre, nicht getan wurde.
  Im zweiten Fall wird die Vermutung ausgedrückt, dass etwas bei normalem Verlauf der Dinge wahrscheinlich geschehen ist.
  Ein Satz wie *He ought to / should have written the letter yesterday* kann zweideutig sein:
  1. Es war seine Pflicht, den Brief zu schreiben, aber er hat es nicht getan.
  2. Wenn alles normal verlaufen ist, hat er den Brief geschrieben.

out of ➪ from

outside

- *outside* kann eine von vier verschiedenen Wortarten sein:
  a) Präposition:
     There's a taxi ***outside*** *the hotel.* (... draußen vor ...)
     The drinks machine is ***outside*** *Jim's office.* (... vor ...)
     I've never travelled ***outside*** (NICHT: *outside of*) *Europe and I've never lived* ***outside*** *this country.* (... außerhalb von Europa ... außerhalb dieses Landes ...)
  b) Adverb:
     I went ***outside*** *to get some fresh air.* (... nach draußen ...)
     It was so warm we could sit ***outside***. (... draußen ...)
  c) Adjektiv:
     The ***outside*** *walls are over 1 metre thick.* (Die Außenmauern ...)
  d) Nomen:
     The ***outside*** *looked old and ugly, but inside the house was almost luxurious.* (Das Äußere ...)

outskirts (nähere Umgebung / Stadtrand / Rand[gebiet] / Außenbezirke)

- *outskirts* existiert nur im Plural. Es verbindet sich mit der Präposition *on*:
  The ***outskirts*** *of the city* ***are*** *quite ugly.* (Die Außenbezirke der Stadt sind / Der Stadtrand ist ...)
  We don't live in the centre, we live more ***on the outskirts***. (... mehr am Stadtrand.)

oven – stove – heater – cooker

- *oven* (Aussprache ['ʌvn], NICHT: ['ɒvn]) bezeichnet einen Backofen, keinen Heizofen – ein solcher wird durch *stove* oder *heater* wiedergegeben (s. u.):
  Put the cake in the ***oven*** *and bake it for 45 minutes.*
  Ein Brennofen für Ton, Kalk, Backsteine heißt *kiln*. Ein Brennofen für Metalle heißt *furnace*, für Glas *glass furnace*.
- *stove* bezeichnet einen fest installierten, schweren, geschlossenen Ofen zum Heizen, der mit Kohle, Holz oder Öl befeuert wird:
  The room was heated by means of a big cast-iron (gusseisernen) *wood-burning* ***stove****.*
  Der Heizkessel für Warmwasser und Heizung heißt dagegen *boiler* – s. **kettle**.
  stove bezeichnet auch einen Kochherd:
  Sometimes I cook the vegetables on the ***stove****, sometimes in the microwave.*
- *heater* bezeichnet ein leichtes, oft transportables, meist elektrisch betriebenes Heizgerät:
  I have a little electric ***heater*** *that I use in the office when it's very cold.*
  The ***heater*** *in this car is not very efficient.*
- *cooker* (BE) bezeichnet, wie *stove*, einen Kochherd:
  We've bought a new electric ***cooker*** *for the kitchen.*

over

1 *over* = „über"

O

- In vielen Bedeutungen decken sich *over* und „über":
  There was a photo of Scotland ***over*** *my bed.* [„über" = höher als; *above* ebenfalls möglich, s. Abschnitt 2]
  We walked ***over*** *the bridge to the other side.* [„über" = über etwas hinweg; *across* ebenfalls möglich, s. Abschnitt 3]
  The supermarket is ***over*** *the road.* [„über" = auf die/der andere[n] Seite von; *across* ebenfalls möglich, s. Abschnitt 3]
  She lay with a towel ***over*** *her head.* [„über" = bedeckend, berührend]
  We sold ***over*** *200 tickets this morning.* [„über" = mehr als]
  They stayed with us for a few days ***over*** *Christmas.* [„über" = während]
  He fell/tripped/stumbled ***over*** *one of the children's toys.* [„über" bei Verben des Fallens, Stolperns usw.]
- *over* entspricht „über" auch in Verbindung mit bestimmten Nomen:
  control/influence/power/victory ***over*** *s.o./s.th.*

2 Der Unterschied zwischen *over* und *above*

2.1 Als Präposition

- Oft können *over* und *above* beide im Sinne von „höher als" benutzt werden:
  The photo ***above/over*** *my bed was of Edinburgh.*
  They live in the flat ***above/over*** *us.*

- Bei Verben der Bewegung drückt *above* aus, dass sich ein Gegenstand auf einer höheren Ebene bewegt, während mit *over* die Bewegung über etwas hinweg unterstrichen wird:
  We were soon flying ***above*** *the clouds.* (... über den Wolken.)
  On its approach to London Airport the plane flew ***over*** *the river several times.* (... über den Fluss.)

- Sowohl *directly above* als auch *directly over* (NICHT: *exactly above/over*) drücken aus, dass sich etwas vertikal über etwas anderem befindet:
  The lamp was hanging ***directly above/over*** *our heads.*
  Wenn aber ausgedrückt werden soll, dass sich etwas weiter oben als etwas anderes befindet, aber nicht vertikal darüber, verwendet man *above*:
  Jack was somewhere on the mountainside ***above*** *me when I heard a shout.*
  The hotel stands on a hill ***above*** *the town.*

- Nicht *over*, sondern *above* entspricht „über“ im Sinne von „auf einer höheren Stufe / höheren Ranges“:
  Janet was in the class ***above*** *me at school.* (... in der Klasse über mir.)
  A police inspector is ***above*** *a sergeant.*

- In folgenden Wendungen ist nur *above* möglich:
  above *average / freezing point / sea-level / zero* (über dem Durchschnitt / Gefrierpunkt / Meeresspiegel / über null)

2.2 Als Adverb

- Als Adverb kann nur *above* im Sinne von „oben“ benutzt werden:
  They live in the flat ***above****.*
  From here you can see the town and the castle ***above****.*
  I heard a shout from ***above****.*
  See ***above*** *(diagram on page 73).*

- *over* hat als Adverb andere Bedeutungen, z. B.:
  It's ***over*** *here/there.* (Es ist hier/dort drüben.)
  He ran ***over*** *to her and gave her a kiss.* (... zu ihr hinüber ...)
  Turn ***over*** *(= Turn to the next page) when you hear the gong.*
  See over*. (= See the next page.)*
  He turned ***over*** *and pretended to sleep.* (Er drehte sich um ...)
  On the way he knocked a chair ***over****.* (... warf er ... um.)
  How much is ***left (over)****?* (Wie viel ist übrig?)
  This is all wrong. We'll have to do it (AE:) ***over*** (BE: *again*). (Wir müssen es noch einmal machen.)

3 Der Unterschied zwischen *over* und *across*

- *across* und *over* können beide im Sinne von „über ... hinweg“ oder „auf die/der andere(n) Seite“ benutzt werden, wenn von etwas Langgestrecktem die Rede ist:
  We walked ***across/over*** *the bridge/road/border.*
  Janet lives ***across/over*** *the road.*

- Nur *over* ist möglich, wenn „hinauf und wieder hinunter" gemeint ist:
  *He jumped **over** the fence/dog.*
- Nur *across* ist möglich, wenn die Überquerung einer weit ausgedehnten Fläche gemeint ist:
  *They sailed **across** the Atlantic.*
  *The "road" **across** the desert was no more than a track.*
- In Verbindung mit Verben der Bewegung betont *across* die gezielte Bewegung über eine Fläche hinweg, oft in einer geraden Linie, während *over* eine Bewegung hin und her auf der Fläche ausdrücken kann:
  *We walked **across** the field to the gate on the other side.*
  *We walked (all) **over** the field looking for mushrooms.*
  Janet and Peter strolled (schlenderten) ***across** the lawn to the big beech tree.*
  *The party guests strolled **over** the lawns in groups of threes and fours.*
  Vgl. auch:
  *There's a lovely view **across** the bay/fields.* (... über ...) [*across* betont die Richtung/Bewegung des Blickes.]
  *There's a lovely view **over** the bay/fields.* (... auf ...) [*over* betont den schweifenden Blick hin und her, und außerdem den erhöhten Stand des Betrachters.]
  Zum Unterschied zwischen *across* und *through* s. **through**.

4 Weitere Bedeutungen von *over*

- *We sat and talked **over** a cup of coffee.* (... bei ...)
  *They fought/quarrelled/clashed/disagreed **over** the party's aims.* (... wegen ...)
  *There was a(n) battle/debate/misunderstanding/outcry/protest/quarrel/ row **over** the party's aims.* (... wegen ...)
  *Her anxiety/concern/worry **over** the children's health ...* (... wegen ...)
  *The **advantage** of this method **over** the old one is that ...* (Der Vorteil ... gegenüber ...)
  *There is an **increase over** last year's figures of 20%.* (... eine Zunahme ... gegenüber ...)
  *She has taken a lot of trouble **over** it.* (Sie hat sich damit viel Mühe gegeben.)
  ***Over** the years, things have changed a lot.* (Im Laufe der Jahre ...)
  *Coca Cola is drunk **all over** the world.* (... auf der ganzen Welt ...)
  *She told me **over*** (auch: *on*) *the phone.* (... am Telefon.)

⚠ Wir fuhren nach London über Oxford. = *We drove to London **via** Oxford.*

O

(to) **overhear** (*nicht* überhören, *sondern* zufällig hören/ mitbekommen)

- *overhear* bedeutet „zufällig hören/mitbekommen". „überhören" wird mit *not hear / miss / not catch* oder *ignore* wiedergegeben:
  *When I walked past his office I **overheard** Alan talking to Mr Bates about me.* (... hörte ich zufällig, wie Alan ... sprach.)

She's already mentioned the price. – I ***missed*** *that. / I* ***didn't hear*** *that. / I* ***didn't catch*** *that.* (Das habe ich überhört.)
He just carried on talking and deliberately ***ignored*** *the question.* (... und überhörte die Frage absichtlich.)

- Auf *overhear* kann ein Objekt + Infinitiv ohne *to* oder eine *-ing*-Form folgen. Zum Unterschied vgl. **hear**:
I ***overheard them discuss/discussing*** *who they were going to fire.*

(to) **overlook** (übersehen) – (to) **oversee** (beaufsichtigen)

- Nicht *oversee*, sondern *overlook* entspricht dem deutschen „übersehen". *oversee* bedeutet „beaufsichtigen/überwachen":
It's easy to ***overlook*** *a detail like that.* [„übersehen" = nicht wahrnehmen]
He has been very foolish but his boss is prepared to ***overlook*** *it.* [„übersehen" = ignorieren]
Who is going to ***oversee*** *the work for us?* (Wer überwacht/beaufsichtigt ...?)
- Auf *overlook* kann ein *that*-Satz nicht direkt, sondern nur in Verbindung mit *the fact that* angeschlossen werden:
I ***overlooked the fact that*** *I already had a meeting on that day.*

⚠ „überblicken" kann nicht mit *overlook* oder *oversee* wiedergegeben werden: Die Folgen sind noch nicht zu überblicken. = *The consequences are* ***difficult/impossible to assess*** *yet.*

overseas ⇨ **abroad**

(to) **overtake** (überholen) – (to) **take over** (übernehmen)

- Nicht *overtake*, sondern *take over* entspricht dem deutschen „übernehmen". *overtake* bedeutet „überholen":
I ***overtook*** *a car that was going very slowly.*
Who is going to ***take over*** *the flat when you move out?*

(to) **owe** (schulden)

- *owe* wird nicht in der Verlaufsform gebraucht:
We now ***owe*** (NICHT: *We are now owing*) *$8000.*
Der Ausdruck *be owing* sieht aus wie eine Verlaufsform, ist aber als *be* + prädikatives Adjektiv auszulegen. *be owing* bedeutet „ausstehen/zustehen/geschuldet werden" und hat als Subjekt einen Betrag, keine Person:
$78 ***is*** *still* ***owing*** *to me.* ($ 78 stehen mir noch zu / ist man mir noch schuldig.)
How much ***is*** *now* ***owing*** *altogether?* (Wie viel steht jetzt insgesamt aus?)

- Direktes Objekt von *owe* ist in der Regel eine Sache:
  *I still **owe $20**.*
  Aber auch die Person, der etwas geschuldet wird, kann direktes Objekt sein:
  *I still **owe him** for the theatre tickets.* (Ich schulde ihm noch Geld für die Theaterkarten.)
  owe kann auch zwei Objekte haben:
  ***I owe Alan $20**. I **have owed it (to) him / him it** since last month.*
  Die Person, der etwas geschuldet wird, kann Subjekt eines Passivsatzes sein:
  *We **are** still **owed** $2000.* (Man schuldet uns noch $ 2000.)
  *We **are** still **owed** $2000 by the tour operator.* (Der Reiseveranstalter schuldet uns noch $ 2000.)
  Die Bedeutung von *be owed* ist der von *be owing* (vgl. oben) sehr nah.
  be owing kann jedoch nicht mit *by* + Agens gebraucht werden:
  *$2000 **is** still **owing** to us.*
  *$2000 **is** still **owing** to us **from*** (NICHT: *by*) *the tour operator.*

own (eigene[r/s])

1 *one's own* + Nomen / Nomen + *of one's own*

- *own* kann nur in Verbindung mit einem Possessivbegleiter (z. B. *my own*) oder einem Genitiv (z. B. *Alan's own*) gebraucht werden. Konstruktionen mit dem unbestimmten Artikel, dem bestimmten Artikel, einer Mengenangabe oder ganz ohne Begleiter, wie es sie im Deutschen mit „eigene(r/s)" gibt, sind mit *own* nicht möglich:
  [unbestimmter Artikel im Deutschen:] Er hat ein eigenes Zimmer. = *He has **his own** room / **a** room **of his own**.*
  [bestimmter Artikel im Deutschen:] Die eigene Sicherheit ist in solchen Situationen viel wichtiger. = ***One's/Your own** safety is much more important in such situations.*
  [Mengenangabe + „eigene(r/s)" im Deutschen:] Sie hat mehrere/fünf eigene Kinder. = *She's got **several/five** children **of her own**.*
  [kein Begleiter im Deutschen:] Das machen sie auf eigenes Risiko.
  = *They're going to do that at **their own** risk.*
  Ich sah ihn mit eigenen Augen. = *I saw him with **my own** eyes.*
  Wenn du eigene Kinder hättest ... = *If you had children **of your own** ...*

- *own* wird als Pronomen im Rückbezug auf etwas bereits Erwähntes normalerweise ohne das Stützwort *one/ones* gebraucht:
  *I used one of the school's computers but Janet brought **her own**.*
  (... ihren eigenen ...)
  *That's my penknife. Why don't you use your **own** (one)?*

- Zur Verstärkung von *own* wird *very* gebraucht:
  *I now have **my very own** laboratory / **a** laboratory **of my very own**.*
  (... ein Labor ganz für mich allein.)

O

- Konstruktionen mit *own* werden auch zur Wiedergabe von „selbst" gebraucht:
  She still makes all her ***own*** *clothes.* (Sie näht sich immer noch alle Kleidung selbst.)
  We print our ***own*** *brochures.* (Wir drucken unsere Broschüren selbst.)

2 ***on one's own*** **= „allein"**

- *on* + Possessivbegleiter + *own* bedeutet „allein":
  I'm ***on my own*** *this weekend so I'm going to the theatre* ***on my own****.*
  on one's own (oder *by oneself*) ist die richtige Entsprechung von „allein" in der Bedeutung „ohne fremde Hilfe" (vgl. Eintrag **alone**). Diese Konstruktion kann durch *all* verstärkt werden:
  You can't lift that ***on your own*** (auch: *by yourself*; NICHT: *alone*). *Let me help you.*
  I'm ***all on my own****. I'll have to do the job* ***all on my own****.* (... ganz allein ...)

packet (Päckchen) – **parcel** – **package** (Paket)

- Nicht *packet,* sondern *parcel* entspricht dem deutschen „Paket".
  packet (im AE oft: *pack*) entspricht „Packung/Schachtel":
  The postman brought a large ***parcel****.*
  a ***packet of*** *biscuits/cigarettes/butter/cornflakes/soap powder/tea*
- *package* entspricht, wie *parcel,* dem deutschen „Paket. Es kann alternativ zu *parcel,* aber auch im übertragenen Sinne verwendet:
  The government decided on a ***package*** *of new measures.* (... ein Paket/ Bündel neuer Maßnahmen ...)

pain ⇨ **ache**

pair – couple (Paar)

1 Bedeutung

- Zwei gleiche oder zusammengehörige Dinge bzw. Tiere werden als *pair,* zwei zusammengehörige Menschen in der Regel als *couple* bezeichnet. *couple* wird sehr oft auf ein Ehepaar bzw. zwei Menschen in einer eheähnlichen Beziehung angewandt. Wenn *pair* auf Menschen angewandt wird, hat es oft etwas Abschätziges an sich:
  I need a new ***pair of shoes****.*
  We have a ***pair of blackbirds*** *nesting in our hedge.*
  John and Janet Barnet are an interesting ***couple****.* (... ein interessantes [Ehe-]Paar.)

***Married couples** attending the course together pay a reduced fee.* (Ehepaare ...)
*The **couple** at the next table were trying to call the waiter.* (Das [Ehe-]Paar ...)
*Have you met the two new teachers yet? They're a strange **pair**.* [*couple* würde suggerieren, dass sie miteinander verheiratet sind oder in eheähnlicher Beziehung leben.]
*Work in **pairs**.* [*pair* hier wertneutrale Bezeichnung einer Zweiergruppe]

- Dinge, die man mit *pair* (Plural: *pairs*) bezeichnet, sind entweder zwei getrennte, aber zusammengehörige Gegenstände wie Socken, Handschuhe, Schuhe *(a pair of socks/gloves, six pairs of shoes)* oder zwei (meist symmetrische) Hälften eines einzelnen Gegenstandes (*a pair of scissors/glasses, three pairs of trousers* = eine Schere/Brille, drei Hosen).

2 Verb im Singular oder Plural?

- Bei Paaren von getrennten Gegenständen wie Socken, Handschuhe, Schuhe usw. (s. o.) kann das Verb nach *pair of* im Singular oder Plural stehen, es sei denn, die Singularform wird durch *a/this* vorgegeben. Bei Gegenständen, die aus nicht getrennten Hälften bestehen, wie Schere, Brille usw. steht das Verb im Singular. Im Rückbezug können jedoch Singular- oder Pluralformen des Verbs und der Personalpronomen benutzt werden, je nachdem ob man sich auf das Wort *pair* (Singular) oder nur auf das Pluralnomen bezieht:
*My/The new **pair** of gloves **is/are** lovely and warm.*
***A/This** new **pair** of shoes **is** not very comfortable.*
*My blue **pair of trousers is** still at the cleaner's.*
*There **is a pair of glasses** on the table. **Is it*** [= *the pair of glasses*] /
Are they [= the glasses] *yours?*
Steht *pairs* im Plural, so muss natürlich auch das Verb im Plural stehen:
*Three **pairs** of shoes/trousers **were** still in the cupboard.*

- Wenn sich *pair* auf Menschen bezieht, wird es zusammen mit einem Pluralverb gebraucht:
***The pair** standing by the door **are** new. They moved here with their parents last week.*

- Auch *couple* wird in der Regel zusammen mit einem Verb im Plural gebraucht:
*The **couple** at that table **are** relatives of the bride.*

3 *a couple of*

- *a couple of* bezeichnet zwei oder – lose gesprochen – auch mehrere Menschen oder Dinge. Das Verb steht im Plural:
*I was followed by **a couple of men** in raincoats and dark glasses.*
(... zwei / ein paar Männer ...)
*There **were a couple of newspapers** on the table.* (... zwei / ein paar Zeitungen ...)

pants (Unterhose/Hose)

- *pants* entspricht im BE in der Regel „Unterhose", im AE (und informell im BE) ist *pants* aber die Bezeichnung für „Hose":

P

BE: *He never wore white **pants**; he thought they were conservative.* (... Unterhosen ...)
AE: *I need a good pair of working **pants**.* (... eine gute Arbeitshose.)
BE informell: *That's a smart pair of **pants** and pullover you've got. Where did you buy them?* (... eine schicke Hose ...)
„Unterhose" wird im AE mit *underpants* (auch BE) oder *shorts* wiedergegeben.

- *pants* existiert nur im Plural. Soll die Anzahl angegeben werden, muss *pair(s) of* davor gestellt werden:
  ***These pants are** my oldest pair/ones.*
  *I need **some** clean **pants** / **a** clean **pair of pants**.*

paper ➪ a, Abschnitt 3

pardon ➪ excuse me

(to) **park** (parken)

- *park* entspricht „parken" im aktiven Sinne von „den Wagen abstellen", aber nicht im passiven Sinne von „stehen / geparkt sein":
  *You can't **park** here.*
  ***Parking** is difficult in the centre of town.*
  *The road was very narrow, with **parked** (NICHT: parking) cars on either side.*
  *Three cars **were parked** (NICHT: parking) outside the house.*

parliament (Parlament)

- Betonung und Schreibweise (mit *-ia-*) weichen vom Deutschen ab. Das *i* wird nicht gesprochen: [ˈpɑːləmənt].
- *parliament* hat im BE meist den Status eines Eigennamens (mit Großbuchstaben vorn), wenn das britische Parlament gemeint ist, und wird ohne Artikel gebraucht, es sei denn, es ist näher bestimmt:
  *The bill was passed by **Parliament** / **a** determined **Parliament** last week.* (Das Gesetz wurde letzte Woche vom Parlament / von einem entschlossenen Parlament verabschiedet.)
  ***The** British **Parliament/parliament** is the oldest in the world.*
  Vgl.: *In some countries **the parliament** is elected for 4 years, in others for 5.*

part (Teil)

- *part of* wird normalerweise ohne den unbestimmten Artikel *a* gebraucht, wenn kein Adjektiv vorhanden ist:

Part of *the problem is that we don't know when they'll arrive.*
I was in hospital (for) ***part of*** *last week.*
We only saw ***part*** *of the film.*
Aber: *We only saw* ***a small part of*** *it.*

⚠ *part of* wird nicht vor Nomen im Plural gebraucht:
Ein Teil der Mitglieder hat schon bezahlt. = ***Some of*** *the members have already paid.*
Ein Großteil der Busse ist jetzt elektrobetrieben. = ***A large number / Many / Most of*** *the buses are now powered by electricity.*

- Wendungen:
He spent ***the best part / the greater*** (NICHT: *greatest*) ***part*** *of the money on a new car.* (… den größeren/größten Teil …)
The land is ***for the most part / mostly / largely*** *barren.* (… ist zum größten Teil / größtenteils unfruchtbar.)
He ***took part*** (förmlich auch: *He participated*) ***in*** *the competition last year.* (Er nahm an dem Wettbewerb … teil.)

particular, in particular ⇨ special

party (Party/Partei)

- Wendungen mit *party* = „Party":
John and Julia ***had / gave / threw*** (NICHT: *celebrated* = „feierten") ***a party*** *last week.*
I always go ***to*** *their* ***parties.*** (… auf ihre Partys.)
There were over 50 people ***at their*** *last* ***party.*** (Auf ihrer letzten Party …)

P

- Auf *party* („Partei") kann das Verb sowie ein Personalpronomen oder Possessivbegleiter im Singular oder Plural folgen:
The ***party is/are*** *planning* ***its/their*** *manifesto for the next election campaign.*

passed – past

- Trotz gleicher Aussprache haben diese beiden Wörter unterschiedliche Funktionen: *passed* wird nur als Partizip Perfekt oder das *past tense* des Verbs *pass* verwendet. *past* kann prädikatives Adjektiv oder als Adverb mit der Bedeutung „vorbei" gebraucht werden:
We ***were passed*** *by someone in a sports car.* (Wir wurden … überholt.)
The children's birthday party ***passed*** *without any major mishaps.* (… verging ohne irgendwelche größeren Zwischenfälle.)
The period of rapid growth ***is past / has passed*** (NICHT: *is passed* oder *has past*). (Die Zeit schnellen Wachstums ist vorbei.) [*past* = Adjektiv]
I said hello, but she just ***walked past*** */ just* ***passed*** (NICHT: *just walked passed* oder *just past*) *without reacting.* (… sie ging einfach vorbei …) [*past* = Adverb]

⚠ Als attributives Adjektiv hat *past* die Bedeutung „vergangene(r/s) = zurückliegende(r/s)" und wird mit dem *present perfect* gebraucht. Es kann jedoch nicht im Sinne von „vergangene(r/s) = vorige(r/s)" (zusammen mit dem *simple past*) gebraucht werden:
In der vergangenen Woche (= In den zurückliegenden sieben Tagen) hat sich die Situation verbessert. = *In the **past** week (= In the **past** seven days) the situation **has** improv**ed**.*
In der vergangenen Woche (= In der vorigen Woche) war alles viel schlechter. = ***Last** week everything **was** much worse.*

- *past* kann auch eine Präposition oder ein Nomen sein:
  *Our house is just **past** the church.* (... direkt hinter/nach der Kirche.) [Präposition]
  *You go **past** the church and ours is the second house on the left.* (... an der Kirche vorbei ...)
  *It's ten **past** six.* (Es ist zehn nach sechs.)
  *In the **past** we've always gone camping.* (In der Vergangenheit ...) [Nomen]
  *What is **the past** of the verb "take"?* (... die Vergangenheitsform ...)

passenger ⇨ traveller

pathetic (*nicht* pathetisch, *sondern* mitleiderregend/ kläglich)

- *pathetic* entspricht „Mitleid erregend" oder, abschätzig gebraucht, „kläglich/erbärmlich". „pathetisch" wird mit *full of pathos* oder, abschätzig, mit *sentimental/emotional* wiedergegeben:
  *I couldn't bear to listen to the **pathetic** whimpering of the injured rabbit.* (... das Mitleid erregende Wimmern des verletzten Kaninchens ...)
  *The choir was good, but the soloist was hopeless, absolutely **pathetic**.* (... absolut erbärmlich.)
  Das Stück hat mir nicht gefallen. Die letzte Szene war so pathetisch. = *... The last scene was so **sentimental/emotional**.*

patience(Geduld), patient (geduldig)

- *patience* ist nicht zählbar, d. h. es kann nicht mit *a/an* gebraucht werden:
  *She has **such** (NICHT: such a) **patience**. I don't know how she does it.* (... eine solche Geduld.)

⚠ „Geduld haben" im Sinne von „warten" wird mit *be patient*, nicht *have patience*, ausgedrückt:
Hab' bitte Geduld. Ich kann nicht alles gleichzeitig. = *Please **be patient**.*

pause ➪ break

pay, payment ➪ salary

(to) **pay** – (to) **pay for** ([be]zahlen)

- Die Formen von *pay* sind *pay – paid – paid* (NICHT: *payed*).

1 *(to) pay* und *(to) pay for* bei unterschiedlichen Objekten

- Auf *pay* kann als direktes Objekt eine Person oder ein Geldbetrag folgen oder ein Wort, das für einen Geldbetrag steht, wie z. B. *money, price, bill, debts, rent, costs, taxes, expenses, salary*:
  *Who **paid the taxi-driver**?*
  *I **paid $75**.*
  *Have you **paid the bill/rent / the full price** yet?*
- Produkte, Waren und Dienstleistungen werden mit *for* angeschlossen:
  *I **paid for the new carpet** by credit card.*
  *Have you **paid for the tickets**?*
  *I haven't **paid for the repair** yet.*

2 Konstruktionen und Wendungen mit *(to) pay*

- Auf *pay* kann ein Personenobjekt + *to*-Infinitiv folgen, aber kein *that*-Satz:
  *I **paid him to** install the new software.* (Ich bezahlte ihn dafür, dass er ... installierte.)
- Wendungen:
  *Are you going to **pay by cheque / by credit card / (in) cash**?*
  *Do they **pay by the hour/day/week**? (...* pro Stunde/Tag/Woche?)

P

peace (Frieden)

- *peace* ist normalerweise nicht zählbar, kann aber in zwei Bedeutungen mit *a* gebraucht werden, und zwar in den Bedeutungen „(begrenzte) Zeitspanne ohne Krieg" und „Friedensabkommen". Eine Pluralform gibt es nicht:
  *It was **a** short **peace** and hostilities soon started again.* (Es war ein kurzer Frieden [= Zeitspanne] und die Kampfhandlungen begannen bald wieder.)
  *They managed to negotiate **a peace** that satisfied both sides.* (... ein Friedensabkommen ...)
- Wendungen:
  *The two sides have **made peace**.* (Die zwei Parteien haben Frieden geschlossen.)
  *At last the people in that troubled country could live **in peace**.*

This is a danger to ***world peace*** (NICHT: *to the world peace*). (Dies ist eine Gefahr für den Weltfrieden.)
I'm ***at peace with*** *myself now that I've made a clean break with the past.* (Ich bin mit mir selbst im Reinen ...)

pen (Füller), **pencil** (Bleistift), **ink** (Tinte)

⚠ *You can't write properly* ***with*** *that old* ***pen/pencil****.*
You have to complete the form ***in ink****, not* ***in pencil****.* (... mit Tinte/Füller ..., nicht mit Bleistift.)

pension (*nicht* Pension, *sondern* Rente)

- *pension* entspricht „(Alters-)Rente". „Pension" (= Übernachtungsquartier) wird mit *boarding house* oder *bed and breakfast* wiedergegeben. „in Pension/Rente gehen" entspricht *retire / go into retirement*:
  She only has a small ***pension****. She's very poor.* (... eine kleine Rente.)
  We stayed at a small ***boarding house / bed and breakfast*** *just outside Lynton.* (... in einer kleinen Pension ...)
  *He****'s*** *64 now and* ***retiring / going into retirement*** *next year.* (... geht ... in Pension/Rente.)

people (Leute/Menschen/Volk)

- *people* wird ohne *the* verwendet, wenn die Menschen/Leute im Allgemeinen gemeint sind, mit *the*, wenn a) eine Gruppe bestimmter Personen oder b) das Volk / die Bevölkerung eines bestimmten Landes gemeint ist:
  (Most) People *don't believe everything that politicians say.* [die Menschen/Leute im Allgemeinen]
  The people *on the left of the photo are waiting for an interview.* [bestimmte Gruppe von Personen]
  The people *(of this country) are fed up with the Conservatives.* [die Bevölkerung / das Volk]
- Der Gebrauch von *the* ist entsprechend, wenn *people* durch ein Nationalitätsadjektiv wie *German, American* usw. näher bestimmt wird:
  German people (auch: *Germans, The Germans*) *drink a lot of coffee.* [die Deutschen im Allgemeinen – ohne *the*]
  The German people (auch: *The Germans*) *in our hotel belonged to a "Kegelverein".* [bestimmte Gruppe von Deutschen – mit *the*]
  The German people *have* (NICHT: *has*) *paid a high price for reunification.* [das deutsche Volk / die deutsche Bevölkerung – mit *the*]

Letzterer Gebrauch wirkt oft übertrieben rhetorisch; im normalen Sprachgebrauch wird eine Formulierung ohne *people* bevorzugt:
The Germans have paid a high price for reunification.

- *people* wird mit der Bedeutung „Rasse/Volk" auch als zählbares Nomen verwendet:
  The Scots are ***a*** *proud* ***people****.* (… ein stolzes Volk.)
  The ***peoples*** *of Africa …* (Die Völker Afrikas …)
- Auf *people* folgt immer ein Pluralverb, auch wenn es „Volk" bedeutet und der unbestimmte Artikel *a* gebraucht wird:
  The German ***people have*** *paid a high price.*
  The Welsh are ***a people who are*** *said to be very musical.*
- *people* wird auch in der Bedeutung „man" gebraucht. Vgl. **one**.

⚠ „Alle Leute" wird nicht mit *all people*, sondern mit *everybody/everyone* (+ Singularverb) wiedergegeben:
Alle Leute in diesem Dorf fahren mit dem Auto zur Arbeit. = ***Everybody*** *in this village* ***goes*** *to work by car.*

per cent (Prozent) – **percentage** (Prozentanteil)

- *per cent* ist genau genommen ein präpositionaler Ausdruck *(per hundred)* und dürfte deshalb eigentlich nur nach einer Zahl stehen, aber nicht nach dem Fragebegleiter *what* („welcher / was für ein"). Trotzdem hat sich *what per cent* neben „logischem" *what percentage* durchgesetzt:
  40 ***per cent*** *of the population* (40 % der Bevölkerung)
  What percentage / What per cent *of the population?* (Wie viel Prozent der Bevölkerung?)
- Auf *per cent* und *percentage* folgt ein Verb im Singular, wenn sie sich nicht auf ein bestimmtes Nomen beziehen. Sonst passt sich das Verb im Numerus dem Nomen an, das auf *per cent* oder *percentage* folgt oder auf das Bezug genommen wird:
  30% is *a lot of money.*
  13% of the *British* ***population lives*** *in London.*
  50% of these addresses are *out of date.*
  A *small* ***percentage of the population has*** *no telephone.*
  A *small* ***percentage of people have*** *no telephone.*

P

perhaps – maybe (vielleicht)

- Zwischen *perhaps* und *maybe* besteht kein Bedeutungsunterschied.
- Wenn *perhaps* und *maybe* mit Zukunftsbezug gebraucht wird, kann das Verb nicht im *present tense* stehen:
  Perhaps/Maybe *they'll come* (NICHT: *they come*) *later.*

(to) **permit** ➪ (to) **allow**

(to) **persecute** – (to) **pursue** (verfolgen)

- *persecute* entspricht „verfolgen aus politischen, rassistischen, religiösen, sexistischen usw. Gründen"; *pursue* entspricht „verfolgen" im wörtlichen Sinne von „hinterherlaufen/-fahren, um einzufangen / um zu töten":
  *Christians **were persecuted** under the Romans.*
  *The police **pursued** the criminals for over 30 kilometres.*
- *pursue* wird auch im Sinne von „weiterverfolgen / fortsetzen / weiter betreiben" gebraucht:
  *We decided not to **pursue** the matter/plan.* (Wir beschlossen, die Angelegenheit / den Plan nicht weiterzuverfolgen.)

person (Person)

⚠ Die Pluralform *persons* wird nur in offiziellen, förmlichen Zusammenhängen gebraucht. In anderen Fällen wird *people* bevorzugt:
(Schild:) Maximale Personenzahl: 25. = *Maximum number of **persons**: 25.*
Wir haben genug Platz für 50 Personen. = *We've got enough room for 50 **people**.*
Die Personen, die ich gefragt habe, möchten lieber am Sonntag fahren. = *The **people** I've asked would prefer to go on Sunday.*

- Im Rückbezug auf *person* (Singular) können die Pluralpronomen *they/them/their* gebraucht werden:
  *If you ask **a person** where **they** are from, **they** usually name the place where **they** feel **their** roots are.*
- „der-/die(jenige) ..." wird oft mit *person* wiedergegeben:
  Sind Sie der(jenige) mit dem großen Hund? = *Are you the **person** with the big dog?*

personal (persönlich) – **personnel** (Personal)

- *personal* ist ein Adjektiv mit der Bedeutung „persönlich". „Personal" wird mit *personnel* [pɜːsəˈnel] wiedergegeben:
  *I'm only giving my **personal** opinion.* (... meine persönliche Meinung ...)
  *The **personnel** manager is a Mrs Jacobs.* (Die Personalchefin ...)

pessimist, pessimistic ➪ **optimist, optimistic**

petroleum (Erdöl/Petroleum) – **paraffin** (Petroleum)

- *petroleum* ist der technische Ausdruck für den Rohstoff, der im Deutschen als „Erdöl" oder „Petroleum" bezeichnet wird. Das Produkt „Petroleum", das nach der Rohölverarbeitung als Brennstoff in Lampen oder Öfen gebraucht wird, heißt aber im BE *paraffin*, im AE *kerosene*:
__Petroleum__ has made Saudi Arabia rich. (Erdöl/Petroleum ...)
My grandparents had a __paraffin/kerosene__ lamp and a __paraffin/kerosene__ stove. (... eine Petroleumlampe und einen Petroleumofen.)

phantasy ⇨ **fantasy**

phone, (to) **phone**

1 Das Nomen *phone*

- Präpositionen und Wendungen mit *phone*:
I spoke to him __on the / over the / by phone__. (... am Telefon.)
You'll have to wait for a moment; she__'s on the phone__. (... sie ist am Telefon.)
We moved into our new flat last week, but we__'re__ still __not on the phone__. (... wir haben immer noch keinen Telefonanschluss.)
The phone's ringing. Can you __answer__ it, please? (Können Sie bitte drangehen/abheben?)
I __picked up the phone__ and said "hello". (Ich nahm den Hörer ab ...)
I was so angry I just __put the phone down__. (... dass ich einfach auflegte.)
I __took the phone off the hook__ because I wanted to sleep. (Ich legte den Hörer daneben ...)
- Wendungen mit *(phone) call* und *ring*:
Excuse me for a moment, please. I have to __make a (phone) call__ (NICHT: *a ring*). (Ich muss mal eben telefonieren.)
Please __give__ me __a call/ring__ when you get to the hotel. (Ruf mich mal an, wenn ...)

2 *(to) phone*

- *phone* hat (wie *call* und *ring*) in der Bedeutung „telefonieren" ein einfaches direktes Objekt. Die Person oder Stelle, mit der telefoniert wird, wird nicht mit *to, with* oder *in* angeschlossen:
When I arrived, Sue __was phoning__ (NICHT: *phoning with/to*) *Alan.* (Als ich ankam, telefonierte Sue gerade mit Alan.)
I __phoned__ (NICHT: *phoned in*) *the hospital.* (Ich rief im Krankenhaus an.)
- *phone* wird aber auch in der Bedeutung „telefonisch durchgeben" gebraucht. In diesem Fall kann es zwei Objekte haben. Das Personenobjekt wird mit *to* angeschlossen (*call* und *ring* können nicht so gebraucht werden):

P

*I'll **phone you the offer**.* (Ich gebe Ihnen das Angebot telefonisch durch.)
*I'll **phone the offer (through) to** your sales manager.*
*I'll **phone it to you / phone you it** next week.*

- Weitere Wendungen und Konstruktionen mit *phone*:
  *Can you **phone for** the doctor, please?* (... den Arzt (an)rufen / kommen lassen?)
  *Let's **phone for** a pizza.* (Bestellen wir doch [telefonisch] eine Pizza.)
  *I'll **phone for** a taxi.* (Ich rufe ein Taxi.)
  *I **phoned for** the plumber **to** come and repair the heating.* (Ich rief den Klempner an, dass er kommen solle, um die Heizung zu reparieren.)

phonetics (Phonetik)

- Auf *phonetics* im Sinne von „phonetische Symbole" folgt ein Pluralverb, auf *phonetics* im Sinne von „das Fach / die Wissenschaft Phonetik" dagegen ein Singularverb:
  *The **phonetics are** difficult to read.*
  ***Phonetics is** one of the subjects we have to learn.*

photo(graph) (Foto[grafie]), **photographer** (Fotograf[in]), **photography** (Fotografie); (to) **photograph** (fotografieren)

1 ***photo/photograph – photographer – photography***

- Aussprache/Betonung: [ˈfəʊtəʊ], [ˈfəʊtəgrɑːf], [fəˈtɒgrəfə], [fəˈtɒgrəfɪ]
- Der Plural von *photo* wird *photo**s*** geschrieben, nicht *photo**es***.
- „Fotograf(in)" wird mit *photographer*, nicht mit *photograph* wiedergegeben. *photograph* entspricht „Fotografie" im Sinne von „fotografische Abbildung". „Fotografie" im Sinne von „das Fotografieren" hingegen wird mit *photography* wiedergegeben:
  *This is a **photograph** of my grandparents.* (... eine Fotografie meiner Großeltern.)
  *My father was the **photographer**.* (Mein Vater war der Fotograf.)
  ***Photography** was his big hobby as a boy.* (Die Fotografie war ... sein großes Hobby.)
- Wendungen mit *photo(graph)*:
  *Who **took** (NICHT: made) this **photo**?* (Wer machte dieses Foto?))
  Aber: *Look at those two children and the horse. That would **make a** good **photo**.* (Das würde ein gutes Foto abgeben.)
  *Can I **take your photo*** (auch: *a photo of you*)*?* (Kann ich ein Foto von Ihnen machen?)
  *Who's the person **in** this **photo**?* (... auf diesem Foto?)

2 ***(to) photograph***

⚠ Das Verb *photograph* kann in der Bedeutung „Fotos machen" nur transitiv, d. h. mit Objekt gebraucht werden:
*I tend to **photograph** landscapes rather than people.*
Wie oft fotografieren Sie? = *How often do you **take photos*** (*NICHT: do you photograph*)*?*

- *photograph* kann auch „sich fotografieren lassen" bedeuten, aber nur im Sinne von „fotogen sein". *photograph* ist dann intransitiv. Sonst wird „sich fotografieren lassen" mit *have one's photo taken / let someone take one's photo* wiedergegeben:
*For the advertising photo I need someone who **photographs well**.* (Für das Werbefoto brauche ich jemand, der sich gut fotografieren lässt.)
*I **had my photo taken** with the baby in my arm.* (Ich ließ mich mit dem Baby auf dem Arm fotografieren.)
*I don't **let** strangers in the street **take a photo / photos of** me.* (Ich lasse mich nicht von Fremden auf der Straße fotografieren.)

physics (Physik) – **physique** (Körperbau/Statur); **physician** (Arzt/Ärztin) – **physicist** (Physiker[in])

- *physics* ['fɪzɪks] („[die] Physik") nicht mit *physique* [fɪ'zi:k] („Körperbau") verwechseln. Auf *physics* folgt das Verb im Singular:
***Physics was** my favourite subject at school.*
*He's an athlete through and through. Just look at that superb **physique**.*
- *physician* ist ein förmliches Synonym für *doctor*. „Physiker(in)" wird mit *physicist* wiedergegeben:
*A **physician** is usually a doctor who uses only medicine, not surgery.*
*Einstein and Von Heisenberg are two famous German **physicists**.*

P

picnic (Picknick), (to) **picnic** (picknicken)

- Formen von *picnic*: *picknic**k**ing, picknic**k**ed*
- *We **had*** (*NICHT: made*) ***a picnic** / We **picknicked** down by the river.*
(Wir machten ein Picknick ...)
*We **are going for** another **picnic** tomorrow.* (Wir machen morgen noch einmal ein Picknick.) [= Wir machen einen Ausflug mit einem Picknick als Ziel.]

pile ⇨ **heap**

pity: it's a pity (es ist schade)

- Anwendungsbeispiele:
  ***It's a pity about** Alan. All those years spent studying and now he can't get a job.* (Es ist schade um Alan.)
  ***It's a pity about** Jack's visitors. He can't come to the concert with us now.* (Es ist schade, dass Jack Besuch hat.)
  ***What a pity** Jack can't come now!* (Wie schade, dass ...)

⚠ Im Anschluss an *it would be a pity* kann keine Präposition + Nomen folgen:
Lasst uns rausgehen. Es wäre sonst schade um das schöne Wetter.
[Es wäre schade, es nicht auszunutzen.] = *Let's go out. **It would be a pity** not **to** take advantage / not **to** make the most of this nice weather.*
Können wir nicht etwas anderes verwenden? Es wäre schade um diesen schönen Stoff. [Es wäre schade, ihn zu gebrauchen.] = ***It would be a pity to** waste this nice material.*

place (Ort/Platz/Stelle)

- *place* hat neben seinen örtlichen Bedeutungen auch die Bedeutung „Studienplatz / Platz in einem Kurs":
  *She's got a **place** at Oxford (University).* (... einen Studienplatz ...)
  *I got a **place on** the course/tour.* (... einen Platz im Kurs / in der Reisegruppe ...)
- Auf *place* kann ein *to*-Infinitiv folgen:
  *I need **a place** (= somewhere) **to** stay.* (... einen Platz zum Übernachten / einen Platz, wo ich übernachten kann.)
  *I need **a place to** leave my suitcase.* (... einen Ort/Platz, wo ich meinen Koffer lassen kann.)
  *Bavaria is **a** nice **place to** live.* (In Bayern kann man gut wohnen/leben.)
- *take place* („stattfinden") nicht mit *take a seat* („Platz nehmen") verwechseln:
  *The meeting **took place** yesterday.* (... fand gestern statt.)
  *Come in, **take a seat**.* (... nehmen Sie Platz.)

⚠ Haben Sie Platz im Auto für diese Kiste? = *Have you got **room/space** in your car for this box?*
Ich mache <u>einen</u> Platz dafür frei. = *I'll make **room*** (NICHT: *a room*) / ***a space** for it.*
Ist dieser (Sitz-)Platz besetzt? = *Is this **seat** taken?*
Die Frau auf dem Platz neben mir ... = *The woman **in*** (NICHT: *on*) *the **seat** next to me ...*
Ich halte dir einen Platz frei. = *I'll keep a **place/seat** for you.*
Der Markusplatz in Venedig = *St. Mark's **Square** in Venice*
Sie sind auf dem Fußballplatz/Tennisplatz. = *They're on the football **pitch** / tennis **court**.*

plastic (Plastik)

- *plastic* entspricht „Plastik" im Sinne von „Kunststoff". „Plastik" im Sinne von „Bildhauerkunstwerk" wird durch *sculpture* wiedergegeben:
  This camera is made of ***plastic****.*
  The council bought a ***sculpture*** *by a well-known local sculptor for the city's main park.*

plate (Teller) **– bowl** (tiefer Teller / Schüssel) **– dish** (Schüssel)

- *plate* bezeichnet einen (fast) flachen Teller, *bowl* [bəʊl] einen runden tiefen Teller bzw. eine Schale, *dish* (im BE) ein größeres Gefäß (rund oder nicht rund, eher flach als tief, mit oder ohne Deckel), aus dem serviert wird:
  We need ***bowls*** *for the soup,* ***plates*** *for the main course with two vegetable* ***dishes*** *for the carrots and potatoes, then glass* ***bowls*** *for the fruit salad.*
  You eat ***out of a bowl, off a plate*** *and serve* ***out of / from a dish****.*
- *bowl* kann ein Behälter für eine Einzelportion sein, aber auch – wie *dish* – eine größere Schüssel, aus der serviert wird. *bowl* bezeichnet im Gegensatz zu *dish* immer etwas Rundes, Tiefes ohne Deckel:
  a big salad ***bowl****, a fruit* ***bowl****, a big glass* ***bowl****, a mixing* ***bowl***
- Im AE kann *dish* jeden Teller oder jede Schale/Schüssel bezeichnen. Dies ist auch der Fall in der BE-Wendung *do/wash the dishes* [immer Plural] („abwaschen"):
  It's Alan's turn to ***wash/do the dishes****.*

(to) **play** – (to) **act** (spielen)

- Zur Wiedergabe von „Spiel" s. **game – match – play**.

1 Der Unterschied zwischen *(to) act* und *(to) play* (bei Theater/Film)

- Als Objekt steht nach *act* ein Theaterstück, nach *play* eine Person. Vor *part* („Rolle") kann *act* oder *play* stehen:
  They ***are acting*** *a play/*King Lear *by Shakespeare.*
  Someone in my class ***is playing*** *Lear's daughter Cordelia.*
  One of the teachers ***is acting/playing*** *the* ***part*** *of Lear himself.*
- *act* und *play* werden intransitiv wie folgt verwendet:
  Robert Redford is my favourite actor. He always ***acts*** *well.* (Er spielt immer gut.)
  The play is good to read but it doesn't ***act*** *very well.* (... aber es lässt sich nicht gut spielen.)

The drama group / Shakespeare's drama King Lear ***played to a*** *large* ***audience.*** (... spielte vor einem großen Publikum / wurde vor einem großen Publikum aufgeführt.)
Spielberg's latest film ***is playing*** *at our local cinema.* (... wird ... gezeigt.)
Aber: *His latest film* ***is set*** *in Hong Kong.* (Sein jüngster Film spielt in Hong Kong.)

2 Sonstige Bedeutungen von *(to) play*

- Wendungen:
  She ***plays the guitar/violin/piano/trumpet.*** [Musikinstrumente mit *the*]
  Aber: *In our combo Jacko plays sax and Freddy plays bass guitar.* [bei Jazz- und Rockmusik informell auch ohne *the*]
  Next Saturday England ***plays*** *France /* ***plays against*** *France.* (... spielt ... gegen Frankreich.)

pleasant (angenehm) ➪ **more,** Abschnitt 2

please (bitte)

- Als Faustregel für die Stellung gilt, dass *please* vor, nicht nach dem Verb steht, auf das es sich bezieht, oder aber, durch Komma abgetrennt, am Satzende:
  Please *bring your dictionaries* (NICHT: *Bring please ...*) *to the next lesson.*
  Bring your dictionaries to the next lesson, ***please.***
  Will you ***please bring / Please will*** *you bring your workbooks, too?*
  Will you bring your workbooks too, ***please?***
  Please can *I borrow / Can I* ***please borrow*** *your pen?*
  Can I borrow your pen, ***please?***
  Your passport, ***please.*** (**Nicht:** *Please, your passport.*)

⚠ *please* wird nur in höflichen Bitten, Befehlen und Fragen gebraucht:
Das war sehr nett von Ihnen. Vielen Dank. – Bitte (schön). = *... Thank you. –* ***That's OK. / Not at all. / That's quite all right. / Don't mention it. / You're welcome. / It's a pleasure.***
Bin ich Ihnen auf den Fuß getreten? Entschuldigung. – Bitte. = *...I'm sorry. –* ***It's all right. / Never mind.***
Darf ich das Fenster aufmachen? – Bitte. = *May I open the window? –* ***Certainly. / Yes, of course. / Yes, please do. / (Please,) Go ahead.***
Verkäufer: Bitte schön, zwei Weißbrote. Sonst noch etwas? = (BE:) ***Here/ There you are,*** *two white loaves ... /* (eher AE:) *There you go ...*
(Wie) Bitte? Das habe ich leider nicht verstanden. = ***Sorry/Pardon?*** *I didn't understand that, I'm afraid.* [vgl. **Excuse me**]
Na bitte! Habe ich nicht immer gesagt, dass es Zeitverschwendung ist? = ***There (you are)! / I told you so!*** *Didn't I always say it was a waste of time.*

Er sagt, Sie wären inkompetent. – Wie bitte? = *He says you're incompetent. – **I beg your pardon!***
Bitte! Wenn er unbedingt will, soll er alles alleine machen. = ***All right.** If he insists on doing it all himself, let him.*

pleasure (Vergnügen/Freude/Genuss)

- Ein *to*-Infinitiv kann nach *pleasure* (Aussprache: ['pleʒə]) nur dann stehen, wenn der Infinitiv ein nachgestelltes Subjekt ist, das durch „leeres" *it* vorweggenommen wird. Ansonsten folgt auf *pleasure* eine *-ing*-Form:
  ***It was a pleasure to** have you here / hav**ing** you here.*
  ***It gives me (great) pleasure** (NICHT: a [great] pleasure) **to** welcome you all here today.* (Es macht mir große Freude ...)
  *I **had the pleasure of** meet**ing** (NICHT: to meet) your wife last year.* (Ich hatte das Vergnügen, ... kennen zu lernen.)
  *The **pleasure of** not hav**ing** to make your own breakfast is the best thing about staying in a hotel.* (Das Vergnügen, das Frühstück nicht selber machen zu müssen, ...)
  *She **took (great) pleasure in** ask**ing** candidates difficult questions.* (Sie fand/hatte [großes] Vergnügen daran, Kandidaten schwierige Fragen zu stellen.)
- Präpositionen:
  *He does it **for pleasure**, not to earn money.* (... zum Vergnügen ...)
  *She **got** a lot of **pleasure out of** their embarrassment.* (Ihre Verlegenheit machte ihr viel Vergnügen.)
  *Her **pleasure at** their embarrassment was really cruel.* (Ihre Freude über ...)

P

plenty (viel[e], reichlich)

- Das Pronomen *plenty* steht allein mit Rückbezug auf ein Nomen oder vor *of* + (Pro-)Nomen. Das Verb (Singular oder Plural) richtet sich dabei nach dem vorangehenden oder folgenden Nomen:
  *How much wine is there? There**'s plenty**. There **is plenty of** wine / **plenty of** it.*
  *Are there any good restaurants? – There **are plenty**. There **are plenty of** good restaurant**s** / **plenty of** them.*
- *plenty (of)* steht meist in bejahten Aussagesätzen. In verneinten Sätzen und Fragen werden in der Regel andere Ausdrücke gebraucht:
  *We have **plenty of** time, but we have**n't** got **enough / a lot of / much** money.*

⚠ *plenty* kann im Normalfall nicht als Adverb gebraucht werden:
Er kam reichlich spät. = *He came **rather/quite/very** late.*
Der Vortrag war reichlich ausführlich/detailliert. = *The lecture was **rather/quite/very** detailed.*

- Die Fälle, in denen *plenty* als Adverb gebraucht werden kann, sind:
  1. vor dem Begleiter oder Pronomen *more* (jedoch nicht vor dem Adverb *more*, z. B. in Komparativformen);
  2. informell vor bestimmten Adjektiven (insbesondere *big/tall/long*) + *enough*;
  3. informell im AE:

  *There are **plenty more** potatoes.*
  *Help yourself to potatoes – there are **plenty more.***
  *The flat is **plenty big enough** for us.*
  AE: *I exercise **plenty**, but I can't get my weight down.*

plump (*nicht* plump, *sondern* mollig)

- *plump* entspricht „mollig/dick". „plump" wird mit Adjektiven wie *clumsy/awkward* (= ungeschickt) oder *blatant* (= dreist) wiedergegeben:
  *In middle age she grew rather **plump.*** (... wurde sie ziemlich mollig.)
  Er machte etwas plumpe Annäherungsversuche. = *He made rather **clumsy/awkward** advances.*
  Er machte einen ganz plumpen Versuch mich zu täuschen. = *He made a **blatant** attempt to deceive me.*

p.m. ⇨ **a.m.**

point, (to) **point**

1 Das Nomen *point*

- Nicht *point*, sondern (BE:) *full stop* / (AE:) *period* ist die richtige Entsprechung für das Satzzeichen „Punkt":
  *You've forgotten the **full stop / period** at the end of your sentence.*

- Wendungen und Konstruktionen:
  What's the point of (his/him)** wait**ing (NICHT: *to wait*)*?* (Welchen Zweck hat es zu warten / dass er wartet?)
  There's (NICHT: *It's*) ***no point (in) (his/him)** wait**ing** any longer.* (Es hat keinen Zweck länger zu warten / dass er länger wartet.)
  ***It's pointless** (for him) **to** wait.* (Es ist zwecklos zu warten / dass er wartet.)
  *I **was on the point of** call**ing** the police.* (Ich war im Begriff / kurz davor, die Polizei anzurufen.)
  *What you're saying is irrelevant. **The point is that** they are not going to pay.* (Das Wesentliche / Der springende Punkt ist, dass ...)
  *There was a six **point** five (= 6.5) per cent price increase last month.* (... sechs Komma fünf [= 6,5] ...)
  *The UN have developed a six-**point*** (NICHT: *six-points*) *plan for the region.* (... einen Sechs-Punkte-Plan ...)

***From my/that point of view** it would be wiser to wait.* (Aus meiner Sicht / Unter diesem Gesichtspunkt ...)
***From a** practical **point of view,** it would be easier to rent a car.* (Unter praktischen Gesichtspunkten ...)

2 Das Verb *(to) point*

- *point* kann im Gegensatz zum deutschen „deuten/zeigen" auch ohne präpositionales Objekt gebraucht werden:
  Do you see the man in the corner? I don't want to ***point****. Well, he's my new boss.* (Ich möchte nicht auf ihn deuten.)
- Präpositionen:
  She ***pointed to/at*** *a window on the third floor.* (zeigte auf) [*point at/to* = mit Finger/Arm/Stock usw. auf etw. zeigen]
  The soldier ***pointed*** *his gun* ***at*** *me.* (... richtete seine Waffe auf mich.)
  Their behaviour ***points to*** *a personality defect.* (Ihr Benehmen weist auf einen Persönlichkeitsdefekt hin.)
  The politician ***pointed to*** *the government's success in fighting inflation.* (... wies auf ... hin.)
- Das *phrasal verb* (Partikelverb) *point out* kann zwei Objekte haben. Das indirekte Objekt muss mit *to* angeschlossen werden:
  He ***pointed out to me*** *the building where he worked.* (Er zeigte mir ...)
  He ***pointed*** *it* ***out to me****.*

police (Polizei)

P

- *police* ist ein Pluralnomen. Abhängige Begleiter, Verben und Pronomen stehen im Plural:
  As part of ***their*** *investigations, the* ***police are*** *interviewing the man* ***they*** *tracked down yesterday.*

politics – policy (Politik) **– political** (politisch)

1 *politics – policy*

- *politics* hat mit Regieren zu tun und bezeichnet „Politik" im allgemeinen Sinne von „politisches Geschehen/Leben", „Staatswissenschaft", „Staatskunst". *policy* hat dagegen mit konkreten Vorhaben, Einstellungen und Handlungen in der Politik zu tun und bezeichnet „Politik" im Sinne von „(politische) Maßnahme/Linie", „Politik in einer bestimmten Frage / einem bestimmten (Staats-)Bereich":
  I'm not interested in ***politics****.* (Ich interessiere mich nicht für die Politik.)
  Politics *is a subject you can study at university.* (Politik ist ein Fach ...)
  Politics *is what Members of Parliament are involved in.*

The government has introduced a new economic ***policy****.* (... hat eine neue Wirtschaftspolitik eingeführt.)
The President described his ***policy on*** *immigration in yesterday's press conference.* (... seine Politik in Bezug auf Einwanderung.)
The ***policy*** *of this firm is to give workers as much freedom and responsibility as possible.*

- Weil *politics* die Politik im allgemeinen Sinne bezeichnet, wird es ohne Artikel gebraucht, wenn es nicht z. B. durch eine *of*-Fügung näher bestimmt ist:
  She's been in ***politics*** *for a long time. She went into* ***politics*** *over thirty years ago.* (... in der Politik ...in die Politik.)
  Local, national and international ***politics*** *are all very different.*
  French ***politics*** *is something I know little about.* (Die französische Politik ...)
  Auch *policy* kann ohne Artikel gebraucht werden:
  Foreign ***policy*** *and economic* ***policy*** *are the two most important areas where decisions are made.*
  Aber: *The British* ***policy*** *on Europe frustrated and angered many.* [eine bestimmte Politik]
- Auf *politics* folgt in aller Regel ein Verb im Singular. *politics* hat aber eine weitere Bedeutung („politischer Standpunkt / politische Einstellung"), bei der es sich mit einem Pluralverb verbindet:
  What ***are*** *Julian's* ***politics****?*

2 ***political***

- *political* [pəˈlɪtɪkl] ist das zu *politics* gehörige Adjektiv. Nicht mit dem selten gebrauchten Adjektiv *politic* [ˈpɒlɪtɪk] verwechseln, das „diplomatisch/klug/ ratsam" bedeutet:
  The two main ***political*** *parties are the Socialists and the Republicans.*
  It would be ***politic*** *to postpone our decision for a year.*

pony (Pony)

⚠ *pony* bezeichnet „Pony" im Sinne von Pferd. „Pony" im Sinne von Haaren vorn an der Stirn heißt dagegen *fringe*:
As a young girl it was always my dream to have my own ***pony****.*
I asked the hairdresser not to cut my ***fringe****.*

poor (arm/schlecht)

- Zum Gebrauch von *poor* als Nomen vgl. **the,** Abschnitt 1:
  The poor *have not been helped.*
  A poor person/man/woman (NICHT: *A poor*) *can expect little help in that society.*

- *poor* entspricht auch „schlecht/mangelhaft/dürftig", insbesondere in Bezug auf Leistung oder Qualität:
  The concert last night was rather ***poor****.*
  His exam results were ***poor****.*

- Wendungen:
  You poor thing. (Du Ärmste[r])
  Poor Bill. (Der arme Bill! / Armer Bill!)
  Rich and poor*, young and old – they all came.* (Arm und Reich ...)
  Dan is ***poor at*** *maths.* (... schlecht/schwach in Mathe.)
  The recording is ***poor in*** *quality (= of poor quality).* (... von schlechter Qualität.)

⚠ *poor in* (s. letzten Beispielsatz) entspricht auch „arm an" und steht vor Nomen, die Rohstoffe oder chemische Substanzen bezeichnen.
poor in kann normalerweise nicht gebraucht werden, um auszudrücken, dass Einrichtungen fehlen:
A sailor's diet in those days was usually ***poor in*** *vitamins.*
The country is ***poor in*** *minerals.*
Aber: Die Stadt ist etwas arm an guten Restaurants. = *The town is rather* ***lacking in*** */ is a bit* ***short of*** *good restaurants.*

popular (beliebt)

- *popular* und *unpopular* verbinden sich mit der Präposition *with*:
  The maths teacher was very ***(un)popular with*** *his students.*
  (... [un]beliebt bei ...)

P

port ➪ harbour

possibility – chance – opportunity – occasion

- Diese vier Nomen unterscheiden sich in der Bedeutung, aber vor allem auch in den Konstruktionen, in denen sie gebraucht werden.

1 *possibility*, um eine mögliche Situation zu bezeichnen

1.1 Bedeutung

- *possibility* drückt aus, dass etwas möglicherweise der Fall ist oder eintritt:
  There's a ***possibility*** *that we'll finish the job today, but we may need another day.*
  A tax increase in the November budget is one ***possibility****.*
  There are two ***possibilities****: either they pay or they don't.*
  Defeat was a ***possibility*** *they refused to consider.*

- *possibility* bezeichnet im Plural das Potential, das in etwas steckt: *The hotel was a bit run-down, but it had* ***possibilities.***

⚠ „Möglichkeit" im Sinne von „Methode" wird mit *way* wiedergegeben, im Sinne von „Gelegenheit" mit *chance/opportunity* (s. Abschnitt 3) und im Sinne von „Wahl = Möglichkeit, etwas anderes zu tun" mit *option* oder *alternative*:
I know no other ***way*** *of persuading / to persuade him.* (Ich kenne keine andere Möglichkeit, ihn zu überreden.)
We have ***no other option / no alternative.*** (Wir haben keine andere Möglichkeit.)

1.2 Konstruktionen

- *possibility* kann zwar grundsätzlich mit dem Verb *have* gebraucht werden, im Gegensatz zum deutschen Sprachgebrauch („die Möglichkeit haben zu ...") kann *have a/the possibility* jedoch nicht mit einem nachfolgenden Infinitiv verwendet werden. *have a/the possibility* wird mit *of* + Nomen oder *-ing*-Form ergänzt:
In cases like this you ***have the possibility of*** *cancell****ing*** (NICHT: *to cancel*) *the booking.* (In solchen Fällen hat man die Möglichkeit, die Buchung zu stornieren.)
- Meist wird „die Möglichkeit haben, etwas zu tun" jedoch mit *have the chance/opportunity to do s.th. / of doing s.th.* wiedergegeben, weil mit Möglichkeit meist eine (günstige) Gelegenheit gemeint ist (vgl. Abschnitt 3):
Sie haben die Möglichkeit, morgen mit uns nach London zu fahren. = *You have* ***the chance/opportunity of*** *go****ing*** */* ***to*** *go to London with us tomorrow.*
- *possibility* wird auch in der Konstruktion *there is a possibility of (doing) s.th.* gebraucht:
Is there *any* ***possibility of*** *find****ing*** (NICHT: *to find*) *that out today?* (Gibt es irgendeine Möglichkeit, das heute herauszufinden?)
There's ***a possibility of rain*** *this afternoon.* (Es besteht die Möglichkeit, dass es heute Nachmittag regnen wird.)

2 *chance* und *possibility*, um Wahrscheinlichkeit auszudrücken

2.1 Bedeutung

- *chance* (Singular) kann wie *possibility* gebraucht werden, um auszudrücken, dass etwas möglicherweise eintreten kann, allerdings nur in der Konstruktion *there is a chance. chance* könnte also im ersten Beispielsatz in Abschnitt 1.1. anstelle von *possibility* gebraucht werden, jedoch nicht in den weiteren Bespielsätzen:
There's a ***chance*** *that we'll finish the job today, but we may need another day.*
- Die Konstruktion *there's a chance* kann durch ein Adjektiv erweitert werden, um den Grad der Wahrscheinlichkeit auszudrücken, mit der etwas passieren wird:

There's only a ***small chance*** *that I'll be home before six.*
Andere mögliche Adjektive sind *low / slim* (gering) / *outside* (sehr gering) / *fair* (reell) / *good / big / high / strong.*
Im Gegensatz hierzu verbindet sich *possibility* mit den Adjektiven *real/ distinct/strong* oder den Mengenbezeichnungen *no/little*:
There's a ***strong possibility*** *that there will be a delay.*
There's ***little possibility*** *of the weather improving, I'm afraid.* [*possibility* ist hier nicht zählbar.]

- *chance* wird in der Bedeutung Wahrscheinlichkeit/Aussicht auch im Plural gebraucht – allerdings in anderen Konstruktionen:
  The chances are that *Jim will be able to help.* (Es besteht die Aussicht, dass Jim ... / Aller Wahrscheinlichkeit nach wird Jim ...)
  What are the chances *of rain?* (Wie sind die Aussichten auf Regen?)

2.2 Konstruktionen

- Auf Konstruktionen mit *there + be + possibility / chance* im Sinne von „Aussicht (dass etwas geschieht)" folgt *of + -ing*-Form oder ein *that*-Satz (wobei *that* nicht entfallen kann), aber kein Infinitiv:
  There's a small chance that *I'll be home early today /* ***of*** *my/me be****ing*** *home early today.*
  What chance is there that *they will agree /* ***of*** *them/their agree****ing?***
  There is a (strong) possibilty that *the project will be delayed /* ***of*** *the project('s) be****ing*** *delayed.*
  There is little possibility that *the project will be delayed /* ***of*** *the project('s) be****ing*** *delayed.*
  Auf *have + chance* folgt in dieser Bedeutung immer *of + -ing*-Form (bzw. *of* + Nomen):
  *They****'ve got no chance of*** *winn****ing*** (NICHT: *to win*). *They're such a terrible team.* (Sie haben keine Chance zu gewinnen.)

P

3 *chance* und *opportunity*, um eine günstige Gelegenheit zu bezeichnen

3.1 Bedeutung

- *chance* und *opportunity* („Gelegenheit") bezeichnen eine Möglichkeit, etwas zu tun, weil die Zeit oder Umstände es anbieten, der Augenblick günstig ist, die Voraussetzungen gegeben sind. *possibility* kann nicht in dieser Bedeutung gebraucht werden:
  We'll have a ***chance*** */ an* ***opportunity*** (**NICHT:** *a possibility*) *to meet some important buyers at the fair.*
  I was given a ***chance*** */ an* ***opportunity*** (**NICHT:** *a possibility*) *to look at the text before they started asking questions.*
  There isn't often a ***chance*** */ an* ***opportunity*** (**NICHT:** *a possibility*) *to speak English if you live in deepest Mecklenburg.*

3.2 Konstruktionen

- Auf *chance/opportunity* im Sinne von „Zeit/Gelegenheit (haben etwas zu tun)" (= Möglichkeit) kann oft ohne Bedeutungsunterschied ein *to*-Infinitiv oder *of* + *-ing*-Form folgen:
  You ***have the chance/opportunity to*** *go /* ***of*** *go****ing*** *to London with us tomorrow.*
  We don't often get a ***chance*** */ an* ***opportunity to*** *meet /* ***of*** *meet****ing*** *like this.*
  I didn't want to miss ***the chance/opportunity to*** *interview /* ***of*** *interview****ing*** *her for our magazine.*
  If there was a ***chance*** */ an* ***opportunity to*** *go /* ***of*** *go****ing*** *to the moon, would you go?*
- *opportunity* wird mit *for* + *-ing*-Form (oder einem *to*-Infinitiv), nicht aber mit *of* + *-ing*-Form gebraucht, wenn mit der (günstigen) Gelegenheit nicht eine gegebene oder theoretische Möglichkeit, sondern ein faktischer Anlass gemeint ist, der zu einem bestimmten Zweck genutzt werden kann/konnte:
  The reunion ***was an opportunity for*** (NICHT: *of*) *renew****ing*** */* ***to*** *renew old friendships.* (... war eine Gelegenheit, ... zu ...)
  You don't get/have many ***opportunities for*** *speak****ing*** */* ***to*** *speak English in deepest Mecklenburg.*
  This weekend will be a good ***opportunity for*** *try****ing*** */* ***to*** *try out my new camera.*
- *opportunity* ist auch ein nicht zählbares Nomen. Konstruktionen aus Mengenbezeichnung + *opportunity* werden mit einem *to*-Infinitiv oder mit *for* + *-ing*-Form verbunden:
  I had / There was no / not much / little / plenty of opportunity to *read /* ***for*** *read****ing****.*

4 *occasion*

- *occasion* entspricht (wie *opportunity*) „Gelegenheit", bezeichnet aber eine konkrete (vergangene oder gegenwärtige) Situation, in der etwas tatsächlich geschah oder geschieht. *occasion* sagt nichts über die Möglichkeiten aus, die eine Situation zur Erfüllung eines Zwecks bietet:
  I've met him before on several ***occasions*** (NICHT: *opportunities*).
  Vgl.: *There were several chances/opportunities to meet him, but I never in fact met him.*
  This is one ***occasion*** *when it's better to give in.*
  Vgl.: *This is a chance / an opportunity to gain an advantage by giving in.*
- *occasion* bezeichnet außerdem einen gesellschaftlich akzeptablen Anlass zu etwas oder auch ein besonders, festliches Ereignis:
  The firm's 75th anniversary is an ***occasion*** *for a big celebration.*
  The famous actor's 80th birthday party was a great ***occasion****.*

5 Wendungen mit *chance/opportunity/occasion*

- *He doesn't* ***stand*** (auch: *have*) ***a chance / an earthly chance****.* (Er hat keine / nicht die geringste Chance.)
  We met ***by chance****.* (... zufällig.)

Do you know Philip Bates ***by any chance?*** ([in Fragen:] Kennen Sie zufällig ...?)
I phoned ***on the off chance that*** *he would be at home.* (... auf die vage Möglichkeit hin, dass ...)
I don't know if this will work, but I'll ***take a chance***. (Ich weiß nicht, ob es funktionieren wird, aber ich lasse es darauf ankommen / riskiere es.)
I'm taking no chances *this time!* (Ich lasse mich diesmal auf kein Risiko ein!)
I ***took a chance on*** *his/him being at home and went round to his house.* (Ich ließ es darauf ankommen, ob er zu Hause sein würde, und ...)

⚠ Entsprechungen für „bei ... Gelegenheit":
Bei jeder möglichen Gelegenheit ließ sie den Namen ihres berühmten Onkels fallen. = *She dropped her famous uncle's name* ***at every possible opportunity***.
Sonst bin ich nicht wählerisch, aber bei dieser Gelegenheit (= zu diesem Anlass) möchte ich nur den allerbesten Wein. = ... *but* ***on this occasion*** ...
Das macht $ 6, und bei der Gelegenheit darf ich dich daran erinnern, dass du mir noch $ 5.20 schuldest. = *That's $6, and* ***while we're about it / while we're on the subject****, may I remind you ...*
Gib mir die Telefonnummer bei Gelegenheit, es eilt nicht. = *Give me the phone number* ***sometime****, there's no hurry.*

possible (möglich), **possibly** (möglicherweise)

- Wenn sich *it's possible that ...* auf ein zukünftiges Geschehen bezieht, kann das Verb nicht im *simple present* stehen:
  It's possible that *Ann* ***will*** *arrive* (NICHT: *arrives*) *late.*
  Die Konstruktion *it's possible that s.o. will do s.th.* nicht verwechseln mit *it's possible for s.o. to do s.th.*:
  It's possible that *David will be there.* [= Es könnte der Fall sein.]
  It's possible for *David* ***to*** *get there in time, if he leaves London by six.* [= Es ist theoretisch möglich, dass er rechtzeitig dort sein kann.}

- Wendungen:
  Please reply ***as soon as [it is] possible*** (NICHT: *possibly*). (... so bald wie möglich.)
  Phone me beforehand, ***if at all possible***. (... wenn irgend möglich ...)
  It's quite (NICHT: *well*) ***possible*** (auch: *There's a distinct possibility*) *that we'll be away that weekend.* (Es ist gut möglich, dass ...)
  We ***can't possibly*** (NICHT: *possible*) *wait so long.* (Wir können unmöglich so lange warten.)
  How ***can*** *he* ***possibly*** *be so selfish?* (Wie kann er bloß so selbstsüchtig sein?)
  You know how busy I've been. When ***could*** *I* ***possibly*** *have done it?* (Wann hätte ich das denn bloß machen sollen?)
  Could *I* ***possibly*** *borrow your car this evening?* (Könnte ich eventuell ...?)

P

(to) **postpone** ➪ (to) **delay**

pound (£) ➪ **dollar** ($)

power ➪ **force**

practical (praktisch) – **practicable** (durchführbar/brauchbar)

- *practical* entspricht dem deutschen „praktisch“; *practicable* wird in Bezug auf Pläne, Lösungen usw. gebraucht und entspricht „durchführbar/brauchbar/sinnvoll“. *practical* kann aber ebenfalls in dieser Bedeutung gebraucht werden:
  This is a very ***practical*** *little suitcase, just right for one-day trips.*
  It isn't a very ***practicable/practical*** *plan/solution to build a house so close to the stream.*

practice (Übung/Praxis) – (to) **practise** (üben)

- Im BE wird das Nomen mit *c (practice)* und das Verb mit *s (practise)* geschrieben. Im AE wird die Schreibweise *practice* in der Regel für Nomen und Verb verwendet.
- Auf *practise* folgt kein Infinitiv, sondern eine *-ing*-Form:
  In this exercise you can ***practise*** *answer****ing*** (***NICHT:*** *to answer) the phone in English.*

praise (Lob)

- *praise* ist nicht zählbar und kann nicht mit *a* (+ Adjektiv) gebraucht werden:
  She received ***(a lot of) praise*** *for her work.* (Sie bekam ein [großes/dickes] Lob für ihre Arbeit.)

(to) **precede** (vorausgehen) – (to) **proceed** (vorgehen)

- *precede* („vorausgehen“) nicht mit *proceed* („vorgehen“) verwechseln:
  The chairman's speech will ***precede*** *the vote.* (Die Rede des Vorsitzenden wird der Abstimmung vorausgehen.)
  How should we ***proceed*** *in this rather difficult question?* (Wie sollen wir ... vorgehen?)

- *precede* ist ein normales transitives Verb mit direktem Objekt. Der Gebrauch im Passiv ist wie bei allen transitiven Verben möglich:
  The storm ***was preceded*** *by a period of exceptionally hot weather.*
  (Dem Sturm ging eine Periode ungewöhnlich heißen Wetters voraus.)
- *proceed* kann mit einem *to*-Infinitiv verwendet werden. *proceed to do s.th.* bedeutet „dazu übergehen / beginnen etwas zu tun“:
  After questioning the night watchman, the police ***proceeded to*** *examine the window that had been broken.*
  After attacking the Opposition, the Prime Minister ***proceeded to*** *attack the Press, too.*

predictably (wie vorherzusehen war)

- *predictably* ist ein Satzadverb, das der deutschen Infinitivkonstruktion „wie vorherzusehen ist/war“ entspricht:
  Predictably*, the product came onto the market just before Christmas.*

(to) **prefer** (vorziehen / lieber tun/mögen)

- Schreibung der flektierten Formen: *prefe**rr**ing, prefe**rr**ed*
- *prefer* wird nicht in der Verlaufsform gebraucht:
  What do you ***prefer*** *(NICHT: are you preferring) now?*

1 ***(to) prefer to do – (to) prefer doing***

- Auf *prefer* kann ohne wesentlichen Bedeutungsunterschied eine *-ing*-Form oder ein *to*-Infinitiv folgen:
  I ***prefer*** *drink**ing** /* ***to*** *drink red wine.*
  Don't you want to wait in the lounge? – No, I ***prefer*** *sitt**ing** /* ***to*** *sit here, thank you.*
  Nach *would prefer* wird in aller Regel der Infinitiv bevorzugt:
  *What would you prefer? – I think I'****d prefer to*** *leave now.*
  Aber z. B.: *I'****d prefer to*** *meet / I'****d prefer*** *meet**ing** in the afternoon.*
- In der Konstruktion *prefer* + (Pro-)Nomen + Verb steht das nachfolgende Verb in der Regel als *to*-Infinitiv:
  I ***prefer my children to*** *be home by midnight.* (Ich ziehe es vor, dass ...)
  *I'****d prefer you not to*** *smoke.*
  Aber z. B.: *I* ***prefer people*** *not* ***to*** *ask / not ask**ing** questions till I've finished my talk.*

2 ***(to) prefer ... to / (to) prefer ... rather than*** **in Vergleichen**

- In Vergleichen wird normalerweise die Präposition *to* gebraucht:
  I ***prefer*** *red wine* ***to*** *white wine.* (Ich trinke lieber Rotwein als Weißwein.)
  I ***prefer*** *cycl**ing*** ***to*** *swimm**ing**.*
  I ***prefer*** *go**ing** to the theatre* ***to*** *go**ing** out for a meal.*

P

- Wenn zwei Infinitive oder ein Infinitiv und eine *-ing*-Form im Vergleichssatz stehen,wird *rather than* gebraucht; *to* aber vor dem zweiten Infinitiv weggelassen werden:
  *I **prefer** eating at home **to** go**ing** / **rather than** go**ing** out for a meal.*
  *I **prefer to** cook myself **rather than** eat**ing*** (NICHT: *to eating*) *out.*
  *I **prefer to** cook myself **rather than (to)** eat out.*

present, presence, presently, (to) present

1 *present*: Nomen, Adjektiv und Verb

- *present* mit Betonung auf der ersten Silbe ['--] kann ein Nomen (mit unterschiedlichen Bedeutungen) sein oder ein Adjektiv mit zwei verschiedenen Bedeutungen je nach der Stellung. *present* mit Betonung auf der zweiten Silbe [-'-] ist ein Verb:
  *I want to buy Glenn a birthday **present** this afternoon.* [Nomen = „Geschenk"]
  *He does not care about the future, he only cares about the **present**.* [Nomen = Gegenwart]
  *In the sentence "He often laughs", the word "laughs" is a verb in the **present**.* [Nomen = *present tense*]
  *Glenn's **present** English teacher is Mrs Barnes.* [Adjektiv vor Nomen = „gegenwärtig"]
  *Only twelve teachers were **present**.* [Adjektiv nach *be* = „anwesend"]
  *The two scientists **presented*** [prɪ'zentɪd] *the results of their experiments.* [Verb = „präsentieren"]

- Weitere Besonderheiten des Nomens und Adjektivs *present*:
  *This camera is **a present from*** (NICHT: *of*) *my father.*
  *My father **made me a present of** his old camera.* (... machte mir seinen alten Fotoapparat zum Geschenk.)
  ***At present** there are 35 children in class 7A.* (Gegenwärtig sind ...)
  ***For the present** we have enough material.* (Vorläufig / Für den Augenblick haben wir ...)
  *Who was **present at** the meeting?* (Wer war bei ... anwesend?)
  *We need to get the names and address of **those present**.* (... der Anwesenden ...)

- Ein indirektes Objekt muss nach dem Verb *present* immer mit *to* angeschlossen werden:
  *They **presented a colour TV to Mrs Ives** when she left.* (NICHT: *They presented Mrs Ives a colour TV when she left.*)
  Als Alternative ist jedoch die Konstruktion *present s.o. with s.th.* möglich:
  *They **presented Mrs Ives with a colour TV** when she left.*
  Die Passivsätze lauten entsprechend:
  ***A colour TV was presented to her** by the managing director.*
  ***She was presented with** a colour TV.*

2 *presence*

- Das prädikativ gebrauchte Adjektiv *present* („anwesend") und das Nomen *presence* gehören zusammen. Die deutsche Entsprechung ist „Gegenwart" im Sinne von „Anwesenheit", nicht im Sinne von „der jetzige Zeitpunkt":
  *I felt very uneasy in the **presence** of so many famous people.* (... in der Gegenwart so vieler berühmter Leute ...)

3 *presently* = „bald / in Kürze" oder „jetzt / momentan / zur Zeit"

- *presently* im Sinn von „bald / in Kürze" steht am Satzende bzw. nach dem Verb und seinen Ergänzungen:
  *Sally will be back **presently**.* (Sally wird bald zurück sein.)
- *presently* bedeutet auch „jetzt / momentan / zur Zeit". Früher war dieser Gebrauch nur im AE üblich, inzwischen ist er es aber auch im BE:
  *We are **presently** doing our market research.*
  presently ist also hier gleichbedeutend mit *at present*, kann aber nicht, wie *at present*, am Satzanfang oder -ende stehen, sondern nur in der Satzmitte.

press (Presse)

- *press* wird mit einem Verb im Singular und den Pronomen *it, its, which* gebraucht, wenn eher an die Presse als abstrakte Institution gedacht wird, und mit einem Pluralverb und den Pronomen *they, them, their, who,* wenn eher an Personen (Journalisten, Pressevertreter) gedacht wird:
  *The **press, which is** aware of **its** influence in our society, **has** decided to make an issue of the problem.*
  *The **press, who were** there in large numbers, **were** ready and waiting when Blair finally arrived.*

P

presumably (vermutlich/wahrscheinlich)

- *presumably* ist ein Satzadverb mit der Bedeutung „vermutlich/wahrscheinlich". *presumably* steht am Satzanfang oder -ende, oder in der Satzmitte:
  *They should have been here an hour ago. – **Presumably** they've forgotten all about it. / They've forgotten all about it, **presumably**. / They've **presumably** forgotten all about it.*

- „vermutlich" wird im Englischen oft durch ein Verb ausgedrückt:
  I expect/suppose/presume/assume (that) *they're coming later.* (Vermutlich kommen sie später.)
  Are they coming? – ***Presumably. / I expect so. / I suppose so. / I presume so. / I assume so.*** (Kommen sie? – Vermutlich [ja].)
  Die entsprechenden Verneinungen heißen *Presumably not. / I expect not. / I suppose not. / I presume not. / I assume not.* Auch Formen wie *I don't expect so* sind möglich.

pretty (hübsch/ziemlich)

- Zum Gebrauch von *pretty* als Adjektiv („hübsch") s. **beautiful**.
- *pretty* wird auch als Adverb mit der Bedeutung „ziemlich" gebraucht. Im BE gilt dieser Sprachgebrauch als informell:
  It's ***pretty*** *late to phone them today.*
  They're ***pretty*** *rich.*
- *pretty* kann (informell) mit *well, much* und *nearly* verbunden werden:
  We were ***pretty well*** *exhausted at the end of the day.* (Wir waren ... ziemlich erschöpft.)
  They all cost ***pretty much*** *the same.* (... so ziemlich das Gleiche.)
  They lost ***pretty nearly*** (NICHT: *pretty almost*) *everything.* (... so ziemlich alles.)

(to) **prevent** ([ver-]hindern)

- Auf *prevent* folgt kein *to*-Infinitiv, sondern eine *-ing*-Form oder *from* + *-ing*-Form:
  Can you ***prevent*** *him* ***(from)*** *using the computer while I'm away?* (Kannst du ihn daran hindern, den Computer zu benutzen ...)

previous ⇨ former

principal – principle – principally

1 ***principal – principle – principally***

- *principal* kann ein Nomen oder ein Adjektiv sein, *principle* ist immer nur ein Nomen. Als Nomen bezeichnet *principal* den Leiter / die Leiterin einer Schule oder eines College, als Adjektiv bedeutet es „Haupt- / hauptsächlich / wichtigste(r/s)". *principle* entspricht dem deutschen „Prinzip":
  On my last day at school I shook hands with the ***Principal*** *for the last time.*

*One of the **principal** causes of lung cancer is smoking.* (Eine der Hauptursachen ...)
*They were one of the first companies to introduce the **principle** of equal pay for equal work.* (... das Prinzip der gleichen Bezahlung für ...)

- Im AE ist *principal* die normale Bezeichnung für „Schulleiter[in]" (BE: *head teacher / headmaster / headmistress*). Im BE ist *principal* eine gängige Bezeichnung für den Leiter / die Leiterin eines College, wird aber auch in Bezug auf Schulleiter[innen] verwendet; dies geschieht in förmlichen Zusammenhängen (z. B. im Briefkopf, in einer Informationsbroschüre) oder um der betreffenden Person oder Schule einen höheren Status zu verleihen. Eine Privatschule, die sich für exklusiv hält, könnte z. B. die Direktorin als *principal* bezeichnen.

2 *principally* im Kontrast zu „prinzipiell"

⚠ *principally* entspricht nicht „prinzipiell", sondern „hauptsächlich / in der Hauptsache". „prinzipiell" wird mit *on principle* bzw. *as a matter of principle* wiedergegeben:
*The book was read **principally** by adults, although it had been written for children.* (... hauptsächlich von Erwachsenen ...)
Ich bin prinzipiell dagegen. = *I'm against it **on principle / as a matter of principle.***

3 Präpositionale Ausdrücke mit *principle*

- ***In principle*** (NICHT: *In the principle*) *the suggestion is a good one.* (Im Prinzip ...)
*She refused **on principle**.* (... aus Prinzip / prinzipiell / aus prinzipiellen Gründen ...)
*She refused for **reasons of principle**.* (... aus Gründen der Überzeugung.)
*We work **on the principle that** ...* (Wir arbeiten nach dem Prinzip/ Grundsatz, dass ...)

P

prison (Gefängnis), **prisoner** (Gefangene[r])

- *prison* wird ohne Artikel gebraucht, wenn Gefangenschaft in der Institution Gefängnis gemeint ist:
*He's already spent over 18 years of his life **in prison**.*
*He **was** found guilty and **sent to prison / put in prison** for three years.* (... zu einer Gefängnisstrafe ... verurteilt / ... ins Gefängnis gesteckt.)
*When will he **be released from prison**?*
Vgl.: *He was **in prison** in Reading for 3 years.* [= als Gefangener im Gefängnis]
*He's a warder and works in/at **the prison** in Reading.*
- „ein flüchtiger Gefangener" heißt *an escaped prisoner.*

probable/probably – likely (wahrscheinlich)

- *probable* ist ein Adjektiv, *probably* das entsprechende Adverb. *likely* wird als Adjektiv und Adverb benutzt. *probable/probably* und *likely* sind nicht immer austauschbar. Als Adjektiv wird *likely* bevorzugt; es lässt mehr Konstruktionen zu. Als Adverb wird *probably* bevorzugt.

1 Gebrauch als Adjektiv

- *probable* und *likely* können beide attributiv vor einem Nomen und prädikativ nach Verben wie *be/feel/seem* stehen. Sie können auch beide in der Konstruktion (unpersönliches) *it* + *be/seem/feel* usw. + Adjektiv *that* gebraucht werden:
  The ***probable/likely*** *result is a win for the Conservatives.*
  A win by the Conservatives ***seems probable/likely***. (... erscheint wahrscheinlich.)
  It is probable/likely that *the Conservatives will win.*

- Nur *likely* kann in einer Konstruktion mit einem *to*-Infinitiv gebraucht werden. Das Subjekt von *be likely to* kann auch eine Person sein:
  Is it ***likely*** (NICHT: *probable*) ***to*** *rain?* (Ist es wahrscheinlich, dass es regnen wird?)
  Is he likely to *come?* (Ist es wahrscheinlich, dass er kommt?)
  The Conservatives seem likely to *win.* (Es erscheint wahrscheinlich, dass die Konservativen gewinnen.)

2 Gebrauch als Adverb

- *likely* kann als Adverb nur in Verbindungen mit anderen Adverbien gebraucht werden, z. B. *very likely / most likely* („höchstwahrscheinlich") oder *quite likely* („mit ziemlich großer Wahrscheinlichkeit"). *probably* kann auch allein stehen:
  The Conservatives will ***probably*** *win.*
  They will ***very/most/quite probably/likely*** *get a big majority.*

- Wenn *probably/likely* in Bezug auf die Zukunft gebraucht werden, ist eine *present-tense*-Form des Verbs nicht möglich:
  Tomorrow the team ***will probably*** *win again /* ***is probably going to*** *win again* (NICHT: *probably wins / is probably winning again*). (Morgen gewinnt die Mannschaft wahrscheinlich wieder.)

- *probably* steht in aller Regel nicht am Satzanfang. Die übliche Stellung von *probably* ist nach *be*, vor einem sonstigen Vollverb oder nach dem ersten Hilfsverb:
  *She****'s probably*** *his wife.*
  They ***probably arrived*** *together.*
  They ***will probably*** *leave together, too.*

problem (Problem)

- Auf *have a problem / problems* kann eine *-ing*-Form folgen, aber kein Infinitiv:
  *We **had problems** open**ing** (NICHT: to open) the door.*
  Auf *it's a problem* kann eine *-ing*-Form oder ein Infinitiv folgen. Die *-ing*-Form bzw. der Infinitiv ist hier ein nachgestelltes Subjekt, das durch „leeres" *it* vorweggenommen wird:
  *It **was a problem** open**ing/to** open the door.*

(to) **proceed** ⇨ (to) **precede**

procedure – process (Verfahren)

- *procedure* entspricht „Verfahren" im Sinne von „Vorgehen". Auf *procedure* folgt die Präposition *for*:
  *At the beginning of the meeting we had to agree on a **procedure**.*
  *The **procedure for** gett**ing** a visa is long and complicated.*
- *process* entspricht „Verfahren" in technischen Zusammenhängen:
  *The production **process** is computer-controlled.*

⚠ „Prozess" im Sinne von „Gerichtsverfahren" wird mit *trial* („Strafprozess") oder *lawsuit* („Zivilprozess") wiedergegeben:
Der Mordprozess dauerte 12 Wochen. = *The murder **trial** lasted 12 weeks.*

produced from ⇨ **made from**

P

profession ⇨ **job**

programme – program

- *program* ist die im AE übliche Schreibweise für alle Bedeutungen. Im BE wird die Schreibweise *programme* in den Bedeutungen „Sendung", „Plan", „Spielplan" und „Programmheft" gebraucht, *program* dagegen für ein Computerprogramm:
  After the election the new government announced an ambitious new (BE:) ***programme*** / (AE:) ***program**.*
  *Which word-processing **program** do you use?* (Welches Textverarbeitungsprogramm ...)

progress (Fortschritt/Fortschritte)

- *progress* ist nicht zählbar, d. h. es kann nicht mit *a/an* oder im Plural gebraucht werden:

Er machte ungewöhnliche Fortschritte. = *He made unusual* ***progress****.*
„ein Fortschritt" wird mit *a step forward* wiedergegeben:
Das ist ein großer Fortschritt. = *That's* ***a big step forward****.*

promise (Versprechen), (to) **promise** (versprechen)

- *promise* kann zwei Objekte haben:
  They ***promised her a new computer****.*
  She was promised *a new computer.*
  They ***promised new computers to everyone in the old accounts and marketing departments****.*
- Wenn sich *I promise* auf etwas Zukünftiges bezieht, kann das abhängige Verb nicht im *present tense* stehen:
  I promise I'll *do* (NICHT: *I do*) *it tomorrow.* (Ich verspreche, ich mache es morgen.)

⚠ Ich rufe sofort an, versprochen. = *I'll phone straightaway,* ***I promise*** (NICHT: *promised*).

promotion (*nicht* Promotion, *sondern* Beförderung, Werbeaktion)

- *promotion* entspricht „Beförderung" oder „Werbeaktion"; „Promotion" wird mit *doctorate* oder *PhD* wiedergegeben:
  There are good chances of ***promotion*** *in my new job.*
  They're doing (NICHT: *making*) *a special* ***promotion*** *this week.* (... eine Werbesonderaktion.)
  She did (NICHT: *made*) *her* ***doctorate/PhD*** *in socio-linguistics.*

proof ⇨ **evidence**

proper (echt/richtig/korrekt/eigentlich)

- Vor einem Nomen bedeutet *proper* „echt/richtig/korrekt", hinter einem Nomen dagegen „eigentlich":
  Do you think that man Williams is ***a proper doctor****?* (... ein echter Arzt?)
  I didn't have ***a proper computer*** *in those days, just a word processor.* (... keinen richtigen Computer ...)
  Was that ***the proper thing*** *to say?* (War es richtig, das zu sagen?)
  We arrived at ten, but ***the meeting proper*** *didn't start till nearly eleven.* (... die eigentliche Sitzung ...)

(to) **propose** (vorschlagen/planen)

- *propose* hat zwei unterschiedliche Bedeutungen. In beiden ist es ein eher förmliches Wort.

1 ***(to) propose* = „vorschlagen"**

- In der Bedeutung „vorschlagen" kann *propose* vor einem *that*-Satz oder einer *-ing*-Form, aber nicht vor einem Infinitiv stehen:
  *I **propose (that)** the company **waits / wait*** [= Konjunktiv] / ***should wait*** *another two years before making the investment.*
  *I **propose** wait**ing*** (NICHT: *to wait*) *another two years.*
- Die Konstruktion *propose* + (Pro-)Nomen + *-ing*-Form ist nicht möglich (nicht z. B. **I propose the company's waiting ...*), sondern nur *I propose that ...* .
- Ein indirektes Objekt wird immer mit *to* angeschlossen:
  *I **proposed to them*** (NICHT: *I proposed them*) *that we meet / should meet in London.*

2 ***(to) propose* = „planen"**

- In der Bedeutung „planen" kann auf *propose* ein *to*-Infinitiv oder eine *-ing*-Form folgen:
  *I **propose to** buy / buy**ing** a new computer.*
  *I **don't propose to** buy / buy**ing** it till next month.*

prospect (Aussicht) – **prospectus** (Prospekt) – **brochure** (Prospekt/Broschüre)

P

- Nicht *prospect*, sondern *prospectus* ist die Entsprechung von „Prospekt". *prospect(s)* entspricht „Aussicht(en)". Die beiden Wörter werden unterschiedlich betont:
  *Have you got the **prospectus*** [prə'spektəs] *we picked up at the bank yesterday?*
  *I don't like the **prospect*** ['prɒspekt] *of a weekend in the country with the Bates.*
- Auf *prospect(s)* folgt *of* + *-ing*-Form, kein Infinitiv:
  *What are the **prospects of** meet**ing** someone nice?* (Wie sind die Aussichten, jemanden Nettes kennen zu lernen?)
- *prospectus* bezeichnet in der Regel eine Informationsbroschüre, die Auskunft über eine Organisation und ihre Aktivitäten gibt. Ein Werbeprospekt dagegen wird in der Regel als *brochure* ['brəʊʃə] bezeichnet:
  *a **prospectus** published by a college / a company / a charity / a government organization*
  *a holiday/travel/hotel **brochure**, an advertising **brochure***
  *I'm interested in buying a new camera, so I picked up some **brochures** from the camera shop.*

protest (Protest), (to) **protest** (protestieren)

- Das Nomen *protest* (Aussprache ['prəʊtest]) kann zählbar und nicht zählbar sein:
  The decision to close the local school brought lots of ***protests*** [zählbar] / *was met with a lot of* ***protest*** [nicht zählbar].
  Protest *has a long tradition in this country.* [nicht zählbar]
- Das Verb *protest* (Aussprache [prə'test]) kann im AE ein direktes Objekt haben. Im BE gilt dieser Sprachgebrauch (noch) als nicht akzeptabel, das Objekt muss mit einer Präposition angeschlossen werden:
  (AE:) *Women's organizations* ***protested*** *his appointment.*
  (BE:) *The local community* ***protested against/about*** *the decision to close the school.*

Protestant ⇨ Catholic

(to) **prove** (beweisen / sich herausstellen)

1 ***(to) prove*** **= „beweisen"**

- Ein indirektes Objekt nach *prove* muss immer mit *to* angeschlossen werden:
  They ***proved*** *their claims* ***to me*** (*NICHT: proved me their claims*). (Sie bewiesen mir ihre Behauptungen.)
- Konstruktionen:
  Genetic fingerprinting techniques ***proved him (to be)*** *the father /* ***proved that he was*** *the father.* (... bewiesen, dass er der Vater war.)
  He was proved to be *the father. /* ***It was proved that he was*** *the father.* (Es wurde bewiesen, dass ...)
  Jackson was proved to have *nothing to do with the crime. /* ***It was proved that*** *Jackson had nothing to do with the crime.* (Es wurde bewiesen, dass Jackson ...)

2 ***(to) prove*** **= „sich erweisen/herausstellen als"**

- Konstruktionen:
  The autobiography ***proved (to be)*** *a real sensation / very revealing.* (... erwies sich als eine echte Sensation / sehr enthüllend.)
  There proved to be *a mistake.* (Es erwies sich, dass ein Fehler vorlag.)

(to) **provide, providing, provided, provision**

1 ***(to) provide s.o. with s.th.***

- *provide s.o. with s.th.* entspricht „jdm. etwas liefern / jdn. mit etwas versorgen"; *provide* kann nicht in der Konstruktion *provide s.o. s.th.* (d. h. ohne *with*) gebraucht werden:

Who is going to ***provide us with*** *the necessary materials/information?* (Wer liefert uns die nötigen Materialien/Informationen?)
The party will ***provide me with*** *an opportunity to talk to Janet about the problem.*

2 *providing (that), provided (that)*

- Sowohl *providing (that)* als auch *provided (that)* entsprechen „vorausgesetzt, dass":
  I will help ***providing/provided (that)*** *the company agrees to pay.*

3 *provision*

⚠ *provision* entspricht „Bereitstellung/Vorsorge/Vorkehrung" oder im Plural (*provisions*) „Proviant". „Provision" wird mit *commission* wiedergegeben:
The ***provision*** *of toilet facilities for the handicapped needs to be improved.* (Die Bereitstellung von behindertengerechten Toiletten ...)
Before the expedition started, the explorers sealed all their ***provisions*** *in air-tight containers.* (... versiegelten ... ihren gesamten Proviant in luftdichten Behältern.)
Als Vermittler bekomme ich eine Provision von 10%. = *As an agent I get a* ***commission*** *of 10%.*

the public (die Öffentlichkeit); **publicly** (öffentlich) – **in public** (in der Öffentlichkeit)

- Verben, Begleiter und Pronomen, die von dem Nomen *public* abhängen, können im Singular oder Plural stehen:
  The ***public was/were*** *very generous in* ***its/their*** *response to the appeal.*
- Das zum Adjektiv *public* gehörige Adverb heißt *publicly,* nicht **publically. publicly* entspricht „öffentlich" im Sinne von „damit jeder es erfährt". *in public* (NICHT: *in the public*) entspricht „in der Öffentlichkeit" im Sinne von „vor Fremden":
  Yesterday she announced ***publicly*** *that she was entering the race for the Democratic nomination.* (Gestern erklärte sie öffentlich ...)
  People don't talk about it ***publicly****, but everyone knows.*
  In western countries it is not considered polite to spit ***in public****.* (... in der Öffentlichkeit zu spucken.)
- „Publikum" (= die Zuhörer/Zuschauer bei einer Veranstaltung) wird unterschiedlich wiedergegeben, aber nicht mit *public.* s. **audience**.

public school – private school

- *public school* ist in England und Wales die Bezeichnung für eine meist teure und renommierte Privatschule. Weniger renommierte Privatschulen oder Privatschulen im Allgemeinen werden als *private school(s)* bezeichnet:

P

*The most famous **public school** is Eton.*
*They sent their daughter to a local **private school**.*
In den USA und in Schottland bezeichnet *public school* eine von der öffentlichen Hand finanzierte Schule.

(to) **punish** (bestrafen)

- *They **punished** him **for** (NICHT: because of) his mistake.*
  *They **punished** him **for** forgett**ing** to lock / because he forgot to lock the door.*
  *They **punished** him **heavily/harshly/hard/severely**.*

pupil (Schüler[in]) – **student** (Student[in], Schüler[in])

- Im BE bezeichnet *pupil* einen Schüler / eine Schülerin an einer Schule und *student* einen Student / eine Studentin an einer Universität oder einer sonstigen tertiären Bildungseinrichtung. Im AE dagegen wird *student* auch auf Schüler(innen) angewandt:
  The school has 700 (BE:) ***pupils*** / (AE:) ***students***.
  *The university has many **students** from overseas.*
  *There are seventeen **students** in my class at the Volkshochschule.*
- *pupil* ist ein eher förmliches Wort und wird seltener gebraucht als das deutsche „Schüler(in)". Häufig werden andere Formulierungen bevorzugt:
  *One of the things the **boys and girls / children** have to learn is to be patient and wait their turn.* [auf jüngere Schulkinder angewandt]
  *Janet Miller, the winner of the weekend's triathlon event, **goes to / attends / is a 4th former at** Bishop Henry School in Wimbledon.* (... ist Schülerin an ...)
  *I asked **the class** to bring stamps to school.* (Ich bat die Schüler[innen] ...)
- *pupil* bezeichnet in der Regel jemanden im schulpflichtigen Alter, kann aber auch auf einen Erwachsenen angewandt werden, wenn dieser bei einer wichtigen Persönlichkeit lernt:
  *Wasn't the violonist a **pupil** of Sir Yehudi Menuhin?*

purposely – on purpose (absichtlich) – **purposefully** (zielbewusst/entschlossen)

- *purposely* und *on purpose* entsprechen beide „absichtlich". *purposely* steht in der Satzmitte beim Verb, d. h. nach *be*, vor einem sonstigen Vollverb, nach dem ersten (bejahten) Hilfsverb). *on purpose* steht in der Regel am Satzende:
  *I **purposely** put them at the same table.*
  *I put them at the same table **on purpose**.*

Wenn *purposely* mit einem verneinten Verb im Sinne von „absichtlich nicht" gebraucht wird, steht es vor *do/did* und vor oder nach *have* und *will*:
*I **purposely didn't** invite Janet's boss. I don't want him at the party.*
*I **purposely haven't** invited / **have purposely not** invited any of her other colleagues.*
Wenn *purposely* mit einem verneinten Verb im Sinne von „nicht absichtlich" gebraucht wird, steht es zwischen dem verneinten Hilfsverb und dem Vollverb:
*I **didn't purposely** forget your birthday.*
*I **haven't purposely** forgotten to phone them.*

- *purposefully* entspricht „zielbewusst/entschlossen":
*She marched **purposefully** into his office and handed in her resignation.*

purse ⇨ handbag

(to) **pursue** ⇨ (to) **persecute**

pyjamas (Schlafanzug)

- *pyjamas* existiert, wie *trousers*, nur als Pluralform – außer in Zusammensetzungen:
*I bought **some** new **pyjamas / a** new **pair of pyjamas**.*
*Now I have two **pairs of pyjamas*** (NICHT: *two pyjamas*).
***These** blue **pyjamas are** my favourite pair.*
Aber: *My **pyjama*** (NICHT: *pyjamas*) ***trousers/sleeves** are too long.*

P

(to) **qualify** ([sich] qualifizieren)

- *qualify* ist kein reflexives Verb:
*Germany **has qualified*** (NICHT: *qualified itself*) *for the European Cup finals in Italy.* (Deutschland hat sich für die Endrunde der Europameisterschaft qualifiziert.)

quantity (Menge)

- *quantity* kann mit *large* und *great*, aber nicht mit *big* verbunden werden:
*There was a **large/great quantity** of wood piled up outside the house.*

quarter (Viertel)

- Anwendungsbeispiele:
  1/4 pound/hour/mile/... = ***a quarter of a*** *pound /* ***an*** *hour /* ***a*** *mile / ...*
  3/4 pound/hour/mile/... = ***three quarters of a*** *pound /* ***an*** *hour /* ***a*** *mile/...*
  2 1/4, 2 3/4 = *two* ***and a quarter / ****two* ***and three quarters***
  2 3/4 pounds/hours/miles/... = *two* ***and three quarter*** (NICHT: *quarters*) *pounds/hours/miles/...*
  7.45 [Uhrzeit] = ***(a) quarter to*** (AE auch: *of*) *eight;*
  8.15 = ***(a) quarter past*** (AE auch: *after*) *eight*
  a ***quarter of a million***

⚠ Sie blieb ein Vierteljahr / ein Dreivierteljahr in Biarritz. = *She stayed in Biarritz (for)* ***three/nine months****.*

question (Frage)

1 *(to) ask/put a question* = „eine Frage stellen"

- *question* ist immer direktes Objekt von *ask* und *put*. Wird eine Person genannt, der man die Frage stellt (= indirektes Objekt), muss sie bei *ask* ohne *to*, bei *put* dagegen mit *to* angeschlossen werden:
  He ***asked every single person in the room*** *the same* ***question****.*
  (NICHT: *He asked the same question to every ...*)
  He ***put*** *the same* ***question to*** *Janet afterwards.* (NICHT: *He put Janet the same question afterwards.*)
  Bei *ask* ist auch die Konstruktion *ask a question of someone* möglich:
  He ***asked*** *the same* ***question of*** *everyone in the room.*

2 *in question* im Kontrast zu „in Frage"

- *in question* ist nicht gleichbedeutend mit „in Frage":
  The person ***in question*** *...* (Die fragliche Person ...)
  Wer kommt für die Stelle in Frage? = *Who* ***would be suitable*** *for the job?*
  Welcher Ort kommt in Frage? = *Which place* ***would be possible/suitable****?*

3 *there is no question (but)* und *(to) be out of the question*

- *there is no question + of + -ing* (NICHT: *there is no question that*) drückt aus, dass etwas ausgeschlossen, d. h. unmöglich ist. *be out of the question* (ggf. mit *that*-Satz) hat gleiche Bedeutung, kann darüber hinaus aber auch „nicht in Frage kommen" bedeuten:
  There is no question of *finish****ing*** *the project this year. [We need at least another 15 months.]* (Es ist ausgeschlossen, dass ... beendet wird.)
  Finishing the project this year ***is out of the question****.* (Das Projekt dieses Jahr zu beenden, ist ausgeschlossen.)
  It is out of the question that *the project will be finished this year.*
  *Go****ing*** *on holiday* ***is out of the question*** *this year. We have too much work.* (In Urlaub zu fahren kommt ... nicht in Frage.)

- *there is no question but that* entspricht „es steht außer Frage, dass":
  ***There is no question but that** the project will be finished this year.*
  (Es steht außer Frage, dass das Projekt in diesem Jahr beendet wird.
  [= Es besteht kein Zweifel daran.])

4 *it's a question* und *the question is*

- Auf *it's a question* folgt *of* + Nomen oder *-ing*-Form:
  ***It is a question of** time.* (Es ist eine Frage der Zeit.)
  *I want to buy a new computer. So now **it's a question of** find**ing*** (NICHT: *to find*) *the right offer at the right time.* (Es geht also jetzt darum, das richtige Angebot zur richtigen Zeit zu finden.)
  *Getting a good bargain **is a question of** find**ing** the right offer at the right time.* (Um ein Schnäppchen zu machen, muss man das richtige Angebot zur richtigen Zeit finden.)
- Auf *it's a question of* und *the question is* kann ein Satz mit einem *wh*-Wort (*when, where, whether* usw.) folgen. Solche Sätze mit *whether* können unterschiedliche Bedeutung haben:
  *We have to decide. **It's a question of whether*** (NICHT: *if*) *A or B is better. / **The question is whether** A or B is better.* (Die Frage ist, ob A oder B besser ist. [Das ist die Frage, die entschieden werden muss.])
  *I know you want to buy the house. But **the question is whether*** (NICHT: *if*) *the old lady wants to sell.* (Aber die Frage ist [= es ist nicht sicher / es ist fraglich], ob die alte Dame verkaufen will.)

quick s. fast

quiet (leise/ruhig/still)

- *quiet* ist ein zweisilbiges Adjektiv; als Steigerungsformen werden trotzdem *quieter, quietest* eindeutig bevorzugt, auch wenn *more/most quiet* grundsätzlich ebenfalls möglich sind.
- *quiet* entspricht „leise/ruhig/still" in Bezug auf Lärm (das Gegenteil ist *loud/noisy*), „ruhig" als Gegenteil von „hektisch", und „ruhig" im Sinne von „unauffällig":
  *The neighbours are very **quiet** tonight. We usually hear their music blaring away.* [ruhig = leise]
  *She spoke in a **quiet*** (auch: *soft/low*) *voice.* (Sie sprach leise / mit leiser Stimme.)
  *We live in a **quiet** street on the outskirts.* [ruhig = nicht hektisch / nicht laut]
  *I've had a very **quiet** day – none of the usual catastrophes and calamities.* [ruhig = nicht hektisch]
  *Jason's aunt was a very **quiet** person who led a **quiet** life – a bit like a mouse, I suppose really.* [ruhig = unauffällig]

⚠ *quiet* kann nicht für „ruhig" im Sinne von „sich wenig/nicht bewegend" oder in Bezg auf das Wetter verwendet werden:
Das Meer war sehr ruhig heute. = *The sea was very **calm** today.*
Das Wasser war absolut still. = *The water was absolutely **still**.*
Das ruhige Herbstwetter wird sich fortsetzen. = *The **calm** autumn weather will continue.*

quite (ziemlich, völlig/sehr/absolut)

- *quite* hat ähnlich wie „ganz" zwei unterschiedliche Bedeutungen, eine abschwächende („ziemlich") und eine verstärkende („völlig").

1 *quite* = „ziemlich"

- Im AE wird in der Regel *pretty* (s. dort), nicht *quite* in dieser Bedeutung gebraucht.
- Vor einem Adjektiv + Nomen steht *quite* generell vor, nicht nach dem Artikel *a/an*:
*It was **quite a** long journey.* (... eine ziemlich lange Reise.)
Die Reihenfolge *a/an* + *quite* + Adjektiv + Nomen ist nicht grundsätzlich unmöglich, jedoch nur in bestimmten Kontexten bzw. Wortverbindungen akzeptabel. „Sicherer" ist auf jeden Fall immer die o.g. Reihenfolge:
*Luxton is **quite a** nice place / **a quite** nice place.* (... ein ganz netter Ort.)
*Actually, she gave **quite an** interesting lecture / **a quite** interesting lecture.* (... einen ganz interessanten Vortrag.)
- Vor einem alleinstehenden Nomen ist nur die Reihenfolge *quite* + *a* + Nomen möglich:
*It was **quite a** surprise.* (Es war eine ziemliche Überraschung.)
- *quite* bezieht sich gelegentlich auf ein Verb oder die Präposition *like*:
*I **quite liked/enjoyed** the party.* (Die Party hat mir ganz gut gefallen.) [Verb]
*Learning a language is **quite like** learning to drive.* (Eine Sprache zu lernen ist etwa so / so ähnlich wie...) [Präposition]
- *quite* wird mit *a lot of*, nicht mit *much/many* gebraucht:
*I had **quite a lot of*** (NICHT: *quite much*) *time.* (Ich hatte ziemlich viel Zeit.)

2 *quite* = „völlig/sehr/absolut"

- *quite* verbindet sich in dieser Bedeutung mit Adjektiven und Adverbien, die etwas Extremes/Absolutes ausdrücken:
*You're **quite** right: it's **quite** impossible.*
*Many customs in Japan are **quite** different.*
*I felt terrible last week, but I'm **quite better** now.* (... völlig gesund.)
*You behaved **quite correctly**, nobody can blame you.*

Auch andere Wortklassen sind gelegentlich möglich:
*I **quite** agree.* [Verb]
*I **quite** forgot to phone her, I'm afraid.*
*There aren't **quite** enough chairs.* [Begleiter]
*I've spent **quite** enough money already.*

- In dieser Bedeutung steht *quite* (im Gegensatz zur Bedeutung „ziemlich") generell nach *a/an*, wenn es zusammen mit Adjektiv und Nomen gebraucht wird:
  *It was **a quite** magnificent sunset.*
  *We had **a quite** awful journey.*
- *quite* wird auch mit dem bestimmten Artikel *the* verwendet, und zwar in Verbindung mit Superlativen oder Nomen, die etwas Extremes/Absolutes ausdrücken; *quite* steht in diesem Fall vor dem Artikel:
  *It was **quite the** most boring film I've ever seen.*
  ***Quite the** opposite, I'm afraid.*

quotation (Zitat)

- Präpositionen:
  „Ich bin ein Berliner" *is a **quotation by** John F. Kennedy.*
  *Can you give me a **quotation from** Shakespeare's* Macbeth?

rain (Regen), (to) **rain** (regnen)

- Besonderheiten:
  What (NICHT: *What an*) *awful **rain**!* (Was für ein schrecklicher Regen.) [*rain* ist nicht zählbar.]
  *On Tuesday we had **heavy*** (NICHT: *strong/hard*) ***rain** all day.*
  (… starken/heftigen Regen.)
  *It **rained heavily/hard** all day.* (Es regnete … stark/heftig.)
  Acid (NICHT: *Sour*) ***rain** destroys trees.* (Saurer Regen …)
  Bei Regen feiern wir die Party drinnen. = ***If it rains** we'll have the party indoors.*

Q

(to) **raise –** (to) **rise** – (to) **arise –** (to) **arouse**

- *raise (raise – raised – raised)* ist ein transitives Verb mit der Grundbedeutung „heben/erhöhen":
  *The lion **raised** its head briefly but then went back to sleep.* (… hob kurz den Kopf …)
  *The firm gave her more responsibility and **raised** her salary.* (… erhöhte ihr Gehalt.)

- *rise (rise – rose – risen)* ist ein intransitives Verb mit den Grundbedeutungen „steigen / sich erhöhen / sich erheben / aufgehen“:
  The temperature ***has risen*** *to over 35° Celsius.* (... ist auf über 35 Grad gestiegen.)
  Without a word she ***rose*** *from her seat and left the room.* (Ohne ein Wort erhob sie sich ...)
  The sun ***rises*** *at 4.13 tomorrow.* (Die Sonne geht ... auf.)
- *arise (arise – arose – arisen)* in ein intransitives Verb mit der Bedeutung „entstehen/auftauchen“:
  A number of problems ***have arisen***. (Es ist eine Anzahl von Problemen aufgetaucht.)
- *arouse (arouse – aroused – aroused)* ist ein transitives Verb mit der Bedeutung „hervorrufen“ bzw. „wecken“ (im übertragenen Sinn):
  Recent events ***have aroused*** *fear, suspicion, envy but also interest among the villagers.* (... haben Angst, Argwohn, Neid ... geweckt.)
- *raise* und *rise* werden auch als Nomen gebraucht:
  I asked for a (BE:) ***pay rise*** / (AE:) ***raise****, but the boss said no.*
  (... Gehaltserhöhung ...)
  There has been a 3% ***rise*** *in the number of serious crimes over the last 12 months.* (... Anstieg ...)

rare(ly) – scarce(ly)

1 Die Adjektive *rare* und *scarce*

- *rare* bedeutet, dass etwas ungewöhnlich, selten zu finden und oft wertvoll ist, *scarce* dagegen, dass etwas Gewöhnliches schwer zu bekommen ist:
  She owns a large collection of ***rare*** *books/coins/butterflies.*
  Snow in Rome is very ***rare****.*

  In communist times things like bananas and toilet paper were often ***scarce****.*
- *rare* entspricht „selten“ auch im zeitlichen Sinne von „nicht häufig“:
  She met her husband on one of her ***rare*** *visits to London.*

⚠ Wenn „selten“ als Adjektiv gebraucht wird, kann es nicht durch *seldom* wiedergegeben werden, da *seldom* nur ein Adverb ist.

- Auf *it's rare* kann ein *that*-Satz, aber auch *for* + (Pro-)Nomen + Infinitiv folgen:
  It's ***rare that*** *they ask to see your passport.*
  It's ***rare for*** *Jack* ***to*** *miss a party!* (Es ist selten, dass Jack eine Party auslässt.)

2 Die Adverbien *rarely* und *scarcely*

- *rarely* entspricht (wie *seldom*) „selten", *scarcely* dagegen „kaum":
  *I **rarely** see him nowadays because he has moved.*
  *It's very hot in the garden because there are **scarcely** any trees to give shade.*
  Zum weiteren Gebrauch von *scarcely* vgl. **hardly**.
- *rarely* wird mit *any* (nicht mit *some*) gebraucht:
  *I **rarely** drink **any** alcohol.*
- Steht *rarely* am Satzanfang, folgt erst ein Hilfsverb, dann erst das Subjekt:
  ***Rarely have I seen** such wonderful photographs.*

rate (Rate/Satz/Geschwindigkeit/Kurs/Preis)

- *rate* wird mit der Präposition *at* gebraucht:
  *The size of the population is increasing **at a rate of** 10% a year.*
  (... um 10 % pro Jahr.)
  *The bank was buying dollars **at the rate of** 1.43 dollars to the pound.*
  (... zum Kurs von ...)
- Wendungen:
  *It's getting late. **At any rate** it's time for the children to go to bed.*
  (Jedenfalls / Auf jeden Fall ...)
  ***At this rate** there won't be any cheap flats left in a couple of years.*
  (Wenn es so weitergeht, gibt es in ein paar Jahren keine billigen Wohnungen mehr.)

⚠ „Rate" im Sinne von „Teilzahlung" wird mit *instal(l)ment*, nicht mit *rate* wiedergegeben:
*Last month we paid the last **instal(l)ment on** Jennifer's piano.* (... die letzte Rate für ...)

rather

R

1 *rather* als Adverb

- *rather* hat je nach Kontext verschiedene Bedeutungen, die sich auf einer Skala von „etwas" (= eher wenig) über „ziemlich" bis hin zu „recht" (= eher sehr) bewegen:
  *I'm **rather** unsure what I should do next.* (Ich bin mir etwas unsicher ...)
  *The exam wasn't very easy, in fact it was **rather** difficult.* (... ziemlich schwierig.)
  *Their new flat is **rather** nice.* (... recht nett.)
- *rather* im Sinne von „etwas" kann gebraucht werden, um eine ablehnende Reaktion weniger schroff wirken zu lassen:

Can you lend me $100? – I'm afraid I'm ***rather*** *short of cash myself at the moment.* (... etwas knapp bei Kasse.)
Your request is ***rather*** *unusual, you know.* (... etwas ungewöhnlich.)
Wenn *rather* eher „ziemlich" oder „recht" entspricht, schwingt oft als Unterton mit, dass sich etwas als anders erweist als erwartet/erhofft. Auf die Sätze oben bezogen bedeutet dies z. B. *I had hoped the exam would be easier* bzw. *I hadn't expected their flat to be so nice.*

- *rather* steht – wie *quite* – vor *a/an* und einem alleinstehenden Nomen:
  The news was ***rather a*** (NICHT: *a rather*) *surprise.* (... eine ziemliche Überraschung.)

- Vor Adjektiv + Nomen kann *rather a* oder *a rather* stehen:
  I won't bore you with all the details. It's ***rather a long story / a rather long story****.*
  rather kann auch vor Adjektiv + Pluralnomen stehen, aber nicht vor einem alleinstehenden Pluralnomen:
  They had some ***rather*** *nice salmon sandwich****es****.*
  Ihre Kinder waren ziemliche Rüpel. = *Their children were* ***rather*** *loutish.* [*rather* + Adjektiv]

- *rather* kann auch in Verbindung mit der Präposition *like* und mit einigen wenigen Verben verwendet werden:
  Jonathan looks ***rather like*** *his brother.* (... sieht seinem Bruder ziemlich ähnlich.)
  We had a problem ***rather like*** *this last week.* (... ein ziemlich/recht ähnliches Problem.)
  I ***rather doubt/hope*** *that we shall hear from them before next week.* (Ich bezweifle etwas/eigentlich ... / Ich hoffe eigentlich ...)
  I ***rather think*** *it's too late to visit her today.* (Ich glaube eigentlich ...)

2 *would rather*

- *would (far/much) rather* entspricht „würde (viel) lieber". Es folgt darauf ein Infinitiv ohne *to* bzw., wenn über die Vergangenheit gesprochen wird, ein Infinitiv Perfekt (ebenfalls ohne *to*):
  *7 o'clock is too early. I****'d (far/much) rather come*** (NICHT: *to come*) *later.*
  *Jack wanted to go by car. I****'d (far/much) rather have*** *flown.* (Ich wäre [viel] lieber geflogen.)

- Auf *would rather* kann auch ein Objekt-Satz folgen, mit oder ohne einleitendes *that.* Die Form des Verbs ist wie in irrealen Bedingungssätzen (vgl. **if**):
  I'd rather (that) Bill phoned (NICHT: *would phone*) *before he comes to see us.* (Es wäre mir lieber, Bill würde anrufen, bevor er uns besuchen kommt.)
  I'd rather (that) we hadn't bought *this wretched machine. It's always going wrong.* (Es wäre mir lieber, wir hätten diese verflixte Maschine nicht gekauft.)

- Sätze mit *would rather* können durch Weglassen des Vollverbs und seiner Ergänzungen verkürzt werden:
  *Can you talk to him for me? – **I'd rather not**. [= ... not talk to him]*
  *We went by car but **I'd rather not have**. [= ... not have gone by car.]*
  *He always smokes and **I'd rather he didn't**. [= ... he didn't smoke.]*
  *Would you like to wait for her? – Yes, I **would rather**. [= ... wait for her.]*

3 ***or rather***

- *or rather* wird verwendet, um eine Aussage zu korrigieren bzw. zu spezifizieren. Es entspricht „(oder) eigentlich / (oder) vielmehr / (oder) genauer gesagt":
  *Ellen and Jack, **or rather** Ellen wanted to visit the castle, so we stopped in Windsor overnight.*

(to) **read** (lesen)

- Das *past tense* und Partizip Perfekt werden *read* geschrieben, aber [red] gesprochen: *read* [riːd] – *read* [red] – *read* [red].
- Konstruktionen und Besonderheiten:
  *I **read him the letter**. I **read the letter to** all his friends.*
  [indirektes Objekt mit oder ohne *to*]
  ***We were read** the list of names by an official.* (Uns wurde ... die Liste ... vorgelesen.)
  *Your text **reads** (NICHT: is reading) well.* (... liest sich gut.)
  *I **read about** it (NICHT: of it) in the paper.* (Ich habe ... davon/darüber gelesen.)
  *You can **read** that **in** Shakespeare.* (... bei Shakespeare ...)

readable (lesenswert) – **legible** (lesbar)

- *Her new book is very **readable**. It is both interesting and informative.* (... sehr lesenswert.)
  *His handwriting is terrible. This letter is barely **legible**.* (... kaum lesbar.)

ready (fertig/bereit)

⚠ *ready* („fertig" im Sinne von „bereit") nicht mit *finished* („fertig" im Sinne von „erledigt/abgeschlossen") verwechseln:
*Are you **ready**? Have you got everything you need?*
*Your work here is **finished**, I'm told.*

- Auf *ready* kann die Präposition *for* folgen:
  *Your watch is **ready for** collection.* (... abholbereit.)
  *I feel **ready for** anything.* (... zu allem bereit.)

(to) **realize**

- Zum Bedeutungsunterschied zwischen den Verben *note, notice* und *realize* s. **note.**
- *realize s.th.* bedeutet, dass man etwas entdeckt oder feststellt, es versteht bzw. geistig erkennt und auch glaubt, d. h. als Tatsache betrachtet. Deutsche Entsprechungen sind „erkennen / (be)merken / sich klarmachen / begreifen / sich im Klaren darüber sein":
  *I suddenly **realized** that I'd lost my wallet.*
  *I **realized** that it was no use asking Bill for help.*
  *Do you **realize** that we've been waiting for a reply for over two months now?*
  *Without **realizing** it, I did exactly what my boss wanted.*
- *realize* kann nur in Bezug auf etwas Tatsächliches, aber nicht in Bezug auf etwas Ungewisses gebraucht werden:
  *I didn't **realize** that Ann has agreed to organize everything.* (Ich hatte nicht begriffen / war mir nicht darüber im Klaren, dass ...)
  *I don't **know** whether the others will accept the offer.* (Ich bin mir nicht im Klaren darüber, ob die anderen das Angebot akzeptieren werden.)
- *realize* kann nicht mit *can* verwendet werden:
  *I **can't understand*** (*NICHT: realize*) *why he did it.* (Ich kann nicht verstehen/begreifen, warum er das getan hat.)
- *realize* kann normalerweise nicht in der Verlaufsform gebraucht werden. Diese ist jedoch in einer weiteren Bedeutung von *realize*, nämlich „verwirklichen/realisieren", möglich:
  *I **realize now** why she didn't want to come. She was afraid of the dogs.*
  *After over 30 years in the theatre she **is** only **now realizing** her full potential as an actress.* (... erreicht/verwirklicht sie erst jetzt ihr volles Potential als Schauspielerin.)

really ⇨ indeed

reason (Grund)

- *reason* wird mit der Präposition *for* gebraucht:
  *What is the **reason for** the delay?*
  *What is his **reason for** phon**ing** at this hour?*
  *We have decided against the plan **for several reasons**.* (... aus mehreren Gründen ...)
- Auf *reason* kann auch ein Nebensatz mit *that* oder *why* folgen, wobei *that/why* weggelassen werden kann:
  *There's another **reason (why)** I don't want him there.*
  *What is **the reason (that)** he is refusing to see me?*

- Wenn die Konstruktion *reason for/that/why* Subjekt des Satzes ist, kann als Subjektergänzung ein *that*-Satz, ein *to*-Infinitiv oder ein Finalsatz mit *so that* („damit") folgen:
  *His **reason for** phon**ing is that** I have to make the bookings first thing in the morning.*
  *His **reason for** phon**ing was to** tell me how many tickets he wants for the concert.*
  ***The reason why** I don't want him there **is that** he always monopolizes the discussions.*
  ***The reason why** I don't want him there **is so that** we can hear other people's points of view.*
  Nebensätze mit *because* werden als Subjektergänzung zwar ebenfalls gebraucht, dies wird aber z.T. als nicht akzeptabel angesehen:
  ***The reason (why/that)** I'm phoning now **is because** I know you'll be out later on.*

- Auf *have no/every reason* und *there is every reason* kann nur ein Infinitiv folgen:
  *She **had no/every reason to** be proud.* (Sie hat keinen/allen Grund stolz zu sein.)
  ***There was every reason to** believe what we were told.* (Es sprach alles dafür zu glauben, was man uns sagte.)

receipt (*nicht* Rezept, *sondern* Quittung)

- *receipt* [rɪˈsiːt] entspricht „Quittung", „Empfang(sbestätigung)"; „Rezept" wird mit *recipe* [ˈresɪpi] (= Küchenrezept) oder *prescription* (= ärztliches Rezept) wiedergegeben:
  *That's $57.90. Do you need a **receipt**?*
  *After **receipt** of your cheque the documents will be posted.* (Nach Empfang Ihres Schecks ...)
  *I'm trying out a new pasta **recipe**. I hope it'll taste OK.*
  *The doctor gave me a **prescription** for some tablets.*

recently (in letzter Zeit / vor kurzem)

- *recently* hat zwei eng verwandte Bedeutungen, die aber unterschiedlichen Zeitengebrauch bedingen. In der Bedeutung „in letzter Zeit" wird *recently* mit dem *present perfect* gebraucht, in der Bedeutung „vor kurzem" dagegen mit dem *simple past*:
  *I **haven't seen** her much **recently**, have you?* (... in letzter Zeit ...)
  *I **read** about it **recently** in the paper.* (... vor kurzem ...)
  ***Until recently** he **worked** in London.* (Bis vor kurzem ...)
  *We **met quite/very recently**.* (... vor ziemlich/sehr kurzer Zeit / erst kürzlich.)

reception (Empfang)

- In den Bedeutungen „Hotelempfang" und „TV-/Radioempfang" ist *reception* nicht zählbar, d. h. es kann nicht mit *a/an* gebraucht werden. In der Bedeutung „Hotelempfang" wird durch Hinzufügung von *desk* oder *area* (*reception desk/area*) ein zählbarer Begriff geschaffen:
  *The hotel has a very small **reception area/desk*** (NICHT: *a very small reception*). (Das Hotel hat einen sehr kleinen Empfang.)
  *In this room we have **very poor*** (NICHT: *a very poor*) ***reception**.*
  (Wir haben in diesem Zimmer einen sehr schlechten [TV-]Empfang.)
- In der Bedeutung „Hotelempfang" wird *reception* ohne bestimmten Artikel gebraucht. In der Bedeutung „TV-/Radioempfang" ist der bestimmte Artikel weglassbar:
  *Take the keys **to reception**. / Meet me **at*** (auch: *in*) ***reception**.*
  *I wish we had cable TV. **(The) Reception** is so poor this evening.*
- *reception* hat auch zählbare Bedeutungen:
  *The crowd gave her **a** warm, friendly **reception**.* [Empfang = Begrüßung]
  *The President gave **a reception** for the country's Olympic athletes.* [Empfang = Veranstaltung]

recipe ⇨ **receipt**

(to) **reclaim** (*nicht* reklamieren, *sondern* zurückfordern)

- *reclaim* entspricht „zurückfordern", nicht „reklamieren" im Sinne von „beanstanden / sich beschweren über":
  *You can **reclaim** part of the money from your employer.*
  Wir haben das beschädigte Paket bei der Post reklamiert. = *We **complained about** the damaged parcel to the post office.*

(to) **recognize** (erkennen)

⚠ *recognize* entspricht „erkennen" im Sinne von „mit den Sinnen wiedererkennen", „geistig erkennen", „anerkennen" und „zugeben", aber nicht im Sinne von „entdecken":
*When I saw her, I **recognized** her immediately.* (… erkannte ich sie sofort [wieder].)
*I'm afraid I didn't **recognize** that there was a problem.* (Ich habe leider nicht erkannt …)
*After the coup, the new government **was** quickly **recognized** by most western countries.* (… wurde … schnell anerkannt.)
*It was a painful process, but I now **recognize** that my family was responsible for all my difficulties.* (… ich erkenne jetzt [= gebe (mir selbst gegenüber) zu] …)

Ich erkannte (= entdeckte) plötzlich, dass ich meine Brieftasche nicht hatte. = *I suddenly **realized** that I hadn't got my wallet.* [vgl. **realize**]

- *recognize* kann in der Bedeutung „mit den Sinnen (wieder)erkennen" nicht in der Verlaufsform gebraucht werden. In anderen Bedeutungen ist die Verlaufsform jedoch möglich:
  *I **recognize** you now. You were at that party two weeks ago, weren't you?*
  Aber: *The new government **is being recognized** by many western countries.* [Prozess der politischen usw. Anerkennung]
  Und: *I **am** slowly **recognizing** that my family was responsible.* [Prozess der Bewusstwerdung]
- Präpositionen:
  *I **recognized** her **from** a photo I'd seen in the paper.* (... von einem Foto her ...)
  *I **recognized** him **by** his big feet.* (... an seinen großen Füßen.)
  *The government has **recognized** him **as** the new president.* (... hat ihn als ... anerkannt.)

⚠ Können Sie den Unterschied erkennen? = *Can you **tell the difference**?*

(to) **recommend** (empfehlen/raten)

1 *recommend*: indirektes Objekt mit oder ohne *to*?

- Die Nennung eines indirekten Objekts wird oft vermieden. Wird eines genannt, so muss es mit *to* angeschlossen werden (Ausnahmen s. die nächsten zwei Unterpunkte):
  *The receptionist **recommends** (NICHT: recommends us) a trip to Staffa.*
  *That seems to be the outing she **recommends to** just about all the guests.*
  *He went to the doctor's and she **recommended** (NICHT: recommended him) a change of air and a long holiday.*
  *I can **recommend** the Le Canard blanc in Lyle Street **to** anyone who wants a really good French meal.*
- Folgt auf *recommend* ein Infinitivsatz mit eigenem Sinnsubjekt, wird dieses ohne *to* angeschlossen:
  *I **recommend you to go** early.*
- Auch in Fragen und Bitten kann *recommend* ohne nachfolgendes *to* gebraucht werden:
  *Can you **recommend (us)** a good restaurant?*
  *Did they **recommend (you)** a hotel?*

2 Weitere Konstruktionen

- Auf *recommend* kann eine *-ing*-Form oder ein *that*-Satz folgen, aber kein Infinitiv, es sei denn der Infinitiv hat ein eigenes Sinnsubjekt (vgl. oben):
  *I **recommend** going (NICHT: to go) early.*
  *I **recommend (that)** he goes early.*

(to) **recover** – (to) **get better** (sich erholen)

- Beide Verben entsprechen „sich erholen", beide sind keine reflexiven Verben. Nach *recover* kann zusammen mit *from* die Krankheit usw. genannt werden, von der sich jemand erholt. Nach *get better* ist dies nicht möglich; auf *get better* kann jedoch ersatzweise eine adverbiale Bestimmung mit *after* folgen:
  It wasn't a serious accident and she soon ***recovered / got better****.*
  He'd only just ***recovered from*** */* ***got better after*** (NICHT: *from*) *the first operation when the doctors decided he had to have the second one.*

(to) **be reduced to** (gezwungen sein zu)

- *be reduced to sth.* entspricht „(aus Not) zu etwas gezwungen sein". Ein nach *to* genanntes Verb steht in der *-ing*-Form, nicht als Infinitiv:
  He had no money left and ***was reduced to*** *begg**ing*** (NICHT: *to beg*) *in the streets.* (... und war gezwungen ... zu betteln.)

reflexive pronouns ⇨ **herself**

(to) **refuse** (ablehnen / sich weigern / verweigern)

- Objekt von *refuse* kann eine Bitte, eine Einladung, ein Angebot, ein Antrag oder ein Befehl sein, nicht jedoch ein Vorschlag, eine Idee, ein Plan oder eine Entwicklung:
  I'm afraid that they have ***refused*** *our* ***request/invitation/offer/ application****.*
  I made what I thought was a good ***suggestion*** *but they* ***rejected it / turned it down****.*
  My feeling is that a lot of people will ***reject*** *the new computerized* ***system*** */ the* ***idea*** */ the* ***plan****.*
- Mit bestimmten Nomen als Objekt kann *refuse* im Passiv mit einem persönlichen Subjekt gebraucht werden:
  We were refused (auch: *denied*) *permission/entry/access.* (Uns wurde die Erlaubnis / der Zutritt / der Zugang verweigert.)
- Auf *refuse* kann auch ein *to*-Infinitiv folgen:
  She ***refused to*** *pay.* (Sie weigerte sich zu zahlen.)
  The car ***refused to*** *start.* (Das Auto wollte nicht anspringen.)
  I ***refuse to*** *be ordered around by a man like that.* (Ich lasse mich von so einem Mann nicht herumkommandieren.)

(to) **regard** (betrachten)

- *regard* ist ein förmliches Wort. In seiner nicht-wörtlichen Bedeutung („betrachten [als]“ = „halten [für]“) kann *regard* nicht in der Verlaufsform gebraucht werden. Diese ist jedoch in der wörtlichen Bedeutung „ansehen“ möglich:
  I now ***regard*** *him as a rather tragic person.*
  Ann ***was regarding*** *the man closely.*

regret (Bedauern), (to) **regret** (bedauern/bereuen)

- Das Nomen *regret* wird durch *at* + Nomen oder *at* + *-ing*-Form ergänzt, wenn der Anlass zu dem Bedauern genannt wird:
  They expressed ***regret at*** *his decision to leave.*
  He showed no ***regret at losing*** *his best friend.* (Er zeigte kein Bedauern darüber, dass …)
- Auf das Verb *regret* kann ein *to*-Infinitiv oder eine *-ing*-Form (ohne Präposition) folgen. Der Infinitiv bezieht sich auf etwas Zukünftiges, die *-ing*-Form auf etwas Vergangenes, wobei kein Bedeutungsunterschied zwischen einfacher *-ing*-Form und Perfektform (*have* + Partizip Perfekt) besteht (vgl. **remember**):
  I ***regret to inform*** *you that your application arrived too late.* (Ich bedaure, Ihnen mitteilen zu müssen, …)
  I ***have*** *never* ***regretted leaving / having left*** *home.* (Ich habe es nie bereut, dass ich von zu Hause wegging.)

reign ➪ **rule**

related (verwandt)

- *related* wird mit der Präposition *to* (nicht mit *with*) gebraucht:
  She was ***related to*** *a cousin of the Tsar.* (Sie war mit … verwandt.)
  This problem is quite ***unrelated to*** *the one we've just discussed.* (… steht in keinem Zusammenhang mit …)

relevant (relevant)

- *relevant* und *irrelevant* werden mit der Präposition *to* (nicht mit *for*) gebraucht:
  Is this ***relevant to*** *your work?* (Ist das für Ihre Arbeit relevant?)
  The cost is ***irrelevant to*** *us at the moment.*

(to) **remain** ([übrig]bleiben)

1 Bedeutungsunterschiede zwischen *(to) remain* und *(to) stay*

- *remain* (eher förmlich) ist oft bedeutungsgleich mit *stay*, kann aber nicht in den Bedeutungen „dableiben anstatt zu gehen" und „wohnen/übernachten" gebraucht werden:
  She was asked for her opinion but ***remained/stayed*** *silent.*
  I'm sorry, but I can't ***stay****. I have to be in London by 10.* [bleiben = dableiben, anstatt zu gehen]
  Jane's coming and ***is staying*** *a whole month.* [bleiben = wohnen/übernachten]

2 Gebrauch von *(to) remain*

- *remain* kann normalerweise nicht in der Verlaufsform gebraucht werden.
- Weitere Besonderheiten:
  She ***remained*** *sitt****ing****/stand****ing*** *after everyone else had gone.* (Sie blieb sitzen/stehen ...)
  Only little of the old castle ***remains*** (NICHT: *has remained*). (... ist übriggeblieben.)
  There (NICHT: *It*) ***remains*** *little time.* (Es bleibt nur wenig Zeit.)
  What ***remains to be done*** (NICHT: *to do*)*?* (Was bleibt zu tun?)
  It remains to be seen *whether they really will provide the money.* (Es bleibt abzuwarten, ob ...)

remainder, remains ⇨ **rest**

(to) **remember** (sich erinnern / daran denken)

1 *(to) remember – (to) remind*

- *remember* bedeutet „sich erinnern", *remind* „(jdn.) erinnern":
  I ***remember*** *it well. It was a glorious summer day.* (Ich erinnere mich gut daran.)
  It's Philip's birthday next week. Please ***remind*** *me to send a card.* (Erinnere mich bitte daran ...)

2 *(to) remember doing – (to) remember to do*

⚠ Auf *remember* kann eine *-ing*-Form oder ein *to*-Infinitiv folgen. In Verbindung mit einer *-ing*-Form entspricht *remember* „sich erinnern" und drückt aus, dass man sich an etwas Vergangenes erinnert; in Verbindung mit einem *to*-Infinitiv entspricht *remember* „daran denken, etwas zu tun" und drückt aus, dass an etwas Zukünftiges gedacht wird, das man erledigen will oder muss:

*I **remember** post**ing** the letter, because it was raining hard at the time.* (Ich erinnere mich, dass/wie ich den Brief einwarf ...)
*I must **remember to** post the letter today.* (Ich muss daran denken, den Brief heute abzuschicken.)

- Beide Konstruktionen können auch in Bezug auf etwas angewandt werden, das aus der Perspektive der Vergangenheit in der Vergangenheit oder Zukunft lag. *remembered to do* kann auch ausdrücken, dass etwas, das man sich vorgenommen hatte, erledigt wurde:
*I **remembered** him arriv**ing** very late the night before.* (Ich erinnerte mich, dass/wie er sehr spät am Abend vorher ankam/angekommen war.)
*I **remembered to** give her Adrian's ring before she left.* (Ich dachte daran, ihr Adrians Ring zu geben, ehe sie abfuhr.)

- Mit der Perfektform *remember* + *having* + Partizip Perfekt wird betont, dass man sich an die Tatsache erinnert, dass die Handlung komplett abgeschlossen wurde, und weniger an den Vorgang denkt. Diese Form wird besonders gebraucht, um Vorzeitigkeit auszudrücken:
*I **remembered** him arriv**ing*** [Vorgang des Ankommens] / ***having** arriv**ed*** [komplett abgeschlossene Ankunft] *very late the night before.*
*I **remember** post**ing*** [den Vorgang des Einwerfens] / ***having** post**ed*** [die abgeschlossene Handlung] *the letter before I met Jim at the bank.*

3 Sonstige Besonderheiten

- *remember* kann normalerweise nicht in der Verlaufsform gebraucht werden:
*I **remember now**. That was in 1977, wasn't it?*

- *remember* kann mit persönlichem Subjekt im Passiv gebraucht werden:
*She **will be remembered** as one of the most successful archaeologists of her time.* (Man wird sich an sie als ... erinnern.)
Dem deutschen Passiv „an etwas erinnert werden" entspricht *be reminded of sth.*:
*We **were reminded** again not to forget our passports.* (Wir wurden nochmal daran erinnert, unsere Pässe nicht zu vergessen.)

⚠ Nach *remember* wird *it* (Objekt) im Rückbezug auf ein Nomen gebraucht, jedoch nicht als „leeres" Objekt:
Remember (*NICHT: Remember it*)*, it's still the middle of the night in San Francisco.* (Denk daran, es ist immer noch ...)
*Donna forgot to phone, but I **remembered (to)*** (*NICHT: remembered it*).
(... aber ich habe daran gedacht.)
*Donna forgot her passport, but I **remembered it*** (= *her passport*).

(to) **remind** (erinnern)

- *remind* (jdn. erinnern) nicht mit *remember* (sich erinnern) verwechseln. (s. vorigen Eintrag.)

R

- *remind* kann nicht ohne Personenobjekt gebraucht werden:
  *He **reminded us / the audience / people** that* (NICHT: *He reminded that*) *in those days few people had a car.* (Er erinnerte daran, dass damals ...)
- *remind* ist ein normales transitives Verb; Passivsätze sind wie bei allen solchen Verben möglich:
  *We **were reminded that** the meeting was very important. We **were reminded** not **to** miss it.*
- Präpositionen:
  *Please **remind** me **about** Philip's birthday on Monday. I mustn't forget it.* [*remind me about* = „damit ich es nicht vergesse" (Zukunftsbezug)]
  *Please **remind** me again **of** what happened. I've forgotten.* [*remind me of* = „weil ich es vergessen habe" (Vergangenheitsbezug)]
  *You **remind** me **of** someone I knew when I was a child.* [= Sie ähneln jdm. (Vergangenheitsbezug)]
- Zum Nomen *reminder* s. **memory**.

rent (Miete), **rentable** ([ver]mietbar)

- Zum Unterschied zwischen den Verben *hire, let* und *rent* s. **hire**.
- *rent* entspricht nicht „Rente", sondern „Miete". „Rente" wird mit *pension* wiedergegeben, „in Rente gehen" mit *retire / go into retirement*:
  *The **rent** for the flat is $600 a month.*
  *He gets only a small **pension**.* (Er bezieht nur eine kleine Rente.)
  *She **retires / goes into retirement** next year.* (Sie geht nächstes Jahr in Rente.)
- *rentable* ist aus *rent* abgeleitet und entspricht „(ver)mietbar". „Rentabel" wird mit *profitable* wiedergegeben:
  *The building is hardly **rentable** – it's almost a ruin.* (... ist kaum vermietbar/zu vermieten)
  *That's a very **profitable** business.* (Das ist ein sehr rentables Geschäft.)

(to) **repeat** (wiederholen)

- Ein indirektes Objekt nach *repeat* wird immer mit *to* angeschlossen:
  *Can you **repeat** the last sentence **to me*** (NICHT: *repeat me the last sentence*)*, please?*

report (Bericht), (to) **report** (berichten)

- Besonderheiten des Nomens *report*:
  *I read/saw/heard a **report on/about** the status of women in Indonesia yesterday.* [Zum Unterschied *on – about* s. **about** Abschnitt 1.]

Jenkins ***made*** (auch: *gave*) ***his report****, then we discussed the situation.*
(... erstattete Bericht / gab seinen Bericht ab ...)
There's a ***report by*** (NICHT: *from*) *Anna Waverly in this week's edition.*

- Ein indirektes Objekt nach dem Verb *report* wird immer mit *to* angeschlossen:
  The investigative team will ***report*** *their findings* ***to the committee*** *tomorrow* (NICHT: *will report the committee their findings ...*).

- *report* kann durch einen *that*-Satz oder eine *-ing*-Form ergänzt werden:
  Jackson ***reported that*** *he had seen Mrs Watson with Dr Smedley several times.*
  Jackson ***reported*** *see****ing*** ***/ having seen*** *Mrs Watson with Dr Smedley several times.*

- In Passivsätzen kann auf *be reported* ein Infinitiv (meist *be*) oder ein Perfektinfinitiv folgen:
  She ***is reported to be*** *living in Manchester now.* (Es wird berichtet, dass sie ... wohnt. / Sie soll ... wohnen.)
  Williams ***is reported to have said*** *he doesn't "trust women politicians".*
  The antiques are ***reported to have been*** *smuggl****ed*** *out of the country.*
  There is/was reported to be *some uncertainty about when the government's new measures will be introduced.* (Berichten zufolge herrschte eine gewisse Unsicherheit darüber, ...)
  There are reported to have been *several fires.* (Berichten zufolge hat es mehrere Brände gegeben.)

reputation (Ruf)

- Auf *reputation* folgt eine Präposition + *-ing*-Form, kein Infinitiv:
  He has the ***reputation of*** *always be****ing*** *last.*
  She has a ***reputation for*** *always com****ing*** *early.*

R

request (Bitte), (to) request (bitten)

- *request* ist ein förmliches Wort. Wendungen mit dem Nomen *request*:
  They ***made*** (NICHT: *did*) ***a request*** *for more information.*
  There is a ***request by/from*** *the residents in Grove Road for information.*
  At *Julian****'s request / At the request of*** *several of Julian's friends we shall ...* (Auf Julians Bitte hin / Auf Bitte von ...)
  They will send you a full list ***on request****.* (... auf Anfrage ...)

- Konstruktionen mit dem Verb *request*:
  Visitors ***are requested not to*** *smoke.*
  They ***requested*** *him* ***to*** *leave at once.*
  They ***requested (that) he left / leave*** [Konjunktiv!] ***/ should leave*** *at once.*

(to) **require** (erfordern/fordern)

- *require* (ein förmliches Wort) hat zwei Bedeutungen: „erfordern/brauchen" und „fordern/verlangen". Je nach Bedeutung wird *require* in unterschiedlichen Konstruktionen gebraucht.
- In der Bedeutung „erfordern/brauchen" hat *require* als Objekt ein Nomen oder eine *-ing*-Form:
  Trainees ***require*** *instruction/instruct**ing** (on) how to use the computer system.* (… müssen in der Bedienung des Computersystems unterwiesen werden.)
  The photo ***requires*** *enlarg**ing**.* (… muss vergrößert werden.)
- Auf *require* in der Bedeutung „fordern/verlangen" folgt ein (Pro-)Nomen + *to*-Infinitiv. Diese Konstruktion tritt in der Regel als Passivkonstruktion auf:
  The Vice-President ***requires*** *his marketing managers* ***to*** *attend every presentation.* (… fordert/verlangt von allen seinen Marketingmanagern, dass sie jede Präsentation besuchen.)
  They are required to *attend all presentations.* (Es wird von ihnen verlangt, dass … / Sie sind gezwungen, … zu …)
  I was required to *leave my passport with the police.* (Ich musste meinen Pass bei der Polizei hinterlegen. / Man verlangte von mir, dass ich … hinterlegte.)
  Ein *that*-Satz ist ebenfalls möglich:
  The new regulations ***require that*** *surgeons should not live more than 5 miles from the hospital.*

research (Forschung)

- *research* bedeutet „Forschung" im Sinne von wissenschaftlicher Forschungsarbeit. Nicht mit *search* (= „Suche") oder *investigations* (= „Nachforschungen") verwechseln:
  The subject of her ***research*** *is the influence of the ageing process on speech.* (Das Thema ihrer Forschung[sarbeit] …)
  The police carried out an intensive ***search*** */ intensive* ***investigations*** *but found nothing.* (… eine intensive Suche / intensive Nachforschungen …)
- *research* ist normalerweise nicht zählbar. Nach einem Possessivbegleiter (*my, your* usw.) findet sich jedoch im BE manchmal eine Pluralform:
  (Some) Research / A piece of research *is* (NICHT: *A research is* oder *Researches are*) *being done on that subject at the Wittgenstein Institute.*
  She's nearly finished ***her research****.* (… ihre Forschungsarbeit …)
  His researches *were useless and led him nowhere.*
- *research* wird mit den Verben *do* und *carry out* sowie mit der Präposition *into* gebraucht:
  *She****'s doing*** (NICHT: *making*) / ***carrying out*** *(some)* ***research into*** *the origins of local dance forms.*

(to) **resent** (übel nehmen)

- Auf *resent* folgt eine *-ing*-Form, kein Infinitiv:
  *Jack **resents** not be**ing** informed by his colleagues.* (Jack nimmt es übel, von seinen Kollegen nicht informiert worden zu sein.)
  Ein *that*-Satz wäre ebenfalls möglich.

(to) **resist** (widerstehen / sich wehren)

- Auf *resist* folgt eine *-ing*-Form, kein Infinitiv:
  *He will **resist** us**ing** (NICHT: to use) a walking stick until his knee becomes so painful that there is no alternative.* (Er wird sich dagegen wehren, einen Spazierstock zu benutzen, ...)
  *I **couldn't resist** laugh**ing**, when I heard.* (Ich konnte mir das Lachen nicht verkneifen, ...)
- *resist* ist ein normales transitives Verb, kann also auch im Passiv gebraucht werden:
  *Attempts by the management to cut jobs must **be resisted** at all costs.* (... müssen ... abgewehrt werden)

resort (*nicht* Ressort, *sondern* Urlaubsort) – (to) **resort to** (sich verlegen auf)

1 *resort* im Kontrast zu „Ressort"

- Dem Nomen *resort* entspricht „Erholungs-/Urlaubsort". Das deutsche „Ressort" wird mit *department* oder *responsibility* wiedergegeben:
  *Weston-Super-Mare is a well-known seaside **resort** in the west of England.*
  Schmitz bekommt das Ressort Finanzen. = *Schmitz will get the finance **department**.*
  Das fällt nicht in mein Ressort. = *That's not my **responsibility/ department**.*

2 (to) resort to

- *resort to s.th.* bedeutet „auf etwas zurückgreifen / sich auf etwas verlegen / zu etwas übergehen". *resort to* wird mit einer nachfolgenden *-ing*-Form, nicht mit einem Infinitiv, gebraucht:
  *So many people just didn't pay their bills, that we'**ve resorted to** demand**ing** (NICHT: to demand) payment with the order.* (... dass wir dazu übergegangen sind, die Zahlung gleich bei der Bestellung zu verlangen.)

R

responsible (verantwortungsvoll/verantwortlich), **responsibility** (Verantwortung)

1 *responsible*: zwei Stellungen, zwei Bedeutungen

- *responsible* hat zwei Bedeutungen. Vor einem Nomen entspricht es „verantwortungsvoll", nach einem Nomen und nach einem Kopulaverb wie *be* oder *seem* dagegen „verantwortlich":
  It couldn't have been James. He's ***a*** *very* ***responsible*** *young* ***man***. (Er ist ein sehr verantwortungsvoller junger Mann.)
  This is disgraceful! I insist on seeing ***the person*** *(who* ***is****)* ***responsible***. (Ich bestehe darauf, mit der verantwortlichen Person zu sprechen.)

2 Konstruktionen

- *responsible* kann durch *to* + Person und *for* + *-ing* ergänzt werden. Ein Infinitiv ist nicht möglich. Ein *that*-Satz kann nicht direkt, sondern nur in Verbindung mit *the fact (that)* angeschlossen werden:
  I am ***responsible to*** (NICHT: *towards*) *the boss* ***for*** *chang****ing*** (NICHT: *to change*) *the passwords every 30 days.* (Ich bin dem Chef gegenüber verpflichtet, die Passwörter ... zu ändern.)
  The cold weather was ***responsible for the fact that*** (NICHT: *responsible that*) *prices rose.*

3 *hold responsible – make responsible*

- *hold s.o. responsible for s.th.* bedeutet „jemanden für unerwünschte Folgen seiner Handlungen verantwortlich machen", d. h. ihm die Schuld geben. *make s.o. responsible for s.th.* bedeutet „jemandem die Verantwortung für etwas übertragen, das in die Hand genommen werden soll":
  If anything goes wrong I shall ***hold*** *you* ***responsible***. (Wenn irgendetwas schief geht, werde ich Sie verantwortlich machen.)
  Right, Jenny, ***I'm making*** *you* ***responsible*** *for the travel arrangements. If you don't know what to do, ask Mrs Barnet.* (... ich übertrage dir die Verantwortung für die Reisevorbereitungen.)

4 *responsibility*

- Besonderheiten des Artikelgebrauchs bei *responsibility*:
  Who ***has responsibility*** *for the keys?* (Wer hat die Verantwortung für die Schlüssel?) [*responsibility* ist hier nicht zählbar.]
  I ***have a responsibility*** *to the children I teach.* (Ich habe eine Verpflichtung gegenüber den Kindern ...) [hier zählbar]
  Who ***is taking responsibility*** *for the organization of the reception at the end of the conference?* (Wer übernimmt die Verantwortung für ...)
  You must ***take/bear/accept/assume responsibility*** *for whatever may happen.*
  An unknown terrorist group ***admitted/claimed responsibility*** *for the explosion.*

*Who shall we **give (the) responsibility** for changing the passwords to?*
*They **put/placed/laid the responsibility** for finding a solution firmly on Jack Watson's shoulders.*

- Ein *to*-Infinitiv nach *responsibility* ist nur möglich in den Konstruktion *have a responsibility to do s.th.* und wenn der Infinitiv ein nachgestelltes Subjekt ist, das durch „leeres" *it* vorweggenommen wird:
  *Who **is taking responsibility for** organiz**ing** (NICHT: to organize) the reception at the end of the conference?*
  *We all **have a responsibility to** protect the environment.*
  ***It**'s my **responsibility to** change the passwords.*

rest – remainder – remains (Rest[e])

- *remains* bezeichnet die Überreste von etwas, das einmal ein Ganzes gebildet hat und nicht mehr in seiner ursprünglichen Form gebraucht werden kann:
  *the **remains** of a building/meal/body*
- *rest* und *remainder* bezeichnen den verbleibenden Rest einer Menge, der noch nicht verbraucht wurde bzw. mit dem noch nichts geschehen ist:
  *the **rest/remainder** of the afternoon/work/people*
  Vgl.: *When the guests had gone I cleared away **the remains** of the meal.*
  *I only needed half the eggs, what shall I do with **the rest/remainder**?*
- Auf *rest* und *remainder* kann ein Verb im Singular oder Plural folgen. Ausschlaggebend ist das Nomen oder Pronomen (Singular oder Plural), auf das sich *rest/remainder* bezieht:
  *The **rest/remainder** of the work **was** easy.*
  *The **rest/remainder** of us **are** going to the cinema.*
  *Some of them speak English, but the **rest/remainder don't**.*

⚠ *rest* und *remainder* sind nicht zählbar, d. h. sie können nicht mit *a/an* oder im Plural gebraucht werden:
Es ist noch ein kleiner Rest da. = *There's **a little (bit)** (NICHT: a little/small rest) left.*

R

(to) **return** (zurückkehren, zurückgeben)

- *return* kann nicht mit *back* gebraucht werden:
  *We **returned** (NICHT: returned back) to our hotel.*
  *Please **return** the Walkman and museum guide cassette to the information desk (NICHT: return ... back to) at the end of your visit.*
- Eine Person, der etwas zurückgegeben wird, kann als indirektes Objekt mit oder ohne *to* angeschlossen werden:
  *I **returned** Daniel's books **to him** before I left.*
  *I **returned him** the money I owed him as well.*

Ein Ort, an den etwas zurückgebracht wird, wird immer mit *to* angeschlossen:
*I **returned** the books **to** the library* (NICHT: *I returned the library the books*).

review ➪ critic

rich (reich)

- *rich* kann als kollektives Nomen gebraucht werden (Näheres vgl. **the,** Abschnitt 1):
  ***The rich** sometimes don't work at all.* (Die Reichen ...)
  Aber: ***A rich person / Rich people** can afford that sort of price – I can't!* (Ein Reicher kann... / Reiche können ...)

- Wendungen:
  *The Middle East is a region **rich in** oil.* (... ein Gebiet, das reich an Öl ist.)
  *They all came – old and young, **rich and poor**, ...* (... arm und reich.)
  *Her uncle is **stinking rich**. He owns fifteen castles.* (Er ist steinreich.)

ride ➪ drive

right (richtig)

- Zum Gebrauch von *right* im örtlichen Sinne (rechte[r/s], rechts) vgl. **left**.
- Zum Gebrauch von *all right / alright* s. **all right**.

1 *(to) be right* = „recht haben"

- Präpositionen und Konstruktionen:
  *You **were right about** (NICHT: with) the time. It did start at 7.30 and not at 8.* (Du hattest Recht mit der Zeit.)
  *They **were right to** refuse / **in** refus**ing** Alan Beadle admission. He was completely drunk.* (Sie taten recht daran, ... zu verweigern.)
  *They **were right** not **to** let / **in** not lett**ing** him in.* (Sie taten recht daran, ihn nicht einzulassen.)
  be right nicht mit *be in the right* verwechseln:
  *It wasn't my fault at all. The other person was in the wrong and I **was in the right**.* (... ich war im Recht.)

2 *right* als Adverb:

- *right* wird vor Adverbien und Präpositionen als verstärkendes Adverb im Sinne von „direkt/genau" oder „(bis) ganz" gebraucht (Näheres s. **direct**):
  *The hotel is **right** opposite the station.*
  *We arrived **right** on time.*
  *He stood **right** there in the doorway, with a gun.*

*You'll have to go **right** back to the roundabout.*
*We walked **right** up to the top.*

- *right* in der Bedeutung „richtig" ist normalerweise ein Adjektiv. Im mündlichen Sprachgebrauch wird es aber auch als Adverb gebraucht, was jedoch oft als nicht korrekt angesehen wird. In der Schriftsprache wird vorzugsweise *rightly* („richtig/korrekt"), *correctly* oder *in the right way* („auf die richtige/korrekte Art und Weise") gebraucht:
  *If I understand you **right(ly)/correctly**, you intend to ...*
  *You didn't say that **right/correctly**. Say it again, please.*
  *She pronounced the word **right / in the right way / correctly**.*
- *right* wird wie *all right* (s. dort) gebraucht, um einen Themenwechsel zu signalisieren oder um die Aufmerksamkeit von Zuhörern auf sich zu lenken:
  ***Right**, if we move on now to look at the historical aspects ...*
  ***Right**. Is everybody here now?*

(to) **ring** (anrufen, klingeln)

- *ring* ist in den Bedeutungen „anrufen" und „klingeln/läuten" ein unregelmäßiges Verb mit den Formen *ring – rang – rung*. Nicht mit *ring – ringed – ringed* (= „umzingeln/einkreisen") verwechseln.
- *ring* in der Bedeutung „anrufen" ist BE. Wie *call* und *phone* wird es mit einem direkten Objekt gebraucht (ohne eine Präpositon, z. B. *in*, bei Orten). Daneben kann auch die Form *ring up* benutzt werden:
  ***Has** Susan **rung (up)** her grandmother yet?*
  *I **rang (up)** the police station and the hospital.* (Ich rief im Polizeirevier und im Krankenhaus an.)
  Weitere Einzelheiten s. **phone**.
- *ring* in der Bedeutung „klingeln/läuten" kann transitiv und intransitiv gebraucht werden:
  *The bell**'s ringing**. / Who **is** that **ringing** the bell?*

⚠ Es klingelt (an der Tür). = ***There's someone at the door. / The doorbell's ringing.***

R

(to) **rise** ➪ (to) **raise**

risk (Risiko/Gefahr), (to) **risk** (riskieren)

- Konstruktionen und Wendungen mit dem Nomen *risk*:
  ***There's a/the/some risk of** frost and icy roads later in the night.* (Es besteht [etwas] Frostgefahr und die/etwas Gefahr von Straßenglätte ...)

There's a/the/some risk (that) *frost will develop /* ***risk of*** *frost develop**ing**.*
Coats are left ***at your/customers'/visitors'/... own risk*** (NICHT: *at own risk*). (... auf eigene Gefahr ...)
At the risk of *sound**ing** naive, can I ask what you mean by "logistics"?* (Auf die Gefahr hin, naiv zu klingen ...)

- Auf das Verb *risk* folgt eine *-ing*-Form, kein Infinitiv:
  I don't want to ***risk*** *caus**ing** an accident.* (Ich will nicht riskieren, einen Unfall zu verursachen.)
  Let's not ***risk him/his/Jim/Jim's*** *arriv**ing** in the middle of such a critical meeting.* (Wir wollen nicht riskieren, dass er/Jim ... ankommt.)

road – street (Straße)

1 Bedeutungsunterschied *road – street*

- *road* bezeichnet einen Verkehrsweg bzw. die Fläche, auf der sich der Verkehr bewegt. *road* kann einen Verkehrsweg inner- oder außerorts, mit oder ohne Gebäude bezeichnen. *street* bezeichnet eine Straße innerorts mit Gebäuden:
  The journey took longer today. The ***roads*** (NICHT: *streets*) *were very busy.*
  The fields on either side of the ***road*** (NICHT: *street*) *were white with frost.*
  Jason Row is a ***street/road*** *with some lovely old houses.*
- Alle Verkehrswege eines Landes bzw. eines Gebiets werden als *the roads* bezeichnet, alle Straßen eines Orts bzw. Ortsteils können als *the streets* bezeichnet werden:
  All the ***roads*** *in this area are very busy.*
  The ***roads*** *here are not very safe.* [d. h. für Autofahrer, Radfahrer usw. – gemeint sind die Flächen, auf denen Fahrzeuge fahren]
  The ***streets*** *in this part of the city are unsafe at night.* [d. h. für Fußgänger – gemeint sind die Straßen einschließlich Gehwegen]
- In Straßennamen wird *road* betont, *street* jedoch nicht:
  Green ***Road*** [-'-] ***Green*** *Street* ['--]
- *road* und *street* werden in folgenden festen Wortverbindungen gebraucht:
  road junction (Straßenkreuzung)
  road repairs (Straßenbauarbeiten)
  road safety (Verkehrssicherheit)
  road surface (Straßenbelag)
  road works (Straßenbauarbeiten)
  street corner (Straßenecke)
  street light/lamp (Straßenlampe)
  street plan (Stadtplan)
  (aber: *street/road map*)
  a side street (Seitenstraße)

2 Artikelgebrauch und Präpositionen

- Der Artikel wird mit Straßennamen (Großschreibung) nicht gebraucht (Ausnahme: *the High Street*):
  The building is ***in Amersham Road****.*

Aber: *It's **on the Amersham road.*** (... auf/an der Straße nach Amersham.) [*the Amersham road* ist kein Straßenname.]
*The Dragon Hotel is in **the High Street**.*

- Präpositionen:
*I live in that bungalow **in/along Green Road / in/along*** (AE: ***on***) ***Green Street**.*
*I live **at 25 Green Street/Road**.*
*Your hotel is **on*** (NICHT: *in*) ***the road to*** (NICHT: *street to*) *Taunton.*
*The chemist's is **on the main road / in*** (AE: ***on***) ***the main street** opposite Lloyd's Bank.*
*When I got to the scene of the accident, the bicycle was still lying **on/in the road*** [= auf der Fläche des Verkehrswegs].
*You have to park **in the street*** (= außerhalb des Grundstücks) / ***in the road.***
*The bus stop is **across/over the road. It's across*** (NICHT: *over*) ***the street.*** (... über die Straße [= auf der anderen Straßenseite].)
*You can get to the golf club **via/by the main road.*** (... über die Hauptstraße [= durch Verwendung der Hauptstraße] ...)
*Can you get there **by road?*** (Gibt es eine Straßenverbindung?)
*The hospital is in **a road/street off** Amersham Road.* (... in einer Seitenstraße der Amersham Road / in einer Straße, die von der Amersham Road abgeht.)
*The river is **off the road**, down a track.* (... liegt abseits der Straße, von der ein Weg hinführt.)

⚠ Diese Straße führt [Sie] / bringt Sie nach Oxford. = *The road **goes to** / **takes you to*** (NICHT: *leads [you] to*) *Oxford.*

(to) **roast** ⇨ (to) **cook**

(to) **rob** – (to) **steal** – (to) **burgle** – (to) **kidnap/abduct**

R

- Objekt (bzw. in Passivsätzen das Subjekt) von *rob* ist eine Person oder eine Einrichtung wie eine Bank (= Opfer des Verbrechens), von *steal* ein Gegenstand bzw. eine Sache (= Diebesbeute):
*I know **somebody** who **was robbed** three times during a two-week holiday.* (... bestohlen/ausgeraubt ...)
***This bank was robbed** once before, eight years ago.* (... ausgeraubt ...)
*The office was broken into and four high-power Macintosh **computers were stolen**.* (... gestohlen.)
rob wird mit der Präposition *of* + Diebesbeute gebraucht, *steal* mit *from* + Opfer:
*The person who **robbed me of my watch / stole my watch from me** must have been one of the other passengers.* (Die Person, die mir die Uhr stahl ...)

- Gebäudebezeichnungen wie *house, building, shop, office* werden nicht mit *rob*, sondern mit *burgle* (= einbrechen in und ausrauben) gebraucht: *Can you remember the exact date when* ***the house/building/shop/office was burgled*** *two years ago?* (... das genaue Datum ..., an dem ... in das Haus/Gebäude/Büro eingbrochen wurde?)
- Wenn Personen geraubt und entführt werden, wird *kidnap* oder (förmlich:) *abduct* gebraucht:
  Three Europeans ***have been kidnapped/abducted*** *by separatist guerillas in Kashmir.*

round ⇨ around

rubber (Radiergummi/Kondom) – eraser (Radiergummi)

- *rubber* entspricht im BE „Radiergummi", im AE wird es umgangssprachlich für „Kondom" benutzt. Um Missverständnisse zu vermeiden, sollte in AE-Kontexten für „Radiergummi" immer *eraser* verwendet werden.

rubbish – garbage – trash (Müll/Abfall/Abfälle)

- Im AE bezeichnet *garbage* „Lebensmittelabfälle", *trash* „Abfälle" allgemein. Im BE wird für beides meist *rubbish* gebraucht.

⚠ *rubbish, garbage* und *trash* sind alle nicht zählbar, d. h. sie können nicht mit *a/an* oder im Plural gebraucht werden:
Wir haben drei Container für verschiedene Abfälle. = *We have three containers for different* ***sorts of rubbish/garbage/trash****.*

- Zu den Begriffen *garbage can / trash can / rubbish bin* s. **dustbin**.
- *rubbish* existiert auch als Verb. und entspricht dann „verreißen / niedermachen / kein gutes Haar an ... lassen":
  I thought it was a good idea, but my boss ***rubbished*** *it when he heard.*

rule – reign – government; (to) rule – (to) reign – (to) govern

- *reign* bezeichnet die Regierungszeit/Herrschaft eines Monarchen / einer Monarchin, *government* die einer Partei oder Regierung. *rule* kann für beides benutzt werden, betont aber die Alleinherrschaft einer Person oder Gruppe:
  Queen Victoria's / Kaiser Wilhelm's ***reign***
  10 years of Conservative ***government***
  Queen Victoria's ***rule*** */ 10 years of Conservative* ***rule***

- Die entsprechenden Verben werden ähnlich gebraucht. Alle drei können ohne oder mit Objekt verwendet werden. Zu beachten ist jedoch, dass das Objekt bei *reign* mit der Präposition *over* angeschlossen wird, während auf *rule* und *govern* ein direktes Objekt folgt:
  *Queen Victoria **reigned** (**over** Britain) for 64 years.*
  *The Conservatives **governed** (the country) for most of the 20th century.*
  *Victoria / The Conservatives both **ruled** (the country) a long time.*

(to) **run**

- *run* entspricht in seiner Grundbedeutung „laufen" im Sinne von „rennen" und kann nicht in der allgemeinen Bedeutung „zu Fuß gehen" gebraucht werden:
  Wir müssen laufen, es gibt keinen Bus. = *We'll have to **walk**, there's no bus.*
  Lauf nicht so schnell, wir haben noch viel Zeit. = *Don't **walk** so fast, we've still got plenty of time.*
- Anstelle von *run to do s.th.* wird häufig *run and do s.th.* gebraucht, besonders in Aufforderungen und Befehlen, wo eine *to*-Infinitivkonstruktion unwahrscheinlich ist. Nach der *-ing*-Form *running* ist jedoch die *to*-Infinitivkonstruktion üblich:
  ***Run and** fetch Mary, please. There's someone on the phone for her.*
  [*Run to fetch* unwahrscheinlich]
  *I **ran and** opened / **ran to** open the gate.*
  Aber: *I **was running to** fetch Mary when I tripped and broke my arm.*
  [*I was running and fetching* unwahrscheinlich]

's

- Zu einer ausführlichen Behandlung des Genitiv-s s. jede gute Grammatik. Hier werden einige Besonderheiten herausgegriffen.
- *Charles**'**/Charles**'s** grandfather lives in Glasgow.* [Eigenname auf *-s* mit *'* oder *'s*]
  ***Women's/Men's/Children's** rights are being discussed.* [unregelmäßige Pluralformen mit *'s*, nicht *s'*]
  Wenn sich *'s* auf eine Wortgruppe bezieht, wird es an das letzte Element angehängt:
  ***Jack and Tony's** office ...*
  ***The car in front's** exhaust stinks like hell.*
- *'s* wird mit Eigennamen von Personen gebraucht, um deren Zuhause zu bezeichnen:
  *I was at **David's** last night.* (= *David's house*)
  *Let's meet at **Phil and June's**.*

S

Ähnlich ist der Gebrauch mit den Namen von Kirchen und Firmen:
*The funeral is at **St. Martin's**.* (= *St. Martin's church*)
*She works at **Wilkinson's**.* (= *at Wilkinson's factory/offices*)
Bei Firmennamen, insbesondere bekannten, wird das Apostroph-s oft aber auch weggelassen:
*I bought it at **Marks and Spencers / Woolworths**.*

- *'s* kann mit den Pronomen *one, another, other* und allen Zusammensetzungen mit *-one* und *-body (someone, everybody* usw.) gebraucht werden:
  *One is very aware that **one's** background is quite different.*
  ***Another's/Others'** problems don't affect you in the same way as your own.*
- Zum Gebrauch von Apostroph-s bei Nomen wie *doctor* und *baker* *s.* **baker**.

salad – lettuce (Salat)

- „Salat" im Sinne von „Salatpflanze" oder „Salatkopf" wird mit *lettuce* wiedergegeben:
  *Can you bring a **lettuce** from the market, too, please?* [= Salatkopf]
  *We've got some nice **lettuce/lettuces** in the garden this year.*
  (... schönen Salat / schöne Salatpflanzen ...)
  *Can you wash the **lettuce** for me, please?*
- Zum Essen vorbereitete Salatblätter können als *lettuce* oder *salad* bezeichnet werden, wobei *lettuce* eher einen nicht angemachten grünen Salat bezeichnet (wie er in GB oft serviert wird). Salatbeilagen bzw. Salatteller, die auch aus anderen Zutaten bestehen, werden immer als *salad* bezeichnet:
  *Would you like some more **lettuce/salad**?*
  *I think I'll have a ham **salad** / a **salad** / a mixed **salad** for lunch.*

salary (Gehalt) – **wages** (Lohn) – **pay** (Bezahlung) – **payment** (Bezahlung)

- *salary, wages* und *pay* bezeichnen alle das Geld, das man durch Arbeit verdient. *pay* ist das allgemeine Wort (= Bezahlung/Entgelt), *salary* entspricht „Gehalt" (= Jahres-/Monatsverdienst), *wages* entspricht „Lohn" (meist Wochenverdienst, bar bezahlt):
  *What's the **pay** like in that sort of job?*
  *The **salary** is high, $55000 a year.*
  ***Wages** were paid on Friday after lunch.*

- *payment* entspricht „Bezahlung“ im Sinne eines Geldbetrags oder seiner Anweisung:
  Have we received (the) ***payment*** *yet?*
  When do they expect ***payment****? Have we got any more time or do we have to pay now?*
- Die Singularform *wage* wird in Verbindungen (Adjektiv + *wage*; *wage* + Nomen) gebraucht:
  a low/high/minimum/weekly ***wage***
  She's the only ***wage earner*** *in the family* (Sie ist die einzige in der Familie, die Geld verdient.)
  a ***wage increase/rise*** (aber: *a decrease/cut in wages*)

sale (Verkauf/Ausverkauf/Sonderverkauf), **sales** (Schlussverkauf)

- *sale* (Plural: *sales*) entspricht zunächst „Verkauf“ im Sinne des Verkaufvorgangs:
  The ***sale*** *of the hotel brought them a lot of money.*
  Die Pluralform *sales* entspricht „Verkäufe“ oft im Sinne von „Verkaufszahlen/Absatz“. *sales* wird mit und ohne Artikel gebraucht:
  We are very pleased with ***sales****. The new model is selling* (verkauft sich) *very well.*
  The sales / Sales *of the new model are very encouraging.*
- *sale* entspricht auch „Ausverkauf/Sonderverkauf(saktion)“. Der Plural *sales* bezeichnet mehrere solche Aktionen oder den jährlichen Sommer- und Winterschlussverkauf:
  It usually costs about $250, but I got it in a ***sale*** *for only $180.*
  That Persian carpet shop in Market Street has had three so-called clearance ***sales*** (Räumungsverkäufe) *in the last two years.*
  When do ***the (January/summer) sales*** *start this year?*
- *for sale* entspricht „zum Verkauf / zu verkaufen“, *on sale* „erhältlich/im Angebot“ (im AE aber „im Sonderangebot“):
  Did you know that the house at the end of the road is ***for sale****?* (… dass das Haus … zu verkaufen ist?)
  That old top hat in the window, is it ***for sale****? – No, sorry, it's just for decoration.*
  The new model won't be ***on sale*** *till after Christmas.*
  (AE:) *It was* ***on sale****, about $30 less than the usual price.*

S

same – equally – equal – (to) **equal**

1 ***the same***

- *same* wird fast immer mit *the* gebraucht:
  The price is ***the same****.* (Der Preis ist gleich.)
  Her computer is ***the same*** *model.* (… das gleiche Modell.)

I'd like ***two*** *lamps* ***the same / two of the same*** *lamps.* (... zwei gleiche Lampen.)
This watch is always slow. – Mine is ***the same.*** (Meine genauso.)
Beispiel ohne *the* (stattdessen mit Demonstrativbegleiter):
It was ***those same*** *two men again, I swear it was.* (Es waren wieder genau diese beiden Männer, ...)

- Auf *the same* (+ Nomen) folgt *as* (nicht *like*) oder – wenn sich ein Nebensatz anschließt – auch *that/who* (NICHT *which*):
  This job is basically ***the same as*** *my old one.* (Diese Stelle ist im Prinzip genauso wie meine letzte.)
  The situation is ***the same as*** *before.* (... genauso wie vorher.)
  It's ***the same*** *teachers* ***as/that/who*** *I had last year.* (Dieselben Lehrer hatte ich letztes Jahr.)
  It's ***the same*** *train* ***as/that*** *I came on last time.* (Mit dem gleichen Zug kam ich letztes Mal.)

- *the same* wird mit der Präposition *with* (NICHT: *by*) gebraucht:
  I can't afford to go on holiday this year. – It's ***the same with*** *me.*
  (Bei mir ist es das Gleiche.)

2 Wiedergabe von „gleich" + Adjektiv („gleich groß" usw.)

⚠ *the same* kann nicht als Adverb vor einem Adjektiv stehen. Die Wiedergabe von „gleich" + Adjektiv erfolgt z.T. durch *the same* + Nomen. Sonst muss auf *equally* oder eine Umschreibung ausgewichen werden:
The rooms are ***the same size.*** (... gleich groß.)
The landlady offered us ***two*** *rooms* ***(of) the same size.*** (... zwei gleich große Zimmer ...)
The flats are ***the same rent/price.*** (... gleich teuer.)
There are ***three*** *flats* ***at the same rent/price*** *in the building.* (... drei gleich teure Wohnungen.)
The suitcases are all roughly ***the same weight.*** (... gleich schwer.)
For a seesaw (Wippe) *you need* ***two*** *people* ***(of)*** *roughly* ***the same weight.*** (... zwei etwa gleich schwere Personen.)
The rooms are all ***the same temperature.*** (... gleich warm/kalt.)
The cars were both travelling ***at the same speed.*** (... fuhren beide gleich schnell.)
My parents are ***the same age.*** (... gleich alt.)
The publication date and the price are ***equally*** *important.* (... gleich wichtig.)
Mit *equally* kann betont werden, dass etwas gleichrangig ist, d. h. dass kein Vor- oder Nachteil besteht:
There's no need to complain to me. My room is ***equally*** *noisy.*
(... genauso laut.)
I thought it would be cheaper here, but the flats in this building are ***equally*** *expensive.* (... genauso teuer.)

3 *be equal to, (to) equal*

- Um auszudrücken, dass eine Sache dasselbe Maß aufweist wie eine andere, gebraucht man *be equal to*. In Rechenaufgaben u. dergl. wird jedoch das Verb *equal* gebraucht:

The area ***is equal to*** *a football field.* (Die Fläche ist die eines Fußballfeldes.)
6 times 4 ***equals*** (auch: *is*) *24.* (… ist gleich 24.)

- *be equal to* entspricht auch „(einer Sache / jdm.) gewachsen sein“:
  This team ***is equal to*** *any in the country.* (… ist jeder Mannschaft des Landes gewachsen.)

sandwich ➪ bread

satisfaction (Zufriedenheit), satisfactory – satisfying (befriedigend), satisfied (zufrieden)

- Die Gegenteilsbildung ist bei dieser Gruppe von Wörtern uneinheitlich:
  satisfaction – ***dis****satisfaction*
  satisfactory – ***un****satisfactory*
  satisfying – ***dis****satisfying* (unbefriedigend), ***un****satisfying* (nicht sättigend)
  satisfied – ***dis****satisfied*
- *satisfactory* und *satisfying* entsprechen beide „befriedigend“, aber jeweils nur in einer bestimmten Bedeutung – *satisfactory* im Sinne von „ausreichend“, *satisfying* im Sinne von „Freude bereitend“ oder „sättigend“:
  Her progress at school is/is not very ***satisfactory****.*
  It's very ***satisfying*** *to leave the office on Friday afternoon with all the problems solved.*
  Vgl. die Gegenteile:
  Her progress at school is very ***unsatisfactory****.*
  It's ***dissatisfying*** *to leave the office on Friday afternoon with problems left unresolved.*
  It was nouvelle cuisine, very small portions, very ***unsatisfying.***
- Präpositionen und Wortverbindungen:
  The headmaster expressed (his) ***satisfaction with/at*** *the results.*
  … (his) ***satisfaction in/at*** (NICHT: *with*) *see****ing*** *so many good results.*
  He was very ***satisfied with*** *the results.*
  I'm ***completely/fully satisfied****.* (… völlig zufrieden.) *I'm* ***completely*** (NICHT: *fully*) ***dissatisfied****.* (… völlig unzufrieden.) (Vgl. **fully**.)

S

sauce – gravy – dressing (Soße)

- *sauce* ist die allgemeine Entsprechung für „Soße“. „Bratensoße“ wird als *gravy*, „Salatsoße“ als *dressing* bezeichnet:
  tomato ***sauce****, white* ***sauce****, soy* ***sauce****, chocolate* ***sauce***
  When the meat is cooked, use the juices in the bottom of the pan to make the ***gravy*** (NICHT: *sauce*). ([Braten-]Soße)
  Would you like an oil and vinegar ***dressing*** (NICHT: *sauce*), *or a yoghurt and lemon* ***dressing*** *for the salad?* ([Salat-]Soße)

(to) **save** (sparen/retten/aufheben)

- *save* – Schreibweise nicht mit *safe* = „sicher/Safe“ verwechseln – hat mehrere Entsprechungen im Deutschen:
  a) *If we book now it'll **save** us a lot of trouble.* (ersparen)
  b) *If we book now we'll **save** both time and money.* (sparen)
  c) *I'll **save** the best bit of the story till last.* (aufheben/-bewahren/-sparen)
  d) *After a campaign of protest the building **was saved from** being pulled down.* (... wurde ... vor dem Abbruch gerettet/bewahrt.)
- In der Bedeutung a) hat *save* normalerweise zwei Objekte; in den Bedeutungen b) und c) kann es zwei Objekte haben. In den Bedeutungen a) und b) muss das indirekte Objekt vor dem direkten Objekt stehen; in der Bedeutung c) ist die Reihenfolge der Objekte variabel:
  a/b) *If we go by plane it'll **save us a lot of trouble/time*** (NICHT: *save a lot of trouble/time for us*).
  c) *It doesn't matter if you're late. I'll **save you some lunch** / **save some lunch for you**.*

(to) **say** – (to) **tell** (sagen)

1 Unterschiedliche Objekte nach *(to) say* und *(to) tell*

- Wird die Person genannt, der etwas gesagt wird, so ist *tell*, nicht *say*, die übliche Entsprechung für „sagen“. *tell* kann (bis auf wenige Ausnahmen, s. u.) nicht ohne Personenobjekt (= indirektes Objekt) verwendet werden:
  *She **told me** where I could buy tickets.*
  *Did Ann **tell you** (that) she was changing her job?*
- *say* wird in der Regel ohne Personenobjekt gebraucht. Wenn das Personenobjekt doch genannt wird, ist es in der Regel betont. Es muss mit *to* angeschlossen werden:
  *Ann hates her new boss. – Really? She **said to me*** (NICHT: *said me*) *that she liked him.*
- *tell* kann mit einigen wenigen Nomen bzw. in einigen festen idiomatischen Ausdrücken auch ohne Personenobjekt gebraucht werden. Hierzu zählen Verbindungen mit *the truth, a lie/lies, the time, the difference, joke, story*:
  *I can't decide if he**'s telling the truth or a lie.*** (... ob er die Wahrheit sagt oder lügt.)
  *Little Dan is only three, but he can already **tell the time**.* (... die Uhr lesen.)
  *Which is bigger – can you **tell the difference?*** (... den Unterschied erkennen?)
  *My grandfather used to **tell** lovely **stories** and **jokes**.* (... erzählte wunderschöne Geschichten und Witze.)

- Objekt von *say* ist typischerweise ein Stück direkte Rede bzw. ein Ausdruck, der für gesprochene Worte steht:
  *He **said,** "Jenkins is a fool".*
  *He **said a word/name** that I didn't know.*
  *During the meeting she **said very little / only one sentence / nothing**.*
  *He **said yes*** (sagte/stimmte zu) ***/ said no*** (lehnte ab) ***/ said hello*** (grüßte) ***/ said goodbye*** (verabschiedete sich) ***/ said good night*** (wünschte gute Nacht).

2 Wiedergabe von „es" als Objekt von „sagen"

- *it* wird nach *say* gebraucht, wenn es sich auf ein bestimmtes Nomen bezieht:
  *She **said the name**, but she **said it** [i.e. the name] so quickly that I didn't understand.*
  Wenn man auf den allgemeinen Sinngehalt einer Äußerung Bezug nimmt, wird jedoch *so*, nicht *it*, verwendet:
  *I'm leaving the firm. I didn't **say so*** (NICHT: *say it*) *earlier because of old Jenkins.* (Ich habe es nicht früher gesagt ...)
  *I'll do it if she **says so**, but I don't really see why I should.* (... wenn sie es sagt ...)
  Auch:
  *Will Gazza be at the party? – She **said so**.* (Sie sagte ja.) [Gegenteil: *She said not.* (Sie sagte nein.)]
- *say* wird ohne *it* oder *so* gebraucht, wenn es nur darum geht, ob eine Information mitgeteilt wird/wurde oder nicht:
  *Will Gazza be at the party? – She **didn't say*** (NICHT: *say it/so*). (Sie hat es nicht gesagt.)
  *I've asked her three times now how much she wants, but she **won't say*** (NICHT: *say it/so*). (... sie will es nicht sagen.)
  *When will we get there? Can you **say*** (NICHT: *say it/so*)*?*
- Nach *tell* wird *it* nicht gebraucht, außer wenn es sich auf ein bestimmtes Nomen wie *story, joke* usw. bezieht (vgl. oben):
  *What's the name of that man over there by the window? – I'll **tell you*** (NICHT: *tell you it*) *later.* (Ich sage es dir nachher.)

⚠ Zu beachten sind außerdem noch die Entsprechungen für „sagen" + „es" in folgenden Wendungen:
Wie viel hat es gekostet? Sag es (endlich). = *How much did it cost? Now **tell me** (, will you).*
Das Spiel war eine Katastrophe. – Du sagst es. = *The game was a catastrophe. – **You're right there. / Not half! / Too true!***

S

3 Direkte und indirekte Rede mit *(to) say* und *(to) tell*

- Mit direkter Rede wird normalerweise *say* gebraucht. Die Stellung des Subjekts ist variabel, wenn dieses ein Nomen ist und *say* nach der direkten Rede steht:
  ***Jim said**, "Jenkins is a fool." / "Jenkins is a fool," **Jim said**. / "Jenkins is a fool," **said Jim**.*

(to) say – (to) tell

- Wenn das Subjekt von *say* ein Pronomen ist, kann es dem Verb nicht nachgestellt werden (außer in bewusst historisierender Redeweise): *"Jenkins is a fool,"* ***he said*** (NICHT: *said he*).

⚠ Wenn *tell* mit direkter Rede gebraucht wird, wird es dieser nachgestellt. *tell* kann nur im Sinne von „erzählen" oder „befehlen" in Verbindung mit direkter Rede gebraucht werden:
"Jenkins is a fool," ***he/Jim told me*** (NICHT: *He/Jim told me, "Jenkins is a fool."*).
"Be quick," ***he told me.***
Aber: *"Hello, Jumbo,"* ***he said*** (NICHT: *told me*).
"Where's Joe?" ***she said*** (NICHT: *told me*).
"What terrible weather!" ***he said*** (NICHT: *told me*).

- Sowohl *say* als auch *tell* können indirekte Rede einleiten, jedoch auch hier gilt, dass *tell* nur im Sinne von „erzählen" gebraucht wird oder um Befehlssätze wiederzugeben:
Alison ***said that / told me (that)*** *she'd been made manager.*
"Stop and don't go any further." → *They* ***told us to*** *stop and not go any further.*
Möglich, aber selten, ist auch *say* zur Wiedergabe von Aufforderungen/Befehlen, wenn kein Personenobjekt genannt wird:
They ***said to*** *stop* (NICHT: *said us to stop*) *and not (to) go any further.*

4 Das Passiv

- *be told* kann mit persönlichem Subjekt gebraucht werden:
We weren't told *any details.* (Uns wurden keine Einzelheiten mitgeteilt.)
I was told *that she lives in Oxford now.* (Mir wurde gesagt ...)
We were told *not to leave the room.* (Uns wurde gesagt, dass wir das Zimmer nicht verlassen sollten. / Wir wurden aufgefordert, ... nicht zu verlassen.)

- Subjekt von *be said* können Ausdrücke sein, die für gesprochene Worte stehen:
Few words ***were said.*** *Little/Nothing* ***was said.***

- Häufiger ist das Passiv von *say* in den Konstruktionen *there is/are said to be, it is said (that) ...* und *s.o. is said* + *to*-Infinitiv:
There are said to be *eighty different sorts of tree in this wood.* [= *People say there are ...*] (Es soll angeblich... geben.)
It is said (that) *he knew about the deal all along.* [= *People say that he knew ...*] (Es wird gesagt, dass er... wusste. / Er soll angeblich ... gewusst haben.)
He is said to *have known about the deal all along.* (Er soll angeblich ... gewusst haben.)
Zur letztgenannten Konstruktion gibt es keine aktive Parallelkonstruktion wie **People say him to have known ....*

5 Wendungen und weitere Besonderheiten

- *say:*
  It says (NICHT: *is saying*) *on the poster/notice/label/sign / in the book/text/ letter that …* (Auf/In … steht, dass …)
  There's a poster/notice/… ***saying*** *that …* (Es gibt …, auf/in dem/der steht, dass …)
  It cost $20, now it costs $30, ***that is to say*** *the price has increased by 50%.* (… das heißt …)
  The quality was poor ***to say nothing of*** *the service.* (… vom Service ganz zu schweigen.)
  This work is not very good. ***What have you got to say for yourself****?* (Was haben Sie dazu zu sagen?)
  I'm delighted they're coming. ***It/That goes without saying.*** (Das brauche ich nicht extra zu sagen/erwähnen.)
  How much milk would you like in your tea? ***Say when.*** (Sag Halt.)
  What a terrible match. – ***You can say*** (betont:) ***that again.*** (Das kann man wohl sagen.)
  Shall we meet at, ***say****, 8 o'clock?* (… um, sagen wir, 8 Uhr …)
  Say *they don't come. What do we do then?* (Angenommen sie kommen nicht …)
- *tell:*
  You can never tell *what he's thinking.* (Man weiß nie …)
  As far as I can tell*, they've taken everything with them.* (Soweit ich feststellen kann …)
  (I'll) ***Tell you what****, why don't we ring her and ask?* (Weißt du was, …?)

scarce ⇨ rare

scarcely ⇨ hardly

scarf (Schal) – shawl (Schulter-/Kopftuch)

- Nicht *shawl*, sondern *scarf* ist die Entsprechung von „Schal". *shawl* [ʃɔːl] entspricht „Schulter-/Kopftuch":
  You've got a sore throat, so don't go out without a ***scarf*** *round your neck.*
  The evening was a little cool so she had a light woollen ***shawl*** *over her shoulders.*

scene – sight – view

1 Bedeutungsunterschiede

1.1 *scene*

- *scene* entspricht „Szene/Anblick/Bild" und bezieht sich auf einen Vorgang, der aus einem oder mehreren Einzelbildern besteht, die man beobachtet:

*The meeting was like a **scene** from a TV soap opera.*
*The sheep grazing on the hillside with the evening sky above was a very peaceful **scene**.*
*I have never witnessed such a **scene**. Everything was in absolute chaos.*
Durch eine *of*-Fügung kann *scene* näher bestimmt werden:
*36 hours after the earthquake the city is still a **scene of** devastation.*
(... ein Bild der Verwüstung.)

- *scene* bezeichnet auch einen Handlungsort:
  *The police were already at **the scene of the crime/accident**.* (... am Ort des Verbrechens / am Unfallort.)

1.2 *sight*

- *sight* („Anblick") bezieht sich auf die äußere Erscheinung von etwas/jemandem (Näheres, auch zum Unterschied *look – sight*, s. **look**):
  *At this time of year the trees are a beautiful **sight**.*
  *Terry was a dreadful **sight** – his clothes and hair covered with mud, and cuts in his face.*
  *After the children's party, the living-room was a (terrible) **sight**.*
  *That simple plate of bread and cheese was a **sight for sore eyes** after eight hours on the road.* (... eine Augenweide.)

1.3 *view*

- *view* entspricht „(Aus)Blick/Aussicht" und bezeichnet etwas (in der Regel Angenehmes/Wünschenswertes), das sich wie ein Foto breit vor dem Auge entfaltet:
  *The **view** from the top of the mountain is magnificent. You can see over 60 miles on a clear day.*
  *We had a room with a sea **view** / **view** of the sea.*
- *view* entspricht auch „Sicht" im Sinne der Möglichkeit, etwas gut sehen zu können:
  *My **view** was blocked by a tall man in the row in front.*

⚠ *view* kann nicht in Bezug auf die Sichtmöglichkeiten gebraucht werden, die das Wetter bietet:
Die Sicht ist heute nicht sehr gut. Es ist zu diesig. = *The **visibility** is not very good today. It's too hazy.*

- *view* entspricht außerdem „Ansicht" im wörtlichen und übertragenen Sinne:
  *This card here is a nice **view** of the cathedral.*
  *What is your **view** / What are your **views on** this question?*

1.4 *sight* und *view*: gemeinsame Bedeutungen

- Sowohl *sight* als auch *view* können den Vorgang des Erblickens bezeichnen. Mit beiden kann ausgedrückt werden, dass sich etwas in Sichtweite befindet oder außer Sichtweite gerät:

We came over the top of the hill and saw a tower in the distance. It was our first ***sight/view*** *of the castle.*
We ***had/got*** *our first* ***sight/view of*** *the castle.*
The castle was now ***in sight/view.***
It ***came into sight/view.***
We ***came in sight/view of*** *the castle.*
We ***caught sight*** (NICHT: *view*) *of the castle.*
We ***lost sight*** (NICHT: *view*) *of it again soon after.*
It ***disappeared from sight/view.***
It ***was*** *soon* ***lost to sight / from view.***

2 Präpositionale Ausdrücke und Wendungen

- Präpositionen und Wendungen mit *sight*:
At first sight (NICHT: *At the first sight*) *the job looks easy.* (Auf den ersten Blick ...)
At the sight of *blood, he started to tremble.* (Beim Anblick von Blut ...)
She could play Chopin / translate any text ***at sight.*** (Sie konnte Chopin vom Blatt spielen / jeden Text aus dem Stegreif übersetzen.)
We were ordered to ***shoot at/on sight.*** (Uns wurde befohlen, sofort [ohne Vorwarnung] zu schießen.)
I disliked the man ***on sight.*** (Ich konnte den Mann vom ersten Augenblick an nicht leiden.)
I ***know*** *him* ***by sight****, though we've never spoken.* (Ich kenne ihn vom Sehen ...)

- Präpositionen und Wendungen mit *view*:
From here there is a lovely ***view of*** (NICHT: *on[to]*) *the town and the river.* (... einen wunderschönen Blick auf die Stadt ...)
This all happened ***in full view of*** *all his colleagues.* (... vor den Augen seiner Kollegen.)
Several of her early paintings ***are*** *also* ***on view.*** (... sind ebenfalls ausgestellt / zu besichtigen.)
In my view*, the whole thing is a complete waste of time.* (Meiner Ansicht nach ...)
In view of *all the problems, it's surprising the house was ever built.* (Angesichts all der Probleme ...)
I phoned him ***with a view to*** *find****ing*** *out* (NICHT: *to find out*) *what his real plans were.* (... mit der Absicht herauszufinden, was er wirklich plante.)

S

scenery ⇨ country

sceptic (Skeptiker[in]) – sceptical (skeptisch)

- *sceptic* (Aussprache: ['skeptɪk], AE-Schreibweise: *skeptic*) ist ein Nomen („Skeptiker[in]"), kein Adjektiv. Das dazugehörige Adjektiv („skeptisch") heißt *sceptical* (AE: *skeptical*):

*There have been religious **sceptics** all through history.*
*I was highly **sceptical about/of** his plans. But in the end I had to admit he was right.*

school (Schule)

1 Artikelgebrauch

- *school* wird ohne Artikel verwendet, wenn die Lerneinrichtung Schule gemeint ist. Dies ist gewöhnlich der Fall im Zusammenhang mit Schüler(inne)n, Eltern von Schulkindern und Lehrpersonal:
*Ann will be five next month and will **be starting school / be going to school** in the autumn.*
*When Sonia was younger, I used to wait **outside school** for her when I finished work and we would go home together.*
*Now she walks home **after school** on her own.*
*Sonia is lucky to live so **close to school**.*
*When Philip was a teacher at St. Mary's, he used to be able to walk **to school.***

- *school* wird mit *the* verwendet, wenn das Schulgebäude, nicht die Lerneinrichtung, gemeint ist. Im Zusammenhang mit Schüler(inne)n, Eltern und Lehrpersonal kann *school* je nach Sinn ohne oder mit Artikel gebraucht werden:
*On Saturdays I often see a Jehovah's Witness standing outside **the school.***
*Sonia is lucky to live so **close to (the) school**.*
*I used to wait for her outside **(the) school.***

- *school* wird ferner mit Artikel gebraucht, wenn eine bestimmte Schule gemeint ist. Vgl.:
*Sonia will go **to the grammar school** after the summer.* [= auf ein bestimmtes Gymnasium]
*Sonia will go **to grammar school** after the summer.* [= aufs Gymnasium, nicht auf eine andere Art von Schule, z. B. *comprehensive school*]

2 Weitere Besonderheiten

- Präpositionen:
Three of their children are (BE:) ***at school*** / (AE:) ***in school*** *now.* (... in der Schule.)
*Belinda **didn't go to school / was off school** for six weeks.* (... konnte [wegen Krankheit] ... nicht zur Schule gehen.)

- Im AE kann *be in school, go to school* allgemein ausdrücken, dass sich jemand in einer schulischen/akademischen Ausbildung befindet:
*Grant is **in school** in Boston, and Jo Anne in Berkeley* (= *the University of California*).

- *school* kann mit einem Singular- oder Pluralverb gebraucht werden, wenn die Schulbelegschaft gemeint ist:
  ***The** whole **school was/were** out on the playing field* (Sportplatz) *to watch the match.*

- Wendungen:
  *I **started/began school** in 1975 and **finished/left school** in 1984.* (Ich wurde 1975 eingeschult und ging 1984 von der Schule ab.)

Scotch, Scots, Scottish (schottisch)

- *Scotch* wird zusammen mit typischen Produkten Schottlands gebraucht:
  *We bought some **Scotch** beef/wool/whisky.*
  Gelegentlich wird es auch mit anderen Nomen (z. B. *a Scotch nurse*) benutzt. Dieser Sprachgebrauch gilt jedoch als abschätzig.

- *Scots* (Adjektiv) wird in Bezug auf die Sprache, das Rechtssystem oder Personen angewandt:
  *Does she speak with a **Scots** accent?*
  *Under **Scots** law, this would not be legal.*
  *Robert Burns is a famous **Scots** poet.*

- *Scottish* kann mit fast allen Nomen benutzt werden, auch mit den meisten der oben genannten; nur *Scotch whisky* hat den Status einer festen Wortverbindung:
  *Before BSE, **Scottish** beef was highly regarded.*
  *She speaks with a **Scottish** accent.*

- *Scotch* und *Scots* werden auch als Nomen gebraucht:
  *They offered me a (glass of) **Scotch**.* (... einen / ein Glas [schottischen] Whisky.)
  *(The) **Scots** are very proud of their history.* (Die Schotten ...)
  ***Scots** includes many words that don't exist in Standard English.* (Schottisch / Die schottische Sprache ...)

sea (Meer/See)

S

- Präpositionale Ausdrücke (alle ohne Artikel):
  *It was a long voyage. They were **at sea** for over six weeks.* (... auf See.)
  *The goods will be sent **by sea**.* (... auf dem Seeweg / mit dem Schiff ...)
  *As a young man he went **to sea**.* (... zur See.)
  *This ship will **put to sea** in 15 minutes.* (... in See stechen.)
  *It was a clear day and we could see far **out to sea**.* (... weit aufs Meer hinaus ...)
  *There's a blob **out to sea** that I can't identify.* (Draußen im Meer ...)
  Aber mit Artikel:
  *They live in a town **by the sea**.* (... am Meer.)

- Anstelle von *sea* wird im AE auch *ocean* gebraucht:
  It was too cold to swim in the (BE:) ***sea*** / (AE:) ***ocean***.

(to) **search** – (to) **search for** – (to) **seek** – (to) **look for** (suchen)

- *search* entspricht als intransitives Verb „suchen", als transitives Verb dagegen „durchsuchen". *search for, seek* und *look for* entsprechen alle dem transitiven Verb „(jdn./etw.) suchen":
  The police ***searched*** *for a week but found nothing.* (… suchte …)
  We ***search*** *all passengers before they are allowed on the plane.* (Wir durchsuchen alle Passagiere …)
  We must ***search for / seek / look for*** *a quick solution.* (Wir müssen eine schnelle Lösung suchen.)
- Die Unterschiede zwischen *look for, search for* und *seek* sind wie folgt:
  - *look for* ist das allgemein gebräuchliche Wort:
    I'm looking for *a brown pair of shoes in size 6.*
  - *search for* suggeriert eine intensive und gründliche Suche:
    Scientists ***have been searching for*** *the causes for decades now.*
  - *seek (seek – sought – sought)* ist eher förmlich/literarisch bzw. in bestimmten Wortverbindungen zu finden, z. B. *seek help / advice / shelter* (Obdach) / *fame* (nach Ruhm streben) / *re-≤election* (sich um Wiederwahl bemühen):
    Angela ***sought advice*** *from her old teacher.*
- Verkompliziert werden die Unterschiede dadurch, dass *search* in der Verbindung *search s.o./s.th. for s.th.* gebraucht werden kann:
  The police ***searched the man/room for weapons***. (… durchsuchte den Mann/Raum nach Waffen.)
  search s.o./s.th. for s.th. („jdn./etw. nach etw. durchsuchen") nicht mit *search for s.o./s.th.* („nach jdm./etw. suchen") verwechseln.

seaside ⇨ **beach**

second (zweite[r/s])

- Konstruktionen:
  You're ***the second*** *person* ***to*** *say that.* (… die zweite Person, die das sagt.)
  [Ebenfalls möglich: *the second person who has said that*; NICHT: *the second person who says / is saying*.]
  It is the second time (that) I have seen (NICHT: *I see*) *him.* [Vgl. **first**, Abschnitt 1.]

⚠ jeder zweite Tag/Monat = *every* ***other*** *day/month*

(to) **see**

1 Bedeutungen

- Zu den Unterschieden zwischen *see, look [at], watch* s. **look**.
- *see* hat neben der Bedeutung „mit den Augen wahrnehmen“ verschiedene andere Bedeutungen:
  *I'**m seeing** Jim on Thursday evening.* (Ich sehe [= treffe] Jim ...)
  *He'**s seeing** a psychiatrist.* (Er geht zu / ist in Behandlung bei einem Psychiater.)
  *It's only open in the mornings. – **I see**.* (Ich verstehe. / Ach so.)
  *I don't **see** what you mean.* (Ich verstehe nicht ...)
  *It's difficult to **see** what the cause might be.* (Es ist schwer zu erkennen ...)
  *I want to **see** the prize-giving.* (Ich will die Preisverleihung sehen [= miterleben]).
  *Last year we **saw** a big increase in drugs-related crime.* (... erlebten wir ...)
  *Last year **saw** a big increase in drugs-related crime.* (... brachte ...)
  *I **see** that the late-night film is the remake of "Gone with the Wind".* (Ich sehe [= Ich habe gemerkt/festgestellt] ...)
  *I want to **see** if it works with unleaded petrol, too.* (Ich möchte sehen [= überprüfen] ...)
  *I'll **see** what I can do. Ask me again next week.* (Ich werde sehen [= mir überlegen] ...)
- *come and/to see* bzw. *go and/to see* entsprechen „besuchen“, *go and/to see* auch „besichtigen“:
  *You must **come and/to see** us again.*
  *I **go and/to see** an old friend every time I'm in New York.*
  *This morning we'll **go and/to see** the cathedral.*

2 Konstruktionen

2.1 Verlaufsform

- *see* kann in den Bedeutungen „treffen“, „besuchen“, „erleben“, „überlegen/überprüfen“ in der Verlaufsform gebraucht werden:
  *We **are seeing** Jim and his family much more often now that they've moved.*
  *We **are seeing** a big increase in inflation this year.*
  *Where is Alison? – At reception. She'**s seeing** if we can stay another night.*
- In den anderen Bedeutungen wird *see* in der Regel nicht in der Verlaufsform gebraucht.

S

2.2 *see – can see*

- Zum Gebrauch von *see – can see – saw – could see* vgl. im Einzelnen **hear**, Abschnitt 2:
  *I often **see** a fox when I drive home late at night.* [allgemeine Aussage]
  *I **can see** the house now. It's not much further.* [bestimmte Situation]
  ***Can** you **see** what he's doing?* [bestimmte Situation]

*I **saw/could see** the lights of the city below.* [bestimmte Situation in der Vergangenheit: beide Formen möglich]
*I suddenly **saw** a man with a gun.* [plötzliche Wahrnehmung in der Vergangenheit: *could see* nicht möglich]

2.3 *see (it)*

⚠ Im Rückbezug kann das Objekt *it* in Bezug auf eine Sache, jedoch nicht in Bezug auf einen Sachverhalt angewandt werden:
*Look, the moon is up. – Yes, I can **see it*** (= *the* moon) (Ja, ich sehe ihn.) /
Yes, *I can **see*** (= *that the moon is up*). (Ja, ich sehe es.)
*The post has arrived. – So I **see**.* (Ich habe es bemerkt.)

2.4 *see s.o. do s.th. – see s.o. doing s.th.*

- Zum Gebrauch der Konstruktionen *see s.o. doing s.th.* und *see s.o. do s.th.* s. im Einzelnen **hear**, Abschnitt 4:
  *I **saw Alan open/opening** the door.* [kurze Handlung: beide Formen möglich]
  *I **saw her crossing** the road, but then my view was blocked by a lorry.* [Handlung wird im Verlauf wahrgenommen: *-ing*-Form]
  *I **saw her cross** the road and **go** into the bank.* [komplette Handlung wird wahrgenommen: Infinitiv – ohne *to*!]
  *I **saw lots of people enter and leave / entering and leaving** the bank.* [wiederholte komplette Handlung: beide Formen möglich]
  *She **was seen entering / to enter** the bank.* [Passiv mit *-ing*-Form oder Infinitiv – mit *to*!]
  *I **saw his name crossed** off the list.* [*see* + (Pro-)Nomen + Partizip Perfekt]
  *I **saw** dancing in the streets.* [*see* + einfache *-ing*-Form]

2.5 Aktiver und passiver Infinitiv

- *There's a lot **to see** in this city. (= a lot that we/visitors/... can see)* [aktivische Bedeutung]
  *There's a lot **to be seen** in this city.* (= *a lot that can be seen*) [passivische Bedeutung]
  *Jameson was nowhere **to be seen**.* (= *could not be seen*) [passivische Bedeutung]

2.6 Wiedergabe von „wie ich sehe / wie Sie sehen"

⚠ „wie ich sehe" + Hauptsatz wird im Englischen mit *I see* + *that*-Satz wiedergegeben:
Wie ich sehe, hat die Mannschaft einige Probleme. = ***I see (that)** the team has some problems* (NICHT: *As I see, the team has ...*).
Aber: Wie Sie sehen, hat die Mannschaft einige Probleme. = ***As you can see,** the team has some problems.*

(to) **seem** ([er-]scheinen)

- *seem* wird nicht in der Verlaufsform gebraucht.
- Auf *seem* folgt ein Adjektiv, kein Adverb:
  *He **seemed nice** (NICHT: nicely).*
- Eine Person wird nach *seem* mit *to* angeschlossen:
  *It **seems to me** (NICHT: It seems me) that he really is worried.*
- In einem verneinten Satz wird in der Regel *seem* verneint und nicht ein abhängiges Verb:
  *He **didn't seem** to notice her arrival* (eher förmlich: *He seemed not to notice ...*). (Er schien ihre Ankunft nicht zu bemerken.)
  *You **don't seem** to know* (eher förmlich: *You seem not to know*) *the difference.* (Du scheinst den Unterschied nicht zu kennen.)
- Weitere Besonderheiten:
  ***There** (NICHT: It) **seem to be** some problems.* (Es scheint Probleme zu geben.)
  *David and Janet have separated. – **So it seems. / It seems so**.* (Es scheint so.)
  *They don't live together any more. – **It seems not. / It doesn't seem so**.* [nach Verneinung] (Es scheint so.)
  *It **seems like** (NICHT: as) a surprise (= to be a surprise).*

seldom (selten)

⚠ *seldom* ist ein Adverb, kein Adjektiv:
ein seltener Vogel = *a **rare** bird* [s. **rare**]

- *seldom* ist ein schriftsprachliches, förmliches und literarisches Wort. Zum Gebrauch vgl. **rarely**.

(to) **select** ⇨ (to) **choose**

S

self-confident (selbstbewusst) **– self-conscious** (gehemmt)

- Nicht *self-conscious*, sondern *self-confident* ist die Entsprechung für „selbstbewusst/selbstsicher". *self-conscious* entspricht „gehemmt / schüchtern / verlegen / unsicher":
  *Young Jackie is very **self-confident**. She has no inhibitions* (Hemmungen) *or fears.*
  *Archibald was a quiet, **self-conscious** boy who knew nothing about girls.*
  Die entsprechenden Nomen sind *self-confidence* („Selbstvertrauen/Selbstbewusstsein") und *self-consciousness* („Befangenheit/Schüchternheit").

senior ➪ **junior**

sense (Sinn)

- Wendungen:
  There's no sense in *wait**ing*** (NICHT: *to wait*) *any longer.* (Es hat keinen Sinn, länger zu warten.)
  *Philip has **a** good **sense of*** (NICHT: *for*) *what is possible in situations like this.* (... hat einen guten Sinn dafür, was ... möglich ist.)
  *This combination of numbers and letters doesn't **make (any) sense to** me.* (... ergibt für mich keinen Sinn.)

sensible (vernünftig) – **sensitive** (empfindlich/sensibel)

- Nicht *sensible*, sondern *sensitive* ist die Entsprechung für „sensibel".
  sensible bedeutet „vernünftig":
  *It wasn't very **sensible** to leave the car unlocked, was it?*
  *Be careful, please. He's very **sensitive**. / It's a very **sensitive** instrument.*
- *sensitive to* entspricht „empfindsam/sensibel für" und „empfindlich gegen/gegenüber":
  *She's very **sensitive to** people's needs – she would make a good doctor or therapist.* (Sie ist sehr empfindsam/sensibel für ...)
  *A broken nose is **sensitive to** the touch.* (... empfindlich gegen Berührung.)
  Auch „empfindlich reagieren auf" wird mit *be sensitive to* wiedergegeben:
  *This machine **is** very **sensitive to** small fluctuations in temperature.*
  (... reagiert sehr empfindlich auf ...)
- Mit *sensitive about* wird angegeben, in welcher Hinsicht jemand empfindlich ist:
  *Jack is offended again. He's so **sensitive about** his new hairstyle.*

series (Serie[n]/Reihe[n]/Sendereihe[n])

- *series* (Aussprache [ˈsɪəriːz]) ist im Singular und Plural unveränderlich.
  Eine Form **serie* gibt es nicht:
  *The TV **series** about Barnados **is** finished now, but I expect they'll repeat it next year.*
  ***There are** several interesting **series** in this magazine / publisher's catalogue.*

serious (ernst/ernsthaft/seriös)

- Wendungen:
  *He **takes** his golf very **seriously*** (NICHT: *serious*). (Er nimmt ... ernst.)
  ***I'm serious about** giv**ing** up my job.* (Es ist mir ernst damit, meine Arbeitsstelle aufzugeben. / Ich meine es ernst, dass ich ...)

⚠ eine seriöse Zeitung = *a* ***serious*** *newspaper*
eine seriöse Firma = *a* ***respectable*** *firm*
eine seriöse Person (= vertrauenswürdige) = *a* ***trustworthy/reliable*** *person*

shade – shadow (Schatten)

- *shade* bezeichnet einen schattigen Platz bzw. den Bereich, der vor der Sonne geschützt ist; *shadow* bezeichnet den Schattenumriss, der von einem Gegenstand erzeugt wird, wenn er Lichtstrahlen blockiert:
  On a hot sunny day I always try and park the car in the ***shade****.*
  I heard a noise and saw the ***shadow*** *of a man on the wall.*

shall

- Die frühere Regel, dass nur *shall*, nicht *will*, nach *I* und *we* gebraucht werden darf, um etwas Zukünftiges auszudrücken, entspricht nicht mehr dem Sprachgebrauch. Heute sind beide Formen möglich:
  I/We shall/will *be in London tomorrow.*
  We will/shall have *eaten when we arrive, so don't get a meal for us.*
  Shall ist im AE sehr selten.

⚠ *shall* ist nicht möglich, wenn statt *we* eine Nominalgruppe das Subjekt bildet:
Bill and I will (NICHT: *shall*) *see her tomorrow at school.*

- *shall* kann mit anderen Personen (*he/she/you/they*) verwendet werden, wenn ein Versprechen gemacht wird. Dieser Sprachgebrauch ist förmlich:
  They will/shall *get the money back on Wednesday. I promise.*
- *shall* wird in der Bedeutung „sollen" bei Vorschlägen, Angeboten und Bitten um Vorschläge gebraucht:
  Shall *we go to the theatre this evening?*
  Shall *I carry that for you?*
  Let's go out this evening. – OK, where ***shall*** *we go?*
- *shall* wird in Frageanhängseln nach *let's* benutzt:
  Let's *go to the cinema,* ***shall we****?*

S

sharp

- *sharp* bedeutet in Bezug auf Geschmack und Geruch, dass etwas säurehaltig/sauer ist. „scharf" im Sinne von „stark gewürzt" oder „im Mund brennend" wird mit *hot/spicy* wiedergegeben:
  This apple/juice/wine is very ***sharp.*** (... sauer.)
  The food was very ***hot/spicy****.* (Das Essen war sehr scharf.)

⚠ Das Foto ist nicht scharf. = *The photo is* ***blurred****.*
Die Personen im Vordergrund sind nicht scharf. = *The people in the foreground are* ***out of focus / not in focus****.*

shawl ➪ scarf

she

- Zum Gebrauch von *she* vgl. **he**
- *she* kann statt *it* für Länder, Schiffe und Autos verwendet werden:
  Britain *is not always happy with the role* ***she*** *plays in Europe.*
  She*'s a really beautiful* ***ship****.*
  I have a 1955 ***MG****.* ***She****'s done over 150,000 miles now.*

sheep (Schafe/Schafe)

- Der Plural von *sheep* ist ebenfalls *sheep*, nicht *sheeps*:
  There are *over 10,000* ***sheep*** *in this small area.*

⚠ eine Herde Schafe = ***a flock of sheep*** [vgl. **herd**]

ship ➪ boat

shop, shopping

- Zum Gebrauch des Genitiv-s bei Ladenbezeichnungen *(at the baker/baker's)* s. **baker**

1 ***shop – store*** (Geschäft)

- Im BE ist *shop*, im AE *store*, das allgemein gebräuchliche Wort für „Laden/Geschäft":
  Excuse me. Is there a (BE:) *shoe* ***shop*** / (AE:) *shoe* ***store*** *near here?*
- Im BE bezeichnet *store* ein großes Geschäft, z. B. ein Warenhaus (*department store* – auch AE) oder Teil einer Handelskette:
  Sainsbury's has ***stores*** *in all major towns.*
  There is a big ***food store / department store / furniture store*** *in Paul's Road.*
  Aber auch bestimmte kleinere Geschäfte können im BE als *store* bezeichnet werden:
  (BE:) *a* ***grocery shop/store****, a* ***hardware shop/store*** (Eisenwarengeschäft)
  Andererseits kann *shop* im AE ein kleines Fachgeschäft bezeichnen:
  Jacobs runs a small specialist ***bookstore/bookshop*** *on 47th street.*

2 ***shopping***

- Für „einkaufen gehen“ gibt es mehrere Formulierungen:
  *I usually **go shopping / do my/the shopping / shop** on Thursday evenings.*
  *When you **go to the shops**, can you bring me some batteries?*
- *shopping* bezeichnet auch die „Einkäufe“ = das, was eingekauft wird. *shopping* ist nicht zählbar:
  *Can you help me get the **shopping*** (NICHT: *shoppings*) *out of the car?* (... die Einkäufe ...)

shore ⇨ coast

shortly, in short ⇨ brief

shorts (kurze Hose, *AE auch* Unterhose)

- *shorts* existiert wie *pants, trousers, jeans* nur im Plural:
  *I'm only taking one **pair of shorts** on holiday.* (... nur eine kurze Hose / ein Paar Shorts ...)
  ***These shorts** are my favourite pair.*
- *shorts* entspricht im AE auch „Unterhose“. Vgl. **pants**.

should (sollte)

1 ***should* und *ought to***

- *should* kann in vielen Situationen anstelle von *ought to* verwendet werden. Näheres s. **ought to**:
  *We **should** phone and say we'll be late.* (Wir sollten ...) [Etwas ist richtig/ratsam: s. **ought to**, Abschnitt 1]
  *We **should** be there by 8 o'clock if there are no more delays.* (Wir müssten/dürften ...) [Vermutung: s. **ought to**, Abschnitt 2]
  *The traffic **should have** eased by then.* (... müsste/dürfte ... nachgelassen haben.) [Vermutung: s. **ought to**, Abschnitt 3]
  *We **should have** left home earlier.* (Wir hätten ... sollen.) [Etwas wäre richtig/ratsam gewesen: s. **ought to**, Abschnitt 3]
  should kann in diesen Bedeutungen nicht zu *'d* abgekürzt werden.

2 ***should* = „sollte“ in Fällen, wo *ought to* nicht möglich ist**

- *should* (aber nicht *ought to*) kann als Entsprechung von „sollte“ in folgenden Fällen benutzt werden – auch hier kann *should* nicht zu *'d* abgekürzt werden:

S

- in Bedingungssätzen:
  *If Janet **should** phone / **Should** Janet phone, tell her I'll call back later.* (Wenn Janet anrufen sollte / Sollte Janet anrufen ...)
- nach *in case*:
  *I'll take an umbrella in case it rains / it **should** rain.* (... falls es regnet / regnen sollte.)
- in der indirekten Rede als *past-tense*-Form von *shall*:
  *Shall we bring a bottle? – They asked if they **should** bring a bottle.*
- in *wh*-Fragen, die Unverständnis/Unglauben/Unmut ausdrücken:
  *Why **should** anyone want to do that?* (Warum sollte jemand das machen wollen?)
  *How **should** I know?* (Wie soll ich das wissen?)

3 *should* anstelle von *would*

- *should* kann anstelle von *would* („würde") nach *I* oder *we* gebraucht werden. *should* kann hier zu *'d* abgekürzt werden:
  *I **should/would/'d** feel uncomfortable without my false teeth.* (Ich würde mich... fühlen.)
  *We **should/would/'d like to** invite you to our silver wedding anniversary.* (Wir möchten euch ... einladen.)
  *We moved here **so that** we **should/would/'d** be nearer Andrea's parents.* (... damit wir näher bei ... wären.)
  *I **should/would/'d imagine** it must be very expensive.* (Ich würde mir vorstellen ...)
  *I **should/would/'d think** he's old enough to decide for himself.* (Ich möchte meinen ...)

4 Sonstige Verwendungen von *should*

- In *that*-Sätzen kann *should* + Infinitiv nach folgenden Verben und Wendungen anstelle eines einfachen Vollverbs stehen:
  - nach Wendungen, die eine Haltung oder Stellungnahme zu einem Vorgang oder Ereignis ausdrücken:
    *It's not **surprising that** he feels / he **should feel** cheated. I would, too.*
    *We're very **sorry that** she sees / she **should see** things so differently.*
    *She was **angry that** they had invited / they **should have** invited her ex-husband, too.*
  - nach Wendungen, die eine Notwendigkeit, Forderung oder einen Vorschlag ausdrücken:
    *It's **important that** Alan asks / Alan **should ask** his boss as soon as possible.*
    *I **suggest that** he calls me / he **should call** me if he needs any help.*
- *should* kann mit *expect, hope, say* und *think* + *so/not* gebraucht werden, um zu betonen, dass etwas nach Meinung des Sprechers (nicht) geschehen sollte:
  *They said they were sorry. – **I should hope so! / So I should hope!*** (Das will ich auch hoffen!)

Daniel has decided not to ask for any more money. – ***I should think/hope not!*** (Das will ich auch hoffen!)
Will they give it a good review? – *I **should say/expect so**.* (Das würde ich schon sagen/erwarten.)

5 Wiedergabe von „sollen": *should* nicht möglich

- „sollen" entspricht *be to* oder *be supposed to*, nicht *should*, in folgenden Fällen. Näheres s. **be**, Abschnitt 4:
  Der Vertrag soll morgen unterschrieben werden. = *The contract **is to** be signed tomorrow.* [offizieller Plan]
  Er soll heute Abend ankommen, aber ob es klappt bei dem Wetter? = ***He's supposed to** arrive this evening, but I wonder whether he'll manage it in this weather?* [Plan/Vereinbarung]
  Du sollst bis 10 Uhr zu Hause sein. Verstanden? = *You **are to** be home by 10 o'clock.* [Befehl/Erwartung]
  Soll ich das alles allein tragen? = ***Am I (supposed/expected) to** carry all this on my own?* [Frage nach Erwartungen, oft Ausdruck der Entrüstung]
  Die Hotels sind alle voll. Wo sollen wir schlafen? = *Where **are we to** sleep?* [hilfe- oder ratsuchende *wh*-Frage]
  Was soll dieser Satz bedeuten? = *What**'s** this sentence **supposed*** (auch: *meant*) ***to** mean?* [Frage nach Intention]
  Curt sollte mit dem Zug um 6.15 ankommen. = *Curt **was (supposed**,* auch: *meant) **to** arrive on the 6.15 train.* [Es war so geplant.]
  Sie gab ihm den Schlüssel ihrer Wohnung. Das sollte sie später bereuen. = *She **was to** regret that later.* [Es sollte sich so ergeben.]
- Die Präteritumform „sollte" zum Ausdruck einer vergangenen Verpflichtung entspricht (außer in der direkten Rede) ebenfalls nicht *should*, sondern *was/were supposed to* (s. **ought to**, Abschnitt 1):
  Als ich ein Kind war, sollte ich nach meinem Geburtstag immer Dankesbriefe schreiben. = *When I was a child, I **was** always **supposed to** write thank-you letters after my birthday.*
- „sollen" entspricht *be said to, be supposed to* oder *they/people say ...*, wenn ausgedrückt wird, was allgemein gesagt oder geglaubt wird oder was eine Instanz sagt/gesagt hat:
  Sie soll steinreich sein. (= Man sagt, dass ...) = *She **is said/ supposed to** be stinking rich.*
  Es soll heute Nachmittag regnen. (= Laut Wettervorhersage ...) = ***They say** it's going to rain this afternoon.*
  S. auch **mean**, Abschnitt 3, **understand**, Abschnitt 2, **due**.
- Indirekte Fragesätze mit „sollen" werden oft durch eine Infinitivkonstruktion wiedergegeben:
  Ich fragte, wann ich kommen sollte. = *I asked when **to come** / when **I should come**.*
  Er wusste nicht, was er tun sollte. = *He didn't know what **to do** / what **he should do**.*

(to) **shout** (schreien)

- *shout* entspriicht „schreien" im Sinne von „laut reden":
  *The wind was so strong I had to **shout**, even though I was standing right beside him.* [*shout* = laut reden]
  Aber: *It must have hurt terribly. He **was roaring / screaming / crying out with pain.*** (Er schrie vor Schmerzen.)
  *It was so funny (that) we **were** all **roaring/screaming/shrieking with laughter.*** (... dass wir alle vor Lachen schrien.)
- Präpositionen:
  *John's at the bottom of the garden, you'll have to **shout to** him.* [*shout to* = besonders laut rufen]
  *I've never seen the boss so angry – he **was** really **shouting at** Williams.* [*shout at* = vor Wut usw. anschreien]
  Sowohl auf *shout to s.o.* als auch auf *shout at s.o.* kann ein *to*-Infinitiv folgen:
  *I'll **shout to John to** answer the phone.* (Ich werde John zurufen, dass er ans Telefon gehen soll.)
  *He **shouted at Williams to** damn well get his act together.* (Er schrie Williams an, dass er sich, verdammt nochmal, zusammenreißen sollte.)

(to) **show** (zeigen)

- Nicht *show*, sondern *point (at s.o./s.th.)* entspricht „mit dem Finger (auf jdn./etw.) zeigen". Vgl. **point**.
- In Verbindung mit Filmen wird *show* als aktives, intransitives Verb gebraucht:
  *What film **is showing** at the Odeon?* (... wird ...gezeigt?)

shut, (to) **shut** ⇨ (to) **close**

sick ⇨ **ill**

sight ⇨ **look** und **scene**

sign (Zeichen)

- Auf *sign* folgt die Präposition *of* (nicht *for*!) oder ein *that*-Satz:
  *The way he reacted was a **sign of** his insecurity.* (... ein Zeichen seiner Unsicherheit / für seine Unsicherheit.)
  *His reaction was a **sign that** he felt insecure.* (... ein Zeichen dafür, dass er sich unsicher fühlte.)

similar (ähnlich/gleich)

⚠ Auf *similar* folgt die Präposition *to*; auf dieses *to* folgt ein Verb als *-ing*-Form, nicht als Infinitiv:
*Their house is **similar to** ours.*
*Writing a book, she said, is **similar to** hav**ing*** (NICHT: *to have*) *a baby.* (Ein Buch zu schreiben, sagte sie, ist ähnlich wie ein Baby zu bekommen.)

since (seit/seitdem/da)

1 Bedeutungen, Wortklassen

- *since* kann Präposition, Adverb oder Konjunktion sein:
*I haven't seen Jack **since** last Saturday.* [Präposition: „seit"]
*I had a holiday in the USA ten years ago, but I haven't been back **since**.* [Adverb: „seitdem"]
*I'm feeling much better **since** I stopped taking the tablets.* [Konjunktion: „seit(dem)"]
***Since** he won't believe me anyway, I shan't bother to tell him.* [Konjunktion: „da"]
- Die Präposition *since* steht vor einem Ausdruck, der einen Zeitpunkt bezeichnet. *for* dagegen steht vor einem Ausdruck, der eine Zeitspanne bezeichnet:
***since** yesterday / 7 o'clock / May 23rd / lunch*
***for** two days / three hours / several years*

2 Zeitengebrauch mit *since*

⚠ In einem Satz mit der Präposition *since* wird in aller Regel eine Perfektform (d. h. *present perfect* oder *past perfect*) verwendet, kein *present* oder *past tense*:
*I **have lived** / I **have been living*** (NICHT: *I live / I am living*) *here **since** 1992.* (Ich wohne seit ... hier.)
*I **had known*** (NICHT: *I knew*) *her **since** my first holiday in Germany.* (Ich kannte sie seit ...)
Wenn jedoch ein ursächlicher Zusammenhang, d. h. eine Folge ausgedrückt wird, kann auch das *present* oder *past tense* gebraucht werden:
***Since** that tournament in Exeter I **know** a lot more good players locally.*
***Since** their weekend in Paris things **were** much better.*
Auch in Spaltsätzen mit *it* steht *be* im *present* oder *past tense*:
***It's** ages **since** your last visit.*
***It was** a long time **since** their last big argument.*

- In Sätzen mit dem Adverb *since* wird grundsätzlich eine Perfektform gebraucht:
*I saw Bailey last week, but I **haven't seen** him **since**.*
*I had rung the day before I left Holland, but I **hadn't spoken** to her **since**.*

- In einem Nebensatz, der durch die Konjunktion *since* („seit/seitdem") eingeleitet wird, kann je nach Bedeutung eine Perfektform oder das *simple past* stehen. Im Hauptsatz steht in aller Regel eine Perfektform:
  [Nebensatz bezeichnet Zeitspanne bis jetzt:] ***Since** we**'ve been going** to Ireland for our holidays,* [Hauptsatz:] *I **have been coming** back very relaxed every time.*
  [Nebensatz bezeichnet vergangenen Zeitpunkt:] ***Since** Janet **moved,*** [Hauptsatz:] *I**'ve felt** very lonely.*
  Im Hauptsatz kann aber auch das *present* oder *past tense* stehen, wenn eine Folge ausgedrückt wird (vgl. oben):
  ***Since** they **moved,** I **don't see** them so often.*
  *We **were seeing** much less traffic on that road **since they had opened** the bypass.*

- Auf *since* kann auch eine *-ing*-Form folgen, wobei kein Bedeutungsunterschied zwischen einfacher *-ing*-Form und *having* + Partizip Perfekt besteht:
  ***Since meeting / having met** Jasmin, he hasn't been out with anyone else.*
  ***Since being injured / having been injured** in that accident, he's had to give up playing squash.*

3 Weitere Besonderheiten

⚠ Wenn *not since* + Zeitbestimmung am Satzanfang steht, folgt danach erst ein Hilfsverb, dann das Subjekt:
***Not since** Janet's party **have I laughed** so much.*

- „seit wann" wird in Informationsfragen zwar nicht ausschließlich, aber vorzugsweise mit *how long* wiedergegeben. *since when* wird hauptsächlich in rhetorischen Fragen gebraucht, um Überraschung, Unmut oder Ungeduld auszudrücken:
  Seit wann arbeitest du dort? = ***How long** have you been working there?*
  ***Since when** do you have to pay to get into a church?!*

single – only – sole – individual – solitary (einzig/einzeln)

1 *single*

- *single* entspricht „einzig" im Sinne von „nur ein(e)" und betont den Gegensatz zu „mehrere":
  *There was one **single** mistake in the whole essay. It was almost perfect.*
  *A **single** glass stood on the table.*

- *not a single* entspricht dem deutschen „kein(e) einzige(r/s)". Es betont „noch nicht mal ein(e)":
  *I sat by the river for 4 hours but did**n't** catch **a single** fish.*

- *every single* betont „jede(r/s) einzelne(r/s)":
  *The same thing happens **every single** morning. Why can't you get up earlier?*

- *single* entspricht auch „Einzel-“ oder „einfach“, d. h. „für eine einzelne/ einzige Person/Fahrt/usw.“:
  *I'd like a **single** room with a bath or shower for two nights.*
  *A ticket to London, please? – **Single*** (AE: *One-way*) *or return?* (Einfach oder hin und zurück?)
- *single* entspricht außerdem auch „ledig/unverheiratet“:
  ***Single**, married or divorced?*
  ***Single-parent** families need more financial support.* (Familien mit alleinerziehendem Elternteil ...)

2 ***only – sole – individual – solitary***

- *only* und (eher förmlich/literarisch) *sole* betonen den Gedanken „alleinig“ bzw. „nur dieses eine und kein anderes“:
  *My **only/sole** care after the explosion was whether the children were alright.* (Meine einzige Sorge ...)
  *I was the **only/sole** person who could speak Portuguese.*
  *David was his **only** child and **sole** heir.*
- *sole* wird in Wortverbindungen in der Bedeutung „Allein-“, „ausschließlich“, „Exklusiv-“ gebraucht:
  *the **sole responsibility*** (die alleinige Verantwortung), *the **sole right*** (das Exklusivrecht), *the **sole heir*** (der Alleinerbe / die Alleinerbin)
- *individual* entspricht „Einzel-/einzeln“ im Sinne von „separat/individuell“:
  *The pack contains six **individual** portions.*
  With flexitime (Gleitzeit) *each **individual** employee decides when they are going to work.*
- *solitary* entspricht „einzig/einzeln“ im Sinne von „einsam“:
  *The town had one **solitary** hotel.*

sister (Schwester)

⚠ *sister* kann in der Bedeutung „Krankenschwester“ als Anrede, aber nicht als allgemeine Berufsbezeichnung gebraucht werden:
Schwester, kann ich bitte etwas zu trinken haben? = ***Sister/Nurse**, can I have something to drink, please?*
Sie arbeitet als Schwester im St. Josefs-Krankenhaus. = *She works as a **nurse** at St. Joseph's Hospital.*

S

size (Größe)

⚠ ***What*** (NICHT: *which*) ***size are*** (NICHT: *have*) *you?* (Welche [Konfektions-] Größe haben Sie?)
*They are **the same size**.* (Sie sind gleich groß.)

sleep ➪ asleep

(to) **slide** – (to) **slip** – (to) **skid** (rutschen)

- *slide (slide – slid – slid)* beschreibt eine leichte, flüssige, meist beabsichtigte Rutschbewegung. *slip (slip – slipped – slipped)* beschreibt eine ungewollte, oft fallende, Rutschbewegung. *skid (skid – skidded – skidded)* beschreibt eine kräftige, unkontrollierte und ungewollte Bewegung auf einer glatten Fläche (Eis, regennasse Straße, hochpolierter Fußboden usw.):
  *The children **slid** down the slope on their bottoms.* (... rutschten auf dem Hintern den Hang hinunter.)
  *The boat **slid** into the water.*
  *The soap **slipped** out of my hand.*
  *The car **skidded** on the ice and crashed into a wall.*
  *The waiter **slipped*** (rutschte aus) *and fell, and the tray with the drinks went **skidding** across the polished floor.*

slipper (*nicht* Slipper, *sondern* Pantoffel/Hausschuh)

- *slipper* entspricht „Pantoffel/Hausschuh"; „Slipper" wird mit *slip-on shoe* wiedergegeben:
  *When I get up in the morning, I can never find my **slippers**.*
  This style is available in lace-up (zum Schnüren) *or as a **slip-on shoe**.*

small – little (klein)

- In der Regel steht nur *small* nach *be* und anderen Kopulaverben:
  *The house **is/feels/seems small**.*
- Nur *small* hat allgemein gebräuchliche Steigerungsformen *(small, smaller, smallest);* die Formen *little, littler, littlest* werden – zumindest im BE – nur selten gebraucht:
  *I need a **smaller** screwdriver. Is that **the smallest** you've got?*
- Andererseits ist der Gebrauch von *small* vor anderen Adjektiven unüblich. In diesem Fall ist *little* gebräuchlich:
  *a **nice little*** (NICHT: *small*) *town, a **nasty little*** (NICHT: *small*) *man*
- Vor Eigennamen wird *little* gebraucht; *small* ist nicht möglich:
  Little (NICHT: *Small*) ***Glenn** soon learned to swim.* (Der kleine Glenn ...)
- Der Gebrauch von *little* ist insgesamt eher gefühlsbetont. *little* drückt Empfindungen des Sprechers aus, die grob in Zuneigung (Sympathie, Zärtlichkeit, Bewunderung, Mitgefühl usw.), Verniedlichung oder Abneigung (Hohn, Überlegenheit, Zorn usw.) eingeteilt werden können:

*I asked a **small** boy the way.* [eher sachlich/kühl/objektiv]
*A **little** boy showed us where to go.* [Sympathie]
Diese gefühlsbetonte Färbung von *little* rührt oft von dem Adjektiv her, mit dem *little* zusammen steht (*small* wird in der Regel allein gebraucht – s.o.): *What a **lovely little** bed! What a **horrid little** room!*

- Feste Wortverbindungen mit *little* und *small*:

little brother/sister (kleine Bruder / kleine Schwester)	*small ad* (Kleinanzeige)
	small car (Kleinwagen)
little finger/toe (kleiner Finger/Zeh)	*small change* (Kleingeld)
a little way (ein kurzes Stück)	*small letter* (Kleinbuchstabe)
a little while (ein Weilchen /) eine kurze Zeit)	*small print* (Klein[ge]druck[tes])
	small-minded (kleinkariert)

(to) **smell** (riechen)

- Die weiteren Formen sind *smelt, smelt* (meist nur BE) oder *smelled, smelled.*

1 *(to) smell* als intransitives Verb

- Konstruktionen:
*Your pullover **smells*** (NICHT: *is smelling*). [keine Verlaufsform möglich]
*Your pullover **smells of** smoke.* (... riecht nach Rauch.)
*This **smells like** wet wool **to** me.*
*What are you cooking? It **smells good*** (NICHT: *well*). (Es riecht gut. [= Es hat einen guten Geruch.])
Aber: *I can't **smell very well** because I've got a cold.* (Ich kann nicht gut riechen ... [= Mein Geruchssinn arbeitet nicht gut.])
*This cheese **smells strong**. It **smells strongly of garlic**.* (= Er riecht nach Knoblauch, und zwar stark.) [Das Adjektiv *strong* bezieht sich auf *cheese*; das Adverb *strongly* auf *of garlic.*]

2 *(to) smell* als transitives Verb

- Zunächst muss unterschieden werden zwischen den Bedeutungen „einen Geruch (ohne eigenes Tun) wahrnehmen" und „bewusst schnuppern":
*Everybody in the village **smells** the pig farm. You can't avoid it.*
*Will you **smell** this milk for me, please? I think it's off.* (Kannst du bitte an der Milch riechen? Ich glaube, sie ist schlecht.)
In der zweiten Bedeutung ist die Verlaufsform möglich, in der ersten jedoch nicht:
*I'**m smelling** the butter to see if it's still OK.*

- *smell* wird in der ersten Bedeutung mit *can* gebraucht, um auszudrücken, dass jemand in einer bestimmten Einzelsituation etwas mit dem Geruchssinn wahrnimmt:
*I **can smell** smoke. Something must be on fire.*

Im *past tense* können *smelt (smelled)* und *could smell* jedoch alternativ gebraucht werden (vgl. **hear,** Abschnitt 2):
All of a sudden I ***smelt/could smell*** *smoke.* [Einzelsituation]

- Konstruktionen mit *smell* als transitives Verb:
He ***was smelling*** *the fish* ***cautiously****, as though it might bite him.* [*smell* + Adverb]
I can ***smell*** *burn****ing***. [*-ing*-Form als Objekt]
I can ***smell something*** *burn****ing****. / I* ***smelt Janet*** *cook****ing*** *supper in the kitchen.* [(Pro-)Nomen + *-ing*-Form als Objekt]

smoking (*nicht* Smoking, *sondern nur* Rauchen)

- *Smoking* hat nur mit Rauchen zu tun und bezeichnet kein Kleidungsstück. „Smoking" wird mit (BE:) *dinner jacket* oder (AE:) *tuxedo* wiedergegeben:
Die Herren trugen Smoking und die Damen Abendkleider. = *The men were wearing* ***dinner jackets*** */* (AE:) ***tuxedos*** *and the ladies evening dresses /* (AE:) *gowns.*

so

1 *so* = „so" („in solchem Maße")

- *so* wird vor prädikativen Adjektiven (z. B. nach *be*) ähnlich wie „so" im Deutschen verwendet. Vor Adjektiv + Nomen wird jedoch *such* gebraucht; *so* ist nicht möglich:
The weather was ***so awful*** *that we decided to return home early.*
We had ***such awful weather*** *and* ***such an awful hotel****.* (... so ein schreckliches Wetter ... so ein schreckliches Hotel.))
Vor nicht zählbaren Nomen wie *weather* kann der unbestimmte Artikel nicht gebraucht werden.

- Auch vor einem alleinstehenden Nomen (ohne Adjektiv) steht *such*, nicht *so*:
She was ***such*** (NICHT: *so*) ***an expert****.* (Sie war so eine Expertin.)
I've never heard ***such nonsense****!*

- Nach *some* in der Bedeutung „irgendein" folgt ebenfalls *such*, nicht *so*:
It was called the Grand Hotel or Hotel Splendid or ***some such*** *(pretentious) name* (NICHT: *some so;* NICHT: *some such a*). (Es hieß ... oder irgend so ein [hochgestochener] Name.)

- Nach einem Demonstrativbegleiter *(this, that, these, those)*, einem Possessivbegleiter *(my, your, his* usw.*)* oder dem bestimmten Artikel wird nicht *so* oder *such*, sondern *very* gebraucht:
After this/your ***very*** *long journey I expect you'd like some rest.* (Nach dieser/eurer so langen Fahrt ...)
The ***very*** *helpful bus driver got out and opened the gate for me.* (Der so hilfreiche Busfahrer ...)

- *so* kann in Vergleichen mit *not* und prädikativen Adjektiven anstelle von *as* gebraucht werden. Vor (*a* + Adjektiv +) Nomen muss jedoch *such* stehen (vgl. Gebrauch von *such* oben):
  James is ***not so/as*** *old* ***as*** *Brian.*
  It wasn't ***such a nice party as*** *I had hoped.*
  They weren't quite ***such fools as*** *as I had been led to believe.*
- In positiven Vergleichen ist *so* nicht möglich:
  Do it ***as*** (*NICHT: so*) *quickly* ***as*** *possible.* (... so schnell wie möglich.)
  It was almost/double/half/just ***as*** (*NICHT: so*) *expensive.* (Es war fast/doppelt/halb/genau so teuer.)
- *so* wird in Verbindung mit Adverbien, Mengenbezeichnungen und Verben ähnlich wie „so" im Deutschen angewandt:
  It all happened ***so quickly****. There were* ***so many*** *people.*
  I ***was so looking forward*** *to the trip.*

2 *so* + Hilfsverb + Subjekt = Subjekt + „auch"

- Die Konstruktion *so* + Hilfsverb + Subjekt wird in der Bedeutung „... auch" gebraucht:
  David's here and ***so is*** *Diana.* (... und Diana auch.)
  I've sent in my application and ***so has*** *Alan.* (... und Alan auch.)
  Tom spent every penny, ***so did*** *everybody else.*
  The Baxters should be here soon and ***so should*** *Ann.*
- Die Verneinung „auch nicht" wird mit *neither/nor* gebildet, nicht mit *so* und *not*. s. **neither** und **nor**.

3 *so* + Subjekt + Hilfsverb = „Oh/Ach ja"

- Die Konstruktion *so* + Subjekt + Hilfsverb (im Gegensatz zu *so* + Hilfsverb + Subjekt in Abschnitt 2) wird gebraucht, um eine bestätigende Feststellung im Sinne von „oh/ach ja" zu äußern. Oft wird damit Überraschung ausgedrückt:
  It's stopped raining. – ***So it has****. I hadn't noticed.* (Ach ja. Ich hatte es nicht bemerkt.)
  He looks completely different. – ***So he does****!* (Er sieht völlig anders aus. – Oh ja. / Ja, das stimmt.)

S

4 *so* = „es/ja"

4.1 *do so*

- *so* wird – ähnlich wie „es" im Deutschen – nach *do* zur Satzverkürzung gebraucht (Näheres s. **do**, Abschnitt 2.3):
  She ran to the phone. As she ***did so****, she called to Jack to turn the TV down.* (Während sie es/dies tat, ...)

4.2 *if so*

- Die Verbindung *if so* entspricht dem deutschen „wenn ja":
  Is Jenkins here yet? ***If so****, ask him to come to my office.*

4.3 Verben des Berichtens, der Annahme, des Denkens usw.

- Nach bestimmten Verben des Berichtens oder Wahrnehmens, der Annahme, des Denkens usw. wird *so* in der Bedeutung „ja" oder „es" verwendet. Es gibt zwei Konstruktionsmöglichkeiten:
  1 Nach einer Frage steht die Konstruktion Subjekt + Verb + *so*: *Has James left? – **I'm afraid so**.* (Ich fürchte es/ja.)
  2. Nach einer Aussage steht die Konstruktion *so* + Subjekt + Verb: *James has left. – **So I hear**.* (Ich habe es gehört.)
- Beispiele der Konstruktion 1 (Subjekt + Verb + *so*):
  Has James left? – *I **believe so***. (Ich glaube [es/ja].)
  – *I **assume/expect/guess/imagine/presume/suppose so***. (Ich vermute es. / Ich nehme es an.)
  – *I **hope/think so***. (Ich hoffe es. / Ich denke ja.)
  – *Angela **says/tells me so***. (Angela sagt es / hat es mir gesagt.)
  – ***It seems/appears so***. (Es scheint so.)
  Die Verneinung wird normalerweise einfach mit *not* gebildet *(I'm afraid not / I believe not* usw.*)*. Bei gewissen Verben ist aber auch ein verneintes Verb + *so* möglich:
  *Has James left? – I do**n't believe/expect/imagine/suppose/think so**.*
  *Angela did**n't say so**.*
- Beispiele der Konstruktion 2 (*so* + Subjekt + Verb):
  *James has left. – **So I believe***. (Ich glaube ja.)
  – ***So I understand/gather***. (Ich habe es gehört.)
  – ***So** Janet **says/tells me***. (Angela sagt es / hat es mir gesagt.)
  – ***So I see***. (Ich sehe es.)
  – ***So I notice***. (Ich habe es bemerkt.)
  – ***So it seems/appears***. (Es scheint so.)

5 *so that, so as to* = „sodass/damit"

5.1 *so ... that*

- *so ... that* wird in Verbindung mit Adjektiven und Adverbien wie „so ... dass" im Deutschen gebraucht:
  *The suitcase was **so big that** I couldn't get it into the back of the car.* (... so groß, dass ...)
  *It all happened **so quickly that** I didn't know what to do.*
- Wenn *so* zur Betonung am Satzanfang steht, folgt zuerst ein Hilfsverb und danach erst das Subjekt:
  ***So quickly did** things happen that I didn't know what to do.*

⚠ Wenn „so" im Deutschen ohne Adjektiv/Adverb, d. h. in der Bedeutung „solcherart/solchermaßen" steht, wird „so dass" mit *such that*, nicht mit *so that*, wiedergegeben:
Das Wetter war so, dass wir nicht hinausgehen konnten. = *The weather was **such*** (NICHT: *so*) *that we couldn't go out.*

<u>5.2</u> <u>*so that*</u>

- *so that* (ohne Adjektiv oder Adverb) kann wie „sodass“ im Deutschen verwendet werden, um eine Folge auszudrücken:
  The boss kept me ***so that*** *I missed the train home.* (Der Chef hat mich aufgehalten, sodass ...)
  (and) so (= „also/deshalb“) wird ähnlich gebraucht:
  The boss kept me ***(and) so*** *I missed the train home.*
- *so that* kann auch wie „sodass“ = „damit“ einen Zweck ausdrücken:
  I'll phone Richard ***so that*** *he's informed.* (... damit er informiert ist.)

<u>5.3</u> <u>*so (...) as to*</u>

- *so (...) as to* + Infinitiv wird wie *so (...) that* zum Ausdruck der Folge bzw. des Zwecks verwendet. Das Subjekt des Infinitivs muss identisch mit dem des Hauptsatzes sein:
  I'm not ***so*** *naive* ***as to*** *believe a story like that.* (Ich bin nicht so naiv, ... zu glauben.)
  I flew ***so as not to*** *waste too much time.* (... um nicht zu viel Zeit zu verschwenden.)

6 *maybe/perhaps so*

- Nach *maybe/perhaps* wird *so* zur Einleitung vor einer einschränkenden Bemerkung gebraucht:
  Davidson has a lot of experience. – ***Maybe/Perhaps so****, but that doesn't mean he can't make mistakes.* (Mag sein, aber ...)

7 Deutsch „so“ = andere Entsprechung im Englischen

⚠ In so einer Stadt (= eine Stadt dieser Art) will ich nicht leben. = *I don't want to live in a town* ***like this/that****.*
Mach es so (= auf diese Art und Weise), nicht so! = *Do it* ***this way / like this****, not* ***that way / like that****.*
Es ist ja nicht so, dass ich nicht gefragt hätte. = *It's not* ***as if*** *I hadn't asked.*
Kommt er? – Es sieht nicht so aus. = *Is he coming? – It doesn't look* ***like it****.*
Regnet es? – Es klingt so. = *Is it raining? – It sounds* ***like it****.*
Andere Verben der Sinneswahrnehmung wie *smell/feel* werden ebenfalls mit *like* gebraucht:
Es riecht so / fühlt sich so an. = *It smells/feels* ***like it****.*

social, socialist, society

⚠ „sozial“ im Sinne von „sozial eingestellt“ wird mit *social-minded*, nicht mit *social*, wiedergegeben:
He's a very ***social-minded*** *person and works for several charities.* (Er ist ein sehr sozialer Mensch und arbeitet für verschiedene Wohltätigkeitsorganisationen.)

- *socialist* wird nach *be/become* mit dem unbestimmten Artikel gebraucht: *He's **a socialist**, like his father before him.* (Er ist Sozialist, wie sein Vater vor ihm.)

⚠ *society* („Gesellschaft" im Sinne von „Gemeinschaft") nicht mit *company* („Gesellschaft" im Sinne von „Begleitung/Umgang") verwechseln:
*In today's **society** women have more rights than 30 years ago, but they are still not equal.*
*You're in good **company** – 15 people in the department have received the same warning.*

- *society* wird ohne Artikel gebraucht, wenn von der Gesellschaft im Allgemeinen die Rede ist:
***British society** changed a lot in the 1980s.* (Die britische Gesellschaft ...)
*Every sector **of society** is affected.* (Jeder Bereich der Gesellschaft ist betroffen.)
Aber: ***The society** that developed after the country became independent* ... (Die Gesellschaft, die sich entwickelte, nachdem das Land unabhängig wurde ...)

sock ⇨ stocking

soil ⇨ ground

solitary ⇨ single

some (etwas / ein Teil / einige)

1 *some* in Fragen

- *some* wird in Fragen gebraucht, wenn der Sprecher die Antwort „ja" erwartet bzw. erhofft oder jemanden zu einer Bestätigung auffordert:
*Her books are very interesting. Have you seen **any** of her films?* [Neutrale Informationsfrage]
*I find her work fascinating. Have you seen **some** of her films?* [Erhoffte Antwort: *Yes*]
*Did**n't** she make **some** in Chile?* [Fast rhetorische Frage, *yes* wird als Antwort erwartet.]

- *some* wird typischerweise in Fragen gebraucht, die höfliche Bitten und Angebote darstellen. Der Sprecher hofft/suggeriert, dass die gefragte Person darauf eingeht:
*Would you like **some** more coffee?*
*Could I have **some** sugar, please?*

2 *some* und *some of* in Aussagesätzen

- Zum Gebrauch von *any*, nicht *some* in verneinten Aussagesätzen, in Sätzen mit indirekter Verneinung und in *if*-Sätzen s. **any**.
- *some* wird vor nicht zählbaren Nomen und zählbaren Nomen im Plural gebraucht. Vor einem Begleiter (*the, my, this* usw.) oder Pronomen (*us, mine, these* usw.) steht *some of*:
  We drank ***some wine***. (... etwas Wein.) [nicht zählbar]
  Jessica made ***some phone calls***. (... einige Anrufe.) [zählbar, Plural]
  I'd like to see ***some of the/your/those*** *photos.*
  I'd like to see ***some of them/yours/these****, please.*
- *some of* steht manchmal jedoch vor einem Begleiter und einem zählbaren Nomen im Singular. Die Bedeutung ist dann „ein Teil von“:
  I read ***some of the newspaper***. (... einen Teil von der Zeitung.) [zählbar, Singular]
  Can I have ***some of your blanket****?*
  I watched ***a programme*** *on TV* ***some of which*** *was very interesting.*
  (... eine Sendung, von der ein Teil sehr interessant war.)
- *some ... (or other)* wird vor zählbaren Nomen im Singular oder Plural in der Bedeutung „irgendein(e) / irgendwelche / irgend so ein(e) / irgend solche“ gebraucht:
  There was ***some*** *sign (or other) on the wall, I seem to remember.*
  (... irgendein / irgend so ein Schild ...)
  There were ***some books or other*** *lying around on the floor.*
  (... irgendwelche / irgend solche Bücher ...)
- *some* wird vor zählbaren Nomen (umgangssprachlich) auch in der Bedeutung „ganz toll“ gebraucht:
  That's ***some*** *camera you've got there!*
- Vor Zahlen wird *some* in der Bedeutung „einige/etwa/ungefähr“ gebraucht:
  There were ***some 500*** *people at the demonstration.*

⚠ *some* wird in Zeitbestimmungen gebraucht, wenn der genannte Zeitraum als länger empfunden wird. *some* ist nicht möglich, wenn der Zeitraum als kurz angesehen wird:
We stayed in Texas ***for some time*** *before moving on to California.*
(... einige Zeit ...)
Wir blieben nur einige Tage dort. = *We only stayed there for* ***a few*** (***NICHT:*** *some*) days.
Nicht *some*, sondern *quite a lot / quite a few* ist die Entsprechung für „einige“, wenn „eine doch bemerkenswerte Menge“ gemeint ist („mehr als erwartet“):
Wie viele Eltern waren da? – Oh, einige. An die 40 denke ich. – Was? So viele? = *How many parents were there? –* ***Quite a lot/few****. About 40 I should think. – What? That many?*

S

somebody/someone (jemand)

- Zwischen *somebody* und *someone* besteht kein Unterschied in der Bedeutung oder im Gebrauch.
- Zum Gebrauch von *anybody/anyone* anstelle von *somebody/someone* s. **any** und **anybody**.
- *somebody* wird als Subjekt in bejahten und verneinten Aussagesätzen gebraucht; als Objekt kann es in bejahten, aber nicht in verneinten Aussagesätzen stehen:
  Somebody *has forgotten to turn the light off.* [Subjekt in bejahtem Satz]
  Somebody *has**n't** turned the light off.* [Subjekt in verneintem Satz]
  David saw ***somebody*** *at a window in the third floor.* [Objekt in bejahtem Satz]
  *I did**n't** see* ***anybody*** *in the building.* [Objekt in verneintem Satz]
  somebody kann in Befehlssätzen stehen:
  Somebody *go and open the door, please.*
  Zum Gebrauch von *somebody* in Fragen vgl. **some**, Abschnitt 1.
- Auf *somebody* folgt ein Verb im Singular. Im Rückbezug werden aber auch Pluralformen gebraucht, um umständliche Formulierungen mit *he or she* usw. zu vermeiden:
  Somebody has *left* ***their*** *coat here.*
  Somebody can *have the rest of the wine if* ***they want*** *to.*
  Somebody has *to phone Peter,* ***don't they****?*
- Auf *somebody* kann ein *to*-Infinitiv mit Relativsatzfunktion folgen:
  I need ***somebody to*** *help me carry the desk.* (... jemanden, der mir hilft ...)

⚠ *somebody* kann nicht mit *of* + (Pro-)Nomen im Plural gebraucht werden:
Jemand von seinen Klassenkameraden ... = ***One*** (NICHT: *Somebody*) *of his classmates ...*
Jemand von euch muss es wissen. = ***One*** (NICHT: *Somebody*) *of you must know.*

something (etwas)

- Zum Gebrauch von *anything* anstelle von *something* s. **any** und **anything**.
- Zum Gebrauch von *something* in Fragen vgl. **some**, Abschnitt 1:
  Did you see ***something*** *you liked?* [Frage mit erhoffter Antwort *Yes* ...]
  Did you see ***anything*** *unusual?* [offene Informationsfrage]
- Zum Gebrauch von *something* in Aussagesätzen vgl. **somebody**:
  Something *has happened.* [Subjekt in bejahtem Satz]
  Something *has**n't** arrived that should have arrived.* [Subjekt in verneintem Satz]
  I heard ***something*** *outside.* [Objekt in bejahtem Satz]
  *I did**n't** notice* ***anything.*** [Objekt in verneintem Satz]

*I need **something to** put between the sofa and the window.* (Ich brauche etwas, das ich zwischen ... stellen kann.) [*something* + *to*-Infinitiv mit Relativsatzfunktion]

sometime (irgendwann) – **sometimes** (manchmal)

- *sometime* und *sometimes* nicht verwechseln:
  *I saw her **sometime** last year. I can't remember when.* (... irgendwann ...)
  *We **sometimes** meet at a conference.* (... manchmal ...)
- *sometimes* hat verschiedene Stellungsmöglichkeiten – am Satzanfang, am Satzende oder in der Satzmitte (= nach *be*, vor einem anderen Vollverb, nach einem einzigen Hilfsverb):
  ***Sometimes** it seems as if we'll never finish.* [Satzanfang]
  *It seems as if we'll never finish **sometimes**.* [Satzende]
  *He**'s sometimes** at that table over there.* [Satzmitte nach *be*]
  *It **sometimes seems** as if we'll never finish.* [Satzmitte vor anderem Vollverb]
  *It **must sometimes seem** very difficult.* [Satzmitte nach Hilfsverb]
  *It **must sometimes have seemed** / It **must have sometimes seemed** very difficult.* [bei mehr als einem Hilfsverb variable Stellung]

somewhere (irgendwo)

- *somewhere* wird wie **somebody** und **something** gebraucht; s. die entsprechenden Einträge.
- Im AE wird neben *somewhere* auch *someplace* (alternative Schreibweise: *some place*) verwendet.

soon (bald)

- Die Konstruktion *I'd sooner* (= ich würde lieber) wird wie *I'd rather* gebraucht; s. **rather**, Abschnitt 2.

⚠ Ein Nebensatz nach *no sooner* beginnt mit *than*, nicht mit *when*:
*We'd **no sooner** got home **than** our visitors arrived.* (Wir waren kaum zu Hause angekommen, als ...)
Wenn *no sooner* am Satzanfang steht, folgt zuerst ein Hilfsverb und dann erst das Subjekt:
***No sooner had we** got home **than** our visitors arrived.*

sorry ➪ **excuse me**

sort (Art, Sorte)

- Die Gebrauchsregeln für *kind (of)* gelten auch für *sort (of)*. Vgl. **kind**.

(to) **sound** (klingen / sich anhören)

- *sound* wird in der Regel nicht in der Verlaufsform verwendet:
  Your boss ***sounds*** (NICHT: *is sounding*) *a real old-fashioned tyrant.*
  Die Verlaufsform ist jedoch möglich, wenn ein momentaner Eindruck der Veränderung beschrieben wird:
  You ***sound / are sounding*** *better today. Is the cough better?*
- Weitere Anwendungsbeispiele und Besonderheiten:
  It ***doesn't sound*** *OK* ***to*** *me.*
  Did you hear that? It ***sounds like*** *thunder.*
  Let's go out for a meal. – That ***sounds (like) a good idea***. [*like* vor Adjektiv + Nomen oft weglassbar]
  That ***sounds good*** (NICHT: *well*). [*sound* als Kopulaverb mit Adjektiv, nicht mit Adverb]
  Vgl. aber: *The ship* ***sounded*** *its siren* ***loudly***. [*sound* als transitives Verb = „ertönen lassen/blasen"]
  It sounds as if / as though *there's a party next door.*

south, southern, southerly, southbound ➪ north

souvenir ➪ memory

space (Raum/Platz/Weltraum)

- *space* kann wie „Platz" im Deutschen zählbar oder nicht zählbar sein:
  Is there ***space / a space*** *for this chair?*
  Zum weiteren Gebrauch bzw. zum Unterschied zu *place* s. **place**.
- In der Bedeutung „Weltraum" wird *space* ohne Artikel verwendet:
  The astronauts were ***in space*** (NICHT: *the space*) *for over a year.*

spaghetti (Spaghetti)

⚠ *spaghetti* ist nicht zählbar, d. h. es kann nicht im Plural gebraucht werden:
This spaghetti is *cold.* (Diese Spaghetti sind kalt.)

Spaniard, Spanish

- Die Zugehörigkeit zur spanischen Nationalität wird mit dem Nomen *Spaniard* oder dem Adjektiv *Spanish* ausgedrückt. Ein Nomen **Spanish* gibt es nicht:
  *He's/She's **a Spaniard**. They're **Spaniards**.*
  *He's/She's **Spanish**. They're **Spanish**.* (NICHT: *He's/She's a Spanish.*)

- *Spaniard* wird, wenn der Kontext keine weiteren Hinweise liefert, meist so verstanden, dass ein Spanier (Mann) gemeint ist. Wenn es wichtig ist, dass es sich um eine Frau handelt, ist es sicherer *Spanish woman* zu gebrauchen:
  *We were overtaken by a **Spaniard** in a Volvo.* [wird normalerweise als „Spanier" verstanden]
  *We were overtaken by a **Spanish woman** in a Volvo.*

- Pluralbezeichnungen:
  *There was a group of **Spanish people / Spaniards.***
  *There was a group of seven **Spanish men** and five **Spanish women**.*
  ***The Spanish / (The) Spanish people / (The) Spaniards** are said to have a very healthy diet.* (Die Spanier sollen eine sehr gesunde Ernährungsweise haben.) [das spanische Volk]

spare, (to) spare

- Der Grundbedeutung von *spare* liegt der Gedanke „übrig / frei / zur Verfügung / einsatzbereit" zugrunde:
  spare time (Freizeit) — *a spare room* (Gästezimmer)
  a spare tyre (Ersatzreifen) — *spare parts* (Ersatzteile)
  a spare tank (Reservetank)
  *I can **spare** ten minutes, but no longer.* (Ich kann 10 Minuten erübrigen...)

⚠ Die Person, für die etwas erübrigt wird, steht zwischen Verb und direktem Objekt und wird ohne Präposition angeschlossen:
  *I can **spare you** ten minutes.* (Ich kann 10 Minuten für Sie erübrigen.)

- *spare* kann „ersparen" entsprechen, kann aber nicht in der Bedeutung „(Geld) sparen" benutzt werden:
  *I'll **spare/save** you the trouble and go myself.*
  *You can **save** (NICHT: spare) $40 if you book now.*
  *"Children nowadays aren't taught to **save**," he said.*
  Zum Gebrauch von *save* s. getrennten Eintrag.

(to) **speak** – (to) **talk** (sprechen)

1 Bedeutungsunterschiede

- In vielen Situationen können *speak* und *talk* alternativ gebraucht werden. Dies ist aber nicht immer der Fall. *speak* betont den physikalischen Sprechvorgang, das Äußern von Wörtern, die Fähigkeit, Sprachen oder Wörter zu sprechen, und das Sprechen von einer Person in einer förmlichen Redesituation (Informationsvermittlung in eine Richtung). *talk* betont den Austausch von Informationen im (vor allem informellen) Gespräch, das Unterhalten:
  *Do you **speak** (NICHT: talk) French?*
  *She often **speaks** with the wrong intonation.*
  *Can you **speak** a bit louder, please?*
  *I want you to **speak** (NICHT: talk) the next line.*
  *The President **spoke** for one hour.*
  *We sat and **talked** for hours about old times.*
  *The people behind us **were talking** (NICHT: speaking) all the time.*
  They used torture (Folter) *to try and make her **talk**.* (= *talk to them*, d. h. Fragen beantworten, Informationen preisgeben)
- Vgl. den Gebrauch von *speak* und *talk* in folgenden Beispielen:
  1. *Janet **speaks** (NICHT: talks; NICHT: is speaking) English, French and German.* [= Sie kann diese Sprachen.]
     Aber: *At the moment she **is speaking (in)** German* [= äußert sich mittels der Sprache Deutsch] / *she **is talking (in)** German* [= unterhält sich auf Deutsch].
     Und: *This parrot/dog can **talk** (NICHT: speak).* [= kann Sprache zur Kommunikation verwenden, kann sich verständigen]
  2. *He has a bad throat and cannot **speak/talk**.* [= kann kein Wort herausbringen / kann sich nicht unterhalten]
  3. (Am Telefon:) *Can I **speak** to John, please? – **Speaking**.* (Am Apparat.)
     (Am Telefon:) *I'm sorry, but I can't **talk** now, I'm about to go into a meeting.* [= Ich kann mich jetzt nicht unterhalten.]
  4. *There was an old man who sat **talking** (NICHT: speaking) **to himself** the whole time.*

2 Präpositionen und Wendungen

- Eine Person, mit der gesprochen wird, muss an beide Verben mit einer Präposition angeschlossen werden:
  *Can I **speak to** Bill (NICHT: speak Bill), please?*
  Im BE ist *speak/talk to* die übliche Kombination, im AE wird *to* oder *with* gebraucht:
  *I'd like to **speak to*** (AE auch: *with*) *her before she goes.*
  *The service is awful. I'm going to **speak to** the manager.* [= mich beschweren]
  *I had nothing else to do so I sat and **talked to*** (AE auch: *with*) *the man sitting next to me.*
  talk/speak with wird im BE in Bezug auf ein längeres Gespräch gebraucht.

- Das Thema, über das gesprochen wird, wird normalerweise mit *about* angeschlossen. *on* ist in bestimmten Fällen ebenfalls möglich (s. **about**, Abschnitt 1). *speak/talk of* ist (im Vergleich zu *speak/talk about*) eher förmlich und drückt eher aus, dass etwas erwähnt, aber nicht ausführlicher besprochen wird:
  The lecturer ***spoke about/on*** *the organization's history.* [vgl. **about**]
  What ***are*** *you* ***talking about****? – Oh, we****'re talking about*** *last Saturday's match.*
  She ***spoke of*** *problems the organization now confronts.*
  He ***talked of*** *mov****ing*** *to France, but I don't expect he ever will.*

- Wendungen:
  Please don't ***talk business*** *all evening.* (Bitte redet nicht ... über Geschäftliches.) [*talk* ist sonst intransitiv.]
  Ähnlich: ***talk shop*** (fachsimpeln) ***talk sport*** (über Sport reden)
  talk nonsense (Unsinn reden)
  (Schild im Laden usw.:) ***English spoken***. (Man spricht Englisch.)
  Generally/Roughly/Strictly speaking ... (Im Allgemeinen / Grob gesagt / Genau genommen ...)
  I've had no spare time ***to speak of***. (... keine nennenswerte Freizeit ...)

- *talk* kann auch als Nomen gebraucht werden:
  For the club's anniversary we need a famous person to come and ***give a talk***. (... eine [eher informelle] Rede/Ansprache ...)
  I think we need to ***have a talk***. *When do you have time?* (... wir müssen uns mal unterhalten / mal miteinander reden.)

⚠ Ich habe mit Julia telefoniert. – Ja, und was spricht sie? = *And what did she* ***say****?*

special – particular – in particular (besondere/r/s)

1 ***special – particular***

- *special* und *particular* können beide ausdrücken, dass etwas besondere Aufmerksamkeit verdient:
  There was an article of ***special/particular interest*** *in the paper this morning.* (... von besonderem Interesse ...)
  Did you hear anything ***of special/particular note/importance*** *at the meeting?* (... etwas von besonderer Bedeutung/Wichtigkeit ...)

- *special* wird zusätzlich im Sinne von „außergewöhnlich", *particular* im Sinne von „bestimmte(r/s)" gebraucht:
  It all happened on a very ***special*** *day – my birthday.* (... an einem ganz besonderen Tag ...)
  I usually walk to work but on that ***particular*** *day I went by bus.* (... an diesem [einen/bestimmten] Tag ...)

2 *in particular*

- *in particular* kann anstelle des Adjektivs *particular* nach indefiniten Pronomen und Adverbien wie *nobody, nothing, nowhere* und *anybody, anything, anywhere* verwendet werden:
  Did you meet ***anybody (in) particular*** *at your conference?* (... jemanden bestimmten ...)
  Did you want to go ***anywhere (in) particular****?*

- *in particular* ist sonst ein Adverb mit der Bedeutung „insbesondere". Es besteht kein Bedeutungsunterschied zu *especially* (s. **especially**). *in particular* wird dem Nomen, auf das es sich bezieht, nachgestellt, oder es steht, durch Komma abgetrennt bzw. in einer gedachten Parenthese, davor:
  My German teacher ***in particular*** (NICHT: *In particular my German teacher*) *encouraged me to go to university.* (Meine Deutschlehrerin ... insbesondere ...)
  There were lots of places we wanted to visit, ***in particular*** *Ephesus.*

⚠ Nicht *in particular*, sondern *particularly* steht vor einem Adjektiv oder Adverb bzw. vor einem Verb:
The exam wasn't ***particularly*** (NICHT: *in particular*) *difficult.* (... nicht besonders schwer.)
The weeks passed ***particularly*** *slowly.* (... besonders langsam.)
I ***particularly*** *didn't want to meet Mrs. Smales.* (Insbesondere wollte ich nicht ... treffen.)
Anstelle von *particularly* kann auch *especially* gebraucht werden: s. **especially**.

(to) **specialize** (sich spezialisieren)

- *specialize* ist kein reflexives Verb. Es wird außerdem mit der Präposition *in*, nicht *on*, gebraucht:
  At university I want to ***specialize in*** *French and Spanish.*
  (... mich auf ... spezialisieren.)
  It's a firm that ***specializes in*** *find****ing*** *names for new products.*

spectacle (*nicht* Spektakel, *sondern* Schauspiel/Anblick)

- *spectacle* ist im wörtlichen Sinn ein förmliches Wort mit der Bedeutung „Schauspiel". In übertragener Bedeutung bezeichnet es einen auffälligen oder ungewöhnlichen Anblick. Es wird nicht im Sinne von „Spektakel" (= etwas Lautes oder Hektisches) verwendet:
  The huge firework display at the end of the festival was a magnificent ***spectacle****.* (... ein herrliches Schauspiel.)
  The sight of policemen on their hands and knees in the street was an unusual ***spectacle****.* (... ein ungewöhnlicher Anblick.)

Die Kinder machten einen Riesenspektakel. = *The children were making a terrible **din**.*
Das Packen vor dem Urlaub ist immer ein Spektakel bei uns. = *Packing for a holiday is always a big **fuss** with us.*

spectator ➪ audience

speech (Rede)

- *speech* wird mit den Verben *give, make* oder *deliver* verbunden:
  *The politician **gave/made/delivered*** (NICHT: *held*) *a speech.* (... hielt eine Rede.)
  Vgl. dagegen: *Who **is doing/giving*** (NICHT: *making/holding*) *the **talk** at this year's meeting?*
  talk bezeichnet eine weniger formelle Rede/Ansprache.

speed (Geschwindigkeit)

- *speed* im Sinne von Lauf- oder Fahrgeschwindigkeit wird mit der Präposition *at* gebraucht:
  *The car drove off **at great speed**.* (... mit hoher Geschwindigkeit.)
  *We passed through Beaconsfield **at a speed of** 110 kilometres an hour.* (... mit einer Geschwindigkeit von 110 Stundenkilometern ...)
  Die Präposition *with* ist möglich, wenn betont werden soll, dass etwas schnell geschieht:
  *These changes in the structure of the firm's organization were made **with amazing speed**.*
  *The **speed with which** they smashed the window and grabbed the jewels was amazing.*

(to) spend (ausgeben/verbringen)

S

- *spend* (Formen: *spend – spent – spent*) entspricht „(Geld) ausgeben / (Zeit) verbringen". „spenden" wird mit *donate* wiedergegeben, „etwas spendieren" mit *treat s.o. to s.th.* oder einfach *buy s.o. s.th.*:
  *How much **did** you **spend**? – $48.*
  *We **spent** three weeks there.*
  Sie spendet viel für Wohltätigkeitszwecke. = *She **donates** a lot to charity.*
  Er spendierte uns zwei Karten fürs Theater. = *He **treated us to / bought us** two tickets for the theatre.*

- Konstruktionen:
  I ***spent $50 on*** *that repair.* (Ich gab $ 50 für diese Reparatur aus.)
  I ***spent ten hours on*** *that essay.* (Ich verbrachte 10 Stunden mit diesem Aufsatz.)
  They had to ***spend $16000 to*** *get /* ***(on)*** *gett****ing*** *the building renovated.* (Sie haben $ 16000 dafür ausgegeben, das Gebäude renovieren zu lassen.)
  We ***spend a lot of time*** *talk****ing*** (NICHT: *to talk;* NICHT: *on/in talking*) *about TV programmes.* (Wir verbringen viel Zeit damit, über Fernsehsendungen zu sprechen.)

(to) **spit** (spucken)

- Im BE hat dieses Verb die Formen *spit – spat – spat.* Im AE sind daneben auch die Formen *spit – spit – spit* möglich.

spite: in spite of ➪ despite

(to) **spoil** (verderben)

⚠ *spoil* gehört nicht zu den Verben, die zwei Objekte haben können. Jemand, dem etwas verdorben wird, wird mit der Präposition *for* angeschlossen:
Er verdarb mir den ganzen Abend. = *He* ***spoilt*** *the whole evening* ***for*** *me* (NICHT: *spoilt me the whole ...*).
Er verdarb ihn mir. = *He* ***spoilt*** *it* ***for*** *me* (NICHT: *He spoilt it me / spoilt me it).*

sports (Sport)

- *sport* und *sports* können beide „Sport“ allgemein bezeichnen; im BE wird die Singular-, im AE die Pluralform bevorzugt. *sport* entspricht auch „Sportart“; der Plural *sports* entspricht dann „Sportarten“:
  Do you like ***sport/sports****?* (Mögen Sie Sport?)
  The school offers 12 different ***sports****.* (... 12 verschiedene Sportarten ...)
- *sport* wird mit *do*, nicht mit *make*, verbunden:
  Their children ***do*** (NICHT: *make*) *a lot of* ***sport/sports****.*

spring (Frühling) ➪ **autumn**

stadium (*nicht* Stadium, *sondern* Stadion)

- *stadium* entspricht „Stadion“; „Stadium“ wird mit *stage* wiedergegeben:
  Wembley is the most well-known football ***stadium*** *in Britain.*

Welches Stadium haben die Verhandlungen erreicht? = *What* ***stage*** *have the negotiations reached?*

stack ⇨ pile

staff (Personal/Lehrpersonal)

- *staff* wird in der Regel mit einem Verb im Plural und den Pluralformen *them, their, who* (= Relativpronomen) gebraucht. Es kann aber mit einem Verb im Singular und den Singularformen *it, its, which* gebraucht werden, wenn die Gruppe als Ganzes gemeint ist:
  The ***staff, who*** *all* ***have*** *good qualifications,* ***are*** *happy about the new system.*
  The ***staff is*** *a considerable cost factor.*
- Wendungen:
  There ***are*** *several Polish scientists* ***on the staff****.* (Mehrere polnische Wissenschaftler[innen] gehören zum Personal).
  Who is the oldest ***member of staff*** *in this department?* (… Mitarbeiter[in] ...)
- *staff* bezeichnet im BE auch das Lehrpersonal an einer Schule, Universität etc. Im AE wird der Begriff *faculty* gebraucht.

staircase – stairs – steps (Treppe)

1 ***staircase, stairs***

- *stairs* kann (wie auch *staircase*) nur in Bezug auf eine Treppe zwischen Etagen in einem Gebäude gebraucht werden:
  Go up the ***stairs*** *and the bathroom is the first door on the right.*
- *staircase* bezeichnet den kompletten Treppenaufgang, d. h. Stufen plus Geländer ggf. einschließlich des dadurch eingenommenen Raums:
  They've just taken out the old wooden ***staircase*** *and replaced it with a new one.*
  They've got some nice photos hanging in the ***staircase*** (auch: *stairway*).
- *stair* bezeichnet eine einzelne Treppenstufe, *stairs* (+ Pluralverb) die komplette Folge von Stufen von einer Etage zur nächsten. Mehrere Treppenfolgen werden aber als *flights of stairs* bezeichnet:
  The third ***stair*** *creaks.* (Die dritte Treppenstufe knarrt.)
  The stairs are (auch: *The staircase is*) *rather steep.* (Die Treppe ist ziemlich steil.)
  You have to go up three ***flights of stairs*** (NICHT: *three stairs*) *to get to the top of the house.* (… drei Treppen …)
- Wendungen:
  The top floor can only be reached ***via/by the stairs****, not in the lift.* (… nur über die Treppe …, nicht mit dem Aufzug.)

S

2 ***steps***

- *steps* können im Freien oder innerhalb eines Gebäudes sein, sie sind in der Regel aus Stein oder Beton:
  Steps *led down from the terrace into the back garden.*
  In the summer students used to sit on the ***steps*** *outside the main university building.*
  The bed is raised. You have to climb two ***steps*** *to get into it.*
- In einem Gebäude bezeichnen *staircase* und *stairs* den Aufgang von einer Etage zu einer anderen, *steps* meist eine sonstige Treppe:
  The dining area and the sitting area are on different levels, with ***steps*** *leading from one to the other.*
  You have to climb 126 ***steps*** *before you reach the top of the tower.*
- Mehrere Treppenfolgen werden als *flights of steps* bezeichnet:
  Several ***flights of steps*** *lead down from the monastery to the town centre.*
- Wendungen:
  Mind the step! (Vorsicht: Stufe!)
  I'll need ***a pair of steps / a step-ladder*** *to hang up this picture.* (… eine Tritt-/Stehleiter …)

(to) **stand** (stehen; [sich] stellen)

- Zum Unterschied zwischen *stand up* und *get up* s. **get up**.
- Konstruktionen und Wendungen mit *stand*:
  We all ***stood*** *watch**ing*** (= *and watched*). (Wir standen alle und schauten zu.)
  There's *a man* ***standing*** *by the entrance.* (Am/Beim Eingang steht ein Mann.)
  I ***can't stand*** *hav**ing*** (NICHT: *to have*) *to wait.* (Ich kann es nicht ausstehen, warten zu müssen.)
  I ***can't stand them/their*** *laugh**ing*** *at her.* (Ich kann es nicht ausstehen, dass/wie sie sie auslachen.)
- *stand* wird selten für Sachen gebraucht:
  Dein Schirm steht in der Ecke. = *Your umbrella* ***is*** *in the corner.*
  In deinem letzten Satz sollte „read" in der Verlaufsform stehen. = *In your last sentence "read" should* ***be*** *in the progressive form.*
  Das Hotel Royal steht in der Königsstraße. = *The Royal Hotel* ***is*** *in King Street.*
  [Reisebericht / literarisch gefärbter Text:] Oben auf dem Berg steht die Statue des berühmten Dichters in Bronze gegossen. = *Up on the top of the hill* ***stands*** *the statue of the famous poet, cast in bronze.*
  Das Auto stand, als es vom LKW erfasst wurde. = *The car* ***was stationary*** *when the lorry hit it.*

⚠ Auf dem Schild steht, dass man nur am Wochenende hineinkommt.
= ***It says*** *on the sign that you can only get in at the weekend.*
Was steht im Text / auf der nächsten Seite? = ***What does it say*** *in the text / on the next page?*

(to) **start** ➪ (to) **begin**

stationary (stehend/ortsfest) – **stationery** (Schreibwaren)

- *stationary* ist ein Adjektiv mit der Bedeutung „(fest)stehend/ortsfest", *stationery* ein Nomen mit der Bedeutung „Schreibwaren":
  *The car **was stationary** when the lorry ran into it.* (Das Auto stand ...)
  *We've got a **stationary** satellite dish, not a mobile one.* (... eine fest installierte Satellitenschüssel ...)
  *Paperland is the name of the shop where I buy my **stationery / office stationery**.* (... meine Schreibwaren / mein Büromaterial ...)
- *stationary* entspricht „stationär" nur in der Bedeutung „nicht in Bewegung / nicht bewegbar" und kann nicht in Bezug auf Krankenhausaufenthalte gebraucht werden:
  Er ist in stationärer Behandlung im Krankenhaus. = *He**'s (being treated)** in hospital.*
  Er wird zur stationären Behandlung noch einige Tage im Krankenhaus bleiben. = *He **will be kept / will stay** in hospital for a few days.*
  Stationäre Patienten ... = ***In**-patients ...*
  Ich war in stationärer, nicht in ambulanter Behandlung. =
  *I was **an in-patient**, not an out-patient.*

statistics (Statistik)

- Wenn das Ergebnis einer statistischen Untersuchung gemeint ist, wird mit *statistics* ein Verb im Plural gebraucht. Ist das Lehrfach „Statistik" gemeint, steht das Verb im Singular:
  *The new **statistics show** that ...* (Die neue Statistik zeigt, dass ...)
  ***Statistics is** a boring subject.*

(to) **stay** – (to) **remain** (bleiben)

S

- *stay* und *remain* sind austauschbar in der Bedeutung „weiter im gleichen Zustand / am gleichen Ort sein"; *remain* ist förmlicher. In anderen Bedeutungen sind die beiden Verben nicht austauschbar:
  *The audience **stayed/remained** restless throughout the rest of the first act.* [gleicher Zustand]
  *Jackie **stayed/remained** at home while the others went to town.* [gleicher Ort]
  *I have to go now. I can't **stay*** (NICHT: *remain*). [*stay* = bleiben anstatt wegzugehen]
  *Can you **stay*** (NICHT: *remain*) ***to/for lunch/dinner/tea**?* [*stay* = sich einladen lassen]

When we went to London we ***stayed*** (NICHT: *remained*) *(the night) with my cousin Archie.* (... wohnten/übernachteten wir ...)
Stay (auch: *Keep,* NICHT: *Remain*) ***away/out***. (Bleiben Sie weg/fern/draußen! [= Betreten Sie nicht ...])
Stay (auch: *Keep,* NICHT: *Remain*) ***off*** *the carpet/grass.* (Betreten Sie nicht ...)
I hope he ***stays*** (auch: *keeps,* NICHT: *remains*) ***out of*** *trouble.* (Ich hoffe, dass er nicht in Schwierigkeiten gerät.) [*stay out of* = vermeiden]
We ***stayed*** (NICHT: *remained*) ***up*** *till midnight.* (Wir blieben ... auf.)
Did you ***stay*** (NICHT: *remain*) ***in*** *yesterday or go out?* (Bist du ... zu Hause geblieben oder ausgegangen?)
Jackie ***stayed*** (NICHT: *remained*) ***out*** *till well after midnight.* (... war bis weit nach Mitternacht aus.)
Little of the old town wall still ***remains*** (NICHT: *stays*). (Es ist wenig ... übrig geblieben.)
What ***remains*** (NICHT: *stays*) ***to be done?*** (Was bleibt zu tun?)
That remains (NICHT: *stays*) ***to be seen.*** (Das bleibt abzuwarten.)
One thing remains (NICHT: *stays*) ***certain ...*** (Eins bleibt sicher ...)

- Konstruktionen:
  They ***stayed/remained*** *look****ing*** *out to sea till the boat disappeared from view.*
  This door ***stays/remains*** *lock****ed****, do you understand?*
  We all ***remained standing*** / (seltener:) ***remained/stayed standing up***.
  Nobody ***remained seated*** / (seltener:) ***remained/stayed sitting down.***

(to) **steal** ⇨ (to) **rob**

(to) **steer** (steuern)

- *steer* entspricht „steuern" nur im Sinne von „(jemanden / ein Auto / usw.) in eine bestimmte Richtung steuern", aber nicht im allgemeinen Sinne von „fahren":
  Jason ***steered*** *her towards a sofa at the back of the room.*
  Can you ***steer*** *the caravan through that gap in the trees?*
  Wer steuerte den Wagen zum Zeitpunkt des Unfalls? = *Who* ***was driving*** *when the accident happened?*

step(s) ⇨ **stairs**

sticky (*nicht* stickig, *sondern* klebrig)

- *sticky* entspricht „klebrig"; „stickig" wird mit *stuffy* wiedergegeben:
  The table is all ***sticky*** *where the children have been eating honey.*
  Es ist sehr stickig – mach doch das Fenster auf. = *It's very* ***stuffy*** *– open the window, will you?*

still

1 *still* als Adjektiv

- Als Adjektiv entspricht *still* „bewegungslos", „windstill" oder „ruhig/friedlich". In der letzten Bedeutung kann es jedoch nicht auf Personen angewandt werden – hier muss *quiet* (oder ein anderes Adjektiv) verwendet werden:
  Stand/Keep still *for a moment, please.*
  It was one of those ***still*** *days in autumn with not a breath of wind.*
  It was a beautiful clear starlit night, completely ***still****.*
  Aber: *Jack is very* ***quiet*** *tonight.*

2 *still* als Adverb

2.1 *still* in zeitlicher Bedeutung

- Als Adverb mit der Bedeutung „noch" (im zeitlichen Sinn) steht *still* in der Regel in der Satzmitte (d. h. nach *be*, vor einem sonstigen Vollverb, nach dem ersten Hilfsverb). Es kann auch am Satzende stehen, aber in dieser Bedeutung nicht am Satzbeginn:
  They ***still live*** *in Grange Road. / They****'re still*** *here. / They* ***will still*** *be there in 10 years.*
  We need a lot more time ***still****.* (NICHT: *Still we need a lot more time.*)
- *still* wird in der Regel in bejahten Aussagesätzen und in Fragen gebraucht. Die Verneinung „noch nicht" wird in der Regel mit *not yet* wiedergegeben. *still* + *not* wird nur in der „stärkeren" Bedeutung „immer noch nicht" verwendet. In diesem Fall steht *still* vor *be* und vor dem ersten Hilfsverb:
  I've been waiting for it to be repaired for six weeks now. It ***still isn't*** *ready.* (Es ist immer noch nicht fertig.)
  We ***still don't*** *know how much it will cost.*
  What? You ***still haven't*** *been introduced?*
  Wenn *still* nach dem verneinten Hilfsverb steht, hat es eine andere Bedeutung:
  We ***won't still*** *need a pram next summer. The baby will be walking.* (Wir werden ... nicht immer noch einen Kinderwagen brauchen. [= Wir werden keinen Kinderwagen mehr brauchen.])
  He ***isn't still*** *here, is he? I thought he left an hour ago.* (Er ist doch [wohl] nicht immer noch hier?!)

S

2.2 *still* = „trotzdem / immerhin / und doch"

- *still* wird auch als Satzadverb mit der Bedeutung „trotzdem / immerhin / und doch" gebraucht. In dieser Bedeutung steht *still* am Satzanfang:
  It wasn't quite the colour I wanted. ***Still****, beggars can't be choosers.* (Trotzdem, in der Not darf man nicht wählerisch sein.)
  The trip was very expensive. ***Still****, it was worth it.*

2.3 *still* = „noch" vor Komparativen

⚠ *still* wird als Adverb mit Komparativen in der Bedeutung „noch" gebraucht. Es kann jedoch nicht mit einem alleinstehenden Nomen in dieser Bedeutung verwendet werden:
*The next day it was **still** (= even) cold**er**.* (... noch kälter.)
Brauchen wir noch Stühle? 50 haben wir schon hingestellt. = *Do we need **any more** chairs?*

stockings (Strümpfe) – **socks** ([Knie-]Strümpfe/Socken) – **tights** (Strumpfhose)

- *stocking* bezeichnet einen „(Damen-)Strumpf" aus Nylon usw., der das ganze Bein bedeckt. Ein Strumpf, der den Fuß oder auch das Bein bis zum Knie bedeckt, wird als *sock* bezeichnet: *stocking* ist hierfür altmodisch oder sehr förmlich. *tights* entspricht „Strumpfhose":
*We sell very few **stockings** nowadays because most women prefer **tights**.*
*Come on Jack, put your **socks** on.* (... zieh dir die Strümpfe/Socken an.)
*ankle **socks*** (Söckchen), *knee-length **socks*** (Kniestrümpfe)
- *tights* existiert, wie *trousers/jeans* usw., nur im Plural:
***These tights are** a lovely colour.*
*I need **a** new **pair of tights** / new **tights*** (NICHT: *a new tights*).

(to) **stop**

⚠ Auf *stop* kann ein *to*-Infinitiv oder eine *-ing*-Form folgen, jedoch mit unterschiedlicher Bedeutung:
*I **stopped to** make a phone call.* (Ich hielt an/unterbrach, um zu telefonieren.) [*infinitive of purpose*]
*We must **stop** see**ing** each other like this.* (Wir müssen damit aufhören, uns so zu treffen.)

- Zwischen *stop* und einer nachfolgenden *-ing*-Form kann auch ein (Pro-)Nomen stehen. Die Bedeutung ist hier „jdn. daran hindern, etw. zu tun":
*Can you please **stop any more people** com**ing** in. The room is full and I want to start.*
- Weitere Konstruktionen:
*I **stopped and** checked the car lights (= I stopped to check ...).*
*When can we **stop for** a meal / something to eat / a cup of coffee?*
(... anhalten/unterbrechen, um zu essen / um etwas zu essen / um eine Tasse Kaffee zu trinken?)

storey – story

- Im BE entspricht *storey* „Stockwerk/Geschoss“, *story* „Geschichte“. Im AE bezeichnet *story* beides. Die Pluralformen lauten *storeys* und *stories*:
  The building has eight (BE:) ***storeys*** / (AE:) ***stories.***
  The book is full of exciting (BE/AE:) ***stories*** *for children.*
- Zur unterschiedlichen Zählung von Stockwerken im AE und BE s. **floor**.

straight ⇨ direct

stream (Bach/Strom)

- Auf Wasser bezogen bezeichnet *stream* immer nur einen kleinen Wasserlauf („Bach/Bächlein“); im übertragenen Sinne kann es auch im Sinne von „Strom“ gebraucht werden:
  There was a (little) ***stream*** *at the bottom of the garden.* (... war ein [kleiner] Bach.)
  a ***stream*** *of visitors/cars* (ein Strom von Besuchern/Autos)

street ⇨ road

strength ⇨ force

stress (Stress)

- *stress* bezeichnet das Gefühl von Sorge, Druck und Anspannung, das man aufgrund von Problemen im Leben hat; es wird nicht gebraucht, um die momentane Zeitnot in Situationen zu beschreiben, die nicht besonders ernst sind. *be under stress* ist die Entsprechung von „Stress haben / im Stress stehen“:
  A hospital doctor's life is often full of ***stress*** / *very* ***stressful.***
  I'm under *a lot of* ***stress*** *at the moment as we have to finish the project before the end of the year.*
  Opa ist im Stress, weil der Maler jeden Augenblick kommt. = *Grandpa's* ***in a hurry/rush/flap*** *because the painter is coming any minute.*
- *stress* ist nicht zählbar, d. h. es kann nicht mit *a* gebraucht werden:
  Before the fair all employees are under ***terrible*** (NICHT: *a terrible*) ***stress.***
  (Vor der Messe stehen alle Mitarbeiter[innen] unter einem furchtbaren Stress.)

S

strict – stern – severe – austere (streng)

- *strict* entspricht „streng" (= scharf/genau) in Bezug auf Disziplin, Regeln, Bestimmungen usw.:
  My English teacher was a very ***strict*** *woman.*
  The rules are very ***strict****.*
  She's on a ***strict*** *diet.*
  He led a very ***strict*** *life, getting up every morning at 5.30, without fail, to start work.*
- *stern* entspricht „streng" in Bezug auf Blick und Stimme:
  He gave me a ***stern*** *look and warned me in a very* ***stern*** *voice not to ...*
- *severe* kann ebenfalls in Bezug auf Blicke gebraucht werden. Die Grundbedeutung ist „streng" in Bezug auf das Aussehen. Es wird auch auf das Wetter und auf Strafen/Richter/Urteile angewandt:
  She always had a very ***severe*** (auch *stern*) *expression on her face when she said something like that.*
  The front of the building is rather ***severe****-looking.*
  We had a ***severe*** *frost last night.*
  The judge/punishment was very ***severe****.*
- *austere* bezeichnet „streng" im Sinne von „enthaltsam/spärlich" und wird in Bezug auf Stil und Einrichtung sowie auf Lebensführung gebraucht:
  It wasn't a cosy house at all. All the rooms were very ***austere****.*
  The monks led a very ***austere*** *life.* [*austere* betont Enthaltsamkeit; *a strict life* würde betonen, dass das Leben der Mönche streng geregelt war.]

strip – stripe (Streifen)

- „Streifen" wird mit *strip* wiedergegeben, wenn man an die Maße denkt (lang und schmal), mit *stripe*, wenn man an die Farbe denkt:
  There is a narrow ***strip*** *of land next to the railway line that can't be used for building.*
  They painted a red ***stripe*** *round the door – it looked terrible!*

strong (stark/kräftig)

- Typische Wortverbindungen mit *strong*:
  a ***strong*** *man/wind/leader* (ein starker/kräftiger Mann/Wind / ein[e] starke[r] Anführer[in])
  a ***strong*** *chain/rope* (eine kräftige Kette / ein kräftiges Seil)
  a ***strong*** *taste/smell* (ein kräftiger Geschmack/Geruch)
  a ***strong*** *belief* (ein starker/fester Glaube)
  strong *shoes* (kräftige/feste Schuhe)
  strong *drinks* (starke/schwere Getränke)
  a ***strong*** *supporter of s.th.* (ein großer Anhänger von etwas)

*The politician issued a **strong denial** of the allegations against him.* (Der Politiker gab ein heftiges Dementi ... ab.)
*There's **a strong possibility** that we shall miss the deadline.* (Mit hoher Wahrscheinlichkeit werden wir den Abgabetermin verpassen.)
*I **have strong feelings** about abortion.* (Zum Thema Abtreibung habe ich eine entschiedene Meinung.)
*I do**n't have (any) strong feelings** – you decide.* (Ich habe dazu keine feste Meinung ...)

⚠ ein starker Raucher/Trinker = *a **heavy** smoker / a **heavy/hard** drinker*
stark rauchen/trinken = ***be a heavy smoker/drinker***
starker Regen/Schnee/Verkehr = ***heavy** rain/snow/traffic*
stark regnen/schneien = *rain/snow **heavily***
eine starke Erkältung = *a **heavy/bad** cold*
stark erkältet sein = ***have a heavy/bad cold***
eine starke Blutung = ***heavy** bleeding*
starke Schmerzen = ***severe/intense** pain*
starke Hitze/Kälte = ***intense/great** heat/cold*
ein starkes Licht; das Licht ist stark = *a **bright** light; the light is very **bright/intense***
ein 300 Seiten starkes Buch = *a 300-page **long** book*
Die Mauer / Das Holz ist 30 cm stark. = *The wall/wood is 30cm **thick**.*
starke Pappe = ***thick** cardboard*
Wir sind stark abhängig von den Preisen auf dem Weltmarkt. = *We are **heavily dependent** on ...*
Wir sind stark benachteiligt. = *We are **at a great disadvantage**.*
Das Bild ist stark vergrößert/verkleinert. = *The picture has been **greatly enlarged/reduced**.*
Dieses Modell ist stark gefragt. = *This model is **in great demand**.*
Das ist alles stark übertrieben. = *That's all **grossly exaggerated**.*

strongly (stark/sehr)

- Typische Wortverbindungen:
  *I **strongly** disagree.*
  Aber: *I quite/very much agree.*
  *I **strongly** advise/recommend ...* (Ich rate/empfehle dringend ...)
  *I'm **strongly** in favour of / opposed to the plan.* (Ich bin sehr für/gegen den Plan.)
  *I **strongly** support the plan.*

S

student ➪ **pupil**

study – studies (Studium); (to) **study** (studieren)

1 Das Nomen *study*

- *study* entspricht „Studium", wenn allgemein die wissenschaftliche Beschäftigung mit einem Thema gemeint ist:
  *The **study** of insects can be very rewarding.* (Das Studium der Insekten kann sehr lohnend sein.)
- *studies* bezeichnet „Studium" im allgemeinen Sinne eines Hochschullehrgangs. *studies* ist jedoch ein eher förmliches Wort; „Studium" wird oft anders wiedergegeben:
  (Eher förmlich:) *When did you **start/finish your studies?*** (Wann haben Sie Ihr Studium begonnen/beendet?)
  (Neutral:) *When did you **start/finish university?***
  (Förmlich, etwa in einem Lebenslauf:) *I **completed my** economics **studies** at the Johann Wolfgang Goethe University in 1994.* (Ich schloss mein Studium ... ab.)
  (Neutral:) *I **finished my** economics **course** at the JWG University in 1994.*
  While I was at university ... (Während des Studiums ...)
- „Studium" im Sinne eines Studiengangs (in einem bestimmten Fachgebiet) wird nicht als *study*, sondern als (förmlich:) *course of study* oder (neutral:) *course/subject* bezeichnet:
  (Förmlich:) *Egyptian history at this university is an interesting **course of study**.* (... ein interessantes Studium.)
  (Neutral:) *... is an interesting **course/subject** (to study).*
- *study* hat noch weitere Bedeutungen:
  *The government has commissioned **a** new **study**.* (Die Regierung hat eine neue Studie in Auftrag gegeben.)
  *This room is Jack's **study**.* (... Arbeitszimmer.)

2 Das Verb *(to) study*

⚠ Nicht *study* allein, sondern andere Ausdrücke werden gebraucht, um auszudrücken, dass jemand ein Hochschulstudium absolviert (hat):
*She**'s at university**. / She's **studying for a degree**.* (Sie studiert.)
*She**'s been to university**.* / She **has a degree**. (Sie studiert. / Sie hat studiert.)
(Förmlich:) ***Studying*** / (neutral:) ***Going to university** in Germany is expensive.* (In Deutschland zu studieren ist teuer.)

- Das Verb *study* muss in Bezug auf ein aktuelles Studium in der Verlaufsform gebraucht werden. Ein Studium wird nicht wie ein Beruf als eine Dauertätigkeit angesehen:
  *Dennis **is studying** (NICHT: studies) chemistry (at Cambridge). He'll be finished next year.*
  Vgl. *Donna works as a chemist.*
  study wird in der *simple form* in der Bedeutung „regelmäßig anschauen" gebraucht:
  *Mr Benson **studies** the financial pages carefully every morning.*

stuff (*nicht* Stoff, *sondern* Zeug/Sachen)

- *stuff* entspricht „Zeug/Sachen“, nicht „Stoff“:
  *He said he left the bag with all the papers in his office, but I can't find the **stuff**.* (Ich kann das Zeug / die Sachen nicht finden.)
- *stuff* ist nicht zählbar, d. h. es kann nicht mit *a* gebraucht werden.
  *This glue is **funny stuff*** (NICHT: *a funny stuff*). (... ein komisches Zeug.)

⚠ Das Kleid war aus einem besonders kostbaren Stoff. = *The dress was made of particularly expensive **cloth/fabric/material**.* [= Textilstoff; näheres s. **cloth**]
Die Sammlung bietet viel Diskussionsstoff/Lesestoff. = *The collection offers a lot of **material for discussion / reading material**.* [= geistiger Stoff]
Bei dem Brand wurden gefährliche Stoffe freigesetzt. = *During the fire dangerous **substances** were released.* [= chemische Stoffe]
Das Universum besteht aus organischen und anorganischen Stoffen.
= *The universe is made up of organic and unorganic **matter**.* [= Bausteine]

stupid (blöd), **stupidity** (Blödheit)

- Es gibt für *stupid* zwei Möglichkeiten der Steigerung:
  stupid – stupider – stupidest oder *stupid – more stupid – most stupid.*
- Konstruktionen mit *stupid*:
  ***It's stupid to** wait / wait**ing** here.*
  ***He's stupid to** expect / expect**ing** her to come back after the way he treated her.* (Es ist dumm von ihm, zu erwarten ...)
- *stupidity* ist nicht zählbar:
  *I find his constant **stupidity / acts of stupidity*** (NICHT: *stupidities*) *terribly annoying.* (Seine ständigen Dummheiten ärgern mich entsetzlich.)

subconscious (Unterbewusstsein/unterbewusst) – **unconscious** (Unterbewusstsein/bewusstlos/unbewusst)

S

- *subconscious* and *unconscious* können beide als Nomen mit der Bedeutung „Unterbewusstsein“ verwendet werden. Als Adjektiv bedeutet *subconscious* „unterbewusst“, *unconscious* dagegen „bewusstlos“ oder „unbewusst“:
  *According to Freud, sex plays a big role in **the subconscious / the unconscious**.*
  *Sex is the root of many **subconscious** desires.* (... die Wurzel vieler unterbewusster Wünsche.)
  *After the car accident two years ago I was **unconscious** for days.* (... bewusstlos.)
  *It was a quite **unconscious** mistake. I really didn't do it intentionally.* (Es war ein völlig unbewusster Fehler.)
  *I was quite **unconscious of** my mistake.* (Ich war mir meines Fehlers überhaupt nicht bewusst.)

substance ➪ stuff

(to) **succeed** (gelingen / Erfolg haben), **success** (Erfolg), **successful** (erfolgreich)

- Auf *succeed, success* und *successful* folgt kein *to*-Infinitiv, sondern *in* + *-ing*-Form:
  *We **succeeded in** sell**ing** all the tickets.* (Es gelang uns, alle Eintrittskarten zu verkaufen.)
  *Our **success in** sell**ing** all the tickets meant that the concert made a profit.*
  *We **were successful in** sell**ing** all the tickets.*

such (solche[r/s])

1 *such* + Adjektiv + Nomen

- *such* steht vor *a* + Adjektiv + zählbarem Singularnomen:
  *It was **such a nice day*** (NICHT: *a such nice day*).
  *It is**n't** quite **such a nice day** as yesterday.* (Es ist kein ganz so schöner Tag wie gestern.)
  *I've never seen **such a big cake**.* (... einen so großen Kuchen ...)
- Vor nicht zählbaren Nomen steht *such* ohne *a*:
  *I've never had **such unusual weather*** (NICHT: *such an unusual weather*).
  [*weather* ist nicht zählbar]
  *It is**n't such nice weather** as yesterday.* (Es ist kein so schönes Wetter wie gestern.)
  *You wouldn't get **such helpful advice** from anyone else.* (... einen so hilfreichen Rat / so hilfreiche Ratschläge ...)
  *It's **such beautiful countryside** all around there.* (... eine so schöne Landschaft ...)
- *such* steht auch vor Adjektiv + Pluralnomen:
  *I haven't got **such valuable stamps** in my collection.* (Ich habe keine so wertvollen Briefmarken in meiner Sammlung.)

2 *such* + Nomen – *like this/that*

- *such* kann im Rückbezug vor *a* + alleinstehendem Nomen (d. h. Nomen ohne Adjektiv) stehen. Dieser Sprachgebrauch ist eher förmlich.
  like this/that ist neutraler:
  *It was a five-star hotel. I'd never stayed in **such a hotel / a hotel like that** before.*

⚠ *such* kann nur im Rückbezug gebraucht werden. Nicht *such*, sondern *like this/that* wird gebraucht, wenn von etwas gesprochen wird, das unmittelbar vorhanden ist und das (z. B. beim Vorführen/Vorzeigen) erstmalig erwähnt wird (z. B. der Ort, wo man sich gerade befindet, ein Gegenstand, den man gerade zeigt usw.):
I'd love to have a dog here, you know, but you can't really keep a pet in a flat ***like this*** (NICHT: *in such a flat*). (... in einer solchen Wohnung / einer Wohnung wie dieser ...)
That feels better. I find clothes ***like these*** (NICHT: *such clothes*) *are simply more comfortable.* (... solche Kleidung ...)
Look at the queue of people that woman is having to deal with. I couldn't stand a job ***like that.***
Wenn der Satz aber Ausrufecharakter hat und ein Adjektiv mitgedacht wird, ist *such* + *a* + Nomen möglich:
What? We've got to make our own beds and our own breakfast!? I've never stayed in ***such a hotel****!* (= *in such a terrible one*)
I've never heard ***such a story****! It's all a pack of lies.* (= *such an obviously untrue one*)
Have you ever seen ***such a display*** *of jewels!?* (= *such a magnificent display*)

3 *be such that* und *such as to*

- *be such* (= „so/solchermaßen sein") + *that* wird gebraucht, um eine Folge auszudrücken. Dieser Gebrauch ist eher förmlich:
  The weather ***was such that*** *we stayed indoors.* (= *It was such bad/awful weather that we stayed indoors.*)
  Wenn *such* zur Betonung am Satzanfang steht, folgt erst das Verb, dann das Subjekt:
  Such was *the weather* ***that*** *we couldn't go out.*
- *such* wird auch vor + *as* + *to*-Infinitiv gebraucht. Dieser Gebrauch ist ebenfalls eher förmlich:
  The amount of money was not ***such as to*** *require the boss's authorization.* (= *It was not such a large amount of money as to require ...*) (Der Geldbetrag war nicht so groß, als dass es die Genehmigung durch den Chef erfordert hätte.)

4 Weitere Besonderheiten

- *some such* bedeutet „irgend so ein" und wird ohne nachfolgenden Artikel gebraucht:
  It was called the Grand Hotel or Hotel Splendid or ***some such*** *grand name* (NICHT: *some such a grand name*). (... oder irgend so ein hochtrabender Name.)
- *such as* entspricht „wie zum Beispiel". Es gibt zwei Stellungsmöglichkeiten:
  This grammatical structure doesn't exist in ***languages such as French or Italian*** */ in* ***such languages as French or Italian****.*

(to) **suggest** (vorschlagen)

- An *suggest* wird ein indirektes Objekt immer mit *to* angeschlossen:
  *I **suggested a game of tennis to him*** (NICHT: *I suggested him a game ...*)
  *I **suggested to him that** we telephone first.*
- Auf *suggest* kann ein *that*-Satz oder eine *-ing*-Form folgen, aber kein *to*-Infinitiv:
  *I **suggest (that)** you phone them first.*
  *I **suggest** phon**ing** them first.*
  (NICHT: *I suggest [you] to phone them first.*)
  that kann in der Regel entfallen, muss aber nach einem indirekten Objekt gebraucht werden:
  *I **suggested to him that** we meet a little earlier.*
- Im *that*-Satz können verschiedene Verbformen stehen:
  *I **suggest that** he **comes** / **come*** [= Konjunktiv] / ***should come** on the Saturday morning.*
  Der Gebrauch des Konjunktivs findet sich besonders im AE; *should* ist im AE eher selten.
  Wenn *suggest* im *simple past* steht, sind die beiden letztgenannten Formen (*come* = Konjunktiv und *should come*) unverändert:
  *I **suggested that** he **came / come** / **should come** on the Saturday morning.*

suit (Anzug) – **suite** (Suite)

- *suit* (Aussprache: [su:t]) entspricht „Anzug", *suite* (Aussprache: [swi:t]) dem deutschen „Suite":
  *When you go to an interview it's wise to wear a **suit** and tie.*
  *The millionaire had the most expensive **suite** in the hotel.*

(to) **suit** ⇨ (to) **fit**

summer ⇨ **autumn**

sunk – **sunken** (versunken)

- *sunken* wird als (attributives) Adjektiv vor einem Nomen gebraucht; *sunk* ist das Partizip Perfekt vom Verb *sink (sink – sank – sunk)*:
  *There's **a sunken ship** at the northern end of the island.*
  *Two ships **have sunk** in the storms.*

superior (überlegen/höhere[r/s]/größer/besser)

- *superior* hat keine eigene Komparativform, sondern ist selbst gleichzeitig Grund- und Komparativform. Vergleiche werden mit *superior to* ausgedrückt:
  A captain is ***superior to*** *a major.* (... höher als ...)
  This model is ***superior to*** (NICHT: *than*) *that model. It has several extra features.* (... besser als ...)

supper ⇨ **dinner**

(to) **support** ⇨ (to) **carry**

(to) **suppose, suppose/supposing**

- *be supposed to* s. **be**, Abschnitt 4.

1 ***(to) suppose*** **= „annehmen/sich vorstellen"**

- *suppose* wird in der Regel nicht in der Verlaufsform gebraucht.
- In verneinten Sätzen wird meist *suppose*, nicht das abhängige Verb verneint:
  I ***don't suppose*** *(that) Philip has arrived yet.* (Seltener: *I suppose Philip hasn't arrived yet.*)
- Wenn sich der nachfolgende *that*-Satz auf die Zukunft bezieht, muss eine Futurform verwendet werden:
  I ***suppose*** *(that) he* ***will come*** (NICHT: *comes*) *tomorrow.*
- *suppose* wird manchmal in Aussagesätzen gebraucht, die eigentlich Fragen sind (und eine fragende Intonation haben); es wird hier z. B. mit „(doch) wohl/sicher" wiedergegeben:
  I ***suppose*** *you know what price they're asking.* (Sie wissen [doch] sicher den Preis, den sie fordern.)
- In kurzen Repliken wird *I suppose* mit *so* und *not* verbunden:
  Is David paying? – ***I suppose so*** (NICHT: *I suppose it/yes*). (Ich nehme es an.)
  Alan can't come, can he? – ***I don't suppose so*** (NICHT: *it*). / ***No, I suppose not.*** (Ich nehme es nicht an.)

2 **Die Konjunktionen *suppose* und *supposing***

- *suppose* und *supposing* werden als Konjunktionen mit der Bedeutung „was ist/wäre, wenn ...? / angenommen / gesetzt den Fall" gebraucht:
  Suppose/Supposing *she refuses, what do we do then?* (Was ist, wenn sie ... / Angenommen, sie weigert sich ...)
  We could have the party outside. – Yes, but ***suppose/supposing*** *it rains?*

S

- Das Verb nach *suppose/supposing* kann auch im *past tense* stehen. Die Aussage ist dann stärker hypothetisch (vgl **if,** Abschnitt 2):
Suppose/Supposing the sun didn't rise for some reason. What would happen to the earth?
- Wenn man Mutmaßungen über die Vergangenheit anstellt, wird *suppose/supposing* + Verb im *past perfect* (vgl **if,** Abschnitt 2) gebraucht, um auszudrücken, was hätte passieren können:
*The car stopped in time, but **suppose/supposing** it **had crashed** straight into us?*

sure ⇨ certain

surely ⇨ certainly

(to) **surprise** (überraschen), **surprise** (Überraschung), **surprisingly** (überraschenderweise)

1 Das Verb *(to) surprise*

- *surprise* wird nicht in der Verlaufsform gebraucht, wenn gemeint ist, dass ein Ereignis oder eine Nachricht ein momentanes Überraschungsgefühl auslöst bzw. ausgelöst hat:
*Their decision **surprises** (NICHT: is surprising) me.*
*It **surprises** (NICHT: is surprising) me that they've agreed to the terms.*
*I really think he should take the job. – You **surprise** (NICHT: are surprising) me.*
Die Verlaufsform ist möglich, wenn gemeint ist, dass Entwicklungen bewirken, dass vorher bestehende Erwartungen revidiert werden:
*Jenkins **is surprising** everyone. Nobody thought he would be up to the job.*

2 Das Nomen *surprise* und Adverb *surprisingly*

- Wendungen und Konstruktionen:
*When they said they were getting married, it **was a** real **surprise** to me / it **gave me a** real **surprise** / it **came as a** real **surprise** to me / I **was** really **taken by surprise**.*
***To my surprise**, the boss said "yes".*
*Their **surprise at/about** (NICHT: over) Williams' nomination soon turned into anger.*
***Not surprisingly**, the party went on till after midnight.* (Wie zu erwarten war, ...)

surroundings (Umgebung)

- *surroundings* existiert nur als Pluralnomen:
  Munich's ***surroundings are*** *flat.* (Die Umgebung von München ist flach.)

suspect, (to) **suspect, suspicion, suspicious**

- Das Nomen *suspect* („Verdächtige[r]") und das Adjektiv *suspect* („suspekt") werden auf der ersten Silbe betont (['sʌspekt]), das Verb *suspect* („verdächtigen/befürchten/vermuten") auf der zweiten: [sə'spekt].

1 Die Adjektive *suspect* und *suspicious*

⚠ Das Adjektiv *suspect* entspricht „suspekt = fragwürdig" oder „suspekt = Verdacht erregend". Die Person, der etwas suspekt vorkommt, kann nach *be* nicht mit einer Präposition angeschlossen werden. In der zweiten Bedeutung kann *suspect* nur attributiv (vor einem Nomen) gebraucht werden:
The mayor's motives are very ***suspect****. He owns most of the land the council would build on.* (... suspekt/fragwürdig.)
A ***suspect*** *package was found in the minister's post by her secretary.*
Aber: *The package* ***was suspicious*** (NICHT: *was suspect*).
Und: *The package* ***made*** *the secretary* ***suspicious*** */* ***aroused*** *the secretary's* ***suspicions*** (NICHT: *was suspect to the secretary*). (Das Paket war der Sekretärin suspekt.)

- *suspicious* hat zwei Bedeutungen:
  The package was ***suspicious(-looking)****.* (... war verdächtig / sah verdächtig aus.)
  The secretary was ***suspicious****.* (... misstrauisch.)
  be suspicious wird mit den Präpositionen *of* und *about* gebraucht:
  I'm suspicious of/about (NICHT: *towards*) *Jones' motives.* (Ich bin misstrauisch gegenüber Jones' Motiven.)

2 Das Verb *(to) suspect* und das Nomen *suspicion*

- Konstruktionen mit *suspect*:
  We ***suspect*** *Smith* ***of*** *speculat****ing*** */* ***having*** *speculat****ed*** *with the investors' money.* (Wir haben Smith im Verdacht, mit dem Geld der Investoren zu spekulieren / spekuliert zu haben.)
  Smith ***is suspected of*** *speculat****ing*** */* ***having*** *speculat****ed****.* (Smith wird verdächtigt zu spekulieren / spekuliert zu haben.)
  The doctors ***suspect (that)*** *he has cancer.* (Es besteht bei ihm Verdacht auf Krebs.)

⚠ Wiedergabe von präpositionalen Ausdrücken mit „Verdacht":
Bei Verdacht auf Lungenentzündung ... = ***In the case of suspected*** *pneumonia /* ***When*** (auch: *Where*) *pneumonia* ***is suspected*** *...*

S

Zwei Männer wurden unter dem Verdacht / wegen des Verdachts verhaftet, einen Terroranschlag zu planen. = *Two men were arrested **on suspicion of** plann**ing** a terrorist attack.*
Smith steht unter Verdacht. = *Smith **is** (NICHT: stands) **under suspicion**.*

(to) **swear** (fluchen/beschimpfen) – (to) **curse** (fluchen/verfluchen)

- *swear* wird in der Bedeutung „fluchen" im Sinne von „derbe Sprache verwenden" nur intransitiv gebraucht; ein Objekt kann mit der Präposition *at* angeschlossen werden (*swear at s.o.*). Der Ausdruck *swear at s.o.* entspricht aber nur „jdn. in dessen Gegenwart beschimpfen". *curse* kann transitiv und intransitiv gebraucht werden:
  *When he found the door locked, he **swore/cursed**.* (... fluchte er.)
  *I was there first, and when he got there he **cursed** me / **swore at** me.* (... beschimpfte er mich.)
  *I **cursed** the politicians who had thought up such an unfair system.* [nicht *swore at*, da die Politiker nicht anwesend sind]
- Nur *curse* entspricht „verfluchen" im Sinne von „böse Wünsche für jdn. aussprechen":
  *On the scaffold the beggar **cursed** the king and all succeeding generations.* (Auf dem Schafott verfluchte der Bettler den König und alle nachfolgenden Generationen.)

swim, (to) **swim**, **swimming**

⚠ *swim* (= sich im Wasser aktiv bewegen) nicht mit *float* (= sich auf der Wasseroberfläche treiben lassen) verwechseln: s. **float**.

- Wendungen mit *swim*:
  *Let's **go swimming / go for a swim / have a swim**.* (schwimmen gehen)
  *He's just **swum across** (NICHT: through) **the river** to the other side.*

Swiss (schweizerisch, Schweizer[in])

- *Swiss* wird als Adjektiv, als Bezeichnung für eine(n) einzelne(n) Schweizer(in) und als Bezeichnung für die Gesamtgruppe der Schweizer und Schweizerinnen gebraucht:
  *Appenzeller is a **Swiss** cheese.*
  *She's **Swiss / a Swiss**, from Geneva.*
  ***The Swiss** are a very rich nation.*

sympathetic (*nicht* sympathisch, *sondern* mitfühlend/ verständnisvoll); **sympathy** (Mitgefühl/Beileid)

- *sympathetic* entspricht „mitfühlend/verständnisvoll"; „sympathisch" wird mit *nice/likeable/pleasant/friendly* wiedergegeben:
  *My colleagues at work were all very **sympathetic** when I failed my driving test.*
  *They were very **sympathetic to/towards** me.* (Sie waren sehr mitfühlend mit mir.)
  Mein neuer Chef ist ganz sympathisch. = *My new boss is very **nice**.*
  Seine Frau ist mir nicht sympathisch. = *I don't like his wife. / I don't find his wife very **nice/pleasant**.*
  Vgl. auch:
  *When I told her about my problem she was very **unsympathetic** and said it was all my fault anyway.* (... sehr verständnislos ...)
  Der Kellner war mir sehr unsympathisch. = *I found the waiter very **unpleasant/disagreeable**.*
  Vgl. auch:
  *My colleagues at work **showed** great **sympathy to/towards** me when my brother died.* (... Mitgefühl ...)
  Ich empfand große Sympathie für sie. = *I felt a great **liking** for her.*
- Im übertragenen Sinne entspricht *sympathetic (to/towards)* „wohlgesonnen / wohlwollend (gegenüber)":
  *Most of the shopkeepers were **sympathetic to/towards** the proposal to allow parking again in the street.* (... standen dem Vorschlag ... wohlwollend gegenüber.)

tablet (*nicht* Tablett, *sondern* Tablette)

- *tablet* entspricht „Tablette"; „Tablett" wird mit *tray* wiedergegeben:
  *I'm taking **tablets** for (**NICHT:** against) my high blood-pressure.* (Ich nehme Tabletten gegen meinen hohen Blutdruck.)
  *Put all the cups and saucers and plates on the **tray**.* (... auf das Tablett.)

T

(to) **take**

1 Bedeutungen

1.1 *take* = „brauchen/dauern"

- *take* wird in Verbindung mit Zeitspannen in der Bedeutung „brauchen/dauern" verwendet („dauern" im Sinne von „andauern/ anhalten" s. aber **last**). Anwendungsbeispiele mit *take* = „brauchen/dauern":
  *The repairs **took (us)** three hours.* [Subjekt = eine Sache]
  *We **took** three hours longer because of the repairs.* [Subjekt = eine Person]

The bus / We took *two days* ***to*** *get there.* [Sache/Person + *take* + *to*-Infinitiv]
It took (us) *two days* ***to*** *get there.* [„Leeres" *it* + *take* + *to*-Infinitiv]
The work ***took*** *six hours* ***to*** *finish.* [Sache + *take* + *to*-Infinitiv in passivischer Bedeutung]

- *take* wird auch mit dem Wort *time* selbst gebraucht:
  This is going to ***take*** *(some / a little / a lot of)* ***time.*** (Das wird Zeit brauchen.)
  Take your time, *there's no hurry.* (Lass dir Zeit, es eilt nicht.)

⚠ Es dauerte nicht lange und schon gingen die Rolladen wieder hoch.
= *It* ***wasn't long before*** (NICHT: *and) the blinds went up again.*
Es dauerte keine 10 Minuten und sie hatten alles aufgegessen.
= ***In less than 10 minutes*** *they had eaten everything up.*

1.2 Weitere Bedeutungen

- *take* ist eines der am häufigsten gebrauchten Verben in der englischen Sprache. Einige weitere Anwendungsbeispiele:
  They ***took*** *him / He* ***was taken*** *to hospital.* (Sie haben ihn ins Krankenhaus. / Er wurde ... gebracht.) [Zum Unterschied zwischen *take* und *bring* s. **bring**.]
  [Im Laden/Restaurant usw.:] ***I'll take*** (NICHT: *I take*) *this one, please.* (Ich nehme den/die/das hier, bitte.)
  Why don't you ***take*** *her to that new Thai restaurant in Dane Street?* (Warum gehst du nicht mit ihr ...?)
  Mrs Webber ***takes*** *this class for German.* (... gibt/unterrichtet in dieser Klasse Deutsch.)
  I ***took*** *him* ***to be*** */ I* ***took*** *him* ***for*** *Janet's husband, but he was someone else.* (Ich hielt ihn für Janets Ehemann ...)

⚠ Wir haben Peter mitgenommen, da sein Auto in Reparatur war.
= *We* ***gave*** *Peter* ***a lift*** / (AE:) **a** ***ride*** *because his car was being repaired.*

2 Feste Wortverbindungen und idiomatische Wendungen

- *take* entspricht in folgenden Fällen „machen":
  We ***took*** (NICHT: *made) over 400* ***pictures/photos*** *on our last holiday.* (Wir machten ... Fotos.)
  When did you ***take*** (NICHT: *make) the* ***test/exam?*** (Wann haben Sie die Prüfung gemacht?)
  I ***took*** (NICHT: *made [me]) a lot of* ***trouble*** *to get everything exactly right.* (Ich habe mir viel Mühe gemacht ...)
  I always ***take*** (auch: *have*) ***a holiday*** *in September.* (Ich mache immer ... Urlaub.)
  Let's ***take*** (auch: *have*) ***a break.*** (Machen wir eine Pause.)

- Wie in den beiden letztgenannten Beispielen kann *take* in den folgenden Wendungen neben dem Vollverb *have* verwendet werden:
  I ***take*** (auch: *have*) ***a shower/bath*** *before I go to bed.* (Ich dusche/bade ...)
  Will you ***take*** (auch: *have*) ***a look*** *at this?* (Kannst du dir das mal anschauen?)

I don't know the answer, but I'll ***take*** (auch: *have*) ***a guess.*** (... ich rate mal.)
We'll (steif:) ***take*** (neutral: *have*) ***dinner/breakfast/lunch*** *on the terrace, shall we?* (Nehmen wir doch das Abendessen/Frühstück/Mittagessen ... ein.) [*take* impliziert in aller Regel, dass man die Mahlzeit serviert bekommt.]

- Weitere feste Ausdrücke mit Nomen:
  I (steifer:) ***take*** (neutral: *go for*) ***a walk*** *every evening before I go to bed.* (Ich gehe ... spazieren.)
  I ***take*** *the dog* ***for a walk*** *every morning and evening.* (Ich gehe ... mit dem Hund spazieren.)
  When will they ***take*** (auch: *make*) ***a decision****?* (... eine Entscheidung treffen?)
  It may be too late, but I'm going to ***take a chance****.* (... ich will es darauf ankommen lassen / riskieren.)
  Every time you buy shares you ***are taking a risk****.* (Jedes Mal, wenn man Aktien kauft, geht man ein Risiko ein.)
  Williams ***took responsibility / the blame for*** *what had gone wrong.* (Williams übernahm die Verantwortung/Schuld für das, was schief gegangen war.)
  Daniela ***took charge of*** *the situation.* (Daniela nahm die Situation in die Hand.)
  Janet ***took the lead*** *and was the first to volunteer.* (Janet wies [uns] den Weg / ergriff die Initiative ...)
  There's no need to ***take offence****. I didn't mean it like that.* (Es gibt keinen Grund, beleidigt zu sein / Anstoß zu nehmen.)
  The project is beginning to ***take shape*** *at last.* (... beginnt endlich Form anzunehmen.)
  When did President Clinton ***take office****?* (Wann hat ... sein Amt übernommen?)
  When did the conference ***take place****?* (Wann hat die Tagung stattgefunden?)
  Take care! (Pass auf dich auf! / Tschüss!)
  My old German teacher has always ***taken an interest in*** *how his ex-students' careers developed.* (... hat sich immer dafür interessiert / hat immer mit Interesse verfolgt, wie ...)
  Don't ***take (any) notice*** *of what that old fool says.* (Achte nicht darauf, was ...)
  What ***attitude did*** *she* ***take to/towards*** *the re-structuring?* (Welche Einstellung hatte sie zu ...?)
  We're in a car-pool. We ***take it in turns*** *to drive.* (Wir wechseln uns beim Fahren ab.)

(to) **talk** ➪ (to) **speak**

T

tall ➪ **high** und **big**

task (Aufgabe/Arbeit)

- *task* wird durch *of* + *-ing*-Form ergänzt, nicht durch einen Infinitiv:
  The task of *tidy****ing*** *up after the meeting was left to the secretaries.* (Das Aufräumen ...)

In Sätzen wie dem folgenden ist der *to*-Infinitiv nicht von *task* abhängig, sondern nachgestelltes und durch „leeres" *it* vorweggenommenes Subjekt:
***It** will be a difficult task **to** finish the book by Christmas.*
= ***To finish** the book by Christmas will be a difficult task.*

(to) **taste** (schmecken), **taste** (Geschmack)

1 Das Verb *(to) taste*

- *taste* kann in der Regel nicht in der Verlaufsform gebraucht werden:
  *This **tastes** (NICHT: is tasting) nice.*
  *Can you taste anything unusual? – Yes, I think I **taste** (NICHT: am tasting) curry.* [*can taste* wäre ohnehin üblicher, s. nächsten Punkt.]
  Die Verlaufsform ist aber möglich, wenn „kosten/abschmecken" gemeint ist:
  *I'**m** just **tasting** the soup to see if it needs more salt.*
- *taste* wird in der Regel mit *can* gebraucht, um auszudrücken, dass jemandem in einer bestimmten Einzelsituation etwas schmeckt (vgl. **hear,** Abschnitt 2):
  ***Can** you **taste** anything unusual in this? – Yes, I think I **can taste** curry.*
  *I've got a terrible cold – I **can't taste** a thing!*
- Auf *taste* als Kopulaverb folgt ein Adjektiv, kein Adverb:
  *This **tastes good** (NICHT: well).*
  Aber: *This **tastes** strong**ly** of garlic.* [*strongly* bezieht sich auf *of garlic*, nicht auf *this*]
- Die Person, die eine bestimmte Geschmacksempfindung hat, wird mit *to* angeschlossen, das, wonach etwas schmeckt, mit *of*:
  *This **tastes** funny **to** me (NICHT: tastes me funny).* (... schmeckt komisch.)
  *This ice-cream **tastes of** pineapple.* (... schmeckt nach Ananas.)

⚠ *taste* kann nicht ohne Zusatz (Adjektiv, präpositionale Fügung) gebraucht werden:
Dieser Wein schmeckt! = *This wine **tastes good** (NICHT EINFACH: tastes).*
Vgl. auch die Rückfrage zu etwas, das gerade gegessen/getrunken wird:
Schmeckt's denn? = ***Do you like it? / Are you enjoying it?***

2 Das Nomen *taste*

- Artikelgebrauch:
  *The medicine leaves **a bad taste** in your mouth.* (... hinterlässt einen schlechten Geschmack ...) [auf Geschmackssinn bezogen: mit Artikel]
  *He has **bad taste** (NICHT: a bad taste) – you can see it from the clothes he wears.* [auf Urteilsfähigkeit in ästhetischen Fragen bezogen: ohne Artikel]
  *He's a person with **bad** (NICHT: a bad) **taste**.*
  *What he said **was in** extremely **bad taste**.* (... war äußerst geschmacklos.)
  ***Have a taste** of that one. It's really delicious.* (Probier mal den/die/das da.)
- *taste* im Sinne von „Vorliebe" kann auch im Plural gebraucht werden:
  *Janet's **tastes** in music **are** (auch Singular: taste ... is) very varied.*

tasteful – tasty – tasteless – distasteful

- *tasteful* entspricht „geschmackvoll" in Bezug auf Ästhetik, *tasty* „schmackhaft" in Bezug auf den Geschmackssinn. Das Gegenteil in beiden Fällen heißt *tasteless. distasteful* hat überhaupt nichts mit Geschmack zu tun, sondern entspricht „unangenehm/widerlich/ekelerregend":
*Her clothes and her flat are all very **tasteful/tasteless**.*
(... geschmackvoll/geschmacklos.)
*This pizza is **tasty/tasteless**.* (... schmackhaft/fade.)
*He made some **distasteful** remarks about white women who have black lovers.* (... widerliche Bemerkungen ...)
*One of the most **distasteful** duties in this job is when I have to fire someone.* (Eine der unangenehmsten Pflichten ...)

tea (Tee)

- *tea* kann ein Getränk oder eine Mahlzeit bezeichnen (Näheres s. **dinner**). Es ist in der Regel nicht zählbar, kann aber auch zählbar sein:
*Are you thirsty? Would you like **tea / some tea / a cup of tea**?*
[nicht zählbar]
*Have you got time for **a tea** or a coffee?* [= eine Tasse Tee oder Kaffee – zählbar]
This is nice (NICHT: *a nice*) ***tea**. Can I have a second cup, please?*
*They gave us **tea / a** nice **tea** with cucumber sandwiches and chocolate cake.* [= Mahlzeit]
(Bestellung:) *Two **teas**, please.* (= Getränk oder Mahlzeit)
*It's a specialist shop. They sell over 300 different **teas**.*
[= Teesorten – zählbar]

⚠ David kocht gerade Tee. = *David**'s** just **making*** (NICHT: *cooking*) ***tea**.*

(to) teach (unterrichten/beibringen/lehren)

- *teach (teach – taught – taught)* kann ein oder zwei Objekte haben:
*He **teaches English**. He **teaches my son**.*
*He **teaches my son English*** (NICHT: *in English*). (Er unterrichtet meinen Sohn in Englisch.)
*He **teaches English to** nearly every class in the school.*

- Verschiedene Arten von Passivsätzen sind möglich:
***German was taught** by a teacher from Berlin.* (Deutschunterricht wurde ... erteilt.)
***I was taught** by a teacher from Berlin.* (Ich erhielt Unterricht ...)
***I was taught German** by a teacher from Berlin.* (Mir wurde ... beigebracht.)

T

⚠ In Verbindung mit einem nachfolgenden Infinitivsatz kann *teach* nicht ohne Personenobjekt verwendet werden:
Die Geschichte lehrt, solche Signale nicht zu missachten. = *History teaches* ***us*** *not to ignore such signals.*

teacher – instructor – lecturer (Lehrer[in])

- *teacher* bezeichnet normalerweise eine Lehrkraft in der Schule.
  Ein Lehrer / Eine Lehrerin in praktischen Fertigkeiten (Sport, Autofahren usw.) wird als *instructor* bezeichnet:
  She's a (school) ***teacher****.*
  Who is your driving/ski/swimming ***instructor****?*
- *teacher* ist auch die gängige Bezeichnung für eine Betreuungsperson in der Vorschule:
  She's a kindergarten ***teacher****.* (Sie ist Kindergärtnerin.)
  Little Johnny is very happy at his kindergarten. The ***teacher*** *is very nice.* (Die Kindergärtnerin / Der Kindergärtner ...)
- Eine Lehrkraft an einer Hochschule wird normalerweise als *lecturer* bezeichnet:
  She's a ***lecturer*** *at the university.* (Sie ist Hochschullehrerin / Lehrbeauftragte an der Universität.)
  The university is looking for a ***lecturer in*** *micro-biology.* (... sucht eine[n] Hochschullehrer[in]/Lehrbeauftragte[n] für das Fach Mikro-Biologie.)
  Die Berufsbezeichnung „Hochschullehrer[in]“ kann aber auch als *university teacher* wiedergeben werden:
  She's a ***university teacher****.* (Sie ist Hochschullehrerin.)

team (Mannschaft)

- *team* kann mit einem Singular- oder Pluralverb (und entsprechenden Pronomen und Begleitern) gebraucht werden:
  The ***team is*** *proud of* ***its*** *success.* ***It*** *wants to repeat it next week against France.*
  The ***team are*** *proud of* ***their*** *success.* ***They*** *want to ...*
- Präpositionen:
  When I was at school I was ***in*** */* (AE vorwiegend:) ***on*** *the football* ***team****.* [Sportmannschaft]
  Wasn't she ***on the team*** *of that quiz programme on the TV?* [sonstige Mannschaft]

technique – technology (Technik)

- *technique* entspricht „Technik“ im Sinne von „Methode/Arbeitsweise“, *technology* im Sinne von „Wissenschaft“:

*Which **techniques** do you use in this sort of advertising?*
*This **technique** needs a lot of practice.*
*Modern computer **technology** is changing the world we live in.*

teenage (Teenager-) – **teenager** (Teenager)

- Das zu *teenager* gehörige Adjektiv heißt *teenage,* nicht *teenager.*
  teenager wird nur als Nomen verwendet:
  *This magazine focusses on **teenage** culture, **teenage** music, **teenage** fashions.*
  *The last time I saw her she was a child of 8. She's a **teenager** now.*
  Anstatt *teenage* kann, wenn nur das Alter gemeint ist, auch *teenaged* gebraucht werden:
  *They have three **teenage/teenaged** children.* [= Kinder im Teenageralter]

telephone, (to) **telephone** ⇨ **phone**, (to) **phone**

television (Fernsehen)

- Artikelgebrauch:
  *Where can we put **the television**?* [= das Fernsehgerät]
  *Where's Jim? – He**'s watching (the) television**.* (Er sieht fern.)
  *What's **on (the) television** this evening?* (Was kommt ... im Fernsehen?)
  *She worked **in/for television*** (NICHT: *the television*) *for over 30 years.*
  ***Television** has changed the way we see the world.*

(to) **tell** ⇨ (to) **say**

temperature (Temperatur), **degree** (Grad)

- Anwendungsbeispiele für Temperaturangaben:
  ***What's the temperature** today?* (Wie viel Grad haben wir heute?)
  ***It's** zero **degrees** / one **degree** / five **degrees** outside.*
  It's** two **degrees above (NICHT: *over*) ***zero.** / **It's plus** 2.*
  It's** two **degrees below (NICHT: *under*) ***zero.** / **It's minus** 2.*
  [Nach Zahl + *degrees* ist nur *above/below zero* möglich.]
  *When the temperature is **above*** (auch: *over*) */ **below*** (auch: *under*) *20 **degrees** ...* (... über/unter 20 Grad ...) [Vor Zahl + *degrees* ist auch *over/under* möglich.]
  ***At a temperature of** 25 degrees ...* (Bei einer Temperatur von ...)
  *The **temperature** was **in the thirties** most of the time.* (Wir hatten / Es war ... über 30 Grad.)
  *It was **in the lower thirties / upper thirties** most of the time.*
  (... etwas über 30 Grad / an die 40 Grad.)

T

terrible (schrecklich) – **terrific** (gewaltig/toll)

- Mit *terrible* bewertet man etwas als schlecht („schrecklich"), mit *terrific* als gut oder groß(artig) („toll/gewaltig"):
  It was a ***terrible*** *holiday. It rained all the time.*
  We had a ***terrific*** *holiday. I've never enjoyed myself so much.*
  There has been a ***terrific*** *demand for the new model. We've sold over 10,000 this week alone.*

test (Test)

- *test* wird mit den Verben *do* oder *take* verwendet. *take* ist das angemessene Verb bei einem einmaligen Test, der z. B. zur Aufnahme berechtigt oder der einem eine Qualifikation verleiht:
  *We'****re doing*** *(NICHT: writing)* ***a test*** *in tomorrow's English lesson.*
  (Wir schreiben ... einen Test.)
  We have to ***do*** *five* ***tests*** *in each half-year.*
  You have to ***take*** *(NICHT: make)* ***a test*** *before they will accept you as a trainee.*
  When ***are*** *you* ***taking*** *your* ***driving test****?*
- *take* sagt aber nicht unbedingt etwas über den erfolgreichen Abschluss eines Tests aus. Das Bestehen/Nichtbestehen eines Tests wird mit *pass* bzw. *fail* ausgedrückt:
  He ***took*** *his driving* ***test*** *four times.* (Er machte die Fahrprüfung viermal.)
  He ***passed*** *his driving* ***test*** *at the fourth attempt, having* ***failed*** *it three times.*
  (Er bestand ... beim vierten Versuch, nachdem er ... durchgefallen war.)

than (als)

- *than* wird in Vergleichssätzen mit der Komparativform eines Adjektivs oder Adverbs gebraucht:
  *She's old****er than*** *Janet.* (Sie ist älter als Janet.)
  *She's old****er than me*** (seltener: *than I*). [Ein Subjektpronomen nach *than* wird als überkorrekt angesehen.]
  *She's old****er than I*** *am.* [*than* + Subjektpronomen, wenn ein Verb folgt]
- Der Konstruktion Nomen + Komparativ + *than* entspricht im Deutschen oft ein Relativsatz:
  Her office is in ***a room*** *small****er than*** *our kitchen.* (... in einem Zimmer, das kleiner als unsere Küche ist.)
  Her office is in ***a room*** *small****er than*** *she had at her old firm.* (= *... smaller than the one that she had ...*)
- Die beiden Teile des Vergleichs können *-ing*-Formen oder Infinitive sein:
  *Go****ing*** *by car is quick****er than*** *go****ing*** *by train.*
  To *love someone is* ***more*** *difficult* ***than to*** *hate them.*
  Auch Vergleiche, in denen *-ing*-Formen und Infinitivformen gemischt werden, kommen vor:

__To__ speak a language is __more__ difficult __than__ read__ing__ a text in the language.
Wenn ein Vergleichsatz mit zwei Infinitiven durch *it's* (= „formales/leeres" Subjekt) eingeleitet wird, kann das *to* vor dem zweiten Infinitiv wegfallen:
There's so much traffic. __It's__ quick__er to__ walk __than (to)__ drive.
Bei der Konstruktion *it's* + Komparativ + *than*, bei der sich *it* auf etwas zuvor Erwähntes bezieht, muss ein Infinitiv nach *than* jedoch mit *to* stehen. Eine *-ing*-Form ist ebenfalls möglich:
Write them a letter. __It's__ cheap__er than to__ phone / __than__ phon__ing__ them.
[*it = writing a letter*]
Let's go out. __It's more__ interesting __than to__ watch / __than__ watch__ing__ TV all evening. [*it = going out*]

- Weitere Wendungen mit *than*:
  We'd __no sooner__ got home __than__ (NICHT: *when*) *our visitors arrived.* (Wir waren kaum zu Hause angekommen, als unser Besuch ankam.) [vgl. **soon**]
  Aber: *I had __hardly/barely/scarcely__ taken off my coat __when__* (NICHT: *than*) *the meeting started.*
  I was surprised __rather than__ angry. (Ich war eher überrascht als wütend.)

(to) **thank, thanks, thank you**

1 Konstruktion mit *(to) thank, thanks* und *thank you*

- *thank* existiert nur als transitives Verb, kann also nicht ohne Objekt gebraucht werden:
  Er dankte und ging. = *He __thanked us/everybody/__ ... and left*
  (nicht einfach: *He thanked and left*).
  Intransitives „danken" wird mit *say thank you* wiedergegeben:
  He __said thank you__, and left.
- Auf *thank* folgt *for* + *-ing*-Form, kein *that*-Satz. Dasselbe gilt für *thank you* und *thanks*:
  He __thanked us for__ com__ing__ (NICHT: *that we had come*). (Er dankte uns, dass wir gekommen waren.)
  Thank you for** com**ing (NICHT: *that you've come*). (Danke, dass ihr gekommen seid.)

2 Danksagungen und Erwiderungen

⚠ Um ein Angebot abzulehnen, muss *No, thank you / No thanks* verwendet werden. *Thank you/Thanks* allein wird als Zustimmung/Annahme interpretiert:
Would you like some more coffee?
– ***No, thank you. / No, thanks.*** ([Nein] Danke.)
– ***Thank you. / Thanks.*** (Gerne.)

- *Thanks* ist weniger förmlich als *Thank you.* Beide können durch Zusätze emphatischer gemacht werden:
  Thank you very much / very much indeed / (eher schwärmerisch:) ***so much.***
  Thanks a lot / very much.

T

- Es gibt verschiedene Formeln, um auf Dank zu reagieren:
  That's OK / That's all right. / Any time. [alle weniger förmlich]
  (It's) A/My pleasure.
  Not at all. / Don't mention it. [beide eher förmlich, letzteres eher veraltet]
  You're welcome. [eher im AE]

3 Das Nomen *thanks*

- *thanks* ist auch ein Nomen; es existiert nur im Plural:
  ***Thanks are** due especially to my husband.* (Mein Dank gilt besonders meinem Mann.)

thankful – grateful (dankbar)

- *thankful* entspricht „dankbar" im Sinne von „froh/erleichtert" und beschreibt eine Reaktion auf eine Situation; *grateful* wird gebraucht, um Dank gegenüber jemandem auszudrücken:
  *I'**m thankful that** the baby wasn't in the car with her.*
  *I'**m** very **grateful (to you)** for all the help you've given me.*
- Auf *thankful* kann ein *to*-Infinitiv oder ein *that*-Satz folgen; auf *thankful for* folgt ein Nomen, aber keine *-ing*-Form:
  *I'**m thankful to** hear everything went OK. / I'**m thankful that** everything went OK.*
  *I'**m thankful for** the extra **time** they've given me.*
  *I'**m thankful that** I found out* (NICHT: *for finding out*) *in time.*

that

- *that* kann ein Demonstrativpronomen oder -begleiter, ein Relativpronomen oder eine Konjunktion sein:
  *Look at **that** strange building over there.* [Demonstrativbegleiter; s. **this**]
  *She's someone **that** I met at college.* [Relativpronomen]
  *He said **that** he would be late.* [Konjunktion]

1 *that* als Relativpronomen

- *that* kann anstelle von *who* oder *which* in bestimmenden Relativsätzen (notwendigen Relativsätzen) gebraucht werden:
  *The author **that/who** interested me most was William Boyde.*
  *The book **that/which** amused me most was "A Good Man in Africa".*
  Wenn das Relativpronomen Objekt eines bestimmenden Relativsatzes ist, kann *that* weggelassen werden:
  *The man **(that/who/whom)** I didn't recognize turned out to be her husband.*
  *The book **(that/which)** I wanted to buy for Jim's birthday was out of stock.*
- Das Relativpronomen *that* kann nicht direkt nach einer Präposition stehen:
  *It was the plane **in which*** (NICHT: *in that*) *Dennis eventually died.*

Aber bei nachgestellter Präposition:
*It was the plane **(that/which)** Dennis eventually died **in**.*

- *that* kann nicht als Relativpronomen in nicht-bestimmenden (nicht notwendigen) Relativsätzen gebraucht werden (d. h. in Relativsätzen, die zusätzliche Informationen liefern und durch Kommata abgetrennt werden):
*Evan's house, **which** (NICHT: that) had been built by his grandfather, had some beautiful Victorian fireplaces.*

- *that* ist üblich nach *all, everything, anything, nothing, something, much, little.* Nach diesen Wörtern ist *which* ungewöhnlich bis inakzeptabel. *what* ist unmöglich:
All that (NICHT: *what/which*) *happens is that they give you a form to fill in.*
Much/Little that *has been said about the film is very revealing.*
(Viel/Wenig von dem, was ... gesagt worden ist ...)
Something/Everything/Anything that *comes to my mind ...* (Etwas, das / Alles, was mir einfällt ...)

- *that* ist nach Superlativen und *the only* üblich:
*It was one of **the most interesting** houses **(that)** I've visited.*
*It's **the smallest** model **that** costs the most money.*
The only *word **that** seems to fit is "ENTRY".*

- *that* ersetzt oft ein Relativadverb (*when, where*) nach gebräuchlichen (Pro-)Nomen, die eine Zeit oder einen Ort bezeichnen:
*I can't remember **the day/time/month/year (that)/when** I last saw him.*
*Is there **somewhere/a place (that/where)** we can go so that we won't be disturbed?*
Ähnlich ist der Gebrauch nach *way* und *reason*:
*Is this **the way (that / in which)** you do it?*
*What was **the reason (that/why)** he was so late?*

2 *that* als Konjunktion („dass")

- *that* wird, wie „dass" im Deutschen, nach Verben, Nomen und Adjektiven gebraucht. Oft kann *that* weggelassen werden:
*She **said (that)** Philip was her lover.*
*I had the **feeling (that)** I was being followed.*
*I'm **glad (that)** you could come.*

- Vor *that* als Konjunktion steht nie ein Komma:
*She **said that*** (NICHT: *said, that*) *Philip was her lover.*

- Ein *that*-Satz ist nicht überall möglich, wo ein „dass"-Satz im Deutschen gebraucht wird. Einige Beispiele:
She wanted us to pay in advance. (Sie wollte, dass wir im Voraus bezahlen.) [nach *want*]
It's so late now. It's not worth them/their coming. (Es lohnt sich nicht, dass sie kommen.) [nach *be worth*]
I'm waiting/longing/arranging for my new computer to be delivered. (Ich warte darauf / sehne mich danach / sorge dafür, dass ...) [nach Verben, die fest mit *for* verbunden sind]

Des Weiteren s. die einzelnen Einträge dieses Lexikons.

⚠ Es sind drei Wochen her, dass ich ihn zuletzt sah. = *It's three weeks* ***since*** *I last saw him.*

3 *the fact that*

- Ein *that*-Satz kann Subjekt des übergeordneten Satzes sein; *that* wird in solchen Fällen in der Regel zu *the fact that* erweitert:
  The fact that *he knew nothing about the fraud didn't help the bank manager much.* (Dass er von dem Betrug nichts wusste, half dem Bankdirektor wenig.)
- *the fact that* wird auch nach Präpositionen gebraucht. Auf eine Präposition kann *that* nicht direkt folgen:
  I'm envious ***of the fact that*** *her parents gave her a car for her birthday.* (Ich beneide sie darum, dass ...)
  Jenkins was anxious ***about the fact that*** *they had invested $15,000 in the project.* (Jenkins war besorgt darüber, dass ...)
- *the fact that* steht auch nach Verben, auf die kein *that*-Satz, sondern nur ein Nomen folgen kann, z. B.:
  We ***discussed the fact that*** (NICHT: *discussed that*) *Philips had had secret contacts to another firm.*
  This tense ***expresses the fact that*** *something is still going on.*
  They ***praised the fact that*** *ecological aspects had been considered.*
  Des Weiteren s. die einzelnen Einträge dieses Lexikons.

the

1 Gebrauch von *the* mit Adjektiven, die als Nomen fungieren: *the poor, the good*

1.1 Bezeichnung einer Gesamtgruppe

- *the* wird mit gewissen Adjektiven verwendet, um eine Gesamtgruppe zu bezeichnen:
  The injured, the sick*, women and children were evacuated.*
  The poor *and* ***the unemployed*** *are those who suffer most.*
- An solche Gruppenbezeichnungen kann kein Genitiv-*s* angehängt werden; stattdessen muss eine *of*-Fügung gebraucht werden:
  The difficulties ***of the poor****...* (NICHT: *The poor's/poors' difficulties*)
- Wenn von bestimmten Personen gesprochen wird, muss ein Nomen hinzugefügt werden:
  The seven disabled ***people*** *in the group were evacuated first.* (Die sieben Behinderten ...)
  The dead ***person/man/woman*** *was identified as somebody from Preston.* (Der/Die Tote ...)

- Der Gebrauch eines Adjektivs als Nomen ohne den bestimmten Artikel *the* ist nicht möglich:
  Tote können nicht reden. = ***Dead people*** *cannot talk.*

1.2 Bezeichnung eines abstrakten Begriffs

- *the* wird mit bestimmten Adjektiven gebraucht, um einen abstrakten Begriff auszudrücken:
  The macabre *is never far away in this collection of short stories.* (Das Makabre ...)
- Wenn ein solcher Begriff durch einen Zusatz (z. B. *about ...* oder einen Relativsatz) näher bestimmt wird, d. h. wenn von einer konkreten Einzelsituation gesprochen wird, muss ein Nomen (meist *thing*) dazugestellt werden:
  The unusual ***thing*** *about this book* (*NICHT: The unusual about*) *is that it has been such a success.* (Das Ungewöhnliche an diesem Buch ...)
  The unexpected ***thing*** *that happened later was an apology from the managing director.* (Das Unerwartete, das später geschah, ...)

2 Weitere Gebrauchsunterschiede zum Deutschen

- Zum Gebrauch/Nichtgebrauch von *the* bei den Namen der Mahlzeiten s. **breakfast**.
- Zum Gebrauch/Nichtgebrauch von *the* bei Zeitbegriffen s. **afternoon** (Tageszeiten), **autumn** (Jahreszeiten), **Christmas** (kirchliche Feste).
- Zum Gebrauch/Nichtgebrauch von *the* bei *church, college, hospital, prison, school, university* s. die entsprechenden Einträge.
- Zum Gebrauch/Nichtgebrauch von *the* bei den Namen von Bergen s. **mountain**.
- Zum Gebrauch/Nichtgebrauch bzw. zur Stellung von *the* bei *all, double, half, twice, quite* s. die entsprechenden Einträge.
- Zum Nichtgebrauch von *the* bei *most* s. **most**.
- *the* wird gebraucht bei Musikinstrumenten und Tänzen:
  Glenn is learning to play ***the*** *piano.*
  They were dancing ***the*** *waltz/rumba.*
- Wenn nicht zählbare abstrakte Nomen mit allgemeiner Bedeutung gebraucht werden, steht im Englischen kein *the* davor, auch dann nicht, wenn ein Adjektiv vorausgeht:
  Society *has changed.* (Die Gesellschaft ...)
  Politics *is still a desirable career for some people.* (Die Politik ...)
  British politics *was shaped by Margaret Thatcher for over a decade.* (Die britische Politik ...)
  Literature / English literature *is full of characters like this.*
  Life *is too short to worry about money.* (Das Leben ...)
  Poverty *is a major cause of crime.* ([Die] Armut ...)

- Viele Eigennamen werden im Englischen im Gegensatz zum Deutschen ohne Artikel gebraucht:
  Der arme alte Jim ... = *Poor old Jim* ... [kein *the* bei Adjektiv + Eigenname]
  Das moderne Deutschland ... = *Modern Germany* ... [dito]
  Die Westminster-Abtei und der Buckingham-Palast = *Westminster Abbey and Buckingham Palace* [Viele öffentliche Gebäude ohne *the*]
  Wir haben unseren Urlaub in einem Ort am Bodensee verbracht. = ... *in a place on Lake Constance.* [kein *the* bei Namen von Seen]
  Wir treffen uns am Londoner Flughafen / am Victoria-Bahnhof. = ... *at London Airport / at Victoria Station.* [kein *the* bei Namen von Flughäfen und Bahnhöfen]
  Er wohnt in der Springfield-Straße. = ... *in Springfield Road* [kein *the* bei Straßennamen – Näheres s. **road**]
  Er lebt in der Türkei/Schweiz. = ... *in Turkey/Switzerland.* [*the* nur bei Ländernamen im Plural: ***the** Philippine**s**, **the** Netherland**s***]
- Auch bei vielen allgemeinen Nomen stimmt der Artikelgebrauch im Englischen und Deutschen nicht überein:
  Wir fuhren mit der Bahn / mit dem Auto. = ... ***by** train / **by** car.*
  [Transportmittel – s. die entsprechenden Nomen]
  Er trug einen komischen Hut auf dem Kopf. = ... *on **his** head.* [Possessivbegleiter, nicht Artikel, bei Körperteilen, Kleidungsstücken usw.]
  Er verdiente nur $ 100 die Woche. = ... *only $100 **a** week.* [unbestimmter Artikel bei Mengenangaben]
  Das Englische ist schwierig. = *English is difficult.* [kein *the* bei Sprachennamen; *the English* = die Engländer]
- Es gibt viele idiomatische Ausdrücke ohne *the*. Eine Auswahl:
  lose interest (das Interesse verlieren)
  be in power (an der Macht sein)
  be out of practice (aus der Übung sein)
  in public (in der Öffentlichkeit)
  in space (im Weltall)
  in theory/practice (in der Theorie/Praxis)
  from experience (aus Erfahrung)
  above/below average (über/unter dem Durchschnitt)
  Des Weiteren s. die einzelnen Einträge dieses Lexikons.

then

- *then* als Adverb der Zeit:
  *I bought the bread, **then** I went to the butcher's.* [dann = als nächstes / danach]
  *I decided to give him the money **then**, and not wait till he asked me.*
  [= zu diesem Zeitpunkt]
  *We bought it in 1969. Cars were much cheaper **then**.* (... damals ...)
  *I saw him in the canteen, but I haven't seen him **since then**.* (... seitdem ...)
  *Let's wait till October. **By then** the weather will be cooler.* (Bis dahin ...)

Until then / Up till then *I had always trusted him.* (Bis dahin ...)
[Zum Unterschied zwischen *by* und *until / up till* s. **until**.]
From then on*, everything went well.* (Von da an ...)

- Andere Bedeutungen von *then*:
I phoned but no one answered. ***Then*** *they must have already left.*
[dann = also / in diesem Fall]
If you like it, ***then*** *why don't you buy it?* [dann = also / in diesem Fall]
We're too late. All the rooms are taken. – What are we going to do now ***then****?* (Was machen wir denn nun?)
Now then*, can we check that we've got everything?* (Also ...)
[Gesprächssignal, um etwas Neues anzukündigen bzw. um Aufmerksamkeit auf sich zu lenken]
Now then*, you two, what are you up to?* (Na/Also, ihr Beiden, was stellt ihr denn an?) [leichte Rüge/Warnung]
Right then*, is everybody here? Can we start?* (Gut/Also ...)
[Gesprächssignal wie *now then*]
It's cheap, ***but then (again)*** *it's not really the colour I wanted.*
(... aber andererseits/eigentlich ...)
John's uncle was very amusing, ***but then*** *when is he not?* (... aber wann ist er das [eigentlich] nicht?)

there

- Zum Gebrauch von *there* als leeres oder formales Subjekt (*there is/are* usw.) s. **it**.
- Als Adverb bezeichnet *there* einen Ort, der vom Sprecher entfernt ist:
Put the flowers ***there****, please, on that table by the window.*
Vgl.: *It's lovely* ***here****, isn't it?* (Hier ist es schön, nicht wahr?) [*here* = der Ort, wo sich der Sprecher befindet]
there bezeichnet aber in einigen idiomatischen Ausdrücken auch den Ort, wo sich der Sprecher befindet:
We're ***there****, this must be the house.* (Wir sind da [= dort angekommen, wo wir hinwollten] ...)
(Suchend:) *Hello? Is anybody* ***there****?* (Ist jemand da?)
- Weitere Besonderheiten mit *there* als Adverb:
There's *the sea.* [*there* am Satzanfang + Verb + Nomen als Subjekt]
Aber: *Where? –* ***There*** *it is.* [*there* am Satzanfang + Pronomen als Subjekt + Verb] [nähere Erläuterung vgl. **here**]
We like the countryside south of here. We ***go there*** (NICHT: *to there*) *a lot.*
[vgl. **here**]

they, them ➪ he

themselves ➪ herself

thick – fat (dick)

- *thick* entspricht „dick/stark/dicht“, kann aber nicht in diesen Bedeutungen in Bezug auf Personen verwendet werden:
  *The walls are very **thick** – over 50 cm **thick**.* (… sehr dick – über 50 cm dick/stark.)
  *You need a piece of **thick** cardboard, scissors and glue.* (… dicke Pappe …)
  In Bezug auf Personen wird *thick* umgangssprachlich in der Bedeutung „dumm“ gebraucht:
  *He's a bit **thick**, you know, it'll take him half an hour to get the joke.*
- *fat* entspricht „fett/dick (= beleibt)“ bei Menschen und Tieren:
  *There was a very **fat** man in the seat next to me.*
  *Next door's cat is a big, **fat**, ugly creature.*
  fat sollte, wie „fett/dick“, nicht gegenüber einer korpulenten Person bzw. deren Bekannten gebraucht werden. Beschönigende bzw. eher neutrale Ausdrücke sind z. B. folgende:
  *Ted is a **big/well-built** man, isn't he?*
  *She's the **big / rather plump** lady over there.*
  fat kann auch in Bezug auf Bücher gebraucht werden:
  *The new dictionary is a very **fat/thick** book.*

⚠ Er gab mir einen dicken Kuss. = *He gave me a **big** kiss.*
Iss nicht zu viele davon – sie machen dick. = *… – they make **you fat*** (NICHT: *they make fat*).

thin (dünn)

- Im Gegensatz zu *thick* (s. oben) kann *thin* sowohl bei Personen als auch Sachen gebraucht werden:
  *Janet has been ill and looks awfully pale and **thin** now.*
  *We'll need lots of **thin** summer clothes.*
- *thin* bezeichnet keine besonders positive Eigenschaft eines Menschen und drückt oft „zu dünn/(abge)mager(t)“ aus. Entsprechende Adjektive, die etwas Positives ausdrücken, sind *slender* und *slim* (beide „schlank“).
- „dünn werden“ wird vorzugsweise mit *grow/get thin* bei Personen und mit *wear/get thin* bei Dingen wiedergegeben:
  *Janet has been ill. She **has grown/got** very **thin**.*
  *This book has been used so often that the pages **have got/worn** quite **thin**.*

thing

1 *thing* in „Füllfunktion"

- *thing* wird oft als „Füllnomen" gebraucht, weil Adjektive außer in speziellen Fällen (vgl. **the**, Abschnitt 1.2) nicht mit einem Artikel ohne Nomen gebraucht werden können:
  The first thing *we have to do* (NICHT: *The first we have to do*) *is ...* (Das Erste, was wir tun müssen ...)
  The last thing *we want is an interview in the newspaper.* (Das Letzte, was wir brauchen [können], ist ein Interview in der Zeitung.)
  The only thing *to do is call the police.* (Das Einzige, was wir tun können, ist die Polizei zu rufen.)
  The good/bad thing *about the accident is that his sports car is a write-off.* (Das Gute/Schlechte an dem Unfall ist, dass sein Sportwagen einen Totalschaden hat.)
  The most important thing *is that he's safe.* (Das Wichtigste ist ...)
  An unusual thing *(= Something unusual) happened to me on the bus today.* (Mir ist heute etwas Ungewöhnliches im Bus passiert.)
  It's ***a(n) difficult/absurd/stupid/awful/hopeless/... thing*** *to do.*
- *thing* hat auch in Sätzen wie den folgenden eine Füllfunktion:
  You've forgotten ***one thing*** *...* (Du hast eines vergessen ...)
  I think it's too big, and the price is ***another thing****. It's too high.* (... und dann ist da noch der Preis.)
  The thing *(= What) I like/dislike about this job is ...* (Was ich an dieser Arbeit mag / nicht mag ...)
  The thing *(= What) I regret most is ...* (Was ich am meisten bedauere ist ...)

2 Weitere Besonderheiten

- Wendungen:
  We must phone the landlord straight away. ***The thing is,*** *if we wait till tomorrow it might have been let to someone else.* (Es ist nämlich so, wenn wir bis morgen warten ...)
  I had to ask David to pay. ***The thing was*** *(that) I didn't have any money with me.* (Es war nämlich so, dass ich ...)
  I shan't support him. ***For one thing*** *I think he's incapable,* ***for another*** *I think a woman should get the post.* (Zum einen ..., zum anderen ...)
  Among other things *the trip is too expensive.* (Unter anderem ...)

⚠ Ich spende gern für eine gute Sache. = *I'm happy to give money for a good* ***cause****.*
Wir kämpfen für eine gute Sache. = *We're fighting for a good* ***cause****.*
Komm endlich zur Sache! = *Get to the* ***point****!*
Es ist deine Sache, ob du sein Verhalten tolerieren willst oder nicht. = *It's* ***up to you*** */ It's* ***your business*** *whether you put up with his behaviour or not.*

T

(to) **think**

1 Bedeutungen

- *think* hat verschiedene Bedeutungen:
  *Be quiet. **I'm thinking**.* (Ich denke nach. / Ich überlege.)
  *Can you **think** where you last saw her?* (Kannst du dich erinnern / Fällt dir ein ...?)
  *I **don't think** she's telling the truth.* (Ich glaube nicht ...)
  *They**'ll think** it strange if you don't come.* (Sie werden es seltsam finden ...)

- Auf *think* in der erstgenannten Bedeutung kann *of* oder *about* folgen. *think of s.th.* entspricht „an etwas denken", *think about s.th.* entspricht „über etwas nachdenken":
  *Who would be a good captain? – Well, I **was thinking of** Jim.* (Ich dachte an Jim.)
  *I**'ve been thinking about** all the problems David has with his landlady.* (Ich habe über ... nachgedacht ...)
  Der Unterschied ist oft fein und *think of* wird z.T. in der Bedeutung von *think about* gebraucht:
  *I **was thinking of/about** all the good times we had together.* (Ich dachte an [= erinnerte mich an] ... . / Ich dachte über ... nach ...)

- *think of/about* können beide mit einer nachfolgenden *-ing*-Form gebraucht werden. Auch hier ist der Bedeutungsunterschied fein. *think of doing s.th.* bezieht sich auf etwas Konkretes, das ernsthaft erwogen wird oder schon fast entschieden ist. *think about doing s.th.* bezieht sich eher auf etwas, das noch vage und unentschieden ist:
  *We**'re thinking of** buy**ing** a new car next year. It's got to be bigger than our present one.* [Ein fester Plan existiert bereits.]
  *We**'re thinking about** perhaps buy**ing** a new car next year, but we haven't really decided yet.* [= Wir denken zwanglos darüber nach.]

2 Konstruktionen

2.1 *(to) think* = (nach)denken, überlegen

- In dieser Bedeutung kann *think* in der Verlaufsform stehen:
  *Be quiet. I**'m thinking**.*
  *They're probably in Rome now. – That's just what I **was thinking**.*

- Auf *think* kann ein *that*-Satz oder ein indirekter Fragesatz (bzw. Fragewort + *to*-Infinitiv) folgen. Einem Fragewort muss manchmal (aber nicht immer) eine Präposition vorausgehen; sicherheitshalber ist der Gebrauch der Präposition in allen Fällen zu empfehlen:
  *I **was thinking that** David and Susan are probably in Rome now.*
  *I **was thinking (about) how to** formulate the letter.*
  *I **was thinking (of) where to** go / **where** we could go.*
  *People **don't think about why** this service costs so much.*

2.2 *(to) think* = sich an etwas erinnern / auf etwas kommen / an etwas denken

- *think* wird in dieser Bedeutung typischerweise in Verbindung mit *try* und *can* gebraucht:
  Try to think what *sort of car he was driving.* (Versuchen Sie, sich zu erinnern, ...)
  *I'****m trying to*** *think of his name.* (Ich versuche, mich an seinen Namen zu erinnern.)
  I ***couldn't think where*** *I had seen him before.* (Mir fiel nicht ein, ...)
  I ***can't think what to*** *call it.* (Mir fällt nicht ein, wie ich es nennen soll.)
- In dieser Bedeutung kann *think* mit *of,* mit *that-* und einem indirekten Fragesatz (bzw. Fragewort + *to*-Infinitiv) verwendet werden (s. die eben genannten Beispiele). Auch ein *to*-Infinitiv ohne Fragewort ist möglich, wenn *think* in einem verneinten Satz (gelegentlich auch in einer Frage) im *past tense* gebraucht wird:
  I invited Jason. I ***didn't think to*** *invite Ann as well separately.* (Ich habe nicht daran gedacht, Ann noch extra einzuladen.)
  I ***didn't think to*** *ask Philip. He could've told me the address of course.* (Ich habe nicht daran gedacht, Philip zu fragen.)
  In einem bejahten Satz wird jedoch *remember* gebraucht:
  Denk daran, Ben anzurufen. = ***Remember*** *to phone Ben.*

2.3 *(to) think* = glauben / der Meinung sein

- In dieser Bedeutung kann *think* nicht in der Verlaufsform stehen.
- *think* wird in dieser Bedeutung oft mit einem *that*-Satz gebraucht, wobei *that* häufig auch weggelassen wird:
  I ***think (that)*** *we have found a good solution.*
- Eine negative Idee wird in der Regel nicht im *that*-Satz ausgedrückt, sondern der Hauptsatz mit *think* wird verneint:
  I ***don't think*** *he's coming.* (Ich glaube, er kommt nicht. / Ich glaube nicht, dass er kommt.)
- Zukunftsbezug im *that*-Satz kann in der Regel nicht mit dem *simple present* ausgedrückt werden:
  I ***think (that)*** *David* ***will phone*** (*NICHT: phones*) *later this evening.*
  Aber „*timetable future*": *I* ***think*** *we* ***arrive*** *in Singapore on Saturday.*
- Verschiedene Passivkonstruktionen sind als Entsprechungen von Aktivsätzen mit *think* und *that* möglich:
  People thought that *the earth was flat.*
  → ***It was thought that*** *the earth was flat.*
  → ***The earth was thought to be*** *flat.* [Achtung: kein Aktivsatz wie **People thought the earth to be flat* möglich.]
  The authorities think (that) *the terrorists used a flat in Frankfurt.*
  → ***It is thought that*** *the terrorists used a flat in Frankfurt.*
  → ***The terrorists are thought to have used*** *a flat in Frankfurt.* [Achtung: kein Aktivsatz wie **The authorities think the terrorists to have used ...* möglich]

- Kurzrepliken haben die Form *I think so / I don't think so* (eher seltener: *I think not*):
  *Has everything been organized? – **I think so*** (NICHT: *yes/it*). / ***I don't think so*** (NICHT: *it*). (Ich glaube ja/es. / Ich glaube nein / [es] nicht.)

2.4 *(to) think* = finden, halten für

- *Most **people think it a boring little town**.* [think + Objekt + Objektergänzung]
  *Most people **think (that) it is** a boring little town.*
  ***It is thought (to be)** a boring little town.*

3 Weitere Besonderheiten

- *"That's absurd", I **thought to*** (NICHT: *by*) *myself.*

⚠ Nicht *think*, sondern *wonder* wird gebraucht, um höfliche Einladungen und Bitten einzuleiten, auf die ein Satz mit *if/whether* folgt:
Ich dachte, ob du vielleicht mitgehen möchtest? = *I **was wondering** if/whether you'd perhaps like to come with me.*
Ich dachte, ob du vielleicht seine Adresse hast? = *I **was wondering** if/whether you perhaps have his address.*

third (Drittel)

- Anwendungsbeispiele:
  1/3 = ***a/one third*** ***a/one third of** a mile/litre/ ...*
  2/3 = ***two thirds*** ***two thirds of** a mile/litre/...*
  1 2/3 = ***one and two thirds*** ***one and two thirds of** a mile/litre/...*
  *If you add one sixth to one and a half, the answer is **one and two thirds.***
  *We drank **one and two third*** (NICHT: *thirds*) *bottle**s** of wine.*
  [keine Pluralform direkt vor Nomen im Plural]
  Aber: *We drank **one and two thirds of a** bottle.*
  *It will hold **six and two third*** (NICHT: *thirds*) *litre**s**. / It will hold **six and two thirds of a** litre.*

this – that – these – those

1 *this, these* (räumlich/zeitlich nah) – *that, those* (räumlich/zeitlich entfernt)

- *this* and *these* werden für Gegenstände, Personen und Situationen gebraucht, die räumlich oder zeitlich nahe beim Sprecher sind, *that* und *those* für solche, die räumlich oder zeitlich entfernt sind:
  This (NICHT: *That*) *room that we are standing in ...*
  ***That** room (over there) where the piano is ...*
  This (NICHT: *That*) *is a good opportunity to practise your Spanish. Come on – you ask the way.* [= hier und jetzt]

***That** was the first opportunity I had had.* [= die Situation damals]
***This** is ridiculous. Here we all are, and we can't get in because you've forgotten the key.* [= diese Situation hier und jetzt]
*I forgot my key. – **That** was silly of you.* [= jene Tat, als du den Schlüssel liegen ließest]
*Watch **this** carefully and see in which order I do things.* (Schau dir das genau an ...) [= das, was jetzt passiert]
*Did you see **that**? My hat nearly blew off.* [= das, was eben geschehen ist]
***This** new car tax everyone's talking about, do you think it will happen?* [die Idee ist topaktuell]
*We don't hear any more about **that** car tax idea, do we?* [die Idee ist jetzt passé]
*Right, now **this** is what I want to discuss today.* [= was unmittelbar bevorsteht]
***That**'s it, no more today.* [= was gerade geschehen ist]
(Beim Vorstellen:) ***This*** (NICHT: *That*) ***is** Herr Werner, our marketing manager.*
(Am Telefon:) ***This is** Donald Burgess (speaking).* (Hier spricht Donald Burgess.)
(Am Telefon:) *Who's **that**? Is **that** you, Mabel?* (Wer spricht da? Bist du das, Mabel?) [Im AE ist jedoch *this* üblich.]
*Do it **like this** (= as I am doing it), not **like that** (= as you are doing it / that person is doing it).* (Mach es so, nicht so.)

⚠ Die Singularformen *this* und *that* können nicht auf mehrere Dinge angewandt werden:
Dies sind Eichen und das sind Buchen. = ***These** are oaks and **those** are beeches.*

⚠ *that* und *those* werden abwertend in Bezug auf Personen/Dinge gebraucht, die in räumlicher Nähe sind:
*It's **that** awful woman / **those** awful fighter planes again.* (... diese schreckliche Frau / diese schrecklichen Kampfflugzeuge.)

2 *this, that, these, those* im Rückbezug

- *this* und *that* (und *these* und *those*) können grundsätzlich beide im Rückbezug auf etwas zuvor Erwähntes gebraucht werden:
  *There are 5000 refugees. **This/That** (= The fact that there are 5000 refugees) is something we mustn't forget.*
  *... and now we have enough money. **This/That** (= The fact that we now have enough money) is essential for the success of the project.*

- *this* und *these* werden im Rückbezug bevorzugt, wenn weitere Ausführungen folgen, die für den Sprecher die eigentlich wichtigen Informationen darstellen:
  *... and the patient recovered. Now **this** discovery was a major breakthrough ...*
  *... and the wind was light. **These** weather conditions were ideal for the experiment.*

- *that* und *those* werden im Rückbezug auf etwas im gleichen Satz verwendet, wenn das gleiche Nomen nochmals erwähnt wird:

T

A cup is presented and the team which wins ***that*** *cup keeps it for one year.* (... und die Mannschaft, die diesen Pokal gewinnt ...)

- *that/those of* wird im Rückbezug in (förmlichen) Vergleichssätzen gebraucht: *The population of Germany is great****er than that of*** *Great Britain.* (... größer als die von Großbritannien.)
- *those* wird im Rückbezug gebraucht, wenn eine Untergruppe/Teilmenge von etwas gemeint ist:
All participants except ***those*** *with a New Zealand passport will need a visa.* (... außer denjenigen mit ...)
Passengers must be in possession of a ticket. ***Those*** *with a reservation can ...*
- Wenn auf etwas verwiesen wird, das erst noch genannt werden soll, kann nur *this* gebraucht werden:
What he said was ***this****: he said we couldn't expect ...*
*It****'s like this****: Janet and I have separated.* (Es ist so: ...)

3 *this/that* in Zeitbestimmungen

- In Zeitbestimmungen mit *this* und *that* ist der Gebrauch von Präpositionen unterschiedlich:
This morning/afternoon/evening *we want to go and see the old town.* (Heute Morgen/Nachmittag/Abend ...) [keine Präposition]
Let's go there ***this weekend****.* (... dieses Wochenende / an diesem Wochenende ...) [keine Präposition]
(On) That day *I learned more about banks than ...* (An jenem Tag ...) [Präposition optional]
(In) That week/month/year *the weather was unusually mild.* [Präposition optional]
These days *most people order by phone, fax or E-Mail.* (Heutzutage ...) [keine Präposition]
In those days *it was unusual for a normal family to own a car.* (Damals ...) [Nur mit Präposition]
At that time *we still lived in Oxford.* (Zu dieser/jener Zeit / Damals ...) [Nur mit Präposition]

4 Sonstige Besonderheiten

- Betontes *that* wird in der Bedeutung von betontem „so" gebraucht:
Come on, it wasn't (betont:) ***that*** *expensive.* (Komm, **so** teuer war es nun auch wieder nicht.)
You don't expect me to write (betont:) ***that*** *much, do you?!* (Du erwartest doch nicht von mir, dass ich **so** viel schreibe, oder?!)
Vgl. auch: *It was his birthday so he gave all his staff a day off. He* ***is like that****.* (Er ist eben so.)
Und: (Gestikulierend:) *He was roughly* ***this/that*** *big.* (Er war ungefähr so groß.)
- *this* und *that* werden in diversen idiomatischen Wendungen gebraucht:
It's better, ***that is*** *more comfortable, to go by train.* (... das heißt ...)

***What's all this**?* (Was ist denn hier los?)
*Which way is the theatre? – **This way. / That way**.* (Hier entlang. / Dort entlang.)
***This is** Radio Tyneside.* (Sie hören Radio Tyneside.)
*He's a singer, and a very good one **at that**.* (... und noch dazu ein sehr guter.)
***With that** he slammed the door in my face.* (Daraufhin schlug er mir die Tür ins Gesicht.)
*You can't come with us, and **that's that!*** (... und damit basta!)
*We said goodbye, and **that was that**.* (... und das war es dann.)

though ⇨ **although**

thought (Gedanke)

- *thought* wird durch *of* + *-ing*-Form ergänzt, nicht durch einen Infinitiv:
  ***The thought of** losing her* (NICHT: *to lose her*) *was unbearable.*
  (Der Gedanke, sie zu verlieren, ...)
- Präpositionen:
  *I feel happy/sad **at the thought**.* (... bei dem Gedanken.) [*at* nach Adjektiven, die eine Reaktion beschreiben]
  *I was amazed/shocked/depressed **at/by the thought** that ...* (... bei/von dem Gedanken ...) [*at/by* nach Wörtern, die Adjektiv oder Partizip sein können]

thousand ⇨ **hundred**

(to) **threaten** ([be-]drohen), **threat** ([Be-]Drohung)

- Auf *threaten* folgt ein *to*-Infinitiv, keine *-ing*-Form, wenn keine Person als Objekt genannt wird. Wird die bedrohte Person genannt, so lautet die Konstruktion *threaten s.o. with (doing) s.th.:*
  *He **threatened to** call* (NICHT: *calling*) *the police. = He threatened that he would call ...*
  Aber: *He **threatened them with** resign**ing**. = He threatened that he would resign.* (Er [ihnen] drohte damit, zurückzutreten.)
- Präpositionen beim Nomen *threat*:
  *Inflation is the most serious **threat to*** (NICHT: *for*) *the stability of the economy.* (... Gefahr/Bedrohung für ...)
  *The **threat of** war hung in the air.* (Die Gefahr eines Krieges ...)
  *Many Alpine valleys are **under threat** (= in danger).*
  *They only agreed **under threat of** expulsion.* (Sie stimmten nur unter Androhung der Ausschließung zu.)

T

throat ⇨ neck

through – across

1 *through* und *across* in Ortsbestimmungen

- *through* birgt zwei Grundgedanken in sich: 1. Bewegung durch einen dreidimensionalen Raum, 2. Bewegung von einem Ende zum anderen. *through* wird also in Bezug auf Räume gebraucht, die etwas umschließen, und bedeutet „zum einen Ende hinein und zum anderen heraus":
  David walked in ***through*** *the door.* [Nicht die Tür, sondern der Türrahmen ist der umschließende Raum.]
  The path goes ***through*** *the woods.*
  He crawled ***through*** *a hole in the hedge/wall.*
  The train goes ***through*** *the tunnel in 25 minutes.*
- *through* wird auch in Bezug auf flache Gegenstände und Materialien, wie Papier, gebraucht, wenn eine Bewegung „hindurch, von der Vorder- zur Rückseite (bzw. von der Außen- zur Innenseite usw.)" gemeint ist:
  Don't press so hard on the paper or your pen will go ***through*** *it.*
  The damp (Feuchtigkeit) *came* ***through*** *the ceiling/wallpaper.*
- *across* birgt ebenfalls zwei Grundgedanken in sich: 1. Bewegung über einen zweidimensionalen Raum, 2. Bewegung von einer Seite zur anderen. *across* wird also in Bezug auf Räume gebraucht, die als Flächen (= zweidimensional) empfunden werden, und bedeutet „über die Oberfläche hinweg zur anderen Seite".
  Vgl.: *She walked* ***across*** *the field.*
  She walked ***through*** *the long grass.*
  He ran ***across*** *the room to the window.* [= zur anderen Seite: Er bleibt im Zimmer.]
  He opened the door, ran straight ***through*** *the dining-room and out the other side.* [= zur anderen Seite hinaus.]
  It took us nearly a day to ride ***across*** *the plain to the mountains on the other side.* [Die Ebene wird als Fläche empfunden.]
  The railway line goes straight ***through*** *the desert.* [*through* = mitten durch: Die Wüste wird als dreidimensionale Landschaft empfunden.]
  He swam/rowed ***across*** (NICHT: *through*) *the river/lake to the other side.* [Bewegung auf oder in Nähe der Wasseroberfläche]
  He dived in and swam ***through*** *the pool under water all the way, without coming up for breath.* [Bewegung durch umschließende Wassermengen]
  The first person to swim ***across*** *the English Channel was Matthew Webb in 1875.* [= von einer Seite zur anderen]
  To get from the Atlantic to the North Sea ships have to go ***through*** *the English Channel.* [= zum einen Ende hinein, zum anderen wieder hinaus]

2 *through* in Zeitbestimmungen

- Der Gebrauch von *through* in Zeitbestimmungen unterliegt ähnlichen Grundgedanken wie in Ortsbestimmungen: 1. Bewegung durch einen Zeitraum, 2. Bewegung von einem Ende zum anderen, d. h. „vom Anfang bis zum Ende“:
  *I shall have to work **(all) through** the weekend.*
  *I slept **through** most of the film.*
  *Halfway **through** the talk we got up and left.*
  (Nur AE:) *I shall be in Rome Tuesday **through** Friday in the first week of January (= from Tuesday to Friday inclusive).*

3 Weitere Anwendungen von *through* (auch als Adverb)

- *I heard about the offer **through** a friend of mine.* [durch = mittels]
  *It didn't take us long to **get through** customs / the barrier / the pile of letters / the work.* [*get through* = passieren / fertig werden mit)
  *Did he **get through** (= pass) his driving test?*
  *I tried to phone you but I couldn't **get through**.* (… ich bin nicht durchgekommen.)
  ***I'm through with** him / the project.* (Ich bin mit ihm / dem Projekt fertig.)

(to) **throw** (werfen)

- Präpositionen:
  *They **were throwing** stones **at** the cat.* (Sie warfen mit Steinen auf die Katze / nach der Katze.)
  ***Throw** the ball **to** me.* [= damit ich ihn fangen kann]
  *I was so angry that I just **threw** the book **against** the wall.* (… dass ich das Buch an/gegen die Wand warf.)
  *They **threw** all their money **into** the project.* (Sie steckten ihr ganzes Geld in das Projekt.)

tights ➪ stockings

till ➪ until

time

1 Besonderheiten des Artikelgebrauchs

- Kein Artikel oder bestimmter Artikel:
  Time flies**. / **How time flies! (Die Zeit rast! / Wie die Zeit rast!)
  ***Time** passes very quickly when you're concentrating on something.* (Die Zeit vergeht …)
  *I'm sorry, but I just don't **have (the) time**.* (… ich habe einfach keine Zeit.)
  ***(The) Next time** you go, could I come with you?* (Nächstes Mal / Das nächste Mal …)

- Unbestimmter Artikel:
  *He sat there **a long time** saying nothing.* (... lange / lange Zeit ...)
  *It all happened **a long time ago / long ago.*** (... vor langer Zeit.)
  ***After a short time** things began to improve.* (Nach kurzer Zeit ...)
  ***After a time** the food began to arrive.* (Nach einer gewissen Zeit ...)
  *The concrete will **take a time / quite a time** before it's really firm.*
  (... wird eine gewisse Zeit / ziemlich lange brauchen ...)
  *We sat there **for a time / for quite a time**.* (Wir saßen eine gewisse Zeit [lang] / ziemlich lange da.)

- *a* + Adjektiv + *time* wird in Verbindung mit *have* in Bezug auf Vergnügen/Freizeit gebraucht:
  *How was the party? – We **had a very good/great/wonderful/... time**.*
  (Wir haben uns gut amüsiert.)
  Have a good time! (Viel Spaß!)

2 Konstruktionen und Wendungen

2.1 *time* = „Zeit"

- Die Uhrzeit:
  What time is it? / What's the time? (Wie spät ist es?)
  What time / (förmlich:) ***At what time** shall we meet?*
  *Donald is only three, so he can't **tell the time** yet.* (... die Uhrzeit ablesen.)

- Zeitbestimmungen mit Bezug auf Zukunft und Vergangenheit:
  ***In** five **minutes/minutes' (days/days'** etc.) **time** ...* (In fünf Minuten ...) [Der Apostroph ist im Plural weglassbar.]
  ***In a week's/month's/year's time** ...* (in einer Woche / einem Monat / einem Jahr) [Der Apostroph kann im Singular nicht weggelassen werden.]
  ***By the time** it stops raining, it'll be too late for a picnic.* (Bis es aufhört zu regnen ...) [Näheres s. **until**]
  ***This time yesterday / last week / last year** I was in Paris.* (Gestern / Letzte Woche / Letzes Jahr um diese Zeit ...)

- Konstruktionen mit Infinitiv, *-ing*-Form, *that* und Inversion:
  *It's getting late. **It's time (for** me) **to** go.* (Es ist Zeit zu gehen. / Es ist Zeit, dass ich gehe.)
  ***It's time / high time / about time (that) I went**.* (Es ist Zeit / höchste Zeit / Zeit, dass ich gehe. [= Ich hätte schon gehen sollen, bin aber noch hier.]) [Näheres s. **high**]
  *He **was a long time** read**ing** the letter.* (Er hat lange an dem Brief gelesen.)
  *He **took a long time to** read / read**ing** the letter.* (Er hat lange gebraucht, um den Brief zu lesen.)
  *He **spent a long time** read**ing*** (NICHT: *to read*) *the letter.* (Er verbrachte eine lange Zeit damit, den Brief zu lesen.)
  ***At no time did I** ever suspect anything.* (Zu keiner Zeit hatte ich einen Verdacht.) [Auf *at no time* am Satzanfang folgt ein Hilfsverb, dann erst das Subjekt.]

2.2 *time* = „Mal"

- Die Wendung *it/this is the* [Ordinalzahl] *time (that)* wird mit dem *present perfect* gebraucht, nicht mit dem *present*:
It's the first/last/second/... time (that) I've heard (NICHT: *I hear*) *that name.* (Es ist das ... Mal, dass ich diesen Namen höre.)
It's the first/only/... time (that) I've seen *her* ***for*** *six weeks* / (meist AE auch:) ***in*** *six weeks.* (Es ist das erste/einzige/... Mal seit sechs Wochen, dass ich sie sehe.)

- Wenn *time* durch einen Relativsatz mit *that* oder *when* ergänzt wird, kann *that/when* auch entfallen:
I'd quite forgotten ***the time (that/when)*** *his car broke down and we all had to walk.* (Ich hatte das eine Mal ganz vergessen, als ...)

⚠ *Five* ***times*** *five* ***is*** (NICHT: *are*) *twenty-five.*

3 Präpositionale Wendungen

- Ausdrücke mit *on* und *in*:
The train arrived ***on time***. (... pünktlich ...)
I got to the station just ***in time***. *I had two minutes before the train left.* (... gerade rechtzeitig ...)
We're (just) ***in time to*** *see the news.* (Wir sind [gerade] rechtzeitig da/fertig, um die Nachrichten zu sehen.)
It arrived ***in (good) time for*** *Christmas.* (... rechtzeitig vor Weihnachten ...)
She learned to love him ***in (the course of) time***. (... mit der Zeit / im Laufe der Zeit ...)
In the time of *Queen Elizabeth I Britain became a naval power.* (In der Regierungszeit ...)

- Ausdrücke mit *at* und *for*:
At one time *pubs had to close in the afternoon.* (Früher einmal ...)
At that time *pubs used to close in the afternoon.* (Damals ...)
They all arrived ***at the same time***. (... zur gleichen Zeit ...)
I was watching a video ***at the time***. (Ich sah gerade ein Video.)
At the time *I didn't think his behaviour was unusual.* (Damals ...)
At times *I find it difficult to concentrate.* (Gelegentlich/Manchmal/Bisweilen ...)
This door must be kept locked ***at all times***. (... immer / ständig / zu allen Zeiten ...)
Call me ***anytime / (at) any time***. (... jederzeit ...)
He ran down the steps three ***at a time***. (... und nahm drei Stufen auf einmal.)
I saw her ***for the first/second/last/... time*** *on Wednesday.* (... zum ersten/zweiten/letzten/... Mal ...)
I drove a VW ***for a long time***. (Ich habe lange [Zeit] einen VW gefahren.) [s. **long**, Abschnitt 2]
For the time being *we can use this crate* (Kiste) *as a table.* (Vorläufig/Vorübergehend/Unter den gegenwärtigen Umständen ...)

4 Weitere Fehlerquellen

⚠ die gute alte Zeit = *the good old **days***
Ich kenne ihn aus der Zeit vor seinem Unfall. = *I know him **from before** his accident.*
In der ersten Zeit habe ich vieles nicht verstanden. = ***At the beginning / At first / In the first few days/weeks/months** ...*
Ich sehe ihn irgendwann in nächster Zeit / in der nächsten Zeit. = *I'll be seeing him **sometime soon / sometime in the next few days/weeks/months / in the near future**.*
Ich habe ihn in letzter Zeit / in der letzten Zeit nicht gesehen. = *I haven't seen him **recently/lately**. / I haven't seen him **in the past/last few days/weeks/months**.*

tin – can (Dose)

- *tin* und *can* bezeichnen beide eine „Büchse/Dose". Im AE ist *can* üblich. Im BE wird *can* für größere, *tin* für kleinere Dosen bevorzugt; aber für Getränkedosen ist auch im BE nur *can* möglich:
  *a **tin/can** of beans/paint/tomatoes*
  (BE:) *a **tin** of milk/sardines*
  *a **can*** (NICHT: *tin*) *of beer/coke*
  Außerdem gibt es feste Wortverbindungen für bestimmte Inhalte:
  (BE:) *a **tin of biscuits***
  *an **oil/petrol can** / a **can of oil/petrol***
  (AE:) *a **garbage/trash can** / an **ash can*** (Mülleimer = BE: *dustbin*)
- Nur Dosen aus Blech können als *tin/can* bezeichnet werden:
  eine Plastikdose = *a plastic container* / (wenn rund:) *a plastic jar*
- Eine Gießkanne wird zwar als *watering can* bezeichnet, doch sonst wird „Kanne" in aller Regel nicht mit *can* wiedergegeben:
  Gieße die Milch in eine Kanne. = *Pour the milk into a **jug**.*
  eine Tee-/Kaffeekanne = *a te**apot**/coffee**pot***
  eine Thermoskanne = *a thermos **flask***
  eine [große] Milchkanne [vom Bauern] = *a milk **churn***
- eine Teedose = *a tea **caddy***

tired (müde)

- Steigerungsformen: *tired**er*** – *tired**est*** oder ***more** tired* – ***most** tired.*
- Wendungen:
  *I'm feeling **very*** (NICHT: *absolutely/completely*) ***tired**.* (Ich bin sehr müde.)
  *I'**m tired from** all that walking today. I think I'll go to bed early.* (Ich bin müde von ...)

*I **get tired** walk**ing** to school – can't you drive me?* (Ich werde müde, wenn ich zu Fuß zur Schule gehe.)
***I'm tired / I'm getting tired of** go**ing** to the same old place year after year. Can't we go somewhere else for a change?* (Ich habe/werde es satt, jedes Jahr ... zu fahren.)

to = Präposition (*to*-Infinitiv ➪ nächster Eintrag)

1 Bedeutungen der Präposition *to*

- Die Grundbedeutung von *to* ist „zu einem Ort hin / in Richtung auf einen Ort / zu einem Ziel hin". Die Entsprechung im Deutschen kann unterschiedlich lauten:
  *We drove **to** the hotel in a taxi.* (... ins Hotel / zum Hotel.)
  *Let's go **to** the cinema / **to** Denzil's party.* (... ins Kino / auf Denzils Party.)
  *I went **to** David's (house) last night.* (... zu David [nach Hause].)
  *He's gone **to** bed/school/hospital.* (... ins Bett / in die Schule / ins Krankenhaus ...)
  *She was dressed in bright green from head **to** foot / from top **to** bottom.* (... von Kopf bis Fuß ...)
  *He pointed **to** the window.* (Er zeigte aufs Fenster.)
  *She threw it **to*** (auch: *on*) *the ground.* (... auf den Boden.)
  *She's gone **to** London.* (... nach London ...)
  *Advance **to** square four.* (Rücke auf Feld 4 vor.)
  *Oxford is **to** the west.* (... im Westen / westlich.)
  *The building **to** your left/right is ...* (... zu Ihrer Linken/Rechten ...)

- *to* wird bei Verben der Bewegung in aller Regel nicht vor *here/there* gebraucht:
  *Ann went **to** the exhibition on Monday. We went **there*** (NICHT: *to there*) *yesterday.* (Wir gingen gestern hin.)
  Aber: *Jeremy has grown.* [Geste:] *He comes **to here** on me now.* (Er reicht mir bis hierher.)

- Als Erweiterung der Grundbedeutung „auf ein Ziel hin" ist der Gebrauch von *to* anzusehen, um einen Endzustand oder ein Ergebnis auszudrücken:
  *The whole building was burned **to** ashes.*
  *Can you convert that amount **to**/into Deutschmarks?* (... in DM umrechnen?)
  *He was trampled / He froze **to** death.* (Er wurde zu Tode getrampelt. / Er erfror.)
  *I'm bored **to** tears/death.*

- *to* wird gebraucht, um auszudrücken, wo etwas festgemacht oder festgehalten wird:
  *Fix/Pin/Nail/Stick it **to** the wall.*
  *She held/clutched/pressed the screaming child **to** her breast.*

- *to* wird in verschiedenen Arten von Zeitbestimmungen gebraucht:
  *What's the time? – Twenty **to** seven.* (Zwanzig vor sieben.)
  *We're open from ten **to** six.* (... von zehn bis sechs ...)
  *It's five more days **to*** (auch: *till/until*) *my birthday.* (... bis zu ...)

T

- *to* wird gebraucht, um eine Reaktion auf eine Situation auszudrücken:
  ***To** my surprise/horror/relief/amazement/dismay he called the police.*
- *to* drückt ein Verhältnis zwischen zwei Sachen aus:
  *Once there were twelve Deutschmarks **to** the pound.*
  *This car does over 50 miles **to** the gallon.*
- *to* wird in Bezug auf ein Geräusch gebraucht, das gleichzeitig mit einer Bewegung stattfindet:
  *She sat down **to** thunderous applause.* (... unter donnerndem Applaus.)
  *She woke **to** the sound of voices in the next room.* (... durch das Geräusch ...)

2 Präposition *to* + Objekt nach Verben

- *to* steht vielfach vor einem indirekten Objekt:
  *I gave the tickets **to** David.*
  *I gave them **to** him.*
- Nach bestimmten Verben kann eine Person nur mit *to* angeschlossen werden:
  *Can you **explain** the rules **to** me?*
  *He **said to** me that he wanted to marry her.*
  *Who **suggested** that **to** you?*
  *It **seems/tastes/smells** bitter **to** me.*
  *It **looks/sounds** unusual **to** me.*
  *Who does this **belong to**?*
  Zu dieser Gruppe von Verben gehören:

  announce (ankündigen)
  apologize (sich entschuldigen [bei])
  belong (gehören)
  boast (prahlen [gegenüber])
  complain (sich beschweren [bei])
  confess (beichten)
  describe (beschreiben)
  explain (erklären)
  introduce (vorstellen)
  look (aussehen)
  mention (erwähnen [gegenüber])
  preach (predigen)
  report (berichten)
  say (sagen)
  seem (scheinen/erscheinen)
  smell (riechen)
  sound (klingen)
  speak (sprechen)
  suggest (vorschlagen)
  talk (sprechen)
  taste (schmecken)
  wave (winken)

⚠ *to* bildet mit bestimmten Verben eine feste Wortverbindung, auf die das direkte Objekt als präpositionales Objekt folgt. Ein eventuelles zweites Verb steht nach diesem *to* als *-ing*-Form; *to* ist hier Präposition, nicht Teil eines Infinitivs:
*I'**m looking forward to** seeing you.*
*The politician **confessed to** receiv**ing** bribes.* (Der Politiker gestand, Bestechungsgelder angenommen zu haben.)
*After his holiday he **returned to** work**ing** twelve hours a day.* (Nach seinem Urlaub begann er wieder, zwölf Stunden am Tag zu arbeiten.)

Zu dieser Gruppe von Verben gehören:
apply to s.th. (sich auf etwas beziehen)
confess to s.th. (etwas [eine Missetat oder ein Verbrechen] gestehen)
look forward to s.th. (sich auf etwas freuen)
object to s.th. (etwas gegen etwas einzuwenden haben)
return to s.th. (sich in etwas zurückverwandeln / wieder mit etwas anfangen)

3 Verbindungen aus Adjektiv + Präposition *to*

- Diverse Adjektive werden typischerweise mit *to* gebraucht:
*My stepfather was very **nice/kind/cruel to** me.*
*He's **married/engaged to** one of Jill Sawyer's daughters.* (Er ist mit … verheiratet/verlobt.)
*Careful planning is **essential to** the success of the project.* (… unentbehrlich für …)
Zu den Adjektiven, die mit *to* gebraucht werden, zählen:
acceptable to (annehmbar für)
addicted to (süchtig nach)
allergic to (allergisch gegen)
central to (von entscheidender Bedeutung für)
comparable to (vergleichbar mit)
engaged to (verlobt mit)
equal/equivalent to (gleich + Dativ)
essential to (unentbehrlich für)
identical to (identisch mit)
important to (auch: *for*) (wichtig für)
inferior to (unterlegen + Dativ)
married to (verheiratet mit)
preferable to (vorzuziehen + Dativ)
relevant to (relevant für)
sensitive to (empfindlich gegen)
similar to (vergleichbar mit)
superior to (überlegen + Dativ)
used to (gewohnt + Akkusativ)
useful to (nützlich + für)
vital to (lebenswichtig für)

4 Verbindungen aus Nomen + Präposition *to*

- Hier eine Auswahl der Nomen, die mit *to* gebraucht werden:
answer to (Antwort auf)
assistant/secretary to (Assistent[in]/Sekretär[in] + Genitiv)
damage to (Schaden an)
gift/present to (Geschenk an/für)
introduction to (Einführung in)
key to (Schlüssel zu)
memorial/monument to (Denkmal für)
reaction to (Reaktion auf)
rise to (Aufstieg zu)
solution to (Lösung + Genitiv)
threat to (Bedrohung für)
transition to (Übergang zu)

T

5 „zu" im Deutschen, aber keine Wiedergabe mit *to*

- Wir treffen uns zu Weihnachten. = *We'll meet **at** Christmas.*
Sie schenkte mir einen Kaktus zu Weihnachten / zu meinem Geburtstag / zum Abschied / zum Abschluss. = *She gave me a cactus **for** Christmas / **for** my birthday / **when we said goodbye** / **at** the end.*
Sie kam zur Tür / zum Fenster herein. = *She came in **through** the door/ window.*
Sie machten/ernannten/wählten sie zur Vorsitzenden. = *They made/ appointed/elected her chairwoman.*

Liebe/Freundschaft/Zuneigung zu jemandem = *love/friendship/affection **for** someone*
Zu (= Zum Zwecke) Ihrer Information ... = ***For** your information ...*
Ist das zum Trinken/Schreiben? = *Is that **for** drink**ing** / **for** writ**ing** with/on?*
Möchten Sie Weißwein zum Fisch? = *Would you like some white wine **with** the fish?*
Sie verkauften die Brötchen zu 5 Pfennig das Stück. = *They were selling the rolls **at** 5 pfennigs each.*
Wir waren zu fünft. = ***There were five of us.***
Der Wein ist zur Hälfte aufgebraucht. = *Half (of) the wine is gone.*

to-Infinitiv

1 Form und Funktion des *to*-Infinitivs

- Der *to*-Infinitiv hat diverse Formen:
  *He seems **to know** us.* [einfache bejahte Form]
  *I remembered **not to** call him "Grandpa".* [verneinte Form]
  *It's unusual **to be sitting** at the back.* [Verlaufsform]
  *We expect **to have** finish**ed** the project by next year.* [Perfektform]
  *I'd love **to have been** watch**ing**.* [Verlaufsform der Perfektform]
  *It's not nice **to be** treat**ed** like that.* [Passiv]
  *It was **to have been** dry-clean**ed**, not washed.* [Passiv der Perfektform]
- Wenn in einem Satz zwei Infinitive vorkommen, die durch *and, or* oder *than* verbunden sind, kann *to* vor dem zweiten entfallen:
  *I'd like **to read** the book **and (to) see** the film.*
  *It's usually quicker **to walk than (to) go** by car.*
- Der *to*-Infinitiv wird typischerweise in folgenden Funktionen gebraucht:
  - als Subjekt des Satzes:
    ***To lose** would be a real catastrophe for the team.*
  - als Subjekt in Verbindung mit *for* + Sinnsubjekt:
    ***For them to lose** would be a real catastrophe.*
  - als Subjekt in Verbindung mit einem Fragewort:
    ***What to do next** will be the main question at the meeting.*
  - als Subjektergänzung nach *be*:
    ***The intention is to close** the factory in July.*
  - als Objekt in Verbindung mit einem Fragewort:
    *We haven't decided **when/where/whether to go**.*
  - als Adverbiale des Zwecks:
    *Press button A **to clear** the memory.*
  - anstelle eines Relativsatzes mit modalem Hilfsverb:
    *He's **the man to ask** (= the man you should ask). / That's **the place to visit**. / Here's **a book for you to read**.*
  - anstelle eines Relativsatzes nach einer Ordinalzahl bzw. nach *first/last/only*:
    *You're **the fourth/first/last to arrive**.*

- anstelle eines Relativsatzes nach einem Superlativ:
  The oldest *person* ***to complete*** *the marathon was 82.*
- nach *too* und *enough*:
  It's ***too*** *cold / not warm* ***enough (for us) to go*** *swimming.*
- als Adverbiale der Folge:
  I opened the letter only ***to discover*** *that it wasn't for me.*
- nach einem Verb:
  I ***expect to arrive*** *before lunch.*
- nach einem Verb + (Pro-)Nomen (= Sinnsubjekt des Infinitivs):
  We ***expect them to arrive*** *before lunch.*
- in Passivsätzen, die von solchen Sätzen abgeleitet sind:
  They are expected to arrive *before lunch.*
- nach einem Verbverband mit *for* + (präpositionales) Objekt (= Sinnsubjekt des Infinitivs):
  I'm waiting for Jacko to get up.
- nach unpersönlichem *it* + *be* + Adjektiv:
  It's important to book *early.*
- nach *it* + *be* + Adjektiv + *for* + (präpositionales) Objekt (= Sinnsubjekt des Infinitivs):
  It's important for me to know *before Monday.*
- nach persönlichem Subjekt + *be* + Adjektiv; z.T. werden diese Adjektive selten oder gar nicht ohne *to*-Infinitiv gebraucht:
  He is unable/bound to come.
  He is absurd to say *that.*
- nach einem Nomen:
  The ***need to save*** *money is what is behind the new policy.*
- nach einem Nomen + *for* + (präpositionales) Objekt (= Sinnsubjekt des Infinitivs):
  The ***need for the government to save*** *money is behind the new policy.*

⚠ Im Gegensatz zum Deutschen wird meist der passive Infinitiv (bei passivem Sinn) verwendet, wenn eine Notwendigkeit, Möglichkeit oder Wahrscheinlichkeit ausgedrückt wird:
Was ist zu tun? = *What is* ***to be done****?*
Es ist Folgendes zu sagen: ... = *The following has* ***to be said****: ...*
Es ist nirgends zu finden/sehen. = *It is nowhere* ***to be found/seen****.*
Ihm ist nicht zu helfen/trauen. = *He is not* ***to be helped/trusted****.*
Es ist zu erwarten/hoffen, dass ... = *It is* ***to be expected/hoped*** *that ...*

T

2 Der *to*-Infinitiv nach bestimmten Verben

- Der *to*-Infinitiv wird typischerweise nach folgenden Verben gebraucht:

agree (vereinbaren)
aim (beabsichtigen)
appear (scheinen)
ask (bitten)
attempt (versuchen)
beg (bitten)
choose (es vorziehen)
claim to be X (behaupten, X zu sein)
decide (sich entschließen)
desire (wünschen)
expect (erwarten)
fail (es nicht schaffen)
happen to (do) (zufällig [tun])
hesitate (zögern)

hope (hoffen)
learn (lernen)
long (sich danach sehnen)
manage (es schaffen)
need (brauchen)
offer (anbieten)
plan (planen)
pretend (vortäuschen)
promise (versprechen)
refuse (sich weigern)
seek (versuchen / danach streben)
seem (scheinen)
tend (dazu neigen)
threaten (drohen)
try (versuchen)
volunteer (sich anbieten)
want (wollen)
wish (wünschen)
would like (möchte[st/n])

- Nach den eben genannten Verben kann in Kurzrepliken *to* allein, ohne Verb stehen:
  *Will you go and visit them next year? – Well I'**d like to** / I **hope to** / I **expect to** / I **want to** / I'**ll try to**.*
- Der *to*-Infinitiv wird in der Konstruktion Verb + Objekt + *to*-Infinitiv (z. B. *allow s.o. to do s.th.*) typischerweise nach folgenden Verben gebraucht:
  allow s.o. to do s.th. (jdm. erlauben, etwas zu tun)
  advise s.o. to do s.th. (jdm. raten, etwas zu tun)
  ask s.o. to do s.th. (jdn. bitten, etwas zu tun)
  beg s.o. to do s.th. (jdn. bitten, etwas zu tun)
  cause s.o. to do s.th. (verursachen, dass jd. etwas tut)
  enable s.o. to do s.th. (jdn. befähigen, etwas zu tun)
  encourage s.o. to do s.th. (jdn. ermutigen / darin bestärken, etwas zu tun)
  expect s.o. to do s.th. (von jdm. erwarten, dass er etwas tut)
  force s.o. to do s.th. (jdn. zwingen, etwas zu tun)
  get s.o. to do s.th. (jdn. etwas machen lassen)
  help s.o. to do s.th. (jdm. helfen, etwas zu tun)
  hire s.o. to do s.th. (jdn. anstellen, damit er etwas tut)
  inspire s.o. to do s.th. (jdn. anregen/inspirieren, etwas zu tun)
  instruct s.o. to do s.th. (jdm. befehlen, etwas zu tun)
  invite s.o. to do s.th. (jdn. auffordern/bitten, etwas zu tun)
  lead s.o. to do s.th. (jdn. dazu verleiten / dahin bringen, etwas zu tun)
  like s.o. to do s.th. (es gern haben / für richtig halten, dass jd. etwas tut)
  love s.o. to do s.th. (es liebend gern haben, dass jd. etwas tut)
  mean s.o. to do s.th. (wollen, dass jd. etwas tut)
  oblige s.o. to do s.th. (jdn. nötigen, etwas zu tun)
  order s.o. to do s.th. (jdm. befehlen, etwas zu tun)
  pay s.o. to do s.th. (jdn. dafür bezahlen, dass er etwas tut)
  permit s.o. to do s.th. (jdm. erlauben, etwas zu tun)
  prefer s.o. to do s.th. (es vorziehen, wenn/dass jd. etwas tut)
  persuade s.o. to do s.th. (jdn. überreden, etwas zu tun)
  remind s.o. to do s.th. (jdn. daran erinnern, etwas zu tun)
  request s.o. to do s.th. (jdn. bitten, etwas zu tun)
  teach s.o. to do s.th. (jdm. beibringen, wie/dass er etwas tut)
  tell s.o. to do s.th. (jdm. sagen, dass er etwas tun soll)
  want s.o. to do s.th. (wollen, dass jemand etwas tut)

warn s.o. to do / not to do s.th. (jdm. dringend raten, etwas zu tun / jdn. warnen, etwas nicht zu tun)
wish s.o. to do s.th. (wünschen, dass jd. etwas tut)
would like s.o. to do s.th. (gerne wollen, dass jd. etwas tut)
Die meisten dieser Verben können auch im Passiv mit nachfolgendem *to*-Infinitiv gebraucht werden:
*We **were expected to** work 12 hours.*
*We **were hired to** pick pears.*

- Zu den Verben mit *for*, auf die ein Objekt + Infinitiv folgen kann, zählen die folgenden. Der Infinitivsatz wird im Deutschen durch einen „dass"-Satz oder einen Relativsatz wiedergegeben:
  *I'm **waiting for Jacko to get up**.* (Ich warte darauf, dass Jacko aufsteht.)
  arrange for s.o. to do s.th. (dafür sorgen, dass jd. etwas tut)
  ask for s.o. to do s.th. (darum bitten, dass jd. etwas tut)
  call for s.o. to do s.th. ([er]fordern / dazu aufrufen, dass jd. etwas tut)
  long for s.o. to do s.th. (sich danach sehnen, dass jd. etwas tut / sich nach jdm. sehnen, der etwas tut)
  look for s.o. to do s.th. (jdn. suchen, der etwas tut)
  provide for s.o. to do s.th. (dafür sorgen, dass jd. etwas tut)
  wait for s.o. to do s.th. (darauf warten, dass jd. etwas tut)

3 Der *to*-Infinitiv nach bestimmten Adjektiven

- Viele Adjektive können mit einem *to*-Infinitiv gebraucht werden – nach einem persönlichen Subjekt + *be* und/oder nach unpersönlichem *it* + *be*:
  ***He's absurd to** say that.* (Es ist absurd von ihm das zu sagen.)
  ***It's absurd to** say that.* (Es ist absurd das zu sagen.)
  Zu den Adjektiven, die so gebraucht werden können, zählen z. B.:
  *he's/it's **absurd/silly/stupid to** do s.th.* (es ist absurd/albern/dumm [von ihm] etwas zu tun)
  *he's **afraid/frightened to** do s.th.* (er hat Angst etwas zu tun)
  *he's **anxious to** do s.th.* (er ist bedacht/bestrebt etwas zu tun)
  *he's **ashamed to** do s.th.* (er schämt sich etwas zu tun)
  *he's/it's **awful/bad to** do s.th.* (es ist schrecklich/schlimm [von ihm] etwas zu tun)
  *he's/it's **good/nice to** do s.th.* (es ist gut/schön [von ihm] etwas zu tun)
  *it's **great to** do s.th.* (es ist großartig etwas zu tun)
  *he's **careful to** do s.th.* (er achtet darauf etwas zu tun)
  *he's **certain/sure** to do s.th.* (er wird etwas sicher tun)
  *it's **cheap/expensive** to do s.th.* (es ist billig/teuer etwas zu tun)
  *it's **easy/difficult to** do s.th.* (es ist leicht/schwer etwas zu tun)
  *he's **easy/difficult to** understand/recognize/convince/...* (er ist leicht/schwer zu verstehen/erkennen/überzeugen/...)
  *he's **glad/happy/pleased/delighted to** do s.th.* (er ist froh etwas zu tun)
  *he's/it's **sad to** do s.th.* (er ist traurig, dass er etwas tun muss / es ist traurig etwas zu tun)
  *it's **important/essential to** do s.th.* (es ist wichtig/unentbehrlich etwas zu tun)
  *he's **keen/eager to** do s.th.* (er ist darauf erpicht/aus etwas zu tun)

he's ***proud to*** *do s.th.* (er ist stolz etwas zu tun)
he's ***quick/slow to*** *do s.th.* (er ist schnell/langsam beim ... / er tut etwas schnell/langsam)
he's ***surprised/amazed/astonished to*** *do s.th.* (er ist überrascht/erstaunt etwas zu tun)

- Zu den Adjektiven, die nicht oder selten ohne *to* gebraucht werden, zählen:
  *He****'s able/unable to*** *come.* (Er kann / kann nicht kommen.)
  *He****'s bound/likely/unlikely to*** *come.* (Er wird sicher / wahrscheinlich / wahrscheinlich nicht kommen.)
  He's ***due to*** *come.* (Er soll [laut Anweisung/Vereinbarung/Programm] kommen.)
  He's ***liable/inclined to*** *forget.* (Er neigt dazu, zu vergessen.)
  He's ***willing/prepared/unwilling to*** *help.* (Er ist bereit / nicht bereit zu helfen.)
  He's ***loath to*** *help.* (Er hilft ungern.)

4 Der *to*-Infinitiv nach bestimmten Nomen

- Viele Nomen können durch einen nachfolgenden *to*-Infinitiv ergänzt werden:
  He had to give up his ***attempt to*** *climb Everest.*
  Zu den Nomen, die so gebraucht werden können, zählen z. B.:
  ability/inability (Fähigkeit/Unfähigkeit)
  attempt (Versuch)
  chance (Chance)
  desire (Wunsch)
  determination (Entschlossenheit)
  (His) failure to ... (Die Tatsache, dass [er] nicht ...)
  inclination (Neigung)
  intention (Absicht)
  need (Notwendigkeit)
  opportunity (Gelegenheit)
  permission (Erlaubnis)
  plan (Plan)
  right (Recht)
  willingness/unwillingness (Bereitschaft/mangelnde Bereitschaft)

- Bestimmte Nomen können nicht durch einen *to*-Infinitiv, sondern nur durch *of* + *-ing*-Form ergänzt werden, z. B.:
  What's the ***advantage of*** *pay**ing*** *now?*
  The new policy is having the ***effect of*** *encourag**ing*** *firms to invest.*
  The ***thought of*** *los**ing*** *her was unbearable.*
  The ***job/task of*** *deliver**ing*** *all the letters was left to Philip.*
  In Sätzen wie dem folgenden ist der *to*-Infinitiv (und seine Ergänzungen) nicht von dem betreffenden Nomen abhängig, sondern nachgestelltes und durch „leeres " *it* vorweggenommenes Subjekt:
  It*'s an advantage to be able to speak French. = To be able to speak French* ***is*** *an advantage.*

toast (Toast)

- *toast* ist im Englischen, wie *bread*, nicht zählbar, d. h. es kann nicht mit *a/an* oder im Plural gebraucht werden:
  Möchtest du noch einen Toast? = *Would you like* ***another piece of / some more toast****?*
  Billy hat schon sechs Toasts gegessen. = *Billy has already eaten six* ***pieces of toast****.*
- Ein als Snackmahlzeit belegtes Toastbrot wird als *toasted sandwich* bezeichnet – auch wenn es nicht zusammengeklappt ist.

today (heute)

1 Das Adverb *today*

- *today* kann nicht mit *morning/afternoon/evening* verbunden werden:
  heute Morgen/Nachmittag/Abend = ***this*** *morning/afternoon/evening*
- *today* kann mit *week*, aber nicht mit *day* verbunden werden:
  I expect to see him ***a week today / today week****.* (... heute in einer Woche ...)
  I expect to see him ***three weeks today*** (aber nicht auch, etwa analog zum vorigen Beispielsatz: *today three weeks*). (... heute in drei Wochen ...)
  I last saw him ***a week / three weeks ago today****.* (... heute vor einer Woche / drei Wochen ...
  Ich sehe ihn heute in etwa zehn Tagen. = *I'll see him* ***in about ten days' time*** (NICHT: *ten days today / today in ten days*).
  Ich sah ihn zuletzt heute vor zehn Tagen. = *I last saw him* ***ten days ago*** (NICHT: *ten days ago today*).

2 *today's* = „der/die/das heutige" / „der/die/das ... von heute"

- Das Nomen *today* + Genitiv-*s* bzw. *of*-Fügung entspricht im Deutschen der Konstruktion Begleiter + „heutige(r/s)" + Nomen bzw. Begleiter + Nomen + „von heute". *today's* kann nicht mit einem Begleiter gebraucht werden:
  In ***today's*** *political climate / In the political climate* ***of today*** *...*
  (Im heutigen politschen Klima / Im politischen Klima von heute ...)
  Have you seen ***today's*** *paper* (NICHT: *the today's paper*)? (... die heutige Zeitung / die Zeitung von heute ...)
  Auf dem/unserem heutigen Programm steht ein Besuch in der National Gallery. = *On* ***today's*** (NICHT: *the/our today's*) *programme there is a visit to the National Gallery.*

together – between us/you/them (zusammen)

- *together* kann „zusammen" im Sinne von „miteinander", „gleichzeitig", „aneinander", „mit vereinten Kräften" und „insgesamt, als gemeinsame Resourcen" bedeuten:
  *We live **together** now.* [= miteinander]
  *We both said it **together**.* (= gleichzeitig)
  *Stick the two pieces of paper **together**.* [= aneinander]
  ***Together** we managed to unload the van in two hours.* [= mit vereinten Kräften]
  ***Together** they had over $500.* [= insgesamt, als gemeinsame Resourcen]

- In den beiden letzten Anwendungsbeispielen könnte ersatzweise auch *between* + Pronomen gebraucht werden:
  ***Between us** we managed to unload the van in two hours.*
  ***Between them** they had over $500.*

tomorrow (morgen)

1 Das Adverb *tomorrow*

- Anwendungsbeispiele (vgl. auch **today**):
  *I'll see you **tomorrow morning/afternoon/evening/night**.* (... morgen früh/Nachmittag/Abend/Nacht.)
  ***The day after tomorrow** we go to Denmark.* (Übermorgen ...)
  *We leave for South Africa **a week / two weeks tomorrow**.* (... morgen in einer Woche / zwei Wochen ...)
  ***See you tomorrow**!* (Bis morgen!)

- In der indirekten Rede wird *tomorrow* mit *the next/following day* wiedergegeben:
  *He asked me, "Why not come to the theatre with me **tomorrow?**"*
  *→ He asked me if I wanted to go to the theatre with him **the next/following day**.*

2 *tomorrow's* = „der/die/das morgige" / „der/die/das ... von morgen"

- *tomorrow* kann wie *today* mit einem Genitiv-*s* oder einer *of*-Fügung verbunden werden. *tomorrow's* kann nicht mit einem Begleiter gebraucht werden (vgl. **today**):
  *Have you heard what **tomorrow's** weather (NICHT: the tomorrow's weather) is going to be?* (... das morgige Wetter ...)
  *The transport systems **of tomorrow** ...* (Die Transportsysteme von morgen ...)
  Unser morgiges / Das morgige Programm schließt einen Besuch in der National Gallery ein. = ***Tomorrow's** (NICHT: Our/The tomorrow's) **programme** includes a visit to the National Gallery.*

tonight (heute Abend / heute Nacht)

- *tonight* kann „heute Abend" oder „heute Nacht" entsprechen:
What are you doing ***tonight****? Shall we go to the pub?* (... heute Abend?)
The clocks change at 2 a.m. ***tonight***. (... heute Nacht ...)

- *tonight* kann mit einem Genitiv-*s* verbunden werden:
Tonight's *programme is about the problems of pet owners.* (Die Sendung heute Abend ...)
Vor *tonight's* kann aber nicht *the* nicht stehen (nicht z. B.: *the tonight's programme*), vgl. **today**.

too (zu)

- Zum Gebrauch von *too* in der Bedeutung „auch" s. **also**.

1 Stellung von *too* = „zu"

- *too* (= „zu") wird vor prädikativen Adjektiven und Adverbien gebraucht:
The sleeves are ***too*** *short. He was driving* ***too*** *fast.*

⚠ Wenn *too* mit *a/an*, einem Adjektiv und einem zählbaren Nomen gebraucht wird, gilt die Reihenfolge *too* + Adjektiv + *a/an* + Nomen:
It was ***too big a decision*** *for Jim to make alone.* (... eine zu große Entscheidung ...)
Mit zählbaren Nomen im Plural gibt es keine entsprechende Konstruktion:
Er stellt zu schwierige Fragen. = *He asks questions* ***that are too difficult***.
Die andere Wohnung hat zu kleine Zimmer. = *The other flat* ***hasn't got big enough rooms***.

2 *too* + *to*-Infinitiv

- Auf *too* + Adjektiv/Adverb folgt oft ein *to*-Infinitiv. Die Entsprechungen des Infinitivs können im Deutschen ganz unterschiedlich lauten:
The text was ***too*** *difficult* ***to*** *understand.* (Der Text war zu schwierig zu verstehen.)
It's ***too*** *windy* ***to*** *play outside.* (Es ist zu windig, um draußen zu spielen.)
It was ***too*** *expensive* ***to*** *buy.* (Es war zu teuer zum Kaufen.)
The request was ***too*** *urgent* ***to*** *wait until Jack came back.* (... zu dringend, als dass ich warten konnte, bis Jack zurückkehrte.)

- Das Subjekt des Infinitivs kann mit *for* genannt werden:
The text was ***too*** *difficult* ***for*** *most of the students* ***to*** *understand.* (Der Text war für die meisten Studenten zu schwierig zu verstehen.)
It's ***too*** *windy* ***for*** *the children* ***to*** *play outside.* (Es ist zu windig, als dass die Kinder draußen spielen könnten.)
It was ***too*** *expensive* ***for*** *us* ***to*** *buy.* (Es war uns zu teuer zum Kaufen.)
The request was ***too*** *urgent* ***for*** *me* ***to*** *wait until Jack came back.* (... zu dringend, als dass ich darauf warten konnte, bis Jack zurückkehrte.)

- Wenn das Subjekt des Infinitivs explizit genannt wird, kann das Subjekt des Satzes als Objekt des Infinitivs wiederholt werden:
  The text was ***too*** *difficult* ***for most of the students to*** *understand* ***(it)****.*
  [*most of the students* = Subjekt des Infinitivs; *it* = *the text* = Objekt des Infinitivs]
  The letter is ***too*** *long* ***for me to*** *read* ***(it)*** *now.* (... zu lang, als dass ich ihn jetzt lesen könnte.)
  The injured man was ***too*** *heavy* ***for me to*** *move* ***(him)*** *on my own.* (... zu schwer, als dass ich ihn hätte allein wegtragen können.)
  Wenn aber das Subjekt des Infinitivs nicht genannt wird, kann das Subjekt des Satzes auch nicht als Objekt des Infinitivs wiederholt werden:
  The text was ***too*** *difficult* ***to*** *understand* (NICHT: *to understand it.*)
  [das Subjekt von *understand* wird nicht genannt]
  The letter is ***too*** *long* ***to*** *read now* (NICHT: *to read it now*).
  The injured man was ***too*** *heavy* ***to*** *move* (NICHT: *to move him*) *on my own.*

tooth (Zahn), **toothache** (Zahnschmerzen)

- Wendungen mit *tooth* (Plural: *teeth*):
  You've still got some chocolate ***on your teeth****.* (... an den Zähnen...)
  Have *you* ***done*** *(= cleaned)* ***your teeth*** *yet?* (Hast du ... geputzt?)
- *toothache* kann als nicht zählbares oder als zählbares Nomen gebraucht werden:
  I've got toothache / a toothache*.*
  Toothache is / Toothaches are *terrible.*

top: on top of – at the top of

- *on top of* entspricht „(oben) auf" im Sinne von „als oberstes auf etwas anderem liegend" und drückt aus, dass etwas von dem Gegenstand, auf dem es ruht, getragen wird. *at the top of* entspricht „oben auf" im Sinne von „an der Spitze von, am obersten/höchsten Punkt von":
  I put the letter from the tax office ***on top of*** *all the others.*
  You'll find her name ***at the top of*** *the list / second page.*
- *on the top of* wird wie *at the top of* gebraucht:
  We stood ***at the top of / on the top of*** *the mountain and just let our gaze wander.* [Näheres zum Unterschied *at – on* s. **at**]

(to) **touch** – (to) **affect** (berühren)

- *touch* entspricht „berühren" im physischen Sinn von „Berührung haben/aufnehmen" und im Sinne von „emotional berühren"; *affect* entspricht „berühren" im Sinne von „beeinflussen/eine Wirkung haben auf":
  Their lips ***touched****.* (Ihre Lippen berührten sich.)

*The light won't go on unless the two wires **are touching**.* (… wenn sich die zwei Drähte nicht berühren.)
*Her words **touched** the hearts of many of us old enough to remember.* (… berührten die Herzen …)
*I **was touched by** the warmth and friendliness of all the people I met.* (Ich war von der Wärme und Freundlichkeit … berührt.)
*The reorganization **won't affect** this department.* (… wird diese Abteilung nicht berühren.)

tour ➪ journey

towards/toward

- Im AE wird *toward* (ohne *s*) bevorzugt. Anwendungsbeispiele mit *toward(s)*:
  *A man with a dog was coming **toward(s)** me.* (… kam auf mich zu.)
  *He looked **toward(s)** the hotel at the end of the road.* (Er schaute in Richtung des Hotels …)
  ***Toward(s)** the end of the year orders increase.* (Gegen Ende des Jahres …)
  *He won't contribute anything **toward(s)** the cost of the advertisement.* (Er will nichts zu … beitragen.)
  *You can put your birthday money **toward(s)** next year's holiday.* (Du kannst dein Geburtstagsgeld in die Urlaubskasse für das nächste Jahr tun.)
  *She has an unusual **attitude toward(s)*** (auch: *to*) *work.* (Sie hat eine ungewöhnliche Einstellung zur Arbeit.)

town (Stadt)

- Artikelgebrauch und sonstige Besonderheiten:
  *Jack lives **in town** now.* [= in der uns bekannten (wahrscheinlich nächstgelegenen) Stadt]
  *The poet moved there in 1948 and lived **in the town** for 20 years.* [= in der zuvor erwähnten bestimmten Stadt]
  *He's driven/gone **to/into town** to do some shopping.*
  *We drove **into the town** from the northwest.*
  *We've just come back **from town**. We had some shopping to do.*
  *We've just come back **from a town** on the coast recommended in our guide.*
  ***The town of** Amersham has several old buildings.* (Die Stadt Amersham …)

T

traffic (Verkehr)

- *traffic* ist nicht zählbar, d. h. es kann nicht mit *a/an* oder im Plural gebraucht werden:
  Wir hatten einen fürchterlichen Verkehr auf der Autobahn. = *There was **terrible traffic*** (NICHT: *a terrible traffic*) *on the motorway. / The traffic was terrible on …*)

- *traffic* wird mit den Adjektiven *heavy* und *light* verbunden (Mengenbezeichnungen wie *a lot of / little* sind ebenfalls möglich):
  There was ***heavy*** (NICHT: *strong*) / *only* ***light traffic*** *on the road.*
  (... starker / nur wenig Verkehr ...)

train (Zug, [Eisen-]Bahn)

- Anwendungsbeispiele:
  How will you travel? – I'll ***go by train / on the train /*** (AE oft auch:) *I'll* ***take the train.***
  How long does the journey take ***by train / on the train****?*
  I came ***on*** (NICHT: *by*) ***the morning train / the 6 o'clock train / the last train.***
  I was (sitting) ***in/on the train****, reading my newspaper, when ...*
  Is this ***the London train / the train to/for London****?* (... der Zug nach London?)
  The platform is a bit low and people often find it difficult to ***get on/off the train****.* [*get in/out of* ist seltener, aber möglich: dabei wird der physische Vorgang betont – Tür aufmachen, Treppensteigen, sich erheben/setzen – s. **get in(to)**.]
  I ***caught the*** *7 o'clock* ***train****.* (Ich erreichte den 7-Uhr-Zug.)

translation (Übersetzung)

- *In the test this morning we had to* ***do*** (NICHT: *make*) ***a translation****.*
  The German ***translation*** *of this book is* ***by*** (NICHT: *from*) *a well-known contemporary author.* (Die deutsche Übersetzung dieses Buches stammt von einem bekannten zeitgenössischen Autor.)

travel(s) [Nomen] ⇨ **journey**

(to) **travel** ⇨ (to) **drive**

traveller (Reisende[r]) – **passenger** (Fahr-/Fluggast)

- *traveller* (AE-Schreibweise: *traveler*) bezeichnet jemanden, der eine Reise macht. Fahr- und Fluggäste, d. h. Personen, die in Verkehrsmitteln (Bus, Bahn, Flugzeug, Auto, Taxi) befördert werden, werden als *passengers* bezeichnet:
  We met a lot of other ***travellers*** *on our journey.*
  Passengers *are requested to proceed to Gate 17.* (Reisende/Fluggäste werden gebeten, sich zum Ausgang 17 zu begeben.)
  Passengers *for Banbury please change at Oxford.* (Reisende/Fahrgäste nach Banbury bitte in Oxford umsteigen.)

(to) **treat** ([ärztlich] behandeln), **treatment** ([ärztliche] Behandlung)

- *treat* und *treatment* werden in dieser Bedeutung mit *for* gebraucht:
  He ***is being treated / is undergoing treatment for*** *a stomach complaint.*
  (Er wird wegen Magenbeschwerden behandelt / befindet sich wegen Magenbeschwerden in [ärztlicher] Behandlung.)

(to) **tremble** (zittern)

- *tremble* wird mit der Präposition *with* gebraucht:
  I ***was trembling with*** *cold.* (vor)

trip ⇨ journey

trouble (Probleme/Schwierigkeiten/Ärger)

- *trouble* wird normalerweise als nicht zählbares Nomen gebraucht:
  I had (a lot of) ***trouble*** (*NICHT: troubles*) *with the car this morning.* (... [viel] Ärger / [viele] Probleme mit ...)

⚠ **a trouble* gibt es grundsätzlich nicht. Der Plural *troubles* wird aber gebraucht, um persönliche Probleme zu bezeichnen. *troubles* wird allerdings nicht mit *have* gebraucht:
Have you heard about all our ***troubles*** *with the house?*
We've had *a lot of* ***trouble*** (*NICHT: troubles*) *with the house.*
troubles wird auch gebraucht, um politische Unruhen zu bezeichnen:
The ***troubles*** *in Northern Ireland ...* [in Bezug auf Nordirland manchmal auch groß geschrieben: *The Troubles*]

- Wendungen und Konstruktionen mit *trouble*:
  That man won't ***give/cause*** (*NICHT: make/prepare*) *us many more* ***trouble.***
  (... wird uns keine Probleme mehr machen/bereiten.)
  He ***made/caused*** (*NICHT: gave*) *a lot of* ***trouble for himself*** *because he refused to reveal his source of information.* (Er schaffte/bereitete sich viel Ärger ...)
  I didn't ***have*** *(any)* ***trouble (in)*** *gett****ing*** (*NICHT: to get*) *his address.* (Ich hatte keine Probleme, seine Adresse zu bekommen.)
  She ***took the trouble to*** *find out all about his family first.* (Sie machte sich die Mühe, zuerst alles ... herauszufinden.)
  I would phone him. ***The trouble is,*** *I don't know his number.*
  (Das Problem ist [nur] ...)
  The trouble with *go****ing*** *in February* ***is that*** *you never know what the weather will be like.* (Das Problem, wenn man im Februar fährt, ist, dass man nie weiß...)
  That child ***is*** *always* ***getting into trouble*** *at school.* (... hat immer wieder Schwierigkeiten ...)

trousers (Hose[n])

- *trousers* (AE meist: *pants* – s. entsprechenden Eintrag) existiert nicht als Singularform, außer in Wortverbindungen wie *a trouser pocket /a trouser leg*:
These grey **trousers are** my favourite **pair/ones.** / **This** grey **pair of trousers is** my favourite **pair/one.** (Diese graue Hose ...)
I want to buy **a pair / two pairs of trousers** (NICHT: *a/one/two trousers*).

true (wahr), **truth** (Wahrheit)

1 ***true***

- *true* entspricht „wahr/echt"; „treu" wird mit *loyal/faithful* wiedergegeben:
A **true** *friend is always* **loyal/faithful**. (Ein wahrer Freund / Eine wahre Freundin ist immer treu.)
- In der Wendung *be/remain true to* entspricht *true* aber „treu":
Jacobsen **remainded true to** *the ideals of his youth.* (... blieb den Idealen seiner Jugend treu.)
- Wendungen mit *true*:
May all your dreams **come** (NICHT: *become*) **true!** (Mögen alle deine Träume wahr werden / in Erfüllung gehen!)
What I just described **is true of** *many illnesses /* **for** *many patients.*
(... gilt für viele Krankheiten/Patienten.)

2 ***truth***

- Anwendungsbeispiele:
*I don't believe him: he***'s** *not* **telling** (NICHT: *saying*) **the truth**. (Er sagt nicht die Wahrheit.)
Are **truth** *and beauty the same?* [kein Artikel bei allgemein gebrauchten abstrakten Begriffen]
There's no truth / not any truth / not a grain of truth in *the rumours.*
(Es ist nichts Wahres / kein Körnchen Wahrheit an den Gerüchten.)

(to) **trust** ([ver]trauen)

- *trust* ist ein normales transitives Verb mit normaler Passivbildung:
People never **trust** *a murderer's children.*
They **are** *never* **trusted**.
- Wendungen und Konstruktionen:
He is not **to be trusted** (NICHT: *to trust*). (Ihm ist nicht zu trauen.)
I don't **trust him to** *do* (NICHT: *that he does*) *the job properly.* (Ich traue ihm nicht zu, dass er die Arbeit richtig macht.)
Trust *David to be late! I don't think I've ever seen him arrive on time.*
(Es sieht David ähnlich, zu spät zu kommen!)
Can he **be trusted with** *the money?* (Kann man ihm das Geld anvertrauen?)

try (Versuch), (to) **try** (versuchen)

1 Das Nomen *try*

- Die übliche Entsprechung für „Versuch" ist *attempt* (s. entsprechenden Eintrag). *try* ist eher umgangssprachlich und bietet auch weniger Konstruktionsmöglichkeiten:
  Have a try (auch: *a go*). (Versuch's doch mal.)
  *Why don't you **give it a try**?* (Warum probierst du es nicht mal?)
  *I **had*** (NICHT: *made*) *several **tries at** hitt**ing** the target, but I just couldn't aim straight.* [vgl.: *I made several attempts at hitting ...*]
- Ein *to*-Infinitiv ist nach dem Nomen *try* nicht möglich:
  *My **attempt to*** (NICHT: *try to*) *persuade him ...* (Mein Versuch, ihn zu überreden ...)
- Wir machen mehrere Versuche in diesem Labor. = *We're doing several **tests** / We're doing/making several **experiments** in this laboratory.* [wissenschaftlicher Versuch = *experiment/test*]

2 Das Verb *(to) try*

- Zum Unterschied zu *attempt* s. **(to) attempt**.

⚠ Auf *try* kann ein *to*-Infinitiv oder eine *-ing*-Form folgen. *try to do s.th.* bedeutet „versuchen, etwas zu tun, das schwierig ist bzw. Anstrengungen erfordert"; *try doing s.th.* bedeutet „etwas ausprobieren, das eine Lösung sein könnte bzw. das vielleicht nützlich/wirksam wäre oder Spaß machen könnte":
*I'll **try to** be there on time, but I can't promise.*
***Try to** say it in English now.*
*Have you **tried** ask**ing** Janet? She might know.*
*I think I'll **try** canoe**ing** for this year's holiday.*
Das *past tense tried to do s.th.* drückt meist aus, dass ein Versuch misslang, *tried doing s.th.*, dass etwas ausprobiert wurde, das aber nicht half:
*I **tried to** phone Jack, but he wasn't in.*
*I **tried** phon**ing** Jack, but he couldn't tell me, either.*

- Anstelle der Imperativ- oder Infinitivform *try to* kann auch *try and* gebraucht werden. Diese Konstruktion ist aber nicht nach anderen Formen (*tries, trying, tried*) möglich:
  ***Try and** say it in English now.* (Aber: *I **tried to** say it in English.*)
  *We should **try and** lift him up onto the sofa.*

⚠ Kannst du diese Tür öffnen? – Ich werde es versuchen. = ***I'll try*** (NICHT: *try it*).
Lass (es) mich mal versuchen. = ***Let me try*** (NICHT: *try it*).
Versuch's doch mal. = ***Have a try / Have a go. / Try (it).***

- Wendungen:
  *This blue dress is very nice. Can I **try** it **on**, please?* (Kann ich es anprobieren?)
  *We had a meal at "Bella Napoli" so that Phyllis could **try (out)** her Italian **on** the waiter.* (... damit Phyllis ihr Italienisch am Kellner ausprobieren konnte.)

T

Tuesday ➪ Friday

(to) **turn**

- *turn* wird, besonders als *phrasal verb*, sehr vielfältig gebraucht. Hier einige wenige Besonderheiten bzw. Fehlerquellen:
  *We set off, but then it started raining so we **turned back** and went home.* (… deshalb kehrten wir um …) [*turn back* = denselben Weg zurückgehen]
  *You're going the wrong way. You'll have to **turn round** and drive back to the traffic lights.* [*turn round* = wenden/umdrehen/umkehren, so dass man/ein Fahrzeug in die entgegengesetzte Richtung schaut]
  *I heard a noise and when I **turned round** I saw there was a dog following us.* (… als ich mich umdrehte …) [*turn round* = das Gesicht / den Kopf / den Körper drehen]
  *Can you **turn** the map **round**, please? I'm no good at reading maps upside down.* [*turn s.th.* round = etwas um 180° drehen]
  ***Turn** the map **over**. There are descriptions on the back of it.* [*turn s.th. over* = etwas umdrehen, so dass die untere Seite oben liegt]
  *Something woke me up, but when I saw it was only 5.15 I **turned over** and went back to sleep.* (… drehte ich mich um …) [*turn over* = sich im Bett umdrehen]
  ***Turn over** the page.* (Blättern Sie [auf die nächste Seite] um.)

twice ➪ double

type ➪ kind

typical (typisch)

- *typical* wird mit der Präposition *of* gebraucht:
  *This area of London is **typical of** many others.* (… typisch für …)
  *It was **typical of** James to arrive late.* (Es war typisch James / bezeichnend für James …)

unable (unfähig)

⚠ Im Gegensatz zu *able* kann *unable* nicht vor Nomen gebraucht werden:
Ein unfähiger Manager ist gefährlich für eine Firma. = *An **incompetent*** (NICHT: *unable*) *manager is dangerous for a company.*

unconscious ➪ subconscious

under – below – underneath – beneath

1 *under* (räumliche Bedeutungen) und die Unterschiede zu *below, underneath, beneath*

1.1 *under – below*

- *under* ist das Gegenteil von *over* und entspricht in seiner Grundbedeutung „direkt unter" bzw. „mit etwas als (schützendem) ‚Dach' über sich" bzw. „zugedeckt durch":
I took off my wet shoes and put them ***under*** (NICHT: *below*) *my chair.*
We sat down ***under*** (NICHT: *below*) *the tree and had our picnic.*
I lay ***under*** (NICHT: *below*) *the thin blanket shivering with cold.*
Under (NICHT: *Below*) *his coat he wore three thick pullovers.*
The whole cellar was ***under*** (NICHT: *below*) *water (= flooded).*
[*below water* würde bedeuten „Teil eines Unterwasserbaus".]

- *below* ist das Gegenteil von *above* und entspricht in seiner Grundbedeutung „nicht so hoch wie / niedriger als ein bestimmter Bezugspunkt". *below* kann einen Unterschied in der physischen Höhenlage ausdrücken oder einen Unterschied in Bezug auf die Position in einer Liste, in einer Hierarchie oder auf einer Skala:
From the top of the hill we could see the whole town ***below*** (NICHT: *under*) *us.* (… unter uns …) [niedriger in Bezug auf Höhenlage]
There's a mistake in this list: "James" should be ***below*** *"Jack", after "Jake".* (… nach/hinter [weiter unten als] „Jack" …) [*under* würde bedeuten: „direkt unter ‚Jack', d. h. als allernächster Eintrag"]
A police sergeant is ***below*** (NICHT: *under*) *a police inspector.* (… unter …) [niedriger in der Rangordnung]
It was ***below*** (NICHT: *under*) *zero/freezing(-point) when I last looked at the thermometer.* (… unter Null …) [niedriger auf der Temperaturskala]
The village is ***below*** (NICHT: *under*) *sea level.* (… unter dem Meeresspiegel.)
This work is ***below*** (NICHT: *under*) *standard.* (… genügt/entspricht nicht den Anforderungen.)
Rainfall in January has been ***below*** (NICHT: *under*) *average.*
(… unter dem Durchschnitt.)

- *below* („unterhalb von") wird auch bei Gegenständen gebraucht, die ein oberes und ein unteres Ende haben, und drückt aus, dass sich etwas weiter unten als ein genannter Bezugspunkt auf diesem Gegenstand befindet:
A bee stung me on my arm ***below*** (NICHT: *under*) *the elbow.* (… unterhalb des Ellenbogens …) [*under* würde bedeuten: „auf der Unterseite des Ellenbogens"]

- *under* (= „direkt unter") und *below* (= „unterhalb eines Bezugspunktes") können aber oft auch alternativ gebraucht werden:

There were fish swimming just ***under/below*** *the surface of the water.*
The word "even" is in the 4th line ***under/below*** *the photo.*
The man in the flat ***under/below*** *us is a violinist.*
Michael was in the class ***under/below*** *me at school.*

- *under*, aber nicht *below*, entspricht „unter ... entlang", „unter ... durch":
  The railway line goes ***under*** (NICHT: *below*) *the river.*
  Go ***under*** (NICHT: *below*) *the road, and turn left when you come up the other side of the subway.*
- In Bezug auf Zahlen und Maßangaben entspricht *below* „niedriger als", *under* aber „weniger als". In manchen Fällen sind beide Präpositionen möglich, in anderen nur *under*:
  Anyone ***under*** *28 /* ***below/under*** *the age of 28 can join.*
  At speeds of ***below/under*** *20 km an hour ...*
  The glue goes hard at temperatures ***below/under*** *5 degrees.*
  Their market share is ***below/under*** *10%.*
  There were ***under*** (NICHT: *below*) *10 people on the course.*
  We did the journey in ***under*** (NICHT: *below*) *6 hours.*
- *below*, aber nicht *under*, wird oft als Adverb gebraucht:
  I heard them moving about in the room ***below***. (... im Zimmer unten ...)
  The tax reform will mean improvements for anyone on an income of $6000 and ***below***. (... von $ 6000 und darunter.)
  Children in the class ***below*** *were allowed to go home.* (... in der Klasse unter mir/uns/ihnen ...)
  See ***below***, *page 75.* (Siehe unten ...)

1.2 *underneath*

- *under* wird kaum als Adverb gebraucht. *underneath* übernimmt diese Rolle in Fällen, wo *below* (vgl. oben) nicht möglich ist:
  He wore a coat, and three thick pullovers ***underneath*** [= *under his coat*, NICHT: *below (his coat)*]. (... darunter.)
  I went past the clock and saw Jamie Philips standing ***underneath***, *waiting for the headmaster.* (... und sah, dass ... darunter stand ...)
  The river is in the way, but the railway goes ***underneath***.
  (... läuft darunter entlang.)
- *underneath* ist auch eine Präposition und wird ähnlich wie *under* in seinen räumlichen Bedeutungen gebraucht. *underneath* betont, dass etwas vollständig überdacht/zugedeckt ist bzw. ganz unter etwas entlangführt:
  I found my birth certificate hidden ***underneath*** *a whole pile of other papers.*
  The road goes right ***underneath*** *the castle.*
- *underneath* kann auch bedeuten, dass etwas (z. B. Gefühle) versteckt unter etwas anderem liegt:
  Jenkins was a hard-nosed businessman. But ***underneath*** *the exterior was a heart of gold.*
  Auch in dieser Bedeutung wird *underneath* als Adverb gebraucht:
  I tried to stay calm, but ***underneath*** *I was raging.*

1.3 *beneath*

- *beneath* ist ein förmliches, eher literarisches Wort. Es kann in denselben räumlichen Bedeutungen wie *under* und *below* verwendet werden:
  They walked in silence ***beneath*** *the leaden sky.*
  The man in the flat ***beneath*** *us is a violinist.*
  The boy had to stand ***beneath*** *the clock and wait.*
  The whole valley lay stretched out ***beneath*** *us.*
  I lay ***beneath*** *the blanket shivering with cold.*
- *beneath* bedeutet auch „unter jemandes Würde / unter dem angemessenen Niveau“:
  It was ***beneath*** *her to go begging for help.*
  Many people felt that by marrying a circus artist she had married someone ***beneath*** *her.*

2 Weitere Anwendungen von *under*

- „unter einer Führungs- oder Machtinstanz“:
  Britain ***under*** *Margaret Thatcher became a less humane society.*
  Under *Queen Elizabeth I and Queen Victoria, Britain enjoyed periods of great influence in the world.*
  She's got a job in management: she has over 40 people (working) ***under*** *her.*
  The statue was installed in the bank ***under the supervision of*** *the sculptor who made it.* (… unter der Aufsicht der Bildhauerin …)
- „gemäß“:
  Under *the terms of the contract we are responsible for the advertising.* (Gemäß/Laut Vertragsbestimmungen …)
  Under *the old law, this kind of strike was illegal.*
- *be under …* = „Gegenstand von … sein“:
  The firm ***has been under investigation*** *for some time.* (… wird seit einiger Zeit untersucht / ist seit einiger Zeit Gegenstand von Ermittlungen.)
  What is the question ***under consideration/discussion****?*
  The motorway ***is under construction****.* (… ist im Bau.) [= Gegenstand von Baumaßnahmen]
  You ***are under arrest*** (= *I arrest you).* (Sie sind festgenommen.) [= Gegenstand von polizeilichen Untersuchungen/Verfahren]
- „unter der Kategorie“:
  You'll find "for" in the index ***under*** *"prepositions".*
  I think we should treat these two aspects ***under*** *separate headings.* (… unter getrennten Überschriften …)
- Weitere Wendungen:
  Is *everything* ***under control****?*
  Under no circumstances *are you to make an offer without asking me first.* (Unter keinen Umständen sollen Sie …) [Am Satzanfang in der Reihenfolge: adverbiale Bestimmung + Hilfsverb + Subjekt]

I ***was under the impression*** *that you could give me the address.*
(Ich hatte den Eindruck ...)
I'm sending the contract documents ***under separate cover****.*
(... mit getrennter Post.)

⚠ Unter uns (gesagt), es überrascht mich nicht. = ***Between you and me,*** *it doesn't surprise me.*
Wir sind unter uns. = *We are* ***on our own/alone****.*
Unter diesem Gesichtspunkt ... = ***From*** *this point of view ...*
Was verstehen Sie unter „Freiheit"? = *What do you understand* ***by*** *"freedom"?*

underpants ➪ pants, shorts

(to) **understand**

- *understand* kann in aller Regel nicht in der Verlaufsform gebraucht werden: *He's dying, I tell you.* ***Do*** *you* ***understand*** *now* (NICHT: *Are you understanding now*)?

1 *(to) understand* = „begreifen/verstehen"

- Nichtverstehen wird mit *can't* und *don't/didn't* ausgedrückt:
I ***can't/don't understand*** *why she's doing this.* (Ich fasse/begreife nicht ...)
Bei Bitten um Wiederholung, weil man etwas nicht verstanden hat, kann das *present* oder *past tense* gebraucht werden:
I'm sorry, I ***don't/didn't understand****. Can you speak more slowly?* (... ich verstehe Sie nicht / ich habe Sie nicht verstanden.)
Aber bei „falsch verstehen" nur: *I'm sorry, I* ***(have) misunderstood*** (NICHT: *I misunderstand*) *you.* (Ich habe Sie falsch verstanden.)
„falsch verstehen" kann nicht mit *understand wrongly* ausgedrückt werden.

- Präpositionen:
What do you ***understand by*** (NICHT: *under*) *"unusual"?* (Was verstehen Sie unter „ungewöhnlich"?)
I don't ***understand about*** *the letter. Did I put the wrong address on it?* (Ich verstehe nicht, was mit dem Brief [geschehen] ist.)

- *understand* + Infinitiv und *-ing*-Form:
"Shortly" ***is*** *generally* ***understood to mean / as meaning*** *within the next few weeks, not in a year's time!* (Unter „in Kürze" wird allgemein verstanden ...)
I ***understood*** *his comments* ***to mean / as meaning (that)*** *they were accepting.* (Ich habe seine Kommentare so verstanden, dass ...)
I can't/don't ***understand Jack/Jack's/him/his*** *leav****ing*** *his wife.*
(= I can't/don't understand why Jack left / is leaving his wife.)

- Diverses:
  ***Am I to understand that** you are refusing to pay?* (Habe ich es so zu verstehen, dass ...?)
  *If I **understand** you **correctly**, the colour of the packaging is a problem.* (Wenn ich Sie richtig verstehe ...)
  *She **gave me to understand** that she would accept our offer.* (Sie gab mir zu verstehen, dass ...)

⚠ Im Sinn von „akustisch verstehen" wird nicht *understand*, sondern *hear* benutzt:
Es war so laut, dass ich nichts verstehen konnte. = *It was so noisy that I couldn't **hear** anything.*
Ich konnte mein eigenes Wort nicht verstehen! = *I couldn't **hear myself speak**!*

2 *(to) understand* = „erfahren/gehört haben"

- Konstruktionen:
  *I **understand (that)** Jack has left his wife. Do you know why?*
  *The President will hold a press conference this evening. – **So I understand**.* (Das habe ich gehört.)
  *The President will hold a press conference this evening, **so I understand**. – That is correct.* (... wie ich höre ...)
  Wie ich höre, wird der Präsident ... = *I **understand that** the President will ...* (NICHT: *As/So I understand, the President will*)
  *I **understand there to be** (= that there is) a long waiting list.*
  *I **understand them to be** (= that they are) in Italy.*

3 *be understood that/to* = „es wird gesagt/angenommen, dass" / „sollen (angeblich)"

- Konstruktion *it* (= formales/leeres Subjekt) + *be understood* + *that*:
  ***It is understood that** the project will cost $2 million.* (Das Projekt soll ... kosten. / Es heißt, dass ... kosten wird/soll.)
  ***It is understood that** the two men met for secret talks last weekend.* (Die zwei Männer sollen sich angeblich ... getroffen haben.)
- Konstruktion Person/Sache + *be understood* + *to*-Infinitiv:
  ***The two men are understood to have** met for secret talks last weekend.* (... sollen sich angeblich ... getroffen haben.)
  ***They are understood to** agree on most issues.*
  ***Their plans are understood to** involve a large-scale reorganization.*

U

undertaker (*nicht* Unternehmer, *sondern* Leichenbestatter/Beerdigungsinstitut)

- *undertaker* entspricht „Leichenbestatter/Beerdigungsinstitut"; „Unternehmer/in" wird mit *businessman/- woman / employer / entrepreneur* wiedergegeben:

*The **undertaker** will organize everything for the dead person's family.*
*She's a very successful **businesswoman**, with financial interests in several different countries.*
*As an **employer** she provides work for many local people.*
*Thatcherism glorified the **entrepreneur** – the private individual who used his or her money and skills to create a successful business.*

unemployed (arbeitslos), **unemployment** (Arbeitslosigkeit)

- Zum Gebrauch von *unemployed* als Nomen (*the unemployed*, aber *an unemployed person*) vgl. **the**, Abschnitt 1.
- *unemployment* ist nicht zählbar, d. h. es kann nicht mit *a/an* gebraucht werden:
  Das Land hat eine solche Arbeitslosigkeit nie erlebt. = *The country has not experienced **such unemployment / such a period of unemployment**.*

unexpected, unexpectedly (unerwartet)

- *unexpected* kann als Nomen in allgemeiner Bedeutung, aber nicht in Bezug auf ein Einzelereignis gebraucht werden (Näheres vgl. **the**, Abschnitt 1):
  *This book contains twelve stories of the bizarre and **the unexpected**.*
  (... zwölf Geschichten über Bizarres und Unerwartetes.)
  The unexpected thing (NICHT: *The unexpected*) *about the announcement was that the President chose to make it himself.* (Das Unerwartete an der Bekanntgabe ...)
- *not unexpectedly* (Adverbiale) wird im Deutschen durch einen Nebensatz ausgedrückt:
  ***Not unexpectedly** they didn't want to accept our offer.* (Wie zu erwarten/vermuten war, wollten sie ...)
  *The train, **not unexpectedly** in that weather, was late.* (Der Zug hatte Verspätung, was bei dem Wetter nicht überraschte.)

union (Gewerkschaft)

- *union* kann (in dieser Bedeutung) mit einem Verb im Singular oder Plural (und entsprechenden Pronomen und Begleitern) gebraucht werden:
  *The **union, which has** lost a lot of **its** members in recent years, **is looking** for a new profile.*
  *The **union, who were** initially against the idea, **are** now **saying** that **they** ...*

(to) **unite** ([sich] vereinigen)

- *unite* ist ein transitives und intransitives Verb; es wird nicht als reflexives Verb gebraucht:
  Bismarck ***united*** *Germany.*
  The players ***united*** (NICHT: *united themselves*) *and formed a players' union.* (... schlossen sich zusammen...)

United States

⚠ *the United States / the US / the USA* wird mit einem Verb im Singular (und entsprechenden Pronomen und Begleitern) verwendet:
The United States, which is *still a relatively "young" nation,* ***is*** *nevertheless proud of* ***its*** *history.*

university

- *university* wird im Zusammenhang mit Student(inn)en ohne *the* gebraucht, wenn die Universität als Studieneinrichtung gemeint ist:
  Janet is ***at*** / (AE:) ***in university****. She goes* ***to university****.* [= Sie studiert.]
  Aber: *Mr Daws is a professor/gardener* ***at the university****. He works* ***for the university****.*
- Artikelgebrauch in Universitätseigennamen:
  Jörg is a student ***at Paderborn University / at the University of Paderborn****.*
  [Ortsname + *University* ohne *the*, oder *the University* + *of* + Ortsname]
  Andrew is a student ***at Aberdeen University / at the University of Aberdeen****.*
  Caroline has been offered a place ***at Herriot Watt University****.* [britische Eigennamen, die nicht mit Ortsnamen gebildet werden, ebenfalls ohne Artikel]
  Jörg's sister is a student ***at the Johann Wolfgang Goethe University****.* [ausländische Eigennamen, die nicht mit Ortsnamen gebildet werden, mit Artikel]

unless ➪ if

U

unlike (anders als / verschieden von / im Gegensatz zu)

- *unlike* bedeutet das Gegenteil von *like*:
  Unlike *me, Joe doesn't speak French.*
  It was (quite) ***unlike*** *any fish I'd eaten before.*
  The film, ***unlike*** *the book, ends with Lea's death.*

unlikely ➪ likely

unsympathetic ➪ sympathetic

until/till – by

- Zwischen *until* und *till* besteht kein Bedeutungsunterschied. *till* ist weniger förmlich.

1 *until/till – by*

- *until/till* sagt etwas darüber aus, wie lange eine Handlung oder Situation andauert und nennt den Zeitpunkt, zu dem sie endet. *until/till* entspricht „bis" also im Sinne von „solange bis / die ganze Zeit bis". *until/till* wird vorzugsweise mit Verben verwendet, die eine andauernde Situation bezeichnen, wie z. B. *wait, stay, work.*
  by hingegen sagt etwas darüber aus, bis wann sich etwas spätestens ereignet bzw. eintritt. *by* entspricht „bis" also im Sinne von „spätestens bis". *by* wird vorzugsweise mit Verben gebraucht, die eine einmalige Handlung ausdrücken, wie z. B. *arrive, finish, start, stop*:
  I'll be in the office all afternoon ***till*** *six. You can phone me any time.*
  (... den ganzen Nachmittag [lang] bis sechs ...)
  Don't forget we're going out this evening. – I won't. I promise I'll get home ***by*** *six (at the latest).* (... bis [spätestens] ...)
  We need ***till*** *the end of the week to complete your order. But the goods should reach you* ***by*** *next Monday.*

- *until/till* kann auch als Konjunktion gebraucht werden. *by* ist keine Konjunktion, Nebensätze werden mit *by the time (that)* gebildet:
  Until/Till *the rain stops, we'll have to wait indoors.* ([Solange] Bis ...)
  My passport's been stolen. I have to wait now ***until*** *they've issued me a new one.*
  By the time (that) *the rain stops, it'll be too late for a decent game of tennis.* (Bis [= Spätestens wenn / Schon bevor] ...)
  By the time (that) *I get my new passport, the boat I wanted to take will have sailed.*

- Als Adverbien werden *until/till then, by then / by that time* verwendet:
  The spare part is being flown out and should be here on Tuesday. ***Until then****, there is nothing we can do but wait.* (Bis dahin ...)
  I expect you'll get this postcard in about 10 days time. ***By then / By that time*** *I'll be on my way home.* ([Spätestens] Dann ...)

2 Weitere Gebrauchsbesonderheiten von *until/till* in zeitlicher Bedeutung

- *not until/till* entspricht „erst an/um/als/wenn/..." / „nicht vor/bevor ...":
  I ***won't*** *arrive in Boston* ***until*** *the late evening.*

*She did**n't** turn up **until** we were half way through the main course.*
*I do**n't** have to do it **until** tomorrow.*
not until/till kann aber auch „nicht bis" entsprechen:
*He's **not** staying **till** tomorrow – he's leaving today.*

- Wenn *not until* als Konjunktion am Satzanfang steht, steht im nachfolgenden Hauptsatz erst ein Hilfsverb, dann das Subjekt:
***Not until** I met Simon's wife at David's party **did I** realize who she was.*

- Diverse Wendungen:
***Until recently** you could drive down Green Street.* (Bis vor kurzem ...)
It's (NICHT: *There are*) ***three months to*** / (seltener:) ***till/until** Easter.*
[Zeitspanne bis zu einem Ereignis]
How long is it to / (seltener:) ***till/until** your birthday?*
***from** Monday **to/till/until** Friday* / (AE:) ***(from)** Monday **thru** Friday*
***from** June **to/till/until** September* / (AE:) ***(from)** June **thru** September*
***from** 8 o'clock **to/till/until** 11 o'clock* (NICHT: *from 8 thru eleven*)

⚠ Bis später/morgen! = ***See you** later/tomorrow!*
Bis wann werden wir warten müssen? = ***How long** will we have to wait?*
Bis wann werden Sie es wissen? = ***When / How soon** will you know?*

3 Wiedergabe von deutsch „bis" in nicht zeitlicher Bedeutung

- *until* und *till* können nur in Bezug auf Zeit gebraucht werden:
*The bus will take you **as far as*** (NICHT: *until/till*) *Green Street.*
*We walked **as far as** the river and back.*
*It was six miles **to** the nearest shop!*
*How old is she? – Thirty-five **to** forty.*
*How long is it? – Fifteen **to** twenty metres.*
*The offer is open to all young people **up to** the age of 22.*
(... bis [höchstens] zum Alter von ...)
*The repair will cost **up to** $500.* (... bis zu $ 500 ...)
*We cater for coach parties of **up to** seventy people.*
*from here **to** there; from A **to** Z*

up

- Als Präposition ist *up* das Gegenteil von *down* und entspricht „hinauf/herauf":
*In the morning you could see the children walking **up** the hill to school, and in the afternoon back down again.*
*Be careful when you go **up** the stairs.*
*We took a boat **up** the Rhine from Cologne to Mainz.*

- Als Adverb hat *up* eine Grundbedeutung „nach oben / hoch / auf":
*She looked **up** and saw a cat on the window-sill.*
*He had a calendar with pin-ups **up** above his desk.*
*Sit **up** straight, can't you!* (Setz dich gerade hin!)

- Mit einer ganzen Reihe von Verben wird *up* mit der Bedeutung „eine Handlung vollenden" gebraucht. Es wird unterschiedlich wiedergegeben:
  ***Eat/Drink up**. It's time to go.* (Iss auf / Trink aus.)
  *The report I'd worked on for two weeks – he just **tore** it **up**.*
  (... er hat ihn einfach zerrissen.)
  *Come on. **Use up** what's left in the packet before you open a new one.*
  (Brauch das auf, was ...)
  *When you'**ve swept up** the broken glass ...*
  (Wenn Sie ... zusammengefegt haben ...)
  *When the new bridge is finished, they'll just **blow** the old one **up**.*
  (... in die Luft sprengen.)

(to) **urge** (drängen)

- Auf *urge* kann ein Objekt + *to*-Infinitiv folgen, aber kein einfacher Infinitiv:
  *She **urged us to** make a decision soon.* (Sie drängte uns, bald eine Entscheidung zu treffen.)
  Nicht möglich wäre z. B. **She urged to make a decision soon.* (Sie drängte darauf, bald eine Entscheidung zu treffen.) Stattdessen kann ein *that*-Satz gebraucht werden; im *that*-Satz steht entweder *should* + Infinitiv oder die Grundform des Verbs (hier ein Konjunktiv!) allein:
  *She **urged that** a decision **(should) be taken** soon.*

use, (to) use, used

1 Das Nomen *use*

- Das Nomen *use/uses* wird [ju:s/'ju:sɪz] (Singular/Plural) ausgesprochen.

- Wendungen und Besonderheiten:
  *Can you **find / Have** you **got a** (NICHT: an) **use** for this? Otherwise I'm going to throw it away.*
  *Can you **make use of** this?* (Kannst du ... gebrauchen? / Hast du hierfür Verwendung?)
  ***For use** (NICHT: the use) only in emergencies.* (Zum Gebrauch nur in Notfällen.)
  *Can I **be of use**?* (Kann ich mich nützlich machen? / Kann ich helfen?)
  *This **is (of) no use**.* (Das ist unbrauchbar. / Das hat keinen Zweck.)
  ***What's the use of** (our/us) prepar**ing** (NICHT: to prepare, NICHT: that we prepare) a plan, if the management is going to ignore it?* (Welchen Zweck/Sinn hat es, einen Plan auszuarbeiten / dass wir einen Plan ausarbeiten, wenn ...)?
  ***It's no / little / not much / hardly any use** do**ing** all the research.* (Es hat keinen / wenig / nicht viel / kaum einen Sinn, all diese Forschungen zu betreiben.)

2 Das Vollverb *(to) use*

- Das Vollverb *use* wird [ju:z] ausgesprochen.
- *use* nicht mit *need* verwechseln – s. **need**, Abschnitt 1.

3 *be/get used* [ju:st] *to doing something*

⚠ In dieser Konstruktion ist *to* eine Präposition, nicht Teil eines Infinitivs (vgl. *He's used to this kind of work*). Deshalb folgt auf *to* eine *-ing*-Form:
*David'****s used to*** *work****ing*** *at night.* (David ist es gewohnt, nachts zu arbeiten.)
I could never ***get used to*** *work****ing*** *at night.* (Ich konnte mich nie daran gewöhnen, nachts zu arbeiten.)

4 *I used* [ju:st] *to do something*

- Die Konstruktion *used to* + Infinitiv existiert nur mit *used* als *past-tense*-Form. Eine entsprechende *present-tense*-Form (**use to*) gibt es nicht. *I used to do* wird mit „(früher) tat ich (immer)" oder „(früher) pflegte ich zu tun" wiedergegeben:
  When I was a child I ***used to*** *think people over 20 were really old.* (Als Kind dachte ich [immer] ...)
  We ***used to*** *go to Cornwall for our holidays, but now we usually go abroad.* (Früher gingen wir [immer] ...)
- Zur Verneinung gibt es verschiedene Möglichkeiten:
  I ***didn't use(d) to*** *like her / I* ***used not to*** *like her, but now I do.*
  Nach *didn't* wird sowohl die Form *use* als auch die Form *used* gebraucht; die Form *used* wird aber z.T. als inkorrekt angesehen.
- In Fragen wird in aller Regel die Umschreibung mit *did* gebraucht:
  Did *you* ***use(d) to*** *smoke?* [Eher selten: *Used you to smoke?*]
  Where ***did you use(d) to*** *spend your holidays?* [Eher selten: *Where used you to spend your holidays?*]
  In *wh*-Fragen, in denen das Fragewort Subjekt des Satzes ist, erfolgt – wie in anderen solchen Sätzen (vgl. **who**, **what**, **which**) – keine Umschreibung mit *did*:
  Who ***used to*** *decorate the Christmas tree in your family when you were young?*
  What ***used to*** *happen on Christmas Eve?*
- In Frageanhängseln wird *did/didn't* verwendet:
  You didn't use(d) to smoke, ***did you*** (NICHT: *used you*)?
- In Kurzantworten wird die schwierige Form *usedn't* vermieden, daher ergibt sich ein unterschiedlicher Gebrauch in bejahenden und verneinenden Kurzantworten:
  Did you use(d) to smoke? – ***Yes, I did. / Yes, I used to.***
  – No, I didn't. [NICHT: *No, I usedn't to.*]

useful (nützlich), **useless** (nutzlos)

- Präpositionen und Konstruktionen:
  *This information could be very **useful to** us.* (...könnte uns sehr nützlich sein / könnte sehr nützlich für uns sein.)
  *This knife was **useful for** cutt**ing** up my fishing bait.* (Das Messer war nützlich, um ... zu zerschneiden.)
  *It's **useful/useless** phon**ing** / **to** phone first. You just have to turn up and wait your turn.*

usual (gewöhnlich)

- *usual* entspricht „gewöhnlich" im Sinne von „üblich". „gewöhnlich" im Sinne von „von keiner besonderen Qualität" wird mit *ordinary* wiedergegeben (s. entsprechenden Eintrag). D. h. *ordinary*, nicht *usual*, ist das Gegenteil von *special*:
  *I couldn't stay at my **usual** hotel because it was booked up. (= the hotel where I usually stay)*
  *The hotel where I landed up wasn't very special – it was just an **ordinary** two-star, seaside hotel.*

⚠ Auf *usual* folgt kein *that*-Satz, sondern *for* + (Pro-)Nomen + Infinitiv:
*Is it **usual for** them **to** ask for payment in advance?* (Ist es üblich, dass sie um Bezahlung im Voraus bitten?)
*The **usual** thing is **for** the bill **to** be sent separately.* (Das Übliche ist, dass die Rechnung getrennt geschickt wird.)

- *as usual* (NICHT: *as usually*) entspricht „wie gewöhnlich":
  *The train was late, **as usual**.*

valuable ⇨ **invaluable**

variety (Reihe/Art)

- *variety* wird in der Bedeutung „Reihe/Anzahl/Vielfalt" in der Konstruktion *a variety of* + Pluralnomen + Pluralverb gebraucht:
  ***A variety of** reason**s** **were** given.* (Eine Reihe von Gründen wurde angeführt.)
  ***A wide variety of** different style**s** and colour**s** **are** available.*
- In der Bedeutung „Art/Sorte" wird *variety* in den Konstruktionen *a variety of* + Singularnomen + Singularverb bzw. *varieties of* + Singular- oder Pluralnomen + Pluralverb verwendet:
  ***A** new, genetically engineered **variety of** tulip **is** being tested.*
  *New **varieties of** tulip/tulips **are** being tested.*

vase (Vase)

⚠ Nicht verwechseln:
*I need **a flower vase** to put these roses in.* (… eine [leere] Blumenvase …)
*There was **a vase of flowers** on the table. Their scent* (Duft) *filled the room.* (… eine Vase mit Blumen …)

vegetable (Gemüse)

- *vegetable* ist ein zählbares Nomen, d. h. mehrere Gemüsesorten, -pflanzen oder -beilagen usw. müssen als *vegetables* bezeichnet werden:
  *Is a tomato a fruit or **a vegetable**?*
  *Carrots, peas and potatoes are all **vegetables**.*
  *I need to buy some **vegetables**.*
  *Would you like some more **vegetables**?*
  *The canteen lunch was meat and **one vegetable / two vegetables**.*

verse (Strophe) – **line** (Zeile/Vers)

- *verse* bezeichnet eine „Strophe"; „Vers" im Sinne einer einzelnen Zeile wird mit *line* wiedergegeben:
  *This poem/song consists of four **verses** of six **lines** each.*
  *She quoted a **line** from the third **verse** of the poem.*

very

- In diesem Eintrag werden nur verstärkende Anwendungen von *very* behandelt, bei denen *very* nicht „sehr" entspricht. Zum Gebrauch von *very* in der Bedeutung „sehr" und zum unterschiedlichen Gebrauch von *very, much* und *very much* s. **much**.
- *very* wird in der Bedeutung „aller-" vor Superlativen auf *-est* (z. B. *biggest*) sowie vor *best* und *worst* gebraucht:
  *It was the **very best** holiday we've ever had.* (… der allerbeste Urlaub …)
  *Their **very latest** CD has just reached the shops.* (Ihre allerneueste CD …)
  Vor Superlativen mit *most* (z. B. *most expensive*) kann *very* nicht in dieser Weise verwendet werden. Stattdessen wird z. B. *quite* gebraucht (vgl. **quite**):
  *It was **quite the most expensive** hotel I've ever stayed in.*
  (… das allerteuerste Hotel …)
- *very* wird verstärkend auch vor *first, last, beginning, end* und einigen anderen Nomen gebraucht:
  *It was her **very first/last** concert.* (Es war ihr allererstes/allerletztes Konzert.)

At ***the very beginning/end*** *of the concert ...* (Ganz am Anfang/Ende des Konzerts ...)
At ***the very moment*** *I raised my arm, a shot rang out.* (Genau in dem Augenblick, als ...)
This is ***the very thing*** *I've been looking for.* (Dies ist genau das, was ich gesucht habe.)
I'm afraid ***the very opposite*** *is the case.* (Genau das Gegenteil ist leider der Fall.)
He's ***the very image*** *of his father.* (Er ist ganz sein Vater / das genaue Ebenbild seines Vaters.)

- *very* wird auch mit *own* und *same* in verstärkender Bedeutung gebraucht:
Soon I shall have ***my very own*** *flat / a flat of* ***my very own****.*
(... eine Wohnung ganz für mich allein ...)
It was ***the very same*** *hotel that I had stayed in eight years before.*
(... genau im gleichen Hotel ...)

vest – waistcoat – undershirt

- Im BE wird „Unterhemd“ mit *vest* und „Weste“ mit *waistcoat* wiedergegeben. Im AE dagegen wird „Unterhemd“ mit *undershirt* und „Weste“ mit *vest* wiedergegeben.
Under his shirt he wore no (BE:) ***vest*** / (AE:) ***undershirt****.* (Unterhemd)
He put on a white shirt and blue tie, then a blue (BE:) ***waistcoat*** / (AE:) ***vest****, with a grey jacket on top.* (Weste)

victim – casualty (Opfer)

- *victim* ist die Bezeichnung für das Opfer einer Krankheit, einer Katastrophe oder der Handlungen anderer Menschen (oft von Verbrechern). *victims* können Verletzte oder Tote sein:
The Queen and the Prime Minister are among this winter's flu ***victims****.*
Her sister was one of the ***victims*** *of the Clapham rail disaster.*
He was a ***victim*** *of the company's restructuring. He lost his job when all advertising work was transferred to an external agency.*
Victims *of crime are to be given better access to counselling* (Therapie) *in a new move announced yesterday.*

- *casualty* ist die Bezeichnung für jemanden, der bei einem Unfall verletzt wird, bzw. für einen Soldaten, der bei Kampfhandlungen verletzt oder getötet wird:
After a series of accidents in thick fog near Luton this morning over 20 ***casualties*** *are being treated in hospital. One person has died.*
The sixth brigade suffered heavy ***casualties****.* (... erlitt schwere Verluste.)

view ➪ scene

viewer ➪ audience

visit (Besuch), (to) visit – (to) go and/to see – (to) attend – (to) go to (besuchen)

1 *Das Nomen visit*

- Wendungen und Präpositionen
  *My last **visit to** my aunt was in June.* (Mein letzter Besuch bei meiner Tante ...)
  ***On my last visit** she told me ...* (Bei meinem letzten Besuch ...)
  *They **are/have gone on a visit** to Paris.*
  *I **had*** (nur sehr förmlich: *received*) ***a visit** from the Conservative candidate.* (Ich bekam Besuch von dem Kandidaten / der Kandidatin der Konservativen.)
  *When I was in Bridgewater I **paid a visit to** Briony's parents / I **paid** Briony's parents **a visit**.* (... besuchte ich... / stattete ich ... einen Besuch ab.)
- Im AE bezeichnet *visit* auch eine zwanglose Unterhaltung:
  *I hadn't had such a nice long **visit** with Rita for months.*

2 „besuchen": *(to) visit – (to) go and/to see – (to) attend – (to) go to*

- *visit* entspricht „besuchen" im Sinne von „einen Ort bzw. Personen vorübergehend als Gast/Tourist usw. besuchen":
  *We plan to **visit** friends in France this summer.*
  *I **visited** the British Museum while I was in London.*
- *go and/to see* ist eine weniger förmliche Variante für *visit* und ist auch die korrekte Entsprechung für „besuchen" im Sinne von „(Arzt/Zahnarzt/Rechtsanwalt/usw.) aufsuchen bzw. konsultieren":
  *I **went to see** / I **went and saw** Jean / the Picasso exhibition last week.*
  *I made an appointment to **go and see*** (NICHT: *visit*) the *doctor.*
- *attend* entspricht „besuchen" im Sinne von „Schule/Unterricht/Kirche/usw. als Lernende(r)/Kirchgänger(in)/usw. (regelmäßig) besuchen". *attend* ist wie „besuchen" in dieser Bedeutung recht förmlich:
  *Where did you **attend*** (weniger förmlich: *go to*) *school?*
  *Many people never **attend*** (weniger förmlich: *go to*) *church except for weddings and funerals.*
  attend entspricht auch „eine Veranstaltung besuchen":
  *Over 100 people **attended*** (weniger förmlich: *came to / went to*) *the event/meeting/conference.*
  *The meeting was **well attended**.* (... war gut besucht.)

- Der Besuch von kulturellen Veranstaltungen wird in der Regel mit *go to* ausgedrückt:
  This evening we plan to ***go to*** *a concert / a play / the theatre.*
- Im AE wird neben *visit* auch *visit with* verwendet. *visit with* entspricht entweder „besuchen" oder „sich zwanglos unterhalten":
  Larry ***visited with*** *us on the weekend / last night.*
  I ***visited with*** *a lot of old friends at the party.*

voice (Stimme)

- *voice* wird mit der Präposition *in*, nicht *with*, gebraucht:
  She spoke ***in*** *a loud* ***voice***. (Sie sprach mit lauter Stimme.)
- „leise" in Bezug auf eine Stimme kann unterschiedlich wiedergegeben werden:
  She spoke in a ***low/quiet/soft voice***. (... mit leiser Stimme.)

vote ([Wahl-]Stimme), (to) **vote** ([ab]stimmen)

- Zum Unterschied zwischen *choose, elect, select* und *vote* s. **choose**.
- Wendungen und Konstruktionen:
  The committee ***voted in favour of*** *the closure* ***by*** (NICHT: *with*) *eight* ***votes to*** *three.* (... stimmte mit 8 zu 4 Stimmen für die Schließung.)
  Eight people ***voted for*** *Wilkinson, three* ***voted against*** *him.*
  They ***voted for*** *Wilkinson* ***to*** *replace Davis as chairman.* (Sie stimmten dafür, dass Wilkinson Davis als Vorsitzenden ablösen sollte.)
  We couldn't agree so we ***voted on*** *it /* ***took a vote on*** *it.* (... deshalb stimmten wir darüber ab.)
  We ***voted that*** *smoking should be banned.* (Wir beschlossen [durch Abstimmung], dass das Rauchen verboten werden sollte.)
  Parliament ***voted to*** *send troops.* (... beschloss [durch Abstimmung], Truppen zu entsenden.)

voyage ➪ **drive**

wages ➪ **salary**

(to) **wait**

1 ***(to) wait for – (to) expect***

- *wait for s.th.* entspricht „auf etwas warten", d. h. „warten, bis etwas eintritt"; *expect s.th.* entspricht „etwas erwarten", d. h. „mit etwas rechnen":
  David waited and ***waited for*** *a letter from Jill, but none came. He decided she didn't love him.*

*I'm **expecting** a letter from the travel agency. They said they'd send the tickets this week.*
*I've **been waiting for** Jim for half an hour now. He's late!*
*I'm **expecting** Jim any minute.*

2 Konstruktionen mit *(to) wait*

- Auf *wait* kann grundsätzlich ein *to*-Infinitiv folgen:
  ***I'm waiting to** find out whether I've passed.* (Ich warte darauf, zu erfahren, ob ich bestanden habe.)
  ***I'm waiting to** be picked up.* (Ich warte darauf, abgeholt zu werden.)
  wait to do s.th. kann auch bedeuten, dass man etwas hinausschiebt, sich bis später geduldet:
  *Let's **wait to** open the parcel till Tony gets home.*
  *She was so angry that she **didn't wait to** hear what he had to say.*
  (Sie war so zornig, dass sie nicht abwartete, was er zu sagen hatte.)
  Vor dem Infinitiv kann auch ein (Pro-)Nomen stehen, das gleichzeitig Objekt von *wait for* und Sinnsubjekt des Infinitivs ist:
  ***I'm waiting for** Tim **to** call back.* (Ich warte darauf, dass Tim zurückruft.)

- Nach der Grundform *wait*, aber nicht z. B. *waits, waiting, waited, didn't wait* kann anstelle eines *to*-Infinitivs auch *and* + Verb folgen:
  *I usually **wait to hear / wait and hear** the traffic news before I set off in the mornings.*
  Aber: *I **waited to hear*** (NICHT: *I waited and heard*) *the traffic news before I left.*

- Die beiden eben genannten Konstruktionen sind auch mit *see* möglich, wenn *see* in den Bedeutungen „sehen/(mit)erleben" und „kontrollieren" verwendet wird:
  *Can we **wait to see / wait and see** the prize-giving?* [*see* = „sehen/miterleben"]
  *I usually **wait to see / wait and see** if the confirmation comes through before I switch off.* [*see* = „kontrollieren"]
  Wait and see bedeutet aber oft „abwarten" im Sinne von „abwarten, was passiert". In dieser Bedeutung ist *wait and see* eine feste Wendung, die nur in dieser Form möglich ist:
  *I wonder if they'll agree. – Let's **wait and see*** (NICHT: *wait to see*).
  (Wollen wir mal abwarten.)

- Weitere Besonderheiten:
  *I **can't wait for** spring (**to** come). I'm so fed up with the winter.*
  (Ich kann den Frühling kaum erwarten. / Ich kann es kaum erwarten, bis der Frühling kommt.)
  ***There's** someone **waiting** outside.* (Draußen wartet jemand.)
  *I'm sorry to **keep** you **waiting**.* (Entschuldigung, dass ich Sie habe warten lassen.)
  *You **wait your turn**. I'm next!* (Warte gefälligst, bis du dran bist.)
  *They **waited (for) months for** rain.* (Sie warteten monatelang auf Regen.)
  Aber: *They **waited for** rain **for months**.* [*for* = „lang" kann vor der Zeitbestimmung nur weggelassen werden, wenn die Zeitbestimmung direkt auf *wait* folgt.]

(to) **want** (wollen/mögen)

1 Bedeutung

- *want* hat die Grundbedeutung „wollen/mögen". Die Entsprechung im Deutschen kann aber auch anders lauten:
  This room ***wants*** *a good clean.* (Dieses Zimmer braucht eine gründliche Reinigung)
  What do you ***want*** *for your birthday?* (Was wünschst du dir ...?)
  *You****'re wanted*** *on the phone.* (Sie werden am Telefon verlangt.)
  *He****'s wanted for*** *the Ball Street bombing.* (Er wird wegen ... [polizeilich] gesucht.)
  You ***want*** *to get your name down on the list before it's too late.* (Du solltest dich ... eintragen ...) [informell]

- Der Gebrauch von *want* in Bitten ist sehr direkt. Höflicher werden Bitten mit z. B. *would like* oder *could* formuliert:
  I want a cup of coffee, please. [trotz *please* nicht höflich]
  I'd like a cup of coffee, please.

- „haben wollen" wird oft durch *want* allein, nicht *want to have* ausgedrückt:
  Ich wollte ihm das Buch schenken, aber er wollte es nicht haben.
  = *I wanted to give him the book, but he didn't* ***want it****.*

⚠ *want* kann nicht ohne nachfolgendes Verb in der Bedeutung „hinwollen" verwendet werden:
Er will nach oben/draußen/Hause. = *He* ***wants to go upstairs/outside/ home****.* (NICHT: *He wants upstairs/...*)
Sie will auf deinen Schoß. = *She* ***wants to get (up) on(to)*** *your lap.* (NICHT: *She wants [up] on ...*)

2 Konstruktionen

- *want* wird normalerweise nicht in der Verlaufsform gebraucht.

- *want* wird oft mit einem nachfolgenden *to*-Infinitiv gebraucht. Zwischen *want* und dem Infinitiv kann auch ein (Pro-)Nomen oder *there* als Sinnsubjekt des Infinitivs stehen. Auf *want* folgt nie ein *that*-Satz:
  I ***want you to*** *accept this book as a souvenir.* (Ich möchte, dass Sie dieses Buch ... annehmen.)
  They ***want us to*** *be at the restaurant for 8 o'clock.* (Sie wollen, dass wir zu 8 Uhr im Restaurant sind.)
  We ***don't want there to*** *be any complaints.* (Wir wollen nicht, dass es irgendwelche Beschwerden gibt.)

- Ein Infinitivsatz kann zu *want to*, aber in der Regel nicht auf *want* allein verkürzt oder durch *want it* ersetzt werden:
  Jenny doesn't want to go to France, but I ***want to*** (NICHT: *but I want / but I want it*). [= *but I want to go (to France)*] (Jenny will nicht nach Frankreich, aber ich möchte [es].)

*We all went to the school play although nobody really **wanted to**.*
(… obwohl keiner [es] eigentlich wollte.)
In einem verkürzten *if*-Satz ist jedoch *want* oder *want to* möglich:
*We can go out for a meal **if you want (to)*** (NICHT: *if you want it*).
(Wir können zum Essen ausgehen, wenn du [es] willst.)
Auch in indirekten Fragesätzen, in denen das Fragewort Objekt von *want* ist, kann *want* oder *want to* stehen:
*He just does **what he wants (to)**.*
*You can invite **who you want (to)**.*

- Auf *want to* + (Pro-)Nomen kann anstelle eines passivischen Infinitivs auch einfach ein Partizip Perfekt folgen:
  *He **wants the posters (to be) put up** by Monday at the latest.*
  (Er will, dass die Poster bis spätestens Montag aufgehängt werden.)
  *She **wants her skirt (to be) ironed**.* (Sie will ihr Kleid gebügelt haben.)

- In der Bedeutung „brauchen" kann auf *want* eine *-ing*-Form folgen. Die *-ing*-Form hat passivische Bedeutung:
  *These shoes **want** repair**ing** (= need to be repaired).*
  (Diese Schuhe müssen repariert werden.)

- Gelegentlich findet sich auch die Struktur *want* („mögen/wollen") + (Pro-)Nomen + *-ing*-Form in aktivischer Bedeutung:
  *I don't **want you** **going** to so much trouble.* (Ich will nicht, dass du dir so viele Umstände machst.)
  *I **want you** all sitt**ing** down on the floor in this exercise.* (Ich möchte, dass Sie bei dieser Übung alle auf dem Fußboden sitzen.)
  Diese Struktur ist aber nicht verallgemeinerbar. Ein Infinitivsatz ist sicherer:
  *I **want you** all **to** shut your eyes now* (NICHT: *I want you all shutting your eyes now.*). (Ich möchte, dass Sie nun alle die Augen schließen.)

⚠ *wanted to* kann nicht (sozusagen als *future-in-the-past*) gebraucht werden, um auszudrücken, was jemand vorhatte, woran er aber gehindert wurde:
Ich wollte gerade abschließen, als Philip kam. = *I **was just going to** lock up / I **was about to** lock up when Philip came.*
Sie wollte gerade bezahlen, aber dann sah ich, dass der Pullover ein Loch hatte. = *She **was about to** / **was** just **going to** pay, …*
Vgl. dagegen folgende Sätze, wo *wanted* einen Wunsch in der Vergangenheit ausdrückt:
*We **wanted to** get out of the city before the rush-hour started.*
*She **wanted to** see him again.*

- *don't want to* drückt aus, dass man etwas nicht möchte, hat aber nicht die Stärke einer offenen Weigerung. Eine solche wird mit *won't* ausgedrückt:
  *Bernd **won't** admit that he's wrong.* (Bernd will nicht zugeben, dass er Unrecht hat.)
  *The car just **wouldn't** start.* (Das Auto wollte einfach nicht anspringen.) [Das Auto wird hier personifiziert.]

wardrobe – closet – cupboard – cloakroom/checkroom

- *wardrobe* entspricht „Garderobe" im Sinn eines Kleiderschranks und im Sinn der gesamten Kleidung, die jemand hat. Im Alltag wird jedoch für letztere Bedeutung meist einfach *clothes* gebraucht:
  *We bought a new **wardrobe** for the boys' bedroom.*
  *The actress's entire **wardrobe** had to be transported from one set* (Drehort) *to the next.*
  *Your **clothes** just aren't up-to-date any more. You need to kit yourself out with some new stuff.*
- *closet* ['klɒzɪt] ist AE und bezeichnet einen maßgeschneiderten Einbaukleiderschrank, der vom Fußboden bis zur Decke reicht.
- *cupboard* ['kʌbəd] ist die Bezeichnung für einen normalen Schrank, in dem etwas gelagert oder aufbewahrt wird:
  *We've been out to buy a new **cupboard** for the kitchen.*
- (BE:) *cloakroom* und (AE:) *checkroom* bezeichnen die „Garderobe", in der z. B. Theatergäste ihre Kleidung hinterlassen:
  At the end of the performance (Aufführung) *there was a big queue of people waiting to get their coats back at the **cloakroom/checkroom**.*

warehouse (*nicht* Warenhaus, *sondern* Lagerhaus/Lager)

- *warehouse* entspricht „Lager(haus)"; „Warenhaus" wird mit *department store* wiedergegeben:
  *Many of the old **warehouses** in London's Docklands were turned into expensive living accommodation.* (Lagerhäuser)
  *KDW is the name of a famous Berlin **department store**.* (Warenhaus)

warm ⇨ hot

(to) **warn** (warnen)

- Auf *warn* kann ein bejahter oder ein verneinter *to*-Infinitiv folgen. Der Infinitiv wird verneint, wenn ausgedrückt wird, was nicht gemacht werden sollte; *warn* entspricht hier „warnen/abraten". *warn* + bejahter Infinitiv entspricht „dringend raten/nahelegen; ermahnen":
  *I **warned him to** take someone with him.* (Ich riet ihm dringend, jemanden mitzunehmen.) [bejahter Infinitiv = dies sollte er tun]
  *I **warned him not to** go alone.* (Ich warnte ihn davor, allein zu gehen.) [verneinter Infinitiv = dies sollte er nicht tun]

Letzterer Satz könnte auch mit *against* + *-ing*-Form (ohne *not*!) ausgedrückt werden. Das Personenobjekt kann bei *warn against* auch weggelassen werden:
*I **warned (him) against** go**ing** alone.*

- *warn s.o. not to do s.th.* und *warn (s.o.) against doing s.th.* drücken beide aus, dass jemand explizit aufgefordert wird, eine konkrete Handlung nicht auszuführen. Weniger stark ist *warn s.o. about doing s.th.*:
*I've often **warned him about** leav**ing** the windows open when he goes out.* [Gemeint ist, dass auf die möglichen Gefahren bzw. negativen Folgen aufmerksam gemacht worden ist.]
warn about kann – im Gegensatz zu *warn against* – <u>nicht</u> ohne Personenobjekt gebraucht werden.

(to) **wash, get washed, have a wash**

- *wash* wird als reflexives Verb gebraucht, wenn das Waschen (z. B. bei Kleinkindern oder Kranken) mit Anstrengung verbunden ist. Ansonsten steht nach *wash* in der Regel kein Reflexivpronomen:
*Little Glenn can **wash himself** now.* (... kann sich jetzt [selbst] waschen.)
*Phyllis couldn't **wash herself** again till almost three months after the operation.* (... konnte sich erst ... [alleine] waschen.)
*The water heater didn't work, so we had to **wash** in cold water.* (... deshalb mussten wir uns mit kaltem Wasser waschen.)
- Anstelle von *wash* (im Sinne von „sich waschen") wird oft *have a wash* oder *get washed* gebraucht. *get washed* hat mit „sich fertigmachen" zu tun, z. B. wenn man sich morgens auf den Tag oder abends aufs Ausgehen vorbereitet:
*I get up and **have a wash / get washed**, then I make some tea.*
*When I get home from work I usually **have a wash** and change my clothes.*
- Weitere Besonderheiten:
*I want to **wash** the car / **give** the car **a wash** this afternoon.*
*This shirt **doesn't wash** very well.* (... lässt sich nicht gut waschen)

washing – washing-up

- *washing* entspricht „Wäsche" (= Tätigkeit oder Textilien, die gewaschen werden), *washing-up* bedeutet „Abwasch". Beide sind nicht zählbar, d. h. sie können nicht mit *a/an* oder im Plural gebraucht werden. Wendungen:
*I need to **do*** (NICHT: *make*) ***some washing** this afternoon.* (Ich muss heute Nachmittag waschen.)
*Can you hang up the **washing** for me?*
***I've done** three **loads of washing** this afternoon.* (Ich habe ... drei Waschmaschinen gewaschen.)

W

I just want to ***put some washing / a load of washing on.*** (Ich will nur noch etwas / eine Ladung Wäsche reinstecken/anstellen.)
I'll ***do*** (NICHT: *make*) ***the washing-up****.*

waste (Verschwendung), (to) **waste** (verschwenden)

- Besonderheiten:
  That's ***a waste of*** *time/money/... .* (Das ist Zeit-/Geld-/...verschwendung.)
  We ***wasted*** *a lot of time look****ing*** (NICHT: *to look*) *for the original plans.* (... haben viel Zeit darauf verschwendet, ... zu suchen.) [*waste time / money / energy do****ing*** *s.th.*]
  Don't ***waste*** *your money* ***on*** *sweets.* (... für Süßigkeiten.)

(to) **watch** (beobachten)

- Zum Unterschied zwischen *watch, look (at)* und *see* s. **look**
- Zum Gebrauch der Konstruktionen *watch s.o. do s.th.* und *watch s.o. doing s.th.* s. im Einzelnen **hear,** Abschnitt 4:
  I ***watched Alan open/opening*** *the letter.* [kurze Handlung: beide Formen möglich]
  I ***watched her crossing*** *the road, but I lost sight of her before she got to the other side when a lorry blocked my view.* [Handlung wird im Verlauf wahrgenommen, aber nicht von Anfang bis Ende: *-ing*-Form]
  I ***watched her cross*** *the road and* ***enter*** *the bank.* [komplette Handlung wird wahrgenommen: Infinitiv (ohne *to*!)]
  I ***watched lots of people enter and leave / entering and leaving*** *the bank.* [wiederholte komplette Handlung: beide Formen möglich]

water (Wasser)

- *water* ist nicht zählbar und kann ohne Zusatz nicht, wie *wine/beer/tea/ coffee*, in Restaurantsituationen und dergleichen zählbar gebraucht werden. Vgl.:
  Einen Weißwein und zwei Kaffee, bitte. = *A white wine and two coffees, please.*
  Ein Wasser bitte. = ***A mineral water / A glass/bottle of water****, please* (NICHT: *A water, please.*)

(to) **wave** (winken)

- Die Person, der zugewunken wird, muss nach dem intransitiven Verb *wave* mit *to* oder *at* angeschlossen werden:
  I ***waved to/at*** *her* (NICHT: *I waved her*), *but she didn't see me.*
  Aber transitiv mit Adverbialpartikel: *The policeman just* ***waved us through/on/over****.*

way (Weg / Art und Weise)

- *way* hat zwei Grundbedeutungen: „Art (und Weise) / Methode" und „Weg":
  *How should I learn new vocabulary? What's the best **way**?*
  *Is this the **way** to the university?*

1 *way* = „Art (und Weise)/Methode"

⚠ Ein näher bestimmender Nebensatz nach *the way* („die Art und Weise") kann mit oder ohne *that* eingeleitet werden, förmlich auch mit *in which*, aber nicht mit *how*:
*The **way (that)*** (NICHT: *how*) *he told her to leave was so impolite.* (Die Art und Weise, wie ...)
*The **way (in which)*** (NICHT: *how*) *we are brought up has a profound influence on the way we behave as adults.* (Die Art und Weise, wie ...)

- Nach *way* („Art und Weise / Methode") kann ohne Bedeutungsunterschied ein *to*-Infinitiv oder *of* + *-ing*-Form gebraucht werden:
  *Is there a **way to** find out / **of** find**ing** out before she comes?*
  *This **way of** do**ing** it requires more time. The usual **way to** do it is ...*
  Nach einem Possessivbegleiter + *way* sowie nach *this/that way* wird *of* + *-ing*-Form bevorzugt, insbesondere dann, wenn *way* als Subjekt am Satzanfang steht:
  ***His way of** do**ing** things is quite different from hers.* (Seine Art, die Dinge zu erledigen, ist ganz anders als ihre.)
  ***This way of** mak**ing** maple syrup is new.*

- Die Präposition *in* wird gebraucht, um „auf ... Art und Weise" auszudrücken:
  *He speaks **in a very snobbish way**.*
  ***In a way** I'm pleased this has happened.* (In gewisser Weise bin ich froh ...)
  Vor *this way, that way* oder Possessivbegleiter + *way* wird *in* in aller Regel weggelassen:
  *Don't do it **that way**, do it **this way**.*
  *Do it **my way**, not **his way**.*
  In Verbindung mit häufig gebrauchten Adjektiven ist das Weglassen von *in* ebenfalls möglich:
  *We all prepare for the match **(in) the same way / (in) another way / (in) a different way**.*
  *I'm afraid I haven't done this **(in) the right way**.*

2 *way* = „Weg"

- Wendungen:
  *I always **lose my way** when I come here.* (Ich verirre mich ...)
  *Is it **a long way** from here to where he lives? – Yes, it's **a long way**.* (Ist es weit ...?) [Näheres s. **far**]
  ***This way**, please.* (Hierher / Hier entlang, bitte)
  ***Can you tell me the way to** Dover Street, please?*
  *I **made my way** down Bolton Street to Princess Square.* (Ich machte mich auf den Weg ...)

3 Sonstige Wendungen

- *The building work **is under way**: we hope to move in next year.* (... ist im Gange ...)
  *What have you got **in the way of** films?* (Was haben Sie an Filmen?)
  ***By the way**, you'll need your passports.* (Übrigens, ...)

wealth (Reichtum/Reichtümer)

- *wealth* ist nicht zählbar, d. h. es kann nicht mit *a/an* oder im Plural gebraucht werden:
  Ein Land fabelhafter Reichtümer ... = *A land of fabulous **wealth/riches** ...*

weapon ⇨ **arms**

(to) **wear** (tragen) ⇨ (to) **carry**

weather (Wetter)

- *weather* ist nicht zählbar, d. h. es kann nicht mit *a/an* gebraucht werden:
  *It was **such** (NICHT: such a) **lovely weather**.*
  ***What** (NICHT: What a) **beautiful weather**!*
- Wendungen:
  *Nobody will come **in this weather**.* (... bei diesem Wetter ...)
  Bei gutem/schlechtem Wetter findet die Veranstaltung draußen/drinnen statt. = ***If the weather is good/bad**, ...* (NICHT: *In good/bad weather ...*).
  What's the weather like? (Wie ist das Wetter?)
  ***What's** (NICHT: How's) **the weather forecast** for tomorrow?* (Wie ist die Wettervorhersage ...)

wedding ⇨ **marriage**

week (Woche)

- Wendungen und Präpositionen:
  *A **week's** wages (NICHT: The wages of a week) wasn't much in those days.*
  ***This week's / Last week's** programme ... (NICHT: The programme of ...)*
  *We spent **two weeks(')** holiday / a **two-week** (NICHT: a two-weeks) holiday /* (BE:) *a **fortnight's** holiday in Scotland.*
  *He had the flu and had to stay at home **all week**.* (... die ganze Woche ...)
  *There's a lot to do **this week** (NICHT: in this week).* (... diese Woche / in dieser Woche ...)

That week *all went well.* (In jener Woche …)
I get up at 6 ***in/during the week****.*
In the next few weeks *…* (In den nächsten Wochen / In der nächsten Zeit …)
In Christmas/Easter week (NICHT: *In the …) we are always very busy.*
I shall be seeing her ***a week today / today week / (on) Monday week****.*
(… heute in acht Tagen / am Montag in einer Woche.)
We'll know more ***in a week's time / in four weeks(') time****.* (In einer Woche / In vier Wochen werden wir mehr wissen.)
The show is booked up ***for weeks****.* (… auf Wochen hinaus …)

weekend (Wochenende)

- Wendungen und Präpositionen:
  At / (AE meist:) ***On the weekend*** (auch: ***At/On weekends***) *I usually get up late.* (Am Wochenende …)
  I'll be seeing her sometime ***at/over/during the weekend****.*
  I'll be seeing her ***this (coming) weekend****. / I saw her* ***(this) last weekend****.* [keine Präposition]
  Have a nice weekend! (Schönes Wochenende!)

(to) **weep** ⇨ (to) **cry**

(to) **weigh** (wiegen), **weight** (Gewicht)

- In der Bedeutung „etwas (ab)wiegen" kann *weigh* in der Verlaufsform gebraucht werden, aber nicht in der Bedeutung „Gewicht haben":
  What are you doing? – ***I'm weighing*** *my luggage.*
  He ***weighs*** (NICHT: *is weighing*) *72 kilos now, after his diet.*
- Wendungen:
  I ***weigh the same*** *as you / I'****m the same weight*** *as you.* (Ich wiege genauso viel / Ich habe das gleiche Gewicht wie du.)
  A rock ***weighing*** *200 kilos* (NICHT: *A 200-kilo heavy rock*) *fell on the car.* (Ein 200 Kilo schwerer Felsen …)

welcome (willkommen)

⚠ Auf *welcome* folgt die Präposition *to*, nicht *in* or *by*:
Welcome to *England!*
I'd like to ***welcome*** *you all* ***to*** *this evening's performance.* (Ich möchte Sie alle zu der Aufführung des heutigen Abends willkommen heißen.)
Aber: *Welcome home* (NICHT: *to home*).

W

- Wendungen:
  *Dame Sybil **was given a warm welcome** ...* (... wurde herzlich empfangen.)
  *Thanks for your help. – **You're welcome**.* (Gern geschehen.)

well

- *as well, as well as* s. **as**, Abschnitt 4.
- *well* kann ein Adverb, ein Adjektiv, eine Interjektion oder ein Nomen sein:
  *She sang very **well**.* (Sie sang sehr gut.) [Adverb]
  *Is he **well** again?* (Ist er wieder gesund?) [Adjektiv, Näheres s. **health**, Abschnitt 2]
  ***Well**, what am I to say?* (Nun/Also, ...) [Interjektion]
  *He pulled a bucket of brown water out of the **well**.* (... aus dem Brunnen.) [Nomen]
- Als Adverb steht *well* nach einem Verb und seinen Ergänzungen:
  *They all **ran well**.*
  *They **ran the race well**.*
  In Wendungen mit *may, might* (Näheres s. **may**, Abschnitt 4) und *could* steht *well* jedoch nach dem Hilfsverb:
  *She **may well ask** me to work late tonight.* (Es kann gut sein, dass sie mich bittet ...)
  *It **might well have cost** more elsewhere.* (Es kann gut sein, dass es woanders mehr gekostet hätte.)
  *I **couldn't very well expect*** (NICHT: *couldn't well expect*) *him to pay for all of us.* (Ich konnte nicht gut erwarten, dass er für uns alle bezahlt.)

were ➪ (to) be

west, western, westerly, westbound ➪ north

what

1 *what*: Bedeutungen und deutsche Entsprechungen

- *what* = Fragepronomen „was“:
  ***What** shall we do this evening?* (Was ...?)
- *what* = „(das) was“ am Anfang eines Subjekt- oder Objektsatzes:
  ***What** he said didn't make sense.* ([Das,] Was er sagte, ergab keinen Sinn.)
  *I did **what** you said.* (Ich habe [das] getan, was du gesagt hast.)
- *what* = „was für / wie“ in Ausrufen:
  ***What a** beautiful dress!* (Was für ein schönes Kleid!)
  ***What** beautiful earrings!* (Was für schöne Ohrringe!)

What *beautiful weather* (NICHT: *What a beautiful weather*)***!*** (Was für ein herrliches Wetter!) [*what*, nicht *what a*, vor nicht zählbaren Nomen]
What a pity! (Wie schade!)

- *what* = „welche(r/s) / was für":
What *tie/shoes should I wear?* (Welche Krawatte/Schuhe sollte ich tragen?) [Näheres s. **which**]
What *Swedish film stars do you know?* (Welche schwedischen Filmstars kennst du?) [*what* = „welche(r/s)" auch vor Personen möglich]
What *weather did you have?* (Was für Wetter hattet ihr?)
What kind/sort of *shoe/shoes are you looking for?* (Welche Art von Schuh/Schuhen ...?) [Näheres s. **kind**]

- *what* = „welche(r/s) / was für" in festen Wortverbindungen:
What make *is this car?* (Was für eine Marke ...?)
What nationality is *he?* (Welche Nationalität hat er?)
What size are *you /* ***do*** *you* ***take****?* (Welche Größe haben Sie?)
What height / width (auch: ***breadth***) */* ***length is*** *that cupboard?* (Welche Höhe/Breite/Länge hat dieser Schrank?)
What colour is *it?* (Welche Farbe hat es?)
Do you remember that storm we had? – Yes, ***what month/year*** (nur förmlich: *in what month/year*) *was that?* (... in welchem Monat/Jahr ...?)

- *what* = „wie / wie viel":
What's *your* ***phone number/name/address****?* (Wie ist ...?)
What's *this* ***called? / What do you call*** *this?* (Wie heißt das? / Wie nennt man das?)
What's the answer? (Wie lautet die Antwort?)
What's the date / What date is it? (Den Wievielten haben wir?)
What's the temperature? (Wie viel Grad haben wir?)
What time is it / What's the time? (Wie viel Uhr ist es?)
What time (förmlich: *At what time*) *did he phone?* (Um wie viel Uhr ...?)

- Sonstiges:
What about *Jim? Does he want to come?* (Was ist mit Jim?)
What about *eating out today?* (Wie wäre es, wenn wir heute essen gingen?)
What *is their new house* ***like****?* (Wie ist ihr neues Haus?) [Näheres zum Unterschied zwischen *how* und *what ... like* s. **how**]
What's *this* ***for****? – It's for cutting holes in leather.* (Wozu ist das hier? [= Welche Funktion / Welchen Zweck erfüllt das?])
What *did he do that* ***for****?* (Warum hat er das gemacht?)
I haven't got a lot, but you can take ***what*** *paper/pens I have.* (... du kannst alles an Papier / Stiften nehmen, was ich habe.)
He gave us ***what*** *help he could.* (Er half uns, so gut er konnte.)
I('ll) tell you what*. Why don't we ask Ann to bring her guitar.* (Weißt du was? Warum ...?)
What!? *You had to pay?* (Was?! Ihr musstet zahlen?)
"I don't expect to see him, though." – ***"What?"*** *– I said I don't expect to see him."* (Wie bitte?)
What if (NICHT: *What is if*) *they haven't got the right colour?* (Was ist, wenn ...?)

⚠ Alles/Nichts, was sie sagte ... = *Everything/Nothing* ***(that)*** *she said ...* [*that* = Relativpronomen nach *everything/nothing*]
Das Beste/Einzige/Nächste/... was wir tun können, ist ... = *The best/ only/next/... thing* ***(that)*** *we can do is ...* [*that* = Relativpronomen nach *the* + Adjektiv + *thing*]
Er hat „ja" gesagt, was mich überraschte. = *He said 'yes',* ***which*** *surprised me.* [*which* = Relativpronomen, das sich auf einen ganzen Satz bezieht]

2 *what* + *to*-Infinitiv

- Statt einen indirekten Fragesatztes mit *what* und modalem Hilfsverb wird normalerweise *what to* + Infinitv gebraucht (vgl. **when,** Abschnitt 2). Im Deutschen wird in der Regel ein Nebensatz mit „sollen" verwendet:
Can you show me ***what to*** *do?* (Können Sie mir zeigen, was ich tun soll?) [Infinitivkonstruktion als direktes Objekt]
What to *give her for her birthday is something I don't want to decide on my own.* (Was man ihr zum Geburtstag schenken soll, ist etwas, das ich nicht allein entscheiden will.) [Infinitivkonstruktion als Subjekt]

3 *what* in Spaltsätzen

- *what* + eine Form von *be* wird in sogenannten Spaltsätzen gebraucht, um etwas hervorzuheben:
What *I need* ***is*** *a cup of tea.*
What *I heard* ***was*** *laughter.*
What *we're looking forward to* ***is*** *the end of term.*
What *I did* ***was*** *(to) phone the police.*

- Die Form von *be* steht auch vor Pluralnomen im Singular:
What *I need* ***is*** *three strong men.*
What *I heard when I woke up* ***was cows.***
Wenn aber die Form von *be* weiter weg vom *what*-Satz steht – z. B. weil ein anderer Nebensatz dazwischensteht –, kann auch eine Pluralform manchmal akzeptabel sein:
What *I need before I do anything else* ***is/are some warm, dry socks.***
Wenn der *what*-Satz nicht vor, sondern nach *be* steht, kann das Verb nach einem Pluralsubjekt im Singular oder Plural stehen:
Three strong men ***is/are what*** *I need.*
Some warm ***socks is/are what*** *I would appreciate just now.*

- Nach *what I need / would like / want* usw.+ Infinitiv folgt ein weiteres Verb als *to*-Infinitiv:
What *I* ***need / want / would like*** *is* ***to have*** *a bath.*
Nach *do/did* kann ein weiteres Verb mit oder ohne *to* stehen:
What *he* ***did*** *first was* ***(to) have*** *a bath.*
Aber nach Modalverb + *do* ist *to* nicht möglich:
What *you* ***should do*** *is* ***call*** *the police.*

whatever

- In Fragen kann *whatever* auch auseinander geschrieben werden *(what ever)*, sonst aber nicht. *whatever / what ever* wird in Fragen zur Emphase verwendet. Es drückt z. B. Überraschung, Entrüstung, Ungeduld usw. aus:
  ***Whatever / What ever** did it cost? You must've spent a fortune!* (Was hat das denn [um Himmels willen] gekostet? Du musst ein Vermögen ausgegeben haben.)
  *For heaven's sake, **whatever / what ever** is the matter with you?* (Um Himmels willen, was ist bloß mit dir los?)
- In Aussagesätzen entspricht *whatever* „was/welche(r/s) auch (immer)" oder „alles, was / alle ..., die":
  ***Whatever** happens, we can always ask Donald for help.* (Was auch immer geschieht ...)
  ***Whatever** reason she may have, I still think she shouldn't hit him.* (Welchen Grund sie auch haben mag ...)
  *I'll do **whatever** you say.* (Ich mache alles, was du sagst.)
  *I'll bring **whatever** glasses I can find.* (Ich bringe alle Gläser, die ich finden kann.)
- Nach *no* und *nothing* wird *whatever* verstärkend im Sinne von „überhaupt" gebraucht:
  *There's **no** time **whatever** to lose.* (Es ist keine Sekunde Zeit zu verlieren.)
  *This has **nothing whatever** to do with you. Go away.* (Das hier geht dich überhaupt nichts an.)

when

- *when* hat verschiedene Funktionen:
  ***When** did she say that?* [Fragewort]
  *I'll phone you **when** we get there.* [Konjunktion]
  *Do you remember the time **when** he forgot his keys?* [Relativadverb nach Zeitbezeichnungen wie *day/hour/time/week/year*]

1 *when – if*

- *when* bedeutet als Konjunktion „wenn" im Sinne von „zu der Zeit, wenn/als" oder „sobald". Auf die Zukunft bezogen impliziert *when,* dass die genannte Situation tatsächlich eintreten wird. *if* bedeutet „wenn" = „falls" und wird auf Situationen angewandt, die eintreten können:
  ***When** David is here, I'll try and take a few days off.* (Wenn [= Während der Zeit, in der] ...) [Es steht fest, dass David da sein wird.]
  ***If** David is still here on 24th, he can go to London with us.* (Wenn [= Falls] ...) [Es ist möglich, dass David noch da sein wird.]
  ***When** you're ready, I'll call a taxi; let me know about 10 minutes beforehand.* (Wenn [= Sobald] ...)
  ***If** you're ready now, I'll call a taxi. I'm sorry, I thought you weren't.* (Wenn [= Falls] ...)

- *if* und *when* sind austauschbar in der Bedeutung „immer wenn / jedes Mal wenn“:
  If/When *David is here, we always invite Joe and Ada for a meal.*
  If/When *I know in advance, I can usually have a taxi here ready and waiting.*

- *when* und *if* sind auch austauschbar, wenn ein Grund oder ein Gegenargument ausgedrückt werden soll („da [... ja]“, „wo ... doch“):
  I'm not stupid. Of course I'm not going to say "yes", ***when/if*** *we don't know how much it is all going to cost.*

2 Konstruktionen mit *when*

- In einem *when*-Satz, der als Adverbiale fungiert, steht keine Zukunftsform, auch wenn über die Zukunft gesprochen wird,:
  When *the rain* ***stops*** (NICHT: *will stop*) *we'll have a game of tennis.* (Wenn ...)
  Wenn der *when*-Satz als Subjekt oder Objekt fungiert (also z. B. in indirekten Fragesätzen), ist jedoch eine Zukunftsform möglich (und oft nötig):
  I want to know ***when I'm going to*** *get my money back.* (... wann ...)

- *when* + *to*-Infinitiv wird in indirekter Rede anstelle eines indirekten Fragesatzes mit *when* und modalem Hilfsverb gebraucht:
  "When do/shall/should I pay?" → He asked ***when to*** *pay (= when he should pay).*
  Mit der gleichen Konstruktion kann auch eine Empfehlung / ein Befehl wiedergegeben werden:
  "Ask for permission next week, just before he goes on holiday." → She suggested ***when to*** *ask (= when I could ask) for permission.*
  "Don't use the present perfect when...." → He told us ***when not to*** *use (= when we mustn't use) the present perfect.*
  when + *to*-Infinitiv kann auch anstelle anderer *when*-Sätze mit modalem Hilfsverb gebraucht werden:
  We haven't decided ***when to*** *inform (= when we should) the parents.*
  (Wir haben nicht entschieden, wann die Eltern informiert werden sollen.)
  The question of ***when to*** *place (= when we should place) an advertisement in the paper is ...* (Die Frage, wann eine Annonce ... plaziert werden soll, ...)

⚠ *when* + *to*-Infinitiv kann nicht in Sätzen wie dem folgenden gebraucht werden, die nicht von einem übergeordneten Satz abhängen:
Ich muss sie sprechen. Aber wann anrufen? = *But* ***when can/should I*** *phone?*

- Adverbiale Nebensätze mit *when* können oft zu *when* + Partizip verkürzt werden. *when* + Partizip Präsens kann jedoch nicht in der Bedeutung „unmittelbar nachdem ...“ gebraucht werden:
  When *learn**ing** a foreign language (= When you are learning ...), it is important to remember ...*
  When *heat**ed*** (= *When it is heated*), *the metal expands.*
  On (NICHT: *When*) *hear**ing** the news, he broke down and cried.*

- Ein *when*-Satz kann auch ganz ohne Verbelement sein:
  When possible (= *When it is possible*), *we give customers a choice.*
  When on holiday (= *When we're on holiday*), *we usually have our main meal in the evening.*

- Eine mit *when* gebrauchte Präposition kann (förmlich:) davor oder (neutral:) am Satzende stehen:
  *We'd like a 12 pound turkey for next weekend. – **For when** do you want it? / **When** do you want it **for**? Saturday or Sunday?*
  In Kurzfragen ohne Verb steht *when* vor der Präposition:
  *I need to book a flight. – **When for**?*

whenever

- In Fragen kann *whenever* auch auseinander geschrieben werden *(when ever)*, sonst aber nicht. *whenever / when ever* wird in Fragen zur Emphase verwendet Es drückt z. B. Überraschung, Entrüstung, Ungeduld aus:
  ***Whenever** / **When ever** did she say that? It's completely untrue!* (Wann hat sie das denn [um Himmels willen] gesagt?)
- In Aussagesätzen entspricht *whenever* „immer wenn" oder „wann (auch) immer":
  ***Whenever** I see that building, it makes me think of a fire they had there.*
  *Last Tuesday, or **whenever** it was, this letter arrived from Joyce.*

where

1 Fragewort *where*

- Die Verbindungen *where ... to* und *where ... from* entsprechen "wohin" und „woher". Nach *go* wird *to* oft weggelassen:
  ***Where** did they **go (to)**?*
  ***Where** did they **travel/fly/drive to**?*
  ***Where** does Jenny's husband **come from**?*

2 Konstruktionen mit *where*

- *where* + *to*-Infinitiv wird in indirekter Rede anstelle eines indirekten Fragesatzes mit *where* und modalem Hilfsverb gebraucht (auch z. B. zur Wiedergabe von Befehlen und Empfehlungen):
  *"Where do/shall/should we park?" → He asked **where to** park (= where he should park).*
  *"Don't ever park over there." → She told me **where not to** park (= where I mustn't park).*
  where + *to*-Infinitiv kann auch anstelle anderer *where*-Sätze mit modalem Hilfsverb gebraucht werden:
  *I didn't know **where to** go (= where I could/should go) and ask.*
  *The question of **where to** go (= where we might/could/should go) for our holiday always causes big disagreements in our family.*

⚠ *where* + *to*-Infinitiv kann nicht in Sätzen wie dem folgenden gebraucht werden, die nicht von einem übergeordneten Satz abhängen:
Ich war entsetzlich müde. Aber wo schlafen in dem Chaos? = *I was terribly tired. But **where was I to** sleep / **where could I** sleep in that chaos?*

- *where* kann adverbiale Nebensätze einleiten. Es hat hier jedoch meist keine konkrete örtliche Bedeutung („[dort] wo", „wohin" usw) sondern wird meist im übertragenen Sinn verwendet („in [allen] Fällen, wo)". Die Bedeutung ist der von *when* und *whenever* sehr nah:
  Where *handicapped children* ***are concerned/involved****, achievements are measured by quite different criteria.*
  Ein solcher *where*-Satz kann auch ganz ohne Verbelement sein:
  Where *[it is]* ***appropriate/necessary/possible/relevant****, customers are given a choice.*

- *where* kann auch Relativsätze einleiten. Dabei können sie sich nicht nur an Ortsbezeichnungen wie *place, town* usw. anschließen, sondern auch an viele abstrakte Nomen. Nach einer Zeitbezeichnung ist jedoch nur das Relativadverb *when* möglich:
  This is the ***village where*** *I grew up.*
  In ***marriages where*** *both partners work ...*
  In ***situations where*** *one member of the team is incompetent ...*
  At an ***age when*** *most children are still interested in Donald Duck ...*
  In the ***week when*** *it's my turn to drive, I leave the house at 7.20.*

⚠ Jetzt, wo alles schief gegangen ist, müssen wir wieder von vorne anfangen. = ***Now that*** *everything's gone wrong / With everything (having) gone wrong, we'll have to ...*
Wie konnte er das tun, wo er doch wusste, dass ...? = *How could he do that* ***when*** *he knew ...?*

whereas ➪ during, Abschnitt 3

whereby

- *whereby* ist ein Relativadverb und entspricht *by which. whereby* ist ein förmliches Wort:
  It's a method/system ***whereby*** *people assess their tax liabilities themselves.* (Es ist eine Methode / ein System, bei der/dem man seine Steuerschuld selbst berechnet.)

⚠ *whereby* kann nicht im zeitlichen Sinne von „während dessen/deren" bzw. „und bei dieser Gelegenheit" gebraucht werden:
Es gab eine Verfolgungsjagd, wobei zwei der Täter gefasst wurden.
= *There was a chase,* ***during which*** *two of the criminals were captured.*
Wir stimmten ab, wobei sieben sich der Stimme enthielten. = *We put it to the vote,* ***with*** *seven people* ***abstaining*** */* ***and*** *seven people* ***abstained****.*

wherever

- In Fragen kann *wherever* auch auseinander geschrieben werden (*where ever*), sonst aber nicht. *wherever / where ever* wird in Fragen zur Emphase verwendet. Es drückt z. B. Überraschung, Entrüstung, Ungeduld aus:
  Wherever *did she buy that dress? It looks terrible.* (Wo hat sie denn bloß ... gekauft?)
- In Aussagesätzen entspricht *wherever* „überall (hin) wo" oder „wo / wohin (auch) immer":
  We go ***wherever*** *the boss tells us to.*
  I don't care ***wherever*** *it is. I'm not coming.*
  Don comes from a place called Wendover, ***wherever*** *that may be.*
  (... wo auch immer das sein mag.)
  Wherever *possible brothers and sisters are put in separate groups.*

whether ⇨ if, Abschnitt 5

which

1 Fragewort *which*

1.1 *which – what – who*

- *which* wird gegenüber *what* bevorzugt, wenn eine Auswahl aus einer begrenzten Menge von Sachen oder Personen vorausgesetzt wird. Vor *of* kann nur *which* stehen:
  What shall we do this evening? – Go to the cinema? – OK. ***Which*** *film?* (= *which of those showing at the present time*)
  Which *of these photos are yours?*
  Was eine begrenzte Menge darstellt, kann verschieden interpretiert werden; sie kann sehr groß und vage sein, so dass in vielen Fällen sowohl *what* als auch *which* möglich ist:
  What *is the most rewarding free-time activity?*
  Which *is the most rewarding free-time activity?* (= *which of all the possible free-time activities* [begrenzte, wenn auch große Auswahl])
  What *people have had the most influence on your life?*
  Which *people have had the most influence on your life?* (= *which of all the people you have encountered*)
- *which* und *what* werden in folgenden festen Wortverbindungen gebraucht:
  Which way *did they go?* (In welche Richtung ...?)
  Which/What day/month/year *was that?* (An/In welchem ...?)
  What colour *is it?* (Welche Farbe hat es?)
  What nationality *are you?* (Welche Nationalität haben Sie?)
  What height/width/breadth/length *is that room?* (Wie hoch/breit/lang ...?)
  What *(= What kind of)* ***weather*** *did you have?* (Was für Wetter ...)

⚠ *which*, nicht *who,* wird in Fragen nach Personen gebraucht, wenn eine *of*-Fügung folgt (oder mitverstanden wird):
Which of you *can help me get the room ready?* (Wer von euch ...?)
Which of your teachers *drives a red Fiat?* (Wer von deinen Lehrer[inne]n ...?)
(Fotobetrachtung) ***Which*** *(one) is you?* (Wer/Welche[r] [davon] bist du?)

1.2 Konstruktionen mit *which* als Fragewort

- *which* kann Subjekt oder Objekt einer Frage sein. Im zweiten Fall wird ein Hilfsverb zur Fragebildung benötigt; die Wortstellung in solchen Fragen ist *which* (= Objekt) – Hilfsverb – Subjekt – Vollverb:
  Which *wine* ***goes*** *better with the fish?* (Welcher Wein passt besser zum Fisch?) [*which wine* ist Subjekt.]
  Which *wine* ***do*** *you want?* (Welchen Wein möchten Sie?) [*which wine* ist Objekt, *you* ist Subjekt.]
- *which* + *to*-Infinitiv wird in der indirekten Rede (zur Wiedergabe von Fragen, aber auch von Befehlen und Empfehlungen) anstelle eines *which*-Satzes mit Modalverb gebraucht:
  "Which size shall I buy?" → He asked ***which*** *size* ***to*** *buy (= which size he should buy).*
  "(Don't) Buy the green ones." → He told me ***which (not) to*** *buy (= which ones I must/mustn't buy).*
  which + *to*-Infinitiv kann auch anstelle anderer *which*-Sätze mit modalem Hilfsverb gebraucht werden:
  I can't make up my mind ***which*** *day* ***to*** *travel on (= which day I ought to travel on).*
  It's a question of ***which*** *book* ***to*** *recommend (= which book I should recommend).*
- Im Rückbezug auf ein zählbares Nomen im Plural kann *which* allein (d. h. als Pronomen) oder mit dem Stützwort *one/ones* (d. h. als Begleiter) gebraucht werden:
  You don't want to keep all these old magazines surely? ***Which (ones)*** *can I throw away?*

2 *which* als Relativpronomen (vgl. auch **that**)

2.1 *which* in bestimmenden und nicht-bestimmenden Relativsätzen

- *which* leitet Relativsätze ein, die sich auf Sachen beziehen (nicht auf Personen – s. aber 2.2 unten). Es wird sowohl in bestimmenden (oder „notwendigen"), als auch nicht-bestimmenden (oder „nicht notwendigen") Relativsätzen gebraucht. (Ein bestimmender Relativsatz enthält Informationen, ohne die der Gesamtsatz unvollständig oder unsinnig wäre, und wird nicht durch Kommata vom Hauptsatz abgesetzt; ein nicht-bestimmender Relativsatz enthält eventuell interessante, aber dennoch entbehrliche Zusatzinformationen, die für das Verständnis des Gesamtsatzes nicht unerlässlich sind, und wird durch Kommata vom Hauptsatz abgesetzt.)
  The book ***which*** *amused me most was "A Good Man in Africa".*
  [bestimmender Relativsatz]

*Evan's house, **which** had been built by his grandfather, had some beautiful Victorian fireplaces.* [nicht-bestimmender Relativsatz]
that kann in nicht-bestimmenden Relativsätzen nicht gebraucht werden.

- Wenn *which* Objekt eines bestimmenden Relativsatzes ist, kann es auch weggelassen werden:
  *The book (**which**) I wanted to buy for Jim's birthday was out of stock.*
  [*which* ist Objekt und *I* ist Subjekt von *buy*]
  In nicht-bestimmenden Relativsätzen kann *which* nicht weggelassen werden.
- In Relativsätzen mit Präpositionen, in denen *which* mit der Präposition als präpositionales Objekt fungiert, kann die Präposition vor *which* (eher förmlich) oder ans Nebensatzende gestellt werden:
  *It was the plane **in which** Dennis eventually died.*
  *It was the plane (**which**/that) Dennis eventually died **in**.*
  Wenn die Präposition nachgestellt wird, kann *which* durch *that* ersetzt oder ganz weggelassen werden.
- In Relativsätzen mit *of which*, die eine Teilmenge von etwas bestimmen, gilt die Reihenfolge Mengenangabe (Pronomen/Zahl) + *of* + *which*:
  *The books, **one/none of which** was very expensive, were all lost in the fire.* (Die Bücher, von denen eines/keines sehr teuer war, ...)
  *The books, **five/some/many/all of which** I had read ...* (..., von denen ich fünf/einige/viele/alle gelesen hatte. ...)

2.2 *which* in Rückbezug auf Personen

- *which* kann normalerweise keinen Relativsatz einleiten, der Personen näher bestimmt. Ausnahmen sind Relativsätze, in denen sich *which* auf einen Sammelbegriff für eine Gruppe von Menschen wie *team, group, family, choir* bezieht. Ein Relativsatz nach solchen Wörtern kann mit *who* + Pluralverb und -begleitern oder mit *which* + Singularverb und -begleitern gebildet werden:
  *The Oxford **team, which** had lost **its** last eight matches, **was** hoping for a win at last.*
  *The Oxford **team, who** had lost **their** last eight matches, **were** hoping for a win at last.*
- *which* kann auch in Rückbezug auf *baby* und *child* gebraucht werden, wenn diese Wörter in einem unpersönlichen Zusammenhang benutzt werden (vgl. **it**, Abschnitt 1):
  *A **baby/child which** loses **its** mother early ...*

2.3 *which* = „was"

- *which* wird als Relativpronomen auch im Rückbezug auf einen ganzen Satz gebraucht und entspricht hier dem deutschen „was". *which* leitet hier immer einen nicht-bestimmenden Relativsatz ein und wird durch Komma abgesetzt:
  *He didn't seem to know his own address, **which** seemed strange to me.*
  (..., was mir seltsam vorkam.)

whichever

- *whichever* wird in Fragen gebraucht und entspricht „welche(r/s) nur". Es wird damit z. B. Überraschung, Entrüstung, Hilflosigkeit ausgedrückt: *They're all so terribly expensive.* ***Whichever*** *are we going to choose?*

- In Aussagesätzen entspricht *whichever* „welche(r/s) (auch) immer", „alle, die" , „jede(r/s), der/die/das" oder manchmal auch einfach dem Relativpronomen „der/die/das":
  Whichever *route you take, you'll find there's a lot of traffic.*
  (Welche Route auch immer Sie nehmen ...)
  I need a list of ***whichever*** *universities offer the course.*
  (... aller Universitäten, die ...)
  You can have ***whichever*** *(one) you want. I've read them all.*
  Choose ***whichever*** *map seems the most up-to-date.* (... die Karte, die ... [= welche auch immer das sein mag])

while ⇨ during

(to) **whine** (*nicht* weinen, *sondern* winseln/jammern)

- *whine* entspricht nicht „weinen", sondern „winseln/jammern":
  The dog sat outside ***whining*** *the whole time.* (... und winselte die ganze Zeit.)
  Stop ***whining****! For goodness sake.* (Hör auf zu jammern!)

whisk(e)y

- Die Form ohne „e" bezeichnet Whisky aus Schottland, die Form mit „e" Whisky aus Irland oder den USA.

who, whom

1 ***who – whom***

- *whom* ist eine Objektform und entspricht „wen/wem" in Fragen und „den/dem" (bzw. „die/der") in Relativsätzen, die sich auf eine Person beziehen. Der Gebrauch von *whom* ist immer förmlich. In der mündlichen und auch schriftlichen Alltagssprache ist der Gebrauch von *who* anstelle von *whom* üblich und allgemein akzeptiert:
  Whom/Who *did you inform?* (Wen haben Sie informiert?)
  The owner, ***whom/who*** *we informed at once, was away in London.* (Der Eigentümer / Die Eigentümerin, den/die wir sofort verständigt haben, ...)

- Syntaktisch ist der Gebrauch von *whom* nur dann zwingend, wenn eine Präposition unmittelbar vorausgeht:
With whom *did you negotiate these terms?* (Mit wem haben Sie diese Konditionen ausgehandelt?)
The editor, ***with whom*** *I had long discussions, agrees.* (Der Herausgeber / Die Herausgeberin, mit dem/der ich lange diskutiert habe, ist der gleichen Meinung.)
Die Präposition wird aber oft nachgestellt. Die Nachstellung ist in der Alltagssprache üblich:
Who *did you negotiate these terms* ***with****?*
The editor, ***who*** *I had long discussions* ***with****, agrees.*
- Der Gebrauch von *whom* ist zwingend in einem Relativsatz mit *of*, der eine Teilmenge einer Personengruppe definiert. Die Wortstellung ist Mengenangabe (Pronomen/Zahl) + *of* + *whom*:
The women, ***one / two / some / a few / many of whom*** *had been outside the prison all night, began shouting when the President's car appeared.* (Die Frauen, von denen eine/zwei/...)

2 Fragewort *who*

- *who* kann Subjekt („wer") oder Objekt („wen/wem") eines Fragesatzes sein. Im zweiten Fall wird ein Hilfsverb zur Fragebildung benötigt. Die Wortstellung ist dann *who* (= Objekt) – Hilfsverb – Subjekt – Vollverb:
Who *knows the answer?* (Wer) [*who* ist Subjekt.]
Who do *you know here?* (Wen) [*who* ist Objekt, *you* ist Subjekt.]
who kann auch mit einer Präposition zusammen als präpositionales Objekt fungieren. Hier gilt die gleiche Wortstellung :
Who did *you speak* ***to****?* (oder: ***To whom did*** *you speak?*– vgl. Abschnitt 1)

⚠ Nicht *who*, sondern *which* leitet Fragen ein, wenn eine *of*-Fügung folgt:
Which of you *knows the answer?* (Wer von euch weiß die Antwort?)
Which of your *teachers drives a red Ford?* (Wer von deinen Lehrer[inne]n ...?)

- In Fragen nach dem Subjekt steht das Verb nach *who* in aller Regel im Singular. Ein Pluralverb ist möglich, wenn der/die Fragende davon ausgeht, dass in der Antwort mehrere Personen genannt werden:
Who is/are *going to play the three watchmen in Act 2?*

3 *who* als Relativpronomen (s. auch **that**)

- *who* leitet bestimmende und nicht-bestimmende Relativsätze ein (zur Definition von bestimmenden und nicht-bestimmenden Relativsätzen s. **which,** Abschnitt 2.1):
The author ***who*** *interested me most was William Boyd.* [bestimmender Relativsatz; *who* = Subjekt]
The author ***who*** *I read most was William Boyd.* [bestimmender Relativsatz; *who* = Objekt]
William Boyd, ***who*** *was born in Ghana, lives in London.*
[nicht-bestimmend; *who* = Subjekt]

William Boyd, ***who*** *not many people in Germany know, was nominated for the Booker Prize.* [nicht-bestimmend; *who* = Objekt]
In nicht-bestimmenden Relativsätzen kann *that* nicht anstelle von *who* gebraucht werden.

- Wenn *who* Objekt eines bestimmenden Relativsatzes ist bzw. Teil des präpositionalen Objekts, kann es auch weggelassen werden:
  *The author (**who**) I read most was William Boyd.*
  *The author (**who**) I know most **about** is William Boyd.*

⚠ Ein Relativsatz mit *who* kann sich auch an ein Personalpronomen anschließen. Dabei wird das Personalpronomen im Relativsatz nicht wiederholt:
You who *are young (NICHT: You who you are young) cannot imagine what it was like.* (Ihr, die ihr jung seid, ...)

4 *who* („wer/wen/wem“) in Nebensätzen, die als Subjekt/Objekt fungieren

- Ein Nebensatz mit *who* kann Subjekt oder Objekt eines Verbs sein:
  Who pays / Who he told *doesn't matter.* (Wer zahlt / Wen er fragte, spielt keine Rolle.) [*who pays / who he told* ist Subjekt von *doesn't matter.*]
  *I couldn't find out **who is responsible / who Janet asked.*** (Ich konnte nicht herausfinden, wer verantwortlich ist / wen Janet fragte.) [*who is responsible / who Janet asked* ist Objekt von *find out.*]

- *who* + *to*-Infinitiv kann in der indirekten Rede zur Wiedergabe von Fragen und Befehlen/Empfehlungen anstelle eines *who*-Satzes mit modalem Hilfsverb gebraucht werden:
  *"Who should I inform?" → He asked **who to** inform (= who he should inform).*
  *"Don't inform Janet or Phil." → He told me **who (not) to** inform (= who I mustn't inform).*
  who + *to*-Infinitiv kann auch anstelle anderer *who*-Sätze mit modalem Hilfsverb gebraucht werden:
  *I don't know **who to** ask (= who I should/can ask).* (Ich weiß nicht, wen ich fragen soll/kann.)
  *It's a question of **who to** ask (= who I/we should ask).*

⚠ *who* kann nicht Subjekt eines Relativsatzes ohne Bezugswort im übergeordneten Satz sein:
Wer [= Derjenige, der] zuerst da ist, schaltet die Heizung ein.
= ***The person/one who*** *is there first /* ***Whoever*** *is there first (NICHT: Who is there first) switches on the heating.*
Wer [= Jeder, der] bis zum 31. März nicht bezahlt, kann nicht mitkommen.
= ***Anyone who*** */* ***Whoever*** *doesn't pay (NICHT: Who doesn't pay) by 31st March, can't come.*
Parallel dazu ist die Wiedergabe von „wen/wem“ (Objekt ohne Bezugswort):
Wen [= Denjenigen, den] ich als erstes sehe, werde ich um Hilfe bitten.
= ***The person who*** */* ***Whoever*** *I see first I shall ask for help.*
Wen [= Alle, die] du nicht magst, würde ich nicht einladen. = ***Anyone that*** *you don't like I wouldn't invite.*
Eine Ausnahme zu der Regel, dass *who* ein Bezugswort haben muss, bilden emphatische Sätze, in denen der Relativsatz zur Hervorhebung

einer Person dient, wobei durch *do* oder ein anderes betontes Hilfsverb ein Kontrast unterstrichen wird:
Lots of people didn't come because of the weather but ***who*** *somebody who] did come was Jim.*
I didn't see many people I knew at the party but ***who*** *I did see was Jim Truman.*

5 ***the person/people who*** **in Spaltsätzen**

⚠ Personen werden in sogenannten Spaltsätzen nicht mit *who*, sondern mit *the person/people who* hervorgehoben:
The person who *was laughing* ***was*** *Clarissa.* (NICHT: *Who was laughing was Clarissa.*) (Wer lachte, war Clarissa.)
The person (who/whom) *I heard laughing* ***was*** *Clarissa* (NICHT: *Who/ Whom I heard laughing was Clarissa.*) (Wen ich lachen hörte, war Clarissa.)

whoever

- *whoever* bedeutet „wer" (im Sinne von „derjenige, welcher" oder „jeder, der") oder „wer (auch) immer":
Whoever *is the last to leave should lock up.* (Wer [= Derjenige, welcher] als Letzter geht, sollte zusperren.)
Whoever *comes here for their holiday expects to have a good time.* (Wer / Jeder, der hierher in Urlaub kommt, ...)
Whoever *wrote this knew nothing about Toronto.* (Wer immer das geschrieben hat, ...)
who ist in solchen Sätzen nicht möglich (vgl. **who**, Abschnitt 4, letzter Unterpunkt).
- Die Form *whomever* wird im modernen Englisch nicht gebraucht. *whoever* kann Subjekt oder Objekt sein:
Whoever *decides to come will need a hotel.* (Wer sich entscheidet zu kommen, ...) [Subjekt]
Whoever *you ask, you always get the same answer.* (Wen auch immer man fragt, ...) [Objekt]
- In Fragen kann *whoever* auseinander geschrieben werden (*who ever*). Es dient hier zur Emphase und entspricht z. B. dem deutschen „wer ... nur", „wer ... um Himmels willen":
Whoever / Who ever *told you that?*

whole

- Zum unterschiedlichen Gebrauch von *whole* und *all* s. **all** Abschnitt 2.
- *whole* wird in folgenden Konstruktionen gebraucht:
1. *a/the/this/that/ my* (und andere Possessivbegleiter) + *whole* + zählbares Nomen im Singular:
We spent ***a / the / that / our whole*** *day there.*

2. *the whole of* + *the/this/that/my* + zählbares Nomen im Singular oder *the whole of* + Eigenname / Pronomen (*it/this/that*):
   We spent ***the whole of the/that/our*** *day there.*
   We spent ***the whole of Wednesday/it*** *there.*
3. Zahlwort + *whole* + zählbares Nomen im Plural:
   We spent ***seven whole*** *day****s*** *there.*
4. *whole* + zählbares Nomen im Plural:
   Whole days *passed without our seeing another human soul.*

- *whole* wird in der Regel nicht mit nicht zählbaren Nomen gebraucht (vgl. **all** Abschnitt 2):
  Das ganze Geld ist weg. = ***All the*** (NICHT: *The whole*) ***money*** *is gone.*
  the whole of + nicht zählbares Nomen ist jedoch möglich:
  The whole of the information *we gathered is now useless.*

- Wendungen mit *whole*:
  The whole idea/point of *leav****ing*** *early was to miss the traffic.* (Der ganze Sinn/Zweck, frühzeitig wegzufahren, lag darin, den Verkehr zu vermeiden.)
  On the whole *I think Daniel's suggestion is a good idea.* (Im Großen und Ganzen ...)
  The country ***as a whole*** *seems in favour of closer links with Europe.* (... als Ganzes ...)

whom ⇨ who

whose

1 *whose* als Fragewort („wessen?")

- *whose* kann Singular oder Plural sein und verschiedene Funktionen haben:
  Whose *car is that parked in our drive?* [Begleiter des Subjekts]
  Whose *are those bikes?* [Pronomen als Subjekt]
  Whose *car shall we take?* [Begleiter des Objekts]
  Whose *did you borrow?* [Pronomen als Objekt]

2 *whose* als Relativpronomen („dessen/deren")

- Im modernen Englisch wird *whose* auch in Bezug auf Dinge verwendet:
  It was a wine ***whose*** *taste / the taste* ***of which*** *reminded me of summer, Greece and tavernas by the sea.*
  Im förmlichen Sprachgebrauch ist jedoch der Gebrauch von *of which* zu empfehlen, da manche Sprecher den Gebrauch von *whose* bei Dingen noch als nicht akzeptabel ansehen:
  This historical development, ***the details of which*** / ***of which the details*** (statt: *whose details*) *are described in Chapter VII, re-shaped the whole of Europe.* (Diese historische Entwicklung, deren Einzelheiten in Kapitel 7 beschrieben werden ...)

- *whose* kann mit einer Präposition und auch in der Konstruktion Pronomen/ Zahlwort + *of whose* gebraucht werden. Letztere Konstruktion ist nicht nachkonstruierbar im Deutschen – es muss auf Umschreibungen oder Parenthesen ausgewichen werden:
  *Dennis, **with whose** mother I am related through marriage / **whose** mother I am related **with** through marriage ...* (Dennis, mit dessen Mutter ich durch Heirat verwandt bin ...)
  *There's a long list of authors and books **some/most of whose** names I've never heard before.* (Es gibt eine lange Liste von Autoren und Büchern, deren Namen ich in einigen Fällen / in den meisten Fällen noch nie gehört habe.) [Pronomen + *of whose*]
  *The physics teacher, **three of whose** pupils received a prize in this year's competition, is a well-known figure in the town.* (Die Physiklehrerin – drei ihrer Schülerinnen erhielten einen Preis im diesjährigen Wettbewerb – ist eine bekannte Persönlichkeit in der Stadt.) [Zahlwort + *of whose*]

why

- *why* unterscheidet sich in zwei Punkten von den anderen Fragewörtern:
  1. Auf *why* kann kein Infinitivsatz mit *to* (z. B. in der indirekten Rede) folgen:
     ***"Who shall** I phone?" → He asked **who to** phone.*
     Aber: ***"Why should** I phone?" → He asked **why he should** phone* (NICHT: *why to phone*).
  2. Es gibt keine zusammengeschriebene Form **whyever*. *why ever* wird immer getrennt geschrieben und kommt nur in Fragen vor:
     ***Why ever** did she say that?* (Warum hat sie das nur gesagt?)
     Vgl.: ***Who ever / Whoever** did she say that to?*

- Ein unabhängiger Satz mit *why* + Infinitiv ohne *to* wird gebraucht, um einen Vorschlag zu machen:
  ***Why write** a letter? Let's phone.* (Warum wollen/sollen wir einen Brief schreiben?)
  *I'm sure they'll be cheaper in a few months. **Why not wait?*** (Warum warten wir nicht?)

- *why* wird manchmal als Interjektion gebraucht, um Überraschung auszudrücken, Einverständnis zu unterstreichen, oder Nicht-Einverständnis zögernd mitzuteilen:
  ***Why**, if it isn't Margaret Jacobs! Don't you remember me?* (Aber das ist ja/doch Margaret Jacobs!)
  *... and I wondered if we might come and see you. – **Why** certainly / of course.* (Aber sicher/natürlich!)
  *... and this clause guarantees it, doesn't it? – **Why** no, I don't think it does.* (Also – nein, ich glaube nicht.)

W

- *why* wird nach *reason* als Relativadverb gebraucht:
  *The **reason why** she left the map behind is unclear.*

wide, widely – broad, broadly (breit/weit); **width** (Breite/Weite)

1 ***wide*** – ***broad*** (Adjektiv)

- *broad* und *wide* sind oft austauschbar, obwohl in bestimmten Wortverbindungen nur eines der beiden gebraucht werden kann bzw. bevorzugt wird. *wide* ist das gewöhnlichere Wort und bezieht sich konkret auf das Breitenmaß. *broad* ist gefärbt durch Vorstellungen von Ausdehnung, Kraft oder Üppigkeit:
  The mattress on this bed is ***90 cm wide****.* (... 90 cm breit.)
  The sleeves on the blue dress are ***wide****, but on the red dress they are narrower.* (Die Ärmel ... sind weit ...)
  Jim can carry that on his ***broad shoulders****.* (... auf seinen breiten [d. h. auch kräftigen] Schultern ...)
  The river flowed majestically through the ***broad valley****.* (Der Fluss glitt majestätisch durch das breite/weite Tal.)
  The road was not very ***wide*** *– there was only just enough room for two cars.*
  There is a ***broad*** *main street with trees and pleasant-looking houses.*

- Typische Wortverbindungen mit *wide*:
  the (big) wide world (die [große] weite Welt)
  a wide audience (ein breites Publikum)
  a wide variety (eine breite Auswahl)

- Typische Wortverbindungen und Redewendungen mit *broad*:
  a broad accent (ein starker Akzent)
  a broad basis (eine breite Basis)
  a broad (gelegentlich auch: *wide*) *smile* (ein breites Grinsen/Lächeln)
  a broad generalization (eine starke Verallgemeinerung)
  the broad facts (die wesentlichen Punkte)
  in the broadest sense (im weitesten Sinne)
  in broad outline (in groben Zügen)
  It's as broad as it's long. (Es ist gehupft wie gesprungen.)
  in broad daylight (am hellichten Tag)

⚠ Der Pullover ist zu weit. = *The pullover is too* ***big****.*
eine weite Entfernung/Reise = *a* ***long*** *distance/journey*
Es ist weit / ein weiter Weg nach X. = *It's* ***a long way*** *to X.*
weit oben/links/unten = ***a long way*** *up / over on the left / down*
weit nach Mitternacht = ***long*** *past midnight*

2 ***wide*** – ***widely*** – ***broadly*** (Adverb)

- *wide* wird als Adverb im wörtlichen Sinne von „weit = mit einem großen Abstand" gebraucht:
  The garage door stood ***wide open****.* (... weit offen.)
  (Dentist:) ***Open wide*** *now.*
  Stand with your feet ***wide apart****.* (... mit gespreizten Beinen ...)

In festen Wortverbindungen steht *wide* auch in übertragener Bedeutung:
far and wide (weit und breit)
wide awake (hellwach)

- Die Grundbedeutung von *widely* ist „von vielen Menschen an vielen Orten" oder „über große Strecken/Flächen":
  It is ***widely known/believed*** *that …* (Es ist allgemein bekannt / wird allgemein angenommen, dass …)
  It's a ***widely read*** *magazine.* (Es ist eine viel gelesene Zeitschrift.)
  The topic has been ***widely discussed****.* (Das Thema ist breit diskutiert worden.)
  In her youth she ***travelled widely****.* (… reiste sie viel.)
  She's ***widely travelled****.* (Sie ist weit gereist.)
  Feste Wortverbindungen mit *widely*:
  Opinions can ***differ widely****.* (… können sehr unterschiedlich sein.)
  She's very ***widely read****.* (Sie ist sehr belesen.)

- Die Grundbedeutung von *broadly* ist „allgemein", „in groben Zügen":
  I understand ***broadly*** *what he's saying, but the details escape me.*
  Feste Wortverbindungen mit *broadly*:
  broadly speaking (grob gesagt)
  broadly similar (weitgehend ähnlich)
  broadly based (auf breiter Basis)
  grin/smile broadly (breit grinsen/lächeln)

3 *wide – width*

- Wendungen mit *wide* und *width*:
  How wide is *this room?*
  What width is (NICHT: *Which width;* NICHT: *has*) *this room?*
  The ballroom ***is 10 metres wide / has a width of 10 metres****.*
  It's 10 metres in width (NICHT: *in the width*).

will

- Zum Unterschied zwischen *will* und *shall* s. **shall**
- Zum Gebrauch von *will* in *if*-Sätzen s. **if**.
- *will* wird als Hilfsverb auf zwei grundsätzliche Weisen gebraucht:
  1. um Vorhersagen darüber zu machen, was in der Zukunft geschehen wird, jetzt geschieht oder generell geschehen kann. Der Gebrauch von *will* in diesen Fällen beruht oft auf einem Gefühl der Überzeugung, das der Sprecher aufgrund seiner Kenntnisse besitzt.
  2. um Bereitschaft und Absicht zu etwas auszudrücken. Eine Gleichsetzung mit deutsch „wollen" ist nur beschränkt möglich, da „wollen" mit *want to* wiedergegeben werden muss, wenn „wollen" (im Sinne von „mögen") einen Wunsch ausdrückt:
     I ***want to*** *(= would like to) be a doctor when I grow up.*

1 *will* zum Ausdruck von Vorhersagen

- Mit *will* werden Vorhersagen über zukünftige Ereignisse gemacht, von denen man mit Überzeugung sagen kann, dass sie eintreten werden, da sie nicht von äußeren Umständen abhängig sind:
  *In 10 years' time, Glenn **will** be 22.*
  *He **will have** left school by then.*

- Mit *will* werden ferner Vorhersagen über Ereignisse gemacht, die von der Erfüllung einer Bedingung oder zeitlichen Voraussetzung abhängen:
  *He'**ll** phone* [Bedingung:] *if he can't get a taxi.*
  *They'**ll** come* [zeitliche Voraussetzung:] *as soon as David has finished his homework.*
  Zu beachten ist, dass im konditionalen oder temporalen Nebensatz nicht *will*, sondern das *simple present* oder gelegentlich das *present perfect* steht. Dies gilt für Nebensätze, die z. B. durch *if, unless, in case* (Ausnahmen s. **if**, Abschnitt 3) oder durch *when, whenever, after, as long as, as soon as, by the time, immediately, once, the moment, until* eingeleitet werden:
  [Hauptsatz:] *We'll take an umbrella* [Nebensatz:] ***in case** it **rains***
  (NICHT: *will rain*).
  [Hauptsatz:] *The band will start playing* [Nebensatz:] ***the moment** the car **comes*** (NICHT: *will come*) *round that corner.*

- Mit *will* werden auch Vorhersagen gemacht, die eine Einschätzung des Sprechers darstellen. Die Vorhersage kann auf großer Überzeugung beruhen, oder nur eine zögerliche Vermutung darstellen:
  *I'm convinced that he'**ll** say 'no'.*
  *Perhaps they'**ll** agree.*
  Der Grad der Überzeugung wird durch Wendungen wie *I know, I'm convinced, I'm sure, I'm certain, I expect, I think, I suppose, I hope, possibly, perhaps, maybe* verdeutlicht.

- Mit *will* werden nicht nur Vorhersagen über die Zukunft gemacht, sondern auch Prognosen, die auf der Kenntnis von allgemeinen Wahrheiten oder ständigen Eigenschaften oder auf Erfahrung beruhen:
  *When you open a bottle of champagne, the pressure inside the bottle **will** usually make the cork shoot out.*
  *Grass **will** start to grow even in winter as soon as the temperature rises above about 8 degrees.*
  Zu solchen „Erfahrungswerten" zählen auch sprichwortähnliche Sätze wie *Boys will be boys* oder *Accidents will happen.*

- Ähnlich ist der Gebrauch von *will*, um das typische Verhalten oder die Gewohnheiten von Menschen auszudrücken:
  *When the weather's nice, he'**ll** often spend the whole afternoon out in the garden.*

- Mit *will* werden Aussagen über gegenwärtige, vergangene und künftige Ereignisse gemacht, die eine Schlussfolgerung aus dem darstellen, was der Sprecher weiß oder erwartet:
  *The meeting finished at six so he'**ll** be on his way home now.*

*There's someone at the door. – Oh, that **will** be Alan.*
*There's no point in phoning him at home. He **will have** left for work half an hour ago.*
*He **won't have** arrived at the office yet.*

- Eine solche Schlussfolgerung aufgrund vorhandener Kenntnisse und Erfahrungen kann sich auch auf die Fähigkeit oder Kapazität von Sachen beziehen:
  *Paper **won't** be strong enough. You'll have to use card.*
  *This **will** do the job.* (Damit wird es gehen.)
  *Your hard disk **will** hold the whole archive, won't it?*
  Solche Sätze können auch als Bedingungssätze ohne *if*-Satz aufgefasst werden:
  Paper won't be strong enough [if we use it].

⚠ Im Deutschen wird oft das Präsens gebraucht, um über die Zukunft zu sprechen. Dies ist im Englischen meist nicht möglich:
Wir sehen uns nächste Woche. = ***I'll see** you next week.*
Nächstes Jahr sind die Preise niedriger. = *Next year prices **will be** lower.*

2 *will* zum Ausdruck von Bereitschaft und Absicht

- In einer Bitte wird *will* gebraucht, um jemanden zu fragen, ob er bereit ist, etwas zu tun:
  ***Will** you help me with this letter, please?*
  ***Will** you look at these figures for a moment, please?*
- Mit *will* wird in spontanen Angeboten die Bereitschaft signalisiert, etwas zu tun bzw. geschehen zu lassen:
  ***I'll** carry that for you.*
  ***Will** you have another cup of coffee?*
  ***Won't** you stay until Jim gets home?*
- Die Bereitschaft oder Absicht, etwas zu tun, kann auch als Versprechen oder Drohung geäußert werden:
  ***I'll** phone as soon as I get there, I promise.*
  *I **won't** forget, honestly.*
  *Get out at once, or I'**ll** call the police.*
- Die Bereitschaft kann die Stärke von Entschlossenheit haben:
  *You can't go out till you've finished your homework. – I **will**.*
  *I **won't** have my hair cut, whatever they say.*
  will und *won't* sind hier betont. *will* kann nicht zu *'ll* verkürzt werden.
- *will* wird in Befehlen gebraucht. Der Sinn ist etwa so zu umschreiben: „Zeigen Sie die Bereitschaft, das zu tun, was ich will":
  ***Will** you stop kicking the table like that.*
  Frageanhängsel in Befehlssätzen werden mit *will* gebildet:
  *Don't forget, **will you**? – I won't.*
  *Remember that, **won't you**? – I will.*

- Der Unmut bzw. die Ungeduld, die in Befehlssätzen wie *Will you stop kicking the table* zum Ausdruck kommt, ist auch in Aussagesätzen mit *will* zu finden, in denen sich der Sprecher über das hartnäckige Verhalten von etwas oder jemandem beklagt:
  *He **will** leave the windows open, and then it's freezing cold when I come in in the morning.*
  *I've tried to tell her a hundred times, but she just **won't** listen.*
  *If you **will** stay up half the night surfing the Internet, it's not surprising you can't get up in the morning.*
  will ist in solchen Sätzen betont und kann nicht zu *'ll* verkürzt werden.
- Schließlich drückt *will* die Bereitschaft eines Gegenstands aus, das zu tun, was jemand möchte, d. h. der Sprecher überträgt seine Unfähigkeit, etwas zu erreichen oder zu veranlassen, auf den betreffenden Gegenstand:
  *My car **won't** start.* (Mein Auto will nicht anspringen.)
  ***Will** it open now?* (Lässt es sich jetzt öffnen?)

winter ➪ autumn

-wise (-mäßig / von ... her)

- *-wise* wird zunehmend als Suffix zur Wortbildung verwendet. Durch Anhängen von *-wise* (teils mit, teils ohne Bindestrich) entstehen aus Nomen neue Adverbien. Dieser Sprachgebrauch wird z.T. noch als schlampig angesehen:
  ***Weatherwise** and **accommodation-wise** the trip was a disaster.* (Wettermäßig und unterkunftsmäßig ...)
  *It looks very difficult **timewise**. I'm very full up this week.* (Von der Zeit her ...)
  ***Pricewise** there's a big advantage.* (Vom Preis her ...)

(to) wish ([sich] wünschen)

1 *(to) wish* und *if only* zum Ausdruck von Wünschen, die sich auf die Gegenwart oder Zukunft beziehen

- *wish* (oder *if only*) + *that*-Satz wird zum Ausdruck irrealer Wünsche gebraucht: Wir wünschen uns die Realität anders, wir wünschen uns, dass etwas nicht so wäre, wie es ist.

1.1 *wish + past tense*

- Bei gegenwärtigen Wünschen, die sich auf die Gegenwart oder die Zukunft beziehen, folgt auf *wish* ein *that*-Satz im *past tense* (*simple* oder *progressive*). *wish* selbst steht nicht im *past tense*, sondern im *simple present*:
  *I **wish*** (NICHT: *wished*) *I **lived** in a warmer climate.*

*They **wish** they **weren't moving** now.*
*He **wishes** he **worked** for a different company.*
*I **wish** I **knew** the answer, but I'm afraid I don't.*
*He **wishes** he **were** richer.*
Anstelle von *were* kann nach *I/he/she* auch *was* gebraucht werden.

1.2 *wish + would*

- *wish + would* wird gebraucht, wenn sich der Wunsch auf etwas bezieht, das von der Bereitschaft anderer Menschen abhängt. Oft drückt der Sprecher Unmut, Ungeduld oder Verzweiflung darüber aus, dass jemand nicht bereit ist, etwas zu tun, was er sich wünscht:
  *I **wish** Jack **would** give up smoking.*
  *I **wish** they **would** hurry up, so that we can get started.*
  Als von der Bereitschaft eines Dritten abhängig können auch Situationen wie folgende aufgefasst werden:
  *I **wish** it **would** stop raining.* [Der Regen ist nicht „bereit" aufzuhören.]

⚠ *wish + would* kann generell nicht für einen realistischen Wunsch in Bezug auf die Zukunft gebraucht werden, so wie *would* auch nicht in realen Bedingungssätzen gebraucht wird:
Wir wünschen uns, dass er nächstes Jahr nach Amerika geht. = *We **hope** he'll go to America next year.*
Ich wünsche mir, dass es seiner Frau in der neuen Umgebung besser gehen wird. = *I **hope** his wife will feel better in her new surroundings.*

- *wish + would* kann nicht bei Zustandsverben gebraucht werden:
  *Sometimes he **wishes** his wife **liked*** (NICHT: *would like*) *sport more.*
  *I **wish** it **was/were*** (NICHT: *would be*) *Friday.*
  Bei solchen Sätzen kann auch nicht von einer „Bereitschaft" gesprochen werden, etwas zu tun: Bereitschaft ist Grundvoraussetzung für den Gebrauch von *would* nach *wish*.

2 Wünsche, die sich auf die Vergangenheit beziehen

- Auf *wish (that)* folgt das *past perfect*, wenn Bedauern über etwas ausgedrückt wird, das in der Vergangenheit geschah oder nicht geschah:
  *I **wish** I **hadn't said** it, but it's too late now.*
  *I **wish (that)** I **had known** earlier.* [= *But I didn't know.*]
  *He **wishes (that)** he **had been** there and **had seen** her with his own eyes.* [= *But he wasn't there.*]

- Wenn auch der Wunsch in der Vergangenheit lag, wird die *simple-past*-Form *wished* benutzt. Das Verb im *that*-Satz hat eine derselben drei Formen wie nach *wish* im *simple present*:
  1. Der Wunsch bezieht sich auf etwas, das zum Zeitpunkt des Wunsches in der Gegenwart lag → *past simple* oder *progressive*
     *They **wished** they **were** on Mallorca.*
     *They **wished** they **were lying** on a Spanish beach.*

2. Der Wunsch bezieht sich auf etwas, das vom vergangenen Zeitpunkt aus in der Zukunft lag, d. h. auf die Bereitschaft einer Person oder Sache, etwas zu tun → *would* + Infinitiv:
   *They **wished** it **would** stop raining.*
3. Der Wunsch (hier das Bedauern) bezieht sich auf etwas, das noch weiter zurück in der Vergangenheit gelegen hatte → *past perfect*:
   *They **wished** they **had booked** a holiday on Mallorca instead.*

3 Sonstige Besonderheiten

- *wish* kann normalerweise nicht in der Verlaufsform verwendet werden:
  *I **wish** (NICHT: am wishing) you a long and happy retirement.*
  *He **wishes** (NICHT: is wishing) he'd never agreed to it.*
  Eine Ausnahme zu dieser Regel ist der Fall, dass *wish* in der Bedeutung „gerade dabei sein, einen Wunsch/Glückwunsch auszusprechen" benutzt wird:
  *We **were** just **wishing** them a safe journey home when it started to snow.*

⚠ Auf *wish* („sich wünschen" = „haben wollen") kann kein Nomen als direktes Objekt folgen (Ausnahmen: *wish s.o. s.th.* = „jdm. [Glück-]Wünsche aussprechen"). Stattdessen muss *wish* + *for* + Nomen gebraucht werden:
*You shouldn't **wish for** things that you know you cannot have.*
*I**'ve** always **wished for** a job in which I could use my languages.*
(Ich habe mir immer eine Stelle gewünscht ...)
*I **wished** them **a merry Christmas** and then left.*
Statt *wish for* wird oft *want* oder *would like* gebraucht:
Was wünscht er sich zum Geburtstag? = *What does he **want for** his birthday?*
Ich wünsche mir einfach mehr Zeit. = *I'**d** just **like** more time.*

- *wish* kann aber auch ganz ohne Objekt gebraucht werden:
  *Just shut your eyes, concentrate and **wish**.* (... und wünsch dir etwas.)

- Auf *wish* kann auch ein Infinitiv folgen. Dieser Sprachgebrauch ist förmlich/distanziert. *I wish to* entspricht hier „ich will" oder „ich möchte":
  *I **wish to** make a complaint.*
  Zwischen *wish* und dem Infinitiv kann auch ein (Pro-)Nomen stehen. Hiermit wird ein Befehl ausgedrückt:
  *I **wish you to** be here by 8 o'clock at the latest.* (Ich möchte/wünsche, dass Sie ...)
  Ein realer *that*-Satz im Sinn eines Befehls ist nach *wish* nicht möglich (vgl. **want**).

with

1 Grundbedeutungen

- *with* entspricht meist „mit" in verschiedenen Bedeutungsnuancen:
  *He went on holiday **with** a friend.* [= zusammen mit / in Begleitung von]
  *He's a man **with** a lot of money/qualifications.* [= besitzend]
  *They had a room **with** a view.* [= als Ausstattung/Merkmal besitzend]

*We opened a can of beans, **with** a screwdriver.* [= mittels / mit Hilfe von]
*How far have you got **with** your research?* [= im Hinblick auf]
*Who's the man **with** the black briefcase?* [= mit sich führend/tragend}
Vor Personalpronomen entspricht *with* im Sinne von „mit sich führend" meist „bei":
*I'm afraid I haven't got any money **with** me.* (... dabei.)
*Have you got a pen **with** you?*

⚠ *with* ist eine Präposition und muss zusammen mit einem (Pro-)Nomen gebraucht werden:
Wer kommt mit? = *Who's coming **with me/us**?*
Kommst du mit? = *Are you coming **with us**?*
Bring die Fotos mit. = *Bring the photos **with you**.*

- *with* bedeutet „als körperliches Merkmal besitzend" und wird dabei auch in Bezug auf Make-up, Haartracht, Stimme gebraucht, wenn es sich an ein Nomen anschließt:
  *Who's the man **with** the red hair?*
  *Stella is the woman **with** the cherry-red lipstick.*
  *Who's the man **with** the toupet?*
  *Do you mean the man **with** the very deep voice?*
  In adverbialen Bestimmungen, die sich an ein Verb anschließen, wird aber *in* verwendet:
  *He said "I hate you" **in** a loud/low voice.* (... mit leiser/lauter Stimme ...)
  *She spoke **in** a whisper.* (Sie flüsterte.)

⚠ „mit" im Sinne von „am Körper (als Kleidung) tragend" wird ebenfalls mit *in* wiedergegeben:
*Is Andrea the woman **in** the green dress?*

- *with* entspricht „bei" in der Bedeutung „bei jdm. zu Hause":
  *You don't have to book a hotel. You can stay **with** us.*
  *Since her husband's death, she's been living **with** her daughter.*
- *with* entspricht „vor" bei der Angabe von Gründen für ein bestimmtes Aussehen oder Verhalten:
  *His fingers were blue **with** cold.*
  *She was shaking/trembling **with** fear.*
  *His face was black **with** anger / white **with** exhaustion.*
- *with* entspricht „zu" im Sinne von „als Beilage oder Getränk zu einer Speise" und von „zusammen mit einem Kleidungsstück":
  *Would you like a beer **with** your steak?*
  *Can I wear these blue shoes **with** my green dress?*

2 Feste Wortverbindungen und idiomatische Ausdrücke

- *with* wird zusammen mit einer ganzen Reihe von Adjektiven gebraucht, die Gefühle bezeichnen:
  *We were very **pleased with** the results.* (... froh über ...)
  *I was very **angry with** him.* (... böse auf ...)

He's ***fascinated with*** *his new computer game.* (… fasziniert von …)
Zu den Adjektiven, die mit *with* verbunden werden, zählen folgende:
Positive Gefühle
content with (zufrieden mit) *satisfied with* (zufrieden mit)
happy with (glücklich mit)
Negative Gefühle
annoyed with (verärgert über) *be fed up with* (satt haben)
bored with (gelangweilt von) *furious with* (wütend auf)
disappointed with (enttäuscht von) *impatient with* (ungeduldig gegenüber)
dissatisfied with (unzufrieden mit)
Faszination
intoxicated with (berauscht von) *obsessed with* (besessen von)

- *with* wird zusammen mit diversen Adjektiven und Partizipien in der Grundbedeutung „voll von" verwendet:
  The wall was ***covered with*** *graffiti.* (… voller Graffiti.)
  The car was ***covered with*** *dust.*
  The town was ***crawling/crowded/packed with*** *tourists.* (… wimmelte von / war überfüllt/vollgestopft mit Touristen.)
  The air was ***heavy with*** *perfume.* (… duftgeschwängert.)
  His voice was ***heavy with*** *sleep.* (… schlaftrunken.)
  The soldiers were ***infested with*** *lice.* (… mit Läusen verseucht.)
  We've been ***inundated with*** *phone calls.* (Wir haben eine Flut von Anrufen bekommen.)
  The road was ***littered/strewn with*** *debris.* (… von Trümmern übersät.)
  The house was ***overgrown with*** *ivy.* (… von Efeu überwuchert/überwachsen.)
  Her desk was ***piled high with*** *books and magazines.* (… vollgestapelt mit …)
  The body was ***riddled with*** *bullets.* (… von Kugeln durchlöchert.)
  The sky was ***studded with*** *stars.* (… mit Sternen übersät.)
  We've been ***swamped with*** *enquiries.* (… mit Anfragen überschwemmt …)

- *with* wird außerdem in folgenden festen Wortverbindungen gebraucht:
  Our children always wake up early on a Sunday. – It's ***the same with*** *us. / It's* ***different with*** *us.* (Das ist bei uns das Gleiche. / Das ist bei uns anders.)
  This model is very ***popular with*** *younger men.* (… beliebt bei …)
  I find it difficult to ***part with*** *my old chair.* (… mich von … zu trennen.)
  I think we can ***dispense with*** *any further questions.* (… auf … verzichten.)
  When did they ***finish with*** *border controls?* (Wann wurden … abgeschafft?)
  My ***friendship with*** *Alan has lasted 40 years.* (Meine Freundschaft mit …)
  We're quite ***friendly with*** *our neighbours.* (Wir sind mit … recht gut befreundet.)
  He's always ***making mistakes with*** *the date.* (Er macht ständig Fehler beim Datum.)
  Her ***skill with*** *young children made her an ideal teacher.* (Ihr Geschick im Umgang mit …)
  She was very ***free with*** *her criticism.* (Sie war sehr großzügig mit …)

- Idiomatische Ausdrücke mit *with*:
  How are things with *you? – Oh fine, thanks.* (Wie geht es so?)
  I'm with you there. (= *I agree with you.*)

Sorry, ***I'm not with you.*** (= *Sorry, I don't understand.*)
There's ***something wrong with*** *this switch.* (Mit diesem Schalter ist etwas nicht in Ordnung.)
There's ***nothing wrong / the matter with*** *this switch.* (Es ist nichts kaputt an ...)
What's wrong / the matter with *Danny?* (Was ist mit Danny los?)
He ***fell/was in love with*** *her.* (Er verliebte sich in sie / war in sie verliebt.)
Please ***treat/handle*** *it* ***with care***. (Bitte gehen Sie sorgfältig damit um.)

⚠ Bitte mit Bleistift/Tinte schreiben. = *Please write* ***in pencil/ink***.
Wir fuhren mit dem Bus/Taxi/... . = *We went* ***by bus/taxi/...*** .
Ich habe es mit der Post geschickt. = *I sent it* ***by post***.
ein Glas mit Wasser / ein Koffer mit Kleidung = *a glass* ***of water*** / *a suitcase* ***of clothing***
Sie warfen mit Steinen nach mir. = *They* ***threw stones*** *at me.*
mit anderen Worten / mit einem Wort = ***in other words / in a word***
mit 40 Jahren = ***at (the age of) 40***
ein Mann mit dem Namen Scrooge = *a man* ***by the name of*** *Scrooge*
Mit mir sind wir neun. = *There are nine* ***including/counting me***.
Jenkins wurde mit einer Mehrheit von zwei gewählt. = *Jenkins was elected* ***by a majority of*** *two.*
Er wurde mit zehn zu zwei Stimmen gewählt. = *He was elected* ***by ten votes*** *to two.*
Die Tür wurde mit Gewalt geöffnet. = *The door was opened* ***by force***.
Seit wann ist sie mit ihm verlobt/verheiratet? = *How long has she been* ***engaged/married to*** *him?*

3 *with* in Partizipialkonstruktionen

- *with* + Nominalgruppe wird in Sätzen gebraucht, in denen ausgesagt wird, dass zwei Dinge gleichzeitig geschehen oder etwas als Folge von etwas anderem geschieht:
  I sleep ***with*** *the window open.*
  He stood there ***with*** *a smile on his face.*
  He loved coasting down the hill ***with*** *the wind in his hair.*
  With *a groan, he got up and left.*
  He walked into the room ***with*** *his secretary behind him.*
  The packet landed on the floor ***with*** *a dull thud.*
  The number of immigrants grew, and ***with it*** *the size of the town.*
  With *prices so high, profits rocketed.*
  With *so many new out-of-town shopping malls, city centre stores are finding it difficult to survive.*

- Ähnlich ist der Gebrauch von *with* + (Pro-)Nomen + Partizip. Das (Pro-)Nomen ist Sinnsubjekt des Partizips:
  With Becker defeated*, Germany no longer had a player left in the competition.* (Da / Nachdem Becker geschlagen war, ...)
  With Ann injured*, the team had no chance.* (Da / Nachdem Ann verletzt war, ...)

With John living *so far away, it's difficult to meet up very often.* (Da John so weit weg wohnt, ...)
It's nice to sit by the fire ***with the snow falling*** *outside.* (..., wenn der Schnee draußen fällt.)

within (innerhalb)

- *within* wird in der Konstruktion *within* + Maßangabe (+ *of*) gebraucht:
  Within two weeks (of *publication), the book was sold out.* (Innerhalb von 2 Wochen [nach der Veröffentlichung] ...)
  I live ***within walking distance of*** *my office / the shops / the school.* (Ich kann das Büro / die Geschäfte / die Schule zu Fuß erreichen.)
  We got to ***within 20 metres of*** *the deer, but then it ran away.* (Wir kamen bis auf 20 Meter an das Reh heran ...)

without

- Auf *without* folgt eine *-ing*-Form, kein Infinitiv und auch kein *that*-Satz:
  He left ***without*** *say****ing*** *goodbye.* (... ohne sich zu verabschieden.)
  He left ***without me/my*** *be****ing*** *able to say goodbye to him.* (... ohne dass ich mich von ihm verabschieden konnte.)
  He left ***without a decision*** *be****ing*** */* ***having been*** *made.* (... ohne dass eine Entscheidung gefällt worden war.)

woman ⇨ **female**

(to) **wonder** (sich fragen)

- *wonder* wird in Bitten und Einladungen gebraucht, um diese weniger direkt auszudrücken. *Past tense*-Formen werden dabei verwendet, um die Bitte/Einladung noch zurückhaltender zu formulieren:
  I ***wonder / wondered / was wondering*** *if I might borrow your car.* ([Ich wollte fragen,] Ob ich eventuell Ihr Auto leihen könnte?)

wood (Holz), **wooden** (aus Holz), **wood(s)** (Wald/Wälder) – **forest** (Wald)

- *wood* (nicht zählbar) bezeichnet das Material „Holz". *wood* (zählbar) bezeichnet ein Waldstück. Die Pluralform *woods* kann ein größeres Waldstück oder mehrere Waldstücke bezeichnen. Ein sehr ausgedehntes Waldgebiet wird als *forest* bezeichnet:
  The window frames are made of ***wood****, not plastic or metal.*
  There's ***a wood*** */ There are some* ***woods*** *at the end of the road.*

*The **woods** in this area are mostly conifer.*
*In fairy tales **forests** are a symbol of the subconscious.*

⚠ Das zu *wood* gehörige Adjektiv heißt *wooden. wood* kann nicht als Adjektiv gebraucht werden:
ein Holzbalken, Holzzaun = *a **wooden** beam, a **wooden** fence*

word (Wort)

- *word* wird in vielen festen Wortverbindungen und idiomatischen Wendungen gebraucht. Für Deutschsprachige beachtenswert sind z. B. folgende:
  ***In a word / In other words**, it's too expensive.* (Mit einem Wort / Mit anderen Worten ...)
  *Can I **have a word** with you?* (Kann ich dich mal sprechen)?
  *Dennis, I have to **have a word** with you.* (Dennis, wir müssen uns mal unterhalten [auch im Sinn von „ich habe etwas zu bemängeln"].)
  *I **had a few words** with him.* (Ich habe kurz mit ihm gesprochen.)

⚠ Ich habe ein paar ernste Worte mit ihm gesprochen. = *I **had a serious talk** with/to him.*

work (= Arbeit) ➪ **job**; (to) **work** (= funktionieren) ➪ **broken**

works ➪ **factory**

world (Welt)

- Nach einem Superlativ wird *world* mit der Präposition *in*, nicht *of* gebraucht:
  *It's the bigg**est** hotel **in the world**.* (das größte Hotel der Welt)

worth (wert/Wert), **worthwhile** (lohnend)

1 *worth*: Nomen und Präposition

1.1 *worth = Nomen*

- In Sätzen wie folgenden ist *worth* ein Nomen:
  *We bought **$300 (three hundred dollars/dollars') worth of** champagne.*
  (... Champagner im Wert von $ 300.)
  *Prices were low so we ordered **a thousand francs/francs' worth**.*
  *He ate **a dollar's worth of** sweets, just like that.*
  Der Geldbetrag (im Singular mit, im Plural auch ohne Apostroph) steht vor *worth*.

1.2 *worth = Präposition*

- In Sätzen wie den folgenden ist *worth* eine Präposition. Der Geldbetrag steht hinter *worth*:
  We bought champagne ***worth $300***.
- Auf die Präposition *worth* folgt ein Verb als *-ing*-Form:
  Is it ***worth*** *phon**ing** first?* (Lohnt es sich, vorher anzurufen?)
  It will be ***worth you/your*** *wait**ing**.* (Es wird sich lohnen, dass Sie warten.)
  Die *-ing*-Form kann passivische Bedeutung haben:
  Paris is always ***worth*** *visit**ing**.* (Paris ist immer einen Besuch wert. [= Paris ist es immer wert, besucht zu werden.])
  He's a terrible speaker. He's not ***worth*** *listen**ing** to.* (Es lohnt sich nicht, ihm zuzuhören.)
- Die *-ing*-Form kann nicht vor *be + worth* stehen:
  Paris zu besuchen lohnt sich immer. = ***It's*** *always* ***worth*** *visit**ing** Paris* (NICHT: *Visiting Paris is always worth*).
- *worth* als Präposition kann also ohne Nomen, Pronomen oder *-ing*-Form gebraucht werden:
  Es lohnt sich nicht. = *It's not* ***worth it*** (NICHT: *It's not worth*).

2 ***worthwhile***

- *worthwhile* ist ein Adjektiv mit der Bedeutung „lohnend", d. h. „der Mühe wert":
  The conference was very ***worthwhile***. *I made lots of new contacts.*
  worthwhile wird oft nach unpersönlichem („leerem") *it + be* verwendet. Diese Wendung kann durch eine *-ing*-Form oder einen *to*-Infinitiv ergänzt werden, wobei die Ergänzung das eigentliche Subjekt ist und durch „leeres" *it* angekündigt wird:
  It *was* ***worthwhile*** *go**ing** to the conference. (= Going ... was worthwhile.)*
  Would ***it*** *be* ***worthwhile to*** *get Don's advice?*
- Neben *worthwhile* gibt es auch *worth while* als zwei getrennte Wörter, und zwar in der Verbindung *worth someone's while* („lohnend für jdn."). *worth* ist hier wieder eine Präposition, *while* ein Nomen. Die Konstruktion *it + be worth s.o.'s while* wird – wie *it + be worthwhile* – durch eine *-ing*-Form oder einen Infinitiv ergänzt:
  It *was* ***worth my while*** *go**ing** /* ***to*** *go to the conference.*

would

- *would* in Bedingungssätzen s. **if**
- Paralleler Gebrauch von *would* und *should* s. **should**
- *would* nach *wish* und *if only* s. **wish**, Abschnitt 1.3, und **if**, Abschnitt 5
- *would like* s. **like**

- *would rather/sooner* s. **rather** und **sooner**
- Der Gebrauch von *would* hat viele Ähnlichkeiten mit dem von *will* (s. dort). Es wird in folgenden drei Hauptanwendungen benutzt:
  1. um Vermutungen, Vorhersagungen, Annahmen und Schlussfolgerungen auszudrücken
  2. um Bereitschaft und Absicht auszudrücken
  3. um Gewohnheiten in der Vergangenheit auszudrücken

1 *would*: Vermutungen, Vorhersagen, Annahmen, Schlussfolgerungen

- *would* wird gebraucht, um Vermutungen darüber anzustellen, was hypothetisch jetzt oder künftig geschehen würde bzw. in der Vergangenheit geschehen wäre. Dies ist der Fall in irrealen Bedingungssätzen mit *if* (s. dort). Die Bedingung, die meist durch einen *if*-Satz ausgedrückt wird, wird aber oft auch nur gedacht:
  What shall I do with her umbrella? – I ***would*** *keep it [if I were you] till you see her next.*
  Why don't you go by plane? – How much ***would*** *it cost [if I went by plane]?*
  David ***would have*** *heard about it from Ann [if I hadn't told him], so I decided there was no point in keeping quiet.*
  Waiting any longer ***would have*** *been pointless [if we had done it], so we left.*
  would + Perfektinfinitiv – wie in den letzten beiden Beispielsätzen – drückt aus, dass etwas in der Vergangenheit hätte geschehen können, aber nicht geschah.
- *would* ist die *past*-Form von *will* in der indirekten Rede, wenn *will* zur Vorhersage gebraucht wird:
  "We ***will*** *soon know the answer."* → *She thought we* ***would*** *soon know the answer.*
  "It ***will*** *cost more."* → *He warned that it* ***would*** *cost more.*
- *would* wird als *future-in-the-past* gebraucht, d. h. um eine Vorhersage über etwas Zukünftiges aus der Perspektive der Vergangenheit zu machen:
  She was getting nervous. He ***would*** *be arriving soon.*
  He didn't have much time left. The shops ***would*** *close in half an hour.*
- Mit *would* werden auch Schlussfolgerungen im Hinblick auf die Gegenwart ausgedrückt, die der Sprecher aufgrund seiner Kenntnisse zieht:
  *The meeting finished at six so he'****d*** *be on his way home now.*
  David ***wouldn't have*** *arrived at the office yet; he only left home an hour ago.*
  Anstelle von *would* könnte hier auch *will* stehen, vgl. **will**, Abschnitt 1. *would* drückt im Gegensatz zu *will* etwas weniger Sicherheit aus.

2 *would* zum Ausdruck von Bereitschaft und Absicht

- In Bitten, Befehlen, Angeboten und Einladungen ist *would* höflicher, zurückhaltender als *will*:
  Would *you open the window, please?* [Bitte]
  Phone P & O for me, ***would you****?* [*would* als Frageanhängsel im Befehlssatz]
  Would *you like some more wine?* [Angebot/Einladung]

- In der indirekten Rede ist *would* die *past*-Form von *will*, wenn *will* zum Ausdruck von Bereitschaft und Absicht gebraucht wird:
  *"Will you show me the figures?" → He asked if I **would** show him the figures.*
  *"Janet's father **won't** let me talk to her." → He said Janet's father **wouldn't** let him talk to her.*

- *would* beschreibt eine gewohnheitsmäßige Bereitschaft, etwas zu tun (vgl. Abschnitt 3). Es kann nicht auf eine Einzelsituation angewandt werden. Diese Einschränkung gilt aber nur für *would*, nicht für die verneinte Form *wouldn't*:
  *I sometimes asked David to help me with my homework and he **would** (= was [always] willing to).*
  *He **wouldn't** help anybody else though.*
  *One day he **agreed to** (NICHT: would) do it all for me.*
  *But he **wouldn't** do it again the next day.*

- *would* kann Unmut oder Ungeduld über ein hartnäckiges Verhalten in der Vergangenheit ausdrücken:
  *He **would** leave the windows open and then it was freezing cold when I came in in the mornings.*
  *I tried to tell her a hundred times but she **wouldn't** listen.*
  would ist in solchen Sätzen betont. Es kann auch auf eine Einzelsituation angewandt werden.

- *would* drückt auch die Bereitschaft bzw. – in der viel häufigeren verneinten Form *wouldn't* – die Weigerung eines Gegenstands aus, das zu tun, was jemand in der Vergangenheit wollte; d. h. der Sprecher überträgt seine Fähigkeit bzw. Unfähigkeit, etwas zu erreichen oder zu veranlassen, auf den betreffenden Gegenstand:
  *His car **wouldn't** start.* (... wollte nicht anspringen.)
  The saplings (junge Bäume) *I planted just **wouldn't** take root.*

3 *would* zum Ausdruck von Gewohnheiten

- Mit *would* werden regelmäßige Ereignisse in der Vergangenheit beschrieben, die oft typische Verhaltensweisen oder Gewohnheiten darstellen. *used to* wird ähnlich gebraucht:
  *He **would** sit down after lunch und ten minutes later he **would** drop off to sleep.*
  *In those days we **would** meet for coffee once a week.*
  *It **would** sometimes rain, but that never bothered us.*

- Im Gegensatz zu vergangenen Handlungen und Vorgängen können vergangene Zustände (von kürzerer oder längerer Dauer) nur mit *used to*, nicht mit *would* ausgedrückt werden. *would* kann nur mit Verben verwendet werden, die auch in der Verlaufsform stehen können:
  *We **used to** (NICHT: would) have a greenhouse where my father grew tomatoes.*
  *The children **used to** (NICHT: would) like listening to fairy tales, but that stopped of course as they got older.*

wound

1 ***wound*** **= [waʊnd]**

- *wound* (Aussprache [waʊnd]) ist die *past-tense-* und Perfektform des Verbs *wind* (*wind – wound – [have] wound*), das die Bedeutungen „sich winden, (eine Uhr usw.) aufziehen, auf-/umwickeln“ hat:
  *I **wound** the clock (up) a few minutes ago.*

2 ***wound*** **= [wu:nd]**

- *wound* (Aussprache [wu:nd]) ist ein Nomen mit der Bedeutung „Verletzung“ und ein regelmäßiges Verb (*wound – wounded – [have] wounded*) mit der Bedeutung „verletzen/verwunden“. Es handelt sich dabei immer um Schnitt- oder Schusswunden der Haut bzw. des Fleisches, meist als Folge von Kampfhandlungen. Unfallverletzungen werden mit *injury* und *injure* beschrieben (s. **hurt**):
  *The sergeant **had been** badly **wounded** by a hand-grenade.*
  *Deep **wounds** like this have to be stitched.* (Tiefe Wunden ... müssen genäht werden.)
- Zum Gebrauch von *wounded* als Nomen (*the wounded* = „die Verletzten“) s. **the** Abschnitt 1.

(to) **write** (schreiben)

- *write* (*write – wrote – written*) gehört zu den Verben, die zwei Objekte haben können:
  *I **wrote my girlfriend a card** from every major place we visited.*
  *I **wrote her 23 cards** altogether.*
  *I **wrote two cards to her** / I **wrote her two cards** yesterday.*
- In der Einleitung zu einem Brief wird die Verlaufsform gebraucht:
  Dear Mabel,
  I'm writing (NICHT: *I write*) *to you to tell you that ...*
- Ein alleinstehendes indirektes Objekt wird im BE in aller Regel mit *to* angeschlossen, im AE wird *to* oft weggelassen:
  *I'll **write*** (BE:) ***to you /*** (AE:) ***I'll write you** again when I know more.*

⚠ Wie schreibt man das (Wort)? = *How do you **spell** that (word)?*
Wie heißt er? – Schmidt. Er schreibt sich mit „dt“ am Ende. = *His name **is spelt** (with) dt at the end.*
„bough“ schreibt sich b – o – u – g – h. = *“bough” **is spelt** b – o – u – g – h.*
Denise schreibt an einem Buch über ... = *Denise **is writing a book** about ...*
Bitte nicht mit Bleistift schreiben. = *Please don't **write in pencil**.*

W

wrong (falsch)

1 *wrong – false*

- *wrong* ist das Gegenteil von *right/correct* („richtig/korrekt"), *false* das Gegenteil von *true/real* („wahr" oder „echt"):
*Decide whether the sentences are **right or wrong**.*
*I've just realized I've come at the **wrong** time.*
*We took the **wrong** road and ended up in Henley.*
(Am Telefon:) *Sorry, you've got the **wrong** number.* (... Sie sind falsch verbunden.)
*Are the sentences **true or false**?*
*The smuggler's suitcase had a **false** bottom.* (... einen doppelten Boden.)
*How many **false** teeth have you got?*
*He made a **false** claim to his insurance company.* (... eine unwahre [= betrügerische] Schadensmeldung ...)

2 Die Adverbien *wrong – wrongly*

- *wrong* wird – neben *wrongly* – mit bestimmten Verben als Adverb gebraucht:
*I always **spell/pronounce/say** that word **wrong(ly)**.*
*I always seem to **guess wrong(ly)**.*
Gemeinsam an solchen Ausdrücken ist die Grundbedeutung „einen Fehler machen".

- Nach *get* und *go* steht nur *wrong,* nicht *wrongly*:
*I **got** four of the sentences **wrong**.* (Ich habe ... falsch gemacht.)
*Where did we **go wrong**? At the last crossroads?* (Wo sind wir falsch gefahren?)
*Where did we **go wrong**? Were we too strict with her?* (Was haben wir falsch gemacht?)
*Something always seems to **go wrong** (with the projector) when I give a presentation.* (Etwas scheint immer schief zu gehen ...)

- Nach *do* steht *wrong,* wenn die Grundbedeutung „einen Fehler machen" ist:
*You'**ve done** this sum* (Rechenaufgabe) ***wrong**.*

- *wrongly* ist die übliche Form des Adverbs. Vor einem Vollverb oder einem Partizip steht nur *wrongly*:
*We had been informed – quite **wrongly** – that Williams would be paying.*
*Dennis **wrongly believed** that it started at 6.*
*The letter was **wrongly addressed**.*

3 Wendungen und Konstruktionen mit *wrong*

- *You **were wrong about** the price. We paid $5 less than you said.*
(Du hattest Unrecht mit dem Preis.)
There's nothing wrong (= *the matter*) ***with** the TV – which button did you press?* (Es ist alles in Ordnung mit dem Fernseher. / An dem Fernseher ist nichts [kaputt].)

Is there anything wrong *(= the matter)* ***with*** *James? He seems so distant.* (Ist etwas mit James [los]? / Hat James etwas?)
The dog was old and ***had something wrong with*** *him, cancer I think, so they had him put to sleep.* (... etwas war nicht in Ordnung mit ihm ...)

- *wrong* kann bei persönlichem oder unpersönlichem Subjekt mit einem *to*-Infinitiv oder einer *-ing*-Form gebraucht werden:
  You're / It's wrong to *think that.*
  I think ***they're / it's wrong*** *wait****ing*** *all this time.*

yard ⇨ metre

year

- Besonderheiten:
  She's now 18 / She's now 18 ***years old*** (NICHT EINFACH: *18 years*). (Sie ist jetzt 18 Jahre [alt].)
  *The increase over a ten-****year*** (NICHT: *years*) *period is 37%.*
  We'll see the results ***in a year's time / in two years(') time***. (... in einem Jahr / in zwei Jahren.) [Apostroph nur im Plural weglassbar]
  Last year *sales were better,* ***this year*** *they're worse. Let's hope they improve again* ***next year***. (Im letzten Jahr / Letztes Jahr ... in diesem Jahr / dieses Jahr ... im nächsten Jahr / nächstes Jahr ...)
  [keine Präposition vor *last/this/next year*]
  A report ***(produced/from) last year*** *suggested that ...* (Ein Bericht aus dem letzten Jahr ...)
  The government's decision ***of 1996*** *...* (... aus dem Jahre 1996 ...)
  (Bei weiter zurückliegenden Dingen aber:) *An office building* ***dating from (the year) 1962*** *...* (... aus dem Jahr 1962 ...)
  (Bei sehr weit zurückliegenden Dingen:) *A castle* ***dating back to (the year) 1427*** *...* (... aus dem Jahr 1427 ...)
  We shall see great changes ***in the next few years***. (... in den nächsten Jahren ...)
  In the years ahead / In the coming years *the structure of the population will continue to change.* (In den kommenden Jahren ...)
  Where were the Olympics held ***in (the year) 1996****?* (... [im Jahre] 1996 ...)
  Skiing is possible ***throughout the year / all year / all year round***.
  (... das ganze Jahr [über] ...)
  They're booked up ***for years (ahead)***. (... auf Jahre [hinaus] ...)
  I haven't seen him ***for/in years***. (... schon jahrelang / seit Jahren ...)
  Year after year / Year in year out *it's the same. Traffic breaks down at the first sign of snow.* (Jahr für Jahr / Jahraus, jahrein ...)
  How much is ***a year's*** *salary* (NICHT: *a salary of one year*)? (... ein Jahresgehalt?)
  Where did you spend ***last year's / this year's*** *holidays* (NICHT: *the holidays of last / this year*)*?*
  The year's *most important events / The most important events* ***in/of the year*** *...*

At the beginning of the year ... (Am Anfang des Jahres / Am Jahresanfang ...)
At the end of the year / (AE auch:) ***At year's end*** ... (Am Ende des Jahres / Am Jahresende ...)
We meet six times ***a year***. (... im/pro Jahr.)

⚠ ein Vierteljahr / ein halbes Jahr / ein Dreivierteljahr = ***3 months / 6 months / 9 months***

yes

- Nicht *yes*, sondern *so* wird in Kurzrepliken nach Verben des Berichtens, der Annahme, des Denkens verwendet – s. **so**, Abschnitt 4:
  Kommt Don? – Ich glaube ja. = *I think* ***so***.
- In Kurzrepliken entspricht *yes* in Verbindung mit einem Hilfsverb „doch":
  You're not coming with us. – Oh ***yes, I am****!* (Oh doch!)
  You don't like wine. – ***Yes, I do***. (Doch!)
  He can't swim. – ***Yes, he can***. (Doch.)

yesterday

- Wendungen:
  I saw him ***yesterday morning/afternoon/evening***. (... gestern Morgen/ Nachmittag/Abend.)
  Aber: *I saw him* ***last*** (NICHT: *yesterday*) ***night***. (... gestern Nacht.)
  They arrived ***three weeks ago yesterday***. (... gestern vor drei Wochen ...)
  Have we still got ***yesterday's*** *paper?* (... die gestrige Zeitung / die Zeitung von gestern?)
  In ***yesterday's*** *political climate / In the political climate* ***of yesterday*** *many things were possible that aren't possible today.*

⚠ *yesterday* kann nicht mit einem Begleiter gebraucht werden:
Auf unserem/dem gestrigen Programm stand ein Besuch in der *National Gallery*. = *On* ***yesterday's*** (NICHT: *our/the yesterday's*) ***programme*** *there was a visit to the National Gallery.*

yet

1 *yet* = „noch" (zeitlich)

- In der zeitlichen Bedeutung „noch" wird *yet* in aller Regel verneint (*not ... yet* = „noch nicht"), oder in Fragen (*yet* = „schon") gebraucht (s. auch **already**). Die nicht verneinte Form „noch" wird in aller Regel mit *still* wiedergegeben (Näheres s. **still**):
  *You ca****n't*** *go in* ***yet***. *She's* ***still*** *on the phone.* (Sie können noch nicht hineingehen. Sie ist noch am Telefon.)
  *We do****n't*** *need to tell your parents* ***just yet***. (... jetzt noch nicht ...)
  Have you finished ***yet****?* (Sind Sie schon fertig?)

Do you need my help ***yet****?* (Brauchen Sie schon meine Hilfe?)
still kann – zur Emphase – auch mit *not* gebraucht werden (Näheres s. **still**):
Jason ***still*** *hasn't phoned. Alison's terribly worried.* (… immer noch nicht …)

- *yet* steht normalerweise am Satzende, kann aber auch in der Satzmitte direkt nach *not* stehen:
  *Donald is****n't*** *here* ***yet*** */ is****n't yet*** *here. Shall we start without him?*
  *We do****n't*** *know the results* ***yet / don't yet*** *know the results.*
  *She has****n't*** *finished her homework* ***yet*** */ has****n't yet*** *finished her homework.*

- *yet* wird in bejahten Aussagesätzen in der Konstruktion *have yet to* gebraucht. Die Bedeutung solcher (der Form nach bejahten) Sätze ist negativ:
  The Conservatives ***have yet to*** *announce the date, although the election must be held by the end of May at the latest.* (… müssen noch … bekannt geben. [= Sie haben es noch nicht bekannt gegeben.)
  Scientists ***have yet to*** *discover a cure for AIDS.* (… haben … noch kein Mittel … entdeckt.)
  Gelegentlich findet sich auch ein anderes Verb (z. B. *be*) in einem bejahten Satz mit *yet*. Solche Sätze sind recht förmlich, *still* ist neutraler:
  We should submit our application now, while there is ***yet*** *time.*

2 *yet* zur Emphase

- *yet* wird zusammen mit *again, another, more* und Superlativen zur Emphase gebraucht:
  Jenkins was late ***yet again****.* (Jenkins kam schon wieder zu spät.)
  Derrick has been given ***yet another*** *computer game.* (… hat schon wieder ein Computerspiel bekommen.)
  They've asked for ***yet more*** *money.* (… noch mehr Geld … [als sie sowieso schon bekommen].)
  Last night's storm was the ***worst yet****.* (… der bisher schlimmste.)

3 *yet* zur Kontrastierung = „aber/(je)doch“

- *(and) yet* wird als Adverb und Konjunktion in den Bedeutungen „aber/(je)doch/dennoch/trotzdem“ gebraucht:
  It was sunny, ***yet*** *colder than the day before.*
  You say you love me and ***yet*** *you're constantly flirting with other women.*

you

- *you* wird oft in der Bedeutung „man“ gebraucht, und zwar in der Bedeutung „die Menschen allgemein“ oder in der Bedeutung „ich“:
  In the old days ***you*** *had to stop at every border, show* ***your*** *passport and go through customs.* ***You*** *don't have to do that nowadays.*
  What was it like growing up in a commune? – Well, ***you*** *just took it for granted,* ***you*** *didn't realize other people thought it was odd.*

- Wendungen:
  There were *four* ***of you.*** *I saw you.* (Ihr wart zu viert.)
  You *poor thing/soul.* (Du Ärmste[r].)
  When are ***you people*** *going to make up your minds?* [wird in beschimpfenden Aufforderungen gebraucht]

your

- Mit *your* wird manchmal eine Person oder Sache bezeichnet, die als typisches Beispiel empfunden wird:
  Your *average teacher couldn't care less who pays for schooling.*
  (Der Durchschnittslehrer / Die Durchschnittslehrerin ...)
  Your *typical German company will have staff with good language skills.*
  (Die typische deutsche Firma ...)

youth (Jugend/Jugendliche[r])

- Als nicht zählbares Nomen entspricht *youth* „Jugend(zeit)" (Gegenteil: *old age*). In dieser Bedeutung wird es ohne Artikel gebraucht, außer wenn es z. B. durch eine *of*-Fügung näher bestimmt wird:
  Youth *is no longer the carefree period of life that it once was.*
  (Die Jugend ist ...)
  The youth of *many of our grandparents was greatly influenced by the war.* (Die Jugend vieler ...)

⚠ *the youth* bezeichnet als Sammelbegriff „die Jugend = die jungen Menschen". *the youth* kann jedoch, im Gegensatz zu *the young*, nicht ohne nähere Bestimmung durch eine *of*-Fügung gebraucht werden:
Old people sometimes complain about ***the youth of*** *their day /* ***the young*** (NICHT EINFACH: *the youth*). (Alte Leute klagen manchmal über die Jugend [ihrer Zeit].)
Auf *the youth of ...* folgt ein Verb im Singular oder Plural:
The youth of *today* ***is/are*** *much healthier.*

- Als zählbares Nomen entspricht *youth* „Jugendliche(r)":
  She looked out of the window and saw seven ***youths*** [ju:ðz] *on the pavement outside.*

z

- Der Buchstabe *z* wird im BE [zed], im AE [zi:] ausgesprochen.

zero ⇨ nil

Deutsch-englisches Register

Das folgende Verzeichnis ist keine Liste von Wortgleichungen. Es gibt lediglich an, unter welchen englischen Stichwörtern bestimmte Entsprechungen der deutschen Wörter behandelt werden. Die wichtigsten unter mehreren englischen Stichwörtern sind durch Fettdruck gekennzeichnet.
Normale Ziffern verweisen auf einen bestimmten Abschnitt und ggf. Unterabschnitt, hochgestellte Ziffern auf die mit • oder ⚠ gekennzeichneten Unterpunkte innerhalb des Eintrags bzw. Abschnitts.
Beispiele: scene 1.3 = Eintrage **scene**, Abschnitt 1, Unterabschnitt 3
from 1^4 = Eintrag **from**, Abschnitt 1, Unterpunkt 4

abbringen discourage
Abend evening; night 1
heute ~ tonight
Abendessen breakfast; dinner
aber although 2; but
Abfall rubbish
~behälter, ~eimer dustbin
abgesehen von besides
abhalten deter; discourage
abhängen (von) depend (on)
abholen fetch; meet
Abkürzungen a 1; Friday; January
ablehnen disapprove; refuse
Abneigung dislike
abraten advice 2; warn
Abschluss completion
abschrecken discourage
Absicht ausdrücken go 3; will 2; would 2
die ~ haben intend
absichtlich purposely
absolut quite
absteigen get in(to)
abstimmen vote
abstreiten deny 1
abwarten wait
achten auf careful
Achtung attention ⚠
Adjektive + Infinitiv to-Infinitiv 3
Adjektive auf *-ed* by 1
Adjektive als Nomen the 1
Adjektive, Steigerung more 2
Adverbien, Steigerung more 2
ähnlich alike; similar
aktuell actual 1; current
Akustik acoustics
Alkoholika, Alkoholiker(in), alkoholisch alcoholic
alle **all**; anybody; everybody; whatever; whichever
allein alone
alleinig single
aller- all 7; very
allerdings mind 3
alles **all** 4; anything; **everything**; whatever
allgemein, im Allgemeinen generally
***als* [Konj.]** after 2; as 2.2 ⚠, 2.3; in 5^2; **when**
***als* [Präp.]** as 2.2; [in Vergleichen] than
als dass for 5.2
alt age; old
Alter age
älter(e/er/es) elder
alternativ; Alternative alternative
Altersangaben age
Ambulanz ambulance ⚠
Amt bureau
amüsieren: sich ~ amuse oneself; enjoy
an at
an [mit Verben des Verhinderns] from 1^4
von ... an from
anbieten, Angebot offer
Anblick look; scene
andauernd $always^2$
andere(r/s) another; $else^1$, ⚠
anders another 2 ⚠, 3^4; any 2^3; $else^1$, ⚠
Änderung $change^2$
androhen, Androhung threaten
anerkennen recognize
Anfang beginning
zu ~ first 2
anfangen; anfangs begin

anfühlen: sich ~ feel 3
angehen involve
Angelegenheit matter 1
angenommen suppose 2
angewöhnen: sich ~ use 3
Angewohnheit habit
Angst fear 2
Angst: ~ haben afraid 1, 2; fear 1
ängstlich anxious[1]
anhalten stop
anhören: sich ~ sound
ankündigen announce
Anlass possibility 4
annähernd: nicht ~ almost 2[6]
Annahmen ausdrücken must 4; would 1
annehmen assume; expect 2[1, 3]; imagine 2; suppose
Annonce advertisement
annoncieren announce ⚠
Anredeformen Mr
anrufen phone; ring
anschauen (to) look 1.1
ansehen (to) look 1.1
Ansicht opinion
nach ~ von according to ⚠
Ansprache speech
anständig decent
anstatt instead
Anstecker button
anstellen appoint
Antike antique ⚠
anvertrauen confide
anwenden use 2
Anzahl number; variety
Anzeige advertisement
anziehen, sich ~ dress
anzünden light 2
Appetit: Guten ~! appetite
Arbeit **job**; task
arbeitslos, Arbeitslosigkeit unemployed
Ärger trouble
ärgerlich annoyed
ärgern: sich ~ annoyed
arm poor
Armee army
Art kind 1; variety
Art und Weise manner; way 1
Artikel, bestimmter the
Artikel, unbestimmter a
Arzt doctor
Assistent(in) assistant
astronomisch astronomic
Athletik, athletisch athletics
auch also; as 4; so 2
auch nicht neither 4; nor
auch wenn although 1
auch: so (hungrig sie) ~ (war) as 2.5
auf **[Adj.]** open
auf **[Präp.]** at; for 1[1]; onto
~ jdn./etwas zu towards
aufbewahren save
Aufgabe task
aufgehen raise[2]
aufgeregt excited
aufhängen hang
aufheben save
aufhören cease; continue ⚠; discontinue; finish; stop
aufmachen open
aufpassen care[3]; mind 2
aufstehen get up
aufsteigen get in(to)
auftauchen raise[3]
aufwachsen grow ⚠
aufweisen boast
Augenblick, augenblicklich moment
aus Gold/Papier/**usw.** made from
Ausbildung erhalten educate
Ausblick scene 1.3
ausdrücken express
ausgeben spend
ausgehen: davon ~ assume
ausgenommen besides
Ausland abroad
ausleihen borrow; loan
ausmachen: nichts ~ mind 2
Ausnahme exception
mit ~ von besides
ausrauben rob
ausreichend enough
Ausrufe a 2[1], 3[1]
Ausrüstung(sgegenstand) equipment
ausschlafen asleep[4]
Aussehen look
aussehen to look 2
Außenbezirke outskirts
außer besides; from 2[3]
außerdem anyway; besides 1[3]
außerhalb (von) outside
außerordentlich greatly
äußerst extreme; most 4
Aussicht scene 1.3
ausstehen owe; stand
aussteigen get in(to)
auswählen choose

Auto car 1
Autor(in) author

Baby baby
backen cook 3, 4
Bad; baden bath
Bahn train
Bar bar
Barracke barracks
Basis base
beabsichtigen intend; mean
beachten to note
Bedauern ausdrücken if 6
bedauern, Bedauern regret
bedenken: wenn man bedenkt considering
bedeuten mean
Bedingungssätze
can 3.2[2], 3.3[3], 4.2[3], 4.5[1, 2]; **if**
bedrohen, Bedrohung threaten
beeilen: sich ~ hurry
beenden end 2
befehlen order 3[2]
Befehlssätze will 2[5]
befriedigend satisfaction
befühlen feel 4
befürchten afraid 1, 2; fear 1
beginnen begin
begreifen realize; understand 1
Begriff: im ~ sein about 3
Begründung grounds
behandeln, Behandlung treat
beharren, Beharren insist
behilflich sein assist
bei by 7; on 1.2; with 1[5]
***bei dem/der* [Relativadverb]** whereby
beibringen teach
beide both; either 1
beide nicht either 4
beinahe almost; just 1[8]
Beispiel example
(wie) zum Beispiel such 4[2]
bekannt know
~ geben announce; declare
bekennen: sich schuldig ~ confess
beklagen: sich ~ complain
Bekleidung cloth
bekommen, hinbekommen
get 2, 4, 6, 7[2]
beleidigen, Beleidigung insult
beleuchten light 2
beliebig: jede(r/s) ~e any
beliebt popular
bemerken realize; (to) note
Benehmen behaviour; manner
beneiden envy
benötigen need
beobachten watch
bequem comfortable
beraten advice 2
berechtigen entitle
bereit ready
gerne ~ happy[1]
sich ~ erklären agree
bereits already
Bereitschaft ausdrücken if 3[1]; will 2; would 2
bereuen regret
Berg mountain
Bericht, berichten report
Beruf job
berufen appoint
beruflich living
Berufsangaben a 2[1]
berühmt famous
berühren touch
beschädigen damage 2
beschimpfen swear
beschließen: durch Abstimmung ~ vote
beschreiben describe
beschuldigen accuse
beschweren: sich ~ complain
Besitz ausdrücken of 1; 's
besondere(r/s) special
besonders especially; extra; special 2
besorgt anxious[1]
besprechen discuss
besser better
bessern improve
Bestätigung confirmation
bestehen consist; insist
darauf ~ if 3[2]
Prüfung nicht ~ fail 1
bestellen order 3[1]
bestimmt certain; certainly
~ sein für mean 3[2]
etwas ~ tun bound
bestimmte(r/s) special
bestrafen punish
bestrebt anxious[2]
Besuch, besuchen visit
beteiligen involve
betrachten consider; regard
betreffen, betreffend, betroffen
concern 1; involve
betreten enter

betrunken, Betrunkene(r) drunk
Bett bed
beunruhigen, beunruhigt concern 2
beurteilen judge
bevor before [Präp.] 1
Bewegung exercise; motion
Beweis(e) evidence
beweisen prove 1
bewirken make 2[2]
bewundern admire
bewusst aware
bewusstlos subconscious
Bewusstsein aware; conscience
bezahlen pay
Bezahlung salary
bezweifeln doubt 1
bieten offer
bilden consist
billigen approve ⚠
bis until
~ auf besides
bisschen: (k)ein ~ bit; none 4
bitte please
Bitte request
bitten ask; request
Bitten ausdrücken *wonder*
blamieren blame
blank blank
Blei(-), bleiern, verbleit lead
bleiben remain; stay
Bleistift pen
Blick look; scene
Blitz lightning
blöd stupid
bloß just 1[2]; only
wie/was/... ~? ever 5
Boden ground
Boiler kettle
Boot boat
braten cook 3
brauchen need; require
(Zeit) ~ take 1.1
nicht ~ must 3
Braut bride
brav brave
breite, Breite wide
brennen burn
brennen(d) alight
darauf ~ etwas zu tun die[3]
brennbar, nicht ~ inflammable
Brief letter
Brieftasche briefcase; handbag[2]
Brille glasses
bringen bring
jdn. dazu ~, etwas zu tun begin 2[2]; get 5
mit sich ~ involve
Brite/Britin, britisch British
Broschüre prospect
Brot bread
Bruchzahlen half; quarter; third
Brust breast
Büchse tin
Buchstabe letter
bunt gay
Büro bureau; office
Bus bus
Busen breast
Button button

Chance(n) possibility
Chaos chaos
Chef chef
Chips chips
Christ, Christus Christ
City city

***da* [Konj.]** as 2.4; because
***da* [Adv.]** here; there
dadurch, dass by 3[1]; in 5
dafür: ~ sein favour
nichts ~ können help 3
dagegen: ~ sein disapprove; oppose
etwas ~ haben object
***damit* [Konj.]** for 5.1; order 1; so 5
danach after 3
Dank, danke, danken thank
dankbar thankful
~ sein appreciate
Danksagungen thank 2
das the; this
dass for 5.2; that
so~ so 5
Daten data
dauern (to) last; take 1.1
dauernd always; constantly; continuous; forever
davor before [Adv.]
Defekt, defekt defect
delikat delicate
Delikatesse delicacy
Demokrat(ie); demokratisch democracy
Demonstrativbegleiter, -pronomen this
denken imagine 2; think
daran ~ *remember*
***denn* [Konj.]** because

dennoch however; yet 3
der-/die-/dasselbe same
deren whose 2
desinteressiert disinterested
dessen whose 2
Dessert desert
deuten point 2
deutlich clear; distinct
devot devoted
dezent decent
Diät diet
dick thick
diese(r/s), dies this
diktieren dictate
direkt direct; immediately; just 1[4]; right 2
Direktor(in) (einer Schule) headmaster
Diskussion, diskutieren discuss
doch certainly[3]; do 1.3; still 2[2]; yet 3
  (oh) ~! yes
Doktor doctor
doppelt double
dort there
Dose tin
drängen urge
draußen outside
dringend bad[2]
Drittel third
drohen, Drohung threaten
dumm(erweise) foolishly
  Dummheit stupid[3]
dünn thin
durch by 1; through
***durchfallen* (Prüfung)** fail 1
Durchschnitts-, durchschnittlich average; your
dürfen can 2
  nicht ~ must 3.1[2]
  dürfte(n) can 2, 3, 4; ought to 2
Dutzend dozen

eben just
ebenso wie as 4.2
echt proper; true
Edelstein jewel
effektiv effective
effizient effective 1
egal matter 2
  jdm. ~ sein care[1]
Ehe(leben/-schließung) marriage
ehemalige(r/s) former
Ehre, ehren-, Ehren- honour
  ehrlich frank(ly)
eigene(r/s) own
Eigennamen: Artikelgebrauch the 2[9]
***eigentlich* [Adj.]** proper
  [Adv.] fact: in fact
eilen hurry
ein(e) a; one 3
  eine/er/s von beiden either 3
  ***eine(r)* (= jemand)** one 1 ⚠
einander each other
einbilden: sich ~ imagine 1
eindeutig distinct
eindringen invade
einfach just 1[3]
Einfluss influence
Einführung introduce[2]
eingeschlossen include 2
eingestehen admit 1
einige few 2; some
  einiges an bit 1
einigermaßen fairly
einkaufen, Einkauf shopping 2
einladen invite
Einlass admission
einmal once 1
  früher/schon ~ before [Adv.]
einmarschieren invade
einschließen, einschließlich include
einsteigen get in(to)
eintreten enter
  Eintritt admission
einwenden object
einzeln single
einzig single; one 4; only 3
Eisenbahn train
elektrisch, Elektro- electric
Empfang reception
empfehlen recommend
empfinden feel 5
  empfindlich sensible
Ende, enden, zu Ende gehen end
endlich finally
energisch energetic
eng narrow
engagiert dedicate[2]
England Britain
  Engländer(in) Englishman
Englisch English
entfernt, Entfernung distance
entfliehen escape 1
entgegengesetzt opposite
entkommen escape 2
entnehmen gather

entscheiden, Entscheidung, Entschluss decide
entschuldigen, sich ~ apologize; excuse 2
~ Sie excuse me
Entschuldigung excuse 1; excuse me
entstehen raise[3]
entweder ... oder either 5
entwickeln, sich ~ develop
entzündlich inflammable
Erdboden, Erde ground
erfahren find 4; understand 2
Erfahrung(en) experience
Erfolg, erfolgreich succeed
erfordern involve; require
erfrieren freeze
ergänzen, Ergänzung compliment[3]
erhängen hang
erheben, sich ~ raise
erhöhen, sich ~, Erhöhung increase; raise
erholen, sich ~ recover
erinnern remind
sich ~ can 1.1[2]; remember; think 2.2
Erinnerung memory
erkennen can 1.1[3]; know; realize; recognize
erklären declare; explain
erkundigen: sich ~ inquire
erlauben allow; let
Erlaubnis ausdrücken can 2
erläutern explain
erledigen get 4[6]
ermahnen warn
ermuntern discourage
ermutigen discourage
ernennen appoint
ernst(haft) serious
Ernte harvest
Ersatz- spare[1]
erscheinen appear; seem
erschöpfend, erschöpft exhausted
ersparen save; spare
erst **[Adv.]** first; only; until 2[1, 2]
erste(r/s) **[Adj.]** first 1
erstens first 2
ertragen: nicht ~ können bear; face 2
ertränken, ertrinken drown
erwägen consider 4
erwähnen mention
erwarten expect; wait
Erwartungen des Sprechers/Hörers kommentieren actual 2[3]; fact: in fact
erweisen: sich ~ prove 2
erzählen say
erziehen educate
es it; so 4
essbar: nicht ~ inedible
essen eat
Etage floor
etwas anything; bit; rather; some; something
eventuell eventually
Existenz existence
existieren exist
Experte/Expertin expert
extra especially[5]; extra
extravagant extravagant
extrem extreme

Fabrik factory
fähig capable
Fähigkeit ausdrücken can 1
fahren **drive**; go
Fahrgast traveller
Fahrrad bike
Fahrt journey
Fall case
fallen fall
~ lassen drop
falls case
falsch, fälschlicherweise wrong
familiär familiar
Familie family
Farbe colour
fast almost; just 1[8]
fasziniert fascinated
fehlen lack
Fehler mistake
feiern celebrate
Ferien holiday
fern clear[5]
Fernsehen television
fertig ready
Fertigstellung completion
Feste at 2[4]
feststellen find 3
Fieber fever
Film: Kino~ film
Finalsätze order 1
finden feel 5; find; think 2.4
Fisch fish
flach flat
Fleisch meat
fliehen escape 1
fluchen swear

Fluggast traveller
Flugzeug aircraft
Folge: zur ~ haben cause
folgen(d) follow
Fonds fund
fordern require
Forderungen ausdrücken should 3[1]
Format format
Formular form
Forschung research
fort away
fortfahren continue
Fortschritt(e) progress
fortsetzen continue
Foto(grafie), Fotograf(in), fotografieren photo(graph)
Frage question
  fragen ask
Fraktion fraction
Franzose, Französin, Französisch French
Frau Mr
frei free
  Freiheit freedom
Freude pleasure
freuen: sich ~ to look 3
Freund(in) friend
  freundlich kind 2
  freund(schaft)lich friendly
Frieden peace
frieren freeze
frisch fresh
froh glad
  F~e Weihnachten/Ostern happy
  fröhlich gay
Frucht, Früchte fruit
früh, frühestens early
  frühere(r/s) early ⚠; former
  früher (einmal) before [Adv.]; once 1; use 4
Frühling autumn
Frühstück breakfast
fühlen, sich ~ feel
führen guide 2
  Führer(in) guide 1
Führerschein driving licence
Füller pen
Füllnomen thing
für: (Tag) ~ (Tag) by 5
Furcht fear 2
fürchten, sich ~ afraid; fear 1
Fürwörter s. Pronomen

Fuß foot
Futur go 3; shall; will

ganz all 2, 6; whole
  ~ und gar nicht at all[4]
Garantie guarantee
  garantiert fail 2[2]
Garderobe wardrobe
Gast, Gästezimmer, Gasthaus guest
Gasthaus/-hof inn
geben give
geboren born
Gebrauch use
  gebrauchen need; use
Geburt birth
  Geburtstag birthday
Gedanke thought
Geduld, geduldig patience
Gefahr danger; risk
gefallen like
Gefängnis, Gefangene(r) prison
gefrieren freeze
Gefühl: das ~ haben feel 5
gegen against; for 1[2]
  etwas haben ~ mind 2[2, 3]
Gegensatz, -teil contrary; contrast
gegenseitig: sich ~ each other
gegenüber(liegend) opposite
Gehalt salary
gehen go
gehorchen obedience
gehören belong
gehorsam, G~ obedience
Gelächter laugh
Geldbeutel handbag
Geldstrafe fine
Gelegenheit possibility 3, 4
gelingen can 1.3; succeed
gemeinsam common
Gemüse vegetable
genau exact; just 1[5]; right 2; very[3, 4]
  genauso same 2
  genausogut: könnte(n) ~ may 4[2, 3]
genial, Genie genial
genießen enjoy
Genitiv 's; of 1
  ~-s bei Ladenbezeichnungen baker
genug enough
gerade, geradezu just
Gerät(e) equipment; machine
Gericht court
geringere(r/s) less 4

0**gern: ~ haben/tun** enjoy; fond; like
~ bereit happy[1]
nicht ~ haben/tun hate
würde(n) ~ like 3
Geschäfte baker
Geschäft shop 1
Geschäft(e) business
geschäftlich business
geschätzt estimated
geschehen happen
Geschenk present
geschichtlich historic
geschickt expert
geschlechtsneutrale Bezeichnungen man
Geschmack taste 2
geschmacklos, ~voll tasteful
Geschoss storey
Geschwindigkeit speed
Geschwindigkeitsangaben at 3[5]
Gesellschaft social[3, 4]
Gesetz law
gesetzlich, gesetzmäßig legal
gesetzt den Fall suppose 2
Gesicht face
gespannt curious
~ sein excited
gestehen admit 1; confess
gestern yesterday
gesund, Gesundheit health
wieder ~ better 1[2]
gewähren grant
Gewalt force 1, 2
gewaltig terrible
Gewerkschaft union
gewiss certain; certainly
Gewissen, gewissenhaft conscience
Gewissheit ausdrücken can 3, 4
gewöhnen: sich ~; gewohnt accustomed to; use 3
Gewohnheit habit
Gewohnheiten a 2[1]
vergangene ~ ausdrücken would 3
gewöhnlich ordinary; usual
Glas glass
glauben believe; expect 2[1, 3]; feel 5; guess; imagine 2; think 2.3
gleich **[Adj.]** same; similar
gleich **[Adv.]** just; minute
gleichgültig indifferent; matter 3
Glück luck; lucky
glücklich happy
Glückwunsch: herzlichen ~ congratulations; happy
Gold, golden gold
Grad temperature
Gratifikation gratification
gratulieren congratulations[3]
grau grey
graziös graceful
Grenze border
Grill, grillen grill
Grippe flu
groß big
Größe size
Großteil part ⚠
größtenteils largely
grün green
Grund grounds; reason
gründen (to) ground
Gruppe group
grüßen greet
Gummi rubber
gut good; fine; well
~ daran tun as 4.3
so ~ wie just 1[8]
gut aussehend beautiful
gutheißen approve ⚠
Gymnasium gymnasium
Gymnastik gymnastics

Haar(e) hair
haben have
Hafen harbour
halb, Hälfte half
Halle hall
Hals neck
~schmerzen ache 1 ⚠
halten hold
~ für consider; think 2.4
viel davon ~, etwas zu tun believe[2]
Hand hand
Handschrift handwriting
Handtasche handbag
Handy handy
hängen hang
hart hard
hassen detest; hate
Haufen heap
Hauptwort s. Nomen
Haus house
zu/nach ~e home
Hausarbeit(en) homework
Hausaufgabe(n) homework
Haushalt(s-) household
Hausmeister housemaster

heben raise
heilen cure
Heilmittel cure
Heirat marriage
heiraten marry
heißen name 2; understand 3
Heizung oven
helfen help
her: von ... her -wise
herausfinden find 4
herausstellen: sich ~ prove 2
Herbst autumn
Herde herd
Heroin heroin
herum around
herunter from 3
hervorrufen raise[4]
Herzlichen Glückwunsch congratulations; happy
heute today
~ ***Abend/Nacht*** tonight
heutig nowadays; today
hier here
Hilfe help
Hilfe(leistung[en]) assistance
Hilfsverben be; do; have; let
modale ~ can; dare; may; might; must; need; ought to; shall; should; use 4; will; would
Himmel, himmlisch heaven
Himmelsrichtungen north
hinaus: über ... hinaus behind 3
hindern prevent; stop[2]
hindurch through
hineinziehen involve
hingehören belong
hinlegen: sich ~ lie 2
hinsehen, hinschauen (to) look 1.1
hinten back[3]; behind 2
hinter (... her) after; behind
Hinter- back
hinterlassen leave
historisch historic
hoch big 4; high
Hochschule high school; university
höchst greatly; high 3; most 4
~e Zeit sein high 2
Hochzeit marriage
Hof court
hoffen, Hoffnung hope
das will ich hoffen should 3[2]
hoffentlich hopefully
die Hoffnung aufgeben despair

Höhe height
Höhenangaben at 3[5]
höher superior
holen bring[2]
Holländer(in), holländisch Dutch
Hölle hell
Holz, aus ~ wood
homosexuell gay
hören hear; understand 2
ich habe gehört gather
Hörer(innen) audience
Hose pants; trousers
hübsch beautiful
human human
hundert hundred
Hunger, hungrig hungry

Idee idea
***if*-Sätze s. Bedingungssätze**
immer always
~ noch still 2
immerhin still 2[2]
in at; in; into; [bei Verkehrsmitteln] on 2.4
-in -ess
indem by 3[1]; in 5
indirektes Objekt to = Präposition 2
Industrie-, industriell industrial
Infinitiv to-Infinitiv
Informationen, informieren inform
Inhalt(e) content 2
inklusive include 2
innerhalb within
insbesondere especially; special 2
Insel island
insgesamt altogether
intensiv intense
Interesse interest
sich interessieren, interessiert interesting
inzwischen meantime
Ire/Irin, irisch Irish
irgend: ~ein(e) any 1[4]
~etwas anything[4]
~jemand anybody
~so ein(e) such 4[1]
~wann finally 3[3, 4]; sometime
~welche(r/s) any
~wie at all[1]
~wo anywhere; somewhere
irreale Bedingung s. Bedingungssätze
irrelevant relevant
irritieren irritate

Irrtum mistake
isolieren, Isolierung isolate

ja it 7; so 4
Jagd, jagen hunt
Jahr year
Jahreszeiten autumn
je(mals) ever
je nach according to; depend[3]
je nachdem depend[3]
Jeans jeans
jede(r/s) any 1[4]; each; either 2[1], 2; **every**; whichever[2]
jedenfalls anyway
jeder(mann) anybody; **everybody**; whoever
jedoch however; yet 3
jemand anybody; somebody
jene(r/s) this
jenseits von behind 3
jetzt now
Jugend, ~liche(r) youth
juristisch legal
Justiz justice
Juwel jewel

Kanal canal
Kanne, Kännchen jug; tin[3]
kaputt broken
Karton box
Kaserne barracks
Kästchen, Kasten box
Katholik/Katolikin, katholisch Catholic
kaufen buy
kaum hardly; just 1[7]; little 3[2]; soon ⚠
Kaution caution
Kehle neck
kein any; either 3; neither; none 2 ⚠
keineswegs means 2[2]; none 4
kennen know
Kenntnis knowledge
Kessel kettle
Kilometer kilometre
Kino cinema
Kirche church
Kiste box
klagen complain
klar clear
sich ~machen realize
~stellen clear ⚠
Klasse class
klassisch classic
kleiden dress 2
Kleider, Kleidung cloth
klein small
klingeln ring
klingen sound
Klosett closet
knapp just 1[4]
Koch/Köchin cook
kochen cook [Verb]
Kollege/Kollegin colleague
Komfort comfort
kommen come; go 1[2]
Kommentar comment 2
kommentieren comment 1
kompetent competent
Kompliment compliment
Kondition condition
Konditionalsätze if
Konferenz conference
Konfession confession
Kongress Congress
Konkurrenz concurrence
können can
könnte(n) can; may 3
konsequent, Konsequenz consequence
konservativ, Konservative(r) conservative
Konto account
kontrollieren control
konzentrieren concentrate
Konzept concept
korrekt right 2
kosten, K~ cost
köstlich delicate
Kostüm costume
Krabbe crab
Kraft force
kräftig hard; strong
krank ill
Krankenhaus hospital
Krankheit illness
Krankheitsbezeichnungen a 3 ⚠
Krebs crab
Kredit credit
kriegen, hin~ get 2, 4, 6, 7[2]
Kriminalität crime
Kritik, Kritiker(in) critic 1
kritisch critic 2
Krug jug
Küche kitchen
kultiviert; Kultur culture
kümmern: sich ~ care[3]; bother
kurz brief
vor ~em recently

in Kürze brief[3]
kürzlich brief ⚠
Küste beach

lachen, L~ laugh
Laden shop 1
Ladenbezeichnungen baker
Land, Landschaft country
Landfrau landlady
lang(e), längere(r/s), Länge long
Zeitspanne + ***lang*** for 2
lassen leave; let
(jdn.) etwas machen ~ get 4, 6; have 4, 6; let
laufen run
laut **[Adj.]** loud
laut **[Adv.]** aloud
laut **[Präp.]** according to
läuten ring
leben alive; live
Leben life
lebend alive[2]
lebendig alive
Lebensunterhalt living
legal legal
legen lay
lehren teach
Lehrer(in) teacher
leicht easy; light 1
Leid: ~ tun excuse me
leider afraid 3
leihen borrow; hire; loan
Leihgabe loan
leise quiet
leisten: sich ~ afford
leiten guide 2
lernen learn
lesen read
lesbar readable
letzte(r/s) last
leuchten light 2
Leute people
Liebe love
lieben adore; love
liebend gern love 2[2]
liebenswürdig kind 2
lieber: ~ tun/haben/mögen prefer
etwas ~ tun sollen better 2
würde(n) ~ rather 2
Lieblings- favourite
Lied song
liefern provide
liegen lay
~ lassen forget 1
jdm. liegt viel an etwas anxious[2]; care[1]
links, linke(r/s) left
live alive[3]
Lob praise
locker(n) loose
Lohn salary
lohnen: sich ~, lohnend worth
los matter 1[3]
Luftwaffe army
Lunge(n) lung
Lust lust
~ haben fancy; feel 5
Luxus(-), luxuriös luxurious

machen do 2; make; take 2[1]
Macht force 2
mag: ~ sein so 6
Mahlzeiten at 2[2]; breakfast
Haupt~ dinner
mahnen warn
mal just 1[6]
Mal time 2.2
das erste ~ first 2
man one; you
manche(r/s) many 2[2]
manchmal sometimes
Mangel lack
Manieren manner
Mann man
männlich masculine
Mannschaft team
Marine army; marine
Marke brand
Marmelade jam
Maschine(n) machine
Maß, Maßnahme measure
Maßeinheit of 2[1]
-mäßig -wise
massiv massive
maximal, Maximum maximum
Meer beach[4]; sea
mehr more
nicht ~ more 3
Mehrheit majority
meinen feel 5; mean
Meinung meaning 4 ⚠; opinion
der ~ sein consider 3; think 2.3
nach ~ von according to ⚠
meist most
Menge amount
Mengenbegriffe of 2[1]

Mensch man
Menschen people
Menü menu
merken (to) note; realize
Meter meter
Methode means; way 1
mieten hire
Milch milk
Militär military
Million million
Minderheit majority
minderwertig inferior
minus minus
Minute minute
missbilligen disapprove
missbrauchen misuse
misstrauisch suspect 1[2]
mit with; [bei Verkehrsmitteln] on 2.4
Mitglied member
Mitgliedschaft on 2.7
Mittagessen breakfast; dinner
Mitte middle
Mittel means
mittel- medium
Mittelalter, mittelalterlich medieval
mittlere(r/s) medium
mittleren Alters medieval
Möbel furniture
mögen like; can 3; fond; may 2
möchte(n), like 3; want
nicht ~ dislike
Möglichkeit ausdrücken can 3, 4
möglich, möglicherweise possible
gut ~ sein may 4[1]
Möglichkeit possibility
Moment moment
momentan present 3
Monat month
mondän mundane
Mondschein moonlight
Moral, moralisch moral
Mord, Mörder(in) murder
Morgen morning
morgen, morgig tomorrow
Moslem, m~isch Muslim
Motor motor
müde tired
Mühe: sich die ~ machen bother
Müll rubbish
~eimer dustbin
multiplizieren multiply
Musik(-), musikalisch music
Musikinstrumente: Artikelgebrauch the 2[7]
Muskel, Muskulatur muscle
müssen bound; if 3[2]; **must**
müsste(n) ought to; should

nach after 1; by 4; for 1[3]; on 1.2
je ~ according to
nachdem after 2; in 5[2]
nachdenken think
Nachfrage, nachfragen inquire
nachher after 3
nachlässig careful
Nachmittag, nachmittags afternoon
Nachricht(en) news
nachsehen (to) look 1.3
nächste(r/s) next
Nacht, nachts night
heute ~ tonight
Nachteil advantage
Nacken neck
nahe (bei), naheliegend near
Nähe near
nahelegen warn
nähern: sich ~ approach
Name, namens name
nämlich namely
Nase: die ~ voll haben fed up
Nationalität nationality
Nationalitätsbezeichnungen a 2[1]
Natur nature
natürlich means 2[1]
Nebel fog
neben beside; besides; by 2; next to
nebenan next to
nennen name
nervös nervous
nett nice
neu, neueste(r/s) new
neugierig curious
neulich late 1; recently
nicht zählbare Nomen a 3
nicht no; not
~ gerade/direkt exact[2]
nichts none 2 ⚠; nothing
es macht ~ matter 2, 3
nie(mals) never
Niederländer(in), niederländisch Dutch
niedrig low
niemand nobody; none
nirgends, nirgendwo nowhere
nobel noble

noch [zeitl.] still; yet 1
weder ... ~ neither 3
~ ein another 1[2]
Nomen: ~ + Infinitiv to-Infinitiv 4
abstrakte ~: Artikelgebrauch the 2[8]
nicht zählbare ~ a 3
Nonsens nonsense
Nord, Norden, nördlich, nordwärts north
normal ordinary
Note mark
Notiz(en) note
Notwendigkeit ausdrücken must; should 3[1]
null nil
nun anyway; now
nur just 1[2]; only
wie/was/... ~? ever 5; whatever/however/...
nützlich, nutzlos useful

ob if 5; [um Bitte einzuleiten] wonder
oben: ~ auf top
Objekt, indirektes to = Präposition 2
Objektpronomen he
Obst fruit
obwohl although 1
oder (aber) else[4]
Ofen oven
offen, öffnen open
~ gestanden/gesagt frank(ly)
offenkundig, offensichtlich clear[4]; obvious
offensiv offensive
öffentlich, Öffentlichkeit public
ohne without
Oldtimer oldtimer
Operation, operieren operate
Opfer victim
Optimist, o~isch optimist
ordinär ordinary
Ordnung: in ~ all right[4, 8]; fine; order 2
nicht in ~ matter 1[3]
Ort place
Ortsbestimmungen at 1
Ortsbezeichnungen + Eigennamen of 2 ⚠
Osten, östlich north

Paar pair
paar: ein ~ few 2; pair 3; some
Päckchen, Packung, Paket packet
Papier a 3[1]
parken, parkend park
Parkplatz car park
Parlament parliament
Partei party
Partizip: ~ien auf *–ed* by 1
Party party
Passagier traveller
passen fit
passieren happen
Passiv by 1; get 3
~infinitiv to-Infinitiv 1 ⚠
pathetisch pathetic
Pause break
Pension guest 3; pension
per by 3[2]
Person person
Personal personal; staff
Personalpronomen he; it
persönlich personal
Pessimist, p~isch optimist
Petroleum petroleum
pflegen: zu tun ~ use 4
Phantasie fantasy
Phonetik phonetics
Physik, Physiker(in) physics
Picknick, picknicken picnic
Pilz mushroom
planen propose
Plastik plastic
Platz place; space
Tennis-/Squash-/...-~ court[2]
plump plump
Politik, politisch politics
Zugehörigkeit zu politischer Gruppe a 2[1]
Polizei police
Pony Pony
praktisch effective 2; practical
präsentieren present 1[3]
Preis cost 1[3]
Preisangaben at 3[4]
Presse press
Prinzip, prinzipiell principal
Privatschule public school
pro a 2[2]
Problem(e) problem; trouble
Programm canal[2]; programme
Promotion promotion
Pronomen: Personal~ he; it
Demonstrativ~ this
Reflexiv~ herself
Prospekt prospect

Protest protest
protestieren object; protest
Provision provide 3
Prozent per cent
Prozess procedure ⚠
Prüfung exam
Publikum audience
Punkt point
putzen clean

qualifizieren: sich ~ qualify

Rad bike
Radiergummi rubber
Rastplatz car park[2]
Rat(schlag) advice 1
Rate rate ⚠
raten advice 2; recommend
dringend ~ warn
ratsam: ~ sein as 4.3
rauben rob
rechnen mit expect
Rechnung bill
Recht(s-) law; legal
recht rather 1
~ haben/tun right 1
Rede speech
reden speak
Reflexivpronomen herself
Regen, regnen rain
regieren, Regierungszeit reign
Regierung government; reign
reich rich
Reichtum wealth
reichlich plenty
Reihe series; variety
Reise journey
reisen drive 4
Reisende(r) traveller
reklamieren reclaim
Relativpronomen, -sätze that 2; which 2; who 3; whose 2
relevant relevant
Religionszugehörigkeit a 2[1]
Rente: in ~ gehen rent
Ressort resort
Rest(e) rest
Rezept receipt
richtig proper; right 2
Richtung direction
in ~ **+ Genitiv** *towards*
riechen smell
Risiko, riskieren risk
Rolle: keine ~ spielen matter 2, 3
rösten cook 3
Rück- back
Rückfragen about 1[3]
Ruf reputation
rufen call
ruhig quiet
rutschen slide

Sache thing
die ~ matter 1
sagen say
Salat salad
satt: es ~ haben fed up
sauber machen clean
Schachtel box; packet
schade: es ist ~ pity
schaden, S~ damage
Schaf sheep
schaffen: es ~ can 1.3; manage; get 4, 5, 7[2]
es nicht ~ fail 2
Schal scarf
schämen: sich ~ ashamed
scharf sharp
~ auf etwas keen
Schatten shade
schätzen appreciate
schauen (to) look
Scheck cheque
scheiden: sich ~ lassen divorce
scheinen appear; seem
Schiff boat
Schlaf, schlafen(d) asleep
Schlafanzug pyjamas
schlagen hit
schlecht bad; poor
schließlich after 4 ⚠; end 2[2]; finally
schlimm bad
Schluss end 1
Schlussfolgerungen ziehen can 3, 4; must 4; would 1; will 1[6, 7]
schmackhaft tasteful
schmal narrow
schmecken taste 1
Schmerz(en) ache
Schmuck jewel
schnell fast
schon **already**; yet 1, 2
~ (einmal) before [Adv.]; ever
schön beautiful; nice
~en Urlaub/usw.! have 3[3]
schottisch Scotch

schrecklich terrible
schreiben write
schreien shout
Schriftsteller(in) author
schuld, S~ mistake 2[3]
~ sein blame 2[2]
die S~ geben blame
schulden owe
schuldig guilty
Schule school
Schüler(in) pupil
Schüssel plate
schwärmen für adore
Schweizer(in), schweizerisch Swiss
schwer bad[1]; difficult; hard; **heavy**
Schwester sister
Schwieger- father-in-law
schwierig difficult; hard
Schwierigkeit(en) difficult; trouble
schwimmen(d) float; swim
See lake; sea
sehen see; (to) look 1.2
sehnen: sich ~ (to) long
sehr greatly; high 3; **much** 2; quite
Seife soap
sein be
seit for 2; since
seitdem since
selbstbewusst self-confident
selbstverständlich certainly; means 2[1]
selten rare(ly)
seltsam curious
Sender canal[2]
sensibel sensible
Serie series
seriös serious
setzen: Geld ~ bet
sexistischer Sprachgebrauch -ess; man
Shorts shorts
sich: ~ gegenseitig each other
sicher(lich) certain; certainly; doubt 2
Sicht scene
sie she
Sinn sense
im ~ haben, bei ~en sein mind 1
Sinneswahrnehmung: Verben der ~ can 1.1
skeptisch sceptic
Slipper slipper
Smoking smoking
so as 5[4]; so 1; such
~ ... auch (immer) however[3]
~ dass for 5.2; so 5; this 4[1]
~ (hungrig sie) auch (war) as 2.5
~ ... wie as 2.1
sobald immediately[2]; minute; moment 1[2]; once
sofern as 3
sofort away[2]; immediately; moment 2
solange as 3
solche(r/s), solchermaßen such
sollen be 4; believe[3]; due[2]; mean 3; ought to; shall[4]; **should** 5; understand 3
etwas lieber tun ~ better 2
Sommer autumn
Sonder- extra
sondern auch as 4.2
Sonnenbad(en) bath[6]
Sonnenschein sunshine
sonst (noch) else
sorgen für care[3]
Sorte kind 1; variety
Soße sauce
sowieso anyway; first 2.3[3]
sowohl ... als auch as 4.2; both 4
sozial, Sozialist(in) social
Spaghetti spaghetti
Spaltsätze what 3; who 5
Spanier(in) Spaniard
sparen save
Spaß fun
~ haben enjoy
spät late
Spektakel spectacle
spekulieren can 3, 4
spenden spend[1]
spendieren spend[1]
spezialisieren: sich ~ specialize
speziell especially[5]
Spiel game
spielen play
Sport(art) sport
Sprachennamen: Artikelgebrauch a 3 ⚠; the 2[10]
sprechen speak; discuss
spüren feel 2
Staatsbürgerschaft nationality
Stadium stadium
Stadt town
~mitte downtown
~rand outskirts
ständig always[2]; constantly; continuous; forever
Stapel heap
stark heavy; strong
Stärke force

stationär stationary
Statistik statistics
statt, ~dessen instead
stehen stand; stationary
stehlen rob
steigen increase; raise
Steigerung der Adjektive/Adverbien more 2
Stelle job; place
Stellung job
sterben die
steuern steer
stickig sticky
still quiet; still 1
Stimme voice; vote
  stimmen vote
Stock(werk) floor; storey
Stoff cloth; stuff
Stoß heap
strafen punish
Strand beach
Straße road
Streifen strip
Stress stress
Strom current; stream
  Strömung current
Strophe verse
Strumpf stockings
studieren, Studium study
  ~ abschließen graduate
Stunde hour; lesson
Stützwort *one(s)* one 2
Subjektpronomen he; it
Substantiv s. Nomen
suchen search
Süden, südlich north
Suite suit
suspekt suspect 1
sympathisch sympathetic
Szene scene

Tablett tablet
Tag day
  ***Hochzeits~/Jahres~/*usw.** anniversary
  vierzehn ~e fortnight
Tageszeiten at 2[3]
Tat: in der ~ indeed
  tatsächlich indeed
taugen any 2[3]; good 2[2]
tauschen change 2
Technik technique
Tee tea
Teenager(-) teenage
Teil part
  ein ~ von some 2[3]
Telefon, telefonieren phone
Teller plate
Temperaturangaben temperature
Termin appointment
Test test
Therapie council[3]
tief deep
Tinte pen
Titel Mr
Toast toast
Tod death
  tödlich deadly
toll terrible
tot, Tote(r) dead
tragen carry
trauen marry
trauen trust
  sich ~ dare
Traum, träumen dream
treffen meet
Treppe staircase
trinken drink
  Trinker(in) drunk 2
trotz despite
trotzdem although 2; anyway; nevertheless; still 2[2]; yet 3
tun do 2
Tür door
typisch typical; your

übel nehmen resent
üben practice
über about 1[3]; at 3[4]; on 2.1; **over**
überall anywhere; everywhere
überblicken overlook ⚠
übergehen: zu etwas ~ resort 2
überhaupt at all[2, 3]; first 2.3[3]
überholen passed[1]
überhören overhear
überlassen leave[3]
überlegen, sich ~ think; consider 4
übernehmen overtake
überraschen, Überraschung surprise
Überraschung ausdrücken so 3
überreden into 2[2]
Übersee abroad
übersehen overlook
Übersetzung translation
überzeugen convince
übrig left 2
  ~ bleiben remain

Ufer beach
Uhrzeit a.m.
um around; by 4; for 1[4]
um … zu order 1
umdrehen turn
umfassen involve
umher around
umhin: nicht ~ können help
umkehren turn
umsteigen change 2
unabhängig, U~keit dependant ⚠; independence
unbedingt fail 2[2]
~ wollen anxious[2] ; keen; die[3]
~ brauchen die[3]
unbestimmter Artikel a
unbewusst subconscious
und and
unerwartet unexpected
unfähig unable
ungenießbar inedible
ungern: (sehr) ~ haben/tun hate
Ungewissheit ausdrücken can 3, 4
unheimlich: ~ gut/schnell/**usw.** ever 4
Universität university
~sabsolvent(in) graduate
unmöglich impossible
Unmöglichkeit ausdrücken can 3, 4
unschätzbar invaluable
unschuldig innocent
Unsinn nonsense
unten under 1.2[7]
unter, unterhalb (von) under
unter (= zwischen) between
unterbewusst, U~sein subconscious
unterbrechen discontinue; stop
Unterbrechung break
unterdrücken oppress
untergeordnet junior
Unterhemd vest
Unterhose pants
Unterkunft accommodation
unterlassen omit
Unternehmer undertaker
Unterricht, ~sstunde class ⚠; lesson
unterrichten teach
unterscheiden, sich ~ differ
Unterschied difference
unterschiedlich another 3
unterstellen assume
ununterbrochen continuous
unvermeidlich inevitable
unvorsichtig careful
Urheber by 1
Urlaub holiday
urteilen judge

Vase vase
ver- away[1]
Veränderung change
Veränderung: Verben der ~ into 2
verängstigt afraid 1
veranlassen cause; get 4, 6; make 2[2]
verantwortlich, Verantwortung responsible
verärgert annoyed; irritate[2]
Verb: ~ + Infinitiv to-Infinitiv 2
Verben der Sinneswahrnehmung can 1.1[2]
verbessern improve
verbieten forbid
Verbote ausdrücken must 3
Verbrechen crime
verbringen spend
verbunden: mit etwas ~ sein involve 3
Verdacht, verdächtig(en) suspect
verderben spoil
verdienen deserve
vereinigen: sich ~ unite
Vereinigt: die ~en Staaten United States
Verfahren procedure
verfluchen swear
verfolgen follow 1; persecute
verfügbar available
vergangene(r/s) passed ⚠
vergeben forgive
vergehen passed 1
vergessen forget
Vergleiche as 2; than
Vergleich, vergleichen, verglichen compare
verglichen mit beside
Vergnügen pleasure
verhaften arrest
Verhalten(sweise) behaviour
verhindern prevent
nicht ~ können help 3
Verkauf sale
Verkehr traffic
verkleiden: sich ~ dress 3
verlangen ask; require
verlassen leave
sich ~ auf depend1, 2
Verlaufsform always[2]; constantly; continuous
verlegen: sich auf etwas ~ resort 2

verleihen loan
verletzen, verletzt hurt; wound 2
Verletzte(r) victim[2]
verliebt love
verlieren loose
verlobt engaged
Verlobte(r) bride
Verlust loose
vermählen marry
vermeiden avoid; miss
nicht ~ können help 3
vermieten hire
vermissen miss
Vermutungen ausdrücken ought to 2; would 1
vermuten imagine 2; suppose
vermutlich presumably
Verpflichtung ausdrücken must; ought to
Vers verse
versäumen zu tun fail 2
verschieben delay
verschieden another 3; distinct
verschreiben: sich einer Sache ~ dedicate
verschwenden, Verschwendung waste
versichern assure
versorgen provide
verspätet late
versprechen promise
verstecken, sich ~ hide
verstehen can 1.1; realize; understand 1
Versuch, versuchen attempt; try
versunken sunk
vertrauen confide; trust
vertraut familiar
verursachen cause
verwandeln: sich ~ change 2[2]
Verwandlung: Verben der ~ into 2
verwandt related
verweigern deny 2; refuse
verwenden, Verwendung use
verwickeln involve
verwunden wound 2
verzeihen forgive
~ Sie, Verzeihung excuse me
verzweifeln despair
Vieh cattle
viel(e) deal; lot; many; much; plenty
Vielfalt variety
vielleicht perhaps
vielmehr rather 3
Viertel quarter

Volk people
voller with 2[2]
völlig fully; quite
von by 1; from; of
vor **[in Ortsbestimmungen]** before [Präp.] 2, 3[2]; front 2
vor **[in Zeitbestimmungen]** ago; before [Präp.] 1, 3[1]
vor **[mit Verben des Versteckens, Schützens, Rettens]** from 1[4]
vor **[bei Angabe von Gründen]** with 1[6]
vor: zurückschrecken/usw. ~ at 3[4]
voran on 3
voraus before [Präp.] 3
Voraus: im ~ before [Adv.]
vorausgehen precede
vorausgesetzt dass as 3; provide 2
voraussehen foresee
wie vorauszusehen ist predictably
vorbei passed; by 5
Vorder-, vordere(r/s) front
vorgehen precede
vorgesehen: ~ sein mean 3
vorher before [Adv.]
vorhergehende(r/s) former
Vorhersagen ausdrücken will 1; would 1
vorhersehen foresee
Vorliebe fond
vorn(e) front 1, 3
Vorschläge about 1[3]; may 3; should 3[1]
vorschlagen propose; suggest
vorschreiben dictate
vorsichtig careful
vorstellen introduce
sich ~ imagine 1; suppose
Stellen Sie sich vor! fancy[2]
Vorteil advantage
Vorwärts-, vorwärts forward
vorwerfen accuse; blame
Vorwürfe machen blame
vorziehen choose 2[2]; favour; prefer
vorzugsweise tun like 2[3]

wach awake
wachsen grow
Waffe(n) arms
wagen dare
Waggon car 2
wählen choose; elect
wahr, Wahrheit true
während **[Konj.]** as 2.3
während **[Präp.]** during

Wahrnehmung: Verben der Sinnesw~ can 1.1^{2}
wahrscheinlich probable
Wahrscheinlichkeit ausdrücken possibility 2
Wald wood
Wandel, Verben des ~s into 2
wann when 2
~ … nur whenever
wäre(n) be 2
Ware(n) goods
Warenhaus warehouse
warm hot
warnen caution^{2}; warn
warten expect 1; wait
warum why
was what
~ für what
~ … nur whatever
Wäsche washing
waschen, sich ~ wash
Wasser water
wechseln change 2
wecken raise^{4}
weder … noch neither 3
weg away; clear^{5}
Weg means; way 2
wegen due^{3}; for 3^{2}
wehren: sich ~ resist
wehtun hurt 1^{1}
weiblich female
weibliche Nomen -ess
weigern: sich ~ refuse
Weihnachten Christmas
weil because
weinen cry
-weise by 4; enough 2^{2}
weit far; wide
Weite wide
weiter farther
weitere(r/s) additional; another; extra^{3}; farther; more
weiter- continue; go on; hold 3^{2}; on 3
weitgehend largely
welche(r/s) what; which
~ … nur whichever
Welt world
Weltraum space
wem, wen who
wenden turn
wenig, ein wenig little
wenige few
weniger less
wenigste(r/s), wenigstens least
***wenn* [in Bedingungssätzen]** **if**; for 5.3
~ nicht, außer ~ if 4
~ nur if 6
auch ~ although 1
***wenn* [zeitlich]** as 2.3; when
immer ~ whenever
wer who
~ immer whoever
***werden* [Zukunft]** go 3; shall; will
***werden* [Entwicklung]** become
werfen throw
wert, Wert worth
wesentlich: im W~en largely
weshalb why
wessen whose 1
Weste vest
Westen, westlich north
wetten bet
Wetter weather
Whisky whisk(e)y
Widerstand oppose^{2}
widerstehen resist
widmen dedicate; devoted^{2,3}
wie **as; how**; what
hungrig ~ sie war as 2.5
und ~ do 1.3^{3}
~ auch immer however
~ bitte?/! excuse me 1^{2}, 3^{3}, 3^{4}
~ dem auch sei anyway
~ lange … her? ago
~ nur/ … bloß? however
wiederholen repeat
wiegen weigh
Wiese meadow
willkommen welcome
winken wave
Winter autumn
wirklich indeed
wirksam, wirkungsvoll effective 1
wirtschaftlich economic
Wirtschaftlichkeit, Wirtschaftslehre economics
wissen know
Wissen knowledge
wo(her/hin) where
~ auch immer/ ~ … nur wherever
wobei whereby ⚠
Woche week
Wochenende weekend
Wochentage Friday
wohlgemerkt mind 3
wohnen live

Wohnung flat
wollen go 3; want
etwas gerade tun ~ about 3
unbedingt ~ keen
Wort word
Wunde wound 2
Wünsche: ~ ausdrücken if 6; wish
gute ~ aussprechen have 3[3]
wünschen wish
würde(n) should 3; would

Zahl number
zählbar: nicht ~e Nomen a 3
zahlen pay
Zähler meter
Zahn, ~schmerzen tooth
Zeichen sign
zeigen point 2; show
Zeit time
in letzter ~ recently
zur ~ moment; present 3
Zeitbestimmungen at 2; in 1; on 1
Zentrale headquarters
Zeug stuff
Ziel aim
ziemlich bit 1; fairly; pretty; quite; rather
Zinsen interest
Zitat quotation
zittern tremble
zögern, Zögern hesitate
Zoll(behörde) customs
zu for 2[3]; to; with 1[7]
~ + Adj./Adv. + (als) dass for 5.2[4]
~ viel much 1 ⚠; many 2[2]
auf jdn./etwas ~ towards
zuerst first 2
zufällig, ~ tun happen 2
zufrieden content 1; satisfaction
Zug train
zugeben admit 1; confess
Zugehörigkeit ausdrücken of 1
zuhören hear
Zuhörer(innen) audience
Zukunft go 3; shall; will
Zukunft future
zulassen allow; let
nicht ~ have 4[5], 5[4]
zuletzt finally
zumindest least 3
zunächst begin 2[3]; first 2
Zunahme, zunehmen increase
zuraten advice 2
zurückgeben return
zurückgreifen: auf etwas ~ resort 2
zurückkehren return
zurufen call
zusammen between[4]; together
alle ~ altogether[2]
zusammenschließen: sich ~ unite
zusammenstoßen crash
zusätzlich (zu) additional; besides; extra
zuschauen, zusehen (to) look 1.2; watch
Zuschauer(innen) audience
zustehen owe
zustoßen happen
zutiefst deeply
Zutritt admission
zuversichtlich confident
zuvor before [Adv.]
zwangsläufig inevitable
Zweck ausdrücken for 4
Zweck: keinen/wenig ~ haben, zwecklos good 2[2]; point[2]
Zweifel, zweifeln doubt 1
zweifellos doubt 2
zweimal double
zweite(r/s) second
zwingen into 2[2]; make 2[2]
(aus Not) gezwungen sein reduced
zwischen between
Zwischenzeit meantime

Verzeichnis der verwendeten Fachbegriffe

Aktiv Form des VERBS, wenn das SUBJEKT die durch das VERB ausgedrückte Handlung ausführt (vgl. PASSIV): *Dennis **rang**, Alan **will bring** it, The dress **fits***

Adjektiv Wort, das eine Person oder Sache beschreibt: *a **young** lady, seven **yellow** flowers*

attributiv gebrauchtes Adjektiv ein Adjektiv, das vor einem NOMEN steht: *the **black** bull*

prädikativ gebrauchtes Adjektiv ein Adjektiv, das nach einem KOPULAVERB steht: *She is **ill**, It seems **strange***

Adverb Wort, das beschreibt, wann, wie oder wo etwas geschieht (*She arrived **yesterday**, It collapsed **slowly**, We met **there***) oder das ein ADJEKTIV bzw. ein anderes Adverb näher bestimmt (***very** slow; **extremely** late*) oder einen ganzen Satz kommentiert (***Unfortunately** we got lost*)

Adverb der Art und Weise Adverb, das beschreibt, wie etwas geschieht: *Dennis talked **fast**, The car started **slowly***

Gradadverb Adverb mit verstärkender oder abschwächender Bedeutung, das aussagt, in welchem Maße etwas geschieht (*I **particularly** enjoyed the last episode*) bzw. in welchem Maße eine Eigenschaft vorhanden ist (*He was **incredibly** good*); ein Gradadverb kann auch ein anderes Adverb näher bestimmen (*Dennis talked **amazingly** fast*).

Satzadverb Adverb, das einen ganzen Satz kommentiert: ***Obviously** they knew already*

Adverbialpartikel Adverb, das in einer engen Wortverbindung mit einem Verb gebraucht wird: *Sally looked **down**, He ran **off***

Agens die Person (manchmal Sache), die eine Handlung ausführt (*We were met at the station by **John***) bzw. der Urheber von etwas ist (*a book by **William Boyde***)

Artikel die Wörter *a, an* und *the*

attributiv ➪ Adjektiv

Aussagesatz ein Satz, der keine Frage ist, sondern in dem eine positive oder negative Feststellung gemacht wird: *It's raining, I don't know*

Bedingungssatz ein zweiteiliges Satzgefüge, in dem gesagt wird, was unter bestimmten Voraussetzungen sein bzw. geschehen wird/würde/könnte/ usw.: *If it snows, we'll stay here; I'd tell you if I knew*

irreale Bedingung Voraussetzung, die wahrscheinlich oder definitiv nicht eintreten wird/kann: ***If we'd known**, we wouldn't have gone*

reale Bedingung Voraussetzung, die vorstellbar oder wahrscheinlich ist: ***If I find out**, I'll tell you*

Befehlsform ⇨ Imperativ

Begleiter Wort wie *a, the, this, both, any*, das vor einem Nomen steht und dieses „begleitet"

bestimmender Relativsatz ⇨ Relativsatz

bestimmter Artikel ⇨ Artikel

Demonstrativbegleiter/-pronomen die Wörter *this, that, these, those*

direktes Objekt ⇨ Objekt

elliptischer Sprachgebrauch Rede- bzw. Schreibweise, bei der Aussagen durch Weglassen von Wörtern verkürzt werden: *When will you be home? – **Six.** [= At six o'clock.]*

Emphase, emphatisch besondere Betonung, zur besonderen Betonung

Ergänzung Nomen oder Adjektiv, das das Subjekt oder Objekt näher beschreibt und das nach dem Verb bzw. nach dem Objekt steht (Ergänzung zum Subjekt: *Don is **a taxi-driver**, She looks **a strange sight**, She was made **marketing manager***; Ergänzung zum Objekt: *They made her **marketing manager***)

Finalsatz Nebensatz, der den Zweck einer Handlung beschreibt:
*I'll phone him **so that he's informed***
ein Finalsatz mit finitem Verb kann oft durch eine Infinitivkonstruktion ersetzt werden: *He phoned **to find out the arrival time***

finites Verb ⇨ Verb

formales Objekt/Subjekt Wort (*it* oder *there*), das keine eigentliche Bedeutung hat, sondern Stellvertreter des eigentlichen Subjekts/Objekts ist, damit der Satz formal richtig ist: ***It** is ten o'clock, **It**'s a pity not to go [= Not to go is a pity], She thinks **it** strange that I don't agree [= She thinks the fact that I don't agree strange]*

Frageanhängsel Bestätigungsfrage aus Hilfsverb + Subjekt, die an eine Aussage- oder Imperativsatz „angehängt" wird: *You aren't ill, **are you**?, Stop that, **will you**!*

Gerundium *-ing*-Form eines Verbs mit der Funktion eines Nomens:
*I hate **walking***

Gradadverb ⇨ Adverb

Hauptsatz übergeordneter Teil eines Satzgefüges aus mehreren Teilsätzen, der meist in sich schon einen vollständigen, sinnvollen Satz bildet (vgl. Nebensatz): ***I'll come** when I can*

Hilfsverben die VERBEN *be, do, have,* wenn diese gebraucht werden, um die Zeiten anderer Verben oder verneinte Sätze bzw. Fragen zu bilden: *I **am** reading, **Did** you know?, He **doesn't** care, I **have** seen that film* MODALVERBEN sind eine zweite Art von Hilfsverben

Hypothese eine Theorie, mögliche Erklärung oder gedachte Annahme, die man sich vorstellt, die aber nicht der Wirklichkeit entsprechen muss

Imperativ(satz) (Satz mit der) Grundform des VERBS, die gebraucht wird, um Anweisungen und Befehle zu erteilen: ***Bring** your passport with you!*

Indefinites Pronomen/Adverb PRONOMEN/ADVERB, das sich auf eine unbestimmte Person oder Sache bzw. einen unbestimmten Ort bezieht: *someone, anything, anywhere*

Indirekte(r) Frage(satz) Frage, die als SUBJEKT oder OBJEKT in einen anderen Satz eingebettet ist: ***Why he does it** doesn't matter, Can you tell me **what time the train leaves**?, She couldn't decide **what to do***

Indirekte Rede die Wiedergabe dessen, was jemand gesagt/gefragt/befohlen/gedacht/vorgeschlagen usw. hat, ohne dass der genaue Wortlaut wiederholt wird: *He said he felt cold (← „I feel cold")*

Indirektes Objekt ➪ Objekt

Infinitiv Grundform des VERBS ohne besondere Endungen; wenn *to* davorsteht, spricht man vom „*to*-Infinitiv"

intransitiv ➪ Verb

Interjektion Ausrufewort: ***Hey! Great!***

Inversion Umstellung der normalen Wortfolge, bei der ein VERB (VOLLVERB, HILFSVERB oder MODALVERB) vor dem SUBJEKT steht: *There **goes Philip**, Never **have I** heard such nonsense*

irreale Bedingung ➪ Bedingungssatz

kollektives Nomen ➪ Nomen

Komparativ ➪ Form eines ADJEKTIVS/ADVERBS mit *–er* bzw. vorangestelltem *more*: *quick**er**, **more** slowly*

Konditionalsatz ➪ Bedingungssatz

Konjunktion Wort wie *when, because, and, but,* das Teilsätze oder Wortgruppen verbindet

Konzessivsatz Nebensatz (meist durch *although/though/while* eingeleitet), in dem eingeräumt wird, dass etwas im Widerspruch zum Inhalt des HAUPTSATZES steht: ***Although it's expensive**, I'm going to buy it*

Kopulaverb VERB wie *be, seem, sound, become,* das ein SUBJEKT mit einer ERGÄNZUNG verbindet

leeres Objekt/Subjekt ➪ formales Objekt/Subjekt

Modalverb HILFSVERB wie *can / may / must,* das gebraucht wird, um Erlaubnis zu erbitten und zu erteilen, um jemanden zu etwas zu raten, um Fähigkeit, Möglichkeit, Annahmen, Verpflichtung usw. auszudrücken

Nebensatz untergeordneter, vom HAUPTSATZ abhängiger Teil eines Satzgefüges, der durch eine KONJUNKTION eingeleitet wird und nicht allein stehen kann: *I'll do it* ***when I'm ready***

nicht zählbares Nomen ➪ Nomen

Nomen Wort (meist Bezeichnung für eine Person oder Sache), das allein oder zusammen mit BEGLEITERN als SUBJEKT/OBJEKT eines Satzes bzw. nach einer PRÄPOSITION gebraucht wird: *taxi, woman, Jean, The* ***taxi*** *stopped, I saw a* ***ghost****, Come after* ***tea***
abstraktes Nomen Nomen, das keine konkrete Sache (*town/table*) bezeichnet, sondern etwas Nichtgegenständliches wie eine Eigenschaft (*length/patience*), ein Gefühl (*happiness*), einen Begriff (*justice*)
kollektives Nomen Nomen wie *class, team,* das eine Gruppe von Menschen bezeichnet
zählbares Nomen Nomen, das eine Pluralform hat und mit *a/an* oder nach einem Zahlwort gebraucht werden kann: *(a) book – (two) books*
nicht zählbares Nomen Nomen, das etwas bezeichnet, das man nicht zählen kann und das keine Pluralform hat: *water, food*

Objekt, direktes Objekt die Person oder Sache in einem AKTIVSATZ, mit der etwas geshieht: *I eat* ***lots of fruit***
indirektes Objekt die Person (seltener die Sache) in einem Aktivsatz mit zwei Objekten, die Empfänger einer Sache (= direktes Objekt) ist: *I gave* ***Sally*** *the address*

Objektsatz NEBENSATZ, der OBJEKT des übergeordneten HAUPTSATZTES ist: *I don't know* ***where to go****, He didn't say* ***what she wanted***

Partizipialkonstruktion Konstruktion, die ein PARTIZIP statt einer FINITEN VERBFORM hat: ***Not wanting to be late****, I took a taxi*

Partizip *-ing-* oder (bei regelmäßigen Verben) *–ed*-Form des Verbs: Partizip Präsens: *going,* Partizip Perfekt: *cooked, chosen*

Passiv Form des Verbs, wenn das SUBJEKT die Person oder Sache bezeichnet, mit der etwas geschieht (vgl. AKTIV): *I* ***was given*** *another six minutes*

Personalpronomen ➪ Pronomen

Possessivbegleiter und -pronomen Wörter wie *my/our/their* (= Begleiter), *mine/ours/theirs* (= Pronomen)

prädikativ ➪ Adjektiv

Präposition Wort wie *at/in/on*, das vor einem Nomen oder Pronomen steht und meist eine Beziehung zwischen zwei Personen/Sachen usw. ausdrückt: *the book **on** the table*

Pronomen Wort wie *it/something/everybody/each*, das anstelle eines Nomens gebraucht wird

reale Bedingung ➪ Bedingungssätze

Reflexivpronomen Wörter wie *myself, himself, ourselves*

reflexives Verb VERB, das mit einem REFLEXIVPRONOMEN gebraucht wird: *Did they **behave themselves**?*

Relativsatz NEBENSATZ, der eine Person oder Sache im HAUPTSATZ näher bestimmt: *I want a hotel **that's not too expensive*** (bestimmende/notwendige und nicht bestimmende/notwendige Relativsätze werden im Eintrag *which* im Hauptteil des Werkes definiert)

rhetorische Frage eine Frage, die eigentlich keine ist; sie wird nicht gestellt, um Informationen zu erhalten, sondern um eine Meinung zu äußern bzw. einen Kommentar abzugeben

Satzadverb ➪ Adverb

Sinnsubjekt ein (PRO-)NOMEN, das formal OBJEKT eines übergeordneten Verbs, vom Sinn her aber SUBJEKT der nachfolgenden Konstruktion ist: *I expect **him** to be here before six, Would you like **us** standing or sitting?*

Spaltsatz ein Satz, der in zwei Teile „gespalten" und durch einen Teilsatz mit *it/what/all* eingeleitet wird; durch Spaltsätze wird meist das SUBJEKT oder OBJEKT besonders betont: ***It was Philip** who paid, not me; **What I need** is more time, not more money*

Subjekt das (PRO-)NOMEN in einem normalen AUSSAGESATZ, das vor dem VERB steht; in einem AKTIVSATZ oft die Person oder Sache, die etwas tut: ***I** love Julie*

Superlativ Form eines ADJEKTIVS/ADVERBS mit *-est* bzw. vorangestelltem *most*: *(the) big**gest**, (the) **most** expensive*

Tätigkeitsverb ➪ Verb

Temporalsatz NEBENSATZ, der durch eine KONJUNKTION der Zeit (*when / after / as soon as* / usw.) eingeleitet wird: *We'll eat **when Dennis gets here***

that*-Satz** NEBENSATZ, der durch *that* eingeleitet wird bzw. werden könnte und der meist OBJEKT (seltener SUBJEKT) des übergeordneten Hauptsatzes ist: *He said **(that) he wanted to go

***to*-Infinitiv** ➪ Infinitiv

transitiv ➪ Verb

unpersönliches *it* *it*, wenn es als FORMALES SUBJEKT/OBJEKT gebraucht wird

Verb, finites Verb / finite Verbform Verb, das mit einem SUBJEKT gebraucht wird, um auszusagen, was dieses tut bzw. was mit ihm geschieht: *wants, looked, have gone, didn't see*

intransitives Verb Verb, das kein OBJEKT hat: *She **arrived***

Tätigkeitsverb Verb wie *start, leave*, das in der Verlaufsform gebraucht werden kann; meist bezeichnet es eine absichtliche, freiwillige Tätigkeit oder einen Vorgang, der einen Anfang und ein Ende hat

transitives Verb Verb, das ein DIREKTES OBJEKT hat: *He **drove** me home*

Vollverb Verb, das kein HILFS- oder MODALVERB ist

Zustandsverb Verb wie *know / understand*, das nicht in der Verlaufsform stehen kann; Zustandsverben sind Verben des Seins (*be*), Anscheins (*seem*), der Sinneswahrnehmung (*look, sound*), des Besitzens (*am, belong*), des Gefühls (*love, hate*), des Wünschens und Brauchens (*want, need*)

***wh*-Frage** direkte oder INDIREKTE FRAGE, die mit einem Fragewort beginnt: *Who / What / When / ...*

zählbares Nomen ➪ Nomen

Zustandsverb ➪ Verb

Bibliographie

Alexander, L. G. *Longman English Grammar.* Harlow: Longman Group UK Limited, 1988

Benson, Marton / Benson, Evelyn / Ilson, Robert. *Student's Dictionary of Collocations.* Berlin: Cornelsen Verlag, 1989

Berry, Roger. *Collins Cobuild English Guides 3: Articles.* London: Harper Collins Publishers, 1993

Carpenter, Edwin. *Collins Cobuild English Guides 4: Confusable Words.* London: HarperCollins Publishers, 1993

Chalker, Sylvia. *English Grammar Word for Word.* Walton-on-Thames: Thomas Nelson and Sons Ltd, 1990

Collins Cobuild English Guides 1: Prepositions. London: HarperCollins Publishers, 1991

Collins Cobuild English Usage. London: HarperCollins Publishers, 1992

Collins Cobuild Grammar Patterns 1: Verbs. London: HarperCollins Publishers, 1996

Duden-Oxford-Großwörterbuch Englisch. Mannheim und Oxford: Dudenverlag, 1990

Eastwood, John. *Oxford Guide to English Grammar.* Oxford: Oxford University Press, 1994

Hindmarsh, Roland. *Cambridge English Lexicon.* Cambridge: Cambridge University Press, 1980, Third printing 1987

Hoffmann, Hans G. *Englische Mindestgrammatik.* München: Max Hueber Verlag, 1973

Langenscheidts Großwörterbuch „Der kleine Muret-Sanders", Englisch-Deutsch / Deutsch-Englisch. Berlin und München: Langenscheidt KG, 1985, 4. Auflage 1989 / 1982, 6. Auflage 1991

Longman Dictionary of Contemporary English. Harlow: Longman Group Ltd, 1978, Third edition 1995

Longman Language Activator. Harlow: Longman Group UK Ltd, 1993

Oxford Advanced Learner's Dictionary. Oxford: Oxford University Press, Fifth edition, 1995

Pons Cobuild English Learner's Dictionary. Stuttgart: Klett; London, Glasgow: Collins, 1989

Quirk, Randolph / Greenbaum, Sidney / Leech, Geoffrey / Svartvik, Jan.

A Comprehensive Grammar of the English Language. Harlow: Longman Group UK Limited, 1985, Fifth impression 1987
Swan, Michael. *Practical English Usage.* Oxford: Oxford University Press, New edition 1995
Turton, N. D. / Heaton, J. B. *Longman Dictionary of Common Errors.* Harlow: Addison Wesley Longman Limited, Second edition 1996
Wahrig, Gerhard. *Deutsches Wörterbuch.* Gütersloh/München: Bertelsmann Lexikon Verlag, 1966, Neuausgabe 1986